西方哲学史

叶秀山／王树人
———— 总主编

学／术／版

现代英美分析哲学 〔上〕

江怡　陈亚军　著

江苏人民出版社

图书在版编目(CIP)数据

西方哲学史：学术版. 现代英美分析哲学／叶秀山，
王树人主编；江怡，陈亚军著. -- 2版. -- 南京：江
苏人民出版社，2023.2

ISBN 978 - 7 - 214 - 24259 - 4

Ⅰ. ①西… Ⅱ. ①叶… ②王… ③江… ④陈… Ⅲ.
①西方哲学－哲学史②分析哲学－英国－现代③分析哲学
－美国－现代 Ⅳ. ①B5②B561.59③B712.6

中国版本图书馆 CIP 数据核字(2019)第 270765 号

西方哲学史（学术版）

叶秀山　王树人　总主编

书　　　名	现代英美分析哲学	
著　　　者	江　怡　陈亚军	
责 任 编 辑	汪意云	
装 帧 设 计	刘葶葶	
责 任 监 制	王　娟	
出 版 发 行	江苏人民出版社	
地　　　址	南京市湖南路 1 号 A 楼,邮编:210009	
照　　　排	江苏凤凰制版有限公司	
印　　　刷	苏州越洋印刷有限公司	
开　　　本	652 毫米×960 毫米　1/16	
印　　　张	63.5　插页8	
字　　　数	900 千字	
版　　　次	2023 年 2 月第 1 版	
印　　　次	2023 年 2 月第 1 次印刷	
标 准 书 号	ISBN 978 - 7 - 214 - 24259 - 4	
定　　　价	320.00 元(精装上下册)	

（江苏人民出版社图书凡印装错误可向承印厂调换）

目　录

绪　论

19世纪末20世纪初,西方哲学发生了一场革命性的转变:哲学的基础和开端不再是传统哲学的认识论,而是现代诞生的数理逻辑;哲学研究的方法不再是对个人感知的心理分析,而是具有客观性和形式特征的逻辑分析;逻辑不仅被看做是人类理性思维的基本能力,更被奉为哲学发展的真正楷模。这种革命性的转变带来的重要结果,就是形成于20世纪西方哲学中声势浩大的分析哲学运动。与传统认识论研究相比,这种哲学声称,哲学的主要任务应当是对语言意义的澄清,哲学研究的主要方法应当是对概念(语词)意义进行逻辑分析。因而,哲学应当被看做是一种澄清意义的活动。维也纳学派的主要代表石里克明确宣称,"哲学不是一种知识的体系,而是一种**活动**的体系,这一点积极表现了当代的伟大转变的特征;哲学就是那种确定或发现命题**意义**的活动"。而且,"哲学的授义活动是一切科学知识的开端和归宿"①。这样,在分析哲学的术语表中,"语言""意义""分析""逻辑""真理""指称"等等,取代了传统哲学认识论中的"感知""理性""直觉""观念""感觉材料"等等。

---

① 石里克:《哲学的转变》,载于洪谦主编《逻辑经验主义》上卷,第9页,商务印书馆,1982(以下所引此书均为此版本)。

西方哲学史上的分析哲学资源

历史地说，西方哲学家对"语言"和"分析"的关注并不是从现代才开始的。早在古希腊哲学中，亚里士多德首先提出了"分析"概念，并把它理解为一种"定义"的方式。在亚里士多德的理解中，定义中的"分析"揭示了事物原本具有的属性，因而这种分析就是一个从前提必然推出结论的过程，而这个推出过程就是他所理解的"逻辑"这个概念的本质含义。在这种意义上，"逻辑"概念自形成起就与"分析"概念密不可分，或者说，"逻辑的本质就是一种概念分析活动"。亚里士多德的"三段论"思想为后来的逻辑发展奠定了基础。同样，亚里士多德对语词的意义也给予了高度关注。在《范畴篇》中，他明确表示，孤立的语词并不意指断言，不传达信息，因而没有真值，只有逻各斯，即有关联的言论，才能实现这些功能。所以，亚里士多德的逻辑仅仅处理那些与逻各斯有关的命题形式，即"发音清晰的言语"，而把其他的言语形式（如祈使句和疑问句等）放到了修辞学或诗学的范畴。这样，亚里士多德的逻辑就是现代意义上的"纯粹语形学"和"纯粹语义学"，他的三段论形式的演绎推理也是为构造理性科学而设计的。由此我们可以看到维也纳学派思想的历史根源。

我们常说中世纪是一个"黑暗的"世纪，这更多的是从政治和宗教的意义上对它的断言。但正如本套哲学史《中世纪哲学》的作者们所指出的，中世纪哲学绝不是一无是处，相反，它对整个西方哲学的发展曾经作出了重要贡献。其中，中世纪后期出现的唯名论与唯实论（实在论）之争，就被看做是后来许多哲学思想的发端。这场争论的核心是关于实体的存在问题，唯实论者坚持柏拉图的名称理论和亚里士多德的本质学说，认为存在着共相（现代意义上的"通名"和"抽象名词"）所指称的对象；但唯名论者则反对共相对象的存在，认为只有殊相（现代意义上的"专名"和"具体名词"）所指称的对象才是可感觉的，共相仅仅是名称，并不指称任何对象。如今我们都知道，奥康的威廉（William of Ockham）被看做是唯名论的最重要代表,这主要是因为他比较系统地对语词种类作出了严格区分。这些思想被后来的语言哲学所重视,蒯因就被看做现代唯名论的最大代表。

在近代哲学家中,无论是英国的经验主义者还是欧洲大陆的理性主义者,他们都对语言问题给予了不同程度的重视,但他们都是从各自的哲学立场出发,强调语词概念对形成思想观念的不同作用。培根的"市场假象"揭露了错误地使用语言给我们的认识活动以及追求真理带来的严重危害,他试图以感觉经验的方式重新建立我们的语言与外部世界的密切关系。霍布斯则把语言理解为人类社会得以建立的重要纽带,同时也把语言理解为记录和传达思想的重要工具。洛克(J. Lock)是英国经验主义者中对语言问题给予最多关注的哲学家。他在《人类理解论》中专门用一卷讨论语词,从观念的起源和基本形式入手,分析了语词与观念之间的密切关系,同时指出了语词本身的缺陷以及人们对语词的滥用。随后的巴克莱虽然也对语言问题有过讨论,但他更关心的是普遍观念的意义问题,他提出的著名命题"存在就是被感知",被后来的哲学家理解为是对"存在"这个词的意义作出的一种解释。在经验主义哲学阵营中,休谟的思想对后来的分析哲学发展产生了更为重要的影响。一个是他提出的我们无法从"是"推出"应当"的论断,这就把关于事实的命题与关于道德的命题区分开来;另一个是他区分了关于数和量的真理与关于经验事实的真理,这被后来的哲学家发展为数学逻辑真理与经验事实真理,以及分析真理与综合真理之间的区别。这些都成为维也纳学派的重要思想武器。

在理性主义阵营中,莱布尼茨对当代分析哲学的影响是显而易见的。这不仅是由于他在《人类理智新论》中像他的论战对手洛克一样对语词问题给予了专门的讨论,指出了观念与外在事物之间的非对称性以及语言的派生性,而且由于他提出了一种关于"普遍语言"的设想,这是一种建立在数学演算基础上的形式语言。根据他的设想,我们一旦拥有了这样一种语言,人们在发生争论时,就可以拿出纸和笔,根据明确的演算规则进行推算就可以了,由此就可以解决我们在思维活动中的一切争端。这个设想后来被看做是现代数理逻辑的雏形。罗素等人根据现代逻辑思想提出的理想语言主张,同样是来自莱布尼茨的启发。此外,莱布尼茨对分析哲学的另一个重要贡献,还在于他明确提出了事实真理与理性真理的区分,认为事实真理是偶然的,而理性真理则是必然的,这就把事实和逻辑问题与偶然和必然问题联系起来。同时,他也提出了真理的两个不同来源及其判定标准,即经验事实和语词的含义。这些思想到了康德那里,就被更为清楚地表述为分析判断与综合判断的区分,这就把理性、逻辑、必然等问题与经验、事实、偶然等问题的区分完全放到了语言表达的范围内考察:在一个判断中,如果宾词属于主词或隐藏地包含在主词之中,那么这个判断就是分析判断;如果宾词在主词之外,那么这个判断就是综合判断。这样,分析判断的成立就完全可以依靠分析主词和宾词的意义得到,而综合判断的成立却要在语言之外,在经验事实中寻找根据。这种对分析与综合的截然区分,一度成为维也纳学派阐明自己思想的重要法宝,但后来又被称做"经验主义的教条"而遭到蒯因的严厉批判。

从以上对哲学史的简要回顾中可以看出,从古代到近代的许多重要哲学家们都曾对语言问题给予了关注,甚至提出了一些对当代分析哲学产生重要影响的思想。但我们需要注意的是,这些哲学家在讨论语言问题时有一个基本的出发点,这就是把语言理解为表达思想的工具。这是亚里士多德逻辑为我们提供的起点,他的逻辑著作被命名为《工具论》就清楚地表明了这一点。可以说,所有这些哲学家在语言问题上的讨论,都是为了让我们更好地使用这个工具。然而,出于对逻辑这个思维工具的变革而导致的现代逻辑,却为现代哲学提供了一种完全不同的思路:逻辑不再被看做是一种思维工具,而是决定了思维活动过程的形式系统,只有在这样的系统内,思维活动才得以展开,也才能得到正确的理解和交流。弗雷格、罗素、维特根斯坦等人既是现代逻辑的重要创始人和见证人,更是现代分析哲学的开创者。正是在他们以及同时代的其他逻辑学家、数学家和哲学家的共同努力下，分析哲学才以一种完全不同于传统哲学的崭新形象出现于 20 世纪的英美。在分析哲学家们看来，传统哲学家们关于语言的论述只能算做分析哲学的"史前史"部分，因为他们还没有真正"认清逻辑的本质"，而当代哲学中的"伟大转变"就在于，把逻辑和语言看做是整个哲学研究的全部内容。所以，英美哲学家纷纷把这个转变称做哲学中的一场"哥白尼式的革命"。

分析哲学的同时代哲学

不过，从历史的眼光看，在 20 世纪初的英美哲学中占主导地位的仍然是绝对唯心主义。分析哲学逐渐形成气候、占据上风，还是在 20 世纪的上半叶，特别是在 30 年代之后。20 世纪初的绝对唯心主义在英国主要以格林（T. H. Green）、麦克塔加特（J. E. McTaggart）和布拉德雷为代表的新黑格尔主义，在美国则是以豪伊森（G. H. Howison）和鲍恩（B. P. Bowne）为代表的人格主义。英国的新黑格尔主义者与欧洲大陆的有所不同，他们不完全采纳黑格尔哲学中的绝对精神思想，而是更倾向于巴克莱的主观唯心主义以及鲍桑葵（B. Bosanquet）的客观唯心主义观点，同时也接受了意大利哲学家克罗齐（B. Croce）和金蒂利（G. Gentile）等人的思想影响。他们当时占据着牛津和剑桥的主要教授席位以及道德与形而上学哲学系主任的位置，被年轻一代哲学家称为"老古董"。

布拉德雷（Francis Herbert Bradley）出生于 1846 年，卒于 1924 年。他于 1870 年被选为牛津大学麦尔顿学院的研究员，从此就在该学院度过一生。但他从未为学生讲过课，而是专心写作，出版了四部著作和大量文章，其中的代表作是《逻辑原理》（*The Principles of Logic*，1883）、《现象与实在》（*Appearance and Reality*，1893）和《真理与实在论文集》（*Essays on Truth and Reality*，1914）。虽然布拉德雷身处具有经验主义传统的牛津，但他的思想却基本上属于绝对唯心主义。他在哲学上主要拥护黑格尔关于绝对精神具有实在性的观点,反对康德的自在之物。他明确地表示,"在精神之外没有,也不可能有任何实在,而且,任何东西其精神性越多,就越是真正的实在"①。但他从自己的立场出发提出了把逻辑和哲学与心理学区分开来的观点,这与当时身在德国的弗雷格的思想不谋而合。而且,他还根据这种区分,把对判断的分析,而不是对概念的分析当做逻辑研究的起点。因为在他看来,概念在不同的领域中可能具有不同的含义,但判断却可以保证使我们在使用概念时是用这个概念意指在任何条件下都是相同的事物。但由于他的逻辑观念来自黑格尔,所以他就把判断同样看做是表达观念的一种不同于概念的词项(term)。而且,他由此把一切关系都看做是处于关系中的事物必然具有的属性。这个观点通常被称做"内在关系说"。罗素对绝对唯心主义的最初反叛,就是反对布拉德雷的这个学说,提出了"外在关系说"。

　　美国的人格主义主要与宗教神学有着密切的关系,大多数人格主义哲学家同时也是神学家。豪伊森和鲍恩等人虽然是在大学中任教,但他们竭力宣扬的却主要是和宗教与道德、上帝与人、上帝与国家等问题有关的有神论思想。② 这种现象的出现,是由于当时美国的大学体制因袭了英国制度,大学生毕业后主要的工作选择就是做神职人员,因而在大学里讲授基督教神学就成为教师的主要工作。基督教神学中的上帝观念始终是与哲学中的形而上学问题密切相关的,上帝的存在与意志自由的问题,始终困扰着几个世纪的哲学家。因而,这就不难理解,为什么像人格主义这样的有神论哲学能够在美国大学中长久地存在,虽然它从来没有被哲学家们普遍接受。尽管如此,20 世纪初期在美国出现的这种人格主义对美国哲学的后来发展仍然具有重要的意义。这主要表现在,这种哲学重视对个体、自我的研究,强调有限个人的道德自由,在个体存在上坚持多元论而反对一元论。这些符合了美国文化传统中的独立意识,

① 布拉德雷:《现象与实在》,第 552 页,伦敦,1893。
② 关于美国人格主义哲学的详细情况,请参见涂纪亮《美国哲学史》第 2 卷,第 2 章,河北教育出版社,2000。

也与当时正处于形成阶段的实用主义所提倡的基本精神不谋而合。

除了人格主义之外,在 20 世纪上半叶的美国哲学中比较活跃的还有实用主义、新实在论和批判的实在论、自然主义和过程哲学等。实用主义、新实在论和批判的实在论以及自然主义与后来在美国影响重大的逻辑经验主义在许多思想观点以及理论旨趣上有相投之处,所以,我们将在后面的论述中结合它们与分析哲学的关系分别加以阐述。在这里,我们要特别指出,过程哲学不仅在 20 世纪初,而且在整个 20 世纪的美国哲学中都有很大影响。这种哲学的创始人是英裔美国哲学家怀特海。

怀特海(Alfred North Whitehead)1861 年出生于英国肯特郡,早年在剑桥大学攻读数学,1885 年毕业后留校任教 25 年,主讲数学和数理逻辑。1910—1913 年,他与学生罗素花了 10 年时间完成的三卷本巨著《数学原理》出版。1910 年,他移居伦敦,后担任帝国科技学院数学教授,直到 1923 年离开英国赴美。在这期间,怀特海主要从事科学哲学研究,对爱因斯坦的相对论作出了公认的较为深刻的解读,并开始了他的哲学思考。1924 年,怀特海应聘担任哈佛大学哲学教授,直到 1937 年退休。这是他形成和提出过程哲学的重要时期,其间出版了代表他主要思想的著作,主要有《科学和近代世界》(*Science and Modern World*,1925)、《发展中的宗教》(*Religion in the Making*,1926)、《过程与实在》(*Process and Reality*,1929)、《观念的历险》(*Adventures of Ideas*,1933)、《思想方式》(*Modes of Thought*,1938)等,其中《过程与实在》集中阐述了他的本体论和宇宙论观点,奠定了"过程哲学"的理论基础。

从本体论上讲,过程哲学就是一种把"过程"作为"永恒实体"的哲学;从认识论上讲,过程哲学是把"事件"作为自然实体并力图追求"永恒客体"的哲学。"过程""事件""客体"这三个概念构成了怀特海过程哲学的核心。在怀特海看来,世界就是一个过程,而过程就是实在;世界上的一切都处于变动和生成之中,这个过程是永无止境的,过程的中心就是我们的个体经验,人的直接感知或直觉决定了世界过程的变化;但是,在这个变化过程中仍然存在固定不变的东西,这就是"永恒客体",它们是一些纯粹的潜在可能性,但又是超时间的,永恒客体通过"侵入"(ingression)与现实实在发生联系。最后,永恒客体与现实实在又通过上帝被结合在一起,上帝是具有"缘起的""继起的""超体的"这样三重性格的现实实在。表面上看,怀特海的过程哲学是一种有神论的宇宙观,但实际上,它更接近于柏格森的生命哲学和詹姆斯、杜威的实用主义。怀特海对生命过程无止境的阐述和对现实实在抱有的超出宗教情感的热情关注,都使得这种过程哲学在 20 世纪 20—40 年代的美国哲学界获得了极高的声誉,怀特海也因此成为当时与杜威齐名的最有影响力的哲学家之一。

由于逻辑实证主义在美国的传播,与土生土长的实用主义一样,怀特海的过程哲学在 20 世纪 40—60 年代的美国的主流哲学中受到了冷落,他的名字更多地只是在涉及罗素或数理逻辑的发展史时才被人们提到。但在 60 年代之后,随着实用主义开始逐渐被人们重新重视,过程哲学似乎也重新找到了自己的位置。1965 年,美国东部的哲学家成立了"过程哲学研究会";1971 年创办了《过程哲学》杂志;1973 年,美国西部的哲学家又成立了"过程哲学研究中心"。这些组织和杂志的出现,极大地提高了美国哲学家对过程哲学以及对怀特海本人思想的研究兴趣,使得这种哲学一时又成为美国哲学领域中的重要力量。但与怀特海时代不同的是,在 20 世纪 70 年代之后,过程哲学不是被看做实用主义或生命哲学的同盟军,而是被放到了一种更为广阔的哲学背景中加以讨论。这就是 20 世纪 70 年代之后在西方兴起的后现代主义思潮。

后现代主义与政治哲学的兴起

我们在本套哲学史《现代欧洲大陆哲学》中已经看到,后现代主义最早出现于欧洲大陆的法国,随后才波及西方其他国家。但在英美等国,后现代主义有着不同于欧洲大陆哲学中的思想来源和哲学背景:宗教神学、建筑和绘画艺术、人类生存环境危机以及女性主义政治的兴起。在所有这些背景中,过程哲学是被放到宗教神学的语境中加以解释和阐发的。虽然这多少背离了怀特海当初倡导过程哲学的本意,但为这个哲学找到了在新的历史时代继续发挥作用的更好舞台。如今,围绕过程哲学研究而形成的"后现代科学"思想,已经成为当代美国后现代主义哲学中不可忽视的重要力量。①

当然,当代美国哲学中最有影响力的后现代主义思想来自理查德·罗蒂。他从挑战分析哲学开始,对整个西方哲学传统的许多根本性的观念进行了彻底性的摧毁,以实用主义的态度,试图重新确立哲学在人类思想和文明发展中的学科地位。

罗蒂(Richard Rorty)于 1931 年出生于纽约,1956 年在耶鲁大学获得哲学博士学位后留校任教两年,后在韦尔斯利学院(Wellesley College)任教三年,1961 年转到分析哲学重镇普林斯顿大学任教长达二十余年,1982 年离开普林斯顿,也离开了哲学系,开始担任弗吉尼亚大学的凯南人文科学讲座教授,1998 年起进入斯坦福大学比较文学系任教。罗蒂在美国哲学地位的确定得益于他编辑的《语言的转向》(The Linguistic Turn,1967)一书,他在该书的长篇"导言"中对语言分析哲学的产生和发展提出了一些批评,引起了当时美国哲学界的注意。1979 年,他出版了《哲学和自然之镜》(Philosophy and the Mirror of Nature),全面地批判了分析哲学以及整个西方哲学传统,在美国哲学界引起了轰动,被看做是当时美国哲学中一个重要事件。该书被翻译为 16 种语言,在全世界都产生了深远影响。随后,他出版了多部文集,最终使他成为当代美国哲学中后现代主义以及新实用主义的主要代表,也成为

---

① 参见中央编译出版社出版的两本相关文集《后现代科学——科学魅力的再现》(马季方译,1995)和《后现代精神》(王成兵译,1998),以及江怡主编的《理性与启蒙——后现代经典文选》(东方出版社,2004)。

"当今美国最有争议的哲学家之一"①。这些文集主要包括:《实用主义的后果》(*Consequences of Pragmatism*，1982)、《偶然性、反讽和团结》(*Contingency，Irony，and Solidarity*，1988)、《客观性、相对主义和真理》(*Objectivity，Relativism，and Truth*，1991)、《论海德格尔和其他》(*Essays on Heidegger and Others*，1991)、《真理与进步》(*Truth and Progress*，1998)、《哲学和社会希望》(*Philosophy and Social Hope*，1999)等。② 罗蒂曾于1985年和2004年两度访问中国。

　　罗蒂的哲学通常被称为"后哲学的文化"。这种哲学的最大特点是把"哲学"从科学法官的地位拉回到或降低为普通学科的地位,消除哲学在人们心目中的"神圣形象",用"小写的"哲学取代所谓"大写的"哲学。罗蒂写道:"在这样一个文化中,将不存在任何称作'(大写的)哲学家'的人,他们能说明文化的某些方面为什么和怎样能够具有一种与实在的特别关系。毫无疑问,在这样的文化中,也有能够理解事物如何关联的专家。但是这些人没有任何特别的'问题'需要解决,没有任何特别的'方法'可以运用,也没有任何特别的学科标准可以遵循,没有任何集体的自我形象可以作为'专业'。……他们是兴趣广泛的知识分子,乐于对任何一个事物提供一个观点,希望这个事物能与所有其他事物关联。"③但这并不意味着人们完全失去了对于西方理智生活来说曾经是核心的东西,相反,一种哲学可能是对先前文化的描述和概括。在这种意义上,我们这个时代的哲学就是希望为后代提供一种描述我们所遇到的各种描述方面的方法,也就是对人类迄今为止已有的各种描述的描述。在罗蒂看来,这就是一个后哲学文化中哲学所能做的一切。

---

① 黄勇:"译者序",载于罗蒂《后哲学文化》,黄勇编译,第1页,上海译文出版社,1992(以下所引此书均为此版本)。
② 除了《哲学和自然之境》(李幼蒸译,生活·读书·新知三联书店,1987)之外,国内还出版了另外两部罗蒂文集,即《后哲学文化》《后形而上学希望》(张国清译,上海译文出版社,2003)。
③ 罗蒂:《后哲学文化》,第15页。

如今在美国哲学中,围绕罗蒂思想的争议已经不是关于他对分析哲学以及西方哲学传统的批判,也不是他提出的"后哲学文化"概念,而是他对实用主义的解释以及他提出的一种具有政治哲学色彩的民主哲学和实用主义的文化策略。罗蒂是当代美国哲学中少有的乐于自诩为"实用主义者"的哲学家,但他并不喜欢"新实用主义"一词,而更愿意把自己称做"杜威主义者",虽然在许多批评者看来他解释的杜威并不是真实的杜威形象。但从罗蒂对杜威思想的解读中,我们可以清楚地看到罗蒂实用主义的基本特征:(1)运用诸如真理、知识、语言和道德这样一些观念的反本质主义;(2)反对关于"是"与"应当"、事实与价值、科学与道德之间的任何二元论,主张行动至上的一元论和价值取向上的多元论;(3)强调对话在人类精神交流中的重要地位,强调人类认识活动的可错性和暂时性。但正如许多批评者指出的,罗蒂是在借用杜威之口表达自己的哲学观念,"杜威的声音受到了罗蒂的哲学角色观的过滤",但他的训诂已经远远"超出了确当性",他在抛弃杜威的经验和科学方法观念时,是"把小孩和洗澡水一起泼掉了"①。

罗蒂从这种杜威式的实用主义立场上提出了他的政治哲学主张。他首先否认了政治以任何东西为基础,否认了关于人类存在内在本性以及历史具有既定目标的传统观点。他认为,哲学可以像其他学科一样对政治有所帮助,但这种帮助绝不是基础性的,而只能是零星的、偶然的或暂时的,而当政治与哲学发生冲突时,政治必须处于哲学的首位。罗蒂持有这种观点,是因为在他看来,哲学属于理论学科,而政治则属于实际学科,两者在学科性质上是完全不同的,所以无法把其中的一个看做是另一个的基础。其次,罗蒂还严格区分了公共事务与私人事务,他认为,哲学应当属于私人事务,就像文学艺术和宗教一样,但政治则属于公共事务。由于我们在实际生活中面对的更多的是公共事务,所以,我们必须更多地谈论政治,而不是谈论哲学。当然,罗蒂并没有把政治看做哲

---

① 萨特康普编:《罗蒂和实用主义》,张国清译,第3页,商务印书馆,2003。

学的基础,因为在他看来并不存在任何这样的基础。在政治与哲学的关系上,究竟何为首位,完全取决于我们是在谈论什么范围内的问题。这里充分体现了罗蒂在政治哲学领域中的实用主义策略。

值得注意的是,罗蒂近年来更多地关注政治哲学问题的讨论,而且对现实的政治问题直接产生了兴趣。这除了罗蒂本人在政治上的左派立场之外,还与当代英美哲学中出现的政治哲学的复兴有着密切的关系。自 20 世纪 70 年代以来,这种复兴始终是与罗尔斯的名字联系在一起的。

罗尔斯(John Rawls)1921 年出生于美国马里兰州的巴尔的摩,早年进入肯特学校学习,1943 年在普林斯顿大学获学士学位,随后进入美国步兵团,在新几内亚、菲律宾和日本服役,直到 1945 年第二次世界大战结束。1946 年,他返回普林斯顿大学攻读研究生,1950 年在该校获哲学博士学位并留校任教,1953 年起任教于康奈尔大学,1960 年起在麻省理工学院任教,1962 年后在哈佛大学哲学系任教,1991 年退休,1995 年正式离开讲台,2002 年 11 月去世,享年 81 岁。罗尔斯曾担任美国哲学协会主席(1974)、美国政治和法律哲学协会主席(1970—1972),还是美国艺术与科学学院、英国科学院、挪威科学院的院士。1999 年,他荣获由美国全国人文基金会颁发的全国人文学勋章,以表彰他为当代道德哲学和政治哲学作出的重要贡献。他的代表作《正义论》(*A Theory of Justice*,1971)被看做是 20 世纪后半叶最为重要的哲学著作之一,开创了以平等和个人权利为基础的政治哲学,是现代自由主义的重要代表。他的其他重要著作还包括:《政治自由主义》(*Political Liberalism*,1993)、《万民法》(*The Law of Peoples*,1999)、《论文集》(*Collected Papers*,1999)、《道德哲学史讲演录》(*Lectures on the History of Moral Philosophy*,2000)、《作为公平的正义》(*Justice as Fairness:A Restatement*,2001)等。

罗尔斯对当代哲学的重要贡献是他在自由主义的基础上对功利主义作出了重新解释,用"正义"取代了"利益"作为政治哲学的核心概念。

他建立在两个正义原则之上的自由主义改变了传统哲学对道德、利益、正义以及自由、平等等问题的讨论方式，极大地突出了个人权利和自由选择在得到社会正义过程中的重要作用。这两个原则就是：（1）每个人都拥有平等的权利，与他人一起同样享有最广泛的基本自由；（2）社会和经济上的不平等只有在下述两种情况下才能得以考虑，一是能预期地为社会当中的最少受益者带来利益，二是保证地位和官职向所有的人开放。他的思想被看做是复兴了被长期忽略的基于权利的社会契约论传统，同时，他对康德哲学的推崇使他坚持认为，人只能是目的而绝不能被作为手段。同样他还批评了极端自由主义，认为认真地对待权利必然包含了认真地对待社会平等。为了论证两个正义原则，罗尔斯提出了一些特别的观念，如"原初状态""无知之幕""差异原则"等等。这些观念以及他的主要观点在当代英美哲学中引发了一场关于自由主义的大讨论，逐渐使政治哲学成为当代英美哲学家们热衷关注的重要领域之一。其中自由主义与社群主义之间的争论是当代政治哲学中的热点之一。这是以麦金太尔（A. MacIntyre）和桑德尔（M. Sandel）等人为代表的社群主义对以罗尔斯为代表的自由主义的挑战。

　　麦金太尔在《追求德性》（1981）和《谁之正义？何种合理性？》（1988）等著作中通过反思和批判启蒙运动所带来的一系列关于道德合理性论证，指出应当在现代社会恢复自亚里士多德以来一直存在于西方德性历史中的古典德性传统，这个传统的特征就是强调个人生活的整体性，以历史主义的方法保留共同体利益在决定个人权利中的关键作用。他认为，启蒙运动失败的一个重要原因就是割裂了事实与价值的关系，所谓的直觉主义、情感主义、非认识主义、描述主义和规约主义等都是以否定价值领域中的事实为前提的。麦金太尔提出了"功能性"概念，其中既有事实标准和价值标准，也能体现事实与价值的差别。事实标准与价值标准共处于一个"功能性"概念，弥合了所谓事实与价值之间的"承担裂隙"，这无疑为事实与价值、"是"与"应当"之间关系问题的解决提供了思路。同样，作为社群主义重要代表的桑德尔也指出，他们与自由主义的主要区别并不在于是否强调权利的重要性,而在于是否认为权利优先于善或利益。他认为,正义与善或利益密切相关,正义原则应从特殊共同体或传统中人们共同信奉或广泛分享的那些价值中汲取其道德力量。因而,"共同体的价值规定着何为正义、何为不正义"[1]。

当然,自由主义与社群主义之间的争论仅仅是当代英美政治哲学中一个组成部分。事实上,在政治哲学和道德哲学领域,当代英美哲学家们做了大量的工作,提出了许多关于民主、权利、自由、公正以及道德、伦理和价值规范等方面的理论观点,形成了不同的学说流派,如诺齐克(R. Nozick)的放任自由主义、安斯康(F. J. Anscombe)等人的德性伦理学等。但无论是罗尔斯还是诺齐克和安斯康,他们都是经过了分析哲学洗礼成长起来的哲学家,他们思考问题的方式以及一些基本出发点都或多或少地具有分析哲学的痕迹,虽然他们本人并没有明确表明这一点。这是因为,在他们思想形成的那个年代,分析哲学已经在英美哲学中占据了主导地位,分析的思维方法支配着英美哲学家思考问题的方式。

分析哲学:理性主义还是经验主义

从思想的继承性上看,现代英美分析哲学基本上属于经验主义传统。[2] 无论是罗素、维特根斯坦和维也纳学派,还是当代美国分析哲学家,他们大多承认自己的思想来源于休谟的经验主义或与其他传统经验主义者的思想有着密切的血缘关系。即使他们没有明确地表明这一点,但他们强调对句子的经验证实和人类认识的可错性特征,也揭示了这种哲学的经验主义倾向。然而,早期分析哲学家强调逻辑对经验的在先性,提倡以逻辑分析的方法处理语言的意义问题,卡尔纳普和塔尔斯基(A. Tarski)等人甚至提出以逻辑的方式构造世界和建立纯粹形式的语

---

[1] 桑德尔:《自由主义与正义的局限》,万俊人等译,"第2版前言"第3页,译林出版社,2001。
[2] 本卷中的"经验主义"和"经验论"完全作为同义词使用,仅仅是为了论述上的方便而在不同的地方分别使用了这样两个词。同理,"理性主义"与"唯理论"也是作为同义词使用的。

义学等主张,这些又使得这种哲学具有了理性主义的特征。这样,究竟是理性主义还是经验主义,往往就成为在理解分析哲学性质时困扰我们的一个重要问题。

事实上,正如在近代哲学中一样,现代哲学中同样存在着理性主义与经验主义并存的情况。有时,我们很难严格地区分某个学派或观念中的这两个成分。但从总的哲学倾向上看,我们还是可以大致地看出某些流派分别属于这两种不同的传统。在这里,我们简要地了解一下这样两个哲学家的思想,一个是物理学中的操作主义哲学家布里奇曼,一个是语言学哲学中的理性主义哲学家乔姆斯基。

布里奇曼(P. W. Bridgman)1882 年出生于美国马萨诸塞州的坎布里奇,1900 年就读于哈佛大学,主攻物理学和数学,1908 年获哲学博士学位,后留校在物理学系任教,1919 年担任物理学教授,1926 年任数学和自然哲学教授。1942 年,他担任美国物理学学会主席。他曾任美国科学院院士,并任英国、墨西哥和印度科学院的外籍院士。1961 年因癌症恶化而自杀。布里奇曼在哲学上主要接受了实用主义创始人皮尔士和杜威思想的影响,早在 1914 年就开始进行操作主义研究,1922 年出版《量的分析》(*An Analysis of Quantity*),具体实施操作主义方法,1927年出版《现代物理学的逻辑》(*The Logic of Modern Physics*),系统地提出他的操作主义理论。他在哲学上的其他重要著作还有《物理理论的性质》(*The Nature of Physical Theory*,1936)、《一个物理学家的反思》(*Reflections of a Physicist*,1950)、《我们某些物理概念的性质》(*The Nature of Some of Our Physical Concepts*,1952)、《事物存在的方式》(*The Way Things Are*,1959)等。

布里奇曼从他的物理学研究和实验活动出发,根据实用主义的基本思想,认为一切自然科学理论都必须直接地或间接地建立在实验操作的基础之上。在他的思想中,"操作"和"操作分析"是哲学分析以及一切科学研究的核心概念。他的操作主要是指"实验室操作"或"仪器操作"和"精神操作"或"智力操作"这样两部分。他认为,实验室操作的主要任务是测定各种物理量,而感觉器官是实验室操作中最基本的仪器,因为一切实验操作的显示最终都要通过人的感觉器官加以感知。他理解的"精神操作"或"智力操作"就是指科学家们在科学研究过程中的思维活动,它包括了科学家们进行数学和逻辑演算的"纸和笔的操作"以及科学家们进行交流时必须完成的"言语操作"。他完全接受了皮尔士对概念意义的定义,认为任何概念都意味着一组相关的操作,或者说,一个概念的意义就在于与这个概念语词相应的那些操作的总和。他还根据这种操作分析的原则,反对试图用确证和验证事物存在的仪器去确认任何事物存在的做法,由此否认了诸如"时间""空间""微观客体""场""真空""光"等物理概念所反映的客观事物的存在。

布里奇曼的操作主义基本上属于实用主义的阵营,在认识论上采取了彻底经验主义的立场。他不仅强调了经验在获得概念意义中的决定作用,而且反对一切先天知识或先天原则,强调特殊而否定一般。在他看来,操作只能是在有限的或具体的时间内进行的,任何操作都具有不可重复性,这样,知识就只能是关于具体时空位置上的事物的知识。由此,布里奇曼也反对一切理论构造和形而上学反思活动。这种操作主义在物理学和其他自然科学领域中有很多的支持者,被看做是"最符合科学研究实际情况"的哲学说明。但由于它过分强调了经验的特殊性而否认了经验的普遍性,因此,操作主义在布里奇曼去世之后就很快失去了它的哲学影响力。

与布里奇曼相反,乔姆斯基(A. N. Chomsky)则是一个比较极端的理性主义者。他于 1928 年出生于美国宾夕法尼亚州,1945 年进入宾夕法尼亚州立大学攻读语言学、哲学和数学,师从结构主义语言学家哈里斯(Z. Harris)和分析哲学家古德曼(N. Goodman)等人,1955 年以论文《转换分析》获得哲学博士学位,随即进入麻省理工学院,历任助教、副教授和教授,1966 年担任华德讲座语言学教授,1976 年担任麻省理工学院院级教授。他曾访问哈佛大学、牛津大学、剑桥大学、加州大学洛杉矶分校和伯克利分校、普林斯顿大学等,目前担任美国科学院院士和英国科学院通讯院士等职。他的第一部著作《句法结构》(*Syntactic Structure*，1957)简明扼要地陈述了他的转换生成语法理论,奠定了他在现代语言学和语言哲学中的重要地位。他在语言学和语言哲学方面的重要著作还有《句法理论的若干问题》(*Aspects of the Theory of Syntax*，1965)、《笛卡尔主义的语言学》(*Cartesian Linguistics*，1966)、《语言和心灵》(*Language and Mind*，1968)、《当前语言学理论中的问题》(*Current Issues in Linguistic Theory*，1969)、《生成语法的语义学研究》(*Studies on Semantics in Generative Grammar*，1972)、《语言理论的逻辑结构》(*Logical Structure of Linguistic Theory*，1975)、《语言论》(*Reflection on Language*，1975)、《形式和解释论文集》(*Essays on Form and Interpretation*，1977)、《规则和表达》(*Rules and Representation*，1980)、《语言知识》(*Knowledge of Language*，1986)、《生成语法》(*Generative Grammar*，1987)、《语言和政治》(*Language and Politics*，1988)等。

在语言学上,乔姆斯基以创建"转换生成语法"而著名,这种语法的核心是以一套语法规则把表层的语言现象转换为深层的语法结构,并根据这种结构生成出新的语言。在这种语法解释中,表层结构与深层结构的区分至关重要,它决定了一切现实语言活动的理性根源。正是从这种基本观念出发,乔姆斯基认为,各种语言的背后之所以存在共同的深层结构,完全是因为在人类心灵中存在一种共同的先验结构,这是一种人类先天具有的创造和理解语言深层结构的能力,它在无意识中支配着人类的语言活动。根据对语言的表层结构和深层结构的区分,乔姆斯基把人类的语言活动也区分为"语言运用"和"语言能力",突出了人们的语言能力决定对语言的运用。这些都突出表明了他思想中的理性主义特征。他认为,如果我们可以把语言看做是一种心理对象,心理是可以通过语言反映出来的,那么,研究语法就是研究心理的最好途径,因而语言学就可以被看做是一种特殊的心理学。他由此自诩为"心理学的实在论者"。他特别强调普遍语法的存在和重要性,但又把这种语法存在的必然性解释为生物学意义上的,即人类是通过物种遗传而得到这样的语法。这使他的思想具有了一定的进化论色彩。

乔姆斯基在语言学哲学中提倡的这种理性主义观点,被看做是近代笛卡尔天赋观念论在现代的延续,莱布尼茨的"普遍语言"和冯·洪堡(von Humboldt)的"语言形式理论"等都对这种观点的形成产生过重要影响。但乔姆斯基更注重从运用语言的经验材料中获得证明他的理性主义语言学理论的证据,这又与笛卡尔和莱布尼茨的具有猜想性质的语言观念有所不同,更具有一些经验的色彩。

的确,在现代英美哲学中,理性主义和经验主义是相互渗透、互为影响的,不仅被看做理性主义代表的乔姆斯基思想中存在经验主义的因素,而且被看做经验主义代表的实用主义哲学中仍然存在着理性主义。从广义上理解,英美哲学中的所有理论和思想都应当属于理性主义的阵营,因为它们都强调以理论思维的方式描述或解释经验现象;但它们又明显地继承了哲学史上的经验主义传统。这就使得现代英美哲学呈现为复杂多样的理论形态和表现形式。

第一章　19世纪末实证主义的复兴

第一节　实证主义产生的哲学背景

作为西方哲学中的一种传统,"实证主义"通常是指关于人类知识的一种特定的哲学态度。它不是去预先假设人类是如何得到知识的,也不提供关于知识的心理学或历史学的基础。实证主义是关于人类认识活动的一套规则或评价标准,它告诉我们关于世界陈述中的哪些内容是属于知识的范围,并为我们提供可以用来区分能够与不能够合理地提出问题的准则。因而,实证主义是一种规范的态度,关涉我们如何使用"知识""科学""认识""信息"等术语。同样,实证主义的原则也区分了哲学和科学的争论中哪些属于值得深入探索的问题,哪些又属于不可能得到解决或不值得考虑的问题。①

一　实证主义的历史

作为一种具有明确规定的哲学思潮,实证主义始于19世纪法国哲

---

① 参见科拉科夫斯基《理性的异化:实证主义思想史》,第2—3页,纽约,双日出版社,1968。

学家孔德的"实证哲学";但作为一种哲学传统,实证主义却根植于古希腊以来的西方哲学之中。根据当代波兰哲学史家科拉科夫斯基(L. Kolakowski)的分析,古希腊斯多亚学派的怀疑论提出的一种现象主义观点应当被看做实证主义的雏形。这种观点认为,经验能够使我们确定给定的对象是否具有这样或那样的外表,但我们却无法由此推断对象事实上的确正如它的外表所呈现的一样,因而我们必须区分经验材料的真实内容与我们由此推断的事物自身具有的性质。① 中世纪晚期的罗吉尔·培根和奥康的思想,同样表达了一种关于人类认识范围和有效性的实证主义观点,他们在与目的论神学的论战中强调了人类技术对自然的控制作用。如罗吉尔·培根就明确指出,知识的价值只能用使用的效果加以衡量,而获得知识的唯一合理手段就是实验和几何推演;奥康以"极端唯名论"的方式提出的"奥康剃刀"清除了一切被认为是不必要的实体,严格区分了尘世的知识和宗教的信仰,认为后者是无法证明的,也是无需证明的。当然,中世纪经院哲学在反对亚里士多德的实体学说中起主要作用的是唯名论,而唯名论本身并不是一种实证主义观点,因为它关心的仍然是知识的构成和来源,而不是关于构成知识的原则和标准。而且,中世纪晚期的一些经验主义萌芽,主要关注的也是如何得到事物本身,虽然不再是传统意义上的"本体",而是大自然撒播于一切生灵之中的初隐"力量"。

　　实证主义的思想在 17 世纪开始呈现最初形态,它与近代机械论的出现有着密切的关系。伽利略的科学观直接形成了与传统世界观的对立:科学的任务不是去增加自然及其属性的数量,而是大量地去描述一切可以测量的现象。伽利略的理想实验超出了经验材料的范围,开始确立科学理想的重要性,即为一切实验确立理想条件。这正是后来的实证主义哲学确立科学规范的开端。17 世纪实证主义思想的最主要代表是伽桑第(P. Gassendi),他在 1624 年的文章中直接反对亚里士多德主义,

---

① 参见科拉科夫斯基《理性的异化:实证主义思想史》,第 11 页,纽约,双日出版社,1968。

宣称形而上学的思辨是没有结果的,而合理的目的论思想也是不可靠的。他认为,一切值得探究的知识都会是不完善的,我们基于天生的认知手段而得到的东西,都不过是具有可能性而已,这样的知识是无法宣称可以发现世界的"本性"或万物的"本质"的。伽桑第的思想反映了法国知识分子思想通常具有的朴实特征,即不要询问用定义无法回答的问题,如关于上帝的问题或关于宇宙本性的问题,我们只能对各种不同的答案保持开放的心态,以便将来的科学能够给出更好的回答。

从今天的角度看,17 世纪西欧哲学中发生的重要事件是笛卡尔的《谈谈方法》(1637)、《第一哲学沉思集》(1641)和莱布尼茨的《单子论》(1714)的出版,因为正是这些著作开始把整个西方哲学真正引入对人类知识的性质及其形式的考察,而哲学才第一次被明确地规定为"正确指导理性和寻求科学真理的方法"(笛卡尔)。从此,"理性"在哲学话语中占据了核心地位,并成为衡量一切人类知识的最高准则。虽然在严格的意义上不能把笛卡尔和莱布尼茨看做是实证主义者,但他们却持有实证主义者的一个共同信念,即认为任何以不可见的力量去解释世界的努力都是徒劳的,我们不能为以无法清楚地表达的东西去解释自然过程而留下地盘。在笛卡尔和莱布尼茨看来,科学应当使世界摆脱神秘,应当用真实的知识填补我们认识上的空白,而不是用华丽的辞藻去掩饰我们的无知。所以,笛卡尔就用外延概念去解释传统的带有神秘色彩的实体,而用思想去解释被看做思维之实体的灵魂。虽然从当代语言哲学的角度看,笛卡尔对物质与灵魂的绝对分离是造成后来西方哲学陷入身心问题困境的根源,但在 17 世纪的哲学中,笛卡尔把广延的实体和思维的实体区分为物质(外延)和思想(灵魂),这种做法却具有重要的历史意义。至少有一点是非常明显的,即笛卡尔把一切实体都放到了保证清晰确实的理性显微镜下观察,发现在所有声称隐藏了某种本质的实体理论中都没有任何真正有意义的、对自然的描述有所贡献的内容。因为在他看来,我们所能看到的都是实际的事物属性,而在这些属性背后并没有什么隐藏的"自然"。他把自己的使命看做是发现可以接受为绝对必然的而不只是纯粹分析的真理,而这样的真理就只能用数学的形式来表达,"因为遵循正确的秩序和精确地陈述我们正在研究的所有情况,这就是那个赋予算术规则以确定性东西的全部"①。由于经验知识本身具有欺骗性和不确定性,其内容也缺乏任何必然性,它们无法使我们达到任何确定的关于存在的断定,所以,笛卡尔提出,我们就只能在其他地方去寻找毋庸置疑的知识标准,而数学作为演绎知识的模式恰好可以在科学中得到普遍运用,我们由此也才能够建立起作为必然真理的自然科学。正是在这种思想的支配下,笛卡尔甚至提出,要得到关于物体的运动及其相互作用的基本规律,完全可以不需要经验的材料,而只需要仔细地分析"外延""物体""运动""阻力"等概念就可以了。

从表面上看,笛卡尔的这种思想的确与实证主义者追求必然真理的理想有相似之处。然而,至少作为一种哲学方法,实证主义还有一条最为重要的信念,即知识只有在具有分析特征的情况下才是必然的,就是说,可以称做具有必然性的知识并不是关于世界的知识,而是具有重言式特征的一些命题,它们的真是由构成它们的那些词的意义决定的,这并不要求经验的或实验的证实标准。这样,在实证主义者看来,必然的知识并不告诉我们世界实际上是什么样子,也不包括任何存在性的判断,不涉及世界中所发生的一切现实的过程。但在笛卡尔看来,真正有价值的知识不仅仅是要告诉我们实际发生的某些东西,而且要告诉我们这些东西是必然要发生的。这种看法的前一点把他与实证主义者区分开来,而后一点则把他与经验论区分开来了。

在强调知识的必然性方面,莱布尼茨比笛卡尔更为彻底。在他看来,一切经验知识都是偶然的,我们既无法通过这种偶然的知识去把握世界,又无法用这样的知识去证明世界的存在,所以,我们就只能用充足的理由律去证明世界的存在就是世界的本质,因为只有在这样的同一性命题中,我们才能看到必然的知识。而这样的必然知识也只有几何学的

---

① 笛卡尔:《方法谈和沉思》,第 17 页,麦克米伦/人文教育书库,1960。

分析真理才能向我们提供。由于莱布尼茨曾周游列国,对当时的世界版图拥有丰富的经验知识,因而在他看来,几何学本身并不能从经验的积累中得到,而只能是来自对上帝本质的认识。他提出的"普遍语言"概念就是一种对人类认识表达可以采用的普遍形式的理想。用现代语言来说,这种"普遍语言"概念就表现在用逻辑语法建立起来的一种"理想语言",在这种语言中,所有的词都只有在句子中才有意义,而所有的句子又都是通过对所包含的词的意义的分析而得到意义的,所以,这种语言中的句子只能是分析的,或者说在性质上是分析的。

18世纪的英国经验论对笛卡尔主义的一个主要攻击,就是对必然知识的这种独断论主张。巴克莱认为,所谓必然知识,应当包括对经验事实的判断,因为只有来自经验的判断才能成为我们知觉的内容。在他看来,如果我们试图准确地阐明所谓的"所予"(given)的本质,我们就会发现它就在于不可观察到的物理对象的性质。而由于我们无法离开感知而达到这样的性质,所以,对"所予"的本质的认识也只能是在我们对对象的感知中。而且,根据他的观点,由于根本不存在离开了感知的任何本质,所以我们对这种本质的认识也是不可能的。他写道:"我担保,可感知事物的存在就在于它们是可以被感知的,而不是它们实际上被感知。"①巴克莱与实证主义者的一个重要区别是他否认了物质实体的存在,或者说,否定了对世界存在的形而上学说明,仅仅强调由感知所构成的经验命题对世界本质认识的关键作用。但他的思想中仍然存在与实证主义的相似之处,这就是,希望祛除一切对人类知识无关紧要的或有害的说法,要求一切真正的知识都必定是能够经受对表达这种知识的句子意义的分析的。

从今天的角度看,在18世纪后逐渐形成的所谓唯理论与经验论之间表面对立的背后,其实隐藏着一种深刻的一致,这就是对关于世界的

---

① 巴克莱:《海拉斯和菲奥诺司的三个对话》,第68页,印第安纳珀利斯,哈克特出版有限公司,1979。

偶然知识与关于永恒之物的必然知识的严格区分:对笛卡尔和莱布尼茨来说,只有在性质上为分析的知识才是必然的,但这样的知识不是关于世界的,而是一些重言式命题,它们表现为某些必然发生的内容,而且它们是无法通过经验的手段得到的,只能是来自某种先天的东西,这就为上帝的存在留下了合理的证明。同样,巴克莱明确地区分了在我们的感知中呈现的内容与无法有效地引入感知中的东西,如物质的存在。巴克莱区分的目的是为了证明"存在即被感知",但他由此也表明了对物质世界的态度,即从经验感知中消除关于世界存在的无神论解释。从唯理论与经验论的对立中可以看出,它们实际上是对这样两种知识区分采取的截然不同的选择态度:唯理论明显地反对关于世界的偶然知识,强调对永恒之物的必然知识的把握;经验论则反其道而行之,认为即使是数学和几何学的命题,同样源自经验,同样是对经验材料的概括而已。

休谟(D. Hume)在西方近代实证主义思想的形成中起到了重要作用。虽然他通常被看做是经验论的主要代表,但他在处理两种知识的关系上却与洛克、巴克莱等人的经验论有着很大的不同,而且正是这种差别使得当代哲学家把休谟放到了实证主义的阵营。逻辑实证主义者把休谟看做是他们思想的先驱之一,而科拉科夫斯基则直接把他称做"实证主义哲学的真正鼻祖"。

休谟区分了"印象"和"观念",但认为关于观念之间关系的知识是不需要观念之外的经验观察的,它们只是由相似、相反、不同程度的性质以及数量等关系构成的。对这些关系的研究是数学学科的内容,与外在的世界无关,数学命题的真取决于这些命题所使用的概念以及概念之间推理关系的自明性。休谟由此认为,虽然关于事实的判断告诉了我们关于存在的内容,但它们却不包含必然性的知识,所以,人类关于事实判断的经验知识是有局限的,从这样的知识中我们无法得到关于必然性的知识。休谟怀疑论的要旨就是否定了所谓的"规律"命题反映了事物自身的必然性,而认为必然性只能存在于我们的心中,存在于我们由联想产生的思维习惯之中。休谟对"因果"概念和"本体"概念的批判,导致了后来的实证主义者完全抛弃实在论的形而上学,否认存在任何先天的认识对象,放弃对科学中的必然因果性的追求,主张对知识采取概率论的立场。可以说,从19世纪初开始复兴的整个实证主义哲学思潮,都是沿着休谟的怀疑和批判的思路展开的。

二 实证主义复兴的哲学背景

当然,实证主义在19世纪欧洲的复兴还与当时的哲学背景有关。根据当代著名的哲学史学家科普尔斯顿(F. Copleston)和哈姆林(D. W. Hamlyn)等人的分析,19世纪的欧洲哲学中存在两种完全不同的哲学倾向,一种是在德国哲学中占主导地位的黑格尔唯心论以及对它的反对,一种是在英国和法国哲学中占主导地位的经验论哲学以及对它的反对。① 我们在前面的章节中已经看到,黑格尔通过对理念的逻辑推演建立的绝对精神体系,遭到了他的同时代人叔本华以及随后的尼采和克尔凯郭尔(S. Kierkegaard)等人从不同立场和角度的批判,由此形成了19世纪后半叶风起云涌的唯意志主义、生存哲学以及所谓的后黑格尔哲学,当然还有在黑格尔哲学内部出现的新黑格尔主义。这些不同思潮虽然形式各异,观点分歧,但都可以看做是对黑格尔唯心论的不同反映,这就使得黑格尔哲学的影响力一直延续到19世纪末。但在19世纪英国和法国的哲学界,情况则完全不同。

在英国,19世纪初最有影响力的哲学家是詹姆士·密尔(J. Mill)和边沁(J. Bentham)。詹姆士·密尔是后来成为英国实证主义哲学最大代表的约翰·斯图尔特·密尔(旧译"穆勒")的父亲。他的《人类心灵现象分析》(1829)成为当时的联想主义的大众手册。这种联想主义的基本原则主要来自休谟,但又结合了英国心理学家哈特利(D. Hartley)在他的《人之观察》(1749)中提出的关于心理学的一般原则。根据这些原则,一

---

① 参见科普尔斯顿《从梅因·德·潘恩到萨特》,载于科普尔斯顿《哲学史》第9卷,伦敦,探索出版社,1975(以下所引此书均为此版本);哈姆林《西方哲学史》,伦敦,企鹅出版社,1987。

切心理现象都可以派生于某些原子感觉,因为一切观念都依赖于印象,而一切复杂印象又都依赖于更为简单的印象。边沁把心理学上的享乐主义视为人类行为的支配原则,认为痛苦与快乐是人类的"主宰"。他由此派生出著名的功利主义道德原则,即人类行为的唯一目的就是要获得最大数量的最大快乐。这个理论后来被 J. S. 密尔进一步推向极端。但边沁本人并没有完全意识到他所提倡的道德心理学原则会产生如此的功利主义,他在《道德与立法原则导论》(1789)中只是表明了一种可以被普遍接受的立法标准和具体实施惩罚的使用标准,即惩罚的程度只有在它具有普遍的功用时才可以被认为是合理的。事实上,J. S. 密尔的《功利主义》(1863)就是对边沁这个理论的进一步发挥,使之具有更为普遍的道德意义。

　　然而,当经验论在英国大行其道,而黑格尔主义在德国已落入末途并将被新康德主义取而代之的时候,黑格尔主义却开始在英国(主要是在牛津)逐渐兴起。但这种英国式的黑格尔主义与德国的不同,它更注重理念发展的认识论层面,带有一些英国经验论的影子。而且,如布拉德雷这样的唯心论哲学家甚至否认自己是黑格尔主义者。英国黑格尔主义的特点就是用康德的认识论修正黑格尔的"纯粹精神"概念,其中的主要代表是格林、鲍桑葵和布拉德雷等人。格林反对经验论或感觉论对原子感觉的强调,认为对实在的认识必须包括对关系的认识,但关系本身不是由关系者带来的,而是由心灵赋予的。鲍桑葵特别在逻辑学和美学思想中继承了黑格尔的传统,被看做是最为正统的黑格尔主义者。当然,19 世纪英国最大的绝对唯心论者还是布拉德雷。但他的思想主要形成于 19 世纪中后期,主要著作《逻辑原理》和《现象与实在》都出版于 19世纪晚期,所以他的思想对 19 世纪英国实证主义的产生没有带来直接影响,却成为 19 世纪末 20 世纪初英国新实证主义产生的直接导火索。

　　在法国,由于受到 18 世纪启蒙运动的深刻影响,19 世纪的法国哲学从一开始就带有明显的社会政治色彩。哲学家们关注的问题都不是德国或英国哲学那样抽象玄妙的形而上学问题,而是非常具体的问题。如

19 世纪初较为著名的法国哲学家团体"意识形态者"(les idéologues)就明确地把研究人类观念和语言表达的起源作为他们的重要目的之一。其中的主要代表人物德·莱西(D. de Tracy)在《意识形态原理》(1801)第 1 卷中明确指出,他要关心的不是通常意义上的意识形态,而是人类的语言能力和其他天赋能力,认为这种研究正是为逻辑学、伦理学和经济学等学科提供基础。在他看来,这样的一些能力主要包括情感、记忆、判断和意志。而 19 世纪初最著名的法国哲学家德·拜伦(M. de Biran)则直接把研究人类的思维能力作为自己的工作方向。他的《习惯对思维能力的影响》(1802)一文为他获得了法兰西学院的奖励,1805 年又以另一篇论思想的文章再次获奖,并由此被选为法兰西学院的院士。[①] 与德国哲学家不同,法国哲学家在讨论思想能力或观念起源时并不是求助于先天的观念作用,而是更加唯物地从物理学、生理学、化学或心理学等学科中获取资源,把人类观念和语言的形成看做是一个自然的过程,是人类大脑中所发生的各种反应的产物。最典型的例子就是卡巴尼斯(P. J. G. Cabanis)所说的名言:"大脑分泌思想就像肝脏分泌胆汁一样。"法国哲学的这个特点正是孔德实证哲学得以产生的深厚思想根源。

　　除了强调从各门自然科学中寻找思想资源之外,19 世纪的法国哲学还特别关注政治和社会问题,哲学家们的思想往往带有明显的政治取向和社会哲学目的。从历史的角度看,这是受到法国大革命的深刻影响,但从哲学的角度看,这与法国哲学的浪漫主义的思想传统有着密切的联系。在政治哲学领域,19 世纪上半叶的法国官方哲学是所谓的"折中主义"(Eclecticism)。它竭力鼓吹制度化的君主立宪体制,反对拿破仑时代的独裁统治,但又反对当时的社会理论家所宣传的革命尚未成功的主张。以罗耶-阔拉德(P. Royer-Collard)、孔辛(V. Cousin)和约夫里埃(T. S. Jouffroy)为主要代表的这种折中主义反映了资产阶级的妥协精神。他们把自己的政治理论看做是一种明智的折中主义,能够取各种不

---

① 参见科普尔斯顿《从梅因·德·潘恩到萨特》,载于科普尔斯顿《哲学史》第 9 卷,第 22 页。

同体系中的精华,将其结合为一种有效的政治和社会结构。他们的哲学立场是唯物主义和无神论以及孔狄亚克的感觉论。在社会哲学领域,以傅立叶、圣西门和蒲鲁东为主要代表的所谓社会改革主义者坚持认为法国大革命没有完成历史使命,但要建立一种理想的社会结构并不需要流血的革命,只需要进行一定程度的改革。他们的社会主张通常被看做是一种乌托邦而遭到马克思等人的深刻批判,但他们的社会理想却反映了法国哲学家和一般知识分子特有的浪漫主义精神。这也是孔德的实证哲学得以建立的思想背景。

第二节 孔德的实证哲学

一 生平与著作

奥古斯丁·孔德(Auguste Comte)于 1798 年 1 月 18 日出生在法国的蒙彼利埃,父亲是一个地方税务官。他很小的时候就表现出数学天赋,16 岁时就给同龄的孩子讲授数学。14 岁时宣布自己不再是天主教徒,同时宣布自己是一个共和主义者。1814—1816 年,他在巴黎的埃克理工学院学习,从此形成了他认为社会只能由科学精英来组织的观点。1816 年他由于反对该学院的保皇做法而被驱逐,次年夏天成为圣西门的私人秘书而开始了他的社会改革事业。虽然七年后由于孔德对圣西门在发表文章署名问题上的不满而与之分道扬镳,但圣西门关于科学方法对人类新科学所起重要作用的思想却对孔德产生了很大影响,使他后来坚信,每门科学的进步都是普遍的科学方法在历史中的胜利,并认为,对社会的重新组织必须依靠关于人类行为和人类社会关系的新科学。

1826 年 4 月 2 日,孔德在家中开始进行他的公开系列讲座"实证哲学"。但讲了三次之后,他的身体由于长期的超负荷工作而垮了下来,不得不住院治疗半年。后来在健康未愈的情况下又继续讲座。他当时的身体状况和精神状况都极其恶化,1827 年甚至企图自杀。他的"实证哲

学"讲座前后持续了三年,直到 1830 年他的第 1 卷《实证哲学教程》正式
出版。随后各卷分别出版于 1835、1838、1839、1841 和 1842 年。他在随
后的生活中一直是在艰难度日,入不敷出,仅靠在埃克理工学院的短期
微薄收入和朋友们的不时接济,其中包括英国的密尔对他的帮助。他的
讲座以及发表的著作在当时也没有给他带来更多的经济收入和良好的
社会影响,他在当时的社会地位完全是依靠他自己后来组建的"实证主
义学会"(1848)和"人类宗教的普遍教会"(1849)而吸引了一些门徒和追
随者。他在晚年还曾向耶稣会的上层提议要结成联盟,共同反对西方的
无政府状态。1857 年 9 月 5 日,孔德病逝于巴黎。①

孔德生前发表了众多著作和文章,涉及的领域包括哲学、数学、天文
学、政治学、宗教、社会学、文学等与人类思维活动和社会活动有关的方
面。除了六卷本的《实证哲学教程》(*Cours de Philosophie Positive*,
1830—1842)之外,主要还有《解析几何初论》(*An Introduction to
Analytical Geometry*,1843)、《关于大众天文学的哲学论述》
(*Philosophical Treatment on Popular Astronomy*,1844)、《论实证精神》
(*An Essay on Positive Spirit*,1844)、《实证政治学体系》(*The System
of Positive Polity*,1851—1854)、《实证教义问答》(*Catechisme
Positiviste*,1854)、《主观的综合或关于人性规范状态的普遍观念体系》
(*The System of a General Conception of Subjective Synthesis or
Human Normality*,1856)。

二 实证哲学的性质与结构

实证哲学是孔德整个思想体系的核心,"实证主义"的观念引发了他
对科学、哲学、宗教、社会、政治等不同领域中问题的重新思考,并在这些

① 有关孔德生平的详细情况,可以参见斯坦德利《奥古斯丁·孔德》,波士顿,特温出版社,
1981;对他的思想介绍也可以参见密尔《奥古斯丁·孔德和实证主义》,密歇根大学出版社,
1961;或参见科拉科夫斯基《理性的异化:实证主义思想史》,纽约,双日出版社,1968。

领域中分别建立了自己的理论框架,使他成为当代实证科学、实证主义哲学、实证宗教、实证的社会学和实证的政治学的先驱。从哲学史的角度看,孔德实证哲学的意义不仅是开创了现代实证主义的传统,而且把整个西方哲学引到了一条完全不同于德国唯心论和英国经验论的道路,这就是现代哲学追求知识的评价准则和表达形式的道路。

在《实证哲学教程》第1卷中,孔德就开宗明义地表达了他所谓的"实证哲学"的性质和意义。他首先提出,为了清楚地阐明这种性质,就必须从总体上概览人类精神的发展过程,因为一个概念只有通过它的历史才能得到理解。在这里,他就提出了著名的人类精神发展的三个阶段说,即神学的或虚构的阶段、形而上学的或抽象的阶段、科学的或实证的阶段。他写道:

> 为了研究人类思想在其各种活动范围内的全部发展,从其初现曙光直到我们这个时代,我相信,我发现了一个基本规律,它来自无法改变的必然性,在我看来是得到坚实确立的,或者是来自关于我们本性的知识的理性证明,或者是来自历史的考察,一种对过去的审视。这个规律就是,我们的每一个主要观念,每个知识分支,都前后经过了三个不同的理论状态:神学的或虚构的,形而上学的或抽象的,科学的或实证的。换言之,人类心灵依其本性在所有的探究中都会使用三种哲学方法,它们是在本质上不同的甚至是相反的性质:首先是神学的,然后是形而上学的,最后是实证的。所以关于这整个现象就会有三种相互排斥的哲学或观念体系:第一个是人类思想的必要起点;第三个是它确定的、最终的状态;第二个只是一种过渡方式。①

孔德提出人类思想发展的这三个阶段说,目的是要表明实证哲学在人类思想发展中的重要作用,通过与神学的和形而上学的阶段的对比,凸现科学的或实证的阶段对人类思想确立的决定性地位。

---

① 《孔德精要》,安德烈斯基编,第19—20页,纽约,1974。

通过分析,孔德认为,实证哲学的性质在于把一切现象都看做属于无法改变的自然规律,而我们思想和研究的一切努力,最终目的都是为了发现这些规律,并把它们还原为最小数量;同时,要追寻各种原因,无论是初始因还是终极因,都被看做是绝对不可能的,因而也是没有意义的。孔德还为确定这样的规律提出了三个标准,即概括性、简单性和相互独立性。他指出,天文学规律就具有最概括、最简单和最独立的性质,随后是物理规律和化学规律,最后是生理学规律。这四种自然现象的范畴就构成了自然科学的主要规律。但除了这些自然规律之外,孔德还指出,实证哲学要关注社会现象,因为对人类思想的研究最终是要达到对人类社会的重建。他把对社会现象的研究也放到可观察的科学体系之中,称其为"社会物理学",并把它看做是实证哲学中最为重要的,在许多重要方面也是我们的思想最为迫切需要的部分。

孔德把以上五种科学看做是构成实证哲学的基本组成部分,认为它们的关系是由简单到复杂、由普遍到具体、由完全独立到相互依存这样的顺序排列的。他在《实证哲学教程》中详细分析和阐述了这些科学在实证哲学中的不同地位和作用。他写道:

> 这些科学中第一个考虑的是最普遍、最简单、最抽象的现象,离人类也是最远的;这些现象会影响到其他所有现象,但其他现象却无法对它们产生影响。相反,最后一个考虑的现象是最特殊、最复杂、最具体的,与人类也是最直接相关的;它们或多或少地要依赖于前面的科学,而不会对那些科学产生影响。在这两个极端之间的科学则是随着现象的具体性、复杂性和特殊性的程度逐渐增加,同样它们也是前后依存的。这就是各门基础科学的真实联系,是由真正的哲学观察所确立的,而不是随意徒劳的逻辑诡辩。这就是这个教程的整个计划。[1]

---

[1]《孔德精要》,安德烈斯基编,第57页,纽约,1974。

孔德对这五门科学的顺序安排是有特殊考虑的,其中除了这些学科在当时的自然科学发展中所处的不同地位之外,还有一个重要原因,就是它们与人类思维活动或概念形成的不同关系。因为天文学离人类最远,也就最抽象、最普遍;而后的物理和化学虽然也完全独立于人类活动,却是我们人类生活的地球上最普遍的自然现象;再后的生理学就完全与人类有关,当然又不只是与人类有关;最后的社会物理学完全是人类的自主活动,是人类社会组织结构的产物。他在《实证哲学教程》中也把社会物理学直接称做"社会学"。事实上,孔德对社会组织结构和社会形态的分析,构成了当代社会学的基本内容,他因而被看做是社会学这门学科的创始人。①

三 数学的特殊地位

值得注意的是,数学在孔德的实证哲学体系中占据着特殊的地位。他认为,在实证知识发展的阶段,不应当再把数学科学看做如同自然科学其他组成部分一样只是笛卡尔和牛顿以来的一切哲学的真正基础。数学不应当被看做具有与其他精确科学一样的重要性。为了更好地说明数学的作用,孔德把数学分为两个部分:一个是抽象的数学或计算部分;另一个是具体的数学,由几何学和力学构成。具体的部分必定建立在抽象的部分基础之上;反过来,具体的部分又是一切自然哲学的基础,因为我们可以把宇宙中的一切现象大致地看做是几何学的或力学的。他写道:

> 抽象的部分本身完全是工具性的,只是自然逻辑大量地、令人惊讶地扩展到某种演绎规则。相反,几何学和力学则必须被看做是真正的自然科学,它们像其他一切科学一样,都是建立在观察的基础之上,虽然它们由于现象极端简单而能够具有无限大的系统化程

---

① 参见《孔德精要》,安德烈斯基编,"编者导言"第9页,纽约,1974。

度,有时这就导致了它们由于第一原理的实验性质而遭到忽略。但这两门具体学科是非常特殊的,在人类心理发展的目前阶段,它们已经和将要更多地被用做方法而不是内容。①

由此,孔德就把数学放到了他的实证哲学的核心地位,也就是放到他排列的实证哲学各门科学之首,因为几何学和力学在一切现象中是最普遍、最简单、最抽象、最不可还原、最绝对独立于其他现象的,所以它们就一定是所有这些科学的基础。"因而,正是数学科学必定构成了理性的科学教育的出发点,无论是一般的教育还是专门的教育,这就解释了长期以来在这个问题上由经验确立的普遍用法,虽然肇始就是由数学科学作为最大的动因"②。

由于数学这门科学本身在哲学思维发展中一直具有特殊的地位,而且实证主义后来的发展也表明了它与数学以及相关的逻辑有着密切的联系,所以,非常必要详细了解孔德对数学的哲学认识。

孔德认为,数学是最为古老的科学,但它的基本概念却始终没有得到清楚的阐明,它的定义以及分类也始终模糊不清。直到18世纪初,这种情况才得到好转,其中的主要标志就是对几何学的性质有了清楚的认识,以及开始把数学看做一个整体。当时给出的数学定义是:它是一门计量科学,或者说,是一门计算大小的科学。在孔德看来,这个定义在一般意义上是没有错,但问题在于,我们是用什么基础或标准来测量大小的,或能够提供这种测量标准或单位的基础是什么?用一种测量单位去计算大小显然没有解决基础的问题,即使是使用可观察的力学程序。孔德的问题是,我们无法直接用一种测量单位去计算大小,我们一定需要某种间接的方式,而这就是数学产生的必然原因。他写道:

> 恒常使用的方法,也是用于发现无法直接测量的数量的唯一方法,就是通过存在于这些数量与其他可以直接测量的数量之间的关

---

① 参见《孔德精要》,安德烈斯基编,第 63 页,纽约,1974。
② 同上书,第 64 页。

系,把这些数量与其他的那些数量联系起来,由此就可以得知这些数量。这就是一般数学科学的对象。①

孔德用测量重物下落的时间和几何学上的两线距离的例子说明,数学中所谓的测量或计算大小的方法都是间接的,而这种测量或计算是根据数量之间的相互关系确定的。根据这种理解,他提出,数学的本质就是把与给定现象相关的一切数量都看做是相互关联的,可以相互推演的。这个定义不仅使数学完全摆脱了具体的数量大小,而且把逻辑的推论关系引入了数学,使数学开始走向建立在逻辑基础上的单纯数字关系研究,也就是一种逻辑形式的研究。孔德把这个定义看做适用于一切真正的科学,因为每一门科学都是关于事实间的相互关联,假如我们只有各自独立的观察,那么也就不存在科学了。他还把这个定义理解为科学可以从最少的材料得到最大可能的结果。这种解释显然来自 J. S. 密尔的道德功利主义原则。由此,孔德得到这样的结论:只有通过对数学的研究,我们才能获得关于什么是科学的真正观念,才能发现人类心灵在所有实证研究中所运用的精确方法,而在其他任何地方都无法以如此完善和严格的演绎方式解决问题。同样,也只有在数学中,我们的思想才具有最大限度的证明力,因为这些观念按照实证的次序具有最大限度的抽象。

按照孔德安排的次序,在实证哲学体系中,数学之后应当是天文学。他之所以把天文学放在数学之后,除了这门科学与人类社会活动距离最远这个原因之外,他认为,还因为它是人类心灵最少受到神学和形而上学污染的自然哲学,因而最容易产生真正的哲学特征。在孔德看来,天文学的最大特征就是无法用地球上的物理学或化学方法来研究天体的性质和运动,这就带来了两个重要结果:(1) 在天文学研究中不能把天文现象还原为物理现象或化学现象,或者说不能用具体的观察方法去观察天体运动,这样就使天文学离具体科学最远,也就是最抽象的科学;

―――――――――

① 《孔德精要》,安德烈斯基编,第 67 页,纽约,1974。

（2）对天文学的研究只能采用数学的手段，因为我们对天体的观察是依照假设，无法直接观察到某些已知和所有未知的天体，往往是通过计算来求出天体的位置或运动，所以天文学研究最接近数学，最具有普遍性和抽象性。他写道："所要研究的现象极端简单和观察它们极为困难，这两个最关键特征的结合就特别地使天文学成为一门数学科学。"[1]他还认为，天文学不仅比其他知识分支更明显地表现出科学的性质，而且随着引力理论的发展，它还比其他任何科学获得了更高的哲学意义，即它把有关性质和程度的一切现象都还原为一个单一的普遍规律，就是太阳系的运动规律。所以，毫不奇怪的是，孔德把天文学作为物理学、化学和生理学等科学的基础，认为天文学体现了实证哲学的特征，特别是具有突出的科学假设的特征。

关于物理学和化学，孔德认为这两者的确很难区分，但根据从普遍到个别、从简单到复杂、从抽象到具体的原则，物理现象显然应当在化学现象之前或之上，因为有关物理现象的解释可以适用于一切对象，但对化学现象的解释则只能用于有机物。可以看出，孔德在这里再次利用了密尔的逻辑思想，即概念的外延越大，它的内涵就越小，因而也就越抽象。物理与化学的关系就是如此，所以物理学应当在化学之前或之上。通过对物理与化学关系的分析，孔德把物理学定义为研究支配称做质量的物体属性的规律，它总是在某种情况下保持这些物体分子结构的完整，甚至是保持它们的聚合状态。此外，他还认为，任何值得称做科学的东西都必须建立一套预见体系，所以"物理理论的目的，就是要尽可能准确地预见一个物体在任何可以设想的各种情况下将会呈现出的所有现象，除非可能改变那个物体"[2]。

不仅如此，孔德还特别强调数学分析在物理学发展中的基础性作用。他认为，物理现象的相对确定性和简单性，自然会使它们去使用数

---

[1]《孔德精要》，安德烈斯基编，第79页，纽约，1974。
[2] 同上书，第87页。

学这一工具。数学的这种作用表现为直接和间接两个方面：直接的作用表现在，数学可以有助于观察到现象中的基本规律，而这个规律则是一系列分析演绎的基础；但在大部分情况中，数学分析所起的作用都是间接的，就是说，是在物理现象被多少有些难度的实验程序还原为一些几何规律或力学规律之后，而且这些分析主要还不是针对物理学而是针对几何学和力学的。但由于数学在孔德那里被分成抽象的计算部分和具体的几何学与力学部分，所以，对物理现象的几何学和力学分析，当然就属于数学分析的范畴。孔德这样来描述物理学与数学之间的依存关系：

> 物理学必定是间接而又密切地依赖于数学，因为数学是天文学的基础。但除了这种间接的联系之外，我们在上面还注意到物理学与自然哲学的这个首要基础之间的直接联系。在物理学的许多分支中，我们不得不像在天文学里那样主要处理几何现象或力学现象，虽然这些情况在物理学中通常更为复杂些。……回想一下，实证哲学的普遍精神最初就是由数学的作用构成的，要知道这种精神的纯粹性，我们就必须回到它最初的源头。数学公理和公式很少可以被用来研究自然现象，因为它们的极端简单性无法在问题的实际条件中得到保留。但数学的真正精神不同于常常被混淆的代数，却总是得到运用的，而彻底地了解这种精神，在我看来，正是物理学家从数学研究中得到的最有价值的收获。只有通过习惯于几何学和力学极其简单清楚的真理，心灵才能推进其自然的确实性（positivity），准备在最为复杂的研究中给出真正的证明。①

孔德把化学看做是关于无机物哲学的最后部分，认为它是新近发展起来的最有活力的科学。"在科学发展的所有阶段，至少自化学从配制药品中分离出来而成为一种思考的学问以来，化学研究就一直被看做是具有很高程度的创造性而得到凸现，从来不可能与自然哲学的其他部分

①《孔德精要》，安德烈斯基编，第 93 页，纽约，1974。

混为一谈。这与物理学的情况截然不同,物理学迄今为止还通常被与生理学纠缠在一起,有科学的语言可以作证。"[1]他认为,虽然物理学、化学和生理学都是研究物体的分子活动,但它们却是在不同的程度上:物理活动所能产生的分子反应只是粒子的分配,而且这种活动的结果只是暂时的,不会改变物体的性质;相反,化学活动除了能够带来这种结构和状态上的变化之外,还总是会产生粒子结构上的深远持久的变化,由此就可能使得物体变得无法辨认了;当然,生理学现象所展现的是更高程度的能量:一旦化学活动起了作用,那么这个物体本身就完全改变了,但生物体的性质则是在这种改变中保持不变的东西。由此,孔德把化学定义为"研究那些产生于各种自然实体或人造实体相互之间具体的分子活动的结合与分解的规律"[2],认为化学的最终目的是"给出一切简单物体的属性,发现它们所形成的组成部分"[3]。

在论述化学的性质和作用时,孔德特别阐述了自然科学(他称做"自然哲学")研究中的三个基本模式,即观察、实验和比较。观察是自然科学研究中的首要方法,实证哲学各部分的顺序也与它们使用观察方法的不同程度有关:天文学的观察由于受到我们感官的限制而无法真正实现;在物理学中,我们除了使用视觉,还可以使用听觉和触觉,但无法使用味觉和嗅觉;而在化学中,我们则可以在分析化学现象时使用所有的感觉器官。实验的基本要求是在所有的条件下确立两种并行的情形完全一致。但孔德认为,化学中的实验远比物理学要差,因为相同的化学反应往往在不同的条件下会有不同的结果,在这一点上,实证哲学各部分在实验上的作用是递减的。关于比较的方法,在孔德看来,它更适合于生理学或社会现象研究,但在化学研究中的使用又要比在物理学中更为有效。比较方法的关键是存在足够可以进行比较的相似情形,而孔德认为这只是适合于对生命现象的分析。但由于化学中所包含的某些自

---

① 《孔德精要》,安德烈斯基编,第101页,纽约,1974。
② 同上书,第103页。
③ 同上书,第105页。

然种类具有家族的相似,所以这种分类的前提也就包含了进行比较的可能性,即在不同物体之间存在某种同一性。这也就是后来的比较化学产生的主要根据。

最后,孔德还专门谈到分析和综合方法在化学研究中的作用。他区分了两种不同的化学分析,即初始分析和最终分析。初始分析就是简单地分离了直接原理,而最终分析则是导致对要素的确立。虽然两者对化学分析都很重要,但要素分析却总是被看做化学研究的必要条件,是摆脱了综合证实的条件。但无论是哪种分析,孔德认为,它们的目的都是为了得到关于分析对象的精确性的知识。尽管综合的方法可以为分析证明补充有用的论据,但对分析来说,综合方法并不是必需的。不过,在孔德看来,分析如果没有综合作为补充,这种分析也是不完善的。他写道:"在非常完善的直接分析中,即使是在几种分析程序之间一致强烈地确定了所获得的结论,如果没有一种综合的确认,也几乎无法讨论真正的化学证明。"①可见,孔德在分析与综合的关系上并不偏废某一方,但他又显然更重视分析方法在科学研究中的作用。

四　对人类社会活动的自然说明

孔德明确地把对人的研究和对外在世界的研究作为哲学的双重内容。他认为,神学和形而上学研究与实证哲学研究的关键区别就在于对待人与世界的不同方式。神学和形而上学的真正精神是,它们用触及人类现象的人类情感作为解释外在世界的基本原则;而实证哲学则相反,它总是把人的概念附属于关于外在世界的概念。这表明,神学和形而上学的出发点是人,根据人的意志和需要去解释外在世界,其结果就是忽略了外在世界的客观性和特殊性;相反,实证哲学是从外在世界出发,根据客观物质的自然规律解释人的现象和人类社会现象。由于实证哲学把人本身也看做自然的一部分,强调从物理、化学和生理学等方面研究

---

①《孔德精要》,安德烈斯基编,第 109 页,纽约,1974。

人类的本性和活动,这就避免了18世纪法国唯物主义的机械论错误。孔德认为,在从神学和形而上学研究最终转向实证哲学的过程中,重要的分界线就是生理学,因为只有在生理学中,人类本身才是真正从科学的角度加以解释,同时,也只有在生理学中,才第一次把人理解为一个整体而不是各自独立的物理或化学现象。在孔德看来,这种转折是革命性的,而且是不可逆转的,整个实证哲学的事业都由于这个转变,也由于生理学或生物学的出现而具有了前所未有的重要性,因为它完全规定了人类理性的性质。他写道:"生物科学的精神的确会引导我们相信,如此这般的一个器官是一个生物体的部分,这个事实就意味着,它是以一种或许还不为人知却是确定的方式构成了使这个生物体存在的行为。这就等于是说,没有功能就没有器官,器官就是功能。"①虽然这个观点容易造成目的论的麻烦,但孔德认为,只有用功能定义器官,用行为定义人的性质,我们才能真正看到生理学或生物科学在解释人类及其活动中的意义。

应当说,孔德实证哲学的最终目的是为了提供对人类社会活动的自然说明,这就是他关于社会秩序和社会进步合一的社会学理论以及根据这种理论对人类政治活动的解释。关于孔德的社会学理论和政治思想,我们在本章已经有所介绍。这里只需要强调指出,孔德提出社会物理学或社会学概念的主旨是要用自然规律解释社会现象,用理性的预见去说明社会的进步。他的一个重要概念是区分每个实证研究主体的静态和动态这样两种状态:在研究个体生命的生物学中,就是要区分与机体有关的解剖学观点和专与生命有关的生理学观点;而在社会学中,则是要区分一个社会存在的条件和它的运动规律。他说:"实证社会学的主要哲学观念具有这样的优势,即它可以把"秩序"和"进步"这样两个同样根本的概念牢固地联系起来,而这两个概念之间的对立如今却是现代社会

---

① 《孔德精要》,安德烈斯基编,第121页,纽约,1974。

纷繁滋扰的结症所在。"①

五　影响与评价

孔德对他的实证哲学体系的效果抱有极大的期望。他在《实证哲学教程》最后一讲中专门论述了对其最终效果的评价。他把实证哲学的影响分为三个方面,即精神上的、道德上的和政治上的。他认为,精神方面的影响是,实证哲学能够使人达到精神上的完美和谐,具体表现为三个阶段,即得到抽象的思考,达到具体的研究并最后进入实践的活动。道德上的影响是,实证哲学能够使人在个人、家庭和社会这三个层面上得到普遍的道德。政治上的影响被孔德看做是整个实证哲学所要达到的主要目的,其作用是为了能够从过去看到未来,但具体分析需要区分精神上的或理论上的机制和时空的或实践的机制。在《实证哲学教程》的最后,他极为乐观地写道:"这三种实证运动受到同一个基本原则的支配,将会使人性达到与其极为和谐一致的普遍景致,而人性的典型特征将会在其中体现为尽善尽美的坚定、臻于完善的和谐和充分自由的共同发展。"②

然而,现实的情况并非如孔德设想的那样乐观,真实的人性也没有他所期望的那样完美。因为在他的 60 次公开讲座之后,学术界以及哲学界对他的讲座似乎并没有产生太大的反响,甚至罕见对他著作的评论文章。只是在 1844 年,才由孔德的好友,也是他哲学的追随者利特尔(E. Littré)在他自己的杂志《民族》上发表了六篇讨论孔德哲学的文章,这被看做标志着实证哲学开始在法国得到广泛的传播。③ 在英国,最早了解并支持孔德的是 J. S. 密尔,他早在 19 世纪 20 年代就通过圣西门而认识了孔德,后来又与朋友们共同募捐赞助孔德。30 年代当《实证哲学

①《孔德精要》,安德烈斯基编,第 149 页,纽约,1974。
② 同上书,第 232 页。
③ 斯坦德利:《奥古斯丁·孔德》,第 3 页,波士顿,特温出版社,1981。

教程》第 1 卷问世后,J. S. 密尔又认真地阅读并把它推荐给自己的朋友。1841 年,J. S. 密尔与孔德开始通信并保持联系多年。但 J. S. 密尔从来都不是孔德哲学的追随者,虽然他在 1843 年的《逻辑体系》以及其他私人信件中把他的功利主义归于实证主义。而且,在孔德公开指责密尔没有承认实证政治学之后,J. S. 密尔仍然于 1865 年出版了《奥古斯丁·孔德和实证主义》一书,高度评价了孔德对时代思想所作的巨大贡献,把他看做是那个时代最伟大的思想家,可以与笛卡尔和莱布尼茨比肩齐名。他写道:

> 孔德的名字比其他人更能等同于这种思想模式(指实证哲学——引者注)。他是第一个试图使其完全系统化,并把它科学地扩展到人类知识的一切对象。他由此展现了人类精神能力的质与量,并获得了相当大的成功,这不仅赢得而且保持了那些强有力的反对者的极高赞誉,不仅是对他后期的所有认识,而且是对他前期的某些看法。①

的确,某些与孔德同时代的哲学家以及随后不久的研究者曾把孔德的思想发展划分为前后两个时期:前期是从 1819 年到 1828 年,他在这段时间主要是受到圣西门的思想影响,主要关心的是如何通过思想的阐明而进入关于社会的实证哲学,主要有《意见与抱负的分离》(1819)、《重构社会所必需的科学运作计划》(1822)等六篇文章,后被孔德收编于《早期论著集》(1854),放在《实证政治学体系》第 4 卷的"总附录"中。孔德思想的后期又被看做提出了两种体系,即实证哲学和实证政治学,它们被看做是实证主义方法和原则在自然与人类社会中的不同运用。② 但这样的时期划分在孔德思想的研究者中很难得到统一,特别是对当代解释

---

① 密尔:《奥古斯丁·孔德和实证主义》,第 3 页,密歇根大学出版社,1961。
② 孔德的思想发展还被解释为三个阶段。关于孔德思想发展分期的详细说明,参见伦泽(G. Lenzer)《奥古斯丁·孔德和实证主义:著作精要》(芝加哥大学出版社,1983),"导言"第 XIX 页。

者来说,孔德思想发展中曾经出现的差别(如果有的话)与他的思想对实证主义后来发展的影响相比就变得不重要了。所以,当代哲学家更多的是把他的思想看做实证主义哲学产生的源头,而不深究这个源头的细枝末节。正如当代美国学者斯坦德利(A. R. Standley)所说:

> 在许多人看来,孔德的主要贡献是他对一切知识的巨大综合。孔德包罗万象的观点和严谨的精神把它们展现为一个新时代的曙光。在这个时代,对科学和技术的理解可以有专门的视角,可以把它们与人类生活融为一体。无论我们把这种综合看做是一种哲学、一种科学史还是一种科学哲学,我们都会看到相同的力量以及与之伴随的瑕疵。作为一个综合者,他无法停顿,直到他的体系达到完善和严格;其中的每个细枝末节要做得符合那个封闭的体系。不过,孔德的科学史,他对科学的分类以及他对社会学的发展,所有这些都代表了对西方思想的重要贡献。①

然而,随着时间的推移,孔德的名字似乎在很长时期内由于19世纪末20世纪初有更多理论主张的涌现而被人们逐渐遗忘了。在我看来,遗忘通常可以表现为两种形式:(1)某人或某物由于失去原有的意义和作用而被人们单纯地忘掉,不再提起,成为历史;(2)它们的作用或意义已经成为后人经常谈论话题的一部分,而它们本身却往往被人们忘却了。孔德的名字和他的思想就属于后一种情况。20世纪50年代,英国著名的政治哲学家哈耶克(F. A. Hayek)曾这样写道:

> 学习社会科学的学生中现在很少会有人还读孔德或对他有所了解。但通过许多有影响的代表他的传统的人物而吸收了他的体

---

① 斯坦德利:《奥古斯丁·孔德》,第155页,波士顿,特温出版社,1981。同时可以参见西门《19世纪法国的"两种文化":孔辛和孔德》,载于《思想史杂志》(*Journal of the History of Ideas*)1965年1—3月,第45—58页。

系中大多数重要的思想,这样的人数……还是非常之多的。①

柏林(I. Berlin)也这样评价孔德思想的意义:

> 的确,孔德是值得怀念和赞赏的。他是他那个时代杰出的思想家,即使他的著作今天很少再提及,特别是在这个国家,这部分是由于他的工作做得太完美了,因为孔德的观点比通常认为的更为深刻地影响到我们的思想范畴。我们关于自然科学、文明进化的物质基础的观点以及我们称做进步的、理性的和启蒙的所有东西的观点,我们关于不同制度之间关系的观点、关于公共符号系统和正规系统与个人和社会的情感生活之间关系的观点,以及我们关于历史本身的观点,所有这些都极大地受惠于他的教导和影响。②

这些都清楚地说明了孔德实证哲学对后人的重要意义。

科拉科夫斯基把孔德去世后10年的欧洲思想界看做都处在孔德思想的影响之下,他称之为"实证主义的胜利"③。的确,当时出版的许多重要著作多少都反映了来自孔德思想的倾向,如达尔文的《物种起源》(1859)、J. S. 密尔的《功利主义》(1861)、斯宾塞(H. Spencer)的《体系》第1卷(1862)、伯纳德(C. Bernard)的《实验医学导论》(1865)以及马克思的《资本论》第1卷(1867)等等。事实上,19世纪下半叶,无论是在欧洲的德法大地还是在海峡彼岸的英伦三岛,"实证主义"一时成为所有知识分子使用频率最高的语词,这不能不说应当归功于孔德的艰苦工作,虽然后人给予他理论本身更多的是批评和修正。在法国,值得提到的重要人物主要有前面曾提到的利特尔、伯纳德、勒南(J. E. Renan)、泰恩(H-A. Taine)、涂尔干(E. Durkheim)以及列维-比约尔(L. Lévy-Bruhl)

---

① 哈耶克:《科学的反革命:对理性滥用的研究》,第188页,纽约,格兰科自由出版社,1955。转引自伦泽《奥古斯丁·孔德和实证主义:著作精要》,"导言"第 XX 页,芝加哥大学出版社,1983(以下所引此书均为此版本)。
② 伯林:《自由四论》,牛津大学出版社,1969。转引自伦泽《奥古斯丁·孔德和实证主义:著作精要》,"导言"第 XX 页。
③ 科拉科夫斯基:《理性的异化:实证主义思想史》,第73页,纽约,双日出版社,1968。

等人。① 在英国,代表人物当推 J. S. 密尔和斯宾塞。关于 J. S. 密尔,我们将在下一节中详细分析。在这里,我们简要地介绍斯宾塞的思想。

如今,斯宾塞的名字已经很少有人提到,但他在实证主义哲学的发展过程中曾经发挥过重要的作用。现在人们对他所知道的主要是他的"社会进化论"思想,但他的这个理论却是运用了实证哲学的基本原则,是建立在他对科学统一的理解之上的。所以,我们现在来评价他的思想,关键是看他如何理解科学的统一。

斯宾塞接受了孔德关于科学知识受到一种统一规律支配的观点,但他认为,这样的规律不是来自研究无机物现象的物理学或化学,也不是来自研究抽象物的天文学和数学,而是来自研究人类和其他一切生物的生理学或生物学。他充分地运用达尔文的生物进化论,把物种进化的观点用于解释人类自身的发展和人类社会的进步。他认为,进化是自然与人类社会的一种普遍现象,所以对这种普遍现象的研究就不能只是限于不同发展线索之间的结构相似,而是要追寻这些发展线索共同依赖的统一能力或能量。在他看来,知识的指导作用就在于能够使人们得到某个单一的公式或"至上规律",就是说,可以通过运用某个单一的力量去说明一切复杂的现象。同样,哲学的作用就是要用这样的规律解释或用抽象说明去统一一切知识,而进化概念就恰好能够解释或说明一切存在物发展的统一过程。进化不仅是一个整合的过程,它也是一个单一的过程:当整体得到了进化,其中的部分也一定如此。例如,太阳系的进化是整个宇宙进化的一部分,而不是与宇宙进化的类似;同样,生物体的进化与地球的进化,人类的进化与生物体的进化,社会的进化与人类的进化,都是部分与整体的关系。斯宾塞还把"进化"概念用于解释宗教和伦理观念,认为宗教对不可知物的解释可以看做是一种"先验生理学",而在伦理学中则试图用普遍的自然规律去说明一切道德现象,例如认为生物

---

① 对他们思想的详细介绍,请参阅科普尔斯顿《从梅因·德·潘恩到萨特》,载于科普尔斯顿《哲学史》第 9 卷,第 99—131 页。

学中的适者生存规律就是道德生活唯一可能的基础。

对斯宾塞的思想,我们可以加上许多标签,如机械论、自然主义、经验论或不可知论等等。① 但我们在这里更关心的是他的实证主义特征,即抛弃对本质与现象的区分、断定科学方法的统一和宇宙结构的统一、对知识的唯名论解释、对现有经验的体系化和符号化等等。而对他来说,最具有实证主义特征的,是他对人类社会和哲学合法性所作的生物学解释,因为正是由此,他构建了一种关于一切科学的综合体系。

第三节 J. S. 密尔的逻辑体系

在 19 世纪的实证主义谱系中,J. S. 密尔占据着特殊的地位:他是作为一个社会公众人物而提倡和宣传实证主义思想,并竭力把他的哲学观念推进到伦理、政治、宗教以及自然科学等各个领域,由此构成了他庞大的、影响深远的思想体系。与 19 世纪的其他实证主义者相比,J. S. 密尔的思想更多地得到当代哲学家们的重视。②

一 生平与著作

约翰·斯图尔特·密尔(John Stuart Mill)于 1806 年 5 月 20 日出生在伦敦。他的父亲詹姆士·密尔是当时著名的哲学家和社会活动家。J. S. 密尔从小就在家里接受父亲的系统教育:3 岁开始学习希腊文,然后学习算术、历史和拉丁文,12 岁开始学习逻辑、形而上学和伦理学。14 岁时,他被父亲送到法国巴黎跟随边沁的兄弟学习法语和法国文学。16 岁时,他跟随约翰·奥斯汀学习法律,并开始为报刊写作。17 岁起,他开始了在印度公司的谋生道路。J. S. 密尔的青年时代完全是生活在

---

① 参见科拉科夫斯基《理性的异化:实证主义思想史》,第 100 页,纽约,双日出版社,1968。
② 据不完全统计,从 20 世纪 50 年代以来,西方学者出版的有关 J. S. 密尔哲学的著作已达上千部之多。最近的研究成果是由斯科拉普斯基编、剑桥大学出版社于 1998 年出版的《剑桥密尔指南》。

父亲的身影之下,无论是在物质上还是在精神上。但 1830 年成为他生活的一个重要转折点,因为他在这一年见到了泰勒(H. Taylor),后者对他的政治哲学和道德思想的形成起到了重要作用。[①] 1835 年,J. S. 密尔开始编辑《伦敦评论》杂志,后改名为《伦敦与威斯敏斯特评论》。他在该刊以及其他杂志上发表大量文章,评论西奇威克(H. Sedgwick)、卡莱尔(T. Carlyle)、边沁、科利奇(S. T. Coleridge)等人。1843 年,《逻辑体系》(*System of Logic*,2 vols)问世,这是 J. S. 密尔的第一部著作,标志着他的思想开始走向成熟。随后,他出版了《论政治经济学中的某些未解决的问题》(*Essays on Some Unsettled Questions of Political Economy*,1844)、《政治经济学原理》(*Priciples of Political Economy*,2 vols,1848)。1859 年,J. S. 密尔出版了《论自由》(*On Liberty*)、两卷本的《论文与讨论集》(*Collections of Essays and Discussion*)和《国会改革的思想》(*Thoughts on Parliamentary Reform*)等著作,其中的《论自由》如今已经成为政治哲学中自由主义的经典文献。1861 年,他首次发表《功利主义》(*Utilitarianism*)一文,两年后出版单行本。1865 年,他出版了《对威廉姆·汉密尔顿哲学的考察》(*An Examination of Sir William Hamilton's Philosophy*)和《奥古斯丁·孔德和实证主义》(*Auguste Comte and Positivism*)。同年,他被选为威斯敏斯特地区的国会议员。1867 年,《论文与讨论集》第 3 卷出版。1869 年,他出版了《妇女的顺从》(*Subjection of Women*),为妇女大力争取合法的选举权和接受教育的权利以及与男人同等的职业和财产权等。由于他大胆地为妇女争取各种平等的权利,因而在第二次国会议员竞选中失败。随后他离开了伦敦,前往阿维尼翁,住在泰勒的墓地附近。J. S. 密尔的晚年抑郁寡欢,他于

①J. S. 密尔与泰勒的关系是 19 世纪下半叶英国知识分子中经常谈论的话题:J. S. 密尔爱上了一个有夫之妇,这在当时被看做是一件丑闻。但 J. S. 密尔在《自传》(伦敦,1873)中表露了他与泰勒在婚前的纯洁友谊。他们于 1851 年结婚,但七年后,泰勒被 J. S. 密尔传染而死于肺结核。J. S. 密尔一直坦言,泰勒对他的帮助远远超出了通常的想象。当代英国政治哲学家哈耶克曾有专著讨论他们的关系,参见哈耶克《约翰·斯图尔特·密尔与哈瑞特·泰勒:他们的友谊和随后的婚姻》,伦敦,劳特利奇出版社,1951。

1873年5月7日病逝。①

罗素认为,J. S. 密尔的一生一直处于一种在道德与理智之间摇摆的矛盾心态之中:一方面是父亲灌输给他的符合理性的生活观念和思维方式,另一方面却是来自泰勒的道德思想以及他受到的边沁功利主义的影响。② 他的这种双重性明显地体现在他思想上既有思维的严格清晰,又有浪漫主义的激情。他的第一部著作是《逻辑体系》,而给他带来极大声誉并对后世产生深远影响的却是《论自由》《功利主义》以及其他关于道德和政治哲学的著作。由于我们这里关心的是 J. S. 密尔的实证主义,所以我们将主要讨论他的逻辑思想。

二　J. S. 密尔的逻辑体系

《逻辑体系》一书是 J. S. 密尔倾注了极大精力、花费了16年时间才完成的"生命之作",他称其为自己的"杰作"(*magnum opus*)。他在《自传》中这样描述他写作的经历:

> 它们总是至少要写上两遍。全书的第一稿是全部写完,然后又全部重新开始;但第二稿是把初稿的全部句子或部分句子重新组合,以适应我的所有需要。我发现这种两次修订有很大的好处。它会比其他的写作方式更好地把清新活泼的最初看法与产生于长久思考的极其精确完善结合起来。而且,在我的这种情况中,我发现,详尽地阐明探索与表达的细节所需要的是耐心,一旦做完了全部的工作,就会事半功倍,而且,我发现要说的所有实质性的东西,无论是多么不完善,都会以某种方式跃然纸上。我在第一稿中需要仔细

---

① 关于 J. S. 密尔的生平,最权威的是他本人所写的《自传》(伦敦,1873)。此外,最为详尽和最具代表性的是派克(M. St. J. Packe)的《约翰·斯图尔特·密尔生平》,塞克和沃伯格出版公司,1954;最为简洁并有代表性的是克兰斯顿(M. Cranston)的《约翰·斯图尔特·密尔》,伦敦,朗曼和格林公司,1958。

② 参见罗素《约翰·斯图尔特·密尔》,载于施尼文德(B. Schneewind)《密尔评论文选》,圣母大学出版社,1969(以下所引此书均为此版本)。原文载于罗素《记忆中的肖像》,西蒙和舒斯特公司,1951。

做到尽可能地达到完善的唯一事情就是全书的结构安排。如果安排不当，那么那些观念所编织起来的整个线索就会缠绕在一起；被置放在错误联系中的思想不会以恰当的方式得到阐述，初稿的起点错误就会导致无法作为最终论述的基础。①

的确，《逻辑体系》一书有着严密的组织结构和严谨的论述方式。该书的完整书名是《推理与归纳的逻辑体系》，副标题是"作为科学研究方法和证明原则的相关观点"。全书共分为六卷，分别论述了名称与命题、推理、归纳、属于归纳的运算、谬误、道德科学的逻辑。全书的中心思想是要表明，一切经验知识都只能通过两种方式得到，一种是直接由知觉或意识得知的，一种是通过对直接知识的推理。而该书的目的就是要证明，只有符合科学的归纳原则得到的推理才能使我们得到真正的知识。

在全书的"导言"中，J. S. 密尔首先反对传统哲学以及当时已有的逻辑体系对逻辑的定义，即把逻辑规定为"推理的艺术和科学"或是"追求真理的艺术和科学"。他明确指出，"推理"一词在日常用法中有各种不同的含义：如果把它理解为三段论或理解为从一般到特殊的推理，就无法区别于亚里士多德的传统逻辑；如果把它理解为从已有的断定推论出其他断定，那么这种意义上的演绎就变成了类似几何证明的推理。同时，J. S. 密尔又指出，逻辑声称具有特权的命名、分类、定义以及其他一切运算过程，对追求真理来说本质上是次要的、从属的。所以，用追求真理来定义逻辑的错误，一方面是忽略了逻辑的真正本质，另一方面又排除了追求真理所需要的其他方法。由此，J. S. 密尔区分了认识真理的两种方法：一种是直接的，即通过知觉或意识活动而得到真理；另一种是通过其他已知的真理而间接地，即通过推理而得到真理。他写道：

> 通过知觉得知的真理是最初前提，其他一切真理都是从它们推论出来的。我们是根据前提的真理而得到结论的，我们永远无法通

---

① 密尔：《自传和文学著作》，载于《约翰·斯图尔特·密尔全集》第 1 卷，罗布森和斯特林格主编，第 229—231 页，多伦多大学出版社，1981（以下所引此书均为此版本）。

过推理得到知识，除非某种东西对所有的推理来说可以是在先知
道的。①

　　他指出，通过直接意识得到的真理是我们的身体感觉和心理情感，
而通过推理得到的真理是我们没有亲临现场时发生的，比如历史中记录
的事件，或是在数学公理中出现的。我们关于前者的真理是通过对所列
举的证明的推理，或通过关于过去事件的某些线索的推理，而关于后者
的真理则是通过几何学著作中提出的前提，即那些公理和定义得到的。
我们所能知道的东西一定是前者或后者，一定是一些原始的材料或由这
些材料得到的结论，而逻辑的领域就只能限定在由先前知道的真理推论
出的知识。这样，J. S. 密尔就提出了他对逻辑的基本理解："逻辑不是关
于信念的科学，而是关于证明的科学，逻辑的工作是为确定这个信念是
否有根据而提供验证。逻辑并不需要让命题为信念提供意识的证据，就
是说，在严格意义上，逻辑这个词与证据无关。"②他给逻辑下的定义是：
"逻辑是关于运作理解的科学，而这些运作完全从属于关于证据的看法：
它既包括了从已知真理到未知真理推进的过程本身，又包括了从属于这
个过程的其他所有思想运作。"③

　　在《逻辑体系》"导言"中，J. S. 密尔还专门论述了逻辑与其他科学的
关系以及逻辑的作用。他认为，人类的一切知识，包括普遍真理和个别
事实，一切科学以及人类的行为，都要服从于逻辑的权威。就是说，我们
每个人都需要确定某些没有直接观察到的事实，而这些事实对我们来说
又是非常重要的。在这种情况下，我们就需要逻辑的推论帮助我们从已
知的真理中推导出未知的真理。但逻辑本身并不是知识，虽然逻辑的领
域与知识的领域交叉共存。"逻辑是一切具体研究的法官和仲裁人。它
并不从事发现证据，但要确定这个证据是否已被发现。逻辑既不观察，

---

① J. S. 密尔：《逻辑体系》，载于《约翰·斯图尔特·密尔全集》第7卷，罗布森主编，第6—7页，
　　多伦多大学出版社，1973(以下所引此书均为此版本)。
② 同上书，第9页。
③ 同上书，第12页。

也不发明,更不发现,而是裁决。"①在这种意义上,J. S. 密尔把逻辑完全看做是被经院哲学家和培根所称为的"新工具",是一种"科学之科学"。由此他认为,逻辑的作用是毋庸置疑的,也是无须证明的。因为科学的每一次进步,都与最先进的思想家中所接受的逻辑观念和逻辑原则的改进之间有着对应关系。他甚至提出,如果一种科学还不够完善,那其中的原因之一就一定是由于人们的逻辑观念还没有扩展到推进这种科学前进所需要的程度或精确性。只要科学开始从证据中作出推论,那么逻辑就会成为裁定其推论是否恰当与合理的法官。可以看出,J. S. 密尔的这种逻辑观念并没有多少新鲜的内容,基本上是培根以来的英国经验论者对逻辑的一般看法。所以,罗素认为,J. S. 密尔的逻辑体系虽然对理解一般的逻辑问题有所帮助,但缺乏创造性,而且还坚持了近 200 年来的一个明显的逻辑错误,即认为命题是通过把主词和谓词这两个名称放到一起而构成的。② 但是对实证主义来说,J. S. 密尔的逻辑观念却是首次明确地宣布了逻辑对科学知识的裁决作用,这对后来的逻辑实证主义思想的形成产生过决定性影响,主要表现为把哲学也看做如同逻辑一样的澄清命题意义的活动,而不是形成知识的过程。③

　　J. S. 密尔的逻辑体系通常被看做是对 19 世纪归纳主义逻辑的经典表述,也是对培根以来的英国归纳主义的最好总结。但与培根的归纳逻辑所不同的是,J. S. 密尔的逻辑思想始终受到来自两个学派的影响,一个是洛克以来的经验主义,认为一切知识都是来自经验,不存在任何先天的知识;一个是边沁和科利奇的直觉主义,认为通过直觉我们可以得知感官无法感受到的事物,由此可以得到某些关于无法感知的事物的真理。然而,根据这种直觉主义观点,可以承认存在某些先天的真理,如关于宗教和道德的基本主张以及数学原则和自然界的终极规律等。这个观点显然是与经验主义传统相左的。J. S. 密尔在处理这两者之间的关

---

① J. S. 密尔:《逻辑体系》,载于《约翰·斯图尔特·密尔全集》第 7 卷,第 10 页。
② 参见罗素《约翰·斯图尔特·密尔》,载于施尼文德《密尔评论文选》,第 2 页。
③ 参见科拉科夫斯基《理性的异化:实证主义思想史》,第 102 页,纽约,双日出版社,1968。

系时,强调的是直觉主义对经验意识的把握,这样的意识活动是经验的对象,而不是经验的先天内容。这样,J. S. 密尔就认为自己成功地解决了直觉主义与经验主义之间的这种紧张关系,他的逻辑就为洛克和边沁的思想提供了共同的基础。①

三　内涵与外延理论

根据当代英国哲学家斯科拉普斯基(J. Skorupski)的分析,J. S. 密尔把一切科学规律都最终还原为唯一对经验的概括,无论是演绎科学还是归纳科学,区别仅仅在于概括的方式上:经验科学最初是独立于概括的,而演绎科学中的概括则是允许从规律中推演出规律。这两者的区别不是演绎和归纳的区别,而是演绎和经验的区别,两者的最终基础都是归纳。② 斯科拉普斯基还认为,J. S. 密尔关于内涵和外延的理论及其整个经验论思想至今仍然保持活力。③

内涵与外延的理论是 J. S. 密尔逻辑中的重要内容,被看做是他对现代逻辑的重要贡献。在《逻辑体系》中,他首先分析了名称和命题。他认为,名称只能是事物的名称而不是观念的名称;用于构成名称的语词并不是名称本身,而只是名称的组成部分,如"太阳升起的地方"或"美国总统"。后来,罗素把这种名称称做"摹状词",以区分"专名"。但在 J. S. 密尔这里,他是区分了"全称名词"和"单称名词"、"具体名词"和"抽象名词"、"内涵名词"和"非内涵名词"、"肯定名词"和"否定名词"、"相对名词"和"绝对名词"、"单义名词"和"多义名词"等。所谓"全称名词",就是可以在相同的意义上用于肯定无数事物的名词,如"人";所谓"单称名词",就是只能在相同意义上用于肯定一个事物的名词,如"约翰"。所谓

---

① 参见 J. S. 密尔《逻辑体系》,载于《约翰·斯图尔特·密尔全集》第 7 卷,第 14 页;另参见安舒茨(R. P. Anschutz)《密尔的哲学》,牛津,克拉伦登出版社,1953。
② 参见斯科拉普斯基《约翰·斯图尔特·密尔》,第 126 页,伦敦和纽约,劳特利奇出版社,1989。
③ 参见斯科拉普斯基《密尔论语言和逻辑》,载于斯科拉普斯基《剑桥密尔指南》,第 35 页,剑桥大学出版社,1998(以下所引此书均为此版本)。

"具体名词",是用于代表一个事物的名词,如"约翰""这个大海""这张桌子"等;所谓"抽象名词",是指代表一个事物的属性,如"白色""人性""老年"等等。"内涵名词"是指具体的全称名词,例如"人"这个名词既可以指各种不同的人,同时又可以指这些人所共同具有的属性;"非内涵名词"是指抽象的单称名词,如专名。J. S. 密尔对"专名"的使用很特殊,他认为专名是非内涵的,因为它们指称了个体,但并没有包含属于这些个体的属性。例如,某个人被称做"约翰",是因为他的父亲也叫这个名字,但"约翰"这个名字的意义并不包括他的父亲也叫这个名字,而只是用它来指被命名为"约翰"的这个人;再如,"汉口"这个名字是指坐落在汉江口岸的一个城市,但这个名字的意义并不包括它是坐落在汉江口岸。J. S. 密尔进一步指出,作为个体名称的专名可以是完全没有意义的,但一定是有指称的,就是说一定存在它所指称的对象。由此,他得出结论:

> 每当赋予对象的名称传递了信息,就是说,每当它们有了专门的意义,那么这个意义并不存在于它们所**指称**的对象,而是在于它们所**内涵**的东西。只有对象而没有内涵的名称就是**专名**;严格地说,它们是完全没有意义的。①

J. S. 密尔的这个思想被归纳为"专名有指称但无内涵,通名既有内涵也有指称"。这里的"内涵"(connotation)是 J. S. 密尔借用中世纪经院哲学中的逻辑术语,是指一个名称与一个或多个属性之间的关系。例如,"红色"是指红色的事物,内涵红的属性;"寡妇"是指寡妇,内涵女性、丈夫已去世的属性。J. S. 密尔强调指出,内涵通常是模糊不清的。这里所谓的"通名"就是指全称名字。J. S. 密尔认为,在通名的情况下,内涵确定了指称;相反,指称却不能确定内涵,因为一个名称可以具有指称但没有内涵,如专名的情况。而且,具有相同指称的名称可能会有不同的内涵。他还指出,某些单个抽象的名称是内涵性的,但某些则不是。"属

---

① J. S. 密尔:《逻辑体系》,载于《约翰·斯图尔特·密尔全集》第7卷,第34页。

性本身可以具有赋予它们的属性;而指称属性的词可以内涵那些属性的一个属性。"[1]例如,"白色的性质"或"智慧"这些词指称了由这些形容词所内涵的东西,但它们并没有内涵它们自身任何东西。J. S. 密尔还认为,所有的通名或全称名词都是内涵性的,甚至某个名称可以具有内涵但没有指称,就是说,内涵性的名称可以是没有指称的,而一个内涵性名称的意义就是它的内涵。[2]

J. S. 密尔对名称的内涵和外延的区分,是为了说明由名称构成的命题的意义。他首先区分了两种命题,即"语词的"命题和"真正的"命题,然后又区分了两种推理,即"纯粹表面的"推理和"真正的"推理。他明确指出,纯粹语词的命题对世界没有传递任何信息,而只是传递了关于这个命题所在的语言的信息;同样,纯粹表面的推理没有得到任何新的断定,它的结论完全是在前提中就已经得到断定了的。相反,真正的命题和推理都不是先天的,它们都必须最后根据归纳的材料和方法。因为"它们对某个事物所断定的事实没有包括在这个命题所谈论的名称的意义之中,而且某些属性也不是由那个名称所内涵的。所有这些命题都是关心单独命名的事物,都是由谓词去内涵了并没有由主词所内涵的全称命题或特殊命题。所有这些命题都对我们的知识有所增加:它们都传递了并没有包含在所运用的名称中的信息"[3]。

四　演绎与归纳

J. S. 密尔认为,逻辑本身就包含了真正的命题和推理,例如矛盾律和排中律就是真正的命题,因为它们是我们最初的和最熟悉的经验概括。如果逻辑不包含真正的推理,那么所有的演绎推论就会是回避问题

---

[1] J. S. 密尔:《逻辑体系》,载于《约翰·斯图尔特·密尔全集》第7卷,第32页。

[2] 新近对 J. S. 密尔的内涵与外延理论的详尽阐述,可参阅斯科拉普斯基《约翰·斯图尔特·密尔》,第53—59页,伦敦和纽约,劳特利奇出版社,1989;斯科拉普斯基《密尔论语言和逻辑》,载于斯科拉普斯基《剑桥密尔指南》,第36—40页。

[3] J. S. 密尔:《逻辑体系》,载于《约翰·斯图尔特·密尔全集》第7卷,第115—116页。

的推理，这就不会产生新的知识。如果所有有效的演绎都是语词的，那么有效演绎的结论就是在前提中得到断定的。要知道前提的真，就是要知道由前提所断定的每个命题都是真的。所以，由于结论也是这样一个命题，这就是要知道结论也是真的。由此可见，演绎显然会产生新的知识，逻辑也就必定包含了真正的推理。例如，从"每个人都是要死的"这个前提要推出"张三是要死的"或"李四是要死的"，这个推理的有效性并不在于前提已经包含了结论，而是在于这些结论本身就是真的，或者说，构成结论命题的名称的意义是确定的或真的。所以，在 J. S. 密尔看来，要从全称命题推出特殊命题，这个过程不是由前提与结论的关系决定的，而是由作为前提和结论的两个命题本身的性质决定的。这样，推理过程就不应当被看做是从全称到特殊，而更应当被看做是从特殊到特殊的过程。他写道：

> 假定"威灵顿公爵是要死的"这个命题是直接从"所有的人都是要死的"这个命题推论出来的，那么我们是从哪里得到关于那个一般真理的知识的呢？当然是从观察。这样，人们作观察的每种情况都是个别的。由此就一定会得到所有一般的真理，而且它们也可以通过这些个别的情况而再次得到解决，因为一个一般真理不过是特殊真理的总和而已，是一种综合的表达式，无数个别的事实都可以由此立即得到肯定或否定。但全称命题并不仅仅是用于记录和保存一些个别事实记忆的简要形式，而所有这些事实都是已经得到观察的。概括并不是一个单纯的命名过程，而是一个推理过程。从我们已然观察到的事例，我们可以保证得到这样的结论，即我们在那些事例中所看到的真的东西，在所有过去、现在和将来的类似情况中也会看到，无论它们会有多少。①

由于所有的推理都是从特殊到特殊，所以，演绎推理最终也就必定

---

① J. S. 密尔：《逻辑体系》，载于《约翰·斯图尔特·密尔全集》第 7 卷，第 186 页。

依据归纳。事实上,J. S. 密尔的整个逻辑体系都是建立在归纳理论基础之上的。《逻辑体系》的第 2 卷《论推理》、第 3 卷《论归纳》、第 4 卷《论次属于归纳的运算》、第 5 卷《论谬误》以及第 6 卷《论道德科学的逻辑》都是对他的归纳理论的直接阐述;而第 1 卷《论名称和命题》也是为他的归纳理论做准备的。可以说,J. S. 密尔的逻辑体系就是一套归纳体系,是一套对名称、命题和推理的归纳性证明。的确,J. S. 密尔在书中反复强调,逻辑的任务就是要证明,而他的逻辑理论可以被看做是一套证明理论。这里的"证明"(Proof)不是小写的、具体的推论过程,而是大写的、通过对经验的归纳而得到知识的过程。用康德的话说,根据 J. S. 密尔的思想,逻辑就是对经验归纳如何可能的一套证明体系。

《逻辑体系》的第 3 卷《论归纳》和第 4 卷《论次属于归纳的运算》直接阐述了 J. S. 密尔的归纳理论。这两卷甚至被看做是他整个逻辑思想的主要部分,也是他整个经验主义事业的核心内容。[①] 第 3 卷共有 25 章,是《逻辑体系》全书中分量最重的部分,从所论述的内容看,也是全书的灵魂所在。该卷主要讨论了归纳逻辑的重要性、归纳的基础、自然规律和普遍的因果规律、观察与实验的关系、实验研究的四种方法、演绎的方法、对自然规律的解释及其局限、科学假说的用处、经验规律、机遇及其演算、类推、普遍因果规律的证据、不依赖于因果性的共存统一性、大致的概括和可能的证据、怀疑的根据等等问题。J. S. 密尔关于这些问题的主要思想大致可以归结为以下几个方面:

1. 关于归纳逻辑的重要性。J. S. 密尔在该卷的第 1 章开宗明义地指出,目前我们要探究的问题可以看做是所有其他问题中首要的问题,因为"一切推理,包括对非自明的真理的一切证明和发现,都是由归纳构成的,是对归纳的解释:我们的一切非直觉的知识毫无例外地都出自这个来源。因而,归纳是什么以及它在什么条件下才是有效的问题,这些

---

① 参见斯卡瑞(Geoffrey Scarre)《密尔论归纳和科学方法》,载于斯科拉普斯基《剑桥密尔指南》,第 112 页。

都必然地成为逻辑科学的主要问题——它包括了其他所有的问题"①。
J. S. 密尔强调归纳逻辑的重要性,主要是为了反对当时的逻辑学家和哲学家在归纳问题上的唯心论观点,其中的主要代表是 19 世纪著名的英国哲学家和历史学家惠威尔(W. Whewell)。惠威尔以其广博的知识和深刻的思想在他的《归纳科学的历史》(1837)一书中建立了一套科学的方法论。他认为,科学知识之所以可能被认识,仅仅是因为心灵运用了基本观念把感觉材料在科学的语境中联系起来了,这样一些观念包括时间、空间、数字、力量、物质、因果等等。所以,归纳在科学知识中并没有起到真正关键的作用。而在 J. S. 密尔看来,惠威尔的观点代表了康德以来的德国唯心论在人类知识和人类认识能力问题上的先验论观点,这与他所坚持的经验论传统是背道而驰的。他指出惠威尔的主要问题是:这种唯心论直接威胁到了人类知识的客观性,使我们对实在的说明渗入了唯心论成分;而且显然并不存在能够证明这种看法有效性的独立标准。②

不仅如此,J. S. 密尔还通过澄清人们通常在归纳问题上的错误认识来强调归纳逻辑的重要性。他首先把"归纳"定义为"发现和证明全称命题的运作",认为归纳是一种从特殊到特殊的推理过程。由此他提出,归纳逻辑并不仅仅属于科学本身,而且属于人们的一切生活内容。在科学的语境中,我们运用归纳逻辑是为了产生新的普遍原则,而在日常生活中,我们就会用归纳逻辑产生具体的事实。在这两种情况中,我们都可以使用归纳逻辑的相同原则。他甚至说:关于科学的完整逻辑同样也会是关于实践活动和普通生活的完整逻辑。由于归纳是真正推理的唯一形式,而且单个的归纳规则在科学内外都可以使用,所以,在 J. S. 密尔看来,各门科学以及日常生活在科学方法论上不存在根本性的不同。这种科学方法唯一性的观念贯穿《逻辑体系》全书。他认为,数学的方法与

① J. S. 密尔:《逻辑体系》,载于《约翰·斯图尔特·密尔全集》第 7 卷,第 283 页。
② 参见斯卡瑞《密尔论归纳和科学方法》,载于斯科拉普斯基《剑桥密尔指南》,第 115 页。

日常生活中使用的归纳也是完全一样的,它们的区别仅仅在于处理的问题或主题不同而已。这样,J. S. 密尔就把数学的演绎方法完全解释为归纳方法的一种运用。

2. 关于归纳的基础。归纳的基础问题也就是归纳推理是如何可能的问题。J. S. 密尔在《逻辑体系》第 3 卷中用了整整一章的篇幅(第 3 章)来讨论这个问题。他把这个基础规定为自然过程的齐一性,认为正是这种齐一性保证了我们可以在所有的情况中使用相同的或相似的科学方法。他写道:

> 在真正表明了归纳是什么的陈述中运用了一种原则,这个假定是与自然的过程和宇宙的秩序有关,即自然中的这种东西是并行存在的;一旦发生了的事情,在相似的情况达到足够的程度之后,就会再次发生,而且不仅是再次发生,只要出现相同的情况就会经常发生。我认为,这种假定就包含在归纳的每种情况中。如果我们考察了自然的实际过程,我们就会发现这个假定得到了证明。就我们所知,宇宙的构成正是为了使得在对某种描述的任何一种情况中为真的东西,在所有情况中都为真,唯一的难处是要发现那是什么样的描述。[①]

他由此得出结论:"无论我们用什么方式来表达这一点,自然的过程是齐一的这个命题一定是归纳的基本原则或普遍公理。"[②]

密尔把自然的这种齐一性看做是自然的普遍事实,也是我们所知道的自然中存在的事实。他在谈到因果律时也认为,因果律实际上就处于一切被观察到的齐一性的核心,这就是一种普遍性,也就是所谓的确定性。

> 如果我们断定了具体的结论一定是与自然规律的齐一性符合

---

① J. S. 密尔:《逻辑体系》,载于《约翰·斯图尔特·密尔全集》第 7 卷,第 306 页。
② 同上书,第 307 页。

或不符合,就是说,它是可靠的,毋庸置疑的,除非怀疑到每个事件是否都有原因,那么,我们就做了我们所能做的一切。我们关于给定现象原因所能得到的最强有力的把握是,那个现象或者是具有那个原因,或者什么都没有。①

可以看出,J. S. 密尔把归纳的基础建立在对自然规律的认识之上,自然规律的普遍性决定了归纳的普遍性。J. S. 密尔对自然规律的论述在第 3 卷中占据了很大的篇幅,表明他对自然规律的重视。根据他的论述,他关于自然规律的思想可以简要地表述为:(1)科学的归纳必须建立在先前自发的归纳基础之上;(2)因果规律就是连续现象的普遍规律;(3)因果规律是自然规律的主要内容,因而对因果规律的解释就构成了科学归纳的主体;(4)对因果规律的解释可以有三种方式,即解决复杂效果的能力,查明后果中的相互联系,把较少普遍性的规律包容在更具普遍性的规律之中;(5)对因果规律解释的界限就是提出假说的开始,但假说最终也是归纳性的,或者说是需要通过归纳加以证明的。当然,J. S. 密尔对自然规律及其解释的论述还有很多,但从现代逻辑和哲学的角度看,无论是在逻辑上还是在哲学上,他的所有论述都还处于较低的程度,都只是把通常的认识加以系统化而已。②

3. 关于归纳的方法。J. S. 密尔在《逻辑体系》第 3 卷第 4 章讨论观察和实验时,专门论述了归纳探究的具体方法。第一步是把复杂的现象分析为它们的要素。这是一种心理上的分析,但又不完全是心理的分析。说它是心理上的,是因为我们首先看到的自然现象是处于混乱的状态,这就需要我们的心灵对所看到的现象进行一番整理,以便作出分类,使得分析得以进行;说它又不完全是心理的,是因为我们所得到的所有现象都是来自自然的,而不是从心理产生的。第二步是对那些复杂现象要素的实际分离。这就需要观察先前发生的事件与后来发生的事件之

---

① J. S. 密尔:《逻辑体系》,载于《约翰·斯图尔特·密尔全集》第 7 卷,第 573 页。
② 参见罗素《约翰·斯图尔特·密尔》,载于施尼文德《密尔评论文选》,第 2—6 页。

间的关系,需要考虑后来的事件是从先前的事件中发展出来的,就是说,要考虑各种变化的情况。J. S. 密尔认为,这是物理探究的第一规则,虽然不是唯一的规则,却是其他一切规则的基础。

J. S. 密尔还进一步指出,在归纳的方法中,实验要优于观察,因为实验是对观察的巨大延伸,它不仅能够为我们带来比自然自发提供的更多的复杂情况,而且还会在成千上万的情况中产生我们在发现自然规律时所需要的精确性。但 J. S. 密尔又认为,观察也具有实验所没有的长处,这特别表现在对原因和后果的解释上。

> 如果我们没有被引导到原因,我们就必须从后果中去确立,并把改变环境的规则用于后面的事情,而不是前面的事情。这样,我们就必然缺少人为实验的资源,我们就无法根据自然的条件选择去得到后面的事情,就像我们可以得到前面的事情一样。除了通过后果的原因,不存在产生这些效果的手段,这需要假定产生这个后果的原因是不为我们所知的,因而,我们只能在它自动展现出自己时去研究它。如果自然呈现给我们的是在自身条件下足以变化的事例,如果我们能够在最邻近前面的事情中或在前面的事情的其他顺序中,发现某个总是在发现后果时被发现的而没有发现后果时就从来没有被发现的东西,无论情况有多么不同,我们就可以通过没有实验的纯粹观察,发现自然中真正的齐一性。①

4. 关于实验探究的方法。J. S. 密尔对实验探究的方法作了系统的阐述,提出了四种方法和五个准则。我们先来看四种方法,它们分别是同一法、差异法、剩余法和伴随变异法。J. S. 密尔指出,同一法和差异法是从大量情况中得到的最为简单明显的方法,前者是通过比较出现了某个现象的各种不同情况而得到对这个现象的描述的方法,而后者是通过比较出现了某个现象的情况和没有出现它的情况而得到对这个现象的

---

① J. S. 密尔:《逻辑体系》,载于《约翰·斯图尔特·密尔全集》第 7 卷,第 325—386 页。

描述的方法。剩余法的原则是，从给定的现象中去掉所有由于先前的归纳而可以被赋予已知的原因，那么剩下来的就是一直被忽略掉的先前东西的后果，或者是如同未知数量一样的后果。伴随变异法断定了一种普遍的因果规律，即原因的每次改变都会伴随着后果的改变。J. S. 密尔用了一章的篇幅专门讨论这四种方法的具体运用。为了与这四种方法协调一致，J. S. 密尔又提出了五个准则。[①] 第一准则：如果所研究的两个或更多的现象事例只有一种共同的情况，那么使这些事例达到一致的这种情况就是给定现象的原因（或后果）。这就是同一法的运用。第二准则：如果在所研究的现象中出现了一种事例，而没有出现另一种事例，但这些事例都共同具有一种情况，即只是出现在前面一种事例中的情况，那么使这两个事例产生不同的情况，就是这个现象的后果，或原因，或原因中无法替换的部分。这就是差异法的运用。第三准则：如果在现象中出现的两个或更多的事例只有一种共同的情况，而在现象中没有出现的两个或更多的事例没有共同的东西可以弥补这种情况的缺乏，那么，仅仅使这两种事例产生不同的情况就是这个现象的后果，或原因，或原因中无法替换的部分。这仍然是差异法的运用。第四准则：从任何现象中抽取出这种部分，是由先前的归纳得知的作为某个后来者的后果，而这个现象的剩余则是余下的后来者的后果。这是剩余法运用。第五准则：无论何种现象，在其他现象以某种特殊方式发生变化时也以何种方式变化，这就是那个现象的原因或后果，或者是通过某个因果事实而与之相连的。这是伴随变异法的运用。

　　5. 关于归纳与演绎的关系。这是 J. S. 密尔逻辑体系中要处理的重要问题之一。因为他把一切推理都看做是经验归纳的结果，所以，演绎的作用和地位就变得不太重要了。但事实上，J. S. 密尔并没有完全否定演绎的作用。他在几个不同的地方谈到了归纳与演绎的关系。在《逻辑体系》第 2 卷第 3 章中，他指出，所有思想过程中的最终前提都是特殊

[①] 参见 J. S. 密尔《逻辑体系》，载于《约翰·斯图尔特·密尔全集》第 7 卷，第 390—401 页。

的,无论我们是从特殊到一般还是从特殊到特殊,所有这些过程都是归纳;但我们也可以把归纳这个名称恰当地用于确立和解释一般命题的过程,这就是演绎的过程。他写道:"我们将考虑对未观察到的情形进行推论的每个过程,这就是演绎之后的归纳;因为虽然这个过程并不必然以这种方式进行,但它总是有能力采用这种方式,特别是当需要和要求科学精确性的保证时,就必须采用这种方式。"①

他在第3卷第4章中还论证了实验科学通过实验的过程可以变成演绎的。当然,J. S. 密尔对演绎作用的论述,最重要的还是他对演绎方法的分析。第3卷第11章专门讨论了这个问题。他首先把演绎的方法定义为"这样一种研究模式,即从已证明为无法应用的观察和实验的直接方法,而成为我们所拥有的知识的主要来源,或能够获得更为复杂的现象的相关条件和重现的规律"②。他提出演绎方法的三个步骤:直接的归纳、推理、证实。他认为,直接的归纳必须作为整个演绎推理的基础,所以这是演绎方法的第一步骤。虽然在许多具体的研究过程中,某个在先的演绎可能会取代归纳,但这个在先演绎的前提一定是派生于归纳。演绎方法的问题是要从关于各种不同倾向的规律中发现后果的规律,所以,首先就要知道关于这些倾向的规律或所有共存的原因的规律。这就假定了对每个原因分别起作用的先前的观察过程或实验过程,而先前的演绎也必定依赖于观察或实验的最终前提。J. S. 密尔指出,当完成了直接的归纳,也就是说得到了关于原因的规律,我们就可以进入演绎方法的第二个步骤,即从原因规律中确定这些原因的结合会产生那些后果。这是一个广义上的演算过程,通常也涉及狭义的演算。这是一个推论的过程。当我们关于原因的知识完善到足以得到精确数字的规律,那么这个推论过程就会在前提中推算关于数字科学的定理,以至于达到这整个科学。这就是数学真理能够向我们提供的可以计算后果的能力。但无

---

① J. S. 密尔:《逻辑体系》,载于《约翰·斯图尔特·密尔全集》第7卷,第203页。
② 同上书,第454页。

论是直接的归纳还是数学的演算，都会出现错误或忽略掉某些东西，所以，J.S. 密尔认为，在演绎方法中还需要第三个步骤，这就是要证实。没有证实，任何通过演绎而得到的结论都只能是假设，而无法成为关于规律的科学。这里的"证实"是指比较这些结论是否符合直接观察的结果。他写道："为了能够充分地证实由演绎得到的理论，重要的是应当通过比较各种实例来确定尽可能多的关于现象的经验规律，使之尽可能地符合同一法。"①

当然，J.S. 密尔在《逻辑体系》中还在多处讨论了三段论问题，把三段论看做是对归纳推论的验证，而不是归纳推论的一种形式。他对三段论的贡献在于把亚里士多德以来的命题形式改变为规则的表达形式，但这并没有从根本上改变亚里士多德以来的三段论框架，所以，它对后来的逻辑学发展并没有起到太大的作用。现代逻辑与亚里士多德传统逻辑之间的一个重要区别，就是用命题逻辑取代了一阶谓词逻辑，用关系逻辑取代了三段论逻辑。因而，J.S. 密尔的三段论思想在整个逻辑学的发展史上并不占有重要地位。然而，他在中世纪以来的唯名论和实在论之间的争论中，以及弥漫于 19 世纪逻辑和哲学领域的自然主义和心理主义之间的争论中，却始终站在唯名论和自然主义的立场。这与他在哲学上的经验主义立场是一致的。这也是他能够在 20 世纪继续成为英美哲学关注的焦点之一的重要原因，因为整个 20 世纪的英美分析哲学正是以唯名论和自然主义为主导倾向的。②

必须指出，J.S. 密尔的哲学体系博大精深，逻辑思想是他整个体系

---

① J.S. 密尔：《逻辑体系》，载于《约翰·斯图尔特·密尔全集》第 7 卷，第 461 页。

② 斯科拉普斯基把 J.S. 密尔关于语言逻辑的思想对当代哲学的意义归结为三个方面，即强调了命题的意义，对命题意义必要性的论述以及对内涵与外延区别的论述，自然主义和唯名论的倾向。参见斯科拉普斯基《约翰·斯图尔特·密尔》，第 77 页，伦敦和纽约，劳特利奇出版社，1989。同时，他还把 J.S. 密尔的《逻辑体系》看做是自然主义哲学或自然主义认识论的最早著作。参见斯科拉普斯基《怀疑论的可理解性》，载于贝尔（D. Bell）和库珀（N. Cooper）《分析的传统：意义、思想和知识》，第 8 页，牛津，布莱克威尔出版社，1990（以下所引此书均为此版本）。

的基础,而他关于道德伦理、社会改造、政治权利、人类本性等问题的思想则是他整个体系的主体部分,也是对后世哲学产生持续影响的部分。

五 影响与评价

J. S. 密尔的哲学传统属于洛克和休谟的英国经验主义,虽然他的思想与休谟的怀疑论有很大的区别。在当代哲学中,J. S. 密尔被看做是在19世纪与黑格尔和尼采齐名的伟大哲学家,因为他们的思想构成了整个19世纪西方哲学的主导倾向:黑格尔把自我超越的理想升华为绝对唯心论,而 J. S. 密尔和尼采则以同样的理想抛弃了唯心论,提出了关于人的自然主义观点,即把人类看做自然界中的自然产物,他们同时又构成了对现代性的两种不同反应。[①] 根据斯科拉普斯基的分析,J. S. 密尔思想的影响经历了两次较大的时期,第一次是在他去世前的 10 年,即 1860—1870 年,他的思想在整个英国思想界占据了主导地位,其影响力可以与黑格尔对德国哲学、亚里士多德哲学对中世纪的作用相比拟;第二次是在 20 世纪 60 年代到 70 年代初,开始是对他伦理学的重新评价,然后是对他的社会和政治哲学的重新评价,最后扩展到对他的整个哲学的重新评价。[②] J. S. 密尔关于内涵与外延的思想和他对命题的分析,成为现代分析哲学展开意义分析、建立意义理论的起点;J. S. 密尔关于社会改造和自由平等的思想,成为现代英美政治哲学主导话语的内在标准;J. S. 密尔关于认识过程的自然主义思想,成为当代科学哲学自然主义认识论的先驱。

第四节 马赫的彻底经验论

在实证主义哲学的发展史上,马赫的思想始终占有非常重要的地位:一方面,他的自然科学背景使他的哲学主张有了深厚的经验基础和

[①] 参见斯科拉普斯基《剑桥密尔指南》,"导论"第 3 页;麦金太尔《尼采还是亚里士多德?》,载于麦金太尔《追求德性》,第 109—120 页,圣母大学出版社,1984。
[②] 参见斯科拉普斯基《剑桥密尔指南》,"导论"第 2 页。

较强的说服力,因而他的思想被看做超越了传统哲学的范畴;另一方面,他的思想是维也纳学派的直接思想来源,逻辑经验主义的产生和发展都与马赫的名字有着密切的关系。逻辑经验主义被看做是马赫实证主义的"现代化和普遍化",而逻辑经验主义者也把马赫看做是他们的"最好老师"。

一　生平与著作

恩斯特·马赫(Ernst Mach)于1838年2月18日出生于奥地利的契尔里兹(Chirliztz,今属捷克共和国)。他的父亲是一位受过高等教育的家庭教师,母亲是具有艺术天赋的家庭主妇。良好的家庭氛围对幼小马赫的心理成长产生了很大影响。直到15岁之前,马赫一直在家里接受父亲的家教,整个家庭都基本上过着与世隔绝的悠闲生活。1853年,马赫进入克利姆希尔中学的高中学习,阅读了康德的《未来形而上学导论》,对认识论产生了极大兴趣。1855年,他进入维也纳大学学习数学和物理学,特别喜欢物理学,在大学即将毕业时提出了显微照相的原理,并于1860年以"放电和电感应"论文获得博士学位。毕业后,他在维也纳大学担任编外讲师,主要研究如何把物理学应用于生理学和心理学,先后出版了《医学大学生物理学概论》(1863)和《赫耳姆霍茨音乐声学引论》(1866)。1864年,他被聘为格拉茨大学的数学教授,1866年担任物理学教授。在这期间,他发现了后来被称做"马赫带"的一种视觉生理现象,即说明了感觉变化与光的强度变化之间并不存在对应关系,由此说明物理变化与心理变化的差异性,并提出了心理的格式塔性质的主要思想,出版了《音乐声学的两个通俗讲演》(1865)和《关于光学的两个通俗讲演》(1867)等著作。从1867年起,马赫担任布拉格大学的实验物理学教授,长达28年之久。1872年,他出版了《能量守恒原理的历史和根源》(*Die Geschicht und die Wurzel des Satzes von der Erhaltung der Arbeit*),初步形成了他的科学哲学思想。1872—1873年,马赫担任布拉格大学哲学系主任。1873—1893年间,马赫主要研究光学、声学以及听觉、视觉和运动的感觉,特别是在改进光学摄影技术用来研究与力学、光学、电学现象有关的波动方面取得了明显的成就。其中,他对空气动力学的研究使他成为这个领域的开创者之一,以他的名字命名的名称如今已经成为物理学、光学以及空气动力学中的基本术语,如"马赫数""马赫角""马赫波""马赫反射"等等。1883 年,他出版了《力学史评》(*Die Mechanik in Ihrer Entwicklung*),该书被看做是他思想的代表作,体现了他把物理学应用于一切人类知识的理想。1886 年,他的重要哲学著作《感觉的分析》(*Analyse der Empfindungen*)出版,这是他花费了 20 年时间完成的力作,由此奠定了马赫在当代哲学中不可替代的地位。1895 年,他返回维也纳大学,担任该校专门为他设立的"归纳科学的历史和理论"讲座教授,这使他成为世界上第一位科学哲学教授。在他之后担任这个教席教授的是物理学家波尔兹曼和施特尔,1922 年,石里克担任了这个讲座的教授,由此建立了维也纳学派。1898 年,马赫罹患中风导致右半身瘫痪,1901 年退休。1912 年,爱因斯坦访问马赫,共同讨论了原子论问题,并有过四次通信。1916 年 2 月 19 日,马赫因心脏病发作与世长辞。[1]

马赫是从物理学研究进入哲学的,但他并不是简单地把物理学的研究成果直接用来解答某些哲学问题,或以物理学的视角来分析哲学问题;相反,在他看来,并不存在所谓的真正的哲学问题,因为一切对自然和人类心理活动的研究最终都会对我们的理解产生重要影响。所以,他并没有把自己的研究工作看做是一种"哲学研究",他甚至反对把自己称做"哲学家"。[2] 即使他担任了布拉格大学的哲学系主任以及维也纳大学的归纳科学讲座教授,他也从来都把这些工作看做是真正的科学研究,是对科学发展历史的理性考察。正因为如此,马赫的著作就明显地表现出科学研究的特征,以至于我们很难把他的著作简单地划分为关于科学

---

[1] 关于马赫的生平,参见布莱克默尔《恩斯特·马赫的生平、著作及其影响》,加州大学出版社,1972;董光璧《马赫思想研究》,第 1 章,四川教育出版社,1994。

[2] 参见马赫《感觉的分析》,洪谦、唐钺、梁志学译,第 24 页,商务印书馆,1986。

的和关于哲学的。事实上,他的每一本著作都表现出了他从科学研究的立场出发提出的哲学思考。除了以上提到的《能量守恒原理的历史和根源》《力学史评》《感觉的分析》之外,马赫的重要著作还有:《热学史评》(*Die Prinzipien der Wärmelehre. Historisch-Kritisch entwickelt*,1896)、《通俗科学讲演集》(*Populärwissen schaftliche Vorlesungen*,1893)、《认识与谬误》(*Erkenntnis and Irrtun*,1905)、《文化和力学》(*Die Kultur und Die Mechanik*,1915)、《物理光学史评》(*Die Prinzipien der Physisch-Optik. Historisch-Kritisch entwickelt*,1921)等。

马赫一生的工作主要是在两个方面:一方面是在大学中的教学任务。他在格拉茨、布拉格和维也纳大学分别开设了许多课程,涉及范围非常广泛,除了他的主要研究领域物理学之外,还包括了逻辑学、音乐学、心理学、生理学、化学等自然科学领域。他在这些课程中讲授的部分内容后来以著作的形式出版;另一方面是他从事的实验室工作。这在他的整个科学研究中处于重要的地位,正是这些实验研究使他有了许多自然科学上的发现,也使得他的哲学思想具有了更为明显的实证主义特征。马赫在这些方面所取得的成就,也给他带来了很高的社会声誉,在普通人心目中,他被看做是真正具有独立精神和开创能力的科学家。1876年,马赫被选举为州议员,1879年担任了布拉格大学校长,并于1883年被推选为从布拉格大学分离出来的德语大学校长。但由于民族和宗教矛盾他很快辞去了校长职务。1886年,在《感觉的分析》出版之后,马赫对教育政策和理论产生兴趣,引发了科学教师与人文主义者关于科学教育重要性的论战,他甚至为中学教育编写了教材《初中自然科学概论》(1886),并与他人合作创办了《物理化学教育杂志》(1887)。1896年,马赫被推举为内廷参事,并被选为维也纳帝国科学院数学和自然科学部主任。1901—1913年,马赫担任奥地利议会上院议员。早在19世纪90年代,马赫就积极投身于政治运动,反对种族歧视和提倡宗教自由。1896年,他曾同工人一起游行反对基督教社会党,1897年发表著名讲演"飞弹现象",谴责挑动民族仇视的战争,1899年为成人教育同盟和社会民主党机关报《工人报》募捐,1901年乘救护车赴议会投票支持矿工九小时工作制法案,1902年组织反对自由天主教大学运动,1906年宣传社会主义者和工人理论家狄慈根的著作。这些活动都使得马赫成为一名活跃的社会活动家,并赢得了广大民众的支持和信赖。

在物理学研究领域,马赫取得了惊人的成就,他的许多研究发现如今已经成为物理学中的常识;他对自然现象的不懈观察和实验,使他在当时就受到众多物理学家和科学史学家的高度重视,但他的思想也引起了广泛的争议,在物理学界引发了原子论与反原子论之间的论战。[①] 马赫还对爱因斯坦相对论的提出产生了直接的影响,虽然他从未承认相对论思想,也拒绝把自己看做是"相对论的先驱"。[②] 在哲学上,马赫的主要贡献是以科学的态度揭示了人类认识活动的心理模式,以实证的方法论证了感觉构成一切认识活动的基础,以实验的手段表明了科学研究的经济和正确。这些就是马赫提出的"要素一元论"思想、感觉经验论主张和科学的思维经济原则,它们构成了所谓的"马赫哲学"的主要内容。[③]

二 要素一元论

在进入马赫的哲学思想之前,我们有必要记住这样一点,即马赫是通过研究物理学、心理学、生理学及其相互关系而进入哲学的,这就使他的哲学思考带上了非常明显的自然科学痕迹。他对一些哲学概念的运用具有很大的随意性,并不完全符合我们通常对这些概念的哲学理解,虽然他对这些概念的使用都作了自己的特定说明。他还提出了一些完

[①] 关于马赫与原子论者之间的争论,参见董光璧《马赫思想研究》,四川教育出版社,1994;李醒民《马赫》东大出版社(台湾),1995。

[②] 直到他去世前三年的1913年,他在《物理光学史评》的"序言"中明确表示,他拒绝承认把自己看做这样的先驱,因为"我发现,如今的相对论变得越来越教条了"。虽然相对论在数学领域取得了很大的成绩,但这并不能保证它在物理学领域中取得相同的成绩。详见马赫《物理光学原理:历史的和哲学的论述》,第Ⅷ页,多佛出版公司,1926。

[③] 这里之所以说"所谓的",是因为马赫从来都不承认有一个"马赫哲学",他至死都反对把自己称做"哲学家"。

全属于自己的概念,它们在哲学上的含义是模糊不清的,在某种程度上妨碍了人们对他思想的准确理解,虽然他不断地在澄清各种误解。在这些模糊的概念中,"要素"就是最为明显的一个。

马赫对"要素"概念的使用主要表现在《感觉的分析》一书中。他明确地把"要素"(elements)解释为"构成物理的(同时也是心理的)世界的最简单的基石",是到目前为止我们不能再作进一步分解的成分,即最后的组成部分,而且一切要素都是等价的。① 在《认识与谬误》中,他也明确地把我们物理经验和心理经验基本共同的组成部分称为要素。他写道:"我们现在的天生的感官之感知,将无疑依然是我们的心理世界和物理世界的基本要素";"我们能够从实验获悉的东西,整体地和唯一地寓居于现象的要素或条件的依赖或独立之中。通过任意地改变某个要素群或单个要素,其他要素也将变化,或者也许依然不变。"②根据马赫的不同论述,我们可以把他对"要素"的理解归纳为以下几个方面:

1."要素"是构成我们一切感觉的最基本单位,也是构成一切物体的最基本成分。

马赫把由颜色、声音、压力等等在时间和空间方面联结而成的复合体称做"物体",认为它们是我们所接受到的各种感觉中相对稳定、恒久的部分;另一个相对恒久的部分是由记忆、心情、情感等东西联结而成的复合体,他称之为"自我"。他认为,"物体"和"自我"是最基本的实体概念,但他的工作并不是要考察这些概念中不变的成分,而是要考察其中变化的成分,因为只有这些部分才表现出了复合体的特性。在马赫看来,正是复合体中变化的成分才使得我们对它们的感觉与物体本身区分开来,而这些变化的成分正是我们对它们的感觉。这样,马赫就把复合体的主要部分归结为我们对物体的感觉。但他又明确指出,这样的感觉并不是因人而异的个人内心感受,而是每个人都可能对一个物体产生的

① 参见马赫《感觉的分析》,洪谦、唐钺、梁志学译,第 33 页,商务印书馆,1986。
② 马赫:《认识与谬误》,李醒民译,第 152、202—203 页,华夏出版社,2000。

相同感觉,在这种意义上,构成复合体的感觉总和就是客观的。经过这样的分析,马赫把复合体的最后组成部分就称做"要素",认为它们是到目前为止我们不能再作进一步分解的成分。

由此我们可以看出,马赫是把"要素"理解为我们对物体的某些共同感觉,也就是传统哲学中的"第二性质"。但与传统哲学的理解不同,他并没有把这样的性质看做是完全主观的,而是强调它们构成了我们对物体的基本认识。他明确指出,我们的整个心理世界和物理世界都是由少数同类的要素构成的,我们也可以把这些要素称做感觉,但"因为这个**名称已经有一种片面的学说**的意味,所以,我们宁可象我们已经做过的那样,只谈要素。一切研究都是要探知这些要素的联结方式"①。

2. 构成世界的要素可以大致分为三种,但它们并不是相互独立的,而是相互依赖、互为因果的。

马赫分别用字母来区分这样三种不同的要素。第一种是"物体的要素",记为 ABC…,它们是由颜色、声音等组成的复合体;第二种是"身体的要素",记为 KLM…,这是物体的要素中具有某些突出特点的一部分复合体;第三种是"心理的要素",记为 αβγ…,这是由意志、记忆印象等构成的复合体。马赫特别指出,这三种要素之间是相互依存的,其中没有明显的分界线。他清楚地写道:

> 通常把组成**自我**的复合体 αβγ…KLM… 与组成物质世界的复合体 ABC… 置于对立的地位。可是,有时只把 αβγ… 视为自我,把 KLM…ABC… 视为物质世界。初看起来,好象 ABC… 是离自我而独立的,并且是与自我相对立的。可是,这种独立性只是相对的,一经细究,就消失了。固然,αβγ… 这种复合体**可以**有很多变化,而不引起 ABC… 那种复合体上多大看得出的变化;反过来,也一样。可是,αβγ… 的好多变化却能通过 KLM… 的变化而波及 ABC…;反之,也一样(例如,人的强烈思想变为行动,或是环境引起我们身体上看

---

① 马赫:《感觉的分析》,洪谦、唐钺、梁志学译,第 17 页,商务印书馆,1986。

得出的变化)。同时,KLM…与 αβγ…的相互联系,或 KLM…与 ABC…的相互联系,比后两种复合体的相互联系更紧密。三种复合体的这种关系,恰好在通常的思想和言语中表现出来。[①]

马赫的这段话清楚地表明了他所谓的这三种复合体(也就是三种要素)的区别,其实就是我们现在所说的物理世界、生理世界和心理世界。他认为这三者是相互作用的,而且这种作用影响了它们的组成和性质。

3. 由于不同要素之间的相互作用,心理世界和物理世界之间就没有明显的区别,任何试图把这两者截然分开的做法都是错误的。

马赫认为,既然要素是构成物理世界和心理世界的基本成分,它们在这两个世界中的作用应当是一样的。由于要素在这两个世界中具有相同的作用,它们分别表现为对这两个世界的相互影响,因而,我们就没有理由坚持说这两个世界是截然不同的了。例如,对一种颜色而言,如果我们注意到的是这种颜色与其光源之间的关系,那么这种颜色就是一个物理对象,它就是属于物理世界,构成这种颜色的要素就是光的波长;如果我们注意到的是这种颜色与我们的视网膜之间的关系,那么它就是一个心理学对象,属于心理世界,构成这种颜色的要素就是我们的感觉。所以,"在物理学领域和心理学领域里,并不是**题材**不同,只是**探求的方向**不同罢了"[②]。

马赫在这里对物理世界与心理世界关系的论述,显然是从认识主体的感觉出发:无论是物理世界中的对象还是生理世界中的对象,都需要在心理世界中找到对应物,或者说,只有在心理世界中,我们才能确定物理世界和生理世界中的对象的存在。正如他自己所说的,如果我们把眼睛全闭上,我们就什么也看不见了;如果把听觉神经割断,铃也就不响了。表面上看,这完全是一种绝对自我中心主义的主张,事实上,许多哲学家也是如此批评马赫的。然而,实际上,马赫并不是在提倡什么自我

---

① 马赫:《感觉的分析》,洪谦、唐钺、梁志学译,第 7 页,商务印书馆,1986。
② 同上书,第 13 页。

中心主义,他不过是在描述一个众所周知的事实,即我们每个人都是用自己的感官去认识这个世界,感觉提供给我们的是唯一的实在,而超出了感觉的东西不过是我们持有的信念。正是在这里,他认为,传统哲学的错误就是试图从超验的领域获取知识,所以他坚决反对把自己称做"哲学家"。他写道:"在我看来,超验的领域被封闭了。而且,如果我坦率地强调,它的居民甚至不能引起我的好奇心,那么我本人和许多哲学家之间的巨大隔阂就变得明显了。因此,我已经明确地声明,我不是哲学家,而仅仅是科学家。"①

4. "要素"并不是一个专门的哲学概念,它至多是"感觉"的一个代名词。

马赫从物理学家的研究角度出发,一再强调他的工作并不是为哲学提供科学基础,更不是要把一种哲学观念引入科学领域;相反,他反对传统形而上学的思维方式,力图从我们的日常感觉出发,确立我们一切认识活动的现实基础。正是出于这种考虑,他提出,我们通常使用的"感觉"一词已经被传统哲学赋予了太多的形而上学意味,所以有必要考虑另一个更为中性的词来代替它,这就是"要素"。他认为,对物理学家来说,仅仅使用"物体"这个概念可以清楚他的研究方向,但在物理学与心理学交合之处,这个概念以及"感觉"的概念都具有过于明显的倾向性。为了避免在这两个领域相互作用的过程中可能并已经产生的混乱,我们就有必要使用"要素"这个词来概括物理学上的"物体"和心理学上的"感觉"或"自我",这样,我们就可以在这两个不同的领域中使用相同的词而不会产生混淆了。

不仅如此,马赫还认为,把不同的三个世界都看做是要素的组合,还会使我们的研究过程更为经济、简单和实用。从简单性上看,"要素"构成了全部世界的基本单位;但从普遍性上看,"要素"又概括了所有关于世界的知识。所以,它是基本的,又是唯一的。对此,马赫有一段著名的

① 马赫:《认识与谬误》,李醒民译,第3页,华夏出版社,2000。

论述:

> 并不是物体产生感觉,而是**要素的复合体**(感觉的复合体)构成
> 物体。假如在物理学家看来,物体似乎是长存的、实在的东西,"要
> 素"则是物体的瞬时即灭的外现,那么,他就是忘记了一切**"物体"**只
> 是代表**要素复合体**(感觉复合体)的思想符号。在物理学中,真正
> 的、直接的、最根本的基础也是这些**要素**;生理物理学的研究就是进
> 一步探究这个基础。认识到这种情况之后,生理学和物理学的好多
> 方面都会得到更明白、更经济的方式;好多假问题也就消除了。①

如果我们不是从哲学本体论的角度而是从科学认识论的立场来理
解马赫的这段话,我们会清楚地看出,马赫在这里的确并不是把要素或
要素的复合体看做是构成整个世界的基本成分,而是强调我们对物体或
世界的认识活动往往是通过感觉(要素)实现的,只是在这种意义上,要
素才构成了物体。如果我们注意到马赫在书中一再表明的他对"要素"
概念的理解,我们就会清楚他的用意。他在《感觉的分析》等著作中反复
强调,他所谓的"要素"其实不过是指"函数关系"(Funktionalbeziehung)
或对象在"经验上的相互依存关系"。所以,他这样写道:"因此,对我们
来说,重要的是要认识到:在这里可以合理地提出的、可以引起我们兴趣
的一切问题上,关键都在于考虑不同的**基本变元**和不同的**依存关系**。这
是主要之点。不论我们把一切与件视为**意识内容**还是部分地或全部地
视为物理的,在事实上,在函数关系上,都不会有什么变化。"②

马赫提出以"要素"作为世界的基本组成部分,目的是为了消除传统
哲学中的二元论倾向以及人们通常对自我的神秘认识,确立一种"要素
一元论"的世界观。

1. 马赫通过把"要素"解释为物理世界和心理世界的共同基础,试图
从根本上取消人们长期以来所认为的在这两个世界之间存在的不可逾

---

① 马赫:《感觉的分析》,洪谦、唐钺、梁志学译,第23页,商务印书馆,1986。
② 同上书,第28页。

越的鸿沟。用他的话说,认为心理的东西和物理的东西在原则上不可通约的看法,完全是"原始人就他的起源、他与灵魂的关系、死后的生活发展了"的观念,马赫把这些观念称为"宗教的和神学的观点"。① 而他提出的"要素"概念就消除了这样一种非常流行的偏见以及由此产生的障碍。他明确地写道:"心理的东西和物理的东西之间决不存在**不可逾越的鸿沟**,也不存在**内部和外部**;也不存在这样一种**感觉**,它和不同于感觉的外界事物是相应的。仅有**一类要素**,它们构成所谓内部和外部。至于要素本身,则是按照临时的考察方式来区分内外的。"②这就是马赫对"要素一元论"的经典表述。他进一步指出:"对于高度的科学目标来说,如果我们撤消区分心理的东西和物理的东西的这个界限,将一切世界的联系都看成为**等价的**,那末,我们就会成功地开辟科学研究的新道路。"③

2. 马赫提出以"要素"作为统一不同世界领域的中性成分,就是要明确地反对笛卡尔式的二元论。他指出,虽然二元论最初起源于人们对自我的一种本能感觉,笛卡尔关于物质与精神、广延与思维之间的对立具有某种自然的基础,但是,这种"二元论代表了从纯粹的物质论到纯粹的唯灵论过渡的整个范围,这取决于我们如何估价物理的东西和心理的东西,如何把一个作为基础看待而把另一个视为导出的"④。一旦我们把物理的东西和心理的东西看做都是由要素构成的,那么,笛卡尔式的二元论也就站不住脚了。"**因此,我所见到的并不是心理的东西和物理的东西的对立,而是这些要素的简单的同一性。在我的意识的感性范围内,每种对象都是物理的,同时也是心理的。**"⑤这表明,要素的一元论其实就是人的意识活动的一元论,也是从感性意识出发去认识世界的一元论。这正是马赫的"要素一元论"的精髓所在。

---

① 马赫:《认识与谬误》,李醒民译,第 108 页,华夏出版社,2000。
② 马赫:《感觉的分析》,洪谦、唐钺、梁志学译,第 238 页,商务印书馆,1986。
③ 同上书,第 239 页。
④ 马赫:《认识与谬误》,第 12 页。
⑤ 马赫:《感觉的分析》,第 35 页。

3. 虽然马赫指出感觉(要素)构成了世界(对象)的基本成分,他甚至把自己的思想直接叫做"朴素的实在论",但他并没有否定或贬低概念思维在我们认识活动中的重要作用。事实上,他在《感觉的分析》《认识与谬误》等著作中的主要工作,就是要说明概念思维是如何概括和总结我们的感觉经验的,以及我们的认识活动是如何用概念的形式加以表达的。他的"要素"概念从表面上看是在经验层面上提出来的,但由于它涵盖了物理世界、生理世界和心理世界这三个不同的对象领域,因此它又是最为普遍的、一般的,也就是最为抽象的。他写道:"我们所能希望知道的一切东西,通过解决数学形式的课题,通过查明感性要素的函数的相互依存关系,都可以提供出来。这种知识已经把关于'实在'的知识包罗无遗。正是**这些要素**构成最广义的物理学和自然科学的心理学的桥梁,这些要素按照所研究的联系,或是物理对象,或是心理对象。"①同时,马赫还认为,概念的特征能够在最终的分析中被还原为物理的或心理的感觉要素。例如,物理学命题中阐明的反应的恒定原理,就代表着解释者所能揭示出来的最高程度的规律,而这种规律往往比传统认为的实体更为恒常。但需要注意的是,包含在概念中的感觉要素不能误导我们把需要修正的心理形式与事实本身等量齐观。他写道:

> 虽然概念不是纯粹的词,而是根植于事实,但是人们必须谨防把概念和事实看作是等价的,把一个与另一个混淆起来。这样的混淆引起错误,其错误就像把观念与感觉混淆起来产生的错误一样严重,事实上前者更为普遍地有破坏性。观念是个人需要本质上起作用形成的,而受到作为一个整体的人类的理智需要影响的概念,则具有它们所在时代的文化的印记。如果我们把观念或概念与事实混合起来,那么我们就把比较贫乏的、对特殊意图有帮助的东西与比较丰富的、实际上不可穷尽的东西等同了。我们一再无视我的身体的边界,这在概念的情况中必须看作是把人们包含的一切都包括

---

① 马赫:《感觉的分析》,第 284 页。

在内。只要我们保留这些概念，从概念出发的逻辑演绎依旧未经触动；但是，概念本身必须总是期待招致事实的矫正。最后，人们不能假定我们的概念对应于绝对的经久不变性，因为探究只能发现不变地结合起来的反应。①

最后，特别值得注意的是，马赫在强调概念或观念与事实或要素的区别时，并没有把前者看做是对后者的概括或反映，而更多的是把概念或观念理解为一种能够更好地从事科学研究的工具，更广泛地说，是一种使我们更好地应付生活的工具。这与他的"要素一元论"思想是完全一致的。在马赫看来，既然要素构成了世界，那么我们对世界的认识也就是对要素的认识。为了达到对要素的认识，我们必须采取一些有效的方式，以便使我们更好地接近和理解这些要素，而概念分析和逻辑推理正是我们需要的最好的工具。他这样写道："在我们看来，颜色、声音、空间、时间……暂时是基本的要素；我们的任务就在于探究这些要素的某些联系。对**实在**所进行的探究恰恰就在于此。在从事这种研究时，我们决不能让自己受诸如物体、自我、物质、精神……这样一些概括和限定的障碍，因为这些概括和限定，是为特别**实用的**、暂时的和有限的目的而作出的。反之，正如在一切专门科学中所做的那样，我们必须为这个研究**本身**创立最适宜的思想方式。必须完全用一种更自由的、更纯朴的、符合于成熟经验的、超出实际生活需要的观点，去代替传统的本能的观点。"他还说，"科学总是起源于要把思想适应于一个确定的经验领域的过程，这种适应过程的结果就是那些能够代表整个领域的思想要素。"②同时，"形成与支配普通人关于世界的表象和概念的，不是完全的、纯粹的、以**自身为目的**的知识，而是要有利地适应**生活条件**的奋斗"③。在《认识与谬误》中，马赫更是反复强调，科学概念的作用完全是为了使科学家

① 马赫：《认识与谬误》，李醒民译，第 144 页，华夏出版社，2000。
② 马赫：《感觉的分析》，洪谦、唐钺、梁志学译，第 23—24 页，商务印书馆，1986。
③ 同上书，第 25 页。

能够更好地适应事实的需要。正是马赫的这个思想使得他与詹姆斯、杜威等人走到了一起,我们由此也可以看出马赫思想中的实用主义"要素"。[①] 而且,也正是这个思想,使得马赫被后来的维也纳学派倍加推崇,真正成为逻辑经验主义运动的思想先驱之一。

当然,马赫的"要素一元论"还有一个更为重要的科学上的理想,这就是希望能够用"要素"来统一科学。在他看来,人类的所有科学知识不外乎就是关于物理世界的、生理世界的和心理世界的知识,如果我们能够找到一种方法把这三种知识联系起来,消除人们持有的关于在它们之间存在某些明显界限的错误观念,我们就可以把整个科学统一起来。用"要素"来统一科学,不仅符合我们关于日常经验的朴素实在论观点,而且有利于我们对不同领域的知识探索能够相互作用,共同形成一种统一的科学的世界观。马赫认为,当他用"要素"在物理学和心理学之间架设了一座桥梁之后,他的统一科学的目的就达到了。对此,他明确写道:

> 谁想把各种科学集合而成为一个整体,谁就必须得寻找一种在所有科学领域内都能坚持的概念。如果我们将整个**物质世界**分解为**一些要素**,它们**同时也是心理世界的要素**,即一般称为感觉的要素,如果更进一步将一切科学领域内同类要素的结合、联系和相互依存关系的研究当作科学的唯一任务,那末,我们就有理由期待在这种概念的基础上形成一种统一的、**一元论的**宇宙结构,同时摆脱恼人的、引起思想紊乱的二元论。[②]

马赫的这个"统一科学"的理想对后来的维也纳学派是一个巨大的鼓舞。石里克和卡尔纳普等人力图用物理学建立统一科学大厦的宏伟计划正是来自马赫的这个理想。虽然这个理想以及维也纳学派的统一

---

① 马赫对詹姆斯的思想赞赏有加。詹姆斯于1882年秋访问了马赫,两人保持了长达28年之久的通信。另外,杜威也对马赫的思想给予了高度重视,认为自己的工具论思想与马赫的要素一元论有许多相通之处。参见李醒民《马赫》,第40—41页,东大出版社(台湾),1995。
② 马赫:《感觉的分析》,洪谦、唐钺、梁志学译,第240页,商务印书馆,1986。

科学计划最终由于自身的"先天缺陷"而流产,但马赫的探索精神却成为整个逻辑经验主义运动的重要思想财富。

三　感觉经验论

由于马赫把感觉(要素)作为世界的基本组成部分,也看做我们认识世界的最初起点,因而,他的思想通常被称做"感觉经验论"或"科学经验论"。[①] 与传统的经验论者一样,马赫非常强调经验在我们的认识活动中的重要作用,他多次明确表示,关于自然的科学知识的唯一直接源泉是感性知觉,最能促进科学思想的因素是逐渐扩展的经验范围。但与休谟、巴克莱等人的经验论不同的是,马赫不是从心理学的角度理解"经验"概念,更不是一般性地谈论人类经验活动,而是把"经验"理解为"一种意识要素",这就是他所谓的"感觉"。对感觉的细致分析,构成了马赫感觉经验论的核心内容。

在马赫的思想中,"感觉"这个词并不是一个心理学上的专门术语,而是一切科学研究的起点,它包含在了物理、生理和心理这三个不同的研究领域,在一定程度上起到了联结这些领域研究的重要作用。在这种意义上,我们可以把他的"感觉"概念看做是"要素"的同义词。由于"要素"是一个中立的概念,而"感觉"则带有明显的心理学色彩,所以,马赫只是在分析与心理活动有关的要素时才使用"感觉"这个概念,而在谈到物理世界或生理世界时,他更愿意使用"要素"这个概念。他说:"现象可以分解为要素;就这些要素被认为与物体(身体)的一定过程相联系,并为这些过程所决定而言,我们称它们为感觉。"[②]在《感觉的分析》中,马赫不断地解释他所谓的"感觉"与"要素"的不同:"**只有**在这里所指的**联系**或**关系**中,**只有**在这里所指的**函数的依存关系**中,要素才是**感觉**。在另一种函数关系中,要素同时又是物理对象。我们用附加名词'感觉'表示

---

① 参见李醒民《马赫》,第 90 页,东大出版社(台湾),1995。
② 马赫:《感觉的分析》,洪谦、唐钺、梁志学译,第 13 页,商务印书馆,1986。

要素,只是因为所指的要素作为感觉(颜色、声音、压力、空间、时间等等)对大多数人更熟悉得多","例如,我们一俟注意到一个颜色对其光源(其他颜色、温度、空间等等)的依存关系,这个颜色就是一个**物理学的对象**。可是,假如注意这个颜色**对网膜(要素 KLM…)的依存关系**,它就是一个**心理学的对象**,它就是**感觉**了。"①从这些解释中,我们可以清楚地看到,马赫是把"感觉"更多地与心理对象联系在一起的;而由于心理学和物理学之间并没有"题材上的不同",所以,他也把物理要素(要素 ABC…)和身体要素(要素 KLM…)统称为"感觉",虽然他一再强调只有在要素ABC…与要素 KLM…相互联系的情况下才可以这样理解。在《认识与谬误》中,马赫写道:

> 就我的物理发现物的总和而言,我能够把这些分析为现在无法分析的要素:颜色、声音、压力、温度、气味、空间、时间等等。这些要素依赖于外部环境和内部环境;当包含后者且仅仅包含后者时,我们可以称这些要素为感觉。由于别人的感觉对我来说与我的感觉对他来说一样不是直接给予的,我有权认为心理的东西的要素与我把物理的东西分析成的那些要素是相同的。这样一来,心理的东西和物理的东西具有共同的要素,不像通常料想的那样处于十足的对立之中。②

应当说,正是基于对物理的东西与心理的东西之间关系的这种理解,马赫才把"要素"统称为"感觉"。根据马赫的论述,我们可以从以下几个方面来分析他的感觉经验论思想:

1. 把对感觉的分析作为全部科学,特别是物理学的基础。

为了完成这个分析工作,马赫花费了 20 年的时间。引起他关注到感觉问题的重要性的,是德国的心理学家费希纳(G. Fechner),他于1860 年出版的《心理学基本原理》一书论证了物理的和心理的东西之间

① 马赫:《感觉的分析》,洪谦、唐钺、梁志学译,第 12—13 页,商务印书馆,1986。
② 马赫:《认识与谬误》,李醒民译,第 14 页,华夏出版社,2000。

的密切关系,对马赫产生了重要影响。后来,马赫在格拉茨大学与费希纳的三年交流,促使马赫要写一部关于如何从物理学重新建立心理学的著作,这就是《感觉的分析》。据说,由于费希纳本人对马赫最初的许多思想并不赞同,这迫使马赫潜心研究二十余年,最终于1886年才出版了该书。但值得注意的是,正是由于该书的出版,马赫在整个欧洲学术界成为一个有争议的学者,不仅是哲学家对他的思想提出了严厉批评,就连一些物理学家、生物学家以及心理学家也表示了对他的观点的不满。这迫使马赫在该书的第3版(1901)中专门增加了一章内容,进一步阐明自己的观点,并试图反驳各种反对意见。

的确,从最初的研究动机上看,马赫对感觉的分析并没有任何深刻的哲学意味,他甚至不愿意把这个工作看做是"哲学家"的工作,而只是为自己从物理学跨越到心理学领域作了些许辩解:"我希望一个物理学家会突破通常的专业界限,纯粹出于要开导自己的强烈的愿望而进行工作,即使我可能不是在每一点上都正确,这种工作对于别人也不会毫无价值。"[1]然而,马赫在书中对感觉所作的细致分析,特别是他"反形而上学"的"导言"以及对空间、时间以及意志、记忆、联想、声音等问题的讨论,已经不再是单纯的心理学或生理学研究,而是具有了非常广泛的认识论意义。这具体表现在:(1)他驳斥了康德的"物自体"概念,提出了研究物体属性的新思路,即把物体看做是要素的复合体,除此之外别无他物;(2)他强调了要素(感觉)的首要性,希望把物体、身体以及自我都还原为共同的要素,这就为一切认识活动设立了新的起点;(3)他把从感觉出发的朴素实在论看做具有认识评价的最高权利,突出了人类认识活动的自然过程,这为后来的认识研究提供了基本模式;(4)他把传统哲学中的二元论斥为一种"人为的成见",以心理学的分析为根据,把对要素概念的理解推广到了物理学之外的一切认识领域,这就使要素一元论成为哲学认识论的前提。所有这些都表明,马赫对感觉的分析并不完全是一

---

[1] 马赫:《感觉的分析》,洪谦、唐钺、梁志学译,第Ⅰ页,商务印书馆,1986。

个物理学家的工作,而是真正具有哲学的重要意义的。所以,为了回应来自各方面的批评意见,马赫在该书后来几版的"序言"中开始明确表示自己的哲学立场:"我的认识论的物理学研究和我现在对于感官生理学的研究,都是以**同一个观点**为依据,这就是:一切**形而上学的**东西必须**排除掉**,它们是**多余的**,并且会**破坏**科学的经济性。"(第 2 版"序言")"本书并不试图解决一切问题,而是引起一种**认识论上的转变**,这种转变会使距离较远的各种科学研究部门相互合作,从而为解决科学上的重要的细节问题**进行准备**。"(第 4 版"序言")"这本书代表的世界观,是每个人、特别是每个自然科学家经常见到的,是普遍而自然的。本书正在努力给这样的世界观奠定最简单和最可靠的理论基础。"(第 6 版"序言")

2. 把感觉分析建立在科学的基础之上,用科学的实验手段论证经验的可靠性。

作为一个物理学家,马赫在科学实验方面积累了大量的经验。在他看来,人类的一切认识活动都可以用实验的方式向我们展现出来,对感觉的分析同样可以通过具体的实验手段来完成,而且只有通过实验的手段,对感觉的分析才真正具有科学的性质。所以,我们会清楚地看到,在《感觉的分析》《认识与谬误》以及《力学史评》等这些主要著作中,马赫都尽量用具体的实验来阐述他的主要观点,这就使他的整个论证具有很强的说服力。

例如,在《感觉的分析》中,马赫对视觉的空间感觉作了详细的分析。如果我们观察两个虽然相同但颜色不同的形状,比如两个虽然形式相同但颜色不同的字母,我们就会一眼看出,虽然它们的颜色感觉不同,但它们的形式是相同的。所以,这些视知觉也一定包含着一些相同的感觉成分,而这些成分正是在两个场合中相同的空间感觉。但我们知道,空间感觉是与我们眼睛的运动装置有关的,因为我们的眼睛在涉及头部的中央平面方面是对称的,相同的或几乎相同的空间感觉是与对称的视觉运动相联系的。这表明,我们视觉的空间感觉是与我们的眼睛及其运动装置密切相关的,我们对空间的心理感觉与我们的身体条件之间的互动使

得我们的空间意识决定了我们对空间的直接经验。在这里,空间图形的
生理学特征决定了几何学特征,用马赫的话说,给予了几何学研究最初
的推动力。这是因为,几何学是一种理性思考的结果,而生理学则是我
们赋予几何学以重要性的前提。马赫写道:

> 必须严格区别空间图形的几何学特性与生理学特性。生理学
> 特性是由几何学特性参与规定的,而不是**由几何学特性单独**规定
> 的。另一方面,生理学特性很可能曾经给予几何学研究以最初的推
> 动。**直线**之所以引人注目,并不是因为它是两点之间的**最短线段**这
> 个特性,而首先是因为它有**生理学的单纯性**。连**平面**也是除了它的
> 几何学特性以外,还有一种特殊的生理学视觉的(美感的)量值,这
> 种量值使得平面就像我们还要论述的那样引人注目。……没有感
> 性直观与理智的合作,科学的几何学是不可思议的。[①]

在《认识与谬误》中,马赫提出了一种"思想实验"的方法,把它看做
是在比"有形实验"或"物理实验"更高理智水平上的实验。根据他的解
释,这种"思想实验"就是实验者进行有形实验之前在头脑中进行的一种
观念上的实验,他把思想实验看做是有形实验的必要的先决条件,因为
每一个实验者在把有形实验转化为事实之前,都必须在他的头脑中进行
有计划的安排。例如,亚里士多德的物理实验就是利用了保持在记忆中
的经验储备,同样,伽利略在能够实现研究自由落体的实验安排之前,必
定在他的想象中看到这个实验被充分地描述出来。马赫甚至认为,数
学、算术和几何学都是在从收集有关可数的和可度量的物体的单纯经验
的机遇中开始发展起来的。正是通过对这样的物理经验与心理经验作
频繁的对照,它们之间的相互关系才变得更为清楚了,这表明,我们的数
学知识从一开始就具有经验的特征。对任何一个致力于数学探究的人
来说,思想实验都肯定是在思想建构之先。马赫指出:"思想与实验的密

---

① 马赫:《感觉的分析》,洪谦、唐钺、梁志学译,第 94—95 页,商务印书馆,1986。

切结合建立了近代自然科学。实验产生思想，思想接着进而转向与实验再次比较并被修正，这样便产生了新概念，如此反复不已。这样的发展在达到相对完备的阶段之前，可能要花费数代人的时间。"①

3. 把科学研究看做是仅仅处理经验现象的活动，反对一切神秘的、抽象的形而上学。

在马赫看来，科学研究的对象仅仅是现象本身，我们无法从现象研究中追问现象背后的实在，而这正是一切传统形而上学错误的真正根源。他这样写道："我坚持的一件事就是，在自然研究中，我们仅处理外观相互关联的知识。我们想象在外观背后的东西仅存在于我们的理解中，对我们来说仅具有记忆技巧或公式的价值，因为它们是任意的或不相关的，所以它的形式随我们文化的立场而改变。"②正是从这种现象主义出发，马赫把空间和时间都看做是各种现象之间相互依存的形式，甚至一切要素都是向我们呈现出的物体的外观（appearance）。在他看来，感觉经验提供给我们的仅仅是现象作用于我们身体和心灵的结果，或者说，我们的科学研究只能揭示各种现象的特征以及现象之间的各种联系，"要素"正是各种现象之间所具有的函数关系。我们的空间感觉与我们的视觉经验有密切的关系，而我们的时间感觉则来自我们对现象之间的前后顺序的记忆，但这种记忆又与我们的注意力有关，就是说，在努力注意的时候，时间对我们来说就可能会变长了，在轻松工作时，时间则对我们变短了。对此，他写道：

> 只要我在醒着，意识器官的疲乏程度就在不断地提高，而注意力所做的功也在同样不断地增长。与注意力所做的**较大的**功相结合的感觉对我们表现为**较晚**出现的感觉。
>
> 正常的和非正常的心理现象看来都很符合于这种观点。因为

---

① 马赫：《认识与谬误》，李醒民译，第199页，华夏出版社，2000。

② 马赫：《能量守恒原理的历史和根源》，开放世界出版公司，1911。转引自李醒民《马赫》，第96页，东大出版社（台湾），1995（以下所引此书均为此版本）。

注意力不能同时在两种不同的感官上延伸,所以它们的感觉不可能由于注意力所做的功绝对相等而会合到一起。因此,一种感觉显现得比另一种感觉**较晚**。[①]

马赫对时间的这种感觉分析,揭示了时间概念在感觉中的相对性,因此被看做是爱因斯坦相对论的思想来源之一。但马赫对相对论却始终抱有反对的态度,从来都没有接受过"相对论先驱"这样的称号。马赫这样做绝非一种谦逊的表示,而恰好表达了他的经验论思想与相对论之间的重要区别,即他是一个纯粹的、彻底的经验论者,完全从感觉经验出发去探究关于事物的知识,而爱因斯坦则是一个具有强烈理性主义情怀的科学家,相对论并非完全是一种经验观察的结果,更多的是一种根据数学和逻辑的规则从思想中推导出的一套观念体系。在这种意义上,马赫更多地强调对现象的描述和整理,他的感觉经验论是一种描述性的现象主义。

4. 强调科学理论的工具性特征,提出理论与观察的相互渗透的思想。

从彻底的经验论立场出发,马赫把感觉经验看做是一切认识活动的起点。虽然他也指出了科学概念和推理在构成知识的过程中的作用,但他更强调,概念和判断等理论形式在我们的认识活动中仅仅具有工具的性质,是暂时的、为了某种目的而使用的。1883 年,他在"论静电学的基本概念"讲演中,把"电"的"度量概念"(metrical concepts)看做是"在思想中精确摹写事实的工具"[②]。后来,他在《感觉的分析》中把"时间""空间"等概念都看做是这样的概念,因为它们和几何学图形一样,都是起到规范和衡量要素的作用。在这种意义上,一切概念都可以被看做是我们获得感觉的工具。在 1882 年发表的一篇讲演"物理探究的经济性质"中,马赫甚至把"原子"也看做是"呈现现象的工具",类似数学的函数。[③]

[①] 马赫:《感觉的分析》,洪谦、唐钺、梁志学译,第 193—194 页,商务印书馆,1986。
[②] 马赫:《通俗科学讲演集》,第 108 页,开放世界出版公司,1943。
[③] 同上书,第 207 页。

事实上,他是把科学理论本身理解为对一类事实或现象的一种"最为简单、最为经济的抽象表达"。这就是他提出的"思维经济原则"。

马赫的这种思想通常被看做与实用主义有相通之处。的确,他承认,真的断言是为了满足人的目的、人的生物学需要或有利于人种或人类种族幸存的断言。他在许多地方都明确表示,我们使用概念是为了更好地呈现现象,最终目的是为了更好地生活。但在概念与实在的关系问题上,马赫并不完全同意詹姆斯的观点,仍然认为思想与实在之间应当有相互适应的关系,甚至认为"所有的进步旨在使理论更符合实在"。在这种意义上,他的思想更倾向于朴素实在论的立场。他写道:

> 那些把概念视为空洞的理想构象而没有事实关联的人应该记住,虽然概念确实不是作为物理的"事物"存在的,但是我们对同一类概念的对象的反应在心理-物理上是相似的,而对不同类概念的对象的反应在心理-物理上是不相似的,这一点在生物学上重要的对象的例子中变得十分清楚。概念的特征能够在最终分析中被还原的感觉要素是物理的和心理的事实。在物理学命题中阐明的反应的恒定的联合,代表着探究者能够如此之远地揭示出来的最高程度的实质,该实质比传统上所谓实物的东西更恒定。可是,包含在概念中的实际要素,必须不误导我们把这些总是要求矫正的心理形式与事实本身等价。①

在理论与观察的关系上,马赫明确地把两者看做是相互影响、互为补充的。他认为,观念是通过充分准确地描述事实而去适应事实,这里的充分准确还要考虑到当时的目的和所处的环境,由于情况千变万化,观念对事实的适应结果也会完全不同。但这样的适应目的最终都是为了满足我们生物学的需要,生物学的利益会促使观念对事实的描述相互修正,从而达到最佳和最有利的方式。实际上,马赫在这里谈到的是"观

---

① 马赫:《认识与谬误》,李醒民译,第 140 页,华夏出版社,2000。

念适应事实"和"观念之间的相互适应"这样两个过程,他认为它们是无法截然分开的,因为我们得到的第一个感觉印象是由我们身体的天生协调性决定的,而以后的印象则是先前的印象决定的。马赫把"观念适应事实"称做"观察",把"观念之间的相互适应"称做"理论"。他指出,观察和理论是无法截然分开的,"因为几乎任何观察都已受到理论的影响,要是观察足够重要的话,它反过来也作用于理论"①。

正因为理论与观察之间的相互渗透,我们就无法用单独一个观察或实验简单地判定一个理论的正确或错误,我们需要不断地分析观察中的概念成分和理论中的经验要素,根据我们的实际利益要求,也就是我们的具体目的,把对一个理论的判定或对一个观察结果的取舍看做是一个为了满足具体目的的过程。马赫认为,科学的实践活动对理论的判定和观察结果的取舍起到了最终的作用。在这里,马赫所谓的科学的实践活动,不仅是指物理学的实验以及我们基于这种实验所取得的观察结果,还包括了实验过程中使用的仪器和工具以及实验者本人的视角等。马赫的这个思想对后来的量子力学的产生具有深远的影响,量子力学的主要创始人玻尔、奥本海默和薛定谔等人都公开承认马赫思想的重要启发作用。②

四　科学方法论

对科学方法论的讨论是马赫思想中的重要组成部分。实际上,马赫就是把科学方法论等同于哲学的。在他看来,他对感觉的分析以及对要素的解释等等,都是为了表明科学研究(特别是物理学研究)中必须采用的研究方法和思路,也是我们从常识抵达科学的基本途径。马赫自诩,他对这些方法的研究并没有受到任何已有的哲学观念或体系的影响,相

---

① 马赫:《认识与谬误》,李醒民译,第 168 页,华夏出版社,2000。
② 关于马赫思想对量子力学的影响,参见董光壁《马赫思想研究》,第 138—141 页,四川教育出版社,1994。

反,他的研究目的正是为了消除或避免所有这样的哲学对科学研究的消极作用。实际上,在他看来,传统哲学在形而上学的意义上从来都没有对科学认识本身提供任何有价值的成果,它带来的更多的是混淆和错误。所以,马赫始终不愿意承认自己是"哲学家",反对把自己的研究称做"哲学研究",甚至努力澄清自己的思想与一切哲学之间的界限。正是由于他对科学方法论的这种强调以及他提出的各种分析,马赫被看做代表了第二代实证主义,成为逻辑经验主义的重要思想来源。①

从广义上说,马赫对科学认识论的探讨就是提出了一整套科学方法论,他的整个哲学思考就是对科学方法论的思考。具体地说,马赫的科学方法论包括了以下几个方面的内容:(1)以思维经济原则作为指导,强调科学研究的工具性特征;(2)为科学研究提出并实践了许多具体的实验方法,它们更多的是科学发现的模式;(3)强调了科学研究中的心理因素作用,突出地从物理、生理和心理三者相互作用的角度探讨科学认识的形成过程。

(一)思维经济原则

"思维经济原则"是马赫提出的关于思想性质的观点,是一种以经济学的方式解释科学理论和概念作用的原则。这个思想最早见于马赫于1868年发表的讲演"液体的形状"以及1872年出版的《能量守恒原理的历史和根源》中。在讲演中,他把液体表面张力原理和裁缝最大限度地节省布料的明智商业原则加以对比,认为科学也应当像商业一样,用尽可能少的工作,在尽可能少的时间内,以尽可能少的思维,获得尽可能多的永恒真理。在这种意义上,他明确地把"科学"定义为"最大值或最小

---

① 值得注意的是,马赫本人并没有接受"实证主义"这个称呼。他虽然同意孔德关于人类知识发展的三个阶段的观点,但他更多的是把"实证主义"用在否定的意义上,即对形而上学的完全放弃;同时,他也不承认现象背后的实在,认为物理学的主要部分就是通过感性知觉体验到的东西。但在晚年,马赫曾在写于1910年(发表于1919年)的文章中把自己称做"实证主义者",他在回应普朗克的问题时认为普朗克没有正确地理解他的实证主义。他认为,物理学并不是整个世界,还有生物学,它应当在世界图景中占据一个关键位置。参见 J. 布拉德雷《马赫的科学哲学》,第205—206页,伦敦大学安瑟隆出版社,1971。

值的问题",可以严格地被看做商业事务。他写道:"事实上,自然探索的智力活动与日常生活进行的活动并非像通常想象的那样大相径庭。"①在《能量守恒原理的历史和根源》中,马赫进一步指出了科学定律、法则以及公式具有的经济性质,并把科学解释也看做是一种具有经济性质的活动,因为它把比较复杂的事实分解为尽可能少、尽可能简单的事实。总之,在他看来,我们在科学中主要关心的就是如何方便和节省思维,科学本身就提供给我们节省思维的方式。在1882年的《物理探究的经济性质》中,马赫全面地阐述了物理学以及一切科学具有的经济性质。他写道:

> 科学知识的交流总是包含了描述,这是在思想中对事实的模仿重建,其对象得到了替换,但省却了新经验的麻烦。我再说一遍,为了节省引导和获得的劳作,我们需要寻求简明扼要的描述。这正是自然规律本身的样子。知道了引力加速度的值和伽利略的落体定律,我们就拥有了在思想中重建一切可能落体运动的简单扼要的指导。这种公式完全替代了落体运动的整个表格,因为用这个公式,我们就可以在关注到它的任意时刻轻易地说明这种表格的数据,而无须任何记忆的负担。②

据马赫本人说,思维经济原则的提出受到了他在格拉茨大学的同道经济学家赫尔曼(E. Hermann)的启发。③ 赫尔曼在1873年的《经济学原理》中试图用自然科学的方法论考察经济原理所引起的一些经济问题。而马赫则试图用经济学的方法考察自然科学的问题。当然,马赫本人长期的物理学实验活动以及他对科学研究活动的细微观察,都使得他逐渐形成了把思维活动理解为一种经济活动的思想。也有研究者认为,拉马克和达尔文的生物进化论对形成马赫的思维经济原则产生了重要

---

① 马赫:《通俗科学讲演集》,第16页,开放世界出版公司,1943。
② 同上书,第192—193页。
③ 参见同上书,第192页。

影响。①

马赫对思维经济原则的论述散见于他的不同著作和讲演中,并没有一个完整的表述。J. 布拉德雷认为,马赫的思想与中世纪威廉的奥康关于消除多余实体概念的思想有血缘关系,他提出把语言的简单性即物理学上使用"度量"概念作为马赫思维经济原则的主要内容。② 布莱克默尔(J. T. Blackmore)把马赫的这个原则归结为 11 个方面的经济性质,即思维、精力、功和时间、方法论、数学、缩略语、抽象、逻辑、本体论、自然界以及语言。③ 李醒民则把它归结为五个方面,即科学的目的、方法论的原则、评价科学理论的标准、反形而上学的武器、关于知识的生物经济学。④ 董光璧则认为,马赫的思维经济原则主要包括了以下内容:思维形式具有经济的性质,科学具有经济功能,科学家在科学研究中要坚持经济思维原则,简单性和经济性是评价科学理论的原则,思维经济原则是通过经验积累形成的,它也是反对形而上学的思想武器。⑤

以上的分析都抓住了马赫思维经济思想的重要方面,从不同方面说明了思维经济原则的基本内容。但更需要注意的是,马赫的这个原则主要还不是提出科学研究的基本方法,而是为理解科学的性质提供一种基本的思路或角度。它回答的不是如何从事科学研究的问题,而是如何理解科学性质的问题。弄清了这一点,我们就可以很好地理解马赫提出这个原则的初衷,也就可以准确地把握马赫这个原则的基本思想。

从这样一个理解出发,我们可以把"思维经济原则"的基本思想归结为以下几点:(1)**思维经济体现了科学的基本性质**。对此,马赫在不同的著作和讲演中有大量的论述。他始终强调要把科学本身看做是我们理解世界的最简单方法,因为只有当我们用科学的定理、公式等表达自然

---

① 参见董光璧《马赫思想研究》,第 76 页,四川教育出版社,1994;李醒民《马赫》,第 114 页。

② 参见 J. 布拉德雷《马赫的科学哲学》,第 210—211 页,伦敦大学安瑟隆出版社,1971。

③ 参见布莱克默尔《恩斯特·马赫的生平、著作及其影响》,第 173—174 页,加州大学出版社,1972。

④ 参见李醒民《马赫》,第 117—121 页。

⑤ 参见董光璧《马赫思想研究》,第 76—78 页,四川教育出版社,1994。

界万物之间的各种关系以及我们对事物的感觉时,我们才能够得到比常识性的描述更为准确有效、简洁方便的结果。因此,科学本身就体现了经济学上讲究的少投入、多回报的原则。(2)**科学的工具性正是思维经济的最好证明**。在马赫看来,科学是我们认识世界的有效工具,在这种意义上,我们不能把科学理论看做是对某种实在的反映或模写,而应当看做是我们感觉世界的一种约定形式。例如,他明确表示,"心理的东西和物理的东西之间的界限,完全是**实用的和约定的**"①。(3)**思维经济是科学得以统一的基础**。正因为一切科学都体现了思维经济的性质,因而我们有可能在思维经济的基础上统一科学,也就是把一切科学都看做以简练的概念形式表征世界的方式。马赫特别强调语词概念充分代表了思维经济的特点,他甚至说,"语言这个交流工具,本身就是一种经济的发明"②。正是基于对科学性质的这种理解,马赫就把"思维经济原则"确立为科学的最终目的以及评价科学理论的最终标准。他写道:"经济将给我们一个最有价值的取向目标,由此引导我们的科学行为。""我们不仅仅是为经济而经济;而是为了占有,并最终享用占有。科学经济的目的是为了向我们提供一个尽可能完备的世界图像——相关的、一致的、平静的、不因偶发事件而扰乱的世界图像。科学趋向这个目的越近,它就越有能力控制对实际生活的扰乱,从而更有力地服务于它原初的意图。"③

(二)科学发现的模式

马赫不仅为科学研究提出了许多基本的方法论原则,而且提出并实践了许多科学发现的方法。他相信,只要我们在具体的科学实验中采用了这些方法,我们就可以得到由科学提供给我们的一幅世界图景。事实上,马赫在他的著作中所做的主要工作,就是用这些方法去分析和辨析

---

① 马赫:《感觉的分析》,洪谦、唐钺、梁志学译,第 239 页,商务印书馆,1986。
② 马赫:《机械科学》,第 578 页,芝加哥,1893。转引自布莱克默尔《恩斯特·马赫的生平、著作及其影响》,第 174 页,加州大学出版社,1972。
③ 马赫:《热学史评》,里德尔出版公司,1986。转引自李醒民《马赫》,第 119、121 页。

我们在日常经验中熟视无睹的自然现象,由此揭示和阐明这些现象向我们说明的科学道理。

根据马赫的论述,李醒民把马赫的方法论原则归结为:心物平行论、思维经济、思想适应事实与思想相互适应、实在原理、连续性原理、充足分化原理、恒久性原理、概念嬗变原理。[①] 的确,这些原则直接反映了马赫的科学哲学思想,也是对他整个哲学思考的最好概括。但从具体方法论上看,马赫的思想更多地体现在对以下几个主要方法的运用上:

1. 类似。这是马赫确立物理的东西与心理的东西之间等价的重要方法。它表达的是观念体系之间的一种类比关系。他说:"类似可能在某些环境中依然完全向直接的感官观察隐蔽着,只是通过比较一个对象的标记与另一个对象中的相应关联之间的概念上的相互关联,才揭示出类似本身。"[②]

2. 假设。马赫把它定义为"迄今还没有确定的却能够帮助我们理解一系列事实的暂定的、尝试性的假定"。他认为,对于那些在直接观察中还没有确定的东西,可以通过假设而成为我们思想的对象。这在地质学和古生物学中运用得非常普遍。我们通常使用的定律往往是以假设的形式出现的,因为它们并没有也不可能穷尽所有观察情况,却可以使事实变得可以理解了。他明确指出:"假设的基本功能是,它导致新的观察和实验,这些观察和实验确认、反驳或修正我们的猜测,从而扩大经验。"[③]

3. 思想实验。这是马赫对前人科学研究工作形式的一种高度概括。在他看来,从亚里士多德以来,科学家们不仅在从事"有形的实验"(physical experiments),更多的是从事"思想实验",即通过设想各种条件,把它们与自己的期望联系起来,由此推测出某些结果。他认为,思想实验在任何情况下都是有形实验的先决条件,因为每个实验者在把有形

---

① 参见李醒民《马赫》,第163—166页。
② 马赫:《认识与谬误》,李醒民译,第219页,华夏出版社,1999。
③ 同上书,第238页。

实验转化为事实之前,都必须在他的头脑中进行有计划的安排。他指出:"我们几乎能够毫不怀疑地说,思想实验不仅在物理学中是重要的,而且在每一个领域里都是重要的,甚至在非入门者可能最少期望它的数学中也是如此。"①

4. 直觉。马赫非常重视直觉在科学研究中的作用,他把直觉称做"感觉想象",认为它在时空中整理了整个感觉系统。马赫不是把"直觉"看做我们天生具有的某种能力,而是我们后天获得的一种经验知识。他写道:"所有知识的基础是直觉,直觉除与潜在地是直觉的和概念的东西有关外,还可能与感性知觉和直觉观念有关。"他还说:"只有最强大的直觉与最巨大的抽象阐述的能力结合起来,才会造就最伟大的自然探索者,才会在科学中作出重要的进展。"②

5. 想象。马赫把想象看做是我们从原始人那里得到的宝贵财富,只有借助于想象,我们才能得到最初的感觉知识,而且想象还为我们提供了超越现实的思维空间。他把想象与幻想等同起来,认为没有想象和幻想,我们就很难得到如今的科学发展。他指出,科学的"目的是把自然过程还原为最简单的概念要素。但是,在我们能够理解自然之前,我们必须通过幻想把握它,以便给这些概念以生动的和直观的内容。所要解决的问题距即时的生物学需要愈遥远,幻想必然愈强烈"③。

当然,从马赫的论述中我们还可以归纳出其他一些方法和原则,但以上五个是马赫在他的科学研究中经常使用的方法,它们构成了马赫的"科学发现的模式"的主要内容。

（三）探究的心理学

从前面的论述中我们已经知道,马赫是从物理学研究进入心理学的,他的研究目的是为了消除物理学与心理学之间的界限,用物理学的研究方法去探究心理学。《感觉的分析》的完整书名就是《感觉的分析和

---

① 马赫《认识与谬误》,李醒民译,第 197 页,华夏出版社,1999。
② 马赫:《热学史评》,里德尔出版公司,1986。转引自李醒民《马赫》,第 175 页。
③ 马赫:《认识与谬误》,第 111 页。

物理的东西与心理的东西的关系》,而《认识与谬误》的副标题是"探究心理学论纲"。这里的"探究心理学",其实就是关于研究的心理学,也就是讨论我们的研究活动如何进行的心理学,用他的话说,他的工作就是"力图把探究的心理学尽可能地还原为对科学而言朴素的概念"①。

马赫在心理学研究上下了很大的功夫,他用物理学以及其他自然科学发展史的具体事例,阐述了研究者的心理要素对科学发展产生的巨大影响。在近代以前,科学家们对心理因素没有给予关注,他们往往是不自觉地运用了自己的心理因素从而取得了惊人的成就。但自现代实验心理学产生之后,心理因素的作用越来越受到科学家们的注意。马赫在他的著作中反复说明,科学家在作出科学发明或发现时运用的心理因素,其实就是我们普通人具有的因素,但科学家们更多的把这些因素的作用转化成了观念系统的建立,从而具有了不同于我们普通人心理活动的成分。他把这些成分归结为这样一些心理因素:惊异、感觉、记忆、联想、观念、概念、抽象、意识、意志或意图、思想、语言、问题、洞察、判断、预断、预设等等。② 表面上看,这些心理因素都是我们普通人具有的,但在马赫看来,它们在科学家的科学研究中起到了比在我们普通人身上更大的作用。

从马赫对探究心理学的研究中,我们可以明显地看到,他特别强调了两个重要观点。

1. 常识思维与科学思维之间具有比我们想象的还要密切的关系,相反,哲学思维与科学思维之间的关系却比我们想象的要远得多。马赫认为,虽然科学思维以其特有的方式超越了常识思维,但科学思维开始于常识思维,这是一个不争的事实。而且,由于"科学思维的进步在于不断地矫正日常思维",以及"科学思维也反作用于那些仅仅服务于实际目的的思维模式",因而这愈加表明了科学思维与常识思维之间的血缘关系。

---

① 马赫:《认识与谬误》,李醒民译,第 2 页,华夏出版社,2000。
② 对这些内容的具体分析,参见李醒民《马赫》,第 180—192 页。

然而,哲学思维却日益表现出与科学思维不同的特点:"哲学家视为可能的起点的东西,对科学家来说仿佛是他的工作的遥远的目标"①;而且,"科学研究不需要涉及哲学家,尤其是当它已经具有(或认为他具有)世界观的牢靠基础之时"②。所以,马赫指出,他对探究心理学的研究,目的就是为了"警惕"把科学思维"哲学化"和"系统化"。他说:

> 探究者的行为是在实践活动和公众思维中本能地发展的,只不过被转移到科学领域,它最终在这里发展成有意识的方法。为了满足我们的要求,我们将不需要超过经验给予的东西。如果我们能够把探究者的行为特征化归为在我们自己的物理生活和心理生活中实际上可以观察的特征(在实际生活和人的行动与思想中再发生的特征),如果我们能够表明这种行为确实导致实践的和理智的好处,那么我们将会心满意足。这一意图的自然基础是对我们的物理生活和心理生活的一般考虑。③

2. 对探究心理学的研究可以看做是对科学方法论的哲学阐明。我们知道,马赫始终不愿意承认自己是一个哲学家,这其中包含了他对"哲学"概念的误解:他主要是把哲学理解为传统的形而上学。但他并不认为我们无法从哲学上阐明科学研究的方法,相反,他在《认识与谬误》第1版"序言"的一个注释中反问道:"康德哲学难道是唯一确实可靠的哲学吗?"由此说明,一旦哲学家可以"同心协力地"站在"经验批判主义"或"内在论"一边,那么,他们与科学家们的一致就变得不再困难了。④ 这里的"经验批判主义"或"内在论"被看做是马赫所属的关于物理学的一个科学学派,主要是否认物理学仅仅是经典力学的简单继续,对经典力学

---

① 马赫:《认识与谬误》,李醒民译,第10页,华夏出版社,2000。
② 同上书,第17页。
③ 同上书,第20页。
④ 同上书,第4页。

的一些基本概念和原理以及力学学派(即机械学派)进行了全面批判。[1]
实际上,马赫始终把自己的研究看做是一种关于科学方法论的工作,因
为只有如此,他的工作才能达到"获得和扩展知识"的目的。这正是一切
科学研究的最终目的。也正是在这种意义上,他的探究心理学才能被看
做是一种"科学方法论"。

五　影响与评价

历史地说,马赫对当代哲学的影响是双重的:一方面,他的彻底经验
论为后来的维也纳学派提供了直接的思想资源,因而被看做是第二代实
证主义;但另一方面,他的要素一元论以及思维经济原则等思想遭到了
当时一些哲学家甚至科学家的批评,由此引发了更多的哲学家和科学家
对马赫思想的关注和兴趣。这些都使得马赫的思想成为当代哲学的重
要组成部分之一。

早在马赫的有生之年,他的思想就开始受到科学界和哲学界的关
注,既有赞同也有批评。在当时,赞同的声音主要来自科学界,虽然也有
物理学家和心理学家反对他的一些观点。[2]　其中最值得注意的是,1907
年在维也纳成立了一个由一些青年科学家组成的研究小组,主要讨论改
造马赫哲学的问题,这就是后来的维也纳学派的前身。参加这个小组的
成员主要有物理学家弗兰克(P. Frank)、数学家哈恩(H. Hahn)、经济学
家纽拉特(O. Neurath)和米塞斯(R. Mises)等人,他们后来都是维也纳
学派的重要成员。1910 年,莫斯科成立了"马赫实证主义学会"。这是世
界上第一个现代科学哲学学会。1912 年,柏林也成立了一个"实证主义
学会",并于次年出版了宣传实证主义哲学的杂志。随着石里克于 1922
年到维也纳任教,以维也纳小组为核心,1927 年成立了"马赫学会"。马

---

[1] 关于这个学派的历史和特征,参见李醒民《世纪之交物理学革命中的两个学派》,载于《自然
辩证法通讯》第 3 卷,1981 年第 6 期。

[2] 关于马赫哲学在 19 世纪的影响,参见董光璧《马赫思想研究》,第 29—32 页,四川教育出版
社,1994。

赫的思想由此对维也纳学派产生了深刻影响。①

对马赫思想的批评同样来自科学界和哲学界两个方面。在科学界，主要是马赫与波尔兹曼、普朗克等人围绕原子论与反原子论的争论，导致了当代物理学中的一场革命性变革。同时，在马赫与相对论关系上的公案也引发了许多科学家和哲学家对马赫与爱因斯坦关系的关注。② 在哲学界，对马赫哲学的批评主要来自新康德主义哲学家，如赫尼格斯瓦尔德（R. Hönigswald）于1903年出版的《马赫哲学批判》，路加（E. Luca）在《康德研究》上发表的论文《认识问题和马赫的〈感觉的分析〉》，都对马赫的经验论提出了批评。对马赫哲学最具有毁灭性打击的批评来自普朗克和列宁的著作。1908年，普朗克在荷兰赖顿大学发表题为"物理世界图像的统一"的讲演，严厉地批评了马赫的观点，认为一个理想的不变的体系和物理定律能够描述和说明现象并达到统一的世界图像，而不需要任何感觉要素。他特别指出，波尔兹曼的统计理论已经有助于统一力学和热力学，并因而促进了发展一个统一的世界图像，而马赫的反对恰恰妨碍了这个统一图像的统一科学。普朗克相信，原子论和物理世界的实在性不同于感觉对象的实在，因为它们拥有不变的特征。马赫随后在《能量守恒原理的历史和根源》新版"序言"中对普朗克的批评给予回应，认为在工作假说指导下的物理学家总是用理论与观察的准确性比较成功地验证他的概念，在这里，原子的路径应当是在他的脑中，而不是在现实中。在这之后，普朗克又发表文章反击马赫的回应，坚持认为，一个维护科学利益的物理学家应当成为一个实在论者，而不是经济论者，就是说，在研究现象的更替时，他应当遵循一个目的，即在这些现象中找出一切永恒而非暂时的、不以人的知觉为转移的东西。③

1909年，列宁在莫斯科出版了《唯物主义和经验批判主义》，站在辩证唯物主义的哲学立场，对马赫哲学给予了最为严厉的批判，认为这种

① 关于维也纳学派与马赫思想的关系，详见本书第3章第1节。
② 关于马赫与相对论的公案，参见李醒民《马赫》，第298—301页。
③ 参见董光壁《马赫思想研究》，第125—128页，四川教育出版社，1994。

哲学是一种"主观唯心主义",是"巴克莱主义的简单重复"。这主要是从政治和意识形态上揭露了马赫哲学的"反动本质",扭转了当时苏联哲学界马赫主义盛行的状态。客观上,这也使马赫以及马赫哲学为更多的人所了解。①

---

① 关于马赫与马克思主义的关系,参见同上书,第5章。

第二章 分析哲学的起源

第一节 弗雷格的概念文字

无论当代哲学家对分析哲学的起源有过多少论述,但几乎没有人否认,现代分析哲学的产生应当始于 19 世纪末 20 世纪初的德国数学家、逻辑学家和哲学家弗雷格。虽然当代哲学对弗雷格的重视在很大程度上归功于达米特的工作,但弗雷格的思想影响却随着时间的推移愈发显示出强大的生命力,以至于我们今天要忽略他的作用是不可能的。[①]

一 生平与著作

如今,哥特洛布·弗雷格(Gottlob Frege)被公认为德国著名的数学

[①] 不仅是当代分析哲学的许多主要论题来自弗雷格,而且弗雷格与胡塞尔之间的思想交流也成为当代欧洲大陆哲学讨论的一个重要话题。当然,弗雷格在现代逻辑发展史中的奠基地位似乎比他在哲学中的地位更为牢固。没有弗雷格所创建的一阶谓词演算系统,就没有现代数理逻辑的诞生。关于弗雷格与胡塞尔思想的关系,请参见莫汉蒂(J. Mohanty)《胡塞尔和弗雷格》,印第安纳大学出版社,1982。关于弗雷格在现代逻辑中的地位,请参见海杰努特《从弗雷格到哥德尔——数理逻辑典籍(1879—1931)》,哈佛大学出版社,1967;威廉·涅尔和玛莎·涅尔的《逻辑学的发展》,张家龙、洪汉鼎译,商务印书馆,1985。

家、逻辑学家和哲学家,但他在有生之年却基本上是默默无闻的,他渴望得到的声誉并没有降临到他的头上。他于 1848 年的 11 月 8 日出生在德国波莫瑞地区的一个商业小镇维斯玛,他的家庭属于这个远离社会动荡的小镇上温和稳健的路德教的中产阶级。他在 21 岁时被母亲送往规模较小但颇有声望的耶拿大学。在那里,他主修数学,并选修了化学和哲学。当时的哲学老师是费舍尔(K. Fischer)。两年后,他在数学家阿尔贝的帮助下,转学到了哥廷根大学。1873 年,他在数学家谢林的指导下获得了博士学位。他的博士论文是《论在平面上对想象图像的几何描述》。1874 年以论文《基于量概念的扩展而建立的计算方法》申请并获得耶拿大学数学系的授课资格。1879 年在出版了《概念文字》(*Begriffsschrift*)之后,他被任命为该校的副教授,1896 年被聘为该校的名誉教授。[①] 1918 年他在执教 44 年后退休,隐居在离他家乡维斯玛很近的小城巴特·克莱嫩,继续撰写关于逻辑和数学方面的论著。1925 年 7 月 26 日,弗雷格默默无闻地与世长辞。[②]

除了《概念文字》之外,弗雷格生前还出版了《算术基础》(*Die Grundlagen der Arithmerik*,1884)、《算术的基本法则》(*Die Grundgesetze der Arithmerik*)第 1 卷(1893)和第 2 卷(1903)。他于 1891—1892 年发表的三篇文章《函数和概念》《论概念和对象》《论意义和意谓》被看做是弗雷格思想发展中的重要变化,表明他的思想从建立纯粹形式的逻辑系统转向了对意义问题的哲学探索。1918—1923 年,弗雷格以《逻辑研究》为题发表了三篇文章《思想》《否定》《思想的结构》,被认

[①] 根据王路的描述,弗雷格在执教期间曾讲授过数学的各个分支和他建立的逻辑系统。卡尔纳普和维特根斯坦都曾短期听过他的课。但由于他使用的符号和建构的逻辑体系不太容易为人接受,听他课的学生经常是屈指可数。因而学校对他的教学评价也就不高。参见王路为《弗雷格哲学论著选辑》(商务印书馆,1994)所写的"译者序",第 1 页。

[②] 关于弗雷格的生平事迹,国外已有许多传记,代表性的有冯·库斯赫拉(F. von Kutschera)、派扎克(G. Patzig)、斯鲁格等人写的思想传记。中文可参见斯鲁格《弗雷格》(江怡译,中国社会科学出版社,1989)一书的记载,并参见王路《弗雷格思想研究》(社会科学文献出版社,1996)第 2 章"生平与著作"等。

为是更为明显地反映了他的哲学意图。他去世后,编辑出版他的遗著的工作就一直在进行,但由于人事变动以及战争等各种客观原因,直到1969 年才出版了《弗雷格遗著》(*Nachgelassene Schriften*)第 1 卷,1974年出版了第 2 卷。

虽然国外哲学界对弗雷格的学术生涯有各种年代划分,但从思想发展来看,弗雷格的著作却更有理由被看做是一个比较完整的体系,这个体系的基础是《概念文字》,其核心是为了证明从逻辑中推出数学的《算术基础》和《算术的基本法则》以及关于意义问题和逻辑研究的六篇文章。《概念文字》之所以被看做是弗雷格思想体系的基础,是因为他在书中概要而明确地提出了他整个逻辑体系和哲学理想的全部内容:概念文字是一种可以精确描述包含复杂概念的命题形式和精确表述推理形式的形式语言,是一种用关系符号补充数学形式语言而构造的逻辑的形式语言,这是整个现代逻辑走向完全形式化的第一步①;而弗雷格的哲学理想是,"通过揭示有关由于语言的用法常常几乎是不可避免地形成的概念关系的假象,通过使思想摆脱只是语言表达工具的性质才使它具有的那些东西,打破语词对人类精神的统制"②。

二 《概念文字》的基本思想及其贡献

《概念文字》的副标题是"一种模仿算术语言构造的纯思维的形式语言"。弗雷格曾明确表示,这个标题清楚地说明了概念文字的精神。他说:

> 我希望有下面这样一种概念文字:它必须有逻辑关系的简单表达方式,这些表达方式限制在必要的数量之内,必须能够被人们简便而可靠地掌握。这些形式必须适合于与内容最密切地结合在一

————————————

① 参见王路为《弗雷格哲学论著选辑》(商务印书馆,1994)所写的"译者序",第 14 页。
② 弗雷格:《概念文字》,载于《弗雷格哲学论著选辑》,王路译,第 4 页,商务印书馆,1994(以下所引此书均为此版本)。

起。同时必须力求简明，以便能够充分利用书写平面的二维广延达到描述的清晰。①

可见，弗雷格的"概念文字"包含了三个方面的内容：(1) 采用了算术的形式方法；(2) 对思维活动的一种形式构造；(3) 对我们的语言表达形式的改造或推进。

《概念文字》全书篇幅很小，只有三章：第 1 章"符号表达的解释"，主要讨论了判断、条件性、否定、内容同一、函数、普遍性等，这些讨论不仅关涉算术方法的运用，而且直接提出了关于建立一阶谓词逻辑的设想；第 2 章"一些纯思维判断的表达和推导"，主要是运用了第 1 章提供的对符号的形式分析，表述一些纯粹思维的判断，通过判断推导，揭示判断之间的逻辑关系；第 3 章"一般系列理论中的某些论题"，是运用概念文字来分析算术的基本概念，证明算术的基本定理，由此表明这种概念文字对数学语言的改造作用。从内容上看，这三章正好反映了"概念文字"所包含的上述三个方面。

1. 弗雷格充分运用了算术方法的形式特征。他的出发点是要考虑构成一切认识基础的那些表达了规律的命题如何能够保证获得确定无疑的真。对这些命题的真的确定是无法通过经验的方法得到的，最有力的证明方式只能是纯逻辑的，因为它不考虑事物的特殊性质，由此我们就可以直接进入不涉及任何特殊性质的表达形式。弗雷格明确表示，概念文字对算术形式语言的模仿不是直接使用算术的某些个别形态，而是运用算术语言的基本思想，两者的相近之处仅仅在于使用字母的方式。所以，概念文字并不是一种通过简单地使用算术方法建立起来的算术记法，而是运用算术的纯粹形式化特征，去除那些涉及了特殊经验或心理活动的表达式或句子，一套能够适用于一切重视证明有效性领域的形式语言。弗雷格把这种形式语言看做是为一定的科学目的而构想出来的辅助工具。他从培根的方法论思想中得到启发，认为近代所有重大科学

---

① 弗雷格：《论概念文字的科学根据》，载于《弗雷格哲学论著选辑》，第 42 页。

进展的根源都在于方法的改进，因而"概念文字"的提出也必将推进新科学的诞生。

　　根据弗雷格的论述，概念文字是由这样几个基本部分构成的：两类符号，即代表不确定的数或函数、可以意谓不同事物的字母和具有完全确定意义的＋、－、√、0、1、2 等符号；用表示条件、否定、同一、普遍性等符号记法构成的判断。这些内容后来逐渐演变成一阶逻辑的主要成分，即初始符号和形成规则。所以说，概念文字是现代逻辑的开端，是第一个现代意义上的谓词演算系统。

　　2. 弗雷格明确表示，概念文字是对纯粹思维的形式表达。由于纯粹思维只能用判断而不是用概念来表达，所以我们就只能把判断看做是表达纯粹思维的手段。但他在这里提出的判断并不是要求从简单推导出复杂，而是要试图揭示各个判断之间的关系，即知道一个规则如何同时给出另外一些规则。他说：用这种方式"可以得到少数几条规律，这几条规律如果加上规则中包含的那些规律，则将一切（尽管尚未得到发展的）规律的内容都包括在内"①。他认为，由于日常语言并没有保证在符合语法规则的条件下可以保证思维活动形式的正确，所以，"我们需要一个符号系统，这个符号系统排除任何歧义，内容不能脱离这个系统和严格的逻辑形式"②。这样的符号系统具有两个特点：首先，它不是像传统逻辑那样使用日常语言来表达思维，而是使用数学符号和运算原理揭示思维的形式。在弗雷格看来，思维活动不是传统的心理分析，而是认识活动中的推理过程，这种推理是通过判断之间的同一、比较、否定、类推等形式完成的。由于日常语言没有严格确定的推理形式的范围，所以我们就无法用日常语言清楚地表达各个判断之间的逻辑关系，通常的做法就只能是通过语言的暗示作用而去猜测。因而，我们需要一种完全摆脱心理内容的形式系统，这就是以文字的形式（严格地说，是

① 《弗雷格哲学论著选辑》，第31页。
② 同上书，第40页。

以字母的形式)表达的判断之间的推理关系。其次,这样的逻辑形式是完全不需要内容的,在思维的内容与形式的关系上,应当是内容取决于形式,而不是像传统逻辑所做的那样用内容决定形式。根据传统逻辑,形式是为内容服务的,有什么样的内容才有什么样的形式,如三段论形式是由推理中的前提与结论的关系决定的。但弗雷格则明确提出,以算术语言为模型的概念文字应当是排除了内容的纯粹形式,但这些形式又不是完全独立于内容的,而是决定了内容即概念的意义的东西。其理由有两点:(1)概念文字的符号能够使我们想到不存在的、看不见的以及所有非感官所能感觉到的东西;(2)符号能够满足我们为了正确思维而提出的单义性要求,也就是使我们的思维达到概念的水平。这里的"概念"不是传统哲学中理解的那种通过反映对象的特有属性来反映对象的一种思维形式,而是指逻辑意义上作为命题谓词的意谓的东西。弗雷格在 1892 年发表的《论概念和对象》一文中,专门就这两个术语的用法作了详细的说明,由此阐明了他关于严格区分概念与对象的重要思想。

3. 弗雷格明确提出了对日常语言的改造,要用概念文字弥补日常语言的缺陷。他清楚地意识到日常语言在表达思维时所产生的混乱,即使是在传统逻辑中依然明显存在这样的错误。比如,同一个词既可以用来表示一个概念,也可以用来表示出于这个概念之下的个别对象;表达推理的形式也是多种多样的,极不严格,以致一些前提能够很容易地、不被察觉地潜入进来,而在列举结论有效性的必要条件时却往往被忽略了;日常语言中没有严格确定推理形式的范围,以致无法将语言形式方面的进展与省略了中间步骤区别开来,如此等等。所以,弗雷格明确提出,需要一种符号系统来弥补日常语言由于自身的可变性而带来的这些缺陷,而这种符号系统的最大特点恰恰就在于它的不变性。在我们使用的各种语言表达式中,只有文字符号才具有持久稳定的特点,因为它们远离了经验表象的过程而突现了视觉空间的特征。在他看来,"算术的形式语言是一种概念文字,因为它们不传达声音,直接表达事物。作为一种概念文字,它达到这样的简明性:允许在一行表达一个简单判断的内容"①。但由于算术语言缺少逻辑联结词,所以它还不是完全意义上的概念文字。

弗雷格的概念文字思想直接从莱布尼茨那里得到启发。在近代哲学史上,莱布尼茨明确提出了建立一种普遍语言(universal characteristic)的设想,他把这种语言称为"人类思想的字母表"(alphabet of human thought),认为在这种语言中,一切理性真理都会被还原为一种演算。具体方法是,通过对这个字母表中的字母的结合,通过对这些字母造出的词的分析,我们就可以发现和判断一切事情。虽然莱布尼茨并不是第一个提出在不同的语言交流中建立一种普遍语言的设想的人,但他却是第一个把这个设想推广到思维发现和判断的领域的人。他把这种语言看做是能够用符号来表达思想内容的"真正文字",而且认为这种文字仅与理性思维的形式有关,是为表达概念和命题的逻辑关系而制定的规则系统。弗雷格直接从莱布尼茨那里得到启发,认为普遍语言的表达方式只有逻辑形式而没有内容,这恰好是他的概念文字所体现的特征。他写道:

> 我们可以把算术的、几何学的、化学的符号看作是莱布尼兹思想在个别领域的实现。这里建议的概念文字为这些符号增加了一种新的符号,而且这种新符号处于中心的位置,它与所有其他符号邻接。因此由此出发着手填补现存形式语言的空缺,把它们迄今分离的诸领域结合成为一个单一形式语言的领域,并且扩展到迄今缺少这样一种形式语言的领域是很有希望成功的。②

根据西方学者的分析,《概念文字》在逻辑上的重要贡献具体表现为:引入了判断符号"⊢",明确取消了主词和谓词的区别;引入了函项和

①《弗雷格哲学论著选辑》,第41页。
② 同上书,第3页。

自变元,强调了量词的使用。① 根据我国学者的分析,弗雷格引入"卜"这个符号有两个重要意义:(1) 对句子、对句子表达的内容,以及对句子表达的内容和判断作出了区分。这里涉及语言学、心理学和逻辑学的区别,因为只有句子表达的内容与概念文字有关,而涉及产生心理作用的东西与概念文字就没有关系,这就把逻辑研究的东西与心理学研究的东西区别开来。(2) 打破了传统逻辑以概念、判断和推理为认识顺序的体系安排,建立了现代逻辑把判断作为整体先于概念引入推理过程的体系结构。现代逻辑就是根据弗雷格的这种思想,先构造命题演算系统,然后构造谓词演算系统,并在此基础上逐步发展起来的。而且,把判断提升为逻辑的核心地位,就意味着把句子而不是把名称作为思维活动的出发点,这一思想对哲学的后来发展产生了深刻影响。弗雷格通过引入函项和自变元而建立起来的量词理论,其作用在于解决了传统逻辑在分析处理句子逻辑结构时面临的问题,并对命题的逻辑结构提出了新的解释。②

三　弗雷格对分析哲学的主要贡献

弗雷格在《概念文字》中提出的许多重要思想,后来在《算术基础》《算术的基本法则》以及六篇重要文章中得到了充分的发挥,最终形成了弗雷格对当代分析哲学产生重要作用的一些基本思想。正是由于这些思想,弗雷格才被西方哲学家们无可争议地誉为"分析哲学的创始人"。

（一）逻辑主义

"逻辑主义"是弗雷格在《算术基础》中提出的重要思想,即从逻辑推出数学,并根据逻辑推论导出和证明所有分析命题。他在该书的序言中表示,在对数的定义的研究中,他要坚持这样三条基本原则:"要把心理

---

① 参见威廉·涅尔和玛莎·涅尔《逻辑学的发展》,张家龙、洪汉鼎译,第599—641页,商务印书馆,1985。
② 参见王路《弗雷格思想研究》,第37—45页,社会科学文献出版社,1996。

学的东西和逻辑的东西,主观的东西和客观的东西明确区别开来;必须在句子联系中研究语词的意谓,而不是个别地研究语词的意谓;要时刻看到概念和对象的区别。"①其中的第一条原则就表明了弗雷格的逻辑主义宗旨,即通过区分逻辑学和心理学而明确地把自己的工作与传统哲学和传统逻辑区分开来了。

在弗雷格看来,传统哲学是以传统的亚里士多德逻辑为基础的。这种逻辑的最大特点是用主观的感觉经验作为逻辑推理的重要准则:无论是亚里士多德的四概念说还是康德的先天综合判断,都是以心理的推测作为逻辑推理的前提,这就不可避免地混淆了心理上的感觉要素与逻辑上的客观要求,从而使传统哲学始终无法摆脱循环证明的怪圈。但如果我们能够把客观的东西与可感觉的或直觉的东西、逻辑的东西与心理的东西区别开来,那么"客观的东西是合乎规律的东西,概念的东西,可判断的东西,能够用词语表达的东西。纯直觉的东西不是可传达的"②。弗雷格用"白色的"这个词来解释了他所理解的"客观性"概念。他说,通常人们对这个词的反应是想到某种主观的感觉,但日常语言对这个词的用法却是试图表达出其中的客观含义,即人们在普通日光下所能感觉到的某种客观性质。这说明,颜色词通常并不是表示我们的主观感觉,因为我们无法知道这种感觉与另一个人的感觉是否一致。日常语言中使用的颜色词表达的应当是一种客观性质,我们应当把它理解为一种"不依赖于我们的感觉、直觉和表象,不依赖于对先前感觉的记忆勾画内心图像的性质,而不是理解为一种不依赖于理性的性质"③。这样,弗雷格就把客观的东西与主观的东西区分开来了。

当然,弗雷格逻辑主义的主要工作是要从逻辑推出算术,而这种推出的前提就是认为可以不借助于一般的感官知觉或纯粹直觉,而只是通过概念思维,通过逻辑形式的推理来获得和认识算术的真命题。因为根

① 弗雷格:《算术基础》,王路译,第8—9页,商务印书馆,1998。
② 同上书,第42页。
③ 同上书,第43—44页。

据传统的观念,算术的基础在于人们的经验积累,算术命题的真是由感性直觉来确定的。弗雷格的逻辑主义不仅破除了这种传统观念,而且直截了当地刻画了算术中的几条具有公理性质的命题,并认为由此出发就可以证明其他的真命题。这样的命题表明,我们能够用逻辑词汇去定义一系列表示数量的词,这样的逻辑词汇仅仅包括了量词符号、等词符号和真值函项符号等。由此可以看出,数量词只是一种二阶概念;用这种方法,我们就可以把任何含有数字的命题转化为等价的不含数字的命题。由此表明,数学中的所有命题都可以还原为逻辑命题,或者说,我们可以通过用逻辑语言重新表述数学命题,从逻辑中推出数学。

(二)语境原则

弗雷格在《算术基础》中提出的第二条原则,即"必须在句子联系中研究语词的意谓,而不是个别地研究语词的意谓",被称为"语境原则",通常被表述为"一个词只有在句子中才有意义"。弗雷格提出这条原则,目的是为了更加清楚地区分心理学的东西和逻辑的东西。他说:"如果人们不注意第二条基本原则,那么几乎不得不把个别心灵的内在图像或活动当作语词的意谓,而由此也违反了第一条原则。"[1]根据国内外学者的研究,弗雷格提出的这条语境原则无论是对逻辑和数学研究还是对后来分析哲学的发展都产生了深远的影响。

1. 弗雷格在谈到数的概念时明确否认可以通过表象或直觉的方式得到一个数的观点,认为由于语词只有在句子的联系中才意谓了某种东西,所以,重要的是要说明含有一个数词的句子的意义,例如"属于 F 这个概念的这个数与属于 G 这个概念的那个数相同"这个句子的意义,包含的是表示相等的普遍记号。由于数词通过逻辑的表达可以被替换,由此表明它们的意义只能是来自它们所出现的句子。这样的分析方法直接带来的是对传统逻辑区分主词与谓词的抛弃和建立值域的概念。[2]

---

[1] 弗雷格:《算术基础》,王路译,第 9 页,商务印书馆,1998。

[2] 参见威廉·涅尔和玛莎·涅尔《逻辑学的发展》,张家龙、洪汉鼎译,第 617—637 页,商务印书馆,1985。

2. 语境原则的核心思想是把句子作为意义的基本单位,这与传统逻辑和传统哲学对意义的认识有了很大的区别。根据传统逻辑,逻辑推理是从概念出发,由概念推出判断,形成推理过程。同样,传统认识论也是要求从"认识"概念入手,然后进入判断和推理。但根据《概念文字》的思想,首先要考虑的是句子,通过分析由简单句构成的复合句,再到句子内部的逻辑结构,最后得到构成句子的概念。把句子作为意义的基本单位,就意味着不能单独地考虑词或概念的意义,而只能把它们看做句子或命题的部分才有意义;同样,对意义的研究不能从词或概念出发,而只能从句子出发。这对传统逻辑和哲学的冲击表现在:彻底否定了以概念分析为基础的认识论模式,排除了逻辑和哲学研究中的心理因素,建立了以分析语言句法和命题形式为主要内容的哲学方法,从而使逻辑和哲学真正体现了关注思维形式的特征。

3. 语境原则构成了当代西方分析哲学的重要准则之一,成为维特根斯坦、卡尔纳普等人思想的理论出发点。维特根斯坦在《逻辑哲学论》中完全接受了弗雷格的这条原则,他将之表述为:"只有命题才有意义;只有在命题的联系关系中名称才有指谓。"[1]维特根斯坦由此说明了,由于单个的表达式只能以所出现的命题形式为前提,只有在命题中才有意谓,所以任何表达式都可以被看做或可以被构造成命题变项。维特根斯坦运用这个原则的目的是为了建立他作为意义图像论基础的关于命题函项的理论。在《哲学研究》中,维特根斯坦再次提到语境原则,用于解释他关于命名与描述的思想。他提出,对事物的命名与描述并非处于同一个水平,因为命名只是描述的准备,还不是构成"描述"这个语言游戏的一个步骤。他写道:"在一个东西已被命名之后,我们可以说,至此还**什么**也**没有**做。如果不是在语言游戏中,那么它甚至连一个名称也还没有**得到**。这也就是弗雷格的意思。他说,一个词只有作为语句的一部分

---

① 维特根斯坦:《逻辑哲学论》,3.3,劳特利奇与基根·保罗公司,1974。

才有意义。"①卡尔纳普在他著名的文章《通过语言的逻辑分析清除形而上学》(1932)中,明确地把语境原则落实在对词的意义的分析中。他指出,分析词的意义首先要确定词的句法,即词在它可以出现的最简单句型里的出现方式,由此我们就可以通过确定这样的句子的意义来决定词的意义。他写道:"只有确定了一串词与记录句子之间的可推关系,这串词才有意义,不管这记录句子的特点是什么。同样,只有那些可以有某个词在其中出现的句子能够归结为记录句子,那个词才是有意义的。"②在后来的英美分析哲学家中对语境原则较早给予关注的是达米特。他在发表于 1963 年的《实在论》一文中认为,语境原则体现了弗雷格确定名称指称的方法。③ 后来,在他的成名之作《弗雷格的语言哲学》(1973)中,他称这个原则"不仅是在《算术基础》中提出来的,而且被大大地强调了,而忽略它的错误就被看做是许多哲学错误的根源"④。在专门讨论《算术基础》的《弗雷格的数学哲学》中,达米特更为详细地讨论了语境原则,认为这个原则是承认拥有一个对象并不一定是现实对象的根本条件。⑤

(三)概念与对象的区别

区分概念与对象是弗雷格在《算术基础》中提出的第三条原则。他确立这条原则的目的,是为了避免简单地把概念化归为对象,或像传统哲学那样把概念的含义规定为对象。他首先从数学的函数概念出发,把所有的概念都看做是不具有自变量的函数(在逻辑上称为"函项"),由此区分了作为函数的概念和作为自变元的对象。由于函数是不完整的,需要补充的或不满足的,所以,概念也是不完整的,任何概念都需要由自变

---

① 维特根斯坦:《哲学研究》,安斯康译,第 49 节,牛津,布莱克威尔出版社,1953。
② 卡尔纳普:《通过语言的逻辑分析清除形而上学》,载于洪谦主编《逻辑经验主义》上卷,第 16—17 页。
③ 参见达米特《实在论》,载于达米特《真理和其他的谜》,第 146 页,伦敦,达克沃思出版公司,1978(以下所引此书均为此版本)。
④ 达米特:《弗雷格的语言哲学》,第 192 页,哈佛大学出版社,1981(第 2 版)。
⑤ 参见达米特《弗雷格的数学哲学》,第 181 页,哈佛大学出版社,1991。

元即对象来补充,因而,概念词本身只是一个空位,正如函数只是一个符号一样,它们都没有确定的内容,需要用自变元或对象去补充;同样,由于自变元是用于补充函数的,并且只有通过这种补充,函数才能取得它的真值,所以,对象是用于使概念取得真值的东西。这样,概念与对象的不同特征就被明确地区分开来。不仅如此,弗雷格还进一步从句子的主词与谓词的关系方面确立了概念与对象的区别。他指出,在语法分析中,概念实际上是语法谓词的意谓,就是作为语法谓词的概念词的意谓;而对象则被看做是用做语法主词的对象词的意谓。这样,他在对概念与对象的语法分析中,主要讨论的是概念词和对象词在句子中所起的不同作用。传统的认识并没有明确区分概念词与对象词在句子中的作用,但根据弗雷格的分析,概念词只能用做谓词,而不能用作主词,否则就会导致把并不存在的概念实体化的哲学错误。弗雷格对概念与对象的区分从数学分析出发,落脚点在语言分析,目的在于彻底清除逻辑学中的心理主义,确立概念的函数特征。这些对后来的分析哲学发展影响重大,特别表现在前期维特根斯坦和维也纳学派试图建立理想语言的逻辑主义思想中。

（四）意义与意谓

这是弗雷格对当代分析哲学作出的最为重要的历史贡献,是分析哲学得以产生和发展的基石。早在《概念文字》中,弗雷格谈到"内容同一"问题,认为"引入一个内容同一符号必然产生所有符号意谓方面的分歧,因为相同的符号有时表示它们的内容,有时表示它们自己"①。由于可以用不同的方式完全确定相同的内容,这样,这些不同方式之间的意谓问题就成为难题。但很快,弗雷格就在《论意义和意谓》这篇重要文章中详细讨论了这个难题,由此提出了区分符号、符号的意义和符号的意谓这三种东西的重要思想。他说:"符号、符号的意义和符号的意谓之间的有规律的联系是这样的:相应于符号,有确定的意义;相应于这种意义,又

---

① 《弗雷格哲学论著选辑》,第 19 页。

有某一意谓;而对于一个意谓(一个对象),不仅有一个符号。相同的意义在不同的语言中,甚至在同一种语言中有不同的表达。"①这里包含了三个重要思想:(1)在通常情况下,一切符号都具有意义和意谓,意义与意谓是相互关联的;(2)并非一个意谓只能用一个符号来表达,不同的符号可以用来表达相同的意谓;(3)用于表达相同意谓的不同符号之间的差异只能是意义上的差异,而不可能是意谓上的差异。正因为如此,弗雷格认为,对意义与意谓的研究关键是对意义的分析,由此表明从意义走向意谓也就是走向真的过程。他说:"追求真就是努力从意义推进到意谓。"②弗雷格把对意义与意谓的区分运用到专名和句子,并对不同的符号和句子类型作了大量细致的分析。他的基本思想主要是认为专名的意义应当是它所出现的句子的意义的组成部分,而专名的意谓则是我们用它所表达的对象本身;句子的意义就是它所表达的思想,而句子的意谓则是句子的真值,即句子为真或为假的情况。关于弗雷格对专名和句子的意义与意谓的具体分析,在后来的哲学家们讨论中一直存在很多争议,争论的焦点主要是在对弗雷格的"意谓"概念理解问题上。尽管如此,弗雷格关于意义与意谓的思想对后来分析哲学的形成却是决定性的,因为它直接导致了像罗素、维特根斯坦、卡尔纳普等人对语言意义的分析,罗素的"摹状词理论"、维特根斯坦的"逻辑真值表"、卡尔纳普的"意义理论"受弗雷格思想的启发。

(五)思想的结构

弗雷格对当代分析哲学的一个重要贡献,就是他明确提出,哲学研究的前提不是建立在心理学基础上的认识论,而是建立在客观逻辑和数学基础上的思想哲学。弗雷格在《论意义和意谓》中把句子的意义看做思想,由此确立了"思想"在语言分析中的地位。但弗雷格理解的"思想"不同于我们通常理解的概念,他把"思想"理解为我们借以把握真的东

①《弗雷格哲学论著选辑》,第92页。
② 同上书,第97页。

西:它既不是客观外界的事物,也不是我们内心世界的表象,而是我们人类可以共同把握的对象。他在《思想》(1918)中对他所理解的"思想"概念给予了详尽的阐述。首先,他反对把思想混淆于感觉表象,认为思想是不能由感官感觉到的东西,否则就无法达到句子的真;同时,思想也不可能是外界事物本身,否则思想就变成了自然科学研究的对象。其次,他认为思想也不是我们通常所说的现实的东西,否则思想就变成相对的、时间性的。再次,他在后来的《否定》(1918)一文中还认为,思想的否定也是一种思想,但在句子中却是作为句子函数出现的,因而是不满足的。弗雷格关于思想论述的重要性不仅在于他强调了"思想"的客观意义,更主要的是他通过语言分析的方法分析了思想的结构,揭示了思想在句子中是如何得到表达的。他在《思想结构》(1923)一文中提出了六种思想结构:(1)通过"并且"将一个主句与另一个主句联结起来,即 A 并且 B;(2)结构(1)加上否定,即并非(A 并且 B);(3)通过"并且"将一个思想的否定与另一个思想的否定联结起来,即(并非 A)并且(并非 B)或(并非……)并且(并非……);(4)结构(3)加上否定,即并非[(并非 A)并且(并非 B)]或并非(既非 A 也非 B);(5)通过"并且"把一个思想的否定与另一个思想联结起来,即(并非 A)并且 B,或(并非……)并且……;(6)结构(5)加上否定,即并非[(并非 A)并且 B]或并非[(并非……)并且……]。弗雷格用这样的方式给出了一种命题逻辑系统,他认为,这六种思想的任意一种都可以作基础,由此借助否定就可以推导其他思想结构。弗雷格关于思想的客观性的观点对后来的波普思想影响很大,他提出的三个世界的理论,即承认不同于精神世界和物质世界的客观知识世界的存在,完全符合弗雷格所认为的思想的领域,虽然弗雷格的客观思想与波普的客观知识之间并没有直接的继承关系,而弗雷格对思想结构的分析直接带来的是分析哲学家对自然语言的逻辑分析。

(六)逻辑与真

弗雷格思想的一个重要特征,就是强调了逻辑是一个求真的过程。早在《概念文字》中,弗雷格就明确指出,科学在求真的过程中最有力的证明方式显然是纯逻辑的,因为它不考虑事物的特殊性质,而只依据构成一切认识基础的那些规律。他在写于 1897 年的《逻辑》一文中指出,逻辑是以特殊的方式研究"真"这个谓词,而"真"这个词本身就表明了逻辑研究的范围。他写道:"逻辑探讨实真的规律,而不探讨被看作真的规律;不探讨人如何进行思维的问题,而探讨必须如何做才能不偏离真的问题。"①他在《逻辑导论》(1906)中则指出,逻辑研究的是句子表达思想的真值情况,因为"**每个思想要么是真的,要么是假的,没有第三种情况(tertium non datur)**"②。根据弗雷格的思想,从意义到意谓的过程,就是一个求真的过程:专名的意谓是它表达的对象,而句子的意谓则是句子的真值。由于不同的句子可以具有相同的意谓,因而句子的真就是恒定的,不变的,没有时间性的,或者说,具有不同意义但为真的不同句子经过分析或替换,应当保持其真值不变。弗雷格以求真作为逻辑的特征,以区别哲学的其他学科,如美学、伦理学等,因为美学以"美"、伦理学以"善"作为它们的追求目标。从现代逻辑的角度看,逻辑是研究形式推理的学科,追求的是推导关系的必然性。这完全是弗雷格逻辑思想的发展,虽然弗雷格的某些具体逻辑观点和逻辑记法在现代逻辑体系中不再被沿用。

四　弗雷格的历史地位

历史地说,对弗雷格思想价值的认识和挖掘是从 20 世纪初开始的,以罗素、维特根斯坦和卡尔纳普的推介为起点。罗素在《数学原则》(1903)中用了一个附录专门讨论弗雷格提出的建立一种纯粹逻辑演算体系的构想,并给予了很高的评价;维特根斯坦在《逻辑哲学论》(1921)中把弗雷格的思想看做是他的思想的两个重要来源之一(另一个来源是罗素的思想);而卡尔纳普则在《世界的逻辑构造》(1928)中把弗雷格的

---

① 《弗雷格哲学论著选辑》,第 206 页。
② 同上书,第 211 页。

逻辑体系作为他讨论构造系统的形式问题的前提。但整个西方哲学界对弗雷格思想的普遍重视却始于 20 世纪 60 年代。随着奥斯汀翻译出版了《算术基础》(1959)，以及弗雷格其他著作，如《概念文字》(1964)、《算术的基本法则》第 1、2 卷(1962)、《弗雷格论文集》(1967)等的重印，还有弗雷格遗著的出版，这些都使得弗雷格的思想不仅在德国，而且在英语国家也得到了关注。当代英美重要的哲学家，如丘奇(A. Church)、吉奇(P. T. Geach)、蒯因、达米特等人，都在五六十年代发表了关于弗雷格思想的文章，并有悌尔(C. Thiel)的专著《弗雷格和传统哲学研究》(1967)等。到 70 年代，西方哲学对弗雷格的研究达到了高潮，这是由于 1973 年达米特的专著《弗雷格的语言哲学》的出版。①

在当代英美的弗雷格思想研究中，达米特的解释最具影响力，也被认为是清晰系统地描述了弗雷格的观点，因而受到学术界的普遍重视和高度评价，虽然他的一些观点也受到批评。达米特从 20 世纪 60 年代开始发表关于弗雷格思想的文章。《弗雷格的语言哲学》初稿完成于 1964 年，其中的篇章几经修订，终于在 1973 年得以问世。在这部长达 700 页的大书中，达米特详尽地分析了弗雷格的语言哲学思想，特别对他的意义与语调、量词理论、专名、意义与意谓、概念和函数、断定、思想、真值与指称、抽象对象、同一性等问题作了细致的分析，提出了许多独到的见解。比如，他认为，弗雷格语言哲学的核心是意义理论，这个理论包含了三个要素：意义(sense)、语调(tone)和语力(force)。意义是句子中与真假有关的东西，语调是句子中与真假无关的东西，而语力则是句子之外的东西。这种分析带来了以后的分析哲学和语言哲学的发展，引出了哲学家们讨论与意义问题相关的重要话题，如句子、思想、真假、语境、理解等等。同时，达米特把意义理论作为弗雷格语言哲学的核心，也使得后来的哲学家逐渐接受这样一个信念，即弗雷格通过语言分析的方式把意

① 关于国外对弗雷格思想的研究状况，请参见王路《弗雷格思想研究》(社会科学文献出版社，1996)第 1 章"导论"中的详细介绍。

义问题放到了哲学研究的首位,这改变了传统哲学的认识论模式,开始了哲学上的一次革命性转变。达米特在随后出版的一系列著作中,如《对弗雷格哲学的解释》《弗雷格和其他哲学家》《弗雷格的数学哲学》等,都坚持对弗雷格思想的重要历史地位作充分肯定。

第二节 罗素的逻辑原子主义

1990 年英国牛津大学出版社出版了一部重要著作《罗素、唯心论及分析哲学的萌芽》,作者是 70 年代毕业于美国哈佛大学的希尔顿(P. Hylton)。[1] 他在书中全面分析了罗素思想产生的唯心论背景、柏拉图主义的影响以及罗素分析方法的形成,使西方哲学界对罗素思想产生的历史有了新的认识,也使西方哲学界开始重新研究罗素哲学对当代分析哲学的价值。[2]

一 生平与著作

伯特兰·罗素(Bertrand Arthur William Russell)于 1872 年 5 月 18 日出生在一个英国贵族家庭,祖父约翰·罗素伯爵是著名的自由党政治活动家,曾两度担任英国首相。他在年幼时就丧失了双亲,由祖母抚养成人。1890 年,罗素考入剑桥大学,对数学充满兴趣,跟随怀特海学习,并通过怀特海而结识了新黑格尔主义者麦克塔加特以及摩尔等人。1893 年,他获得了数学学位,次年又获得伦理学学位。1895 年他以《论几何学的基础》一文在剑桥大学三一学院获得研究员资格,1910 年起任该校的哲学讲师。1916 年他因反对政府的兵役法而被学校解职,1918

---

[1] 参见希尔顿《罗素、唯心论及分析哲学的萌芽》,牛津,克拉伦登出版社,1990。希尔顿是美国伊利诺伊大学哲学系教授,并任美国哈佛大学等多所学校的客座教授,被公认为分析哲学史专家。

[2] 由于希尔顿的工作,20 世纪 90 年代之后,罗素哲学与分析哲学的关系重新引起了西方哲学界的兴趣,主要可参见欧文(Irvine)和维德金(Wedeking)《罗素和分析哲学》,牛津,布莱克威尔出版社,1993;泰特《早期分析哲学:弗雷格、罗素、维特根斯坦》,纽约,1997。

年又因反对协约国而入狱半年。1920 年,罗素访问前苏联和中国,对共产党的苏联和中国人民都抱有好感。20 世纪 20 年代,罗素潜心写作,出版了大量著作,除了哲学著作外,还有科普读物和关于宗教、伦理和教育的著作。1931 年,罗素继承了伯爵爵位,并在 30 年代出版了更多的著作,内容涉及科学、政治、宗教和社会等方面。在 20—30 年代,罗素还在美国各地访问讲学,但由于他的自由主义思想而未能在美国任教。1944 年,他返回剑桥大学三一学院任研究员,并在剑桥大学讲学。1949 年,罗素荣获英国荣誉勋章,1950 年,因其著作《优美的散文风格》而荣获诺贝尔文学奖。20 世纪 50—60 年代,罗素参加了许多进步的政治活动,并在其中起到重要作用,如 1955 年与爱因斯坦、居里等著名科学家共同签署了一个争取和平的宣言;1958 年担任核裁军运动的主席;1960 年担任非暴力反抗运动"百人委员会"主席;1961 年与普通群众在英国白金汉宫前静坐示威;1964 年建立了"罗素和平基金会";1968 年建立国际战犯法庭,谴责美国发动越南战争,要求传唤当时的美国总统约翰逊。这些为他赢得了巨大的国际声誉。罗素于 1970 年 2 月 2 日病逝。[①]

　　罗素的个人生活和他的著作都可以明显地分为两个部分,即纯粹哲学的研究和以哲学的方法讨论科学、社会、政治、宗教以及教育等领域里的问题。但这两部分工作在罗素那里是交织进行的,就是说,罗素在关注哲学问题的同时,从来没有把自己关在书斋里,而是时刻关心世界风云变化,努力用自己的哲学主张向大众解释各种社会和文化现象,并且身体力行。因此,西方哲学家们通常把他看做是现代的伏尔泰。他一生

---

① 有关罗素生平的资料浩如烟海,最具权威性的当属罗素本人的回忆录和个人自传。参见罗素《我的精神发展》,载于希尔普《伯特兰·罗素哲学》第 1 卷,第 3—20 页,纽约,哈珀-罗出版社,1963;罗素《我的哲学的发展》,温锡增译,商务印书馆,1982;还有他的三卷本《自传》,波士顿,矮脚鸡出版社,1968。此外,还可参见威廉姆斯(R. C. Williams)、哈代(G. H. Hardy)、伍德(A. Wood)、蒙克(R. Monk)等人撰写的罗素传记。

发表了 70 余部著作,近 2000 篇文章。① 他的哲学代表作主要有:《数学原则》(*Principles of Mathematics*,1903)、《数学原理》(*Principia Mathematica*,三卷本,与怀特海合著,1910—1913)、《哲学文集》(*Essays on Philosophy*,1910)、《哲学问题》(*Problems of Philosophy*,1912)、《我们关于外部世界的知识》(*Our Knowledge of the External World*,1914)、《数理哲学导论》(*Introduction to Mathematical Philosophy*,1918)、《心的分析》(*The Analysis of Mind*,1921)、《物的分析》(*The Analysis of Matter*,1927)、《哲学大纲》(*The Outline of Philosophy*,1927)、《怀疑论文集》(*Essays on Scepticism*,1928)、《对意义和真理的探究》(*An Inquiry into Meaning and Truth*,1940)、《西方哲学史》(*A History of Western Philosophy*,1946)、《人类知识》(*Human Knowledge*,1948)等。他在科学方面的代表作有:《原子论入门》(1923)、《相对论入门》(1925)、《科学的远景》(1932)等。在宗教方面的著作有《我信仰什么?》(1927)、《为什么我不是基督教徒?》(1927)、《论宗教与科学》(1936)、《决定论和物理学》(1936)等。在政治方面有《布尔什维主义的理论和实践》(1920)、《中国问题》(1922)、《工业文明的前景》(1923)、《自由和组织(1814—1914)》(1934)、《什么是通向和平之路》(1936)、《常识与核战争》(1959)、《在越南的战争罪行》(1967)等。在教育方面有《论教育,特别是幼儿教育》(1926)等。在道德方面有《婚姻和道德》(1928)等。

　　罗素的思想渊源是以洛克、巴克莱、休谟、J. S. 密尔等人为代表的英国经验主义传统,而他的直接思想来源是弗雷格的逻辑思想,这些思想包括:反对从语法结构方面把句子的逻辑形式归结为主谓词形式,主张用现代的量化逻辑加以分析;认为可以对句子所表述的思想进行不同的、但在某些意义上又是相同的逻辑分析;认为逻辑分析与把句子恰当地翻译为逻辑符

---

① 据称,两位英国学者布莱克威尔(K. Blackwell)和鲁加(H. Ruja)费时 30 年,现已编辑完成了罗素的全部书目,共有 3 卷,包含 4000 多个篇目。参见斯特罗《20 世纪分析哲学》,第 48 页,哥伦比亚大学出版社,2000。

号是有联系的;认为那些在传统上被看做指示事物的词,只有在句子的语境中才有意义;认为可以把这种观点运用到哲学问题上,等等。

在罗素的一生中,他的哲学思想发生了多次变化。通常把他的思想发展分为这样三个主要阶段:第一个阶段是 1903 年之前的新黑格尔主义时期,主要是受到布拉德雷和麦克塔加特思想的影响,信奉黑格尔和康德的学说;第二个阶段是 1904—1920 年的新实在论和逻辑原子主义时期,这是他思想发展的重要阶段,他在这段时期内写下的著作为后来分析哲学的发展奠定了重要基础,特别是他与怀特海合著的《数学原理》和于 1905 年发表的重要论文《论指示》集中提出了分析哲学一些重要的基本观点;第三个阶段是 1921 年之后的"中立一元论"时期,他的思想从二元论或多元论的实在论转向了以中立材料为本体的一元论,这种思想具有明显的行为主义、实用主义以及休谟经验主义的特征。

尽管罗素的思想发生过多次变化,但他在晚年最终承认,最能够代表和体现他哲学思想精华的还是逻辑原子主义思想。他本人希望人们把他的哲学称为逻辑原子主义,而不是其他什么主义或某些理论主张。同时,由于逻辑原子主义对分析哲学的产生带来了直接的重要的影响,所以我们在这里将主要介绍罗素逻辑原子主义哲学的主要内容。

二　逻辑分析方法

罗素对分析哲学的最大贡献就是他提出的逻辑分析方法。他在自己整个思想发展过程中,始终坚信这样一条基本原则:哲学的主要任务就是对语言的逻辑分析。所谓"逻辑分析",简而言之,就是以现代数理逻辑为工具,着重从形式方面分析日常语言和科学语言中的命题,以求得出准确的哲学结论。

罗素之所以强调对语言的逻辑分析,主要原因就在于他对日常语言的不满。他认为,日常语言在词汇和句法方面都非常模糊不清,经常把人们引入迷途。这表现在,在词汇方面,当一个词最初被用于某些或多少有些相似的事物时,人们并没有想到这些事物是否具有同一性。可一且把某个词固定地使用于某个对象,我们就会受到这个词的影响,以为这个词一定就表示了它所代表的对象的存在,这种认识就会导致人们对事物和观念产生一种柏拉图式的多元论。同时,哲学中经常使用的某些抽象名词更是歧义丛生,因而它们无法成为严格科学的一部分。在句法方面,一个陈述的句法形式或语法结构往往成为我们思想的桎梏,而主谓结构的句法形式以及把谓词等同于属性的形而上学联系,更是成为妨碍我们正确思维的绊脚石。所以,罗素提出,要消除日常语言的词汇和句法对哲学的这些消极影响,就需要运用逻辑分析方法对日常语言进行分析和改造,并在这个基础上建立一种理想的人工语言。

作为分析哲学的主要创始人,罗素在当代哲学中首次强调了逻辑分析的重要性,并把这种逻辑分析方法广泛地运用于各个不同方面。在罗素那里,这种逻辑分析方法主要是一种下定义的方法,包括"实在定义"和"语境定义"。所谓"实在定义",是指被定义的对象是非语言的或不以语言的使用方法为转移的复合物或事实,因此这种定义涉及的是语言符号所代表的事物,并且要列举出复合物或事实的某些特征及其关系;同时,这种定义具有真假特性,它们是由经验的综合命题来表达的。而所谓的"语境定义",则是指被定义的对象只是语言本身,因此这种定义是用一组语言符号取代另一组符号;同时,它没有真假可言,是由先天的分析命题来表达的。但这两种定义方法具有的共同之处,就在于它们都是对一定的复合物的不同成分进行分析,最终是为了澄清这个复合物的模糊不清之处。罗素在他的逻辑分析中主要使用的是语境定义的方法。他写道:"定义是这样一种陈述:某个新引入的符号或者符号组合的含义,与我们已知道其意义的其他某些符号组合的含义是相同的。可以看出,严格地说,定义不是它出现于其中的主词的一部分。因为,定义完全与符号相关,而不是与符号所象征的事物相关。而且,它无所谓真假,它是意志的表现,而不是命题。"①

---

① 罗素和怀特海:《数学原理》第 1 卷,第 11 页,剑桥大学出版社,1910。

　　罗素不仅首次提出了逻辑分析的方法,而且把这种方法广泛地运用于哲学的不同方面:在本体论中,他运用这种方法分析某些终极范畴,如"心""物""个别""一般"等概念,通过列举对这些概念的各种心理学的或常识的理解,澄清它们在本体论中的使用和确切意义;在认识论上,他运用这种方法分析各种经验命题和科学命题,结合实在定义和语境定义对"时间""空间""经验""事件"等概念作出了精确的分析,并为这些概念给出了完全的语境定义;在抽象的宇宙论中,他运用这种方法分析本体论范畴在其中被组织起来的那些抽象的模型,考察在实在的语言方面和非语言方面显示出来的那些形形色色的组织方式,就是说,他撇开世界是物质的还是精神的抑或中立的等问题,对世界作出抽象的考察。

　　罗素也把这种逻辑分析方法称为"形式分析方法",并在 20 世纪初用它来批判布拉德雷等人的绝对唯心论一元论,提出他的心物二元论或多元论。后来,他又用这种方法提出他的中立一元论。在《数学原理》和《逻辑原子主义哲学》(1918)中,他用这种方法对本体论问题进行了抽象的研究,构造出了他的逻辑原子主义。他还把这种方法用于分析数学基础问题,后来扩大为对各门自然科学的研究。他运用逻辑分析的方法对逻辑中不完全符号和限定摹状词的分析,使他提出了后来被誉为"分析哲学典范"的"摹状词理论"。可以说,罗素在哲学上所取得的一切成就,都是他充分地和娴熟地运用这种逻辑分析方法的结果。

　　通过使用逻辑分析的方法,罗素希望建立一种能够克服日常语言缺陷、包含正确的逻辑句法的理想的人工语言。这种语言以现代数理逻辑为基础,取代了日常语言,能够对哲学命题作出准确的表述和解决传统的哲学问题。这种哲学理想正是后来的逻辑实证主义奋斗的目标,并被看做直接促成了最终形成的以弗雷格、罗素、维特根斯坦和维也纳学派为代表的"理想语言学派"。罗素提倡的这种逻辑分析方法,由于强调命题意义的精确、推理过程的严密和最终结论的坚实可靠,因而直接影响了后来分析哲学家的研究方法和理论观点的形成,并在当代语言哲学和科学哲学研究中得到了广泛的运用。

三　逻辑原子主义

逻辑原子主义是罗素把逻辑分析方法应用于抽象本体论的直接成果,也是最能体现罗素哲学精神的一种理论体系。从历史上看,逻辑原子主义是由罗素和他的学生维特根斯坦共同创建的,但由于罗素的工作和著作而得以传播的。罗素在《数学原理》中首次提出这种理论的一些基本观点,随后在系列讲演"逻辑原子主义哲学"和发表在《当代英国哲学》上的《逻辑原子主义》(1924)一文中对这个理论作了全面系统的阐释。尽管罗素公开承认他的这个理论直接来源于维特根斯坦的思想,但事实上在许多重要方面,维特根斯坦的思想与罗素的逻辑原子主义之间存在着明显的区别。

逻辑原子主义的提出与罗素的外在关系说有着密切的联系。这种外在关系说是罗素在 20 世纪初为了反对布拉德雷等人的内在关系说而提出的。内在关系说认为,任何一个表示关系的事实都是一个所涉及的词的性质的事实。例如,"A 在 B 之上"这个命题表达的是一种关系,但根据内在关系说,这并不表示在 A 和 B 之间存在某种关系,而只是表示"在……之上"是 A 的一种性质,而"在……之下"则是 B 的一种性质。这就否认了关系具有任何终极的独立的意义,而只承认存在一个包罗万象的实体,即所谓的意识的统一性。布拉德雷正是根据这种内在关系说而提出了他的绝对唯心论一元论。而罗素则对这种内在关系说提出了最严厉的批判,认为关系应当具有一种不以它的关系项为转移的实在性,因而关系并没有进入关系项的定义之中。在"A 在 B 之上"中,并没有任何证明可以表明 A 和 B 具有某种"在……之上"或"在……之下"的性质,这里的关系与 A 和 B 的性质无关,是外在于这两个关系项而存在的,因而是独立的、实在的。这就是罗素提出的外在关系说。他在《逻辑原子主义》中就明确地说明了他的这种主张:

　　我们所说的外部关系学说是指什么呢? 它主要是指:一个关系

命题一般说来在逻辑上不形式等价于一个或更多的主谓词命题。更精确地说,给出一个关系命题函项"xRy",一般地并不出现下面的情况,即可以找到谓词 α、β、γ,使得对于 x 和 y 的所有的值来说,xRy 相等于 xα、yβ、(x,y)γ[此处(x,y)代表由 x 和 y 组成的整体],或者相当于这三种情况中的一种或两种。这(并且唯有这)才是我肯定外部关系学说时所要强调的意思;而这显然至少是布拉德雷先生在肯定内部关系说时所要否定的观点的一部分。①

逻辑原子主义正是在这种外在关系说的基础上建立起来的。

根据外在关系说,关系是独立于关系项而存在的,因而实在是由多元的事实组成的,其中任何一个事实的存在都不依赖于其他事实的存在,由此就构成了常识中的多元世界。这种多元论的世界观就是罗素的逻辑原子主义哲学。他写道:"我所提出的哲学可以称为逻辑原子主义或绝对多元论,因为它肯定了存在着许多个别事物,并否定了由这些事物构成的某种统一性。"②他认为,他所提倡的逻辑与布拉德雷等人的一元论逻辑截然不同,因为他的逻辑是原子式的,这就是说,他相信存在许多独立存在的事物,而不相信可以把世界的多样性仅仅归结为某个不可分实在的不同方面。他写道:"我要主张的逻辑是原子主义的,它与那些不同程度追随黑格尔的人们的一元论逻辑相对立。当我说我的逻辑是原子主义的时候,我意指我也主张存在许多分散的事物的常识信仰。"③他还清楚地解释了他所谓的"逻辑原子"的含义:

> 我称自己的学说为**逻辑**原子主义的理由是因为我想在分析中取得的作为分析中的最终剩余物的原子并非物质原子而是逻辑原子。某些这样的原子就是我称为"殊相"的东西(诸如很小的颜色片、声音、瞬间的事物),而还有一些原子是谓词或者关系等。其要

① 罗素:《逻辑与知识》,苑莉均译,第 407 页,商务印书馆,1996。
② 罗素:《神秘主义和逻辑以及其他论文》,第 11 页,伦敦,1917。
③ 罗素:《逻辑与知识》,第 214 页。

旨在于我想取得的那种原子不是物理分析的原子,而是逻辑分析的原子。①

在这里,罗素更相信逻辑在认识世界多样性中的重要作用。所以,他在《逻辑原子主义》中说:

> 我认为哲学中最根本的是逻辑,反映一个学派特点的应当是它的逻辑,而不应当是它的形而上学。我自己的逻辑是原子的,而我所要强调的也正是这个方面。因而,我宁愿不把我的哲学描述为"实在论",而将其描述为"逻辑原子主义"——不管有无前缀修饰语。②

虽然罗素一再强调逻辑的作用,但事实上,逻辑原子主义体现的正是罗素的本体论思想。这种思想的核心就在于认为世界是由无数事实构成的,事实是使命题或真或假的东西;最简单的事实是原子事实,而与原子事实相对应的是原子命题,与复杂事实相对应的是分子命题;分子命题是由原子命题构成的,这些原子命题的真假决定了分子命题的真假;原子命题之间相互独立,既不相互推论也不相互矛盾;原子命题是由命名了个体的专名和表示属性或关系的谓词构成的,它所包含的词是通过与经验的事物相关联而获得意义的,而且它所涉及的事物不可能再分解为其他更简单的事物,它是其他一切命题的基础和根据;原子命题与原子事实、分析命题与复杂事实具有同构关系;整个宇宙就是建立在原子事实之上的逻辑构造,而与它对应的则是一个理想的逻辑语言体系。他认为,这样一种理想的逻辑语言具有双重的目的:"首先,可以防止从语言的本质到世界的本质的推理,这些推理依赖于语言的逻辑缺陷,因而是荒谬的;其次,可以通过探究一种可避免矛盾的语言的逻辑要求,而提出我们能够合理地假定世界应具有的一种结构。"③根据罗素的思想,

---

① 罗素:《逻辑与知识》,第 215—216 页。
② 同上书,第 393 页。
③ 同上书,第 411 页。

在这样一个理想语言体系中,借助于原子命题及其真值函项组合,我们就可以表述一切知识。在其中,分子命题是原子命题的真值函项的一种组合,是对原子命题进行逻辑演算的一种最简单的形式。我们运用数理逻辑的方法,还可以对原子命题作出更为复杂的逻辑演算。罗素认为,任何关于世界的复杂陈述句都是由原子命题的各种组合构成的,因而我们首先是确定原子命题的真假,然后将各个原子命题的真值代入复杂陈述的命题函项,最终就可以知道复杂陈述的真值,并由此得知全部关于世界的知识。

根据罗素在不同论著中的论述,他的逻辑原子主义思想主要包含这样一些内容:

1. 世界是由事实和信念构成的,信念以事实为根据确定真假,而事实则是使一个命题为真或为假的东西;事实不是一个特殊存在的事物,不同于任何"殊相",因而世界不是全部由殊相来描述的;

2. 存在各种不同的事实,包括了诸如"这是白的"这样的特殊事实,也有诸如"所有的人都要死"这样的普遍事实;事实没有真假之分,具有真假二元性质的只是陈述、命题或判断;命题只是一个符号,但由于它具有一些也是符号的组成部分,因此命题是一个复杂符号;命题不是事实的名称,因为对应于事实的总是两个命题,一个命题为真而另一个为假。

3. 世界可以分解为许多分散独立的、具有关系等等的东西,对事实的分析应当开始于具体的个别的而不是看起来复杂的事实;对事实的分析就是要把它分割为若干组成部分,不必修改其中的其他组成部分就可以修改其中的一个组成部分,而一个组成部分也可以出现在某些其他的事实中。

4. 一切分析只能涉及复杂的事物,而且在最终的分析中永远要依赖对于本身是某个简单符号的意义的对象的亲知;一个命题的组成部分,是我们为了理解这个命题而必须理解的一些符号;使得一个命题为真或者为假的事实的组成部分,就是我们为了理解这个命题而必须理解的一些符号的意义。

5. 最简单的事实是指它们占有一种由某个特殊事物作中介的性质，包括某个特殊事物具有某种性质、两个或更多的事实之间存在某种关系，这些事实都被称为"原子事实"，表达这些事实的命题被称为"原子命题"。

6. 进入原子事实中的"项"被称为"殊相"，即原子事实中的诸关系项；从原子事实到原子命题，表述一元关系或性质的词称为"谓词"；其他出现在原子命题中不是谓词或动词的词称为"主词"；能够代表殊相的唯一名词被称为"专有名称"（简称为"专名"）；逻辑专名只能是用来指当下被亲知的殊相的名称，如"这"或"那"，因此逻辑专名的意义是模糊的、不确定的。

7. 分子命题是指包含了其他命题作为其组成部分的命题，在语法形式上具有"或""如果""和"等等连接词的命题；分子命题的真假取决于组成它的那些命题的真假，后者被称为分子命题的"真值函项"；由于不存在析取的事实，因而存在否定的事实，即存在对肯定事实的否定情况。

8. 世界上所发生的每一事实都必须由存在着的要素所组成，而不是由不存在的要素所组成，所以任何对事实的信念一定是对存在着的事实的信念，或者说是对表达了事实的命题的信念；表达欲望和信念的命题具有相同的逻辑形式。

9. 一般命题涉及命题函项，它包含了至少一个未确定的成分，即变项。只有当这些成分得以确定，命题函项就变成了一个命题。因此，一般命题可以解释为不涉及存在的命题。哲学上的许多错误都来源于混淆了命题函项和命题。

可见，罗素的逻辑原子主义是从逻辑哲学的角度出发研究世界的构造，研究世界的终极成分，研究这种世界的构造和终极成分与语言中的命题之间的对应关系。而他的研究动机在于追求知识的确定性，企图把复杂的、不确定的知识逐步分解为一些简单的、能够得到经验证实的原子命题。这种哲学理想和分析方法对逻辑实证主义产生了巨大影响，卡尔纳普的代表作《世界的逻辑构造》就是在罗素的逻辑原子主义的直接影响下写成的。同时，罗素对命题意义所作的逻辑分析，也直接导致了维也纳学派主要思想的形成。

四 摹状词理论

尽管罗素一生提出了很多哲学主张，但他对后世哲学的影响却主要不是这些主张，而是他研究哲学的方法，即逻辑分析的方法。这对英美分析哲学发生了深远而持久的影响。首先，他提供了从事分析的工具。他与怀特海合著的划时代的数学巨著《数学原理》为数理逻辑奠定了基础，成为分析哲学家极其锐利的武器，以至于在某种意义上说，不懂符号逻辑，就无法从事分析哲学。其次，他自己为从事这种逻辑分析的实践提供了典范。这里特别著名的是他的"摹状词理论"，它既是罗素在逻辑学上，也是他在哲学上的一个重要贡献。

摹状词理论显示了逻辑分析在哲学中的重要作用，它强调了自然语言结构与逻辑命题结构的差异性，取消了肯定虚构事物的本体论，指出了专有名词是实体的灵魂，突出了罗素的基本论点，即逻辑是哲学的本质，从而显示了他哲学研究的基本风格。

摹状词理论缘起于罗素试图解决哲学史上的这样一些困难：

1. 虚拟事物的存在问题，即自然语言中的句子主语是否都表示逻辑命题的主项。这就是著名的"金山难题"。例如，当我说"金山不存在"时，有人若反问："不存在的是什么？"我就会说："那是金山。"这似乎就把某种存在赋予了金山。类似的情况还有"当今的法国国王是秃顶"，无论回答"是"或"不是"，都蕴涵了当今法国国王的存在。简而言之，我们如何才能用严密的逻辑语言避免上述自然语言把存在赋予非实在物的尴尬情况？这是面临的困难之一。

2. 关于同一律是否普遍适用的问题。弗雷格在罗素之前就指出了这一点，如："布什是美国现任总统"这句话就表达了专有名词"布什"与短语"美国现任总统"的同一性。既然具有同一性，则二者可替换，于是原话就成了"布什是布什"，变成了同语反复，没有意义。然而原话是有意义的,它指出了一个事实。那么,这里的问题何在? 同一律是否还有普遍性?

3. 罗素企图澄清哲学史上使用"存在"一词时所陷入的混乱和长达数千年的思辨。过去把"存在"当做谓词,产生了一系列哲学问题,如黑格尔式的存在-虚无-变化的思辨方式。

鉴于上述以及其他一些困难,罗素创立了摹状词理论,以澄清问题,从而重建逻辑上完善的语言。罗素研究了个体词的逻辑作用问题,他将个体词分两类:(1)专名,如布什、上海、爱因斯坦。(2)摹状词,如美国现任总统、中国最大的城市、相对论的创立者、15 和 19 之间的那个素数等。摹状词描述某一特定事物某方面的特征,并且该对象是独一无二的。

根据摹状词理论,逻辑命题的主项是专名的指称物,该指称物就是该专名的意义;摹状词不是专名,只是一个不完全的符号,不代表命题主项。它的逻辑作用与谓词相同,仅表示某种性质。譬如,用摹状词理论分析"金山难题",应表述为:就 X 的一切值而言,"X 是金的且 X 是一座山"这个命题函项是假的。这样就不再赋予金山以实在性了。再如,对"当今的法国国王是秃顶"可作如下分析:至少有一个 X 是当今法国国王,至多有一个 X 是当今法国国王,X 是秃顶。这样,赋予"当今法国国王"的实在性就在分析中消失了。

在上述分析中,摹状词("当今法国国王")已不再是主词,而是谓词了,这就剔除了自然语言造成的困惑,重建了精密化的逻辑语言。这清楚地显示出自然语言的语法结构不一定同其逻辑结构一致,而这种不一致正是造成前述困难的根源。同时,我们也可以看出,"专名"和"摹状词"的逻辑地位根本不同,摹状词不能作命题主词,只能作谓词,只有专名才能作主词。一旦专名作主词出现,其指称物的存在也就不言而喻地蕴涵于其中。因此,在严密的逻辑句法中,专名与"存在"不能连在一起,即"存在"不是谓词。在这里,我们看出了历史上把存在作为谓词的根本谬误,"存在"根本不表示一种性质或动作。由于"存在"不能作谓词,罗素由此认为,科学史上所有关于"存在"所作的思辨统统是错误的,而且是严格意义上的错误,这是把存在看做一种性质、视为谓词所产生的。在罗素看来,这种谬误应当一劳永逸地送进历史博物馆。

我们从这里可以窥见罗素的逻辑分析手法和风格。他在哲学史上第一次把对语言的逻辑分析置于中心位置,这最终导致了西方哲学史上具有划时代意义的"语言的转向"。不仅如此,摹状词理论作为一种逻辑理论,已经被现代逻辑所采纳。同时,由于它从逻辑的角度分析了命题中的语词与现实中的对象之间的关系,有助于排除那些例如"上帝"这样的虚假概念,促使概念更加明确,意义更加清晰,因而被分析哲学家们誉为"哲学分析的楷模"。

五　影响与评价

无论我们今天如何评价罗素哲学,在整个 20 世纪西方哲学发展史上,罗素都是一位极其重要的哲学家。这种重要性不仅体现在他开创了分析哲学的传统,而且(与摩尔、维特根斯坦等人一起)使整个西方哲学走出了黑格尔哲学的阴影,把哲学家的目光引入到知识与世界的关系上,彻底改变了哲学家们谈论知识、语言、逻辑、经验和世界的思维模式以及话语方式。

可以说,罗素在他思想发展的每个阶段所出版的著作,对后来的哲学发展都具有奠基的作用:他在新实在论时期跟随摩尔反对唯心论,当时出版的《数学原则》和与怀特海合著的《数学原理》强调了数学与逻辑的一致性,认为可以把数学还原为逻辑,从原始概念、原始命题中推演出整个数学。这种从逻辑中推出数学的思想直接成为逻辑主义的主要思想来源,并为维特根斯坦和维也纳学派所继承。同时,他与怀特海在书中建立的逻辑系统也成为现代逻辑的先驱,虽然后来的逻辑学家放弃了他们的逻辑记法。除了他在逻辑上的重要贡献之外,罗素于 1905 年发表的《论指示》一文第一次展现了逻辑分析方法在哲学上的运用,被后来的哲学家誉为"哲学分析的典范",成为分析哲学的经典文献。他于 1911

年发表的《熟知的知识和摹状的知识》一文,第一次阐述了这两种知识的重要区别,提出了以个体经验为主的熟知知识对于判定摹状知识的决定性作用。在《我们关于外部世界的知识》一书中,他又进一步运用分析的方法对传统的认识论问题提出了重新阐述,成为后来哲学分析的重要来源。他在所做的系列讲演"逻辑原子主义哲学"中更是以哲学分析的方法建立了一种具有明显本体论特征的哲学。这些著作都在后来的哲学发展中产生了重要影响。在中立一元论时期,罗素明显受到詹姆斯实用主义的影响,从二元论或多元论的实在论转向了中立一元论,强调物理的东西和心理的东西都属于一种逻辑构造。在《心的分析》中,他明确表达了自己对"心"的概念的实用主义分析态度;在《人类知识》中,他又采纳了休谟关于外部世界存在的信念,提出了缓解休谟不可知论的先验公设。这些对后来的科学哲学发展,特别是对历史主义的提出,提供了思想资源。

通常认为,罗素对分析哲学的主要贡献在于确立了分析哲学的某些基本观点,如对逻辑分析方法的强调、对形而上学的否定、对日常语言的批判和对理想语言的设想等。① 但近年来,西方哲学家对罗素的贡献有了新的认识。例如,希尔顿认为,罗素的贡献主要在于他与摩尔一道对唯心论的批判,可以把罗素于 1913 年前后的思想看做是分析哲学起源的重要标志。②希尔顿指出,虽然罗素在这段时期的许多重要观念都被人们反复强调,如将数学还原为逻辑的企图、类型论、摹状词理论、关于不完全符号的看法、关于判断的多重关系理论、用与事实的符合解释真理的企图、根据我们关于感觉材料的知识构造我们关于外部世界的知识,等等,但这些观念却很少被放到一起加以考察。所以,需要强调罗素思想中的逻辑成分与形而上学之间的密切关系。希尔顿指出:

---

① 参见涂纪亮《分析哲学及其在美国的发展》上卷,第 65 页,中国社会科学出版社,1987。关于罗素对分析哲学的贡献,较早的评价可参见艾耶尔《语言、真理与逻辑》,尹大贻译,上海译文出版社,1981。

② 参见希尔顿《罗素、唯心论及分析哲学的萌芽》,第 1—7 页,牛津,克拉伦登出版社,1990。

从 1900 年 8 月到 1910 年完成《数学原理》，罗素既是一个形而上学家又是一个逻辑学家。这两者完全合并在他的著作中：形而上学为逻辑提供了基础，逻辑和逻辑体系又成为形而上学的论证基础。罗素究竟在多大程度上把逻辑和形而上学结合为一个连贯的整体，这当然是一个可以讨论的问题；但这个企图却是罗素在这段时期思考的核心。①

希尔顿还批评了以皮尔斯为代表的一种观点，这种观点认为，罗素的思想在很大程度上受到了英国经验主义哲学家，特别是休谟的影响，并且认为罗素本人就是一个经验主义者。② 希尔顿明确反对这种观点。首先，他认为，在罗素思想中始终存在一种对抽象实体的预设：在中立一元论时期，这种抽象实体就是既非物质又非精神的中立要素；在逻辑原子主义时期，这种抽象实体就是逻辑原子。其次，他提出，罗素在反对唯心论之后始终认为真理是一个绝对的概念：一个事物是否为真，不可能存在任何限定的条件，也没有程度之分；同时又认为，存在独立的、可以辨认的实体，每个实体都具有这样一种特性，即它或者是绝对地、无条件地为真，或者是同样绝对地为假。再次，他分析道，罗素与布拉德雷在关系实在性问题上的分歧并没有表明罗素完全放弃了对关系实在性的肯定，因为在他看来，关系与真理并非两个不同的问题，并不存在绝对真理与相对真理之分。③ 尽管希尔顿对以往的解释提出了批评，但他对罗素思想的贡献仍然非常强调。他写道：

> 罗素关于哲学性质的基本观念，从事这种哲学的术语、目的与问题等等，所有这些观念都依然有效。我这样说当然不是指如今人们都完全同意罗素在这些问题上的看法，而是指关于思考哲学的重要方式的基本假定可以被看做是对罗素思想的修订或发展；而关于

① 参见希尔顿《罗素、唯心论及分析哲学的萌芽》，第 9 页，牛津，克拉伦登出版社，1990。
② 参见皮尔斯《伯特兰·罗素和英国哲学传统》，第 11 页，伦敦，丰塔纳，1967。
③ 参见希尔顿《罗素、唯心论及分析哲学的萌芽》，第 11 页。

思考这个主题的其他方式则可以被看做是或多或少地在竭力摆脱罗素的思想或与之相关的东西。①

达米特在许多著作中都提出,分析哲学的基本特征应当是坚持这样一条准则:只有通过对语言的逻辑分析才能达到对思想的分析。然而许多哲学家指出,按照这样的特征描述,包括罗素这样的哲学家都很难被看做是一位分析哲学家,因为他们对语言的认识恰恰是通过对思想和世界关系的认识。蒙克在批评达米特对分析哲学特征的这种狭隘规定的同时,还特别指出了罗素思想所表现出的某些不同于通常认为的属于分析哲学的特征,如主张语言的认识论功能,强调心理分析在思维活动中的作用,以及分析的哲学观念。② 蒙克认为,晚年的罗素明确地表达了对逻辑实证主义和后期维特根斯坦思想的反感,其主要原因在于,他认为,"我的主要的目的一直是尽量对于世界有所了解,把可以算作知识的和斥为没有根据的意见分开",而在逻辑实证主义者和后期维特根斯坦看来,"'要了解世界'这种愿望是一种过了时的蠢事。这是我和他们最主要的分歧之点"。③ 即使是在罗素唯一涉及意义问题的著作《对意义和真理的探究》中,他也一再强调,他的主要目的是认识论研究。他在该书开宗明义地写道:"眼下这本书的目的是要研究某些关于经验知识的问题。"④而且,罗素还强调了心理分析在认识活动中的作用。他写道:"需要区分命题与句子,但命题并不一定是无法确定的。应当把它们定义为某种心理上的呈现——复杂的想象、期望等等。这种呈现是由句子表达的。……当两个句子具有相同的意义,那就是因为它们表达了相同的命题。语词对命题并非至关重要。对命题的严格心理学定义与逻辑和知识论无关,对我们的探究唯一至关重要的是,句子意味着比它们自身更

---

① 参见希尔顿《罗素、唯心论及分析哲学的萌芽》,第 16 页。
② 蒙克:《罗素是分析哲学家吗?》,载于格洛克(H. J. Glock)《分析哲学的兴起》,第 36—50 页,牛津,布莱克威尔出版社,1997(以下所引此书均为此版本)。
③ 罗素:《我的哲学的发展》,温锡增译,第 200、201 页,商务印书馆,1982。
④ 罗素:《对意义和真理的探究》,第 11 页,纽约,昂温平装书公司,1980。

多的东西,这在句子各不相同时就会是这样。这种心理学的(或生理学的)东西明显地表现在,命题可以是假的。"[1]蒙克还指出,通常认为摩尔的思想对罗素产生了很大的影响,但这种影响被普遍夸大了。事实上,摩尔对罗素的作用更主要的是帮助他认识到逻辑和分析对哲学的重要意义,而且这种作用恰恰是由于罗素看到了摩尔在对常识的捍卫中由于缺少逻辑论证从而导致了其常识观点的"软弱无力"。而罗素对逻辑和分析作用的充分认识却是得到了 19 世纪末逻辑学发展的启发。[2]　最后,蒙克认为,尽管罗素的思想与通常认为的分析哲学之间存在很大的不同,但在一种基本信念上却有相同之处,这就是,罗素同样相信哲学的进步不是通过综合了以往的一切而建构起某些体系,而是通过精确细致地考察我们一切信念的基础。

　　　罗素的伟大抱负(这或许是他的哲学观与达米特相近的一个方面)是,哲学通过采取这种分析的方法,可以产生更为系统的、共有的科学方法。他与达米特以及达米特所解释的弗雷格的不同之处在于这种方法是否应当是建构一种意义理论。但要基于这种不同而去否认罗素是分析哲学家,似乎不合情理。不管怎么说,他是相信分析的,而且这正是导致他被排除在外的原因。[3]

　　在当代哲学家眼中,罗素不仅是分析哲学的创始人,更重要的是传统哲学的继承者。他对逻辑作用的强调和对确定知识的追求,被看做是笛卡尔思想的继续;而他对经验知识的重视和对外部世界的关注,则被看做是对休谟式经验主义的发展。他和笛卡尔一样询问:我们可以绝对确定地知道些什么。他的答案是"最初的感觉材料"。但和笛卡尔不同的是,他并不认为从这些材料出发可以得到确定无疑的物质世界,就是

---

[1] 罗素:《对意义和真理的探究》,第 189 页,纽约,昂温平装书公司,1980。
[2] 蒙克还详细介绍了罗素在 1896—1899 年间学习现代逻辑的经历以及他写作《数学原理》时的背景。参见蒙克《罗素是分析哲学家吗?》,载于格洛克《分析哲学的兴起》,第 46 页。
[3] 同上书,第 50 页。

说,我们不能用思想的呈现来推导出某物的存在。关于如何从自己的思想推导出外在事物的存在,罗素明确接受了詹姆斯的"中立一元论"的立场,即基本的感觉材料是中立的,它们能够成为精神的还是物质的,完全取决于它们所存在的因果序列。这就是说,这些材料最初是既非精神的也非物质的,它们的存在完全是不属于任何人的中立事件。这种说法表明,笛卡尔的"我思"可能并没有表达基本的或初始的知识。斯特罗(A. Stroll)认为,和笛卡尔相比,罗素的怀疑论是一种"和缓的怀疑论",即认为某些材料比其他的更为可靠些,但除了最初的感觉材料之外,没有任何材料会是绝对确定的。[1]

斯特罗在肯定了罗素的科学的哲学观的同时,也对罗素的表象实在论和现象主义思想给予了批评。他认为,罗素的表象实在论是把我们的精神表象看做是对外在对象的复制或重新创造。但这种观点会导致极端的怀疑论结果,因为我们不可能把精神表象与实际的对象放到一起加以比较,看它们是否相似,甚至不能知道这样的实际对象是否存在。其结果就是,我们只能知道自己的心理感觉。关于罗素的现象主义,斯特罗认为,这种观点把物质对象看做是各种可能的或现实的感觉材料的堆积,这就表明了物质对象的存在完全是难以置信的,由此也排除了关于物质对象的常识观点,因为根据常识,物质对象的存在与我们对它们的感知是没有关系的;同时,现象主义还会导致这样的结果,即认为我们不会发生知觉错误,因为我们无法区分真实的知觉与不真实的知觉。由于知识论的前提是必须承认发生认识错误的可能性,所以罗素的现象主义观点是必须被抛弃的。[2]

第三节　摩尔的常识哲学

在分析哲学的兴起过程中,著名的英国哲学家摩尔起了特殊的重要

---

[1] 参见斯特罗《20 世纪分析哲学》,第 52 页,哥伦比亚大学出版社,2000。
[2] 参见同上书,第 53 页。

作用。与弗雷格的思想影响不同,摩尔对分析哲学的作用主要是通过他提倡的分析方法和对常识与日常语言的强调。当代西方哲学家把摩尔的作用看做是一个"牧师"所起的作用,把摩尔称做"分析哲学的思想领袖"或"灵魂"。

一 生平与著作

乔治·爱德华·摩尔(George Edward Moore)于 1873 年 11 月 4 日出身于伦敦附近一个富足的医生家庭,8 岁起开始接受古典教育,学习希腊文和拉丁文长达 10 年,19 岁进入剑桥大学三一学院,专修古典学科,后来在罗素的建议下转修哲学。1896 年以一篇关于康德伦理学的博士论文获得为期六年的资助,专门从事哲学研究,写出了他的重要著作《伦理学原理》(*Principia Ethics*,1903)和几篇重要论文,并被推选为亚里士多德学会会员。后来又因获得遗产而继续从事写作,直到 1911 年担任剑桥大学讲师,主持道德哲学讲座,先后讲授哲学、心理学和形而上学。1925 年起他担任精神哲学和逻辑学教授,直至 1939 年退休,由维特根斯坦继任他的职位。1940 年起,他赴牛津大学和美国各大学作学术访问和演讲。他还是 1921—1947 年英国著名的分析哲学杂志《心》的主编,并于 1918 年被推选为英国科学院院士,1951 年获英国女王颁发的功勋勋章。1958 年病逝于剑桥。①

摩尔生前出版的著作不多,主要有《伦理学原理》(*Principia Ethica*)、《伦理学》(*Ethics*,1912)和《哲学中的一些主要问题》(*Some Main Problems of Philosophy*,1953),但他发表的两篇论文却影响很大,奠定了他在分析哲学中的地位,这就是《驳唯心论》("Refutation of Idealism",1903)和《为常识一辩》("A Plea for Common Sense",1925)。前者被摩尔收入他生前出版的唯一一部文集《哲学研究》(*Philosophical*

---

① 关于摩尔的生平,可参见他的《思想自传》,载于希尔普《乔治·摩尔哲学》,收于《在世哲学家文库》,埃文斯顿,西北大学出版社,1942(以下所引此书均为此版本)。

Studies，1922)中，后者被收入摩尔嗣后出版的另一部文集《哲学文集》(*Philosophical Papers*，1959)中。他去世后，他于1919—1953年间所写的关于哲学问题的看法以及关于逻辑哲学、哲学方法和哲学分析性质等的讲演，被整理出版为《常识札记》(*The Common Place Books*，或译《摩尔札记》，1962)和《哲学讲稿》(*Philosophical Lectures*，1965)。

摩尔的思想发展以1903年为界，明显地分为两个时期。① 在1903年之前，摩尔主要受新黑格尔主义者麦克塔加特的影响。在1897年发表的论文《从什么意义上说存在着过去和未来的时间?》中，摩尔站在布拉德雷哲学的立场上，断定时间是不存在的；在1898年的《论自由》一文中，他赞同康德的先验解释方法和综合必然真理的学说，认为从理论上可以认识超越时间和感觉的实在；在1899年发表的《判断的性质》一文中，他试图把布拉德雷的思想、康德的观点以及所谓的"绝对实在论"的观点结合起来，认为整个世界是由"性质的共相"构成的，它们组成了命题、物质对象以及其他复合对象，这些共相和命题被称做"经验的共相和命题"。1903年摩尔发表了《驳唯心论》一文和《伦理学原理》一书，标志着他与新黑格尔主义彻底决裂，从新黑格尔主义转向了新实在论。

二 摩尔的思想发展

当时在欧洲大陆和英语世界占主导地位的哲学是唯心论，表现形式有新康德主义、新黑格尔主义以及所谓的"新巴克莱主义"。它们的共同特征就是认为实在最终是精神的。世纪之交的英国唯心论主要代表是麦克塔加特、布拉德雷、格林和鲍桑葵等人。摩尔的《驳唯心论》一文主要针对的是巴克莱的主观唯心论，即认为"存在就是被感知"。这个命题

① 近年来有学者把他的思想发展划分为三个时期：1903年之前的绝对唯心论时期；1903—1912年的伦理学时期；1912年之后的形而上学和认识论时期。参见斯特罗《20世纪分析哲学》，第93—96页，哥伦比亚大学出版社，2000。

一直被看做是唯心论的基本命题,它主张被感知的东西都是依赖于心灵的,因此像桌子、椅子、人、星球等等东西的存在都是依赖于它们被某个心灵所感知。摩尔认为,它是一个意义含糊不清的命题,其错误在于没有把感知活动与感知对象区别开来,用感知活动代替了感知对象。他指出,感知活动显然是依赖于心灵的,但感知对象却不是,因而没有理由相信一片蓝色的存在就等于对它的感知活动的存在。他写道:"在每一个感觉或观念中,我们必须区别两种因素:(1)'对象',或者说一个感觉或观念不同于另一个的地方;(2)'意识',或者说所有感觉或观念共有的东西——使它们成为感觉或精神事实的东西。"①摩尔批判唯心论的结果是提出以实在论取代唯心论,这种实在论承认存在着独立于心灵的实体,摩尔称之为"物质的"或"物理的"对象。摩尔在后来对形而上学和认识论的讨论中一直坚持这种实在论立场。

摩尔对当代分析哲学的一个重要贡献是建立了以研究伦理概念为主要内容的元伦理学。当代哲学家认为《伦理学原理》一书开启了现代道德哲学,因而有理由把他看做是 20 世纪伦理学的核心人物。在伦理学的基本立场上,摩尔捍卫柏拉图式的实在论,认为道德判断可以是真的或假的。他认为,世界包含了各种类型的事实,其中一些是道德的事实,而当道德陈述符合这些事实的时候,它们就是真的。在捍卫这种实在论的同时,摩尔反对伦理学中一切形式的还原主义,他把它们称做"自然主义的谬误",即试图用某些非道德的术语去定义道德概念,比如用"幸福""愿望""愉悦"等去定义"善"。摩尔认为,每个真正关于善的性质的"自然主义的"命题(比如"愉悦是好的")都是综合的,所以我们就可以想象出某个使人感到愉悦却并不好的东西。这就表明这两个概念并不是指相同的东西。摩尔把这种分析运用到其他自然主义的特性,譬如偏好、功利等等中。通过分析,他力图说明"善"是一个简单的特性,是无法定义的,因而对善的任何(即使是科学的)论述都是不可能的。摩尔的这

①摩尔:《驳唯心论》,载于摩尔《哲学研究》,第 20 页,伦敦,劳特利奇与基根·保罗公司,1922。

种伦理学分析与实证主义的思想有很大区别,并遭到了后者的批评。艾耶尔(A. J. Ayer)在《语言、真理与逻辑》中典型地表达了逻辑实证主义对摩尔观点的批评。他认为,道德判断既不是真的也不是假的,因为它们在认识上没有意义,它们只是唤起情感和感觉的表达,说者对它们的使用只是要从听者那里得到相同的情感。艾耶尔把这种观点称做"伦理学的情感论"。如今这种观点已被广泛接受,特别是斯蒂文森在《伦理学和语言》(1945)中对这种观点给予了详尽论证。摩尔后来承认这些批评是有道理的,但他并没有完全放弃自己的观点。他在对批评者的答辩中称,他开始考虑接受伦理学的情感论,但同时又倾向于抛弃它。①

20世纪20年代之后,摩尔的研究兴趣逐渐转向形而上学和认识论。他主要关心的是实在的确实性和常识问题,他的哲学立场仍然是形而上学的实在论。研究者认为,摩尔在现代认识论中的地位略显独特②:一方面,他认为,在"外在对象"与"物理对象"之间存在着区别。所谓"外在的",是指存在于人类心灵之外的东西,它们不仅包括了物理对象,而且包括了一些非物理的对象,如动物的疼痛。传统的观点并不区分这两个概念,所以摩尔的观点就显得非常独特。另一方面,他认为感觉材料并不总是精神实体,虽然他承认感觉材料的存在,但他拒绝把它们定义为"心理状态"。他坚持一种直接知觉理论,认为当我们看到某个物体时,我们实际上就是直接看到了物体的某个表面,这个表面既是物体本身,又是感觉材料。在关于实在的确实性问题上,摩尔是形而上学的实在论者,因为他相信物理对象独立于心灵的存在,同时他又希望我们可以直接看到物体本身。在这种意义上,他也是一个潜在的素朴实在论者。但是,他认为我们在每个知觉行为中都可以直接看到感觉材料。这个观点却与他的素朴实在论观点相悖,因为没有人会认为感觉材料和物理对象

---

① 参见希尔普《乔治·摩尔哲学》,第545页。
② 参见斯特罗《20世纪分析哲学》,第98页,哥伦比亚大学出版社,2000。

是一致的。但摩尔则认为,感觉材料正是被感知的对象的外表,所以我们可以说,我们同时直接看到了感觉材料和物理对象的外表。然而,在《为常识一辩》中,他不得不承认这两种观点不能并列存在。在他晚年发表的最后一篇文章《视觉感觉材料》(1957)中,他又认为,由于这两种观点在经验上无法兼得,因而某种形式的表象实在论一定是正确的。

摩尔的《为常识一辩》和《关于外部世界的证明》(1939)是在 20 世纪西方哲学中被讨论最多的文章。后者主要反对唯心论,根据常识的观点论证了物质世界的存在;前者则反对认识论上的怀疑论,对常识观点给出了论证。摩尔认为,唯心论的错误就在于违背了关于世界的常识观点,把物质的存在全部解释为精神的,这显然不符合我们对实在的常识认识。因为我们都知道,许多命题是真的,并且是确实为真。同样,他认为,怀疑论者否认人类可以得到知识和确实性,这也是违背了我们对实在的真实感受,因为物理对象的存在和时空的实在性正是我们的常识命题所蕴涵的内容。摩尔区分了我们确定知道的命题和对这些命题所作的"正确的分析",但他在这里并没有进一步说明"分析"的意义。他认为,分析这些命题的方法取决于对简单命题形式的分析,如对"物质对象存在"这个命题的分析就取决于对"我看见一只手"这个命题的分析,并进一步取决于命题"这是一只手"以及"我正在知觉到它"等。虽然这样的分析过程并没有摩尔所描述的那样简单,但他指出,至少有两点是确定的:该命题一定是关于感觉材料的命题,以及我们所知道或判断为真的东西并不是说感觉材料本身就是一只手。因而,他区分了整个物理对象和一个感觉材料,因为我们从没有直接地看到一整只手,就是说,我们不能同时看到一个物理对象的内外和正反,因此不是直接看到它的全部。所以,当我们说我们看到一只手的时候,这里就包含了一个推论。当然,在真正的知觉活动中,我们的视域中一定有一个对象,我们直接看到了它。这就是摩尔所谓的"感觉材料"的含义。他认为,以往的哲学家对直接感知的实体(即感觉材料)和相应的物理对象之间的关系曾经提出过三种说明:一种是直接的实在论,认为感觉材料等同于物理对象的外表,这是他所赞同的观点。一种是表象实在论,认为感觉材料不同于物理对象的外表,但代表了物理对象。他先是反对这种观点,后来又有所接受。一种是现象主义,认为物理对象只是现实的和可能的感觉材料的堆积。他反对这种观点,把它斥为唯心论并加以抛弃。

三 摩尔的常识哲学

在《为常识一辩》中,摩尔详细阐述了他的常识哲学的思想。他在文章的开篇就写道:"在下面,我只是想要依次陈述某些最重要的观点,它们表明了我的哲学立场不同于那些由其他一些哲学家所采纳的立场。"①他把自己的观点分做两个部分:第一部分是阐述了一个长长的命题清单,他认为其中的每个命题都是他确定地知道为真的东西;第二部分是断定了一个单一的命题,同样是他确定地知道为真的东西。他把所有这些命题都称做是"显而易见的真理"。他进一步把第一部分的命题分做两类:第一类是关于"他的身体"的命题;第二类是关于"他的心灵"的命题。第一类命题包括:目前存在着一个活生生的人,它就是我的身体。这个身体是在过去的某个时间出生的,持续存在了许多年,尽管也经历了一些变化;在它出生之前已经存在了大量其他的人类,同样,在我出生之前地球就已经存在了若干年了,大量的人类也已经在地球上生活了若干年了,在我出生以前已经有许多人去世或不存在了,等等。第二类命题包括:我是一个人,自我出生以来在不同的时间我一直有各种不同的经验。例如我感觉到我的身体和构成其环境的其他东西,包括其他人的身体;我曾经对未来抱有期望,并有各种真的或假的信念;我想过想象中的事物以及我在现实中不会相信的事件和人物;我怀有梦想,我对许多不同的事物具有感情,等等。与这些命题不同,摩尔指出,第二部分的命题是一个单个的命题,它表达的是我们每个人常常知道关于自己身体和

---

① 摩尔:《为常识一辩》,载于摩尔《哲学文集》,第 32 页,伦敦,乔治·艾伦与昂温出版公司,1959(以下所引此书均为此版本)。

自我的那些命题,它们对应于第一部分中的每个命题。就是说,第二部分中的命题陈述的是我们每个人都知道,他有一个身体,他的身体在某个时间比现在要小,我们每个人都有各种各样的经验,等等。可以看出,摩尔这里所提出的第二部分命题实际上就是对第一部分命题的常识信念,因为它表达的正是摩尔所谓的"常识的世界观"。他认为,存在着许多人都拥有的常识性知识,而他正是根据这些知识来反对唯心论和怀疑论的观点。

摩尔提出了这种常识观点的两个基本特征。第一个特征是,认为在以上两个部分中的所有命题都全部为真。根据绝对唯心论的观点,只有应用于绝对之物的命题才是全部为真的,而单个的命题只能部分为真,因为它们只是定义了对象的部分特性。但在摩尔看来,由于我们认识的对象既是对象的外表又是关于对象的感觉材料,所以,我们关于对象的命题就一定是全部为真的。他在这里对"真的"一词的用法是,如果一个陈述只是部分为真,那么它就不是在他的意义上为真,因为在他看来,常识的世界观是真的,而任何与这种世界观不一致的命题即使部分为真,也不会是真的。第二个特征是,认为在以上两个部分中的所有命题使用的都是日常意义上的语词。正是这个特征使得摩尔被看做是"日常语言哲学家"。在这里,摩尔提出了对命题的理解问题。他认为,我们通常都会理解使用日常语言表达的命题,只要我们进一步询问这些命题中使用的语词是不是按照日常的用法。他提出区分两个不同的问题:我们是否理解了"地球在过去已经存在了若干年"这个命题的意义和"对它的正确分析是什么"这个不同的问题。他指出,对一个命题作出分析不同于我们对这个命题的理解,我们只有理解了命题才能提出对这个命题的分析问题。我们来看一下摩尔是如何论述这个问题的。他写道:

> 当我谈到"哲学家"时,我当然只是指那些一直是作为人类的哲学家,他们有着人类的身体,一直生活在地球上,在不同的时代有许多不同的经验。所以,如果曾经存在过哲学家,那么就一定存在过

这种人;如果存在过这种人,那么在第一部分中断定的其他东西就一定是真的。所以,对应于第一部分中每个命题的许多命题都是真的,而与此命题不相称的任何观点也只能是真的,因为没有任何哲学家会持有这种观点。所以,由此得出,在考虑这个命题是否为真的时候,我无法一致地想到我所敬重的许多哲学家(就我所知)持有与此不相称的观点,即完全反对它。①

在这里,摩尔使用的是逻辑上的矛盾法,即只要不存在矛盾的情况,我们就可以判断某个命题为真。但摩尔对这个问题的前提,即"地球上曾经生活过许多人类"的论述却非常简单,并没有进一步的分析。他根据这个观点批判了唯心论和怀疑论。他认为唯心论是完全错误的,就因为它违背了我们所知道的实际情况。而对怀疑论,摩尔则认为,它是自相矛盾的。因为根据怀疑论的观点,我们无法确定地知道任何断定了物质事物存在或他人存在的命题。但在摩尔看来,当怀疑论者谈到"人类无法知道他人的存在"时,他不仅是在谈论他自己,还在谈论他人,这样他就确定地知道他人的存在,因此这里就自相矛盾了。摩尔这样来描述怀疑论者:

> 如果他说"这些信念是关于常识的信念,但它们并不是知识问题",那么他就是在说"在我之外一直存在着许多其他人,他们共同持有这些信念,但我和其他人都不知道这些信念是真的"。换言之,他确定地认为这些信念是关于常识的信念,只是通常没有注意到。倘若它们是这样的话,它们一定是真的,因为它们是关于常识的信念这个命题就在逻辑上蕴涵着这样的命题,即在哲学家本人之外的许多人有着人类的身体,生活在地球上,有着各种经验,包括了这种信念等。这就是在形成关于一般人类知识的命题,因而实际上就是在断定许多人类的存在。②

---

① 摩尔:《为常识一辩》,载于摩尔《哲学文集》,第40页。
② 摩尔:《为常识一辩》,载于摩尔《哲学文集》,第43页。

通过批判唯心论和怀疑论,摩尔明确捍卫了普通人所持有的常识观点,即在我们之外存在着一个外部世界,在这个世界上存在着其他人,而这些人也持有与我们相同或相似的、同样可以确定地得知的经验。

摩尔对常识的捍卫以及由此对唯心论和怀疑论的批判,在 20 世纪初的英国哲学中的确产生了很大的影响,特别是在破除黑格尔绝对唯心论的运动中起到了先锋作用。但近年来的研究表明,摩尔对常识哲学的论述以及他的批判存在着比较明显的缺陷。一方面,由于摩尔对现代逻辑的生疏,使得他的论证缺乏严格的逻辑力量;另一方面,他的论述仅仅停留在对常识观点的重述,停留在对我们的日常感觉的认识程度上,这也使得他的思想缺少理论上的深度。[①] 有哲学家指出,摩尔在晚年发表的《论确定性》(1941)一文,虽然旨在捍卫常识的确定性,但在论述关于梦境中的实在问题时却没有能够坚持自己的实在论立场。[②] 还有哲学家认为,摩尔对常识的捍卫和他对外部世界存在的证明听上去更像是一些断言,而不是论证。

> 人们会感到奇怪,为什么一个如此常识性的哲学家会引入感觉材料。人们感到奇怪,特别是因为这些感觉材料的状态构成了人们所认为的无法解决的难题。而且,奥康剃刀以及我们无法在不谈到物质对象的情况下去谈论感觉材料,这些似乎都在建议我们不要去采纳关于知觉的感觉材料理论。[③]

但摩尔的确为我们提供了一种关于知觉的感觉材料理论,却为后来的哲学家所抛弃。

---

① 参见王路《走进分析哲学》,第 165—176 页,生活·读书·新知三联书店,1999。

② 参见鲍德温《摩尔与哲学怀疑论》,载于贝尔和库珀《分析的传统:意义、思想和知识》,第 113—136 页。

③ 普特南:《感觉:从摩尔到奥斯汀》,载于伯茨基(A. Biletzki)和梅塔(A. Matar)《分析哲学的故事:情节与英雄》,第 186 页,伦敦和纽约,劳特利奇出版社,1998。

四 摩尔的分析方法

当然,摩尔对当代分析哲学的主要贡献是他提出的分析方法,他为分析哲学留下的哲学遗产不是他对唯心论和怀疑论的批判,也不是他对常识的强调和对外部世界存在的证明,而是他提出的概念分析的方法。尽管《驳唯心论》和《为常识一辩》等文章以及《伦理学原理》等著作都充分体现了摩尔的分析技巧,但他在这些论著中并没有明确解释他所谓的"分析"概念。直到他在《乔治·摩尔哲学》(1942)中回应批评者的问题时才清楚地表明了自己对分析的看法。

首先,他反对把哲学看做由分析构成的,认为分析不可能是哲学的唯一任务,虽然分析可以是哲学的一个专门的任务。他在答复威斯顿的《摩尔的技巧》一文时写道:"我从来没有说过,或者想过,或者暗示过,分析是哲学的唯一固有任务,虽然我在进行分析的时候可能暗示过分析是哲学的固有任务之一。可是,我所暗示的肯定没有超出这一点。而且,事实上,分析也决不是我曾经试图作出的唯一一项任务。"①

其次,他强调:分析绝不是一个语词表达的问题,它应当属于概念或命题,虽然为了给出分析,我们必须使用语词表达。他写道:

> 当我谈到分析某个事物的时候,我所说的被分析的事物始终是观念或者是概念或者是命题,而不是任何语言表达式。这就是说,如果我谈到分析一个"命题"的时候,我总是在下述意义上使用"命题"这个词,即任何语言的表达式(例如语句)在这种意义上都不可能是"命题"。②

在摩尔的用法中,被分析的对象(analysandum)和分析者(analysans)都一定是概念或命题,而不是纯粹的语词表达式。当然,为了给出分析,就必须使用语词表达式。

---

① 摩尔:《回应我的批评者》,载于希尔普《乔治·摩尔哲学》,第 676 页。
② 同上书,第 661 页。

　　摩尔提出了几种分析方式。一种方式是，当我们说"是一个兄弟"这个概念等同于"是一个男性同胞"的时候，我们就是在对"是一个兄弟"这个概念给出一个分析；如果这个断定是真的，那么就是在给出这个概念的一个正确的分析。同样，我们也可以对这个概念给出另外一个相同的分析，即说"x 是一个兄弟"这个命题函项就等同于"x 是一个男性同胞"这个命题函项。还可以这样给出一种分析，即说一个人是一个兄弟就等于是说这个人是一个男性同胞。在摩尔看来，分析应当是对概念或命题的活动，而不是单纯地针对语词本身，因为概念正是语词的意义，或者说是语词所"代表的"东西，这样他就不把概念看做语词的内容或属性。显然，在摩尔那里，分析并不是针对语言的，而是针对那些由语言所刻画的更为客观的东西。他之所以这样认为，是因为在他看来，纯粹语言的分析只能是一种句法的分析，因此这样的分析并不能达到揭示概念内容的目的。他甚至反对在分析概念或命题时使用"意味着"（mean）这个词，因为他认为使用了这个词就会使人误以为被分析的对象是一个语词表达式。

　　摩尔的"分析"概念具体包含了这样几种含义：（1）对构成某个概念的组成部分的详细说明；（2）对人们在理解某个概念的意义时心灵所得到东西的详细说明，例如某个简单的不可分析的共同特性，或可以分析为组成部分的共同特性；（3）对一个给定概念与其他概念之间的关系和差异的详尽说明。由于摩尔并没有把哲学确定为对语言及其用法的细致考察，因而他严格地区分了知道一个表达式的意义和知道对它的意义的分析，前者是知道这个表达式的语词定义和用法，而后者是知道对由这个表达式所表达的概念的分析。他指出，知道一个表达式的意义和有能力分析这个意义是不同的，因为知道意义就是可以在心灵中构成这个概念，而有能力分析意义则表示能够说出它的组成部分以及如何将其与其他相关的概念区别开来。换言之，我们可以知道一个表达式的意义，但并不一定知道对它所代表的概念的分析。

　　摩尔把分析一个概念看做是对隐藏于心灵深处的东西的考察，理解它的组成部分,观察它们是如何相互联系的以及如何与其他概念相区别的。所以,根据他的分析概念,我们可以在分析一个概念时不去考虑它的语词表达。然而,后来的研究者指出,摩尔在分析"存在"概念时,实际上仍然是在对表达式的用法进行比较和对照,以便发现它们之间的相似和差异。① 同时,摩尔的概念分析方法在第二次世界大战后的英国哲学中也被放弃,主要原因就是:摩尔对这种分析方法的理解,即把包含了复杂内容的命题分析为简单的构成要素,逐渐被另一种分析所取代,即把概念分析看做是对语言表达式用法以及相关意义的描述。② 斯特劳森把这种分析方法称为"关联的分析"。他写道,这种分析要求的是"一种相关成分、概念的复杂网络,一个系统,从哲学的观点看,其中每个成分或概念的作用都只有通过掌握了它与其他成分或概念的关联、它在这个系统中的地位,才能得到恰当的理解——更准确地说,这是一套类似关联系统的图景"③。

五　摩尔思想的贡献及局限性

　　虽然摩尔在世界范围的影响力不及弗雷格、罗素和维特根斯坦,但他在分析哲学形成中的地位却是无可替代的:他对绝对唯心论的反叛直接导致了 19 世纪末的英国哲学走出黑格尔哲学的阴影,引导罗素等人的思想开始转向所谓的新实在论;他提出的分析方法和对常识的强调直接影响了剑桥和牛津的哲学家,使得对日常语言的关注成为英国分析哲学的重要特征。当代西方哲学家对摩尔的工作和思想给予了很高的评价,把他看做是 20 世纪英国哲学最为杰出的先驱者。英国哲学家布劳德在摩尔去世后不久的 1958 年 10 月 25 日的《曼彻斯特卫报》上撰文写道:毫无疑问,历史上没有哪一个哲学家会像摩尔一样具有分析问题、觉

---

① 参见哈克《维特根斯坦在 20 世纪分析哲学中的地位》,第 8 页,牛津,布莱克威尔出版社,1996。
② 参见哈克《20 世纪分析哲学的兴起》,载于格洛克《分析哲学的兴起》,第 60 页。
③ 斯特劳森:《分析与形而上学》,第 19 页,牛津大学出版社,1992。

察和探索谬误与模棱两可以及提出和实施各种可能性的完美能力。他知道自己能力有限,因而把自己的工作限制在那些绝对基本问题的领域,在这些领域,他清晰阐明并完全改变了他所处理的每个问题。奥斯汀把摩尔视为自己的同路人,赖尔则把摩尔比做苏格拉底,认为他善于提出问题,却很少对这些问题给出令人满意的回答。[1] 当代哲学家更是把摩尔与斯特劳森相提并论,认为摩尔对我们关于宇宙所知道的最重要事物的描述与斯特劳森对我们所能理解的概念图式中基本殊相(basic particulars)的描述之间有着惊人的相似。[2]

的确,摩尔对常识的直率捍卫、他对外部世界的证明以及对感觉材料的承认,都受到了来自不同方面哲学家的批评。最新资料表明,经过近一个世纪的发展,摩尔在这些问题上的具体论述都不同程度地遭到批评和抛弃。[3]

首先,摩尔对常识的捍卫直接针对的是怀疑论思想。批评者认为,摩尔仅仅是断定了常识的观点是真的,但并没有给予论证,他从未解释过他是如何知道诸如"地球在过去许多年前就已经存在了"这样的命题。摩尔断言,我们并不是直接知道这个命题,而只是根据对这个命题的其他证据,但我们似乎没有理由去怀疑我们知道这个命题,虽然我们可能并不知道我们是怎样知道它的,就是说,我们并不知道推论它的证据是什么。然而,这里显然涉及对"知道"这个词的意义的理解问题。根据摩尔的推理,说一个人 A 知道 p,就在逻辑上蕴涵 p 为真,也就是说,A 对 p 不会出错,因而 A 就有恰当的理由相信 p。但是,如果 A 知道 p 不是直接的而是根据其他证据推论得到的,那么在这些证据与 p 之间显然就存在一个鸿沟,这样,A 断定 p 为真就总有可能出错,而且 A 也就无法确定地知道 p。同样,如果我们无法确定地知道推论 p 的证据是什么,那么断

---

① 参见斯特罗《20 世纪分析哲学》,第 87—88 页,哥伦比亚大学出版社,2000。
② 参见哈克《20 世纪分析哲学的兴起》,载于格洛克《分析哲学的兴起》,第 61 页注⑭。
③ 参见斯特罗《20 世纪分析哲学》,第 109—112 页,哥伦比亚大学出版社,2000。以下对摩尔观点的批评主要根据斯特罗的论述。

定 A 知道 p 也就没有证据支持了。在怀疑论的批评者看来,摩尔的断定并不是推论的结果,更像是一个独断论的主张,因为独断论是不需要推论的,但同样也并不包含真理。维特根斯坦在其晚期著作《论确定性》中就指出了摩尔说法的独断论性质:"摩尔的错误就在于,通过说'我知道它'来断定人们并不知道的东西。"①维特根斯坦认为,摩尔无法回答"我们如何知道"这个怀疑论问题,因而他对常识的捍卫没有任何力量。因为声称自己知道并不意味着真正知道,而要断定自己知道,就必须表明自己是如何知道的。反之,如果无法解释如何知道,那么这种断定就无法被看做是真正的知识。所以,摩尔对常识的捍卫和对怀疑论的反驳都是无效的。

其次,摩尔对外部世界的证明采取了最为直观的方式,即他举起两只手说:这是一只手,这是另一只手,所以存在两个物质对象。然而,即使是对唯心论者来说,他们也不会否认这一点。但他们否认这两个物质对象是独立于心灵而存在的,认为摩尔所说的"手"并不是物质对象,而只是可能的和现实的感觉材料的聚合。由于所有的感觉材料都是观念,而所有的观念都是精神实体,所以即使是"手",也并不是独立于心灵存在的物质对象。由此,摩尔断定手的存在并不能断定外部世界的存在。摩尔用这个例子来反驳唯心论,说明他并没有真正理解唯心论的意图,他与唯心论之间的分歧并不是一个经验的问题,唯心论的主张并不能用经验的方法加以驳斥。相反,唯心论的关键是关于世界的基本构成的问题,即世界的构成究竟是物质的还是精神的。可见,摩尔对唯心论的反驳是不得要领的。

再次,摩尔明确地把感觉材料看做是物质对象本身,并认为我们所能认识的对象只能是这些感觉材料。他把物质对象等同于感觉材料,认为感觉材料就是物质对象表面提供给我们的东西,但他并没有区分我们对物质对象的表面所得到的感觉材料和这些物质对象本身。令人奇怪

---

① 维特根斯坦:《论确定性》,第 521 节,牛津,布莱克威尔出版社,1969—1975。

的是,在西方哲学史上,从来没有人把物质对象与它们的外表区分开来,而摩尔的做法实际上是混淆了物质对象的外表与我们对它们所得到的感觉材料。唯心论的核心就是把感觉材料看做是精神的产物,否认存在独立于心灵存在的物质对象本身。如果可以把物质对象(无论是这个对象的整体还是它的外表)看做是感觉材料(无论我们是如何得到这些材料的),那么就不可避免地落入了唯心论的巢穴。摩尔的错误在于,他没有认识到我们对物质对象得到的感觉材料都是我们从不同的观点或视角得到的关于对象的表象,而这些不同的表象的存在并不能证明我们是在知觉不同的视觉实体。事实上,在感觉材料的情形中,并不存在超越于物质对象的实体,因而也就不存在与已经认识到的物质对象密切相关的特殊实体。

最后,摩尔的整个哲学方法也遭到维特根斯坦的批判。摩尔认为,他的哲学不是要揭示常识对他本人的确实性,而是对整个人类的确实性。所以,他的哲学方法是为了解释概念内容对所有概念使用者的意义。但维特根斯坦则认为,摩尔的做法实际上并没有达到他的目的,相反,如果他能够明确地表明这些说法的个人立场,或许能够得到更多人的理解和接受。维特根斯坦在《论确定性》中写道:"摩尔能够不说'我知道……'而说'在我看来确定的是……',而且是'在我和许多其他人看来确定的是……'吗?"①维特根斯坦认为摩尔对常识的捍卫,其对错各半:正确的地方在于,摩尔肯定了存在着知识和确定性的东西,他的任务就是要去为这些东西作出辩护;但错误的地方则是,摩尔混淆了知识和确定性这两个东西,他以为他给出的关于常识的那些命题就是可以被说成是得知的东西,但这是错误地描述了日常生活中所使用的知识和确定性的概念。根据通常的用法,只要是提出了知识陈述,就需要对这些陈述进行辩明或证明,但摩尔给出的那些命题都无需辩明,因为它们都是确定无疑的,不可能有错。在维特根斯坦看来,我们的

---

① 维特根斯坦:《论确定性》,第116节,牛津,布莱克威尔出版社,1969—1975。

某些命题是属于我们的推论背景的,一旦我们放弃了它们,我们也就无法判断任何东西。但我们不能用这样的命题来证明我们对其他知识陈述的肯定,或者说,我们既不能用它们来证明什么,也无法对它们给出进一步的证明。所以,根据维特根斯坦的观点,确定无疑的东西完全是在辩明、真理、举证或知识之外的。摩尔的错误就是把它们完全混淆起来了。

第四节 维特根斯坦的前期哲学

在 20 世纪西方分析哲学的历史上,维特根斯坦始终是一个有争议的人物。围绕他的争议不仅是关于他的个性特征,更主要的是关于他的哲学与分析哲学之间扑朔迷离的关系:一方面,他被看做是分析哲学的主要创始人之一,他一生中提出的两种哲学对分析哲学在 20 世纪初的形成和在世纪中叶的发展都产生了极其深刻的影响;而且,他既是实现当代哲学中"语言的转向"的第一人,也是完成这种"转向"的终结者。另一方面,他与欧洲大陆哲学在哲学气质和思想风格上的相近,又使得他的思想被看做是沟通英美哲学与欧洲大陆哲学的桥梁。①

一 维特根斯坦的生平与哲学的不同时期

路德维希·维特根斯坦(Ludwig Wittgenstein)的一生富于传奇色彩。他 1889 年生于奥地利的维也纳,父亲是奥地利的钢铁巨头,母亲是一位极富音乐天赋的虔诚的天主教徒。他 14 岁前在家中接受教育,随后在柏林学习机械制造,1908 年去英国曼彻斯特学习航空工程,1912 年到剑桥拜罗素为师,学习哲学和数理逻辑。1914 年参加第一次世界大

---

① 有关维特根斯坦思想与欧洲大陆哲学的关系,请参见图尔敏(S. Toulmin)和詹尼克(A. Janik)《维特根斯坦的维也纳》,纽约,1974;吉尔(N. Gier)《维特根斯坦与现象学》,奥尔巴尼,1981;斯泰尔《维特根斯坦和德里达》,牛津,1985;加佛(N. Garver)和李(S. C. Lee)《德里达和维特根斯坦》,费城,坦普尔大学出版社,1994;江怡《维特根斯坦:一种后哲学的文化》,社会科学文献出版社,1996 年第 1 版,1998 年第 2 版,2002 年第 3 版。

战,完成《逻辑哲学论》。战后到奥地利南部乡村小学任教,还在维也纳附近的修道院做过短时间的园丁。1929 年春,维特根斯坦重返剑桥,次年任三一学院研究员,1939 年接替摩尔任哲学教授,同年获得英国国籍。第二次世界大战期间,他曾在一家医院的实验室任实验员。1946 年起继续在剑桥授课,次年提前辞去教授职务。1948 年起开始隐居和漂流生活,其间曾去美国短期访问,1951 年病逝于英国牛津。在当代西方哲学家中,维特根斯坦属于反传统型的哲学家。他自称不属于这个时代的思想和文化主流,无论是在思想观念还是在生活方式上都处处表现出他与现代社会的格格不入。他没有系统读过哲学史,对以往的大多数哲学家都表现出不屑一顾的态度,但他从圣奥古斯丁(Angustine of Hippo, St.)、叔本华、克尔凯郭尔、陀思妥耶夫斯基、托尔斯泰、帕斯卡等人那里得到了主要的思想来源。维特根斯坦性格怪异,生性多疑,这在一定程度上直接影响了后人对他思想的理解和阐释。[①]

维特根斯坦的思想发展明显地分为前后两个时期。20 世纪的前 20 年是他的前期阶段,代表作是《逻辑哲学论》(*Tractatus Logico - Philosophicas*,1921);30 年代之后他的思想发生重大转变,著作以《哲学研究》(*Philosophical Investigations*,1953)为代表。但在他 1929 年重返剑桥直到 1936 年开始撰写《哲学研究》的这段时间,通常被看做是他思想转变的过渡时期,也被称做他思想的"中期阶段"。其间完成了《哲学评论》(*Philosophical Remarks*)、《哲学语法》(*Philosophical Grammar*)、《关于数学基础的评论》(*Remarks on the Foundations of Mathematics*)、《论确定性》(*On Certainty*)等著作,并有《蓝色与棕色笔记》(*The Blue and Brown Books*)在学生们中传播。除了《逻辑哲学论》

---

① 有关维特根斯坦的生平传记浩如烟海,最具代表性的有:麦吉尼斯(B. McGuinness)《维特根斯坦生平:年轻的路德维希(1889—1921)》,加州大学出版社,1988;皮尔斯《路德维希·维特根斯坦》,哈佛大学出版社,1986;巴特利(W. W. Bartley)《维特根斯坦》,费城和纽约,利品考特,1973;富格林《维特根斯坦》,伦敦,劳特利奇出版社,1976;蒙克《维特根斯坦:天才的职责》,纽约,自由出版社,1990;江怡《维特根斯坦传》,河北人民出版社,1997。

是在他生前发表的之外,其他的著作都是在他去世后被编辑出版的。[①]

维特根斯坦的前期逻辑思想主要来源于弗雷格和罗素,强调以逻辑构造世界,用逻辑分析的方法澄清命题的意义;他的后期思想则部分地受到摩尔、莱姆塞(F. Ramsey)以及 19 世纪的德国语言学家毛特纳等人的影响,注重正确使用日常语言,强调语言的不同用法和语言的约定性质。这两种哲学都对分析哲学产生了深刻的影响。《逻辑哲学论》的基本思想被维也纳学派所接受,经过石里克、卡尔纳普等人的工作,最终形成了强大的逻辑经验主义运动。《哲学研究》中表达的主要思想在以牛津哲学为代表的日常语言学派那里得到了强烈共鸣,并使整个分析哲学在 20 世纪 50 年代之后进入了一个新的阶段。我们这里首先介绍他的前期思想,主要集中于他的逻辑原子主义、图像论、真值函项理论以及关于不可说的思想等内容。关于他的中后期思想,我们将在本卷下篇中详细分析。

二　逻辑原子主义

"逻辑原子主义"这个名称是由于罗素的大力宣扬而为世人所知的。人们通常把这种理论看做是由维特根斯坦和罗素共同创建的。但我们在前面对罗素思想的分析中已经看到,罗素的逻辑原子主义基本上来自维特根斯坦,从罗素所阐述的逻辑原子主义中,我们也可以看出维特根斯坦思想的明显痕迹。那么,维特根斯坦的逻辑原子主义究竟包含哪些内容呢?

首先,他认为世界中所发生的一切就是原子事实的存在。这种原子事实不是物理原子,而是逻辑原子,是我们的思维用于描述简单对象的逻辑原子。这种逻辑原子的意义在于,简单对象构成原子事实具有逻辑

[①] 有关维特根斯坦著作的收集和出版情况,请参见赖特《维特根斯坦文稿》一文,载于涂纪亮主编《维特根斯坦全集》第 12 卷,河北教育出版社,2003(以下所引此书均为此版本)。该全集是至今世界范围内收录维特根斯坦著作最为完整的文集。

上的必然性。他写道：

> 对于能够单独存在的事物来说，如果后来出现了与它相应的情况，那么可以说这是偶然的。但如果事物出现在原子事实中，那么这种可能性就应该是早已包含在这个事物本身之中了。（某种逻辑的东西不能仅仅是可能的东西。逻辑处理每种可能性，而一切可能性都是逻辑的事实。）①

其次，任何事物都必须存在于原子事实的空间中，没有游离于空间之外的对象，而只可能有没有对象的空间。由于世界是由事实而不是事物构成的，因而构成世界的原子事实就是事物在一定的时空中的一系列运动轨迹。同时，简单对象在原子事实中的存在也因此而成为逻辑上必然的，就是说，简单对象一定是在原子事实中占有空间的点，正如视野中的点一定是有颜色的，尽管它不一定是红色或其他什么具体颜色；正如音调一定是有高度的，我们所感触的对象一定是有某种硬度的一样。这样，简单对象就包含了一切情况的可能性。所以，"简单对象在原子事实中发生的可能性就是它的形式"②。

再次，简单对象与原子事实的关系就是内容与形式的关系。简单对象构成了世界的实体，它们是不可再分的，也不可能是由其他东西构成的；同时，简单对象在原子事实中的存在，形成了原子事实的结构。这样，简单对象就是原子事实的内容，而原子事实又成为简单对象的存在形式。"只要存在对象，就存在世界的固定形式"③。"对象的形式构成了原子事实"④。因而，原子事实成为简单对象存在的形式，而所有存在着的原子事实的总和就是世界。正是由于这种形式，逻辑上可能的世界才能与现实中真实的世界加以对比。

---

① 维特根斯坦：《逻辑哲学论》，2.0121，伦敦，劳特利奇与基根·保罗公司，1974。
② 同上书，2.0141。
③ 同上书，2.026。
④ 同上书，2.0272。

最后,原子事实在逻辑中成为图像,它描述着原子事实的存在或不存在。图像是对简单对象的摹本,它描述着简单对象在逻辑空间中的结构和运动。图像与它所描述的对象之间的关系是它们共同具有的逻辑形式。"在图像和被描述的东西之中,必须有某种共同的东西,使得前者通常能够成为后者的图像"[1],"图像能够按照自己的(正确或错误的)方式去描述现实,所以它必须与现实具有共同的东西,这就是它的描述形式"[2]。这一思想就是维特根斯坦图像论的开端。

应当说,逻辑原子主义的思想是贯穿《逻辑哲学论》始终的。该书开篇第一句话,也就是全书的第一个主命题:"世界就是所发生的一切。"[3]这句话就改变了对世界的传统看法。按照传统的观点,世界应该是由物质实体组成:无论是我们所感知的经验世界,还是客观存在的物理世界,它们都是物的集合。但维特根斯坦明确指出,世界应该是由事实组成的,因为发生在这个世界中的一切只能是事实,而不是(事)物。所以,他在紧随第一主题的解释中写道:"世界是事实的总和,而不是物的总和。"[4]"世界是由事实以及这些就是一切事实这个情况所决定的。"[5]那么,事实与事物之间究竟有什么不同呢? 在这里,事实就是事态的复杂形式,或者说,事态是构成事实的基本单位,维特根斯坦把它称为"原子事实"。例如,一块石头是一个事物;如果有人把它捡起来扔过去,石头在一定的时间内穿过了一定的空间,这就是一个事实,该事实是由这个石头在不同的时间和空间里的一系列状态组成的一个有始有终的事件。可见,事实与事物的区分,重要的在于事物在时空中的状态,正是这些状态构成了各种不同的事实。原子事实就是各种简单事物在不同时间和空间中的不同状态,或者说是这些状态的总和。用上面这个例子来说,

---

① 维特根斯坦:《逻辑哲学论》,2.161,伦敦,劳特利奇与基根·保罗公司,1974。
② 同上书,2.17。
③ 同上书,1。
④ 同上书,1.1。
⑤ 同上书,1.11。

某人扔一块石头，这个事实是由这块石头在时空中的运动构成的，用物理术语来说，我们可以把这个事实表示为这块石头在时空中的运动轨迹，而这些运动轨迹的每一点都表示了这块石头的一种状态。所以，我们看到的世界不是静止孤立的单个事物，而是每个事物都处于不断地运动变化的状态之中。由此可见，构成世界的基本单位就不可能是静止孤立的单个事物，而只能是处于不断变化中的事物的状态。

维特根斯坦特别强调，他所谓的世界不仅包括了现实世界，更为重要的是指在逻辑上可能的一切世界。因为对事物在发展变化过程中每一状态的具体研究，是自然科学的工作，逻辑学研究的是原子事实是如何构成更为复杂的事实以及如何构成世界的。这不但表明了逻辑学与自然科学之间的明确区分，而且指出了以逻辑学为根据的哲学研究对世界所应采取的正确态度："在逻辑空间中的事实就是世界"[1]；"逻辑中没有偶然的东西；如果某个事物在原子事实中发生了，那么在这个事物中就已经预设了这种原子事实的可能性"[2]。

传统观点认为，哲学世界观应该是以自然科学的研究方法和最新成果为依据的，因而哲学研究也应与自然科学一样，着重研究自然界以及人类社会发展变化的具体规律。但实际上，从古希腊以来，哲学研究就一直采用着与自然科学截然不同的逻辑方法，它用这种方法探究的不是事物发生、发展的具体过程，而是思维与表达的一般规则和结构。只有了解了哲学研究与自然科学之间的这种明显差异，我们才能真正根据逻辑学的要求从事哲学的研究。对原子事实的认识正是从看清这种差异开始的。从自然科学的角度看，世界上的事物都是可分的，我们不仅可以细分到原子和基本粒子，而且可以一直分下去；但从逻辑的观点看，任何分析都是有终点的，我们不可能无限地分析下去，否则思维就没有了根基。正是由此出发，维特根斯坦为他的世界观设定了一个最后的不可

---

① 维特根斯坦：《逻辑哲学论》，1.13，伦敦，劳特利奇与基根·保罗公司，1974。
② 同上书，2.012。

分析的根基，这就是他所谓的"简单对象"（simple object）。这种简单对象既不是物理学中的原子，也不是心理学中的最初感知，而是逻辑学中的简单构成物。所以，当维特根斯坦说"原子事实就是各种简单对象的组合"[①]时，我们既不能把原子事实理解为物理世界中的基本粒子活动，也不能把它理解为心理世界中的感觉活动，因为他在这里是指逻辑中的原子事实的构成方式，或者说，这里的原子事实是指他心目中的逻辑原子，而不是物理学家心目中的物理原子。

从以上的简单介绍中我们不难看出，维特根斯坦的逻辑原子主义思想充分反映了他早期的研究兴趣和所受到的主要影响，即强调逻辑的观点和思维与世界的摹写关系。他的这一思想表现出明显的独创性，与罗素后来提出的逻辑原子主义有着很大的差异。罗素在他的《逻辑原子主义哲学》中指出，他所谓的逻辑原子不仅包括了诸如颜色、斑点、声音和某些转瞬即逝之物等"殊相"，而且包括了谓词和关系。而这是维特根斯坦所不承认的，因为我们从前面已经看到，维特根斯坦所谓的逻辑原子是原子事实，它们是简单对象的存在方式，而不是简单对象或（用罗素的术语）"殊相"本身。另外，罗素把事实理解为使一个命题为真或为假的东西，这与维特根斯坦的思想也是大相径庭的。在维特根斯坦看来，事实（无论是原子事实还是分子事实）并不是仅指现实世界中发生的一切，而是指逻辑中可能世界中的一切，现实世界只是可能世界的一部分，甚至是很小的一部分。因此，事实的要点在于：它是简单对象的逻辑结构，是把对象用逻辑的方式联结起来的形式。这显然与罗素对事实的看法截然不同：罗素强调事实的经验特性，即能够使命题为真为假的经验内容。

维特根斯坦与罗素在逻辑原子主义哲学上的分歧，更重要的还表现在维特根斯坦对世界与命题之间关系的图像论上。这也是他前期思想的主要内容，被视为代表他前期哲学的重要观点。

[①] 维特根斯坦：《逻辑哲学论》，2.01，伦敦，劳特利奇与基根·保罗公司，1974。

三　图像论

把原子事实解释为图像是维特根斯坦这一思想逻辑推理的必然结果，也是他逻辑原子主义思想的重要基石。如今人们通常把维特根斯坦的前期哲学称为图像论。这种概括虽然无法全面地反映他的整个前期哲学，但至少指出了他最具有独创性的方面。下面结合《逻辑哲学论》，详细分析维特根斯坦在这部著作中提出的这一思想。

首先，维特根斯坦在讨论世界的构成时表明，事实的存在并不是在现实世界中，而是在逻辑上的可能世界中。这就存在一个问题：这种可能世界与现实世界的关系究竟如何呢？我们又是怎样通过逻辑上的可能世界达到对现实世界的认识的呢？要解决这个问题，就必须承认逻辑上的可能世界与现实世界之间必定存在某种东西，使得两者能够达到一致。但这种东西不可能是现实世界中已经存在的东西，否则仍然无法使现实的东西进入逻辑。因而，这种东西就只能是我们思想的创造物。所以，维特根斯坦说："我们为自己创造事实的图像。"[1]"每一种图像，无论具有何种形式，如果要一般地（正确或错误地）描述现实，就必须与现实具有某种共同的东西，这就是逻辑形式，也就是现实的形式。"[2]可见，无论是逻辑的东西还是现实的东西，它们共同具有的形式只能是逻辑形式，因为现实的东西恰恰是由这种逻辑的形式描述的。如果描述的就是逻辑的东西，那么所描述的图像当然就是逻辑图像；如果描述的是现实的东西，那么所描述的图像同样是逻辑图像，因为图像与它所描述的东西之间共同具有的就是描述的逻辑形式。这就是说，每一种图像都是，或者说都只能是逻辑图像，因为这种图像不是把实物摆在我们的面前，而是像地图那样以概念或图表的形式标明它们所描述的对象。因而，任何一种图像都只能是逻辑的图像。

---

① 维特根斯坦：《逻辑哲学论》，2.1，伦敦，劳特利奇与基根·保罗公司，1974。
② 同上书，2.18。

由此可以看出,维特根斯坦所提出的图像论并不是什么认识论上的唯心论主张,而是一种以逻辑形式构造世界的逻辑理论,或者说是一种不同于传统亚里士多德逻辑理论的新的逻辑体系。因为根据亚里士多德理论,逻辑形式是为对象内容服务的;逻辑命题能够表达现实,是因为现实中存在着与逻辑命题具有相同结构的东西。相反,维特根斯坦不是从现实中寻找逻辑命题与现实的一致性,而是认为,现实是由于我们的逻辑形式而为我们所认识的。在这里,逻辑形式不仅是原子事实的存在方式,而且构成了逻辑图像的本质;而图像本身是无意义的,它们可以描述原子事实的存在或不存在,也可以反映原子命题的真与假。维特根斯坦由此认为,图像与现实的符合或不符合,就反映了它们的正确或错误、真与假:"图像的真与假在于它的意义是否与现实一致。要知道图像的真假,我们就必须把它与现实相对照。仅从图像本身是不能知道它的真假的。"①

其次,既然现实中的东西是由图像描述出来的,那么图像的各个组成部分就必定与现实中的对象或事实的组成部分具有相同或相似的结构。维特根斯坦指出,图像是在逻辑空间中描述世界上所发生的一切,也就是原子事实的存在或不存在。在这种意义上,图像就是现实的模型,图像中的组成要素代表了现实中的对象;逻辑中的图像就是现实中的事实,而真正的逻辑图像也就是所谓的原子事实;图像的组成要素是以一定的方式结合起来的,这恰好表明现实中的对象也是这样相互结合的;图像要素的这种结合方式就是图像的逻辑结构,而这种结构的可能性就是这种图像的描述形式。维特根斯坦把图像与现实的这种关系比做比例尺关系,图像就是用缩小的比例尺描述现实的对象和事实,而只有当考虑比例尺的值时,我们才会涉及所度量的对象。所以,他写道:"描述关系存在于图像的要素与对象的对应之中。这些对应关系实际上

---

① 维特根斯坦:《逻辑哲学论》,2.222;2.223;2.224,伦敦,劳特利奇与基根·保罗公司,1974。

是图像联系现实的触角。"①

维特根斯坦关于图像与现实之间存在对应关系的观点,通常被认为他承认了图像的组成要素与对象或事实的组成要素之间存在完全的一一对应关系。这其实是对维特根斯坦思想的一种误解。因为,(1)维特根斯坦明确表示,他所说的对应只是一种逻辑上而不是物理上的关系,因而对应或符合就只能是逻辑结构上的一致,而不可能是完全的一一对应,否则逻辑图像就变成了对现实的精确复制,也就失去了逻辑图像的真正意义;(2)逻辑图像概念本身就意味着它必定抛弃了现实中一切具有感性认知特征的要素,而只是用最简单的方式描述了事实的逻辑形式。例如,根据这种图像论,任何逻辑图像都只是一张结构图,而用于表现和完善这张结构图的其他感性材料,如颜色、光线、形状、工具等等就变成不重要的和偶然的了。在维特根斯坦看来,图像就是一些符号按照一定的比例排列起来,去描述现实事实的逻辑形式。所以,他断定,每一种图像都是逻辑图像,逻辑形式是逻辑图像的本质特征。

再次,作为逻辑图像本质的逻辑形式并不是空洞无物的,相反,它表达了事实的逻辑结构,也就是简单对象在事实中的联结关系。维特根斯坦认为,这种逻辑结构或联结关系就是"思想"。当我们说原子事实是可以思考的时候,就是说我们可以创造它的图像。这样,世界的图像其实就是真实思想的总和,因为思想总是包含着它所思考的那些情况的可能性。所以一切在逻辑上可能的东西,也都是可思考的。换句话说,我们不能思考非逻辑的东西,否则我们就是在非逻辑地思考。由此看来,作为逻辑图像的思想必须是可以在逻辑上加以思考的,或者说,是必须在逻辑中加以表达的。维特根斯坦认为,在逻辑中表达的思想就是命题。这样,维特根斯坦就从抽象地谈论逻辑图像,进入了思想的表达领域,即命题与语言。

最后,维特根斯坦提出,命题是事实或事态的逻辑图像。我们只有

---

① 维特根斯坦:《逻辑哲学论》,2.1514;2.1515,伦敦,劳特利奇与基根·保罗公司,1974。

在命题中才能感知到思想,同样,思想也只有在命题中才能得到表达。我们正是通过命题的可感知记号即声音或文字,才得知世界中发生的事实,而命题是用类似图像的投影方式表达了事实。维特根斯坦把用于表现思想的记号称为"命题记号",这一记号标明了命题对世界的投影关系,命题由于这种关系才具有了意义。所以,命题的意义就是它与世界之间的投影关系。维特根斯坦进一步指出,命题反映的是事实的逻辑结构,它以词的联结方式反映了事实中事物之间的联结方式。在这种意义上,命题记号本身就是一种事实。他说:"命题记号的本质在于:它的成分即词在命题中是以一定的方式结合起来的。命题记号是一种事实。"①

这表明,命题作为一种逻辑图像,它与事实的关系是投影与被投影的关系,即词在命题中的联结方式对应着对象在事实中的联结方式。维特根斯坦用了一个例子来说明这一点:"当我们把命题记号想象为是由空间对象(诸如桌子、椅子、书本等)而不是由文字符号构成的时候,它的本质就变得非常清楚了。因而,这些东西在空间中的相互地位,就表现着命题的意义。"②正是由于命题与事实具有相互对应的组成结构以及相似的组成部分,所以命题才能作为逻辑图像投影着事实。

命题是事实或事态的逻辑图像这一思想,是维特根斯坦图像论的核心内容。从以上的介绍中我们已经看出,图像作为事实的摹本,它表达的是思想,是事实中事物之间联结关系的逻辑投影,或者说是对应事实结构的一种逻辑结构。在这种意义上,图像本身就是思想,而思想就呈现为图像。但思想不是抽象的,而是可以表达的,命题正是对思想的表达,或者严格地说,命题就是思想。这样,我们就从图像与世界的关系,达到了命题与世界的关系,因为在这里,命题就是图像,是思想的逻辑图像。因而,维特根斯坦图像论的主旨在于把命题看做是关于事实的逻辑图像,通过分析命题这种逻辑图像,最终揭示世界的逻辑结构。在这种

---

① 维特根斯坦:《逻辑哲学论》,3.14,伦敦,劳特利奇与基根·保罗公司,1974。
② 同上书,3.1431。

图像论中,对命题的作用和意义的阐述自然就占有重要的地位。

四　真值函项理论

在维特根斯坦看来,由于命题是对应事实的图像,因而它必然在结构上与事实有着相同的对应关系:事实既然存在原子事实和由原子事实构成的更为复杂的事实之分,命题也就有原子命题和更为复杂的命题的区分。原子命题对应着原子事实,而由原子事实构成的更为复杂的事实则是由分子命题表达的。维特根斯坦并未承认分子事实的存在,因为每一个事实都是由一系列原子事实构成的,我们无法明确地判定究竟什么是或不是分子事实。但有一点是确定的,这就是说,对应原子事实的应该是最基本的或最小的命题。维特根斯坦把命题的这种最小单位称为"基本命题"(elementary proposition),而罗素则称之为"原子命题"。

维特根斯坦认为,基本命题的特征是没有其他任何基本命题可能会与之相矛盾,就是说基本命题在所有的命题中总是独一无二的,因为它描述的正是独一无二的原子事实。基本命题的句法结构是,它是由名称构成的,是名称的联结方式。维特根斯坦把这种句法结构称为"名称的函项"。他用个别的字母"x""y""z"这种简单的符号来表示名称,而把基本命题写做"fx"或"ψ(x, y)",在这里,"f"和"ψ"是表示关系的函数。可见,要理解基本命题的句法结构,首先就要弄清作为基本命题组成部分的名称的意义。

维特根斯坦接受了弗雷格的语境原则,即认为名称只有在命题中才有意义。他明确指出:"只有命题才有意义;而名称只有在命题的前后关系中才有意义。"[1]他把构成命题意义的每一个组成部分称为"符号"(ausdruck),并认为这些符号预先假定了它们可能在其中出现的一切命题的形式。在维特根斯坦看来,这些符号不仅包含了名称,还包含了构成命题意义的其他组成部分,如命题中的变项。严格地说,命题是由命

---

[1] 维特根斯坦:《逻辑哲学论》,3.3,伦敦,劳特利奇与基根·保罗公司,1974。

题变项表示的,而确定变项值的过程就是在逻辑上描述命题的过程。因而,这个过程只是在处理符号本身,并不涉及它们的意义。"对于确定值来说,只有这一点才是重要的:它仅仅是关于符号的描述,而不是对所标记的东西有所陈述。"①

但在这里,维特根斯坦明确区分了名称和一般的符号:名称是作为一种简单符号,它在命题中的意义就是它代表的对象,"名称表示对象。对象就是它的意义"②。不过,我们在命题中只能命名对象,我们用名称作为对象的记号。我们在命题中只能谈论对象,而不能对它们有所推论。这就是说,在一个包含名称的基本命题中,我们只能用这个命题说一个对象如何,但不能说这个对象是什么。这样,名称在命题中就是一种最原始的记号,我们对名称不能作任何进一步的分析。然而,维特根斯坦所谓的"一般的符号"则与名称不同。尽管名称也是一种符号,但它是代表对象的最简单的符号在命题中起作用的;而一般的符号则不代表任何对象或事实,因为作为符号,它们在命题中的意义或作用是由它们在命题中的联结方式决定的,而它们本身只是构成命题的逻辑要素,用维特根斯坦的话说,它们只是命题中的变项。这些命题变项的意义取决于它们在命题中的作用和地位,而不是取决于它们与对象或事实的关系。

根据这种看法,维特根斯坦同意弗雷格和罗素把命题看做是其中所包含的符号的函项,但同时他又指出,罗素悖论的出现正是混淆了作为简单记号的名称与作为一般符号的变项之间的区别。所谓"罗素悖论",是指任何一个命题都不能谈论关于其自身的任何东西,任何一个类都无法包含自身。维特根斯坦认为,罗素的错误在于:他在谈论一般符号规则时涉及了简单符号的意义,而事实上这两者是截然不同的,因为"在逻辑句法中,名称记号的意义不应该起任何作用;逻辑句法应该丝毫不用

---

① 维特根斯坦:《逻辑哲学论》,3.317,伦敦,劳特利奇与基根·保罗公司,1974。
② 同上书,3.203。

提及名称记号的意义而能够建立起来；它应该被看做仅仅是对符号的描述"[1]。维特根斯坦认为，他可以用区分外部函项和内部函项的方法解决罗素悖论。具体步骤是：我们假定函项 F(fx) 可以成为自己的主目，于是就有了这样一个命题 F(F(fx))，而其中外部的函项 F 和内部的函项 F 必须具有不同的意义，因为内部函项的形式是 φ(fx)，外部函项的形式是 ψ(φ(fx))。这两个函项共同具有的仅仅是字母 F，而这个字母本身并不标志任何东西。这样，我们就可以用另一个命题形式来替换 F(F(u))，即 $(\sum \varphi): F(\varphi u) \cdot \varphi u = Fu$。由此，我们就可以清晰地看出外部函项与内部函项的区别，因而罗素悖论也就消失了。

　　简单地说，维特根斯坦的做法就是要区分作为名称的符号和作为命题函项的符号，因为名称的意义是对象，它与事实中的简单对象处于一种逻辑对应关系。他说："简单对象在原子事实中的组合，对应于简单符号在命题符号中的组合。"[2]但作为命题函项的符号则不同，因为这种符号的意义完全是由它们在命题中的逻辑关系所决定的。在这里，人们常常误解维特根斯坦对名称意义的规定。由于他明确表示名称的意义是简单对象，因而人们就把这种规定看做是传统式的指称论或符合论。但事实上，维特根斯坦强调的并不是名称的这种意义，而是根据图像论，把名称理解为简单符号，它的意义与其他符号一样，也是由它在命题中的逻辑关系所决定的。在维特根斯坦看来，把他所说的名称意义简单地理解为如同指称当下对象一样的与简单对象的指称关系，这恰恰是传统哲学中许多混乱产生的根源。他指出，要清除这种根源，重要的就是要认识到命题中使用的名称或其他符号与我们在日常语言中使用的词有着完全不同的用法，因而我们决不能以日常语言的使用方式去理解命题中使用的名称或其他符号。在这里，所谓的命题当然是指逻辑命题。我们在前面已经看到，世界正是由逻辑命题描述的，或者说，逻辑命题正是关

---

[1] 维特根斯坦：《逻辑哲学论》，3.33，伦敦，劳特利奇与基根·保罗公司，1974。
[2] 同上书，3.21。

于世界的逻辑图像。

既然是一些逻辑命题、一种逻辑图像,它们必然具有与物质世界不同的逻辑特征。这些特征包括命题中各个组成部分之间的逻辑关系、命题函项在命题中的作用以及能够使命题符合逻辑句法,或使命题按照其内在的逻辑形式建立起来的逻辑规则。其中,对命题最为重要的是命题函项,因为只有函项符号才真正体现出逻辑命题的本质特征。在某种意义上,我们可以说,每一种逻辑体系实际上就是关于命题函项的体系。

函项是指两个变量之间的关系。在数学中,函项是指某一个变量的值由于另一个变量的值的变化而变化,如在一个数学等式 $y＝f(x)$ 中,y 就是 x 的函项,其中,x 是自变量,y 的值是根据 x 的值而变化的。弗雷格和罗素首先把数学中的这种函项关系引入逻辑,因而创立了以命题演算为基础的数理逻辑。在数理逻辑中,命题不是用于简单地描述对象如何,而是用于表达命题中所包含的函项之间的关系。所以,在弗雷格和罗素等人看来,所有的逻辑命题都应被看做是表达这种函项关系的表达式。维特根斯坦接受了他们的这一重要思想,同时更进一步地把命题的这种函项关系用于解释日常语言的命题。根据维特根斯坦的分析,(1) 由于所有的命题都是关于事实的图像,是对事实中各种对象之间关系的描述,因而所有的命题也都应被看做是表达了对象间的函项关系。(2) 既然所有的命题都是表达了函项关系,那么必定存在作为自变量的命题,其他命题的值都是由这些命题的值确定的。这些命题就是所谓的"基本命题"。(3) 由于所有的命题都是由基本命题构成的,所以,所有的命题也就是基本命题的真值函项。

真值函项是指命题的真值取决于命题中所包含的各个函项的真值。例如,单个命题 P 的真值函项可以是一个命题,这个命题的真值是由 P 的真值决定的,因而我们说,P 为真或为假都是 P 的真值函项;同样,对于包含两个命题 P 和 Q 的复合命题来说,它的真值分别是由 P 或(和)Q 的真值决定的,因而我们可以说,"P 是真的"或"Q 是真的""P 是假的"

或"Q是假的"都是由P和Q构成的这个复合命题的真值函项。命题的真值函项理论是由弗雷格和罗素首创的,它已经成为现代数理逻辑的基础。维特根斯坦对真值函项理论的贡献在于:(1)他首次使用了真值函项表来表示一个作为其他命题真值函项的基本命题的真值条件,也就是表明基本命题的真假与其他命题的真假之间的关系;(2)他把这种真值函项关系用于说明日常语言中的命题,根据真值函项关系把这些命题都还原为符合逻辑形式或逻辑句法的逻辑命题,而凡是不能实现这种还原的命题就被看做是无意义的命题而予以抛弃。

首先,维特根斯坦指出,由于世界上的事实有存在和不存在两种情况,因而作为事实的逻辑图像的命题也必定存在这样两种形式,即肯定命题和否定命题。肯定命题描述了存在着的事实,而否定命题则是对可能存在的事实的逻辑否定,或者说是对不存在的事实的肯定。像罗素一样,维特根斯坦并不承认存在否定的事实,但承认在逻辑上存在对事实的否定形式。这样,命题的两种形式并不是完全对应事实存在的两种情况,而是命题描述事实的两种真值函项,即命题为真和为假的两种值。他明确指出:

> 我们是否能够像用真命题那样使用假命题而使我们有所了解,只要我们知道它们是指假的就行了呢?不行!如果我们用一个命题所说的事情确实如此,那么这个命题就是真的;如果我们用p指~p,并且我们所指的确实如此,那么这个p在新的用法中就是指真的而不是假的。但重要的是,符号p和~p可以表示同样的东西,因为这表明符号"~"并不对应于现实中的任何东西。在一个命题中出现否定,并不表明这样一个命题的意义,即"~ ~p = p"。命题p和~ p意义相反,但它们对应的却是同一个现实。①

维特根斯坦区分肯定命题与否定命题,旨在向我们表明这样两个重

---

① 维特根斯坦:《逻辑哲学论》,4.062;4.0621,伦敦,劳特利奇与基根·保罗公司,1974。

要思想:(1)命题作为事实的图像,它与事实有着截然不同的性质,否则命题与事实就是一样的了。这种不同性质就在于,命题是以逻辑形式描述事实的逻辑特征,即事实中各个组成部分之间的逻辑关系和命题与事实之间的真值关系。命题的图像特征当然不是反映事实中各个组成部分的具体特性,而是反映它们之间的逻辑关系。原因很简单,这是因为命题对应的是事实而不是对象,而事实则是由对象间的关系构成的。(2)命题作为事实的图像,它与事实之间必定存在符合或不符合的关系问题:命题符合事实,我们可以称命题是真的,反之,则是假的。但说命题是假的,或说存在否定命题,并不意味着存在否定的事实。正如上面所说,肯定命题和否定命题是对同一个事实的不同断定形式。因而从逻辑上看,否定命题其实是肯定命题(或基本命题)的真值函项,是基本命题的否定形式。

其次,从逻辑上区分命题的这样两种形式,是为了研究事实存在或不存在的所有可能性,从而确定推导结论的逻辑必然性。在维特根斯坦看来,既然每一个事实都有存在和不存在这样两种可能性,因而每一个命题也就有真假两个值;而对包含了两个命题以上的复合命题来说,它的真值就取决于其中的每个命题真值之间的关系,由此构成了命题的真值函项表。对这些命题中的肯定和否定形式的各自数量,则可以用基本命题的真值函项表来表示。维特根斯坦把所有基本命题以真值函项关系表示的全部可能性叫做"逻辑空间"(logical space),而每一个命题只是表示了一种可能性,因而确定一个命题的真值就是在一个基本命题的所有可能组合中选择一种组合。所以,维特根斯坦写道:

> 命题在逻辑空间中的位置是被决定的:这种逻辑位置仅仅是由它的组成部分和这个命题的意义所决定的。命题符号与逻辑坐标:这就是逻辑位置。几何位置和逻辑位置一致的地方是:两者都是存在的可能性。虽然一个命题只是被确定为逻辑空间中的一个位置,但全部的逻辑空间却是必须先于这个命题而存在的。……(围绕一

个图像的逻辑框架决定了逻辑空间。命题就贯穿于整个逻辑空间中。)①

维特根斯坦对真值函项理论的第二个重要贡献是，他把这种真值函项关系用于说明日常语言中的命题，根据真值函项关系把这些命题都还原为符合逻辑形式或逻辑句法的逻辑命题，而凡是不能实现这种还原的命题就被看做是无意义的命题予以抛弃。从基本命题的真值函项表中我们就可以看出，虽然每一个命题描述的是一个原子事实，但它所显示的却是这个事实存在或不存在的全部可能性，并以肯定或否定的命题图像与整个世界联系起来。所以，维特根斯坦说，命题是借助于逻辑框架来构造世界的，在命题中我们可以看到现实世界所具有的一切逻辑特征，只要命题本身是真的。② 这表明，每个命题的真值函项表所包含的所有可能性，就是这个命题的逻辑空间，而命题的逻辑空间也就是事实的逻辑空间。由于命题的逻辑空间不仅包含了肯定命题，同时也包含了否定命题，但现实世界中只存在肯定的事实，所以命题的逻辑空间显然大于事实的逻辑空间，或者说，命题图像大于世界概念本身。这样，命题的逻辑空间就包含了比现实世界更多的可能世界，而现实世界只是所有可能世界中的一种而已。这些可能世界都是可以用命题来表达的，或者说肯定命题和否定命题表达的就是不同的可能世界。自然科学表达的是肯定命题，而否定命题同样由于它们在可能世界中的逻辑位置而具有意义。由此可见，无论肯定命题还是否定命题，它们都是有意义的，这是因为它们具有的逻辑空间。相反，我们在日常语言中使用的命题许多都不符合这种逻辑要求，而只是被语言的外衣所欺骗。维特根斯坦用于区分有意义和无意义的标准是，看命题是否真正表达了事实，无论是现实中的还是可能世界中的事实。而在他看来，关于哲学问题的大多数命题恰

---

① 维特根斯坦：《逻辑哲学论》，3.4；3.41；3.411；3.42，伦敦，劳特利奇与基根·保罗公司，1974。
② 参见同上书，4.023。

恰是没有表达任何事实,它们对命题中所包含的对象名称(如"本体""存在""自我""终极原因""善恶""美丑"等)的陈述,既不是肯定命题也不是否定命题,因为它们根本不存在于逻辑空间之中。维特根斯坦写道:

> 人们不可能从日常语言中直接得到语言逻辑。语言乔装打扮了语言。而且,我们无法根据这种打扮的外在形式推知被装扮了的思想形式,因为打扮的外在形式正是为了不让人们知道身体的形式而设计出来的。……关于哲学问题的大多数命题不是虚假的,而是无意义的。因此,我们根本无法回答这种问题,我们只能确信它们是荒谬无稽的。哲学家们的大多数问题和命题都是由于我们不了解我们语言的逻辑而产生的。(例如"善在多大程度上是与美一致的"这类问题。)因此,毫不奇怪,最深刻的问题实际上并不是问题。①

从维特根斯坦的论述中我们可以看出,他关于基本命题的真值函项理论虽然谈的是逻辑问题,但他的着眼点却不是逻辑本身,而是为他心目中的世界概念划定范围,用逻辑的脚手架构造关于事实的命题图像。在他看来,"世界"概念并不仅仅包含现实世界,更重要的是包含一切逻辑上的可能世界,即可以用逻辑命题表达的、符合命题逻辑形式的世界,而现实世界只是所有这些可能世界中的一种而已。一旦有了这种对世界概念的清楚认识,我们就可以用逻辑的标准衡量和判断日常语言中的命题,发现在日常语言表达中隐藏的思想的逻辑形式,并由此确定语言表达的界限。维特根斯坦在《逻辑哲学论》的"序言"中就明确指出:

> 本书的目的是为思维划定界限,或者更确切地说,是为思维的表达划定界限。但为了划定思维的界限,我们就必须承认,在界限之内和之外都是可以思考的,就是说,我们必须能够思考那些不能思考的东西。因此,这个界限只能划在语言中,而超出语言界限之外的东西就是完全无意义的。

---

① 维特根斯坦:《逻辑哲学论》,4.002;4.003,伦敦,劳特利奇与基根·保罗公司,1974。

维特根斯坦对思想的划界，直接引出了《逻辑哲学论》的最后一个主题，这也被他自己看做是该书的核心思想，这就是"对不可说的东西就必须保持沉默"。

五　不可说之物

我们知道，维特根斯坦早期哲学思考的目的不是为了解决逻辑问题，而是通过对语言的逻辑分析，解决我们的语言如何能够表达和描述世界的问题。但在对语言表达能力的分析中，维特根斯坦发现，我们的语言事实上存在很大的问题：首先，就自然语言而言，它表面的语法形式掩盖了它内在的逻辑形式，因而在相当多的情况中，自然语言的语法结构误导了我们对它的使用。例如，在日常语言中，我们常用同一个"是"（is 或 ist）表达完全不同的意思，或作为连词，或作为等号，或作为"有"（存在）的同义词，等等。但在逻辑上，这个词出现在不同的地方却有着完全不同的意义。在维特根斯坦看来，整个哲学都充满了这种由于语法形式的误导而带来的混淆。要清除这种混淆，关键是要避免在不同的地方使用相同的符号，这就要求我们必须使用符合逻辑句法的语言。弗雷格的逻辑符号体系即"概念文字"，以及罗素与怀特海在《数学原理》中建立的逻辑体系正是这种符合逻辑句法的语言。这种语言的基本要求是，每一个简单对象都只有一个名称，它的意义是由它在所出现的命题中的关系确定的；包括名称在内的符号的意义，在命题中并不起任何作用，因为命题的意义只是在于对逻辑结构的描述。罗素在他为《逻辑哲学论》所写的长篇导论中把这种语言称做"逻辑上完善的语言"。

那么，建立了这种语言，我们是否就可以令人满意地描述世界和表达思想了呢？维特根斯坦认为并非如此。他指出，我们的语言表达存在的第二个问题是，包括逻辑语言在内的任何语言都是有限度的，我们只能表达能够表达的东西。这就意味着存在不可表达的东西。这些东西之所以不能表达，是因为它们超出了语言逻辑的范围，属于逻辑形式无法达到的领域。

根据维特根斯坦的看法,一切能够表达的东西都是逻辑上可能的,就是说是能够用逻辑形式描述的东西;但逻辑也是有限度的,逻辑不可能表达一切东西,例如逻辑本身就是逻辑无法表达的。根据这种看法,他批评了罗素试图解决关于类悖论的"类型论",因为对类型的推导最终都要达到一个无法进一步推进的类型,这就是类型的界限,也是逻辑的界限。在这个意义上,超出逻辑界限的东西就是无法表达的。但维特根斯坦同时指出,无法表达并不意味着是完全无意义的,或者说是虚假的,而只是说它们超出了逻辑的范围,但我们可以用其他的方法处理它们。

既然明确地划分了可说与不可说的界限,维特根斯坦进一步指出,可说的就是都可以用逻辑表达出来的。只要我们弄清了语言的逻辑结构,我们就可以说出一切符合逻辑形式的东西。但对不可说的东西就没有这样简单了,因为既然它们不可说,我们就似乎无法得到它们;然而,我们的理智却总是压抑不住想要说出它们的内在冲动,用康德的话说,人类总是想要超出理智的界限去做理智不可能做到的事情。这样,我们就常常陷入自我矛盾之中:一方面承认理智的限度,另一方面又不甘心于这种限度。对此,维特根斯坦提出,解决这个矛盾的最好方法,就是要承认存在着我们的语言逻辑不可说的领域。在他看来,传统形而上学的错误就是试图说出不可说的东西,因而避免这种错误的方法,就是对不可说的东西保持沉默。《逻辑哲学论》的最后一个主题,也是全书的最后一个命题"对不可说的东西必须保持沉默",表达了维特根斯坦这本书所要表达的中心思想,这也是他早期思想的宗旨和核心内容。他在给罗素的信中就曾多次提到,他的哲学可以分为两个部分,一部分是可说的,另一部分则是不可说的,而他认为,正是这不可说的部分才是他哲学的主要内容。

由于可说的东西是可以通过分析逻辑形式得到的,因而,在维特根斯坦看来,哲学的主要任务就应当是分析语言的逻辑形式。但大量的、更多的东西则是无法用逻辑分析的方法得到的,这些在维特根斯坦看来就是不可说的东西,就是无法用具有真正逻辑形式的命题去表达的东

西。根据维特根斯坦的思想,这些不可说的东西主要包括这样一些内容:

1. 一切命题都可以分析为它们的逻辑形式,但这些逻辑形式本身却是不可说的。他写道:"命题能够表述全部实在,却无法表述它们为了能够表述实在而必须与实在共有的东西——即逻辑形式。为了能够表述逻辑形式,我们必须能够和命题一起置身于逻辑之外,也就是说,置身于世界之外。"[①]当然,在维特根斯坦看来这是不可能的,因为我们只能在世界之中,而一切有意义的命题也只能是在逻辑之中。根据维特根斯坦的逻辑推论,如果命题可以表述逻辑形式,那么它就必须使用同样具有逻辑形式的命题,而这却是自相矛盾的,因为这样的话,它就是在用逻辑形式表述逻辑形式本身。当然,人们也可以用其他的命题,但这在逻辑上却会导致无穷后退。所以,命题的逻辑形式是不可说的,正如事实的,或事态的,或实在的逻辑形式是不可说的一样。

2. 不可说的不仅是命题的逻辑形式,而且包括命题的逻辑性质本身。这里所谓的"逻辑性质"并不是指命题是逻辑上的或仅仅指逻辑命题,而是指一切命题都必须具有语言与世界之间的逻辑关系或逻辑结构。根据维特根斯坦的思想,一切命题都只是由于具有这种关系或结构才能够称做命题。但这种逻辑关系或逻辑结构本身却是不能用命题表达的,换句话说,我们不能用命题去表达它自身的逻辑性质,因为这样的话,我们用来表达这种性质的命题本身同样具有这样的性质,这就同样陷入了自相矛盾之中。这好比说,我们不能用自己的眼睛来看自己的眼睛一样:我们的眼睛只能用来看眼睛之外的东西;同样,命题也只能用来表达不同于命题的东西,但它不能用来表达自己,命题的逻辑性质正是命题的本质。

3. 由于一切命题都是事实或实在的逻辑图像,因而传统的用于表达形而上学的命题就并不是真正的命题,因为它们没有表达语言的和世界

[①] 维特根斯坦:《逻辑哲学论》,4.12,伦敦,劳特利奇与基根·保罗公司,1974。

的逻辑形式,所以这样的命题同样是不可说的。通常认为,维特根斯坦在《逻辑哲学论》中彻底抛弃了形而上学,但这种看法实际上已经被证明是不正确的,至少是不确切的。因为这时的维特根斯坦并不是完全反对或一般地拒绝形而上学,而只是把形而上学限定在不可说的范围之内。在维特根斯坦看来,表达形而上学的命题之所以不可说,并不是因为它们是抽象的或神秘的,而是因为并不存在这些命题中使用的名称所指称的对象,是因为这些命题是以违反了逻辑形式的方式构造出来的,或者说,它们并不是真正的命题。所以,维特根斯坦写道:"哲学中正确的方法是:除了可说的东西,即自然科学的命题——也就是与哲学无关的某种东西之外,就不再说什么,而且一旦有人想说某种形而上学的东西时,立刻就向他指明,他没有给他的命题中的某些记号以指称。"①

　　4. 与形而上学的命题相似,一切关于伦理学的、美学的、宗教的命题同样是不可说的。维特根斯坦在《逻辑哲学论》中对这部分不可说的命题给出了清楚的说明。他写道:

　　　　世界的意义必定是在世界之外。世界中的一切事情就像它们所说的那个样子,就像它们所发生的那个样子;世界中不存在价值——如果存在价值,那它也会是无价值的。如果存在任何有价值的价值,那么它必定处在一切发生的和既存的东西之外。因为一切发生的和既存的东西都是偶然的。使它们成为非偶然的那种东西,不可能在世界之中,因为如果在世界之中,它本身就是偶然的了。它必定存在于世界之外。所以,也不可能有伦理命题。命题不能表达更高的东西。很清楚,伦理是不可说的。伦理是超验的。(伦理和美学是同一个东西。)②

这一段话已经很清楚地表明了维特根斯坦的观点。同样,对宗教命题,维特根斯坦也明确地表明,由于灵魂和上帝并不在世界之中,因此用于

①　维特根斯坦:《逻辑哲学论》,6.53,伦敦,劳特利奇与基根·保罗公司,1974。
②　同上书,6.41—6.421。

描述它们的命题对这个世界也就没有任何意义了。因为"世界上的事物是怎样的,对更高者是完全无关紧要的。上帝并不在世界上现身"①。

在维特根斯坦看来,不可说的东西还不止这些,譬如还包括了表达人生态度的命题等。但对他来说,不可说并不意味着不可认识。当我们用眼睛观察事实和世界时,尽管我们看不到我们的眼睛本身,但我们可以通过所观察到的东西而推知眼睛的存在。由此可见,对不可见的眼睛是可以从所见之物推出它的存在的。同样,对我们不可说的东西,我们也可以用说出的东西推知它们的存在。维特根斯坦把这种推知过程称做"显示",而且认为,这种显示是由不可说之物自身完成的,就是说,不可说之物是通过显示自身而为我们所认识的。

关于不可说之物可以显示的思想,被看做是维特根斯坦早期思想中最难理解的部分,但同时又是最关键和重要的内容之一。因为根据他的论述,哲学的基本问题就是关于不能表达而只能显示的命题;而且正是由于这种显示特征,他的这一思想也被看做是他神秘主义的主要"罪证"。不过,若是仔细分析就不难看出,维特根斯坦所谓的"显示"并没有任何神秘主义的暗示,而是指我们可以通过语言表达本身感受到语言逻辑形式的存在,或者通过我们感知到美的对象而得知审美意义的存在,或者通过我们对生命意义的体验而获得宗教上的情感,如此等等。在这里,显示出来的东西并不是像可以说出的东西那样有意义,或有真正意义上的思想,相反,它们的不可说就表明了它们是无意义的。维特根斯坦把我们对不可说之物的认识过程称为"体验",因为体验是不需要预设意义的存在的,我们的体验往往是随着我们的认识而变化的,随着我们自身的形而上学主体而有所不同。所谓的形而上学主体,正是我们借以描述世界和表达思想的逻辑形式本身,而在前面所举的例子中,就是可以用于观察的眼睛或者正在思考着的"自我"本身。虽然已有不少评论家正确地指出了这种形而上学主体与维特根斯坦早期思想之间存在的

---

① 维特根斯坦:《逻辑哲学论》,6.432,伦敦,劳特利奇与基根·保罗公司,1974。

明显矛盾,但我们不能忘记的是,维特根斯坦在《逻辑哲学论》中所论述的形而上学主体并不是传统意义上的"主体"概念,而只是用来表示思维和语言的界限:"主体不属于世界,而是世界的一种界限。"①而且,他随后就发问:"在世界上哪里可以找到一个形而上学的主体呢?"②由此可见,维特根斯坦这里所说的"形而上学主体""体验"以及"显示"等概念,都是为了说明他的思想宗旨:我们决不能去说那些不可说的东西,对不可说的东西就必须保持沉默。

　　维特根斯坦关于不可说的东西可以显示的思想,不仅是他早期思想的主要内容,而且在他后期思想中得到了继续。因为在他看来,重要的事情不在于去说那些能够说的东西,而在于去认识那些只能显示的东西。所以,关于不可说的东西如何显示出来的问题,自然就成为维特根斯坦更为关注的核心。我们在后面将会看到,维特根斯坦的后期哲学实际上就是在显示那些不可说的东西,由此我们似乎也能看出他的前后两个哲学理论之间内在的逻辑联系。

---

① 维特根斯坦:《逻辑哲学论》,5.632,伦敦,劳特利奇与基根·保罗公司,1974。
② 同上书,5.633。

第三章　逻辑经验主义运动

第一节　维也纳学派与逻辑经验主义

逻辑经验主义(又名"逻辑实证主义"或"新实证主义")是分析哲学的主要流派之一,形成于 20 世纪 20 年代中叶的奥地利,其核心是以石里克、卡尔纳普等人为代表的"维也纳学派",另有以赖欣巴哈(H. Reichenbach)为代表的德国柏林经验哲学学会(又称"柏林学派")、以卢卡西维茨和塔尔斯基为代表的华沙学派,英国的艾耶尔(A. J. Ayer)、莱姆塞和北欧的约根森、冯·赖特(von Wright)等人也是这个流派的重要代表。在广义上,逻辑经验主义运动是一种以逻辑分析为特征、以经验主义传统为基础、在 20 世纪的欧洲大陆以及北美各国(特别是在英语国家)广泛流传的哲学思潮。

一　维也纳学派的形成及其思想来源

1907—1912 年,在维也纳有一个由青年科学家组成的小组,他们定期在一起讨论哲学和科学问题以及关于政治、历史和宗教等问题。该小组的核心成员是汉恩(L. E. Hahn)、弗兰克和纽拉特等人。1922 年,经过汉恩等人的推荐,维也纳大学聘请了石里克担任归纳科学哲学讲座教授。该讲座的创立者是物理学家和哲学家马赫,先后担任该讲座教授的是物理学家玻尔兹曼(L. Boltzman)和施图尔(A. Stöhr)。在魏斯曼(F. Waismann)和费格尔(H. Feigl)的建议下,石里克于1923年开始参加维也纳小组的讨论,由于其专业的哲学训练和对相对论的出色说明而逐渐成为该小组的中心人物。该小组的主要成员有汉恩、弗兰克、纽拉特、魏斯曼、费格尔、卡尔纳普、克拉夫特(V. Kraft)、考夫曼等人,后又有数学家哥德尔、物理学家伯格曼(G. Bergerman)等人参加。这就是历史上著名的"维也纳学派"。1929年,这个学派发表了纲领性宣言《科学的世界观:维也纳学派》,标志着维也纳学派的成立。中国哲学家洪谦当时作为石里克的学生参加了1930—1936年的小组活动。[1]

　　针对传统哲学中形而上学思辨与现代启蒙精神之间的对立,维也纳学派在这个宣言中宣称,"以经验为基础的思维方式和对思辨的厌恶由于已经出现的这种新的对立,而比以往任何时候更加强烈了"[2],因此他们提出要以一种新的科学的世界观对待所有的经验科学。他们明确承认自己的思想在许多方面受到了经验主义传统和现代科学成果的深刻影响,主要包括了休谟、孔德、J. S. 密尔、马赫的实证主义和经验主义,赫尔姆霍兹、黎曼、彭加勒(H. Poincare)、迪昂(旧译"杜恒",P. Duhem)、爱因斯坦的经验科学基础和方法,莱布尼茨、皮亚诺、弗雷格、罗素、怀特海、维特根斯坦的逻辑思想,等等。他们提出科学的世界观,目的是要建

---

[1] 关于维也纳学派成立的具体历史过程,可参见哈勒《新实证主义——维也纳学圈哲学史导论》,韩林合译,第75—102页,商务印书馆,1998。哈勒在这里提出了对维也纳学派形成过程的不同说法。根据克拉夫特(《维也纳学派》,李步楼、陈维杭译,商务印书馆,1998)和费格尔《维也纳学派在美国》,载于克拉夫特《维也纳学派》,李步楼、陈维杭译,中文版"附录",商务印书馆,1998,以下所引此书均为此版本)的"经典"说法,维也纳小组是在石里克的组织下成立的。但哈勒经过史料考证推翻了这种说法,认为弗兰克的说法(《汉斯·汉恩》,载于《认识》(Erkennteis)第4卷,第315页)是正确的,即"维也纳小组的真正创立者"是汉恩(参见哈勒《维也纳小组新解》,载于《一元论者》(The Monists)第65卷,第26页,1982年第1期)。

[2] 汉恩、纽拉特、卡尔纳普:《科学的世界概念:维也纳学派》,载于陈启伟主编《现代西方哲学论著选读》,第435页,北京大学出版社,1992(以下所引此书均为此版本)。

立一种统一的科学,即把个别研究者在不同科学领域中的成就联系起来。为了建立这样一个统一的科学,他们提出要使用逻辑分析的方法,并认为正是这样一种方法把他们所提倡的实证主义和传统的、具有生物学和心理学倾向的经验主义区分开来。他们明确把这样的科学的世界观规定为两个基本观点:"**第一**,它是**经验主义的和实证主义的**,只有来自经验的知识,这种知识是建立在直接所予的基础之上的。**第二**,科学的世界概念是以一定的方法即**逻辑分析**的运用为标志的。"①在他们的宣言中,维也纳学派还明确地宣布了他们的哲学与传统哲学之间的决裂:

> 科学世界概念的某些代表根本不愿再用"哲学"这个词来表示他们的工作,以此更强烈地强调与哲学(形而上学)体系的对立。人们可以用任何一个语词来表示这种研究,但这一点是确定无疑的:**作为并列于或超越于各门经验科学的一种基础科学或普遍科学的哲学是没有的**;除了经验方法以外,没有任何一种方法可以达到真正的知识;经验之外或经验之上的思维领域是不存在的。②

维也纳学派明确表达了自己思想的经验主义来源,特别是强调了休谟、孔德、J. S. 密尔和马赫的思想对他们的深刻影响。休谟的反形而上学立场为他们提供了最初的思想动力;孔德的实证主义为他们创造了思想平台,他们因此也把自己的思想称做"新实证主义",用以表示与孔德实证哲学之间的血缘关系;J. S. 密尔的逻辑体系使他们看到了逻辑分析在清除传统形而上学中的力量;马赫的经验主义又使他们找到了知识论和世界观的基础。维也纳学派与马赫的联系是多方面的:(1) 石里克担任的归纳科学哲学讲座教授,最初就是于 1895 年由马赫担任第一届;(2) 马赫对绝对空间的批评、反对关于物自体和实体概念的形而上学以及根据所谓最终要素(即感觉材料)构造科学概念的研究,都对维也纳学

---

① 汉恩、纽拉特、卡尔纳普:《科学的世界概念:维也纳学派》,载于陈启伟主编《现代西方哲学论著选读》,第 443 页。
② 同上书,第 451 页。

派思想的形成起到了关键作用；（3）1928 年成立的"恩斯特·马赫普通自然科学教育协会"（后简称为"马赫学会"），石里克被推选为主席，维也纳学派的主要成员汉恩、纽拉特、卡尔纳普、罗维和茨策尔成为该学会的理事会成员；（4）马赫学会与柏林经验哲学学会共同编辑的《认识》杂志，后来成为传播维也纳学派的逻辑实证主义思想的重要阵地。

维也纳学派继承了休谟和马赫的经验主义传统，接受了弗雷格、罗素和维特根斯坦的逻辑分析思想，强调以科学为模式、以逻辑为手段、以物理学为统一语言，彻底改造哲学，使哲学完全成为一种科学的哲学。这种哲学理念最初被称为"逻辑实证主义"或"新实证主义"，以区别于孔德的第一代实证主义和马赫的第二代实证主义。后来，一些逻辑实证主义者，如石里克、亨普尔（C. G. Hempel）等更愿意称这种理论为"逻辑经验主义"，以强调其经验主义的特征。20 世纪 50 年代后，一些以历史主义为特征的美国科学哲学家明确地反对维也纳学派的实证主义及其传统，如汉森（N. R. Hanson）、图尔敏、库恩、拉卡托斯和费耶阿本德等人，这使得逻辑经验主义在蒯因之后成为一种历史的象征。

对维也纳学派思想来源的认识，通常强调的是维特根斯坦的《逻辑哲学论》对它的直接和深刻的影响。一方面，维也纳学派的主要成员与维特根斯坦本人曾就《逻辑哲学论》的思想进行了多次讨论和交流[①]，这使得维也纳学派可以直接从维特根斯坦那里得到思想的启发。事实上，石里克、卡尔纳普和魏斯曼等人许多思想的提出都与维特根斯坦的交流有密切关系，虽然维特根斯坦本人由于抱怨他们没有充分或明确地表明他们思想的这种来源而先后与卡尔纳普和魏斯曼断绝了关系。另一方面，维特根斯坦的许多重要观点的确对维也纳学派思想的形成产生了直

---

① 这种交流的主要内容被学派成员魏斯曼记录整理，以《维特根斯坦与维也纳小组》（麦吉尼斯编）为题于 1979 年在牛津大学出版社出版。该书成为后人了解维特根斯坦思想对维也纳学派影响的重要资料。

接的作用,在某种程度上构成了维也纳学派思想的核心内容。① 根据哈勒的分析,维也纳学派从维特根斯坦那里主要接受了三个基本观点:(1)维特根斯坦对逻辑和逻辑命题的解释,即认为,逻辑陈述的本质仅仅在于其形式和结构,因而逻辑命题仅仅是同义反复;(2)维特根斯坦关于经验命题的观点,即认为,为了能够说明某个命题是真的,必须已经确定在什么条件下可以说这个命题为真,由此也就确定了这个命题的意义,这就是后来著名的"证实原则"的雏形;(3)维特根斯坦关于哲学的本性及其任务的看法,即认为,大部分哲学问题和命题都是由于不了解我们的语言逻辑而造成的,因而哲学的根本任务应当是对语言的分析和批判,哲学的目的是对思想的逻辑澄清。② 这些思想构成了维也纳学派的思想核心,虽然在其后来的发展中以及学派的不同成员中有不同的理解和解释。

除了维特根斯坦思想的明显影响之外,奥地利的哲学传统和法国的约定论思想对维也纳学派思想的形成也产生了重要作用。洪谦认为,奥地利有着不同于德意志的哲学传统,这种不同甚至针锋相对,表现在经验的实在论与先验的唯心论、经验主义与唯理主义以及反形而上学倾向与形而上学传统之间的对立。"只有在这种特定的哲学历史条件下,马赫才能建立他的现象主义或一般所说的实证主义,从而维也纳学派也才可能在马赫哲学的基础上借助现代物理学、数学和逻辑学的发展创立**新**的实证主义,即**逻辑实证主义**(或**逻辑经验主义**)。"③洪谦指出,奥地利哲学的创建者布伦坦诺(F. Brentano)在《从经验观点出发的心理学》中提出了关于哲学发展的四个方面,即一切科学研究活动(包括哲学研究)必须从经验出发,并且以经验为基础;哲学必须与科学携手共进,必须以科

---

① 关于维特根斯坦思想对维也纳学派影响的历史描述,最早见于克拉夫特《维也纳学派——新实证主义的起源》(1950)。但哈勒则认为这种描述过分夸大了维特根斯坦的影响。
② 参见哈勒《新实证主义——维也纳学圈哲学史导论》,韩林合译,第 117—125 页,商务印书馆,1998。
③ 洪谦:《论逻辑经验主义》,第 71—72 页,商务印书馆,1999。

学的方法为其唯一可行的研究方法;康德的先验唯心论和德国的思辨哲学必须从哲学当中清除出去;某些哲学问题实际上是语言问题,因此语言批评应当是哲学的一个必要的组成部分。洪谦认为,这四个方面显然与维也纳学派的基本思想是一致的,即科学经验主义、反形而上学和语言的逻辑分析。[①] 哈勒在分析维也纳学派思想来源时同样强调了布伦坦诺思想的影响,认为布伦坦诺的"描述心理学"方法应当同语言分析和证实的方法一样被视为分析哲学的组成部分,而且所有受到布伦坦诺思想影响的哲学家都持有经验论的基本态度和坚持对哲学问题的语言批评与语言逻辑分析的重要性,确保哲学拥有与精确科学相同的地位和特征。纽拉特首先注意到布伦坦诺的经验心理学与维也纳学派的新实证主义之间的密切关系,这在 20 世纪 80 年代得到了西方研究者的证实和肯定。[②]

根据最新的研究资料,维也纳学派同样受到了法国约定论思想的影响,这特别体现在维也纳学派的主要成员弗兰克、汉恩和纽拉特的思想中。[③] 法国约定论的最重要代表有彭加勒、迪昂、雷洛伊(E. Le Roy)、雷伊(A. Rey)和密尔霍德(G. Milhaud)等人。约定论的基本立场是强调科学史的重要性,认为只有科学史才能表现出科学的动态倾向和规律。他们认为,关于一个事实的任何判断都不能由这个事实完全决定,因为每一个事实描述都依赖于我们借以进行描述的符号和规则的清单以及促使我们构造这个描述的目的,只有在我们已经选定了一个特定的清单并已经构造了一个特定的陈述的前提下,我们才能构造出正确描述的概

---

① 参见洪谦《论逻辑经验主义》,第 72 页,商务印书馆,1999。

② 哈勒的观点见他的《新实证主义——维也纳学圈哲学史导论》,韩林合译,第 53—56 页,商务印书馆,1998。纽拉特的观点见他的《维也纳学派的发展和逻辑经验主义的未来》(1936),载于哈勒和鲁特(H. Rutte)《纽拉特哲学和方法论著作全集》第 2 卷,第 690 页以后,维也纳,1982。关于对奥地利哲学传统的研究,参见哈勒《奥地利哲学研究》,阿姆斯特丹,1979;史密斯(B. Smith)《逻辑实证主义的奥地利起源》,载于高沃(B. S. Gower)《概观逻辑实证主义:论语言、真理和逻辑文集》,第 35—68 页,伦敦,1987。

③ 参见哈勒《新实证主义——维也纳学圈哲学史导论》,第 58—74 页。

念。所以,人们只能在一个概念模式中谈论相对于事实的真假,而这样的概念模式是可以根据其方便性或舒适性而加以改变的,是可以选择的。同样,他们还认为,我们经由知觉、猜测、相信和知道等等表露出来的认识态度不可能具有先天的特征;只有在这样的前提下,我们才有可能根据我们的更高目标来变更我们任意的态度。约定论的这些思想在维也纳学派中得到了继承和发挥。如弗兰克就把迪昂称做马赫的思想倾向在法国的主要代表,迪昂承认历史的考察方式在理论描述和理论重建中的重要意义,认为描述实在的观念是不可接受的,因为研究的认识目标仅仅是现象的恒常性和现象间的关联,而不是理论性的上层建筑。纽拉特则特别强调了对各种不同假设作出选择的重要性,认为人们在历史中对各种对象领域进行分类的方式或在科学史中对理论假说进行分类的方式决定着历史研究的结果,因而可以满足一个给定的事实复合体的内在无矛盾的假说系统不止一个。由此,哈勒甚至把维也纳学派的逻辑经验主义称做把新经验主义与在 20 世纪占主导地位的、在哲学上具有重要意义的两种运动相结合的产物,这两种运动是由弗雷格和罗素最终创建的新逻辑以及由此促进的逻辑分析,和由迪昂、彭加勒创建的反经验论的法国约定论。[1] 然而,这种约定论思想并没有得到石里克的肯定,相反,他反对卡尔纳普和纽拉特等人对经验知识的基础采用整体论的态度,认为这种以约定论为特征的"反基础主义"主张最终会完全背离经验主义。[2]

二 逻辑经验主义的主要观点

在逻辑经验主义运动中,学派林立,人物众多,观点繁杂。代表人物中既有哲学家和逻辑学家,也有物理学家、数学家和社会学家,他们各自

---

[1] 参见哈勒《新实证主义——维也纳学圈哲学史导论》,韩林合译,第 24 页,商务印书馆,1998。
[2] 参见洪谦《关于逻辑经验主义的几个问题》,载于洪谦《论逻辑经验主义》,第 91 页,商务印书馆,1999(以下所引此书均为此版本)。

有不同的研究领域。即使在对相同或相近问题的研究中,不同学派或人物的观点也会有不同侧重。但作为一种哲学思潮,这些不同学派和人物的观点最终都统一到"逻辑经验主义"的旗帜之下,因而形成了被看做能够反映这种哲学思潮本质特征的一些基本观点和主张。①

（一）严格区分分析命题与综合命题,用以拒斥形而上学

拒斥形而上学是西方近代实证主义的传统。作为新实证主义的逻辑经验主义在继承这个传统的基础上,首次把形而上学问题看做是语言问题,而不是事实问题。在他们看来,形而上学错误并不是因为人类理性的局限,而是因为形而上学问题本身就没有认识意义。

逻辑经验主义拒斥形而上学的主要工具是逻辑分析方法,具体来说,就是用数理逻辑手段严格区分了分析命题和综合命题。这个思想直接来源于休谟和维特根斯坦。休谟提出的"关于观念关系的知识"和"关于事实的知识"的区分,是分析命题和综合命题二分法的雏形;维特根斯坦在《逻辑哲学论》中明确指出,数学和逻辑命题在任何可能条件下都为真,因而它们是重言式,不具有实际的内容,这就为石里克确定分析与综合的区别提供了直接的理论根据。在石里克和卡尔纳普等人看来,有认识意义的命题只有这样两类,即分析的命题和综合的命题。分析命题也就是逻辑命题,包括重言式命题和矛盾式命题,它们的真假取决于它们的形式本身,与外在实在无关;综合命题则是经验命题,它们对实在有所陈述,它们的真假也必须由经验加以检验。而形而上学命题既不属于分析命题,也不属于综合命题,因而它们只是一些没有认识意义的伪命题。这种命题的出现是错误地使用日常语言语法的结果:或者是句子中包含了一个被误认为有意义但实际上并没有意义的词,例如"存在""物自体"等;或者是由有意义的词构成但违反了逻辑句法的句子,例如"拿破仑是5"这种句子。这样,逻辑经验主义者相信,通过这种对语言的逻辑分析,

---

① 斯特罗在他的《20世纪分析哲学》(哥伦比亚大学出版社,2000)中把逻辑经验主义的主要思想归结为三个原则:分析与综合的严格区分;证实原则;关于观察在决定认知意义中作用的还原论思想等。

他们就可以从根本上清除一切形而上学。卡尔纳普明确写道：

> 逻辑分析便宣判了一切自称超越经验的所谓知识为无意义。首先，这个判决打击了一切思辨的形而上学，打击了一切自称不要经验、通过**纯思维**或**纯直观**就可以办到的所谓知识。但这个判决也同样适用于那样一种形而上学：它从经验出发，却想凭借一些特殊的推断获知超经验的东西……而且，这样的论断还必须扩展到整个**规范哲学**或**价值哲学**，扩展到任何作为规范科学的伦理学或美学。……最后，这种宣告"无意义"的判决也打击了那些通常不恰当地称为认识论运动的形而上学运动，那就是实在论（因为它超出经验事实，声称事件的相继就表明有某种规律性使应用归纳法成为可能）和它的对手：**主观唯心主义**、唯我主义、现象主义和（早期意义的）**实证主义**。[①]

卡尔纳普还认为，形而上学不具有认识意义，但具有明显的表达情感的作用。而传统形而上学哲学家的错误正是混淆了形而上学的这两种不同的意义，用情感意义解释和充当认识意义。而产生这种混淆的原因，也正是由于形而上学命题具有一般命题的外表形式，似乎对实在有所断定，提供了关于实在和世界的知识。所以，逻辑经验主义者指出，只要严格区分了不同的命题形式，使一切命题都符合逻辑句法，我们就会很容易地从一切命题中清除形而上学。

对分析命题和综合命题的区分是逻辑经验主义的一个重要理论基石。这种区分的作出产生了两个重要结果：（1）这意味着，由柏拉图确立的、笛卡尔和斯宾诺莎推动的、在黑格尔和 F. H. 布拉德雷的著作中达到顶峰的整个理性主义传统可能遭到了彻底的放弃。根据理性主义的传统，理性与现实之间存在着对称关系，因而人们才能通过考虑理性而发现关于真实世界的事实。一旦一切关于理性的真理都与事实无关，那

[①] 卡尔那普（即卡尔纳普）：《通过语言的逻辑分析清除形而上学》，载于洪谦主编《逻辑经验主义》上卷，第 31—32 页。

么整个理性主义传统就会是错误的。虽然逻辑经验主义者并不否定理性的作用,但他们认为这种作用并不能应用于实在,因为所有关于真实世界性质的发现都必定是基于观察材料即感觉经验。(2)一切关于事实的知识都是或然的,不存在任何确定性。因为我们关于实在所得到的一切都基于直接的观察,或者基于过去的观察。但这里的问题是,观察材料是否不足以产生确定性? 根据逻辑经验主义的观点,从直接的观察中无法得到确定的知识,因为这样的观察可能是错误的,或观察到的是假象;同样,根据过去的观察也无法得到确定的知识,因为休谟对归纳原则的分析已经证明,我们无法根据理性或过去的观察而得知未来。逻辑经验主义者指出,我们只能有两种关于世界的知识来源,即理性和感觉材料。但由于理性与事实内容无关,因此我们就只能根据感觉材料获得关于世界的知识,这样的知识就不可能是具有确定性的。[1] 然而,在知识的确定性问题上,维也纳学派成员之间的观点并不完全一致。以上观点主要是卡尔纳普和纽拉特等人坚持的。而石里克则坚持,科学的任务就是要去寻求这样的确定性。他在《知识的基础》一文中肯定了有一种观察命题既不需要也不能继续检验,认为这样的命题就是知识的坚固基础。他把这样的命题称做"确证"(Konstatierungen, affirmation)。他反对卡尔纳普和纽拉特把"记录句子"(protocol sentences)作为知识基础的看法,认为它们仅仅是一些假设;只有"确证"才具有确定性,它们和分析命题一样,只需要了解其意义就可以得知其真假。但与分析命题不同的是,它们具有有关实在的内容,这样就把经验的实在内容与知识的确定性结合起来了。[2]

(二)作为意义标准的经验证实原则

逻辑经验主义者用于判定命题意义的标准是著名的"经验证实原则",即一个命题的意义就是证实它的方法。这包含了两个要点:(1)一

---

[1] 参见斯特罗《20 世纪分析哲学》,第 66—67 页,哥伦比亚大学出版社,2000。
[2] 参见洪谦《关于逻辑经验主义的几个问题》,载于洪谦《论逻辑经验主义》,第 90 页。

个句子的意义是由它的证实条件决定的;(2)当且仅当一个句子在原则上可以被证实时,它才是有意义的。

经验证实原则是逻辑经验主义(主要是维也纳学派)的一个基本理论支柱,被逻辑经验主义者用做拒斥形而上学和建立可靠知识体系的有力武器。它的思想来源主要是维特根斯坦的《逻辑哲学论》,虽然维特根斯坦并没有明确地提出这个原则。他在《逻辑哲学论》中提出,"为了能够说'P'是真(或假的),我必须已经确定在什么样的条件下我称'P'为真的,而由此我也就确定了命题的意义"①。这个思想被看做"证实原则"的雏形。维特根斯坦在1929年12月22日与石里克和魏斯曼的谈话中区分了两种证实观:一种观点认为,没有任何命题能够得到完全的证实,因为我们从来不能确定我们是否产生了错觉;另一种观点认为,如果我们不能完全证实一个命题的意义,我们也就无法用它意谓任何事情,这样它也就没有任何意义了。②维特根斯坦基本上持第二种观点。据称,魏斯曼第一个清楚地表达了这种意义的证实原则。他在《概率概念的逻辑分析》一文中提出:"一个陈述描写一个事态。该事态或者存在或者不存在,没有任何中间状态。因此也没有真和假的过渡状态。如果不能以任何方式指示出一个命题何时为真,那么该命题也就没有意义,因为一个命题的意义就是其证实方法。"③这最后一句话,后来成为证实原则的经典表述。

逻辑经验主义者提出经验证实原则有两个主要目的:从否定的方面来说,是为了彻底清除传统哲学中的形而上学命题。因为根据这种原则,形而上学命题之所以被判定为没有认识意义,在命题的分类上,是由于它们既不属于分析命题又不属于综合命题,但在意义方面,归根结底

---

① 维特根斯坦:《逻辑哲学论》,4.063,伦敦,劳特利奇与基根·保罗公司,1974。

② 参见麦吉尼斯《维特根斯坦与维也纳小组》,第47页,牛津,布莱克威尔出版社,1979。

③ 魏斯曼:《概率概念的逻辑分析》,载于魏斯曼《何谓逻辑分析? 论文全集》,雷茨格编,法兰克福,阿瑟旧曼出版社,1973。转引自哈勒《新实证主义——维也纳学圈哲学史导论》,第120页,韩林合译,商务印书馆,1998(以下所引此书均为此版本)。

是由于它们无法得到经验的证实。从肯定的方面来说,是为了确立有认识意义的标准。根据这种原则,只有经过经验证实的命题才可以被看做是有意义的,所以,一切有认识意义的命题都必定是能够得到这种证实的命题,而建立在这种命题之上的知识大厦才是确定可靠的。

但证实原则在提出后不久就遭到了来自各方面的批评和反对。首先是在维也纳学派内部,纽拉特对证实原则就明确提出了疑问,认为在对整个经验命题的证实上难以实行这个原则;汉恩也认为,它无法对表达自然规律的命题作出证实。其次是来自实用主义者刘易斯(C. I. Lewis)的反对意见,他在《经验和意义》一文中指出,证实原则无法适用于并不是从当下的经验中得到的句子。最后是由波普提出反对意见,他在《科学研究的逻辑》(1935)中认为对经验命题提出证实的要求是完全不可能的,因为对任何一个全称命题的证实都无法排除出现否定的情况,所以他提出用“否证”的方法作为确定意义的标准。针对来自各方面的批评,逻辑经验主义者对这个原则提出了许多重要的修正补充,试图通过弱化证实的可能性和强调逻辑推演的作用而使这个原则日臻完善。例如,石里克在《意义和证实》中回答刘易斯的批评时把这种证实理解为“证实的可能性”,认为可证实性是意义的充分必要条件,是一种逻辑上的可能性,是按照那些给句子中语词下定义的规则构造句子时创造出来的。这就把证实原则看做是逻辑句法规则对句子意义的要求,从而包含了句子在经验上不可证实却具有意义的可能性。卡尔纳普在《可检验性和意义》中为了回应波普的批评,提出用“确证”(confirmation)代替“证实”(verification),认为我们只能越来越确实地验证一个句子,但不能最终决定性地确定任何句子是可证实的。艾耶尔在他著名的《语言、真理与逻辑》第2版“导言”中对批评者的意见给予了回答,区分了“强”意义和“弱”意义的可证实性,把“可证实性原则”重新表述为:“当并仅当一个陈述或者是分析的或者是经验可以证实的时,这个陈述才被认为字面上有意义的。”[1]亨普尔则在《经验主义认识

---

[1] 艾耶尔:《语言、真理与逻辑》,尹大贻译,第6页,上海译文出版社,1981。

意义标准上的问题和变化》中指出，证实原则的错误在于把一个有意义的句子与适当的观察句子从逻辑上必然地联系起来，由此说明经验意义的概念，但这种做法对于达到有意义性的准确判据并无帮助。所以，他提出，应当承认经验命题系统中的认识意义是一个程度问题，"各种有意义系统排列成行，从全部非逻辑词汇均由观察词项组成的那一些开始，经过大大倚赖理论构想来表述的理论，一直排到很难同潜在经验发现有任何关系的系统"[1]。这样，他就使经验意义的标准变得更加宽泛和自由，甚至用"理论表述上的清晰性和准确性""系统的说明力和预测力""形式上的简单性"以及"理论被经验证据证实的程度"等特征来刻画这个标准。在写于1964年的"后记"中，亨普尔进而取消了逻辑经验主义在意义标准上的划界问题，认为"任何可采纳的意义判据，如果承认一个句子有意义，也必须承认它的否定句"，而"一个句子只是在它和它的否定句都可核实的情况下，或者只是在它和它的否定句都可证伪的情况下，才算是认识上有意义的"。[2] 随着逻辑经验主义运动的结束，经验证实原则最终被放弃，哲学家们转向对归纳逻辑中概率论的研究。

（三）哲学的任务是逻辑分析

卡尔纳普等人把传统哲学分为形而上学、伦理学、心理学、认识论和逻辑等部分。他们认为，由于形而上学和伦理学命题没有认识意义，心理学又属于经验科学，因而他们都应被排除在哲学领域之外，而认识论则是心理学和逻辑的混合体，因为其中的心理学属于经验科学，这样，在哲学领域里就只剩下了逻辑部分。所以，他们声称，哲学的唯一任务就是要对命题进行逻辑分析，而哲学也就是这样一种从事逻辑分析的活动。

强调逻辑分析是哲学的唯一任务，这种思想直接来源于罗素和维特根斯坦。罗素早在《哲学问题》中明确地把哲学的任务规定为逻辑分析，

---

[1] 亨波（即亨普尔）：《经验主义认识意义标准：问题与变化》，载于洪谦主编《逻辑经验主义》上卷，第121页。
[2] 同上书，第127页。

维特根斯坦则在《逻辑哲学论》中认为哲学的任务是使思想达到清晰,为思想划定明确的界限,而这些都是通过逻辑分析完成的。他完全把心理学和知识论排除在哲学之外,把哲学的目的规定为从逻辑上澄清思想。但逻辑经验主义者更重视分析语言的逻辑句法,这种逻辑句法是建立在现代逻辑的基础之上的。

现代逻辑的主要特征是建立形式语言,然后用形式语言构造逻辑系统。要建立一种形式语言,首先就要求给出一套人工符号,即通常所谓的"初始符号",然后给出一套语法规则,即通常所说的"形成规则",由此就可以建立起符合这套形式语言的句子,即通常所说的"合式公式"。根据现代逻辑的要求,给出这样一套初始符号、形成规则,并由此构造出合式公式,这就是通常所说的"逻辑句法"。逻辑经验主义者使用的主要是一阶逻辑。在一阶逻辑中,初始符号一般包括了命题变项、谓词变项、个体变项、个体常项、命题联结词、量词、括号等等,形成规则包括了关于命题、复合命题、项、量词的规则,使用这两个部分就可以得到一阶逻辑语言的句子。同时,这种形式语言中的基本句子包括了两类命题,即原子命题和复合命题。原子命题的表达形式为:$f(x),g(x)$,加上量词等初始符号后就成为复合命题,如 $Vx(fx{\rightarrow}gx)$ 等。由于一阶逻辑是关于量词的逻辑,因而关于量词的句子形式"fx"就是一阶逻辑中的最基本句子,即"x 是 f"这种句子形式在现代逻辑中是最为基本的句子形式。在这个句子形式中,x 是一个个体变项,f 是一个谓词变项,这两者是不会被混淆的。[1]

现代逻辑为逻辑经验主义反对形而上学和提出证实原则提供了有力的武器。首先,卡尔纳普等人根据这种逻辑规定明确地指出,传统哲学中形而上学命题的错误正是违反了逻辑句法。[2] 其次,根据这种逻辑规定,任何一个句子都可以被最终分析为一个基本句子,并且表现出其

---

[1] 对一阶逻辑的简单描述,参见王路《走进分析哲学》,第 85—86 页,生活·读书·新知三联书店,1999。

[2] 对卡尔纳普的这个思想,我们将在下面作详细分析。

内含的基本句子的相互推论关系,这样我们就可以通过分析这些基本句子的推论关系来确定基本句子的意义。这正是逻辑经验主义者反复强调的对一个句子"证实的可能性"或句子的"可证实性"。

由此可以看到,哲学上的逻辑分析就是使用一种关于语言的形式理论,研究语言中的逻辑规则、定义、句子借以组成的各个符号的种类和排列等,它并不涉及这些符号或句子的意义。这种句法理论的主要任务是对句子的恰当性作出判断,并要详细说明如何从恰当的句子中引出它们的逻辑结论。后来,卡尔纳普等人又把语义学研究引入这种逻辑句法理论,从而建立了一套理想的人工语言体系。这种研究直接推进了当代语言学和语义学的发展。

（四）物理主义和科学的统一

逻辑经验主义的一个重要主张,是试图用科学的语言描述知识,把一切知识都建立在一种统一的、可靠的科学基础之上。但应当使用什么样的科学语言作为基础,在逻辑经验主义的不同发展时期有着不同的看法。在 20 世纪 20 年代,哲学家们大多主张以关于感觉材料的语言为基础,如"我眼前有一个红色的三角形",这通常被称做现象主义语言。但由于感觉材料的主观性和不可交流性,因而这种语言很快就被许多哲学家所抛弃。30 年代后,哲学家们提出用物理语言取代现象主义语言。

物理语言是指可以把某些可观察的特性归之于物质事物的语言,如"这个三角形是红色的"。这种语言的最大特点是它具有"主体间性"（intersubjectivity）,就是说,用这种语言描述的事件从原则上说是能够被使用这种语言的人所观察到的。逻辑经验主义者认为,科学是由许多有效的并可以为大家所理解的句子构成的,而一切专门科学的语言都可以在保持原意的条件下翻译成物理语言,一切专门的科学命题都可以转化为相应的物理命题,因此,物理语言就可以成为科学的普遍语言,并且他们希望能在这种物理语言的基础上实现科学的统一。这种观点就被称做"物理主义"。

所谓物理主义,简言之,就是以物理学为基础,应用行为主义的心理学方法,从物理的物的语言(physical thing language)方面,将心理现象还原为物理现象,将心理学命题译为物理学命题,从而把"心理的"与"物理的"、"身体的"与"心灵的"统一起来,进而把一切经验科学**还原**为物理科学。①

物理主义的提出反映了逻辑经验主义在知识基础问题上的观点转变。石里克在《知识的基础》一文中把他所谓的"确证"的命题作为知识的基础,认为这种命题的确定性不是来自经验,而是来自命题本身的意义。但卡尔纳普和纽拉特坚持认为,只有记录了当下观察的"记录句子"才能作为知识的基础,一切科学理论体系都是在这种观察命题的基础上建立起来的。因为记录句子是不带任何理论偏见地、如实地描述实验观察的结果,所以在新的科学理论创立之前,它的可靠性是无可怀疑的。②同时,由于这样的句子具有明显的"主体间性",所以它可以排除一切主观的因素。纽拉特指出,一个真正的科学观察记录不应当是"我现在感到这个三角形是红色的",而应当是"N. N 先生在地点 O 和时间 T 之内观察到这个三角形是红色的"。这样的观察记录无论是表达心理活动的句子还是记录外在事件的句子,都应当是像温度计所标记的一样,是可以用客观的物理语言来表达的。卡尔纳普明确地说:"**每一心理句子都能用物理语言来表达**",因为"**所有的心理句子都描述物理事件,即人和其他动物的物理行为**",所以"**物理语言是一种普遍语言**,也就是每一种句子都能翻译成这种语言"。③ 卡尔纳普和纽拉特等人都相信,通过把一切句子都还原为这样的物理语言,我们就可以使包括心理学在内的所有科学都统一在物理学中,可以用物理语言来表达一切科学命题,由此就使整个科学知识体系完全建立在客观的、可观察的基础之上。

---

① 洪谦:《逻辑经验主义概述》,载于洪谦《论逻辑经验主义》,第 103 页。

② 参见同上书,第 104 页。

③ 卡尔纳普:《使用物理语言的心理学》,载于洪谦主编《逻辑经验主义》下卷,第 475 页,商务印书馆,1984(以下所引此书均为此版本)。

实现科学的统一,可以说是许多科学家和哲学家的夙愿。在逻辑经验主义者看来,过去之所以没能实现这种统一,是因为缺乏数理逻辑这种有力的工具。他们希望,现在借助于这种工具,通过对各种科学语言中的命题进行逻辑句法的分析,他们就可以把一切科学语言都还原为物理学的语言,并最终把一切科学都还原为物理学,这样就可以达到科学的真正统一。

然而物理主义和科学统一的理想很快遭到了许多批评。主要的反对意见是认为,物理主义的主张势必会忽略诸如心理学等其他学科中包含的、对这些学科特别重要的内容,主要是对直接经验的描述;同时,关于"意义""意向""规则"等概念的命题也很难还原为物理语言。[①] 洪谦指出:

> 纽拉特和卡尔纳普提出的以**还原论**为基础的统一科学运动和当代自然科学的发展是矛盾的。其主要矛盾之点在于把生物学还原为物理学和化学,把心理学还原为神经生理学,两者最后还原为物理学的困难方面。虽然科学家对于它们之间未来的**还原可能性**并不完全否定,但是认为这种**还原可能性**的程度是非常有限的。[②]

针对来自各方面的批评,费格尔于 1963 年发表了长文《物理主义、统一科学与心理学基础》,对物理主义和科学统一的主张作了一番辩护,在某种程度上也有所修正和补充。他把物理主义的主张归结为两个论题:(1) 建议把能否在主体间证实看做是有无科学意义的标准,即认为感性观察在对经验知识命题的证实方面最为重要;(2) 断言自然科学和社会科学中的种种事实和规律至少从原则上说都可以从物理学的理论假说中推演出来,即相信有可能建立一个统一的解释系统。他认为,这两

---

① 参见克拉夫特《维也纳学派》,第 141—155 页;塞拉斯《心、意义和行为》,载于《哲学研究》(*Philosophical Studies*)第 4 卷,1952;《对身心问题的语义学解决》,载于《方法》(*Method*)第 5 卷,1953。

② 洪谦:《论逻辑经验主义》,第 103 页。

个论题反映出我们这个世界的某些被假定的基本特征:论题(1)不是纯粹句法的意义标准,而是断言主观的证实和主体间的证实就其外延而言是一回事;论题(2)试图把最大量的事实包含于最少量的、统一的基本公设之中的理论构造计划,而且是根据现代物理学理论的范例构想出这些基本公设,因而它是一种关于科学说明的一元论观点,也是一种关于宇宙的一元论观点。① 卡尔纳普在1957年曾写道:心理陈述包括了日常生活和科学心理学这样两种陈述,它们都是说明所说的这个人的物理状态。这不同于微观生理学或微观物理学意义上的相应陈述,因为它们使用的是心理学概念体系,而不是其他两个领域的概念体系。②

随着逻辑经验主义的主要代表人物移居英美,以及纽拉特、波普和亨普尔等人对物理主义主张持续不断的批评,逻辑经验主义的这个主张逐渐被放弃。哈勒甚至认为:"自1936年到今天为止持续了几十年的讨论也没有提供出对所有问题的令人满意的回答。"③这反映了逻辑经验主义这个主张自身的困境:它一方面主张物理主义系统语言的每一个具体命题都可以充当记录命题;另一方面又认为还存在着系统之外的记录命题,这样就取消了物理语言作为知识基础的经验特征。由于库恩等人以历史的动态眼光严厉批评了卡尔纳普的语言系统的静态性质,因而导致卡尔纳普的立场也从单纯的句法理论研究转向对语义学的研究。

三 逻辑经验主义的影响及其评价

逻辑经验主义经过了一个从初期形成到鼎盛发展,再到最后衰落的过程。20世纪20年代是它的形成阶段,以维也纳学派的成立为标志。30年代是它的全盛时期,维也纳学派编辑出版了正式机关刊物《认识》和

---

① 参见费格尔《物理主义、统一科学与心理学基础》,载于洪谦主编《逻辑经验主义》下卷,第512—563页。
② 参见卡尔那普(即卡尔纳普)《使用物理语言的心理学》,载于洪谦主编《逻辑经验主义》下卷,第511页。
③ 哈勒:《新实证主义——维也纳学圈哲学史导论》,第265页。

"统一科学丛书",并与欧洲各国的逻辑实证主义者召开了五次"国际科学统一"大会,实施《国际科学统一百科全书》的编辑计划。30 年代末到 40 年代,由于希特勒纳粹对犹太人的迫害和占领奥地利、1936 年石里克的被刺身亡以及维也纳学派主要成员移居英美等国,维也纳学派已不复存在,美国继而成为逻辑经验主义的中心。50 年代以后,作为一种哲学思潮的逻辑经验主义运动基本结束,主要标志是两篇重要文章,即亨普尔在 1950 年发表的《经验主义意义标准上的问题与变化》和蒯因在 1951 年发表的《经验主义的两个教条》。①

逻辑经验主义对 20 世纪西方哲学产生了深远的影响,由此形成了声势浩大的分析哲学运动。以维也纳学派为核心的逻辑实证主义形成于 20 世纪 20 年代。追随着弗雷格、罗素、摩尔和维特根斯坦对语言问题的强调和对传统哲学的批判,维也纳学派的思想逐渐成为这种"新实证主义"的代言人。虽然维也纳学派内部在许多重要的观点上仍然存在分歧,但整个学派的基本精神却是一致的,这就是要以科学的实证态度对待一切哲学理论,以语言分析的方式解决传统形而上学问题,以经验证实的标准检验一切真理。正是在这种精神的引导下,维也纳学派在 20 世纪 30 年代的整个欧洲思想界扮演了一个"救世主"的角色;也正是由于这些活动,使得逻辑实证主义思想很快遍及整个欧洲思想界,并传播到了北美和太平洋地区。在美国,新一代实用主义者莫里斯(C. Morris)、兰福德(C. H. Langford)、刘易斯、布里奇曼等人的思想就具有明显的实证主义倾向。随着维也纳学派的主要成员相继移居美国,逻辑实证主义的思想就逐渐在美国本土哲学中占据了一席之地,并在 40 年代后成为美国哲学的主流。在英国,维也纳学派的观点主要通过魏斯曼在牛津、通过艾耶尔在伦敦产生了重要影响,其中艾耶尔著名的《语言

---

① 这是西方哲学界关于逻辑经验主义终结的较为普遍的看法。但近年来有了不同的声音,例如,哈勒通过对历史文献的研究,提出"逻辑经验主义运动及其支派远没有完结",因为他把这场运动看做是"企图把握并解释那些贯穿于并改变着我们整个人类所有生命形式的强大的**语言和科学现象**"(哈勒:《新实证主义——维也纳学圈哲学史导论》,第 4—5 页)。

真理与逻辑》一书在把维也纳学派的思想传播到英语国家的过程中起到了极为重要的作用。在芬兰,主要是由凯拉(E. Kaila)和冯·赖特的工作,使逻辑实证主义的思想得以传播。在阿根廷,参加过维也纳学派讨论的林德曼(H. A. Lindemann)在布宜诺斯艾利斯传播着逻辑实证主义。在中国,则有洪谦终生致力于捍卫石里克的思想,并为逻辑经验主义的许多重要观点注入了新的内容。此外,接近维也纳学派思想的还有丹麦、法国、瑞士、瑞典以及德国的部分哲学家。① 正是由于这些哲学家们的努力,使逻辑经验主义逐渐为 20 世纪的西方哲学家们所理解和接受,并由此形成了声势浩大的分析哲学运动。

20 世纪 30 年代末发生的一系列事件,最终使维也纳学派作为一种组织形式退出了历史舞台。首先是在 1936 年,石里克被一名精神错乱的学生杀害,这使得维也纳学派的定期讨论不得不停止;纳粹德国于 1938 年强行吞并奥地利,1939 年入侵波兰,由此引发了第二次世界大战;战争的爆发以及希特勒对犹太人的迫害,造成维也纳学派的一些主要成员纷纷离开奥地利,如卡尔纳普、齐泽尔、考夫曼、门格尔和哥德尔等人去了美国,魏斯曼和纽拉特去了英国;由于战争,1940 年《认识》杂志被迫停刊,维也纳学派的出版物被禁止出售。这些就使得逻辑实证主义思想的中心逐渐从欧洲大陆转向了美洲大陆。到 20 世纪 40 年代之后,美国成为传播逻辑实证主义思想的主要阵地,而这些思想与美国经验主义的实用主义传统相结合,又形成了新形式的逻辑实用主义。从历史的角度看,逻辑经验主义作为一场运动,开始于 20 世纪 20 年代的维也纳,却是在 40 年代后的美国才达到了它的鼎盛时期。正是由于维也纳学派主要成员移居美国,并在美国继续研究和传播逻辑实证主义思想,才使得逻辑经验主义成为 40—50 年代美国哲学的主流,并在整个西方哲学中产生深远影响。

逻辑经验主义对 20 世纪西方哲学的影响是多方面的。

---

① 关于维也纳学派思想传播的具体情况,参见克拉夫特《维也纳学派》,第 13—16 页。

首先，它彻底改变了西方哲学的研究方向，使西方哲学的经验主义传统进入了一个新的阶段。当代西方哲学中从弗雷格开始的"语言的转向"，经过罗素和维特根斯坦等人的努力，到了维也纳学派那里得到了系统的有组织的阐述和传播，如石里克在他著名的论文《哲学的转变》中就明确地宣称，弗雷格和罗素为这种转向开拓了道路，维特根斯坦则是"一直推进到这个决定性转变的第一人"；这种转变的起因是现代逻辑方法的掌握，这就使得以往的许多形而上学争论在原则上成为不必要的了。但同时，"这个伟大的转变并不是依靠方法本身，而是依靠一件完全不同的事，即看清逻辑自身的本质。这件事虽然是靠这种新方法才成为可能的，是这种新方法所引起的，却发生在更深得多的层次上"①。这种更深的层次就是对逻辑性质的重新认识。根据传统的观点，逻辑仅仅是用于处理语言表达的手段，无论是亚里士多德三段论还是中世纪的多谓词逻辑，都是为了使人们的语言表达更为清晰准确。但逻辑经验主义者认为，现代逻辑表明了逻辑与思维之间更为密切的关系，即语言表达本身就是思维，逻辑不是思维的形式或手段，而是思想本身。这样，他们就将思维活动与逻辑研究完全统一起来，主张通过对语言的逻辑研究达到对思想的研究。罗素的名言"一切哲学问题归根结底都可以看做是语言问题"成为逻辑经验主义理论的指导原则，弗雷格和维特根斯坦的逻辑主义思想更是维也纳学派的基本立场。

其次，逻辑经验主义基于现代逻辑思想对逻辑与经验关系的全新阐述，为经验主义找到了一个更为坚实的逻辑基础。逻辑经验主义的产生有着深厚的历史根源和时代背景。19 世纪后半叶的欧洲大陆兴起了对黑格尔思辨哲学的反叛，这种反叛主要来源于 19 世纪中叶后自然科学突飞猛进的发展以及由此形成的自然主义的泛滥。物理学、化学和生物学的成熟为哲学家们提供了反对黑格尔绝对唯心论的有力武器。正如维也纳学派所宣称的那样，被他们作为思想来源的那些哲学家的思想都

---

① 石里克：《哲学的转变》，载于洪谦主编《逻辑经验主义》上卷，第 7 页。

毫无例外地体现了以现代科学反对传统形而上学的哲学精神。同时，这些哲学家本人也是在自然科学不同领域的专家，他们的哲学思想在很大程度上是根据他们的自然科学研究成果，是对这些成果的哲学反思。特别值得注意的是，逻辑经验主义思想起源于具有思辨哲学传统的奥地利和德国，而不是具有经验主义传统的英国，这不是一个历史的偶然。洪谦在《关于逻辑经验主义的几个问题》一文中清楚地分析了出现这种现象的历史背景，特别指出了马赫哲学在逻辑经验主义形成中所起的决定性作用，其中也包括了布伦坦诺和迈农（A. Meinong）的意向性理论、赫尔巴特的数学心理学、费希纳的心理物理学和李希腾伯格的"他思"的思想影响。[①] 正是在这种历史背景下，维也纳学派形成了一整套以自然科学为模式建立哲学研究框架的设想。在他们看来，哲学研究应当像自然科学研究一样，建立在反复实验、不断证实的基础之上，正如科学命题需要实验的检验一样，一切哲学命题（如果真的存在哲学命题的话）都需要经过意义的分析和经验的证实。只有经过分析和证实的命题才是有意义的。不仅如此，逻辑经验主义者还根据现代逻辑的发展，把经验证实建立在逻辑分析的基础之上，主张以逻辑上的"可证实性"原则作为检验意义的标准。正是基于逻辑分析，才有了维也纳学派对传统形而上学的清除，才有了卡尔纳普等人对语形学和语义学的研究，才有了石里克等人对来自实用主义和其他哲学立场对逻辑经验主义挑战的回应。在这种意义上，逻辑经验主义为经验主义传统寻找到了一个在他们看来更为坚实的逻辑基础。

再次，逻辑经验主义对逻辑的研究和以自然科学为模式建立哲学框架的设想，为 20 世纪西方哲学开辟了新的研究领域和方向。客观地说，现代逻辑的建立不仅为逻辑经验主义的产生提供了有力的工具，而且直接导致了哲学研究内容和方法的根本性转变。哲学上的"语言的转向"正是由于现代逻辑的出现所带来的重要结果。卡尔纳普、哥德尔、亨普

[①] 参见洪谦《关于逻辑经验主义的几个问题》，载于洪谦《论逻辑经验主义》，第 84—85 页。

尔、塔尔斯基等人在逻辑和语义学上取得的研究成果,已经不单单是逻辑学和语言学的成就,更主要的是它们的哲学意义,或者说,现代逻辑和语义学自诞生之日起就与分析哲学有着无法分割的密切联系。与其说分析哲学是现代逻辑和语义学的产物,不如说现代逻辑和语义学的产生是逻辑学家和语言学家哲学思考的结果。当代逻辑史学家海杰努特(J. V. Heijenoort)和涅尔(W. & M. Kneale)等人就明确地把弗雷格的《概念文字》一书的出版看做是现代逻辑新纪元的开端。[①] 同样,谈论现代语义学的历史也往往离不开卡尔纳普的贡献。逻辑经验主义对现代逻辑和分析哲学的贡献,决不仅仅是提供了新的研究方法,而是为当代哲学发展开辟了一些全新的研究领域。随着维也纳学派主要成员移居英美以及他们对维也纳学派早期思想的不断深化、完善和推进,他们的研究逐渐触及一些早期思想没有或不愿意讨论的问题,如科学理论与观察的关系、意义理论的建构、身心问题、外部世界的存在问题等,由此形成了哲学研究中的一些新的分支领域,如科学哲学、语言哲学、心灵哲学等。历史地看,这些哲学分支领域正是伴随着逻辑经验主义的出现和发展逐渐演化而来的。所以,迄今为止,我们仍然可以从逻辑经验主义中寻找到科学哲学、语言哲学或心灵哲学等的最初形成踪迹。当代西方科学哲学、语言哲学和心灵哲学正是在逻辑经验主义的思想土壤中生长起来的。

最后,逻辑经验主义所代表的西方哲学的科学主义主张,与欧洲大陆的所谓人本主义主张形成鲜明对照,在 20 世纪的西方哲学中形成了两种截然不同的哲学传统的对峙。自古希腊以来,理性主义和经验主义始终是西方哲学中既并行发展又相互影响的两条主线。柏拉图和亚里士多德被看做是理性主义的鼻祖,而伊壁鸠鲁和皮浪等人则被看做是经验主义的早期代表。在近代西方哲学中,理性主义与经验主义被看做是

---

① 参见海杰努特《从弗雷格到哥德尔——数理逻辑典籍(1879—1931)》,第Ⅵ页,哈佛大学出版社,1967;威廉·涅尔和玛莎·涅尔《逻辑学的发展》,张家龙、洪汉鼎译,商务印书馆,1985。

代表了解决人类知识来源的两种不同方式:理性主义把知识看做是理性指导的结果,认为唯有理性才是知识的唯一源泉,所以又被称为"唯理主义"或"唯理论";经验主义则把经验看做是知识的唯一来源,认为人类的一切知识都只能来源于感性经验。到了康德那里,巴克莱和休谟的经验主义被吸收到以笛卡尔、莱布尼茨为代表的理性主义中,形成了以纯粹理性为基础的综合性的批判哲学。但在黑格尔哲学中,经验主义却几乎被完全抛弃了,纯粹的理性主义或绝对理性主义占据了 19 世纪西方哲学的主导地位。我们在前面已经看到,维也纳学派的形成和逻辑经验主义的出现正是这些具有经验主义倾向的哲学家们反叛黑格尔绝对理性主义的结果。逻辑经验主义把经验主义的传统与现代科学和逻辑的发展结合起来,不仅推进了经验主义的发展,而且形成了一种新的哲学传统,即科学主义的传统。这种科学主义认为科学是唯一的知识,科学方法论是获取知识的唯一正确的方法。根据这种传统,一切知识都必须用科学方法论来解释,科学领域之外的一切学科和知识或者可以被最终解释为科学,或者被作为知识的来源而排除在外。这种科学主义传统对 20 世纪的西方哲学(特别是英美哲学)产生了深刻的影响,以至于内格尔(T. Nagel)把它称做"当代思想领域中的广泛倾向"①。马格利斯(J. Margolis)更是把 20 世纪的西方哲学看做是科学主义盛行的时代。他认为,"科学主义"表明了对特殊的知觉模式或方法论具有某种优先性,甚至断定了号称"科学"捍卫者的人会不可避免地认为或无法抗拒地赞同一种可靠的形而上学,即使面对并不充分的证据或实质性的怀疑。逻辑经验主义所代表的这种科学主义以科学为判定一切知识和命题意义的唯一尺度,由此排除了其他领域具有知识的可能性,特别是关于人生和宗教的意义。维也纳学派对传统形而上学的拒斥不仅是对传统哲学的挑战,更是对以追求生命意义和道德理想为目的的伦理学、美学或艺术哲学等的挑战,而这些正是欧洲大陆哲学特别给予重视的研究领

① 内格尔:《出自无处的观点》,第 9 页,牛津大学出版社,1986。

域。维也纳学派在提倡科学主义的时候，事实上有意识地把欧洲大陆的所谓人本主义和形而上学研究作为自己的对立面，以科学和逻辑反对个人体验和心理分析，以语言研究挑战意识分析。正是由于逻辑经验主义者们的工作，使得科学主义成为英美哲学与欧洲大陆哲学抗衡的标志。

当然，逻辑经验主义自形成之初就开始遭到来自不同方面的批评和挑战，许多哲学家对它的基本立场和主要观点都提出了各种责难。客观地说，逻辑经验主义也是在不断回应各种批判并修正自己观点的过程中逐渐得到完善和补充的。

最早对逻辑经验主义哲学提出批评的是英国哲学家波普。他早年曾参加了维也纳学派的一些讨论，对他们所提倡的许多重要观点耳熟能详，而且在哲学基本立场上持有与维也纳学派相同或相近的观点。他与维也纳学派的许多重要成员，如汉恩、费格尔、魏斯曼、卡尔纳普、克拉夫特、哥德尔、门格尔、齐泽尔等人，都有着密切的个人关系；他对石里克和卡尔纳普的评价极高，认为他们的思想直接带来了他的哲学思考；他的成名之作《研究的逻辑》就是在费格尔的启发和鼓励下完成的，而且发表在维也纳学派主持的"科学世界观丛书"中。虽然波普并不是维也纳学派的正式成员，但他与维也纳学派的密切关系使得他能够接受逻辑经验主义的某些观点，例如，承认逻辑和数学的有效性独立于经验，认为逻辑和数学并不包含关于实在的描述性陈述，而只是规定了我们的语言规则或程序规则；承认一切关于实在的知识一定具有经验的基础，继承了马赫的经验主义传统。卡尔纳普在回忆录中就明确地表示，波普的某些观点"积极地影响了"他的思考和维也纳学派内其他人的思想，如他关于记录句子的观点。[1] 然而，在许多重要观点上，波普却对维也纳学派"持激烈的批评态度"（克拉夫特语），并且倾向于强调他与维也纳学派之间"相当明显的观点分歧"（卡尔纳普语）。

波普首先批评的是维也纳学派的理论基石"经验证实原则"。他指

---

[1] 参见《卡尔纳普思想自述》，陈晓山、涂敏译，第49页，上海译文出版社，1985。

出,对任何一个科学命题,我们都无法穷尽所有的经验来最后证实它,但我们却可以通过一个反例去证伪它,就是说,只要能够找到一个否证某个科学命题的事例,我们就可以说这个命题是科学的。由此,波普就把逻辑经验主义用来作为区分科学与形而上学的意义标准,转换为区分科学与伪科学的划界标准。在波普看来,"'意义问题'并不具有真正的重要性;他认为实证主义想找到一个'意义标准'的企图,是不会有任何积极的成果的,而只会导致提出一些相当任意的规定。可证伪性,像他所设想的,并不是一个意义标准,而是区分科学和它的模拟物的方法。"①波普用可证伪性原则为科学与伪科学划定了明确的界限,这里的"伪科学"不仅包括了传统的形而上学,而且包括了心理分析和占星术这样的表面上自称为科学的理论。

波普作出这种划界的逻辑根据是反对逻辑经验主义的归纳法,主张对经验的概率分析。他认为,任何科学假说都必定包含其无法解释的可能情况,所以不能用"大多数情况"或"较高概率"这样的术语来判定某个假说是科学的;断定一个假说是科学的,只有在它能够被至少一个反例所否证的时候才是可能的。这样,科学假说能否成立并不在于它能够解释一切情况或大多数情况,而是有证据证明存在它无法解释的情况,并且可以被确定地抛弃,代之以新的假说。由此,波普提出,如果一个假说经受住了严格的检验,那么它就得到了确证。在这里,确证度就成为衡量被确证的假说已经接受严格检验程度的尺度,也就是暂时接受这个假说的合理性的尺度。波普的这个思想对卡尔纳普有很大的影响,导致卡尔纳普在 1936 年发表的《可检验性和意义》中基本上接受了波普的批评,修改了他早期的证实思想,用"确证"概念代替了"证实"。他写道:"就可证实性来说在一个全称句子和一个特称句子之间并没有根本的区别,却只有程度上的区别。……如果一个语句的否定在一定程度上得到确证,要是我们愿意,我们就可以说这个语句在某种程度上动摇了。绝

---

① 巴斯摩尔:《哲学百年·新近哲学家》,洪汉鼎等译,第 457 页,商务印书馆,1996。

对证实的不可能性已被 Popper(波普)指出和详细地说明了。在这一点上,我觉得我们现在的看法同 Lewis(刘易斯)和 Nagel(内格尔)是完全一致的。"①但波普的反归纳主义的主张也遭到了维也纳学派其他成员,如纽拉特和克拉夫特等人的反对。他们认为,由于科学假说的提出是根据大量经验证实的事例,仅仅用一个反例并不足以推翻一个假说的科学性质,而且,对基本语句的经验检验并不完全是一个实践的过程,而是对基本语句可以提出充分检验的一种逻辑上的可能性,这样,构成最终检验基础的语句一定是通过约定来选择的,或者说,在对基本语句的检验过程中,经验主义最终是要走向约定主义。"作为判决性基本语句选择出来的是那些断定某种主体间可观察的东西,从而可以还原为经验的语句。但经验并不构成它们有效性的逻辑根据。经验仅仅**促成**对它们的接受或约定。"②

波普对逻辑经验主义的另一个重要批评是,反对维也纳学派对实在问题和形而上学的彻底抛弃,主张在科学理论研究中坚持一种形而上学实在论的哲学立场。虽然波普对以往科学研究中的本质主义观点提出了批评,认为这种观点阻碍了科学研究并会导致蒙昧主义,但他也反对维也纳学派完全抛弃对实在问题的研究,提出用"真理"概念去定义科学的进步。与逻辑经验主义者不同,波普在关于外在世界的存在问题上是一个实在论者,他承认外在世界的客观存在,承认人们的认识可以得到客观真理,但又认为获得这种真理是一个逐渐逼真的过程,这个过程不是真理的逐渐积累,而是通过否证来达到理论的"真内容"。他把理论所具有的逼近真理的性质称做"逼真性",把理论逼近真理的程度称做"逼真度"。他指出,假设理论 T_1 和 T_2 的真内容和假内容是可以比较的,那么,只要出现以下两种情况中的任何一种,就可以说理论 T_2 更加逼近真理或者说更符合事实:(1) 理论 T_2 的真内容(而不是假内容)超过了理

---

① 卡尔那普(即卡尔纳普):《可检验性和意义》,载于洪谦主编《逻辑经验主义》上卷,第 75—76 页。
② 克拉夫特:《维也纳学派》,第 114 页。

论 T_1 的真内容,(2) 理论 T_1 的假内容(而不是真内容)超过了理论 T_2 的假内容。这样,科学的进步就是通过用具有更高"逼真度"的理论去替代原有的理论。当然,波普的这种科学进步观也遭到了逻辑经验主义者的反驳,主要是认为他完全忽略了科学进步已然包括了知识的逐渐积累这个事实,同时他的实在论立场也被看做是与他关于演绎说明的约定主义相矛盾的,因为他认为经验并不是基本语句有效性的根据,接受基本语句仅仅是一种任意的约定,是一种仅仅在心理上由经验所决定的判定。①

第二节 石里克的普通认识论

在关于维也纳学派的现代文献中,石里克通常被描述为这个学派的领袖人物。但据维也纳学派成员们的回忆,在他们的讨论中,石里克往往是作为一个耐心的听众和温和的批评者,只是偶尔对某些观点提出过较为严厉的讽刺。卡尔纳普在自传中认为,维也纳学派能够形成志趣相投的气氛,"首先应当归功于石里克的那种自始至终的善良、宽容和谦逊的品格。他对明确性的个人爱好和在物理学方面的素养使得他极富于运用科学的思维方式"②。费格尔的评价是:"石里克是一个非常博学的人。同维也纳学派中其他许多人不同,他在哲学史和科学史方面有很高的素养。他是一个思路极为清晰的思想家和著作家,但不是一个杰出的演说家。……他的为人是热情和蔼的。他显得极为文静,毫不装腔作势地表示故作自卑的谦虚。"③"在学派的讨论中,他通常宁愿以一个提出建设性评论的'主席'和'调解者'的身份出席,而不愿以'首领'的身份出席。除了在一些极少的场合中,譬如在对纽拉特的某些具有挑战性的彻

① 参见波普《科学发现的逻辑》,第 65 页,纽约,基础读本公司,1959。对波普实在论立场的反驳,请参见克拉夫特《维也纳学派》,第 114—115 页。
②《卡尔纳普思想自述》,陈晓山、涂敏译,第 32 页,上海译文出版社,1985。
③ 费格尔:《维也纳学派在美国》,载于克拉夫特《维也纳学派》,第 173 页。

底唯物主义观点或考夫曼的某些具有试探性的现象学观念作出反应之外,石里克从来不让他的评论带有丝毫尖酸刻薄或咄咄逼人的痕迹。"①石里克的学生洪谦明确表示:"我个人觉得无论在演讲中还是在讨论班上,石里克都是一个极富启发性的循循善诱之师。"②

一　生平与著作

莫里兹·石里克(Moritz Schlick)于 1882 年 4 月 25 日出生在德国柏林的一个贵族家庭。他从中学起就对物理学和数学产生了浓厚兴趣,后来在柏林大学读书时以物理学为主修,并在海德堡大学和瑞士的洛桑大学选听过物理学课程。1904 年在柏林大学物理学家普朗克的指导下,完成博士论文《论非均匀层中光的折射》。但从此以后,石里克并没有做过真正意义上的物理学实验,他在物理学上的兴趣一直是在理论物理领域。事实上,他正是由于对爱因斯坦相对论的精通,而成为最早认识到这个理论所具有的哲学意义的哲学家。1910—1920 年间,石里克在罗斯拉克大学担任讲师和副教授,1921 年被任命为基尔大学教授,实现了他为自己设定的学术生涯目标。1922 年,经汉恩等人推荐,石里克被维也纳大学邀请担任先前由马赫和玻尔兹曼主持过的归纳科学哲学讲座教授。1923 年③,在魏斯曼和费格尔的建议下,石里克开始参加以汉恩和纽拉特为首的维也纳小组的讨论,"在这个讨论圈子中石里克作为唯一的哲学教授,不仅通过其作为物理学家所受的训练,而且通过其关于相对论的出色的论文赢得了圈子中的自然科学家们的特别重视。在他们

---

① 费格尔和布隆贝格为石里克的《普通认识论》第 2 版英译本所写的"导言",第 XII 页,纽约,斯普林格,1974。

② 洪谦:《论逻辑经验主义》,第 73 页。

③ 据费格尔于 1969 年回忆,"那是在 1924 年,F. 魏斯曼和我——我们都是石里克所器重的学生——去拜访他,想要成立一个讨论问题的小组。石里克表示赞同,结果便产生了星期四晚间讨论会——维也纳学派的开端"(费格尔:《维也纳学派在美国》,载于克拉夫特《维也纳学派》第 173 页)。但哈勒根据历史考证,认为在石里克参加之前就已经存在一个维也纳学派,哈勒称做"第一个维也纳学派",而且石里克参加的时间应当是在 1923 年而不是 1924 年。参见哈勒《新实证主义——维也纳学圈哲学史导论》,第 57 页。

眼里,石里克就是他们所寻找的专家,因为与汉斯(即汉恩——引者注)的年轻的学生和土生土长的维也纳哲学家们比起来他更有可能为第一个维也纳学圈的问题提供解答。此外,他还是一位非常适合发言的引导人:头脑冷静,清楚,特别宽容且具有理解能力。"[1] 1928 年,石里克被推选为新成立的"马赫学会"主席。他还于 1929 年和 1931 年分别担任了美国斯坦福大学和加州大学伯克利分校的客座教授,他是维也纳学派中第一个访问美国的哲学家,也是把维也纳学派的思想,特别是维特根斯坦的思想传播到美国的第一人。[2] 1936 年 6 月 22 日,石里克被一个精神错乱的学生(据说是一个法西斯分子)枪杀。

石里克在开始他的哲学生涯时关心的主要问题并不是有关自然科学的认识论问题,而是道德和人生观的问题。他的哲学处女作是于 1908 年出版的《生活的智慧》(*Lebensweisheit. Versuch einer Glückseligkeitslehre*, 1908),该书的副标题是"幸福论尝试"。他在书中提出了一种伊壁鸠鲁式的美德理论,并对激情作了有趣的探讨。随后在 20 世纪 20—30 年代,他还写了《论生活的意义》(1927)一文和《伦理学问题》(*Problems of Ethics*, 1930)一书。石里克对伦理学和道德问题的重视不是他一时的冲动,而是贯穿在他一生的哲学活动之中:他是维也纳学派中唯一始终坚持讨论伦理学和道德问题的哲学家。此外,与维也纳学派的其他成员不同的是,石里克也是唯一熟知现代物理学,特别是爱因斯坦相对论的哲学家。他在物理学方面,特别是在解释相对论的哲学意义方面做了大量工作,主要包括完成了《现代物理学中的空间和时间》(*Space and Time in Modern Physics*, 1917)和《自然哲学》(*Of Nature Philosophy*, 主要根据他在 1932—1933 年的课程讲稿于 1948 年出版)等著作以及一系列论文,如《相对论原理的哲学意义》(1915)、《对现代物理学的批判性解释还是经验性解释?》(1921)、《哲学中的相对论》

---

[1] 哈勒:《新实证主义——维也纳学圈哲学史导论》,第 76 页。
[2] 参见费格尔《维也纳学派在美国》,载于克拉夫特《维也纳学派》,第 183 页。

(1922)、《自然哲学》(1925)、《现代物理学中的因果关系》(1931)、《量子理论和自然的可知性》(1936)等等。

物理学和认识论是石里克一生关注的两个主要研究领域,他对现代物理学成就的哲学分析为物理学研究提供了广阔的认识论视角,他深厚的相对论和量子论知识背景以及与普朗克、爱因斯坦、希尔伯特(D. H. Hilbert)等人的密切关系,为他本人带来了很高的学术声誉;同时,他敏锐的哲学眼光和深邃的认识论观点,也是他同时代的许多物理学家所望尘莫及的。他在认识论方面出版的主要著作是《普通认识论》(*General Theory of Knowledge*, 1918),以及一系列论文,如《什么是认识?》(1911—1912)、《存在直觉知识吗?》(1913)、《现象和本质》(1917)、《论知识的价值》(1912)、《体验、认识和形而上学》(1926)、《论知识的基础》(1934)、《事实和命题》(1935)、《意义和证实》(1936)等。石里克生前发表的所有论文以及部分未发表的手稿被编辑成两卷本的《哲学文集》(*Philosophical Papers*)于 1979 年出版。

石里克的思想发展通常被分做两个时期 ①:20 世纪 20 年代中期以前,确切地说,就是在他受聘担任维也纳大学教授之前,他的哲学立场主要是一种批判实在论观点,他的思想受到休谟、马赫、阿芬那留斯、彭加勒、罗素等人的影响,反对当时在德国占主导地位的新康德主义和刚刚兴起的胡塞尔的现象学。他在这个时期的代表作就是《现代物理学中的空间和时间》和《普通认识论》。在这些著作中,石里克明确地区分了物理的和知觉的空间与时间。

———————————

① 根据洪谦的说法,关于石里克的哲学发展有所谓"前维特根斯坦时期"和"后维特根斯坦时期"之说:"在前一个时期,他是一个强烈的实在论者,主张批判的实在论;到后一时期,在维特根斯坦的影响下……石里克的确多少改变了他的哲学观点。"但洪谦并不同意艾耶尔认为石里克在后期返回到马赫实证主义的看法,而是认为石里克恰恰排斥了马赫把外部世界溶化于感觉之中的理论,主张只有在所予中的可证实性或在体验中的可检验性才是一切经验命题的唯一标准。洪谦对此提出的一个证据是:"石里克坚决反对'逻辑实证主义'这个名称,而赞成代之以'彻底经验主义'或'逻辑经验主义'。"参见洪谦《关于逻辑经验主义——我的个人见解》,载于洪谦《论逻辑经验主义》,第 73—75 页。

在石里克看来,知觉的时间乃是一种直接具体的时间经验;而相对论所研究的物理的时间则是构造出来将世界系统化的一种纯粹概念性的次序原则。这种不可定义不可描述的时间经验也许是估计时间的一种非常方便的手段,但决不是作为物理原则来客观地定义时间的手段。……对于空间,我们也必须区分作为直观广延的空间(这种空间只能被经验到)和作为自然现象中次序原则的空间。后一种空间系统同样是借助于纯粹概念性次序而得到的,正像对时间连续统中的事件的划分一样。①

同时,他对认识和体验也作了明确的区分,否定了康德关于先天综合判断的理论,提出了他关于实在和身心问题的看法。《普通认识论》一书被看做是"预示了维特根斯坦晚几年出版的《逻辑哲学论》一书的某些观点"②,其中包括对哲学性质的规定和关于判定意义构成方式以及关于证实的观点。他提出,哲学的首要任务是研究在所有形式的知识中起决定性作用的原则,因而在科学的领域之外不存在任何为哲学独有的领域,换言之,哲学的任务就是对以科学的语言表达出来的科学的认识成就进行澄清和解释。"石里克对哲学的如是规定实际上已为他日后接受维特根斯坦关于哲学的界定——哲学是阐释和澄清命题的活动——铺平了道路。"③哈勒由此断定,"石里克的认识理论在许多方面非常接近于维特根斯坦的《逻辑哲学论》"④。

尽管如此,与维特根斯坦的相识,仍然使石里克的思想发生了重要

---

① 洪谦:《莫里兹·石里克与现代经验论》,载于洪谦《论逻辑经验主义》,第48页。
② 涂纪亮:《分析哲学及其在美国的发展》上卷,第182页,中国社会科学出版社,1987。同时参见洪谦《关于逻辑经验主义的几个问题》,载于洪谦《论逻辑经验主义》,第87页。洪谦认为,维特根斯坦提出的关于分析命题与综合命题的区分、对科学与哲学的界定以及关于证实的思想,石里克早在《逻辑哲学论》出版之前就在《普通认识论》中提出来了,并从认识论方面加以了阐述。但是对于这些论点的一种严格而明确的哲学表述,我们却是在《逻辑哲学论》中才初次见到的。
③ 哈勒:《新实证主义——维也纳学圈哲学史导论》,第139页。
④ 同上书,第142页。

转变。1921 年出版的《逻辑哲学论》很快成为维也纳学派讨论的主要话题，书中清楚地表达的关于逻辑形式、命题意义和哲学性质的观点引起了包括石里克在内的维也纳学派大多数成员的强烈响应，认为其中所表达的思想正是这个学派所要追求的理想，即从自然科学中排除形而上学，实现哲学的科学化和语言的逻辑化。在这种情况下，石里克于 1924 年 12 月给维特根斯坦去信，表达了对他的钦佩和会见他的愿望。但几次联系都未能成功，最后，直到 1927 年，他们才得以相见。石里克邀请他参加维也纳学派的活动，并让他给学派成员讲解《逻辑哲学论》。维特根斯坦愉快地接受了石里克的后一个请求，因为他欣赏石里克温文尔雅的学者风度和极为渊博的知识，但他却回绝了石里克的前一个邀请。事实上，维特根斯坦在 1927—1929 年间一直与石里克、卡尔纳普、魏斯曼、纽拉特等人保持着密切的私人关系。通常认为，正是通过阅读、讨论《逻辑哲学论》以及与维特根斯坦的直接交流，石里克放弃了自己早期的实在论哲学，完全转向一种实证主义的立场。[①]

把石里克的思想发展分做前后两个时期，这是为了突出维特根斯坦对石里克思想的影响，也是为了表明石里克思想发展中出现的转变。但近年来，哲学家们更加重视石里克思想发展的连续性。[②] 事实上，正如洪谦所指出的，维特根斯坦思想的出现，并不是彻底改变了石里克，而只是使他原有的思想得到了更为清楚的表达，"或者说，只是在某些重要的观点上补充了他的研究成果"[③]。石里克思想的这种连续性或一致性，主要表现在他的普通认识论观点、善良伦理学和关于证实的思想中。

[①] 关于维特根斯坦对石里克思想转变的影响以及这两个哲学家思想之间的区别，参见洪谦《维特根斯坦和石里克》，载于洪谦《论逻辑经验主义》，第 115—124 页。

[②] 例如，哈勒和洪谦等人就认为，石里克的思想并不像以往认为的那样发生了"重要转变"，虽然在某些观点以及思想的表述上，他在维特根斯坦的影响下有所变化，或者说有所改进，但他并没有完全放弃原来的思想，或者说，他的思想发展并不存在明显的前后期之别。参见哈勒《新实证主义——维也纳学圈哲学史导论》，第 129—130 页；洪谦《论逻辑经验主义》，第 115 页。

[③] 洪谦：《论逻辑经验主义》，第 115 页。

二 《普通认识论》

《普通认识论》初版于 1918 年,再版于 1925 年。如前所述,该书是石里克早年的重要著作,表达了他对实在、世界以及哲学性质的基本看法。通常认为,石里克在思想发生转变后,放弃了该书中的主张。[1] 但最新的研究成果表明,石里克在以后的思想中并不是真正放弃了他早年的观点,而只是变换了表达思想的方式,或者说,使他早年的观点表达得更为清楚明了。

石里克的认识论研究始于他对相对论哲学意义的关注。他在解释爱因斯坦相对论时,严格区分了物理的时空观和知觉的时空观。他认为,知觉的时间是一种直接具体的时间经验,而相对论所研究的物理的时间则是构造出来的将世界系统化的一种纯粹概念性的次序原则。[2] 由于知觉的时间无法定义和客观地描述,所以我们需要物理的时间来确定事件发生的先后次序。但是物理的时间本身却不是客观的,而是我们为了确定事件的次序所使用的一种概念体系。同样,在空间问题上,石里克区分了直观广延的空间和自然次序原则的空间。他认为,前者是可以为经验观察到的,但无法确定,只有后者才能得到客观的确定,因为它是借助于纯粹概念次序得到的,是我们用来规定三维空间的概念体系。虽然我们使用的空间概念通常只有与经验联系起来才能获得有效性,但我们的物理时空概念本身却可以是与经验无关的,我们对这样的时空概念下定义并不需要具体的经验内容。但石里克又认为,作为纯粹概念的时空要获得意义,还必须与某种知觉对象相对应。他以此来反对康德的"先天综合判断"思想。在康德看来,作为数学基础的"先天综合判断"是理性和经验在"纯直观"中统一的结果,这种纯直观不仅提供了几何学概念的意义,而且使几何公理获得了"先天有效性"。然而,石里克则认为,

---

① 参见涂纪亮《分析哲学及其在美国的发展》上卷,第 192 页,中国社会科学出版社,1987。
② 参见洪谦《论逻辑经验主义》,第 48 页。

包括几何学概念和公理在内的所有概念体系都不可避免地需要一定的经验内容才能得到验证，这样就不会存在任何以先天有效性为前提的所谓"先天综合判断"。他明确地指出："把判断区分为分析的和综合的，这种区分十分准确，而且是客观有效的。它不依赖于作出判断的个人的主观看法，也不依赖于这个人的理解方式。"①石里克的这个思想在他的维也纳时期得到了发展，更加明确地区分了分析命题和综合命题，并以此作为反对形而上学的重要依据。

在《普通认识论》中，石里克集中讨论了实在问题和外部世界的存在问题。他认为，在实在问题上，存在着朴素的实在论和哲学上的实在论这样两种不同的看法。虽然哲学上的实在论与朴素的实在论都来自生活，但前者比后者更要求得到一个精确、一致的实在标准。在如何得到这样一个实在标准的问题上，不同的哲学家采用了不同的方法。有的哲学家试图修补朴素实在论，以便得到在科学上更为有效的实在标准；而有的则反对朴素实在论，提出完全不同的实证论，如观念论的实证论或内在论。石里克把自己的实证论看做属于前一种，称做"批判的实在论"。根据这种实在论，实在的标准是"时间限定"，即一切实在物都处于时间之中。他写道：

> 每个真正存在的事物都存在于某个时间点。每个事件或事物都处于某个时间点或某段时间中。无论我们把时间的"本质"看做是什么，无论我们怎样确定某个时间点，无论我们把时间看做是相对的还是绝对的，无论它具有主观的还是客观的有效性，这都是正确的。在普通人看来，正如从科学的观点看，一切实在物都处于时间之中，因此，我们总是能够根据这个特征来辨别实在物。②

由此，石里克把概念、判断等看做是非实在物，因为它们都不存在于某个时间点或时间段中，或者说，它们是超时间的。他还认为，虽然概

① 石里克：《普通认识论》，第76页，纽约，斯普林格，1974。
② 同上书，第188页。

念、判断等不存在于时间中,但它们却以某种形式存在于空间中。就是说,它们都会占有一定的空间位置。可见,具有空间性并不是实在物的关键特征,"只有时间性才是一切实在物的必要标准"①。

需要注意的是,石里克的这个思想并不是为了论证物质或外在物的实在性,而是为了说明,一切实在物都存在于时间和空间中。这符合普通人和科学家的看法或常识,但他的目的不限于此。他是要证明,时间和空间本身并不是实在物,因为它们不可能存在于自身中,它们只不过是我们用来构建和表达实在物的概念体系,但这样的概念体系又需要联系对应的实在物才有意义。他提出,如果科学的目的是为了以简明的方式描述实在物及其相互关系,那么,科学描述本身就不涉及外部世界的实在问题;而且,科学的认识与经验的直观无关,因为认识是形式上的,是对实在物从形式上的认识。这样,石里克就把实在问题和外部世界的存在问题归结为认识的形式问题和概念的表达问题。洪谦认为,石里克区分了知道某种事物与经验到某种事物,因为经验是主观的,只能在经验本身中直接显示出来的,而无法用语言交流,但科学知识则是客观的,是可以交流的。② 石里克认为,每一种知识在原则上都是再认识或重认识,这种再认识的前提就是可以使用可重复的客观语言。可见,石里克的所谓"批判的实在论"并不是通常理解的对实在提出某种建构的实在论,而是一种把实在搁置一边而去关注对实在的描述方式或认识方式的、独特的实在论。

石里克喜欢把自己在维也纳时期的哲学称做"彻底的经验论",而不是通常赋予它的标签"逻辑实证主义"。其实,实在论本身就是一种经验论,而批判的实在论确立了分析和综合的区分,更是对经验的实在性赋予了科学知识和常识,虽然这种经验论还没有他提出证实原则时更为彻底。在1932年的《实证主义和实在论》一文中,石里克把实在论与实证

---

① 石里克:《普通认识论》,第189页,纽约,斯普林格,1974。
② 参见洪谦《论逻辑经验主义》,第52页。

主义联系起来,认为两者归根结底都是对经验的证实说明。他指出,实在性本身并不是事物的属性,而只是被认为陈述了经验规律的命题之间的一种规定。如果我说某个事物或物体是实在的,那就是说在某些知觉或经验之间存在着特定的联系,正由于这样的联系,我的说法才是有意义的,并且是可以得到证实的。所以,在这里,实在仅仅意味着对命题可证实性的经验说明。同样,关于外部世界的存在问题,实在论承认超验世界的存在,实证主义则否认这个世界的存在。但石里克认为,实证主义和实在论在这个问题上的争论是没有意义的,因为双方所持的论点都无法得到经验的证实。他在文章的最后写道:"逻辑实证主义和实在论并不是对立的,任何一个承认我们原则的人事实上都一定是一个经验论的实在论者。对立仅仅存在于始终如一的经验论者和形而上学家之间;始终如一的经验论既反对实在论者,也反对观念论者。"[1]

石里克在《普通认识论》中完成的另一个任务是对传统的心物问题的解决。他明确指出,心物问题是由于"错误的提法所造成的问题之一",因为"我们眼前展现出的世界图画并没有什么阴暗角落可以隐藏一些特殊的困难,以心物问题的名义使人望而生畏"。[2] 他认为,这个问题的提出是因为人们通常对心物概念的错误理解,即认为"物"是与"心"截然不同的、外在于心的东西。根据他的批判的实在论观点,如果把"物"的概念理解为这样一种实在物,那么就会把时空特性赋予这样的物本身;然而,这样也就把某种主观的东西或不属于客观存在的东西带进了对"物"概念的理解中,因为作为实在的本质特征的时空概念(主要是时间概念)完全是科学认识中设定的概念体系。这样,"普通的形体概念(即实在物概念——引者注)包含有许多实际上彼此并不相容的特征,形体不仅是自在之物(即无意识内容的东西),而且还具有直观的、可知觉的广延特性。因为这两点是不相容的,所以这种物(形体、物质)的概念

---

① 石里克:《实证主义和实在论》,载于石里克《哲学文集》第 2 卷,第 283 页,克鲁威尔学术出版社,1979(以下所引此书均为此版本)。
② 参见石里克《物的和心的》,载于洪谦主编《逻辑经验主义》下卷,第 427 页。

必定引起矛盾,正是这些矛盾构成了心物问题"[1]。石里克对这个问题的解决方法是把心物都看做性质:"宇宙向我们呈现的是无限多样化的性质。其中有一些是属于意识一类的,我们叫做主观的性质。它们是给予的东西和直接感知的东西。和它们对立的是客观的性质,这不是给予的,也不是直接感知的。"[2]"世界是由诸多相互联系的性质形成的一个杂色多样的结构。其中有一些性质是给予我的(或其他人的)意识的,我叫做主观的或心的,另一些性质不是直接给予任何意识的,我称之为客观的或心外的。"[3]他认为,根据这种观点,就不会提出"物"的概念了。

石里克对心物问题的这种解决完全基于他的批判实在论立场。根据这种批判实在论,他坚决反对把实在分为"本质"和"现象"这样两种完全不同的种类,反对把本质看做是现象背后的某种东西。他提出,这两种性质完全是等值的,都处于宇宙的普遍联系之中,因为宇宙中的每个事物都依赖于其他的事物,每个事件都是所有其他事件作用的结果,无论它们是否具有主观的或客观的性质。他说:"毫无疑问,在宇宙的各种不同的性质之间,也就是说,在那些属于我的意识的性质和以'我的身体之外的物体'这个'物的'概念来指称的心外性质之间,存在有一种普遍的依赖关系或'交感作用'。"[4]石里克从现代物理学发展(特别是相对论)中得到启发,把"物的"概念理解为"一种实际"(an actuality),即用自然科学的时空量的概念系统来指称的实际。由于这样的"实际"与科学的概念系统有直接关系,所以他进一步说:"物的"概念并不是一种特殊的实际,而是一种描述实际的特殊方法,是为了获得实际知识所必需的一种形成自然科学概念的方法。这样,由于把心物概念理解为两种不同的但又等值的认识方法,所谓的心物问题也就消失了。

值得注意的是,石里克在《论心理概念与物理概念的关系》一文中,

---

[1] 参见石里克《物的和心的》,载于洪谦主编《逻辑经验主义》下卷,第429页。
[2] 石里克:《实证主义和实在论》,载于石里克《哲学文集》第2卷,第427—428页。
[3] 同上文,第430页。
[4] 同上文,第431页。

仍然坚持他在《普通认识论》中对待心物问题的立场，不同的只是更为明确地表达了他在这个问题上的物理主义观点。他把物理主义解释为一种"劝告"，即告诫我们"在评价或论述事实的时候，不要认为这些事实由于事实这句话而使我们想到与任何其他经验的事实情形不同；劝告我们要把这些事实当作一种范例，当作各种可能性中的一种可能性。恰好是通过想象其他可能的事态——这种事态把面前的事态作为它的背景提供出来——我们才能了解、才能看到物理概念实际上所起的作用和它对于心理概念的关系是怎样的"①。根据这种理解，"'物的'和'心的'这两个词只是描写两种不同的、用来整理经验材料的表述模式，它们是描述实在的两种不同的方式。人们在主体间的空间中计算有秩序的相符，这是物理的方式；而通过一组强烈性质来处理经验材料乃是心理的描述。所谓'心物问题'是由于同一个语句中混合地采用了两种表述模式而产生的"②。虽然石里克这里的思想与他在《普通认识论》中的说法别无二致，但他在这里更为明确地把对心物的二分法看做是一种形而上学，是澄清问题的障碍。这样，石里克就在维也纳时期把他的早期思想推进了一步，或者说使他在心物问题上更为彻底地走向了物理主义。③

除了在关于实在和心物等问题上石里克的观点并没有前后期的实质性变化外，在关于哲学性质的问题上，他的看法也并没有根本性的改变。在《普通认识论》中，石里克明确指出："一切重要的哲学问题都是基于一些纠缠不休的、令人苦恼的矛盾；这些问题表面上把自己表现在某种概念对立之中，而调解这种对立就意味着哲学任务的解决。"④他还把确定一个词的意义方式看做是这个词实际上所具有的意义，即"在那种明显地以'物的'作为研究对象的科学即物理学中的意思"。这种确定意

---

① 石里克：《论心理概念与物理概念的关系》，载于洪谦主编《逻辑经验主义》下卷，第463页。
② 同上文，第468页。
③ 石里克在谈到赞同物理主义的观点时，还专门提及他的《普通认识论》，认为其中包含的观点是正确的。参见洪谦主编《逻辑经验主义》下卷，第462页注①。
④ 洪谦主编：《逻辑经验主义》下卷，第429页。

义的方式就是相信物理学中可操作和可实验的内容。这使我们看到维也纳时期的石里克意义证实观点的端倪。在《论心理概念与物理概念的关系》中，石里克把哲学研究的唯一真正方法看做是关于物理对象的命题被证实的方式。他说："凡是在证实这类命题时所使用的各种方法中的共同的东西，就一定是表明'物的'特征的东西。所有命题的真假，都是通过一定的操作得到检验的，要阐明命题的意义，就要指明这些操作的方法。"①在《哲学的转变》中，石里克更是明确地把哲学规定为一种活动（即那种确定或发现命题意义的活动）的体系。因为"哲学使命题得到澄清，科学使命题得到证实。科学研究的是命题的真理性，哲学研究的是命题的真正**意义**。科学的内容、灵魂和精神当然离不开它的命题的真正**意义**。因此哲学的授义活动是一切科学知识的开端和归宿"②。

由此可见，维也纳时期的石里克并没有完全放弃他早年的许多重要思想，虽然他不再强调实在论与实证主义之间的重要区别，不再关心对外部世界和心物问题的解决。由于受到现代物理学的发展，特别是相对论和量子力学的影响，石里克的认识论观点始终是经验论和唯名论的混合体，他的一般哲学立场始终是反形而上学的。这就使他能够对维特根斯坦的思想产生强烈共鸣，对《逻辑哲学论》中表达的观点倍加推崇。然而，由于石里克出于谦逊的品质，在维也纳学派中过于推举维特根斯坦，而把自己的思想划归到《逻辑哲学论》中，这反而使他自己的观点受到了遮盖，失去了自己思想的特色；虽然石里克意识到了这一点，曾表示要根据他后来的思想对《普通认识论》一书再作"较大的"修订，但由于他的英年早逝而未能实现。尽管如此，石里克仍然给后人留下了丰富的思想遗产，这主要是他关于伦理学和意义证实的思想。

三 善良伦理学

在维也纳学派中，石里克是唯一强调伦理学研究的哲学家。根据维

---

① 洪谦主编：《逻辑经验主义》下卷，第459页。
② 石里克：《哲学的转变》，载于洪谦主编《逻辑经验主义》上卷，第9页。

特根斯坦的思想,伦理学和美学一样,都是关于这个世界的论断,所以伦理命题也就只能存在于世界之外,它们是不可说的,"不可能有伦理命题",因为"命题不能表达更高的东西"。所以,"很清楚,伦理是不可说的。伦理是超验的"①。卡尔纳普也持相同的观点,认为伦理学命题属于应当抛弃的形而上学,因为它们只是表达了个人的人生态度,所以不具有客观陈述的认识意义:"价值或规范的客观有效性(甚至按照价值哲学家的意见)是不能用经验证实的,也不能从经验陈述中推出来的;因此它是根本不能(用有意义的陈述)断言的。"②然而,石里克在伦理学问题上却走着"不同的方向"③,他关于伦理学的思想,"表明他是这个领域中的一个深刻的富有独创精神的思想家——在实证主义者当中,唯有他对这个领域作了深入的思考,并且证明在这个领域中以科学精神从事伦理学研究能做到的是什么"④。

我们从石里克的生平中得知,关心伦理问题,探讨伦理价值,是贯穿他一生哲学研究的重要内容。他的哲学处女作是在 26 岁时出版的伦理学著作《生活的智慧》,他在书中提倡一种伊壁鸠鲁式的德性理论,对人生的意义问题作出了深刻的分析。石里克探讨伦理问题的出发点既不是当时盛行于德语国家的新康德主义,也不是刚刚兴起的现象学,而是传统的经验论,因为在他看来,"我们只能通过人类的行为来研究其心灵",而研究人类的行为或行动的唯一方法是观察实际发生的事情。⑤

石里克认为,根据人类经验,自私自利和追求快乐是人类的本性使然,因而一切为了摆脱痛苦而达到快乐的行为都应当被看做是善的,也应当被看做是对自由的追求。但为了达到这个目的,需要对行为的目的

---

① 维特根斯坦:《逻辑哲学论》,6.42,伦敦,劳特利奇与基根·保罗公司,1974。另参见江怡《〈逻辑哲学论〉导读》,第 114—116 页,四川教育出版社,2002。

② 卡尔那普(即卡尔纳普):《通过语言的逻辑分析清除形而上学》,载于洪谦主编《逻辑经验主义》上卷,第 32 页。

③ 石里克:《伦理学问题》,张国珍、赵又春译,"作者序言"第 10 页,商务印书馆,1997。

④ 瑞宁:"多佛版导言",载于石里克《伦理学问题》,第 3 页(以下所引此书均为此版本)。

⑤ 见哈勒《新实证主义——维也纳学圈哲学史导论》,第 126 页。

有正确的认识,自觉自愿地献身于符合目的的行为之中。他把"游戏"看做是追求这种行为的最好状态,因为只有在游戏中我们才最纯净地表达了行为的目的,并在行为中实现了这个目的。由此,正如哈勒所说,石里克就把伦理学建立在追求实现行为目的的基础之上,而不是为了履行某种道德义务。这使他的伦理学与康德的义务伦理学明确区分开来。[①] 由于所有的人都有权利享受快乐,所以,追求快乐不是义务规定的责任,而是超越了义务的范围,使完成义务的活动本身也可以成为游戏式的、无忧无虑的活动。[②] 石里克这种自然主义的伦理观受到了席勒等人的影响,并在他后来的思想发展中得到了坚持。例如,他在《论生活的意义》一文中仍然把游戏者的感官意义作为幸福的最终来源。

石里克在伦理学上的代表作是《伦理学问题》。该书作为"科学世界观丛书"的第 4 卷出版,被认为是对维也纳学派所倡导的科学世界观的一个贡献。该书的英译者瑞宁认为,石里克试图抱着科学的目的,或者说是用科学研究的方法来讨论这样一些伦理学问题,如,什么是道德行为?为什么要合乎道德地行动?等等。英译本的编者亚当斯则认为,该书的主要内容是"把这种分析的方法及其结果运用于解决某些传统的伦理学问题"[③]。然而,如果仔细阅读石里克的这部著作,就会发现情况并非如此。因为石里克在书中明确表示,他心目中的伦理学不是某种以分析的方法去解决某些道德问题的工具或手段,而是一种追求伦理真理的知识体系,这种伦理真理就是关于善的知识。但这种知识不是通过定义"善"的概念得到的,而是在于理解善的形式方面和内容方面的特点。他指出:"善的形式上的特点在于:善总是显现为某种被要求,或被命令的东西;恶则显现为某种被禁止的东西。"[④]而在善的内容方面,石里克则认为这是提出这个善的要求或命令的人的意愿和欲望,"因为他的欲求的内容正是他期望发生的事情。当我把某个行动作为行'善'推荐给别人

---

①② 参见哈勒《新实证主义——维也纳学圈哲学史导论》,第 128 页。
③ 石里克:《伦理学问题》,"英译者前言"第 7 页。
④ 同上书,第 18 页。

时,我就表达了我**意欲**该行动发生这个事实"①。由于不同的人可以给出不同的善的要求或命令,所以,石里克并没有给出一个统一的、普遍的善的定义。在他看来,伦理学的任务是去发现不同的人们在不同的时间、不同的智者或宗教著作家把什么样的行为方式或意向称做"善"。他说:"在搜集包含某些被认定为道德上善的东西的个别事例时,我们必须寻找它们的共同因素,亦即那些使这些事例显得彼此一致和互相类似的特性。这些类似的因素就是'善'概念的特性。"②但这些特性究竟是什么,石里克并没有明确指出。因为他的兴趣并不在于能够提供这样一些特性的规范科学,而是要解释那些"重大的、令人激动的问题",这种解释性的伦理学并不谋求对实际生活中的行为提供某些规范或准则,因为对任何规范都可能提出更高的规范标准,所以,它只是要求对道德判断作出解释。他认为,这样的解释正是我们对善的概念形成的知识。

与他早期的伦理观一样,在《伦理学问题》中,石里克仍然把理解和观察人类的行为作为伦理学的核心问题,不同的是,他进一步提出要研究人类行为的动机,提出用心理学的方法研究伦理学问题。

首先,他认为,伦理学实际上是要寻求对行为的因果性解释。这与自然科学中用规律来解释某种自然现象一样。在自然科学中,一种解释的方式是用以往已知的现象或事实来解释未知的现象或事实;还有一种是以某种普遍的规律或定理来解释某个现象的发生。这些都是一种对提出"为什么"之类问题的因果性解释。同样,在伦理学中,我们对某种行为是否为善的解释并不是要给出某个确定的标准或规范,而是要问人们对此行为作出评价或提出道德要求的心理原因是什么。他说,解释性伦理学的问题就是"直接把人引向许多深刻的思想,它涉及到推动人们去分清善恶、作出符合道德判断的行动的真正的根据,实在的原因与动机"③。

---

① 石里克:《伦理学问题》,第 19 页。
② 同上书,第 20 页。
③ 同上书,第 31—32 页。

其次,他进一步确定伦理学涉及的不仅是判断,而且是行为,因为行为是随判断而来的,而对道德判断的解释又离不开对行为的解释。这样,石里克就把伦理学研究的对象完全确定为人类的行为。他提出的理由很简单,因为一个人颂扬什么、赞成什么、渴望什么,都可以从他的行为中推断出来;同样,一个人对自己和对他人提出什么要求,也只能通过他的行为去了解;而且,回答关于行为的原因问题比回答关于道德判断的根据问题更具有普遍性,也将提供更为广泛的知识。这里可以明显地看到与他早期伦理观的密切联系。

最后,他又提出伦理学研究人类行为的原因,目的是为了发现道德行为的动机。石里克明确反对抽象地研究一般的道德原则或追问道德的本质,他希望先行解决支配着一般行为的自然规律问题,这种问题就是关于任何行为的动机和规律问题。但这样的问题通常被看做属于心理学领域。石里克并不反对把伦理学与心理学联系起来,相反,他认为伦理学可以被看做是心理学的一部分,因为在他看来两者之间并没有明显的区分。他说:"如果我们认定,'人为什么会合乎道德地行动?'这一伦理学的基本问题只能由心理学来回答,这既不是对科学的贬低,也不是对科学的损害,而是对世界图景所作的恰当的简化。在伦理学中我们追求的不是独立性,而是真理。"①这样,石里克就把伦理学与关于人类活动的其他一切科学完全融合在一起了。

当然,石里克并没有把伦理学建立在心理学之上,因为他认为,告诉我们什么是道德上的善,并不是心理学;而且,"道德上的善"这个概念的内容是由社会决定的,而心理学的作用不过是为我们提供了一种知识,解释个人愿望如何被引导到与社会对我们的要求相一致,也就是要使我们的行为符合被社会认为是善的行为。② 实际上,在《伦理学问题》中,石里克提倡以社会的道德判断标准来确定"善"的道德意义。他明确地说:

---

① 石里克:《伦理学问题》,第 35 页。
② 参见瑞宁"多佛版导言",载于石里克《伦理学问题》,第 2 页。

"'善'这个词（就是说，被认为是有道德的东西）的意义是由社会舆论决定的，社会是制造道德要求的立法者。"①而他的这种观点来自他对个人快乐的理解。在他看来，从心理的角度看，个人行为是否为善，取决于这个行为是否给他带来了快乐；但从社会的角度看，个人行为是否为善，则取决于这个行为是否符合社会认为是善的标准。所谓社会认为是善的东西，就是对社会有益的东西，也就是能够给作为整体的社会带来快乐的东西。对此，他说："有道德的行为会促进普遍幸福这一信念的普遍流行，即使不是实现普遍幸福的充分条件，也是必要条件。"②根据这种对善的理解，石里克批评了功利主义和利己主义，认为它们都没有能够解决社会的道德原则对个人行为的评价问题，无论是功利主义的最大幸福原则还是利己主义对个人快乐的追求。他的基本主张是，对个人的行为方式及其行为者所能作出的道德评价，只能是这个人所处的社会对他的行为所造成的快乐和痛苦的结果作出的反应。因此，一切道德要求只有在表达了社会的欲望时才是合理的或善的。他说："**在社会看来**是对自身有利的（增进快乐的）东西，就被认为是'道德上善的'，为了证明这个观点，我们就必须证实，对行为方式的道德评价是随着人类社会结构的变化而变化的，并且，如果人们所采纳的有关社会幸福的条件的舆论对道德评价有决定的作用，那么这种变化的发生就是不可避免的。"③

从石里克的著作中，我们可以看出他的伦理学具有这样几个基本特点：（1）他把伦理学的任务规定为对道德的解释，而不是对道德原则的规定，这使他的伦理学摆脱了规范性要求的束缚，更加自由地把握不同社会对道德的不同理解，由此使伦理学成为一门关于道德科学的知识体系；（2）他对伦理学的关注不是从理论或原则上澄清某些伦理概念的意义，而是把道德行为作为伦理学研究的核心，把解释行为的动机作为伦理学的主要问题，这就使他的伦理学具有明显的经验论和行为主义特

---

① 石里克：《伦理学问题》，第89页。
② 同上书，第88—89页。
③ 同上书，第85页。

点;(3)他对"道德上的善"的理解不是基于个人快乐的标准,而是根据社会好恶的准则,这既不同于功利主义的基本主张,也不同于利己主义的原则,而是一种社会至上的伦理思想;(4)他反对康德的义务伦理学,主张建立一种基于个人幸福和社会责任的慈善伦理学。

应当说,在当代西方伦理思想史中,石里克的伦理学并没有占有突出的地位,这可以归咎于他的伦理学并不属于主流的功利主义和自由主义传统,也不同于康德的伦理学背景。但他却由于他的伦理学而在当代分析哲学中占有一个突出的地位:这不是由于他对维也纳学派思想的重要贡献,而是由于他的伦理学涉及了其他逻辑实证主义者反对或不愿意谈论的话题;同时,他对伦理学的论述,不仅没有以通常认为的逻辑实证主义所提倡的科学的分析方法,而是以宏伟的抱负为伦理学研究设定了理想的目标;特别是,他明确反对把伦理学的任务规定为仅仅是确定善的概念以及其他伦理术语的意义,反对把伦理学仅仅看做是一门规范科学而放弃对它的研究。这些都显得石里克的伦理学在逻辑实证主义哲学中与众不同。也正因为如此,这种伦理学在逻辑实证主义鼎盛时期的20世纪30—50年代始终没有得到足够的重视。直到20世纪80年代,西方哲学界才开始重新认识到石里克思想的独特价值。① 当然,这其中也包含了对他的证实思想的重新认识。

---

① 最早于1982年由哈勒编辑了《石里克与纽拉特研讨会》(阿姆斯特丹,1982)一书,从这两个哲学家的思想联系中重新认识石里克的意义,其中包括了布莱克的《证实论新论:一次谈话》、亨普尔的《石里克和纽拉特:科学知识的基础和一致性》、齐泽姆的《石里克论认识的基础》、希尔皮尼(R. Hilpinen)的《石里克论知识的基础》等等 1983年,霍尔德克罗夫特发表了《石里克和意义的证实论》一文,开始了对石里克思想的重新评价;1984年,由加根尼(A. Gargani)编辑出版了文集《维也纳学派》(拉韦纳,1984),全面考察石里克与维也纳学派之间错综复杂的关系;1985年在维也纳出版了一本由麦吉尼斯编辑的文集《回到石里克》(维也纳,1985),其中收入了大量当代重要哲学家关于石里克思想研究的重要文章,如盖蒙纳特(L. Geymonat)的《石里克思想的发展及其连续性》、哈勒的《石里克论认识问题》、昆顿(A. Quinton)的《在维特根斯坦之前:早期的石里克》、洪谦的《论确证》等等。在重新认识石里克的意义和复兴维也纳学派思想的过程中,哈勒起到了十分重要的作用。

四 关于证实的思想

1936 年 7 月，就在石里克不幸遇害后不久，英国著名的《哲学评论》杂志发表了他的《意义和证实》一文。这篇文章很快就被看做是充分表达了逻辑实证主义关于意义的证实理论的经典文献。石里克在文中提出的"一个命题的意义就是证实它的方法"成为这种证实理论的著名口号。①通常认为，石里克提出的这种证实思想主要是受到维特根斯坦的影响，特别是在与维特根斯坦的交流中形成的。② 然而真实的情况是，石里克早在维也纳时期之前就提出了关于证实的思想，而且，意义在于证实的说法不是由石里克而是由魏斯曼首先提出的。③

石里克的早期论文《从现代逻辑的观点看真理的本质》(1910)在论述判断在认识中的作用时区分了定义性的判断和描述性的判断，前者对应于分析判断，表示的是认识对象的某个特征与概念之间的内在联系；后者对应于综合判断，表示的是对象与一个事实的配合。他认为，在科学的框架内只能存在这样两种判断，即定义和假设，而纯粹描述性的判断只有在直接体验的时候才能被证明是真的。④ 在《普通认识论》中，石里克则明确提出将证实作为判定事实命题真理性的标准。他说："对于真理而言，除非它自身建立于证实基础之上，否则无论是有判断能力的人中的多数人的意见，还是某个权威的意见，抑或是最为坚定的主观信念以及对于必然性的表面上的洞察力，或者其他什么因素，所有这一切都不能为它提供任何支持。"⑤例如，他在确定"物"这个词的意义的时候，

---

① 参见帕金森(G. H. R. Parkinson)为他编辑的《意义理论》(牛津大学出版社，1968)一书所写的导言，见该书第 7、11 页。

② 代表性的看法出自麦吉尼斯为《维特根斯坦与维也纳小组》一书所写的编者说明，载于涂纪亮主编《维特根斯坦全集》第 2 卷，第 12 页。

③ 最早见于魏斯曼记录的 1929 年 12 月 30 日维特根斯坦与石里克和他本人的谈话，魏斯曼用括号写道："命题的意义就是它的证实方法"，载于涂纪亮主编《维特根斯坦全集》第 2 卷，第 45 页。

④ 参见哈勒《新实证主义——维也纳学圈哲学史导论》，第 131 页。

⑤ 引自同上书，第 131 页。

就明确地表示,要追问这个词的意义,就是要知道它在以"物"为研究对象的科学即物理学中的意思,或者说,就是要知道物理学是如何来确定"物"的意义的。在他看来,对命题意义或真理性的证实,意味着对两个判断的同一性的认定,其中的一个判断必定是知觉的判断。在自然科学中,这样的证实是通过实验完成的,即一个假设性判断最终可以根据一个观察事实加以检验。但如果这个判断涉及了普通有效性,那么就无法对它的真理性作出完全的检验,因为我们无法预先对这种普通有效性加以确定。这样,证实的有效性取决于事实判断或假设性判断的具体性和相对性。哈勒把这种证实的观点看做是休谟式的论证,明确指出这种观点预示了《逻辑哲学论》(6.37)中关于逻辑必然性的思想。①

根据魏斯曼的记载,1931 年 1 月 4 日,石里克在与维特根斯坦的交谈中提到物理学命题的证实问题。他说道:

> 物理学命题确实可以在确定的意义上被证实。现在有一个物理学的命题可以以不同的方式被证实。这样一个电子的大小与电荷可以用十二或十四种互不相同的方式加以确定。如果这个命题的意义就是证实它的方法,这要如何去理解呢? 人们怎么竟然能够说,一个命题会以不同的方法来加以证实呢? 我认为,在这里自然规律是与证实的不同方式联系在一起的。也就是说,根据自然规律是相互联系的,我可以用不同的方法来证实一个命题。②

维特根斯坦对石里克的这个说法给予了肯定的答复,并且指出这种情况不仅表现在自然科学中,同样出现在日常生活之中。在《实证主义和实在论》一文中,石里克清楚地阐述了他的证实思想,明确地把它作为寻求意义标准的一般基础。他在把这个思想阐述为"证实原则"的时候,认为它只能用于那些可以明确陈述其证实条件的命题,就是说,只有清楚地陈述了证实的条件,我们才可以说某个命题是可以证实的。虽然他

---

① 参见哈勒《新实证主义——维也纳学圈哲学史导论》,第 132 页。
② 涂纪亮主编:《维特根斯坦全集》第 2 卷,第 118 页。

在这篇文章中主要是为了说明实证主义和实在论在构造命题和澄清命题意义上的区别，但他把证实原则作为确定意义的唯一标准，这使得他的证实思想完全凸现出来，逐渐成为逻辑实证主义的重要理论基石之一。

当然，石里克集中论述他的证实思想还是在《意义和证实》一文中，但采用的是一种论战的方式，用以回应刘易斯对逻辑实证主义的批评。1934年，刘易斯在《哲学评论》中发表了《经验和意义》一文，批评逻辑实证主义的哲学基础是不恰当的，认为它会把某些限制强加给重要的哲学讨论，从而使讨论完全无法进行。石里克在文章中首先明确陈述了维也纳学派关于意义和证实的基本思想，即"陈述一个句子的意义，就等于陈述使用这个句子的规则，这也就是陈述证实（或否证）这个句子的方式。一个命题的意义，就是证实它的方法"①。在这里，石里克把证实原则解释为一种给出能够证实命题意义的方法。这其中包含了两个重要思想：第一个是认为，证实是由理解句子的语法规则完成的，因为命题的意义就是由一系列规则决定的，这些规则规定了命题中的词的用法。第二个是认为，所有理解意义的方法都需要最终涉及经验，只有指出一个命题在经验中得到证实的规则，才能指出这个命题的意义。石里克用这种证实思想去反驳刘易斯的批评，提出了他关于"可证实性"的观点。

1. 知道一个命题怎样得到证实，就是能够在语词上和逻辑上理解该命题，或者说，这个命题的构成是符合逻辑句法的；反之，如果我们无法指出一种检验某个句子是真或是假的办法，那么这个句子就是没有意义的。在这里，石里克用"可以得到证实"这个说法代替刘易斯的"得到证实"，以取消所谓的"当下困境"问题。这就明确地把"证实"理解为"证实的可能性"或"可证实性"。由此，石里克甚至认为，在这一点上，实用主义的观点和维也纳学派的观点之间并不存在严重的分歧，因为两者都反对把经验知识仅仅限于我们实际观察到的东西。

---

① 石里克：《意义和证实》，载于洪谦主编《逻辑经验主义》上卷，第39页。

2. 可证实性包含了"经验的可能性"和"逻辑的可能性"。前者是指与自然规律不矛盾的可能性,是以经验为依据的可能性;后者是指用于描述事实的句子服从于我们为语言制定的语法规则。但石里克明确指出,他所谓的"可证实性"仅仅是指"逻辑的可能性"。他说:"必须强调指出,当我们讲到可证实性时,是指证实的**逻辑**可能性,除此以外,没有任何别的意思。"[①]"凡是我们讲到逻辑上的不可能性时,我们的意思是指我们那些词的定义和我们使用那些词的方式之间存在着矛盾。看清这一点是最重要的(不仅对于我们目前讨论的问题,就是对于一般哲学问题来说,都是最重要的)。"[②]石里克明确地把他的证实思想与以密尔和斯宾塞为代表的第一代实证主义思想区分开来,认为后者的错误是把逻辑规则看做支配思维心理过程的自然规律,这就会导致相信某些违反语言的逻辑句法的句子的意义。他还强调了证实的逻辑可能性所依据的规则是人造的,因而是任意的。这样,石里克就把证实的一切可能性都归结为对语言规则的约定。正因为一切规则都是通过约定产生的,所以没有一个有意义的问题能够是原则上不可解决的。

3. 在经验与逻辑之间并不存在真正的对抗,因为真正的经验就是指知道如何利用规则来指导自己的行动。在这里,石里克重新解释了"经验"的意义,把它理解为某人知道如何使用规则。这与传统的或现代的理解有很大的区别。根据传统的理解,经验是人们在日常生活中获得的认识内容,而根据现代的理解,经验是人们在与外部世界或对象作用时获得的直接感觉材料。但在石里克看来,经验应当是指人们可以使用符合逻辑句法规则的句子表达或描述事实的活动,在这种意义上,可以表达和可以证实就在符合逻辑规则方面达到了一致。同时,石里克也并没有完全排除传统意义上的经验,因为一切规则最终都要指向实指定义,并通过实指定义与直接的感觉材料联系起来。他说:"语言的规则就是

---

① 石里克:《意义和证实》,载于洪谦主编《逻辑经验主义》上卷,第 47 页。
② 同上书,第 48 页。

应用语言的规则;所以,**必须**有某种可以把语言应用上去的东西。可表达性和可证实性是一回事。逻辑和经验之间不存在任何对抗。"①

　　当然,石里克的这种可证实性思想并不是他独有的,而是被看做维也纳学派提出的意义标准的主要内容。艾耶尔在《语言、真理与逻辑》一书中就指出,对一个经验假设的要求,"并不是要它确实地被证实,而是要求某种可能的感觉经验应当是关系到决定这个经验假设的真假"②。他在书中把"可证实性"区分为"强意义的"和"弱意义的"两种。所谓强意义的可证实,就是指命题的真实性是可以在经验中被确实地证实;所谓弱意义的可证实,就是指经验可以使这个命题成为或然的,或者说,是在原则上可以证实的。但艾耶尔并没有明确地把这种原则上的可证实归结为"逻辑上符合语言句法规则",而只是把一个事实命题的真实性归结为可以从它与某些其他前提之合取中被推演出来。这显然不及石里克表达得清楚明了。10 年后,在《语言、真理与逻辑》的第 2 版"导言"中,艾耶尔修正了他的说法。他写道:"我现在可以把可证实性原则重新表述如下:可证实性原则要求一个字面上有意义的陈述,如果它不是分析的陈述,则必须是在前述的意义上,或者是直接可证实的,或者是间接可证实的。"③他把这种所谓"间接可证实的"解释为"以这种方式为本身不指任何可观察的东西的那些词项所表述的科学理论留出地位",即通过"词典"的帮助把包含了这些词项的陈述转化为可证实的陈述。这里的"词典"就是指符合语法规则的一套分析陈述。但可以看出,艾耶尔的这种说法仍然没有石里克直接规定可证实性为逻辑上的可能性更为明确。最新的研究表明,石里克对可证实性的论述,至今依然是最好地表达了逻辑实证主义在意义标准问题上的观点;而且,"当他在他生命的最后阶段断言命题的意义取决于其证实的可能性时,他只不过将他以前关于证

---

① 石里克:《意义和证实》,载于洪谦主编《逻辑经验主义》上卷,第 52 页。
② 艾耶尔:《语言、真理与逻辑》,尹大贻译,第 29 页,上海译文出版社,1981。
③ 同上书,第 11 页。

实的思想加以推广,将其用到对意义-理解的阐释中"①。

不过,石里克对可证实性的论述同样存在着矛盾和困难,引起了来自逻辑实证主义内外的许多哲学家的非难和批评。最主要的问题集中在他对可证实性和经验的理解上。譬如,罗素指出,一个可证实的命题本身就是不可证实的,"因为要说明一个一般命题的所有未来的后承是真的这一点本身就是一个一般命题,其实例不可能全部列举出来"②。波普则从证伪主义的立场提出,在逻辑上并不允许可以从被经验证实的单称陈述中推出其他的陈述,如果要坚持石里克的观点,就必须"允许我们把即使不能证实的陈述也纳入经验科学的范围"③。澳大利亚哲学家巴斯摩尔(J. Passmore)认为,石里克用逻辑上的可能性解释证实原则,"似乎完全抛弃了经验-证实主义的意义标准",虽然他声明了语言规则最终要涉及实指定义的经验,但他在这种经验的意义上却"发生了严重的困难"④,即经验成为个人心灵的一种私人状态。

> 由此可推知,在原则上不存在裁定一个命题对于我本人之外的任何他人是可证实还是不可证实的任何方式,既然意义和可证实性是同一回事,我们明显地被迫接受这个奇怪的结论:只有我才能知道一个命题意指什么;对其他任何人谈到"他知道那个命题意味什么"将是无意义的。⑤

虽然石里克已经无法对这些批评作出回应,但他的后继者始终在为澄清对他思想的误解而努力。魏斯曼在《石里克文集(1926—1936)》第 2 卷"序言"中指出,石里克研究的是关于物理的陈述和关于知觉的陈述之间是否有联系以及怎样联系的问题,而不是通常理解的关于感觉经验的

---

① 哈勒:《新实证主义——维也纳学圈哲学史导论》,第 158 页。
② 罗素:《逻辑与知识》,苑莉均译,第 456 页,商务印书馆,1996。
③ 波普尔(即波普):《科学知识进化论》,纪树立编译,第 28 页,生活·读书·新知三联书店,1987。
④ 巴斯摩尔:《哲学百年·新近哲学家》,洪汉鼎等译,第 419 页,商务印书馆,1996。
⑤ 同上书,第 420 页。

问题,而且,石里克的目的是为了把模糊性从世界中清除出去。① 洪谦则反对把石里克的观点解释为马赫的经验论,认为他们之间的区别在于,"马赫是一个以心理学为依据的中立论者,而石里克却是一个以逻辑和语言为依据的中立论者"②。哈勒在解释石里克关于经验与逻辑关系的思想时,认为石里克接受了维特根斯坦的影响,把事实陈述与经验之间的联系归结为语言符号,并在承认经验观察的基础上区分了一个命题在命题系统中的意义和断言一个命题为真的陈述的意义。哈勒这样解释道:"当一个经验主体对一个陈述进行证实时,作为在断定的时刻被断定的东西的那个对象便不可动摇地成了该证实者的相信和知觉态度的对象。"③换言之,当被证实的陈述所断定的对象正是证实者的经验对象时,这个陈述就是可以证实的。可以看出,虽然石里克在维特根斯坦思想的影响下强调逻辑对确定意义的重要性,但他的思想在整个逻辑经验主义运动中仍然被看做属于巴克莱和休谟传统的经验论。这也符合石里克本人对自己哲学的称呼,即"彻底的经验论"。

总体来说,随着逻辑实证主义逐渐退出历史舞台,石里克关于证实的思想也被后来的大多数分析哲学家所放弃。但石里克对逻辑与经验关系的论述,对经验在证实中的地位的强调,以及对知识基础的关注,这些都激励着后继者在科学哲学领域内继续探索。

第三节 卡尔纳普的逻辑构造论

在有关维也纳学派的所有历史文献中,石里克毫无疑问地被看做是这个学派的领袖人物。然而,在讨论维也纳学派的思想,即逻辑实证主义或逻辑经验主义的时候,几乎所有的文献都把卡尔纳普作为它的"官方发言人"或称为"集大成者"。历史地看,这有两个重要原因:(1)维也

---

① 参见洪谦《论逻辑经验主义》,第122页。
② 同上书,第119页。
③ 哈勒:《新实证主义——维也纳学圈哲学史导论》,第156页。

纳学派的许多重要思想和观点主要是通过卡尔纳普的文章和著作发表的,他在这个学派的鼎盛时期是最为活跃的成员,经常以学派代表的身份参加各种国际学术活动;(2)他在1935年移居美国之后,在美国大力传播逻辑实证主义哲学,回应来自各方面的批评,并在原有哲学立场的基础上不断修正自己的观点,开拓新的研究领域,使逻辑经验主义逐渐成为国际性的哲学运动。当代西方许多著名哲学家都对卡尔纳普给予了极高的评价,甚至把他看做是继罗素之后20世纪最伟大的逻辑学家和科学哲学家。蒯因就明确地把20世纪30年代后西方哲学界中的"领袖人物"这个头衔给了卡尔纳普,而不是维特根斯坦。①

一 生平与著作

鲁道夫·卡尔纳普(Rudolf Carnap)1891年5月18日出生于德国西北部的朗斯多夫。中学时代起他就对数学和拉丁文产生浓厚兴趣。1910—1914年就读于耶拿大学和弗赖堡大学,攻读哲学、数学和物理学专业,特别喜好数学,并聆听了弗雷格的"概念文字"讲座和"数学中的逻辑"课程,由此对数学基础问题产生了兴趣。第一次世界大战期间他开始关注爱因斯坦的相对论。1919年他阅读了怀特海和罗素的《数学原理》,开始在哲学研究中使用符号语言,他认识到只有用符号语言来表达科学讨论或哲学讨论中的某个概念或命题时,才能更加清楚地理解它们。1922年他完成了博士论文《论空间》,在新康德主义的影响下,他提出,我们关于形式空间的认识具有逻辑的性质;关于直观空间的认识基础是"纯直观",它独立于偶然的经验之外;关于物理空间的知识完全是经验的。弗雷格和罗素的思想对他开始自己的哲学研究产生的影响最大。1924年完成他的处女作《逻辑概论》(*Abriss der Logistik*,1929),该书以《数学原理》为基础,说明了符号逻辑如何应用于分析各种概念和构

---

① 参见蒯因《悖论的方式和其他论文》,第40页,哈佛大学出版社,1976。另参见欣提卡《卡尔纳普———位逻辑经验主义者》,第424页,麻省理工学院出版社,1975。

造一个演绎系统。1923 年他与赖欣巴哈见面，从此两人成为志同道合的朋友。1922—1925 年间，除了完成三篇物理学基础方面的论文之外，他的主要工作是在写作《世界的逻辑构造》(*Der Logische Aufbau der Welt*, 1928)一书。该书的出版为他带来了很大的学术声誉，使他一跃成为著名逻辑学家和哲学家。他在该书中提出的一种逻辑构造方法被看做是以现象主义语言建构世界结构的典范。但后来他自己逐渐放弃了这种方法，代之以物理主义的语言建构世界。

1924 年卡尔纳普通过赖欣巴哈结识了石里克，并由石里克介绍，于 1926—1931 年到维也纳大学担任哲学讲师，其间成为维也纳学派的主要成员。1927 年他与维特根斯坦见面，对维特根斯坦留下了很好的印象。1929 年，他与纽拉特和汉恩等人共同起草了《科学的世界观：维也纳学派》，并与赖欣巴哈编辑出版了机关刊物《认识》(1930—1940) 杂志。1930 年他结识塔尔斯基，受到后者关于处理语言形式观点的很大影响。同年赴华沙讲学，与华沙学派的其他成员有了更多的交流。1932 年他结识波普，认为后者的基本哲学观点与维也纳学派非常相近。1931—1935 年，他主持位于布拉格的德意志大学的自然哲学讲座，其间完成了《语言的逻辑句法》(*Logische Syntax der Sprache*, 1934)。1934 年他赴伦敦讲学，见到了罗素，并结识了艾耶尔、布莱克(M. Black)等年轻哲学家。由于希特勒上台以及面临德国入侵捷克的危险，卡尔纳普于 1935 年 12 月离开了欧洲，远赴美国。1936—1952 年，他在芝加哥大学哲学系任教，其间于 1940—1941 年担任哈佛大学客座教授，并与当时在哈佛大学讲学的罗素、塔尔斯基以及在该校任教的蒯因等人共同讨论逻辑和哲学问题。他在这段时间写下了大量著作，对美国分析哲学的形成和发展起到了重要作用。同时，他与莫里斯、纽拉特等编辑了"国际统一科学百科全书"丛书，组织系列国际会议，推进"科学的统一化运动"。1952—1954 年他在普林斯顿高级研究所从事归纳逻辑研究，并与爱因斯坦有较多的交往。1954 年他接替早逝的赖欣巴哈担任加州大学洛杉矶分校哲学系主任一职，直到 1961 年退休。随后主要致力于研究归纳逻辑。他于 1970

年 9 月 14 日去世。①

　　卡尔纳普一生致力于对自然科学、逻辑、语义学和哲学的研究工作，在这些领域写下了大量著作，是一个典型的学院派哲学家。他的思想发展通常被分做维也纳时期和在美国时期。虽然他早年曾受到新康德主义的影响，如他的博士论文《论空间》，但通过阅读罗素和弗雷格的著作，他很快就转向了实证主义，把运用新的逻辑工具去分析科学概念和澄清哲学问题作为自己哲学活动的基本目标，特别是在加入维也纳学派之后，更是推进了他在逻辑和语义学方面的研究。他把维也纳时期称做一生中最令人鼓舞、兴奋和富有成果的时期。他在这段时期的主要著作有:《世界的逻辑构造》、《哲学中的伪问题:他心问题和实在论之争》(*Scheinprobleme in der Philosophie*: *Das Fremdpsychische und der Realismusstreit*, 1928)、《语言的逻辑句法》、《哲学和逻辑句法》(*Philosophy and Logical Syntax*, 1935)等。移居美国之后，卡尔纳普的研究兴趣主要集中在建立语义学系统和归纳逻辑方面，特别是对概率论作了大量研究。他在美国时期也达到了写作的高峰，完成了大量著作，主要有:《可检验性和意义》(*Testability and Meaning*, 1936)、《语言的逻辑句法》(修订本, 1936)、《逻辑和数学的基础》(*Foundations of Logic and Mathema-tics*, 1939)、《语义学导论》(*Introduction to Semantics*, 1942)、《逻辑的形式化》(*Formalization of Logic*, 1943)、《意义和必然性》(*Meaning and Necessity*, 1947)、《概率的逻辑基础》(*Logical Foundations of Probability*, 1950)、《归纳诸方法的连续统》(*The Continuum of Inductive Methods*, 1952)、《语义信息理论概要》[*A Outline of Theory of Semantic Information*, 与巴希尔(Bar. Hillel)合著, 1952]、《符号逻辑导论》(*Introduction to Symbolic Logic*, 1953)、《科学哲学导论》(*An Introduction to the Philosophy of Science*, 1966)等。

---

① 有关卡尔纳普的生平，主要参见《卡尔纳普思想自述》，陈晓山、涂敏译，第 1—67 页，上海译文出版社，1985。另可参见涂纪亮《分析哲学及其在美国的发展》上卷，第 252—255 页，中国社会科学出版社，1987。

虽然在某些具体问题上卡尔纳普的思想有过前后变化,比如在《语言的逻辑句法》中从现象主义语言转向物理主义语言,从内容的说话方式转向形式的说法方式,以及提出所谓的"宽容原则"等,但根据他对自己思想发展的描述,他的哲学基本立场、主要的研究方法以及讨论问题的基本方向,在不同的时期并没有发生重要的根本性的变化,这些包括:用经验的意义标准反对形而上学,用逻辑的方法建构世界以及表达世界的语法结构,大力提倡和推进哲学的科学化过程等。下面我们将主要从这三个方面介绍卡尔纳普的思想,并表明他的哲学对后来哲学发展的重要意义。

二　反形而上学与意义标准问题

反对形而上学是西方近代哲学中一股重要思潮。无论是休谟对形而上学实体的抛弃还是孔德对实证哲学的提倡,都是当代西方哲学拒斥形而上学倾向的主要思想来源。维也纳学派对形而上学的拒斥,不仅是继承了休谟以来的这种经验论传统,而且是以更为有力的逻辑手段对形而上学所作的比以往任何经验论者或实证主义者更为彻底的清除。在这个过程中,卡尔纳普是主要的攻击手。

卡尔纳普对形而上学的批判不仅明显地体现在他的维也纳时期,而且是贯穿在他整个哲学发展中。他早在读大学期间就受到赫兹、马赫等人的反形而上学思想影响,同时接受了弗雷格用逻辑的方法反对形而上学的具体观点,明确提出"传统的形而上学的主要陈述是在科学范围之外而且与科学知识毫不相干"[1]。在《世界的逻辑构造》中,他认为,形而上学是超科学的理论形式,形而上学的"实在"概念赋予了"实在"以一个特殊的意义,它不可能在一个关于认识的构造系统中构造出来,因而对形而上学的解释结果超出了科学的范围。同样,传统的"本质"概念也是形而上学的,因为一个"本质"概念是不可能被安排在构造系统中的,"因

---

①《卡尔纳普思想自述》,陈晓山、涂敏译,第 11 页,上海译文出版社,1985。

而关于本质关系的命题不可能被赋以可证实的形式。因而科学也就不可能提出本质关系的问题。由此表明这个概念是属于形而上学的"①。卡尔纳普用他的构造理论区分了科学和形而上学:科学的目的在于发现关于认识论对象的真命题并加以次序安排,而科学的首要任务就是要通过约定建立构造系统,然后通过经验去研究对象的其他非构造的特性和关系;但形而上学则不是科学,因为所有形而上学的命题都不是按照构造理论的方式建立起来的,因而它们并没有真正表明语词所表达的概念,也是无法在经验上证实的。

　　卡尔纳普反对形而上学的主要理论根据是:(1) 他始终把哲学看做是科学的组成部分,认为一切真正的哲学问题都应当像自然科学命题那样能够得到经验的证实;(2) 他认为,一切真正的知识体系都是能够用逻辑的符号语言表达的,而且只有能够用这样的语言表达的命题才是有意义的。然而,在他看来,形而上学的命题在这两个方面都是站不住脚的。他的这种反形而上学主张在他的维也纳时期表达得最为清楚全面。

　　卡尔纳普在《哲学中的伪问题:他心问题和实在论之争》中把一切实在论和唯心论的问题都看做是形而上学问题加以排斥,认为它们对经验事实没有作出真正的断定,是一些似是而非的问题,因而是无意义的。在发表于 1932 年的《通过语言的逻辑分析清除形而上学》一文中,他更是明确地对如何用逻辑分析手段清除形而上学作出了具体的阐述。首先,他根据现代逻辑的观点,把一切传统形而上学都看做是无意义的,并严格规定了他的"无意义"的含义,即如果断言某个陈述或者提出某个问题而得不到任何效果,就说那个陈述或者那个问题是无意义的。换言之,"一串词,如果在某一特定语言内并不构成一个陈述,那就是**无意义的**"。由此,他提出:"逻辑分析揭示了形而上学的断言陈述是假陈述。"②其次,他分析了词的意义,认为一个词的意义在于它的成真条件,即可以

―――――――――

① 卡尔那普(即卡尔纳普):《世界的逻辑构造》,陈启伟译,第 286 页,上海译文出版社,1999。
② 卡尔那普(即卡尔纳普):《通过语言的逻辑分析清除形而上学》,载于洪谦主编《逻辑经验主义》上卷,第 14 页。

把它归结为另外一些词，并最后可以归结为出现在所谓观察句子或记录句子里的词。他说："只有确定了一串词与记录句子之间的可推关系，这串词才有意义，不管这记录句子的特点是什么。同样，只有那些可以有某个词在其中出现的句子能够归结为记录句子，那个词才是有意义的。"[①]根据这个标准，他认为形而上学的词是没有意义的。他以形而上学中使用的"本原""神"等词为例，指出它们都由于指向了超验的东西而失去了经验的认识意义。再次，他着重分析了句子的意义，明确地把有意义的陈述区分为两类，即由于其形式而为真或为假的逻辑、数学陈述和属于经验科学范围的经验陈述，实际上就是通常所说的分析陈述和综合陈述。他说，由于形而上学陈述既不是涉及分析的形式命题，也不是关于经验事实的综合陈述，所以它们是没有意义的假陈述。他宣称，这种逻辑分析宣判了一切自称超越经验的所谓知识是无意义的。由此就打击了一切思辨的形而上学以及所有涉及规范哲学或价值哲学的一切领域。最后，他把哲学的性质规定为一种逻辑的分析方法，用于澄清有意义的概念和命题，为事实科学和数学奠定逻辑的基础。他说："逻辑分析的明确任务就是探讨逻辑基础，与形而上学对立的**'科学的哲学'**指的就是这个。"[②]

可以看出，卡尔纳普在这里为形而上学开列出了如下"罪状"：（1）利用了语法句法的特点构成了不符合逻辑句法的句子，因而使原本可能有意义的词构成了无意义的陈述。例如，"存在'无'这种东西"或"有'没有'这种东西"；（2）认为存在着一类与经验科学不相干的知识，因而使形而上学陈述超越了可能经验的范围；（3）用表达人生态度的陈述来"冒充"描述事实的陈述，以对联结各种概念和思想的强烈爱好来"代替"真正的逻辑论证。正是根据这些"罪状"，卡尔纳普宣称"一切自称超越了经验的所谓知识都是无意义的"，由此得到这样的结论："如果我们关于

[①] 卡尔那普（即卡尔纳普）：《通过语言的逻辑分析清除形而上学》，载于洪谦主编《逻辑经验主义》上卷，第 16—17 页。

[②] 同上书，第 33 页。

形而上学陈述是假陈述的论点是正确的,那就根本不能用具有逻辑结构的语言表达出形而上学了。这就是目前逻辑学家们从事建立逻辑句法这一任务的伟大哲学意义。"①

卡尔纳普坚持这种反形而上学立场,最重要的依据是维也纳学派提出的意义标准。他追随维特根斯坦和石里克,认为一个陈述的意义就在于它的证实方法。据此,他把有意义陈述分做两类:"第一类,有一些陈述,其真实只是由于它们的形式(用维特根斯坦的话说,就是'同义反复',与康德的'分析判断'近似)。关于实在,它们什么也没有说。逻辑和数学的公式属于这一类。它们本身并不是事实的陈述,只用来使这种陈述变换形式。第二类是这些陈述的否定(**矛盾**)。它们自相矛盾,因而根据自身的形式便是假的。"②随后,他把经验陈述放到了经验科学的范围,认为对它们的真假的判定在于记录句子。在这里,卡尔纳普不是简单地把有意义的句子分做分析的和综合的,而是把"有意义"限定在数学和逻辑陈述范围,因为在他看来,经验陈述的意义是由观察记录提供的,所以并不存在没有意义的可能。换言之,只要是属于经验陈述,就应当是有意义的。由于形而上学不想落入经验科学的领域,所以它们不属于经验陈述的范围。但从表面上看,它们又具有分析判断的形式,所以它们就"不得不使用一些无应用标准规定的、因而无意义的词,或者把一些有意义的词用这样一种方式组合起来,使它们既不产生分析的(或矛盾的)陈述,也不产生经验陈述。在这两种情况下,假陈述都是必然的产物"③。他在 1957 年对他所使用的"意义"一词进一步作了清楚的说明:"今天我们区别各种不同的意义,特别是要区别两个方面的意义,一是认识性的(指称的,有所指的)意义,一是非认识性的(表达性的)意义成分,比如情绪和动机。在这篇文章里,'意义'一词总是从'认识性的意义'这个观点上来理解的。因此形而上学句子无意义这个论点,必须从这样的

---

① 洪谦主编:《逻辑经验主义》上卷,第 22 页。
②③ 同上书,第 31 页。

意义来理解：它们没有认识性的意义，没有断定性的内容。"①

　　针对各种对维也纳学派的意义标准提出的批评和责难，卡尔纳普在石里克发表《意义和证实》的同时也发表了《可检验性和意义》(1936)一文，对维也纳学派早期的证实原则提出了一些修正，并表达了与石里克观点的分歧。

　　1. 他明确地把认识论的主要问题归结为意义和证实问题，并认为证实问题预先假设了意义问题，就是说，我们必须首先知道一个句子的意义，然后才能试图发现它的真假。这样，卡尔纳普就把确定句子的意义作为证实其真假的先决条件。但这似乎与证实原则相悖，因为根据证实原则，一个句子的意义就是它的证实方法，换言之，只有知道了对它的证实方法，我们才能确定它的意义。对此，卡尔纳普明确地说："一个语句的意义在某种涵义上是和我们决定它的真或假的方法相等同的；而且只有当这样一种决定是可能的时，一个语句才有意义。"②这样，他事实上就把证实问题与意义问题等同起来了。

　　2. 他提出用"确证"代替"证实"，认为一个句子可以是得到确证的但并非是可以得到证实的。这里的"确证"概念实际上就是石里克提出的"逻辑上的可证实性"，即知道一个句子可以得到确证的形式条件。卡尔纳普明确表示，他提出"确证"概念是受到了波普的影响，因为波普在《科学发现的逻辑》中批评证实原则过分简单化，导致科学语言受到太狭隘的限制，不仅排除了形而上学陈述，也排除了某些有事实意义的科学陈述。所以，卡尔纳普认为有必要对证实原则提出修改，这种修改的原则是："在一个语句的意义和我们可能得以证实或至少确证它的方式之间，至少存在着或多或少的密切关系"③。他同意石里克把"证实"概念解释为"证实的可能性"，但认为这种可能性不是逻辑的可能性，而是物理的可能性，即借助于测量仪器可以观察到检验和确证的过程。这样，他就

---

① 洪谦主编：《逻辑经验主义》上卷，第36页。
② 同上书，第69页。
③ 同上书，第71页。

把可证实性最终解释为经验上的可能性。他说:"每个人在经验地检验任何语句时,他不能不最终地提到他自己的观察;他不能使用他人观察的结果,除非他已经依靠他自己的观察得以知道这些结果,例如,依靠听了或读了他人的报告。"①

3. 他不同意石里克把有意义的句子简单地分做分析的和综合的,认为应当把矛盾的句子也包含在有意义的句子范围内。因为在他看来,这种对有意义的句子的区分不是关于句子真假的问题,而是关于决定语言系统的形式问题,即决定句子的形成规则的问题。他认为,如果按照石里克的做法,对有意义的分析句子的否定就有可能变成是无意义的了,同样,对一个无意义的矛盾句子的否定也可能会变成有意义的。他说,如果我们的有意义的句子范围仅仅包括分析的和综合的句子,那么我们的语言形成规则就成为不确定的了,就是说,我们在这种情况下没有确定的方法来区分有意义和无意义。这显然是意义标准的严重缺陷。所以,卡尔纳普坚持把有意义的标准确定为仅靠形式就可以为真的分析性句子和对这种句子的否定形式。他还认为,石里克混淆了逻辑与经验的关系,这导致了在讨论认识论和方法论问题时产生无法克服的困难,即把可检验性和可确证性混为一谈。他提出,在关于意义标准问题上,应当把逻辑的分析和经验的分析明确区分开来。这表明,卡尔纳普坚持比石里克更为彻底的逻辑主义立场。

4. 他在把"证实"概念替换为"确证"概念的同时,接受了波普的"逼真性"观念,认为对表达自然规律的句子的确证是一个逐渐增强的过程,而不是对它的最终证实。这样,他指出,一个全称句子和单称句子在证实的可能性上就没有根本的区别,而只有程度上的不同。他说:"**任何完全的证实也不是可能的**,却只是一个逐渐增强**确证**的过程。如果一个语句的否定在一定程度上得到确证,要是我们愿意我们就可以说这个语句

①　洪谦主编:《逻辑经验主义》上卷,第73页。

在某种程度上动摇了。"①在这里,我们可以看到波普的证伪原则的影子。但与波普不同的是,卡尔纳普并没有把这种确证过程看做是对真理的逼近,而是认为意义的确证程度取决于实际的效用,对一个句子的接受和否定都包含有约定的成分。

5. 由于确证程度是一个约定问题,所以卡尔纳普接受了赖欣巴哈和刘易斯的说法,把一切句子都解释为概率句子,也解释为一个拓扑概念。他的做法是把完全的可确证性和不完全的可确证性解释为一种描述概念,而把完全的可归约性和不完全的可归约性解释为句法概念,并用后一种句法概念来取代前一种描述概念,由此把确证问题解释为句法问题,也就是语言形式问题。这样,他就提出了内容的语言习惯和形式的语言习惯的区分。他说:"在哲学中,内容的语言习惯用法是很通行的;但它却是一种可能引起危险的语言习惯,因为它有时导致伪问题。所以把用内容的语言习惯所表述的问题和主张翻译为形式的语言习惯用法,是可取的。"②例如,"月亮是由感觉材料构成的"这个句子是用内容的语言习惯表达的,而把它翻译为形式的语言习惯表达则是,"'月亮'这个词是可以归约为感觉材料谓词的或知觉谓词的"。这样,我们就可以看到,所有关于内容的语言习惯用法其实都可以翻译为关于形式的语言习惯用法。在他看来,这样的翻译有两个优势:(1) 可以使原句表达的意思更为清楚明确,如果经过翻译发现原句是有意义的话;(2) 可以揭示原句的句法形式,避免产生伪陈述。卡尔纳普区分这样两种语言习惯的目的是要表明:对句子意义的确证实际上仅仅与语言的结构有关,它取决于一个约定,即对语言结构的选择。

卡尔纳普这些思想的产生并不是偶然的。他在早期的《世界的逻辑构造》中对各种对象的构造,就充分表明了他在用逻辑的方法处理外在对象问题以及其他传统哲学问题上的才能。

---

① 洪谦主编:《逻辑经验主义》上卷,第 75 页。
② 同上书,第 78 页。

三 《世界的逻辑构造》

《世界的逻辑构造》通常被看做是卡尔纳普的早期著作。但这里说的"早期著作"并不意味着在他的后来思想发展中被抛弃了,而是指它反映了卡尔纳普加入维也纳学派前后所从事的哲学研究工作。事实上,卡尔纳普在这本书中提出的思想不但没有被后来的思想发展所放弃,相反,正是这些思想奠定了他后来许多重要研究的基础。[①]

卡尔纳普在书中提出了一种"逻辑构造理论",这主要是受到罗素的思想和研究方法的影响。罗素在《我们关于外部世界的知识》中提出,对逻辑的研究应当成为哲学研究的中心课题,因为逻辑为哲学提供了研究的方法,而这种方法的运用将会改变哲学研究的整个方向。正是罗素的这种号召使卡尔纳普坚信,他的哲学目标就是要运用新的逻辑工具分析科学概念,澄清传统哲学问题。"逻辑构造理论"就是这种哲学努力的结果。他写道:

> **构造理论**从事形式的(逻辑的)和实质的(认识论的)研究,旨在建立一种构造系统。**构造系统**是一个(原则上)包括一切科学概念(或对象)的系统,但不是一个为概念(或对象)分类的系统,而是一个推导的系统(系谱):每个概念都是由这个系统中先于它的概念构造出来的。[②]

他把这种推导过程叫做"理性的重构"。所谓"理性的重构",简单地说,是指给旧的概念找出新的定义。这里的"旧概念"是指没有经过深思熟虑、在不知不觉中形成的概念,而"新定义"则是指更适合一个系统的概念结构且更清晰、更准确的定义。在卡尔纳普看来,这种理性的重构就

---

① 卡尔纳普在《世界的逻辑构造》第 2 版"序言"中就明确表示:"我今日仍然赞同作为本书之基础的那种哲学观。对于本书的问题之提出及其使用的方法的基本特征尤其如此。"(陈启伟译,第 5 页,上海译文出版社,1999。)另参见斯特罗《20 世纪分析哲学》,第 29 页,哥伦比亚大学出版社,2000。
② 卡尔纳普:《世界的逻辑构造》,陈启伟译,第 333 页,上海译文出版社,1999。

是一种"阐明"（explication,explikation）活动,这也正是维也纳学派对哲学性质的规定:哲学的作用仅仅是阐明科学概念的意义,由此对人类知识的性质得到更为清楚的认识。

但卡尔纳普的理性重构最初是以现象主义为基础的,他强调的是如何根据经验现象构造出一个完整的概念之间的逻辑系统。他这样做出于两个考虑:一个是要表现概念之间的逻辑关系,即他所谓的"形式的研究";另一个是要表现概念之间存在的同等重要的认识论关系,即他所谓的"实质的研究"。他选择现象主义作为理性重构的基础,主要是受到马赫、阿芬那留斯、舒贝特-索尔登和舒佩等19世纪末德国经验主义者和实证主义者的影响,认为把一切概念还原为直接的感觉材料在原则上是可能的。但他没有把这里的感觉材料等同于马赫式的"要素",而是理解为"完整的瞬间体验",即经验中的相似关系。他根据格式塔心理学,把单个的感觉材料看做是一种抽象过程的结果,认为可以用他所谓的"准分析"的方法,从经验中的某种基本关系出发,逐步进入各种感觉领域,由此就可以得到经过逻辑重构的世界。在这样一个世界（即逻辑构造系统）中,对象被分做了自我心理的、物理的、他人心理的和精神的,其中自我心理的对象处于最低等级,因为心理对象在一切认识活动中都是在先的,自我心理的对象总是在认识上先于物理对象;物理对象处于中间等级,我们把通过自我心理得到的东西用类比规则和表示物理状态值的数字表达出来,这样就可以对物理过程中出现的事物作特征描述,并由此解决心物关系;他人的心理对象和精神对象处于最高等级,因为构造他人心理的对象是借助于表达关系把心理过程赋予某个他人的身体,这也是对自我心理的东西重新加以排列,是通过对他人语言的表达而达到对他人心理对象的理性重构。卡尔纳普认为,正如我的世界是从我的经验中构造出来的,一个关于他人的世界也是从他的被构造的经验中构造出来的。这种类似关系的存在完全是由于在我的经验与他人的经验之间在最底等级上具有类似的构造,而且在我们两者经验对象之间也存在主体间的相互配置关系。卡尔纳普把由这种"主体间的相互配置关系"所构成的对象称做"主体间的对象",并认为它们构成了一个作为真正科学研究领域的"主体间的世界"。这里可以清楚地看到卡尔纳普受到波普关于客观知识世界思想的影响。

抛开逻辑构造理论的某些细节不谈,卡尔纳普在书中完成的工作有两个方面对维也纳学派思想以及后来的逻辑经验主义运动产生了重要影响:(1)他建立的构造系统直接成为逻辑实证主义理想语言或人工语言的先导和楷模;(2)他用这种构造方法处理传统的哲学问题,为拒斥形而上学提供了有力的依据。

卡尔纳普明确地把他的工作规定为建立一个关于对象或概念的认识论的和逻辑的构造系统,这个系统不是仅仅把概念区分为不同的种类并研究各类概念之间的区别和联系,而是要把一切概念都从某些基本概念中逐步推演出来,从而产生一个概念的谱系,其中每个概念都有一定的位置。所以,认为一切概念都可以从少数几个基本概念中推导出来,这就是他的构造理论的主要论点。要完成这样的推导或"构造",就要首先确立可以从中推导出其他一切概念的基本概念,他认为是原初经验中的某种关系,如相似性的记忆等;然后确立从这些基本概念过渡到更高概念的形式,要研究各种不同种类的概念或对象如何能够通过逐步运用等级形式而被构造出来;最后得到关于这个概念系统的总体形式。可见,卡尔纳普这里提出的任务就是要建立一种不同于自然语言的概念语言系统。在这个系统中,符号用来指称一个"准对象",即弗雷格意义上的"不饱和符号";用空位或变项代换句子中的部分符号就得到"命题函项",每个命题函项都代表一个概念:如果它有一个主目位置,它代表的是一个特性;如果有几个主目位置,就代表一种关系。如果有两个对象可以代入同一个命题函项的主目位置,那么这两个对象就属于"领域同源的",否则就是"领域相异的",而传统哲学的和许多逻辑上的混乱都是由于"领域混淆"造成的。卡尔纳普这个构造系统中的许多基本思想明显来自弗雷格、罗素和维特根斯坦,但他更为明确地把它作为构造物理世界和经验世界的中立语言系统。

在他的思想自述中,卡尔纳普把他的思维方式看做是中立于各种传统的对立学说之间。他承认,他在构思《世界的逻辑构造》时并不在乎他所使用的是哪种形式的哲学语言,因为在他看来,它们仅仅是一些谈话的方式,而不是对观点的阐释。所以,他在使用了符号逻辑语言之外,还使用了另外三种语言,即把各种定义的符号公式简单地翻译为日常语言;在日常语言中建立一个与自然科学相应的公式系统;将定义公式化,以作为构造过程的操作规则。[①] 卡尔纳普对各种哲学语言形式采取这种中立态度,主要根据在于他相信,任何人都有使用最适合自己目的的语言的自由。这就是他提出的并终生坚持的"宽容原则"。他在书中把构造理论使用的语言称做一种中立的语言。他说:"按照这种理论,事物既不是'被产生的'也不是'被认识的',而是'**被构造的**';而且我们现在应该强调指出,'构造'一词在这里总是在完全**中立的**意义上使用的。"[②]这样,他就把实在论和唯心论关于对象问题的争论以及一切传统哲学中的形而上学争论都看做是无意义的了。

卡尔纳普在《世界的逻辑构造》中完成的一个重要工作就是根据构造理论对传统哲学问题的澄清。他把构造理论作为他哲学研究的基础,以此表明构造理论所提出的概念等级和建立的构造系统可以清楚地解决传统哲学中长期混淆的本质问题、心物问题、实在问题等。他认为,物理的东西、心理的东西和精神的东西之间并不存在共同的本质,因为它们只是用以表达经验间的某些联系的不同语言手段,"只有指明包含某个对象名字的那些语句的真理标准才能说明这个对象的科学的或构造的本质"。而超出了这个范围就是对象的形而上学本质,是科学范围之外的问题。所以,"物理的东西和心理的东西是基本要素的不同的次序排列形式"[③]。同样,在传统哲学中被看做是两个不同实体平行存在的心物问题,实际上并不是完全不同东西的平行,而是经验成分的不同序列

---

① 参见《卡尔纳普思想自述》,陈晓山、涂敏译,第 26—27 页,上海译文出版社,1985。
② 卡尔纳普:《世界的逻辑构造》,陈启伟译,第 9 页,上海译文出版社,1999。
③ 同上书,第 346、347 页。

之间的平行。根据这种观点,形而上学的实在概念也是无法用科学的即可构造的概念加以定义的,因为这种概念被表述为"独立于认知的意识",因而把外在世界的实在性理解为脱离了自我心理和经验。正是根据构造理论,卡尔纳普把科学的任务规定为"发现真命题并加以次序安排";而要完成这个任务,首先就要建立一个构造系统,即引进概念,然后确定这些概念的经验联系。他提出,在科学上没有原则上不可回答的问题,因为任何问题都是提出一个需要澄清其真假的命题,而每个命题又都是在原则上可以翻译为关于基本关系的命题,并且这样的命题在原则上都是可以由原初经验来证实的。他指出,所谓的"形而上学"不是指逻辑上最低或最高的科学知识,而是指一种纯粹直觉的领域,它们不涉及真假的区别,因而既不属于理论的领域,也不属于知识的领域,它们与科学和理性的领域没有任何关系。① 这样,卡尔纳普就把形而上学完全排除在科学范围之外。但值得注意的是,仅仅把形而上学理解为纯粹直觉的领域,只是从科学的领域中排除了形而上学,但由此并没有否定形而上学在其他领域还可能有其他的意义。所以,卡尔纳普在后来的论述中就更为明确地提出要通过对语言的逻辑分析彻底清除形而上学。

应当说,卡尔纳普在该书中提出的许多重要思想在他后来的哲学发展中都得到了坚持,比如用逻辑的方法处理传统哲学问题,反形而上学的坚定立场,提倡一种理想的或人工的语言系统,在语言系统的选择上坚持"宽容原则"等。但正如卡尔纳普在他的《世界的逻辑构造》第2版"序言"中所承认的一样,他在书中阐述的某些观点仍然发生了一些变化。结合他在《卡尔纳普思想自述》中的论述,我们可以看到他的思想变化主要表现在以下几个方面:

1. 放弃了经验论的还原主义主张,不再坚持认为可以从几个基本概念推导出其他一切概念,无论是采用什么样的推导形式或规则。他写道:"最重要的改变之一是我认识到高层次概念之还原为低层次概念不

---

① 参见卡尔纳普《世界的逻辑构造》,陈启伟译,第349页,上海译文出版社,1999。

可能总是采取显定义的形式；一般来说概念的引进必须使用更宽泛的形式。"①由于从基本概念推导出其他概念的思路是从经验出发，特别是要从作为基本概念的原初经验出发，这就极大地限制了一切关于事物的命题具有经验的意义，因而使得物理的或关于世界的知识必须以心理的或关于自我的知识为前提。这显然与卡尔纳普以及维也纳学派倡导的哲学研究科学化方向不符。所以卡尔纳普明确放弃了认为关于事物的命题都可以翻译为关于感觉材料的命题的主张。

2. 由于放弃了还原主义，卡尔纳普也就放弃了用于实现这种经验还原的现象主义语言，更加倾向于采用物理主义的语言。他的这种转变主要来自他参加了维也纳学派的讨论，并受到纽拉特的影响。他在自述中写道：

> 在某些哲学家、特别是马赫和罗素的影响下，我曾在《世界的逻辑构造》一书中认为，现象主义的语言是最适合于用来对知识作哲学分析的语言。我还认为哲学的任务在于把一切知识都归结到一种可靠的基础上。既然直接给予的知识是最可靠的知识，而关于物质事物的知识是派生的和不大可靠的知识，那么，由此看来哲学家就应当采用那种把感觉材料当作基础的语言。在参加维也纳小组的讨论过程中，我开始逐渐改变自己的看法，倾向于采用物理主义的语言。②

> 在我看来，物理主义语言的最重要优点之一，就在于这种语言具有主体间的交流性，也就是说，它原则上能够使所有使用这种语言的人都观察到为这种语言所描述的事件。③

费格尔把卡尔纳普的这种物理主义主张归结为两个论题，即关于科

①卡尔纳普：《世界的逻辑构造》，陈启伟译，第 8 页，上海译文出版社，1999。
②《卡尔纳普思想自述》，陈晓山、涂敏译，第 79 页，上海译文出版社，1985。
③同上书，第 81 页。

学语言的统一性论题和关于物理科学作为一切科学基础的论题。前一个论题主张把能否在主体间证实看做有无科学意义的标准,后一个论题则是相信有可能建立一个统一的解释系统。① 从此,物理主义和科学的统一成为卡尔纳普终生奋斗的目标。

3. 卡尔纳普放弃了外延性主张,认为维特根斯坦、罗素以及他早期宣称一切命题都是外延的这种说法是不正确的,因为两个对象具有相同的外延并不能保证可以通过其中的一个概念就必然可以重构另一个概念。如果要得到这样的必然性,就必须保证外延相同是建立在逻辑规则的基础之上的,或建立在自然规律的基础之上的。然而,这就无法满足外延性主张对感觉材料的依赖。所以,卡尔纳普认为必须放弃这种外延性主张。

当代德国哲学家施太格缪勒(W. Stegmuller)在《当代哲学主流》中对卡尔纳普《世界的逻辑构造》中的思想作了被卡尔纳普本人称为"很好的阐述和讨论"②。施太格缪勒认为,卡尔纳普在许多重要问题上都进行了"非常重要的开拓性工作",而卡尔纳普对自己以前观点的修正,正是用科学的态度对待哲学问题的结果。③ 他写道:"反对卡尔纳普早期观点的许多论据都是他自己提出来的。譬如,由于他发现了倾向性概念是不能定义的以及现象主义语言的缺点,他确认在《世界的逻辑构成》(即《世界的逻辑构造》——引者注)一书中所包含的关于经验概念的结构体系的构想是不可能实现的。"④正如卡尔纳普本人所说,由于他"发现在建立一切科学概念的体系方面,一种物理主义的基础较之一种现象主义的基础更为合适"⑤,所以,他就放弃了《世界的逻辑构造》中关于建立体系的构想,转向更具有物理主义特征的逻辑句法研究。

---

① 参见费格尔《物理主义、统一科学和心理学基础》,载于洪谦主编《逻辑经验主义》下卷,第512—513页。
② 卡尔纳普:《世界的逻辑构造》,陈启伟译,第11页,上海译文出版社,1999。
③ 参见施太格缪勒《当代哲学主流》上卷,王炳文等译,第432—433页,商务印书馆,1986。
④ 同上书,第433页。
⑤《卡尔纳普思想自述》,陈晓山、涂敏译,第29页,上海译文出版社,1985。

四　逻辑句法、语义学和归纳逻辑

卡尔纳普从现象主义转向物理主义的一个重要标志，是他的《语言的逻辑句法》一书。他受希尔伯特、塔尔斯基和哥德尔等人思想的影响，把语言的逻辑句法看做是"一种语言表达结构的纯分析理论"。他从哥德尔那里得到启发，认为可以借助于算术概念来表达一种词句形式的理论。

从1931年开始，卡尔纳普就在考虑语言结构问题，希望能够用通过符合逻辑规则建构的语言系统来表达其他的符号系统，而这种语言系统就是作为形式规则存在的元逻辑。在这种元逻辑中，他区分了两种不同的语言，即作为研究对象的"对象语言"和用来表达对象语言的"元语言"。他的目的在于使元语言变得更加精确，以便在这种语言中为元逻辑构造一个精确的概念系统。在《语言的逻辑句法》中，卡尔纳普把这种"元逻辑"就称做"逻辑句法"，认为它仅仅讨论语言表达的形式。这些形式的特点，是要说明那些在语言表达式中出现的各种符号以及它们出现的前后顺序，但不涉及这些符号和表达式的意义。他写道：

> 所谓语言的逻辑句法，我指的是关于一种语言的语言形式的形式理论，也就是对这种语言中起支配作用的形式规则所作的系统陈述，以及对从这些形式规则中引出的各种结论的阐释。当一种理论、一条规则、一个定义等等既不涉及符号（例如，词）的意义，也不涉及表达式（例如，语句）的意义，而仅仅涉及表达式由以组成的那些符号的种类和顺序时，我们便把这种理论、规则、定义等等称为形式的。[1]

卡尔纳普承认，他对逻辑句法产生兴趣主要是由于这样两个原因：（1）他认为，形式演绎逻辑的概念都是纯粹的句法概念，因而可以用逻辑

---

[1] 卡尔纳普：《语言的逻辑句法》，转引自涂纪亮《分析哲学及其在美国的发展》上卷，第268—269页，中国社会科学出版社，1987（以下所引此书均为此版本）。

句法来表述它们的定义;(2)在他看来,许多哲学争论实际上都涉及是否应当把一种特殊的语言作为科学的语言,即涉及对语言形式的选择问题。基于第一个理由,卡尔纳普认为,形式演绎逻辑的概念,如可证明性、来自给定前提的推论性和逻辑的独立性等,都只是依据用于表述它们的句子的形式,而不是依据这些句子的意义。所以,我们只需要考察和分析这些句子形式,就可以确立这些概念的恰当性。基于第二个理由,卡尔纳普认为,由于我们可以自由地选择自己的语言规则和语言形式,因而也就可以自由地选择自己的逻辑。这样,哲学上的许多争论都可以看做是出于选择了不同的语言规则的结果。例如,在关于数学基础的争论中,直觉主义的观点是想以某种方法对数学语言的表达手段和推演手段进行限制,而古典的观点则没有对语言提出这种限制。卡尔纳普认为,通过对各种不同语言的逻辑句法的研究,就可以更清楚地看到所有这种争论的关键所在,因而也就可以更好地解决这种争论。但在处理这种争论时,卡尔纳普指出,我们还需要考虑两个方面的问题:(1)各种不同的语言形式的句法特性;(2)为了特定的目的而选择一种或另一种形式的具体理由。只有这样,我们才能够真正不再提出关于哪一种语言是正确的语言的问题,也不会再提出那些与逻辑句法完全无关的本体论问题,如关于数的本质问题等。

由于逻辑句法仅仅涉及语言形式问题,而不涉及语言表达式的意义,所以,卡尔纳普首先就要区分语言的形式和内容。他追随罗素和塔尔斯基,把这两个方面分别称做"元语言"和"对象语言",并区分了语言表达的"内包方式"和"形式方式"。所谓"内包方式",就是使用对象语言谈论外在世界中的事物、事实或事件,而"形式方式"则是使用元语言谈论名称、语词或句子。他指出,我们可以根据需要自由地采取这两种不同的说话方式,但决不可以把它们混淆起来,否则就会产生形而上学的假陈述。卡尔纳普区分元语言与对象语言、内包方式与形式方式等,目的正是为了提倡在讨论逻辑问题和哲学问题时应当使用元语言,以形式的方式处理一切逻辑的和哲学的争端。这不仅反映了逻辑句法的要求,而且反映了卡尔纳普一贯的哲学倾向。①

　　根据卡尔纳普的回忆，他在《语言的逻辑句法》一书出版后不久，就对其中的许多论述感到不满，比如，对句法的一般性讨论和对语言句法的狭隘解释。特别是在他移居美国之后，与美国哲学家和逻辑学家的讨论使他逐渐认识到用元理论来解释逻辑句法所设定的规则以及解决传统哲学和科学理论问题，会比句法理论本身更为有效和普遍，而这种元理论应当包含语义学和语用学部分。这样，他的研究兴趣很快就转向了对语义学和语用学的研究，先后出版了《语义学导论》(1942)、《意义与必然性》(1947)等重要著作，发表了《经验论、语义学和本体论》(1950)、《意义公设》(1952)、《自然语言中的意义和同义性》(1955)、《理论概念的方法论性质》(1956)等重要论文。应当说，卡尔纳普在移居美国之后的哲学研究不仅继续了他的研究思路和方向，更重要的是打开了更为宽阔的视野：他在美国哲学家莫里斯、蒯因、米塞斯、费格尔以及赖欣巴哈等人思想的影响下，逐渐关注语义学的逻辑问题，特别是关于逻辑真理的语义学概念，并与塔尔斯基和蒯因讨论了如何在一种有穷论的基础上构造一种科学的语言。

　　卡尔纳普在建立逻辑句法时曾明确宣称，逻辑句法仅仅涉及用于表达概念的语言形式，而不关心这些语言的意义问题。但纯粹的形式研究并不能根本解决语言意义问题以及传统哲学中讨论的实体问题。实际上卡尔纳普也清楚地认识到这一点，所以在移居美国后不久，他就把关于意义和真理的语义学研究提到了研究日程。

　　首先，他区分了关于对象存在的两种问题，即他所谓的"内部问题"和"外部问题"。"内部问题"是指所谈论的某些对象在语言构架内部的存在问题，而"外部问题"则是指把这些对象的系统当做一个整体的存在

---

① 关于卡尔纳普在《语言的逻辑句法》中提出的其他重要思想，如形成规则和变形规则、有效语句和无效语句、语言Ⅰ和语言Ⅱ等等，涂纪亮在他的《分析哲学及其在美国的发展》一书中已经作了很好的、全面的介绍。由于篇幅限制，这里不再赘述。请参见该书上卷，第268—272页。

问题。他指出:"内部问题和它们的可能答案是借助于新的表示式来明确地表述的。答案可以或用纯逻辑的方法或用经验的方法找到,随这个构架是一个逻辑的还是一个事实的构架而定。"[①]但外部问题则较为复杂。卡尔纳普通过仔细考察五种语言系统,即关于事物的世界、数的系统、命题的系统、事物属性的系统和物理学的时空坐标系统等,得出这样一个结论:"一种新对象的接受,在语言里表现为引入按照一套新规则来使用新的表示式的构架。"[②]他通过区分内部问题和外部问题,提出这样一个主张:"新的说话方式的引入不需要任何理论上的辩护,因为它并不蕴涵任何关于实在性的断定。"[③]卡尔纳普的做法是,通过区分内部问题和外部问题,努力把关于外部问题的讨论转换为关于内部问题的讨论,由此表明我们关于对象存在的实在性问题并不必然地带有柏拉图主义的标签。他指出,对于发展语义学方法来说,决定性的问题不是关于抽象对象的存在这种所谓本体论问题,而是关于抽象的语言形式的使用问题。这样,卡尔纳普就把语义学问题归结到了一种接受或拒绝抽象的语言形式的问题。但根据他的宽容原则,对语言形式的选择也就变成了一种约定的问题。

其次,卡尔纳普把以意义为根据的真理问题看做取决于意义公设,即在语义系统的框架内去描述一种阐述分析性概念的方法。他在《意义公设》一文中力图表明,演绎逻辑和归纳逻辑中的某些基本概念都可以用这样的意义公设来重新表述。他不同意蒯因在《经验论的两个教条》中对分析性概念的消解,认为在一个完备的语义系统中可以用公设的方式得到分析性概念。例如,如果在这样一个语义系统中,各个原始谓词的意义之间存在某种逻辑关系,那么,通过为这种关系制定公设就可以阐述分析性概念。卡尔纳普用于阐述分析性概念的意义公设,实际上就

[①] 卡尔那普(即卡尔纳普):《经验论、语意学和本体论》,载于洪谦主编《逻辑经验主义》上卷,第84页。
[②] 同上书,第91页。
[③] 同上书,第92页。

是一个语义系统中的规则（包括了形成规则和变形规则）。他用逻辑的方法建构了一个语义系统，其中包括了通常的联结词、带量词的个体变项、个体常项以及原始谓词等，还包括了作为形成规则和变形规则的意义公设。在他看来，只要按照这种方式对分析性概念作出逻辑的阐述，就可以得到意义清楚的语义系统，也就可以解决以意义为根据的真理问题。

卡尔纳普这样做的一个重要根据，就是他坚持在逻辑真理和事实真理之间的严格区分。由于塔尔斯基和蒯因等人的工作，分析哲学家们对分析与综合区分的怀疑直接导致了模糊逻辑真理与事实真理的区分，因为完全分析性的消解就意味着不存在严格意义上的逻辑真理。但卡尔纳普则坚持认为，完全可以用纯粹的语言形式去定义逻辑真理，而且这种真理应当被解释为一种语义学概念。他明确地把自己的思想看做来自莱布尼茨和维特根斯坦，并在维也纳学派中竭力论证逻辑真理与事实真理区分的正确性。他指出，事实真理是以经验为基础的，而逻辑真理则不需要通过观察加以证实，因为它们并没有陈述事实世界中的任何一种事物，它们对任何一种可能的事实组合来说都能成立。正是对逻辑真理和事实真理的这种区分，使得卡尔纳普把作为纯形式理论的句法学和作为意义理论的语义学区分开来，把未经解释的形式系统和对这些系统的解释区分开来。卡尔纳普作出这种区分的目的，是为了分析科学的语言而构造一种元语言。

再次，除了对表达式意义的语义学分析之外，卡尔纳普还作了语用学的分析。他看到了纯粹的语义学分析仅仅抓住了语言的形式方面，但没有考虑到自然语言的语用学方面。但他的出发点是区分外延理论和内涵理论。所谓"外延理论"，谈的是指称、命名、外延、真值以及其他相关的概念；而所谓"内涵理论"，谈的是内涵、同义性以及其他相关的概念。卡尔纳普在这里把"内涵"一词理解为一个表达式的意义，即表示其意义的成分。他说："当且仅当两个谓词具有同一内涵，这两个谓词才是同义的；一个句子之为真的，如果是由于其中出现的表达式的内涵，这个句子就是分析句子。"①他提出,描述一种语言应当是从内涵理论开始,然后在这个基础上建立外延理论。这就是说,我们学习一种语言是通过理解了其中的语词的内涵才理解它们的外延的。但对于一种从没有描述过的语言来说,外延理论却是首要的。这样,卡尔纳普就提出这样一个观点:"对于一种自然语言来说,内涵分析是一种在方法论上恰如外延分析一样合理的科学程序。"②由此,他分析了自然语言的语用学内涵概念,并以此反对蒯因的外延论观点。外延论认为,在预先决定的外延基础上指定内涵不是一个事实问题,而是一个选择问题,所以语言学家可以自由选择适用于特定外延的那些属性当中的任何一个,而他选择的标准仅仅是属性的简单性,不是属性的正确性。但在卡尔纳普所维护的内涵论看来,对一个内涵的指定是一种经验上的假说,它与语言学上的任何别的假说一样,都是能够通过观察语言行为来检验的。

卡尔纳普在语用学的内涵概念上所坚持的是对自然语言的语用学研究不仅存在经验的方法,而且存在一种用以检验有关其内涵的假说的方法。他提出,一个谓词对一个说话者的内涵,就是一个对象为了使这个说话者愿意把这个谓词运用于它而必须满足的一般条件。这样,他就排除了把意义概念解释为心理学的可能性,从而使内涵概念能够应用于机器人的情况。可以看出,卡尔纳普仍然是从形式上理解他所谓的自然语言的内涵概念。这种理解完全不同于传统哲学对内涵概念的使用,甚至不同于当代分析哲学家,如蒯因、刘易斯等人的用法。正因为如此,卡尔纳普关于自然语言的语用学分析的工作似乎并没有得到更多哲学家或语言学家的积极回应。

卡尔纳普晚年的主要工作是研究概率问题和归纳逻辑,出版或发表了许多重要论著,主要著作有《概率的逻辑基础》等,主要论文有《论归纳逻辑》(1945)、《论或然性的两个概念》(1945)、《论归纳与真理》(1946)、

---

① 卡尔那普(即卡尔纳普):《自然语言中的意义和同义性》,载于洪谦主编《逻辑经验主义》上卷,第194页。
② 同上书,第197页。

《论归纳逻辑的运用》(1947)、《归纳逻辑中的关系问题》(1947)、《归纳逻辑与科学》(1953)、《归纳诸方法的连续统》(1952)、《什么是概率?》(1953)、《统计的与归纳的或然性》(1955)等。概括地说,卡尔纳普关于概率问题和归纳逻辑的主要思想可以归结为以下几点:

1. 概率概念应当而且只能作为一个逻辑的概念才能得到清楚的说明。卡尔纳普提出,要区分两种不同的概率概念,即统计学的概率和逻辑的概率。他认为,传统的概率概念就是一个经验在统计学意义上的频率概念,关于这个概念的所有陈述都是用语言描述经验事实一般特征的综合陈述,它们只是出现在科学的范围之内。但关于逻辑的概率概念的陈述则是分析的,因为它们表达的只是给定的证据和某个假说之间的某种逻辑关系,这种关系类似于逻辑蕴涵,但又具有相应的量值。这样的陈述是对科学的综合陈述的说明,它们本身并不属于科学,而是属于用元语言表达的科学逻辑或方法论。

2. 逻辑的概率概念是一切归纳推理的基础,是所有那些不能依靠演绎的必然性所进行的推理的基础。卡尔纳普认为,如果可以找到一种令人满意的逻辑概率的定义和理论,就可以最终为解决归纳推理的争端提供一个清楚合理的基础。由此他就把关于逻辑概率的理论称做"归纳逻辑"。他在《概率的逻辑基础》中系统论述了作为概率基础的归纳逻辑,特别是把预测理论作为归纳逻辑的一个基本组成部分,在《归纳诸方法的连续统》中构造了一个可能的归纳方法系统,在《归纳逻辑的性质和应用》中把归纳逻辑看做是语义理论的一部分,认为它假定了演绎逻辑;归纳逻辑中的命题与演绎逻辑中的命题一样,既可以用于日常生活,也可以在科学中应用于已知的前提或证据。

3. 概率问题解决了意义的确证程度问题,而归纳逻辑应当被看做是与演绎逻辑同样重要的逻辑系统。卡尔纳普强调对概率问题的研究,主要是因为他认为,概率理论的基本问题就是对确认程度的确定。他指出,当关于逻辑概率的陈述包含了多个谓词类,为了确定这个陈述的确证程度,就必须考虑由给定的材料表明的各种不同谓词类在统计学上的确定。这就是一种统计概率对逻辑概率的补充作用,因为确证的程度问题,归根到底就是一个概率统计问题。对归纳逻辑来说,它并非与演绎逻辑截然不同的逻辑系统,相反,它只是关于确证程度的理论和概率的定量说明,而演绎逻辑则是对逻辑推理的形式说明。

卡尔纳普早在维也纳时期就接受了维特根斯坦和魏斯曼的影响,认为证实的过程实际上涉及概率问题,而且概率只能是一个逻辑的概念。他提出,逻辑的概率概念应当是为经验科学方法论中的这样一个基本概念提供一种精确的数量说明,即可以对关于一组特定证据的假说进行确证。正是基于这种观点,卡尔纳普把归纳逻辑作为现代逻辑发展的一种重要方向,特别强调了模态逻辑研究的重要性。施太格缪勒在阐述卡尔纳普关于归纳逻辑和或然性的思想时,把归纳推理的作用总结为三个方面:(1)用于制定估量规则;(2)用于制定合理决定的规则;(3)用来制定包含了统计资料的假设。① 由于卡尔纳普的这个开创性工作,归纳逻辑如今已经成为现代逻辑中的一个重要分支,虽然对它的性质、任务及其与演绎逻辑的关系等问题还存在着许多争议。

五 卡尔纳普的地位和影响

在 20 世纪的英美分析哲学运动中,卡尔纳普被看做以维也纳学派为代表的逻辑实证主义的主要人物,所有关于维也纳学派和逻辑实证主义的文献都把他的哲学作为讨论的主要对象。的确,卡尔纳普本人也明确地把自己的哲学与维也纳学派的思想密切地联系在一起。② 卡尔纳普在维也纳大学担任讲师虽然只有短短的五年时间,但他与维也纳学派其他成员的友谊关系却保持终生。他的思想来源主要是弗雷格、罗素和维特根斯坦,而他的思想发展又在许多方面来自与石里克、纽拉特、费格

---

① 参见施太格缪勒《当代哲学主流》上卷,王炳文等译,第 477 页,商务印书馆,1986。

② 他在思想自述中自觉地把"维也纳学派"称做"我们的",以表明他们的思想与其他思想的区别。参见《卡尔纳普思想自述》,陈晓山、涂敏译,第 37、43、45 页等处,上海译文出版社,1985。

尔、克拉夫特、亨普尔等人的讨论。这就使得他的哲学充分体现了早期分析哲学的特点，同时又反映了维也纳学派哲学的发展。可以说，正是通过他的哲学，使得弗雷格、罗素和维特根斯坦的思想与维也纳学派的哲学密切地联系起来；也正是由于他的哲学，维也纳学派的哲学在第二次世界大战后才得以在北美以及其他英语国家得到广泛的传播和发展。

卡尔纳普在思想自述中承认，对他的哲学思考影响最大的是弗雷格和罗素。1910年秋，还在耶拿大学读书的卡尔纳普聆听了弗雷格的"概念文字"讲座，对弗雷格提出的新逻辑体系产生了浓厚兴趣。弗雷格的讲座印证了卡尔纳普在这之前就得到的一个观念，即认为在数学领域，每个结论都可以得到精确的证明，因而不会出现任何分歧。1914年，卡尔纳普再次参加了弗雷格的"数学中的逻辑"课程，弗雷格对传统数学研究中缺乏公认的概念和公式的现象提出的分析批判给卡尔纳普留下了深刻印象。1920年，卡尔纳普阅读了弗雷格的《算术的基本法则》，从中得到了许多重要观念，例如，要清楚细致地分析概念和语词，要严格区分语词本身和由它们表达的意义，还要区分"意义"和"意谓"，等等。他还从弗雷格那里得到这样的观念："在整个知识的体系中，逻辑与数学的任务就在于提供概念、陈述和推理的形式。这些形式可以适用于任何一个领域和学科，因而也必然适用于非逻辑的知识。"[1]卡尔纳普从弗雷格的观念中得到启发，认为只有密切地注意逻辑和数学在非逻辑领域中，特别是在经验科学中的应用，才能透彻地理解逻辑和数学的性质。

卡尔纳普认为，他从弗雷格那里得到的启发主要是在逻辑和语义学方面，而在一般的哲学观念上，则主要是受到罗素的影响。1921年，卡尔纳普阅读了罗素的《我们关于外部世界的知识》，对罗素所阐述的哲学的目的和方法产生了强烈共鸣，特别是对罗素提出的逻辑分析方法非常敬佩，从而使卡尔纳普确定了终生研究的目标，即运用这种新的逻辑工具分析科学概念和澄清哲学问题。同时，他对罗素的认识论和科学方法论

---

[1]《卡尔纳普思想自述》，陈晓山、涂敏译，第17页，上海译文出版社，1985。

也非常关注,特别研究了罗素和怀特海的《数学原理》,并在1924年以此为蓝本写下了《逻辑概论》(1929)一书。卡尔纳普在书中不仅介绍了一种新的符号逻辑体系,而且说明了符号逻辑是如何应用于分析各种概念和构造一个演绎体系的。

对卡尔纳普来说,维特根斯坦对他思想的影响是双重的:一方面是,维特根斯坦的一些重要观点在他那里得到了积极的响应;另一方面是,他与维特根斯坦思想上的某些分歧以及与维特根斯坦的疏远也使他得到了某些启发。他明确承认自己从维特根斯坦那里得到了以下的重要观点:(1)逻辑陈述的真仅仅取决于该陈述的逻辑结构和所使用的语词的意义;(2)逻辑陈述在所有可以想象的情况下都是真的,因而它的真与世界上的偶然事件无关;(3)许多哲学句子,特别是传统的形而上学句子,都是一些毫无认识内容的假句子。关于最后一个观点,卡尔纳普认为自己曾在维特根斯坦之前就提出过,许多形而上学的句子和问题都是起源于错误地使用了语言和违反了逻辑,而维特根斯坦的观点则使他的这个思想更为明确和彻底。

卡尔纳普在自述中认为,他和整个维也纳学派与维特根斯坦的思想分歧主要表现在:(1)对数学和科学的不同态度。整个维也纳学派都对数学和自然科学有着浓厚的兴趣,并且竭力以数学和科学的方法讨论哲学问题;但维特根斯坦似乎对这些学科兴趣冷淡。卡尔纳普认为,维特根斯坦的这种态度还间接地影响了维也纳大学以及剑桥大学的学生对数学学科的选择,他甚至把英国分析哲学与逻辑经验主义之间的分歧归咎于维特根斯坦的这个态度,即认为英国的分析哲学家没有很好的数学和自然科学背景。(2)关于构造语言体系的哲学观念。卡尔纳普以及维也纳学派认为,构造一种逻辑上完善的语言对分析哲学和科学的陈述来说都是十分重要的,这种重要性在《逻辑哲学论》中也得到了强调和阐明;但维特根斯坦后来明确地否定了这个观点,反对用符号逻辑去澄清和纠正日常语言以及哲学家使用的语言中出现的混乱。卡尔纳普认为,英国分析哲学家在这一点上完全追随了维特根斯坦,而哈勒则认为,正是在这一点上维特根斯坦与卡尔纳普分道扬镳了。[①]（3）关于不可言说的东西的看法。《逻辑哲学论》提出了存在只能自我显示而不能言说的东西，如句子的逻辑结构以及语言和世界的关系等；但维也纳学派则认为，我们完全可能有意义地谈论语言以及句子与所描述的事实之间的关系。卡尔纳普认为，正是对构造语言的研究，导致他后来提出语言的逻辑句法理论。

当然，对卡尔纳普思想发展最为重要的还是维也纳学派其他成员与他的交流以及其他哲学家对他的批评。首先是纽拉特对卡尔纳普思想的影响。卡尔纳普在思想自述中多次提到纽拉特思想的重要性，特别指出了纽拉特关于科学统一和物理主义的思想直接导致了他思想的重要转变，即从对内部问题的讨论转向对外部问题的讨论以及从现象主义语言转向物理主义语言。同时，卡尔纳普还认为，纽拉特关于社会和文化因素对哲学概念产生作用的观点，也对他以及维也纳学派的思想发展有一定的影响，承认接受一种物理主义的语言可能与社会的进步有着积极的联系，"这种联系就是：哲学促使科学的思维方法得到改进，从而又促使人们能够更好地理解世界上（自然界和社会中）所发生的一切事情。而且，这种理解本身又可以反过来改善整个人类的生活"[②]。其次是塔尔斯基对卡尔纳普思想的影响。他从与塔尔斯基的交谈中深切地感到，语言的形式理论对于澄清哲学问题具有重要的意义。他由此提出，如果能够通过一种方法，不仅使所分析的对象语言（即数学语言或物理语言）更为精确，而且使我们在讨论中所使用的哲学元语言也更为精确，那么，这种方法对于我们的哲学讨论就将会大有益处的。卡尔纳普的语义学思想受到了塔尔斯基的重要影响，但他与塔尔斯基在关于逻辑真理和事实

[①] 哈勒写道："在 1927 年至 1928 年间所进行的最初几次会面中维特根斯坦强烈地拒绝了卡尔纳普关于人工口语语言的观点。我认为这点或许也构成了维特根斯坦后来决定断绝他与卡尔纳普的来往（而只与石里克和魏斯曼来往）的重要原因之一（不过这种观点没有文献记录上的支持）。"（哈勒：《新实证主义——维也纳学圈哲学史导论》，第 250 页。）

[②]《卡尔纳普思想自述》，陈晓山、涂敏译，第 36 页，上海译文出版社，1985。

真理的区分上存在严重分歧:卡尔纳普竭力主张严格区分这两种真理,但塔尔斯基以及蒯因则反对这种严格的区分。最后是波普对卡尔纳普思想的影响。卡尔纳普认真读过波普的《科学发现的逻辑》一书的书稿,并与他进行了讨论。在卡尔纳普看来,波普对他的思想影响主要表现在关于记录句子的观点。波普认为,记录句子可以比其他句子更直接地被观察所确认,因此应当用来作为证实其他句子的基础;没有任何一个句子可以被看做是绝对的记录句子,因为在一定情况下每个句子都可以得到修改;关于可观察的物理事件的句子最适合作为记录句子,因为这种句子与表达主观经验的句子不同,它们可以得到主体间的检验。卡尔纳普认为,波普的这些观点对他坚持物理主义的观点有很大的帮助。当然,卡尔纳普也承认他与波普的思想之间存在许多重要分歧,主要表现在对待归纳逻辑的态度以及与传统哲学的关系问题上,因为波普坚决否认存在任何归纳逻辑的可能性,卡尔纳普把他称做一个"极端的"演绎主义者。[1]

以上对卡尔纳普思想来源以及所接受的影响的介绍,清楚地表明了卡尔纳普思想的深厚传统背景以及 20 世纪分析哲学的发展历程。卡尔纳普的思想发展,在一定程度上反映了逻辑实证主义以及整个分析哲学运动的变迁:从纯粹的经验论立场即根据现象主义的语言(或心理主义语言)对世界的描述,转向纯粹的逻辑主义即用物理主义的语言(即具有主体间性的物理语言)对语言形式的研究,再转向形式的归纳主义即用逻辑的语言对偶然事实的必然性描述。哈勒曾把卡尔纳普的思想变化归结为三点:(1) 从现象主义语言转向物理主义语言;(2) 从内容的说话方式转向形式的说话方式;(3) 反对维特根斯坦的神秘主义。[2] 科法(J. A. Coffa)把卡尔纳普在《语言的逻辑句法》中提出的思想称做"新卡尔纳普",认为这种转变的重要标志是他提出了关于在使用不同的语言

---

[1] 参见《卡尔纳普思想自述》,陈晓山、涂敏译,第 49 页,上海译文出版社,1985。
[2] 参见哈勒《新实证主义——维也纳学圈哲学史导论》,第 263 页。

系统或表达方式时采用的"宽容原则"。科法把这种哲学立场称做"对象语言形式的整体主义",并把这种整体主义与语义上的约定主义共同看做这种"新卡尔纳普"的主要特征。① 斯塔德勒(F. Stadler)在他的新著《维也纳学派》(1997 年德文版,2001 年英文版)中指出,卡尔纳普的宽容原则来自另一个维也纳学派成员门格尔的思想。门格尔在 1927 年的小组讨论中批评布劳威尔(L. E. J. Brouwer)的直觉主义时就曾提到宽容原则,把它称做"逻辑和语言的多元性",认为这表明了某种逻辑的约定主义。②

　　我认为,尽管卡尔纳普的思想发生过这样那样的变化,在他的哲学中仍然存在一些始终不变的东西,而且正是这些东西,才使得他的思想在整个逻辑经验主义运动中占据着重要的地位。这些东西主要包括:(1)坚持一个基本信念,即必须用现代逻辑的工具分析科学概念和澄清哲学问题。这是卡尔纳普毕生追求的哲学目标。罗素为他设定了这个目标,塔尔斯基则为他追求这个目标提供了有力的武器。由于他的毕生努力,这个目标已经成为整个分析哲学运动的重要任务之一。(2)坚持从语言的形式方面展开语言哲学和科学哲学的研究。这是卡尔纳普的终生工作,无论是他对世界的逻辑构造,还是对语言的逻辑句法的研究;无论是他对语形学的研究,还是对语义学和语用学的探索,卡尔纳普都把他的关注焦点放在了形式研究方面。这种对语言形式的强调,正是逻辑实证主义哲学的重要信条之一,也是以弗雷格、罗素、前期维特根斯坦和卡尔纳普等人为代表的所谓的"理想语言学派"的主要特征之一。(3)坚持方法论上的中立主义原则。这被西方哲学家看做是**"卡尔纳普整个哲学研究活动的真正具有决定性意义的基本特征"**③。哈勒认为卡

---

① 参见科法《从康德到卡尔纳普的语义学传统至维也纳站》,第 348—349 页,剑桥大学出版社,1991。
② 参见斯塔德勒《维也纳学派——逻辑经验主义的起源、发展和影响之研究》,第 402—404 页,维也纳和纽约,斯普林格,2001。
③ 哈勒:《新实证主义——维也纳学圈哲学史导论》,第 227 页。

尔纳普的这个原则来源于法国物理学家彭加勒的思想,因为彭加勒认为,从无穷多个几何学系统中选择出一个,这种事情不是由事实决定的,而是自由的。[①] 在《语言的逻辑句法》中,卡尔纳普把这种立场称做"宽容原则"。哈勒把这个原则称做理解卡尔纳普基本关怀的"锁钥",即他最关心的始终是结构问题而不是哲学问题的内容。这种原则和立场实际上也构成了现代约定主义的重要特征。

施太格缪勒在评价卡尔纳普的哲学意义时指出,不能用传统的建构哲学体系的标准去要求现代经验论者,因为"它们的研究工作与其他哲学家的研究工作的原则区别就在于,他们并不宣称提供确定的最后真理。他们企图使概念精确化,建立一种精确的科学语言,阐明专门科学的方法。只要企图采取的方法证明是行不通的,在上述过程中所取得的观点就立即被修正或被完全放弃。"[②]这些评论恰好说明了卡尔纳普思想对当代哲学的深刻影响。这种影响表现在两个方面:(1)卡尔纳普的某些理论观点被后来的分析哲学家所吸取,逐渐成为当代分析哲学的主导观念;(2)卡尔纳普对待哲学和科学的态度直接造就了当代美国分析哲学和科学哲学,特别是对蒯因、古德曼、戴维森、普特南等人的思想产生了深刻影响。

按照某些西方哲学家的说法,随着整个维也纳学派哲学在 20 世纪 50 年代之后的完全衰落,卡尔纳普的哲学理想也彻底破灭了。[③]然而事实并非完全如此。虽然维也纳学派的一些基本信条在当代美国哲学中被逐渐放弃,但卡尔纳普的一些重要理论观点却仍然被保留下来,特别

[①] 参见哈勒《新实证主义——维也纳学圈哲学史导论》,第 226 页。

[②] 施太格缪勒:《当代哲学主流》上卷,王炳文等译,第 432 页,商务印书馆,1986。

[③] 参见哈克《维特根斯坦在 20 世纪分析哲学中的地位》,第 183—189 页,牛津,布莱克威尔出版社,1996;沙克(S. Sarkar)《鲁道夫·卡尔纳普》,载于马蒂尼奇(A. P. Martinich)和索萨(D. Sosa)《分析哲学指南》,第 105 页,牛津,布莱克威尔出版社,2001(以下所引此书均为此版本);伯格(即伯奇):《语言哲学与心灵哲学:1950—1990》,载于陈波主编《分析哲学——回顾与反省》,第 156 页,四川教育出版社,2001(以下所引此书均为此版本);以及《分析哲学——回顾与反省》中雷谢尔(N. Rescher)、罗蒂等人的文章。

是他关于归纳逻辑和自然语言的研究成果,目前已经成为哲学逻辑和自然语言语义学中的重要内容。而且,卡尔纳普提倡的对语言形式的研究或语义学研究,在当代西方分析哲学中也成为基本信条,最明显的表现就是蒯因提出的"语义上行"思想以及在当代语言哲学中对各种不同语言体系的接受。科法在他著名的《从康德到卡尔纳普的语义学传统》中就明确指出,卡尔纳普的整体主义就体现了对各种不同语言的宽容。他说:"当卡尔纳普谈到逻辑的可修正性时,他想到的实际上是语言的可修正性,就是说,当可以提出实际的环境时,就有可能为一种语言形式而放弃另一种语言形式。宽容原则毕竟从一开始就一直表明了这种可能性。"①

　　当然,卡尔纳普的哲学对当代分析哲学的影响主要是通过蒯因、古德曼、戴维森和普特南等人的思想得到传播和推进的。早在 20 世纪 40 年代初,卡尔纳普就曾在哈佛大学与罗素、塔尔斯基和蒯因组成了一个专门讨论逻辑问题的小组,他在讨论中主要谈到了逻辑的性质以及把逻辑真理定义为语义学概念的可能性等问题。蒯因作为这个小组中最年轻的哲学家,从这些哲学家们那里得到许多真知灼见,特别是从卡尔纳普那里学到了处理逻辑问题和语言问题的最好方法。他对卡尔纳普的《世界的逻辑构造》留下了深刻印象,认为卡尔纳普在书中的逻辑构造"注入了许多创造力、哲学想象以及心理学和物理学的理解。即便该书没有达到它崇高的目的,它也确确实实首次提供了一个范例,说明一名科学哲学家在严格和明晰性方面怀着如何执著的追求。它使我们瞥见(当然这在哲学上是令人振奋的)关于客观世界的知识怎样成为爱丁顿所说的意图蒙混之事。此外,该书提供的构造技巧也依旧有实用性"②。同样,"在《语言的逻辑句法》中,卡尔纳普为实现哲学的目标又一次有力地开发了现代逻辑的资源。这本书是关于逻辑哲学和哲学逻辑的证据

---

① 科法:《从康德到卡尔纳普的语义学传统至维也纳站》,第 352 页,剑桥大学出版社,1991。
② 蒯因:《悖论的方式和其他论文》,第 40 页,哈佛大学出版社,1976。

与看法的丰富宝藏。对于处在转折时期的年轻的科学哲学家来说,它无疑是强大的鼓舞力量。这本权威性的著作出版后,在不断扩大的学术界涌现了大量的专论和普及作品。卡尔纳普比其他人更能体现出逻辑实证主义、逻辑经验论和维也纳小组的思想"①。蒯因承认,他后来的一些思想与卡尔纳普产生了分歧,但在许多研究思路上仍然从卡尔纳普那里得到很大的帮助。哈克认为,蒯因与卡尔纳普的共同之处在于:(1)他们都是经验主义者,都认为一切知识都来源于经验。但蒯因逐渐认识到,对经验概念的解释既不能用现象主义的语言,也不能用卡尔纳普式的物理主义语言,而应当用感觉接受者的刺激语言。(2)他们都是经过科学训练的哲学家,都认为知识的范式应当是科学的知识,只有科学和科学的理论才能产生关于实在本性的图像,而对实在的一切理解都是科学理解的模型。(3)他们都相信统一科学的主张,认为一切知识都可以统一为一种单个的体系,而其核心是由主导科学,即物理学给予的。(4)他们都赞同证实主义。蒯因虽然抛弃了意义的证实原则,但他并没有完全放弃证实本身,而是把这种证实的概念与皮尔士和迪昂的整体主义原则结合起来。(5)他们都反对抽象实体概念,对"类""函项""数字"等概念采取一种唯名论的态度。② 但理查森(A. W. Richardson)则认为,蒯因与卡尔纳普的思想之间存在着无法克服的深刻分歧,这特别表现在双方对对方思想的理解上存在着差异。在这两个哲学家的对话中,"蒯因寻求卡尔纳普帮助的是如何理解他(卡尔纳普)所提出的思想,而卡尔纳普的反应则恰恰是在哲学上更加推进了蒯因发现有模糊的地方。蒯因想要的并不是卡尔纳普所能给的。……最终,蒯因对卡尔纳普所能做的和正在做的事情的理解,使得蒯因提出了他的问题。另一方面,卡尔纳普则对他所能做的和正在做的事情有着不同的理解,而且从卡尔纳普的观点看,蒯因提出的问题是完全没有意义的。这两个人在哲学上有着无法克

---

① 蒯因:《悖论的方式和其他论文》,第 40 页,哈佛大学出版社,1976。
② 参见哈克《维特根斯坦在 20 世纪分析哲学中的地位》,第 193—194 页,牛津,布莱克威尔出版社,1996。

服的根本差异。特别是,他们对哲学中的证明问题和逻辑问题的相对优先性的看法有着深刻的差异"①。

卡尔纳普对古德曼的影响是显而易见的,这表现在古德曼仿造《世界的逻辑构造》所写的《现象的结构》(1951)一书中。古德曼早在他的博士论文《质的研究》(1940)中就对卡尔纳普的思想进行了分析。在《现象的结构》中,他专门论述了卡尔纳普对世界的逻辑构造体系,试图对卡尔纳普的体系遗留的问题提出自己的解决方法。他明确表示,虽然卡尔纳普的体系还是初步的,但我们决不能忽视它所提出的重要思想和方法,这就是要在问题研究中使用现代逻辑手段,要努力做到论证简单明了,由此就可以排除哲学中的一切困惑和混乱。古德曼追随卡尔纳普,从一组初始概念出发构造世界,这样一组概念是根据基本关系相联结并且与定义结合在一起。但与卡尔纳普不同的是,古德曼在这个基础上试图构造的世界不是某个特定的世界,而是任意一个世界;卡尔纳普把"经验的断面"看做是原子,而古德曼则把诸如颜色、声音、热度、瞬间和物理位置等"感觉性质"看做原子。巴斯摩尔指出,卡尔纳普构造体系使用的是柏拉图主义的逻辑,而古德曼使用的则是唯名论的逻辑,这种逻辑除了个体之外不承认其他任何东西的存在。②

卡尔纳普的思想对戴维森和普特南等人的影响,已不再体现在他们接受了卡尔纳普的某个具体观点或提法,而在于他们受到了卡尔纳普开辟的语义学研究方向和他提倡的逻辑构造方法的极大鼓舞,在关于真理理论的建构和逻辑方法的运用等方面取得了前所未有的成果。如今,以戴维森和普特南为代表的分析哲学家的工作,都是在卡尔纳普及其追随者的思想的影响下完成的。

---

① 理查森:《卡尔纳普的世界构造——〈世界的逻辑构造〉和逻辑经验主义的呈现》,第 221 页,剑桥大学出版社,1998。
② 参见巴斯摩尔《哲学百年·新近哲学家》,洪汉鼎等译,第 701—702 页,商务印书馆,1996。

第四节 逻辑经验主义的遗产

令人遗憾的是，卡尔纳普所提倡的严格的、清晰的哲学研究方法以及"宽容原则"所体现的开放精神，并不是被所有的分析哲学家都继承了下来。在20世纪的60—70年代，新一代的分析哲学家和科学哲学家认为，只有放弃卡尔纳普等人的工作才能确定他们自己的哲学目标，而且哲学家们普遍承认，卡尔纳普的纲领已经失败了。这些就使得卡尔纳普以及整个逻辑经验主义哲学在70年代完全遭到了忽视。哲学家们对卡尔纳普纲领失败的原因有各种分析：有的认为，这是逻辑经验主义者无法提出具体可接受的有认识意义标准的自然结果；有的认为，这是由于蒯因对分析概念和分析与综合区分的抛弃；有的认为，这是由于波普的工作才使得逻辑经验主义最后穷途末路；还有许多人认为，库恩关于科学革命的理论直接表明了归纳逻辑是不可能的，因而卡尔纳普对归纳逻辑的阐述就是失败的；最后，还有科学实在论者认为，卡尔纳普关于外在实在论的论证是不恰当的，等等。[①]

尽管如此，到了20世纪的80年代末和90年代初，面对科学哲学中的历史主义的衰落以及实在论与反实在论争论在不同领域中的展开，西方哲学家们开始重新关注维也纳学派，特别是反思他们在过去的几十年中对维也纳学派以及逻辑经验主义哲学的评价中的失误，重新挖掘纽拉特、费格尔、克拉夫特等维也纳学派成员的重要思想，力图恢复维也纳学派的历史真实面目。当然，在这种复兴维也纳学派的热潮中，哲学家们的企图是十分明显的，这就是要从维也纳学派以及逻辑经验主义的思想中寻找能够帮助解决当前面临的哲学问题的重要线索和根据。但无论他们的动机如何，有一点是肯定的，即在维也纳学派的思想以及整个逻辑经验主义哲学中，的确存在着值得重新挖掘的无价之宝。

---

① 沙克：《鲁道夫·卡尔纳普》，载于马蒂尼奇和索萨《分析哲学指南》，第105—106页。

逻辑经验主义的哲学遗产不单是由维也纳学派留下的,因为维也纳学派不是逻辑经验主义运动中的唯一流派,虽然它是其中最重要的代表。我们在前面已经知道,除了维也纳学派之外,构成后来成为一种国际范围的哲学运动的逻辑经验主义的,还有以塔尔斯基等人为代表的华沙学派,以赖欣巴哈等人为代表的柏林学派,以及包括艾耶尔、亨普尔、洪谦等人在内的,波及英国、美国、中国等广大范围的实证主义思潮。斯塔德勒在他的《维也纳学派》中详尽地介绍了整个逻辑经验主义运动在世界范围内的发展历史,为我们认识当时的历史背景(特别是以奥地利为首的欧洲各国在 20 世纪上半叶的文化背景)和这场运动的来龙去脉(特别是统一科学运动在国际上的强烈反应)提供了详实可靠的宝贵资料。然而,从思想的继承发展来看,逻辑经验主义的哲学遗产并不在于这些历史资料,毫无疑问,更为重要的是它提出的那些造就了后来哲学发展的重要观念、理论和问题,是它对后来哲学发展的直接和间接的思想影响。

一 对经验与逻辑关系的重新解释

逻辑经验主义的哲学遗产,首先就体现在它对经验与逻辑关系的重新解释上。"逻辑经验主义"这个名称本身就表明了这种哲学是把逻辑与经验密切联系起来的结果。

维也纳学派的哲学最初被称做"逻辑实证主义"或"新实证主义",这个名称表明了这种哲学与孔德、马赫等人的实证主义之间的血缘关系,卡尔纳普等人起草的《科学的世界观:维也纳学派》对这种血缘关系作了清楚的阐述。但同时,卡尔纳普等人在这篇宣言中也指出了他们的实证主义与传统的实证主义之间存在着重要分歧,而且正是由于这种分歧才使得他们的哲学具有了特殊的重要的意义:"**逻辑分析的方法**从根本上把现代经验主义和实证主义与以前的、更具有生物学-心理学倾向的经验主义和实证主义区别开来了。"[①]艾耶尔在《语言、真理与逻辑》中则把

[①] 卡尔纳普等:《科学的世界概念:维也纳学派》,载于陈启伟主编《现代西方哲学论著选读》,第441页。

他所宣称的经验主义与实证主义区别开来。① 他在《逻辑实证主义》的"编者导言"中,把"逻辑实证主义"看做是包括了罗素、摩尔、维特根斯坦以及牛津日常语言哲学家的更为广泛意义上的分析哲学运动。② 迄今为止,大多数德国哲学家仍然把维也纳学派以及相关的哲学称做"新实证主义"。③

当然,即使在维也纳学派中,并不是所有的成员都接受了"实证主义"的称呼。石里克就明确表示,他不同意把维也纳学派的哲学称做任何形式的"实证主义",而更愿意被叫做"彻底的经验主义"或"逻辑经验主义"。④ 实际上,在维也纳学派解体之后,更多的学派成员都愿意把自己的思想放到"逻辑经验主义"的名称之下,而不再坚持称做"实证主义"。这种情况说明了两点:(1)实证主义的许多主张,特别是维也纳学派的一些早期观点,已经受到了各种批判,他们对这些观点和主张都作出了一定的修正,在这种情况下,他们就不需要坚持自称"实证主义"了;(2)从维也纳学派建立之初,他们就明确地表示了他们对逻辑与经验关系的重新思考,并且把经验放到了十分重要的地位。⑤ 所以,他们自然就愿意接受"逻辑经验主义"这个名称,以便更清楚地表明他们与传统实证主义不同的哲学立场。

逻辑与经验的关系是西方哲学的一个重要问题。在近代哲学中,休

---

① 参见艾耶尔《语言、真理与逻辑》,尹大贻译,第 156 页,上海译文出版社,1981。

② 参见艾耶尔《逻辑实证主义》,第 3 页,自由出版社,1959。

③ 克拉夫特的《维也纳学派:新实证主义的起源》(1950 德文版,1953 英文版)一书在西方哲学界产生了重要影响,是哲学家们了解和研究维也纳学派思想的重要历史资料。哈勒也愿意把维也纳学派的哲学称做"新实证主义",而把由这种哲学所引起的整个分析哲学运动称做"逻辑经验主义"。见该书第 4—5 页。

④ 见石里克《实证主义和实在论》,载于艾耶尔《逻辑实证主义》,第 82 页,自由出版社,1959(以下所引此书均为此版本)。另参见洪谦《论逻辑经验主义》,第75 页。

⑤ 卡尔纳普等人在《科学的世界概念:维也纳学派》中指出,这种世界观的特点就在于它既是经验主义的,又是以逻辑分析方法为标志的:"我们已经根据**两点规定**基本上描述了**科学世界概念**的特点,**第一**,它是**经验主义的和实证主义的**,只有来自经验的知识,这种知识是建立在直接所予的基础之上的。**第二**,科学的世界概念是以一定的方法即**逻辑分析**的运用为标志的。科学工作努力的目标是通过将逻辑分析应用于经验材料达到统一科学。"(载于陈启伟主编《现代西方哲学论著选读》,第 443 页。)

谟把这个问题提到了一个重要的地位：他对关于观念关系的知识与关于事实的知识的区分，首次把分析命题和综合命题的区分放到了认识论的核心地位。这就提出了单凭思想就可以推出的知识与必须由经验加以判定的知识之间的关系问题，也就是逻辑的知识与经验的知识的关系问题。在休谟那里，虽然逻辑的知识与经验的知识在认识论上具有同等重要的地位，但他更强调的是经验的知识，因为在他看来，只有经验的知识才能扩展我们的认识内容。到了 J. S. 密尔那里，逻辑的知识得到了前所未有的强调，因为在他看来，一切经验的知识只有符合逻辑的知识，就是说，只有用逻辑的方法，才能得到它们的真实性和确定性。但他强调的逻辑方法还只是亚里士多德建立的传统形式逻辑，并且用心理学的内容去解说这种逻辑规则。可以说，在逻辑与经验的关系上，休谟和 J. S. 密尔的经验主义基本上是从感觉经验出发，没有认识到构成经验知识的命题形式对经验本身的作用。

逻辑经验主义者所发动的"哲学上的革命"（艾耶尔语），一个重要内容就是对逻辑与经验的关系作出了全新的解释。

首先，逻辑经验主义者通过对逻辑性质的理解，把逻辑与经验密切地结合起来。石里克就把这场哲学革命的产生归结为"看清了逻辑自身的本质"，卡尔纳普等人则把逻辑分析的方法看做区分他们的哲学与传统经验主义的重要标志。在他们看来，这种对逻辑性质的理解，不仅仅是采用了现代逻辑的方法，更重要的是认识到逻辑的本质就在于它构成了一切知识的表达，因而澄清这种表达就成为哲学的真正任务。由于一切有意义的命题或陈述只能是单凭形式就可以为真的分析性陈述和具有经验内容的综合陈述，所以，对一切命题的逻辑分析最终就是要还原为记录了经验内容的可以证实的命题或陈述。这样，逻辑经验主义者就把逻辑和经验"完美地"结合起来了。石里克明确地写道：一切语言规则"最终统统指向实指定义，通过这些实指定义，可证实性就同……**经验**联系起来了。……逻辑和经验之间不存在任何对抗。逻辑学家不仅能够同时是一个经验主义者；而且，他如果想要理解他自己所做的事的话，他也**必须**是一个经验主义者"①。这表明,作为一个逻辑学家和作为一个经验主义者,在石里克看来是完全一致的。这种一致性就表现在,他是在经验还原的基础上运用逻辑分析的方法,或者说,他对一切命题的意义所作的逻辑分析,目的就是为了能够使它们在经验上得到证实。所以,石里克和卡尔纳普等人一再强调,只要是能够在逻辑上经得起分析的命题,就是可以在经验上得到证实的。这就是所谓的"原则上的"或"逻辑上的"可证实性。

其次,这种逻辑与经验的一致,排除了对经验的心理主义的解释,把经验本身解释为一种可以用符合逻辑规则来表达的、超越了个人直接感觉材料的陈述内容。石里克和卡尔纳普等人都强烈反对一切心理主义、唯我论和唯心论,因为在他们看来,"唯心主义和实证主义的主要区别就在于实证主义完全避免了自我中心的困境"②。自我中心困境是传统经验主义遇到的最大麻烦之一。根据经验主义的观点,一切认识都以经验为基础,而这种经验又只能是个人的直接感觉材料所给予的。所以,经验主义者要摆脱感觉材料的束缚,就必须证明自己的理论所理解的经验是超越了个人感觉的,可以为所有的人认识的。马赫和阿芬那留斯把这种经验解释为"中立的要素",试图由此克服经验主义的困境。但由于他们借助的是物理学和力学的原理,把感觉材料作为具有中立特性的物理要素,这仍然无法解决自我中心的困境。逻辑实证主义者利用现代逻辑手段,通过把感觉经验问题转换为表达这种经验的记录句子问题,把所谓的外部问题(即关心外部世界的实在性问题)转换为所谓的内部问题(即关心语言的表达形式问题),由此取消了或"完全避免了"经验主义面临的自我中心困境问题。他们认为,自我中心困境问题的根源在于,用来表达感觉的陈述使用的是第一人称陈述的方式,这就不可避免地会用"我"或"我们"的感觉代替经验的内容。石里克写

---

① 洪谦主编:《逻辑经验主义》上卷,第 52 页。
② 同上书,第 56—57 页。

道:"在我看来,看到原始经验不是第一人称的经验,这是一个最重要的步骤,采取这个步骤,才能使哲学上的许多最深奥的问题得到澄清。"[1]由于把关于经验的性质和来源问题转换为关于经验内容的表达问题,这样,一切涉及经验主体的问题都可以解释为主体使用具有主体间性的陈述来表达命题的问题。

再次,经验的表达不是一个内容的问题,而是一种表达形式的问题,即采用什么样的经验表达形式就决定了这个经验表达的内容。石里克在分析经验的中立特性时指出,我们通常使用"我的"一词,表达的不是经验主体的自我感觉,而是一个毫无意义的句子。因为说"我能够感觉到别人的疼痛",实际上是说我能感觉到我的疼痛,如果别人也有疼痛的话,我就可以从他的行为中设想出他的疼痛和我的一样。但在这里,"我能感觉到我的疼痛"是一个同义反复的句子,它的意义不是由于内容,而是由于其形式决定的;"如果别人也有疼痛的话,我就可以从他的行为中设想出他的疼痛和我的一样"这句话是没有意义的,因为我们不能从他人的行为中推断出心理活动的内容。所以这里的关键是表达方式,即我们用来表达经验的句子是否符合逻辑句法的要求,决定了我们对经验内容的接受和理解;反过来说,只要我们的表达方式是符合逻辑的,无论其内容是什么,都是可以接受和理解的。根据这种解释,石里克指出,唯心论和唯我论的主张都是可以接受的,只要它们符合了表达式的句法规则。问题就在于,它们并没有符合逻辑句法,而是用一种"奇怪的说话方式","一种笨拙的语言",把"我的"一词毫无例外地加到每个事物上去了,由此导致了没有意义的"自我中心困境问题"。

然而,在逻辑经验主义内部并不是完全接受了对逻辑与经验关系的这种重新解释,而且即使是石里克和卡尔纳普等人,他们在逻辑与经验的关系上最后也是摇摆不定的,对与此相关的许多重要问题都无法给出令人满意的解答。石里克和卡尔纳普把对逻辑与经验关系的这种解释

---

[1] 洪谦主编:《逻辑经验主义》上卷,第 57 页。

看做是判定一个句子是否有意义的标准。但纽拉特始终就不同意对有意义和无意义的句子的划分,他关注的是物理学意义上的记录句子的意义。同样,对逻辑与经验的这种解释也遭到了波普、内格尔等人的反对。针对来自逻辑经验主义内部和外部的各种批评意见,石里克和卡尔纳普对他们的观点也作了修正和调整,如强调了逻辑上的证实可能性等,特别是卡尔纳普在移居美国之后把研究的重点放到了概率理论和归纳逻辑的研究,这使他更多地落入经验主义的阵营。

二　科学主义的主张

蒯因在被看做是抽掉了逻辑经验主义根基的重要文章《经验论的两个教条》中指出,逻辑经验主义受到两个教条的制约,即分析真理与综合真理的区别和还原论的主张。但在这篇文章发表五十多年之后的今天,当我们重新审读蒯因的文章,反省逻辑经验主义的工作,我们会发现:(1)蒯因所指出的这两个所谓的"教条"正是逻辑经验主义留下的哲学遗产;(2)正如许多批评者指出的,蒯因提出的批评并不能完全站得住脚,也没有真正达到他的目的。①

我们在前面已经知道,对分析陈述和综合陈述的区分是逻辑经验主义的重要思想之一。这个思想来自休谟以来的经验主义传统,但逻辑经验主义者对这个区分给出了全新的论证和解释。他们明确地把逻辑和数学陈述看做是分析陈述的主要内容,这些陈述的意义或真主要是由它们的形式确定的,因而它们不涉及任何经验的内容;综合陈述虽然在内容上属于经验科学的范围,但在表达形式上仍然必须符合逻辑句法的要求,或者说,只有符合了逻辑句法的综合陈述才是有意义的,才是真正的科学陈述。在石里克、卡尔纳普等人看来,分析与综合的区分并不完全是一种认识内容上的区分,更重要的是认识形式或对认识的表达方式的区分:分析陈述由于其形式本身的有效性而具有意义,综合陈述(或经验

---

① 关于(2),我们将在本书第 8 章中详细论述。

陈述)由于必须对世界有所断定并符合逻辑句法才具有意义。维也纳学派最初为哲学规定的任务是澄清命题的意义。这里的"命题"不是一切命题,而主要是指"科学的命题",即经验陈述的意义。由于分析陈述自身具有意义,所以不需要用逻辑方法去澄清意义。正由于经验陈述或科学命题往往由于形式上的混乱或违反了逻辑句法,因而需要用逻辑分析的方法对它们的意义作出澄清。这里所谓的"澄清",就是使原来的陈述符合逻辑句法的要求,从而呈现出这个陈述原本的意义,或使这个陈述的意义变得更加清楚。①

在逻辑经验主义者看来,分析陈述可以由于形式而具有意义,而要确定综合陈述的意义,还必须使这些陈述的经验内容能够得到证实,这个证实的过程不是对规律性命题或概括命题的经验验证(事实上也无法对这样的命题作出直接的经验验证),而是对具体的记录句子的经验证实。由于表达了自然规律或概括内容的经验陈述必须能够还原为记录句子才能获得意义,所以还原论的主张自然就成为逻辑经验主义讨论意义问题时所要坚持的基本信念之一。可以说,只有坚持了还原论的主张,逻辑经验主义者才能把分析陈述与综合陈述的区分坚持到底。在这种意义上,石里克和卡尔纳普等人提出的意义的可证实性原则就具有了强烈的还原论特征。

从逻辑经验主义的以上两个重要特征中可以看到,这种哲学致力于按照科学研究的方法,或者说,以追求科学命题的意义为目的,把哲学研究置于科学的范畴之下。这种被后人称做"科学主义"的哲学宗旨,集中体现了逻辑经验主义为当代西方哲学留下的巨大的哲学遗产,由此形成的西方哲学中的"科学主义思潮",被看做与欧洲大陆哲学中的所谓"人

---

① 实际上,通过对语言的逻辑分析清除形而上学的错误,或把形而上学命题判定为"假命题",这不过是维也纳学派或逻辑经验主义在推行逻辑分析方法和展开科学意义研究中的附带工作。

本主义思潮"相抗衡。①虽然逻辑经验主义者并没有明确地把自己的哲学称做"科学主义"②,但反省逻辑经验主义者的论述,我们可以看出其中包含的科学主义的主张。

1. 强调哲学的任务是澄清科学命题的意义,哲学研究的范围只是那些可以为科学命题所涉及的领域,这就把哲学与科学紧密地联系起来了。石里克在《哲学的转变》中明确指出:

> 每一门科学……都是一个知识体系,即真的经验命题的体系;而全部科学,包括日常生活中的命题在内,都是知识的体系,在这以外,再没有一个"哲学的"真理的领域。哲学不是一个命题体系,它不是一门科学。……我们现在认识到哲学不是一种知识的体系,而是一种**活动**的体系,这一点积极表现了当代的伟大转变的特征;哲学就是那种确定或发现命题**意义**的活动。哲学使命题得到澄清,科学使命题得到证实。科学研究的是命题的真理性,哲学研究的是命题的真正**意义**。科学的内容、灵魂和精神当然离不开它的命题的真正**意义**。因此哲学的授义活动是一切科学知识的开端和归宿。③

石里克这里所说的"科学",是指经验科学的内容,而不是为获得这些内

---

① 虽然逻辑经验主义者以及早期分析哲学家并没有明确地把自己的哲学划定为"科学主义"的阵营,但把他们的哲学称做"科学主义思潮"和把欧洲大陆哲学中的现象学和存在哲学等称做"人本主义思潮",却是在逻辑经验主义达到鼎盛时期的 20 世纪 50 年代左右。历史地看,对这两大思潮的区分还可以推到 19 世纪末 20 世纪初的欧洲哲学。但到了 20 世纪末,西方哲学家对这两种思潮的区分已经提出了挑战。参见罗蒂对这种区分的批评,见《自然科学是否具有自然性》,载于罗蒂《后哲学文化》,第 49—74 页;《分析哲学和大陆哲学,与格伦迪宁会谈》,载于《新英国哲学》,第 201—215 页,劳特利奇出版社,2002。

② 目前西方对"科学主义"概念有两种不同的理解:第一种认为,它是指一种认为科学是唯一的知识、科学方法论是获取知识的唯一正确方法的观点(参见《西方哲学英汉对照辞典》,第 903 页),这是对"科学主义"的积极理解;第二种认为,它是指"一种明显的柏拉图主义和笛卡尔式的信念",即认为可以用科学的方式解释一切自然的和精神的现象,这是对"科学主义"的消极理解。蒯因、戴维森等人的哲学被看做属于第一种,而丹奈特(D. Dennett)、P. 丘齐兰德(P. Churchland)、乔姆斯基、福德尔(J. Fodor)等人则被看做属于第二种。我们这里所说的逻辑经验主义提出的科学主义主张,当然属于第一种理解。

③ 石里克:《哲学的转变》,载于洪谦主编《逻辑经验主义》上卷,第 8—9 页。

容所从事的科学实验或一切科学活动。在他看来，从事科学实验，通过实验去证实科学命题或假设的真伪，这是科学家的工作；哲学家的工作是用逻辑分析的方法去澄清这些科学命题的意义。所谓的"确定或发现"意义或"授义活动"，都是指这些科学命题原本具有意义，但需要通过分析来使这些意义更为清楚。由于哲学的任务就是要澄清科学命题的意义，哲学是一种澄清命题意义的活动，所以就不存在专门的哲学命题；一切被看做属于哲学命题的东西，经过逻辑分析，都可以显示出它们不过是一些伪装的分析命题，或者是一些违反了逻辑句法的假命题。这样，哲学研究的范围就只能限于科学命题，哲学由此就成为科学的"仆人"。

逻辑经验主义对哲学性质和任务的这种规定，直接导致了当代西方科学哲学的产生：维也纳学派提倡的"科学的世界观"，就是西方科学哲学诞生的重要标志。[①]当然，这种明显的科学主义主张，在维也纳学派发展的鼎盛期间就遭到了来自学派内外的一些批评。内部的批评者主要是纽拉特，外部的批评者是波普。他们主要认为，对哲学性质的这种规定把哲学与科学过于紧密地联系在一起，这就极大地限制了哲学的研究空间，客观上排除了对其他知识领域从事哲学研究的可能性。

历史地看，虽然逻辑经验主义试图以科学为模式建立哲学的理想已经被证明是一厢情愿的"乌托邦"，但它所提倡的一些科学主义的思想，如以科学的或逻辑的方法确立哲学研究的基本原则，以澄清命题意义为主要任务来规定哲学的性质等，却对当代西方哲学产生了深远的影响。这些不仅促成了科学哲学的兴起，而且在很大程度上改变了西方哲学的思维方式，即从体系哲学转向了"问题哲学"——一种以解决问题为宗旨的哲学研究走向。

2. 无论是否可以为经验所证实，可证实的命题就是可以表明其必然

---

① 时至今日，西方哲学家在讨论西方科学哲学的历史时，仍然是把维也纳学派作为这个历史的开端。参见斯塔德勒《维也纳学派——逻辑经验主义的起源、发展和影响之研究》，第9—27页，维也纳和纽约，斯普林格，2001。

为真的命题,这种对真的追求正是体现了科学的精神。维也纳学派的理论中遭到批评最多的是它的"证实原则",逻辑经验主义者对自身理论修补最大的也是这个原则。石里克、卡尔纳普、艾耶尔等人都在维护和修正这个原则上花费了大量精力,对批评者的意见先后提出了各种不同的解决办法。虽然后来的研究表明这个原则本身存在许多理论上的或逻辑上的漏洞,但它体现出的求真的科学精神却仍然为后人所继承。蒯因和戴维森等人就明确地把对真的追求看做哲学工作唯一正确的内容。蒯因在他晚年出版的《真之追求》中,追随塔尔斯基[1]的思想,把求真理解为一个追求实在的过程,把关于真的符合论理解为一种去引号的做法。他写道:

> 正像塔尔斯基告诉我们的那样,真之符合论有某种根本的有效性。我们不说"雪是白的"是真的,当且仅当雪是白的是一个事实,而可以把"是一个事实"作为空洞无意义的东西简单地去掉,这样与事实本身联系起来:"雪是白的"是真的,当且仅当雪是白的。把真归于句子即是把白归于雪;在这个例子中,这就是符合。真的归属恰恰取消了引号。真即去引号。因此在把真归于一个给定的句子时,真这一谓词是多余的;你可以仅仅说出这个句子。但是对于没有给定的句子,真却是需要的。这样我们可能想说,某人在某场合说的每一件事情都是真的,或者,真理论的所有推论都是真的。在作逻辑分析时,这样的语境表明,真这一谓词不是用于引号,而是用于代词或约束变元。[2]

在这里,蒯因没有把真理解为句子与实在的简单符合,而是理解为句子的一个属性,即可以得到肯定的不加引号的句子本身。逻辑经验主义者

---

[1] 我们在这里把塔尔斯基看做是一个逻辑经验主义者,虽然他的思想与维也纳学派的主张有很多不同。参见《卡尔纳普思想自述》,陈晓山、涂敏译,第 95—103 页,上海译文出版社,1985。

[2] 奎因(即蒯因):《真之追求》,王路译,第 70—71 页,生活·读书·新知三联书店,1999。

不说"……是可证实的",而是说"……"或"……是有意义的";同样,蒯因认为,对于被断定为真的句子,我们不说"……是真的",而是说"……"或"的确……"。这样,我们就得到了真的句子。这样,"真"这个词就可以被取消了,代之以对所要断定的句子的肯定。可以看出,蒯因对"真"这个词的处理使用完全是逻辑的方法,即通过把"真"用于代词或约束变元而取消"真"在句子中的出现。应当说,这完全符合逻辑经验主义者对"可证实性"概念的处理方式,即:(1)可证实性取决于逻辑上证实的可能性;(2)可证实性主要用于判定句子有无意义,而不是用于判定句子的真假。这些都取决于他们使用了逻辑的方法,因为只有逻辑的方法才能保证作为分析对象的句子可以必然地为真,或必然地具有意义。

在当代分析哲学家中,戴维森最早意识到塔尔斯基关于真的语义学定义对构成语言意义理论的重要作用。① 但与塔尔斯基不同,戴维森在构造自己的意义理论时,把关于真的理论建立在关于一种语言的意义理论的基础之上,用意义理论来解释真的理论。他把真理解为人们在某个特定场合说出的话语的特性,这样"真"就成为一种表达句子、说话者和说话时间之间关系的谓词。他写道:

> 语句仅仅相对于一个说话者和一个时间才为真,并且被认为是真的。带有指示词的语句产生出一种十分敏感的对于意义理论正确性的检验,并构成那种在语言与人类所关切的那些反复出现的宏观对象之间的最直接的联系。②

在这里,戴维森把句子的真限定在了句子的使用中,或者说,把"真"概念理解为句子的一种使用特性。虽然这与他对意义概念的解释有很大的不同③,但这种做法却也符合科学主义的精神,因为科学的目的就是要把

---

① 关于戴维森的语言哲学思想,我们将在本书第 9 章中详细分析,这里仅仅指出他的思想与逻辑经验主义的科学主义主张之间的密切关系。
② 戴维森:《真理、意义、行动与事件》,牟博编译,第 24 页,商务印书馆,1993。
③ 戴维森对意义概念的处理是用语义学的方法定义这个概念,把它理解为一种可以从形式上加以定义的概念。这似乎更符合塔尔斯基的动机。

经过证实的命题(规律)用于具体的实践活动,并在这种实践活动中进一步验证这个命题(规律)的正确性(为真);而且,逻辑经验主义强调逻辑与经验的结合,目的其实就是为了使经验活动具有逻辑的合法性,并最终确立经验命题的逻辑必然性。

3. 提倡这样一种明确的观点,即认为一切知识问题都可以通过自然科学的方法得到解决;由于自然科学具有主体间性,因而可以避免和排除个人的心理因素对认识活动的影响。这里所说的"自然科学的方法",在逻辑经验主义者那里,特别是在卡尔纳普那里,先是数学的方法,然后是物理学的方法,最后是语义学的方法;当然,在所有这些方法背后,起关键作用的是逻辑的方法:虽然逻辑并不属于自然科学,但它为一切自然科学的知识体系奠定了理性和必然性的基础。实际上,逻辑经验主义者突出逻辑的关键地位,目的是为了强调这种研究方法具有的主体间性。卡尔纳普在说明物理主义语言的优点时,特别指出了这种主体间性的重要意义:它说明,哲学研究,或者说对命题意义的逻辑分析工作,不是一种依据研究者个人的知觉或经验去完成的事业,而应当是能够为所有的研究者共同观察到的、使用共同的语言来表达的、可以相互交流的研究事业。这样的事业不可能是依据对个人心理的分析或推测来完成的,而只能是依靠对共享的研究对象作出客观的、逻辑的分析来达到的。虽然自然科学的知识体系本身具有这样的主体间性,但这样的知识仅仅是对偶然的经验事实的描述,并不具有逻辑的、必然的性质。根据逻辑经验主义的主张,"原始经验是绝对中立的,或者像维特根斯坦偶尔提到的那样,直接感觉材料是'没有所有者的'"①。这样,我们就可以通过把经验中立化,即通过使用具有客观中立性质的逻辑句法和规则,而使表达经验内容的命题得到主体间性特征。

实际上,强调经验的客观中立性始终是实证主义以及传统经验论的一个重要主张。但以往哲学家大多用心理学的分析方法,借助于个人经

---

① 洪谦主编:《逻辑经验主义》上卷,第57页。

验知识的可靠性,推出客观普遍有效的命题。与传统哲学家不同,逻辑
经验主义者认为,只有使用现代逻辑的方法才有可能把经验陈述完全确
立为一切知识的可靠基础;这样的方法能够保证一切有意义的陈述在逻
辑上是有效的,在经验上是可以得到证实的。虽说现代逻辑并非仅仅作
为一种研究方法出现,但在逻辑经验主义者看来,现代逻辑即使作为一
种方法,在现代哲学的产生中同样起到了决定性的作用。这种作用就
是,把我们的说话方式从内容方面转向了形式方面,把我们对命题的分
析从心理内容的考察转向了对语言表达形式的分析和规定。这种转变
的最大结果就是使哲学完全摆脱了传统的心理因素的束缚,走向了分析
具有客观性和主体间性的语言表达式。这种结果对当代哲学的深远影
响是显而易见的。

三　从科学的统一到科学哲学的兴起

　　科学的统一是维也纳学派的理想,也是逻辑经验主义具体落实的行
动纲领之一。① 正是通过这个纲领和口号,维也纳学派把自己的哲学观
念推广到了奥地利之外的其他欧洲国家,并推广到了美洲大陆,从而使
逻辑经验主义最终成为一场国际性的哲学运动。

　　1935 年在布拉格召开的第一届"国际统一科学大会"是逻辑经验主
义在国际范围内公开亮相的开始,科学统一的口号也是维也纳学派最初
获得国际认可的重要标志。据称,这个主张最初是由纽拉特提出的,他
提倡用物理主义的语言分析一切被称做经验的陈述即记录句子,并希望
以物理学作为统一各种经验科学的基础。这个主张很快被卡尔纳普接

---

① 有关统一科学纲领的历史文献,请参见卡尔纳普《作为统一科学语言的物理语言》(载于《认
　　识》第 2 卷);卡尔那普(即卡尔纳普)《使用物理语言的心理学》(载于洪谦主编《逻辑经验主
　　义》下卷);纽拉特《经验社会学》(《科学的世界观丛书》第 5 卷,1931);纽拉特《统一科学和心
　　理学》[《统一科学》(*The Journal of Unified Science*)杂志 1933 年第 1 期];费格尔《物理主
　　义、统一科学与心理学基础》(载于洪谦主编《逻辑经验主义》下卷);斯塔德勒《维也纳学
　　派——逻辑经验主义的起源、发展和影响之研究》(第 356—393 页,维也纳和纽约,斯普林
　　格,2001)。

受,成为维也纳学派的主要观点。维也纳学派清楚地认识到,"统一科学的语言必须满足以下两个要求:第一,它必须是主体间的,也就是说,从形式的观点来看,它必须构成一种共同的记号和规则的系统,从语义学的观点来看,一个给定的记号,对于任何一个使用语言的人来说都必须有相同的意义;第二,它必须是普适的,也就是说,无论何种语言的任何语句都必须是可以翻译成此种语言的;它必须构成一种可以表达任何事况的概念系统"①。卡尔纳普和纽拉特相信,物理学的语言完全满足统一科学的这两个条件,所以维也纳学派的这个主张就被称做"物理主义"。

虽然物理主义和科学统一的主张自提出后就始终遭到不少反对②,但逻辑经验主义者并没有放弃实现统一科学的理想,而是以各种方式在努力按照这个主张工作。

首先,"国际统一科学大会"从 1935 年到 1941 年共举行了六次,后来由于战争才被迫终止。历届大会的主题包括了逻辑经验主义的科学哲学、科学的统一、伪问题与语言、归纳与概率、逻辑与经验、数学哲学、逻辑、逻辑史和科学哲学、物理学、生物学、心理学、社会学、科学逻辑的一般问题、统一科学的目的和方法、科学方法与科学的语言、具体科学的方法论、精确逻辑的问题、科学与社会、科学史等等。参加历届大会的代表来自世界各地,涉及的领域涵盖了当代科学和哲学发展的几乎全部内容。这个传统至今得到了继承。开始于 1960 年的"国际逻辑学、方法论和科学哲学大会"每四年举行一次,而且创立于 1937 年的由纽拉特担任过主席的"国际哲学学会"至今依然活跃在国际哲学舞台。

其次,1938 年,由纽拉特任主编、卡尔纳普和莫里斯任副主编的《国际统一科学百科全书》正式出版,该丛书的顾问委员会成员包括了波尔、杜威、费格尔、米塞斯、内格尔、赖欣巴哈、罗素、塔尔斯基等许多重要的哲学家、经济学家、物理学家、逻辑学家、语言学家等。从这些组成人员

---

① 克拉夫特:《维也纳学派》,第 142 页。
② 见该章第 1 节对维也纳学派思想的论述。

所从事的领域就可以看出,该丛书涉及的领域涵盖了众多的学科,体现了其建立统一科学的根本宗旨。1938 年,作为该丛书第 1 卷第 1 册首先出版的《统一科学百科全书》,就是由纽拉特、波尔、杜威、罗素、卡尔纳普等人共同完成的;随后出版的各卷册内容包括了语言学、数学、物理学、宇宙学、生物学、心理学、伦理学、经济学等学科。该丛书一直出版到1968 年,共 20 卷册,许多对后来哲学发展产生了重要影响的著作,最初都是在这套丛书中发表的,如莫里斯的《指号理论的基础》(第 1 卷第 2册,1938)、布龙菲尔德的《科学的语言学方面》(第 1 卷第 4 册,1939)、内格尔的《概率论原理》(第 1 卷第 6 册,1939)、弗兰克的《物理学基础》(第1 卷第 7 册,1946)、纽拉特的《社会科学的基础》(第 2 卷第 1 册,1944)、库恩的《科学革命的结构》(第 2 卷第 2 册,1962)等。[①]

当然,作为一种哲学理想,实现科学的统一只能留在历史文献之中;但作为一种研究方法和基本思路,科学的统一仍然不失为一种积极可取的方向,虽然不一定以物理学为这种统一的基础。逻辑经验主义者提倡以物理学为模本统一科学,其目的是为了以一种具有主体间性的语言表达知识,为了使经验陈述完全摆脱个人心理的影响,达到客观可观察的结果。正是出于这种目的,逻辑经验主义者以现代逻辑为工具,以自然科学研究为模本,力图把哲学建立在精确科学的基础之上,由此开辟了科学哲学的研究方向。

赖欣巴哈在《科学哲学的兴起》(1951)中公开宣称,逻辑经验主义的哲学是一种可以作为科学的哲学,它与传统的思辨哲学有着根本的区别。作为一门科学的哲学,首先就要求确立自己的研究对象和方法具有明确的客观性,其次要求这门科学使用的语言必须是可以共同交流的。赖欣巴哈在书中讨论了思辨哲学的根源以及科学哲学的主要成就,从中可以看到这门科学所涉及的领域包括了几何学、物理学、进化论、现代逻

[①] 有关"国际统一科学大会"和《国际统一科学百科全书》的详细资料,参见斯塔德勒《维也纳学派——逻辑经验主义的起源、发展和影响之研究》,第 356—398、607—609 页,维也纳和纽约,斯普林格,2001。

辑、伦理学等。他在对所谓的"旧哲学"和"新哲学"的比较中,明确地指出了他所理解的"新哲学"的科学哲学的特征:(1)这种哲学不是用类比的方法去说明知识论问题,而是对科学的结果作出逻辑的分析;(2)这种哲学拒绝承认任何关于物理世界的知识是绝对确定的,相信逻辑和数学的原理是可以获得确定性的唯一领域;(3)这种哲学完全放弃了提出道德规律的奢望,认为道德目的不是认识的产物,而是意愿的产物,而且意愿不能从认识中推导出来。① 同样是维也纳学派成员的弗兰克在他影响很广的著作《科学的哲学:科学和哲学之间的纽带》(1957)中,则明确地把理解科学及其运作方式看做是科学哲学的主要内容,把科学哲学看做是联结科学和哲学的必不可少的重要纽带。② 1966 年,卡尔纳普出版了他于 1958 年在美国加州大学洛杉矶分校的讲课稿《科学哲学导论》,他在书中没有直接讨论科学哲学的性质或任务,而是详细讨论了归纳问题、定量语言、空间的结构、因果性与决定论、理论规律和理论概念以及量子物理学中的非决定论问题等。③ 但正是这些问题构成了当代西方科学哲学的主要内容。④

艾耶尔在《二十世纪哲学》一书中对维也纳学派的评价,可以看做是对逻辑经验主义哲学遗产的最好说明。

> 维也纳学派的实证主义精神仍然保存下来了,它重新调整了哲学与科学之间的关系,发展了一套逻辑技术,坚持了对意义的澄清,清算了哲学中那种被我称之为不知所云的夸夸其谈,这一切都为这门科学开辟了一个新的方向,这个方向现在仍然是不可逆转的。⑤

---

① 参见赖欣巴哈《科学哲学的兴起》,伯尼译,第 234—235 页,商务印书馆,1983。
② 参见弗兰克《科学的哲学:科学和哲学之间的纽带》,许良英译,第 4—5 页,上海人民出版社,1985。
③ 《科学哲学导论》中译本由张华夏译,中山大学出版社,1987。
④ 关于当代西方科学哲学的主要内容,我们将在本书第 8 章中详细分析。
⑤ 艾耶尔:《二十世纪哲学》,李步楼等译,第 160 页,上海译文出版社,1987。

第四章 实用主义在美国的形成和发展

第一节 实用主义与分析哲学的互动

在许多人的眼里,导致实用主义在 20 世纪 30 年代衰败的罪魁祸首是分析哲学,因为正是分析哲学的侵入,使得实用主义偃旗息鼓,退到了思想舞台的边缘。然而,当我们将视角落到 20 世纪初乃至更早些时候的 19 世纪末,我们会惊奇地发现,事情要比人们所想的复杂得多。实用主义和分析哲学究竟是论敌还是论友? 一时难以找到一个简单的解答。在某种意义上,我们甚至可以说,分析哲学是实用主义承诺的兑现。分析哲学之所以能在美国大行其道,实用主义"功不可没"。它固然对实用主义构成了致命的打击,但同时也挽救了实用主义,促使其转型,从而避免了像实在论那样在学术界消失了几十年的命运。反过来,实用主义在支持分析哲学的同时,也侵蚀并在某种意义上瓦解了分析哲学。

一 实用主义对于分析哲学的呼应

莫里斯在他那本著名的《美国哲学中的实用主义运动》一书中,把实用主义的产生背景归结为四点,其中最主要的两点分别是:"19 世纪中叶,科学和科学方法所具有的声望"和"当时哲学中经验主义的相应的力量"①。无独有偶,这两点正是后来分析哲学的主要流派逻辑实证主义的最重要的思想酵母。

其实,莫里斯所说的这两点不只是 19 世纪美国时代精神的特征,早在美国哲学的"史前"阶段,对于世俗科学以及经验主义的关注和强调就已经牢牢地占据了思考问题的兴奋点。众所周知,美国哲学滥觞于新英格兰地区的清教徒。作为清教徒,对上帝的崇拜固然必不可少,而对于科学的热情也同样引人注目。他们并不把二者放在冲突的位置上,相反,"对于他们来说,科学革命是继续探索以理解上帝作品的一环"②。需要说明的是,这些清教徒们所推崇的科学已经是近代以来被杜威所看好的以培根为倡导者的实验科学。他们心目中的科学英雄是牛顿、波义尔,而不是亚里士多德。这种实验科学的哲学基础是经验主义而不是先验主义。所以毫不奇怪,当苏格兰哲学进入美国后,马上形成了一种新气象,构成了一道分水岭。从此以后,经验主义的哲学态度成了美国哲学家们的共同运思方向,甚至宗教的考察也要放在经验主义的天平上。

实用主义是在这样一种时代氛围中长大的,这注定了从一开始它便和逻辑实证主义及其先驱有着一种天然的血缘亲和性。这一点,从马赫与早期实用主义者的交往中可以得到证实。马赫作为逻辑实证主义的先驱是没有疑问的,而詹姆斯作为实用主义创始人的地位更是无可动摇。1882 年 11 月 2 日,他们两人在布拉格会晤,自此以后,两人彼此倾慕,相互砥砺。他们都曾经认真研读对方的著作,并从中获益。"在他著名的 1907 年 6 月 28 日的一封信中,马赫确认,在他的思考方式中,他接近于实用主义,尽管从来没有用过这个术语。"③在马赫最主要的哲学著作《感觉的分析》中,詹姆斯是他援引最多的哲学家之一。而詹姆斯也在

---

① 莫里斯:《美国哲学中的实用主义运动》,第 5 页,纽约,乔治·布雷泽尔公司,1970。莫里斯所说的另外两点是"生物进化论的接受"和"美国民主的理想"。
② 弗劳尔(E. Flower)和墨菲:《美国哲学史》第 1 卷,第 XIII 页,纽约,卡普莱孔出版社,1977。
③ 霍耳顿:《科学与反科学》,范岱年、陈养惠译,第 11 页,江西教育出版社,1999。

给马赫的一封信中表达了他与马赫的趣味相投：

> 正如我十分喜欢您的思想的整个格调和气质，您也在我的著作格调中发现了某种东西……我确信……您我彼此今后还会读到对方更多的作品，并且共同对确立真正哲学的思考方式作贡献——我相信，从整体来说，这种真正哲学的思考方式，正是我的方式。①

应该说，不仅詹姆斯，整个古典实用主义家族，甚至整个美国哲学，都对马赫表现出了异乎寻常的欢迎姿态。这一点，作为马赫后继者的逻辑实证主义的掌门人石里克看得非常清楚。在他眼里，美国哲学以杜威为代表，而杜威的哲学"整个儿说来，完全是沿着由恩斯特·马赫领导的经验论的道路上前进的"②。

19世纪下半叶，科学与哲学的关系成为人们关注的焦点。传统观点认为，科学只提供关于世界的描述，而哲学则要对科学所提供的材料加以解释。换句话说，科学提供的是信息，哲学则从神学的、道德的、形而上学的视角对这些信息作出说明。然而随着达尔文进化论的问世以及19世纪后半叶自然科学，特别是物理学的发展，哲学和科学的这种关系受到质疑。科学不再需要神学或哲学的认可，科学家们可以在科学的语境内对自然物理现象加以解释，科学逐渐成为其他学科的楷模。杜威在他的《哲学的改造》中将这种转变看做是新时代的精神，并予以热情的讴歌、赞颂。古典实用主义者无一不对这一转变充满好感，并在这一转变的鼓舞下着手哲学的严格化和科学化工作。③ 如何使哲学像科学那样清晰严密，是当时美国哲学界的共同追求。除实用主义者以外，批判实在

---

① 转引自霍耳顿《科学与反科学》，范岱年、陈养惠译，第9—10页，江西教育出版社，1999（以下所引此书均为此版本）。
② 霍耳顿：《科学与反科学》，第54页。
③ 不过必须指出的是，古典实用主义者们对于科学的赞颂并不是无条件的。和逻辑实证主义者们相比，他们对科学还保持着一定的警惕，并没有无限地夸大科学的功能。皮尔士注重的是科学方法，他仍然对探讨形而上学充满激情；詹姆斯呼吁在实验科学的基础上建立心理学，但他并没有失去宗教及形而上学的冲动；杜威是不谈形而上学的自然主义者，他对科学方法同样竭力称颂，但他对生活的强调使他终究与科学主义者拉开了距离。

论者洛夫乔依（A. O. Lovejoy）和自然主义者柯亨（M. Cohen）也都是这一追求的积极参与者。

可以这么说，在分析哲学传入的前夕，美国人，尤其是实用主义者们已经为它的到来作好了准备。正像美国历史学者威尔森所说的那样：

> 到了19世纪20年代，越来越形成一种共识：哲学如果还想保留它在学术界的重要地位并参与学术界的谈话的话，就必须具备哪怕不是科学本身但至少是科学的某些特征。……哲学必须实行学科的转型，把更多的重点放在逻辑分析、经验证实的证据、科学方法以及合作的努力上。然而，这些回到19世纪末的纲领性陈述，直到1930年，在美国哲学的意义重大的转型实践中，并没有获得成功。然而，它们在特别是年轻的哲学家中创造了一种对于如何从事哲学的期待。所以，当逻辑实证主义的纲领、方法和目标在1930年后进入美国时，一些哲学家已经准备从这一哲学运动中看到哲学的未来。美国哲学家们曾反复倡导要使哲学科学化，但反而是逻辑实证主义者们在这方面获得了成功。于是毫不奇怪，逻辑实证主义者们以及他们的观点在美国找到了适宜的气候。[①]

在早年那些致力于将分析哲学引入美国的年轻一代哲学家中，特别值得一提的名字有：胡克（S. Hook）、内格尔、布鲁伯格（A. Blumberg）、莫里斯以及刘易斯和蒯因。他们中的绝大多数有实用主义的背景并曾亲往欧洲留学，对于逻辑实证主义有着亲身的了解。

胡克、内格尔都是杜威最著名的学生，深受杜威实用主义的熏陶，对科学、科学方法情有独钟。1930年，胡克首先撰文，介绍欧洲大陆的新近哲学。他虽然对许多欧洲哲学家继续陷在唯心主义和历史研究的泥淖

[①] 威尔森：《丰厚的基础：实用主义、科学和逻辑实证主义》，载于霍林格和迪普《实用主义：从进步主义到后现代主义》，第130—131页，康涅狄格州西点市，普赖格出版社，1995（以下所引此书均为此版本）。这篇文章详细地描绘了分析哲学登陆美国的过程，是我们了解那段历史的重要依据。

中表示不满,但对逻辑实证主义,特别是赖欣巴哈欣赏有加,对赖欣巴哈的概率理论和关于先验性的自然主义解释深感兴趣。①内格尔的科学素养高于胡克,对逻辑实证主义的亲切感也比胡克来得更强。1934 年,他在关于"第八届国际哲学大会"的报告中,专门介绍了逻辑实证主义。和胡克一样,内格尔也很关注赖欣巴哈的概率理论,并把这一理论和皮尔士的相关思想联系起来。在内格尔看来,实用主义与逻辑实证主义的结合已经产生了效果,那就是莫里斯的"更加宽泛的实用主义",它"重新发现了一种采纳了现代逻辑结果的美国实用主义"。②在某种意义上,实用主义是逻辑实证主义最好的拉拉队,尽管在把哲学变为科学方面没有逻辑实证主义那样成功,但它确实为逻辑实证主义在美国的传播和发展奠定了一个很好的基础,并且它也从逻辑实证主义那里吸收了很多思想养料。

　　莫里斯和刘易斯是早期介绍分析哲学的最主要的实用主义者,他们的视角正好构成了互补。莫里斯在他的发表于 1937 年的《实用主义和逻辑实证主义的意义概念》一文中,着重分析了实用主义和逻辑实证主义会聚的可能性。在莫里斯看来,实用主义和逻辑经验主义都是经验主义哲学,前者"注重生物学、社会学的范畴",后者强调"逻辑(或句法的或语法的)分析的利用";实用主义需要向它的欧洲同伴学习,使自己"系统化和更恰当地对待形式科学",而逻辑实证主义则应该对概念作更多的"社会学的和生物学的分析"。同时,莫里斯认为,实用主义有助于使逻辑实证主义摆脱狭隘的视野,从而有一种更广阔的哲学胸襟。在谈到两者的会聚时,莫里斯把视线聚焦在意义理论上。他在皮尔士和米德的哲学中找到了实用主义的基调,把它和逻辑实证主义的主题结合在一起,指出它们的方向是共同的,它们是在一个共同运动之内的对于不同方面

① 参见胡克《当代德国哲学的私人印象》,载于《哲学杂志》(*The Journal of philosophy*)1930 年第 27 期。在考察胡克思想转变过程时,我们发现,他对于马克思主义态度的改变,很大程度上与他受到逻辑实证主义的影响有关。

② 见内格尔《第八届国际哲学会议》,载于《哲学杂志》1934 年第 31 期。转引自威尔森《丰厚的基础:实用主义、科学和逻辑实证主义》,载于霍林格和迪普《实用主义:从进步主义到后现代主义》,第 132 页。

的强调。

刘易斯则在他写于 1940 年但直到 1970 年才问世的《逻辑实证主义和实用主义》一文中，深入分析了这两个流派之间的联系，突出了它们的区别，和当时流行的把实用主义与逻辑实证主义混为一谈的时尚明显不协调。刘易斯的主要观点是：(1) 尽管实用主义和逻辑实证主义都是经验主义哲学，都主张经验证实的重要性，但实用主义显然要比逻辑实证主义更强调"行动的意图"；而且就是在意义证实的问题上，它们的分歧也是不可忽视的：逻辑实证主义更加看重"分析"，关注的是科学中逻辑的、形式的关系；而实用主义所说的意义的证实，其含义要宽泛得多。(2) 在对待科学的态度上，尽管它们都重视科学，将科学当做知识的楷模，但实用主义从来不接受维也纳学派的"物理主义的泛科学主义"。科学对于实用主义来说，意味着"科学的方法和实验的、工具的观点"，而对于逻辑实证主义来说，则意味着用物理主义语言所描绘的科学的内容。实用主义从来不愿意给科学一个狭隘的定义，也不认为这种定义可以覆盖所有的科学。(3) 它们对形而上学和伦理学的看法大相径庭。实用主义从来没有否定形而上学，至少没有一概否定；而且，由于把一切问题归结为实践的问题，实用主义认为，所有判断都渗透着价值。因此，实用主义最终把真理和实践目的以及伦理学和知识论结合在一起了。而逻辑实证主义则与此大相径庭。①

然而，不论是莫里斯还是刘易斯，对逻辑实证主义都充满了好感和期盼，他们是处于杜威到蒯因的过渡人物，既不像杜威那样对逻辑实证主义持批评态度②，也不像蒯因那样对科学推崇备至。③ 总的来说，他们

---

① 以上关于刘易斯的论述，参见霍林格和迪普《实用主义：从进步主义到后现代主义》，第 134—137 页。

② 杜威特别批评了实证主义对待价值的情感主义解释。他指出："当社会学理论基于以下理由——即'价值'是被卷入的，作为'科学的'探究和价值无关——而不再关注人类文化的基本兴趣、关怀和积极变动的目标时，不可避免的后果就是：人类的探究被局限于表面的和相对琐屑的东西上，不论它自称有何等技巧。"（杜威：《价值理论》，载于《国际统一科学百科全书》第 2 卷，第 62—63 页，芝加哥大学出版社，1939。）

③ 尽管蒯因批评了逻辑实证主义，但和其他实用主义者相比，他受逻辑实证主义的影响最深，科学情结最重。

还是试图在实用主义的传统中融合分析哲学的精华。但不可否认的是，他们的工作开启了一个新的方向，那就是实用主义的科学化、实证化方向，从此以后，实用主义开始进入了一个新的发展阶段，即"逻辑实用主义"阶段。实用主义逐渐放弃了自己那种开阔的视野，越来越专注于语言分析、逻辑、科学哲学以及认识论等。蒯因是这个阶段的主要代表。

二　实用主义者如何看待语言学转向

实用主义的以上转变是一种新的发展还是一种衰败？换句话说，对于这一转变是持肯定的态度还是否定的态度？这在实用主义阵营内部是有争议的。正像前面所说的，早期实用主义者如莫里斯、刘易斯等人对分析哲学持欣赏态度，虽然在实用主义与分析哲学之间存在多大程度的重合这个问题上他们的看法不无分歧，但他们都欢迎分析哲学的到来，并在实用主义的范围内最大限度地容纳和吸收分析哲学的长处。他们已经开始了实用主义分析化的转变，然而应该指出的是，他们还没有彻底丢弃实用主义对于哲学的那种开阔的理解。

在他们的基础上更进一步的是蒯因。随着蒯因聚焦于语言分析、逻辑、科学、知识论，实用主义失去了它原先的"硬核"，降为分析哲学的思想资源。实用主义发展到蒯因，伦理学的词汇彻底被物理学词汇所取代。尽管蒯因在本体论的层面上依然保留着实用主义的情结，但无可争议的是，在知识论的层面上他更多的是一位逻辑实证主义者，虽然他和典型的逻辑实证主义者有着很大的区别。可以这么说，实用主义发展到蒯因，已经被彻底地分析哲学化了。后来的实用主义者，如罗蒂、普特南、伯恩斯坦（R. Bernstein）等人，都是从分析哲学传统中孕育出来的。

如何看待分析哲学？当代实用主义者们的回答可以分为四种类型：

第一种类型以原耶鲁大学教授、著名的实用主义哲学家史密斯（J. E. Smith）为代表。总的说来，他们对分析哲学持否定态度。史密斯也看到了实用主义与分析哲学的相似性，但他更把目光投向了它们之间的区别。在他看来，以摩尔、罗素以及以逻辑实证主义为代表的分析哲学,虽然和实用主义一样强调经验,但它回到了实用主义所一直反对的近代哲学的经验观点,回到了作为"感觉材料"的经验以及对于理性作用的怀疑;它改变了哲学思考的维度,对"人的问题"的兴趣消失了,取而代之的是知识论的老问题,哲学被局限于对语言和科学逻辑的研究。[1]因此,史密斯指出:"虽然实用主义者已经严厉地对古典经验主义那些主要假设,特别是以认识论作为出发点的要求提出了质疑,但分析的哲学和实证主义的哲学却继续坚持这些假设,仿佛它们从未受到过挑战。"[2]

史密斯对分析哲学的语言学转向提出了一系列批评,其中有两点特别值得注意:(1)担心专注于语言,封闭在语言的世界内,将语言作为终极题材,会失去我们和世界原初经验的联系,从而将自己局限在话语的领域,局限在已经说过的东西的领域中。史密斯认为,如果我们通过神谕般的洞见已经说出了所有一切的话,那么我们可以响应分析哲学的号召,整理澄清我们所说的语言就行了。但由于我们没有这样的洞见,因此我们还是要被迫回到超语言的经验中去。他用讥讽的口吻说道:"这真是令人啼笑皆非:把自己描绘为'经验主义者'的哲学家一点也不尊重实际的经验,把自己禁闭在一个词语的世界中。确实,达到经验是不能离开词语,但不能由此得出两者是同一个东西的结论。"[3](2)担心分析哲学的过分技术化,会使它忽视了更大、更根本的现实问题。哲学家只关在自己的小圈子内,讨论他们的专业问题,于是人的问题便由哲学转移到了其他领域。史密斯指出,随着美国哲学的分析哲学化,哲学不再为社会大众所关心,而讨论这些社会问题、人的问题的其他领域的学者,由于缺乏训练,其谈论又不够精确、深入。

史密斯呼吁重新回到古典实用主义,不为学院派的风格和规则所束缚,重新找回哲学思考的独立和新颖。他极不赞成新实用主义者罗蒂在《语言的转向》一书"序言"中的一段话。在那段话中,罗蒂认为语言哲学

---

[1] 参见史密斯《美国哲学精神》,第 198—199 页,纽约州立大学出版社,1983。
[2] 同上书,第 206 页。
[3] 同上书,第 217 页。

成功地将从巴门尼德直到怀特海为代表的哲学逼到了为自己辩护的位置上,这一伟大的成就使语言哲学的这段历史成为哲学史上的伟大时期。[①] 史密斯对此针锋相对地指出,罗蒂所列举的这些哲学家都对他们时代的主要问题作出了认真的反思并具有卓越的见识;而罗蒂所谓的语言哲学的伟大成就乃是夸大其词,因为尽管语言哲学将人类关于自我、道德、自由等问题的发问看做语言的误用,人类依然没有放弃这一类的探讨,哲学家们不去探讨,自有其他思想家去顶替。

与史密斯对待分析哲学的态度形成鲜明对照的是另一位当代新实用主义代表人物伯恩斯坦。他不像史密斯那样将实用主义哲学的分析哲学化看做是实用主义的堕落,他认为,其实关于实用主义可以有各种叙事,并不需要一种元叙事对于什么是实用主义作出解答。分析的实用主义并不是实用主义的堕落,它同样构成了实用主义发展链条中的一环。史密斯式的态度只是关于实用主义的一种"伤感"和"怀旧","它阻碍我们欣赏实用主义话题的连续性,更糟糕的是,它会加强非实用主义的狭隘性并滑向谴责分析哲学的诱惑"[②]。在伯恩斯坦看来,实用主义传统总是处于建构之中的:"我不认为实用主义有一个'本质',或者甚至一套严格界定的承诺或原则,它们为所有实用主义者所共享。"[③]

在这一视角内,伯恩斯坦在古典实用主义者和经过分析哲学洗礼的新实用主义者之间找到了某种相似性。在他的眼里,当代新实用主义者罗蒂和普特南的分歧和争论正像是詹姆斯和皮尔士之间争论的当代回响,"他们都认为自己是在从事和贯彻实用主义传统。的确,罗蒂和普特南之间的许多分歧都围绕着将詹姆斯和皮尔士区分开来的同样的一些话题:意义的问题和'实在论'的哲学地位问题"[④]。而杜威在当代美国的

---

① 参见罗蒂《语言的转向》,第33页,芝加哥大学出版社,1967。

② 伯恩斯坦:《美国实用主义:诸叙事的冲突》,载于萨特康普《罗蒂和实用主义》,第62页,范德比尔特大学出版社,1995(以下所引此书均为此版本)。

③ 同上书,第61页。

④ 同上书,第58页。

哲学传人则是威斯特（C. West），因为他继承了杜威对于实用主义的社会、政治意义的强调，将实用主义的思考重新引向"人的问题"。①

站在伯恩斯坦一边而又更加明确的是加州大学哲学教授迪普（D. Depew）。他在自己主编的《实用主义：从进步主义到后现代主义》中提出了一个和史密斯正好相反的颇有新意的观点，认为实用主义和语言学转向的亲密关系不仅没有使实用主义堕落，而且使实用主义得到了拯救：

> 这（指语言学转向——引者注）将使美国实在论而不是实用主义看上去过时了。这一倡议是如此成功，以至于美国实在论最终从舞台上消失，直到它也姗姗来迟地进行了语言学的转向——它是由塞拉斯开始着手的。如果实证主义没有对实用主义加以援救的话，我们乐意说，那很可能是实用主义者而不是实在论者，被放逐到一个很少被阅读、很少被讨论的过去。就像实际发生的那样，对于古典实用主义者的英雄行为的回忆依然使人激动，他们的著作依然受到尊敬，这在一定程度上是因为实证主义者们在祛除了古典实用主义者的粗糙性的同时，拯救了这些实用主义者作为他们（实证主义者——引者注）自己科学哲学先驱者的声誉。②

和伯恩斯坦、迪普观点接近却又有所不同的是罗蒂对于分析哲学的立场。罗蒂似乎处于史密斯和伯恩斯坦、迪普之间的位子上。他赞成后者对于语言学转向的意义的强调，但同时又对分析哲学的非实用主义倾向进行了严厉的讨伐。区别于史密斯对待分析哲学的否定态度，罗蒂站在伯恩斯坦、迪普一边，认为实用主义的发展得益于分析哲学的语言学转向。在回答新老实用主义的不同究竟在哪里这个问题时，罗蒂说道：

---

① 伯恩斯坦：《美国实用主义：诸叙事的冲突》，载于萨特康普《罗蒂和实用主义》，第58页，范德比尔特大学出版社，1995。
② 迪普："引言"，载于霍林格和迪普《实用主义：从进步主义到后现代主义》，第113页。

我自己对这个问题的回答是,新实用主义在两个方面不同于老实用主义:……第一,我们新实用主义者谈论语言而不是像老实用主义者那样谈论经验、心灵或意识;第二,我们都读过库恩、汉森、图尔敏以及费耶阿本德的著作,因此怀疑科学方法这个概念。①

罗蒂认为,分析哲学为实用主义的阐述提供了很好的手段,而实用主义则为哲学的思考提供了目标。没有分析哲学的语言学转向,实用主义的目标就难以完成。罗蒂高度评价分析哲学将焦点集中于语言,彻底放弃传统哲学的词汇,认为唯其如此,才能真正与传统哲学决裂,这种决裂在语言学转向之前的 19 世纪是难以想象的。罗蒂当然认为只是到了他那里,实用主义才完成了对传统哲学的批判,而这种批判正是借助于分析哲学的成果才得以实现的。用他自己的话说:“我对传统提出的大多数具体批评,都是取自塞拉斯、奎因、戴维森、赖尔、麦尔柯姆、库恩和普特南这类系统哲学家的。”②

罗蒂对实用主义的历史进行了反思,他赞赏古典实用主义者们的运思向度,讴歌这一富有原创性的哲学路线。但是他指出,由于没有放弃传统哲学的术语,詹姆斯、杜威对传统哲学的清算还不够彻底。③ 正是在这里,语言学的转向弥补了古典实用主义的不足,从而将实用主义的主题真正推向了一个新的高度。因此,美国实用主义学者多诺万(R. Donovan)指出:“按照罗蒂的读法,‘语言学转向’首先可以被解释为一种描述,它描述了分析哲学是怎样对于更加彻底的实用主义作出了实质的贡献。”④

然而罗蒂并不是对整个分析哲学抱有好感,他把语言学转向和分析

---

① 罗蒂:《实用主义的老调和正义之诗》,“美国法律思想中的实用主义复兴”专题研讨会,《南加利利福尼亚法律评论》1990 年 9 月第 6 期。

② 罗蒂:《哲学和自然之镜》,李幼蒸译,第 4—5 页,生活·读书·新知三联书店,1987。

③ 不用说皮尔士了,即便是詹姆斯、杜威,在罗蒂的眼里也还没有真正摆脱传统哲学,因为他们还热衷于经验本性以及形而上学的谈论。

④ 多诺万:“罗蒂的实用主义及语言学转向”,载于霍林格和迪普《实用主义:从进步主义到后现代主义》,第 210 页。

哲学区别开来,赞赏前者而谴责后者,因为在罗蒂看来,分析哲学从总体上说是和传统基础主义哲学一脉相承的。和史密斯一样①,罗蒂认为,分析哲学的方向是错误的:

> "分析的"哲学是另一种康德哲学,这种哲学的主要标志是,把再现关系看成是语言的而非心理的,思考语言哲学而非思考"先验批判",也不思考作为一门显示"知识基础"的学科的心理学。……对语言的这种强调,基本上未曾改变笛卡尔-康德的问题体系,因此并未真的赋予哲学一种新的自我形象。因为分析哲学仍然致力于为探求、从而也是为一切文化建立一种永恒的、中立的构架。②

所以罗蒂的主张可以概括如下:实用主义需要语言学转向,而分析哲学需要实用主义这一航标。没有语言学转向,实用主义不能真正脱离传统哲学的航道;而没有实用主义,分析哲学也无法挣脱传统哲学的旋涡。

但是普特南的看法却不同,他不仅不认为罗蒂所说的语言学转向有如此重要的意义,而且号召人们返回到经验主义的老话题,认为正是在那里,我们可以找到克服传统二元式哲学的钥匙。由于普特南自己是一位享有盛誉的分析哲学家,他的这番见解尤其耐人寻味。普特南是在与罗蒂的对话以及反省自己原先的哲学观点时发现问题的。和史密斯一样,普特南担心罗蒂专注于语言的做法会使我们失去世界。当罗蒂用"语言"取代"经验"时,他不可避免地要涉及语言与世界的关系问题。罗蒂试图回避这一问题,但其实他并没有做到。他无非从语言不能对应于世界中得出我们只能谈论语言的结论,而这和说我们的语言能够"钩住"世界的形而上学实在论的主张并没有实质的不同,只不过是一个否定,

---

① 史密斯也认为分析哲学是一种基础主义哲学,参见史密斯《美国哲学精神》,第208页,纽约州立大学出版社,1983。
② 罗蒂:《哲学和自然之镜》,李幼蒸译,第5页,生活·读书·新知三联书店,1987。

另一个肯定罢了,前提都是一样的:把语言和世界分割开来。[1]

　　大约在 20 世纪 90 年代,普特南意识到必须回到古典实用主义那里寻找思想资源。和罗蒂的路数相反,他不是从"经验""心灵""意识"走向"语言",而是从"语言"重新返回"心灵""意识""经验"。正是在詹姆斯、杜威那里,普特南看到了克服传统哲学的希望。语言学转向的意义被大大地削弱了。在普特南看来,只要二元分割式的思维方式继续存在,那么不论是谈论"经验"还是谈论"语言",都不能真正解决传统哲学的问题,因为"归根到底,它们是同样的问题,即思想与世界的关系问题"[2]。只要人与世界的"分界面"(interface)存在,那么不论它存在于哪里——在感觉经验中也好,在语言中也好——都一样会导致思想与世界的割裂,传统哲学的难题一点也没有减弱。能够引导我们飞出传统哲学瓶颈的不是语言学转向,而是实用主义。在詹姆斯和杜威关于意识、经验以及生活实在的思想中,普特南找到了化解传统哲学难题的办法,那就是:彻底取消分界面,把实在理解为生活世界;感觉、语言等都是这世界中的一部分,而不是世界外的与世界相对照的另一个实体。生活是首要的,概念、思想都是生活的环节。[3]

　　和罗蒂一样,普特南主张,伦理学是哲学思考的出发点,生活世界是哲学思考的根据。但在普特南看来,罗蒂由于过于封闭在语言中,没有意识到他不能回避语言和世界的关系问题,因此当他批评古典实验主义者只谈论"经验""意识""心灵"而不谈论"语言"时,他犯了一个浅薄的错误,即只是用"语言"替换"经验"不但没有真正解决问题,反而落入了传统哲学的窠臼。普特南则要从古典实用主义对于分界面的消解中找到克服传统哲学困难的途径。分析哲学只有在这个大方向之下才有它的存在价值。

---

[1] 参见普特南《语词与生活》,第 299 页,哈佛大学出版社,1994。

[2] 同上书,第 281 页。

[3] 参见普特南《实用主义:一个开放的问题》,牛津,布莱克威尔出版社,1995;普特南《三合一的绳索:心灵、身体和世界》,哥伦比亚大学出版社,1999。

关于实用主义与分析哲学的恩怨是非,可以有多种多样的说法,那取决于个人谈论问题的视角和背景。如果细细琢磨,以上的几种观点都有各自的道理。但是比较而言,我们认为,普特南的论述似乎更为可取。为什么这么说呢?理由是:普特南意识到了史密斯观点的合理性,即分析哲学的语言学转向,其意义并没有迪普、罗蒂等人所夸张的那样伟大,然而作为一个实用主义阵营中最杰出的分析哲学家,他当然明白语言学转向的价值究竟何在,所以,他也没有像史密斯那样贬低分析哲学。或许我们可以这样描述普特南的方式:在否定传统基础主义哲学方面,他确实和罗蒂一样,欣赏并借鉴了大量的分析哲学要素,这使他的论述更加周密严谨;但他只是将此作为手段,同时也看到,这一手段必须要由传统实用主义加以补充,这使他和罗蒂拉开了距离。

三 分析哲学的实用主义化

以上谈的是实用主义受分析哲学的冲击,但事情还有另外一面,那就是,在实用主义受到分析哲学侵蚀的同时,它也反过来对分析哲学产生了重大的影响。这种影响是潜移默化的,它最终导致了分析哲学的实用主义转向。

实用主义在欧洲的登陆可以追溯到 20 世纪初。1907 年詹姆斯的《实用主义》问世,次年该书被移译成德文在欧洲出版,不久又有了其他欧洲文字版本①,实用主义早就开始被人们广泛谈论并很快成为关注的焦点之一。1908 年在德国海德堡举行的"世界哲学大会"的中心话题之一就是关于实用主义的争论。当时欧洲人心目中的实用主义者就是詹

---

① 1908 年,《实用主义》由维也纳大学哲学教授杰鲁斯拉姆(W. Jeruslalem)翻译为德文。杰鲁斯拉姆甚至早在 1900 年便开始对实用主义给予同情的回应。法国虽然直到 1911 年才有了《实用主义》的法文译本,但一些哲学家如柏格森早在该书一问世,便给予了高度的评价和会心的理解。而意大利则至少在 1905 年之前才成立以巴比尼(Papini)为核心的"实用主义小组"。参见陈亚军《哲学的改造》,第 36—37 页,中国社会科学出版社,1998。

姆斯,杜威还不那么有名,而皮尔士甚至连名字都常被拼错。①

　　人们之所以对实用主义感兴趣,这与当时对科学、科学方法的崇拜是分不开的。实用主义在很大程度上成了分析哲学的先驱者之一。关于这一点,逻辑实证主义的主要代表人物赖欣巴哈也曾经明确地提到过。他认为,实用主义者是他的思想先驱,实用主义者看到了通向真理、意义和确定性的正确途径,只是他们还没有将自己精辟见解中的含义充分发掘出来。②

　　更加深刻地将实用主义学说体现于自己哲学中的是逻辑实证主义的集大成者卡尔纳普。卡尔纳普公开承认,他曾经受到概念实用主义者刘易斯的强烈影响③,这种影响很明显地在他关于概念体系的学说中表露出来。和刘易斯的思路相近,卡尔纳普把我们用什么样的语言框架描述世界的问题看做是一个实用主义的问题,这里没有真假问题,只有好坏问题;科学等经验学科的讨论是在概念框架确定之后进行的,因此有真假问题,而哲学的讨论是关于选择什么样的概念框架的讨论,是所谓的"外部问题",它只和是否方便、是否有用连在一起。卡尔纳普指出:"抽象的语言形式的接受或拒绝,正如在任何一门科学中任何其他的语言形式的接受或拒绝一样,最终将决定于它们作为工具的效率和决定于所取得的成就与所需要的努力的总量与复杂性的比率。"④这显然具有强烈的实用主义腔调,因此蒯因评价道:"卡尔纳普、刘易斯等人在各种语言形式、科学框架的选择问题上采用了实用主义的立场。"⑤

　　卡尔纳普之后,逻辑实证主义者在吸纳实用主义方面采用了两种不

---

① 历史学家乔斯(H. Joas)说道:"在当时一些文章中所遇到的对于皮尔士名字的各种拼法(尽管也有拼成 Peirce,但基本上都是拼成了 Pierce)表明,批评家们对皮尔士的文章缺乏任何第一手的了解。"(乔斯:《实用主义和社会理论》,第 6 页,芝加哥大学出版社,1993。转引自雷谢尔《实在论的实用主义》,第 23 页,纽约州立大学出版社,2000。)
② 参见赖欣巴赫《德国经验主义及其现存问题》,载于《哲学杂志》1936 年第 33 期。
③ 参见希尔普《鲁道夫·卡尔纳普哲学》,第 861 页,开放世界出版公司,1963。
④ 卡尔那普(即卡尔纳普):《经验论、语意学和本体论》,载于洪谦主编《逻辑经验主义》上卷,第 101 页。
⑤ 蒯因:《从逻辑的观点看》,第 46 页,哈佛大学出版社,1980。

同的方式。保守的逻辑实证主义者,如艾耶尔,要用实证主义的思路诠释实用主义,把实用主义看做是实证主义之一种;而激进的逻辑实证主义者,如蒯因等人,则要用实用主义改造实证主义,使逻辑实证主义具有一种新的面貌,从而也在某种意义上瓦解了逻辑实证主义。

艾耶尔的意图最清晰地表现在他对詹姆斯的"挽救"上。1968 年艾耶尔发表了他关于实用主义的详细研究成果《实用主义的起源》,着重探讨皮尔士和詹姆斯的实用主义思想,试图把詹姆斯解释成一位逻辑实证主义者。艾耶尔始终坚持早期逻辑实证主义的立场,认为所有命题可以分为三类,即关于事实的经验科学命题,关于观念之间关系的逻辑、数学命题,以及关涉人类情感的伦理学、美学命题。在他看来,詹姆斯虽然不是很明确地,但确是自觉地接受了这种命题的划分方式;而詹姆斯的批评者们由于忽视了这一点而没有把握詹姆斯的真正意图。艾耶尔要为詹姆斯"抱不平":

> 他(詹姆斯——引者注)的实用主义立场可能是会招惹批评的,但是站在这一立场上,思考他关于不同类型的命题在我们整个信念体系中所起不同作用的基本假设,我将试图表明,他的陈述可以合理地以一种方式加以解释,从而产生出一种一致的甚至是有说服力的理论。①

按照艾耶尔的诠释,当詹姆斯说一种信念只有在它是"有效"(works)的情况下,我们才能将它作为真信念接受下来时,詹姆斯所说的"有效"是有不同含义的:关于事实信念是否有效,要看它是否能被经验所确证;关于数学、逻辑命题是否有效,要看它是否表达了观念之间的某种关系,这种关系是如此明白,以至于无须任何经验的检验;而关于道德的或美的信念是否有效,则要看它是否给人带来某种满足。所以,只有道德和美的信念才和人的满足相关,詹姆斯的批评者们把这当做詹姆斯

---

① 艾耶尔:《实用主义的起源》,第 188 页,旧金山,弗里曼和库珀出版公司,1968。

关于真信念的全部内容,显然是对詹姆斯的误解。

在艾耶尔的眼里,詹姆斯关于形而上学命题的态度很能说明问题:"事实上,他(詹姆斯——引者注)在很多场合明确地说过,形而上学原则所表述的无非和审美情感的表达是一样的"①,它们既不是经验的,也不是数学的或逻辑的,正因为如此,詹姆斯不是从认知的角度,即陈述事实的角度,而是从情感的角度去拒斥形而上学的。对此,怀特(M. White)有段话说得很好:"按照艾耶尔对詹姆斯的解释,科学、数学和逻辑对于情感的要求是充耳不闻的,数学和逻辑对于感觉经验是充耳不闻的,而一个人的形而上学和他的神学只对应于他的每一次心跳。"②

当艾耶尔试图"纯化"詹姆斯,用区分各种类型的命题的方式将詹姆斯打扮成一位典型的逻辑实证主义时,他显然犯了一个严重的错误,那就是他在给詹姆斯动这样的手术时,严重地伤及了詹姆斯的实用主义心脏。用普特南的话说,实用主义最突出从而也是最有价值的特征之一就是它的整体论思想。③ 它从来不把数学、逻辑以及形而上学的命题看做与人的价值、情感不相干,认知和价值、情感并不是截然分离的两个领域。这一点,至少詹姆斯、杜威是非常强调的。只要读过詹姆斯的"理性中的情感"和杜威的《经验与自然》,对此都不会产生异议。

和艾耶尔同属逻辑实证主义阵营的蒯因选择了另一种将实用主义和逻辑实证主义结合在一起的方式:不是用逻辑实证主义改造实用主义,而是用实用主义改造逻辑实证主义,从而为逻辑实证主义打开了一个新的视域。当代著名新实用主义者威斯特认为,蒯因对逻辑实证主义的实用主义改造主要有以下几点:(1) 他批评了逻辑实证主义的原子主义思想,强调一种知识整体论的思想,认为意义的单位不是孤立的句子,而是句子系统和理论整体。这不禁使人想起了詹姆斯和杜威的整体论的主张;(2) 蒯因消解了分析命题和综合命题的二分法,这和詹姆斯、杜

---

① 艾耶尔:《实用主义的起源》,第199页。艾耶尔对詹姆斯的诠释见该书第2部分的第2章。
② 怀特:《实用主义和美国精神》,第115页,牛津大学出版社,1973。
③ 参见普特南《实用主义:一个开放的问题》,第13—19页,牛津,布莱克威尔出版社,1995。

威对于二元分裂思维方式的否定非常接近;(3)蒯因坚持自然主义,反对所谓先于科学、为科学提供基础的"第一哲学",这与杜威的自然主义立场如出一辙。①我们认为,除威斯特所说的这些之外,蒯因以实用主义改造逻辑实证主义还表现在他的"行为主义语义学"上。他瓦解了关于意义的"博物馆神话",循着皮尔士和杜威的道路,将语义学建立在外在的不确定的行为基础上。这是一种实用主义的语义学。对此,蒯因自己也坦承不讳:"行为主义语义学的产生要归功于实用主义者。""我很有信心地认为,行为主义语义学是实用主义的一个显著特征。"②

分析哲学发展到蒯因,面临着一种反讽的尴尬境况:一方面,由于蒯因引进实用主义,使分析哲学有了一种清新的气息,别开生面。传统分析哲学的基础主义观点已经受到质疑和挑战,蒯因的工作为分析哲学开辟了一条新的道路。然而另一方面,对于分析哲学来说,这似乎是一条痛苦的道路,正像它早年在挽救实用主义的同时瓦解了实用主义一样,现在实用主义同样在拯救它的同时动摇了分析哲学的根基。原先被当做核心话题的"分析与综合"的区分不复存在,取而代之的是杂乱纷繁的各种即时的问题。在戴维森、古德曼否定了图式(形式)与内容的二分法、普特南否定了理论术语与观察术语的二分法、塞拉斯(R. W. Sellars)否定了"所予"神话、库恩否定了科学逻辑主义之后,分析哲学进入了"后分析主义"时代,传统分析哲学的形象整个受到怀疑:

> 这个哲学(指分析哲学——引者注)的基本纲领一直被瓦解着,这种瓦解完全是它自身的技术化的工作所导致的,剩下的只是关于它下一步如何继续地怀疑。逻辑分析的观念已经受到挑战。可能根本就没有科学方法或逻辑这样的东西,没有什么"哲学的"东西要研究。可能根本就没有像分析的句子这样的东西,没有什么东西需

---

① 威斯特:《美国人对哲学的逃避》,第184—186页,威斯康星大学出版社,1989。
② 蒯因:《实用主义在经验主义中的地位》,载于陈启伟主编《现代西方哲学论著选读》,第526页。

要分析哲学家去分析。①

正是在这样一种背景下,新实用主义诞生了。其代表人物如罗蒂、普特南等人虽然出身于分析哲学,但已经在不同程度上背叛了分析哲学,或者说将分析哲学引入了一种和传统分析哲学截然不同的话语背景,即实用主义的背景。实用主义成了主旋律,而分析哲学只是作为思想资源和论述手段被保留下来。

第二节　皮尔士的实用主义准则

皮尔士(Charles S. Peirce),美国最具原创性的哲学家,实用主义第一人。很难想象,任何一部谈论美国实用主义的著作能不从皮尔士开始。这不仅因为詹姆斯将"实用主义"的发明权归功于皮尔士的缘故,更重要的是,皮尔士本人的著作确实为实用主义的产生奠定了基础。尽管人们对于皮尔士在实用主义发展史上的地位充满了歧见,尽管皮尔士和他的实用主义同伴有着如此尖锐的分歧,以至于詹姆斯的学生、美国著名的新实在论的代表人物佩里(R. B. Perry)认为,实用主义是詹姆斯误读皮尔士的结果。但有一个共识似乎是不容置疑的,那就是皮尔士是一位极为深刻的哲学家,一位值得人们发掘的"思想金矿"(詹姆斯语),他对美国哲学的影响是广泛而持久的。然而,具有悲剧意味的是,长期以来,这位天才思想家遭受着冷漠,生前不被学界接纳,死后也一直没有受到应有的重视。这从关于他的完整传记直到1993年即他死后的近八十年才第一次问世便可见一斑。②

皮尔士1839年出身于一个显赫的家庭,其父是当时哈佛大学乃至美国最具声望的数学家,是可以影响国家科技政策的重要人物,家兄也长期担任哈佛大学数学系主任。很多学界、思想界要人,如爱默生、朗费

① 雷奇曼:《哲学在美国》,载于雷奇曼(J. Rajchman)和威斯特《后分析哲学》,第X页,哥伦比亚大学出版社,1985。
② 参见布伦特《查尔斯·S. 皮尔士》,印第安纳大学出版社,1993。

罗以及霍姆斯(O. W. Holmes)[1]等,都是皮尔士家的常客。但皮尔士本人却终生贫困潦倒,始终没有在学界谋得一席之位。其中的原因很难一一说清,既有皮尔士父亲与哈佛大学校长艾略特(C. W. Eliot)不和的因素,也有皮尔士本人性格及行为缺陷的缘故。

皮尔士性格的孤僻、阴郁,众所周知。连詹姆斯这位宽厚的朋友在谈到皮尔士时也说道:

> 皮尔士是个不追求个人名利的最古怪的天才。……他的性格带有相当固定的半波西米亚人的习惯,而完全缺乏教书的神经,他的这种性格已经是不能改变的了,因此谁要聘他任教得冒很大的风险。我不愿人云亦云地赞美他的天才,在思想上,他是好作奇论、孤芳自赏的,他不愿同任何与他接触的人建立联系。[2]

这种离群索居的性格,加上他的离婚、吸毒在当时不被人们所接受的行为,使他失去了在大学寻找固定席位的机会。[3]似乎没有人在这些方面对他作出"同情的理解",也没有人愿意为他的不堪而开脱。然而,布伦特(J. Brent)于20世纪90年代出版的皮尔士传记,为我们重新看待皮尔士的这些"污点"提供了一些有价值的资料。据布伦特的研究,皮尔士和他的父亲一样,长期为三叉神经痛这种当时根本无法根治的疾病所困扰。疾病所带来的剧烈疼痛,是皮尔士服食毒品的主要原因。这种令人痛苦的疾病也解释了皮尔士的性格为何如此反常。

皮尔士的一生是凄凉的,然而,令人起敬的是他没有被命运征服,相反,在孤独的一生中,他迸发出了真正的人的生命火焰,创造出多姿多彩的和时尚利禄毫无关系的精神财富。皮尔士在晚年曾经这样说道:

---

① 霍姆斯(1809—1894),美国著名医师、幽默作家,曾任哈佛大学医学院院长。

② 转引自穆尼茨《当代分析哲学》,吴牟人等译,第22页,复旦大学出版社,1986(以下所引此书均为此版本)。

③ 当然,皮尔士自己对于在大学充任教授以谋生计也是百般的厌倦和讥讽。用他的话说:"任何地方,只要有一大群学院派教授,领着丰厚的收入,被尊为绅士,那么那里科学探究就一定会凋萎。"(《皮尔士哲学文选》,巴赫勒编:第45页,多佛出版公司,1955。)

我已经完全独立无援地做了一项伟大的工作。……我愿意作最后一番巨大的努力,这番努力将把我的精力消耗殆尽。当然,如果我没有能力这样做,而又要维持生计,那么,为什么这就肯定是结束我的为期不远的生命的比较舒适的方式呢? 如果有人以为这样我会为失去一个可能属于 C. S. 皮尔士这个名字——一个不久就不再属于我的名字——的声誉而感到可惜的话,那么我只想说,他可以津津乐道于这种幻想,而我不想费力去驳斥他。像我这样年龄的人必须考虑在另一个世界而不是现在这个冷漠的行星上的归宿了。[①]

就是凭借着这种顽强的生命冲动,皮尔士在符号学、逻辑学、光学、宇宙学以及哲学的多个分支,取得了卓越的成就。实用主义只是他多个成就中的一个,尽管是最引人注目的一个。

关于实用主义的诞生,一般认为,皮尔士发表于 1877、1878 年的两篇文章可以被看做它的"出生证",尽管关于这一点不是没有异议的。[②]这两篇文章是他和詹姆斯创立的"形而上学俱乐部"的产物,其中已经透露出强烈的实用主义气息,实用主义的一些重要思路已经清楚地显露出来。但当时,它们的发表没有引起特别的关注,是詹姆斯 20 年后的加利福尼亚大学的演讲才使"实用主义"广为人知,同时也使皮尔士成了一位著名人物。据哈佛大学资深教授谢夫乐(I. Sheffler)的考证,皮尔士应该是 1872 年在"形而上学俱乐部"宣读一篇论文时首次使用这个概念的。[③]

詹姆斯的宣传,使人们很自然地将皮尔士与实用主义连在一起,说起实用主义,首先就会说到皮尔士,而说起皮尔士,也首先就会想到实用主义。现在看来,这种联想削弱了皮尔士哲学的丰富性。实用主义固然

---

① 穆尼茨:《当代分析哲学》,第 23—24 页。
② 如阿佩尔就认为,皮尔士的实用主义准则早在 1869 年就已经提出,而他 1871 年的"贝克莱评论"则对这一准则作了清楚的阐明。参见阿佩尔《皮尔士:从实用主义到实效主义》,第 54 页,新泽西,人文出版社,1967。
③ 参见谢夫乐《四位实用主义者》,第 76 页,纽约,劳特利奇与基根·保罗公司,1974。

是皮尔士的重要哲学主张,但它和皮尔士的一系列其他思想密切相关,而这些思想的意义和影响并不弱于皮尔士的实用主义准则。可以肯定地说,皮尔士绝不仅仅是詹姆斯、杜威的前驱,他的多种学说正在越来越受到人们的关注,引起人们越来越大的兴趣。皮尔士哲学的丰富性也越来越在不同哲学流派对于他的继承和诠释中得以展露。德国哲学家阿佩尔(K. O. Apel)可以在皮尔士那里找到令他感兴趣的具有强烈德国味的皮尔士,英国哲学家艾耶尔同样可以高度赞赏皮尔士的实证主义倾向;大部分哲学史家把皮尔士当做实用主义的第 1 章,也不妨碍穆尼茨将皮尔士置于他的《当代分析哲学》的首篇。1989 年,为纪念皮尔士诞辰150 周年,哈佛大学举办了关于皮尔士学术的国际研讨会,许多著名专家学者从世界各地赶来,从各个不同领域探讨皮尔士的思想及其与当代问题的关联,皮尔士已经毫无疑问地成了美国哲学史上最伟大的哲学家之一。

一 对于心理主义的符号学批判

众所周知,现代西方哲学肇始的标志之一是它对近代哲学的心理主义的批判,不论是分析哲学的弗雷格,还是现象学的胡塞尔,都由否定心理主义开始,着手于新哲学范式的建立。其实早在弗雷格之前近二十年,皮尔士已经明确地提出了反对心理主义的话题,并作了详细阐述。

皮尔士的主要矛头直接指向"近代哲学之父"(皮尔士语)笛卡尔,因为在他看来,近代以来绝大多数哲学家都是笛卡尔式的。笛卡尔首次提出精神实体与物质实体的二元对立,把知识的直接对象限定为心灵及其观念。经验主义和唯理主义都接受了笛卡尔的这一前提,从此知识成了探讨观念性质、关系的学说,实际上成了主体内部的事情。因此可以说,整个近代哲学从根本上而言,就是一种心理主义哲学,它将内在意识以及对于这种内在意识的直观,当做知识得以形成的条件。而为笛卡尔这一思路扫清障碍的则是他所谓的"怀疑一切"的方法。皮尔士将笛卡尔当做心理主义的代表,他对于心理主义的批判主要体现在他对笛卡尔主义的批判上。

为什么笛卡尔要怀疑一切？因为"阿几米德（即阿基米德——引者注）只要求一个固定的靠得住的点，好把地球从它原来的位置上挪到另外一个地方去。同样，如果我有幸找到哪管是一件确切无疑的事，那么我就有权抱远大的希望了"①。这个远大的希望就是"从根本上重新开始"，"在科学上建立起某种坚定可靠、经久不变的东西"②。所以怀疑一切的目的是要为未来的知识大厦寻找一个直接、可靠的出发点，这个出发点具有直观的明晰性、不可怀疑性。笛卡尔在"我"的思考中找到了这个阿基米德点，对于"我"的内省直观成了获取知识可靠性的途径。

皮尔士拒绝笛卡尔的思路，他从自己的符号学理论出发，在一系列问题上与笛卡尔针锋相对。他的很多思想在 20 世纪被人们所接受，并成为哲学家们的共同主张。

首先，针对笛卡尔在认识出发点上的"怀疑一切"，皮尔士指出，我们不可能将普遍的怀疑作为我们思考问题的前提。实际上，在我们进行当下的思考时，我们已经有了很多的成见，思考不可能也不应该摆脱这一地平线。这些成见不可能被笛卡尔的一个口号所排除，因为它们构成了我们思考的先验条件。"一开始就持怀疑主义仅仅是种自我欺骗，不是真实的怀疑"③。皮尔士并不否认，人们在思考的过程中会发现某些理由从而对原先所接受的信念加以怀疑，他甚至鼓励这样的怀疑，以为这是探究进步的不可或缺的动力，但是这种情形下的怀疑是一种"真正的怀疑"，一种有正当理由的怀疑，它和笛卡尔所要求的认识起点上的怀疑完全不同。真正的怀疑不像说谎那样容易，皮尔士要求我们"不要在哲学上怀疑那些我们的内心其实并不怀疑的东西"④。

从符号学的角度看，人的所有当下的精神活动都是一种赋予意义的

---

① 笛卡尔：《第一哲学沉思集》，庞景仁译，第 22 页，商务印书馆，1986。
② 同上书，第 14 页。
③④《皮尔士文集》第 5 卷，第 264 节，哈茨霍恩和魏斯（C. Hartshorne and P. Weiss）编，哈佛大学出版社，1963（以下所引此书均为此版本）。

活动,都有一个解释学的起点。人的思考的意义只能由他现实所在的环境、语言、传统得到解释,认识是连续的,不存在完全与先前的思想无关、完全没有前提、没有意义背景的思想。连续性是人类认识的特点,因为人的思想活动是一种使用符号的活动。皮尔士指出:"从每个思想都是一种符号这一命题可以推出:每个思想一定都是针对其他思想而发,一定都决定着其他思想,因为这是符号的本质。"①怀疑一切的结果就是割断了思想的连续性,使思想成了一种没有意义前提的发音。

对于皮尔士的这一观点,伽利(W. B. Gallie)认为它不够有力,因为它没有给出充分的论证表明思想序列必须是连续的。②著名的实用主义专家墨菲(M. G. Murphey)和伽利看法近似,认为这个论证假设了思想"没有最小的有限的间断"③,而这个假设并没有得到有力的说明。谢夫乐也加入了他们的行列:"我自己不相信皮尔士的论证能得到挽救,除非(皮尔士自己拒绝如此)我们完全放弃非永恒的时间中的问题而只强调逻辑的问题。"④也就是说,上述学者认为,从逻辑的角度(符号学的角度)说,思想作为符号,必须由其他符号加以解释,因此,不可能没有前提。但在现实生活中,思想的暂时断裂是可能的,或至少皮尔士没有证明这不可能。我们认为,这种诘难是难以成立的,即便在现实生活中,思想也不可能没有前提,因为思想只能是关于什么的思想,而这个"什么"一旦进入人的视野,就有它的意义,就被人的传统赋予了特定的含义。当我们思想时,我们已经是"在世"的。这一点不论是马克思还是哈贝马斯,都曾经多次指出过。马克思的人化自然的理论早已被人们所熟悉,而哈贝马斯在对黑格尔的研究中也看到了这一点:"黑格尔的论证是有说服力的。他反对提出本源哲学的企图。因为认识论不可避免地陷入其中的圆圈提醒人们,认识批判把握不住本源的自发性,而且作为反思,当它

---

① 《皮尔士文集》第 5 卷,第 253 节。
② 参见伽利《皮尔士和实用主义》,第 20 页,纽约,多佛出版公司,1966。
③ 墨菲:《皮尔士哲学的发展》,第 110 页,哈佛大学出版社,1961。
④ 谢夫乐:《四位实用主义者》,第 51 页,纽约,劳特利奇与基根·保罗公司,1974。

同时产生于先前的东西中时,它始终依赖先前的东西,以先前的东西为准绳。"①

其次,针对笛卡尔以内在直观作为认识可靠性的根据,皮尔士认为这种想法不能成立。他的理由是,如果我们要将直观作为认识的出发点,就必须将直观和其他认识即推论得来的认识区别开来,但我们发现我们难以做到这一点。什么是皮尔士所说的"直观"?皮尔士所说的"直观"指的是这样一种认识:它不是由先前的认识所决定的,而是"直接"指向先验的对象。历史上,虽然哲学家们都努力寻找这种非推论的自明的直观,但到底将哪些认识看做直观,哪些认识看做从推论而来的,对此一直充满了争论。如果直观的知识确实是不证自明的,那么这些争论就是不可思议的。所以皮尔士指出:"这确实表明,在前提和结论之间作出区分并不总是很容易的事情,我们没有确定的能力做到这一点。事实上,我们在困难情况下的唯一可靠性存在于某些符号中,从这些符号我们可以推出,一个给定的事实一定是已经被看见,或被推出的。"②我们没有能力确切地将直观和推论的知识区别开来,所有这样的区分都依赖于我们已经具有的与环境、语境相关的符号。换句话说,我们关于直观的知识也是推论的、中介化的、与解释情景相关的。"我们没有内视的能力,所有关于内部世界的知识都根据我们关于外部事实知识的假设推理而来。"③

与此相关的是,我们没有一个独立的内在心灵,没有笛卡尔所谓的直观的自我意识。皮尔士指出,这个问题涉及"关于我的私人自我的认识。我知道我(不仅仅是我)存在。问题是,我怎么知道这一点的,通过特殊的直观功能,还是由以前的认识推导出来?"④直观的自我意识这个概念并不是自明的,"自我"并不是天生的,而是在后天实践活动中发展

---

① 哈贝马斯:《认识与兴趣》,郭官义、李黎译,第 5 页,学林出版社,1999。
② 参见《皮尔士文集》第 5 卷,第 216 节。
③ 同上书,第 265 节。
④ 同上书,第 225 节。

起来的。在儿童的眼里,身体是宇宙中最重要的东西,因为它对于感觉、色彩、味道有着重要的意义,而这些在儿童的世界里扮演着最关键的角色。后来,由于语言的使用,儿童的世界得以扩大。由于这种扩大,儿童认识到了自己的无知,于是"必然设想一个自我,无知可以属于这个自我。因此,语言记载是自我意识的第一线曙光"①。所以,按照皮尔士的理论,语言加上对无知和错误的意识,是产生"自我"概念的最主要的原因。其实自我意识是从其他外在事实中推导出来的,没有必要设想一个内在主观的自我意识。

皮尔士对直观的内在自我意识的批判涉及他的符号学理论。他把语言看做符号。和自然事物不同,符号具有一种三合一的性质,它一定是向某个解释者代表着某个对象,在对象和解释者之间起中介作用,而对于它的意义的解释又要由另一个符号完成,人就是生活在符号世界里的,或者说,人就是生活在语言世界里的。与此相对照,自然事物只具有一种二合一的性质,它只是作用和反作用,离开了人,自然世界没有意义的问题。人不是首先接触内在的自我意识,然后推出外在世界;相反,人是生活在外在符号世界中,内在自我意识只是后来发生的事情,是推论的结果。皮尔士的这一思想同样可以用来反对私人语言,是从另一个角度和维特根斯坦的反私人语言论证不谋而合。维特根斯坦所设想的那种私人语言"S",只和这个人产生作用,这个人要通过自己的记忆来理解这个记号"S",理解的活动只发生在两个关系项之间,实际上,只是一种作用与反作用,缺少其他用来解释这个"S"的符号在场。所以,严格说来,"S"不是符号,不是语言,私人语言只存在于一种二合一的关系中,而真正的语言是一种三合一的关系。

最后,针对笛卡尔只谈"我思"并以此作为出发点的做法,皮尔士提出"我们没有不用符号思维的能力"②,人就等于他所使用的符号。因为

---

① 《皮尔士文集》第 5 卷,第 233 节。
② 同上书,第 265 节。

从根本上说，"思维总是以一种对话的形式进行的——自我的不同阶段之间的对话"①。皮尔士强调，思想所作的判断，其实是一种断言，是对后来阶段的自我作出的断言，它与共同体的对话和交流密切相关，没有共同体就没有自我，没有思想。思维着的个体，其实是共同体符号的使用者。因为要对话，就必须使用符号，而因为要在不同的自我之间对话（自言自语其实也是在两个自我之间的对话），就必须使用一种公共符号。事实上，符号只能是公共的，这一点从上面分析符号的三合一的性质时已经看得很清楚。皮尔士把人等同于他的思想，把思想等同于一系列符号即语言，进而把人等同于他的语言：

> 人所使用的语词或符号就是人本身。因为每个思想都是一个符号这一事实，连同生活是一系列思想这一事实，一道证明：人是一个符号，因此，每个思想都是一个外在的符号证明，人是一个外在的符号，也就是说，人和外在符号是等同的……所以，我的语言就是我的全部，因为人就是思想。②

他完全否定了近代的心理主义的我，从新的语言的角度理解人。这和维特根斯坦之后的现代西方分析哲学的运思方向基本一致。对此，美国学者霍克威（C. Hookway）指出："在皮尔士的著作中，我们……发现了弗雷格、罗素或维特根斯坦著作中的那些主题的并行发展。"③

上述三点表明，皮尔士与笛卡尔乃至整个近代心理主义哲学有着尖锐的分歧。这种分歧的最主要之点在于两个相关的主张：（1）否定任何内在认识，否定内在精神实体；一切认识都是外在发生的，所谓内在知识不过是我们根据外在的知识对于内在世界活动的一种类比的假说；没有一个独立的意识实体，它无非是一种思维的功能，其所用材料均由外部世界而来，没有一个独立于外部世界的内在领域。（2）与此相关，思维不

①《皮尔士文集》第 4 卷，第 6 节。
②《皮尔士哲学文选》，巴赫勒编，第 249 页，多佛出版公司，1955。
③ 霍克威：《皮尔士》，第 120 页，波士顿，劳特利奇与基根·保罗公司，1985。

能不用符号,而符号便意味着解释,这个解释不可能来自思维本身,而只能来自思维所属的共同体。人使用着符号,同时自己也是符号,当人解释一个符号时,实际上是符号解释着符号。不是符号存在于人之中,而是人存在于符号之中。皮尔士大概是西方哲学史上最早用语言化解心理主体的哲学家了,他的这些观点意义重大,把语言、共同体、主体间性推到了哲学的中心,由此摧毁了近代哲学的支柱:不可怀疑的内在自我意识、非语言表象以及不可言说的自在之物。伽利这样评价皮尔士对近代心理主义哲学的批判:"在整个哲学史上,很难找到哪一套批判比皮尔士在 1868 年所发表的第二篇文章中所作的批判更加有力完整。"①应该说,对于这一评价,皮尔士是当之无愧的。

二　以探究取代认识

西方近代哲学传统是一种以认识论为中心的哲学传统,追求真理即思想与大写"实在"的对应是哲学的最终目的。在这一传统看来,只有在这种对应的基础上,思想才能获得它的客观性、可靠性。探讨内在主观世界(思想)与外在客观世界(实在)的关系是近代哲学的首要任务。在德国古典哲学、苏格兰常识哲学以及进化论思想的影响下,皮尔士否定了这一认识论传统,对于思想的功能及任务有了一种全新的解释,这就是以探究取代认识,以生存取代对应,以触觉隐喻取代视觉隐喻,以摸索取代反映。这是实用主义的方向,它是主动的,有语境的,在世界中的。

从实用主义的视角看,就生存而言,最重要的不是追求真理,而是确立信念。面对一个不安定的充满变化的世界,人需要一种信念,它不仅为人们带来心理安宁,也为人们提供了一套对付环境的模式、习惯。所以,确立信念是人的生存需要,而探究正是要解决如何确立信念的问题。

---

① 伽利:《皮尔士和实用主义》,第 78 页,纽约,多佛出版公司,1966。这里所说的"第二篇文章"指的是皮尔士的《四种无能的某些后果》一文。在这篇文章中,皮尔士集中批判了"笛卡尔主义精神"——引者注。

皮尔士一生注重探究理论的研究,用他的话说:"从我能思考的那一刻起直到现在,大约 40 年了,我一直勤勉地不间断地从事着探究方法的研究。"①从认识的视角谈哲学,口吻是旁观者式的,目光是上帝的;而从探究的角度谈哲学,视角是生活的,目光是普通人的。只是从皮尔士否定了笛卡尔的认识论中心主义,以探究取代认识开始,实用主义的路线才真正得以形成。

在皮尔士看来,人们所说的认识其实是一种和人的目的、实践行为相关的智力活动,是为生存服务的工具。认识绝不是一种没有立足点的对于绝对确定性的寻求。它不是一种静态的对于世界的反映,而是身临其境的探究。探究所要完成的是从怀疑走向信念。哲学的功能就是帮助人们消除怀疑,确立信念。只有确立了信念,人们才有了与环境打交道的立足点。于是,探讨信念的性质、起源,阐明确立信念的正确途径,便成了探究理论所关注的要点,"信念的产生是思想的唯一功能"②。

关于这一点,谢夫乐有过一个很通俗的解说,它也被蒙斯(H. O. Mounce)赞许采纳:想象一只猫,一开始被关在一个封闭的小房间里。房间有一个门闩,当被撞击时,会打开那扇门。有一段时间没有喂食了,猫感到饿了,它看到放在门外的奶酪,想得到它,但做不到。饥饿产生一种不安、刺激,它激起了猫的摸索,这种摸索行动是无序的、随机的。这一行动继续着,直到某个动作凑巧打开了门闩。在随后的尝试中,活动会缩短,动作不再那么随机。最后,那猫学会了以一种直接的更加省力的方式操作那门闩。人的认识当然要比这复杂得多,自觉得多,但其中的道理是一样的。认识,其实就是一种探究过程。它不是被动的,而是主动的;它是由人们的兴趣、愿望以及要求所决定的。③ 当那只猫完成了整个行为过程之后,它就由问题带来的不安进入了信念以及由

---

① 《皮尔士文集》第 1 卷,第 3 节。
② 同上书,第 5 卷,第 394 节。
③ 参见谢夫乐《四位实用主义者》,第 43 页,纽约,劳特利奇与基根·保罗公司,1974;蒙斯《两种实用主义》,第 14—15 页,纽约,劳特利奇出版社,1997。

此产生的行为习惯。

皮尔士所用的"怀疑"和"信念"这对概念,有着非常宽泛的含义,它们指的就是"问题的开始——不论问题是大是小——和问题的解决"①。举生活中的小事为例:当我在马车上掏出皮夹发现其中有1个5分硬币和5个1分硬币时,我需要决定以什么方式付车费。皮尔士说,如果把这种问题称做"怀疑",而把我的决定叫做"信念",确实不大相称。然而仔细考察此事,人们得承认,如果在我是应该付1个5分硬币还是5个1分硬币的问题上哪怕有一点犹豫(除非按过去的习惯,否则总会有所犹豫),尽管用"焦躁"这个词是重了些,但我确实被激起了一种很小的精神活动以决定我该怎样行动。"在大部分情况下,怀疑就是产生于我们行动中的某些犹豫不决"②。那么,什么是信念? 皮尔士认为,信念包含了三个特征:"首先,它是某种我们意识到的东西;其次,它平息了怀疑的焦躁;最后,它涉及我们本性中的一种行为规则——或简单地说一种习惯——的建立。"③信念就是我们对某一判断的认定,以及由此认定而带来的心理上的平衡、满足和建立一种较为长期稳定的行为习惯。所以它具有心理和行为两方面的特性。

应该说皮尔士的这一理论极为新颖,它将心理和行为的因素与传统的认知因素融为一体,突出了人的实践生活层面,这对后来哲学的影响是十分巨大的。然而,皮尔士的这一理论也是粗糙的,一些地方经不住仔细推敲。就他所说的探究而言,在探究究竟起于何处这个关键问题上,皮尔士的说法含糊不清。一般来说,皮尔士倾向于将探究的起点和"真实而有生命力的怀疑"连在一起④,然而,几乎在同一时期,皮尔士又说:"假托的犹疑,不管是为了单纯的好玩,还是为了高尚的目的,在科学探究的产生中起着重大作用。"⑤"为了探究的快乐,人们可以搜寻出怀

---

① ② ⑤《皮尔士文集》第5卷,第394节。

③ 同上书,第397节。

④ 参见同上书,第396节。

疑。"①这样,不论是真实的怀疑还是假托的怀疑,都可以作为探究的出发点。也就是说,探究并不总是一定起源于实际的困难或问题,人们不仅由解决问题也由提出问题而开始他们的探究活动。皮尔士的说法不无道理,我们探究活动的起因其实是多种多样的。然而,这样一来,皮尔士的理论便出现了裂痕,也就是说,探究并不总是从怀疑开始,或者说,探究并不总是从"真实的有生命力的怀疑"开始,"假托的怀疑"也可能成为探究的起因。很明显,这不仅与皮尔士的探究起于真实的怀疑这一观点相悖,也极大削弱了他对笛卡尔的批判。除此之外,信念是否一定是被意识到的,是否所有的习惯都和信念相关,等等,这些问题都没有得到清楚的说明。然而,就像我们已经指出的那样,这些瑕疵并不影响皮尔士以探究取代认识的意义,因为作为实用主义第一人,皮尔士的理论有这样或那样的毛病并不奇怪,重要的是它为后来者提供了一个崭新的视野。

确立信念对于我们来说是如此的重要,那么我们要关心的下一个问题自然是应该如何确立信念。怎样确立信念,或者说确立信念的方法是什么,这是皮尔士一直孜孜探求的问题。经过考察,皮尔士提出了四种确立信念的方法,并一一分析了它们的利弊。

第一种是"固执的方法"。它是我们常见的个人确立信念的方法。这种方法的特点在于顽固地拒绝任何批判、任何理性的审查、任何来自其他信念的诘难,对于一切于己不利的证据视而不见,对任何可能损害自己信念的做法采取一种厌恶反感的态度。这种方法其实只具有心理学上的理由。皮尔士认为,它经不住理性和交往的冲击。

第二种是"权威的方法"。它是一个共同体内通过外力强迫个人接受某种信念的方法。这种强迫,或者是不断的宣传灌输,或者是暴力屠杀,以迫使共同体成员接受某种信念。它在将确立信念的方式由个人转向共同体这一点上是个进步,但它同样是非理性的,经不住批判性反思

---

① 《皮尔士文集》第5卷,第373节注②。

的。就学理角度而言,固执方法转向权威方法并无必然性可言,然而,皮尔士仍然将权威方法置于一个更高的地位。这里表明了皮尔士的思维倾向,一种对个人主义的贬斥。

第三种是"先验的方法"。这种方法既拒绝对一种信念的非理性的执著,也拒绝把一种信念强加于人。它的基础是人们对理性的先天理解,它不依赖于经验观察,而和人们的自明的直观相关。比起前两种方法,它的优越性不言自明。它开始把信念和理性联系在一起。信念不再是一种盲目的、外在的东西,它开始和人的天性合而为一。自由的讨论基于自己天性的选择,方法只是到了这里才开始进入科学探究之路。所以皮尔士说:"这种方法较之我们已经提到的其他两种方法中的任何一个都远为理智并值得尊重。……只要没有更好的方法可用,它就应该被遵循。"①但这种方法仍然具有偶然性,它把科学探究看做某种和趣味的发展相类似的东西,而趣味总是风行一时的。实际上,它又回到了以个人作为确立信念之根据的老路上去了。所以,最终不能为皮尔士所接受。

谈到先验方法与前两种方法的不同,人们注意到,它试图对信念的内容和体系作出一种一致性的要求,而前两种方法则只关心自我和社会的稳定。尽管皮尔士自己并未明确地提起这一点,但既然先验的方法是唯理论形而上学家们的特殊方法,那么它实际上就包含了自我一致、自我融贯的要求,而这种要求对于固执的方法和权威的方法来说是无关紧要的。这一要求极为重要,它是真正符合社会发展要求的第一步。②这种方法的致命缺陷在于它只为我们提供了一个孤立而封闭的体系,阻断了一切来自思维之外的批评,从而实际上把人和世界隔为两块领地。

皮尔士所欣赏的方法,既不是仅仅依赖于人的天性的,也不是外在强加的,更不是固执任意的,它应该是理性与事实的统一,认识与效果的

①《皮尔士文集》第 5 卷,第 383 节。
② 参见米萨克(C. J. Misak)《真理和探究的终结:一种皮尔士式的真理观》,第 63 页,牛津,克拉伦登出版社,1991。

结合。只有这样，信念的确立才是客观的、可靠的。这个方法就是他所说的第四种方法，即"科学的方法"，或者"实验的方法""实用主义的方法"。皮尔士并没有对这一方法本身作过多的描述，他只是对这一方法的后果进行了阐释。皮尔士认为，为了真正平息我们的怀疑，必须找到一种方法，使我们信念的确立具有一种真正的客观性。借助这种方法，我们的信念与某种独立于我们的实在联系在一起，由某种外在的客观实在所决定。这种外在的客观实在不是某种只与某些人有关的神秘的东西，而必须是某种影响或可以影响每个人的东西。尽管这种影响会由于个体条件的差异而各不相同，然而，"科学的方法"会保证所有人的结论最终都是同样的。这是一种以客观实在为前提，以客观效果为标准的确立信念的方法，它的显著特点在于：首先，它不对问题作预先固定的回答。虽然在一开始，它承认不可能怀疑一切，但它始终坚持非人为的怀疑精神。活跃的怀疑是它的生命，怀疑平息之日便是它的止步之时。其次，与前几种方法不同，这种方法包含着一种自我修正的美德。它承认错误的可能，并坚定地认为，只有真正采用这种方法，才能纠正错误。最后，它所要达到的见解应当是摆脱了任何任意武断、暴虐专横，以及自己趣味的影响。在皮尔士看来，如果两个人都采用这种方法，当他们分别独立地研究同一问题时，只要这个研究过程推进得足够远，就一定会达到某种相同的一致见解。这种方法的有效性的保证不是来自人，而是来自外在的实在。

几乎所有的皮尔士哲学的评论者都提醒我们注意皮尔士的实验科学家背景，皮尔士自己也非常明确地承认过这一点。科学的方法其实就是科学家们在实验室所采用的方法，这种方法以它的客观性、可操作性赢得了众多哲学家的青睐，不仅实用主义，实证主义也同样给予它高度的评价。然而，时至今日，当我们回过头来再看皮尔士的论述时，它的缺陷就显得十分明白了。

首先，什么是"科学的方法"，这个问题其实并不清楚。科学是否有自己的一套方法，使它和别的学科区别开来？是否科学的方法是那样的客观,以致没有价值的污染,以致任何人只要采用了它就必定会到达某个共同的终点? 这是件很可疑的事情。其实,"科学的方法实际上如科学的内容一样,在不断地发生变化"①。科学的方法永远是开放的,是渗透着价值的,并没有一条明确的界线将科学的方法和非科学的方法割开。关于这一点,新实用主义者普特南、罗蒂等都有过详细的讨论。

其次,就算有一种皮尔士所说的科学方法,它也不是确立信念的最佳方法。关于这一点,谢夫乐曾经作过分析。他指出,皮尔士本来是要比较这四种方法在确立信念方面的效果,并以此作为评价的根据,因为皮尔士说过,"意见的平息是探究的目标"②。然而在捍卫科学方法时,他甚至根本没有提到这一方法在平息意见、确立信念方面的效果如何。事实上,科学的方法并不是确立信念的最佳方法,它并不像固执的方法那样,提供"心灵的平静",相反,科学总是声称自己是暂时的,服从于经验检验的,这就把自己放在了一个不确定的位置上,与其说它确定了信念,解决了见解的纷争,不如说它"动摇了信念,扰乱了见解"③。"科学见解的变化程度……似乎比与其他方法相关的见解的变化程度更大些"④,那么,能不能说,科学方法会导致进步,最终解决纷争,使意见会聚,从而确立人们的信念? 谢夫乐认为,不能这么说,因为库恩的理论已经表明,科学的发展并不是线形的进步、范式之间的取代,并不意味着意见的会聚。

最后,作为科学方法之客观性保证的外在实在,也是一个很有问题的预设。这里明显有一个逻辑上的困难。因为,如果说客观实在是科学方法得以成立的保证,那么它本身就应该是先于科学方法而不能由科学方法证明的,否则就会陷入循环论证;而如果它不能由科学方法证明的话,我们对于它的信念又是从何而来的呢? 这个信念的可靠性又是如何保证的呢?

---

① 普特南:《理性、真理与历史》,童世骏、李光程译,第 201 页,上海译文出版社,1997。
②《皮尔士文集》第 5 卷,第 377 节。
③④ 谢夫乐:《四位实用主义者》,第 71 页,纽约,劳特利奇与基根·保罗公司,1974。

皮尔士在此面临着麻烦。因此,墨菲认为,皮尔士论述探究理论的《信念的确立》一文是"皮尔士所写的不可思议的最不能令人满意的一篇文章"①。但是,公正地说,如果我们忽略皮尔士对科学方法的推崇,更多地体味他用信念取代知识的良苦用心,我们就会看到,"信念的确立"是一篇里程碑式的文献,因为它为未来的实用主义发展描绘了一幅虽不够清晰却新颖、深刻的蓝图。

三　实用主义准则与意义的讨论

皮尔士提出实用主义准则,目的是为他的科学探究理论服务。在皮尔士看来,作为探究理论的第一步也是最重要的一步就是弄清思想概念的意义。实用主义准则之所以在皮尔士的著述中占有一席之地,就因为它是皮尔士用来澄清意义的唯一方法,并且也是我们确立信念的唯一方法。实用主义准则就是科学方法在意义领域中的应用。科学的探究,目的在于确立正确的信念,而要确立正确的信念,首先不能不理清人的思维,不能不澄清思维所用概念的意义。皮尔士对此十分重视:

> 怎样把我们的观念弄明白,这是极重要的一课,它只是受到未上这一课的人的轻蔑。知道了我们的思想,把握了我们所指的意思,就将为伟大的、重要的思想奠定牢固的基础。……对每一个人来说,几个清楚的观念无疑要比许多混乱的观念更有价值。②

意义理论受到 20 世纪西方哲学家们的高度重视,皮尔士可被看做是他们的先驱者。皮尔士的关注点是意义问题,实用主义准则是澄清意义的唯一有效途径,这和詹姆斯用它来谈论真理有着明显的不同,尽管这两种谈法之间不无关联,但毕竟旨趣相去甚远。1878 年,皮尔士发表《如何使我们的观念清楚》。这是他首次向外公开自己的实用主义准则,虽然他并没有使用"实用主义"这个词,但实用主义准则的基本内容已表

---

① 墨菲:《皮尔士哲学的发展》,第 164 页,哈佛大学出版社,1961。
②《皮尔士文集》第 5 卷,第 393 节。

白无误。在这篇文章中,皮尔士在谈到实用主义准则的内容时是这样说的:"设想一下,我们概念的对象会有什么样的效果,这些效果可以想象具有实际意义。那么,我们关于这些效果的概念也就是我们关于那个对象的概念的全部。"①观念的意义在于其可以想象的行为效果,仅此而已,别无其他。两个观念,如果有着同样的可以想象的效果,则它们实际上只是同一个观念,意义相同。如果一个观念没有可以想象的效果,则这个观念就没有意义。信念的确立也是同样的道理,不同的信念只是根据它们产生的不同的行为方式而被区分开来的。如果不同的信念通过产生相同的行为习惯而平息了同样的怀疑的话,那么它们的不同就只是意识中的不同,而并不是真正的不同信念,关于它们之间差异的争论是没有意义的。

怀特在谈到皮尔士的实用主义准则时,把它分解为三个要素:

> 首先是它的**假设主义**,这就是说,它坚持:我们应先将单称陈述翻译成假设的形式,然后才能发现其实用主义的意义。其次,是它的**动作主义**,或者说,强调在"假设"的子句中,要提到人的一项动作,提到实验者所做的某种事情。第三,是它的**实验主义**,或者说,强调在"那么"的子句中,要提到实验者在试验条件安排好之后,所经验到或观察到的某种事情。②

这三个要素是联结在一起的。当我们要弄清一个概念的意义时,我们首先要用"如果……那么……"的假设条件句,将这一概念的实际检验程序指出,然后将它拿到实际生活中进行操作,其操作的效果便表明了它的意义。很显然,这是一种科学实证主义的方式,对此,皮尔士是供认不讳的,他用了"恰当的实证主义"来称呼自己的学说。

什么是"硬"这个概念的意义?怎么样才算理解了"硬"这个概念?我们可以在心理的层面上有一个关于"硬"的观念(笛卡尔的方式),也可

---

① 《皮尔士文集》第 5 卷,第 402 节。
② 怀特:《分析的时代》,杜任之等译,第 139—140 页,商务印书馆,1981 年。

以通过逻辑定义的方式说出"硬"的内涵(莱布尼茨的方式),但在皮尔士看来,这都还不能说是真正理解了"硬"这个概念,因为前者过于主观,后者会导致逻辑上的无穷倒退。"硬"这个概念的意义不在别处,就在它的可以感觉的操作后果中:如果一个东西是硬的,它就不会被其他东西所划破。这种可感效果就是"硬"这个概念的全部意义。如果没有可感效果,说一个东西是不是硬的,就毫无意义。"在一个硬的东西和一个软的东西还没有被检验的情况下,在它们之间是绝对没有区别的。"①皮尔士自己也意识到这种说法会导致疑问:能不能说,一个钻石在没有检验的情况下和一垛棉花没有软硬的区别? 对此,皮尔士的回答是:这里混淆了两个不同的问题,意义和语言排列是两码事。在没有实际效果显现之前,说一个东西是硬是软,只是涉及了硬软名称上的不同而已,并没有真正揭示它们意义的不同。同样借助实用主义准则,皮尔士还分析了基督教"圣餐"概念的无意义:"我们除了用酒来指谓直接或间接地作用于我们感官的一定效果以外,就不能用它来指谓任何别的东西;说某物既具有酒的一切可感觉特性,而实际它又是血,这是无意义的呓语。"②

这种实证主义色彩很重的实用主义准则,必然面临很多挑战:首先,按照这一准则,我们关于过去的判断都是没有意义的,因为它们很难说能给我们带来什么可感的效果。对于这一困难,皮尔士本人是意识到了的:"人们也许要问我,对于历史上一切已被遗忘,而且永远不能唤回来的详细情节,对于已经失传了的古籍和湮没了的内情,我有什么可说的呢?"他的回答是:"如果认为,对于任何提出的具有任何清楚意义的问题,即使研究推进得足够地远,也不会获得问题的解决,那么这在哲学上是讲不通的。"③也就是说,他把希望寄托在未来,只要我们人类继续存在,只要我们运用正确的方法,我们就会在经验层面上与那些过去的奥秘相照面,设想那些无法经验的过去的奥秘就是设想不可设想的存在。

---

① 《皮尔士文集》第 5 卷,第 403 节。
② 洪谦主编:《现代西方哲学论著选辑》上册,第 186 页,商务印书馆,1993。
③ 同上书,第 196 页。

然而,皮尔士的这番话似乎并没有触及要点。与此相类似的一个更加尖锐的问题接踵而至:如果钻石的"硬"就在于它当下对我们所产生的可感效果,而在此之前,我们甚至不能说它是硬的,那么,我们又有什么理由说此刻钻石是硬的,即便我们刚才检验过它?因为此刻我们并没有关于它的可感效果,那被检验的可感效果已经属于过去时。皮尔士面临着休谟怀疑主义的难题。

其次,当皮尔士用可感效果作为意义的解释时,他没有意识到"可感效果"是个很不确定的概念。对于不同的人,可感效果可能是不一样的;即便是对同一个人,在不同的情境下,可感效果也可能是有差别的。这一点,近代哲学家们如笛卡尔、巴克莱已经谈了很多。20 世纪的哲学家们如库恩等人更是使我们明白,不同范式下的人,对于同一个对象可能具有不同的可感效果。"酒"的可感效果对于物理学家和普通百姓乃至文学家是很不一样的,而就在普通百姓中,它对于嗜酒者和很少喝酒者,也有着不一样的可感效果。所以,到底谁的可感效果可以作为"酒"的意义的说明?到底需要多少可感效果才能揭示"酒"的意义?皮尔士显然是要以实验科学家的可感效果作为"酒"的意义的权威说明。但问题是,且不说实验科学家的可感效果是否一致,就算他们是一致的,又有什么理由以他们的可感效果作为"可感效果"的原本?再说"硬"吧,不同东西的硬可以有不同的感觉效果,为什么一定要把钻石的硬所产生的感觉效果作为"硬"的意义说明?[1]

最后,皮尔士的实用主义准则很难运用于理论词汇。就算他可以用可感效果说明什么是"硬""力""重""酒"等,但他怎么能用可感效果来说明"夸克""本我"等理论词汇呢?这些词汇往往是人们为说明世界所发明的,是主动的、领先于观察实验的,人们可能根本无法找到通过观察对它们加以描述的手段,但它们毫无疑问是有意义的。然而,按照皮尔士

---

[1] 关于这一点,参见墨菲《实用主义:从皮尔士到戴维森》,第 27—28 页,牛津,西方视点出版社,1990。

的实用主义准则，我们很难说它们是有意义的，因为我们找不到，或至少现在找不到关于它们的可感效果的说明。

四　实在论与实用主义准则的修改

皮尔士论述实用主义准则的文章《如何使我们的观念清楚》本身并不清楚。正如弗劳尔和墨菲在他们那部著名的《美国哲学史》中所指出的那样，此时的皮尔士还没有将现象主义和实在论区别开来。①皮尔士把关于对象的概念等同于直接的经验效果和他早期所接受的实在论信念是明显冲突的。他不能完全否定"实在"这一信念。但显然，传统哲学的"实在"如果严格地放在实用主义准则下拷问，将有被放弃的危险。而如果这一"实在"概念崩溃了，则确立信念的科学方法也将随之失去前提。所以，皮尔士在这篇文章的后半部分又设法挽救这一概念，使之免受否定的危机。他的办法是，用探究共同体的"意见会聚"为真理提供保证，然后再用真理来支撑实在。他说："这种注定最终要为所有研究者一致同意的意见，就是我们所说的真理，而在这种意见中所表现的对象就是实在。"②实在是独立于你、我以及任何一群人的关于它的思考的，是客观的，然而它又不独立于人类关于它的思考。皮尔士的这一思想中既有近代经验现象主义的因素，又有黑格尔式的浪漫主义因素，是一种既回到经验又超出经验，既保留实在的强制性又突出人的决定性因素的双面硬币。

但这个概念的问题很大。且不说为什么意见的会聚就是对实在的揭示，单是"意见会聚"如何可能的问题就很难得到满意的回答。首先，它设定了无穷未来，似乎探究可以无止境地进行下去。但这只能是一种设定，没有人能对此予以保证。就像凯恩斯说过的，从长远的观点看，人总是要死的。用一种无穷未来作意见会聚的保证，犹如用一张空头支票

---

① 参见弗劳尔和墨菲《美国哲学史》第 2 卷，第 383 页，纽约，卡普莱孔出版社，1977。这里所说的"现象主义"和"唯名论"是一致的，因为极端的唯名论就是现象主义。

② 洪谦主编：《现代西方哲学论著选辑》上册，第 195 页，商务印书馆，1993。据说，皮尔士的这一观点来自他的父亲。参见蒙斯《两种实用主义》，第 11 页，纽约，劳特利奇出版社，1997。

来诱劝人们相信死后的天堂。其次，就算探究可以无止境地进行下去，意见的会聚仍然不是必然的。原因在于，人们并不是洛克式的白板，他们有着自己的范式、语言框架、文化传统等，他们的世界观是不一样的。他们并没有统一的方法、统一的探究模式。如果说，由于探究目的的相近以及评价系统的相近，在某一科学共同体内部要达成一致意见是有可能的话，那么要在不同的共同体之间，特别是在不同的学科之间达成意见一致是十分困难的。皮尔士的前提是人们使用同样的科学方法，但问题在于，就像前面所说的，并没有这样一种方法可以为所有共同体所共享。所以，实际上存在着两种不同的情况：一种是语言框架确定之后的在这个语言框架内部的讨论。此时由于所用的概念分类系统的一致，会聚是可能的并且是可以检验的。另一种是语言框架之外的会聚，这里涉及不同概念框架选择的问题，涉及本体层面上对世界的划分问题，没有一种元标准在此决定人们的选择，实践的考虑扮演了重要的角色。这里的会聚没有保证。同样的概念可能指称不同的对象，同样的对象也可能用不同的概念来描述。

皮尔士当然有他自己的考虑。作为一个逻辑学家，他看重的不是这一预设是否能在经验层面上被证明是真的，而在于这一预设是他的探究逻辑所不可或缺的推论前提。没有这一预设，所有的探究将无从谈起。这就像前期维特根斯坦对"简单对象"的预设一样，它不是经验能证明的，但没有它，整个确定性将受到威胁。对此，霍克威指出：

> 是否这个假设是真的不同于是否它是一个逻辑的预设。在"信念的确立"中。皮尔士关注的是后一个问题。他在 5.369（指《皮尔士文集》第 5 卷第 369 节——引者注）中说道，由于这些主张是逻辑的预设，所以几乎没有兴趣研究它们的真假！因此，我们可以把"信念的确立"看做是对这样一种目标的研究，这一目标指引着我们的探究并被用来评价探究中所运用的方法和指导原则。①

---

① 霍克威：《皮尔士》，第 44 页，波士顿，劳特利奇与基根·保罗公司，1985。

　　但无论如何，整个说来，这种关于实在的论证是缺乏说服力的。皮尔士后来也承认，自己此时对实用主义的整个论证不那么成功，"仅仅是一种修辞学的捍卫"①。从大约 1885 年开始，他的立场发生了转变②，放弃了 1878 年前后所持的唯名论而重新发展了他早年的实在论学说。早年皮尔士受康德、黑格尔哲学的影响，承认共相的实在性。19 世纪 50 年代，皮尔士开始创建自己的第一个体系，将康德的先验要素和柏拉图的绝对理念结合在一起。③ 19 世纪 70 年代初，在与形而上学俱乐部的同伴赖特以及格林等人的讨论过程中，他接受了英格兰常识主义的哲学，对德国古典哲学的空泛加以嘲讽，此时，唯名论取代了实在论，成为他的主要哲学风格。然而，由于上述种种困难，原先看似合乎常识的哲学主张反而显得和人们的日常直觉相冲突，这不能不使皮尔士感到困惑；再加上皮尔士 80 年代中期以后对逻辑学的重视，他开始重新返回实在论。1902 年，在给詹姆斯的一封信中，皮尔士承认他 70 年代对实用主义的理解是"粗俗的"。美国已故哲学家玻特（V. G. Potter）对皮尔士的思路有一个很好的诠释：

　　　　按照这一观点，真实的不可能是基本建筑材料（指感觉经验——引者注）——无论它们怎样细致地复杂地结合在一起——的并列。它一定是一套高度复杂的关系，这些关系构造了这些材料。照此，真实的必定是某种思想的性质。不仅如此，构成真实的关系不可能只是那些实际存在的关系，而必定也包括那些可能存在的以及那些在某些特殊条件下将要存在的关系。简单地说，真实包含了

---

① 罗宾（R. Robin）：《皮尔士论文注释目录》，第 279 页，阿默斯特，麻省大学出版社，1967。
② 关于皮尔士转变的具体时间，人们的看法不一致。德国著名哲学家阿佩尔认为，皮尔士的转变是从 1883 年开始的。参见阿佩尔《皮尔士：从实用主义到实效主义》，第 1 部分，第 2 章，新泽西，人文出版社，1967。这里所采用的是墨菲的说法，其根据是皮尔士此时在他的以前的学生密歇尔以及康托尔的启发下，对逻辑和数学作了进一步的研究，肯定了可能性的真实性。参见弗劳尔和墨菲《美国哲学史》第 2 卷，第 594 页，纽约，卡普莱孔出版社，1997。
③ 参见弗劳尔和墨菲《美国哲学史》第 2 卷，第 569 页。阿佩尔对此有详细的论述，参见阿佩尔《皮尔士：从实用主义到实效主义》，第 1 部分，第 2 章。

某种秩序和法则,这是其发展的规范,它来自思想。①

作为唯名论者的皮尔士强调的是感觉、经验、现实,而作为实在论者的皮尔士注重的是关系、法则、可能。正是基于这种实在论的思想,皮尔士于 1905 年对原先的实用主义准则作了重新表述:

> 任何符号,其整个理智的含义存在于合理行为的所有普遍模型的总体中。②

> 一个概念,就是说,一个词或其他表达式的理智的含义,只存在于它对于生活行为的可以想象的效果上。因此很明显,只有来自实验的东西才会对行为有直接的效果。如果人们能够精确地确定一个概念的证实或否定所导致的所有可以想象的实验现象的话,那么他便因此对那个概念有了一个完全的定义。绝对没有任何多于这一点的东西。③

和 1878 年的表述相比,这个表述有两处重要的修改:(1)强调了"理智的含义"。这绝不是偶然的添加,因为皮尔士在 1906 年的《实用主义回顾:一个最新的描述》一文中曾明确地说道:"我把实用主义理解为一种确定意义的方法,不是所有观念的意义,而只是我所说的'理智的概念'的意义。"④他的思路和后来的卡尔纳普很近似。在卡尔纳普看来,经验证实原则只是"认知意义"的检验标准,伦理学、美学、形而上学等命题因不符合这一标准而没有认知意义,但并不妨碍它们有其他的意义。皮尔士也持这种看法,只是在更加积极的意义上,因为他从来不像后来的逻辑实证主义者那样对伦理学、形而上学只有贬斥。(2)强调了"行为"以及"行为"的普遍模型。行为(conduct)不同于感觉、行动(action),它

---

① 玻特:《皮尔士的哲学观》,第 98 页,福德姆大学出版社,1996。
②《皮尔士文集》第 5 卷,第 438 节。
③ 同上书,第 412 节。
④ 同上书,第 467 节。

是具有连续性的习惯,是和理性目的相关联的。①只要在某种条件下,某种情况就一定会发生。所以,皮尔士指出:"一个理智谓词的整个意义就在于:某种事件,在经验过程中,在某种存在条件下,会经常地发生。"②对以上两点,皮尔士后来在一个关于实用主义准则的注释中说得十分明白。他告诉我们,他有两个意图:

> 一是表明,我仅仅是在理智含义这点上谈论意义,二是避免用知觉、影像、图式等一切非概念的东西解释概念的危险企图。所以,我不是想要说,行动——它们在更严格的意义上只是单个的——可以构成任何符号的含义或者是对任何符号的恰当解释。③

皮尔士在这里要表达的意思是清楚的。如果要用一句简单的话来阐述他现在的实用主义准则,那就是:一个概念的理智的意义就在于这个概念所导致的行为方式或行为习惯。这一修改和他的实在论立场是一致的,它所强调的不是个别经验,而是一般法则。"一般原则在自然中是真实起作用的"④。世界是连续的,我们不必对每个对象施加操作,就可以知道它会怎样反应。1905 年,当皮尔士重新思考"钻石"的例子时,他对自己原先的观点表示了后悔。现在他站在实在论的立场上,认为我们可以谈论钻石的硬,即便没有对它施加力量。⑤

皮尔士的转变引起了学术界的争议。争议的焦点主要围绕着两个问题:(1)这一转变的程度到底有多大? (2)如何评价这一转变? 不同的哲学家对此有不同的看法,我们在此特别关注德国哲学家阿佩尔和英国哲学家艾耶尔的论述,这不仅因为这两位哲学家都对皮尔士有深入的研究,更重要的是他们分别代表了德国先验哲学传统和英美逻辑实证主

---

① 关于行为与行动的不同,伯恩斯坦有过很好的分析。参见伯恩斯坦《关于皮尔士的批判论文》,载于伯恩斯坦《纵论皮尔士》,第 77—78 页,纽波特,格林伍德出版社,1980。
② 《皮尔士文集》第 5 卷,第 468 节。
③ 同上书,第 402 节,注③。
④ 同上书,第 94 节。
⑤ 参见同上书,第 457 节。

义传统对皮尔士哲学的理解的分歧。

关于上述问题，阿佩尔的看法是：皮尔士的转变很大，他实际上是从早期实在论转变为唯名论，又重新回到了实在论的立场。阿佩尔特别看重的是皮尔士的实在论思想以及与此相关的符号学思想，因此他对皮尔士一度转向唯名论深感失望，同时也不满于学术界仅仅关注皮尔士的唯名论的实用主义准则。在阿佩尔的眼里，皮尔士更有价值的无疑是他关于符号的先验语用学思想。[1]阿佩尔对皮尔士的论述充满德国哲学的气味，理性主义痕迹很重，它很少提到观察、经验、感觉、行动的字样，偶然的实践是没有地位的，焦点更多集中于普遍、概念、思想、必然等。艾耶尔和阿佩尔在这一点上大异其趣，他更多的是一位经验主义者，所以他对上述问题的回答和阿佩尔很不相同。在艾耶尔看来，皮尔士并没有阿佩尔所说的那样巨大的转变，转变是有的，但不是根本性的，皮尔士自己有时都没有意识到他所做的。艾耶尔的根据是，直到1905年，皮尔士在他的《什么是实用主义》一文中，仍把"意义"和"未来可预见的实验现象"连在一起。[2]艾耶尔认为，皮尔士的唯名论和实在论并不是不可调和的。其实，皮尔士自己在1877、1878年的论述中已经作了调和：唯名论的实在观体现在他关于科学方法的思考中，而科学方法的使用又导致了最后的普遍同意，导致了他的实在论所依赖的视角。[3]艾耶尔提醒我们："必须记住，比起皮尔士在后来大部分著述中所采纳的意义理论，它们（指1877、1878年的两篇文章——引者注）表述了一种'更加顽固的'、更加严格的实用主义的意义理论。"[4]皮尔士所有后来的意义理论都是在这个基础上完成的。很明显，皮尔士这里所表现出的唯名论倾向更合艾耶尔的胃口。

_____

① 参见阿佩尔《皮尔士：从实用主义到实效主义》，新泽西，人文出版社，1967。
② 见艾耶尔《实用主义的起源》，第51页，旧金山，弗里曼和库珀出版公司，1968。
③ 参见同上书，第55页。
④ 参见同上书，第39页。

第三节 詹姆斯的实用主义体系

威廉·詹姆斯(William James)是实用主义的真正创始人,第一位使"实用主义"获得世界声誉的美国哲学家。在皮尔士那里,实用主义还只是他整个哲学论述中的一个部分;而在詹姆斯这里,实用主义已经成为哲学的代名词,成为他整个哲学思考的基点。对于皮尔士来说,实用主义主要是一种意义理论,是他符号学理论的基础;而对于詹姆斯来说,实用主义不仅是一种意义理论,同时更是一种真理学说和形而上学主张。如果说是皮尔士最早提出了"实用主义准则"思想的话,那么至少可以说,是詹姆斯第一个将实用主义体系化了。①

詹姆斯出生于1842年,和皮尔士相似,他也出身于名门望族。其父是一位富有的基督教徒,思想独立、开明。和皮尔士家族一样,老詹姆斯也和当时美国思想学术界的重要人物过往甚密。爱默生、梭罗、朗费罗、洛威尔、本杰明·皮尔士(皮尔士的父亲)以及后来成为詹姆斯老师的威曼(J. Wyman)、阿加西(L. Agassiz)等都是詹姆斯家的常客。老詹姆斯不仅自己崇尚新思潮,同时也鼓励孩子们自己阅读,自己追求真理,以自己的头脑寻找答案。在这样的家庭氛围中不仅诞生出詹姆斯这样杰出的人文主义哲学家,也培养了亨利·詹姆斯这样伟大的小说家。如果说皮尔士家族的科学素养造就了皮尔士的科学情结以及他哥哥的数学成就的话,那么詹姆斯家族的人文精神就是詹姆斯和他弟弟在人文学领域中获得巨大成功的温床。②美国当代哲学家威斯特将实用主义的渊源追

---

① 詹姆斯在多大程度上受皮尔士的影响是有争议的。一些研究者认为,詹姆斯很早就独立地酝酿实用主义立场,他的谦虚性格使他将"实用主义"的发明权归功于皮尔士。

② 在詹姆斯父亲临终前(1882年12月14日),詹姆斯曾经以满怀感激的语气给他写信说道:"我所有的知识都来源于您,尽管我们在表达上似乎有所不同,但我确信我们之间具有某种和谐,我们的努力将结合在一起。您给予我的是我所无法估量的——这种影响很早就已开始并且是那样的深刻持久。"(佩里:《威廉·詹姆斯的思想和特征》,第34页,哈佛大学出版社,1948。)

溯到爱默生①，我们没有具体的根据说詹姆斯的实用主义和他早年与爱默生的交往有关，但这种交往对于日后詹姆斯实用主义的人文精神会有某种熏陶作用，是应该可以想见的。

詹姆斯幼年学习绘画，后自感天分不足而放弃。有段时间他曾向往工程师的职业，但不久又再次放弃。② 1861 年，詹姆斯入学哈佛大学，主修化学，两年后转医学院主修生理学，后又转向医学。③ 很长一段时间，詹姆斯饱受神经疾病的折磨，这一折磨伴随他终身。他曾两次在很长一段时间内无法用眼睛看东西。在最困难的时刻，他偶然阅读了法国哲学家雷诺威叶(C. Renouvier)的哲学著作。雷诺威叶关于信仰意志的学说对詹姆斯战胜疾病、建立积极的人生观起了重要的作用。1872 年 11 月 2 日，詹姆斯在信中对雷诺威叶说："感谢您使我第一次有了一种明白合理的自由概念。我几乎完全接受您的这一概念。由于您的其他一些哲学观点，我体验到了一种精神生命的再生。先生，我向您保证，这不是一件小事情。"④詹姆斯后来主张意志在创造事实方面的作用，主张理性和情感的渗透，与他早年的这段经历不无直接关联。

和皮尔士不同的是，詹姆斯一生在哈佛大学度过，一直有着稳定的职位。他在学术上的巨大成功使他生前就已闻名遐迩。他在多个领域中有着卓著的贡献。他的《心理学原理》(*The Principles of Pychology*，1890)是心理学领域的里程碑式的经典；他的《宗教经验种种》(*The Varieties of Religious Experience*，1902)开辟了宗教研究的新领域；他的《信仰的意志》(*The Will to Belive*，1897)在哲学界有着开创新视野的功效；他的《彻底的经验主义》(*Essays in Radical Empiricism*，1912)为众多哲学流派所推崇；而他的《实用主义》(*Pragmatism*，1907)、《真理的

---

① 参见威斯特《美国人对哲学的逃避》，威斯康星大学出版社，1989。

② 据詹姆斯专家麦尔(G. E. Myers)说，詹姆斯在 16 岁那年给朋友写信，说他对数学感兴趣并想成为工程师。参见麦尔《威廉·詹姆斯的生平和思想》，第 3 页，耶鲁大学出版社，1986。

③ 詹姆斯最早表露出对哲学的兴趣是在 1865 年的一封信中。参见佩里《威廉·詹姆斯的思想和特征》，第 74 页，哈佛大学出版社，1948。

④ 佩里：《威廉·詹姆斯的思想和特征》，第 152 页，哈佛大学出版社，1948。

意义》(*The Meaning of Truth*,1909)更是把实用主义推向了全世界。

　　詹姆斯有着双重的性格,他的神经方面的疾病使他忧郁而敏感,但和皮尔士不同的是,他在生活中和蔼可亲,慷慨大度。著名画家瑞蓓(W. S. Rieber)①的女儿回忆过一桩有趣的逸事,从中可以反映出詹姆斯和当时哈佛大学哲学系其他哲学家的性格。瑞蓓在詹姆斯退休前不久,为爱默生楼的哲学家们画群像。除詹姆斯外,还有帕尔默(G. H. Palmer)、罗伊斯(J. Royce)、缪斯特伯格(H. Munsterberg)、桑塔亚纳(G. Santayana)。画家在正式作画前为五位哲学家预先作了素描,但很难使他们满意。罗伊斯不愿被安排在显著的位置上,缪斯特伯格因坚持要坐在前面中间位子上而被画家删除,桑塔亚纳则拒绝参与。爱默生楼里悬挂的油画上最后只剩下了詹姆斯、帕尔默和罗伊斯三位。据画家回忆,和其他人比较起来,詹姆斯更容易画一些,因为他欣赏艺术家的工作,没有什么特别的要求。② 关于詹姆斯的性格,罗素曾经说过:"詹姆士(即詹姆斯)因为温厚热情,有一副给人好感的气质,几乎普遍为人所爱戴。"③大部分詹姆斯的传记都印证了罗素对于詹姆斯的此番赞扬。

一　实用主义准则及其与皮尔士的区别

　　实用主义准则为皮尔士首创,扬名于詹姆斯的阐释。然而众所周知,皮尔士和詹姆斯对"实用主义准则"的理解有严重的分歧。佩里甚至认为,实用主义在很大程度上是詹姆斯误读皮尔士的结果。④ 这话虽然有些夸张,但也确实不无道理。皮尔士自己就曾经说过:"尽管詹姆斯称自己是实用主义者,而且无疑他从我这里获取了关于这个话题的观点,然而在他的实用主义和我的实用主义之间存在着一种最根本的区别。"⑤

---

① 瑞蓓曾为杜威、爱因斯坦、托马斯曼作画。
② 瑞蓓:《太多哲学家》,载于《美国人的遗产》(*The American Heritages*)1980 年 10/11 月。转引自麦尔《威廉·詹姆斯的生平和思想》,第 40—41 页,耶鲁大学出版社,1986。
③ 罗素:《西方哲学史》下卷,马元德译,第 369 页,商务印书馆,1981。
④ 参见佩里《威廉·詹姆斯的思想和特征》第 2 卷,第 409 页,波士顿,小布朗出版社,1935。
⑤ 同上书,第 281 页。

詹姆斯从来没有认真对待他和皮尔士之间的分歧,他似乎没有感到自己与皮尔士有什么大的争议。除了不喜欢皮尔士对逻辑的过分强调,詹姆斯并没有认为皮尔士和自己有什么实质的区别。相比之下,皮尔士对于自己与詹姆斯的分歧要敏感得多。1897 年,詹姆斯将自己的第一部重要哲学著作《信仰的意志》题赠给皮尔士,皮尔士在欣喜之余,也对詹姆斯的实用主义解释感到不满。在给詹姆斯的回信中,皮尔士表明了自己的不同看法。这或许是我们今天所能看到的皮尔士对于这种分歧的最早提示。1900 年,随着实用主义的广泛传播,皮尔士给詹姆斯写信,质问究竟谁是"实用主义"的发明人以及詹姆斯到底是怎样理解实用主义的[①],从那以后,皮尔士才真正认真地把自己和詹姆斯的观点区别开来。1903 年皮尔士在哈佛作关于实用主义的系列演讲,正式澄清他与詹姆斯的分歧。

现在的问题是,詹姆斯和皮尔士的分歧到底是因为詹姆斯误读了皮尔士,还是由于皮尔士后来修改了自己的观点,以至于不仅与詹姆斯,而且也与自己的早期思想拉开了距离?詹姆斯对实用主义的阐述和皮尔士最初的阐述之间到底在多大程度上有所不同?

先让我们来看看他们两人对实用主义准则的最初表述。皮尔士1878 年的原话是:

> 设想一下,我们概念的对象会有什么样的效果,这些效果可以想象地具有实际意义。那么,我们关于这些效果的概念也就是我们关于那个对象的概念的全部。[②]

詹姆斯的阐述是:

---

① 《皮尔士文集》第 8 卷,第 253 节。詹姆斯慷慨地把实用主义的发明权归功于皮尔士,然而实际上,詹姆斯早在接受皮尔士的"实用主义"名称之前就已经确定了他的实用主义信念,这就是"对于所有绝对、固定、体系的怀疑,将所有问题置于重新审视之下,热衷于非同寻常和不一致,不仅诉求于理智,而且诉求于艺术和情感,对于道德义务的强烈意识"(康麦格:《美国的精神》,第 91 页,耶鲁大学出版社,1950)。
② 同上书,第 5 卷,第 402 节。

我们思考事物时,如要把它完全弄明白,只须考虑它含有什么样可能的实际效果,即我们从它那里会得到什么感觉,我们必须准备作什么样的反应。我们对于这些无论是眼前的还是遥远的效果所具有的概念,就这个概念的积极意义而论,就是我们对于这一事物所具有的全部概念。①

请注意,在詹姆斯那里,关键的词句是"完全弄明白""感觉",而在皮尔士那里,关键词则是"可以想象地具有实际意义""对象的概念"。玻特非常注重这一区别,在他看来,詹姆斯似乎认为,实用主义准则可以使思想完全清晰,而皮尔士则认为,它提供了我们对于对象的整个观念,无疑,运用它会使思想清晰,但仍不能使思想完全清晰,因为不存在完全的清晰性。所有的观念,由于是符号,所以都在某种程度上是模糊的。詹姆斯认为感觉是我们思想的解释者,而皮尔士认为只有另一些思想(符号)才是思想的解释者,所以他说"可以想到的实际意义"②。但玻特显然夸大了皮尔士和詹姆斯的区别,因为只要认真读一下皮尔士的《如何使我们的观念清楚》一文,特别是他对于"酒"的意义分析,我们很难说此时的皮尔士和詹姆斯有什么不同。皮尔士明确宣称:"我们除了用酒来指谓直接或间接地作用于我们感官的一定效果以外,就不能用它来指谓任何别的东西……我们关于任何事物的观念**乃是**我们关于它的可感觉的效果的观念。"③皮尔士自己后来也承认他在那篇文章中的表述是和詹姆斯的阐释基本一致的。

然而到了1905年,皮尔士重新表述了自己的实用主义准则:

一个概念,就是说,一个词或其他表达式的理智的含义,只存在于它对于生活行为的可以想象的效果上。因此很明显,只有来自实验的东西才会对行为有直接的效果。如果人们能够精确地确定一

---

① 詹姆斯:《实用主义》,陈羽论、孙瑞禾译,第27页,商务印书馆,1979。
② 玻特:《皮尔士的哲学观》,第95页,福德姆大学出版社,1996。
③ 洪谦主编:《现代西方哲学论著选辑》上册,第186—187页,商务印书馆,1993。

个概念的证实或否定所导致的所有可以想象的实验现象的话,那么他便因此对于那个概念有了一个完全的定义。绝对没有任何多于这一点的东西。①

这里去除了"感觉效果"的字样,反映出皮尔士的转变。不过从字面上看,詹姆斯的论述仍然并不与皮尔士修改后的表述相龃龉。如就在前面引言的同一处,詹姆斯也说道:

要弄清思想的意义,我们只需要确定它会产生什么样的行为。那行为对于我们来说就是它的唯一意义。②

皮尔士谈"行为",詹姆斯也谈"行为",但两者的含义大不相同,这一点往往被人们所忽略。仔细分析之下,我们可以看到,至少有两点詹姆斯和皮尔士是很不相同的:(1)皮尔士的"行为"是个普遍概念,不能和"行动"(action 或 act)相混淆。行为接近于"习惯",具有一种超出当下个别行动的稳定性。而行动则是单个的、偶然的。行为是类概念,而行动是具体概念。行为属于皮尔士的范畴"三",而行动则属于范畴"二"。皮尔士在 1878 年的文章中没有这层考虑,只是到了 1905 年才修正了自己原先的观点。而对于詹姆斯来说,行动和行为的区别并不存在,詹姆斯缺少皮尔士的逻辑,更多的是注重生活,因此"具体"成了他谈论意义的基础。他所说的行为和感觉行为没有根本的差异。和皮尔士相比,他的唯名论色彩更重。用佩里的话说:"皮尔士的实用主义(或实效主义)在两个方面与詹姆斯的实用主义不一样:首先,一个概念的意义是根据行为而不是感觉得以解释的;其次,它是根据普遍而不是特殊得以解释的。"③佩里忽视了詹姆斯也谈行为,但他指出詹姆斯用感觉来说明皮尔士的行为并以此作为意义的解释则是没有错的。(2)皮尔士的"行为"主要是科学行为。很明显,只有来自实验的东西才会对行为有直接的效

---

① 《皮尔士文集》第 5 卷,第 412 节。
② 詹姆斯:《实用主义及真理的意义》,第 29 页,哈佛大学出版社,1975。
③ 佩里:《威廉·詹姆斯的思想和特征》,第 281 页,哈佛大学出版社,1948。

果。只有一种行为,那就是为追求知识而准备的行为,这意味着我们所有日常的生活行为都和确定意义的行为不相干。詹姆斯的"行为"概念的含义要宽泛得多,它几乎包括所有生活实践行为,既包括科学实验的行为,也包括非科学实验的行为,它向生活的全部领域敞开,而不是预先将某些生活行为当做不相干的排除在外。① 关于这一点,美国著名哲学家雷谢尔(N. Rescher)也指出:"对于皮尔士来说,'成功''有效'发生于认知的首先是科学的背景之中,并与有效果的实验预言和可以观察的控制相关。相比之下,詹姆斯是在一个非常不同的意义上理解'有效'的。相信某事的效果是好的,与情感的、情绪的以及心理的问题有关。"②

所以,可以这么说,当皮尔士在 1878 年提出实用主义准则时,立场与詹姆斯相差不远,只是后来由于皮尔士对于逻辑的进一步研究,修改了自己原先的观点,才使得他与詹姆斯的区别凸现出来。这种区别主要表现为两点:(1)詹姆斯强调具体、当下,而皮尔士强调普遍、一般;(2)詹姆斯强调生活,科学只是生活的一种实践方式,而皮尔士强调科学,把它当做意义的唯一衡量标准。

后来的实用主义哲学家莫里斯认为,詹姆斯和皮尔士诚然有区别,但这种区别并不像佩里等人所说的那样大,"两位思想家最终在意义的性质和界限方面,都提出了类似的学说"③,皮尔士是想建立一种"科学的哲学",而詹姆斯的问题,用佩里的话说,是要"发现一种哲学的真理,它应该证明宗教的正当性而又不疏远科学"④。这使得他们在实用主义准则的阐释方面有所不同:(1)詹姆斯的论述不像皮尔士那样苛求。皮尔士的论述包含了"如果……那么……"的内在必然联系,而詹姆斯则没有

---

① 1909 年 3 月 9 日,皮尔士在给詹姆斯的信中指出:"我深深地坚信,哲学要么是一种科学,要么是一种胡说八道。"次日,詹姆斯在给皮尔士的信中说道:"在逻辑的世界中,你当然是正确的,那里的一切都是不变的,永恒的,但是真实的世界却不是那样和谐的……逻辑的项只是在永不静止的流动中标出静止的位置。"
② 雷谢尔:《实在论的实用主义》,第 20 页,纽约州立大学出版社,2000。
③ 莫里斯:《美国哲学中的实用主义运动》,第 28 页,纽约,乔治·布雷泽尔公司,1970。
④ 同上书,第 28 页。

这层意思,重要的只是经验后果:只要一个命题产生了实际的经验后果,那后果就是那命题的意义。(2)皮尔士强调一类经验或一类行动,而詹姆斯则强调特殊经验或特殊行动。① 应该说,莫里斯的这个看法是客观、中肯的。

二 真理的发生学机制

"实用主义"一词,从狭义的角度说,就是指詹姆斯的真理学说。这大概是因为詹姆斯最早使人们注意到"实用主义",而他的学说又以真理学说最为新颖、独特。虽然把"实用主义"等同于詹姆斯以及皮尔士、杜威等人的真理学说肯定是不恰当的,它还应该包括实用主义者的形而上学、宗教学、伦理学以及政治哲学、教育哲学等,但毫无疑问,真理学说是广义实用主义的一个极为引人注目的部分。詹姆斯甚至明确地说过:"实用主义的范围是这样的——首先是一种方法,其次是关于真理是什么的发生论。"②

就詹姆斯的真理学说而言,它实际上包含了两个值得注意的要素:一个是皮尔士的影响,另一个是他自己的人文主义精神。正如当代著名新实用主义代表人物普特南所说的,"詹姆斯思想中的两个旋律:一个是皮尔士的旋律(这一旋律相当强烈,但詹姆斯的批评者们忽视了它);另一个是非皮尔士的观点,即真理在一定程度上是由我们的兴趣塑造而成的"③。

詹姆斯继承了皮尔士的观点,强调主体间性,强调真理是对于实在的符合。这一点被许多人所忽视,以致把詹姆斯当做反实在论者(如艾耶尔)或非实在论者(如怀特)。詹姆斯本人曾对此有过明确的回答,在《关于真理的实用主义解释》一文(载于《真理的意义》一书)中,他试图纠

---

① 莫里斯:《美国哲学中的实用主义运动》,第30—31页,纽约,乔治·布雷泽尔公司,1970。
② 詹姆斯:《实用主义》,第36—37页,商务印书馆,1979。
③ 普特南:《詹姆斯的真理论》,载于普特南《詹姆斯剑桥指南》,第166页,剑桥大学出版社,1997(以下所引此书均为此版本)。

正人们关于实用主义的八种误解。其中的第四种误解便是"在认识论方面没有一个实用主义者会是一个实在论者"。在此,詹姆斯反复声明实用主义者谈真理是以实在论作为出发点的:

> 如果在一个实用主义者的话语世界中,实在的设想被排除的话,那么他将毫不犹豫地用虚假来命名那些已有的信念,尽管它们是令人满意的。①

> 任何辞典都会告诉你们,真理是我们某些观念的一种性质;它意味着观念和实在的"符合",而虚假则意味着与"实在"不符合。实用主义者和理智主义者都把这个定义看作是理所当然的事。②

詹姆斯同样继承了皮尔士以人的信念去解释实在的运思方向,并在这一方向上比皮尔士走得更远。和皮尔士一样,詹姆斯承认外部世界对于我们的强制作用并以此说明真理的客观性:"从长远的角度说,现实的、唯一的客观标准是对思想的强制。"③他也同样采纳了皮尔士的方式,用"意见的会聚"说明真理和实在:"所有的意见在长远的经验过程中将会聚在此。"④他同意皮尔士的观点,认为在确立信念的过程中,人的兴趣举足轻重。但和皮尔士不同的是,他不把这种兴趣的参与看做是随着科学方法的运用最终将被剔除的因素,相反,这种兴趣是人们确立信念的不可或缺的基础。皮尔士认为"意见的会聚"是由外在的强制力所决定的;而詹姆斯则认为,怎样才算"有效的"与这种强制力(实在)相符合,要取决于我们"美学的和实践的性质"。"所以,詹姆斯既拒绝真理不需要与实在符合的观点,又拒绝皮尔士所说的我们关于某些信念的会聚受到'非人的东西'的强迫。"⑤对此,詹姆斯早在 1878 年就已经指出:

---

① 詹姆斯:《实用主义及真理的意义》,第 270 页,哈佛大学出版社,1975。
② 詹姆斯:《实用主义》,陈羽伦、孙瑞禾译,第 101 页,商务印书馆,1979。
③ 詹姆斯:《著作精要》,威尔西尔选编,第 24 页,纽约州立大学出版社,1984。
④ 詹姆斯:《实用主义及真理的意义》,第 309 页。
⑤ 普特南:《詹姆斯的真理论》,载于普特南《詹姆斯剑桥指南》,第 166 页。

从我这个角度讲,我无法避免一个时时刻刻迫临在我面前的思考:认知者不仅仅是一面镜子,不仅仅是无根之萍,被动地反映他恰巧碰到并发现存在的命令。认知者是行动者,一方面是真理的协同因素,另一方面认知者对他所协同产生的真理具有表述作用。心灵的兴趣、假设、推断,只要它们是人类行为——这种行为在很大程度上改变了世界——的基础,它们就在他们所宣扬的真理的产生过程中起协助作用。①

在詹姆斯看来,重要的不是告诉人们真理是对实在的符合,而是要弄清什么可以算做符合,符合的具体机制是什么。正是在这里,詹姆斯主张,人的具体语境和价值因素参与了对于什么叫做符合的确定。按照詹姆斯的观点,与实在相符合的最简单形式是对实在的直接临摹。然而,更多的情形要比这复杂得多,我们往往无法用直接证实来检验我们认识的真理性。对于大部分现实来说,特别是对于那些无法用视觉直接把握的实在的各种关系来说,我们的观念只能是符号而不是临摹。这样,符合只能间接地去把握。詹姆斯说:

> 广义说,所谓**与实在"相符合"**,只能意味着我们被一直引导到**实在,或到实在的周围,或到与实在发生实际的接触,因而处理实在**或处理与它相关的事物比**与实在不符合时要更好一些**,不论在理智上或在实际上都要更好一些! ……的确,摹写实在是与实在符合的一个很重要的方法,但决不是主要的方法。主要的事是被引导的过程。②

任何观念,只要有助于我们在理智上或实际上处理实在或附属于实在的事物,只要不使我们的前进受挫折,只要使我们的生活在实际上适合并适应实在的整个环境,这个观念就以间接的方式被证实与实在相符

----

① 詹姆斯:《著作精要》,威尔西尔选编,第 23—24 页,纽约州立大学出版社,1984。
② 詹姆斯:《实用主义》,陈羽伦、孙瑞禾译,第 109 页,商务印书馆,1979。

合,而间接证实与直接的证实同样的真实。在我们的实际生活中,大部分的真理是被间接证实的。詹姆斯举例说,我们可能从未去过日本,但仍然能说它存在。因为我们所知道的一切都与这一信念相符合,没有什么与它相矛盾,也就是说,它能引导我们顺利地与我们的其他生活经验相衔接。再如,我们设想某个东西为钟表,因为能用它来规范我们的工作时间,"这里的假设之被证实是指它能引导我们而没有挫折或矛盾"①。

真理的间接证实有两个外在特征,即"方便"(expedience)和"与已有的真理的协调"(harmony with old truths)。这里所谓的方便是指,作为真理,必须对于我们当下的实际生活有价值,必须能帮助我们顺利地与环境相协调,或者,用詹姆斯的话说,它必须是有用的。将"真"与"方便"或"有用"相等同,是詹姆斯与前人不同的地方,也是他最易遭受攻击的地方。詹姆斯说:"**简言之,'真的'不过是有关我们的思想的一种方便方法,正如'对的'不过是有关我们的行为的一种方便方法一样……**当然是指在长远的和总的方面的方便而言。"②攻击詹姆斯的人认为,这表明,詹姆斯主张真理完全是主观任意的,如果相信 P 的结果对某人有好处,那么 P 就是真的。罗素在引了詹姆斯的这段话之后也说道:"我发觉依理智来讲有若干重大的困难之点。这学说假定一个信念的效果若是好的,它就是'真理'。"③

罗素的话很有代表性,但遗憾的是,它并没有击中詹姆斯的要害。罗素忽视了詹姆斯这里说的"简言之"。詹姆斯从来不抽象地说某观念是真的或假的,而总是说,"就这一方面"或"就这一点"而言某观念是真的或假的。这并不意味着对某观念的终审判定。而且,就某观念的同一方面而言,也同样会因时空的不同或实践场景的不同而真假不同。当他说"P 是方便的故 P 是真的"时,他并没有判定 P 的终极真理性,他只是说 P 在这一点上是真的,只是"简言之"地说 P 是真的。其次,詹姆斯这

---

① 詹姆斯:《实用主义及真理的意义》,第 99 页,哈佛大学出版社,1975。
② 詹姆斯:《实用主义》,陈羽伦、孙瑞禾译,第 114 页,商务印书馆,1979。
③ 罗素:《西方哲学史》下卷,马元德译,第 375 页,商务印书馆,1981。

里所陈述的只是"真理"的外在特征,并不是给"真理"下定义。真理的定义或性质是它与实在的符合:"真理是我们某些观念的一种性质;它意味着观念与实在的'符合'。"①但这种符合必须是人所能够把握的。詹姆斯并没有把有用当做真理的本质,而只是把它当做真理在经验中的作用的完成:"'真'是任何开始证实过程的观念的名称。'有用'是它在经验里完成了的作用的名称。"②我们只能通过真理在经验中作用的完成,才能把握真理。当代著名哲学家普特南也曾指出:"詹姆斯明显地是在作主题的陈述,而不是给真理下定义……詹姆斯相信,真理必须是某种对于我们来说可能把握它是什么的东西。"③

　　詹姆斯从来没有用过"对我"有用或"对你"有用这样的概念。他坚持认为,"真理"这个概念预设了某个社群,此社群是最广泛的,甚至是全人类的。真理是严肃的,绝不是任意的产物。这里,我们不妨举法庭的调查过程为例,来理解真理的有用性特征。怎样确定某一被告的口供是真还是假,法官没有其他办法,只有看它是否方便、有用。这里的有用不是对法官或某个人的有用,而是看它是否具有引导功能,是否能帮助我们不矛盾地和经验环境相协调。(1)要看被告的口供是否与证人们的经验相协调;(2)要看该口供是否与被告自己的前后经验相协调(假定其前后经验可被证实);(3)还要看它是否与人们(不只是法官)对被告的过去的认识相协调(这是真理的另一个外在特征)。如果一切都是肯定的,则法庭将认为该口供为真,否则便为假。由此可见,真理的有用性包含了双层含义:(1)它必须对人的当下的实际活动有价值。被告必须就某一案件的调查回答问题,不可漫无边际地说些不相干的类似于"$1+1=2$"的"真理"。(2)它具有严肃性和客观性。判断被告口供的真假,只能看它能否帮助我们圆满地将环境连为一体,而绝不是对法官或某个人有什么好处。

---

① 詹姆斯:《实用主义》,陈羽伦、孙瑞禾译,第101页,商务印书馆,1979。
② 同上书,第105页。
③ 引自普特南1992年2月在美国科学艺术学院所作的题为"威廉·詹姆斯的恒久性"的演讲。

　　这样理解真理，就不能简单地把有用和真理的性质混为一谈。然而，正像许多人所说的，詹姆斯常常为生动性而牺牲了精确性。他下面的一段话似乎为别人的误解提供了根据："'它是有用的，因为它是真的'；或者说，'它是真的，因为它是有用的。'这两句话的意思是一样的。"①艾耶尔在评论这段话时，认为它"是相当错误的"②。而在大部分读者看来，这段话，尤其是它的后半部分，明显地将有用等同于真理，是十分荒谬的。但是，詹姆斯的这段话是有它的上下文的，他是在谈"额外真理"时说了这番话的。詹姆斯认为，我们有很多真理，它们关涉各不相同的对象，如关于历史的、生物的、数学的等等。由于我们只能活动在特定的时空中，与我们有关的真理只是我们所掌握的真理的一小部分，其他大部分则暂时储存在我们记忆的冷库中。詹姆斯说，因为几乎任何对象都有可能在某一时刻暂时变得重要起来，所以这些额外真理的储存是十分必要的，"这种额外真理一旦对我们任何临时紧急事件在实践上变得适用时，它就离开了那冷藏库，跑到世界上来起作用，而我们对它的信念也就变得活跃起来了。因此，你们可以这样解释这个额外真理：'它是有用的，因为它是真的'；或者说，'它是真的，因为它是有用的'。"很清楚，这段话是解释额外真理的。对詹姆斯来说，这里的"额外真理"和"真"是两码事。一个人可以有很多的额外真理，但只有在一个具体的参照系中，在一个具体的活动场景中，才能判定那些是真的，也就是说，只有那些对我们的当下活动有用的，我们才把它们叫做"真"的。正是在此意义上，对额外真理来说，"它是真的，因为它是有用的"。詹姆斯曾举过一个通俗而又深刻的例子："若问我现在几点钟，而我答复你说，我住欧文路 95 号，我的答复可能确是真的，但是你感不到我有什么责任要这样回答。这样的回答之不切实际，和一个假的地址完全一样。"③额外真理如果不和人的当下活动相契合，如果不能为我们带来具体的方便，我们

----

① 詹姆斯：《实用主义》，陈羽伦、孙瑞禾译，第 104 页，商务印书馆，1979。
② 艾耶尔：《二十世纪哲学》，李步楼等译，第 93 页，上海译文出版社，1987。
③ 詹姆斯：《实用主义》，第 119 页。

就不会认为它和假有什么有意义的区别。

除"方便"之外,"与已有的真理(或信念)相协调"是真理的另一个重要特征,詹姆斯对此非常重视。他说:

> 我现在劝你们特别要观察的一点是较旧的真理所起的作用(原文如此——引者注),没有考虑到这一点是实用主义所受到的许多不公平的批评的根源。其实较旧真理的影响,有绝对的控制力。首要的原则是忠于旧真理——在多数情况下这是唯一的原则。①

> 我一直坚决地认为真理大部分是用先前的真理所造成的。②

作为真理,必须既通过经验的检验,也通过先前的旧的信念的认可。旧的信念或真理构成了我们处理新事物的理论框架和出发点。詹姆斯指出,真理与旧信念相协调的过程大致是这样的:当一个人有了一套旧看法之后,如果遇到新经验就会使那些旧看法受到压力。一些人反对那些旧看法;或者在反省时发现这些旧看法彼此互相矛盾;或者听见许多与这些旧看法不相符合的事实;或者心里产生许多这些旧看法所不能满足的要求……如此等等,结果产生出一种前所未有过的内心的烦恼。要避免这种烦恼,只有修正过去的许多旧看法。于是他就先试着改变某一种看法,然后再改变另一种看法(因为这些看法抵抗改变的程度不同),直到最后产生一些新观念,可以加在老一套的看法上,而使这老一套看法只受到最少的干扰,并使它和新经验协调起来,彼此很巧妙、很方便地交织起来。"新观念就这样作为真观念被采用了。它保存着较旧的一套真理,极少改变;仅把旧真理稍加引申,使它能容纳新的经验……新真理将旧看法和新事实结合起来的方法总是使它表现出最小限度的抵触和最大限度的连续。"③

新观念实际上是旧真理与新经验的中和,它最大限度地巧妙而又方

---

① ③ 詹姆斯:《实用主义》,陈羽伦、孙瑞禾译,第 34 页,商务印书馆,1979。
② 同上书,第 115 页。

便地衔接了二者。一个新真理的产生，必定是两方面合力的结果。旧的信念在此扮演了一个为新真理定型和导向的作用。詹姆斯有时又称其为"统觉"（apperceive）的作用。他指出："我们的过去起着统觉与合作的作用。"[1]由此出发，詹姆斯提出了一个非常重要的观点：康德所谓的时间空间观念以及各种认识范畴，绝不是先天的，它们"可能是史前时期天才们陆续**发现**，不过这些天才们的姓名却被长久的年代所湮没了"[2]。不光是各种范畴，甚至**"我们对事物的各种基本思想方法是远古的祖先所发现的，它们经历了此后所有时代的经验还能保存下来"**[3]。人的普遍的认识范畴是从哪里来的？这历来是哲学家们的一个难解之谜。詹姆斯从经验主义的立场出发，用旧信念对我们的新经验起统觉作用的原理，推导出认识范畴始于远古。这为解决问题找到了一种新的思路，它对后来的新实用主义者们有着深远的影响。

詹姆斯把真理的特征归结为对人有用或令人满意以及与人的旧的信念相协调，这就把价值引入了真理的发生过程，从而在真理和价值之间搭设了一座连接彼此的桥梁。传统西方哲学在谈真理问题时通常总是强调事实而把价值撇在一边。从柏拉图以来，哲学家们多倾向于认为真理是纯客观的，与人的价值取向不相干。詹姆斯反对这种看法，他坚持认为，我们不可能谈论所谓纯粹客观真理："要是说纯粹的客观真理在它建立之中，结合旧经验与新经验而给予人的满足的这种功能不起作用，那么这种客观真理是哪里也找不到的。"[4]泰勒（H. Tayler）和李克特等人把真理看做与我们的实际利益和个人的理由毫无关系，他们倾向于从本质主义的角度为真理下定义，认为真理是一种与客观实在相关联的超出于人类之上的无条件的东西。詹姆斯对此坚决反对。他否定了与人无关的真理，否定了与价值无关的实在。在詹姆斯的眼里，我们相信某一事物为真的理由，也就是该事物之为真的理由。我们的兴趣、信念

---

① ③ 詹姆斯：《实用主义》，陈羽伦、孙瑞禾译，第 88 页，商务印书馆，1979。
② 同上书，第 94 页。
④ 同上书，第 36 页。

等是我们处理新经验的出发点。它们隐伏在我们的选择之中,制约着我们的提问和对问题的解答。"人的动机磨砺着我们的一切问题;人的满足伴伺着我们的一切答案。"①正如美国实用主义研究者威斯特所说:"对詹姆斯来说,真理不是独立于人的兴趣、需要、愿望的与价值无关的概念,而是渗透着特殊的兴趣、需要或愿望的充满了价值的概念。"②

综上所述,可以看出,詹姆斯所关注的是真理如何被接受为真理的,而不是真理的定义是什么。因此,人们(如怀特)有理由提出疑问:詹姆斯实际上不是在谈真理,而是在谈真理的确证(confirmation)。真理和真理的确证毕竟是性质不同的两码事。关于这一点,普特南为詹姆斯进行了辩护,他指出詹姆斯并不是不知道他所谈的是什么③,而是认为,我们只能这样谈论真理。他说:

> 说真理是"与实在的符合"并没有错,但只要我们不能对什么是"符合"作出说明,那么它就是**空洞的**。如果"符合"被看做完全独立于我们确证我们的断言的方式……那么"符合"就是一种神秘的符合,我们对它的所谓把握也是神秘的。詹姆斯相信,真理必须是这样的东西,以致我们可以说我们是如何可能把握它的。④

普特南说,在达米特、古德曼、罗蒂、威廉姆斯(B. Williams)和他自己之间虽然有种种分歧,但他们共同认为,詹姆斯所坚持的观点是正确的,那就是:"真理的观念一定不可被表述为仅仅是种神秘的精神行为,通过它我们把自己和一种叫做'符合'的关系联系在一起,这种关系完全独立于我们确定什么是真什么不是真的实践活动。"⑤

---

① 詹姆斯:《实用主义》,陈羽伦、孙瑞禾译,第 124 页,商务印书馆,1979。
② 威斯特:《美国人对哲学的逃避》,第 65 页,威斯康星大学出版社,1989。
③ 普特南认为,詹姆斯在他的《真理的意义》中已经意识到这一点,并作了回答。参见普特南《实用主义:一个开放的问题》,第 25 页注⑳,牛津,布莱克威尔出版社,1995。
④ 普特南:《实用主义:一个开放的问题》,第 10 页,牛津,布莱克威尔出版社,1995。
⑤ 同上书,第 11 页。

正如普特南、罗蒂都看到的那样①，詹姆斯并没有否定"真理本身"或"绝对真理"的概念。他也相信我们是在朝着这个方向移动，但关于这一点，除了"相信"没有更多的话可说。

> 请注意，作为经验主义者，当我们放弃关于客观确定性的学说时，我们并不因此就放弃了对真理本身的追求或希望。我们仍然把我们的信仰钉在它的存在上，仍然相信借助于系统的不断的经验和思考，我们越来越靠近它。②

三　经验主义实在论

在许多人的眼里，实用主义和反实在论是一致的。比如罗蒂就曾经说过："实在论是反实用主义的同义语。"③詹姆斯早已对此提出抗议，指出这"是最为流行的错误"④。如果实在论指的就是传统实在论，即以心灵与外部世界的二元分割为基础的实在论，那么詹姆斯的实用主义确实是反实在论的；但如果实在论还能允许其他形式的存在，那么就很难说詹姆斯是位反实在论者，因为他并不否认真理是与实在的符合，也不否认实在对于我们有种制约作用，关键是实在的性质是什么。

詹姆斯关于实在的论述可以分为两个层面。第一个层面是从"实用主义"的角度对实在的阐释。实在就是日常所理解的实在，是渗透着概念的实在，是我们直接把握的实在。另一个层面是从形而上学的角度所谈论的实在，作为日常实在的基础，它是前概念的实在，是为主观、客观提供素材的最原初的实在。两种实在之间既是不同的，又是相关的。

实用主义实在论又可称为自然实在论。和传统实在论不同，它不预设一个超自然的纯净的世界，不在人的概念和世界之间作两极分化。按照这种实在论的观点，我们不能说世界本身独立于人的概念、意义，不能

---

① 罗蒂的看法见罗蒂《哲学和社会希望》，第 32 页，纽约，企鹅普特南公司，1999。
② 詹姆斯：《信仰的意志及人类永恒》，第 17 页，纽约，多佛出版公司，1956。
③ 罗蒂：《实用主义的后果》，第 XXI 页，明尼苏达大学出版社，1982。
④《詹姆斯集》，万俊人、陈亚军编译，第 41 页，上海远东出版社，1998。

把概念看做人的发明,似乎我们所看到的世界是由世界本身和我们的概念相加而成的。概念不是世界之外的东西,它是世界之内的随着人类的进化自然形成的。概念和世界的交融渗透是我们所直接感受到的最直接、最真实的实在。我们无法设想那种独立于概念的纯粹实在,因为那样的话,我们就要用概念去设想那不能用概念设想的世界。这显然是荒唐的。

"世界充满了人的足迹"。在詹姆斯看来,实在无非由三个部分所组成。第一部分是"我们的感觉流"。它们是强加于我们的。对它们的性质、次序及数量,我们基本上无法控制。然而,它们本身无所谓真假,只是简单的"有"(be),只有我们对它们的解释才有真假问题。它们本身还不能成为我们的认识对象,除非加入了我们的解释。① 而我们的解释与我们的兴趣和强调是分不开的,正是我们的兴趣和强调构成了它们的背景和前景,并决定了我们对待它们的方式和角度。实在的第二部分是"我们的感觉之间或它们在我们心里的摹本之间所存在的关系"。这部分又可分为两类:"(1)可变的和偶然的关系,如日期和地点;(2)固定的和根本的关系——因为是建立在它们的条件的内部性质上的。……这种关系是我们的思想——数学的和逻辑的思想——所永远必须考虑的。"詹姆斯认为,实在的这一部分,同样染上了人的价值:"我们可以用各种顺序去解释它们,可以按各种方式给它们归类,可以把任何一个知觉看得更为基本,更为重要。"逻辑学、几何学就是这种解释的产物,"其整体的形式和秩序,明显地是人为创造的"。实在的第三部分就是"过去已有的真理"。它是三个部分中最缺乏客观坚硬性的,在某种程度上,它既是人的价值取向的产物,也是人的新的价值取向的一部分,其人化的痕迹是不言而喻的。就实在的三个部分而言,"只有前二部分实在中极小和极新的一部分才是没有经过人的作用的;而且即使这极小极新的一

---

① 但要注意,这里所说的"我们的解释"同样是实在世界的一部分,是先前积淀下的对于当下信息的意义解释。

部分,也必须立刻'人化'起来,和已经人化了的大部分相同化,相适应"。实在只有通过人的活动,才向人显示出来,"实在的**实在**,由它自己;实在是**什么**,却凭**取景**;而取景如何,则随**我们**。实在的感觉部分和关系部分全是哑的,它们根本不能为自己说话,而要我们代它们说话"①。詹姆斯所要揭示的是,在认识的领域里没有所谓独立于人的实在,没有所谓纯客观的事实,实在渗透了人的价值观念。不同的人看同一座建筑,有的人看到的是博物馆,有的人看到的是哥特风格,还有的人看到的是百年历史。他们从各自的经验中为自己塑造了"为我的实在",不能说其中谁的实在"更加实在"。日常生活中的实在和人的概念、理解不可分割。脱离了这些概念、理解,就没有所谓的实在。

这种自然实在论是一种实用主义的实在论,因为我们不可能感知那非概念化的纯粹实在;根据实用主义准则,谈论这种独立于主体建构活动的、不能为我们所经验的实在是没有意义的。

然而,詹姆斯还是不能摆脱形而上学情结。在他的晚年,他还是努力要为上述实用主义实在论寻找一种形而上的解释,这就是他的彻底的经验主义学说。本来,当我们说不同的人,由于其传统、兴趣、教育、生活等不同,分别为自己建构了一个"为我的客观世界"时,话就已经结束了;但这里似乎还留有一个追问:他们面对的难道不是同一个东西吗? 如果是,那么如何解释它? 它难道不是先于(逻辑上)我们的"为我的世界"吗? 詹姆斯面对这样的问题必须作出解答。他为此花费了很多的心血,一直希望撰写一部系统的哲学著作,一部给专家学者阅读的著作,阐述他的经验主义实在论。这是不同于实用主义实在论的另一套实在论学说。他围绕着这一主题发表了一系列著述。这些作品在他去世后以《彻底的经验主义论文集》为名出版。他在这本书中所表达的思想"十分难以理解"②。这或许可以归结为两个原因:(1) 詹姆斯这里的谈话对象不

① 詹姆斯:《实用主义》,陈羽伦、孙瑞禾译,第 125—126 页,商务印书馆,1979。
② 福特:《威廉·詹姆斯的哲学》,第 80 页,麻省大学出版社,1982。

是一般的听众(和《实用主义》不同),而是谙熟西方哲学叙述方式的哲学家们,因此他的风格一改《实用主义》的那种轻松明快而变得晦涩深奥。他试图通过一种较为细致的分析,建立一种形而上的理论体系。(2)詹姆斯的思想并不成熟,他还不能像杜威那样就经验问题提出一种前后照应、环环相扣的系统的主张。这一点在詹姆斯写给朋友的信中也谈到过:"不管怎样,我的那些文章(指《彻底的经验主义论文集》——引者注)还正在摸索,无疑有着很混乱的毛病。"①

那么究竟什么是詹姆斯所说的实在,或者用他现在的话说,什么是他所谓的"经验"?

詹姆斯的观点是,世界上只有一种原始的素材和质料,一切事物都由这种素材构成。这种素材就是"纯粹经验"。它是连续的,"似乎完全是流动的",它还不能被说成是任何事物,而简单的就是**这**。只是由于后来的反思,由于概念的切入,这种纯粹经验才被分割、归类,冠以名称,由连续、流动而变成了分离、固定的对象。但这些都是后来发生的,是经验在各个不同的上下文结构中的表现。由于长期的教育、训练的结果,我们已习惯了概念式的思维,忘掉了纯粹经验,认不出它了,错把反思的结果当做了原始的素材。只有在一些偶然的场合下,由于摆脱了概念思维的束缚,我们才能意识到纯粹经验的存在。詹姆斯说:

> 我把直接的生活之流叫做"纯粹经验",这种直接的生活之流供给我们后来的反思与其概念性的范畴以物质材料。只有新生的婴儿,或者由于从睡梦中猛然醒来,吃了药,得了病,或者挨了打而处于半昏迷状态中的人,才可以被假定为具有一个十足意义的对于**这**的"纯经验",这个**这**还没有成为任何确定的**什么**,虽然它已准备成为一切种类的**什么**;它既充满着一,同时也充满着多,但是各方面都并不显露出来;它彻头彻尾在变化之中,然而却是十分模糊不清,以

---

① 佩里:《威廉·詹姆斯的思想和特征》第 2 卷,第 550 页,波士顿,小布朗出版社,1935。

致它的各方面相互渗透,并且无论是区别点或是同一点都抓不住。①

詹姆斯认为,这种流动的纯粹经验"本来是自身明朗而不出现什么矛盾情况的。它的困难是不如意的事情和不确定的东西"②。由于困难和不如意的事情,反思才被搅起,"它把经验的各个元素和各个部分区分出来,加给它们一些不同的名称,而象这样分割开来的东西,它就很难再把它们弄到一起了"③。

传统哲学,特别是近代哲学认为,真正的实在是一种静止的实体,它们是一切可变东西的不变的基础、依托。而詹姆斯则认为,最实在的是"纯粹经验",其他都是第二级的。传统哲学所说的知与被知、意识与物质,无非是同一段纯粹经验在不同上下文中的表现而已。同一段纯粹经验由于与不同的"伙伴"集合在一起,便有了知与被知、主观与客观的不同。所以二元论只是在功能的意义上成立,只有关系二元论。用詹姆斯自己的话说:

> 一部分既定的、未分的经验,在一套联合着的组织结构里扮演知者的角色,精神状态的角色,"意识"的角色;然而在另一套结构里,这同一段未分的经验却扮演一个所知的物的角色,一个客观的"内容"的角色。总之,它在这一组里表现为思想,在那一组里又表现为事物。而且由于它能够在两组里同时表现,我们就完全有权把它说成同时既是主观的,又是客观的。用象"经验"、"现象"、"感官材料"、"Vorfindung"这样的一些具有双重含义的术语来表现的二元论……在这种意义上的二元论,我说仍然被保留下来,不过是重新做了解释……这是一种关系上的二元论。④

我们所直接面对的,或者说直接被呈现的就是这种纯粹的经验或现象。当这些现象处于不同的关系结构中时,就会导致不同的结果,产生

---

① 詹姆斯:《彻底的经验主义》,庞景仁译,第49—50页,上海人民出版社,1987。
②③ 同上书,第49页。
④ 同上书,第5页。

出主观与客观的对立,但其实它们都是同一种纯粹经验在不同关系中的体现,就质而言,这两种关系并没有根本的差异。用詹姆斯所举的例子说,一支笔,就其本身而言,最初它仅仅是一个**这**。你可以说它是一个材料、事实、现象、内容,或者可以随便以一种中立的或模糊的名称来命名它,詹姆斯称其为"纯粹经验"。就它处于一种稳定的形态,蘸着墨水,在纸上写字,并且听从手的指挥来说,它是一支物理的笔。就它是不稳定的、随着我们的幻想而变更、并没有蘸着真正的墨水也没有在真正的纸上写真正的字来说,它是一支观念的笔。

詹姆斯观点之所以难以理解,根本原因在于人们受二元论思维方式的影响太大。习惯于把客观的东西看做是以物质实体(独立于人)为基础的,观念的东西则是以人的精神实体(它同样独立于"我"的当下意识)为基础的。詹姆斯试图将二者还原为一,因为实体是我们所无法断言的东西(休谟已揭示了这一点)。我们只能由最初的"纯粹经验"出发。这是世界唯一的本质。主客的分化不过是这种纯粹经验的不同组合而已。的确,从詹姆斯的角度说,就单独的一个知觉经验而言,是没有主客观问题的。当我们将目光凝视着眼前这支笔时,严格地说,它还只是**这**,一些模糊而不确定的知觉经验,如果不和其他经验相结合,即詹姆斯所说的进入不同的结构,我们就既没有笔的问题,也没有它是意识中的笔还是物理世界中的笔的问题。当我们用它,从而使它和墨水、纸等结合在一起,以"具有能力的方式""侵略性地"行动着,我们就把它当做物理的笔。而当它和一些心理特征结合在一起,"随着我的眼睛的运动而来来去去,随着我称之为我的幻想的东西而变更,随着它的'曾经存在过'的后续经验而连续"[1],从而没有以"硬"的方式、时空的方式出现时,我们就把它当做是意识中的一支笔,一支知觉的笔。因此在分析这一过程时,詹姆斯指出:"它意味着,第一,一些新的经验已经加进来了;第二,这些新的经

---

① 詹姆斯:《彻底的经验主义》,庞景仁译,第 66 页,上海人民出版社,1987。

验已经担负了某一种可指定给所假定的单元的关系。"①作为一种新的经验,它自己已经潜在地具有和一些其他经验组成一定关系的特质,这些关系也是经验的一部分。

　　詹姆斯的这种以纯粹经验克服传统二元论的做法在 19 世纪末到 20 世纪初有着广泛的共鸣。抛开受其惠泽最大同时也对詹姆斯这一理论发展最力的杜威不说,柏格森、胡塞尔、马赫、罗素等都可以在某种程度上算做詹姆斯的同盟者,而后来的奥斯汀、斯特劳森以及普特南等人也在很大程度上吸取了詹姆斯的思想。由于这一学说对于实用主义的相对独立性,它不仅受到了赞同实用主义学说的哲学家们的欢迎,也受到了一些反对实用主义学说的专业哲学家们的欣赏,如罗素就对它倍加赞誉。不同的哲学家们在这里瞄准的是同一个共同点:反对传统二元论。詹姆斯的反叛可以归结为威尔什(B. W. Wilshire)所概括的以下五点:

　　　　第一,詹姆斯主张,在我们的实际生活经验中,我们并不将世界
　　　　当做精神的;被经验到的经验就是经验的所是。第二,他主张,我们
　　　　所经验到的,并不是一个个分离的事物,而是整个"场",它是不可还
　　　　原的。第三,我们最基本的经验和关于世界的认识,其形式并不是
　　　　清楚、明白的观念,而是程度不同的模糊的观念(观念可以是重要而
　　　　真实的但却是模糊的,这是一个新颖的思想)。第四,关于世界的认
　　　　识需要不断地、主动地诠释,这种诠释以价值和准则为根据,而价值
　　　　和准则是设置在一个总是在场的并且模糊的世界框架内的,并具有
　　　　时间性这一根本向度。因此,感觉是被动接受的,这一点并不是客
　　　　观性的标准。第五,并且是最后一点,不存在任何内在或完全主观
　　　　的领域,它充满了感觉、情感和价值,与一个由非情感的数理方法所
　　　　确定的粗糙的事实领域相对立;因此,不存在什么基本的鸿沟,它隔
　　　　开了科学与伦理学,或思想和生活。②

① 詹姆斯:《彻底的经验主义》,庞景仁译,第 68 页,上海人民出版社,1987。
② 威尔什:《威廉·詹姆斯著作精要》,"引言"第 XIX 页,纽约州立大学出版社,1984。

但这一学说的混乱和缺陷也是十分突出的。如果说"纯粹经验"是前反思状态下的**这**,是只能在极个别特殊情况下才能体验到的东西,那么我们对于它是不能有所述说的,它是完全模糊的、不透明的。既然如此,我们怎么能把它和其他的经验连在一起,从而确定它是主观还是客观的呢?詹姆斯有时把"纯粹经验"推到现象界之外的本体世界中,那里一片漆黑,无法描述;有时又把它拉回到现象世界,似乎它就是我们可以直接把握的现象,只是还没有分化为主观、客观而已。这显然是混乱的。再比如说,詹姆斯把关系看做纯粹经验世界中的,并以此反对休谟。但是,关系如果属于本体的纯粹世界,那里完全没有区分,则我们对它是无可言说的,因为在那里是不能动用概念的;而如果关系属于现象界,则我们看到,我们并没有在现象界中直接经验到关系,比如时间关系就不能还原为纯粹经验。关于这一点,蒙斯有过分析。他指出,当我们听见火车由远而近的鸣笛声时,我们听到的是在不同时间的声音,我们听不到前后的变化,听不到它们之间的关系,那是我们无法经验到的。[①]其实,詹姆斯用不着在实用主义的自然实在论之上再叠床架屋,纯粹经验是对日常实在论的形而上的解释,真正第一级的实在只能是我们生活中直接面对的为我的实在,它是将我们的概念、理解等等融为一体的实在,是我们唯一能够谈论的实在,在它之上提出一套形而上的理论既没有必要,也无法自圆其说。正因如此,当代实用主义者罗蒂对詹姆斯这套学说表示了不满,而普特南虽然对詹姆斯的彻底的经验主义学说非常赞赏,但他从中看到的是詹姆斯自然实在论的思路,而不是这套形而上的理论。

四　理性与宗教信仰

在实用主义家族中,再也找不到比詹姆斯更热衷于宗教探索的人了。正如他自己所说的:"宗教是我一生的主要兴趣。"[②]这位出身于牧师

○　参见蒙斯《两种实用主义》,第 87 页,纽约,劳特利奇出版社,1997。

②　佩里:《威廉·詹姆斯的思想和特征》第 1 卷,第 165 页,波士顿,小布朗出版社,1935。

家庭的实用主义大师显然继承了其父对于宗教的虔诚，"一种人格神秘主义和新英格兰求实精神的奇异结合明显地贯穿在他的全部著述中"①。对詹姆斯把实用主义与宗教信仰融合起来的做法，皮尔士表示了不满，杜威也颇有微词，然而詹姆斯不为所动，他独树一帜，将实用主义引入了宗教领域，并开创了宗教探索的新途径。

詹姆斯所处的 19 世纪下半叶，正是理性主义、科学主义一路高歌、所向披靡的时代，一切都要受到科学的检验，一切信仰必须以充分的证明为前提，宗教也不例外。作为詹姆斯主要论敌之一的克利福德（W. K. Clifford）曾经说过："为了信仰者的安慰和个人的快乐而把信仰赋予那些未经证明和审查的陈述，是对信仰的亵渎。"②这样，要为宗教信仰作辩护，首先就要为"信仰的权利"作辩护。而要为信仰的权利作辩护，首先必须澄清信仰与理性的关系。

在科学主义者们看来，信仰必须以理性、客观性为前提，只有当它把自己奠定在充分证据的基础上时，才是可靠的，从而是可信的；在没有充分证据的情况下，人们应该宁愿等待。笛卡尔、洛克、罗素、克利福德等，都是这一主张的代表人物。詹姆斯并不一概反对理性，也并不完全拒斥在充分证据的基础上建立起来的信仰。但他强调，在很多情况下，信仰并不是，也不能由充分的证据来加以保证。在一种没有充分证据可以依赖而选择又是"强制性的"，即不可避免的、重大的情况下，人们不能束手以待。此时，人们的信仰来自他们的情感冲动，来自他们的"意志本性"，即来自他们已经建立起来的"我们现在不可能摆脱的习惯"。他们必须要冒风险，必须投下赌注。

在詹姆斯的眼里，认识真理，逃避错误，是两个不同的戒律，不可混为一谈。尽管它们之间可能有着偶然的关联，但并没有必然的联系。对待它们的态度决定了我们理智生活的不同色彩。"我们可以把追求真理

---

① 墨菲等：《近代心理学历史导引》上册，林方等译，第 265 页注①，商务印书馆，1982。
② 詹姆斯：《信仰的意志及人类永恒》，第 8 页，纽约，多佛出版公司，1956。

看做是至高无上的,而把避免错误看做是次要的;或者另一方面,我们也可以把避免错误看做是更加重要的,而把真理当做是一种碰运气。"①科学主义者们把逃避错误当做自己最神圣的使命,在他们的犹豫、观望中,错误固然是避免了,但真理也可能与人失之交臂。"客观的证据"是他们舍弃不掉的负担,除非有证据,他们不会义无反顾地投身到行动中去。詹姆斯指出:诚然,"客观证据和确定性无疑都是一些随便可以想到的很不错的理想,但在这个月色朦胧、梦幻萦绕的星球上到哪儿才能找到它们呢?"②更何况"到底什么才是确实真实的,没有任何一个具体的检验是人们共同接受的"③。

接下去,詹姆斯把问题更向前推进了一步,信仰在选择过程上不只是由于证据的暂时缺乏人们所不得不采用的权宜之计,它更是一种积极的创造性的行为,因为客观证据本身在很大程度上就取决于信仰。用他的话说,客观证据绝不可能等在那里,它是一种激励或极限概念。"主张某些真理现在就有客观证据,实际上就是说,当你认为它们是真的且它们就是真的时,则它们的证据就是客观的,否则它们的证据就不是客观的。"④生活中这样的场景屡见不鲜;信仰可以"创造"出事实,只有信一件事情,才会发现或创造出关于那一件事情的客观证据。詹姆斯所表达的意思与其实用主义学说完全一致。与实证科学的运思方向相反,实用主义者不是舒服地坐在等待证据的座椅上,将自己大脑当做知识的接受器和储存器;相反,实用主义者从来就是可谬论的提倡者,他把运思的坐标定在未来,以一种不怕犯错误的姿态主动出击。对于他来说,追求真理比避免错误要有价值得多。不作选择本身就是一种选择。

在詹姆斯看来,宗教信仰是一种强制性的重要抉择,用没有客观证据来否定宗教信仰是十分迂腐的。詹姆斯并不是把宗教等同于信仰上

---

① 詹姆斯:《信仰的意志及人类永恒》,第 18 页,纽约,多佛出版公司,1956。
② 同上书,第 14 页。
③ 同上书,第 15 页。
④ 同上书,第 16 页。

帝,而是认为,宗教乃是个人把自己置于与他们所理解的神圣性的关系之中时,在孤独中所具有的那种情感行为以及体验。这几乎是一切人类共同具有的经验,尽管其内涵由于文化差异而各不相同。人们不可能对这种重大的选择保持冷漠。按照詹姆斯的逻辑,我们不可能用怀疑和等待来逃避宗教信仰,说没有证据的信仰是屈从于情感并应该遭到谴责的科学主义者们也同样是屈从于情感的,他们实际所表达的,不过是认为在宗教信仰的问题上屈服于犯错误的恐惧比屈服于对于这一假说可能成真的希望来得更聪明更好一些。对此,詹姆斯质问道:"同样是受骗,有什么根据说,由希望导致的受骗比恐惧导致的受骗要坏得多?"[1]

　　詹姆斯认为,宗教信仰在它对我们的生活具有用处的意义上是实在的、不能被否定的,"只要有一点用处,也就有那么一点意义;而如果这一用处和生活的其他用处相符合的话,它的意义也就是真的"[2]。人们通常把詹姆斯看做是一个反对理性、绝对概念的人,认为他的实用主义只讲经验行动。这种印象主要出自他的《实用主义》一书。詹姆斯后来曾经说过,在《实用主义》一书中,他的目标是宏扬人道主义,故不免对个体青睐有加。实际上,他并不一概反对绝对、上帝的观念等,只要它们确有价值。就在它们确有价值这一意义上说,它们是真的。这里要提醒读者注意的是,詹姆斯用了"在这一意义上说"。在什么意义上说呢? 显然是在实用主义的意义上说,而不是传统哲学的意义上说。区别在于,按照传统的理解,"真"具有一种本质主义的含义,即反映了或符合了事物的客观本质(它是躲在现象背后不被人所见的东西);而实用主义所说的"真"则撇开了这层含义。"真"只是对我们生活有所帮助,因而只是"好"的同义语。

　　詹姆斯指出,宗教信仰会给我们带来一种"精神上的休假日"。我们生活在这个充满烦恼与忧愁的世界上,环境对我们充满了压力,宗教信

① 詹姆斯:《信仰的意志及人类永恒》,第 27 页,纽约,多佛出版公司,1956。
② 詹姆斯:《实用主义》,陈羽伦、孙瑞禾译,第 139 页,商务印书馆,1979。

仰可以让我们毫无罪过地消除恐惧并放下有限责任所给我们带来的烦恼。既然这个世界的结局有一个更高明的能手在主宰,我们自然可以摆脱责任所带来的烦恼,享受一下无牵无挂的轻松。"如果'绝对'的意义是这样,而且只是这样,谁能否认它的真实性呢?"[1]詹姆斯要强调的是,只是在这一点上它是真实的,如果越出了这一界,那它就会和其他的信念相冲突。而假如其他的信念比起宗教信仰在其他方面对我们更加有用的话,那么其他信念在那些方面便是真实的,宗教信仰便不可能被作为真实的信仰而为人们接受。但如果我们把关于宗教这一类的"绝对"观念的信仰限制在它提供的单纯休假日的价值上,"那它就不会和我的别的真理发生冲突了"[2]。正是在这一意义上说它是真的。

詹姆斯眼里的上帝并不是救世主,它毋宁是一种理想,一座给人带来希望的灯塔。上帝为我们的生活指出了一条可能的方向,但他并不保证我们得救。如果说传统的西方文化在这一点上持乐观主义,而叔本华则持悲观主义的话,那么正像詹姆斯自己所说的,实用主义持的是一种改善主义。从上帝给我们制定的可能性上说,我们是可以得救的,但现实中能否得救只能取决于我们自己的奋斗拼搏。世界的得救只是一种可能,"随着得救的实际条件的增多,这种可能成为事实的或然性也愈大"[3]。这样,詹姆斯所说的上帝实际上只意味着一种功能而不是实体,他没有让人完全隐没于"上帝"概念之中。人的奋斗、人的行为是他自己能否得救的最重要的保证。詹姆斯用上帝摧毁了信仰的虚无主义,又用人的切身奋斗架空了上帝。

詹姆斯曾经说过,他不是一个宗教学专家。然而他论述宗教的《宗教经验种种》一书使他在宗教学界名声赫赫,开辟了"宗教经验"这一研究宗教的新领域。据美国著名的实用主义研究者史密斯考证,"宗教经

---

[1] 詹姆斯:《实用主义》,陈羽伦、孙瑞禾译,第41页,商务印书馆,1979。
[2] 同上书,第43页。
[3] 同上书,第146页。

验"这一概念为詹姆斯首创。① 和传统的宗教学家不同,詹姆斯对宗教的外在形式不感兴趣。他从来不谈宗教的仪式、典章、教会组织等等,也从来不关心宗教的历史、宗教社会学等等。他的聚焦点在于宗教的个人体验,注重于对宗教经验的现象学描述。詹姆斯认为,宗教经验不是某一种生理过程的伴随物,它是唯一的事实和实在。了解詹姆斯"彻底的经验主义"学说的人对这一点不会感到陌生,而现象学家胡塞尔对詹姆斯的好感也正由此而来。美国现象学者艾地(J. M. Edie)指出:"詹姆斯第一个试图在经验的意义上提出宗教经验的现象学。"②和实用主义强调个人的精神完全契合的是,詹姆斯特别注重个人宗教,而个人宗教最能表现其个性的就是他的人格化宗教经验。詹姆斯强调,神学或教会制度等最初均来源于个人宗教,正是由于耶稣、佛陀、穆罕默德这些超人的个人宗教体验,才有了宗教教派等等。

把实用主义和宗教信仰相结合,詹姆斯这一做法打开了宗教研究的一扇新的门。对于他的这一"理论专利"应作如何评价呢? 首先应该说,在他关于宗教信仰的辩护和论述中,确实体现了他的实用主义精神,这就是:从生活出发,从人出发,去理解世界;由于人总是有着各种利益、价值、信念作背景的,他所采纳的客观事实便不可能与信仰无关。正是在这里,实用主义的精髓得到了最直接的表达。因此,《信仰的意志及人类永恒》甚至被某些西方学者看做是詹姆斯的实用主义经典作品就不足为奇了。但另一方面,实用主义又的确具有与神秘主义、宗教信仰十分不和谐、协调的声音。就理论立场而言,实用主义大体属于经验主义(虽然不是传统意义上的),它重视生活、后果,这是它无条件的理论原点。信仰不是先于生活,而是由生活产生的。这样,信仰便在逻辑上成为第二位的产物,不能在逻辑上把信仰置于生活之上,不能只在宗教信仰和神秘主义的高楼中自我陶醉。这正是詹姆斯自己在批判理性主义者时所

① 史密斯:《目的与思想——实用主义的意义》,第225页注④,芝加哥大学出版社,1978。
② 艾地:《威廉·詹姆斯和现象学》,第52页,印第安纳大学出版社,1987。

一再阐述的要点。由于詹姆斯在此把宗教信仰置于被强调的中心，使他与其实用主义的人道主义立场多少有所偏离。这也正是杜威无法苟同他的地方。

和皮尔士相比，詹姆斯的实用主义更加成熟。实用主义的方向，实用主义的中心话题，都是詹姆斯最终确定的。如果说皮尔士还可能被误解为实证主义先驱的话，那么这种误解断无可能发生在詹姆斯身上。他是一位鲜明的实用主义者，是古典实用主义家族中人文主义色彩最重、科学主义情结最弱的一位。从实用主义发展史的角度看，詹姆斯的贡献主要在于：(1) 将实用主义准则由澄清意义的方法扩展为一种独特的真理学说，为西方哲学的真理讨论提供了新的刺激，使人们对真理的理解更加深入；(2) 突出了实用主义的人文主义精神，消解了事实与价值的分离，更加明确地提出了以生活世界作为哲学思考的出发点；(3) 以一种直接实在论化解西方哲学的二元分割传统，将整体论和实在论有机地统一起来，为克服传统实在论的困难开辟了一条新的思路；(4) 首创实用主义"经验"概念，为 20 世纪西方哲学的两大思潮提供了思想资源。罗素从中看到了"中立一元论"，胡塞尔则汲取了它的现象学观点。

詹姆斯在实用主义的家族中占据着一个非常显赫的位置，无论是赞成实用主义的也好，不赞成实用主义的也好，都不可能忽视詹姆斯对实用主义的阐释。然而，我们也应看到，正因为詹姆斯是实用主义的真正创立者，正因为他的许多思想是开创性的，他对它们的阐述难免有着不那么清晰、不那么一致的地方；他对传统哲学的否定也难免有着含糊不清的地方。特别是由于詹姆斯常常对不同的读者群说不同的话，这更增加了理解他的难度。詹姆斯对实用主义的传播功不可没，他的那支生花妙笔增添了实用主义的感染力。但正如艾耶尔所说的，詹姆斯常常为了生动而牺牲严谨，这使得他的理论常常不够融贯协调，自我矛盾的尴尬时常出现。这些都是人们在阅读詹姆斯时难免感到困惑的地方。尽管如此，詹姆斯对实用主义乃至西方哲学的贡献，并不因此而减弱，正如普特南指出的那样："如果说有一个重要的理由使我们关注詹姆斯的思想的话,那么它就是:他是一个关心真正饥饿者的天才,他的思想,不论有什么样的缺陷,都为思想——不仅为思想而且为生活——提供了真正的食粮。"①

第四节　杜威对于实用主义的集大成

说到杜威,怀特曾经指出:"虽然他在三位实用主义者当中是最年幼的一位,人们却认为他是实用主义神圣家族中的家长——虽然在逻辑和科学的问题上不像皮尔士那么聪明,也不像詹姆士(即詹姆斯)那么机智而煊赫,他却在许多方面比那两位都显得是一位更严厉而有魄力的人物。"②杜威系统、广泛而深入地阐述了实用主义的思想,既集中阐明了实用主义的基本精神,又在涉及众多的领域里充分运用、发挥实用主义的思想。他把皮尔士对"实验"的关注、詹姆斯对心理学的兴趣以及米德的社会论题联结成为一体,并以此来解决实际的"人的问题"。他是实用主义当之无愧的家长,是他为实用主义的古典发展阶段画上了句号。实用主义发端于皮尔士,成形于詹姆斯,而在杜威这里才真正达到了它在古典时期的巅峰。

杜威(John Dewey)于 1859 年 10 月 20 日出生于佛蒙特州的柏林顿。父亲阿奇博尔德弃农经商,做小本杂货生意,他几乎没有受过正规的学校教育,但喜爱阅读,莎士比亚、弥尔顿是他所钟爱的作家。或许是出于对传统神学的尊重以及观念上的保守,阿奇博尔德并不喜欢当时广为人道的爱默森、霍桑的作品。比较而言,孩子们受母亲的影响更大一些。杜威母亲的家族相对较为富裕,她的祖父曾任华盛顿的国会议员,父亲是当地一位颇有名望的法官。她性格开朗,热心于教会事务,对孩子们的教育要求严格。用她女儿简·杜威的话说:"孩子们之所以摆脱

---

① 普特南:《实用主义:一个开放的问题》,第 23 页,牛津,布莱克威尔出版社,1995。
② 怀特:《分析的时代》,杜任之等译,第 178 页,商务印书馆,1981。

家庭的传统,获得了大学教育,这主要应该归功于她的影响。"①

今天我们很难找到杜威及其家人的通信记录。关于杜威早年经历的描述常常带有很大的臆测成分。即便是被人们认为十分可靠的由杜威自己所写的简单自传《从绝对主义到经验主义》,也被一些研究者认为是"粗制滥造的",细节不可信的。② 对杜威的思想生活经历,我们只能大致作一个粗略的描述。

杜威于 1875 年入佛蒙特大学③,在托里(H. A. P. Torrey)的指导下对黑格尔哲学有一些基本了解,但真正受到震撼的是赫胥黎的"有机体"概念,用杜威自己的话说:"从这个时候起,我被唤起了对哲学的特有兴趣。"④大学毕业后,他曾经在中学任教,后在托里和《思辨哲学杂志》的主编哈利斯的鼓励下,于 1882 年前往霍普金斯大学攻读研究生课程。在此期间,深受来自密歇根大学的莫里斯的影响,接受了莫里斯的黑格尔式的客观唯心主义主张。

1884 年,杜威以一篇关于康德心理学的论文获得博士学位,毕业后随莫里斯前往密歇根大学任教。在密歇根大学的这段岁月,年轻的杜威在生活和学业上双双丰收。他在此结识了一位比他大几个月的学生艾丽丝·奇普曼,并于两年之后(1888)与她结婚。1889 年到 1894 年,杜威升为密歇根大学哲学系教授兼系主任。同时他的富有个性的学术思想也开始渐露端倪。对伦理学、心理学领域的涉入,冲淡了他对黑格尔主

---

① 简·杜威:《杜威传》,第 6 页,安徽教育出版社,1991。
② 如弗劳尔和墨菲在他们那部著名的《美国哲学史》中曾经指出,杜威错误地将他在佛蒙特大学的恩师托里当做苏格兰常识实在论者,而实际上托里是一位德国哲学的崇拜者。这个错误是不该发生的。但弗劳尔和墨菲的这个指责是不公平的,因为杜威在这篇回忆中明确说道:"在托里的个别指导下,我开始专心于哲学史方面经典著作的阅读,并学习理解富有哲理性的德国哲学著作。"(杜威:《从绝对主义到经验主义》,载于简·杜威《杜威传》,第 58 页,安徽教育出版社,1991,以下所引此书均为此版本。)弗劳尔和墨菲的说法完全没有根据。
③ 关于杜威入学的时间,有不同的说法。据弗劳尔和墨菲的《美国哲学史》,杜威入学佛蒙特大学的时间是 1894 年。参见弗劳尔和墨菲《美国哲学史》第 2 卷,第 814 页,纽约,卡普莱孔出版社,1977。
④ 杜威:《从绝对主义到经验主义》,载于简·杜威《杜威传》,第 57 页。

义的兴趣。恰在此时,他读到了詹姆斯的《心理学原理》一书,立即被其打动,并在许多方面服膺于它。他经常向学生推荐詹姆斯这本书的一些章节,认为在阐释实用主义理论方面,它比詹姆斯的另一本书《实用主义》更为有力。在杜威转向实用主义的轨迹中,詹姆斯的影响是十分重要的。就像杜威自己所说的那样:"就我能发现的来说,詹姆士(即詹姆斯)的影响是进入我思想中的一种能详细论述的哲学因素,也就是一种赋予我思想新的方向和特性的哲学因素。"[①] 按美国学者塔利斯(R. B. Talisse)的说法,"杜威发表于 19 世纪 90 年代前期的著作无不受到詹姆士(即詹姆斯——引者注)的影响"[②]。

1894 年,杜威离开密歇根前往芝加哥大学,出任哲学、心理学、教育学系主任。他后来也以教育学家身份名闻天下,这很可能和他在密歇根大学的经历有关。密歇根大学是公立学校,其教育体制和中小学教育体制一样,统属州教育体制的一部分。作为哲学和教学法的教授,杜威还要讲授教育学课程,并实际参与高中的教学实践活动,这使他对中小学教育产生了浓厚的兴趣。在芝加哥期间,杜威创建了著名的"杜威学校",实践他的教育理念。同时他和其他一些教师一道,发起"芝加哥学派",摆脱黑格尔的唯心主义哲学,创立了功能主义,为他后来的工具主义打下了心理学基础。

1904 年,杜威辞别芝加哥赴纽约哥伦比亚大学,后一直工作于此,直到退休。在哥伦比亚大学,杜威将自己的工具主义即实用主义哲学发展到极致,写下了大量阐发实用主义哲学的著作,同时也积极参加各种社会活动。他的社会形象已不仅仅是学者,还是社会活动家、改革家。1919 年五四运动的前夕,杜威来到了中国,对中国留下了深刻的印象,原本一年的访问计划延长到两年零两个月。他访问了中国当时 22 个省中的 11 个,发表了一系列演讲,在当时的中国引起很大反响,南京甚至出

---

① 杜威:《从绝对主义到经验主义》,载于简·杜威《杜威传》,第 67 页。
② 塔利斯:《杜威》,第 6 页,中华书局,2002。

现了以杜威命名的学校。简·杜威在对他父亲的回忆中写道："不管杜威对中国的影响如何，杜威在中国的访问对他自己也具有深刻的和持久的影响。杜威不仅对同他密切交往过的那些学者，而且对中国人民，表示了深切的同情和由衷的敬佩。中国仍然是杜威所深切关心的国家，仅次于他自己的国家。"①晚年的杜威还积极参与组织了关于托洛茨基案的调查委员会，并参加了声援罗素的活动。他终生是一位自由民主主义者。1952 年，杜威在自己的纽约寓所去世。

杜威的一生写有大量著作，内容涉及实用主义、教育学、伦理学、社会学、心理学、逻辑学、美学等众多领域。就实用主义话题，他所写的主要著作有：《哲学的改造》(*Recovery of Philosophy*, 1920)、《经验与自然》(*Experience and Nature*, 1925)、《确定性的寻求》(*The Quest for Certainty*, 1929)、《逻辑：探究的理论》(*Logic: The Theory of Inquiry*, 1938)以及《认知与所知》(*Knowing and the Known*, 1949)等。

一　哲学起源的社会–历史分析

对于传统哲学的批判是 19 世纪末 20 世纪初西方许多哲学流派的共同呼声，不论是实用主义还是盛行一时的实证主义，都把批判传统哲学当做自己哲学的主要任务。和逻辑实证主义一样，杜威拒绝接受传统哲学的提问，换句话说，他不是要给出关于传统哲学问题的不同解答，而是根本拒绝传统哲学的问题本身。但和逻辑实证主义批判传统哲学的方式不同，杜威更多地从考察历史的角度入手，揭示传统哲学的社会学和心理学根源。如果说逻辑实证主义是用逻辑分析的手法批判传统哲学的话，那么杜威就是用社会–历史心理分析的手法批判传统哲学。杜威就此说道：

> 如果有人能抛开一切成见，用虚心去研究哲学史，不当他一种

①　简·杜威：《杜威传》，第 52 页。

孤立的东西,只当他是文化史的一章一节;如果他能把哲学史和人类学,初民状态,宗教史,文学史,社会制度史等,一齐联贯起来,他这样研究下去,一定会自己看出我今天说的哲学史观究竟有什么价值。①

传统哲学的性质是什么?是揭示实在的真面目?是由于惊异而来的对于世界的知识论的思考?还是出自生活的某种价值需要?杜威从考察人类精神活动的最初目的入手,证明"认识世界"并不是哲学的初衷,相反,生活才是知识的舞台。杜威指出,和人类古老的历史相比,哲学是位很迟才问世的后来者。在原始初民状态中,人类是没有"认识世界"这一难题的。此时的人类和动物的最大不同在于人有记忆。他通过记忆保持过去的经验。但最初人类追忆往事并不是为了"正确纪实",他只是为了娱乐,只是为了给当下的生活增加一些趣味。人们只会回忆那些令自己有兴趣的部分。回忆往事并不是为了往事本身。他追想昨日与野兽的搏斗并不是要细细研究那野兽的性质,也不是要改良昨日搏斗的方法,而只不过是要用昨日的热闹来解决今日的沉闷无聊罢了。因此,杜威指出:"我们可以说,记忆之最初生活是情绪的而非智识的,亦非实用的。"②

这样一种追忆已开始有了一点认识的萌芽,但它并不是为了"反映世界"。它把偶然零碎的事件用回忆之线一段段地串在一起,"当日搏战或赶野兽之时,他们的活动只顾得那一时一刻,是零碎的;直到追叙或演为歌舞之时,那零碎的事实都联成一出有头有尾有起伏有照应的戏剧了"③。原始的人类并不在乎所谓事实的真假,他在回忆中安排舞蹈等,并不以事实的次序为前后,而是根据故事的性质,随意移前搬后。至于这种安排是否正确,他并不在意。同时,原始人类也会随时随地用自己

---

① 杜威:《哲学的改造》,第 16 页,安徽教育出版社,1999。
② 同上书,第 2 页。
③ 同上书,第 2—3 页。

的感情来解释外在的对象。天上的一片云,可能被看做是一只骆驼或一个人面,他并不在乎眼前这片云与真骆驼或真人面有几分符合。他感兴趣的是这样一种暗示能满足他的情感需要。杜威由此导出一个结论:

> 我们须要知道,平常人的平常意识,若没有受过训练,只是欲望的产儿,并非研究考虑的结果。人必须受过一番教练,方才渐渐的不完全是爱憎喜惧的奴隶了。这种教练,从"自然人"的观点看起来,是很不自然的。我们现在的科学与哲学的书自然都是受过很高的训练的人做的;这些人的思想已养成了理性的习惯,他们知道用事实来纠正他们的幻想;他们的思想往往是合于逻辑的组织的。他们有时也做点幻想——这种幻想的时候其实不少,不过人都不肯公然承认罢了——但他们知道这是幻想,是一种玩意儿,他们不致把幻想的结果和客观的经验混在一处。①

杜威认为,实际上,在根本没有受过训练的人那里,理性并不是一种支配的力量,他们的生活主要还是靠记忆的支配,而"他们的记忆并不是追忆实在的事物,只是一些联想、暗示和幻想。……他们只问某种暗示能否刺激感情,能否增长感情,能否加添趣味,能否与此刻的心理相投,能否迎合群众相传的希望与恐惧"②。哲学的原始材料与"科学"和"知识"都没有关系,它只是寓言的、想象的、暗示的,和客观的事实的世界毫不相干。人们可以把它叫做诗歌、戏剧,但它绝不是科学,它根本无涉于真理问题。

这种原始的、较为凌乱的、满足人的感情需要的材料是怎样变化上升为哲学认识的呢?杜威指出,从动机而言,这种变化是出于人们逃避危险、寻求确定性的需要。随着岁月的流逝,人类的智力更趋发达,他对周围充满偶然、变化的世界不能满足。生、老、病、死、战争、饥馑、瘟疫等旦夕祸灾,以及狩猎无定、气候变易、季节变迁等等,都使人有一种由不

---

① 杜威:《哲学的改造》,第 4—5 页,安徽教育出版社,1999。
② 同上书,第 5 页。

确定性而产生的危险感。他要摆脱这种不确定性，为自己找到一种心灵上的慰藉和安静。途径有两种："一种途径是在开始时试图同他四周决定着他的命运的各种力量进行和解。这种和解的方式有祈祷、献祭、礼仪和巫祀等。"①但这种方式不久就被废弃了。因为人们后来意识到，奉献一颗忏悔的心灵较之奉献牛羊更能取悦于神祇，虔诚与忠实的内心态度才是最为重要的。宗教由此脱胎而出。

这是一个长时期的历史过程。最初，人们并没有固定的宗教仪式等，他只有偶然的暂时的记忆，他把那些动人情感的经验偶然地抓住，编作故事，或演为哑剧。有些经验发生的频率很高，大家都常常遇到，于是它们就不光是个人的经验，而且也成为群体的经验了。其中有几点关系到大家的安危，便被格外地引起注意，条理也渐渐地更缜密了，终于，"当年的传奇，变成了社会的遗产；当年的哑戏，变成了宗教的礼仪。……当初串演感情上一桩重要经验的戏剧，至此就变成了一种宗教；当初可以自由添减的暗示，至此就变成固定的教条了。"②

另一种途径就是发明许多艺术，通过它们来利用自然的力量。杜威这里所谓的"艺术"（arts）是一种广义的概念，它泛指工艺与技术。杜威指出，人通过发明艺术，"从威胁着他的那些条件和力量本身中构成了一座堡垒。他建筑房屋、缝织衣裳、利用火烧，不使为害、并养成共同生活的复杂艺术"③。人们通过行动改变世界，它与前面一种通过在感情和观念上改变自我的途径一起，构成了人们与周围世界相联系的桥梁。然而，从一开始，这种艺术的方式就受到限制和怀疑，人们感觉到这种方式藐视神力，是危险的。因此"一直很少有人预示过，人类可以借助于艺术来控制自然的力量与法则，以建立一个秩序、正义和美丽的王国，而且也很少有人注意到这样的人"④。

---

①③ 杜威：《确定性的寻求——关于知行关系的研究》，傅统先译，第 1 页，上海人民出版社，2004。

② 杜威：《哲学的改造》，第 6 页，安徽教育出版社，1999。

④ 杜威：《确定性的寻求——关于知行关系的研究》，傅统先译，第 2 页，上海人民出版社，2004。

　　人们之所以采取第二种途径,可以说是被逼无奈的,它晚于第一种途径。光是信仰礼教并不够,人们绝不能只有幻想与暗示,生活的必需使他不得不注意世间的实事。环境的逼迫有时关系到生死存亡,因此人们不能不注意到一些最基本的事实以及与这些事实相关的艺术。他们固然一方面仍可做着幻想的梦,但另一方面,特别是在日常的工艺技术方面,不能不运用实际的知识。一个水手,他尽管可以把风波看做是神的恶作剧,但他毕竟要熟悉起风时如何使用船只帆桨的机械的道理,这就是艺术。它随着人们与周围世界联系的频繁而越来越受到重视。人们享受到了艺术给他们带来的好处并由此发展这些艺术。这样,艺术就与第一种途径发生了一种很不寻常的关系:一个是精神的慰藉,一个是日用的操作,有时融洽相处,有时冲突,各立门户。这种关系后来演变成为理论与实践的关系以及哲学与科学的关系。总的来说,前者一直凌驾于后者之上。

　　对于上述现象,杜威从两方面加以解释。一方面,寻求确定性是抬高精神信仰、贬低艺术的主要原因。艺术是一种外在的行动,它是与外在世界的一种实在的接触。因此,它不仅取决于我们人类,更重要的还取决于自然界,取决于命运。这样,它便有一个内在的不能排除的显著特征,那就是与它俱在的不确定性。正像杜威所说的:行动,但须冒着危险行动。关于所作行动的判断和信仰都不能超过不确定的概率。实践活动所涉及的乃是一些个别的和独特的境况,而这些境况永远不可能确切地重复,因此对它们也不可能完全加以确定。艺术帮助我们考察各种情况,尽量作出最明智的选择,我们据此采取行动,除此之外,其他只能依赖于命运。艺术不能使人真正摆脱不确定性的危险。于是,人们便更加推崇那富于诗意的带有宗教意味的信仰。这是一种精神上的、内心的安慰,它可以无所不包,无往不在。它使人们能够不依靠行动而给人们带来幸福,"这种幸福是完全的,不致陷于外表动作所不能逃避的危险"①。依照传统的主

---

① 杜威:《确定性的寻求——关于知行关系的研究》,傅统先译,第5页,上海人民出版社,2004。

张,理智可以抓住普遍的实有,而这普遍的实有是固定不变的。人们向往这个境界,因为"在这个境界里有一种不表现出来而且没有外在后果的活动。人们之所以喜爱认知甚于喜爱动作,'安全第一'起了巨大的作用"①。由于人们在内心的精神世界中更能找到那支撑偶然世界的支点,他便宁愿相信宗教,相信内在的精神追求,而对行动、实践以及与此相关的艺术抱一种不信任甚至是贬低的态度。另一方面,这种态度又由于社会阶级的分化而得到了加强。劳作从来就是繁重的、辛苦的,它自古以来就受到诅咒,它是人们被迫的行为;而理智则和闲暇连在一起。亚里士多德曾说:"这类学术研究的开始,都在人生的必需品以及使人快乐安适的种种事物几乎全都获得了以后。"他并且说:"这类学术不是一门制造学术。"②杜威指出,由于实践活动是不愉快的,人们便尽量把劳动放在奴隶和农奴身上。社会鄙视这个阶级,因而也鄙视这个阶级所做的工作。

在所有的早期文化中,人们都通过这样两种途径去寻求安全,而且又几乎无例外地总是抬高宗教的途径,贬低艺术的途径。人们一方面控制日常事物,另一方面又依赖某种优越的精神力量。哲学反映了这种区别并固定了这种区别。它继承了宗教的趣味,贬低艺术的趣味。它继承了宗教所涉及的境界,它的认知方式之所以不同于经验艺术的认知方式,正在于它所涉及的是一个高级的实有领域。它将世界分为两个部分。一个大约相当于普通民众在信仰里所涉及的那个宗教的、超自然的世界,这个世界经过了哲学的形而上学的翻译,就成了一个最高、最后的实在的世界。在社会中,一切重要的真理和规则的最后根据,全靠那些最尊贵、最神圣的宗教信仰。同样地,在哲学方面,那个绝对无上的实在也就成了关于事物的一切真理之最后的保证。这个"本体的世界"只有经过了哲学上的系统训练才可看得到。一般人所能认识的只是平常的

①杜威:《确定性的寻求——关于知行关系的研究》,傅统先译,第5页,上海人民出版社,2004。
②亚里士多德:《形而上学》,吴寿彭译,第5页,商务印书馆,1983。

经验的"现象的世界",它是我们的日常世界,是艺术和事实的世界,是一个不完全的、不能永久的世界。

杜威认为,哲学和宗教在形式上的最大不同也就是语言上的不同。哲学因为要担负为往日全凭感情的契合和社会尊崇的东西作辩护,它就不能再用想象和情绪的方式,而只能采用逻辑的、理性论辩的方式。杜威指出,哲学的这种讲究论辩逻辑的方式和它要辩护的对象是分不开的。讨论事实的时候,不需要精巧的逻辑,简单笨拙的证明就够了——只要合乎事实,指给人看就够了。这是一切论证的最基本的形式。只有在亚里士多德称之为"第一哲学"的事业里,只有把哲学看做是一桩冷静理性的、客观旁观的、涉及事实所不能达到的领域的事业里,只有认为哲学高于艺术、哲学只关心事物的形式即普遍必然的真理时,哲学家们才会把逻辑论辩作为自己的主要工具。"凡抽象的定义与超科学的辩证,就是这样起来的;起来之后,有许多人从此不敢来叩哲学的门了,然而哲学的信徒却在这里面寻着无限的趣味。"①

这样,哲学便彻底地脱离了它的最初的源头,而以一种冷峻地探索必然真理的面目出现了。它显得崇高威严,只在自由的世界中施展才能,对经验的世界则不屑一顾。对与这个世界相关联的工艺技术活动更是嗤之以鼻。它运用着严格的推理方式,以压倒一切人的力量迫使人们不能不相信它指给他们的世界。这是一个本质的世界,一个没有哲学的素养便无从谈论的世界。然而杜威警告我们:哲学的这一要求其实是虚妄的,它实际上折射了人们的某种情感上的满足,某种人生的价值,某种对传统信仰的维护。它是保守的,面对过去的;而且,它把世界划分为两个部分,更是生出了无穷无尽的麻烦。哲学改造的任务,就是要消除这种割裂世界、割裂知行的做法。

---

① 杜威:《哲学的改造》,第13页,安徽教育出版社,1999。

二　科学与哲学的改造

哲学改造的武器来自近代科学。杜威将培根当做哲学改造的先驱者,因为正是培根创立了一种新的科学精神,那就是将目光由彼岸世界移到此岸世界,将哲学思考的方式由亚里士多德式的逻辑转向经验主义的观察、实验、归纳。培根自己固然没有作出大的成就,但他为后来者开启了一个新的地平线。

> 培根几乎没有享受他因其是近代思想的真正创基者所应享的称誉;同时,人们称赞他那些功劳,如认为科学所用的各种归纳法之创始人之类,差不多与他无干。培根之所以是可纪念者,在于从一个新世界吹来的软风正对着他的船帆,驴得饱满,因之激起他冒险到新海洋里去。他自己始终不曾发现所厚望的目的地,但他实已揭示这个新目标,并且从信仰上已远远望见这目标的特相。①

培根对新世界观的形成作出了巨大的贡献。西方哲学传统自古希腊以来,一直将经验世界贬为不真实的实在世界的幻象,哲学一直专注于经验世界背后那不变的永恒世界。逻辑的演绎、概念的思辨是把握永恒世界的唯一方式,归纳、观察只适用于经验世界,只能为人们带来意见或表象。是培根将这种哲学翻了个身。传统思辨哲学的虚幻,在培根的揭露、嘲讽下,显得那样苍白无力。哲学不必惧怕经验,相反,哲学应该拥抱经验、拒绝思辨。没有这种大胆的突破,就没有近代经验主义、科学精神的昌盛,也没有实用主义、实证主义等等哲学新潮的涌现。因此,杜威将培根作为近代哲学也是实用主义哲学的英雄,不是没有道理的。

而更值得一提的,对杜威的哲学改造来说也更加重要的,是另一位科学家达尔文。如果说培根用原先被贬的经验世界,以及人们与这个世界打交道的实验行为替代了传统哲学的形而上学以及与之相关的思辨

---

① 杜威:《哲学的改造》,第 18—19 页,安徽教育出版社,1999。

方法,作为人们思考的重心,那么达尔文正是在这个基础上更进一步,将人置于这个经验世界之中,考察人与自然界的关系,考察物种在与环境交互作用中的进化原理。这个思想对杜威的影响是决定性的。培根的思想造就了近代经验主义,而达尔文的思想则直接和实用主义的滥觞密切相关。这主要体现在两组重要概念上。

首先是"物种""起源"的概念。1909年杜威发表《达尔文主义对哲学的影响》一文。在这篇著名的论文中,杜威指出,"起源"和"物种"的概念表明了一种理智的反叛。因为"物种"一词来自希腊,柏拉图和亚里士多德用它来指那种固定的、作为知识的真正对象的实在。一旦物种本身也被带进了变化的世界,人们就没有理由认为"固定""最终"具有一种更高的地位,变化和起源也不再被认为是有缺陷的非实在性的标志了。变化而非永恒才是实在性的检验标准;关注的焦点应由绝对的起源和世界本身转向特殊、多样化的具体的经验世界;必须以自然主义的实验方法来代替传统的超自然的世界观;知识是感性有机体与环境交互作用的产物,而不是认识主体去追求那作为对象的异在世界的摹本;真理不再具有永恒的特征,它是一种有力的工具,而不是供人观赏的展品;应该把一些传统的哲学问题放在一边而转向具体的、现实的人的问题。这篇文章所传达出的所有这些思想已不只是对达尔文进化论的介绍了,它无疑预示着一种新哲学的诞生。这种新哲学强调变化、多样、异质和特殊。2000多年来,哲学强调固定、"最终"的至高无上,达尔文进化论使人们醒悟过来:它们并不是完美的象征,而是衰败死亡的征兆。因此,在杜威看来,自然界是"变化的不确定的聚集体",探究的方法不是将事物与固定不变的东西相关联,而是追寻变化的类型,"断然放弃寻找绝对起源和绝对终极以便找到导致它们的特殊价值和条件"①。

其次是"有机体"的概念。这里包含了两层意思:人和其他有机体是连续的;人和环境是交互作用、有机统一的。在达尔文看来,人作为有机

---

① 参见杜威《论实用主义和真理(1907—1909)》,第10页,南伊利诺伊大学出版社,1977。

体的更高表现形式是由更简单的有机体进化演变而来的,人是在与环境的交互作用中进化的。杜威由此意识到,人并没有高于其他有机体的特权从而把自己置于世界之外,人的意识不过是动物适应环境方式的延伸,"生理的有机体及其结构,无论在人类或在低级动物中,是与适应和利用材料以维护生命过程有关的,这一点是不能否认的。大脑和神经系统基本上是行动与经历的器官"①。我们是生活在世界之中的,我们和其他有机体一样,是这个世界之中的成员。与此相关,我们和世界不是割裂的,而是有机统一的,我们在世界之中,世界也在我们之中,我们和世界的交互作用既促成了我们的进化演变,也促成了世界的变化。不能把我们的概念思考看做世界之外的、加于世界之上的东西,它们是世界之中的,是人与环境交互作用中自然形成的。"活的生命的事业和命运都依赖于它与环境之间的相互交换,这种交换关系不是外在的,而是亲密的。"②这种世界观否定了原先设为哲学前提的二元分割。实用主义正是在这一新的基础上形成了自己的哲学观点,在哲学的任务、哲学的性质等等的看法上产生了巨大的革命性的转变。

　　杜威所处的时代正是科学一路高歌的时代,进化的思想深入人心。这里特别值得一提的是,杜威关于哲学起源和哲学改造的分析与实证主义创始人孔德的知识进化思想十分接近。关于这一点,蒙斯曾有过很好的提示。③ 孔德将人类知识的演化进程分为三个阶段,即神学阶段、形而上学阶段和实证科学阶段。在神学阶段,人类通过宗教的眼睛看世界,人与神同形同性,由此获得和谐;情感和想象而不是理智与观察,是人们精神活动的主要方式。在形而上学阶段,抽象的思辨代替了情感和想像,思考代替了祈祷,但此时的思考和经验观察没有关系,一切都在先验领域中进行。形而上学是宗教的哲学形态。"神学和形而上学都相信,

---

① 杜威:《经验与自然》,傅统先译,第 22 页,商务印书馆,1960。
② 伯伊斯顿:《杜威晚期著作(1925—1953)》第 10 卷,第 19 页,南伊利诺伊大学出版社,1990。
　　中译文转引自塔利斯《杜威》,第 24 页,中华书局,2002(以下所引此书均为此版本)。
③ 参见蒙斯《两种实用主义》,第 144—145 页,纽约,劳特利奇出版社,1997。

取得绝对的知识和解释事物内在的本质是可能的。"①只是到了科学的阶段，人们才不再依赖先验概念，而是专注于经验现象，专注于感觉的世界；通过观察，构造假设，再以观察检验假设，知识只能是实证的知识。显然，孔德的这套知识演化学说和杜威关于"哲学改造"的阐述在思路上十分相近：人类对于世界的认识方式，最初是情感和想象，然后是先验的思辨，最后是经验观察。知识由寻找不变的本质让位于实践的目的。

乍看起来，杜威确实和孔德以及大多数科学史家对科学演变的认识是一致的。但如果仔细分析杜威的学说，我们就会看到，他对科学的认识其实和孔德还是有着精细的差别。孔德是位实证主义者，他所谓的经验观察是近代实证科学意义上的，是近代经验主义所说的感觉观念。而杜威所谓的经验有着与此不尽相同的含义。当他说经验观察取代先验思辨，成为近代科学从而也应该成为新哲学的出发点时，听起来和实证主义的腔调确实十分接近，所以，柯亨对杜威的指责似乎不无道理。不过我们应该注意，受达尔文的影响，杜威要破除一切二元分割，包括经验与先验、观察与推理的二元分割。经验本身是一个渗透了理解、信念的整体，这一思想恰恰又是和库恩的主张相近的。因此，关键是要明白，杜威的经验到底是怎么回事情。

三 自然主义的经验论

"经验"是杜威哲学的关键概念之一，它出现在杜威三本重要哲学著作的书名中②，而且在杜威的各主要哲学著作中，关于经验的谈论都占了相当的篇幅。可以说，把握杜威的"经验"概念，是理解杜威哲学的关节点。

为什么经验受到杜威如此的关注？其中很重要的原因在于，"经验"是整个近代哲学争论的中心话题，是思考人与世界关系的起点。"无需

---

① 梯利：《西方哲学史》，葛力译，第 554 页，商务印书馆，2000。
②《经验与自然》《经验与教育》《作为经验的艺术》。

过分简化,人们便能懂得现代哲学史是关于经验的认识论价值的两种态度之间的一场竞争。"①同时,这样一场关于经验的讨论还涉及许多表面上与经验相距甚远的话题。在"经验"这个常用的哲学概念中隐藏了深深的哲学歪曲,二元分裂式的思维方式浸透了"经验"概念。要改造传统哲学的思维方式就必须从这个最普通,也是最困难的概念入手,只有纠正了"经验"概念的错误认识,人与世界的关系才能回到哲学反思前的原初状态,才能从根本上化解传统哲学所造成的人与世界的分裂。还应该看到,杜威受詹姆斯影响很重,詹姆斯关于经验的论述,对于杜威的哲学思考有着一种不同寻常的刺激。在《心理学原理》中,詹姆斯已经对经验有了一种与近代哲学家们很不相同的解释,虽然此时的詹姆斯还没有摆脱心理主义,但他对经验的看法显然已经受到达尔文的影响,这对杜威是一个很大的启发。②

　　近代哲学,不论是唯理论还是经验论,都把经验看做主观内部的事情。唯理论者把经验看做谬误的根源。在柏拉图、亚里士多德时代,经验被当做感性知觉、记忆或习惯,它所涉及的只是意见,实在的世界只能经理智之路达到。近代以来,精神实体被独立出来,经验成了主观的知觉,它是隔开我们与自然的"帐幕",只有凭借先验的直觉才能越过这层屏障,达到世界的本质。这是自笛卡尔以来的唯理论传统,它把哲学变成了一种思辨的形而上学,高高在上,藐视人世。笛卡尔有过很著名的论断,认为依照经验,人们甚至永远无法确定自己是在做梦还是处于清醒状态。和唯理论相对立的经验论同样采用了笛卡尔的思路,经验在此

---

① 塔利斯:《杜威》,第38页。
② 关于这一点,杜威指出:"詹姆士(即詹姆斯——引者注)的影响是进入我思想中的一种能详细论述的哲学因素……需要说明的是,它来自于詹姆士的《心理学原理》……我认为,这是因为在詹姆士的《心理学原理》中,存在着两种未取得一致的论调。一种论调是在采用从前的心理学传统的主观宗旨时打下基础的……另一种论调是客观的。它是在讲到《心灵》中的早期生物学概念时打下基础的,但是,一种具有新的力量和意义的回答,应归功于生物学从亚里士多德时代以来所取得的巨大进展。就这种思想的介绍和应用来说,我怀疑,到目前为止,我们是否开始认识到一切都应归功于威廉·詹姆士。"(杜威:《从绝对主义到经验主义》,载于简·杜威《杜威传》,第67—68页。)

同样被看做主体内的关于世界的最初知识。不同点在于,经验论者认为经验是对世界的如实表象,经验是知识的最终来源。然而由于已经将经验当做内在于心灵的表象,如何证明它和外部世界之间的对应,成了经验论者的最大难题。

杜威指出,这种关于经验的理解是西方2000年来二元分裂的产物,是被哲学反思扭曲了的。它把自然和经验看做是两个完全不同的东西。但实际上,经验不是把我们和自然割裂开来的屏障,它毋宁是联结人与自然的桥梁,是达到自然、揭露自然秘密的一种方法且是唯一的方法。人正是运用这种方法使自然更进一步地深化、丰富起来。过去的哲学家们之所以把经验与自然分裂,主要原因在于他们并没有真正从经验出发,他们对经验所采取的是一种非经验的态度。他们所说的"经验"并非真正的原始的经验,而是经过了他们的理智加工改造的结果,是他们反省的产物。但是,他们却把这种结果当做是未经歪曲的经验的原初状态,于是就有了建立在二元分裂基础上的"经验"概念。

杜威是位经验论者,也就是说,他反对在经验之外寻找知识的源泉,主张哲学应该从经验的思考(对经验的思考和经验式的思考)中建立自己的学说。但他认为,对经验的真正的理解应该是"面向经验本身",既不要把经验中的要素抽走,也不要把不属于经验中的要素加入。这一点和詹姆斯的主张一脉相承。杜威对传统经验论的批评和詹姆斯的批评几乎一样,都认为传统哲学没有从"经验是什么"出发描述经验,而是从"经验应该是什么"出发去描述经验。那么经验本身是怎样的呢?杜威认为,人和其他有机体一样,首要的事实是生存于环境之中,人首先是一个有机体,在对他所处的环境进行反思之前,他生存着,没有把环境作为对象和自己分离开来,没有把人和世界割裂开来,从而没有把经验当做关于世界的表象,经验就是人与环境的协调互动。说我对某物有经验,首要的不是说我对它有一种反思的表象认识,而是说我与它打过交道。

"生物有机体"概念是理解杜威"经验"概念的重要一环。把它和洛克谈论经验的方式作一比较,我们就能看出它的鲜明的特征。洛克在他的《人类理解论》中这样说道：

> 我们可以假定人心如白纸似的，没有一切标记，没有一切观念，那么它如何会又有了那些观念呢？……他在理性和知识方面所有的一切材料，都是从哪里来的呢？我可以一句话答复说，它们都是从"**经验**"来的，我们底一切知识都是建立在经验上的，而且最后是导源于经验的。①

洛克认为人直接认识的是观念，观念由经验而来，是关于外部事物的反映。然而，经验作为人的感官知觉何以能和外部世界相对应，对这个问题洛克并没有给出有力的回答。洛克的世界观模式受近代物理学影响很大，伽利略、牛顿的机械物理学是洛克世界观的科学基础。人是世界的观察者，他不加入世界的构成，世界是由和人完全无关的一些无声无嗅的微粒组成。人只能反映它，而且在这种反映中，凡是不能被物理量所测量描述的，都一定是世界之外的，属于人的心灵的，或至少是人的心灵和世界共同构成的。在这样一幅世界图景中，经验由于是人的经验，故只能是属于心灵一边。属于心灵一边的经验怎么能担负起沟通心灵与世界的桥梁，这不能不让洛克派哲学家们深感头痛。

杜威对经验的描述完全不同。他不是将经验建立在近代物理学模式上，而是将经验建立在19世纪达尔文生物学基础上的。人不是在世界之外，而是在世界之中的。人不是世界的旁观者，而是和世界融为一体的，属于世界的一部分。经验不是认识的一环，而是在世界中"做事情"，是"一种行动的事件"。杜威就此反复指出：

> 如果生物学的发展能被接受的话，那么经验的主题就至少是动物的，和其他有机体形式在一个更加复杂过程中的连续性。……不能把经验等同于大脑的活动，它是在所有与环境——自然的和社会的——交互作用中的整个有机的施力与忍耐。大脑首先是某种行

---

① 洛克：《人类理解论》上册，关文运译，第68页，商务印书馆，1983。

为的器官,不是认识世界的器官。再重复一遍,经验只是与自然事物相互作用、相互关联的某种模式,有机体碰巧也是这些自然事物中的一个。由此同样有说服力地推出,经验首先不意味着知识,而是意味着做和经历。①

经验是有机体自身和世界之间持续累积的交互作用的产品,也可以说是副产品。②

凡有生命的地方,即有行为、活动。要生命继续,这个活动一定要连续不断并且要适应于环境。……请注意这个观点在传统的对经验之观念起了怎样的变化。经验成了主要是行为的事情。生机体并非停着不动,像米叩伯似的(Micawber-like)老是等有东西出现。它并不被动地懈怠地等东西由外边给它以印象。③

我们可以举个简单的例子来说明杜威的"经验"概念。当我们说我们有关于某个城市的经验时,我们想要说的是什么呢?是不是想说我们看了很多关于这个城市的图片或电影?或者说是不是作为游客观光了这个城市的许多地方?近代哲学家们把经验看做心灵内部关于世界的表象,就像一个人坐在密封的影院内观看关于世界的电影。就算这电影和现实等同,也不过像是一个观光客对世界有着很多的印象。而我们知道无论我们看多少这样的电影,逛多少城市的美景,我们还是不能说自己就有了关于这个城市的经验。相比之下,只有那些生活于这个城市,与这个城市相互交换,将自己融入这个城市中的人才能说具有关于这个城市的经验。也许他甚至不如电影观众或城市旅游者看的地方多,但我

---

① 杜威:《哲学复兴的需要》,载于伯恩斯坦《关于经验、自然和自由:代表性选集》,第45页,纽约,鲍伯斯·梅林出版公司,1960。另参见威斯特《美国人对哲学的逃避》,第88—89页,威斯康星大学出版社,1989。
② 伯伊斯顿:《杜威晚期著作(1925—1953)》第10卷,第224页,南伊利诺伊大学出版社,1990。
③ 杜威:《哲学的改造》,第54—55页,安徽教育出版社,1999。

们仍然会说,他比他们对这个城市更具有经验。这里用"他具有经验"不是很合适的,因为经验不在他心灵中,而在他与城市的交互作用中。他和这城市生活在一起,城市对于他是环境,他在前反思的状态下与他的环境融为一体。经验在这里和生活是同类语。一切都在流动中,一切都在施动-受动的转换中。所以杜威又说:

> "经验"是一个詹姆士所谓具有两套意义的字眼。好像它的同类语生活和历史一样,它不仅包括人们作些**什么**和遭遇些**什么**,他们追求些**什么**,爱些**什么**,相信和坚持些什么,而且也包括人们是怎样活动和**怎样**受到反响的,他们怎样操作和遭遇,他们怎样渴望和享受,以及他们观看、信仰和想像的方式——简言之,**能经验**的过程。"经验"指开垦过的土地,种下的种子,收获的成果以及日夜、春秋、干湿、冷热等等变化,这些为人们所观察、畏惧、渴望的东西;它也指这个种植和收割、工作和欣快、希望、畏惧、计划、求助于魔术或化学、垂头丧气或欢欣鼓舞的人。它之所以是具有"两套意义"的,这是由于它在其基本的统一之中不承认在动作与材料、主观与客观之间有何区别,但认为在一个不可分析的整体中包括着它们两个方面。①

美国著名的实用主义思想史家史密斯在说明杜威的"经验"概念时曾举了一个形象的例子。他说:"在杜威的经验意义上,例如,具有马的经验,远远不止是具有关于马的感性特征的记录;它意味着熟悉马的习惯,熟悉马也许会怎样行动;它也意味着了解怎样和它们'打交道'或在它们面前表现自己。"②这种"经验"概念强调的是经验的原初状态。我们是和环境相互作用的,这是我们有机体的第一前提。我们并不是先认识对象,而是先占有、享有对象的。经验首先应该是这种占有、享有并与对象彼此不可分,因而它必定一开始是相对模糊的、混沌未开的,相比之

---

① 杜威:《经验与自然》,傅统先译,第 10 页,商务印书馆,1960。
② 史密斯:《目的与思想——实用主义的意义》,第 80 页,芝加哥大学出版社,1978。

下，只是因为有了一个旁观者，经验才开始被处理为清楚的观念。

这样一种对于经验的理解显然和传统的"经验"概念有很大不同。在《哲学复兴的需要》一文中，杜威将近代哲学的"经验"概念概括为五个特征：(1) 经验属于知识的事情；(2) 经验是心理的东西，它完全被"主观性"所污染；(3) 经验是对已发生的事情的记录，其焦点只是对准过去；(4) 经验是简单个别的聚合，联系和连续被排除在外；(5) 经验与思想截然相反。

"经验"概念的这五个特征构成了近代主客二元认识论所赖以存在的前提。关于它与杜威"经验"概念的区别，塔利斯有过很简练的说明①：针对(1)，"在杜威看来，经验是生命体维持自身的中介。经验是活的，它主要是一种生命现象，而不是一种认识现象"。针对(2)，传统哲学把经验看做思维中的图像，于是产生出"内部"经验和"外部"世界的关系问题。杜威的观点是："这类困难不是由经验自身产生的，而是特定的经验论的产物。经验并不使人否定外部世界的存在，经验意味着我们是在特定条件下行动的生物。"针对(3)，"杜威的'经验'概念不是对外部世界的被动的记录，而是与外部世界发生互动的行为事件。从生命体与环境中的其他因素之间的互动这一角度来理解，经验主要关注被规划的未来以及被改造的环境"。针对(4)，"激进经验论（指杜威的经验主义，又译"彻底经验主义"——引者注）从经验包含着连续性与联系这一事实开始。经验自身表现为行为与经历的连续；在经验中不同阶段的联系不是外来的，而是经验的实际特征"②。关于(5)，我们想稍微多说两句，因为这是实用主义一个非常独特而有意义的思想。在杜威看来，传统"经验"概念将经验与思想相对立的做法与近代哲学关于主体的设置以及关于旁观者的知识理论是分不开的。近代哲学认为，经验处于主体之中，这个主体外在于自然并与它相对立。它是否被叫做主体，或是灵魂，或是精神，或是心灵，或是自我，或是意识，或只是认知者，都是无关紧要的。重要

---

① 关于这方面的更多的分析，还可参见威斯特《美国人对哲学的逃避》，第 88—92 页，威斯康星大学出版社，1989。

② 塔利斯：《杜威》，第 54—56 页，中华书局，2002。

的是这个主体被看做外在于世界,因此存在于主体中的经验便有些莫名其妙。它和思想不同,后者是关于世界的审视。而经验由于既不是世界中的,又不是主体对世界的观看(它不是主动的),便只能是一种不知其名、无法说清的神秘的东西。杜威认为,只有二元分裂的哲学才会产生上面一些关于经验的错误理解,一旦我们破除了二元分裂的思维方式,"经验"概念就会有一种崭新的含义。经验是第一位的,思想和感觉都是在经验中发生的。经验渗透着思想,渗透着理解。感觉和整理感觉的能力并不是性质完全不同的东西,它们都是经验的一部分。没有所谓纯粹的经验,经验一定是整体的经验,是充满意义的经验,是充满理论、思想的经验。思想并非完全内在于心灵,它凝固在我们与之打交道的环境之中。

杜威的"经验"概念颇为独特,同时又让人难以一下子接受,其原因就在于西方哲学长期以来的二元分裂的思维方式给人们造成的根深蒂固的思维定势。词语本身并没有确定的含义,人们对于它的理解实际反映了人类文化共同体对于世界的理解。原本是生活中的某些实践行为的结果,慢慢地转化为带有形而上学恒常性的前提。"经验"概念就是如此。史密斯认为,在理解杜威的"经验"方面,德语似乎比英语更可取一些。英语中的 experience 在德语中有两个词可与之对应:Erfahrung 和 Erlebnis。前者多在较为严格的认知意义上使用,后者则有生活和经历的含义。杜威所说的经验更接近于后者。[①]

四　评罗蒂对杜威经验学说的诠释

杜威的经验学说在他的整个哲学体系中占有举足轻重的位置,对此他自己也很看重并很得意。[②] 然而,恐怕令杜威没有想到的是,正是他的

---

① 参见史密斯《目的与思想——实用主义的意义》,第 215 页注⑥,芝加哥大学出版社,1978。

② 据胡适说,"在十多年前,有一次我去看他(指杜威——引者注)。那时他的一部新书叫做《经验与自然》的刚出版没多久。他很高兴地对我说:'现在有许多人说它新;三十年后就成了老东西了。因为大家都接受了这理论,就不觉得新奇了。'当时他对于自己的新书也不免得意。"(《胡适讲演》,第 308 页,中国广播电视出版社,1992。)

经验学说为他的哲学的新颖性、创造性蒙上了一层阴霭,使罗蒂这位杜威的当代最著名的崇拜者大感失望。

长期以来,杜威一直是罗蒂心目中的反基础主义英雄。在罗蒂眼里,和海德格尔相比,杜威的反基础主义更加鲜明彻底,更加祛除了形而上学的痕迹。然而这只是写作《哲学的改造》等著作的那位杜威,不是《经验与自然》的作者。①因为在《经验与自然》中,杜威试图建立一种关于经验的形而上学理论,从而没有真正克服传统的基础主义哲学倾向。尽管罗蒂不愿意将这一点夸大,但他还是专门写下了《杜威的形而上学》一文,对此提出批评。罗蒂对杜威的诠释遭到不少人的反对,围绕杜威的经验学说,引起了许多争论,反映出不同的哲学立场。

据罗蒂说,杜威一直想写一本阐述形而上学体系的著作,一直在两种冲动之间摇摆不定:"终其一生,杜威一直在治疗型的立场和另一个非常不同的立场之间摇摆,那就是:哲学要成为'科学的'或'经验的',并且要做某种严肃的、系统的、重要的以及建设性的事情。"②在罗蒂看来,杜威从来没有摆脱这样的信念:只有他对经验的学说才揭示了经验的本来面目,而其他关于经验的说法则混淆了材料本身和关于材料的分析结果。杜威回到原初的经验的意图是要以此来否定二元论,但当他这么做的时候却不经意地回到了传统的基础主义形而上学:"它(杜威经验学说——引者注)效仿传统形而上学,为进一步的探究提供一种永久的中性基质。这种自然主义的形而上学会说:'这就是经验的本来面目,在二元论的分析之前它已经在起作用。'"③

按照罗蒂的愿望,杜威本不该如此重视经验,而应该更加关注语言。由于缺少语言哲学的意识,杜威看不清知识和经验之间没有直接的证明关系。当杜威把人的认识和动物的适应环境不加区别,认为"认知经验

---

① 罗蒂指出,杜威在《哲学的改造》中表明了一种"治疗型哲学"的主张。参见罗蒂《客观性、相对主义和真理》,第 3 页,剑桥大学出版社,1991。
② 罗蒂:《实用主义的后果》,第 73 页,明尼苏达大学出版社,1982。
③ 同上书,第 80 页。

一定起于非认知经验"时,他滑向了基础主义的泥潭,违背了他自己的反基础主义立场。杜威的问题在于:(1)用人和其他有机体共有的中性经验来解释认知,没有看到人与环境的相互作用只是一种因果关系,并非解释认知的证明(justification)关系。这是两种性质不同的关系,"将我们描述知识的因果前件的词汇和我们用来证明我们知识主张的词汇混在一起,这种对人类知识的理解会一无所获"①。(2)杜威的相互作用不能解释世界的概念化问题。当杜威把原初经验和物自体放在同一个层面上时,他就必须对这种类似物自体的原初经验何以成为概念化的现实经验作出说明。相互作用不能说明这一点。"康德所说的'由直觉运用概念的综合而实现的经验世界的构成',杜威想把它称做'超有机体的事物和有机体共同参与的相互作用'。"②除非求助于康德式的先验自我,杜威没有办法说明经验世界是如何产生的,中性的原初经验不能解释现实经验世界的形成。

罗蒂自己也是一个自觉的实用主义者,和杜威不同的是,他从来没有像杜威那样崇拜达尔文的进化论。在他看来,杜威过于强调生物学词汇,以致将它当做了新的解释知识的基础。杜威的原意是要反对二元论哲学传统,但他没有看到这种反对可以采取两种方式:

> 一种可以站在洛克一边,认为人类有机体中所具有的因果过程,不用任何非自然东西的侵入,就足以解释知识(道德的、数学的、经验的以及政治的)的获得;另一种也可以站在黑格尔一边,认为对于知识要求的合理的批判总是依据人类在特殊时代所面临的问题。③

罗蒂认为,杜威本来是个黑格尔的继承者,但在《经验与自然》中,他成了洛克的信徒。他想像洛克那样是一个自然主义者,同时又像黑格尔

① 罗蒂:《实用主义的后果》,第 81 页,明尼苏达大学出版社,1982。
② 同上书,第 83 页。
③ 同上书,第 82 页。

那样,成为一个历史主义者,但最终在阐述自己的经验学说时,还是更多地投向了洛克。根源就在于他始终想建构一种形而上学体系,不满足于仅仅是治疗型的哲学。

罗蒂对杜威经验学说的诠释引起多数人的怀疑和不满①,其中较为温和的是舒斯特曼(R. Shusterman)。他认为,杜威确有模糊之处,他有时过于强调了原初经验的直接性质对思想和话语的指导作用,这和他的反基础主义原义不相一致。杜威自己本来已经为我们提供了避免这种基础主义的好办法,他的实用主义揭示了思想和行动如何受到习惯、目的、有机体的需要的制约,这些前反思要素可以起到直接的实质经验所起的作用,而用不着在它们之外设想一种原初的直接经验。②但这并不意味着罗蒂对杜威的解读是正确的,罗蒂所说的洛克式的基础主义认识论,抹杀了认知和非认知的存在之间的界限,以致把后者当做前者的基础,当然是十分错误的,但罗蒂并没有给出证据表明杜威犯了这样的错误。当杜威突出认知和非认知经验的连续性时,他并没有主张后者为前者提供了解释的标准。事实上,杜威是否定这一看法的。罗蒂没有理会杜威谈论原初经验的意图。杜威之所以强调非推论的经验,不是要为认知提供基础,而是要强调这种非推论的直接性对于审美的重要意义。杜威看到了我们最热烈而生动的直接经验对于艺术生活的重要价值,审美不能以抽象概念为基础。对于杜威来说,审美的满意要比科学的满意更加重要。③ 但舒斯特曼承认,"杜威自己并不总是抵制这种诱惑的"④,他确实也有罗蒂所说的想用前认知的、非语言的经验作为基础的冲动。

比舒斯特曼更加激烈的是斯图尔。他在《谱系学的实用主义》一书中严厉批评了罗蒂对杜威的解读,认为罗蒂完全误解了杜威。之所以如

---

① 如库威(D. W. Couway)、斯图尔、舒斯特曼、高尼洛克(J. Gouinlock)、斯利珀(K. Sleeper)、T. 亚历山大等人。当然也有人对罗蒂的解读表示同情,如威斯特。

② 参见舒斯特曼:《杜威论经验:基础还是重构?》,载于哈斯金和西普勒《重构的杜威》,第202—203页,纽约州立大学出版社,1999(以下所引此书均为此版本)。

③ 同上书,第203页。

④ 同上书,第198页。

此,原因就在于"几乎没有就杜威做家庭作业和系统的研究"①。在斯图尔看来,就根本上说,罗蒂和杜威分属两种截然不同的哲学阵营:"一方面,是杜威的实用主义及其对文化重建的注重;另一方面,是罗蒂的'新实用主义'及其对理论解构的注重。"②斯图尔分别引述了罗蒂在不同时期对于杜威形而上学的阐释,认为罗蒂既"误读"了杜威,也"误用"了杜威。

针对罗蒂的指责,斯图尔指出,杜威对于经验的一般特征的"形而上学的"描述明显不是要达到某种超越生活的目标,从而逃避自由,进入非时间的永恒。"任何一位细心的读者都一定会看到,这是和杜威哲学的语言和精神相违背的"③。杜威的经验学说所讨论的是不可还原的存在特性,构成实在的是不可还原的经验,它和意义不可分离;然而杜威又不是在对某一种特定经验范式加以描述,他要讨论经验的一般特征。这特征就是"不确定,连续,具有质的内容,以及社会性。……经验被理解为相互作用、'双重意义的'、主客不可还原的统一,有机体与环境的不可还原的统一,前景与背景的统一"④。斯图尔指出:

> 在我看来,形而上学不是关于存在"范式"的研究。因为关注一般特性,杜威的形而上学是更加民主的:所有的存在,作为存在,都平等地是存在的范例。同样,我认为,不存在单独的一类经验,为形而上学探究提供了钥匙。存在许多同样合法的进入杜威形而上学的入口:审美经验、宗教事件、经济活动、科学实验、学校常规、社会实践等。⑤

斯图尔要强调的是,杜威的经验学说不是高于生活的形而上学,"经验"就是生活经验,和意义不可分离,是不可还原的;然而杜威要探讨的

---

① ③ 斯图尔:《谱系学的实用主义》,第 121 页,纽约州立大学出版社,1997。
② 同上书,第 120 页。
④ 同上书,第 128 页。
⑤ 同上书,第 127 页。

不是某一种经验范式,而是这种经验的一般特性,所以他需要一种形而上学理论,来建构这种新的经验学说。罗蒂的错误在于,他还没有真正摆脱二元论的思维方式,总是在传统的要么形而上学要么反形而上学或非形而上学的两极中打转,于是,一会儿将杜威当做反形而上学的英雄,一会儿又将杜威当做形而上学的牺牲品。其实,杜威两者都不是。

怎样看待杜威的经验学说以及罗蒂对于它的诠释?我们认为,杜威的哲学意图是清楚的,经验学说的目的是要摧毁传统哲学的二元论前提。在阐述自己的这一主张时,杜威的思路也是清晰的。问题的关键在于,他是否要超越当下偶然经验,为反思的认知提供一种非反思的基础。从杜威自己一贯的哲学立场来看,他是不赞成这种基础主义做法的,但他的某些话又确实容易使人将他当做某种变形的基础主义者。比如,在说到原初经验与反思经验的关系时,杜威指出:

> 请大家注意原始经验的对象与次生的反省经验的对象之间的关系。原始经验的题材产生问题并为构成第二级对象的反省提供第一手的材料,这是很明白的……①

> 如果历史的和自然的连续性是没有裂口的,认知的经验必然是起源于非认知的一类经验之内的。②

这听起来很像是把原初经验当做了反思经验的基础。但杜威的意图并不是像罗蒂说的那样,要用原初经验来解释反思经验,他的真正意图是,前反思的生活是一切反思活动的起点和归宿,人的反思活动不能脱离人的生活:

> 第一,精练的方法和产物应追溯到它们在原始经验中在它的全部丰富和错综复杂的状态中的来源;因而就要承认它们所由产生以

---

① 杜威:《经验与自然》,第7页,商务印书馆,1960。
② 同上书,第22页。

及它们所必须满足的需要和问题。第二，派生的方法和结论要放回到平常经验的事物中来，在它们的粗糙和自然的状态中，求得实证。①

杜威从来没有把原初经验看做是赤裸裸的物自体，生活中充满了意义和理解，原初经验并不是如"给予"或感觉材料那样没有价值、没有概念融入的东西。它渗透着所有这一切，然而又不是被清楚地反思到的，而是一种模糊的、开放的实践域。后来的反思进一步将它概念化，形成反思的认识。杜威指出，如果用经验的方式对待经验的话，就不能否认经验与价值是不可分的。理智主义（intellectualism）的错误在于把一切的经验过程仅仅归约为认知过程；一切题材、一切自然都被缩减和转化，从而最后被界说为等同于科学本身精练的对象所呈现出来的特征的东西。科学的对象成了世界上唯一客观的存在，价值被剥离出去。但是，"'理智主义'的这个假设是和原始所经验到的事实背道而驰的。因为事物就是为我们所对待、使用、作用与运用、享受和保持的对象，它们甚至多于将被认知的事物。在它们是被认知的事物之前，它们便已是**被享有**的事物"②。既然我们首先是占有事物，然后才认识事物，那么，我们就不能否认，认识活动是在价值背景下进行并完成的。事物在被反省前，便已显示了被我们追求、爱惜、向往等价值特征，知识的对象首先是价值的对象，它作为认知对象只是后来的事情。运用非经验方法的传统哲学之所以否认价值，其根本的原因就在于颠倒了真实的顺序，"把被知的对象所特有的特性孤立起来而说成是唯一的最后实在"，把自然变成"一个漠不关心的、死板的机器"，否认事物是"可爱的和可鄙的、美丽的和丑恶的、可敬的和可怕的东西"。③ 杜威指出，当实在的客体和知识对象逐一等同之后，一切在情感上和意志上的对象都不可避免地被排除在"实在

———————————

① 杜威：《经验与自然》，第 32 页，商务印书馆，1960。
② 同上书，第 20 页。
③ 同上书，第 20—21 页。

的"世界之外，而被迫到一个能经验的主体或心灵的隐居之处去寻找它们的避难所。知识的对象越客观，价值的对象便越主观。经验的对象和经验的主体之间仿佛有一道穿不透的墙，将其分为两个世界，一个是客观的自然的世界，一个是主观的价值的世界；一个是处理客观对象的科学的世界，一个是表达情感意志的美学、伦理学的世界。

原始经验是多面的、丰富的，对于它可有多种打交道的方式。传统哲学偏爱从认知的角度切入经验，牺牲激起欲念、指挥行动和产生情操的特性。杜威指出，在我们的生活实践中，有选择地强调某一方面并伴随着对另一些方面的删除和拒绝，这并不是完全不可理解的。因为我们所选择的材料乃是为了某一目的而被选择出来的。然而，我们在这样做的时候，并不意味着对舍弃掉的东西的否定。我们之所以否弃它们，只是由于它们与我们手头的特殊问题和目的无关罢了。我们将聚光灯打在生活舞台的某一点上，这并不意味着生活舞台的其余部分完全不起作用。在传统哲学中，这种制约条件有时完全被忽视了，人们往往没有注意到："受偏爱的题材是为了一个目的而被选择出来的，而被舍弃的东西在它自己的特殊关联中正是同样的真实和重要的。"①人们在进行科学的探讨时，并非没有道理地把认知对象放在自己的首位，但是这样做不应该意味着只有数理对象才是唯一真实的对象，不应该认为"因为那些在诗的语言中所描绘的品质和那些在友谊中具有中心意义的品质并没有出现在科学的探讨中，它们便不具有真实性，至少没有那些构成物质的数理的、机械的或电磁的特性的那种不可怀疑的真实性"②。

所以，杜威是要强调认知以及其他概念活动的生活基础。原始经验是所有其他精神活动的舞台，但这并不意味着它对反思的认识构成所谓的证明关系。杜威不是一个还原论者，而是一个整体论者。在谈到认知的整体论特征时，他明确指出：

---

① 杜威：《经验与自然》，第23页，商务印书馆，1960。
② 同上书，第23—24页。

　　我们决不会经验也不会构造关于孤立对象和事件的判断,而只是经验和构造关于那些与语境整体相关联的对象和事件的判断。后者被叫做"情境"(situation)……一个对象或事件总是一块被经历着的世界的一个特殊部分、阶段或方面……因为整个复杂环境所产生的某种使用或享有的问题而醒目地突出来。①

　　罗蒂的问题在于,他不能理解原初经验的既原初又渗透价值、概念的特性,所以他把杜威的经验推到了生活之外的物自体世界,认为杜威以此来说明知识是完全错误的。但他没有看到,杜威的原初经验既不是生活之外的,也不是证明知识的。罗蒂的错误正如斯图尔所说的那样,是因为他自己的二元论思维方式没有除根。他不能理解经验何以既是实在的又是整体论的,因此他无法理解杜威怎么可能既是自然主义的又是历史主义的。这两者在罗蒂那里是对立的,而在杜威这里是融合的。

五　真理观及其对詹姆斯的纠正

　　杜威的真理观是对詹姆斯真理学说的继承与发展,它在一定程度上使詹姆斯的理论更加精确,更加融贯了。杜威对真理并没有像詹姆斯那样浓墨重彩地加以谈论。他把真理看做是"观念"问题的一部分,认为如果关于思考和观念的理论已经得到理解,"对真理的概念自然而然随之而出。假如那个理论不能了解,无论怎样叙述关于真理之说,总是混乱人意的,而且这说自身必定反而显得是臆断的背理的"②。因此要明白杜威的真理观,不能不首先了解他的"观念"理论。

　　传统哲学将观念看做对象的镜子,它的意义来自对象。而杜威则把观念看做人与环境打交道的工具。人借助于观念主动地改造环境,排除某种特殊的困苦和纷扰。观念的效能和价值全看它工作的成功与否。真理无非是观念的一种性质,这种性质不是固定地凝结在观念中的,而

---

① 杜威:《逻辑:探究的理论》,第 72 页,南伊利诺伊大学出版社,1986。
② 杜威:《哲学的改造》,第 97 页,安徽教育出版社,1999。

是在观念的主动活动中实现自己的,观念的主动的、能动的功用是最重要的东西,它的正误真伪都包括在它的活动的性质里面。因此,在杜威看来,"真理"实际上是个抽象的名词。不如用副词"真正地"(truly)来取代它。因为只有副词才是对行为状态的描述。名词则使人误以为有一个现成的对象。真理不是现成的对象,不是离开活动单独存在的性质。它是对行为性质的一种说明,它无非是对成功的行为的一种赞语。

和詹姆斯一样,杜威并不一般地否定"符合实在"这一真理的定义。但在杜威看来,"符合"不能理解为内在观念对外在实在的逼真摹写,不能把理想的符号看做是对周围现实存在的准确描绘。"符合"不是一种静态的对应关系,因为观念的功能在于它的工具性,故"符合"只能在动态的意义上才能成立,它是指观念有效地处理了对象,从而获得了满意的结果。传统认识论所注重的只是现实的存在,真理就是对这一部分存在的摹写;而实用主义则主张,更重要的是如何在已知的部分和未知的部分之间架起一座桥梁。真理与其说是与已知现实的符合,不如说是与未知的实在的符合,因为只有这种符合才是有意义的,才能帮助我们更好地适应环境。真理的脸总是朝向未来的:"观念之为观念,其所意欲的东西归根结底是**未来的事物**。"①如果要用隐喻的话,那么"符合"不是照片意义上的符合,它只能是一种地图意义上的符合。地图与照片的最大不同在于,它的真只能通过在已知与未知之间建立起某种关系,从而正确地将我们由已知引向未知才能实现。让我们设想一下,一个人在林中迷了路,对于他来说,应该怎样理解"环境是什么",以及怎样找到与环境(实在)相符合的真理呢? 显然,对于他来说,重要的不是眼前这个现实的、看得见的环境,如树木、岩石等等。这些东西就在眼前,要形成关于它们的摹写似乎没有太大的意义。对于这些东西的认识再逼真,与迷路人也是不相干的。显然,这里所说的"真理必须与之相符"的"环境"是大于眼前这个可见的事实的环境的,它必须包括许多在这个迷路人的眼界

---

① 陈启伟主编:《现代西方哲学论著选读》,第 168 页。

之外的东西。譬如说,它必须包括他的出发点和目的地(现在它们已经模糊),它必须包括引导他走到目的地的道路,它还必须包括许多可以拿来和已知的东西作比较的未见的因素等等。他除了不断地尝试着作出各种计划,画出各种地图,别无他途可寻。杜威指出:"这个概念正是观念所具的意义。它不是什么无关重要的心理实体,或是意识材素的片段,而是'参照现存环境中所没有的部分以解释局部存在的环境'。"①观念是关于这个环境的观念,它显然不是什么摹写,而更是行动的指南。对于这样一种观念,它与实在的符合意味着什么呢?我们怎样考察这一点呢?能站着不动,拿观念和实在作比较吗?当然不能。因为,看在眼里的实在是现成的实在,和这样的实在作比较,我们在前面已经说过,是没有意义的。在这种情况下,那个迷路者只能把观念当做一种假设、地图,将其付诸行动。一旦在行动中获得了成功,走出了迷津,他就认为,观念与实在是符合的。除了成功,即令人满意的效果之外,没有其他衡量标准。杜威指出:"符合,对应,是介乎目的、计划和它自身的执行及满足之间;介乎为了指导行为而画的道路地图,和依照地图各项指示而行动所产的结果之间,这样的符合和成功有什么分别呢?"②

照杜威看来,我们时时处在不确定的环境中,正像迷路人处在林中一样。没有上帝给我们指路,一切要靠我们自己的探索。真理不是供在那里让人欣赏的东西,而是行动的指南,是将我们由不确定的经验引向较确定的经验的工具。杜威的意图并不是对实际的存在不予正视,而是倡导人们应该以另一个态度来看实际的存在。树木、岩石都是实在的(当然,作为"岩石""树木",它们也是经过了理智加工的),但它们并不是实在的一切,并不是认识的终局,它们毋宁是知识的刺激素,更重要的是它们激起我们探究的欲望。杜威说:

　　如果我们把我们四周存在的事物,我们所触到、看到、听到和尝

---

① 拉特纳选编:《杜威哲学》下,赵一苇等译,第 618 页,世界书局(台湾),1979。
② 同上书,第 619 页。

到的事物都当作是一些疑问,必须对它们求得答案……那么存在着的自然就不再是为我们所如是地去接受、服从、忍受或欣赏的东西了。……任何特殊时候所存在的自然界都是对人类的一个挑战而不是一个完满的东西;它为我们提供了可能的起点和机会,而不是终极的结束。①

这里表现着实用主义的思维方式和态度。詹姆斯曾明确说过,实用主义是一种重视后果而不是前提的哲学。杜威继承并强化了这一实用主义的思维方式和态度。他认为:"这两种态度之间显著的差别是一种远超过了科学技术性以外的差别。它标志着一种在整个生活精神方面的革命;一种在我们对于存在中所发现的一切事物的整个态度方面的革命。"②

杜威指出,由詹姆斯所提倡的这种真理观与传统哲学所主张的真理论有两个最大的不同,"即真理不是先天地被创造的,不是被创造为永恒存在的;真理的价值或重要性不是静态的,而是动态的和实践的"③。这样一种看待真理的方式受到许多人的攻击。据杜威的分析,这种情形出于两方面的因素。一方面是"那深入人心的古代传统的因袭"。这一传统将存在分为两部分,一部分是"完全的实在",一部分是"现象的、不完全的实在"。这种区分的结果是把真伪变成了事物本身固定的、现成的、静止的性质。至上的实在是真的,低级的不完全的实在则是假的,现象的存在自以为有实在性,其实并没有。信念的错误不是因为它引人走入迷途,不是它是错误的思考方法,而是因为它把不真实的现象当成了实在或实体。而真概念之所以真,是因为它们的确与真的"实在"相关涉。杜威指出,这样的真理观在古代和中世纪普遍被人们所接受。"以真理为实用的之说,根本对这个见解挑战;我想这两种见解之总不能够妥协

---

① 杜威:《确定性的寻求——关于知行关系的研究》,傅统先译,第97—98页,上海人民出版社,2004。
② 同上书,第97页。
③ 陈启伟主编:《现代西方哲学论著选读》,第178页。

或调停，实是这个新说使人震骇的原因。"①

另一方面则是那"浅薄的误解"。杜威承认，这种误解既出于实用主义真理观的新奇，也由于"对它说明中的缺点"。最大的误解来自实用主义把真理和"满足""有利""有用"结合在一起。也就是杜威所说的"说真理即满足，往往人家以为是仅仅情感上满足，私人的安适，对纯粹个人的需要的供应。……把真理的意义定作功用，人往往以为是供应某个纯粹私人的目的之功用，一个特殊的人所追求的某个利益"②。真理成了满足私人野心和权势的工具。这是对实用主义的一种污辱。遗憾的是，它并非只出自无识的庸人。睿智者如罗素，甚至也"把实用主义的认识论同美国的工业主义的可憎恶的各方面连在一起"（杜威语）。这使得杜威感到有必要对实用主义的"满足""有用"的含义作出说明，他的解释是：

> 所谓满足乃指满足了引起观念，用意，与行为方法的那个问题所含的条件和需要。这个满足包括公众的客观的条件。它并不是受忽起的意想或个人的怪癖的控制。……功用的真理，是指对于改组经验上能够有恰如这说以为能有的那种贡献之功能。一条大路的有用处，不是以它供拦劫贼的利用的程度测算。测算的根据应是这是否真能作大路用，能否供便利的有效的公共运输与交通之需。观念或假设的功用即是它的真妄的尺度，也是同样的道理。③

杜威的这番解释虽然并无歧义，但它仍不能消解人们对实用主义真理观的偏见，其因主要还在于詹姆斯真理学说的不够严谨。这个问题杜威早在1908年的《实用主义所谓"实践的"是什么意思？》一文中就已明确提到。在那篇文章中，杜威对詹姆斯的真理观作了补充说明，它既可看做是杜威对实用主义真理学说的深化、发展，也可以理解为他与詹姆

---

① 杜威：《哲学的改造》，第99页，安徽教育出版社，1999。
②③ 同上书，第98—99页。

斯的区别所在。詹姆斯或许是西方哲学史上第一位明确地将"真理"与"令人满意"连在一起的哲学家。但他对"满意"的使用有着不同的含义，于是造成了混乱，给了反对者们以可乘之机。杜威试图堵住詹姆斯所遗留的漏洞。他首先指出，詹姆斯所说的满足或有利可以在两个层面上理解。一是在和杜威自己的工具主义相同的意义上理解，即把观念当做特定情况下改变先前存在的一种意图和计划，是欲达到某个特殊经验结果的工作假设及试验性的纲领，"如果我们始终一贯地坚持对观念的这个看法，那末就只有**通过观念在和预先的存在协同或应用于预先的存在的操作实际产生的那些结果才是好的结果，才是与确立观念的真理性有关的这种特定意义上的好的结果**"①。

按照这种理解，这种作为真理的观念，其"令人满意"全在于它作为工具达到了预期的目的。这是一种完全客观的行为，与人的主观私利全无关系。它犹如科学实验室里常常出现的那种实验结果因符合假设(观念)而导致的令人满意。这种满足和科学家的个人私利是不相干的，它只是指观念导致的结果仅在实现观念的意图这一方面是有利的。举个例子说，当我拿起一杯有怪味的水时，我可能会作出一种假设：这水有毒。由于没有其他手段，我只好自己将它喝下，结果我因中毒而丧生。从工具主义的意义上说，这个结果是"令人满意"的，它证实了"这水有毒"是真的。但只是在它实现了观念的意图(通过操作来获得验证它的经验结果)"这一个方面是有利的"，然而对我个人而言，这是最不幸的了。本来，如果把这一层理解当做实用主义所说的"令人满意"的全部涵义或基础涵义，那么就可避免许多的诘难。詹姆斯本人也的确对此有过大量的论述。例如他说："真理不过意味着事实的证实"②，又说："如果有一些观念能告诉我们哪些经验是可以预期的，那么，这些观念在这种最初的证实范围内就可以算作为真实的观念而且追求这种观念就是人类

---

① 陈启伟主编：《现代西方哲学论著选读》，第 177 页。
② 詹姆斯：《实用主义》，陈羽伦、孙瑞禾译，第 105 页，商务印书馆，1979。

的首要义务"①,等等。这些话的意思显然和杜威的工具主义真理观是一致的。因此杜威也说"詹姆士(即詹姆斯——引者注)先生有时也明确地承认这一点"②。

但是詹姆斯关于"令人满意"还有另一层不能令杜威满意的说法。那就是他"把由于接受一种信念而得到的任何好处都看作是观念**在此范围内为真的证据**"③。这就出现了问题。因为结果的好处或许并不由观念本身所产生。譬如,詹姆斯说:"**如果神学的各种观念证明对于具体的生活确有价值,那么,在实用主义看来,在确有这么多的价值这一意义上说,它就是真的了。**"④但问题在于宗教神学观念对人是否有价值往往是与人的不同文化背景、趣味、受教育程度分不开的。一个绅士可能会觉得这些观念有价值,于是把它当做真的,一个山夫可能并不觉得这些观念有价值而对它表示冷漠。观念的证实取决于其结果,但假若结果的有利并非观念意图的一部分而是由别的偶然因素所导致的话,它对观念是否还有证实的力量呢?

在杜威看来,詹姆斯显然在这一点上陷入了混乱,他对于"满意""有利"的前一层理解是科学家的理解,而他的后一层理解则是人道主义者的理解,是以人为中心的理解。他在这两者之间徘徊不定,反映出了他既想站在科学主义的立场上又想站在人道主义立场上的矛盾。他既想用前一层理解满足科学家们,满足人们对于物质世界的探究,又想用后一层理解满足伦理学家们,满足人们对于人的尊严、人的至上性的要求。这种难以协调的矛盾使詹姆斯在真理的标准问题上无法自相融贯。不过杜威指出,詹姆斯对此似乎也有所意识,他有时想把这两方面结合起来。比如詹姆斯说过:一个观念能够最适当地完成其满足我们双重迫切的需要的功用,就是最真的。杜威说,虽然我们并不能根据上下文断言,詹姆斯所说的"双重迫切的需要"指的是"个人的需要和客观的需要",但

---

① 詹姆斯:《实用主义》,陈羽伦、孙瑞禾译,第104页,商务印书馆,1979。
②③ 陈启伟主编:《现代西方哲学论著选读》,第177页。
④ 詹姆斯:《实用主义》,陈羽伦、孙瑞禾译,第40页,商务印书馆,1979。

是"可能如此"。杜威认为,詹姆斯似乎是要说,当我们说神的观念由于给人以安慰,"就此而言"是真的。这里的"就此而言",意思是指两个需要的条件之一已满足了,就此而言神的观念是真的,只有在另一个条件也满足之后,它才是"完全真的"。杜威说,这样,詹姆斯就可以避开人们对实用主义的责难,即认为实用主义认为凡是令人适意的东西就是真的。然而,尽管杜威对詹姆斯作了这样一番辩解,他承认自己仍不能赞同詹姆斯的做法,因为"从逻辑的严格性来说,我认为,既然两个条件都得到满足,一个观念才是真的,那末我们就不能说,仅仅满足了其中的一个检验标准即可使信念成为真的,即使在'就此而言'的限度内也不能这样说"①。杜威以下面这段话明确地把自己与詹姆斯区别开来:

> 詹姆士(即詹姆斯——引者注)先生既然提到我,说我认为"真理是令人满意的东西",我可以指出,(且莫说我并不认为我曾说过真理是**令人**满意的东西)除了在观念作为工作假设或实验方法以实现其意图的方式被应用于在先的存在时所产生的**那种**满意之外,我从未把任何满意与观念的真理性相等同。②

杜威显然不愿意像詹姆斯那样在人道主义的道路上走得那样远。在杜威看来,席勒是人道主义路线的代表人物,詹姆斯则只是一个介于席勒与杜威他自己之间的中介人物而已,因此,他与詹姆斯相比与席勒离得更远。1907 年 11 月,杜威在给詹姆斯的信中谈到了这一点:"人道主义的祖先……明显是一种唯心主义的形而上学。我自己的观点更多的是自然主义的……我似乎在这一点上与你更近而与席勒更远,尽管我对此并不确定。"③

个人在确定真理的过程中所占的地位是实用主义又一个容易引起他人攻击的话题。詹姆斯明确地将个人的满意看做是检验真理的重要

---

① 陈启伟主编:《现代西方哲学论著选读》,第 181 页。
② 同上书,第 178 页。
③ 佩里:《威廉·詹姆斯的思想和特征》,第 309 页,哈佛大学出版社,1948。

标准。他的个人并不是"我"或"你",而是相对于普遍的、先天的、绝对的上帝或什么其他东西而言的现实的、具体的、活生生的人。这些人有着不同的价值背景、不同的气质,他们在真理的接受过程中扮演了重要的角色。杜威对詹姆斯的大胆新说表示赞赏,认为"个人因素参与我们的哲学评价,这一点一旦得到承认,充分、坦率、普遍的承认,哲学上的一个新时代就将开始了"①。但他同时指出,在追究个人因素时会有两种不同的解释。一种是以杜威为代表的"芝加哥学派"的观点,另一种是人本主义的观点。按照人本主义的观点,"个人的因素是究极的,不可分析的,具有形而上学实在性的"②。这种观点把个人看做是无前提的,不受制约的,因此实际上是一种"多元论的唯意志论的唯心主义"。杜威反对这一观点,他更欣赏的是芝加哥学派的观点。这一观点把个人与环境、个人与社会结合在一起,认为"个人的因素不是究极的,而是要加以分析的,要对其发生作生物学的规定,对其未来的和功能的方面作伦理学的规定"③。根据这一解释,个人是他人中的个人。詹姆斯强调个人因素,强调个人气质、信念,但他并没有对这些气质、信念作进一步分析。杜威把它们与社会化过程结合起来,这是对詹姆斯学说的进一步发展,而且在一定程度上把皮尔士对社群的强调与詹姆斯对个人的强调统一了起来。

　　杜威在他的晚年很少谈"真理",因为这个词负担了太多的传统哲学的含义。既然真理是观念的一种性质,而观念仅仅是我们与环境打交道的工具,因此它只是"有效的或无效的、恰当的或中肯的、浪费的或节俭的,但决不是'真的'或'假的'"④。杜威于是便用"有根据的可断定性"取代了"真理"的概念。后者是对二元分裂世界的一种弥合,前者则是生活世界中的事情。就像澳大利亚学者巴斯摩尔所说的:"当判断作为由科学方法所派生的东西,与科学引我们到达的理想限度相一致时,判断就

① ③ 陈启伟主编:《现代西方哲学论著选读》,第 182 页。
② 同上书,第 181 页。
④ 巴斯摩尔:《哲学百年·新近哲学家》,洪汉鼎等译,第 132 页,商务印书馆,1996。

是'真的',我们就是'有根据地断它'它们。"①

　　实用主义发展到杜威,可以说,已经完成了它的古典阶段的使命。杜威的哲学思想是实用主义发展史上的一座里程碑。古典实用主义在此走到了顶点。人们可以不赞成杜威的主张,却不能回避杜威所提的问题。在杜威晚年及杜威之后,美国的哲学发展进入了精确化阶段,杜威似乎暂时被人们遗忘了。但这只是一种名称的消失而已,杜威的思想影响仍然存在,而且还十分广泛。在杜威去世四分之一世纪之后,在当年将杜威挤出历史舞台的分析哲学内部,终于又有人重新发现了杜威哲学的价值。蒯因承认自己的自然主义和行为主义与杜威的思想一脉相承,罗蒂更是打出了杜威的旗号,以杜威为精神导师,再度倡导实用主义。普特南近期将视角更多地由詹姆斯转向了杜威。威斯特也对杜威的文化批评式地介入社会备感兴奋和鼓舞。杜威完成了实用主义的阐释,也为新实用主义备好了思想酵母。

---

① 巴斯摩尔:《哲学百年·新近哲学家》,洪汉鼎等译,第 132 页,商务印书馆,1996。

第五章　当代实在论的不同形态

第一节　20世纪实在论的主要特征

实在论是20世纪初英美哲学的主要思潮之一,当时涌现的各种实证主义、经验主义和实用主义等都与实在论有着密切的思想关系。尽管实在论的共同特征是强调在思想之外有某个东西存在,无论这个东西是现实之物还是所谓的客观观念,但在当代英美哲学家那里,坚持实在论的意义并不仅仅是从形而上学和本体论的角度强调外在事物的独立存在,而是更为重视从认识论的角度揭示认识来源的独立性和科学方法的中立性。

一　20世纪实在论产生的历史背景

实在观念是西方哲学中的重要思想之一,更是当代英美哲学家讨论的一个核心内容。在传统哲学中,对实在的认识构成了本体论和认识论的重要组成部分。对实在性质的分析派生出了唯物论与唯心论的争论焦点。

从亚里士多德开始,实在与认识的关系问题就始终是各派哲学家论战的重要内容。根据传统哲学的分类,本体论讨论世界的本源问题,认识论关心知识的形成问题,而"实在"概念则既是本体论讨论的对象,更是认识论关心的内容。"实在"概念的这种独特性使得它在传统哲学中占有极为重要的地位。在中世纪,对"实在"的不同理解构成了经院哲学中的"唯名论"与"实在论"之争,而这场旷日持久的争论是围绕着个别与共相的关系问题展开的。唯名论坚持认为,只有个别的感性事物才是真实的存在,而所谓的共相并不具有客观的实在性,它们是隶属于或派生于个别事物的;与此相反,实在论则断言共相本身就有客观实在性,它们是先于个别事物而独立存在的精神实体,并且构成了个别事物的本质。这种实在论通常被看做是柏拉图理念论的翻版。在近代哲学中,"实在"概念主要被理解为本体论问题。"实在"是与"存在"密切相关的,只有在讨论"存在"为何物时,才会涉及对"实在"的理解。在那里,"实在"是被看做"存在物"的特性。有的哲学家甚至仅在"实在"的意义上才提到"存在",因而把"存在"理解为"实在",如机械唯物论者。

在当代哲学中,"实在"概念被赋予了不同的、更为丰富的含义。在19世纪末20世纪初,无论是英美的哲学家还是欧洲大陆的哲学家,他们都打出了实在论的旗帜,力图表明自己的思想与传统唯心论的决裂。然而,他们对"实在"概念的理解却有着很大的不同。

在德国,新康德主义者把对康德哲学中知识论的热情与英国经验论的复苏结合起来,放弃了建造体系的梦想而直接寻求知识本身。例如,19世纪晚期重要的新康德主义者洛采(R. H. Lotze)根据他对康德的逻辑思想的理解,通过严格区分心理学问题和逻辑问题,认为人类的整个认识活动都是基于对思想形式的研究成果,即逻辑研究。他提出,整个世界普遍存在着一种机制(mechanism),这种机制的规律就是宇宙灵魂的意志本身。对于人类理性来说,在"价值世界"与"机制世界"之间存在着不可逾越的鸿沟,因为价值世界是事物存在的最好世界,而机制世界则是由于机制的强力迫使事物存在的世界。洛采的这种思想通常被称做"实在论",它认为事情的发生方式是由某种机械条件决定的。此外,洛采在讨论逻辑规律时还区分了主观的精神状态与它们的客观意义。他认为,这种客观意义不同于事物的实在性,它是一种观念的世界,但又独立于思考这种观念的人而存在,在这种意义上,客观的观念也具有了独立的实在和内在的规律。洛采关于观念的客观性和实在性的思想在后来的弗雷格思想中得到了充分体现。①

在奥地利,迈农的对象理论通常也被看做一种实在论。这个思想来自他的老师布伦坦诺。布伦坦诺提出,心理现象和物理现象的不同在于前者自身也包含了对象;心理现象总是对某物的意识,这种意识活动总是指向了各种不同性质的对象,这些对象处于意识之外,具有各自的实在性;无论具体的事物或逻辑的抽象或道德的价值等,都是实在的。② 根据布伦坦诺的这种思想,迈农也把"对象"理解为不仅包括现实存在的具体事物以及抽象的共相,而且包括了那些能够用语言来表达却没有现实存在的事物,比如"圆的正方形""金山"等。在迈农看来,只要是能够思考的并且可以对之加以判断的东西,都可以被看做是实在之物,都是实在的。这样,一切虚构之物以及数学公理和逻辑规则等抽象之物都可以看做真实存在的,只要可以用语言来表达并构成对它们的判断,而且这与是否存在这些语言所指的对象无关。迈农的这种实在论基本上是一种柏拉图式的实在论,更接近于英国的新黑格尔主义哲学家布拉德雷的思想。这在 20 世纪初受到了摩尔和罗素等人的挑战。

历史地看,20 世纪初出现的现代实在论有着突出的历史背景和深厚的思想根源。19 世纪末,欧洲大陆的哲学界经历了一场自然主义的洗礼。随着近代实验科学的形成和发展,哲学家们逐渐意识到黑格尔式的

---

① 关于洛采思想对弗雷格的影响,参见斯鲁格《弗雷格》一书(江怡译,第 122—134 页,中国社会科学出版社,1989)。
② 参见施太格缪勒《当代哲学主流》上卷,王炳文等译,第 58—60 页,商务印书馆,1986。虽然布伦坦诺反对把一般概念或普遍概念看做是指向存在某种一般对象,但施太格缪勒认为并不能由此把布伦坦诺的思想称做"唯名论",因为布伦坦诺的目的是为了说明具有实在性的事物既可以是物质性的有形物,也可以是精神性的无形物。另参见冯契、徐孝通主编《外国哲学大辞典》"布伦坦诺"条,第 156 页,上海辞书出版社,2000。

绝对观念和理念世界无法关照现实的经验世界,更无法解释自然科学的发展所提出的许多理论问题。这时候就需要一种理论能够对自然科学的发展给出合理的解释,并形成可以为人们共同接受的理论。这样,关于自然科学和物质世界发展的自然主义哲学就应运而生了。主张这种哲学的哲学家本身就是许多领域中的自然科学家,他们根据自然科学的成就,特别是达尔文的进化论和实验心理学,认为人类知识完全是建立在感觉的基础之上,而感觉不过是另外一种物质现象,因为思想是大脑活动的自然产物,正如尿是肾的自然产物一样。他们由此坚信:"概念只是对所见事物的反思,是对感觉活动的反思。离开了外在事物,它们就空洞无物。当然,在他们看来,不存在天赋观念。即使数学概念也必须看作根植于经验之中。思想法则符合于外在自然界的机械规律。逻辑规则不过是对人类精神活动的经验概括,而这种精神活动反过来则可以用生物学概念加以解释。……倘若数学公式不能合理地解释为表达了心理学的规律,它们就必须被看作是具体的、未经解释的符号。"[1]

显然,这种自然主义的经验论依据的是心理学,因为在他们看来,只有心理学才能真正从经验上解释人们的认识过程,才能完全消除德国的唯心论在意识和感觉问题上所造成的混乱。然而,自然主义的解释同样遇到了主要来自试图捍卫传统哲学的哲学家的挑战,而洛采则是其中的突出代表。洛采在承认自然科学成果及其精确方法的哲学意义的同时又坚持认为,思辨的形而上学同样是可能的,因为这样的形而上学不是从第一原理演绎地构造出来的,而是在尊重科学自主性的前提下从经验科学的材料中归纳地推出来的思辨性结论。自然主义的主要问题在于,它完全用心理学的方法解释一切精神现象和意识活动,把心理活动过程归结为可以观察的物理或化学过程,这就排除了对精神活动特殊性的认识可能性,从而也就抹杀了精神活动和物质活动之间的根本区别。而且,自然主义对知识和实在的解释,完全依据有机体的结构和需要,把外

---

① 斯鲁格:《弗雷格》,江怡译,第 46—47 页,中国社会科学出版社,1989。

在对象作为知识的决定性来源和标准，这样就无法确定根据内在经验所得到的知识，也无法解释感觉活动的认识过程。虽然自然主义者都声称自己是一个实在论者，但他们对实在的理解非常狭隘，因此严重影响了这种哲学本身的说服力。正是由于存在这些困难，自然主义在19世纪末逐渐失去了哲学上的影响力，而被新康德主义、批判的实证主义和现象学取而代之。[①]

新康德主义者在反对自然主义的实在论时，主要是针对这种实在论的唯物论倾向，认为人类的认识根本不能归结为物质过程，虽然自然主义者声称一切精神活动都是物质活动的产物，但他们的理论本身其实就是人类认识活动的产物，因而这个理论也不过是对人类心灵的性质和能力的一种先天假设而已。新康德主义者提出，不仅外部世界是实在的，人类认识范畴也是实在的，因为范畴是存在本身和抽象思维的形式，通过范畴可以划分出认识中的实在和现象。这种对实在的宽泛理解，直接导致了后来的反心理主义。

同样受到康德哲学深刻影响的马赫，虽然在哲学精神上继承的是实证主义的经验论传统，但在对"实在"的解释上却不同于早期的实证主义者，而是更接近于自然主义的观点。马赫称自己的哲学是"批判的实证主义"，因为在他看来，早期实证主义的错误是把经验和认识都看做是理性活动的结果，是对自然现象的解释和说明。而他则认为，人类思维不过是一种自然的现象，所以应当用自然主义的方法去处理概念和判断问题，把它们看做是为了更好地实现认识的手段而已。马赫把逻辑理解为一种经济思维原则，把数学和逻辑规则都理解为来自经验的产物。这样，他就把整个认识活动都归结为自然的过程，正如我们人类自己是自然界的一部分一样。从出发点看，马赫的目的是为了消除人们在概念的形成和作用问题上的神秘主义色彩，但把"概念"解释为某种经验的产物，这显然并不符合人们对概念性质的理解。所以，当时胡塞尔就明确

---

① 参见斯鲁格《弗雷格》，江怡译，第86页，中国社会科学出版社，1989。

表达了对马赫实证主义哲学的不满，把它称做一种"心理主义"而加以排斥。的确，马赫对感觉的分析和他对逻辑的看法具有一定的心理主义因素，但他的哲学从总体上看并不属于心理主义，因为他是把物理学而不是心理学作为探讨一切科学和哲学认识的基础。

从思想根源上看，现代实在论的主要特征是柏拉图的实在论与近代经验论的结合。柏拉图实在论通常被看做是把实在理解为外在于认识的东西，认识活动一定是对这种外在的实在物的理性把握过程。但这种实在论的最大困难是无法合理地解释这种独立于认识活动的实在之物是如何进入经验的，就是说，如果脱离了经验主体感觉材料的介入，实在物本身对认识活动就失去了意义。柏拉图的实在论在近代哲学中也受到了严重挑战，这种挑战主要来自经验论者的批评。在经验论者看来，柏拉图式的实在论把认识过程遮上了一种神秘的色彩，完全抹杀了认识活动的经验来源。但这种指责的错误在于，柏拉图的实在论是一种关于世界本原的本体论主张，而经验论则是一种关于认识起源的认识论学说。所以，很难用一种认识论来批评一种本体论。总的来说，19世纪欧洲大陆哲学中的实在论主要讨论的是事物的独立存在问题，基本上属于本体论或形而上学领域。而像洛采和迈农等人在讨论逻辑与语言时提出的实在论思想，也是关涉逻辑规则或语言命题的本体论地位问题，因而他们的思想也是在本体论的意义上被视为实在论。

虽然20世纪的实在论基本上仍然是以本体论为主要理论特征，但各种形式的实在论之间的差异并不是体现在它们的本体论观点上，而是在它们的认识论主张中。"实在论"这个名称本身就表明，持这种哲学的哲学家是在本体论上取得了一致的或大体一致的观点。同样，正是由于他们在认识论上采取了不同的方法和思路，20世纪才会出现打着"实在论"旗号的各种哲学理论。

二 20世纪实在论的主要特征

从总体上看，在西方哲学史上出现过的各种实在论，都是以追求世界本原或认识来源作为其理论出发点的。柏拉图和亚里士多德的实在论是以本体论为理论特征的,目的是为了说明作为存在第一物的基石在构成世界中的作用;而中世纪的实在论则具有明显的认识论特征,实在论把抽象名词或概念的意义完全归结为它们所指向的某种抽象的实在物。这与唯名论形成鲜明对照,因为在唯名论者看来,真正存在的只是我们可以感觉到的事物,一切名词或概念的意义完全取决于它们所指向的那些具体事物,而抽象的概念由于不存在所指之物,因此只能作为名称而已。①

与传统的实在论不同,20世纪在西方哲学中出现的各种实在论虽然形式各异,内容庞杂,但作为实在论却具有某些共同的"家族相似"。由于对实在有着各种不同的解释,所以就有了各种不同形式的实在论。对各种实在论的出现,普特南曾有一个说明:"'主义'(ism)一词在哲学中已经不时髦了,这无疑是件好事,但某些'主义'之词依然明显地顽固不化。'实在论'就是这种词。近来,越来越多的哲学家都在谈论实在论,却很少有人谈到什么是实在论。"②他认为,所有的实在论都有一个共同特征,这就是承认真理的符合论。他还把实在论分为三种。第一种是唯物论的实在论,这是指物理主义的观点。他不同意物理主义把语言的意向性以及其他所有性质都归结为物理的性质。第二种是形而上学的实在论,这是主张有一个超越了所有人类可能认识的东西之外的真理观念。普特南声称这种看法是他所不能接受的。第三种是他所谓的趋同的实在论,是指把一切成熟科学理论中的名词都看做是有所指称,所以在一定程度上,这些理论或多或少地近似于真理。这种主张是对科学与科学对象之间关系的一种描述。普特南认为,这种实在论把"有电子流

---

① 现代文献中很少提及当代实在论与中世纪的实在论之间的关系,虽然两者的名称完全一样。这主要是因为,中世纪的实在论主要是在宗教神学的话语中,讨论的是上帝的存在问题。而且从思想来源上,现代实在论并没有直接从中世纪的实在论那里汲取理论营养,而更多的是从近代经验论中得到思想启发。然而,唯名论在现代的表现形式却是以经验论为特征的。这也是造成实在论在当代哲学中具有歧义和模糊性的重要原因之一。
② 普特南:《意义与道德科学》,第18页,伦敦,劳特利奇与基根·保罗公司,1978。

经导线"这个陈述和"房间里有一把椅子"或"我头疼"这样的陈述看做在客观上是同样真实的。正如椅子（或感觉）的存在是客观的一样，电子的存在也是客观的。在这种意义上，普特南把自己看做是一个科学实在论者。

在宽泛的意义上，20世纪的实在论主要代表着一种哲学的基本倾向，即承认认识对象不依赖于我们的认识而存在；然而，在不同的哲学家那里，对"实在论"本身也存在着不同的理解。例如，在科学哲学中，实在论被理解为这样一种主张，即认为科学理论和实在世界之间存在着一种直接的关系，因此科学理论是对世界实际情况的描述。而在语言哲学中，实在论则被看做是在语言与实在的关系上，主张语言对实在的断定取决于构成这个断定的真值条件。当然，无论哪种理解都把实在看做是我们所感知的经验世界，正如一位日本哲学家所说："所谓实在就是这个现实的日常世界，就是这个充满感性并能用语言把握的现实世界。"[①]而不同哲学家所持有的不同实在论，不过是用不同的语言或方法对这个世界的不同描述而已。这样，实在论就不再是某种哲学思潮或哲学理论的专利，而是所有哲学家在思考哲学问题、提出自己的哲学主张之始必须考虑并作出回答的问题，即我们对世界的认识或描述与这个世界究竟是什么关系，换言之，这个世界究竟是独立于还是依赖于我们对它的认识或描述。

从常识的角度看，任何一位哲学家都不会（除非他有意哗众取宠）明确地反对现实世界的存在，分歧在于如何理解和描述这种存在，并根据不同的理解和描述来确定这种存在的可能性或现实性。所以，英美哲学家在讨论实在问题时都承认，实在就是现实的世界或事物，而不是终极的或形而上学的东西，尽管在实在究竟是构成了认识还是被认识所构成这一点上哲学家们的观点产生了重大分歧。在这种意义上，实在论已经不再是哲学家用于标志自己哲学理论的标签，而是被普遍看做符合常识

[①] 黑崎宏：《"观测理论"和实在》，载于《哲学译丛》1990年第5期，刘绩生译，第23页。

立场的认识背景。而在这种背景中,发出与实在论不同声音的反实在论主张也就很容易地突现出来。这就是实在论与反实在论之争在当代哲学中引人关注的重要原因。

虽然当代实在论具有这种明显的常识背景,但与传统的实在论相比,作为当代哲学中的一种重要思想倾向,实在论仍然具有一些"家族相似"。我们可以把这些相似大致归结为以下几个方面:

1. 强调实在是不依赖于人类认识活动的客观对象,无论是物理的对象还是概念的对象,无论是科学的对象还是常识的对象。强调外部世界的客观存在,这正是 20 世纪初出现的新实在论反对 19 世纪黑格尔绝对唯心论的重要法宝。我们在前面已经看到,虽然自然主义在 19 世纪后半叶成为欧洲文化的主流,但在哲学上仍然是由黑格尔唯心论占主导地位,特别是布拉德雷的绝对唯心论在当时的英国哲学以及整个欧洲哲学中都具有很大的影响。罗素在回忆自己在 19 世纪末的学习经历时就强烈地感到布拉德雷哲学对当时英国哲学的支配地位。[①] 怀特在《分析的时代》中则指出,类似黑格尔哲学的包罗万象的哲学概念主要集中在欧洲大陆,这也是摩尔和罗素等人在 20 世纪初举起反叛绝对唯心论大旗的历史背景:"罗素和摩尔在剑桥受到了黑格尔主义者的影响,即剑桥的麦塔格(即麦克塔加特——引者注)和牛津的布拉德莱(即布拉德雷——引者注)的影响。罗素告诉我们,是布拉德莱和麦塔格两人共同使我成为一个黑格尔主义者。"[②]

根据怀特的分析,当代实在论的这个特征包含了两种形式:(1)常识的形式,即认为一切外在的物理对象都是不依赖于心灵而存在的;(2)柏拉图式的实在论,即认为存在着既不依赖于个人的心灵,又不同于物理对象的共相或绝对理念。[③] 的确,20 世纪上半叶在英美相继出现的"新实在论"和"批判的实在论",虽然它们的主要分歧是在如何认识外在对

---

① 参见罗素《我的哲学的发展》,温锡增译,第 30—32 页,商务印书馆,1982。
② 怀特:《分析的时代》,杜任之等译,第 17 页,商务印书馆,1981。
③ 同上书,第 18 页。

象的问题上,但它们对这样的外在对象的理解却是一致的。它们都认为,认识对象独立于认识活动,这样的对象可以是客观的外在事物,也可以是独立于心灵的共相。这种认识论特征来自布伦坦诺、迈农的实在论,也从马赫和詹姆斯那里得到了支持。[①] 同样,摩尔和罗素在 20 世纪初提倡的实在论,主要是一种常识的或朴素的实在论,强调对自然世界的常识性认识的重要性。但 20 世纪中期之后,在科学哲学、语言哲学等领域中出现的各种形式的实在论,则大大强化了柏拉图式的实在论的特征。

2. 与传统的实在论相比,现代实在论对"实在"概念的理解更为宽泛,更看重把"实在论"理解为一种基本的哲学立场或思想背景,而不是一种统一的哲学主张或理论观点。虽然新实在论和批判的实在论曾经作为独立的哲学流派存在于 20 世纪前 30 年,但所有属于这些哲学流派的哲学家都有各自的研究领域,而且在一些具体问题上也持有不同的观点。例如,新实在论者蒙塔古(R. Montague)主要研究认识论,佩里主要研究价值理论,批判的实在论者桑塔亚纳的主要兴趣是形而上学和美学,洛夫乔伊则主要研究观念史。[②] 虽然他们的研究领域不同,许多观点也多有分歧,但他们在自己的思想中都坚持了实在论的立场。

当代实在论立场的核心思想是承认某种外在对象或属性的存在,不仅独立于我们的认识活动,而且独立于一切心灵。这样的对象或属性包括了外在世界、数学对象、理论实体、因果关系、道德和美学属性以及他人的心等等。正是由于对"实在"概念的不同理解,才形成了各种不同形式的实在论,如"朴素的实在论""直接的实在论""道德的实在论""法律的实在论""数学的实在论"以及"准实在论"等等。正如内格尔指出的:"我们不能完全描绘或知道某些事物,因为它们处于语言、证明、证据或经验理解所能达到的范围之外,当我们被迫承认这种事物的存在时,实

---

① 参见巴斯摩尔《哲学百年·新近哲学家》,洪汉鼎等译,第 292 页,商务印书馆,1996。
② 参见涂纪亮《美国哲学史》第 2 卷,第 209—213 页,河北教育出版社,2000。

在论就是最不可抗拒的。"①根据这种理解,实在论表明了世界独立于我们的心灵,但存在的问题则是,这样的理解如何能够以一种有意义的方式去解释不为常人所能把握的世界概念。这样,实在论就不仅涉及我们对世界的理解,而且更重要的是涉及我们的这种理解的范围:正因为存在着我们无法理解的事物,所以我们才不得不承认所有我们能够理解和不能理解的事物都应当是存在于我们的理解之外的。②

3. 与传统实在论明显不同的是,当代实在论都涉及对语言的使用和理解问题。正是对语言描述与事态存在之间的关系有着不同的看法,因而产生了对实在及其与语言表达关系的不同理解。这就涉及当代英美语言哲学中的实在论与反实在论之争。与这场争论在科学哲学中的表现不同,在语言哲学领域,实在论与反实在论主要围绕是否存在词所指称的对象这个问题展开了针锋相对的辩论:在实在论者看来,对语言本身的研究就是对语言之外存在物的研究,而语言所指的这些存在物最终以各种形式构成了语言的意义;但在反实在论者看来,语言的意义并不取决于外在于语言的东西是否存在,而是在于语言的使用者是否理解了语言,而且,只有在掌握了关于语言的大量知识之后,人们才能真正理解语言的意义。

当代语言哲学中的实在论始于罗素,他与摩尔共同提出的新实在论,就是从语言与世界的关系入手,对布拉德雷的绝对唯心论发起了攻击。他认为,不仅词所指称的对象是存在的,而且原子命题所描述的事实也是存在的。词的意义就是它们所指的对象,而原子命题的意义也是它们所描述的事实,或者说,语言正是由于指称和描述了语言之外的东西而具有意义。罗素的这种实在论通常被称做意义的"指称论"。但由于这种实在论把语言与实在的关系解释得过于简单化了,无法解释意义与指称的不对称关系,因而很快就被另一种实在论所取代,这就是斯特

---

① 内格尔:《出自无处的观点》,第 108 页,牛津大学出版社,1986。
② 同上书,第 90 页。

劳森的"描述的形而上学"。斯特劳森早在《论指称》中就从语言用法的角度对罗素的指称论提出了严厉的批评,认为罗素的错误就在于把语言的意义与语言的指称混为一谈,没有考虑到语言的用法对意义的贡献。他指出:

> 意义(至少就一种重要的涵义来说)是语句或语词的一种功能;而提到和指称,真或假则是语句的使用或语词的使用的功能。提出语词的意义(就我使用这个词的涵义来说),就是为了把这个语词使用于指称或者提到一个特定对象或特定的人而提出一些**一般的指导**;提出语句的意义,就是为了把这个语句使用于构成某些真的或假的论断而提出一些**一般的指导**。……语词的意义不可能等同于该语词在某一特定场合下所指称的对象。语句的意义不可能等同于该语句在某一特定场合下所做出的论断。因为,谈论一个语词或语句的意义,不是谈论它在特定场合下的使用,而是谈论在所有场合下正确地把它用于指称或者断定某某事物时所遵循的那些规则、习惯和约定,因此,一个语句或语词**是否有意义**的问题,与在**某一特定场合下所说出的**该语句是否在那个场合下正被用来做出一个或真或假的论断的问题、或与该语词是否在那个特定场合下正被用来指称或提到某物的问题毫无关系。①

斯特劳森的这番话清楚地表明了他与罗素思想的明显区分。他在后来的《个体:论描述的形而上学》(1959)这本代表作中更为明确地提出了他的实在论观点,这就是他所谓的"描述的形而上学"。这种形而上学不是直接谈论"世界上有什么事物存在",而是要讨论"我们认为这个世界有什么",就是说,通过考察我们谈论世界的方式来揭示呈现于我们理智的世界。由于我们对世界的理解只能通过我们的语言来进行,我们也只能在语言结构所规定的范围内去谈论实在,因而,这种形而上学(也就

---

① 斯特劳森:《论指称》,载于涂纪亮主编《语言哲学名著选辑》,第 94—95 页,生活·读书·新知三联书店,1988(以下所引此书均为此版本)。

是斯特劳森的实在论)讨论的不是物理宇宙、上帝或灵魂等事物的存在，而是讨论我们关于它们的概念以及这些概念之间的关系。

尽管斯特劳森提出的"描述的形而上学"仍然是一种概念的分析，但他并不像逻辑实证主义那样把研究的目的限于分析语言的逻辑结构，而是深入到逻辑结构的底层，即反映我们对世界思想的根本特征，这就是我们基本的概念结构。斯特劳森提出，要说明这种基本结构，就必须首先考察我们最基本的话语方式以及我们在语言活动中所涉及的最基本的处境。由于语言交流的基本功能就是说话者要使听话者明白他所说的内容，因而这就需要在听话者与说话者之间应当有基本的确认（identification），这就是对所谈论或所思考事物的一种辨明或认同（identity）。如果对双方所谈论的事物没有可以认同的标准，那么语言的交流也就无法实现了。可见，斯特劳森的实在论在某种程度上是一种传统的"形而上学实在论"，所不同的只是，他没有承认有不依赖于我们的思想而独立存在的某种不可观察的实在。

4. 与传统的实在论相比，现代实在论思想带有明显的语言分析哲学特征。它们不像素朴的实在论那样讨论语言之外的世界是否独立于我们对它的思考而存在，而是讨论我们的语言是否以及如何描述语言之外的事态，我们语言的意义以及真理是否依赖于语言之外的事实。这种实在论的最主要代表就是美国哲学家戴维森，他与反实在论的主要代表达米特之间的论战构成了当代语言哲学的重要内容之一。

戴维森的实在论是建立在塔尔斯基"关于真的语义学定义"（the semantic definition of truth）基础上的意义理论。塔尔斯基的定义是要为真（truth）寻求一个在实质上恰当而在形式上正确的表达标准，这个定义就是他提出的所谓"T 等式"，即"x 是真的，当且仅当 p"。这里的 p 是指可以和"真的"这个词相联系的任何句子，x 则是指这个句子的名称。例如，句子"雪是白的"是真的，当且仅当雪是白的。根据塔尔斯基的论述，这里的"雪是白的"必须被看做是句子的名称而不是句子本身，因为在"……是真的"这个句子中作主语的只能是一个名词或名词性的表达式,而且,"不管我们用什么言辞对一个对象作出断言,任何语言的使用的基本惯例都要求必须使用对象的名称而不是使用对象本身。因此,如果我们希望就一个句子说点什么,比如说它是真的,我们就必须使用这个句子的名称,而非这个句子自身"①。从塔尔斯基的论述中可以看出,他希望通过这个定义对所有可以断定为真的句子提供一个恰当的标准,但对于断定句子的真是否必须首先断定使句子成真的真值条件的存在,塔尔斯基似乎并不关心,因为他的着眼点仅仅在于如何用一种更为中性的形式来表达真的问题,语义学定义正是这样一种形式。他写道:

> 实际上,真理的语义学定义并没有暗示任何可以作为像"雪是白的"这种句子能够得以断定的条件之类的东西。它仅仅意味着,无论我们什么时候断定或反对这个句子,我们都必须准备断定或反对这样相关的句子即"句子'雪是白的'是真的"。这样,我们可以在不放弃任何我们已有的认识论态度的情况下接受真的语义学概念;我们可以依然坚持朴素实在论、反实在论或唯心论、经验主义或形而上学——坚持我们以前所坚持的。语义学概念对于所有这些争端是完全中立的。②

应当说,塔尔斯基的真定义的确是属于语义学的,就是说,它是把真的问题归结为语言的表达形式问题,而与语言之外存在的事物无关。但戴维森提出的自称以塔尔斯基定义为基础的理论,在某种程度上却是把塔尔斯基原本排除或悬置起来的实在问题重新引入他的意义理论,他在把塔尔斯基的真之理论改造为自己的意义理论时,也就把塔尔斯基中立的语义学改造为带有明显哲学倾向的实在论。戴维森认为,他所提出的意义理论是一种经验理论,它要求对于被断定为真的句子都能够提供与这种真相对应的真值条件,而且从这个理论本身可以生成无穷多的句

---

① 塔尔斯基:《真理的语义学概念和语义学的基础》,载于涂纪亮主编《语言哲学名著选辑》,第248—249页。
② 同上书,第274页,译文略有变动。

子,其中的每个句子都给出一个句子的真值条件,这样,我们就只需要询问被这种理论断言为句子真值条件的东西是否真正存在。戴维森的意义理论通常被称做"戴维森纲领"。他的做法简单说来就是,通过以外延的方式处理塔尔斯基"T 等式"中的"p"所占的位置,也就是抛弃内涵式的意味概念,为代替"p"的句子提供一个恰当的句子连词,为代替"s"的描述词提供自己的谓词,其结果就是戴维森所提出的所谓"T 约定":
(T)s 是 t 当且仅当 p。他写道:

> 我们对于一种语言 L 的意义理论所提出的要求是,在不求助于任何(进一步的)语义概念的情况下,这种意义理论对谓词"是真的"赋予足够的限制,以便可以当"s"为 L 中一个语句的结构描述语所替代、"p"为该语句所替代时从 T 图式中衍推出所有的语句来。①

通常认为,"戴维森纲领"就是通过把塔尔斯基的真定义改变为一种意义理论,从而说明句子的真值条件如何构成了对其组成部分外延属性的解释。因而,他的意义理论通常被看做是语言哲学中的实在论代表。他对此也有过清楚的表述:

> 成功的交流证明存在有一种关于世界的共有看法,它在很大程度上是真的。……我们研究语言的最一般的方面也就是在研究实在的最一般的方面。……如果把语句的真值条件置于一种详尽完整的理论的语境之中,那么,展现出来的语言结构就会反映实在的大部分特征。②

但与传统的实在论以及科学实在论不同的是,戴维森的实在论是一种关于意义与真理的实在论,其目的并不是希望通过对语言结构的研究得到某种形而上学的结论;相反,它只是为了考察为什么说语言的结构可以被看做是反映了实在的结构,以及如何能够在理论上正确地描述和

---

① 戴维森:《真理、意义、行动与事件》,牟博编译,第 9 页,商务印书馆,1993。
② 同上书,第 132—133 页。

理解某种自然语言。所以,在这种意义上,戴维森的实在论是一种狭义的语义学实在论,而且他的理论通常也被看做是一种符合论。但后来他的思想发生了一些变化。通过与美国哲学家罗蒂的思想交流,他开始放弃把自己的理论称做符合论。他在1989年的杜威讲座上所作的讲演"真之结构和内容"中就明确地说道:"对符合论的正确反驳并不是说,符合论使真成为人所绝不能合法追求的某种东西。真正的反驳是说,这样的理论没能提供真之载体(无论我们把这些载体看作是陈述、句子,还是表达)能够被说成与之相符合的实体。如果这是对的,而我相信这是对的,那么我们也应当质问下面这种流行的假设:句子,或说出句子的符号,或我们头脑中类似句子的实体或构造,可以被恰当地称为'表象',因为没有什么让它们表现的东西。如果我们放弃使句子为真的、作为实体的事实,我们就应该同时放弃这些表象,因为它们各自的合法性都是相互依赖的。因此,我们有重要的理由为过去说塔斯基式的真之理论是一种符合论而感到遗憾。"[①]产生这种遗憾的原因在于,他认为,选择"实在论"和"符合"这些术语是有毛病的,因为它们使人联想到他的理论肯定地认可了一种立场或一个清晰的应当被采纳的论题,而事实上他的理论在实在论和关于真之理论的立场上却一直持有一种否定的观点,这就是认为从认识论的角度讨论这些问题是错误的。然而,尽管如此,戴维森仍然认为可以把他的立场称做一种实在论,因为它拒绝了像达米特的反实在论那样的立场。事实上,在语言哲学领域内,人们在把"戴维森纲领"看做一种实在论时,始终是把它与达米特的反实在论相提并论的,以至于巴斯摩尔在他为《哲学百年》所作的续篇《新近哲学家》中,把戴维森和达米特放在同一章里讨论。[②]

三 20世纪实在论的历史地位

在英国,20世纪初最早提出实在论主张的是摩尔和罗素。摩尔发表

---

① 戴维森:《真之结构和内容》,载于《哲学译丛》1996年5—6月合刊,王路译,第110—111页。
② 参见巴斯摩尔《哲学百年·新近哲学家》,洪汉鼎等译,第674—700页,商务印书馆,1996。

于 1899 年的《论判断的性质》这篇早期论文引发了他对实在问题的关注，他把所有命题都看做是断定概念间的关系，而命题的真也就意味着它与实在达成一致。他认为，世界是由许多永恒不变的概念组成的，命题就是概念之间的关系，一个真命题就是断定了这样一种概念关系的"真"，并且是一个"事实"或"一个实在"。他后来发表于 1903 年的那篇著名的《驳唯心论》一文更是直接把批判的矛头对准了以布拉德雷为代表的唯心论，从常识的立场出发对"存在就是被感知"这种唯心论主张作出了有力的驳斥。他声称，被感知绝不是感觉材料的本质，因为常识告诉我们，被感知的事物在我们没有感知到它们时依然存在。他在后来的《为常识一辩》和《关于外部世界的证明》等几篇文章中更为直率地根据常识来证明外部世界的存在不依赖于我们对它的感知。这种近乎素朴的实在论在早期罗素的思想中引起了很大的震动，导致了罗素对唯心论的反叛，并与摩尔共同成为 20 世纪初英国新实在论运动的领袖人物。

当然，罗素的实在论与摩尔的思想之间也有所不同。在罗素看来，要证明外部世界的存在，只能采用逻辑的方法，通过对命题中各项关系的分析，最终发现关系是外在的。也就是说，关系命题是不可还原的。而且，对罗素来说，命题中的专名都是指称它们所代表的对象，而通常被看做专名的许多名词经过分析实际上不过是缩写的"摹状词"而已。罗素希望通过这种方式能够使我们在逻辑中保持一种健全的实在感，从而从逻辑上清除迈农的非实在的对象。从摩尔和罗素的实在论可以看出，他们虽然也都强调外在世界的独立存在，但着眼点却是在如何确立判断（摩尔）或命题（罗素）与实在之间的关系，如何从逻辑上证明真判断和真命题与实在的一致性。这与迈农的那种无所指的名称仍然存在所代表事物的对象理论，或与布拉德雷的那种把观念作为唯一实在的绝对唯心论有着天壤之别。

在美国，英国的经验主义实在论对 20 世纪初的美国哲学产生了很大的影响，在美国哲学中先后出现了所谓的"新实在论"和"批判的实在论"。与摩尔和罗素的实在论出发点相同，美国的新实在论也是以一种反对唯心论的论战姿态出现的,并希望在论战的同时提出一种具有建设性的实在论哲学。而与摩尔和罗素不同的是,这些实在论者直接打出了自己的哲学旗帜,直接宣称自己的哲学为实在论,而不是多元论或逻辑一元论等。更为显著的是,这些实在论强调科学方法论的重要性,并力图以此来证明唯心论的错误和本质的独立存在。新实在论者宣称,哲学家应当像科学家那样在工作中进行合作,采取共同的科学研究方法,这种方法就是逻辑分析的方法。他们明确提出,新实在论的主要目的之一就是为逻辑方法和精确科学的方法作论证并加以推广。不仅如此,他们还强调把认识论问题孤立起来,只需研究认识的主体和被认识的对象之间的认识关系,而不要预先断定关于认识主体或被认识对象的最终性质问题。

当然,作为一种实在论,新实在论主张,至少某些我们所认识的具体事物在我们还没有认识到它们之前就已经存在了;不仅如此,他们还主张,至少某些我们所认识的本质或共相在我们还没有认识到它们时就一直存在着;至少某些实在的具体事物以及共相是直接被认识的,而不是通过摹写或精神映象被间接认识的。新实在论的这些主张体现了一种把逻辑分析方法与共相主义相混合的特征。随后出现的"批判的实在论"虽然在承认认识对象的客观存在这一点上与新实在论并无二致,但它既不承诺物理的一元实在论,也不承诺逻辑的实在论。在批判的实在论者看来,心和物是两种不同的存在,我们所认识的东西并不是心灵或意识的某种状态,而总是外在对象本身,而且对象是独立于认识过程而存在的。同时,逻辑方法绝不是为我们提供知识的唯一途径,相反,经验科学的研究才为我们得到关于对象的知识提供了正确的道路。由此,批判的实在论宣称自己最符合常识,最尊重经验科学。然而,由于批判的实在论并没有真正解决在区分了心物之后所带来的一系列问题,因而它在美国哲学中并没有产生很大的影响,其中的一些批判实在论者在转向了自然主义之后反而在不同的领域作出了更大的贡献,比如桑塔亚纳的美学思想、塞拉斯的科学哲学等。同时,实在论在 20 世纪 20 年代之后也逐渐与分析哲学中的某些流派融合,最终不再作为一种独立的哲学流派存在,更多的是成为不同哲学思想的理论背景或主导倾向。

历史地看,虽然新实在论和批判的实在论曾经作为独立的哲学流派出现在英美哲学舞台,但实在论的哲学倾向却始终存在于其他许多重要的哲学流派或理论中。我们如今评价实在论在当代哲学中的历史地位,不是根据实在论是否成为一种具有重要影响力的哲学流派,或它在整个当代西方哲学中究竟起到了什么样的作用;我们要挖掘实在论作为西方哲学的一种重要思维方式,如何体现在不同的哲学思想中,以及它又是如何引导不同的哲学家在各自的研究领域展开和深化对实在的不同理解的。

摩尔和罗素在 20 世纪初掀起了一场新实在论运动,以朴素的实在论或常识实在论反对布拉德雷的绝对唯心论。但罗素并没有停留在这种实在论观点上,而是很快就离开了实在论的路线,关注在他看来更为重要的逻辑问题和关于外部世界的知识问题。虽然有些哲学家对他的这种转变表示了遗憾,而且罗素本人在他晚年似乎也表现出对实在论哲学的回归倾向,但他在整个哲学生涯中并没有完全放弃实在论立场:他对世界的关注以及对逻辑完美性的推崇,他对神秘主义的批判和对真理的探究,他对人类知识的确定性的追求和对崇高之物的坚信不移,所有这些都体现了一种实在论的精神,即对不依赖于我们认识活动的身外之物的信仰。这样的实在论精神同样体现在维特根斯坦的哲学中:"最难的东西不是经验论,而是实在论。"[1]因为在维特根斯坦看来,经验论是我们在哲学中试图成为实在论者时所做的事情,但我们却是以错误的方式或不够努力的方式得到了经验论;而实在论却不是我们在从事经验论者的行为时所得到的,相反,实在论本身就显示了我们所从事的研究性质。[2]

---

① 维特根斯坦:《关于数学基础的评论》,冯·赖特等编,第 325 页,牛津,布莱克威尔出版社,1978。
② 参见戴蒙德《实在论精神、维特根斯坦、哲学和心灵》,第 39 页,麻省理工学院出版社,1991。

　　广泛地说,这种实在论的精神不仅表现在明确宣称自己为实在论者的新实在论和批判实在论的哲学中,而且作为理论前提存在于当代英美科学哲学和语言哲学之中。例如,科学实在论就认为,可以用一些理论术语指称假设性的实体;一些假设性的实体是存在的候选者,它们可能是世界上实在的事物、质量和过程;而且,一些存在的候选者是可以证明的,就是说,可以在合适的条件下用某种形式来表明。[①] 可以看出,科学实在论基本上是主张假设实体的存在,无论用于指称这种实体的理论术语是什么;但与传统的实在论不同的是,科学实在论所主张的假设实体并不一定存在于现实世界中,它们也可能存在于理论体系或话语氛围之中。不过,科学的发展表明,这些假设实体的存在最终会使我们的理论更加接近客观的世界,因为承认这些实体存在的内在动因就在于相信,我们对实在的认识是正在逐渐趋向对实在的真的描述。同样,在语言哲学领域,以戴维森为代表的实在论主张语言所指的对象构成了语言的成真条件。美国哲学家德威特(M. Devitt)则明确区分了"常识实在论"和"科学实在论",前者承认可观察对象不依赖于精神活动而存在,而后者则坚持不可观察的对象也是不依赖于精神活动而存在的。他提出,由于对不可观察对象的存在问题无法用语义学的方法来解决,因此我们应当采纳常识实在论而不是科学实在论来解释事物的存在样式。[②] 另一位美国哲学家布莱克伯恩(S. Blackburn)则提出一种所谓的"准实在论"。这种实在论认为,我们可以像实在论那样谈论对象的存在、道德思想以及情感的表达等,但不必成为一个实在论者。布莱克伯恩写道:

　　　　我把这样的一番事业,即表明无物存在——甚至根据反实在论的观点,没有不合适的东西存在,投射谓词中没有"不健全的"东西,叫做**准实在论的**事业。其要点就在于,它试图根据较小的基础获得道德语言的特征(或投射理论可能应用的其他承诺的特征),而这种

---

① 参见哈瑞《科学哲学导论》,邱仁宗译,第 96 页,辽宁教育出版社/牛津大学出版社,1998。
② 参见德威特《实在论与真理》,第 296 页,普林斯顿大学出版社,1977(第 2 版)。

语言使人们接受了实在论。①

他在《准实在论》一书中写道：

> 我的问题是这样：我开始怀疑刻画真理论争论的熟知方式——实在论与工具论的对立等等——是否成功地划定了有意义的争论领域。我也怀疑知识论是否会提供一种解决方法，使得我们通过观察关于知识的各种对立观点，可以最终真正理解对立的形而上学立场。我会以一种**"准实在论者"**的形象来努力解决这些怀疑，这就是，从公认的反实在论立场出发，发现自己逐步能够效仿被公认为实在论特征的思想活动。结果，准实在论这个纲领开始于休谟关于因果信念和道德信念的论述。②

从这些哲学家的论述中可以看到，实在论绝不是一个简单的哲学立场的标签，它的确表明了一种对待认识对象和外在世界的态度。在某种意义上，实在论具有了贯穿整个当代西方哲学的作用：科学的、理性的精神是整个西方哲学的主线，而科学和理性本身就是对真的追求。也正是在这种意义上，实在论与反实在论之间的争论构成了当代英美哲学发展的重要内容。

第二节　新实在论

从以上我们已经知道，新实在论是 20 世纪初相继出现于英国和美国的一种哲学思潮。这种哲学的共同特征是以反对 19 世纪末的绝对唯心论为标志，坚持和提倡关于外部世界的常识观点，用本体论和认识论的实在论反对形而上学的实在论。当然，在英美两国不同的哲学家那里，他们对实在和世界的理解各有不同。

---

① 布莱克伯恩：《扩展语词》，第 171 页，牛津大学出版社，1984。
② 布莱克伯恩：《准实在论》，第 15 页，牛津大学出版社，1993。

一　新实在论的主要特征

作为一种哲学思潮,新实在论在 20 世纪的西方哲学舞台上虽然只有短短二十年左右的时间,但它对当代西方哲学的影响却非常重大。它不但掀起了当代哲学反对绝对唯心论的序幕,而且直接把科学的认识论引入了哲学研究领域,在客观上促成了当代哲学家对逻辑、数学以及自然科学方法论的研究,开创了以科学研究的方式处理哲学问题的先河。

尽管新实在论是以反唯心论起家,但它并不是简单地宣布唯心论是错误的,而是反对一切主观主义、一元论、绝对主义或一切神秘的哲学观点,因为这样的观点宣称,一切非精神的事物或是被创造出来的,或是由认识的心灵以某种方式加以修正的。但在新实在论者看来,真实的客观世界完全是通过感觉经验而直接被认识的,关于对象的知识并没有也不可能改变这个认识对象本身;而且,我们的经验和知觉是由经验对象确定的,而不是去构成经验对象的,我们对经验对象的感觉并没有创造或改变对象本身。历史地看,在 20 世纪初提出这样的反唯心论观点不仅具有反传统形而上学的意味,而且为当时已显陈腐之气的欧洲哲学舞台提供了新鲜的空气,正如罗素形象地描述的那样,他们突然感到天空是蔚蓝的,空气是清新的,一切都是那么美好自然,他们突然有了一种解放的感觉。罗素写道:

> 在刚一得到解放的欢畅中,我成了一个朴素的实在论者,极为高兴,认为草真是绿的,即使自洛克以来所有的哲学家都持相反的意见。我不能一直保持这种愉快的信念的原有的力量,可是我再也不能把我自己关在一个主观的监牢里了。[1]

同样,在美国的新实在论者那里,对唯心论的批判使他们找到了志同道合的语言,因为这样的唯心论把认识活动完全禁锢在了认识心灵的

---

[1] 罗素:《我的哲学的发展》,温锡增译,第 54 页,商务印书馆,1982。

内部,放弃这种唯心论就意味着认识心灵的解放。正是在这种解放感的驱使下,新实在论者提出了一些他们认为可以取得共识的观点。从英美的新实在论者提出的观点中,我们可以看到,作为一种哲学思潮的新实在论在理论上具有以下主要特征:

1. 反对一切唯心论和主观主义,承认认识对象不依赖于认识活动或认识心灵存在。承认实在的独立存在,这是一切实在论哲学的基本特征和标志。但在传统实在论哲学中,这样的实在不仅被理解为外在世界,更为主要的是被理解为不依赖于个人的认识活动而存在的独立的理念或观念。由于追求确定性和永恒性是人类的天性,所以,从亚里士多德开始,哲学家们就没有停止过从哲学上确定某个阿基米德点。把"实在"理解为独立的共相或观念,正是试图从纷繁复杂的现象世界中寻求永恒不变的"真理""大全""恒一"等绝对理念的哲学努力。这就是柏拉图式的实在论、黑格尔的客观唯心论(实在论)的哲学理想。然而,这种哲学理想在新实在论者那里受到了严重挑战。新实在论者反对一切唯心论和主观主义,因为在他们看来,它们的错误在于颠倒了认识对象和认识活动之间的依存关系,用我们的感觉和意识取代了我们所感觉和意识到的对象,这不仅与科学的发现相背离,也与我们的常识相背离。新实在论者提出,独立于认识活动或心灵存在的不是某种精神的实体,而只能是作为我们认识和经验来源的对象。他们主张,"被认识的事物并不是认识关系的产物,它们的存在或行为也并不是本质上依赖于那个关系的"[①]。

2. 反对认识论先于逻辑的观点,认为逻辑本身就是关于实在的理论。笛卡尔以来的传统实在论哲学是建立在认识论基础之上的,这样的认识论是以心理学为根据,以个人的感觉经验为出发点。但在新实在论者看来,常识和心理学所谓的"知识""意识""经验"等项在逻辑上不是根

[①] 霍尔特等:《六位实在论者的方案与初步纲领》,载于陈启伟主编《现代西方哲学论著选读》,第 417 页。

本的,而是逻辑上后于关于实在的理论,至少是后于它的一些部分的,这个关于实在的理论断定有一些不是意识或经验的项或关系是存在的。"认识论在逻辑上并不是根本的",相反,"有一些逻辑原则在逻辑上是先于任何从其他命题中推演出来的命题的。基于这个理由,关于认识性质的理论、关于认识与其对象的关系的理论,在逻辑上是后于逻辑原则的。简要地说,逻辑在逻辑上是先于任何认识论方面的理论的。再者,各种关于实在的理论是推演而得的,并且要服从逻辑规律的,因此它们在逻辑上也是后于逻辑的;而就逻辑在逻辑上说是存在于它们之中而言,逻辑本身就是一个关于实在的理论或是这个理论的一部分"。①

　　3. 反对内在关系说,提倡外在关系说。罗素在谈到他追随摩尔反叛唯心论时明确表示,他对新实在论的兴趣与摩尔的不同:摩尔关心的是否定唯心论,而他关心的则是否定一元论。他指出,一元论与唯心论的密切关系就在于"内在关系说",它主张,两个事物之间的关系表示的是这两个事物的内在性质,而且,最终表示的是这两个事物所构成的整体的性质。罗素认为,这种内在关系说无法解释在数学和逻辑中大量存在的非对称的关系,而在哲学上,这个理论把关系解释为关系项的性质,这就颠倒了个体与整体的关系,抹杀了个体或关系项的独立地位。罗素提出"外在关系说"与之对立,这种理论主张,在两个或多个事物构成的关系中,关系本身并不取决于关系项的性质,而是独立于关系项的。由此,罗素得到这样的哲学结论:一个孤立的真理可以是全真的;事实是脱离经验而独立存在的;命题的真取决于它与事实的关系;而且,经验是我们这个世界中很小的部分,可以相信存在着没有经验的事实。② 美国的新实在论者把这种外在关系说表述为:"在'a 项和 b 项具有 R 关系'这个命题中,aR 在任何程度上都不构成 b,Rb 也不构成 a,R 也决不构成或 a

---

① 见霍尔特等《六位实在论者的方案与初步纲领》,载于陈启伟主编《现代西方哲学论著选读》,第 412 页。
② 参见罗素《我的哲学的发展》,温锡增译,第 56 页,商务印书馆,1982。

或 b"①。

4. 反对心理主义,提倡用逻辑和科学的方法研究哲学。反心理主义是 20 世纪初西方哲学的一个重要标志。但是新实在论在反心理主义中提出的论证不是用于修补心理主义,而是采用釜底抽薪的方式,完全放弃了传统哲学以心理主义为基础的认识论,强调建立在逻辑规则基础上的科学研究方法。罗素明确地用逻辑的方法从语言上彻底摧毁了心理主义,而美国的新实在论者也严格地区分了心理的东西和物理的或生理的东西,认为心理主义的错误在于否认了那些逻辑上在先的命题,从而混淆了逻辑与心理学。根据心理主义的观点,认识论从来都是心理学的一部分,但在新实在论者看来,认识论首先需要确立的是逻辑的规则,并根据这种逻辑规则去表达我们对实在的认识。由于认识活动是我们对认识对象的直接呈现,所以在认识论中就不应当存在心理学的地位。这里需要指出的是,虽然新实在论与 20 世纪初的许多哲学思潮都强调了反心理主义,如弗雷格哲学、实用主义以及胡塞尔的现象学等,但新实在论的反心理主义主要针对的是唯心论和主观主义,强调的是用逻辑的方法研究关于外部世界的知识。在这种意义上,美国的新实在论者被看做是罗素哲学在美国的最好宣传者。②

当然,以上特征并不能完全刻画出 20 世纪初英美哲学界的新实在论,但它们却真实地表明,作为一种哲学思潮的新实在论,其实在哲学上并没有非常突出的贡献。与其说它是一种独立的哲学思潮,不如说它更像是一种哲学立场和方法,就是说它代表了一种研究哲学问题的基本倾向,即科学的、逻辑的、分析的研究倾向:在英国,摩尔和罗素的新实在论直接带来了分析的方法;而在美国,新实在论的主张则为分析哲学在 30年代登陆美洲大陆扫清了思想道路,作好了理论准备。

---

① 陈启伟主编:《现代西方哲学论著选读》,第 413 页。
② 参见巴斯摩尔《哲学百年·新近哲学家》,洪汉鼎等译,第 295 页,商务印书馆,1996。

二 英国的新实在论

我们现在知道,英国是 20 世纪初新实在论的主要发源地:摩尔和罗素是这种哲学的最初倡导者,稍后还有怀特海和亚历山大。但根据巴斯摩尔的说法,"在英国,最先系统阐述新实在论重要思想的是努恩(T. P. Nunn)"[①]。虽然努恩主要是作为一个教育家而不是哲学家闻名于世的,但他在发表于 1909 年的《第二性质是独立于知觉的吗?》一文中,坚决捍卫传统经验论对第一和第二性质的观点,因而获得了哲学界的认同。努恩还在 1907 年出版的《科学方法的目标及其成就》一书中反驳了"存在就是被感知"的唯心论命题,论证了物体的第一性质和第二性质都是实际存在于物体之中的,它们的存在并不以是否被感知而改变。例如,唯心论者认为,在我们的经验中,至少存在某些东西,它们的存在就在于被感知,比如疼痛。但努恩则指出,疼痛是完全处于我们心灵之外的东西,我们感到疼痛是因为我们心灵之外的东西作用于我们的结果。努恩还认为,人们对事物的感觉和事物本身的真实性质之间并不存在对立,因为这些感觉本身就是事物的性质,只不过是事物性质的不同方面,是从不同角度得到的性质方面。但是,努恩的这种观点很容易被看做是马赫主义的翻版,因为把感觉等同于事物的性质,无疑是把我们感觉到的事物现象看做事物的性质。虽然努恩没有使用"中立要素"这样的概念,但从他的论述和思想中可以明显看出马赫的现象主义的痕迹。[②]

虽说努恩系统地阐述过新实在论的观点,但在时间上,摩尔和罗素提出他们的思想早于努恩:摩尔最初显示出他实在论立场的文章《论判断的性质》发表于 1899 年,被罗素称做"关于这种新哲学第一篇公之于

---

① 巴斯摩尔《哲学百年·新近哲学家》,洪汉鼎等译,第 292 页,商务印书馆,1996。
② 参见同上书,第 294 页。

世的叙述"①,而他直接反叛唯心论的文章《驳唯心论》则发表于 1903 年;
罗素最初提出外在关系说是在 1900 年的《莱布尼茨哲学述评》中,随后
在 1907 年的亚里士多德学会的年会上发表的讲话中对这个学说作了详
细的论述。② 摩尔和罗素提倡新实在论的动机,最初是对布拉德雷的绝
对唯心论的批判,特别是反对"存在就是被感知"这个命题,但随后他们
就以不同的方式把新实在论的精神贯彻到自己关心的领域:摩尔强调以
概念分析的方法论证我们关于外部世界存在的知识,而罗素则以逻辑分
析的方法确立了哲学研究的基本逻辑原则。

摩尔和罗素的新实在论思想对 20 世纪初到 20 年代的英国哲学产
生了重要影响,新实在论一时成为英国哲学中与当时占主导地位的唯心
论形成强大抗衡的哲学力量,许多哲学家以不同的方式成为这种新哲学
的拥护者,如亚历山大、怀特海、莱尔德(J. Laird)、史密斯(K. Smith)、乔
德(C. E. M. Joad)等人,其中以亚历山大和怀特海的影响最大。

亚历山大(Samuel Alexander)于 1859 年出生于澳大利亚的悉尼,
1877 年进入牛津大学攻读数学、古典学和哲学,1882 年成为牛津大学第
一位犹太血统的研究员,1893 年在曼彻斯特大学担任哲学教授,直至退
休。他于第一次世界大战期间在格拉斯哥大学所作的吉福特讲座,于
1920 年以《空间、时间和神》(*Space, Time and Deity*)为名出版,在当时
产生了很大影响,成为他的代表作。亚历山大的哲学特征是结合了传统
形而上学研究和当时的实在论思想,特别是努力把科学和宗教的看法熔
为一炉,由此形成了受到形而上学哲学家和实在论者两方面都欢迎的独
特哲学体系,即所谓的突现进化论哲学。③

亚历山大的实在论思想主要来自摩尔和罗素,同时也接受了努恩的

---

① 罗素:《我的哲学的发展》,温锡增译,第 47 页,商务印书馆,1982。
② 参见同上书,第 48—54 页。
③ 通常把亚历山大的哲学体系称做"突现的进化论",即认为意识现象是在生命进化过程中的某
　一点上突现出来的。亚历山大的哲学体系对不同的哲学观点兼收并蓄,内容庞杂,也正因为
　此,其中的许多内容已经不再为后人所提及。限于篇幅,这里主要讨论他关于实在的观点。

影响。他在与新黑格尔主义者鲍桑葵的论战中根据摩尔的观点,认为意识是某些有机结构的属性,例如,我看到的树不是在我的意识之中的,而是作为一个与有意识的存在物并存的对象出现在我的意识之前的。他明显地肯定用有机体的行为去解释对象存在的分析方法。但他又强调,在认识过程中,认识对象的确定不是根据行为,而是根据认识者对认识对象的欲求,这就是作为一个认识过程的精神行为所特有的心理学特征。亚历山大明确地区分了心理行为和这个行为趋向的对象,认为唯心论的错误就在于混淆了这种区别。他强调一定要使对象非人化,就是说,要使对象和对这个对象的认识活动各司其职。他在《实在论的基础》一文中指出:"实在论的倾向是使对象非人化,使人和心灵在有限事物的世界中占据它们本来的位置;一方面,去掉物理事物上面的那些由于心灵的自负或自大加给它们的虚饰;另一方面,给这些物理事物以及心灵以适当程度的自我存在"[1]。巴斯摩尔把亚历山大的这种实在论称做一种"自然主义的"实在论,因为"在这种实在论看来,人只是处于其他有限事物之中的一个有限事物,而不是有穷宇宙的统治者和主宰者"[2]。

但根据亚历山大的论述,他的实在论基本上应当属于一种形而上学的实在论。与传统的形而上学实在论者不同,他更多地吸取了当时的自然科学发展成果,特别是进化论思想,以摩尔根的生物学上的突现进化论思想作为框架,形成了关于意识活动的突现进化思想。这个思想的核心是他对从四维视角对时空连续统的规定。他认为,时间和空间并不是我们在日常生活中所感受到的那样,也不是物理学家或形而上学家告诉我们的那样,而是由"瞬间点"构成的四维视角,这些瞬间点不是扩展的事件,而是运动的有限情形,这些运动构成了时空中的实际差异,也构成了最为广泛的范畴模式。这些范畴模式是由概念图式察觉的。时空中最为具体的运动展现了这样一些模式,即在某种水平上的有机体中突现

---

[1][2] 亚历山大:《实在论的基础》,原载于《英国科学院院刊》(*Proceedings of British Academy*) 1914年。转引自巴斯摩尔《哲学百年·新近哲学家》,洪汉鼎等译,第305页,商务印书馆,1996(以下所引此书均为此版本)。

出显著的特征。他把有机体的水平分为三种：最低的一种是"物质"，具有僵死的特征；其次是"生命"，具有新的特征；最高的是"心灵"。这种进化论思想把物质看做是能够产生更高级特征的基础，但否认高级的特征能够还原到低级的水平。根据这种进化论思想，基本的实在不是物质，而是时空。在亚历山大看来，时空不是一个封闭的系统，因为时间可以推进整个时空朝向更新的特征前进，所以，时空本身也是一个不断前进的过程。在这个过程中，一定存在我们未知的东西，他称做"神"，但这个神不是上帝，而是我们可以景仰的一种特征。抛开这种进化论的神学意义，我们从中可以看到亚历山大的实在论具有明显的时代特征：利用当时的生物学成果论证了心灵存在的形而上学基础。

但亚历山大的这种实在论以及他的整个哲学系统在当时并没有得到完全的理解，甚至连麦克塔加特也抱怨说，在《空间、时间和神》中的"每一章内，我们都碰到了一些除了亚历山大教授以外，任何哲学家都不曾持有的观点"①。的确，正如当代的亚历山大研究专家埃米特（D. Emmet）所说，亚历山大的主要兴趣在于美学，他对时空的形而上学描述从美学的角度看就具有合理的意义。② 如此看来，亚历山大的思想不被当时的哲学家所理解也就可以理解了。但事实上，到了20世纪60年代之后，亚历山大的哲学就很少有人提及了，主要是在讨论他的同时代人怀特海的时候才提到他。③

怀特海最初是作为数学家而闻名于世的。1880年，他进入剑桥大学三一学院学习数学，1884年毕业后就成为该学院的研究员，教授数学，罗

---

① 巴斯摩尔：《哲学百年·新近哲学家》，第301页。
② 参见埃米特为《劳特利奇哲学百科全书》所写的"亚历山大"条目，载于克里格（E. Craig）《劳特利奇哲学百科全书》，伦敦，劳特利奇出版社，1998（以下所引此书均为此版本）。
③ 根据现有的文献，对亚历山大的著作和思想作过专门研究和论述的哲学家为数不多，20世纪20年代主要是布劳德，他在1921年的《心》杂志上曾发表文章评论《空间、时间和神》，他在1929年出版的《心灵及其在自然中的位置》中对"突现"概念作了讨论；到了60年代以后，主要是埃米特对亚历山大作了大量研究，他曾为爱德华主编的《哲学百科全书》（麦克米伦，1967）撰写了长达四页的"亚历山大"条目，此外，他还曾在1991年发表了《怀特海与亚历山大》一文，对这两个哲学家的思想作了比较，认为他们的实在论具有惊人的相似之处。

素和凯恩斯等人曾是他的学生。他早年与罗素共同完成了《数学原理》，该书奠定了现代数学和逻辑的基础。1910年，他移居到伦敦大学教授数学，并积极参加了当时的教育改革。1914年，他成为帝国科技学院的应用数学教授，主要研究科学哲学问题。1924年，他担任了美国哈佛大学哲学系主任，转向对思辨的形而上学的研究。[1]

通常认为，怀特海的思想发展分为三个时期：早期的数学和逻辑研究时期，也称做"剑桥时期"(1898—1918)；中期的科学哲学时期，也称做"伦敦时期"(1919—1922)；晚期的思辨形而上学时期，也称做"哈佛时期"(1924年后)。他在剑桥时期发表的头三部著作就表明了数学、逻辑和科学在形成他的哲学中所起的核心作用。1898年出版的《泛代数论及其应用》推进了格拉斯曼在抽象代数这个新兴领域中的工作，受到了当时数学界的重视，他因此而被选入皇家数学学会。虽然该书对后来的数学发展影响甚微，但它在哲学上却具有重要的意义[2]：(1)它讨论了数学变项的普遍化或概括的问题，而不是按照传统的方式把变项限制在数的符号。这种概括采取了"替换方案"(Substitutive Schemes)的形式，这是一种非公理化的代数。怀特海认为，这种替换方案的作用是强化了数学公式与经验世界之间的关系。(2)它在强调数学与经验的关系以及对形式结构的实际应用的同时，也表现出了强烈的形式主义倾向，即由于现存的公理系统要求一致性作为唯一基础，数学模式就要求具备约定的理想特征，完全独立于知觉的内容。(3)怀特海还强调了数学推理过程中所涉及的思想构造的综合过程。例如，他认为"2＋3"和"3＋2"是不同的，因为这两个公式的排列顺序就表明了思想的不同过程，因而等式是一种差异中的同一。

正如他的哲学发展经历了数学哲学、科学哲学和思辨哲学这样三个

---

[1] 虽然怀特海对当代哲学的主要影响是他在美国之后提出的"过程哲学"，但由于他最初的哲学工作开始于英国，并且由于与罗素的合作而成为世界著名哲学家，所以，我们在这里就把他放到英国范围内来讨论他的哲学。

[2] 参见布拉德雷为《劳特利奇哲学百科全书》(克里格编)所写的"怀特海"条目。

阶段,怀特海在数学领域的研究也前后经历了实在论、形式论和直觉论这样三个阶段。他在 1906 年发表的皇家学会论文《论物质世界的数学概念》中对物质世界结构的不同理论提出了不同的逻辑方案或模型。他运用了公理化的方法来构造这个方案,并把这个方案确定为运用了奥康剃刀原则的假设,即最好的方案是设定了一类唯一的终极实体。这样的终极实体是关系复合体,如作为一类线形关系的点,这样的线形关系可以用力的矢量或线段来给予经验的解释。怀特海在这里确立了一种关系的逻辑,即把永恒结构和一种序列的排列结合起来的方式。他与罗素合著的《数学原理》就是这种关系逻辑的典范,也是他的形式论思想的集中体现。这种形式论的逻辑主义主张一切纯粹的数学都可以派生于作为基石的逻辑概念的公理化方案。但这种逻辑主义由于过分强调了数学对逻辑的依赖性而最终不得不用直觉来解释逻辑形式本身的认识来源。所以,怀特海在晚年的《过程与实在》中基本上放弃了形式论的逻辑主义,转向直觉论的观点,即认为对数学公式或逻辑公理的把握就像对终极实在的把握一样,应当依靠直觉的领悟。

怀特海的科学哲学是以感觉经验中揭示出的自然关系和要素为来源,形成了关于它们的数学概念或科学概念的本体论地位。他抛弃了牛顿的"瞬间自然"的概念,放弃了把自然区分为被感知的属性和理论的科学实体的两分法,特别是反对罗素关于从感觉材料中推论出逻辑原子的现象主义观点。他根据新的关系逻辑、物理理论以及柏格森的生命哲学思想,提出既非表象主义的又非现象主义的经验论主张,根据这种主张,逻辑构造和被感知的属性是通过把感觉经验重新定义为揭示"自然过程"或时空范围中的事件或呈现,被分析为一种具有多重关系的体系。在怀特海看来,在感觉经验中展现自然的主要内容是"事件"(event),他有时也把这个内容称做"过程"(process),认为它们构成了自然界中的实在。他写道:事件就是在任何时候和任何地方发生的事情,而任何时候和任何地方都是以事件为前提的,因为它们都是一些时空观念,而时空观念本身是由事件抽象出来的。"事件才是宇宙的唯一组成部分。事件是一个实体,而不仅仅是由若干部分或成分组成的集合体。空间和时间不外是一个把许多集合体组合成为统一体的系统。事件这个词恰恰指的是这些时空统一体。一个事件具有它的过去、现在和未来,也就是说,它在其自身中反映出它的同时物的模式、它的先行者的模式以及未来投射于现在的某些方面。"①由此,怀特海把事件描绘为创造性的实在。

通常把怀特海的这种关于事件的理论称做他中期的主要思想,但事实上他在后来的"哈佛时期"继续着这种认识方法,即把他认为重要的特殊之物与时间和空间联系起来考察,并仅仅对这种特殊之物及其与时空的联系作出形象的描述,而不是逻辑上的论证。这种重要的特殊之物在他中期就是"事件",而在他晚期则是"对象"(object,或译"客体")。为了表明他思想的变化,他在《过程与实在》中对"事件"和"对象"作了严格的区分:事件是唯一的,就其本质而言是不可能重复出现的,它们是自然的材料,也构成了自然的特殊性;而对象则是我们在自然中认识到的东西,是自然的永恒之物。但事件与对象又是密不可分的:事件的特殊性就表现在进入事件的对象的特殊性,对象的性质必然导致相关事件的特征。基于对事件的不同认识,怀特海把对象也分做了不同的种类,如感觉对象、知觉对象、物理对象和科学对象。但他认为,所有这些对象都是对一种"永恒对象"的显现(occurrence,或译"显相"),这种永恒对象是不变的、抽象的,但也是不确定的,是在时空之外的,它与具体对象的结合就构成了他所谓的"现实实有"(actual entities)。怀特海在《过程与实在》中对如何从永恒对象走向现实实有的过程给出了详尽的形而上学描述。但这里只需要指出,怀特海关于过程和实在的观点具有明显的柏拉图主义的特征,他的实在论早已不再是摩尔、罗素甚至亚历山大式的新实在论,而是回到了传统的形而上学的实在论。②

应当说,在 20 世纪的实在论发展史中,怀特海的哲学占有着独特的

① 涂纪亮:《美国哲学史》第 2 卷,第 490—491 页,河北教育出版社,2000。
② 参见巴斯摩尔《哲学百年·新近哲学家》,第 384 页。

地位。怀特在《分析的时代》中这样描述怀特海：

> 正由于他特有的智力发展,怀特海是二十世纪超出这些门户之限(指欧洲大陆哲学与英美分析哲学家之间的隔膜——引者注)的唯一卓越的哲学家。即使是以改变观点见称的罗素,也不能号召这样广大的听众,首先是因为他在整个改变的过程中坚持了对逻辑、科学、明确性及分析的重视。而怀特海在所有人们的心目中同时具有三方面的人格——逻辑学家、科学的哲学家和形而上学家——所以,即使是范围极狭窄的图书室也至少会有一些他的著作。①

人们通常把怀特海的哲学看做是多种成分的混合体:科学与宗教、理性与情感、逻辑与直觉、现实与永恒。造成这种印象的主要原因是由于他的哲学产生于有着浓厚的经验论传统并且至今仍然以分析哲学和实用主义为主流的英国和美国。这种哲学环境使他的哲学具有了与众不同的鲜明特征:一方面,他的科学素养和数学训练要求他以科学理性和严谨论证的方式思考一切具有普遍性的问题;另一方面,他的内在哲学动力又驱使他抛开一切精确性的束缚,从他的自我认识出发去追求理想的世界图景。虽然他一再强调形而上学的工作只能是对现实世界的描述,但他为这种描述设定的框架和使用的描述方法却是根据他的哲学理念确定的,所以,我们在他的哲学中(无论是前期的数学和逻辑哲学中还是中期的科学哲学和晚期的形而上学中)看到的不是简单展现出来的描述的世界,而是经过规划的、他在心中已然勾画出来的世界。正是在这种意义上,怀特海也被称做在放弃了建立体系的现代哲学中最有体系的哲学家。②

---

① 怀特:《分析的时代》,杜任之等译,第79页,商务印书馆,1981。
② 怀特海的哲学由于强调了过程、生命和实在的重要意义而被当代美国的后现代主义哲学家所推崇,再次成为当今美国哲学中的重要思想资源。关于他的哲学对当代西方的重要影响,请参见希尔普《怀特海的哲学》,开放世界出版公司,1941。

三　美国的新实在论

从时间上看，美国的新实在论与英国的新实在论基本上同时出现于20世纪初，但从思想上看，美国的新实在论却通常被看做是受到了英国新实在论的影响，这主要是由于摩尔和罗素的国际影响力造成的印象。然而，事实上美国的新实在论完全是在没有受到英国哲学的影响下独立出现的，是回应和批判罗伊斯意志唯心论的直接结果，虽然在这一点上与英国的新实在论反对布拉德雷的绝对唯心论有着相同的思想背景和哲学动因。

正如我们在前面看到的，实在论始终是西方哲学中的一种重要传统，任何一种哲学理论的提出都需要首先接受实在论的考验，因为在通常的哲学理论中，实在论是一种对世界和实在的最为朴素的看法。美国新实在论的产生正是由于罗伊斯对实在论提出了新的挑战。罗伊斯是19世纪晚期美国重要的哲学家，被看做是美国唯心论哲学的重要代表。他在继承德国唯心论传统的基础上，也接受了当时在美国刚刚兴起的实用主义的影响，形成了自己富有特色的以意志为核心的唯心论哲学。他在晚年的重要著作《世界与个体》中在阐述自己关于实在的思想时，对传统的实在论提出了批评，认为实在论的错误在于以实在的独立性否定了认识实在的可能性，以对实在的整体理解取代了对实在的具体认识。由于罗伊斯对实在论的挑战直接威胁到当时的许多哲学理论，所以他的观点立即遭到了捍卫实在论传统的哲学家的反击，其中最为突出的是蒙塔古、佩里、霍尔特、马尔文（W. T. Marvin）、斯波尔丁（E. G. Spaulding）和皮特金（W. B. Pitkin）等人，他们于1910年联名出版了《六位实在论者的方案与初步纲领》，首次使用了"新实在论"这个名称。1912年，他们又联名出版了《新实在论》一书，该书成为美国新实在论的代表作。

关于美国新实在论的主要观点，我们在本章的第1节中已经作了介绍。从哲学上说，美国的新实在论与英国的新实在论在主要观点上没有根本性的差别，它们的哲学特征是一致的。但与英国的新实在论相比，美国的新实在论仍然有以下这样一些不同的特点：

1. 过分强调团队合作精神。

从理论上看，哲学原本是一种个人思考的活动，无论是理性反思还是思辨认识，都是以个人意识活动的形式出现的，集体的意识活动在哲学思维中很少占有重要的地位。从历史上看，1900 年以前的美国哲学基本上都是哲学家单兵作战的结果，几乎没有集体合作的记录，即使是在实用主义的形成时期，也没有哪些哲学家声称构成了某种统一的团体或流派。然而，在 20 世纪头 10 年中形成的美国新实在论者却明确地宣称：他们怀着揭示真正的哲学问题的希望集合在一起，互相商讨，并努力设法取得了一种共识。他们甚至把这种合作分作三个阶段："首先，这种合作力求对基本原则和学说进行阐述；其次，致力于根据建立在这些原则和学说之上的方法，定出一个建设性的工作纲领；最后，努力建立一个体系，它的公理、方法、假设和事实至少必须使参加合作的研究者能够把它们当作一个整体来加以接受。"①新实在论者提出的这种合作精神有两点值得注意：（1）他们之所以强调这样的合作，是因为在他们看来，以往哲学的混乱和错误正是由于哲学家之间缺乏这样的合作，缺乏共同的语言以及在一些根本假定上缺乏共同的意见等，因而导致了真正的哲学问题被蒙蔽了，真正的哲学进步受到了严重阻碍。所以，他们希望通过这样的合作能够从根本上解决这些问题。（2）在他们看来，只有通过这样的合作，哲学家们才能发展出一套共同的研究方法、一套共同的术语，最后发展出一个共同的学说，这样得到的学说就会具有自然科学意义上的权威作用。显然，他们是把自然科学的权威作为树立哲学权威的样板。

在整个当代西方哲学中，只有像逻辑经验主义那样的哲学，才会有统一的哲学纲领、统一的研究方法、统一的哲学理想。而美国的新实在论却是在维也纳学派诞生前二十多年就明确宣称自己有统一的纲领和

---

① 霍尔特等：《六位实在论者的方案与初步纲领》，载于陈启伟主编《现代西方哲学论著选读》，第 410—411 页。

方案，并且明确地把自然科学作为哲学学科的样板。客观地说，这具有深刻的历史意义：只有把哲学理解为一种科学、一种可以具有共同的研究方法和术语的科学，理解为一种可以带来共识的理论框架，哲学才能获得真正的进步。当代西方科学哲学、语言哲学以及心灵哲学等新学科的不断兴起，已经并正在验证着这个道理。

不过，需要统一的研究方法和术语，并不一定需要哲学家们真正以团体的方式表述他们的观点，也并不一定需要哲学家们的思想统一到一面哲学旗帜之下，否则就会导致哲学家们丧失自己的思想本色，丢掉自己的研究领域和特点。而这正是美国的新实在论后来面临的问题。虽然六位新实在论者共同发表了宣言，并共同出版了论文集，但这样的时间持续得并不长久，事实上他们在 1914 年出版了《新实在论》之后不久就分道扬镳了。通常认为，他们分手的主要原因是他们在认识论问题上的观点有很大分歧，并且由于各自从事不同的研究领域，最终导致他们从自己的研究角度对实在论提出了不同的解释。其实这些原因并不是导致他们分手的关键。因为要使一个团体中的每个成员都持完全相同的观点，这是不可能的，而霍尔特等人合作研究的最初动机就是要发展出一个共同的学说，这正是导致他们之间合作短命的重要原因。相比之下，维也纳学派的成员虽然也发表了共同的纲领（《科学的世界观：维也纳学派》），但每个成员并不是完全赞同这个纲领中的某些观点，而且从一开始就有成员对卡尔纳普以及石里克的某些观点提出了批评。可以说，正是这种互相批评和取长补短，才使得维也纳学派在第二次世界大战前赢得了广泛的国际声誉，并最后演变成声势浩大的国际性哲学运动。所以，团队中每个成员的密切合作，观点上的相互接受，这恰好成了美国新实在论解体的内在原因。

2. 与传统实在论的关系密切。

虽然英美两国的新实在论都是缘起于反对 19 世纪末的唯心论哲学，都宣称自己的哲学来自朴素实在论的传统，但它们与传统实在论的关系却各不相同。摩尔、罗素等人的新实在论仅仅是一种常识的实在论,是在现代科学和逻辑的影响下形成的一种对唯心论思想束缚的自然反叛,他们并没有强调这种实在论与传统实在论之间的关系,而且他们的实在论观点在思想上也与传统实在论没有直接的继承关系,比如他们并没有把实在的独立性看做是认识的唯一来源,也没有承认实在物的存在完全不依赖于对它们的认识。正如罗素所说,他的新实在论更多的是一种多元论的观点,而不是传统的一元论。但美国的新实在论观点则明显地表明了与传统实在论的密切关系,特别是与苏格兰实在论传统的思想联系。苏格兰实在论是在 18 世纪下半叶由苏格兰哲学家黎德(T. Reid)提倡的一种尊重常识的实在论哲学,这种哲学认为:"真实对象独立地存在于人之外,并能为人们所感知。既不能说真实对象是不可知的,也不能把真实对象归结为现象或观念。它信赖常识,信赖归纳和直观,认为我们凭借常识与直观可以认识真实的对象,可以确定道德真理、政治真理和宗教真理,可以区分正确与错误、正义与非正义等等。它认为通过心智的直观,人们能够获得关于对象的简单的和直接的知觉,这就是说,心智能直接地把握它的对象,不论其对象是感觉的、关系的或抽象的。它认为只有当我们的观念与事物相符合时,我们才能获得真理。因此,我们应当注意事实,采用归纳方法,不要陷入空洞的思辨。"①

　　苏格兰实在论的这些观点在美国的新实在论哲学中得到了直接继承。首先,霍尔特指出,存在物的存在和性质,在任何意义上都不以它们是否被认识为条件;马尔文认为,实在的性质不能仅仅从认识的性质中推定;蒙塔古指出,被认识的事物在不被认识时可以继续存在而不变;佩里认为,一个存在物成为特定的意识内容并不改变这个存在物的存在本身;皮特金指出,被认识的事物不是认识关系的产物,它们的存在或行为在本质上也不依赖于认识关系;斯波尔丁认为,存在物即使不被认识也是可知的。其次,霍尔特认为,潜存于存在物之间的统一或联系的程度是需要在经验上被确定的东西;马尔文指出,逻辑学、数学、物理学以及

---

① 涂纪亮《美国哲学史》第 1 卷,第 241—242 页,河北教育出版社,2000。

其他许多科学所研究的存在物并不是在"心理的"一词任何专门的或通常的意义下是心理的；蒙塔古认为，认识和它的对象一样属于这同一个世界，它在自然界的秩序中占有它的地位，它并没有任何先验的或超自然的性质；佩里指出，物理性质在某种情况下是直接呈现于意识中的；皮特金认为，实在论的主张是人人都有的自然的、本能的信念，是一切自然科学的所有观察和假设在逻辑上所要求的；斯波尔丁指出，任何存在物都可以在它的某些方面如实地被认识，尽管它的一切方面并没有被认识，尽管和它有关系的其他一些存在物并没有被认识，因此知识可以通过积累而增加。①

美国新实在论者的这些观点清楚地表明了这种哲学与苏格兰实在论之间的血缘关系。不仅如此，某些新实在论者的思想还直接受到了苏格兰实在论的影响，如蒙塔古在《美国实在论的历史》一文中就明确承认新实在论的思想来源于黎德的呈现的实在论；佩里早年从神学转向哲学，也是受到苏格兰实在论在美国的重要代表麦科什(J. McCosh)的影响。② 这些就使得美国的新实在论具有了与英国的新实在论明显不同的特点。

但令人不解的是，在新的历史背景下，美国的新实在论者对苏格兰实在论的观点似乎并没有多少推进，在某种意义上，他们对这种新实在论的阐述甚至还没有苏格兰实在论者更为清晰有力。例如，黎德就明确指出，人们在知觉中认识到的是事物本身，而不是事物的现象或外貌，而且一切知识都建立在一些自明的、为每个拥有常识的人所理解的原则之上，如因果原则。麦科什也明确地说："实在论从事实开始，又以事实为终结。在开始与终结之间，它进行分析、概括和推理，但所有这一切都依

---

① 以上观点出自《六位实在论者的方案与初步纲领》，载于陈启伟主编《现代西方哲学论著选读》，第410—421页。
② 参见涂纪亮《美国哲学史》第2卷，第227页，河北教育出版社，2000。

据于心智的实际运作。它的法则是由事实提供的,并且被事实所检验。"①然而,美国的新实在论者在认识论问题上则说得含糊其辞:"一切事物的被认识,都是通过它们本身被放置于那种被称为是受到直接感觉或感知的关系中间。换句话说,事物在受到意识的作用时本身就变成了意识的内容;因此,同一个事物既出现于所谓外在世界中,又出现于内省所显示的集合体中。"②这里既有"外在世界"又有"内省所显示的集合体",但这些都是由于意识的作用而变成了意识的内容。那么,我们如何知道同时出现在外在世界和内省显示的集合体中的事物是同一个事物呢?换句话说,我们用什么方法来保证出现在内省显示的集合体中的事物一定是外在世界中的事物?显然,用新实在论的逻辑很难对此给出令人满意的答案。

3. 对观点的论证过于简单。

与传统的苏格兰实在论者相比,美国的新实在论者处于一个有利于实在论思想发展的历史背景:一方面,经验科学的发展和现代逻辑的形成为实在论提供了有力的论证武器;另一方面,马赫的实证主义思想也为实在论提供了有力的理论基础。然而,虽然新实在论的确把主要的哲学工作放了认识论方面,而不像传统实在论那样重视本体论,但这些新实在论者对他们的认识论观点的论证却明显地表现出过于简单,无法从理论上完全令人信服地驳倒他们的对手唯心论,当然也没有达到逻辑经验主义的思想水平。我们这里来分析一下新实在论者提出的认识论上的两个重要论证,即"直接呈现说"和"自我中心困境"。

所谓的"直接呈现说"是新实在论在认识论上的主要观点,最初由蒙塔古提出,随后得到了其他新实在论者的一致赞同。这个思想直接来源于苏格兰实在论者黎德,并基本上为其他苏格兰实在论者所接受。这个观点认为:"对于任何认识对象,无论殊相(具体事物)或者共相(抽象观

---

① 麦科什:《实在论哲学》,转引自涂纪亮《美国哲学史》第1卷,第244页,河北教育出版社,2000(以下所引此书均为此版本)。
② 霍尔特等:《新实在论》,伍仁益译,第41页,商务印书馆,1980。

念),人们都是直接地认识的,而不是通过摹本或者映象间接地认识的;这就是说,人们在认识活动中所认识的是对象本身,而不是关于对象的观念;人们之所以能认识某一对象,并不是由于在人们的意识中形成关于这一对象的观念,而是通过对象直接进入人们的意识之中。"①

蒙塔古用这个观点去反对认识论中的反映论或摹写论,认为事物在被认识时并不是被反映到意识内,而是直接进入意识之中的。但对于在认识过程中事物是如何进入意识之中的这个问题,新实在论者并没有给出有效的解释,而且在意识的性质问题上,新实在论者内部也存在很大分歧。霍尔特、佩里等人提出,个人关于对象的认识就是个人的机体对对象的一种特殊反应。这显然是以有机体的物理反应代替了意识活动的内容。而蒙塔古则认为,意识活动应当包含了三个元素:实际存在的外界对象;大脑的状态;所感知的或意识到的对象。然而,这些解释都没有真正说明意识活动的特殊性,仍然是把意识活动归结为大脑的或物质的反应或特性。新实在论正是由于"直接呈现说"的简单观点遭到了另外一些哲学家的反驳,它很快就被一种"更新的"实在论所取代,即批判的实在论。

"自我中心困境"是佩里在 1910 年发表的《自我中心困境》一文中提出的概念,是指每个人的知识都要受到自己经验的限制,因而无法超越自己的经验范围。佩里把这个论题称做"本体论的唯心论",认为这是巴克莱的"存在就是被感知"这个命题的隐含前提。新实在论者提出,这个"自我中心困境"并不是一个新的发现,而是在方法论上存在混淆的结果。他们写道:"这一情况如果被表述为一个关于事物的命题,其结果就或者成为一个无意义的重复推论,即一切被认知的东西都是被认知的,或者得出一个谬误的推论,即一切东西都是被认知的。"②佩里则明确指出:"出自自我中心困境的错误论证是将'一切被认识的东西都是被认识

---

① 涂纪亮:《美国哲学史》第 2 卷,第 220 页。
② 霍尔特等:《新实在论》,伍仁益译,第 18 页,商务印书馆,1980。

的’这样一个多余的陈述混同于‘一切存在的东西都是被认识的’这个陈述；或者是从第一个陈述推论出第二个陈述。”①他们由此得出结论：唯心论者试图用这个论题来证明对象的存在依赖于意识，实际上并没有成功，因为这个困境是由于方法论上的错误造成的。

应当说，指出唯心论依赖这样一种"自我中心困境"，这是佩里对现代哲学的一个贡献，后来的分析哲学都用"自我中心困境"这个论题来说明巴克莱的"存在就是被感知"这个命题。但佩里等人对"自我中心困境"的批评并没有真正驳倒唯心论的这个根基，反而使唯心论者把它作为自己正确的强有力证据，如在关于"他人心灵"(other mind)问题上的唯我论。佩里等人的论证仅仅把这个困境看做是方法论上的错误，认为是方法程序上的困难，即用已知的东西代替存在的东西。这并没有说明这种代替为什么是不可能的，或者说，为什么不能从已知的东西中推出存在的东西。因为从逻辑上看，如果要说明这种代替的不可能性，就必须说明存在物本身与对存在物的认识之间的区别，说明这样的存在物是如何进入这种认识活动的。正如我们在前面所说，这正是新实在论所无法解决的问题。

在处理"自我中心困境"的问题上，维也纳学派的石里克的做法就显得更为彻底些。刘易斯把逻辑实证主义的证实原则解释为一种自我中心原则或唯我论原则②，对此石里克明确地宣布：真正的实证主义的最大优点和吸引力就是自始至终鲜明地反对唯我论。他写道："在逻辑实证主义里，同在任何‘实在论’里一样，唯我论的危险是很小的，在我看来，唯心主义和实证主义的主要区别就在于实证主义完全避免了自我中心的困境。"③石里克的方法是宣称原始经验是绝对中立的，直接的感觉材料是没有所有者的，或者说原始的经验不是第一人称的经验，因为"自我"不是一切经验的基本特征，我们所谓的个人经验中的"个人"，不是指

---

① 佩里：《价值王国》，第447页，哈佛大学出版社，1954。
② 参见刘易斯《经验和意义》，载于《哲学研究》1934年3月。
③ 洪谦主编：《逻辑经验主义》上卷，第56—57页。

以自我为中心的,而是指逻辑上的个体。这样,表达了自我中心困境的命题就不是在逻辑上错误的,也不是在经验上假的,而是在认识上毫无意义的。石里克认为,用这种方法就可以彻底排除"自我中心困境"的唯我论嫌疑。显然,这种方法比新实在论者的论证更容易避免陷入对存在物的认识论说明。

当然,新实在论哲学存在的问题主要还不只是论证上的简单和与传统实在论之间的密切关系。正如巴斯摩尔所说,新实在论无论是在本体论上还是在认识论上,都没有任何新颖的东西。① 它的出现只是美国哲学的经验主义传统对来自欧洲的、在 19 世纪末的美国哲学中占主导地位的唯心论哲学作出的一种自然的反应,也是当时的自然科学发展和现代逻辑的建立在美国哲学界产生的一种回声。历史地看,新实在论对当代实在论的主要贡献(如果有的话),不是它的认识论主张或本体论观点,而是它在美国率先举起了实在论哲学的大旗,首次把美国的经验主义传统和现代逻辑的方法结合起来,把美国哲学传统中的实在论精神确定为一种哲学研究的主要方向,把哲学家们单枪匹马的研究变成了一种团体合作的共同事业。这些对美国哲学的当代发展都产生了深远的影响。

第三节　批判的实在论

正如我们在前面所说的,在西方哲学传统中,实在论通常被看做是一种认识论主张,虽然也有哲学家把自己的形而上学称做实在论。根据通常的理解,形而上学的唯心论与认识论上的实在论可以是并行不悖的,所以才会有柏拉图的实在论、黑格尔的实在论之说。正是在这种意义上,西方哲学围绕实在论的争论,主要是在认识论范围内进行的。批判的实在论也正是在认识论问题上与新实在论分道扬镳的。

---

① 参见巴斯摩尔《哲学百年·新近哲学家》,第 295 页。

一　与新实在论的主要分歧

历史地看,"批判的实在论"这个名称并不是在 20 世纪 20 年代才出现的。早在 19 世纪 80 年代,德国哲学家里尔(A. Riehl)就曾提出了这个概念,但在他那里,"批判的实在论"主要是一种新康德主义的变种,主张自然独立于人类意识而存在,但人类意识本身又可以通过概念而成为独立的实在。在英国,19 世纪晚期著名的新康德主义者塞思(A. Seth)也自称是"批判的实在论者",主张我们直接意识到的东西一定存在于我们的心灵之中,而这样的东西可以是关于独立于我们而存在的世界;虽然知识的对象是外在于观念的,但知识本身却是通过观念而产生的。同样,当时英国著名的哲学家亚当森(R. Adamson)和他的学生希克斯(G. D. Hicks)也是这种批判实在论的主要倡导者。亚当森的批判实在论是朴素实在论与主观主义的混合物:他一方面否认经验是依赖于心灵的知识;另一方面又否认经验是独立于心灵的知识。在他看来,经验应当是既先于心灵又先于对象的知识。希克斯则在他的文集《批判的实在论》中表达了与亚当森类似的观点,他明确地区分了感觉对象和这些对象的性质:性质是我们直接理解的东西,而对象则是刺激我们获得这种理解的东西;性质不是实体,而对象和心灵的理解行为则是实体。[①]

应当说,这种观点与后来的美国批判实在论的某些观点非常相近,虽然没有明确的证据表明,后者的出现是受到希克斯等人观点的启发,但英国的批判实在论者注重知觉问题研究,特别是希克斯提出的关于知觉的三个内容的划分,即对象的内容、我们直接理解的内容、感知行为的内容,都使得这种实在论与在当时的英美两国占主导地位的新实在论有了很大不同。美国的批判实在论正是在批评新实在论的过程中逐渐成

---

① 参见巴斯摩尔《哲学百年·新近哲学家》,第 316—320 页。

为 20 世纪 20 年代重要的哲学流派的。①

1908 年,塞拉斯发表了《批判的实在论和时间问题》一文,标志着美国的批判实在论初现端倪。1916 年,他出版了自己的第一部著作《批判的实在论》,详细阐述了自己的这种哲学观点,特别指出了从自然的实在论转向批判的实在论的必然性。他所谓的"自然的实在论",是指认为事物的存在不依赖于个人对事物的感知这样一种朴素的观点。但在他看来,这种观点把知觉看做事物在其中直接呈现出来的内容,这容易导致唯心论,所以需要用批判的实在论去拯救它。塞拉斯批评的这种自然的实在论,就是新实在论的"直接呈现说"思想。他的观点得到了其他一些美国哲学家的赞同和支持:1916 年 12 月起,他与德雷克(D. Drake)、洛夫乔伊、普拉特(J. B. Pratt)、罗杰斯(A. K. Rogers)、桑塔亚纳和斯特朗(C. A. Strong)等人一起,就实在论的许多认识论问题展开讨论,最后于 1920 年联合出版了一部文集《批判的实在论论文集:关于知识问题的合作研究》,共同表达了他们的批判实在论哲学。他们在该书的序言中明确宣称:

> 我们的实在论并不是物理的一元实在论,也不仅仅是逻辑的实在论,而且避免了那些妨碍"新"实在论得到普遍接受的许多困难。同时,我们相信,它也免去了洛克和他的继承者们的早期实在论的种种错误和含混。要为我们这一类型的实在论的基本特征找到一个统摄的形容词,看来是一种妄想,因而我们满足于这个笼统的但却是正确的词语,即**批判的实在论**。②

这种批判实在论的主要批判对象就是新实在论。根据这些作者们在这部论文集中表达的观点,我们可以把批判实在论与新实在论的主要分歧陈述如下:

---

① 事实上,英国的批判实在论也是在批评罗素、摩尔、努恩、亚历山大等人的新实证论中形成的。参见巴斯摩尔《哲学百年·新近哲学家》,第 318 页。
② 德雷克等:《批判的实在论论文集》,郑之骧译,第 Ⅱ 页,商务印书馆,1979。

1. 在感觉对象上的理解差异。

我们在前面已经看到,新实在论在强调感觉对象独立于认识而存在的同时,实际上是把感觉对象等同于所感觉的内容;而批判的实在论则严格地区分了知觉中的三个成分,即知觉行为、感觉材料(或性质的复合体)和被感知的对象。这个思想显然与英国的批判实在论者希克斯的观点非常相似。德雷克写道:"真实的知觉作用中总是有这三个因素:外界物理事件、心理事件以及现象或材料。当两个观察者知觉同一对象时,就有五个项目要辨清:外界物理事件、有关的两个心灵、两套材料。这两套材料,在真实的知觉作用中,在某种程度上是相同的。但在一个很大的程度上,它们是不一样的,并且作为一个单独对象的形相而言是互不相容的。"[1]这里的"两套材料"就是两个观察者对同一对象的感觉材料,在德雷克看来,它们应当是不同的,由此才形成了对同一对象的不同认识。所以,感觉材料不等同于感觉对象本身。

2. 在感觉材料上的认识差异。

新实在论提倡的"直接呈现说"把感觉材料完全等同于感觉对象,因而被批判的实在论者看做是唯心论的另一种形式。而批判的实在论者则提出:"**显现出来**的东西,即我们的**材料**(感觉材料、记忆材料、思想材料等等),仅仅是性质复合体、逻辑实有体,而不是要为它们在存在世界中寻找一个位所的另外一套存在体。"[2]在这里,"性质复合体"(character-complex)或"性质群"(quality group)概念是理解批判实在论的知觉理论的关键。根据批判实在论者的理解,所谓的"性质复合体"就是指被知觉到的或以其他方式被认识的存在物的特性,这样的特性不是作为存在物的单个外表展现在我们面前的,而是作为一个整体而为我们感知的,我们对存在物或对象的感知所产生的感觉经验并不依赖我们的心理或认识活动,而是由我们所认识的对象所决定的;就是说,感觉经验

---

[1] 德雷克:《通向批判的实在论的途径》,载于德雷克等《批判的实在论论文集》,郑之骧译,第17页,商务印书馆,1979(以下所引此书均为此版本)。

[2] 同上书,第23页。

既不同于我们的心理活动,也不等同于对象本身,而是我们的心理活动作用于对象的结果。在这种意义上,感知或感觉经验本身就具有了客观的性质。所以,批判的实在论者强调,对象显现出来的东西不是我们的心理产物,而是对象本身的特性,但这样的特性如果没有我们的参与又无法显现出来。当然,关于我们的认识活动是如何把握对象所显现出来的东西,以及我们的感觉经验是否具有脱离具体时间和空间的一般特性,批判的实在论者之间也还有不同的观点。

3. 对待"经验"问题的不同认识。

在新实在论者看来,由于认识活动是对认识对象的直接呈现,因而经验在这样的认识中就起了关键的作用。在经验问题上,他们的主要观点是:(1)认识活动不能离开认识者的直接经验,所以任何试图超越经验的认识活动都是不可能的;(2)由于认识是对认识对象的直接呈现,所以认识活动中也就不会存在错误问题,任何真正的认识都是正确的认识,错误的认识是没有正确呈现对象的结果。但这些观点遭到了批判实在论的强烈反对。

首先,普拉特明确指出,心灵的本质特征就是能够超越当下的直接经验而获得意义,任何认识活动的目的都是要超越认识者个人的经验而具有超越的意义。在他看来,认识的这种超越性应当是认识的本性使然。他还由此区分了知识的对象和思想的对象:"根据批判的实在论的意见,我们的知识的对象,恰恰是我们关于它们有所认知的一些事物,而我们的思想的对象,恰恰是我们关于它们有所思维的一些事物——即桌子、椅子、战役、星体和其他人的经验。"[①]其次,罗杰斯指出,新实在论对待错误认识的态度,无疑是把一切认识活动都看做是可以用物理的因果关系来解释的事实,但这样的解释却无法说明不同的人对相同的对象可以得到同样正确的但又不同的认识。他写道:"承认了性质的等同是完全的等同,那么自然就在事物之间找不到任何差别,就这些事物在描述

---

① 普拉特:《批判的实在论与知识的可能性》,载于德雷克等《批判的实在论论文集》,第95页。

上是相同的来说。但这远远不是一个自明的真理。相反地,我一向假设,在体现于我们所归属于它们的意义中的事物的特性,以及这些特性在事物自身中间的真实存在两者之间,我们自然地作出一个清楚的区别。"①正是由于作出了这种区别,批判的实在论才能够坚持在认识者与认识对象之间存在着可以逾越的鸿沟,同样也才能够坚持区分引起认识活动和产生了相关信念的存在物与作为思想内容或意义的心灵本身。但这样的心灵究竟是否也是一种与认识对象具有同样独立性的存在物或实体,不同的批判实在论者又各有不同看法。

4. 认识论上的一元论和二元论的对立。

新实在论由于坚信认识对象等同于认识内容,因而被看做是认识论上的一元论;而批判的实在论则针锋相对地提出自己的二元论观点。塞拉斯明确地写道:"对新实在论者来说,呈现出来的材料**是**终极的实在。观念就是对象。用贝克莱(即巴克莱——引者注)的术语来说,观念在它是一个观念的同时又是一个独立的实在体,它仅仅是暂时进入了对于个体的知觉者的一个外在的和非限制的关系。如果说这是认识论的一元论,那么批判的实在论就是认识论的二元论的一种形式;它主张关于对象的认识是由观念所中介的,这些观念**在某种意义上**是有别于认识的对象的。"②塞拉斯还把认识活动中得到的观念看做是在认识对象之外的,认为观念一旦形成就会具有不同于认识对象的特殊性质。这种认识论上的二元论正是批判的实在论最后走向自然主义的重要思想前提。

从当代实在论与反实在论争论的角度看,批判的实在论与新实在论之间的这些分歧完全是一个哲学阵营中的两翼而已,因为它们都坚信物质存在的第一性,都坚信作为认识对象的物质不依赖于认识主体的存在,都坚信认识是对对象的反映。在当代哲学中,这些观点仍然被看做属于朴素实在论,因而无法与传统实在论,特别是与常识实在论区别开来。

① 罗杰斯:《错误问题》,载于德雷克等《批判的实在论论文集》,第 121 页。
② 塞拉斯:《认识及其范畴》,载于德雷克等《批判的实在论论文集》,第 177—178 页。

二　批判实在论的主要观点

虽然批判实在论与新实在论在哲学的根本立场上是一致的,但由于它们对认识论问题分别作出了不同的解释,因而形成了这两种实在论的直接对立。正如以上所述,批判的实在论者是在与新实在论者的辩论中提出和阐述自己的观点的,这就使他们的观点具有很强的针对性和辩论性;而且,与新实在论者不同,批判的实在论者并没有统一的研究纲领,也没有共同撰写过取得完全一致意见的文章,他们是分别从自己的研究领域提出问题,形成观点,给出论证,但这些观点基本上在批判的实在论者中取得了共识,因而才使得我们有可能把这些观点看做是批判实在论的思想内容。

巴斯摩尔认为,在关于性质复合体的理解上,批判实在论的内部分歧非常严重,"以致很难有作为整体的批判实在论运动的历史"[①]。但事实上,批判的实在论者在许多重要问题上的意见是基本一致的,在坚持批判的实在论哲学立场上,他们之间的分歧并没有巴斯摩尔想象的那么严重。特别值得注意的是,虽然通常认为批判的实在论作为一个独立的哲学流派在 20 世纪 20 年代之后就退出了哲学舞台,但大多数批判实在论者的代表性著作却是在这之后出版的,如洛夫乔伊的《反叛二元论》(1930)、《存在的巨链》(1936),桑塔亚纳的《存在领域》(1927—1940)等等。这就使我们现在仍然有可能把批判的实在论作为一个整体来讨论。

综观批判实在论者的论述,我们可以把他们的主要观点概括为以下几个方面:

1. 区分知觉活动中的三要素。

应当说,严格区分知觉活动中的三个要素,即感知行为、感知材料和感知对象,这是批判实在论区别于新实在论的重要理论标志。英国的批

---

① 巴斯摩尔:《哲学百年·新近哲学家》,第 322 页。

判实在论者希克斯最初提出区分认识内容的三个成分,而美国的批判实在论者对这三个要素的区分则给出了更为详细的分析。他们特别强调了感知材料与感知对象的区别,认为对这两者的混淆正是新实在论的错误所在。德雷克指出,我们的感觉材料虽然是来自感觉对象并且构成了这些对象的客观性质,但它们本身却是对象的性质复合体,也就是对象的本质。这样的本质并不是对象本身,也不是对象的某个部分,而是对象作为整体对我们感官的作用结果。但这样的本质也不是我们的心理状态,而是心理活动中出现的物理对象的性质。例如,梦境中出现的任何事物都不完全属于心理状态,因为这些事物本身的实在性是由它们的性质决定的,而不是由心理状态决定的,譬如半人半马的怪物一定是由人和马结合的产物,它的性质复合体在于人和马的结合,因而没有超出实在的范围。德雷克写道:

> 本书的主题是:就知觉给予我们以精确知识**而言**,它是使对象的实际特征显现于我们而做到这点的。对象本身,即**存在**的那些片段,并不进入我们的意识。它们的存在是它们自己的事情,是私有的,不可传达的。一个存在体(我的有机体或心灵)不能实际地越出其自身,并包含另一个存在体;从存在上说,在我们全体之间,有"一个深不可测的、含盐的、横隔的海洋"。但是意识的机制是如此这样,以致我能够幻现、想象、"知觉"我周围对象的位所和特征,在某种程度上正确无误。这样,我们就直接地"知觉"什么东西是**在那儿**——即对象的特性。①

在这里,德雷克实际上是明确地告诉我们,感觉材料和感觉对象是完全不同的,虽然材料的性质决定于对象,但对象本身却没有直接成为材料,没有直接"进入我们的意识";由于材料是意识的构成内容,所以意识中的材料可以产生幻象等没有直接存在的东西。换言之,我们可以直

①　德雷克:《通向批判的实在论的途径》,载于德雷克等《批判的实在论论文集》,第22页。

接知觉的是对象的特征，而不是对象本身，虽然对象的特征来自对象，但并不构成对象的成分。

德雷克的这番思想是在坚持对象不依赖于对它的认识而存在的同时，又强调了对对象的认识活动本身的特殊性：这样的认识内容或感觉材料既来自对象，但又不同于对象或完全不是对象，它们构成了一些特殊的存在物，尽管它们并不具有与对象相同的本体论地位。这样的存在物就是批判实在论者所谓的"性质复合体"或"性质群"。

2. 突出性质复合体的重要性。

新实在论者并没有否认性质复合体的意义，但他们把性质复合体等同于认识对象，把对象定义为我们感知的一切性质的聚合。在批判的实在论者看来，新实在论的这种做法实际上就否定了性质复合体的意义，因为它损害了我们把事物或物理对象理解为某个具有特殊位置和形状的具体物的常识看法。根据批判的实在论者的理解，"性质复合体"或"性质群"是我们直接意识到的或直接感觉到的东西，或者说是直接给予的东西，是我们感觉的直接材料，也是我们的感觉内容。但这样的东西既不是主观的心理状态，也不是客观的物理对象，而是处于这两者之间的某种中介物。然而，关于如何理解性质复合体的性质，批判的实在论者之间也有不同的认识：洛夫乔伊、普拉特和塞拉斯等人认为，它们在一切事例中都表现为当下的心理存在物的特性；而德雷克、罗杰斯、桑塔亚纳和斯特朗等人则认为，这样的性质复合体不仅仅发生在当下的心理状态特性的认识作用上，也发生于有机体的态度上。德雷克写道："材料作为一个整体（全部所给予的特性）就不是任何存在体的特性；构成它的复合性的各个特征可以是心理存在体的特征，可以是被认知的对象的特征，或者可以两者都是，或者两者都不是。"[1]

可见，在批判的实在论者看来，"性质复合体"，或"性质群"，或"所予物"，或"感觉材料"，这些都是一种东西的不同称呼，这种东西就是不同

---

[1] 德雷克：《通向批判的实在论的途径》，载于德雷克等《批判的实在论论文集》，第 19 页脚注。

于认识对象但又来自对象的东西,是我们直接感觉到的东西,用洛克的术语来说,就是对象的"第二性质"。但批判的实在论者似乎并没有满足于把这样的性质仅仅理解为"第二性质",而是进一步认为,作为对象第一性质的形状、大小等仍然可以理解为"感觉材料",因为不同的认识者对物理对象的直接感觉是不同的,所以,我们仍然可以把一切有关对象的性质都理解为是认识的内容,而不理解为是对象本身的一部分。这样,批判的实在论就把对象与对象的性质完全分离开来,由此也就提出了关于对象认识活动中的二元论观点。

3. 提出认识论的二元论。

批判的实在论者认为,认识论的二元论不同于本体论上的二元论,它不是关于世界存在两个互不依赖、相互独立的实体本原的看法,而是一种"自然的二元论"。这种认识论认为,一方面,我们生来就处于各种实在之中,就接受了关于实在的各种信念,这些实在以及有关的信念都是不依赖于我们的认识而存在的,或者说是在我们之外的东西;但另一方面,我们又必须以直接的方式才能感觉到这些实在,能够把这些实在放入我们的认识范围而不会损害实在的存在本身。在批判的实在论者看来,这是一种常识性的观念,但也是容易造成人们错误认识的观念。这里的关键就是要严格区分意识活动中的感觉材料与认识对象本身,不能用前者去等同于后者,就像传统的唯心论那样;也不能用后者去等同于前者,就像新实在论那样。正是由于有了这样的区分,我们才可能在讨论材料性质的同时坚持实在论的立场。然而,也正是由于这个区分,批判的实在论者才可能提出对物理实在的认识论限制。塞拉斯写道:"一个事物之**成为一个对象**是主体的一个表示,并且一个主体自然地选择事物作为对象。一个存在体成为一个对象,当它激起了一个有机体的注意;但这个特性并不附着于它,因为这个特性只是有机体的一个功能。"①

认识论的二元论的主要特征是强调一切认识都是间接的和替代性

---

① 塞拉斯:《认识及其范畴》,载于德雷克等《批判的实在论论文集》,第201页。

的。由于我们无法直接认识所有的对象，特别是过去的对象，但我们又不能由此否认对象的实在性，这样我们就只能是间接地、通过某种表象或呈现来认识对象。虽然我们不能说这种表象就是对象本身，但它们却一定是与对象有密切关系的，是来自对象的，或者说是对象的替代物。实际上，批判的实在论正是以这种认识论的二元论为基础和出发点，对意识活动、感觉材料或表象等展开了深入细致的研究，从物理学、生理学和心理学等多方面论证了它们的实在性，由此形成了具有唯物论色彩和科学精神的自然主义。

4. 强调逻辑和科学的作用。

新实在论和批判的实在论出现的 20 世纪头 20 年，正是现代物理学的建立和现代逻辑学的形成阶段，同时，进化论和实验心理学等自然科学也取得了突飞猛进的发展。在这样的时代背景下，这两种实在论都表达了对科学和逻辑的尊重，并竭力用科学的成就和逻辑的方法阐述自己的观点。与新实在论者一样，批判的实在论者也强调逻辑的作用，特别注重对观点的逻辑分析，通过澄清概念的意义和使用归谬法揭示新实在论观点中的错误，由此清楚地表明批判实在论的思想。例如，普拉特在论证知识的间接性时分析道：

> 材料是**一些特性**，它们固然**可以**是事物的特性。但特性是逻辑的普遍项（即共相——引者注），而"事物"是空间的，或至少是时间的特殊项（即殊相——引者注）；因此这两者不能被等同起来。所以，批判的实在论主张知识是间接的，并且它根本不关涉到主张说知觉作用是直接的。对它来说，知觉作用是直接的，并且也是间接的，按照所说明的意义。无论知觉的对象，或者思想的对象，都不**是**心灵的状态。在对象与内容之间，在心灵之前的东西同在心灵之内的东西之间，在我所意向的东西同我借此而意向它的那个特殊的心理状态之间，必须划出一个鲜明的区别。①

---

① 普拉特：《批判的实在论与知识的可能性》，载于德雷克等《批判的实在论论文集》，第95页。

普拉特在这里区分了几个不同的东西：共相与殊相、对象与心理状态、意向对象与意向内容等，这种区分也正是弗雷格在开始他的哲学研究时提出要遵守的基本原则之一。普拉特用这种区分表明，作为共相的特性与作为殊相的事物是截然不同的，因此两者之间的认识关系不可能是直接的，只能是间接的。在这两者之间的中介物就是感觉材料或"性质群"。在对感觉材料的证明上，桑塔亚纳又从生物学、心理学和逻辑学这三个方面证明了认识论上的二元论，并明确认为关于实在论的假设是一切科学发展和常识认识的前提。[①]

所有这些都说明，批判的实在论的确是试图用科学的成就和逻辑的方法去证明人们关于实在的常识性观念的哲学努力。但后来的发展表明，这种努力是不成功的：批判的实在论者虽然有良好的愿望，但由于他们自身对当时的物理学发展没有深入的理解，对现代逻辑也缺乏严格的训练，所以他们的论证难以达到逻辑经验主义者那样的严谨，因而也就失去了有效的说服力。[②] 20 世纪 20 年代之后，作为一个统一的哲学流派的批判实在论已不复存在，批判的实在论者大多从自己的研究领域出发，逐渐走向了自然主义。

三　走向自然主义

"自然主义"是一个含义相当模糊的概念。在近代哲学中，它有时被称做一种自然神论，有时又被称做一种把自然看做所予物并作为唯一研究对象用以克服自然神论的研究方法；在现代哲学中，它有时被称做关于科学理论的哲学主张，有时又被称做关于自然哲学的科学理论。但无论有多少种理解上的分歧，在现代哲学中，"自然主义"作为一种基本的

---

① 参见桑塔亚纳《实在论的三个证明》，载于德雷克等《批判的实在论论文集》，第 159—174 页。
② 例如，卡尔纳普就在他的思想自述中明确表示了对 20 世纪 20—30 年代的美国哲学状况的不满，他写道："我失望地发现，在我看来那些在批判的思想发展过程中早已被取代了的、并且在某些情况下完全缺乏认识内容的哲学观点仍然有人在坚持，至少还被看作是值得认真考虑的观点。"（《卡尔纳普思想自述》，陈晓山、涂敏译，第 65 页，上海译文出版社，1985。）

哲学态度和倾向,主要是指主张每个事物都应当被看做是自然界的一部分,都可以用自然科学加以解释。① 这种哲学态度体现在当代哲学的许多不同理论中,如詹姆斯、杜威的实用主义,佩里、蒙塔古的新实在论,桑塔亚纳、塞拉斯的批判实在论,怀特海的过程哲学以及蒯因的认识论观点等等,所以现在很难把"自然主义"这个标签专门用于某个哲学流派,实际上它已经成为当代美国哲学的一个重要标志。②

但历史地看,自然主义今天能够成为美国哲学的特征,这在很大程度上要归功于批判的实在论者,因为正是他们在 20 世纪 20 年代之后,在接受了杜威等人的实用主义思想基础上,逐渐形成了自己的自然主义哲学,从而使得自然主义成为能够与科学思想很好结合的哲学主张,这为逻辑经验主义在美国的落脚奠定了很好的思想基础。在这个过程中,最为突出和重要的哲学家是塞拉斯和内格尔,后者也是当代美国重要的科学哲学家。

塞拉斯的自然主义是他的物理实在论发展的必然结果。他在早期的《认识及其范畴》一文中把他理解的批判的实在论看做是一种"物理实在论",认为这种实在论坚信存在物理的事物,并且认为关于物理世界的观念都是由科学的结论形成的。③ 在发表于 1926 年的《物理实在论的哲学》中,塞拉斯明确地把这种实在论与自然主义联系起来,认为一切物理的东西都是真实的,而一切真实的东西都是物理的。根据他的解释,一

---

① 参见布宁、余纪元编《西方哲学英汉对照辞典》(人民出版社,2001)中的"自然主义"条,第659 页。

② 于 2000 年 10 月在美国纽约州布法罗大学召开的关于美国实用主义的国际研讨会上,与会者都把自然主义、实在论以及实用主义看做是当代美国哲学的主要特征。同样,霍尔特在美国哲学学会 2002—2003 年的主席演讲中明确指出,目前对自然主义的需求是显而易见的,我们不仅在蒯因那里看到了"自然主义的认识论",而且在最近我们还强烈地感到需要自然主义的语义学、信念、意向和一般意义上的心灵。斯特劳德(B. Stroud)在美国哲学学会太平洋分会的主席致辞中也谈到当今哲学出现的广泛的"自然主义转向"。参见霍尔特《道德主题:天然的和规范的》,载于拉德克里夫(E. Radcliffe)编《美国哲学协会会刊》第 76 卷,第 7 页,美国特拉华州大学出版社,2002 年 11 月。

③ 参见塞拉斯《认识及其范畴》,载于德雷克等《批判的实在论论文集》,第 177 页。

切存在于时空中的东西都是物理的系统，或者与某个物理系统有着不可分割的联系，在这种意义上，意识活动也是物理的，因为它与大脑的神经活动有着密切的联系。他写道：物理实在论"承认物理之物的无限多样性，而不拒绝它的任何一种现实的形式，从宇宙尘和太阳的剥落原子到地壳上的原始泥层和人类大脑的复杂组织。在种种富丽堂皇的情景的背后，在丑和美、悲剧和幸福的背后，都存在着物质。简言之，物理之物只不过是存在的另一名称"①。

从塞拉斯的思想发展看，他的自然主义经过了三个阶段：最初他是把自然主义理解为一种类似"倏忽进化论"的主张，提出一种"进化的自然主义"，于1922年出版《进化的自然主义》一书；随后，他在《物理实在论的哲学》以及1937年发表的《为什么是自然主义而不是唯物主义》一文中，又把他的自然主义与唯物主义联系起来，认为自己的自然主义可以称做"新唯物主义""倏忽的唯物主义"或"批判的唯物主义"；后来，他在1944年的《自然主义就足够了吗?》和《辩证唯物主义简述》等文中又认为唯物主义在许多重要论点上都超出了自然主义，特别是对辩证唯物主义表现出了极大的兴趣，给予了高度评价。他甚至这样写道："我认为，可以说，尽管有某些修正主义思潮的干扰，马克思主义仍然保持它的领先地位，而且它的论点已在很大程度上被事变的进程所证实。"②

但是，塞拉斯的自然主义在20世纪上半叶的美国哲学界并没有得到应有的重视，主要原因就在于，他提出的这种自然主义观点缺乏逻辑上的论证和心理学证据的支持，而且他所表现出的主导倾向明显偏向唯物主义，这也使得他的哲学在唯心主义哲学占主流的美国哲学界难以引起共鸣。相比之下，内格尔对自然主义的理解和阐发在美国哲学界就有很大影响。这一方面是由于他本人就是一个逻辑学家和科学哲学家，因而注重用逻辑方法分析和论述他的自然主义哲学观点；另一方面，他的

---

① 塞拉斯：《物理实在论的哲学》，转引自涂纪亮《美国哲学史》第2卷，第314页。
② 塞拉斯：《一些遭到忽视的替换方案》，转引自涂纪亮《美国哲学史》第2卷，第316页。

思想还明显受到实用主义的影响,他对科学说明和理论在认识中的地位等问题的处理具有鲜明的实用主义特征。他的哲学观点通常被称做"科学的自然主义"或"结构的自然主义"。①

内格尔在20世纪30年代之前受罗素、桑塔亚纳等人的影响,一直坚持实在论立场。40年代后在逻辑实证主义的影响下,开始转向自然主义,发表了大量文章阐述他对自然主义的理解,提出了他的自然主义的逻辑观;到了六七十年代,他的主要研究工作是在科学哲学领域,出版了他的重要著作《科学的结构》(1961)、《意义和知识》(1965)、《科学中的观察和理论》(1971)、《对目的论的再考察》(1978)等,以实用主义的精神对科学哲学中的重要问题作出了自然主义的回答。他认为,自然主义应当是一种对世界整体图景的概括性说明,是对这样一种说明的逻辑表达。根据他的论述,自然主义包含了两个基本观点:(1)物质结构的先在性,就是说,"事件、性质和过程的实现,以及各个个体的特殊行为,都以在时空中存在着的物体的结构为转移,物体的内部结构和外部关系决定和制约着每一事件的发生与消失"②。这样就排除了在自然界中或在自然界之外存在任何超自然的力量,无论这种超自然的力量是一种非物质的精神还是一种不朽灵魂。(2)物质及其功能的多样性,就是说,"事物发出的先后顺序或事物存在的各种依赖关系,都是一些偶然的联系,而不是某种固定的、统一的、具有逻辑必然联系的模型的体现"③。这样一种自然主义就是把我们所生活的这个世界的基本特征看做是不可还原为某个统一模式的多样性以及事物存在的逻辑上的偶然性。根据对自然主义的这种理解,内格尔指出:

> 如果自然主义声称把各种不同的经验科学为获得关于世界的知识而使用的种种方法接受下来,那么自然主义就不能始终一贯地

---

① 见涂纪亮《美国哲学史》第2卷,第283页。
② 同上书,第284页。
③ 同上书,第285页。

要求对事物的最普遍的结构有一种先验的洞察。如果自然主义旨在对各种为获得科学知识而使用的原则作出一种连贯的和适当的说明，那么自然主义就不能断言所有这些原则都是经验的概括，因为其中有一些不接受实验的反驳。如果自然主义承认逻辑原则在某些情景中，即在探索中具有一种可以识别的功能，那么自然主义就不能仅仅根据这些原则在与一定情景相分离的情况下加以考察时缺乏事实内容这一点，就始终一贯地认为这些原则是完全随意的。①

在内格尔看来，无论如何，自然主义的要求应当是寻求事物的多样性和逻辑上的随意性，因而反对追求一种统一的固定模式和逻辑上的必然性。正是从这种自然主义观点出发，内格尔提出了他所谓的"情景主义的分析"（contextualistic analysis），就是说主张通过在特定情景中的运用来解释逻辑的概念和原则。这样，他就断定，逻辑原则既不是实在的先验结构，也不是经验的概括，也不是纯粹的同语反复，而是一些对语言用法作出规定的规范性规则。这些逻辑规则详细地规定了用来防止言谈中出现混乱的最起码的条件，至少陈述了一种精确语言的要求。他的这种情景主义分析具有两方面特征：（1）承认逻辑原则在使用语言中的规范性作用，但这个承认的前提则是把逻辑原则看做完全是约定的产物；（2）把逻辑原则的作用看做是相对于情景而言的，不承认逻辑原则具有绝对的评判意义。这两个方面都充分体现了实用主义的精神。

内格尔对自然主义的实用主义处理方法，还体现在他关于理论的认识地位问题的观点上。围绕理论在认识中的地位问题，西方哲学中存在着三种不同的观点。② 实在论者认为，相对于实在而言，理论或者为真或者为假；而某个理论一旦得到经验证据的支持，其中所假定的理论对象就必定被看做是具有与石头、桌子等物质一样程度的物理实在性。与此相反，大多数实用主义者所采纳的工具论认为，理论无所谓真假，它们都

---

① 内格尔：《没有形而上学的逻辑》，转引自涂纪亮《美国哲学史》第 2 卷，第 285—286 页。
② 以下部分参见涂纪亮《美国哲学史》第 2 卷，第 292—295 页。

是我们用来把经验组织起来和把经验规律排列起来的逻辑工具，或者是我们由一类观察陈述（材料）中引出另一类观察陈述（预测）的推论规则。逻辑实证主义者提倡的描述论则认为，理论是对于可理解的事件和特性之间的依存关系所作的一种简要表述，可以把理论简化为同它在意义上或逻辑上等值的观察陈述。虽然内格尔主要倾向于工具论的观点，但他对实在论者、工具论者和描述论者持有的不同的观点都提出了批评，认为它们的分歧并不在于实验方面，不在于形式逻辑方面，也不在于科学程序的事实方面，而是在于它们忠于不同的思想传统，在于对以何种恰当的方式使我们的语言适应普遍承认的事实这一点上有各自的偏好。这样，要在它们之间决出一个胜负高低是没有意义的，因为它们之间的差别只是使用术语上的兴趣不同而已。这就是实用主义处理问题的典型方式。

在处理与世界的关系上，实用主义的态度和方法基本上是一种自然主义。内格尔从他的大学老师柯亨那里接受了自然主义，同时又从他的研究生导师杜威那里接受了实用主义，随后在逻辑实证主义哲学中找到了他的思想归宿。这个思想演变过程恰好反映了美国哲学在 20 世纪 50—70 年代的发展历程。马格利斯（J. Margolis）把这个发展过程描绘为两次"消沉"（depressions），即从 50 年代起实用主义逐渐被分析哲学所取代，以及 70 年代之后分析哲学又开始面对实用主义的复兴。

第四节　当代实在论与反实在论

由于不同的哲学家对实在有着不同的理解，因而自然也就存在着不同形式的实在论。对各种实在论的出现，普特南曾有一个说明："'主义'（ism）一词在哲学中已经不时髦了，这无疑是件好事，但某些'主义'的词依然明显地顽固不化。'实在论'就是这种词。近来，越来越多的哲学家都在谈论实在论，却很少有人谈到什么是实在论。"[1]他认为，所有的实在

---

[1] 普特南：《意义与道德科学》，第 18 页，伦敦，劳特利奇与基根·保罗公司，1978。

论都有一个共同特征,这就是承认真理的符合论。他还把实在论分为三种。第一种是唯物论的实在论,这是指物理主义的观点。他不同意物理主义把语言的意向性以及其他所有性质都归结为物理的性质。第二种是形而上学的实在论,它主张有一个超越了所有人类可能认识的东西之外的真理观念。普特南声称这种看法是他所不能接受的。第三种是他所谓的趋同的实在论,是指把一切成熟科学理论中的名词都看做是有所指称,所以在一定程度上,这些理论或多或少地近似于真理。这种主张是对科学与科学对象之间关系的一种描述。普特南认为,这种实在论把"有电子流经导线"这个陈述和"房间里有一把椅子"或"我头疼"这样的陈述看做在客观上是同样真实的。正如椅子(或感觉)的存在是客观的一样,电子的存在也是客观的。在这种意义上,普特南把自己看做是一个科学实在论者。

一 科学哲学中的实在论与反实在论

科学实在论(scientific realism)是当代美国科学哲学中较为流行的一个流派,也是实在论在当代发展的主要形式之一。科学实在论的出现首先是反对科学哲学中的逻辑实证主义,同时也对科学哲学中波普的批判理性主义、库恩的范式论、费耶阿本德的不可知论和相对主义等进行了激烈的批判。逻辑实证主义通过区分科学与形而上学,用经验主义的方法把证实原则确立为科学命题具有认识意义的唯一标准。根据这种标准,只有在经验上可以得到证实的命题才具有意义,而这与命题中的词项是否指称某个对象无关,当然也就与是否存在这样的对象无关。从表面上看,逻辑实证主义排除了科学命题无认识意义的可能性,但由于它只是从语言的层面分析了命题的逻辑结构,没有对科学命题的客观性问题、科学理论的实在性问题作出回答,因而招致了实在论的批判。在科学实在论看来,如何确定科学命题的认识意义并不重要,关键是要确定这些命题以及科学理论中所指称或假设的实体是否存在。而要使科学命题真正具有认识意义,就必须首先承诺命题中词项所指称的对象是存在的,就像日常生活中的人、房子、石头和星星是存在的一样。波普的批判理性主义是以所谓的证伪原则确立科学的标准,而这种证伪原则又渗透着科学观察必须以理论为指导的基本思想。根据证伪原则,我们不能根据观察证据确立理论为真或可能为真,但我们可以通过诉诸观察和实验的结果来表明某些理论是错误的。然而,在科学实在论看来,科学史明确地告诉我们,观察经验通常并不是用来否定某个理论的错误,而是用于进一步确证已建立的理论的可信程度。这种确证是通过指称和证明的方式进行的。当然,尽管科学实在论是以科学史来反对波普的证伪原则,但它对科学哲学中的历史主义似乎并不赞同,因为在它看来,历史主义错误地从对科学史事实的分析中得出科学的发展是通过革命、突变、飞跃以及新旧范式的转换而完成的这种结论。而科学实在论认为,科学的发展是通过逐渐积累的方式,在这个发展过程中,不同科学理论之间存在着某种共同的东西,使得这些理论能够前后相继,而且这种共同的东西对各种不同的科学理论来说都是实在的。

科学实在论的创始人是美国的科学哲学家塞拉斯,他因首倡“科学形象论”而闻名于世。科学实在论的主要代表则是普特南、夏佩尔(D. Shapere)和邦格(M. Bunge)等人。他们的实在论观点可以归结为这样几条原则:(1) 可以用一些理论术语指称假设性的实体;(2) 一些假设性的实体是存在的候选者,它们可能是世界上实在的事物、质量和过程;(3) 一些存在的候选者是可以证明的,就是说,可以在合适的条件下用某种手势来表明。[①] 从这些原则中可以看出,科学实在论基本主张假设实体的存在,无论用于指称这种实体的理论术语是什么。但与传统的实在论不同的是,科学实在论所主张的假设实体并不一定存在于现实世界中,它们也可能存在于理论体系或话语氛围之中。不过,科学的发展表明,这些假设实体的存在最终会使我们的理论更加接近客观的世界,因为承认这些实体存在的内在动因就在于相信我们对实在的认识是正在逐渐趋向对实在的真的描述。

---

① 参见哈瑞《科学哲学导论》,邱仁宗译,第 96 页,辽宁教育出版社/牛津大学出版社,1998。

　　然而,科学实在论关于科学进步的这种"逼真"(approximate truth)
的观点遭到了反实在论以及无实在论的批判。科学哲学中的反实在论
主要有以后期维特根斯坦思想为根据的罗蒂哲学、强调科学发展范式作
用的库恩思想以及与科学实在论相对的新经验论,即劳丹的规范自然主
义和范·弗拉森(van Franssen)的建构经验论观点。罗蒂的认识论行为
主义取消了科学概念的客观性问题,把可接受作为真理的标准,并按照
既定的真理概念对行为加以限制。但罗蒂面对如何确立可接受的标准
问题,自身也陷入了恶性循环。库恩的范式理论已为人们所熟知,而这
种理论的要害就在于否定了不同科学范式之间存在着客观的共同成分,
这就使得要客观地评价不同科学范式的真理性变得不可能了。建构的
经验论主要认为,科学的目的是提出经验恰当的理论,而不是某种关于
真的或逼真的理论,因而,接受一种理论的标准,就在于看这个理论在经
验上是否恰当,而不在于是否相信这个理论。所谓经验上的恰当,是指
某个理论描述了可观察对象的所有真理模型。但这种反实在论仍然是
以承认理论的可观察性为前提的,因而又遭到了另外一些所谓"无实在
论者"的批评,其代表人物是美国的科学哲学家法埃因(A. Fine)。

　　法埃因不仅批判了科学实在论,而且对罗蒂和范·弗拉森的反实在
论也提出了批评。他对科学实在论的批判主要集中在所谓的"逼真"问
题以及"极少数"(small handful)问题上。他认为,实在论与它所描述的
科学一样使用了自身不完备的"溯因法"(abduction),即要求对实在论本
身作出更为严格的理论说明,而这对实在论来说却是难以做到的。另
外,当人们要对某个理论作出实在论的科学说明时,他们就首先假设了
这个理论是可能"逼真"的,而这种假设却是表示了理论与世界之间的外
在于理论的关系。这样,只要对这种说明性的假设提出疑问,人们就得
提出另一个假设来说明。这就陷入了恶性循环。[①]　所谓"极少数"问题,

[①] 参见法埃因《自然主义的本体论态度》,载于莱普林《科学实在论》,加州大学出版社,1984(以
　　下所引此书均为此版本)。

是指在实在论所提出的各种可供选择的理论中只有很少的理论被用做对先前理论的修正和补充。这是因为根据实在论,先前的理论是对实在的"逼真"的描述,而这就要求后继者必须也具有这种"逼真"的性质。由于这种"家族相似"要求,使得实在论排除了大量可能的理论选择。而且,归根结底,这种要求也是追求理论的"逼真"的结果。

当然,劳丹的规范自然主义和范·弗拉森的建构经验论对科学实在论都作过有力的批评。但法埃因对他们的批评并不满意,认为在他们的批评中仍然带有实在论的痕迹,即他们仍然把"可观察性"作为确定可信仰内容的依据。因而他提出,要想彻底抛弃实在论,就必须从方法论上排除对"可观察"事物的幻想,从而走向一种与实在论和反实在论都截然不同的"无实在论"(non-realism)。在法埃因看来,反实在论与实在论的区别只是一个问题的两个方面,他们只是在对如何理解科学理论的实在性上有所分歧,但在理论与外在世界的关系上,反实在论与实在论都承认这种关系的存在,并把理论的实在性和可观察性归结为这种关系。而且,在承认这种关系存在这一点上,反实在论与它的基本立场是不一致的:一方面,它反对"逼真"的概念,反对把科学理论看做是对某种实在的反映;但另一方面,它又把"可观察性"作为确定科学理论内容的标准。因此,法埃因认为,反实在论不但没有驳倒实在论,自身反而陷入了与实在论相同的形而上学。要真正抛弃实在论,就只能超越实在论与反实在论之间的争论,从而形成真正与实在论相对的"无实在论"。① 根据法埃因的观点,这种无实在论主张接受世俗的真理观,认为在日常生活中接受某个信念为真就意味着调节人们的实际行为去适应这个真信念,而且认为科学真理与日常生活的真理没有什么不同,既不能把科学真理置于特殊地位,也不能给它们附加任何其他内容;各种理论真理之间是不可通约的,因而不存在指称的恒定性。无实在论对科学的态度是充分信任,努力按照科学自身的主张去对待科学,不试图把某些对科学的总体

---

① 参见法埃因《亦非反实在论》,载于法埃因《动荡的游戏》,芝加哥大学出版社,1986。

说明强加于科学自身的理解中；同时，无实在论坚决反对本质主义，坚决拒斥对事物作整体说明的形而上学。

不过，法埃因的这种无实在论提出不久就遭到不少哲学家的批评。博伊德（R. N. Boyd）首先反驳了法埃因对实在论的责难。他认为，法埃因对"溯因法"的要求过于苛刻：如果抛弃了这种方法，那么我们连正常的科学研究都无法进行了，因为一切研究都是首先基于对先前理论的说明，并要求对这种研究作出恰当有效的解释；而且，"溯因法"与归纳法具有相同的作用，如果抛弃了前者，也就没有理由继续使用后者了，而这显然是不可能的。此外，博伊德还对法埃因责难实在论陷入恶性循环提出反驳，认为在理论研究中（特别是在对科学史的研究中）出现循环是很自然的事情，科学的研究正是在循环中得到进步。[①] 另一位科学哲学家施拉格（R. Schlagel）则针对法埃因关于科学史的论述，认为对科学成功的最好解释不是无实在论，而应当是"语境实在论"（contextual realism），这种实在论强调根据科学发展的具体情况来解释科学成功的现象，并以此作为解释现代科学的元物理学框架。同时，施拉格还批评法埃因在"逼真"和"极少数"的问题上犯了以偏概全的错误。他认为，无论如何，法埃因的错误恰恰就在于戴着有色眼镜来看实在论，他忘记了，如果没有对外部世界的指称，那么一切科学的成功就都会变得不可理解了。[②]

当然，对法埃因这种极端"无实在论"的批评不仅涉及对科学史的不同理解，更为重要的是涉及如何理解"实在"和"实在论"，如何对科学理论的对象作出恰当的解释，以及如何看待科学理论与外在世界的关系等等。科学实在论简单地根据人们对外在对象存在的朴素认识，推及科学观察对象的存在以及科学理论的"逼真性"，这的确难以说明假设理论实体的存在，也无法令人信服地证明科学理论本身的实在性；而另一方面，反实在论对实在论的责难又走向另一个极端，完全放弃了对科学理论与

---

① 参见博伊德《科学实在论的当前地位》，载于莱普林《科学实在论》。
② 参见施拉格《法埃因的〈动荡的游戏〉》，载于《科学哲学》1991 年第 58 期；施拉格《语境实在论：现代科学的形而上学构架》，纽约，佳作书局，1986。

外在世界关系的考察,把经验上的恰当性作为判定科学理论正确性的唯一标准,这就使得反实在论站到了常识的对立面,因而无法引起人们对它的赞同。法埃因的无实在论对实在论与反实在论的争论来了一个釜底抽薪,否定了它们争论的基础问题,即是否存在正确认识可观察对象的有效方法。

无实在论对实在论和反实在论的批评虽然过于激烈,但在某种程度上使我们对实在和实在论有了更新的理解,注意到了实在论在理解对象存在问题上的不同层次。例如,美国哲学家德威特就明确区分了"常识实在论"和"科学实在论",前者承认可观察对象不依赖于精神活动而存在,而后者则坚持不可观察的对象也是不依赖于精神活动而存在的。他提出,由于对不可观察对象的存在问题无法用语义学的方法来解决,因此我们应当采纳常识实在论而不是科学实在论来解释事物的存在样式。① 另一位美国哲学家布莱克伯恩则提出一种所谓的"准实在论"(quasi-realism)。这种实在论认为,我们可以像实在论那样谈论对象的存在、道德思想以及情感的表达等,但不必成为一个实在论者。尽管布莱克伯恩强调他的准实在论是与反实在论〔即他所谓的"投射主义"(projectivism)〕相对的,但正如 J. 赖特所指出的,这种准实在论仍然是一种反实在论,因为"这个纲领所起的作用是对关于某个给定种类陈述的非实在论看法的补充。准实在论的目标是要表明,对这些陈述内容的非实在论说明并不需要得到修正"②。赖特在这里提到的所谓"非实在论"(irrealism)被看做是反实在论的一种形式,即认为我们对事态的描述与真理无关,与事态的存在无关,"我们的谈话表面上就像是存在着道德的事态、科学理论的事态或纯数学的事态,但实际上并不存在这些东西。……相反,可能被看做是神秘描述的东西,则由于某种不同的但可

---

① 参见德威特:《实在论与真理》,第 296 页,普林斯顿大学出版社,1977(第 2 版)。

② J. 赖特:《实在论,反实在论,非实在论,准实在论》,载于弗伦奇(P. A. French)和尤林(T. E. Uehling)《实在论和反实在论》,第 31 页,明尼苏达大学出版社,1988(以下所引此书均为此版本)。

靠的作用而得到信任"①。

从以上提到的所谓"语境实在论""准实在论""非实在论"等观点中可以看出,它们都涉及对语言的使用和理解问题。正是对语言描述与事态存在之间的关系有着不同的看法,因而产生了对实在及其与语言表达关系的不同理解。这就涉及实在论与反实在论之争在当代美国哲学中的另一种主要表现形式,即语言哲学中的实在论与反实在论之争。与这场争论在科学哲学中的表现不同,在语言哲学领域,实在论与反实在论主要围绕是否存在词所指称的对象这个问题展开了针锋相对的辩论:在实在论者看来,对语言本身的研究就是对语言之外存在物的研究,而语言所指的这些存在物最终以各种形式构成了语言的意义;但在反实在论者看来,语言的意义并不取决于外在于语言的东西是否存在,而是在于语言的使用者是否理解了语言,而且只有在掌握了关于语言的大量知识之后,人们才能真正理解语言的意义。

二　语言哲学中的实在论与反实在论

与传统的实在论相比,现代语言哲学中的实在论思想带有明显的语言分析哲学特征:它们并不像素朴的实在论那样讨论语言之外的世界是否独立于我们对它的思考而存在,而是讨论我们的语言是否以及如何描述语言之外的事态,我们语言的意义以及真理是否依赖于语言之外的事实。这种实在论的最主要代表就是美国哲学家戴维森,他与反实在论的主要代表达米特之间的论战构成了当代语言哲学的重要内容之一。

关于戴维森的实在论,我们已作介绍,这里不再赘述。这里主要介绍达米特的反实在论主张。

达米特的反实在论是与他的意义理论密切相关的。他通过解释弗雷格的语言哲学,提出了一种与众不同的意义理论,即主张意义理论就

---

① J. 赖特:《实在论,反实在论,非实在论,准实在论》,载于弗伦奇和尤林《实在论和反实在论》,第 30 页。

是理解理论。他对此解释道：

> 如果我们想要说明何谓一种语言，即何谓该语言的语词和语句
> 具有它们所具有的那种意义，我们就必须为那种语言描画出一个意
> 义理论。这样一个理论描述这种语言的实践；或者最好能说明用那
> 种语言进行交流的现象，就如其他理论能够说明其他现象一样。这
> 样作的时候不必局限于实际描述，而可以像其他理论一样运用理论
> 概念，例如指称、真理等概念。有了这种理论，我们就可以说明对该
> 语言的理解就在于隐含地具有这个意义理论的知识。①

在他看来，由于意义与理解的这种相互关系，因而一个表达式的意
义就是人们理解这个表达式时所知道的东西。这种看法与戴维森从真
之理论出发建立的意义理论大相径庭。达米特对戴维森的意义理论给
予了最严厉的批评。综合他在不同文章中对戴维森式的实在论的批评
以及对自己意义理论的阐述，他的反实在论观点主要包括这样一些
方面：

首先，实在论通常认为有不依赖于我们的认识而存在的实体，因而
包括数学在内的所有领域都被看做存在某种抽象实体，使得这些领域中
有关实体的陈述成为真的。而达米特指出，这种求助于真值条件的实在
论是完全站不住脚的，因为我们关于真值条件的知识并不能决定我们知
道某个句子在什么条件下可以是真的或假的，而意义理论的目的却正是
要向我们描述句子成真的使用条件，也就是说必须说明我们关于语言的
知识与实际使用语言的能力之间的关系。然而，根据实在论的解释，句
子的真值条件是超验的，就是说是与我们关于这些真值条件的认识无关
的，是与我们具体使用语言的能力无关的。在达米特看来，如果我们不
能说出关于这些真值条件的知识，不能表明实际使用语言的能力，那么，
我们提出的意义理论就是空洞的，至少不能满足我们对意义理论所提出

---

① 达米特：《意义与理解》，载于涂纪亮主编《语言哲学名著选辑》，第25—26页。

的恰当要求。

　　其次,达米特指出,戴维森的意义理论是以"真"这个概念作为核心,但他并没有向我们详尽地解释"一个句子的意义就是知道它的真值条件"究竟是什么意思。戴维森认为,只要我们能够从语义上对包含经验内容的事实陈述作出形式上恰当的表述,我们就可以说这个陈述是真的,譬如"'雪是白的'是真的,当且仅当雪是白的"。但达米特指出,戴维森的这种说法是不恰当的或至少是不完整的,因为仅仅说明句子的真值条件并不能向我们提供完整的对句子意义的说明。他认为,如果一个意义理论是以"真"这个概念为核心,那么它就必须包含这样两个部分:一个是所谓的"指称理论",即对句子真值条件的一种归纳说明;另一个则是"涵义理论",即说明说话者关于句子真值条件的知识与对这个句子的实际使用能力之间的关系。戴维森的意义理论仅仅包含了前一个部分,因而它只是一种"指称理论"而已。不仅如此,达米特还认为,除了以上两个部分之外,一个恰当的意义理论还应包含一个补充部分,这就是他所谓的"语力理论"(theory of force),它说明了一个句子在表达中可能具有的各种类型的常规意义。由此可见,达米特是缩小了戴维森理论的适用范围,而把意义理论看做是对整个语言知识的详尽说明。

　　再次,达米特反对实在论的一个更为重要的根据,就是以数学中的直觉主义反对传统的二值逻辑。他认为,人们要求对句子给出一种真值条件,这与接受传统逻辑中的二值原则有关。因为按照这个原则,任何一个句子都被要求确定地具有两个真值中的一个,即或真或假,也就是承认逻辑的排中律。但现代逻辑已经表明,排中律并不是普遍适用的,因为对某些抽象句子而言无法判断它们的真值。达米特把排中律的不适用范围扩大到一切句子,认为对任何句子真值条件的说明都不能提供完整的意义理论。他提出,对逻辑常项的直觉主义解释就可以说明不以真值条件为核心的意义理论。例如,要把握一个数学陈述的意义,并不需要知道在什么条件下这个陈述是真的,而是在于有能力认识到,对任何一个数学构造来说,它是否构成了这个陈述的证明;而对这个陈述的断定并不意味着宣称它是真的,而是应当被解释为宣称存在着它的证明或可以构造它的证明。可见,要确立一个数学陈述为真的唯一方法就是证明,而对其他一般陈述的方法则是证实。在这里,达米特提出以"证实"概念取代"真"的概念。他写道:

> 按照这种说明,对一个陈述的理解,就在于有能力认识到任何可算作是证实了它的东西,亦即任何最终确立它为真的东西。我们并非一定应该有任何判定一个句子是真还是假的方法,我们只是一定要能够认识到什么时候它之真已被确立了。这种想法的优点在于,一个陈述得以证实的条件与它在二值假设为真的条件不同,它是这样一种条件,当有了这种条件时,我们一定能有效地认识它;因此不难阐述有关这种条件的隐含的知识体现在哪里——因为这又是由我们的语言实践直接展示的。①

不过,达米特在 20 世纪 80 年代末接受采访时改变了对"证实"概念的用法,而更倾向于使用"证明"一词。他认为,如果"证实"是指可以根据我们确定一种陈述为真或为假的方式去行事的话,那么他就可以继续使用这个概念,但这容易给人造成试图获得最终结论性确证的印象,所以他更愿意选择"证明"这个词。②

达米特的反实在论对语言哲学中的意义理论、真理理论等都带来了很大的影响。他对戴维森意义理论的批评涉及对真理的实在论解释,特别是对塔尔斯基关于真的语义学定义的理解。戴维森在 1989 年所作的杜威讲座"真之概念"中就承认达米特的批评是正确的:"我的错误是认为,我们既可以认为塔尔斯基的真之定义告诉了我们一切我们关于真所需要知道的东西,又可以用这个定义描述一种实际的语言。但是甚至在这同一篇论文(即《真理与意义》——引者注)中,我(不一致地)讨论了如

---

① 达米特:《什么是意义理论?(Ⅱ)》,载于《哲学译丛》1998 年第 3 期,第 61 页。
② 参见帕陶特(F. Pataut)《采访达米特》,载于《哲学译丛》1998 年第 3 期,第 77 页。

何说明这样一个定义适用于一种语言。不久我就认识到这个错误。"[1]通过与达米特、罗蒂等人的交流,戴维森的思想的确出现了一些变化,特别是在对句子的真值条件的要求上,他的立场有所松动,不再强调严格地按照塔尔斯基的定义规定意义的范围,而是转向对意义的语用分析;同样,普特南通过与罗蒂的讨论,他的实在论立场也有所变化。例如,他在1987年所作的题为"实在论"和"相对主义"的讲演中就以确立"系统与观察者之间的断裂"为由,反对传统形而上学的"大写的"实在论,提出以常识的观点解释实在的"小写的"实在论,即他所谓的"戴着人类面孔的实在论";他在1994年所作的杜威讲座"意义、无意义和感觉:对人类心灵能力的探究"中则分析了实在论的自相矛盾,指出应当根据实用主义的精神彻底放弃传统对实在论的理解。他的这种思想由此被罗蒂称做实用主义的一种"新形式"。因而,毫不奇怪,他会被后来的哲学家们看做是罗蒂哲学的"同路人"。

当然,在戴维森、普特南等人与达米特、罗蒂等人的论战和交流过程中,尽管他们的实在论立场有所改变,摒弃了传统的形而上学实在论,但他们仍然坚持常识的或科学的实在论,他们与反实在论者之间的争论并没有结束,而且更多的哲学家坚持从实在论立场出发从事自己的哲学研究,如斯特劳森、邦格、德威特等人。应当说,至少在目前的美国哲学研究中,实在论倾向仍然占有主导地位,虽然哲学家们对实在论给出了各种不同的解释。在哲学的其他领域,如数学实在论、道德实在论、美学实在论(即美学中的"现实主义")等,实在论也被看做是主要的哲学倾向。

三　实在论与反实在论之争对当代美国哲学发展的影响

20世纪70年代后实用主义在美国的复兴对整个美国哲学的发展具有深远的影响,这不仅使美国哲学重新找到了自己的思想根源,"回到了自我",而且使其他一切哲学能够在美国得以生存和发展的原因得到了

---

[1] 戴维森:《真之结构和内容》,载于《哲学译丛》1996年第3—4期合刊,王路译,第75页。

很好的说明,就是说,实用主义成为可以恰当解释其他哲学思潮的重要准则和方法。所以,实用主义的复兴就被看做是 20 世纪下半叶美国哲学的重要标志。①

在这种大背景之下,实在论不仅明显表现出了与实用主义的密切结合,而且在与反实在论的论战中也开始逐渐退缩自己的阵地,以实用主义的精神不断变换自己的观点,以便得到更多人的理解和支持。这样,我们就会在当代美国哲学中看到这样一种奇特的现象:一方面,很少有哲学家公开地宣称自己是一个反实在论者,但另一方面,许多哲学家即使是在声称自己是一个实在论者时也在偷偷地贩运反实在论的观点。这在普特南的哲学中表现得非常明显,特别是他与罗蒂关于相对主义的争论就充分反映了他的实在论与罗蒂的反实在论之间的密切联系。② 这种联系主要表现为以下几个方面:

1. 他们对"实在"概念的理解具有很多相近之处。作为一个彻底的实用主义者,罗蒂早在《哲学和自然之镜》中就完全抛弃了传统的镜式思维模式,把"实在"理解为人们根据自己的观点建构起来的图景。他写道:"'反实在主义者'的适当立场正在于承认,没有什么将说明'独立于理论的真理',正如没有什么将说明'非工具性的善'或'非功能性的美'一样";"关于人们的信念决定着他们谈论的东西的假定,对存在的事物和不存在的事物或多或少都适用,只要不发生关于什么存在的问题。"③到了 90 年代,罗蒂更是直接把"实在"解释为人们经验的现实。应当说,在对"实在"概念的解释上,罗蒂基本上持一种消极的态度:他从根本上就反对实在论与反实在论的争论,认为这种争论是毫无意义的,因为它的预设前提就是围绕是否存在独立于人类的外在之物而展开争论,但这个前提本身却是毫无价值的。当然,尽管如此,如果从哲学追问的角度

---

① 参见马格利斯《实用主义的复兴——20 世纪末的美国哲学》,康奈尔大学出版社,2002。
② 关于他们之间争论的详细情况和分析,参见《世界哲学》2003 年第 1 期的专栏文章《当代美国实用主义》。
③ 罗蒂:《哲学和自然之镜》,李幼蒸译,第 245、252 页,三联书店,1987。

看,罗蒂的立场毫无疑问是属于反实在论的。

再来看普特南。他对实在的理解随着他的思想发展有很大的变化。在早期科学实在论时期,他基本上坚持"存在独立于人类认识活动的实在"这样一种信念;但到了内在实在论时期,他虽然仍然认为这样的实在是存在的,但把它们看做是人类通过不断的认识活动才能逐渐把握的对象,而不是现成地摆在那里等待人们去发现和认识的对象;如今,处于实用主义实在论时期的普特南,对实在的理解就发生了根本性的转变,不再认为人类的认识活动是为了发现或理解某种独立的实在,而是把人类活动本身看做是人类适应环境的过程和产物,看做是人们接受外来刺激的结果。同样,"实在"概念本身也不是用来指某种独立于人们认识活动之外的对象,而是我们用来表达自己思想和观念的方式。他写道:

> 传统的形而上学者完全正确地坚信实在的独立性以及我们的认知对我们所描述的一切事物恰当具有的责任;但这幅传统的实在图景,即认为一劳永逸地记录下了所有可能的描述,在保留了那些洞见的同时却失去了詹姆斯实用主义中的真正洞见,即认为"描述"绝不是单纯的复写,我们总是不断地对语言与实在的联系方式添加更多的内容。①

他甚至把关于外在世界的实在论看做是有问题的,认为这种实在论的错误就在于假设了我们的认知活动或知觉活动可以达到对世界的认识,这是一种认识论上的笛卡尔式二元论的残余。普特南把这种实在论称做"直接的实在论"。他从詹姆斯那里借用了"自然的实在论"概念,认为这样的实在论才是真正直接把知觉活动本身看做世界的组成部分,因为知觉的对象就是外在实在的不同方面。应当说,这时的普特南对"实在"概念的解释完全是一副实用主义的(特别是詹姆斯式的)腔调。

2. 罗蒂和普特南都强调了文化共同体在人类认识活动中的决定性

---

① 普特南:《三合一的绳索:心灵、身体和世界》,第8—9页,哥伦比亚大学出版社,1999。

作用。罗蒂在反击普特南对他的相对主义批评时明确表达了自己关于文化共同体的观点。他把这样的共同体描绘为一种人类共同享有的文化整体,虽然各种文化之间存在差异,但在它们都属于人类文化的一部分方面,它们又是一样的,也就是说,它们由于自身的独特性而成为整个文化共同体中的成员;而且,由于每个人都处于不同的、具体的、独特的文化共同体中,因而每个人都能够对自己面对的实在提出自己的理解。这样,不仅"真理"一词失去了往日的神圣光环而蜕变为一个不确定的形容词,就连"实在"这样的词也不再拥有普遍的含义,因为每个人所面对的都是不同的实在。他写道:

> 正如我所认为的那样,我们使用"真"的唯一方式是我以前所谓的对"真"的"谨慎"使用,在此,既不能通过对其满意度的日常意义的说明,也不能通过去括号式的说明来把握"真"。对真理的这种使用方式体现在这样的语句中,如"你的论证满足了我们当前所有的规范和标准,而且我无法反驳你的论断,但是你所说的可能仍然不是真的"。对真理的这种谨慎使用并不是为了表明"世界存在的方式",而是为了可能的未来一代,即"更好的我们",对这一代来说,与现在看来无法反驳的东西之间的矛盾,在将来会以一种适当的方式变得更好。①

这就是一种以实用主义精神处理真理和实在的方式。

当然,正如罗蒂指出的那样,普特南对文化共同体的重要性也给予了高度重视。他在《戴有人类面孔的实在论》中就明确表示,一切关于真理和实在的断定都依赖于我们在共同体中确立的规范和标准,而这样的规范和标准是历史的产物,反映着我们的兴趣和价值,而且是经常改变的,因此总会存在更好的或更坏的规范或标准。就是说,并不存在唯一正确的或最好的规范和标准。他写道:

---

① 罗蒂:《普特南与相对主义的威胁》,载于《世界哲学》2003 年第 1 期,第 66 页。

事实并不是我们**的确**改变我们的规范和标准,而是说,这样做常常是一种改进。由什么判断是一种改进呢? 当然是根据**我们内在的**世界图画。但从这个图画本身来看,我们说,"更好"并不等于"**我们**认为更好"。如果我的"文化同伴"并不同意我,我有时**就会**说"更好"(或"更糟")。正像卡维尔说的那样,总有我"把自己当作基础来依赖的"时候。①

这种口气完全是一种实用主义的说法,因为当我们说"更好"时实际上就意味着"我们认为更好",这里的"世界图画"完全是由我们(即说话者或相同文化共同体中的成员)所构成的。这样,任何对实在论(无论是何种形式的实在论)的前提都被瓦解了。正如罗蒂指出的,普特南在声称"在通常情况中,关于人们所做的陈述是否有根据,总是一个事实问题"时,又把这样的根据看做是历史的产物,取决于我们的兴趣和价值,这显然是把"有根据的"和"真的"东西混淆起来了;如果普特南有意作出这样的混淆的话,那么他的实在论立场显然就值得怀疑了,至少是难以与他所要区别的反实在论或相对主义区分开来。②

3. 罗蒂和普特南在对待实在论的态度上旨趣相投。罗蒂以卡尔纳普的口吻拒斥了实在论与反实在论的争论,认为这种争论是毫无意义的,因为引起两者争论的前提,即是否存在独立于人们的思想而存在的实在,就是错误的。他把实在论完全看做是传统哲学二元论的典型,坚决要求取消这种看待世界的观点。他明确表示,实在论和反实在论在对世界的认识上属于半斤八两,都没有给我们提供任何可以供我们对自己的行为和反应作出正确判断的有益帮助。在这种意义上,实在论的错误并不是它对实在和世界的看法,而是它提问题的方式。可以说,正是把世界和实在作出两分的方法,彻底遮蔽了实在论者以及反实在论者的智慧双眼。而罗蒂则想以实用主义的方式超越实在论和反实在论之间的

---

① 普特南:《戴有人类面孔的实在论》,载于《世界哲学》2003年第1期,第54页。
② 参见罗蒂《普特南与相对主义的威胁》,载于《世界哲学》2003年第1期,第60页。

无谓争论。他写道：

> 缺乏一种为科学特有的方法,不仅使工具论者很难回答关于为
> 什么可观察和不可观察的区别变得重要的问题,而且使实在论者很
> 难认为实在论可以"说明科学的成功"。其理由还是,由于不能把一
> 种特别的科学方法独立出来,被解释物的性质就变得不明确了。因
> 为实在论者必须主张,"科学"是具有自然性的。对他们来说,(例
> 如)用基本粒子的存在来说明以关于基本粒子的信念为基础的技术
> 的成功是不够的。因为他们知道,这样的说明太无足轻重了。它不
> 过是指出,我们这样描述我们的成功的活动,是因为我们主张我们
> 所主张的理论。对现时成功的这样一种说明,同我们的前辈对过去
> 成功的说明一样,是空洞无物的。[1]

与罗蒂的态度相近,普特南在《戴有人类面孔的实在论》中不仅提出
要反对在关于实在和世界问题上的"神目观",而且区分了"大写的实在
论"和"小写的实在论"。他写道:"如果说我们的言行就是一个'实在论
者',那么我们最好就做一个实在论者——带有小写'r'的实在论者。但
形而上学的实在论超出了带有小写'r'的实在论,而进入了具有某种特
征的哲学幻想。在这里,我同意罗蒂。"[2]根据他的解释,某些哲学家认
为,点是位置谓词,而不是对象。如果这种观点是对的,时空范围就只是
一套属性,而不是具体的对象。但具体对象的存在怎么能够成为一种关
于属性的约定呢? 带有小写"r"的实在论者不需要回答这些问题。这就
是生活的事实,他会感觉到,当我们可以觉察到面对其他的选择时,某些
选择同样是可行的。但形而上学的实在论者并不认为,首先有椅子,其
中的一些是蓝色的,我们并没有构造它们。形而上学的实在论把自己看
做一幅强大的超验图画。在这幅图画中,有一套确定的"独立于语言的"
对象(其中某些是抽象的,其他的是具体的)以及在语词及其外延之间的

---

[1] 罗蒂:《后哲学文化》,黄勇编译,第61—62页,上海译文出版社,1992。
[2] 普特南:《戴有人类面孔的实在论》,载于《世界哲学》2003年第1期,第54页。

确定"关系"。这幅图画只是部分地同意它认为应当解释的常识看法,但从常识来看,它的结果却是非常荒谬的。普特南由此认为,坚持带有小写"r"的实在论,抛弃哲学家们带有大写"R"的实在论,这没有任何错误。正是根据这样的解释,普特南把实在本身也看做是完全渗入了我们的观念,而不是所谓的独立于我们的观念存在的东西。他明确写道:

> 我们所谓的"语言"或"心灵"的成分**深深地渗入我们所谓的"实在",以至于我们把自己看做是对"独立于语言"之物的"描绘者"这个纲领,不幸从根子上就是有害的。**实在论以不同的方式,但与相对主义一样,都是不可能地试图从无源之处观察世界。在这种情况中,这就是想说,"所以我们创造了世界",或"我们的语言构成了世界",或"我们的文化构成了世界";但这只是相同错误的另一面。我们一旦屈服了,我们就会再次把世界——我们所知的唯一世界看做一个**产物**。一种哲学家把它看作是纯粹物质的产物:尚未概念化的实在。其他人把它看做是无中生有的创造。**但世界不是一个产物。它就是这个世界。**①

从罗蒂和普特南的表述中可以清楚地看出,虽然他们的说法各不相同,但他们对待实在论的态度的确是志趣相投的。拒斥实在论与反实在论的争论,并把实在论看做是一种错误的提问方式,这在罗蒂那里并不奇怪;令人不解的是,一直以实在论者(无论是哪一种实在论)自居的普特南也和罗蒂一样向实在论挥舞大刀,虽然动作有些僵硬。正如我们前面所分析的,普特南对待实在论态度的这种转变,完全应当归因于他采取了实用主义的方法,或者说,正是他的实用主义导致了他把实在论看做是一种错误主张这样的做法也看做是理所当然的了。所以,我们也就毫不奇怪,随着普特南彻底抛弃了事实与价值、世界与思想、物质与精神等二分法,坚持以后者取代前者或说明前者,他就自然地把实在论归于

---

① 普特南:《戴有人类面孔的实在论》,载于《世界哲学》2003 年第 1 期,第 56 页。

谬误,自然地从实在论的立场"暗暗地"滑向反实在论的立场。①

在谈到美国哲学的现状和未来时,宾夕法尼亚大学的哲学史教授库克里科(B. Kuklick)把罗蒂放到最后,认为在新世纪的美国哲学中以罗蒂为代表的一种实践哲学会成为美国哲学未来发展的一个方向。② 而塞尔则把美国哲学的未来看做是以心灵哲学和社会哲学为代表的主流发展,其中的心灵哲学当然是以讨论精神活动如何与我们的大脑和身体发生关系为主要话题的,社会哲学的话题涉及个人精神生活与社会公共事务之间的关系,但所有这些研究却是以一个前提为出发点的,这就是传统哲学的二元划分。与传统不同的是,这里的二元划分是以个人的精神生活为基点的,或者说是以精神的(第一人称的)方面来"整合"心灵活动和社会活动。他写道:"我本人的看法是,心智哲学和社会哲学将在整个哲学中占据核心位置。人们对于语言研究的看法正在改变,不再认为它能够取代精神研究,而认为它其实是精神研究的一个分支。"③如果认真对待这些哲学家对未来美国哲学的展望,我们就会看到,实用主义的实在论伴随着反实在论的精神将会在未来的美国哲学中占据重要地位。

---

① 当然,严格地说,普特南并不是一个反实在论者,或者说,他本人并没有说过自己是一个反实在论者;相反,他一直认为自己是一个实在论者,虽然现在是一个常识的实在论者或实用主义的实在论者。但从他的思想变化上看,他由于实用主义而开始超越实在论和反实在论的论域。
② 参见库克里科《美国哲学史》,第 275—281 页,牛津大学出版社,2002。
③ 塞尔:《当代美国哲学》,载于《哲学译丛》2001 年第 2 期,第 10 页。

西方哲学史

学/术/版

叶秀山 / 王树人
—— 总主编

现代英美分析哲学 [下]

江怡　陈亚军　著

江苏人民出版社

图书在版编目（CIP）数据

西方哲学史：学术版. 现代英美分析哲学 / 叶秀山，
王树人主编；江怡，陈亚军著. -- 2 版. -- 南京：江
苏人民出版社，2023.2
ISBN 978 - 7 - 214 - 24259 - 4

Ⅰ. ①西… Ⅱ. ①叶… ②王… ③江… ④陈… Ⅲ.
①西方哲学－哲学史②分析哲学－英国－现代③分析哲学
－美国－现代 Ⅳ. ①B5②B561.59③B712.6

中国版本图书馆 CIP 数据核字（2019）第 270765 号

西方哲学史（学术版）

叶秀山　王树人　总主编

书　　　　名	现代英美分析哲学	
著　　　者	江　怡　陈亚军	
责 任 编 辑	汪意云	
装 帧 设 计	刘葶葶	
责 任 监 制	王　娟	
出 版 发 行	江苏人民出版社	
地　　　址	南京市湖南路 1 号 A 楼,邮编:210009	
照　　　排	江苏凤凰制版有限公司	
印　　　刷	苏州越洋印刷有限公司	
开　　　本	652 毫米×960 毫米　1/16	
印　　　张	63.5　插页 8	
字　　　数	900 千字	
版　　　次	2023 年 2 月第 1 版	
印　　　次	2023 年 2 月第 1 次印刷	
标 准 书 号	ISBN 978 - 7 - 214 - 24259 - 4	
定　　　价	320.00 元(精装上下册)	

（江苏人民出版社图书凡印装错误可向承印厂调换）

目　录

第六章 维特根斯坦的中后期哲学

第一节 维特根斯坦的独特性

在当代西方哲学中,维特根斯坦是一位"空前绝后"的思想家。所谓的"空前",是指他的思想前无古人:无论是罗素、弗雷格的逻辑,还是叔本华、克尔凯郭尔、托尔斯泰的思想,它们在维特根斯坦那里都不过是形成他思想的素材,而不是构成他思想的来源;同样,无论是布劳威尔的逻辑讲演,还是某场足球比赛,显然都无法成为促成他思想转折的真正动因。我们既无法从前人中找到与他的思想相近或相似的哲学家和思想家,也无法把他的思想完全划归到某个现存的哲学流派或理论体系中。在这种意义上,维特根斯坦的思想独来独往。这里所谓的"绝后",是指他的思想后无来者:客观地说,维特根斯坦之后的哲学家或一般研究者对他的思想(特别是对他的后期思想)更多的是批评或质疑,而不是首肯和追随。远的有罗素、赖尔、奥斯汀等人,近的有格赖斯(P. Grice)、普特南、格雷林(A. C. Grayling)等人。而且,即使是完全或部分赞同维特根斯坦思想的人,在运用他的思想或方法时也是极为谨慎和有所保留的。

具体分析,维特根斯坦的这种独特性表现在三个方面,即他的独特个性、独特著作和独特思想。通过分析这三个方面的独特性,我们从中可以充分理解维特根斯坦思想的深刻内涵,更为重要的是可以更好地理解维特根斯坦之后英美哲学发展的轨迹,可以看到维特根斯坦的思想对当代英美哲学的变化究竟带来了多么大的影响。

一 独特的个性

在当代西方哲学家中,维特根斯坦的性格特征与他哲学之间的关系,始终是研究者们热心关注的话题之一,并被作为研究哲学家个人生活对其哲学影响这一问题的典型案例。同时,维特根斯坦的独特个性也往往被看做是进入他哲学思想宝库的一个主要障碍,他的怪异性格造成了对他哲学思想理解的困难。这样,了解他的性格,自然就成为真正理解他的哲学的第一步,在某种意义上,甚至是非常重要的一步。

从历史上看,任何被后人称为伟大思想家的,似乎都有着异乎常人的特殊性格,如笛卡尔的喜好孤独、斯宾诺莎的谨小慎微、康德的严格作息、黑格尔的忧郁暴戾,等等。当然,我们不能根据他们的性格判断他们的哲学思想,但不可否认的是,思想家的性格对他们思想的形成的确产生了重要的影响。对某些思想家来说,这种影响的重要性表现在,不了解他们的性格,我们就很难理解他们的思想。维特根斯坦正是属于这样的思想家。我们可以把他的个性理解为这样几个方面:

1. 维特根斯坦的性格是个矛盾混合体,他既希望得到他人的理解,又总是怀疑他人的误解;既喜欢孤独隐居,又希望与人交往;既反感他人的细小过失,而自己又常常不拘小节。他对他人的严格要求来自他对自己的严格要求,他似乎总是对自己有一种强烈的自责,以思想上的严格性和生活上的简单性要求自己。这种自责表现为,他总是在与自己作对,希望自己能够比实际做得更好。所以,他常常在讲座中或在给朋友的信中抱怨自己"太笨",甚至怀疑自己是否还有能力继续从事研究工作。这种矛盾心理始终伴随着维特根斯坦的思考和生活,使得他不断地修改自己的思考记录,不断地寻求更好地表达自己思想的方式;同时,在生活中，他也对自己情绪多变的性格感到不满，特别是常常为自己对他人的不礼貌态度而在事后感到后悔，并向当事人表示歉意。但每当遇到具体问题时，他又会把这种懊悔置于脑后，对他人的误解或在某个问题上与自己的不同看法作出某种不甚友好的举动，即使对自己最密切的朋友也不例外。

维特根斯坦脾气暴躁，缺乏足够的耐心，这直接影响到他与别人的正常交流，使人感觉难以沟通。维特根斯坦对自己的这个坏脾气也深感不满，认为自己完全缺乏教师应有的耐心和谆谆善诱的品质，这很可能会妨碍学生们独立思考的能力。但从维特根斯坦的思维特点来看，他的这些过激表现其实正是他率直性格的自然表露。因为他不能容忍任何虚伪做作，对他不同意的观点、看法马上就要表明态度，决不含糊或拐弯抹角。这种有些近似孩子般无忌的表达方式，使他得罪了不少朋友和同事，甚至是很密切的朋友和热忱的追随者。此外，虽然他表现出的激烈态度往往是针对所讨论的问题，但他有时仍然会对与自己争论的对手耿耿于怀。所有这些性格和品质都反映了维特根斯坦人格上的矛盾特征。

2. 若从与哲学思想之间的关系来看，维特根斯坦的个性特征并非简单的个人品质问题，而是他哲学思想的现实表现，或者说，他后期哲学的思想特征在很大程度上是由他的个性决定的，他的哲学正是对他个性特征最好的理论说明。坦率诚实、厌恶虚伪、边想边写、不断改变自己的想法——所有这些性格特征和思想风格都充分体现在维特根斯坦的哲学研究中：他的坦率使他的哲学思考中充满了许多出人意料的论述，特别是对过去哲学和以往思想家的评价，往往使人耳目一新，甚至有些振聋发聩。例如，他把自己所处的时代称作"黑暗的时代"，认为他的书可以为智慧的人带来光明；他认为在培根的书里充满了矛盾，而康德的书则给人以启示；同时，他还高度评价当代的思想家克尔凯郭尔、陀思妥耶夫斯基、托尔斯泰、惠灵格等人，而这些人的思想却往往并不为当代英国哲学家所重视。维特根斯坦对任何虚伪做作毫不留情，在他的哲学中表现为对过去一切哲学理论的不满和批判。在他看来，一切哲学理论都是那些所谓的哲学家们错误地使用语言的产物。他还说,哲学家就像一位无能的经理,他不去干自己的工作,而是用眼睛盯着他的雇员,想要接替他们的工作,结果有一天发现自己过分承担了他人的工作。所以他认为以往的一切哲学研究都是无意义的,是大多数思想错误的主要根源;而他的思考之所以仍然使用"哲学"一词,是为了让人们知道这种思考与以往哲学之间的批判关系,同时也表明,他的哲学不过是为了让人们彻底清除以往哲学错误的工具,而不是某种新的理论或思想体系。所有这些思想都向我们表明了这位坦率思想家的彻底性。

维特根斯坦性格特征的另一面是,他从不刻意追求某种理想化的东西,即使这种理想对他来说是非常重要的,如简单的生活方式和独立的思维习惯。他对事物的发展采取顺其自然的态度,并不过分强调事情的重要性。例如,无论是他的隐居生活还是他的思想变化,都不是他追求某种理想的结果,而是他个性的自然要求。维特根斯坦性格上的矛盾性和思想上的多变性,正是由于他随遇而安,不为自己的生活和思想设定任何目标,一切言行都以自己的喜好和对事物的基本判断为标准。因而,他才可能随时根据当时的想法改变原有的某些观点,或者在处理某个问题的态度上时而摇摆不定,时而坚决武断。或许,正是由于他从不追求外在的物质条件和注重与他人的良好关系,所以他才可能对不同意他观点的或在他看来误解了他观点的任何人立即表示出极端强烈的态度,而从不考虑他人对此可能产生的反应,也不考虑这种态度对他人可能产生的不良影响诸如此类人际关系方面的问题。尽管他真正的朋友对他的一些不甚友好的态度大多能理解并从不计较,但他的这种不顾后果的性格仍然得罪了不少当时非常重要的各个领域的思想家,虽然他们最终并没有把维特根斯坦的这种态度放在心上。据艾耶尔记载,由于维特根斯坦反复无常的性格,当时在英国很少有人不怕维特根斯坦的。只有罗素、赖尔以及斯拉法(P. Sraffa)和莱姆塞等几个人可以同他作对,而当时被邀请到剑桥的知名学者,如波普似乎也都领教过维特根斯坦的"主人"态度。这些后果反过来使维特根斯坦的哲学,特别是他的后期哲学思想,在许多重要哲学家(如罗素、赖尔和艾耶尔等人)那里评价不高。可见,维特根斯坦的个性也是造成他的思想常常不被人理解或招致误解的主要原因之一。

二 独特的著作

维特根斯坦的独特性不仅表现在他的个性上,而且突出表现在他的著作中,表现在他的写作风格中。《逻辑哲学论》的格言式风格曾使人感受到音乐之美,同时,它严密的逻辑结构也使人感受到作者的严谨作风;《哲学研究》的散文体风格,又会使我们想起维特根斯坦毫无规律的生活方式和思无定性的思维方式。

让我们先来看一看《逻辑哲学论》。这本著作总共只有两万来字,篇幅还不到八十页,但其中却既有对现实、思维、语言、知识、科学和数学等问题的清晰明确的逻辑分析,又包含了关于世界、自我、伦理、宗教、人生和哲学的深奥神秘的警句箴言,因而被公认为西方哲学史上最精练、最难懂的经典著作之一。全书的结构是由一系列十进位数字编排起来的:每一句话基本上都有一个编号,后一个编号都是对前一个编号的解释和说明,因而每个编号都反映出这句话或这段内容与前面内容的关系;同时,正如维特根斯坦本人在书的第1页脚注中所解释的那样,作为命题编号的这十位数表明了这些命题在逻辑上的不同程度的重要性,表明了他在论述中对它们的不同强调。而构成全书最基本的也是最重要的七个主命题,也是全书的中心主题。这七个主命题就是:(1)这世界就是所发生的一切;(2)所发生的一切,即事实,就是事态的存在;(3)事实的逻辑图像是思想;(4)思想是有意义的命题;(5)命题是基本命题的真值函项;(6)真值函项的一般形式是$[\bar{p}, \bar{\xi}, N(\bar{\xi})]$,这是命题的一般形式;(7)对凡是不可说的就必须保持沉默。

根据维特根斯坦对这七个主命题的解释和说明,我们可以大致把它们分为这样四个方面:(1)关于世界的逻辑构造的逻辑原子主义思想(第1、2 主题);(2)关于命题与世界关系的图像论(第 3、4 主题);(3)关于基本命题的真值函项理论(第5、6主题);(4)关于不可说的神秘之物(第7主题)。当然,这种划分并不严格,因为事实上每个主命题下面所包含的子命题在内容上都是相互关联的,在某些地方甚至是相互对应的;而且全书的内容相当广泛,涉及许多不同的领域,这是无法简单地用几个方面所能概括的。所以,严格地说,我们很难把这些内容明确地区分开来。

我们再来看一看《哲学研究》。严格地说,这是唯一一部维特根斯坦生前同意在他嗣后出版的著作,该书的手稿也是他完全按照出版的要求编排好了的,如专门写了"序言",并大致按照问题内容编排了条目顺序。这本著作共分为两个部分,第1部分包括1篇"序言"和693个条目,大致写于1936—1945年,这是维特根斯坦最初同意出版的部分。而该书的第2部分包括14篇长短不一的短论,大致写于1947—1949年,是由该书的编辑安斯康和里斯编排而成。从全书完成的时间上看,这本书正是写于维特根斯坦后期思想成熟的阶段,事实上横跨了他整个后期发展过程。因而,《哲学研究》中的思想基本上反映了维特根斯坦后期在许多重要问题上的观点。不仅如此,《哲学研究》中的条目都是维特根斯坦从他后期所写下的大量笔记中精选出来的,并经过他本人的反复修改,因而被他看做能够体现他较为成熟的思想。他后期所写的其他大量笔记以及讲座记录,后来也都被编辑出版,如《关于数学基础的评论》《关于心理学哲学的评论》《片段集》等等,但这些著作并不是维特根斯坦本人计划出版的著作。从思想内容上看,类似以上的这些著作都与《哲学研究》在许多方面有相似或相同之处,因为这些笔记是维特根斯坦为写作《哲学研究》而准备的资料,因此可以说,《哲学研究》是他后期思想的核心著作,而其他著作都是围绕《哲学研究》展开的。

《哲学研究》是一部奇特的著作,通常被哲学家们称为用德语所写的最伟大的散文之一,并把它与柏拉图的对话录相媲美。但正如我们所提到的,这部著作是由许多只言片语构成的,它与其说像是散文,更不如说是一部箴言录,维特根斯坦本人则把它称为"一本相册"。他在该书的"序言"中清楚地描述了他的写作风格:

　　本书中的断想如同我在漫长迂回的旅途中所做的一系列风景素描。相同的或基本相同的观点，往往又从不同的角度进行新的探讨，形成新的素描。其中许多素描可能画得很糟或毫无特色，到处留下拙劣画家的败笔。而当抛弃了这些糟糕的素描，被保留下来的就是一些可以容忍的东西。通过把这些保留下来的素描进行重新排列和删减，我们就可以得到一幅风景的全貌。因此，这本书其实只是一本风景画册。[①]

　　的确，这本书既不是一部规范的包含了系统论证的哲学论著，也不是一本如同文学描述那样的散文集。它不仅没有系统的结构，而且没有前后连贯表述的思想。它的思想如同它的条目排列一样，完全是相互交错在一起的，从某个条目中很难看出它与前后条目之间的思想联系。全书由一些如同信手拈来的片段组成，没有章节，没有主题，没有严格的推理，也没有明确的结论。一切看起来似乎都是漫无边际的、杂乱无章的。维特根斯坦所用的例子也都像是在日常语言使用中随意看到的，如最初学习语言的儿童、正在学习算术的学生等。还有不少是他想象出来的例子，如装在匣子里的甲虫，没有摩擦力的万能机、太阳上的时间、处于回忆和期待状态中的狗，似兔似鸭的图像等。所有这些都使得《哲学研究》在常人看来变得扑朔迷离，难以理解。尽管从表面上看，书中的每句话或每个例子都是非常通俗易懂的，并没有晦涩的语句或繁琐的推理，但真正要知道这些话的含义，以及要弄懂维特根斯坦为什么要这样去说，却是非常困难的。他自己也曾对朋友说过："我所说的一切都是繁琐的、容易理解的，但要理解我为什么要这样说，却是非常困难的。"[②]

　　不过，尽管如此，《哲学研究》的这种写作特点并不是维特根斯坦故意而为之，而是他的思想自然流露的结果。正如他自己所说：

　　　　我把这些思想以断想或小段的方式写下来。有时围绕着同一

————————

① 维特根斯坦：《哲学研究》，安斯康译，第Ⅸ页，牛津，布莱克威尔出版社，1953。
② 参见哈勒特（G. Hallet）《维特根斯坦〈哲学研究〉指南》，第9页，纽约，1977。

个题目形成了一串很长的连环,有时我却突然改变话题,从一个题目跳到另一个题目——我的初衷本是想把所有这些汇集在一本书里,而汇集的形式我在不同的时候曾有过不同的构想。但重要的是思考应该按照一种自然秩序不间断地从一个题目向另一个题目发展。经过几次不成功的尝试之后,我认识到,要想把这些结果融为一个整体是永远不能成功的。我能写的最好的东西永远只能是这些断想。假如我违反这些思想的自然倾向,把它们强行地扭向一个方向,那么这些思想很快便会残废。①

由此可见,维特根斯坦写作这本书时最初的考虑完全是从更好地表达自己思想的角度出发,因而,《哲学研究》一书的写作风格是为了满足他表达思想的需要,而不是他刻意追求某种异端效应的结果。事实上,这本书的写作风格是与他的思想特征融为一体的,如思维方式上的不断跳跃,随时变换思考的角度,从最常见的日常事物和语言用法出发竭力显示而不是解释我们所看到的现象以及努力还事物或事件的本来面目等。

三 独特的思想

对维特根斯坦思想的独特性,当代西方哲学家给予了许多解释。最为常见的解释,是认为他既有奥地利文化的传统,又在逻辑和数学等领域造诣颇深,因而他被看做是在当代哲学中少有的能够兼备英美哲学与欧洲大陆哲学特点的哲学家之一。当然,也有的研究者认为,他的特殊性表现在,他是一位极少与传统哲学有联系的哲学家,他的思想处处透露出原初的创造力,而他的独特个性也为他的思想罩上了一层神秘的面纱。到目前为止,国内外对维特根斯坦哲学性质的解释真可谓汗牛充栋,仅从因特网上所能查找到的文献资料就多达上千种。而且,每天全

---

① 维特根斯坦:《哲学研究》,安斯康译,第Ⅸ页,牛津,布莱克威尔出版社,1953。

世界还在不断发表各种研究成果。面对所有这些解释，我们往往如堕云海，恰恰很难得到对他哲学思想的真实描述。从目前我们所能看到的大量资料中，我们得到了维特根斯坦的不同形象，譬如有人称他为"现象学者"，有人把他看做"后现代主义者"，还有的人认为他与东方佛教有着密切的联系。凡此种种，不一而足。澄清他与当代许多哲学思潮之间的各种关系，可为我们了解他的真实形象扫清道路。

（一）维特根斯坦与当代现象学之间的关系

由胡塞尔创立的现象学为当代西方哲学带来了一场革命。这场革命的直接后果就是使哲学家们抛弃了哲学研究的心理学方法，代之以逻辑的、纯意识的方法，力图把对意识的研究建立在客观逻辑的基础之上。尽管后来的现象学家对胡塞尔的现象学提出了各种不同的解释，但意向性理论却始终被看做是他的现象学思想中的核心内容。这种理论的基本原则是认为每个意向活动都有一个意义，根据它的意义而指向它的对象。胡塞尔根据这个原则强调了意向性与语言意义之间的关系。这表现在：

1. 每一意识活动都是可以用语言表达的，因为人类的思维通常是用语言来完成的，理智的全部活动完全和语言连在一起。所以，当我们进行语言活动时，我们就已经从意向上把我们施加于对象的那些意义也施加于我们的语言。由于我们能够用公开的、可交流的语言表达意识活动，因而这种为语言所表达的意义，就与我们的意识活动具有相同的意义。

2. 语言所表达的意义就是被表达的意识活动的意义。在胡塞尔看来，由于每个意识活动都"公开地或不公开地"具有一种意义，如果我们用语言来表达意识活动，那么意识活动的意义就与语言表达式的意义相同了。而且，无论意识活动的意义是不是被表达出来的，它在原则上都能提出某个适合的语言表达式。这就是说，表达式的意义就是它所表达的意识活动的意义。可见，胡塞尔的"意义"概念是与"意向性"概念紧密地联系在一起的，因而离开了意向性的语言表达和离开了语言表达的意向性,在他看来都是不可理解的。

从胡塞尔的这种意向性理论中我们的确可以看到,语言的意义在胡塞尔的现象学描述中占有重要地位,可以说,他的这个思想是他整个现象学哲学的基础。然而,他的这个思想似乎并没有完全为他的继承者所接受,他们更关心的是胡塞尔在意向性理论中所阐述的关于意向内容和意向对象的区分。而通常认为胡塞尔意向性理论中的这个思想在维特根斯坦那里得到了发挥。①

然而,尽管我们可以从维特根斯坦思想那里找到胡塞尔思想的痕迹,但必须看到两者的思想在出发点和理论目的上是截然不同的。这种区别主要表现在:

1. 两者对意向对象以及如何去把握这些对象的方式有着不同的理解。胡塞尔认为,意向的对象往往是通过一定的方式加以概念化的对象,这样建立起来的对象都是不完全的,因为我们只能通过概念把握对象的一部分内容,而不能把握对象的全体。但在维特根斯坦看来,我们并不是通过概念去把握意向的对象,而是通过语言的用法达到显示这种对象的目的。因为语言的用法不是表明某种普遍的概念,而只是表明在使用中所意向的内容。

例如,根据胡塞尔的看法,亚里士多德作为意向的对象,可能被概念化为"古希腊的伟大哲学家""柏拉图的学生""亚历山大大帝的老师"等等。这些不同的概念内容各自把握对象的某个方面,而不是把握对象的全体。但在维特根斯坦看来,当我们使用以上这些对亚里士多德的描述时,我们并不是把亚里士多德作为意向的对象,而只是把这些描述当做对象,因为人们并不一定知道这些是对亚里士多德的描述,但人们可以知道这些描述的用法,并能在不同的语境中正确地使用它们。所以,在维特根斯坦看来,意向的对象并不是某种概念的内容,也不是人们通常

_____

① 关于维特根斯坦思想与现象学的联系,读者可参见江怡《维特根斯坦:一种后哲学的文化》,第39—42页,社会科学文献出版社,1996。

认为的某种对象,而只是语言使用者在某个语境中所意向的东西。这种东西可能是,但也不一定是某个现实的对象。

2. 两者对语言也有着不同的理解。胡塞尔理解的语言主要是逻辑的、概念化的语言,他没有考察我们日常使用的语言,而且他把意向性理解为纯意识活动的产物。这忽略了表达意向时的具体语境。相反,在维特根斯坦看来,从根本上说,表达意向性的语言不属于逻辑的语言,而应属于我们日常使用的语言,因为只有在日常语言中,才存在表达者所要表达的意向,纯粹抽象化的或符号化的逻辑语言没有意向性。意向性应当与意志相联系,但意志并不是纯粹的意识活动,而只是想要使用语言表达意向的一种意愿,它是在使用语言之前就出现的,而且只能是在语言活动中才得到证实的。

3. 两者在所追求的哲学目的上也不同。胡塞尔强调,他在哲学研究中要建立的是一门纯粹的科学,一门描述意识现象的科学。这种具有科学的客观性质的哲学摆脱了一切传统哲学中通常存在的心理成分,力图用具体的现象学方法分离或"悬置"所谓的意识现象,最终使现象学成为超脱一切哲学的"第一哲学"。然而,维特根斯坦并没有这样的理想或梦想。从中期开始,他就始终把哲学研究看做是一种治疗理智疾病的活动,因此,他认为他从事哲学研究的目的正是为了让人们意识到哲学疾病的存在,是为了通过观察日常语言的使用,并把哲学家们使用的语言放回到日常的语法当中而达到最终消除哲学的目的。这样一种哲学目标不仅与胡塞尔截然不同,而且与当今大多数哲学家的哲学理想相悖。

从以上分析中可以看出,在维特根斯坦与胡塞尔之间,应该说差异多于相似。我们不能因为维特根斯坦论述中使用了"现象学"或"现象学的"这样的概念,或者因为维特根斯坦不止一次地提到胡塞尔的思想,因此就把维特根斯坦的思想与胡塞尔的现象学相提并论,更不能仅仅通过后人的分析,就简单地把维特根斯坦的思想归于现象学运动的行列。所以,我们可以说,无论是在思想的出发点上还是在哲学的目的上,维特根斯坦都不是一个现象学者,维特根斯坦的思想都不应当被纳入出现于欧洲大陆的现象学运动。

(二) 维特根斯坦与当代欧洲大陆人本主义思潮的关系

在这种关系问题上,人们通常把维特根斯坦的思想与海德格尔的存在哲学相提并论,认为两者之间有着深厚的思想渊源。有人甚至把他们两人的思想归于一种哲学形式,如罗蒂把他们看做是所谓的"教化哲学"的主要代表人物。从某种哲学倾向上看,维特根斯坦的思想,特别是他对基础问题的研究思路,与海德格尔的哲学精神的确有着一些相似之处。这种相似主要体现在这样几个方面:

1. 维特根斯坦强调对基础问题的研究,这种基础不是指某个学科或哲学自身的基础,而是指人类生活的基础或人类文化的基础。正如他自己所说,他对建构一座大厦不感兴趣,而是更关心大厦的基础。这与海德格尔的哲学思路是一致的。海德格尔曾明确表示,他对存在问题的研究不是为了在现有的本体论或存在论中增添一点内容,而是为了澄清人们在这个问题上长期存在的混乱,即没有真正区分存在与存在者,以存在者的存在代替了存在本身。所以,海德格尔认为,解决存在问题的关键是弄清这个问题的基础,认识到存在问题本身对整个本体论或存在论的基础性意义。

2. 维特根斯坦思想中有一条重要线索,这就是关于可说与不可说的界限。在他的前期思想中,他把思想的界限划定在可说与不可说之间,不仅强调了语言的界限就是思想的界限和世界的界限,而且坚持不可说之物的神秘性。而在后期思想中,他则希望用描述语言游戏的方式"显示"这种不可说之物,并使思想的界限消失在具体的语言活动之中。这种对语言极限的认识与海德格尔对语言的认识是一致的,因为海德格尔在他的后期著作中就竭力表明,抽象的、概念的语言是有限的,有许多东西无法用这种语言表达,因而是神秘的。在这种意义上,在某种特定的场合,"沉默"恰好是一种真正的理解。

3. 追求基础的不可怀疑性和确定性,是维特根斯坦后期思想中的重要内容。在他看来,语言游戏中的遵守规则不是一个能够给出理由的行为,因为一旦能够这样,也就意味着我们同样可以对这种行为提出怀疑,而遵守规则行为本身却是不可怀疑的,就是说它是不假思索的,可以不需要对这种行为提出任何理由或根据的。因为遵守规则就是语言游戏本身。这种对基础的确定性追求,同样符合海德格尔的思想。海德格尔就强调,思想本身是一个无须证明的过程,如果用科学的分析方法来解释思想,我们就不会把握思想的真谛。他这样写道:

> 如果用一些科学式的分析并通过一连串的结论来引发出关于这种跳跃的命题可以称为证明的话,那么我们可以说,通过跳跃,随着思想所达到的境地而启明的东西是绝对无法证明的,也是从不允许去证明的。①

从这些方面来看,我们似乎有理由认为维特根斯坦的思想与海德格尔是一致的。甚至再进一步说,维特根斯坦的思想与欧洲大陆的所谓人本主义思潮似乎也有了某种契合关系。但我认为,这种把维特根斯坦的思想与欧洲大陆的人本主义思潮等量齐观的做法,不仅过于简单化,而且存在模糊维特根斯坦思想特征的危险。因为,无论是在思想动机上还是在具体论述上,维特根斯坦与海德格尔以及其他欧洲大陆哲学家都有着根本性的、明显的差别,尽管他们之间不像其他分析哲学家与大陆哲学家之间的关系那样紧张。这种差别主要体现在这样几个方面:

1. 尽管维特根斯坦与海德格尔都把语言当做他们研究的中心,但他们对语言的理解以及处理语言的方式却是截然不同的,而这种不同恰恰反映了分析哲学与存在哲学之间的根本区别。前期维特根斯坦使用的是逻辑的语言,他的研究方式是明显的逻辑分析;而在他后期思想中,日常语言的使用是他关注的内容,研究的角度已经从静观的分析转向了动态的参与。在维特根斯坦思想发展的整个过程中,语言研究不是手段、途径、方法或阶段,而是目的、内容、结果和一切。所以,我们在他的思想

---

① 海德格尔:《什么是思想?》,第33页,图宾根,1961。

中会看到,语言的界限就是他思想的界限和世界的界限。然而,在海德格尔那里,语言被主要地看做是一种手段、途径和方法,语言研究的目的是为了揭示、展露、显现存在。无论是"语言作为存在的家",还是"人是语言的存在者",这些都表明了海德格尔把语言看做存在去蔽的方式这种思想动机。同样,无论是诗的语言还是无言的理解,他都是把语言作为一种道路,人们沿着这条道路会走向存在的深处。所以,我们可以理解他在《存在与时间》中就曾明确地宣布:"为了追问'事情本身',哲学研究将不得不放弃'语言哲学',将不得不把自己带到在概念上业经澄清的问题提法面前来。"①

2. 维特根斯坦对思想的划界与海德格尔对思想的理解也是不同的。尽管我们前面看到他们在可说与不可说的区分问题上似乎有着一致的看法,但事实上,这种一致仅仅是一种表面的相似:由于他们所理解的语言各不相同,使用的研究方法也大相径庭,因而对可说与不可说的理解也就南辕北辙、互不相干了。在维特根斯坦那里,可说的东西是可以用逻辑形式的语言表达出来的,也是可以用日常的语言揭示出来的,而不可说的东西则只能用使用语言的活动显现出来,但由于我们又只能看到说出的东西,因而被显现出来的东西同样也是在语言之中,即在使用语言的活动之中。这样,所谓不可说的东西就变成了不可知的东西,因此,谈论它们也就变成无意义的了。但在海德格尔看来,不可说的神秘恰恰可以而且只能通过存在方式显现出来,由于语言是存在的显现形式,我们使用语言的目的不是为了说出什么东西,相反,是语言在使用我们来显现出存在的本质。所以,在海德格尔那里,并非不可说的不能说,而是恰恰相反,语言正是要说出那不可说的神秘之物。他还把这看做思想者的天职。这样一种对不可说的理解完全是基于海德格尔对存在问题的探索要求,是他的存在论的组成部分。

3. 即使在追求确定性问题上,维特根斯坦与海德格尔的思想也是不

---

① 海德格尔:《存在与时间》,陈嘉映、王庆节译,第202页,生活·读书·新知三联书店,1987。

同的。虽然他们都强调思想的确定性和不可证明性,但他们所追求的目的是不同的。维特根斯坦追求的是人类生活形式的确定性,它体现在人们日常使用语言的大量的语言游戏中,而这种确定性的意义在于实践活动的无须说明,在于语言游戏自身的完备性。但在海德格尔那里,思想的确定性表现为与科学分析和逻辑证明的对立,由于对存在的去蔽活动是通过追思存在而完成的,因此这个过程就是超越理论、超越语言的。从维特根斯坦与海德格尔的哲学追求上看,他们两人的哲学旨趣也是不同的。

因此,虽然我们可以根据维特根斯坦思想中的某些倾向性和具体的论述方式,把它与海德格尔的思想作番比较,但在这种比较中千万不要忘记,他们的思想无论是在哲学目的和使用的语言上都是截然不同的。而比较工作的意义并不是在被比较双方之间画上等号,相反,正是由于被比较者的差异才使得这种比较工作成为可能。所以,我们千万不能由于做了这种比较工作,而忽略或抹杀了维特根斯坦与海德格尔之间事实上存在的根本区别,否则就真的"南辕北辙"了。

（三）维特根斯坦与所谓的"后现代主义"思潮的关系

维特根斯坦与这种"后现代主义"的关系是人们热衷于谈论的话题。自从罗蒂把维特根斯坦的思想看做一种后哲学的文化以来,人们普遍接受了这样一种观念,即认为维特根斯坦的思想不仅对这种后现代主义产生了重要影响,而且认为它本身就属于这种后现代主义思潮。应当说,从维特根斯坦思想对哲学的消解以及他强调语言游戏的重要性的角度看,这种思想与出现于 20 世纪 60—70 年代西方社会的所谓后现代主义思潮的确有着某种联系。例如,维特根斯坦对传统哲学的批判是把它们看做一种理智疾病,力图通过回到日常语言的使用中达到消解哲学的目的。而这种做法正是后现代主义所要达到的目标,即以再现、建构、现象、多样化、固有的规范以及基本的他者等范畴,取消传统哲学在一切人文和社会科学以及社会生活中原有的核心地位,并通过把哲学化解到其他学科从而达到最终取消哲学的目的。

然而,更应当看到的是,维特根斯坦的思想与后现代主义之间存在着重要的区别。这种区别主要表现在:

1. 它们消解哲学的目的是完全不同的。后现代主义以否定西方的传统思想和文化逻辑为目标,它的工作主要是消解和破坏一切现有的思想结构与文化积淀,以革命者和掘墓人的面目和只破不立的气概为西方的文化逻辑敲响了丧钟。同时,后现代主义不仅是破坏者和解构者,而且成为世纪末的殉葬人。因为这里所谓的"后现代",在思想根源上仍然是西方现代思想的延续,准确地说,它不过是西方传统文化在现代社会中的特殊变体而已。然而,维特根斯坦的想法与做法则不同。他的想法是要把一切哲学都消解在正确使用语言的语言游戏当中,因而不必对任何语言游戏都从哲学上说三道四,因为这里根本不需要任何解释和说明,我们所能做的只是投身到语言游戏之中,从使用语言的活动中感受规则的存在,看清哲学错误产生的根源。可见这种想法与后现代主义有所不同:他反对一切解释和说明,无论它们根据的是现代主义的还是后现代主义的思路;而后现代主义者们则把目光盯在如何通过消解语言而达到新的建构,因为任何的消解和解构最终都会以重新建构更能说明和解释的理论体系而结束。而这正是维特根斯坦所坚决反对的。

2. 虽然维特根斯坦对哲学性质的看法与后现代主义思潮对哲学的消解有着相似之处,但维特根斯坦与后现代主义者们对哲学的理解仍然不尽相同。后现代主义者对哲学的理解是从对现代主义的反叛出发的。在他们看来,现代主义的基石是以逻辑中心主义为特征的西方传统哲学,这种哲学强调工具理性在思想推理中的支配作用。这种工具理性在近代的启蒙运动中得到了无限的扩展和膨胀,导致了现代社会中人类生活状况的异化和精神生活的匮乏。所以,后现代主义就是要唤醒人类认识到自身所面临的危机和困境,义无返顾地放弃传统理性对人类的控制和潜移默化的影响。表现在哲学观念上,就是要彻底放弃被传统哲学看做是能够追求客观真理的"大写的哲学"(罗蒂语)或"神目观"(普特南语),把哲学至多看做是一种"教化的"工具或手段。然而,维特根斯坦对哲学的理解与此大为不同。在他看来,哲学不存在新旧之分,一切哲学(包括传统的和未来的)都不过是人类错误使用语言的结果,因此,改造哲学的唯一出路就是彻底抛弃哲学,使人类在语言游戏中正确地使用语言。所以,我们在维特根斯坦那里会读到这样的话:"真正的发现是:当我搞哲学时就会使我不搞哲学","哲学家就是那些不称职的经理","哲学的成就就是使我们发现了这个或那个明显的胡说,发现了理智在撞到语言的界限时起的肿块",所以,我们会理解维特根斯坦这样的说法,即哲学是一种人类理智上的疾病,治愈这种疾病的过程就是消除哲学的过程。显然,这种哲学观不同于后现代主义对哲学性质的理解。概而言之,在后现代主义那里的确是"后哲学",但在维特根斯坦那里则是"无哲学"。

凡此种种都清楚地向我们表明,无论维特根斯坦对后现代主义的影响如何,我们都无法把他的思想完全划归到这种思潮中,因为它们完全属于不同的思想倾向:后现代主义是要揭示和祛除现代主义以及一切传统哲学和文化中的逻辑中心主义,而这归根结底仍然是一种现代主义的延续;但维特根斯坦的思想则完全摆脱了所谓的"现代性"与"后现代性"樊篱,直接走进人们的日常语言当中,从具体的语言游戏中寻求人类生活的确定性。可以说,维特根斯坦的思想与后现代主义有着完全不同的思维路数。

(四)维特根斯坦与东方哲学之间的关系

随着西方传统哲学中的文化矛盾日益凸现和后现代主义思潮反传统的呼声日益增强,西方哲学家们似乎开始逐渐把关注的焦点转向了与西方哲学和文化有着不同传统的东方哲学与文化,力图从东方思想中寻求解决西方问题的途径。这本来是一件对东方哲学和文化具有重要意义的好事。但不幸的是,夜郎自大的痼疾却使得我们的一些研究者一叶障目,仅以西方哲学家对中国传统哲学的研究心得,甚至只是一种偶然的兴趣,就推断出西方哲学家竭力推崇中国文化的结论,进而认为中国传统哲学不但可以解决西方哲学的问题,甚至将会成为新世纪治国安邦的良方。

当然,无可否认的是,包括维特根斯坦在内的不少当代西方著名哲学家对东方的传统哲学和文化发生了很大的兴趣。众所周知的事实是,维特根斯坦对印度佛教的兴趣、海德格尔对《道德经》的翻译和研究、叔本华对印度哲学的研究,等等。然而,我们不应忘记的是,这样的兴趣和研究都是在这些哲学家自身的文化背景中发生和进行的。即使他们承认了东方文化的博大精深,并的确在主观上试图借助东方文化的某些内容重新审视西方文化的问题,但这种承认和审视无疑仅仅是把东方文化作为他们建立自己哲学观念的不同参考系。这一点是我们在研究西方哲学家的东方文化情结时必须牢记的基本原则。

回过头来再看维特根斯坦,我们对究竟应当如何看待他的思想与东方文化之间的关系这个问题,应该说就比较一目了然了。即使维特根斯坦对东方文化表达过这样或那样的兴趣,即使我们从他的思想中可以分析出某些与东方文化相近的成分,但这些都无法成为我们把他的思想看做与东方文化有相通之处的明显证据。相反,如果说他的思想中有与佛教精神相近的内容,那也只是研究者的主观意愿而已。因为,维特根斯坦的思想,无论从哪一个角度或方面来说,都只能是西方文化的产物,他的哲学精神与东方文化有着天壤之别。

第二节 中期思想与后期思想的关系

维特根斯坦的思想转变发生在 1929 年秋天至 1936 年间。由于这段时间比较长,通常人们也把它称作"转折时期"或"中期"。维特根斯坦在这段时间逐渐思考和形成他后期的主要思想,写下了大量的笔记,并向学生们阐述了他的主要观点。他在这段时间写下的笔记在他去世后被整理出版,他的讲座笔记也被他的学生们整理出版。这些著作主要包括《哲学语法》(1974)、《哲学评论》(1975)、《蓝色与棕色笔记》(1958),以及三本讲座笔记《维特根斯坦剑桥讲演集(1930—1933)》(1959)、《维特根斯坦剑桥讲演集(1930—1932)》(1980)、《维特根斯坦剑桥讲演集(1932—1935)》(1979)等等。此外还有 10 卷手稿和近 800 页的大打印稿(Big Typescript),其中许多内容已经被收入上面提到的几本书中。在这些著作中,维特根斯坦明显地开始放弃《逻辑哲学论》中的一些基本观点,改变了他对逻辑、思想、命题、世界、事实等主要问题的看法。

由于这段时间属于维特根斯坦思想从《逻辑哲学论》到《哲学研究》的过渡阶段,因而大多数研究者并没有对此给予专门的注意,只是把它看做维特根斯坦放弃前期思想的准备阶段,认为他在这段时间里所作的大量笔记以及讲座或者是他后期思想的一部分,是为写作《哲学研究》所作的准备工作;或者是他后期思想的雏形,因而多少还有些不成熟的看法。但这种观点却忽略了这样一个不可回避的事实:《哲学研究》的写作开始于 1936 年,而早在 1929 年,维特根斯坦的思想就开始发生了变化。在这长达近七年的时间里,维特根斯坦的思考从未停止过,他所留下的大量笔记就是最好的证明。更值得注意的是,他在《哲学评论》《哲学语法》等著作中表述的思想与《哲学研究》仍然存在着明显的差别。这似乎就向我们表明,通常被视为他思想的转折时期决不简单地是从前期到后期的过渡,而是有其自身的思想特征,并由此使他在这段时间的思想与《逻辑哲学论》和《哲学研究》的思想区分开来。因此,我们有理由把维特根斯坦思想发展的这段时间称作"中期",区别于以《逻辑哲学论》为代表的前期和以《哲学研究》为代表的后期。显然,他的中期思想的代表作就是《哲学评论》《哲学语法》《蓝色与棕色笔记》以及其他的讲座笔记。

作为思想发展的中期,维特根斯坦在这段时间的哲学思考的确兼备他前期和后期思想的特征。一方面,虽然他已经意识到《逻辑哲学论》的错误,但这时他还没有完全放弃其中的某些主要观点,例如在《蓝色与棕色笔记》中还基本上坚持对理想语言的看法。所以,维特根斯坦的中期思想还保留有《逻辑哲学论》的某些痕迹也就不足为奇了。但另一方面,既然他已经看到自己前期思想的错误,因而修正这些错误自然就成为他此时着手的工作。而其中最大的修正就是他整个视角的改变,也就是说，从逻辑的、形而上学的、独断的、理想的世界观，转向了日常的、经验的、心理的、现实的世界观。毫无疑问，这种转变在维特根斯坦的思想发展中是根本性的。虽然他这时还没有完全走进经验的日常语言领域，没有以纯粹的语言游戏者的身份使用语言，但他毕竟看到了逻辑语言的世界观存在的问题，因此试图从通常的哲学观念中找到一条通往光明的道路。

不仅如此，既然作为他思想发展中的一个独立阶段，维特根斯坦在这段时间里的思考就有着不同于他前期和后期思想的特点。譬如，《哲学评论》明确提出命题的意义与命题使用者有着密切关系，而不是取决于命题与事实的关系；《哲学语法》则把语法问题与现象学方法联系起来，用现象学的还原解释语言使用的过程。这些观点在《哲学研究》中并没有得到发挥，当然也不可能出现在《逻辑哲学论》中。

一　思想转变的发生

在 1929 年 7 月举行的英国哲学家年会上，维特根斯坦没有按原计划宣读他为此次会议准备的论文《关于逻辑形式的几点看法》，而是临时讲了一个关于数学中的无限性问题。① 事实上，这一事件正是维特根斯坦首次公开表示对他前期哲学的不满，尽管他在这之前（有记载的至少是在这一年的 2 月开始）就已经对他的《逻辑哲学论》作了深刻的反思，并写下了大量的笔记。我们从他的这篇文章内容中就可以看出，维特根斯坦对这篇文章的不满，实际上正是对他前期哲学的不满。因为这篇文章代表的正是他在《逻辑哲学论》中表达的主要思想。他在文章中以简洁的篇幅阐述了他在逻辑形式问题上的主要观点，特别强调原子命题是一切命题的核心以及可以从不同的日常语言命题中分析出它们的逻辑

---

① 维特根斯坦的这篇论文事实上早在会议之前就同其他会议论文一起由会议组织者印发给与会者，并于会后收入《亚里士多德学会会议文集》续集第 9 卷《知识、经验和实在论》（伦敦，哈里森父子出版社，1929）。所以，这篇论文被看做是维特根斯坦生前发表的唯一一篇文章。

形式这些重要思想。他写道：

> 我们把任何已知的命题分析一下，通常就会发现这些命题都是比较简单的命题的逻辑和、逻辑积或其他真值函项。而这一分析如果进行得很透，一定会终于得出一些命题形式，这些命题形式本身并不是由比较简单的命题形式组成的。最后一定会得出命题各项的终极联系，即不破坏命题形式本身就拆不开的直接联系。表达这一终极联系的命题，我用罗素的用语称之为原子命题。因此，原子命题是一切命题的核心，**原子命题**包含材料，其余一切命题只是这一材料的发展。正是为了原子命题，我们必须寻求命题的题材。认识论的任务是发现原子命题，并了解原子命题怎样由词或符号构成。……观念应该以适当的符号体系表达日常语言中引起无穷误解的东西。……这个符号体系清楚描画出逻辑结构，排除假命题，并按确切的含意使用它的各个项。[①]

可以看出，这正是《逻辑哲学论》所描述的命题结构和世界图像。

1929 年 11 月，维特根斯坦应邀在剑桥大学学生会即"赫里逖斯学会"（The Heretics Society）上发表了一个有关伦理学的演讲。在这次演讲中，维特根斯坦明确表示接受摩尔关于伦理学的定义，根据伦理学术语在不同使用场景的用法确定它们的意义，而不是寻求这些术语所出现的命题的逻辑形式。这实际上是维特根斯坦首次公开表达了自己思想发生的转变。

他通过论证不存在抽象的伦理价值判断这一点表明了他思想上的这个转变。他认为，科学命题是对事实的判断，而伦理学命题则是对价值的判断。我们可以用不同的命题表达相同的事实，却不能这样表达关于价值的判断。因为任何价值判断都只能是相对的，我们也只能得到相对的价值或相对的善、相对正确的看法等等。他说：

---

① 维特根斯坦：《关于逻辑形式的几点看法》，载于洪谦主编《逻辑经验主义》上卷，第 131—132 页。

我们使用的语词,正像我们在科学中使用的那样,它们是只能包容和传递意义与意味,也就是自然的意义与意味的容器。而伦理学(如果真的存在的话)则是超自然的,我们的语词将只能表达事实,正如一个茶杯只能装满一杯水,即使我往杯里倒了一加仑的水,多余的水也就只能溢出来了。我说过,仅就我们所说的事实和命题而言,只有相对的价值和相对的善等等。在进一步讨论之前,还是让我用一个更明显的例子说明这一点。正确的道路就是引向事先任意确定的目标的道路,而且我们都非常清楚,脱离这种事先确定的目标谈论正确的道路是毫无意义的。现在让我们来看看当我们用"唯一绝对正确的道路"这个表达式时到底可能是指什么。我认为,它可能是被每个人都看做是不得不走的、具有逻辑必然性的道路,或者是会使违者感到羞愧的道路。同样,绝对的善,如果它是可描述的事态的话,它就是独立于每个人的趣味和倾向而使每个人必然产生的或者会对未能产生它的人感到有罪的一种事态。我要说的是,这种事态是一种幻觉。没有任何事态本身具有我所说的这种绝对判断的强制力。①

从维特根斯坦这次公开讨论伦理学问题的演讲中,我们可以感到,他的整个哲学思路发生了很大的变化:他不再关心命题是否具有普遍的共同的逻辑形式,而是强调命题在表达和描述事实过程中的实际作用。根据他在这个时期所写下的大量笔记,我们可以把他对自己前期哲学的反思和批判归纳为这样几个方面:

1. 抛弃原子命题独立性的论题。根据《逻辑哲学论》,世界是由事实构成的,而命题则是描述事实和世界的逻辑图像。作为"接触实在"的命题,只能是描述最简单对象和基本事实的原子命题(或他喜欢用的"基本命题")。因此,原子命题是一切命题的核心,而所有命题都只能是原子

---

① 维特根斯坦:《伦理学讲座》,载于维特根斯坦《哲学时刻(1912—1951)》,第 40 页,哈克特出版公司,1993(以下所引此书均为此版本)。

命题的真值函项。然而，一旦否认存在一切命题共有的逻辑形式，那么，原子命题就不再是独立于其他命题存在的了，它们也就不再是一切命题的核心。抛弃这种独立性论题的逻辑结果，就是对真值函项论题的否定。因为根据这种独立性论题，原子命题的真值决定了其他命题的真值，其他命题只是原子命题的真值函项。但如果原子命题的这种独立性和核心地位不复存在，那么我们也就不能用原子命题的真值确定其他命题的真值了。

2. 由于抛弃了作为《逻辑哲学论》核心内容的逻辑理论，维特根斯坦对与此相关的逻辑原子主义形而上学也进行了猛烈攻击。逻辑原子主义的要点在于，世界是由事实而不是事物构成的，因而命题图像就是对作为逻辑原子的基本事实的描述。但这时维特根斯坦认为，对世界的描述是由关于事实的陈述构成的，这种陈述只能是对事实的真的陈述，即指出事实如此这般的情况。在《逻辑哲学论》中，维特根斯坦认为事实（以及事态）不是由事物构成的，因而不具有作为组成部分的对象。但他现在认为，事实和事物在命题中处于同样的水平，因为它们都是命题用于完成表达和描述作用的组成部分，都是为命题意义服务的。

在这里，维特根斯坦坚决反对他先前承认的关于"简单对象"或"基本命题"的观点。根据逻辑原子主义，世界是由原子事实构成的，而组成原子事实的最基本单位则是简单对象，因而逻辑分析的目的就是要发现和澄清命题中最简单的成分，由此揭示命题具有的内在的逻辑结构，即命题的逻辑形式。这是自亚里士多德以来哲学家们共同追求的理想，即追求组成世界的最基本的成分。虽然维特根斯坦在《逻辑哲学论》中已经明确指出，传统哲学的产生是错误地理解和运用日常语言的结果，因而需要从命题的逻辑形式中寻找世界的最基本单位；但在这时的维特根斯坦看来，即使这种对逻辑的寻求也是一种不可回答的形而上学问题，因为它预先假设了世界是由某种最基本的东西构成的，而且世界的万事万物都是由这种东西派生出来的。现在，维特根斯坦不是要回答，而是要消除这种问题，因为这种问题的提法本身就是错误的，或者说，是错误地对待日常语言的结果。由此,他从根本上消除了提出形而上学问题的可能性。

3. 随着对《逻辑哲学论》中形而上学的否定,维特根斯坦彻底抛弃了命题图像理论、语言与实在之间同构关系论题和关于命题与它所描述的事实之间关系的整个看法。既然形而上学问题的出现是误用日常语言的结果,那么由此产生的命题图像理论也是对日常语言的误用。从命题的逻辑形式推出世界的逻辑形式,这本身就是荒谬的,而这种推导过程又是错误地使用日常语言的语法的结果。例如,说命题 P 为真是由于事实 P,这就等于是说"撒谎使人不诚实"这个命题是真的,是由于"撒谎使人成为撒谎者"这个事实。这显然混淆了事实与命题之间的区分:同一个事实可以用不同的命题来表达,而相同的命题却不可能表达不同的事实。

从中我们可以看出,命题与事实是截然不同的。我们无法从命题的逻辑形式推出事实的逻辑形式,更无法推出世界的逻辑形式。由此我们也得知,语言与实在之间并没有什么一一对应的同构关系,语言中的许多语词无法在实在中找到它们的对应物,语言命题也是根据语法规则建立起来的,它们的真值并不取决于与实在的关系,而是取决于人们对它们的正确使用。同样,语词的意义不再是语词所指的对象,而是它在语句中的用法;命题的真假二值性也不再适用于所有的命题,而只是判断某些经验命题的特殊情况。

4. 由于命题不再是事实的逻辑图像,语言与实在之间也不存在同构关系,因此,关于逻辑形式的神话也就彻底破灭了。根据《逻辑哲学论》,哲学研究的任务是要通过对命题的逻辑分析揭示世界的逻辑结构,这种逻辑结构是客观的,不依赖语言而存在的;由于命题是世界的逻辑图像,因而命题必然具有这种客观的逻辑结构。通过分析最终可以发现,命题是由于它具有的逻辑形式而与世界发生联系的,而且这种逻辑形式正是一切真正有意义命题的本质。早期的维特根斯坦追随弗雷格和罗素,认为日常语言在这方面是有缺陷的,所以需要根据这种逻辑形式重建日常语言。但随着逻辑原子主义理想的破灭,这种关于逻辑形式的神话也就随之破灭了。

这时在维特根斯坦看来,世界并不存在他以前所想象的逻辑形式,因为这种由命题的逻辑形式推导出来的东西,也由于命题根本不具有这样的逻辑形式而被消除了。在日常语言中,我们可以看到,所谓命题的逻辑形式其实不过是表达式的语法结构,是使用这些表达式的规则。如果说命题或者说表达式有某种本质特征的话,那么它们只能是由语法所决定的。所以,在维特根斯坦这个时期的思想中,"语法"概念取代了"逻辑形式"概念,通过逻辑分析揭示命题的逻辑形式这个任务被彻底放弃了,取而代之的是对日常语言的语法规则的描述。

5. 正是在上述反思和批判的基础上,维特根斯坦开始放弃《逻辑哲学论》中的哲学观,提出一种全新的哲学形象。我们在前面已经多次指出,早期维特根斯坦的哲学观是把哲学看做是对命题逻辑形式的分析,并认为这种分析能够揭示世界的逻辑结构。这种对命题和事实的分析显然被看做是类似于物理的或化学的分析。虽然这两种分析不尽相同(因为物理的和化学的分析可以为我们带来新的知识,而对命题和事实的逻辑分析则只是同义反复),但在《逻辑哲学论》中,维特根斯坦正是把这种同义反复看做是哲学不同于自然科学和其他具体学科的本质特征。

然而,把逻辑分析视为哲学的主要任务,这种哲学观导致的一个严重后果是完全误解了日常语言的用法,用"分析"的比喻(即由表及里、从繁到简的层次分析)简化了原本复杂多样的语言用法。所以,一旦放弃了逻辑原子主义,放弃了关于命题图像和逻辑形式的理论,最终必然要放弃作为这些理论基础的哲学观。通过对日常语言的考察,维特根斯坦这时提出,哲学的任务应该是对日常语言的语法规则进行研究,仔细考察语词和句子在不同情形中的各种用法,根据它们的使用确定它们的意义。因此,哲学中根本不需要使用诸如"逻辑形式"或"命题图像"这样新的术语,而只要使用语言中的常用词就足够了。在这种意义上,"分析"也只是对语言用法的分类而已,用于展现这些用法与相关的哲学概念和问题之间的逻辑关系。

但需要指出的是,维特根斯坦的这种新的哲学观并不同于摩尔的常识哲学,因为在他看来,哲学虽然开始于常识但并不停留在常识的范围内。他说道:

> 你决不能求助于常识去解决哲学问题,相反,这只能使问题变得更为尖锐。你必须让自己完全陷入问题之中,然后再从中出来。哲学可以说是由三种活动构成的:先是看常识的回答,然后使自己完全深入这种常识回答无法解决的问题之中,最后再从这种情形中返回到常识的回答。但常识的回答本身并不是最后的解决方法,这是众所周知的。我们不能用哲学回答短路的问题。①

可见,这种哲学观既不同于摩尔的常识哲学,也不同于传统的哲学观,所以维特根斯坦本人把他所做的这种哲学称为"一个新课题",而不是思想发展史上的某个阶段。

二　对前期思想的批判

维特根斯坦思想发生转折,外在原因是聆听了布劳威尔的讲座,而内在原因则是对自己前期思想不满。所以,在他的中期思想中,一个很重要的内容就是对他前期思想的整理和批判。在他看来,正是由于对他前期思想的反省,才导致他彻底改变了对许多重要问题的看法。他在《哲学研究》的"序言"中明确写道:

> 四年前(据冯·赖特考证,此为维特根斯坦笔误,应为"两年前"——引者注),我曾有机会重读我的第一本书(《逻辑哲学论》),并且把其中的一些观点向一个人解释。我突然觉得我应该把那些旧的思想同这些新的思想一道发表:后者只有以我旧的思路为背

---

① 维特根斯坦:《维特根斯坦剑桥演讲集(1932—1935)》,第 108—109 页,罗曼和利托菲尔德,1979。

景,在同前者的对照中才能正确地理解。①

不过,这种对照并不意味着两者的截然对立。维特根斯坦的目的是要表明,只有从这种对照中,人们才能感受到他的后期思想与他的前期思想有了很大的差别。现在让我们从他前后期思想的对照入手,展开他中期的思想背景。

根据维特根斯坦的好友马尔康姆(N. Malcolm)分析,维特根斯坦后期思想的出发点是对他前期思想的批判。他说:"《哲学研究》的相当一部分篇幅是对作者早期著作的直率的或者含蓄的驳斥。"②据富格林(R. Fogelin)的分析,《哲学研究》的前137节都是对《逻辑哲学论》思想的批判。③ 但事实上这种批判并没有,或很少直接提到《逻辑哲学论》④,而更多的是针对他前期思想中所反映的一些带有根本性的观念。在他看来,这些观念是以往所有哲学共同具有的,所以严格地说,维特根斯坦中期对他前期思想的批判,是对以前期思想为代表的整个西方哲学传统的批判。这种批判主要集中在以下几个方面:

1. 彻底抛弃了关于世界本质的看法。从亚里士多德以来,哲学家们就始终认为世界存在着现象与本质、形式与内容、内部与外部或表象与实质等等诸如此类的区分,而哲学的任务就是要通过现象达到对本质的认识。在《逻辑哲学论》时期,维特根斯坦认为世界的存在就是事实的存在;由于事实的逻辑结构就是世界的逻辑结构,因而作为世界逻辑图像的命题就代表着世界的逻辑结构。这样,哲学的任务就是要揭示世界的逻辑结构。虽然这里的逻辑结构是以命题的形式表达出来的,但维特根斯坦这时的看法显然是以现象与本质的区分为根据的:世界的逻辑结构就是命题所要揭示的世界本质。然而,在维特根斯坦的中期思想里,他

---

① 维特根斯坦:《哲学研究》,安斯康译,第Ⅸ页,牛津,布莱克威尔出版社,1953。
② 马尔康姆:《回忆维特根斯坦》,李步楼、贺绍甲译,第113页,商务印书馆,1984。
③ 参见富格林《维特根斯坦》,第107页,伦敦,劳特利奇出版社,1987(第2版)。
④ 维特根斯坦在《哲学研究》中直接提到《逻辑哲学论》的地方只有四处,即"序言"、第23、97、114节,而在每个地方都是把《逻辑哲学论》作为与他现在思想的比较对象。

首先抛弃了这种关于存在世界本质的传统看法。

他认为,这种传统看法的根源来自对简单对象存在的信念,即相信世界上一定存在着简单的对象,它们是世界本质结构中最基本的成分。但事实上这种信念是站不住脚的,因为任何对象的存在(如果真的存在的话)都是相对的,所谓的简单或复杂也是针对不同的要求和标准的。维特根斯坦在《哲学研究》中写道:

> 什么是组成实在的简单构成部分呢? 一把椅子的简单构成部分是什么? 是制成椅子的小木块吗? 或者是分子,或原子? 所谓"简单"的意思是:非复合的。这里的要点是:是什么意义上的"复合"? 绝对地讲"一把椅子的简单部分"根本毫无意义。①

他还进一步举例说明,如果不作任何解释,我们对别人说:"我现在看到的东西是复合的。"那么别人就会问我们:"你说的'复合'究竟是什么意思? 因为它可以指许多东西。"但如果别人已经知道我们所说的"复合"的意思,他就会问"你看到的东西真的是复合的吗?"显然这是两种不同的问句,事实上包含了对这里所说的"复合"一词的不同理解。由此,维特根斯坦指出:我们是以无数不同的方式使用"复合"或"简单"等这些词的,因而对"世界是由简单的成分构成的还是由复杂的东西构成的"这种哲学问题,正确的回答只能是"那要看你是在什么意义上使用'简单'和'复杂'这些词"。当然,严格地说,这并不是对问题的回答,而是对问题的反驳。

正是从否定存在抽象的简单对象出发,维特根斯坦否定了存在所谓的世界本质。他认为,既然被看做构成世界本质的简单对象都是相对的,因而也就并不存在一种对所有的事实共同具有的本质结构。那么,我们通常是凭借什么把一些看似不同的东西都称为"语言""世界"或"事实"的呢? 维特根斯坦在这里提出了一个重要的概念,这就是"家族相似

---

① 维特根斯坦:《哲学研究》,安斯康译,第 47 节,牛津,布莱克威尔出版社,1953。

性"。他指出,我们可以用某个名称去指某些不同的东西,是因为这些东西之间存在着类似家族相似性的东西。他用"游戏"的例子来解释这种相似性概念。他写道:

> 例如,考虑一下我们称为"游戏"的过程。我指的是棋类游戏、牌类游戏、球类游戏、奥林匹克运动等等。它们的共同点是什么?不要说它们一定有某种共同点,否则就不会把它们叫做游戏了,而是要睁眼看看它们是否真的有共同点——因为如果你看看这些游戏,你是不会看到所有游戏的共同点的,你看到的只是它们的相似之处和相互联系,以及一系列关系。①

> 我想不出比"家族相似性"更好的说法来表达相似性的特征,因为家庭成员之间各种各样的相似性,如身材、相貌、眼睛的颜色、步态、禀性等等,也以同样的方式重叠和交叉。我要说:"各种游戏"构成了一个家族。……但是如果有人想说:"所有的这些构造都有某些共同点,即它们所有共同的属性。"我要回答说:现在你只是在玩弄文字。我们不如这样来说:"有某种贯穿全线的东西,即那些纤维持续不断的交织。"②

从维特根斯坦的这些著名论述中可以看出,他提出"家族相似性"的概念,出发点主要是为了反对关于存在世界本质的看法。但同时,这一概念也成为他后期思想中的重要基石,因为正是基于对本质的否定和仅仅承认相似性的存在,他在后期取消了语言的本质结构,而把语言活动看做是具有某些相似性的游戏。这种语言游戏理论是他后期哲学中的重要内容。

2. 维特根斯坦放弃了对语言意义的追求,而强调对语言用法的观察。追求语言的确定意义是维特根斯坦前期哲学的主要理想。他在《逻

---

① 维特根斯坦:《哲学研究》,安斯康译,第 66 节,牛津,布莱克威尔出版社,1953。
② 同上书,第 67 节。

辑哲学论》中明确提出,哲学的任务就是要澄清命题的意义。具体说来,这种澄清工作是要表明:名称的意义就是它所指的对象,而命题的意义则在于它与实在的符合。这种意义追求是以这样一种信念为前提的,即相信存在着确定的意义,一切哲学都是为了揭示这种客观的意义。

维特根斯坦从中期开始,就对这种意义观提出了挑战。他认为,追求意义的活动可以归结为对问题"什么是一个词或句子的意义"的回答。这种提问方式首先设定了存在这样一种意义,而提问的目的就是要知道这种意义是什么。但维特根斯坦指出,这种提问方式本身就是错误的,因为事实上根本不存在"意义"这种东西,我们想要了解的其实是一个词或句子在不同语言环境中的不同用法。例如,当我们问:"象棋中的马的意义是什么?"我们实际上是想知道马在象棋里是如何移动的;而且我们得到的任何答案都只能是类似于这样的回答:"马在象棋里可以走日字"或"马可以跳着走"等等。同样,对句子意义的提问,也是在询问说出这个句子时的具体用法。例如,如果有人指着面前的一个东西说:"这个在这里",这句话对他是有意义的,是因为它是在这种特定的场合说出的。一旦换了一个场合,这句话就可能有完全不同的意义,因为它有了不同的用法。所以,不仅语词的意义取决于用法,而且句子的意义也取决于特定的使用场合。而当某个句子一旦脱离了使用场合,我们就无法理解它了,因为我们不知道这个句子是用来做什么的。这也表明,不存在任何抽象的、具有独立的和客观的意义的语词和句子。

在这里,维特根斯坦放弃追求意义这一理想的重要性,不仅在于他用"用法"概念取代了"意义"概念,把追求意义转换为观察用法,更重要的在于他彻底否定了意义的存在,把"意义"看做是观察语言用法的多余物,是产生语言混乱的根源之一。他在《哲学研究》的开篇对奥古斯丁语言观的批判,正是要清除意义这个顽症。根据奥古斯丁的语言观,每个词都有一个意义,而这种意义就是这个词代表的对象。但维特根斯坦设计了一种语言用法,用以表明奥古斯丁的这种语言观是站不住脚的。他写道:

　　现在让我们来想象一下语言的这样一种用法：我叫一个人去买东西。我给他一张纸条，上面写着"5 个红苹果"。他把这张纸条交给售货员，于是售货员就打开了标有"苹果"的抽屉；接着他又在一张图表上找到"红色"这个词，并找到了相对于这个词的颜色图样；然后他说出了一连串的基数词——我假定他记得这些数字。他一直数到"5"这个词，而且每说出一个数字就从抽屉里取出一个与图样颜色相同的苹果——人们就是以这种方式或类似的方式使用词的。"但是他何以知道他要在什么地方和用什么方式查阅'红色'这个词呢？他要把'5'这个词派上什么用场呢？"好吧，我假定他是像我所描述的那样行动。解释总是会在某个地方终结的。但"5"这个词的意义是什么呢？我们并没有在这里考虑这样的事情，我们只是说明"5"这个词是如何使用的。①

维特根斯坦用这个例子表明，我们在日常语言的使用过程中，其实并不关心语言的意义，而是把它作为交流的手段，用以完成某个行为，如例子中的采购行为。同时，交流双方对语言的理解并不是根据语言的抽象意义，而是根据语言在日常交流中通常约定的用法。既然我们并不关心语言的意义，因而意义对我们的语言交流也就没有任何用处。不仅如此，对意义的追求反而成为错误地使用语言的根源，如在上述例子中，如果追问"苹果""红色""5"等词的意义，例子中的人就可能无法完成我最初要求他完成的采购任务。所以马尔康姆曾一针见血地指出："意义"和"用法"这两个词绝不是同义词，维特根斯坦用"用法"概念是为了强调说出或写出某个词或句子的特定情景或环境，而"用法"本身则是这个词或句子在其中起作用的语言游戏。这样，维特根斯坦在他的中期思想中就基本上排除了"意义"这个概念，这为他的语言游戏理论扫清了道路。

　　3. 维特根斯坦彻底改变了对哲学性质的认识。维特根斯坦的哲学观始终是一个让人着迷的问题，这不仅因为他在前后两个时期的哲学中

---

① 维特根斯坦：《哲学研究》，安斯康译，第 1 节，牛津，布莱克威尔出版社，1953。

都提出了不同的哲学观,而且这两种哲学观既是对传统哲学的反叛,同时两者之间也存在着相互否定的关系。这种错综复杂的关系导致了研究者们对他的哲学观作出了各种不同的甚至相互抵触的解释,如认为这两种哲学观完全不同,或认为两者之间不存在根本的区别,还有的人从西方怀疑论的角度寻找它们的历史根源,如此等等。但无论如何,有一点是确定无疑的,维特根斯坦的哲学观(包括他的前期和后期)彻底抛弃了传统哲学对哲学性质的认识,改变了哲学在人们心目中的形象,使我们对哲学有了一个全新的理解。

在传统哲学中,哲学始终被看做是一种理论体系,即包含了逻辑推理、理性判断、概念范畴等的思想框架。但我们在前面已经看到,维特根斯坦早在《逻辑哲学论》中就抛弃了这种传统的哲学观,提出哲学是一种活动的观点。应该说,把哲学看做一种活动,这已经是对传统哲学观的否定;哲学的任务被规定为澄清命题意义的活动,这种观点对维也纳学派产生了深刻的影响,成为逻辑实证主义哲学观的主要思想来源。然而,《逻辑哲学论》中所说的澄清意义的活动,归根结底仍然是一种逻辑构造,是建立在揭示世界逻辑结构的逻辑图像论基础之上的。这就使得提倡哲学是一种活动的这种哲学本身也变成了一种理论体系,它规定了哲学研究的方向、范围、方式和途径。所以许多哲学家已经指出,《逻辑哲学论》在抛弃传统哲学的同时,其本身其实也落入了传统哲学的巢穴;而那些习惯于把哲学看做理论体系的哲学家,对维特根斯坦的前期哲学倍加推崇,这也应证了维特根斯坦前期哲学观与传统哲学观之间的内在联系。在维特根斯坦思想发展的中期,他逐渐意识到哲学不应是一种单纯澄清命题意义的活动,而应当是注重对语言实际用法的观察和分析。他在《哲学语法》《蓝色与棕色笔记》中曾多次指出,哲学的任务是描述日常语言的用法,它不能干预这些用法,更不能用其他人工建造的语言替换,而只能如实地把这些用法展现出来,以便让人们能够正确地使用它们。在这种意义上,哲学是对日常语言的语法的研究,或者说是一种语言学的分支。由此我们不难理解,为什么维特根斯坦把他这个时期的哲学思想称为"哲学语法"。

但在《哲学研究》中,维特根斯坦把他的这种哲学观又向前推进了一步,使他的哲学不仅完全摆脱了传统哲学观对哲学的理论要求和逻辑规定,而且彻底放弃了为哲学设定任何重要使命和任务的企图。这时在他看来,哲学完全没有人们所想象的那种神圣的使命,也不可能完成任何描述或解释的任务,其实它只是帮助我们看清语言用法的工具,甚至不是一种工具,而是一种能够使我们认识到哲学无用的角度或参照物。我们常说,评价哲学研究的结果是根据在什么样的程度上解决了哲学问题。对维特根斯坦来说,传统哲学所要解决的都是哲学中的问题(the questions in philosophy),而他真正要解决的是关于哲学的问题(the problem of philosophy)。这种解决并不是对这个问题提出更新的说明或论证,相反是要彻底摧毁和抛弃这个问题,指出这个问题的出现不仅是不合理的,而且是产生许多语言使用错误的主要来源。他写道:

> 哲学只是把一切摆在我们面前,它既不解释什么,也不推演什么——因为一切都已公开地摆在那里了,没有什么要解释的。而如果有什么隐藏的东西,那也不是我们的兴趣所在。[1]

> 哲学的结果是我们发现了我们的理智在冲撞语言的界限时所留下的肿块和由此引起的直截了当的胡说。而正是这些肿块使我们看到了这种发现的价值。[2]

> 哲学的任务不是通过数学或逻辑数学的发现去解决矛盾,而是使我们对那些困扰我们的数学状况尽可能地得到一个清晰的看法,即矛盾解决之前的事态。[3]

---

[1] 维特根斯坦:《哲学研究》,安斯康译,第126节,牛津,布莱克威尔出版社,1953。
[2] 同上书,第119节。
[3] 同上书,第125节。

从后期维特根斯坦对哲学的各种说法中可以看出,他这时的哲学观对哲学基本上是采取否定的态度,而其中的深刻之处就在于,他揭示了哲学正在成为自己的掘墓人这样一个令人沮丧但又无法回避的事实。维特根斯坦用了大量比喻来说明哲学的无用。他曾对马尔康姆描绘过他对哲学的看法:

> 一个人陷入了哲学的混乱,就像一个人在房间里想要出去又不知道怎么办。他试着从窗子出去,但是窗子太高。他试着从烟囱出去,但是烟囱太窄。然而只要他**转过身来**,他就会看见房门一直是开着的![1]

同样,他在中期的《蓝色与棕色笔记》以及其他后期著作如《关于数学基础的评论》《哲学研究》等书中,也都用扑蝇瓶、整理记忆碎片或精神疾病、饮食不良等比喻,说明哲学的无用。

根据维特根斯坦的思想,这里所说的“哲学无用”包含了两层含义:(1)哲学并不能像科学那样给人们带来新的知识,也不能像《逻辑哲学论》中所设想的那样可以用于澄清命题的意义,或者说,哲学并不具有任何建设性的作用,它只是让人们在其中看到语言上的误用和思想上的混乱。正像只有当我们的身体不适时才会知道疾病的存在一样,哲学不是我们的身体不适,但它是一种精神上的不适,是由于误用语言而产生的理智上的混淆。在这种意义上,哲学不仅是无用的,而且是有害的,是产生理智疾病和思想错误的根源。同样,哲学也不可能有任何进步,因为哲学的出现是理智生病的结果,“哲学家处理一个问题如同治疗一个疾病”[2],这里不存在什么进步之说。这也就像一个人觉得身上某个地方发痒,他就自然会去搔痒,对此我们决不会说有什么进步。[3]（2）由于哲学的出现是思想错误的象征,所以,人们研究哲学的目的其实应该是为了

---

[1] 马尔康姆:《回忆维特根斯坦》,李步楼、贺绍甲译,第45页,商务印书馆,1984。
[2] 维特根斯坦:《哲学研究》,安斯康译,第225节,牛津,布莱克威尔出版社,1953。
[3] 参见维特根斯坦《文化和价值》,黄正东、唐少杰译,第126页,清华大学出版社,1987。

彻底清除哲学，让人们看到哲学的无用和有害。由此我们可以理解维特根斯坦在《哲学研究》中写下的这些话："使我们感到迷茫的混乱，产生于语言像机器空闲的时候，而不是它正常工作的时候。"[①]这就是说，当语言被正确地使用时是不可能产生哲学问题的，而只有当错误地使用了语言或把语言从使用当中抽象出来时，就像机器在空闲时一样，才会出现哲学问题，也就是出现了思想上的混乱。所以，"真正的发现是，当我想搞哲学时使我能够停止这样做"[②]。就是说，当我们认识到研究哲学的必要时，正是由于这时需要清除哲学。因此，研究哲学的目的是为了取消哲学。若从传统哲学的角度看，无论如何是无法理解这些话的，但这恰好表明维特根斯坦哲学观与传统哲学观之间的截然不同：哲学就是要让人们看到它自身的无用和有害。

从维特根斯坦两种不同哲学观的对照中我们可以看到，他对自己前期思想的批判主要是把它作为传统哲学的代表。但应该指出的是，这种批判并不意味着他的前后两种哲学是完全对立的。事实上，无论是在关心的主题还是在表达思想的方式上，这两种哲学之间都存在着不少相近之处。具体来说，这些类似家族的相似性主要表现在以下几个方面：

1. 两者关心的主题都是对思想的语言表达，而不是传统哲学所讨论的思想本身，尽管他的前后期哲学对语言的认识各不相同。从这种意义上说，维特根斯坦的两种哲学都是对语言的批判。他的前期主要是批判人们通常信以为真的语言本性，澄清人们由于误解语言本性而提出的命题的意义；他的后期则是对他前期语言观的批判，治疗人们由于误用语言而产生的理智疾病。

2. 维特根斯坦哲学观在其前后期之间也存在着某种相似之处，这就是彻底否定哲学是一种理论体系的传统看法，把哲学理解为一种活动，尽管他在前后期对这种活动有着不同的理解：前期认为它是一种澄清命

---

① 维特根斯坦:《哲学研究》，安斯康译，第 132 节，牛津，布莱克威尔出版社，1953。
② 同上书，第 133 节。

题意义的活动,而后期则认为它是一种显示语言实际用法的活动。

3. 维特根斯坦在前后期对哲学问题的处理方式也有相近之处,即他始终不承认存在真正的哲学问题,而把哲学问题的出现看做是思想混乱和理智疾病的产物,所以解决这些问题的方法不是根据问题的要求回答它们,而是通过分析问题的提法而最终消解它们,由此表明它们的出现是不合理的或是违反了语言正确用法的结果。

4. 在关于哲学与科学的关系问题上,在关于"可说的"与"不可说的"东西的看法上,在对待形而上学的态度上,维特根斯坦的前后期两种哲学也都有着许多相似的观点。这些表明,维特根斯坦的思想的确存在着一定的连贯性。在这种意义上,他的后期哲学并不能完全看做是对他前期哲学的彻底抛弃或截然对立,而应看做是一种视角的转换,即从考察理想的逻辑的语言转向研究日常的实际的语言,从关心语言的描述转向关心语言的使用等等。①

当然,不可否认,维特根斯坦在他的一生中的确提出了两种不同的哲学概念,而且它们都对后来的哲学发展产生了重要的影响。我们看到这两者之间的相似之处,并不意味着忽略或否认两者之间事实上存在的差别,而且从研究的角度看,深入细致地分析每种不同的哲学思想,将能使我们更好地理解这些差别,同时也能更清楚地看到两者之间存在家族相似性的深刻根源。

第三节 哲学的性质和方法

维特根斯坦在他正式撰写《哲学研究》之前,已经写下了大量笔记,这些笔记有些是为了获取学校职位而向校方提交的已整理成书的打印稿,如《哲学评论》《哲学语法》《关于数学基础的讲座》等,但更多的内容则完全是维特根斯坦本人随时思考的随手记录,其中有些被打印出来,

---

① 关于维特根斯坦前后期哲学之间的一致性,参见江怡在《维特根斯坦:一种后哲学的文化》（社会科学文献出版社,1996）第 27 页中的讨论。

有些还保留着他的手稿原样。这些打印稿和手稿后来被大致按照写作的时间编成具有章节的东西,通常称作"大打印稿"。尽管在这部"大打印稿"中的许多内容后来都被分别编辑出版,但其中仍然有许多思想并没有完全得到挖掘和理解,特别是在理解维特根斯坦的中期思想时,这些未被编辑出版的内容就有着重要的意义。

一　作为语法研究的哲学

在维特根斯坦思想发展的中期,一个重要的工作就是对哲学性质的思考。当他彻底抛弃了早期的哲学观后,他所面临的首要任务就是要回答"哲学究竟是什么"的问题。如果哲学既不是对世界的认识,也不是澄清命题意义的活动,那么哲学究竟是什么呢?维特根斯坦在 1933 年前后曾在笔记和讲座中探讨了这个问题,其中有些思想最终发展成为他后期的哲学观。

在题为《哲学》的笔记中,维特根斯坦开篇就表明了自己对哲学问题的独特看法:"哲学的困难不是科学上的理解困难,而是态度变化上的困难。意志上的抵触必须抛弃。"[1]对此,他进一步解释道,哲学并不会导致我们放弃任何东西,因为我们没有放弃谈论事情,但我们抛弃了谈论无意义的文字组合。在另一种意义上,哲学又需要一种放弃,一种情感上的放弃,而不是理智上的放弃。维特根斯坦认为,这或许正是哲学对许多人来说感到困难的原因。在这种意义上,哲学工作就如同建筑一样,实际上更是一种对这种工作者自身的折磨,一种对他自身观念的折磨,一种对他认识事物方式的折磨。这种折磨表现为对语言的误用。例如,在传统的西方哲学家看来,知识领域存在着两类问题,一种是基本的、重要的、普遍的,另一种则是次要的、偶然的。但根据维特根斯坦的看法是,知识领域并不存在所谓重要的、基本的问题,因为一切认识都基于认识者当下所面临的具体问题,所以把"重要的"或"基本的"等这些形容词

---

① 维特根斯坦:《哲学》,载于维特根斯坦《哲学时刻(1912—1951)》,第161 页。

用于说明"问题"一词是不恰当的。维特根斯坦由此提出,哲学表明了语言的误用,或者说,哲学就是错误地使用语言的结果。

把哲学的性质归结为语言问题,这并不是维特根斯坦此时的创造。弗雷格和罗素都以不同的方式表明了哲学问题只能还原为语言问题才能得到回答。《逻辑哲学论》同样把哲学的任务规定为对命题意义的澄清。但现在维特根斯坦不仅把哲学完全看做是语言问题,而且认为哲学的产生正是由于误用了语言。所以,哲学研究其实应该是一种语言研究,即对语法现象、命题意义、语词使用的研究。但这种研究又不同于一般的语言学,而是强调我们通常误以为正确的语言用法与它们的实际用法之间的区别。他写道:

> 如果我修正一个哲学错误,说这就是人们一直认为的方式,我就总是在指一种类似(我总是必须指一种类似……),并表明这种类似是不正确的。……我总是必须指一种人们一直想到的类似,但人们并没有把它看做一种类似。①

所以,维特根斯坦指出,哲学家总是竭力想要找到恰当的词,使得我们能够用这些词去掌握那些完全融入我们意识中的东西,这就像是一个人的舌头上有一根头发,他能感觉到它却抓不住它,所以他也就无法弄掉它。这样,哲学家的工作就变成总是毫无效果地向人们提供无意义的说话方式或命题等。

在《哲学研究》中,维特根斯坦明确地把哲学研究看做是一种语法研究。这种思想在他写于 1933 年的《哲学》笔记中就已经出现了。他在笔记中写道:"哲学的方法即语法事实或语言事实的清晰表现。"②那么,语法研究为什么会如此重要呢? 在维特根斯坦看来,因为语法研究就是对我们所使用的语言的研究,这种研究能够使我们清楚地看到正确地使用语言的方法。而这种语法研究的目的是为了让语言从形而上学的用法

---

① 维特根斯坦:《哲学》,载于维特根斯坦《哲学时刻(1912—1951)》,第 163 页。
② 同上书,第 171 页。

中回到它们日常的用法中。例如,赫拉克利特所说的"一个人不能两次踏入同一条河流"就是错误地使用了日常语言,因为根据我们的日常用法,人们是可以两次踏入同一条河流的。再如,同一律通常被看做是一个基本规律,但由于"规律"这个词本身是无意义的,所以同一律也就失去了通常认为的重要性。所以,维特根斯坦说:"我们可以把语言称作是根本的,在这种意义上,语法研究就是根本的,即是它自身的基础。"①

但维特根斯坦同时指出,这种语法研究不同于语言学的研究,例如语言学关心从一种语言翻译为另一种我们所发明的语言,但这里的语法研究却并不关心翻译问题,而是强调一种语言的通常用法。同时,这种语法研究也不讨论所谓的语法的本质,而只是把人们通常使用的某个东西称做语法而已。因此,他写道:"语法的重要性就是语言的重要性。"②

维特根斯坦在"哲学"笔记中的一些说法后来被他收录到《哲学研究》中,如"哲学家的工作就是为了某个具体的目的而收集提醒物","哲学不干预语言的实际用法,它最终只是描述这些用法",等等。当然,在具体的表述方式上它们略有不同。但在1932—1935年的讲座中,维特根斯坦谈到哲学的性质和工作时却主要地和直接地是谈语言和逻辑问题。

他在讲座的开始就表明了他这样做的原因:

> 我要从我们的讨论中排除由经验回答的问题。哲学问题是不能用经验加以解决的,因为我们在哲学中谈论的东西不是事实,而是对事实有用的事物。哲学上的麻烦出自对规则体系的观察,出自看待并不适合它的事物。这就像是前后观察一个树桩,就会看到不同的东西。我们走近一些,记住规则,会感到满意,然后又退后一些,就会感到不满意。③

① 维特根斯坦:《哲学》,载于维特根斯坦《哲学时刻(1912—1951)》,第169页。
② 同上书,第171页。
③ 维特根斯坦:《维特根斯坦剑桥演讲集(1932—1935)》,第4页,罗曼和利托菲尔德,1979。

正是由于经验会给我们提供与事物的本来面貌完全不同的东西,造成我们认识事物的错觉,所以,维特根斯坦强调用逻辑的方法研究语言问题,因为逻辑告诉我们的只是我们在通常情况下使用语言的规则,其中不涉及使用者对语言依据不同经验所作的理解。当我们一再看到维特根斯坦把语言用法比做博弈时,我们能够理解他其实强调的是规则,语言用法的规则就如同下棋的规则。他在讲座中明确指出,语词与棋子极其相似:知道怎样用一个词,就像是知道怎样移动一个棋子。那么,下棋的规则是怎样用于玩一盘棋的呢? 就是说,玩一盘棋和在棋盘上随意移动棋子究竟有什么不同? 维特根斯坦认为这两者当然不同,但他所想强调的是,知道如何使用棋子并不是在进行游戏时的一种个别的心理状态。这就是说,词的意义是由使用规则确定的,而不是由赋予这个词的情感所确定的。所以,维特根斯坦把"如何使用一个词"和"这个词的语法是什么"看做是一个问题,它强调的是使用语词的语法规则。我们由此就可以理解,尽管维特根斯坦从他思想发展的中期开始强调语言的用法,但他并不是把自己的视角限制在经验上的各种实际用法,而是把语言的用法看做遵守规则的过程。

维特根斯坦在他的讲座中明确地指出:当我们说语词的意义是由它的用法确定的时候,这并不是说任何某个具体的使用都可以用来确定这种意义,而是说它是由所有的使用规则确定的。这样,对意义问题的关心自然就变成了对语词用法规则的逻辑研究。维特根斯坦说道:

> 逻辑如同物理学那样是从前提进行推论的。但物理学的最初命题是习以为常的经验的结果,而逻辑的最初命题则不是。要区分物理学的命题和逻辑的命题,决不仅仅是得出诸如实验的或自明的预见,而且必须表明,其中的一个是遵循着语法规则而另一个则没有遵循这样的规则。[1]

---

[1] 维特根斯坦:《维特根斯坦剑桥演讲集(1932—1935)》,第 4 页,罗曼和利托菲尔德,1979。

可见，在这时的维特根斯坦看来，把哲学研究看做语法研究，理由并不在于强调语言的实际用法，而是强调语言用法的一套规则。只有语词的完整使用规则才能够表明语词的意义，所以，与他的后期思想不同，维特根斯坦在这个中期思想中仍然重视逻辑分析的作用。事实上，在这段时期的笔记和讲座中，他大量地使用了逻辑的推论来证明哲学研究其实就是一种语言研究。这与《哲学研究》中更多断定而较少推论的思想有所不同。这也表明维特根斯坦的中期思想与他后期的所谓成熟思想之间存在着明显的差别。

二　哲学的方法与目的

维特根斯坦在他的笔记中曾用一个故事来解释他对哲学方法的理解：有一个人听说船锚是由蒸汽机拉起来的。他只是想到用来开船的那种蒸汽机，也就是蒸汽船用的那种蒸汽机，但他并不知道他所听到的蒸汽机是什么样的。后来有人告诉他，用来拉船锚的蒸汽机并不是蒸汽船用的那种，而是在船上用来绞起船锚的另一种蒸汽机。那么，他不清楚的问题究竟是什么呢？如果按照后来人解释的那样，他就应该很容易地理解在船上可能还有另一个蒸汽机。但这并没有完全消除他对蒸汽机的疑虑，因为在他的心目中，蒸汽机就应该是用来开船的而不是用来拉船锚的那种机器。这表明，由于不明真相而产生的疑虑并不会因为增加或减少了某个概念而得到消除。如果他说"这里一定有错"，那么人们就会说"你并不是指我们所说的那种蒸汽机"，或者说"你说的'蒸汽机'并不是指活塞引擎"。[①] 维特根斯坦用这个故事是想说明，哲学问题正像这个人对蒸汽机产生的疑问一样，是不能用某个一般的、普遍的概念理解来解决的。蒸汽机并不是只有一种，而用"蒸汽机"这个概念所指的机器也并不一定都使用活塞引擎；同样，哲学问题并不具有一个普遍形式，因而解决哲学问题也就不可能有某种公认的方法。

---

① 参见维特根斯坦《哲学》，载于维特根斯坦《哲学时刻(1912—1951)》，第171页。

维特根斯坦还把哲学问题看做类似于某个社会的构成。譬如,人们走到一起构成了一个社会,虽然并没有任何书面的法规条文,但人们却需要这样的规则。的确,他们根据某个指示在聚会时都遵守某些规则,但这些规则却并没有被清楚地表达出来,也没有什么人去解释和说明这些规则。同样,他们把某人看做领袖,但这个人却并不一定坐在桌子的上座,也没有任何标志。所以,在我们看来,这个社会似乎很难理解。于是乎,我们就会为他们整理出一套规则,把某个带有明显标志的人称做领袖,而把坐在他旁边的人称做秘书,并让其他的人分坐桌子的两边。但这样,我们在得到清楚的社会关系和规则之后,就会发现我们被自己限定住了。

维特根斯坦指出,其实,当我们用某种方式清楚地表达了或确定了人们业已遵守的某些规则后,我们就把自己带到了一种两难的境地:我们都知道我们的行为是遵守了某些规则的,但我们的行为却并不是有意识地按照规则去做的;我们在没有清楚地表达这些规则之前,都会很好地遵守它们,可一旦得到了这些规则的清楚表达,我们却往往无所适从。例如,我看别人下象棋,就会知道棋子如何移动,但如果有人告诉我象棋规则却不在棋盘上演示给我看,那么我仍然不知道棋子如何移动。在维特根斯坦看来,这里的困难在于理解确立一种规则对我们究竟有什么帮助。这就像哥白尼体系一样,在哥白尼没有提出日心说之前,太阳系里的一切天体一直都是围绕着太阳运转;而对日心说的解释却反而使人们对这种运转产生了疑问和不安。所以,维特根斯坦把哲学上的这种不安比喻成一个苦行僧痛苦地站在一个正在上升的重球上,其实他完全可以从球上跳下来,却固执地站在上面。哲学的不安和痛苦也就来自人们不愿意放弃已有的观念和理论,并把这些观念和理论看做必须遵守的法则和经典。一旦像对那位苦行僧大叫一声“跳下来!”那样对人们说一声“放弃它!”那么,哲学上的不安和痛苦也就随之消失了。

维特根斯坦还把哲学问题的解决比作打开保险柜的锁:我们可以拨某些数字或字母来打开保险柜,所以,只要是没有对准这些数字或字母,那么用什么力量都无法打开它；而一旦对准了，那么就连孩子都可以打开它。这表明，只要是对准了，那么无需任何力气就可以打开保险柜的门。同样，哲学问题的解决也需要对准问题的关键，这个关键就是人们认识或看待事物的方式，也是通常所说的"世界观"。

在维特根斯坦看来，我们习惯的思维方式是在不同的事物之间建立相互的联系，这种方式表面上看似乎能够对我们理解未知事物有所帮助，但实际上却违反了我们的日常语法，也就是违反了我们日常的说话方式。例如，我们常常把某人的一个微笑看做是某种暗示或含有某种意思，因而我们就会想尽一切办法去解释这个微笑，但这种解释却往往可能是南辕北辙的。这是因为我们是在物理学解释的意义上来理解这种解释的，把它看做是作出微笑的原因。在维特根斯坦看来，这种解释对我们正确地使用日常语言是很危险的，因为我们都知道，当我们使用语言时，我们是想表达我们的思想、情感、愿望或要求等等，无论我们表达得如何，一切都表现在我们的语言之中，如果要想知道在我们的语言背后还有什么东西的话，那么只有说话者才能明白，而当说话者把他所明白的东西说出来时，他说出来的同样仍然是语言本身。所以，维特根斯坦说：在这里，一切都是显而易见的，没有什么东西需要解释；相反，对没有表现出来的东西，我们并不感兴趣。维特根斯坦写道：

> 哲学不可能干预语言的实际（真实的）用法……不可能干预实际上所说的东西；哲学最后只能描述它。……因为它也不可能为它提供任何基础。它让一切事物都顺其自然。
>
> 学习哲学实际上就是在回忆。我们记得我们实际上是这样来用语词的。语言或事物在哲学上最重要的方面由于它们的简单性和相似性而被隐藏起来了。①

这些话后来被他收到《哲学研究》中，出现在第 1 部分的第 124 和

---

① 维特根斯坦：《哲学》，载于维特根斯坦《哲学时刻（1912—1951）》，第 179 页。

126 节。但他在那里却给出了另一种解释，即"哲学问题应当完全消失"①。这与维特根斯坦写作《哲学》笔记时的思想有所不同，因为在他这时看来，与其他的问题相比，哲学问题是完全可以解决的，而解决的方法就是要重新排列我们的概念："哲学问题就是意识到我们概念的无序，而通过排列我们的概念就可以解决哲学问题。"②由此可见，维特根斯坦在思想发展的中期和后期对哲学问题的性质有着不同的认识。

根据他在这里对哲学问题的认识，他提出，哲学的方法就应当是清楚地呈现语言事实，就是让语言事实按照它们原本的样子表现出来，换句话说，就是描述我们对语言的具体使用活动。他说：

> 清晰的表象对我们来说是一个非常重要的概念。它标志着我们的表述方式、我们观察事物的方式。（用我们这个时代典型的术语说，一种"世界观"——斯宾格勒。）③

维特根斯坦这里所说的"清晰的表象"并不是指语言的清晰表达，而是指我们对语言活动的清楚观察，是语言自身的清晰显现。因为任何表达都会面临着进一步的解释，但对活动的观察却是不需要解释的，只要我们清楚地观察到语言的实际用法，并且按照日常的用法使用语言，那么一切被认为是哲学上的问题就都会迎刃而解了。

初读维特根斯坦时，我们往往对他的话不知所云，因为他在笔记中所留下的都是他随时随地随手记下的一闪念，在这些笔记当中并没有多少思想的连贯性，当然就更谈不上有逻辑上的论证。但如果读了他给学生所作的讲演，那么就会感到其中的思想脉搏是如何跳动的。《哲学研究》给我们的感觉是思想的随笔和风景画，这符合维特根斯坦笔记的特点。在他的思想中期，特别是在他给学生们所作的讲演中，他强调了论证的重要性，并把论证的透明性作为哲学的最终目标。

---

① 维特根斯坦：《哲学研究》，安斯康译，第 133 节，牛津，布莱克威尔出版社，1953.
② 维特根斯坦：《哲学》，载于维特根斯坦《哲学时刻(1912—1951)》，第 179 页。
③ 同上书，第 175 页。

那么,他所说的论证的透明性是指什么呢? 我们在他的笔记中可以读到这样一句话:"在论证中不需要透明性的人就会落入哲学之中。"①反过来说,哲学的产生正是由于论证的不透明性,或者说是错误地使用论证的结果。在维特根斯坦看来,哲学的产生并不在于它使用了论证,而是在于它的论证是错误的;同时,这种错误也并不在论证的命题及其逻辑关系上,而是在这种论证所使用的语言上:哲学的论证是错误地使用日常语言的结果,因而这种论证不能被看做是像物理学或逻辑上那样的真正的论证。

维特根斯坦用了个例子来说明这一点:如果某人相信他发现了对"生命问题"的解决办法,并试图由此证明一切都非常简单,那么,为了反驳这种看法,就只需要他想一想在发现这个解决方法之前的那段时间,因为在那个时候人们仍然在生活,而且仍然可能出现新的解决办法。这就像在逻辑中,我们无法提出任何论证作为对某个逻辑问题的最终解决。由此可见,没有什么论证可以被看做是终极的论证。同样,哲学上提出的论证往往以解决某个或某些问题为目的,这必然会使这样的论证在日常语言的使用中变得毫无意义。所以,维特根斯坦写道:

> 哲学的目的是在语言停止工作的地方竖起一面墙。哲学的结果是揭示这个或那个明显的胡说,是理解在碰到语言的界限时头上起的肿块。这些肿块让我们认识到这个发现的价值。②

从维特根斯坦的这些话中,我们可以明显地感觉到他对哲学性质的全新理解:在他看来,哲学非但不是由类似物理学或逻辑命题那样的论证构成的,相反,哲学的出现本身恰是错误使用这样论证的结果;哲学的论证和命题表面上看类似于物理学或逻辑的论证和命题,而且事实上,它们也正是以后者为模式的。但这种学习模仿却是非常拙劣的,因为物理学和逻辑的论证是以经验观察或自明的公理为前提的,而所谓的哲学

---

① 维特根斯坦:《哲学》,载于维特根斯坦《哲学时刻(1912—1951)》,第 183 页。
② 同上书,第 187 页。

论证却是以自以为是的真理为前提,并总是把这种论证的结论看做是对某个问题的最终解决。这种论证在日常语言中显然是无法理解的,而且实际上,当我们在使用语言时,往往并不会提出或接受这样的哲学论证。所以说,只有当语言停止工作时,也就是说,只有当我们没有正确使用语言时,哲学才会出现,才会有所谓的哲学的论证。从这种推论中,我们自然就会得到这样的结论:哲学完全是我们误用语言的结果,因而哲学研究的真正目的,就应当是消除对语言的误用,由此就消除了哲学本身。

第四节　语言游戏和遵守规则

语言游戏说是维特根斯坦后期思想的核心内容,也是他后期哲学观的基础。据维特根斯坦本人所说,这一思想的提出来自他观看了一场足球赛,他从中发现,足球的意义就在于它在球场上的运动,在于球员按照足球比赛规则不停地踢滚和传送。他由此联想到语言的运用,从足球的运动中发现了规则的重要性。但在《哲学研究》中,维特根斯坦提出语言游戏思想,却是出于对奥古斯丁语言图像的批判。

一　语言游戏说

奥古斯丁的语言图像是把语言看做实在的图像,认为语言中的每个词都对应着实在中的相应实体,或者说,语言中的每个词都是实在中的对象的名称,而语句则是这些名称的组合。维特根斯坦指出,在这种语言图像中,我们可以看到这样一种观念的根源,即每个词都有一个意义,这种意义是与这个词相联系的,而这个词代表的就是它所指称的对象。他把这种观念看做是传统语言观的代表,认为这种观念其实并不能完全解释所有的语言,因而它是错误的,或者至少是不完全的。

维特根斯坦首先设想了一种奥古斯丁的语言图像无法解释的语言。这就是购物者的例子:购物者把要购买的东西写在一张纸上,并把它交给售货员,售货员就凭借纸条为他选择货物。但售货员这样做,并不是

由于纸条上的每个词都对应着相应的对象,而是由于售货员对这些词的
用法有清楚的了解,如"5""红色的"等这些词的用法。所以,奥古斯丁的
语言图像并不符合所有的语言。当然,或许这种语言图像可以说明学习
语言的最初情景,如使用实指定义指称对象。但维特根斯坦指出,这种
类似儿童学习语言过程的所谓原始语言实际上是一种训练过程,即反复
地在某个语词与某个对象之间建立密切的联系,以便使儿童在听到这个
词时就会产生这个对象的影像。因而,这种语言显然也并不是奥古斯丁
所描述的语言。由此,维特根斯坦指出,我们使用的所有语言实际上不
过是如同儿童玩耍的游戏或者人们常玩的其他各种游戏。他把人们常
常用于指称对象的语言看做类似儿童学习母语的各种游戏。他写道:

> 我将把这些游戏称为"语言游戏",并且有时把原始语言说成是
> 语言游戏。给石料命名和跟着某人重复词的过程也可以叫做语言
> 游戏。想一想在转圈圈游戏中词的大部分用处。我也将把由语言
> 和活动(指与语言交织在一起的那些行动)所组成的整体叫做"语言
> 游戏"。①

在《哲学研究》中,维特根斯坦描述了许多语言游戏,但他并没有明
确地定义这个概念。因为正如"游戏"一词一样,"语言游戏"一词同样是
无法定义的。我们只能从各种语言游戏中感受到它们之间的相似之处,
但不能定义这个概念本身,因为任何定义都是对被定义者的普遍性和本
质性的概括,而对语言游戏而言,并不存在这样的普遍本质。所以,我们
对语言游戏只能描述或显示,但不能解释或说明。如果有人问什么是游
戏,我们只能向他描述什么是下棋、打球、玩牌等等,然后对他说这种活
动以及类似的活动就叫游戏。同样,对语言游戏,我们也只能描述在现
实生活中的语言现象或者可以想象的各种言语行为,但无法确切地说明
语言游戏究竟是什么。所以,我们在《哲学研究》中看不到维特根斯坦对

---

① 维特根斯坦:《哲学研究》,安斯康译,第7节,牛津,布莱克威尔出版社,1953。

这个概念的确切定义。事实上,这本书本身就是维特根斯坦向我们描述的语言游戏,他是用这些游戏向我们表明,哲学研究的目的就是要向人们显示如何正确地玩各种语言游戏。

尽管维特根斯坦并没有明确指出各种语言游戏之间的相似之处,但从《哲学研究》大量描述的语言游戏中,我们可以感受到在它们之间至少存在这样一些相似之处:

1. 维特根斯坦认为,语言游戏与诸如下棋之类的游戏一样都是自主的。在下棋过程中,人们不会去指出作为意义的外在对象,而只是看到输赢。同样,在语言游戏中,人们看到的只是使用语言的恰当与否,而不会像罗素那样去寻找语言活动之外的意义对象。维特根斯坦写道:"理解一个句子比人们所想象的更为接近理解一个音乐主题。"①如果有人询问音乐的意义是什么,我们只能说,音乐就是我们所听到的东西,而如果要进一步问听到的究竟是什么,我们就无法确切地回答了。我们所能做的只是把我们听到的东西与某种相同类型的东西加以对比,但这显然并没有回答音乐意义的问题。同样,对语言游戏,我们也只能说使用语言的活动就是游戏本身,这里不存在外在的对象。

2. 维特根斯坦指出,语言是不需要用其他的目的或标准加以证明的。因为语言规则并不是来自外在的实在世界,它们如同游戏规则一样,完全是任意的,目的只是为了语言本身。在对语言的研究中,我们只需承认语言游戏,然后以我们的问题所要求的方式去描述它。所以,这里没有任何证明或解释。在这种意义上,语言是先天的。维特根斯坦写道:"语言与某种内在必然性的唯一关系是一条任意的规则。人们唯一可做的事情,是把这种内在的必然性转变为一个命题。"②

3. 维特根斯坦认为,我们是为某种目的发明一种语言,就像我们想出一种游戏一样,这不可能是推论的结果。在他看来,语言如同散步、吃

---

① 维特根斯坦:《哲学研究》,安斯康译,第 527 节,牛津,布莱克威尔出版社,1953。
② 同上书,第 372 节。

饭、喝水、玩耍一样，不过是我们生活的一部分。当婴儿刚刚学会说话时，他并不是通过猜想意义而由前语言状态进入语言活动的。人们学会一种简单的游戏，往往首先是通过观看。人类在学习语言的过程中，也有一个先于所有定义的阶段，即婴儿先只是观察，然后才对训练作出反应。所以，"在这里，语言的教学不是在作出说明，而是在训练"[1]。

4. 在维特根斯坦看来，我们通常是要反思我们所说过的东西，但我们却无须反思语言游戏本身。理解某人说的话，并不是由这些话所带来的某种内在过程（即内心的反思），正如理解怎样下棋并不是随棋子的移动而产生的内心活动。我们的语言游戏就是行为活动。他写道：

> "语言游戏"这个词首先意味着这样一个事实：说出语言是一种活动，或是一种生活形式。[2]

5. 维特根斯坦认为，语言游戏是由多种成分构成的复杂形式。语言的简单形式是，我们从中可以看到确切明白的活动和反应。这也是游戏的共性。儿童被培养成去完成这些活动，正确地使用这些词，以这种方式对他人的话作出反应，这些都是语言游戏。维特根斯坦写道：

> 你有时为了注意色彩而用手遮住物体的轮廓，或者不去看物体的轮廓，或者有时凝视着对象并且试图回想以前你在哪儿见到过那种颜色。你为了注意形状，有时描绘它，有时眯起眼使色彩看不很清楚，还有别的方法。我这里要说的是，这就是当一个人"把注意力指向这或指向那"时所发生的那类事情。但光是这些事情本身还不足以使我们说某个人在注意形状、颜色等等。正如象棋中的一着棋不单纯是在棋盘上以如此这般的方式移动一个棋子——也不是在于移动棋子时动作者的思想和感觉，而是在于我们称为"下一盘象棋"或"解一个棋局问题"等的那种情景。[3]

---

[1] 维特根斯坦：《哲学研究》，安斯康译，第5节，牛津，布莱克威尔出版社，1953。
[2] 同上书，第23节。
[3] 同上书，第33节。

6. 根据维特根斯坦，当我们谈论象棋时，我们谈的就是象棋本身。同样，在语言讨论中，我们谈论的是时空中的语言现象，而不是某种非时空的虚幻。当我们谈论语言现象时，正如我们在象棋中谈论棋子一样，我们是在谈论游戏规则，而不是在描述它们的物理属性。因此，语言游戏的中心在于，它们拥有规则。没有规则，语言符号就失去了意义，不同的规则还会使它们具有不同的意义，正如不同的规则带来了不同的游戏。所以，维特根斯坦写道："在某种意义上，一个命题是由构成句子的规则决定的；在另一种意义上，它是由符号在语言游戏中的用法决定的。"①

7. 维特根斯坦认为，正如其他的规则一样，语言规则也是易变的。譬如，网球规则并没有规定网球应该打得多高多重；同样，我们也没有必要坚持现有的规则。我们完全可以使用新的规则玩新的游戏。维特根斯坦写道：

> 我们称之为"符号""词""语句"的东西有无数种不同的用法。而这种多样性并不是什么固定的、一劳永逸地给定了的东西；可以说新的类型的语言，新的语言游戏产生了，而另外一些则逐渐变得过时并被遗忘了。（我们可以从数学的演变得到有关这一事实的一幅粗略的图画。）②

8. 在维特根斯坦看来，正如存在着无数种游戏，也存在着无数种语言的用法。他用"语言"或"游戏"这些词去标记这些用法，并不是由于它们有着共同的本质，而是由于它们具有交叉重叠的相似性。这样，词的用法就构成了一个具有相似性的家族。维特根斯坦写道：

> 我并不对我们称作"语言"的所有东西提出某种共同点，而只是说，这些现象并不存在一种使我们对这一切使用同一个词的共同

---

① 维特根斯坦：《哲学研究》，安斯康译，第 136 节，牛津，布莱克威尔出版社，1953。
② 同上书，第 23 节。

点,它们是以许多不同的方式相互联系的。正是由于这种关系或这些关系,我们才称这一切为"语言"。[1]

从这些相似性中可以看出,"语言游戏"绝不仅仅是维特根斯坦后期哲学中的一个普通概念,它维系着他整个后期思想的所有重要观念,他的后期思想基本上是围绕着这个概念展开的。

1. 把语言看做游戏,这就从根本上排除了把意义看做实体的观念,使对语言的研究从追求意义转向了注重使用。语言的自主性表明,不存在语言之外的意义实体;语言的意义就在于它的用法,语言只有在使用中才能获得生命。维特根斯坦写道:

> 在我们使用"意义"这个词的各种情况中,有相当大的一部分——尽管不是全部——我们可以这样来说明:一个词的意义就是它在语言中的使用。[2]

最后一句话后来被简化为这样一句口号:"词的意义就是它的用法",并被看做代表了维特根斯坦后期哲学的精华。但实际上,当他在这里说到"意义"一词时,并没有认为存在着"词的意义"这种东西,而是把"意义"看做如同"吃""行走"等词一样普通的一个词,所以要理解"意义"这个词,同样要知道如何正确地使用它。语言游戏说的宗旨就是要彻底清除一切以往哲学由于误用语言而产生的概念混乱,让人们真正看清语言在实际中的正确用法。维特根斯坦反复强调,我们要看语词在实际中的使用,而不要考虑它们所谓的意义或其他什么概念上的内容。他指出,如果要理解"意义"这个词的用法,就要去找被称做"对意义的说明"的东西。如当我们说"是"这个词可以用在不同的意义上,即作为系词和等号,我们就是在说它的意义即它的用法。正如一个棋子的意义就在于它在下棋时的作用,语词的意义也只能是它们在句子中的用法。

---

[1] 维特根斯坦:《哲学研究》,安斯康译,第 65 节,牛津,布莱克威尔出版社,1953。
[2] 同上书,第 43 节。

2. 维特根斯坦强调语言游戏中的规则问题,并根据规则的不同确定了不同的语言游戏。正如任何游戏一样,语言游戏不仅需要规则,而且是由规则决定的。因而,如何遵守规则就成为语言游戏的核心内容;不遵守规则,语言游戏也就无法进行;但我们在使用语言时,也就是在玩语言游戏时,其实并没有或很少意识到这些规则的存在,而且在大多数情况下,我们并不是完全按照规则行事的,就是说,遵守规则并没有成为语言游戏的组成部分。这里涉及一个关于遵守规则的悖论,对此,我们将在下面详细介绍。在此我们可以看到的是,维特根斯坦关于遵守规则的著名悖论,其根基在于他的语言游戏说,正是由于把使用语言看做一种游戏行为,因而才会产生这种悖论,才会对遵守规则提出要求。

3. "语言游戏"概念也破除了传统哲学对语言存在的某种神秘看法,特别是清除了相信存在所谓私人语言的观念。因为要参与语言游戏,遵守语言规则,前提就是要能听懂和理解游戏中使用的语言。但在语言理解问题上,西方哲学中历来存在着一种身心二元论的观念,认为心灵和身体是两个相互独立存在的实体,心灵不依赖于身体,只能通过内省的方式才能接近。根据这种观念,就必定存在一种无须表达的、可以不被他人理解的"私人语言"。针对这种观念,维特根斯坦仔细分析了我们通常用于表达感觉的动词,表明私人语言实际上不是一种真正的语言,因为语言的基本特征是能够相互交流和理解。在这种意义上,语言不可能是私人的。我们在后面将要详细考察维特根斯坦的这个著名的"反对私人语言论证"。在这里,我们需要指出的是,维特根斯坦的这个论证不仅把身心二元论驱出了语言表达这个最后的避难所,而且引出了"语言共同体"概念,由此进一步确定了不可怀疑的语言游戏的基础。

4. 维特根斯坦使用"语言游戏"概念最终是想表明,语言游戏不过是我们人类生活的一部分,但又是非常重要的部分,因为各种不同的但又具有很多相似性的语言游戏,通过约定最终形成了我们所处的生活形式,这种生活形式就是我们生而具有的一切,因此也是我们必须接受的一切。维特根斯坦写道：

> 在这里，"语言游戏"一词的用意在于突出下面这个事实，即语言的述说乃是一种活动，或是一种生活形式的一部分。[①]

在他看来，作为人类活动的语言游戏构成了人类的生活形式；反之，生活形式又限定了语言游戏的社会特征，使得任何语言游戏都只能是社会的、公众的、非个人的行为。从维特根斯坦对各种语言游戏的描述中我们看到，"语言游戏"概念的首要用法在于它是用来指一种或多种活动，是人类社会中重要的语言活动。这样，我们不仅把这个概念本身等同于其他普通概念，强调它自身的用法，而且通过揭示语言游戏与人类社会生活的密切关系，把它融入整个生活方式中，由此强调语言游戏的社会性。

从以上分析中可以看出，"语言游戏"概念的确是维特根斯坦后期思想的核心内容，是引导我们走进他哲学迷宫的最好向导。在《哲学研究》中，我们不仅看到了各种各样的语言游戏，而且从这些游戏中能够感受到其中存在着某种看不见的东西在支配着它们的活动。这种东西就是游戏的规则。由此，我们就进入了维特根斯坦后期思想中的另一个更重要的问题，即关于遵守规则的悖论。

二　遵守规则的悖论

既然语言活动是一种游戏，那么这种游戏就必定要遵守规则，正如一切游戏只有遵守规则才能得以顺利进行一样。在这种意义上，在语言游戏中遵守规则应该是很自然的事情，或者说，只有遵守了规则才能正确地进行语言游戏。但这里存在的问题是，我们是不是在得知这些规则的前提下才进行语言游戏的？或者，我们能够完成语言游戏，这是否意味着我们已经了解了其中的游戏规则，并且是在有意识地遵守这些规

[①] 维特根斯坦：《哲学研究》，安斯康译，第23节，牛津，布莱克威尔出版社，1953。

则？通常人们会对这个问题给出肯定的回答，由此认为，如果有谁说出一个语句并且能够理解它，那么他就是在按一定的规则进行一个演算或完成一个游戏行为。但维特根斯坦对这种通常的看法提出了质疑。他写道：

> 我称之为"他据以进行的规则"是什么？难道是这样一种假设吗，该假设令人满意地描述了我们所看到的他对语词的使用？或者是这样一种规则，这个规则是他在使用记号时所查到的？或者是当我们询问他的规则是什么时他给我们的回答？但是，如果观察并不能使我们看到任何清楚的规则，而提问也没有使事情明朗起来，那又该怎么办呢？因为当我问他把"N"理解做什么时，他的确给了我一个定义，但他又随时准备收回或改变这个定义，所以，我该怎样来确定他据以进行游戏的规则呢？他自己都不知道这规则。或者，提一个更恰当的问题："他据以进行的规则"这个说法在这里究竟意味着什么？①

由此，维特根斯坦指出，事实上，当我们在进行语言游戏时，我们其实往往并不知道游戏的规则，就是说，我们是在"盲目地遵守规则"。但问题是，既然不知道规则，我们又是怎样遵守它们的呢？正如要玩一种游戏，首先就要理解游戏的规则，不理解规则，也就无从谈起遵守规则。从逻辑上看，这似乎是显而易见的道理。然而，从维特根斯坦给我们描述的各种语言游戏中，我们却看不到规则本身，甚至从事游戏的人也并不清楚规则是什么。这样，遵守规则就成了一个进退维谷的问题：语言游戏是在我们不了解规则的情况下进行的，而我们又只能在遵守规则的前提下才会从事语言游戏。这就是维特根斯坦向我们提出的悖论。他在《哲学研究》中把这个悖论概括为：

> 没有什么行为的原因能够由一条规则来决定，因为每一种行为

---

① 维特根斯坦：《哲学研究》，安斯康译，第 82 节，牛津，布莱克威尔出版社，1953。

的原因都可以被搞得符合规则。①

这个悖论就是说,任何行为的原因都不能用规则加以解释,但每个行为的出现又都必须是符合某种规则的。我们在前面曾从遵守数学和逻辑规则的角度对这个悖论作出了说明。在这里需要指出的是,根据他的思路,如果一切事物都被搞得符合规则,那么它们也就同样可以被搞得与规则相冲突,所以这里也就不存在什么符合或冲突的问题了。这就是说,我们的一切行为都是按照规则的要求进行的,但我们却无法以这种规则去解释和说明我们行为的原因,因为那样我们就会得出规则是由原因确定的这种相反的结论。在我们通常的论证过程中,我们是对行为的原因给出各种解释,当某个解释不能令人满意时,我们就会想到在这个解释的背后还会有另一个解释,这样使得整个论证变成了一个不断寻求更进一步解释的过程。这显然把遵守规则变成了一个对行为原因的解释,而无论是不是以规则作为行为的原因,最后的结果都只能是用规则的一种表达式代替它的另一种表达式。这样,对规则的理解就不再是一种解释,而应该是用每个具体的语言游戏活动显示我们所谓的"遵守规则"或"违反规则"的情形。

在如何遵守规则的问题上,维特根斯坦提出的著名观点是,我们只有在语言游戏中才能感受到规则的存在,才能谈得上遵守规则;规则不是我们预先习得的,而是在游戏中显示出来的。他以下棋为例:

> 毫无疑问,我现在想要下棋,但下棋之所以称作棋类游戏,是有赖于它的全部规则的。那么,在我确实已经下棋之前,我是不知道我要进行的是什么样的游戏呢,还是所有的规则都已包含在我的意向活动之中了呢?是不是经验告诉了我这种游戏是这样一种意向活动的通常结果?所以,我是不是不可能肯定我要去做的是什么事情呢?……"让我们下盘棋"这句话的意思和棋类游戏的所有规则

---

① 维特根斯坦:《哲学研究》,安斯康译,第201节,牛津,布莱克威尔出版社,1953。

之间的联系是在哪里实现的？在游戏的规则表中，在教人下棋的活动中，在日复一日的下棋实践中。[①]

同样，语言游戏的规则也是在从事这些游戏时得到的，而不同的游戏有着不同的规则。

维特根斯坦还想象了一种情形，用以说明并不完全是游戏决定着规则，而是有什么样的规则才有什么样的游戏。在一个完全不懂游戏的原始部落中，有两个人坐在棋盘旁把一盘棋一步步地走完，甚至还有全部的内心活动。如果我们看到了，我们就会说，他们是在下棋。但现在如果我们把下棋规则翻译成一连串的动作，而我们通常不会把这些动作看做是游戏，例如翻译成"叫喊"或"跺脚"。那么，我们就会看到这两个人开始叫喊或跺脚，而不是进行我们通常理解的那种下棋。但我们可以把他们的这些行动按照恰当的方式理解为他们正在下棋。这里的问题就在于，他们究竟还是不是在下棋？显然，如果按照我们给定的下棋游戏定义，他们并不是在下棋。但通过翻译，我们又可以说他们是在下棋。这里的关键就取决于我们如何理解下棋游戏，或者说，下棋游戏是由正在从事这个游戏的人决定的，而游戏规则是通过不断地从事这种游戏显示出来的。维特根斯坦写道：

> 遵守规则类似于服从命令。人们是被训练这样做的，人们是以特定的方式对命令作出反应的。[②]

维特根斯坦指出，通常当我们用某个语词谈论某物时，并不是由于我们有某种理由认为这是正确的用法；而当某人对此提出怀疑时，我们可以用来表明我们用法的东西，又往往是已经得到证明了的。于是，这里就有一个问题：我们怎样才能叫做遵守规则呢？对这个问题的回答通常会带来对遵守规则的原因的解释，或者对我们能够按照规则从事游戏

---

① 维特根斯坦：《哲学研究》，安斯康译，第 197 节，牛津，布莱克威尔出版社，1953。
② 同上书，第 206 节。

这一行为作出辩护。但任何解释最终都会到达某个不可解释的地方,我们的解释就像碰到了坚硬的岩石,无法继续延伸下去。这时,他们就会说"我就是这样做的!"对此不存在任何进一步的解释。

维特根斯坦在这里力图表明,遵守规则的行为事实上是毫无理由的行为。即使在可以提出理由的情形中,这个理由本身也绝不会依赖于任何更进一步的理由,换句话说,归根结底,必定合理地存在着没有其他东西作为基础的行为方式,这就是遵守规则的行为。

在维特根斯坦对遵守规则问题的大量论述中,有两个重要思想值得我们注意。

1. 他明确地把遵守规则的过程看做是"盲目的",因为我们往往是在不了解规则的前提下遵守规则的。他写道:

> 规则一旦被印上一种特定的意义,就画出这样一些线来,在所有情况下我们都应按照它们来遵守规则。可是,如果这样的某种东西真的发生了,那么它会对我有什么帮助呢?不,我的描述只有在被象征地理解时,才有意思。我应当说的是,我就是这样想它的。当我遵守规则时,我并不选择。我盲目地遵守规则。①

在这里,所谓"盲目地遵守规则",就是无须引导地遵守规则。"引导"只是当人们必须选择时用以消除怀疑的方式,但由于不存在任何必须作出的选择,因而人们只是以自然的方式行动着,即"这就是我做的一切"。所以,遵守规则的自然方式,就是把规则看做不可避免的、直接的、无须反思的和自主的。在遵守规则中,我们不是等待规则的首肯,而是不断地重复着相同的东西。

> 人们并没有感到我们非要等待规则的首肯(或暗示)不可。相反,对于规则接下来将要告诉我们的东西,我们并不感到提心吊胆。

---

① 维特根斯坦:《哲学研究》,安斯康译,第 219 节,牛津,布莱克威尔出版社,1953。

它总是告诉我们同样的东西,而我们则按照它所告诉我们的去做。①

因此,遵守规则就意味着重复相同的事情,"相同"与"规则"这两个词总是相互交替使用的,如同"命题"和"真"这两个词交替使用一样。正因为遵守规则是一种重复的行为,所以,维特根斯坦又把遵守规则称做"训练过程"。

2. 维特根斯坦强调指出,遵守规则是一种习惯。所谓习惯,正是指某种不断重复的行为。既然遵守规则是对相同行为的重复,那么,人们就不可能只遵守一次规则或单独地遵守规则。他写道:

> 我们所说的"遵守规则"是仅仅一个人在他的一生中只能做一次的事情吗?这当然也是对"遵守规则"这个表达式的语法所作的一种注解。仅仅一个人单独一次地遵守规则是不可能的。同样,一个报告仅仅被报道一次,一个命令仅仅被下达一次,或被理解一次等等,这些也是不可能的。遵守规则,作报告,下命令,下棋都是习惯(习俗、制度)。②

他在《关于数学基础的评论》中也写道:

> 如果你想要理解什么是"遵守规则",你就已经能够遵守规则了。

> 应用"遵守规则"这个概念,就预设着一种习惯。因而,如果说某人在一生中只遵守过一次规则,那就是胡说。③

从维特根斯坦的著作中可以看出,"习惯"一词是他较为偏爱的用语之一。在他看来,遵守规则是一种习惯,从事语言游戏也是一种习惯,而实践本身就是习惯作用的结果。这种对习惯的偏爱不禁使我们想到英国近代哲学家休谟。休谟用以反对因果必然性的有力武器就是经验上

---

① 维特根斯坦:《哲学研究》,安斯康译,第 223 节,牛津,布莱克威尔出版社,1953。
② 同上书,第 199 节。
③ 维特根斯坦:《关于数学基础的评论》,冯·赖特等编,第 32 页,牛津,布莱克威尔出版社,1978。

的习惯。他认为关于原因和结果的一切推理都只是由习惯得来的。但休谟强调习惯是为了反驳以往的独断论，论证怀疑论的合理性；而在维特根斯坦看来，习惯则是我们的一种生活方式。可见，休谟和维特根斯坦在强调习惯的出发点上是不同的：维特根斯坦对习惯的偏爱并非是为了某种哲学论证的需要，相反，他正是要让人们离开哲学的理论反思，把眼光落在人们赖以存在的语言活动之上，而习惯则是人们从事各种语言游戏的主要标志。当然，维特根斯坦偏好习惯概念，并不意味着他因循守旧。他强调的是习惯的活动特征和参与精神。在他看来，一切理论上的矛盾或悖论都只有在人们习惯性的活动中得到解决。

　　其实，以上这两点集中反映了维特根斯坦解决"遵守规则的悖论"的基本思路，这就是强调参与语言游戏，还游戏者以本来面目。维特根斯坦认为，遵守规则在普通的游戏中是一个很自然的过程，其中并没有什么悖论可言。但在语言游戏中之所以会出现悖论，完全是由于试图用逻辑推论和理论解释去说明游戏的结果。这反映出我们对语言游戏所抱有的错误态度，即以为可以用像传统哲学对待类似康德"二律背反"那样的方式对待遵守规则的问题，所以就把遵守规则看做是一个对行为原因的解释过程，从而使这个问题完全理论化。然而，维特根斯坦指出，这种对待遵守规则的方式恰恰是违反了语言游戏本身的要求。语言游戏要求我们的是从游戏活动中感受规则的存在，在游戏中体现对规则的遵守。因而，遵守规则既不是我们理论解释的出发点，更不是我们从事语言游戏的目的。我们遵守规则完全是语言游戏活动本身的需要，而判断我们是否遵守了规则，并不取决于对规则的理论说明，而是要看我们的语言游戏是否能够顺利地进行。只有当语言交流正确地达到了目的，我们才能够说我们是遵守了规则。相反，当我们把语言从使用中抽取出来，孤立地谈论遵守规则，我们必然就会遇到这种关于规则与原因的对峙，产生哲学的错误。维特根斯坦曾多次提到，哲学的混乱产生于我们的语言机器空闲时，而不是它正常工作时。因而要消除哲学的混乱，唯一的方式就是让这种语言机器运转起来，就是让我们都真正参加到语言游戏当中去。因为只有在游戏中我们才会理解遵守规则究竟是怎么回事，才会认识到哲学问题的提出是多么荒谬。

从《哲学研究》中我们可以看到，维特根斯坦是在考察了大量的使用语言的实际情形后才提出关于遵守规则的悖论的。他的目的在于表明，这个悖论的出现正是脱离了具体的语言游戏而抽象地谈论规则问题的结果。根据他的论述，在语言游戏中，我们总是以遵守规则作为正确进行游戏的先决条件，但我们并不是先学会了规则再开始游戏的。这正如我们不是在岸边学会了游泳规则再下水的；相反，我们只有在下水后才能懂得如何遵守游泳的规则，因为一旦违反了这些规则，我们就会身不由己地沉入水底。同样，任何游戏都只有在参加者共同遵守规则的前提下才能进行，而参加者又只能在游戏中学会如何遵守规则。从逻辑上推论，这似乎是一个相互矛盾的悖论，但在实际的语言游戏中，这却是一个千真万确的事实。由此可见，理论上的悖论往往是由于忽略了实际游戏的结果，而要解决这个悖论，就必须放弃理论的解释和说明，直接投入到语言游戏之中。

强调活动，注重参与，这始终是维特根斯坦哲学的重要特征。早在《逻辑哲学论》时期，他就提出了"哲学不是理论而是活动"的主张，要求我们只能原原本本地描述世界，描述生活，而在描述中，语言的清晰性是十分重要的。但他当时过分地强调了逻辑形式在语言活动中的作用，试图以人工建立的理想语言取代人们的日常语言。尔后，他在从事新的哲学思考时，就毅然地抛弃了他早期的错误看法，直接把目光转向了我们的日常语言活动。这里没有对语言的逻辑分析，也没有建立任何人工理想语言的企图，只有实际的语言游戏原原本本地展现在我们面前。这里也无须对游戏作出任何解释或说明，只须参加到游戏之中，在游戏中品味游戏的意义和生活的快乐。如果我们把规则与游戏分离开来，在游戏之外询问什么叫遵守规则，我们就会陷入悖论，这正如企图不下水就想学会游泳一样荒谬。所以，维特根斯坦写道：

让我来问问"什么样的规则表达式与我的行为有关（如路标一样）？这里存在的是种什么样的联系？"好了，情况也许是这样：我一直是被要求以某种特定的方式对这个标记作出反应，现在我正是这样对它有所反应。①

在这里，我们的行为本身就是对一切关于规则问题的最好回答。这表明，对规则问题无须解释，只须行动。所以，维特根斯坦反复强调"不要想而要看"。这里的"想"就是指对语言游戏的理论思考和逻辑解释，而"看"则是指要仔细观察各种语言游戏的具体用法，从游戏中了解规则和遵守规则。

从维特根斯坦对规则问题的论述中，我们可以深切地感受到，他的后期思想在思维方式上与他前期哲学以及由此引发的语言分析哲学之间的确存在着很大的差别。《逻辑哲学论》对语言结构采取的是一种静观式的分析：他把语言看做是实在的图像，就是把语言作为一种科学研究的对象放在显微镜下加以仔细分析，试图从中找到语言与实在的相似之处。这种后来被称作"逻辑分析"的研究方法培养了一代又一代语言分析哲学家，他们已经习惯于用这种方法对问题采取剥笋式的分析，首先寻找主要概念的意义，然后层层展开他们的论证，通过比较、解释、说明等，最后得出带有概括性的结论。但在维特根斯坦看来，当我们用这种方法来分析语言游戏和遵守规则问题时，我们就会陷入悖论。这恰好表明，我们不能用这种静观的方式对待游戏规则。既然游戏本身就是一种活动，遵守规则又只能出现在从事游戏的过程中，因而我们对规则的考察也就只能是一种动态的分析，即在语言游戏中了解规则，通过参与游戏弄懂什么叫做遵守规则。这种动态分析方法的关键在于，不对遵守规则以及其他使用语言的情形提出任何解释，只需要观察语言游戏的实际活动；通过具体观察和亲身参与，我们就可以从中看到各种游戏的相似之处，体验遵守游戏规则的实际后果，品味语言游戏的意味和生命的

---

① 维特根斯坦：《哲学研究》，安斯康译，第198节，牛津，布莱克威尔出版社，1953。

意义。当维特根斯坦把语言游戏称作"生活形式"时,当他把遵守规则看做是人们的生活习惯时,我们看到的就绝不再是一个对生活冷静旁观的分析哲学家,而是一位直接投身于语言游戏之海的思想者,一位亲身感受游戏规则的实践家。

第五节　关于反对私人语言的论证

　　无论是在思想的深刻性上还是在《哲学研究》的写作风格上,维特根斯坦都是一位具有首创性的哲学家。他的写作方式独特,讨论的问题也多是全新的题目,如游戏、规则、机器思维等等。从他的思想和著作中,我们很容易看出他的思想与传统哲学之间的明显区别。但作为哲学家,维特根斯坦的思想绝不是空中楼阁、无本之木。虽然《哲学研究》并没有直接的思想来源,并非如同《逻辑哲学论》与罗素和弗雷格的思想有着密切的逻辑关系那样,但从书中讨论的问题来看,维特根斯坦并没有完全隔绝与传统哲学的关系,相反,他关心的许多问题恰恰都来自传统哲学。当然,他对如意义、概念、命题、理解、心灵、知识、语言的性质等这些问题都给予了完全不同的理解和解释。其中,他关于反对私人语言的论证就涉及了如今被称作"心灵哲学"(philosophy of mind)的许多重要内容,如他人的语言、私人的感觉、外在的标准、语言的理解和约定等问题。因此,这一论证被视为维特根斯坦后期哲学的重要内容之一,特别是引起了英美分析哲学家的广泛讨论。

一　什么是私人语言

　　要了解维特根斯坦的这个论证,首先就需要弄清他所谓的"私人语言"究竟是指什么。根据通常的理解,"私人语言"似乎应该指某人自言自语的独白,如鲁滨逊那样;或者是某人为某种目的而特别设计的密码,如间谍暗语等。英国哲学家艾耶尔和里斯等人就把维特根斯坦所说的

"私人语言"理解为这样的语言。① 但这并不符合维特根斯坦的原意,因为他自己就明确地承认这种语言的存在。他写道:

> 一个人可以鼓励自己,给自己下命令,服从、责备和惩罚自己,他可以自问自答。因此可以想象只用独白说话的人,用跟自己谈话来伴随他们的活动的人。一个观察他们、倾听他们谈话的研究者,可以成功地把他们的语言翻译成我们的语言。②

可见,通常理解的"私人语言"实际上是一种真正的语言,它可以为整个语言共同体服务。而维特根斯坦所理解的"私人语言"恰恰相反,他指出:

> 这种语言的个体词指的是只有说话者知道的东西,是指他当下的私人感觉。因此别人不能理解这种语言。③

从维特根斯坦的论述中我们可以看出,他所谓的"私人语言"有这样三个主要特征:(1)这种语言的内容是只有说话者自己知道的东西,因而它是仅仅为说话者使用的语言,其中的所有语词或记号只为说话者自己所理解;(2)说话者使用这种语言是用于指称他当下的私人感觉,这种感觉不仅无法被他人所理解,甚至说话者本人在不同的时间或地点都可能对相同的感觉有不同的理解;(3)这种语言是完全无法交流的,因为任何他人都无法理解这种语言,既不知道语言的内容,也无法知道说话者的私人感觉。在维特根斯坦看来,这三个特征是相辅相成的,它们共同构成了他所谓的"私人语言"。由此可见,这种语言实际上并不是真正的语言,或者说,它根本不是一种语言,因为它完全无法实现交流的目的。正是针对私人语言的这样三个特征,维特根斯坦在《哲学研究》中提出了他著名的"反对私人语言的论证"。

---

① 参见艾耶尔和里斯《私人语言可能存在吗?》,载于皮彻尔《维特根斯坦的〈哲学研究〉》,第 256 页,纽约,1966。
②③ 维特根斯坦:《哲学研究》,安斯康译,第 243 节,牛津,布莱克威尔出版社,1953。

1. 维特根斯坦指出,我们每个人都可以有心理活动,有各种各样的感觉,但我们无法判断自己的心理活动或感觉与他人的心理活动或感觉是否有某些相似或相同之处,因为我们永远无法进入他人的心灵。这样,我们就只能知道我们自己的心灵活动和感觉。但既然每个人的心理活动都是不同的,你又怎么可能使别人相信你有这种或那种感觉呢? 你不是也无法相信他人具有某种心理活动吗? 所以,维特根斯坦指出,说存在某种心理活动或感觉,这是无意义的,就等于什么也没说。他以"疼痛"为例来说明这一点:当某个人说"他人不可能有我这样的疼痛"时,他实际上是在说"他人不可能有和我一样的疼痛"。但事实上,我们往往是有一定的标准来判断我们的疼痛是否相同的,如疼的地方或作出表示疼痛程度的动作等。维特根斯坦写道:

> 如果"我的疼痛与他的是相同的"这句话是有意义的,那么我们两个人就同样可能具有相同的疼痛。①

这表明,说"他人不可能有我这样的疼痛"就是毫无意义的。因为按照我们的语言习惯,当我们说我们有什么东西时,通常也就意味着别人同样可能拥有这个东西,至少我们可以有意义地说别人也能拥有这个东西,否则我们说我们有这个东西也就变得没有意义了。所以,维特根斯坦写道:

> 如果你在逻辑上排除了他人拥有某个东西的可能性,那么说你拥有这个东西也就失去了意义。②

维特根斯坦还用了一个非常形象的例子来说明,所谓只为说话者自己理解的语言是不存在的。他写道:

> 假定每个人都有一个装着某种东西的盒子,我们把这个东西叫做"甲虫"。没有人能够看到别人的盒子里面,因而每个人都说他只

---

① 维特根斯坦:《哲学研究》,安斯康译,第 253 节,牛津,布莱克威尔出版社,1953。
② 同上书,第 398 节。

是由于看到他的甲虫才知道甲虫是什么。这里完全有可能每个人盒子里的东西都是完全不同的，甚至可以想象这个东西老在变化。但假定"甲虫"这个词在这些人的语言中有同一种用法又该怎样呢？如果这样，它就不应被用做一个东西的名称。盒子里的东西在这种语言游戏中根本没有地位，甚至没有某种东西，因为盒子完全可以是空的。的确，人们可以"除尽"盒子里的东西，无论它是什么，都可以被消去。那就是说，如果我们根据"对象与名称"的模式来解释感觉表达式的语法，那么对象作为不相干的东西就无须考虑了。[①]

这表明，尽管人们可以说自己有着只有自己知道或自认为不同于他人的感觉，但这种说法在实际的语言游戏中其实并不起任何作用。正如盒子里的甲虫究竟是什么，或盒子里面是否真的有东西这类问题，对语言游戏并不重要一样，每个人的自我感觉究竟是什么同样也不重要。人们在语言游戏中关心的并不是使用语言谈论的是什么，而是关心这些东西是否能够在游戏中发挥作用。所以，断定存在着只为说话者知道的私人语言，这种看法不仅是荒谬的，而且是毫无意义的。

2. 维特根斯坦指出，在表达层次上，私人语言的产生是由于我们误用了表达感觉的动词。在日常生活中，我们可以说"我牙疼"或"他牙疼"。当说"他牙疼"时，说话者可以根据外在的观察和公认的牙疼标准判断这句话的真伪，而当说"我牙疼"时，说话者则只是表达了一种自己的身体状态，他并没有也不可能使听话者通过亲自牙疼来理解这句话的意义。如果说"我牙疼"意味着只有我能知道我是否真的在疼，而别人只能推测这一点的话，那么，说出这句话是毫无意义的。因为像"我牙疼"这样用第一人称表达感觉的句子，实际上并没有像说"他牙疼"那样表达了一种有关牙疼的消息，而只是宣布牙疼的一种方式，它与捂着腮帮、叫喊"哎哟"或"嘘嘘"地倒吸凉气等起着同样的作用。所以，如果说"我牙疼"是指"只有我知道我牙疼"，那么，这就等于什么也没有说。对此，维

---

① 维特根斯坦：《哲学研究》，安斯康译，第 293 节，牛津，布莱克威尔出版社，1953。

特根斯坦写道：

> 在什么意义上说我的感觉是私人的？是呀,只有我能知道我是
> 否真的疼,他人对此只能加以推测。这一方面是错的,而另一方面
> 则是无意义的。如果我们按照通常的方法使用"知道"这个词(除此
> 之外我们还能有什么别的用法呢),那么别人也就会时常知道我什
> 么时候在疼。是的,但还是没有我自己知道的那样确定! 我根本不
> 可能说我知道我在疼(除非也许是作为一个玩笑)。除了可能我是
> 在疼之外,还能假定它意味着什么呢? 不能说别人只有从我的行为
> 中知道我的感觉,因为不能说我是得知它们的。我拥有它们。实际
> 情况是:说别人怀疑我是否在疼是有意义的,但说我自己怀疑则是
> 无意义的。①

在维特根斯坦看来,在通常的意义上使用"知道"这个词,意味着我
们可以对所知道的东西提出怀疑,但如果说"我知道我在疼"这样的句
子,那么它对说话者来说则是不可怀疑的,因为这里不存在怀疑的基础,
即说出"我怀疑或我知道我在疼"这样的句子是无意义的。由此,他指
出,私人语言的产生正是由于人们患上了误用语言的疾病,把使用第一
人称的句子与其他的句子等量齐观,这就混淆了它们之间的区别,导致
了以为存在可以表达私人感觉的语言这种错误看法。

维特根斯坦否定私人语言存在的关键在于,他坚决反对私人对象的
存在。他指出,如果要证明私人对象的存在,就必须提出某种同一性的
标准,使得任何对象一旦符合这个标准就会被看做是私人的。但事实上
这个标准是不存在的。因为首先,由于任何人都无法得知他人的私人对
象是什么,因而我们也就不可能有一个公共的标准来判定不同的两个人
所拥有的私人对象是否相同;其次,即使同一个人在不同的时间或空间
拥有不同私人对象,我们也没有任何客观的标准;而如果这个人说他自

---

① 维特根斯坦:《哲学研究》,安斯康译,第 246 节,牛津,布莱克威尔出版社,1953。

己知道这些对象是否相同,这就等于是说没有标准。既然没有任何标准可以判定私人对象,因而我们就无法承认这种对象的存在了。在这里,维特根斯坦的重要武器是严格区分了"等同"与"相同"。"等同"意味着对相同对象有着两个不同的名称,而"相同"则是指对不同的对象可能具有相似的名称。他认为,私人语言的错误就在于混淆了这种区别,用"等同"代替了"相同",把本来只是表达感觉的方式看做是传达有关感觉的知识或信息。他写道:

> 用"等同"代替"相同"是哲学上另一种典型的权宜之计。似乎我们谈论的是意义上的细微差别,而全部问题就是寻找一些词来准确地表达这些细微差别。这在哲学上成为问题,只是由于我们必须对使用某种特定表达式的企图在心理学上作出确切的说明。在这种情况中,我们"企图去说"的东西当然不是哲学,却是哲学的素材。因而,例如,一个数学家对数学事实的客观性和实在性想要说的东西并不是数学哲学,而是哲学处理的东西。①

3. 维特根斯坦指出,作为语言的必要条件,任何语言都不仅能够交流和理解,而且应该有概括某些情形的功能,但私人语言显然不具有这样的功能。按照私人语言观念,私人语言表达的是个人当下的感觉,这种语言不但不为他人所理解,对说话者而言也是无法确定的。这种不确定一方面表现在说话者对不同时间和地点出现的相同感觉的判断没有完全一致的标准;同时还表现在,他判断感觉正确与否,完全依赖于毫无定性的记忆。维特根斯坦就向我们举出了一个依靠记忆确定火车开车时间的例子。他写道:

> 我不知道我是否正确地记住了火车开车的时间,我就回忆查看一张时刻表是怎样的来核对它。"这不是一回事吗?"——不是一回事,因为这个过程必须产生一种实际上是正确的记忆,但如果有关

---

① 维特根斯坦:《哲学研究》,安斯康译,第 254 节,牛津,布莱克威尔出版社,1953。

这张时刻表的精神图像本身不能被检验为正确的,它又怎么能确信第一个记忆的正确呢?(这就好像某人要买几份晨报才能使他确信这家报上说的是真的。)在想象中查阅一张表并不就是查阅了一张表,就像一个假设实验结果的意象并不是一个实验结果一样。①

维特根斯坦用这个例子向我们表明,既然记忆是不确定的和不可靠的,那么基于记忆的私人语言同样是不可靠的。他认为,我们通常不会根据自己的某种感觉而推出他人也可能会有同样的感觉,但私人语言正是要达到这个目的。作为一种语言,私人语言也只有做到这一点才能成为语言,而作为私人感觉的表达,私人语言又不可能做到这一点。所以,表达私人感觉的功能决定了私人语言不是一种真正的语言,换句话说,对私人感觉的表达只能是私人的。维特根斯坦问道:

> 如果我对自己说的,我只是从我自己的情况中知道了"疼"这个词的意思——我一定不能说别人也是如此吗?我怎么能这样轻率地概括一种情形呢?②

可见,从表达私人感觉的语言中,我们无法得到对任何情形的概括,也就是说,我们不能用这种语言表达他人的感觉。

二　什么是私人感觉

从表达层次上看,维特根斯坦反对私人语言是反对私下地表达个人感觉的可能性,因为任何表达都只能是公共的和可交流的。然而,维特根斯坦并不反对私人感觉的存在,相反,对感觉的入微分析,正是他在后期倾心关注的一个重要问题。《哲学研究》的三分之一篇幅都是讨论感觉、标准、理解、约定、思维以及他人心灵等问题;不仅如此,他在剑桥大学还专门开设了关于心理学哲学的讲座,并写下了大量的心理学哲学笔

---

① 维特根斯坦:《哲学研究》,安斯康译,第265节,牛津,布莱克威尔出版社,1953。
② 同上书,第293节。

记,这些笔记在他嗣后被编辑成两卷本的《关于心理学哲学的评论》(安斯康和冯·赖特编辑)出版。实际上,维特根斯坦正是把解决这些被传统哲学看做心理学的问题,当做他思考语言游戏的关键和反对私人语言的主要对象。

我们在前面已经看到,维特根斯坦用表达"疼痛"作为否定私人语言存在的重要例证。的确,"疼痛"是只有疼痛者才能知道的一种感觉,但在维特根斯坦看来,"知道"一词用在这里是错误的,因为说"疼痛者不知道自己的疼痛"是荒谬的,除非他失去了知觉。说"疼痛者知道自己疼痛"就等于说"疼痛者疼痛",这显然是同义反复。如果某人牙疼,他一定会说"我牙疼!"或"哎哟!哎哟!"地叫喊,或手捂着腮帮等等。在这里,说"我牙疼!"是与叫喊和动作起一样的作用,都是为了表达私人的感觉。但在"我牙疼!"的情形中则有所不同。如果 A 指着 B 说:"他牙疼!"这里显然不是在表达 A 的感觉,更不是表达 B 的感觉,而是描述 B 的感觉。可见,在关于感觉的问题上,存在着描述与非描述的区分:当感觉动词用于他人时,我们就是在进行描述;而当用于感觉者自身时,就是在进行表达。这样,维特根斯坦就把对感觉的表达严格限制在非描述的范围之内。

不仅如此,维特根斯坦还把对感觉的表达限制在用第一人称表达的句子中。他认为,感觉是私人的,对感觉的表达也总是私人的。我们说"我牙疼!"是在表达一种感觉,而说"他牙疼"则只是描述一种现象。所以,只有用第一人称表达感觉的句子,通常才会被看做是在表达感觉。但这并不是说表达者自身有一种别人无法理解的东西,他只是把这种东西表达出来而已;相反,这仅仅意味着他所表达的只是一种他自己的感觉,至于在这个表达的背后还隐藏着什么东西,这并不重要。维特根斯坦以"做梦"为例来说明这一点。在日常生活中,我们每个人都会做梦。当某人向他人描述他的梦时,他人只能相信他的描述,但并不知道(也不可能知道)他的梦究竟是什么。这种情形对不知梦为何物的人来说更为明显。维特根斯坦就曾向我们描绘了这样一幅情景:

让我们想象一下,一个不知梦为何物的部落,听到我们对梦的叙述。我们中的一员曾来到这些不做梦的人们中间,渐渐学会了使自己得到他们的理解——也许有人认为他们永远不会理解"做梦"这个词,但是,他们不久就会发现它的一种用法。他们的医生可能对这种现象很感兴趣,并可能从这个陌生人的梦中作出重要的推论。①

可见,人们对梦的认识只能停留在语言表达的层次上。无论对梦的描述如何形象生动,人们也只能对这种描述产生一种想象,但它并不是梦本身。所以,我们对梦的认识取决于对语言的使用。

维特根斯坦在《哲学研究》第 2 部分中写道:

醒着的人们告诉我们一些事情(他们曾经在某个地方等)。然后我们教给他们"我梦到"这个表达式——把它放到对梦的叙述之前。后来某个时候,我问他们:"昨晚梦到过什么吗?"他们就会回答"是"或"不是",有时还附带对梦作一番描述,有时则没有。这就是语言游戏。……现在,关于人们是否为他们的记忆所欺骗,当他们睡着了的时候他们是否真有这些意象,或是否当他们醒着时才仿佛如此? 关于这些问题,我必须作出某种假设吗? 这个问题有何意义? 有何重要性? 当某人告诉我们他的梦时,我们可曾对自己提出过这个问题? 如果没有——那是因为我们相信他的记忆力不会欺骗他吗? ……这是否意味着提出这样的问题,即梦究竟是在睡觉时发生的还是一种醒后的记忆,在任何时候都是无意义的? 这将取决于对这个问题的用法。②

所有这一切都表明,诸如"做梦"这样的只有"我"才能具有的感觉,也只有通过语言才能为他人所理解,而"我"使用语言表达"我"的感觉,

① 维特根斯坦:《片断集》,安斯康译,第 530 节,牛津,布莱克威尔出版社,1967。
② 维特根斯坦:《哲学研究》,安斯康译,第 Ⅶ 页,牛津,布莱克威尔出版社,1953。

实际上是在玩语言游戏。这样,维特根斯坦就把私人感觉限定在外在表达的范围,这些表达既包括了语言的表达,也包括了行为的表达。

在维特根斯坦看来,对任何感觉而言,都存在一种恰当的对这种感觉的"自然表达",它在本质上是可观察的,表达了不同于语言并先于语言的感觉。根据他的思路,如果语言的表达是有意义的,那么,这种"原始的自然表达"就必定存在。但任何表达最终都需要达到他人的理解,否则这种表达也就变得没有意义了。在这里,表达可能是没有外在标准的,因为自然表达与语言陈述之间并没有必然的联系;然而,理解的实现则需要标准的存在,因为没有标准,我们就无法理解他人的感觉表达,甚至可能无法理解自己的感觉。当我说"他感到疼痛"时,我是描述了某人的感觉;而要使自己确信这句话为真,我就首先要求一个识别某人的标准,然后要求一个判定他是否真正感到疼痛的标准。正由于这些标准,我对他感到疼痛的描述才有意义。可见,维特根斯坦强调标准的重要性,是为了使对感觉的表达可以得到真正的理解。

不过,尽管维特根斯坦强调标准的重要性,他并没有提出一种明确的标准,使得我们一旦满足了它们,就能推知别人的疼痛。因为维特根斯坦强调的是依据特定的环境确定标准,而反对认为存在一些普遍有效标准的看法。他指出,我们无法设想一个词的应用规则的完整清单。例如,对棋手来说,我们不可能有一个有关棋子应用规则的清单来说明它们应该这样走而不应该那样走,因为每个棋子在棋盘上的移动并不完全取决于下棋的规则,而更是要依据当时的棋局形势。同样,对任何感觉而言,都不存在某种或某些明确的标准。要确定一种感觉的标准,必须首先考虑表达这种感觉的外在环境。当然,这并不意味着在不同的环境中可以存在不同的标准,而是说,无论什么样的标准,都要把语言表达本身看做建立这些标准的基础。这种基础是不可怀疑的,这就是我们共同拥有的语言世界,即通常称作的"语言共同体"。

"语言共同体"观念在维特根斯坦后期思想中占有非常重要的地位。虽然这个概念本身并没有出现在他的著作之中,但从他大量使用的"习惯""实践""用法""约定""习俗""制度"等等概念中,我们可以感受到语言共同体的存在,这就是指我们使用相同语言的社会环境,指由于能够相互理解对方的语言而构成的社会群体,或者用维特根斯坦自己的话说,是由有着家族相似性的语言游戏构成的共同的生活形式。这种语言共同体观念突出地体现在维特根斯坦对感觉的分析中。

1. 维特根斯坦指出,对感觉的自然表达是以能够理解这种表达为前提的。任何感觉表达都应该是可理解的,否则就成了"私人语言"。可理解就意味着具备理解的条件,而首要条件就是理解双方共同具有可交流的语言。这样,共同的语言使理解双方存在于一种共同体之中。而且即使在非语言的自然表达中,理解双方也可以通过各种方式和手段达到某种程度的理解,虽然这可能是不完全的理解。可见,对感觉的任何表达(包括语言的和非语言的)都存在于共同体中,而且只有在共同体中,感觉表达才是可以理解的。

2. 维特根斯坦认为,对感觉表达的理解或不理解,就意味着依据某种标准对它的赞同或否定。如果我们听到某人说"我牙疼!"时,我们就观察到他在呻吟、面呈苦相、手捂腮帮、牙根发炎等等现象。这些现象就是我们赞同他的说法的标准。但假如我们设想另一种情形:有一种人,他们牙疼时不是出现上面这些状态,而是抓耳挠腮、捶胸顿足。当他们说"我牙疼!"时,我们还能赞同这种说法吗? 显然是不能的,因为对"牙疼"的确定我们已经有了某些标准,这些标准就是我们的共识。任何感觉表达只有与这些共识相符,我们才能理解,否则就会被看做是不可理解的。因此,对感觉表达的理解或不理解,就是对共识的符合或不符合。这样,维特根斯坦就把理解问题归结为对共同体的认同。

3. 在维特根斯坦看来,这种共同体观念是包括感觉表达在内的一切语言游戏的基础。他反复强调的语言习惯、语言实践、语言用法等等,显然只有在相同的语言共同体中才有意义,而他之所以没有明确地讨论"共同体"这个概念,正表明了一切语言游戏都存在于共同体之中:他对语言游戏的描述,就是向我们展现这个共同体的具体内容,而共同体也

就体现在这些千差万别的语言游戏之中。正如我们无法从口袋里掏出
"苹果"这个词的意义一样,我们也无法说明"共同体"的抽象意义。我们
只有在各种语言游戏中才能感受到这种共同体的存在,它不仅构成了语
言游戏的基础,而且构成了不可怀疑的生活形式。因而,对语言共同体
的观念,我们只能接受它,但不能描述它或讨论它。

三　语言的理解和交流

从维特根斯坦反对私人语言的论证中我们可以看到,他的主要论据
是语言的理解和交流,私人语言由于无法达到这种相互的理解与交流,
因而是不存在的。同样,他关于语言共同体的观念也是建立在理解和交
流的基础之上的,没有相互的理解也就没有这种共同体的存在。因此,
弄清了维特根斯坦对这个问题的理解,我们也就能够更好地理解他的关
于反对私人语言的论证。

根据当代美国学者穆尼茨的概括,维特根斯坦关于理解问题的基本
观点是:理解一个表达式就是知道它可以怎样用,就是要取得一种能力,
按照支配一个表达式使用的规则,掌握在某个语言游戏中使用这个表达
式的技巧。[①] 但事实上,维特根斯坦对理解问题的思考要比这些更为复
杂,他特别是要回答这样的问题:我们如何判断某人理解了一个表达式?
人们相互理解的基础又是什么? 等等。

1. 他指出,理解不是一种内在的心理活动,而是外在的使用语言的
活动。判断说话者说出的语句意义与我们听到这个语句时心中所想到
的意义是否一致,这只能根据我们对这个语句所作的外在反应,即我们
能否正确地使用这个语句,或者当这个语句再次出现时,我们可以作出
相同的反应。这样,理解语句的关键就不是心理活动的过程,而是使用
语句的过程。维特根斯坦写道:

---

① 参见穆尼茨《当代分析哲学》,吴牟人等译,第363页,复旦大学出版社,1986。

我是否理解了"或许"这个词？我如何判断我是否理解？那就是这样：我知道怎样使用它，我能对某人说明它的用法，例如用一个虚构的情节来描述它。我可以描述它的使用情况，它在句子中的位置、它在讲话中的声调。[1]

所以，他提出了这条著名的格言："一种'内部过程'需要外部的评判标准。"[2]

2. 维特根斯坦指出，理解绝不是仅有一次的活动，而是需要多次重复的活动。假定在一堂算术课上，老师向学生解释什么是加法，并用例题进行了演算，当学生说"现在我理解了"时，老师就会给学生一些加法测验题，看他是否能够应用加法规则，由此确定学生是否真的理解了加法。但是，这里需要给学生多少测试题才能断定他理解了呢？或者说，重复活动是否就意味着理解呢？在维特根斯坦看来，重复并不意味着理解，理解是一种能力，说某人理解了一个表达式，就是说他能在特定的环境中以一种特定的方式使用它，即在一定的语境中用一种特定的声调来讲它。他指出，把理解等同于重复，就是把理解描述为一种过程，而这种过程可以是无止境的，但这样我们也就无法理解了。所以，他写道：

对语言的理解就像对一种语言游戏的理解一样，好像是一个特定句子从中获得意义的背景。但这种理解，这种对语言的知识，不是一种伴随着这种语言的意识状态，即使它的结果之一是这种状态，它也不是。它更像理解和掌握一种演算，像做乘法的能力那样的东西。[3]

3. 维特根斯坦指出，理解不可能是单向的，而总是相互的。在同一个语言游戏中，不仅存在着听话者的理解活动，而且存在着说话者的意谓活动。这种意谓不是对说话者的内在状态的描述，而只是用语词表达

① 维特根斯坦：《哲学语法》，肯尼译，第 20 节，牛津，布莱克威尔出版社，1974。
② 维特根斯坦：《哲学研究》，安斯康译，第 580 节，牛津，布莱克威尔出版社，1953。
③ 维特根斯坦：《哲学语法》，第 12 节。

的一个定义。例如，我可以用"abracadabra"这串字母意味着牙疼，这不是描述当我讲出这串字母时内心发生的情况，而只是把它与牙疼联系起来。这样，我们就避免了私人语言的产生，也才使相互理解成为可能。维特根斯坦写道：

> 如果我给任何人下命令，我觉得给他符号就足够了。我绝不会说，这只是语词，我应该看透这些语词。同样，当我问某人某事时，他给我一个满意的答案（即一个符号）——那就是我期望的——我并不会提出反对说：但那不过是个答案。但如果你说："当我除了他给的符号外什么也没有看到时，我怎么会知道他意谓的东西？"那么我要说："当他除了符号外什么也没有时，他又怎么知道他意谓的东西？"①

可见，意谓如同理解本身一样，只有落在语言之维才是可以理解的。意谓与理解是语言游戏这一体的两面，它们都只能在语言游戏中才能得以存在和相互结合。所以，在维特根斯坦看来，理解不仅是相互的，而且只有在语言活动中才能得以实现。

但是，要实现这种相互理解，首要前提就是理解双方必须使用共同的语言，即双方都能按照同样的语法规则使用这种语言。只有在以相同的语言构成的语言共同体中，人们才能真正做到相互理解。我们在前面已经看到，这种共同体观念是维特根斯坦反对私人语言的重要武器。但这里存在的问题是人们是如何构成这种共同体的？人们又是依据什么标准判断使用语言的正确与否的？对这些问题，维特根斯坦的回答很简单，即通过约定。

约定的观念在维特根斯坦后期哲学中占有很重要的地位。但这种约定不同于任何形式的约定主义。古典的约定主义把约定视为必然真理的唯一来源，而这与维特根斯坦反对以观念构造世界的思路大相径

---

① 维特根斯坦：《哲学研究》，安斯康译，第 503—504 节，牛津，布莱克威尔出版社，1953。

庭。维也纳学派也曾把提出逻辑陈述的真理性基于它们的逻辑结构及其词项意义这一思想归功于维特根斯坦,但这种修正了的约定主义却与维特根斯坦对语言的运思貌合神离。维特根斯坦的约定观念首先肯定的是业已存在的现实生活,他不像逻辑实证主义者那样通过约定建造世界的逻辑结构,而是在现实的语言游戏中揭示语言的约定性质。在他看来,约定并不具有逻辑必然性,也不起相互制约的作用。约定如同街上的交通规则,只是允许和禁止司机和行人的某些行动,但它并不企图依靠规则来指导他们的全部活动。可见,约定的作用并不是普遍有效的,只有在它有作用的地方我们才能意识到它的存在。同样,在语言游戏中,约定也并非全能的。只有我们有必要进一步交流时,约定才是有效的。而当我们作出实指定义时,我们需要的不是约定,而是语词所指的对象。但是,为了能使实指定义发挥作用,我们又必须把它看做是属于更为广泛的语言范畴的。所以,维特根斯坦写道:

> 我可以说:必须首先对一种语言已有大量的了解,才能理解那种定义。理解那种定义的人必须已经知道,这些词应该放在什么地方,它们属于语言中的什么部分。①

这种对语言的大量了解就是知道了语言的约定。

正如我们只有在遵守规则时才能了解规则一样,我们也只有在语言游戏中才能认识约定。在维特根斯坦看来,语言的规则其实就是一种约定,遵守规则就是服从约定。所谓的语言共同体,正是通过约定建立起来的一种所有成员都遵守相同规则的团体。这就是维特根斯坦向我们描述的使用语言的真实的生活图景。正是由于它们过于真实,才使得人们不易觉察它们的存在。维特根斯坦曾用一个例子来说明语言使用的真实平凡,由此道出语言对我们的先在性。他写道:

> 如果在向某人解释"A"的意义时,如向他指着某人说"这就是

---

① 维特根斯坦:《哲学语法》,肯尼译,第 24 节,牛津,布莱克威尔出版社,1974。

A"，那么，这个表达式可以用两种不同的方式来理解：或者它本身已经是一个命题了，在这种情况下，只有知道"A"的意义才能理解这个命题，也就是说，他是否如我们意谓的那样来理解它，他就只能听其自然了。或者，这个句子是个定义。假如我已对某人说"A病了"，但他不知道我说的"A"是指谁，于是我指着一个人说"这就是A"。在这里，这个表达式是个定义，但只有他已通过他对"A病了"这个命题的语法的理解推测它是何物时，这个表达式才能被理解。而这就意味着，对一种语言的任何一种解释都已预先假设了一种语言。……我不能站在语言之外来使用语言。[①]

这番话道出了维特根斯坦关于语言共同体思想的真谛，即语言共同体对生活于其中的个人来说是先在的。在这个共同体中，个人只能接受被给予的一切，只有遵循已有的语言规则和习惯才能相互交流和理解，否则就会被认为是不可思议的。例如，在自然语言中，不同的语种就意味着不同的语言共同体，而在同一个语种中，人们常说的"隔行如隔山"就是指专业语言共同体的差别。任何试图超越语言共同体的语言交流都会被看做是不可理解的。同样，人类在用语言表达思想的意义上组成了一个最大的语言共同体，即人类社会。人们可以用语言相互交流和理解，是因为人们共同接受了社会约定的语言规则。在这种意义上，语言共同体对个人而言是先在的。也正是在这种意义上，维特根斯坦关于语言约定的思想不是任何形式的约定主义，而是近似于康德的先验论。

从维特根斯坦向我们描述的各种语言游戏中，我们可以深切地感受到语言共同体的存在，感受到我们通过语言游戏而建立起来的生活世界。正如任何游戏都不过是生活的一部分，语言游戏同样是我们日常生活的一部分，但是非常基本的和重要的部分，因为没有其他游戏如下棋、踢球等，我们仍然可以生活，但若没有语言游戏，我们就无法交流，无法

[①] 维特根斯坦：《哲学评论》，哈格里弗斯（R. Hargreaves）和怀特（R. White）译，第6节，牛津，布莱克威尔出版社，1975。

相互理解,也就不可能组成我们生活于其中的社会。在这种意义上,语言游戏是其他一切游戏的基础,是我们整个人类生活的基础。所以,维特根斯坦把语言游戏比做如同吃饭、睡觉、走路一样地不可缺。他写道:

> 命令、提问、叙述、聊天如同走路、饮食、玩耍一样,是我们自然历史的一部分。①

从这种语言游戏观念出发,维特根斯坦提出遵守规则的问题,强调遵守规则只能在语言游戏中进行,脱离了游戏活动本身而解释和说明规则问题,不仅不能解释规则,反而带来了用任何理论都无法解决的悖论。但如何能够顺利地在游戏中遵守规则,还涉及一个理解问题,即如何判断是否遵守了规则以及是否能够在游戏者之间达成相互的理解。这就要首先破除传统的身心二元论观念,抛弃那种认为在语言表达的背后还存在某种心理之物的迷梦。维特根斯坦反对私人语言的论证,正是从根本上摧毁了二元论观念在语言中的最后避难所;而建立在语言游戏基础之上的、以遵守相同的规则为标志的语言共同体,不仅不允许私人语言的存在,而且把理解的标准唯一地确立为语言的使用和共同体的约定。这些就向我们展现了维特根斯坦后期思想的主线。

第六节 维特根斯坦的历史影响

维特根斯坦哲学对西方哲学乃至整个人类哲学思考的影响是巨大的、前所未有的。如今,我们都知道他的前期哲学对逻辑实证主义的影响、他的后期哲学对牛津日常语言学派的影响。但这只是我们看到的表面现象,事实上,维特根斯坦给当代哲学所带来的冲击作用远比这些大得多。这种作用不仅有积极的一面,还有消极的一面,而且消极的作用比积极的作用还要大。下面就让我们来仔细分析一下维特根斯坦哲学对当代哲学的这种双面效应。

---

① 维特根斯坦:《哲学研究》,安斯康译,第 25 节,牛津,布莱克威尔出版社,1953。

一　维特根斯坦思想的双重效应

从积极的角度看,维特根斯坦对当代哲学的贡献是显而易见的。这种贡献大致可以分为这样四个方面:

1. 维特根斯坦的早期思想和前期哲学直接为罗素的逻辑原子主义提供了思想基础和逻辑准备。维特根斯坦写于1913年9月的《逻辑笔记》是他思考逻辑问题的最早记录。虽然这是在罗素的要求下写出的,但其中的内容完全是他独立思考的结果。他在这个笔记中首次提出了对原子命题和分子命题的分析,由此奠定了罗素逻辑原子主义思想的基础。他写道:

> 每一关于复合的东西的陈述都可以分解为一个关于成分的陈述和一个关于命题(这个命题完全地摹状了复合的东西)的陈述的逻辑和。……再说一遍:每一似乎是关于复合的东西的命题都可以分析为一个关于它的成分的命题和一个关于完全地摹状此复合的东西的命题的命题;亦即分析为等于说复合的东西存在的命题。①

罗素在1918年所作的关于逻辑原子主义的讲演中,开篇就明确地承认他的思想来自维特根斯坦:"这些讲稿在很大程度上是关于我从我以前的学生和朋友路德维希·维特根斯坦那里得到的某些观点的阐明。"②维特根斯坦对罗素的影响不仅表现在他直接促成了罗素思想的形成,同时也使罗素的思想发生了重要的转折。罗素在他的回忆录中承认,维特根斯坦关于逻辑和数学的思想改变了他对传统认识论的看法。他在写给一位朋友的信中说,维特根斯坦对他关于共相理论的批评,使他打消了原本计划写作一部认识论著作的想法。

2. 维特根斯坦对逻辑实证主义的影响更是显而易见的。如今关于维特根斯坦与维也纳学派的关系已经是众人皆知的了。当维特根斯坦

---

① 维特根斯坦:《逻辑笔记》,载于陈启伟主编《现代西方哲学论著选读》,第391页。
② 罗素:《逻辑与知识》,苑莉均译,第213页,商务印书馆,1996。

还在奥地利南部乡村小学教书时,石里克就曾与他取得了联系。当时,《逻辑哲学论》已经成为维也纳小组的主要读物,在小组内部逐句讨论。他们特别感兴趣的是书中关于数学基础和逻辑性质的观点。在石里克和魏斯曼等人的一再邀请下,维特根斯坦在维也纳为姐姐建造房屋期间曾多次与这个小组的成员石里克、魏斯曼、卡尔纳普、费格尔等人进行讨论。后来,当维特根斯坦重返剑桥后,仍然定期地到维也纳与小组成员交流。魏斯曼详细记录了他们从 1929 年 12 月 18 日到 1932 年 6 月 1 日期间的谈话内容,这些记录由麦吉尼斯编辑整理,于 1979 年以《维特根斯坦与维也纳小组》为题出版。

应该说,当时维特根斯坦的思想已经处于转变时期,这些讨论都发生在他 1928 年 3 月聆听了布劳威尔的讲座之后。而在这种情况下他之所以愿意与维也纳小组讨论他的前期思想,不仅是为了向他们解释这些思想,更主要的是试图通过这种讨论对他的前期观点作一番清理,以便从中找到解决数学和逻辑问题的出路。但对维也纳小组来说,《逻辑哲学论》中表达的思想以及维特根斯坦在与他们的讨论中阐发的观点,正是他们希望得到的。这些思想观点主要包括:把命题看做事实的图像,把逻辑看做是重言式或分析的,把哲学的作用限定为对意义的阐明,认为除了自然科学、逻辑和数学命题之外的其他所有命题都是无意义的,等等。石里克、魏斯曼、卡尔纳普、费格尔等人把这些思想观点融入他们的逻辑实证主义,形成了完整的关于两种命题的区分、对哲学性质的规定以及通过逻辑分析清除形而上学的理论主张。

3. 维特根斯坦的后期哲学对当代以牛津命名的日常语言哲学同样有着不可忽视的影响。虽然我们从赖尔、奥斯汀等日常语言学派的这些主要代表人物的著作中很难找到维特根斯坦后期思想的痕迹,但维特根斯坦对语言用法的强调、对语言游戏的分析、对语言意向的考察,这些都对日常语言哲学的发展产生了潜移默化的作用。这种影响明显地表现在:当我们讨论日常语言哲学提出的问题时,不可能回避维特根斯坦的思想,因为对语言意义与用法的关系的研究正是日常语言哲学的出发点。

4. 维特根斯坦的整体论思想对逻辑实证主义的发展有着重要的影响。这种整体论显然来自弗雷格,但维特根斯坦对它加以改造,用于解释语言的实际用法。他指出,理解一个句子就是理解一种语言,这是一种能够正确地运用语言的能力。从《逻辑哲学论》直接继承弗雷格关于一个词的意义在于它在句子中的出现这种观点出发,到《哲学研究》强调句子作为基本单位在语言游戏中的作用,最后到《论确定性》中把整个语言共同体看做确定语言意义的基础,维特根斯坦的整体论经历了这样一个发展过程。而他强调语言共同体的思想对当代美国哲学家库恩的范式理论和科学革命的思想有着很大的影响。同时,蒯因的整体论也与维特根斯坦的思想有着明显的联系。此外,维特根斯坦强调语言游戏中的语境和语用成分,这也直接或间接地影响到当代语用学的发展,对逻辑实证主义在美国的变种即逻辑实用主义的产生有着不可忽略的影响。

如今,人们对维特根斯坦给当代哲学带来的积极作用已经给予了充分的评价,在某种程度上,这种评价甚至充满太多的溢美之词。但人们很少注意到,维特根斯坦思想对当代哲学的作用同样是破坏性的和摧毁性的,而且这种否定作用远比以上所说的积极作用要大得多。这种否定作用表现在:

1. 他从根本上改变了传统的哲学观念,彻底破除了传统哲学对哲学性质的规定,摧毁了人们心目中从传统哲学那里得来的已有的哲学形象。传统哲学都是以提出问题或建立理论体系作为自己的主要任务,因而他们的主要工具是概念、判断、推理以及整套的理论原则。同时,传统哲学家们对哲学性质的理解都是建立在他们所提倡的某种理论主张的基础之上,他们并不关心哲学作为一门学科存在的必要性,而是关心如何去保证哲学的这种存在。相反,维特根斯坦对哲学的规定恰恰是要破除这种存在的前提,使哲学摆脱理论框架的束缚,让人们回到应该得到的而被哲学家们引入歧途的、真正的生活当中去。所以他一再强调,哲学不是一套学说,而是一种活动。这种活动,在他前期是指澄清命题意义的逻辑分析活动,而在后期则是指语言游戏活动。但无论是那种活动,维特根斯坦所理解的哲学都完全不同于亚里士多德以来的一切传统哲学把哲学看做一种理论建构的观念,而是把哲学看做活生生的实际生活本身。

2. 维特根斯坦不仅否定了哲学的理论作用,而且进一步否定了哲学存在的合理性。我们知道,传统哲学对哲学的规定是以承认哲学学科的存在为前提的。而维特根斯坦对哲学的规定却是要取消这个前提,从根本上否定哲学存在的根据。在他看来,哲学的出现是哲学家们误用语言的结果,一旦我们正确地使用语言,我们就会发现哲学问题并不是真正的问题,而不过是一些假象而已。因此,研究哲学的目的就是要取消哲学,或者说,就是要我们认识到哲学的无用,用维特根斯坦本人的话说,"搞哲学就是为了能够不搞哲学"。初读此话,往往使人感到迷惑,不得要领,但一旦了解了维特根斯坦对哲学的态度,这种迷惑就会迎刃而解了:"哲学是一场反对理智迷惑的战斗。"

3. 维特根斯坦取消哲学的根据是反对哲学的理论作用,由此他对整个西方文化也采取了激烈的批判态度。因为在他看来,整个西方文化是以科学思维为主要特征的,而科学思维的特点就是要求理论化、概念化、体系化、模式化等等。这样一些特征使得当代文化成为科学思维的表象和符号,因而追求现象背后的本质、追求多样性之中的统一性就成为当代文化的主要目的。而这是与人类的本性相悖的,完全不符合人类生活的实际状况,也不反映人们对语言的正确使用。所以,维特根斯坦指出,他对整个西方文化的反对正是对这种思维方式的否定。一旦我们抛弃了这种思维方式,深入细致地观察人们具体的语言活动,积极地参与到语言游戏之中,我们就会深切地感受到生活之流的波动,就会认识到理论思维的乏力和无用。

维特根斯坦对传统哲学和整个西方文化的否定,在当代西方哲学中所产生的作用远比他对当代哲学的积极贡献要深刻得多。这种作用深刻地表现在他对当代西方哲学中"语言的转向"所发挥的决定性影响。

这里所谓的"语言的转向",是指西方哲学从其传统的古代本体论和近代认识论研究转向现代以语言问题为中心的语言哲学研究。石里克明确地把维特根斯坦称作推进这种语言转向的"第一人",当代英国哲学家达米特也认为"语言的转向"开始于维特根斯坦。我们仅从这种"语言的转向"所产生的巨大后果,就可以感受到维特根斯坦思想所起到的无法替代的作用。正如当代英国哲学家哈克(P. M. S. Hacker)最近指出的,"语言的转向早于分析哲学的兴起,它应当与《逻辑哲学论》及在其影响之下的后来分析哲学的发展联系在一起"①。

同时,维特根斯坦对西方文化的破坏作用还表现在,他提出的否定追求本质存在、强调语言游戏多样性的思想倾向,在当代西方的后哲学文化中得到了回应。在维特根斯坦看来,传统哲学对概念理论的要求是西方传统文化中追求本质存在这种梦想的体现,这同样体现在当代西方以科学发展为标志的主流文化之中。而在我们实际生活的世界中,事实上并不存在什么本质或统一性的东西,只有多样性、差异性以及我们所看见的表象才是事物的本真状态。所以,他提倡从这种不确定性、多样性、可能性出发,描述和显现人类的语言游戏活动。这种思想倾向正是20世纪60年代在西方兴起的所谓"后哲学文化"的特征之一。根据当代美国哲学家罗蒂的解释,后哲学文化强调人类语言活动的复杂性和多变性,这在很大程度上得益于维特根斯坦的语言游戏思想。因而,罗蒂把维特根斯坦看做后哲学文化的代表之一,与海德格尔和杜威共同代表了他所谓不同于"体系哲学"的"教化哲学"的未来发展方向。②

不论维特根斯坦对当代哲学的影响是积极的还是消极的,毋庸置疑的是,这种影响的确是前所未有的,任何一位哲学家都不可能像维特根斯坦那样既以自己的一生实践着否定西方文化的理念,同时自己的理念又无法避免地陷入西方文化的困境,因为所谓的"后现代哲学"其实不过

---

① 哈克:《分析哲学:内容、历史与走向》,载于《哲学译丛》1996年第5—6期,第47页。
② 参见罗蒂《哲学和自然之镜》,李幼蒸译,第321页,生活·读书·新知三联书店,1987。

是西方文化在现代社会中的变体。这意味着,维特根斯坦本人并没有,也不可能完全摆脱西方文化的影响,从他所受到的教育和成长过程的环境中,我们可以看出在这位哲学家身上反映出的西方文化的熏陶,他的生活方式和思维方式处处体现着古希腊思想家刻画在西方文化这个古老建筑上的痕迹。如果说维特根斯坦反对的是现代西方文化的话,那么他所追求的,或更确切地说,他的生活方式和思维方式所体现出的正是前亚里士多德的希腊传统。这是一种前科学的、前哲学的,甚至是前理性思考的文化;或者说,是一种不需要思想、不需要科学、不需要哲学的文化。当然,这样一种文化只能是我们生活于其中的实际活动本身,也是我们用自己的行动创造出来的文化,也是最接近人类自然本性的文化。而当一位哲学家声称他的思想可以使人们抛弃哲学时,我们也只能说这位哲学家或者根本不是真正的哲学家,或者他是一位有着更深刻思想的哲学家,虽然他的思想或许还没有或许永远不能被我们所理解。维特根斯坦正是被看做这后一种哲学家。

二 作为哲学家的哲学家

无论是从传统哲学的标准来看,还是按照现代哲学家的要求,维特根斯坦都不算是一个标准的哲学家。虽然他也根据大学的要求提交论著,开设课程,但他的教学和研究在形式和手段上都完全不同于以往的以及当时的所有哲学家;他的思想出发点也不同于通常哲学家的思考,不是对传统哲学问题提出自己的观点,或在前人研究的基础上建立自己的理论体系,相反,他对传统哲学问题基本上持否定的态度,而对建立理论体系更是兴趣索然。

尽管如此,维特根斯坦仍然是一位真正意义上的哲学家,因为他所提出和思考的问题是一切哲学都必须面临和回答的问题,他对哲学本身的反思和批判使以后的哲学研究发生了带有根本性的变化。在这种意义上,维特根斯坦是一位"元哲学家",是"哲学家的哲学家",他提出的问题和思想关系着哲学自身的存在和意义。同时,他对这些问题的回答,又向我们预言了哲学的未来。

　　维特根斯坦在他的笔记中曾多次表示,他是在为另一种文化的人而写作,他的著作所体现的精神也只有另一种文化的人才能理解。维特根斯坦的这些说法并非如人们所认为的那样是一种哗众取宠的噱头,事实上这是基于他对哲学本身的深刻理解。

　　我们知道,维特根斯坦是通过数学研究而进入哲学的。从他的生平中我们已经看到,他从未接受过正规的系统的哲学训练。即使当他作为研究生而进入剑桥大学之后,他也是我行我素,完全按照自己的方式研究哲学问题。这表明,维特根斯坦的哲学研究从一开始就与那些学院派的哲学家们走着不同的道路。哲学正规训练的欠缺和哲学史知识的匮乏,反而有利于这位极富哲学天赋的思想家展开自由驰骋的思想翅膀,从事前所未有的思想创造。

　　维特根斯坦的研究工作始终独往独来,即使在他向学生讲授他的哲学思想时也几乎完全进入一种忘我的沉思境界。而当他的朋友们力劝他留在剑桥继续教学时,他宁愿回到挪威的僻静小镇独思冥想。从个性上分析,这多少与他性格怪僻多疑、不善与人交往有关;但在思想深处,则是由于他对现代社会的工业文明采取拒绝的态度。在他看来,现代文明在带来社会的繁荣与发展的同时,却使人类丧失了原有的个性自由和存在价值,使人类遗忘了生命的根基。因此,他的任务就是要抛弃这种工业文明,使人们回到原始的、前科学的状态,回到最基本的语言游戏之中,重新获得生命的意义和价值。

　　当然,维特根斯坦追求那种原始的状态,并非是让人们逃避现代社会而回到大自然中,重新过那种刀耕火种、茹毛饮血的原始生活。他的目的在于提醒人们,在现代社会中不要忘记人的存在的根本,不要遗忘了自己的家,这个家就是语言,就是人作为语言的动物而从事的基本的活动。可见,维特根斯坦所追求的不是形式上的回归原始,而是一种文化上的回归,是对前科学的、前哲学的语言活动的强调和肯定,是对生命意义的追求。

根据这种分析,我们似乎可以看到维特根斯坦描绘的这样一幅生动的文化图景:人们正确地使用语言进行交流而不会出现意义上的分歧,人们使用语言谈论日常生活和具体事物而不涉及专门的哲学问题。但在这幅文化图景的背后,起支配作用的是维特根斯坦的这种基本的哲学观念,即以语言为基石,以完成语言游戏为标准,以人类的活动为最终目的。

对语言问题的强烈关注是西方哲学从近代走向现代的重要标志,语言哲学已经成为当代西方哲学的重要组成部分。但在如何理解语言以及使用语言的标准等问题上,维特根斯坦却与那些自称学生和门徒的英美语言哲学家们有着很大的差别。英美语言哲学家们通常是把语言看做自己研究的主要对象。在他们那里,无论是理想语言还是日常语言,正确使用的标准就是意义的明晰性和所指的确定性。虽然也有个别的哲学家(如斯特劳森)试图通过语言研究达到对实在世界的认识,但大多数哲学家都是把研究的目光停留在语言表达的层次上,因为在他们看来,只有语言问题才是哲学研究的根本任务。

与此不同,尽管维特根斯坦十分强调对语言的逻辑分析和对日常语言用法的仔细观察,但他的研究目的自始至终都不是独立地局限在语言表达本身,而是与语言表达的内容或语言之外的意义有关:早期主要关心的是可说的与不可说的界限,后期则关注语言游戏所显现的生活形式和人类存在的基本状态。可以说,在维特根斯坦与英美语言哲学之间存在的是一种理论出发点上的差别:英美语言哲学关心的只是语言表达的能力,而维特根斯坦更关心的是人类使用语言的存在意义,即人类只有在使用语言时才能称为社会的存在,才能成为真正意义上的人类。根据他的思想,使用语言是人类最基本的活动,语言游戏则是人类使用语言的原始形式;通过语言游戏,人类存在的文化模式才得以体现,凭借语言游戏,人类存在的基本状态才得以确定。所以,维特根斯坦对语言的理解已经远远超出了英美语言哲学的范畴,他直接触及到的是人类存在的意义。

然而，从这种分析中我们是否可以认为，维特根斯坦的思想应当属于通常被认为是以人本主义为主流的欧洲大陆哲学？我们认为答案同样是否定的。因为，虽然维特根斯坦关注人类存在的意义问题，但这种人类的存在意义在于人的社会性，是由语言联结起来的人类社会和文化，而人本主义通常关心的是人的个体性，是某些普遍人性在个人身上的体现。所以，在这种意义上，维特根斯坦的思想同样不属于欧洲大陆哲学。如果从哲学发展的角度看，维特根斯坦以语言为基石追求另一种文化的思想，毋宁说是属于某种未来的哲学。换言之，维特根斯坦的哲学预示着西方哲学的未来发展。

根据维特根斯坦的基本思路，这种未来的发展大致体现在这样几个方面：

1. 哲学只是被看做描绘语言游戏的方法；判定哲学有无意义，只能看它是否在完成某种语言游戏。我们不能由于哲学在谈论语言的用法而认为它属于另一个层次的东西，相反，"哲学"一词本身也属于语言的用法之列，不存在超出这种用法的另一个层次。他写道：

> 有人可能会以为：如果哲学谈到"哲学"一词的使用，那么，就一定存在一种二阶的哲学。但并非如此，就像正字法理论那样，它要处理各种词包括"正字法理论"一词，但并不因此就成了二阶的。①

> 哲学绝不以任何方式干涉语言的实际用法；它最终只能描述这些用法。因为，它也不可能给语言的实际用法提供任何基础。它没有改变任何东西。②

> 哲学只是把一切都摆在我们面前，既不作解释也不作推论——由于一切事物都是显而易见的，没有什么东西需要解释，而对隐藏

---

① 维特根斯坦：《哲学研究》，安斯康译，第 121 节，牛津，布莱克威尔出版社，1953。
② 同上书，第 124 节。

着的东西,则是我们不感兴趣的。①

2. 以人的活动作为哲学的最终目的,哲学要以语言实践为转移。维特根斯坦认为,语言实践不只是人们使用语言的日常活动,更重要的是这种实践体现着人类存在的基本方式,即人们的生活方式。他选用"语言游戏"这个概念就是为了突出这样一个事实,即"说出语言就是一种活动或一种生活形式的组成部分"。这样,语言游戏就体现着人类活动的文化特征和人类存在的基本方式。

3. 由于语言实践是人类存在的基本状态,因而以语言实践为基础的哲学研究,也不再是为某些人专门研究的领域,也不是有着特殊研究对象、目的和手段的学科。哲学只是治疗人类理智上疾病的方法。维特根斯坦多次提到:

> 哲学的结果是揭示这种或那种十足的呓语,消除理解在碰到语言的界限时受到的创伤。②

> 哲学处理问题就像治疗疾病一样。③

而且,哲学还不只是一种治疗方法,而是一系列疗法,因为不存在一种哲学方法。

有证据表明,维特根斯坦强调哲学的治疗性功能,是受到了弗洛伊德思想的影响和启发。维特根斯坦对弗洛伊德的精神分析学说极为熟悉,他在笔记中曾多次提到这一学说,并用它来说明自己的一些当时尚未成熟的想法。譬如,他在 1931 年的笔记中就曾把弗洛伊德的理论看做自己的思想来源之一。1938 年,维特根斯坦在笔记中写道:

> 弗洛伊德的思想:疯狂的锁没有被毁坏,它仅仅被更换了;旧钥

---

① 维特根斯坦:《哲学研究》,安斯康译,第 126 节,牛津,布莱克威尔出版社,1953。
② 同上书,第 119 节。
③ 同上书,第 255 节。

匙已经不能打开这把锁，但是它可以被一把结构不同的钥匙打开。①

维特根斯坦对弗洛伊德思想的这种解释可谓匠心独具：弗洛伊德并没有宣判人的死亡，而只是重新找回了解决人的精神疾病的出路；他的理论不是在重新构筑人的精神世界，相反，他是要恢复人的精神世界的本来面目，人们重新找回自我与本我，而不受超我的诱惑。因此，人这把"疯狂的锁"就只能被"结构不同的"、更为复杂的"钥匙"（精神分析方法）打开。这种解释恰好反映了维特根斯坦思考哲学问题的基本思路：日常语言本身是无辜的，哲学错误的出现在于对语言的误用和误解，而这又是受到哲学诱惑的结果。要消除错误，就必须让人们回到日常语言的正确使用中，只有净化和澄清语言的用法，人们才能避免哲学的诱惑，才能达到消除哲学后的安宁。

弗洛伊德对维特根斯坦的影响更重要地还表现在，他是以精神疗法为模式提出了自己的思想。他在 1944 年曾写道：

> 如果说弗洛伊德的释梦学说中有什么东西的话，那么就是这一学说表明了以人的心灵描述想象中的事实的这种方法是如何的**复杂**。②

然而，正是这种描述方式的复杂性，引导人们步入哲学的误区。维特根斯坦认为，哲学作为一种治疗方法有两种作用：一种是治疗性的（curative），另一种是预防性的（preventive）。哲学作为一种预防方法，就是把哲学问题归结为它们在现实中相等的问题；而不能归结的东西，用维特根斯坦的话说，就是被蒸发掉的东西，那是理智所无法解决的。维特根斯坦向我们表明，真正的哲学家只能处理那些理智可以解决的哲学问题。

不仅如此，根据维特根斯坦的观点，哲学其实连方法都算不上，因为

---

① 维特根斯坦：《文化和价值》，黄正东、唐少杰译，第 47—48 页，清华大学出版社，1987。
② 同上书，第 63 页。

从根子上说,哲学不过是人类由于本性而共同患有的精神疾病。在他看来,人们通常说哲学始于困惑,这的确没有错,但哲学并不是用来解决困惑的方法,相反,哲学问题本身就是源于我们语言形式的令人烦恼的问题。人类为了追求某种幻想的、抽象的事物,提出了他们并未领会其意义的问题,结果就陷入了哲学的困惑之中,这就像是孩子要不断地询问"为什么"一样。所以,维特根斯坦明确地指出,哲学问题的形式应当是"我不知道我的出路"。一个处于哲学困惑中的人,就像是在房间里想要寻找出路却不知如何是好一样。

> 哲学就是反对语言的理智诱惑的战斗。[1]

> 我们正在与语言搏斗。
> 我们已卷入与语言的搏斗中。[2]

正如我们治病首先需要找到病因然后才能对症下药一样,治疗哲学疾病同样也要首先找到病因。维特根斯坦发现,这个病因就在于人们对日常语言的误解和误用,而他开出的药方就是要消除误解,让人们回到自然的、原始的语言活动中去,在具体的、千差万别的语言游戏中彻底摆脱哲学的理智诱惑。对此,维特根斯坦写道:

> 当唯我论者说只有他们自己的经验才是真实的时候,我们用不着这样去答复他们:"如果你不相信我们真实地听到它,那你为什么还告诉我们?"或者说,如果我们这样回答他,我们就绝不会相信我们已经回答他的问题了。对哲学问题不存在任何共识的答案。我们可以反对哲学家的进攻以捍卫常识,只需要解决他们的疑难,即治愈他们攻击常识的诱惑,而不是重新陈述常识的观点。[3]

---

[1] 维特根斯坦:《哲学研究》,安斯康译,第 109 节,牛津,布莱克威尔出版社,1953。
[2] 维特根斯坦:《文化和价值》,黄正东、唐少杰译,第 15 页,清华大学出版社,1987。
[3] 维特根斯坦:《蓝色与棕色笔记》,里斯编,第 58—59 页,牛津,布莱克威尔出版社,1958。

　　从维特根斯坦对哲学疾病的治疗中，我们可以看出，他在这里对传统哲学的看法已经不再像《逻辑哲学论》中认为的那样，把它们看做人类的罪过，而只是看做人类的一种疾病。因此，人类不必像西西弗斯那样为罪受罚，去做劳而无功的事情；相反，人类应当抛弃神话和幻想，重新回到生于斯养于斯的生活世界之中，把哲学当做建造人类活动大厦的脚手架抛弃掉。这样，哲学就失去了它以往引以为荣的理论光环，哲学就不再会以宏大的体系或精细的范畴呈现在我们面前，就是说，传统意义上的哲学从此就永远消失了。

　　恩格斯早在100多年前就预见到，随着经验科学的日益分化和发展，原来被看做是哲学范畴的领地将愈加减少，总有一天，传统意义上的哲学将会被许许多多的经验科学所取代，而能够在这个过程中被保留下来的，就只有辩证的方法。尽管维特根斯坦与恩格斯的出发点和目的不尽相同，但他们对哲学发展的前景却作出了令人惊叹的如此相似的结论，这就是，他们都预示了传统哲学的消亡。当然，与恩格斯相比，维特根斯坦走得更远：哲学连方法都不是，而只是一种需要治愈的疾病，因而哲学不仅没有存在的必要，而且还需要我们去克服它，治疗它，避免它的出现。如果说哲学还有一点保留价值的话，那么它就只能作为一种"忏悔"和"劝导"。维特根斯坦这番对传统哲学以及整个哲学事业的消解，对当代西方的所谓后现代哲学产生了重要影响。

第七章　牛津日常语言哲学

第一节　牛津哲学的历史特征

在当代西方，"牛津哲学"早已不是一个简单的地域性名称，它代表着曾经并且现在仍然在英美哲学中产生了重要影响的哲学主张和方法，特别是它所提倡的哲学分析方法不仅对当代哲学，而且对当代西方的许多研究领域都起到了无法替代的作用。

一　历史上的牛津哲学

根据 17 世纪的历史学家 A. 伍德的记载，自 12 世纪末开始，牛津就成为了整个英国的学术中心之一。在 13 世纪的牛津大学开设的课程中，就有三门哲学主修课，即道德、形而上学和自然，同时还开设了七门人文课程，即语法、逻辑、修辞、音乐、算术、几何和天文学，两门语言课程是希腊语和希伯来语。[①] 从 14 世纪开始，牛津出现了杰出的哲学家，例如，邓·司各脱和奥康的威廉。而且，霍布斯、洛克和边沁等人都毕业于

---

① 参见莫里斯《牛津之书》，第 6 页，牛津大学出版社，1978。

牛津，从牛津得到了丰富的哲学资源。①

　　第一次世界大战之前，在牛津占主导地位的哲学是布拉德雷和鲍桑葵的绝对唯心主义。牛津当时最主要的新黑格尔主义者是乔基姆（H. H. Joachin），他于 1906 年发表的《真理的性质》从唯心主义立场对真理符合论提出了论证，对斯特劳森早年的思想产生了重要影响②，但同时也遭到了当时身在剑桥的罗素的严厉批判。③ 牛津哲学家对唯心主义的最早批判来自凯斯（T. Case），他于 1899—1910 年任牛津大学的道德和形而上学教授，并任科珀斯基督学院（Corpus Christi College）院长至 1924 年。但对唯心主义的最重要批判者是逻辑学教授威尔逊（J. C. Wilson），他早年师从著名的唯心主义哲学家格林和乔维特（B. Jowett），但很快就反叛了自己的老师。他对唯心主义的批判主要来源于对日常语言的尊重，认为我们在从事哲学研究时决不能忽略语言中的现行区别，而逻辑学的重要任务就是要确定表达式的规范用法。他提出要区别知识与其对象，提倡关系的实在性，认为逻辑的内容不是被看做表达了心理判断活动的判断句，而是陈述句。虽然威尔逊批评了传统的主谓逻辑，但他对当代数理逻辑却采取了蔑视的态度。他采取了一种实在论的知识观，认为知识完全是一种不确定的、独特的意识活动，是以数学知识为代表的。他把数学知识作为思想的基本形式，认为由观点、信念等假设的思想都最终取决于证据。在知觉方面，他认为我们可以直接意识到对象的第一性质，但对第二性质则采取了洛克的观点。

　　威尔逊的主要后继者是普里查德（H. A. Prichard）。他早年在新学院读文学专业，后来到赫特福德学院和三一学院任教。他还被选为道德哲学俱乐部的主席。他生前出版的唯一著作是《康德的知识论》（*Kant's*

---

① 详见布宁、余纪元编《西方哲学英汉对照辞典》中的"牛津哲学"词条，第 720 页，人民出版社，2001。

② 参见江怡《哲学的用处在于使人有自知之明——访斯特劳森教授》，载于《哲学动态》1996 年第 10 期。

③ 参见罗素《我的哲学的发展》，第 48—54 页，温锡增译，商务印书馆，1982。罗素于 1907 年发表的《论真理的性质》一文直接针对的就是乔基姆的观点，由此提出了他的外在关系说。

Theory of Knowledge, 1909)，主要是捍卫威尔逊的认识论观点。他的更重要的著作是在嗣后出版的论文和讲演集《道德责任》(*Moral Obligation*, 1949)和认识论文集《知识和知觉》(*Know-ledge and Perception*, 1950)。普里查德的主要兴趣在于认识论，而他的主要贡献却是在伦理学，他与当时的罗斯(W. D. Ross)、斯托克斯(J. L. Stocks)等人共同成为牛津直觉主义伦理学的主要提倡者。虽然他在哲学上并无重要建树，但他精细缜密的哲学研究方法却引起了后人效仿，他强调哲学研究需要注重细节上的区分和论证上的严密，而不是像唯心主义哲学那样"大而化之"。这对20世纪30年代的奥斯汀产生了重要影响。[1]

其实，强调细致分析和严格论证一直是牛津哲学的传统。虽然牛津哲学家不像剑桥哲学家那样大多经过了专业的数学和逻辑训练，但他们对日常语言用法的推崇和对古典文献的研究，使得他们更加注重语言用法上的精细差别。从哲学传统上看，剑桥哲学家主要接受的是柏拉图的理念，强调观念产生的思想背景和概念形成的历史线索；而牛津哲学家则更多的是受到亚里士多德的影响，注重对概念本身的细致分析。从学术传统上看，剑桥哲学重视历史，而牛津哲学则更重视文学和语言学研究。正是基于文学和语言学的研究成果，牛津哲学家们自然把语言分析放到哲学研究的重要位置。对此，巴斯摩尔这样描写道：

> 牛津哲学家在很大程度上把他们的哲学作为建立在古代学术之上的研究课程的一部分来学习；特别是在牛津大学，亚里士多德的影响非常强大，而在剑桥大学这种影响却从未有过，在剑桥大学有影响的古代哲学家是柏拉图而不是亚里士多德……如果这些特殊的影响再加上受过古典教育的人总是喜欢极其强调"正确性"——这种正确性在一种死语言中具有一种合理的确定意思——这样一种非常普遍的考虑的话，那么我们就不会再对"日常语言"哲

---

[1] 参见哈克《维特根斯坦在20世纪分析哲学中的地位》，第88—89页，牛津，布莱克威尔出版社，1996。

学在牛津得到如此迅速发展感到吃惊了。在牛津，维特根斯坦的思想被嫁接到亚里士多德派语言学的树干上，这个树干也影响了果实的生长，这种果实比剑桥的类似果实更加枯燥无味。牛津哲学——在 J. L. 奥斯丁（即奥斯汀——引者注）的著作中尤其明显——表现出一种为语言而研究语言的兴趣，这对维特根斯坦完全是陌生的。所以许多牛津哲学家认为，对诸如"心灵""知识""知觉"一类词的"用法"的研究本身就是有趣的，且不说它的治疗学的、反形而上学的力量。对于他们来说，哲学具有一种正面而系统的使命；在剑桥的许多维特根斯坦主义"老卫士"眼里，牛津哲学已蜕变成烦琐哲学。[①]

第一次世界大战期间的牛津哲学主要受到意大利唯心主义哲学家克罗齐和金蒂利的思想影响，代表人物是道德和形而上学哲学教授史密斯（J. A. Smith）、圣约翰学院的斯托克斯、女王学院的派顿（H. J. Paton）和朋布鲁克学院的科林伍德（R. G. Collingwood）。前三位哲学家的工作主要是在阐述康德的先验论哲学，只有科林伍德独辟蹊径，从黑格尔的思想中找到了重新解释历史的理论资源。在他看来，"历史是人们在自己心灵中重温往事的一门学科，历史学家惟有沉湎于历史事件背后的精神活动中，并在自身经验范围内反复思索过去，才能发现文化与文明的重要类型和动力关系"[②]。他提出的重要观点是，历史就是思想史，是人们思想活动的历史，所以历史学的任务就是要重演过去的思想。虽然科林伍德并不关注哲学上的语言分析活动，甚至对普里查德的细致分析工作采取嘲讽的态度，称其为"渺小的哲学家"，但他的历史哲学观点却仍然体现了牛津哲学重视概念分析的特点，即强调从语言分析出发挖掘思想资源，从历史文本中寻求思想发展的轨迹。

---

① 巴斯摩尔：《哲学百年·新近哲学家》，第 495—496 页。
② 汤因比等：《历史的话语：现代西方历史哲学译文集》，张文杰编，第 177 页，广西师范大学出版社，2002。

根据牛津的政治哲学家和活动家马博特(J. D. Mabbott)的记载,第一次世界大战之后的牛津哲学几乎与外界没有任何联系,甚至与剑桥也少有交往。[①] 当时乔基姆担任逻辑学教授,基本上坚持唯心主义的立场,对牛津之外的哲学发展不闻不问,只有史密斯才从意大利那里获取一些新的思想资源。赖尔在他的《自传》中对这段历史作了这样的描述:

> 在我读本科生期间以及任教后的头几年,牛津的哲学茶壶完全是冷淡的。我想它可能一直是冰冷的石头,但由于普里查德而有了改变,他的确使他所选择的比较狭窄的领域变得热烈持久,无拘无束,固执专一,使得我们都跃跃欲试,而当时没有人能够做到这一点。布拉德雷的信徒并没有消失,但他们却不再抛头露面了。我想不起来有谁提到过绝对唯心主义。威尔逊的信徒激烈地反驳布拉德雷和克罗齐的信徒,但却很少公开。[②]

根据哈克的说法,当时在牛津与剑桥之间起桥梁作用的是普赖斯(H. H. Price)。他最初在牛津跟随普里查德学习,后来受到威尔逊思想的影响。毕业之后,他去了剑桥读研究生,跟随摩尔、罗素和布劳德,认为年轻的牛津哲学应当向剑桥学习,虽然在成立时间上牛津大学是剑桥的哥哥。从 1924 年起,普赖斯担任三一学院研究员,直到 1935 年,随后担任逻辑学教授直至退休。他主要给牛津带来了剑桥哲学家们关于知觉的感觉材料理论,他的代表作《知觉》一书使知觉理论成为牛津哲学很长时间内的讨论中心,直至出现了保罗(G. A. Paul)的著名文章《存在一个关于感觉材料的问题吗?》、赖尔的《心的概念》和奥斯汀的《感觉和可感觉物》。哈克指出:"普赖斯的主要兴趣在于认识论,他的教学给牛津哲学带来了新鲜的空气和新奇的感觉,而这些在牛津已经丢失很久了。"[③]艾耶尔对普赖斯在当

---

① 参见马博特《牛津记忆》,第 73 页,牛津,桑顿出版社,1986。
② 伍德和皮彻尔:《赖尔批评文集》,第 4 页,纽约,双日出版社,1970。
③ 哈克:《维特根斯坦在 20 世纪分析哲学中的地位》,第 89—90 页,牛津,布莱克威尔出版社,1996。

时的作用也给予了很高的评价,认为他把英国经验主义的传统与对概念的精细分析和严格论证结合起来,给"当时沉闷的牛津哲学"带来了"空气和阳光",并由此推进了英国经验主义的发展。① 柏林对普赖斯也留下了深刻的印象。他在 20 世纪 70 年代回忆道:"30 年代最值得钦佩的牛津哲学家是普赖斯,他那新颖清晰、美轮美奂的讲座吸引着他的听众,他的主要工作就是使知觉问题成为当时的牛津哲学关注的中心。"②但普赖斯的工作基本上属于"过渡阶段":一方面,他继承了传统经验主义的思维方式,在讨论知觉问题时采用现象学的方法;另一方面,他对概念的精细分析和提倡严格论证的方法,又使他对后来形成的日常语言哲学产生了一定影响,虽然他本人并没有被看做是日常语言哲学家。例如,他在《思维和经验》一书中就对断言思维可以定义为使用符号的观点提出了严厉批判。在认识论上,他的观点往往被看做是与罗素一致的。③ 这既反映了剑桥哲学对牛津哲学的早期影响,但也刻画出在两种哲学之间的深刻区别。

二　日常语言哲学的形成

虽然西方哲学界通常把牛津哲学看做日常语言哲学的主要代表,有时甚至把"牛津哲学"和"日常语言哲学"用做同义语,但历史地看,日常语言哲学最初并不仅仅有"牛津学派",还包括了以摩尔、魏斯曼和威斯顿等人为代表的"剑桥学派";而且,从时间上看,剑桥学派的形成早于牛津学派。

20 世纪初的剑桥哲学主要是以布拉德雷的绝对唯心主义与摩尔、罗素等人的新实在论哲学相互较量为标志的。布拉德雷思想的主要代表是麦克塔加特,他主要研究时间问题,提倡新黑格尔主义的形而上学。早年的摩尔和罗素对绝对唯心主义的批判,主要就是针对麦克塔加特以及其他唯心主义哲学家,如乔基姆等人。虽然罗素对唯心主义的反叛最为激烈,

---

① 见艾耶尔《人的概念及其他论文》,第 1 页,伦敦,麦克米伦出版公司,1964。
② 伯林:《奥斯汀和牛津哲学的早期起源》,载于伯林等《论奥斯汀文集》,第 2 页,牛津,克拉伦登出版社,1973(以下所引此书均为此版本)。
③ 参见巴斯摩尔《哲学百年·新近哲学家》,第 286 页。

但与摩尔相比,他的思想更接近维也纳学派的思想,提倡以逻辑分析的方法研究哲学,并提出建立一种逻辑上完善的人工语言的理想。与此不同,摩尔则更强调从日常语言的用法入手,重视对概念用法的细致分析。① 历史地说,20世纪上半叶的剑桥哲学基本上是在摩尔和后期维特根斯坦思想的影响之下,由此形成了日常语言哲学中独具特色的"剑桥学派",其中的主要代表有布劳德(Charles Dunbar Broad,1887—1971)、斯特宾(Susan Stebbing,1885—1943)和威斯顿(A. J. T. D. Wisdom,1904—1993)。

　　布劳德早年在剑桥大学三一学院读自然科学和道德哲学,1911年获得研究基金奖后到圣安德鲁斯大学担任斯陶特的助教,1920年担任了布里斯托尔大学的哲学系主任,1923年返回剑桥大学,1933年担任道德哲学教授,直至1953年退休。他的主要著作包括《伦理理论的五种类型》(*Five Types of Ethical Theory*,1920)、《科学的思想》(*Scientific Thought*,1923)、《心灵及其在自然中的位置》(*Mind and Its Place in Nature*,1925)以及三卷本的《麦克塔加特的哲学考察》(*Examination of McTaggart's Philosophy*,1933—1938)。布劳德对麦克塔加特的思辨形而上学体系提出了严厉的批判,接受了罗素、摩尔思想的影响,明确提出了"批判的哲学"和"思辨的哲学"的区分。他认为,批判的哲学就是要分析和定义我们在日常生活和专门科学中使用的最为一般的概念,如"实体""原因""人"等等,它研究的是普遍命题和推理原则。他还在批判的哲学中区分了三种方法或原则,即极端案例原则、特定意义原则和先验的方法。所谓"极端案例原则",就是说如果我们分析一个词,就要考虑到把它运用在异常的情况,由此使我们意识到这个词要比它所表现出的情况更为复杂;所谓"特定意义原则",是指我们应当区分一个词的通常用法与对它的严格分析,我们在特定意义上使用哲学上的某个词,不要忘记它的内在意义完全不同于它的通常用法,如"物质"或"自我";所谓"先验的方法",就是康德的批判方法,即以理性原则分析和定义语词

————————

① 关于摩尔思想和分析方法的详细介绍,参见本书第2章第3节。

的意义。布劳德还把命题分为先天命题、经验命题和预设命题。这些哲学观念和方法都是来自后期维特根斯坦,同时从摩尔那里得到对知觉和感觉材料的分析方法,由此形成了剑桥式的分析哲学。①

斯特宾于 1906 年就读于剑桥大学,师从约翰逊(W. E. Johnson),但主要受到摩尔思想的影响。1909 年,她毕业后离开了剑桥,先后在伦敦大学的国王学院和贝特福德学院担任讲师,1933 年担任哲学系主任。她对维也纳学派思想非常熟悉,参加了 30 年代哲学家们关于哲学性质和哲学分析的大讨论,并于 1934 年首次邀请卡尔纳普到伦敦讲学。她在 1932 年出版的《哲学中的分析方法》(*The Method of Analysis in Philisophy*)中,把哲学的任务规定为对命题的形而上学分析。她认为,我们可以基本确认常识为真,但对常识的分析却是模糊不清的,例如,我们可以理解"这里有支笔"这个命题,但我们并不知道如何去分析它,就是说,不知道它是由什么构成的。这就需要形而上学的分析方法,就是要揭示事实和世界的构成方式和组成部分。她在《逻辑实证主义和分析》(*Logical Positivism and Analysis*,1933)中区分了四种形式的"分析":对符号表达式的分析性定义,如罗素的摹状词理论;对科学概念的分析性阐述,如爱因斯坦对同时性的分析;数学中的假设性分析;对句子的定向分析,即揭示由句子所表达的事实形式、成分及其结合方式等。她把最后这种分析看做是哲学的主要任务。

威斯顿于 1921 年就读于剑桥大学,师从于布劳德和摩尔,1929 年起在圣安德鲁斯大学任教,1934 年返回剑桥,一年后成为三一学院的研究员,1952 年起接替冯·赖特,任剑桥大学哲学教授直到 1969 年,后任奥雷根大学哲学教授。② 他早期主要受到摩尔、罗素和前期维特根斯坦思想的影响,第一本著作《解释与分析》(*Explanation and Analysis*,1931)就充分体现了罗素的分析风格,认为罗素的不完全符号理论早在边沁的

---

① 参见哈克《维特根斯坦在 20 世纪分析哲学中的地位》,第 67—68 页,布莱克威尔出版社,1996。
② 关于威斯顿生平和思想的较为全面的介绍和评论,参见涂纪亮《分析哲学及其在美国的发展》下卷,第 511—523 页。

逻辑虚构理论那里就得到了预见。他于 1931—1932 年在《心》杂志上连续发表的五篇论《逻辑构造》的长文,以摩尔的分析方法把逻辑原子主义的分析纲领推向了极致。他以大量的专门术语表明,哲学的任务就是对日常陈述所对应的事实的分析。他吸收了罗素的逻辑构造概念、摩尔的意义分析观点以及维特根斯坦的命题图像说,把逻辑分析看做哲学的主要工作,认为哲学的目的不是要获得关于新事实的知识,而是要对我们已然熟悉的事实作出分析。他指出,分析的目的是要揭示,概念都是由个体构成的逻辑构造,而命题则是由句子构成的逻辑构造,物质对象是由感觉材料构成的逻辑构造。后来,他在《实指定义》(*Ostentive Definition*,1933)和《分析是哲学中的一种有用方法吗?》(*Is Analysis a Useful Method in Philosophy?* 1934)中进一步发展了这些思想,并提出了"实质的分析"和"形式的分析"的区分。所谓"实质的分析",就是科学中的术语定义,而"形式的分析"则是以罗素的摹状词理论为代表的分析。他认为,这两种分析都可以叫做"相同水平的分析",因为它们都没有把分析带到更为根本的本体论程度。而他则提出一种"新水平的分析"以取代"相同水平的分析",因为前者是以个体取代概念,以感觉材料和心理状态取代个体,因此是一种更为"终极的"分析。

自 1934 年返回剑桥后,威斯顿的思想发生了变化,从维也纳学派的逻辑实证主义和罗素的逻辑原子主义转向了后期维特根斯坦的思想,这些主要反映在他的《哲学的困惑》(1936)和《形而上学和证实》(1938)等文章中。他这时认为,哲学问题是没有清楚的答案的,哲学理解就在于对各种类比作出权衡,而哲学的困惑则表明需要一种概念上的决断。这些思想都主要来自后期维特根斯坦。由于威斯顿坚持参加维特根斯坦的讲座,所以他这时发表的文章往往被看做是对维特根斯坦最新思想的最好传达,虽然维特根斯坦曾表示,威斯顿"剽窃了"他的思想。[1] 无论如

---

[1] 关于维特根斯坦对威斯顿以及艾耶尔"剽窃"他思想的指责,参见艾耶尔的自传《我的生活》,牛津大学出版社,1978。

何,威斯顿的思想被看做代表了某种"维特根斯坦式的"哲学方法。[1]

正是在后期维特根斯坦思想的影响下,20世纪30—40年代的剑桥成为英国哲学研究的中心,也是日常语言哲学的最早发源地。一批剑桥哲学家参加了维特根斯坦的讲座,接受了维特根斯坦的主要观念,逐渐形成了以日常语言为研究对象的哲学风气。在这些哲学家中,除了以上提到的斯特宾和威斯顿之外,还有布莱克、马尔康姆等人,他们被看做属于所谓的"维特根斯坦学派"[2]。布莱克早年在剑桥大学国王学院学习数学,30年代初参加了维特根斯坦的讲座。他在1938年的第四届国际统一科学大会上所作的报告《逻辑实证主义和剑桥分析学派的关系》中强调了剑桥分析的特点。他指出,罗素的科学哲学方法在某些方面接近维也纳学派的"科学的世界观",这已经为剑桥的年轻一代哲学家所抛弃,取而代之的是摩尔对基本常识信念的肯定,这被看做是反对形而上学的有效堡垒,而我们确立这些毋庸置疑的基本信念是正确地使用日常语言。马尔康姆早年在美国内布拉斯加大学跟随博斯玛(O. K. Bouwsma)学习,后到哈佛大学攻读硕士,并作为哈佛大学访问学者到剑桥跟随摩尔学习,最后在剑桥获得博士学位。1938—1940年他在剑桥参加了维特根斯坦的讲座,并成为维特根斯坦的终生好友。[3]

正如我们在前面指出的,后期维特根斯坦的思想在30—40年代主要是以手稿和讲课笔记的形式在他的学生们中私下传播,而这些学生又以各种公开的形式把他的思想传播到当时的英国哲学界以及整个英语世界。这一传播的结果,不仅使维特根斯坦的后期思想广为人们所了

---

[1] 见哈克《维特根斯坦在20世纪分析哲学中的地位》,第145页,牛津,布莱克威尔出版社,1996。

[2] 当然,严格地说,并不存在这样的一个学派。他们曾是维特根斯坦的学生和朋友,在哲学研究方法上以及许多重要观点上受到了维特根斯坦的深刻影响,但他们最终并没有完全追随维特根斯坦。格雷林曾用"维特根斯坦学派"这个名称去指那些以介绍、研究维特根斯坦思想和出版维特根斯坦著作为己任,或竭力模仿维特根斯坦思想风格的追随者。参见格雷林《维特根斯坦》,第114—115页,牛津大学出版社,1988。

[3] 关于马尔康姆和维特根斯坦的关系,参见马尔康姆《回忆维特根斯坦》,李步楼、贺绍甲译,商务印书馆,1984。

解,更使剑桥学派的日常语言哲学打上了维特根斯坦思想的烙印。

自 1947 年维特根斯坦辞去教授职务以后,英国日常语言哲学的中心逐渐转向了牛津。虽然在这之前,牛津哲学家基本上是默默无闻,没有多少建树,但他们对绝对唯心主义的反对和对日常语言的推崇,使得他们很容易接受来自剑桥的思想,并逐渐与他们自己的哲学兴趣结合,形成了不同于剑桥的哲学风格。这一方面得自于牛津哲学对亚里士多德哲学的长久研究,注重哲学上的概念分析,这从赖尔对"心"的概念的分析中就可以清楚地看到这一点;另一方面则是由于牛津哲学具有深厚的古典学学术基础,在对日常语言的分析研究方面花费了大量精力,这特别体现在奥斯汀早年的古典学研究和词语分析上。这些思想资源直接塑造了牛津哲学的独特品质:于精细中见分析之长,在琢磨中现思想之深。

剑桥学派的思想来源和领袖是摩尔和维特根斯坦,但牛津学派的哲学同样受到了后期维特根斯坦哲学的影响。关于维特根斯坦后期思想与牛津学派之间的关系,西方学术界一直有争议。通常认为,维特根斯坦的后期思想通过维也纳学派的主要成员魏斯曼传到了牛津,并对赖尔、奥斯汀等人产生了影响。事实上,赖尔本人也参加了由维特根斯坦主持的剑桥道德哲学俱乐部的活动,并在 20 世纪 30 年代首次在牛津读到维特根斯坦的《蓝皮书》。当赖尔的堂兄 J. 赖尔询问维特根斯坦有多少人理解了他的哲学时,维特根斯坦说:"两个,赖尔是一个。"然而,当柏林在 50 年代询问赖尔是否受到维特根斯坦思想的影响时,赖尔却矢口否认。① 这里涉及如何理解维特根斯坦对牛津哲学的影响。哲学家思想的影响通常可以有各种形式,或者是通过阅读哲学家的著作或聆听了哲学家的讲座并接受了这个哲学家的某些观点,或者是仅仅从哲学家的某些观点中学到了某种思想方法,甚至可以是通过批评哲学家的某些观点而对他提出的问题给予了另类的思考。赖尔在否认他受到了维特根斯

---

① 蒙克:《维特根斯坦:天才的职责》,第 436 页,纽约,自由出版社,1990。

坦思想影响时又说,他从维特根斯坦那里的确学到了许多东西。这当然应当被看做是影响的表现之一。

赖尔否认维特根斯坦思想的影响,典型地表现了牛津哲学家对维特根斯坦的不满。这种不满具体表现为两个方面:一方面是对维特根斯坦对待传统哲学的蔑视态度的反感。他对牛津哲学也采取了一种傲视的态度,把牛津说成是"哲学的沙漠"①,这极大地刺伤了牛津哲学家的自尊。另一方面,牛津哲学家对维特根斯坦的某些哲学观点也持保留态度,特别是对维特根斯坦提出的治疗语言疾病的方法不以为然,对他阐述的心理学哲学思想也不能完全接受。② 正是这些不满,导致了维特根斯坦后期思想对牛津学派的影响被大大地低估了。但正如英国哲学家蒙克所指出的,具有讽刺意味的是,维特根斯坦后期思想得到发扬光大,在很大程度上不是由于他所在的剑桥的哲学家,而是由于牛津的哲学家。③ 正是由于牛津哲学家们的工作,才使得维特根斯坦的后期思想被逐渐看做是日常语言哲学的主要思想来源之一。④

三　日常语言哲学的主要特征

从现在的眼光看,日常语言哲学的出现与以维也纳学派为代表的逻辑实证主义哲学形成了明显对立,但历史地看,在这种哲学形成的初期,哲学家们的主要目的不是为了批判逻辑实证主义,而是对以罗素为代表的逻辑原子主义哲学提出质疑,对哲学的性质和任务、哲学的方法以及如何处理传统哲学等问题提出自己的观点。在剑桥,摩尔和罗素虽然同事多年,但在对哲学的性质、任务以及分析方法上却有着完全不同的观点;维特根斯坦虽然早期与罗素交往甚密,但他重返剑桥后却直接反对

---

① 维特根斯坦的这个评价正是由于牛津哲学过于守护传统哲学,因而被看做是没有"创新精神"。

② 参见涂纪亮《分析哲学及其在美国的发展》下卷,第 500 页。

③ 参见张学广编著《维特根斯坦:走出语言囚笼》,第 259 页,辽海出版社,1999。

④ 参见巴斯摩尔《哲学百年·新近哲学家》,第 496 页。

罗素的逻辑原子主义,与摩尔更为接近,他的后期思想对摩尔产生了重要影响,而罗素对此则不以为然。在牛津,赖尔等人虽然也在国际哲学会议上与维也纳学派成员有过接触,但他们更关注的是来自剑桥的思想,特别是来自罗素和《逻辑哲学论》的观点。赖尔等人起初的确接受了罗素和前期维特根斯坦的思想,如强烈主张反心理主义、抛弃形而上学以及对逻辑对象的尊重等。[①] 但很快,他们就发现这些思想并不适合解释日常语言的具体用法。后期维特根斯坦为他们提供了启发,使他们开始认识到,命题的逻辑形式分析和世界的逻辑构造并不是解决语言问题的良方,相反,只有深入研究日常语言的具体用法,才能弄清使用语言的真正意义,也才能揭示传统哲学错误的语言根源和认识根源。这些也使牛津哲学被打上了维特根斯坦思想的烙印。

虽然剑桥学派和牛津学派在研究方法和思想侧重上有所不同,但作为一种共同的哲学观念,日常语言哲学与当时盛行的罗素的逻辑原子主义和维也纳学派的逻辑实证主义相比,主要具有以下这样一些明显特征。

1. 十分重视对日常语言的具体用法的分析和阐释。

罗素和维也纳学派强调逻辑语言对哲学研究的重要性,认为日常语言中存在的模糊和混乱不是错误使用日常语言的结果,而是由于日常语言的语法本身就存在着违反逻辑语法的地方,因而要清楚、正确地研究哲学和表达思想,就必须抛弃日常语言,只能使用符合逻辑句法的逻辑语言。他们甚至用科学语言的存在否定使用日常语言研究哲学的可能性和必要性,认为只有用科学的逻辑的语言,才能清楚地表达思想和认识事物。与这种"理想语言学派"或"逻辑语言学派"的观点相反,日常语

[①] 例如,赖尔在他的《文集》"导言"中就这样写道:"(当时)我们不能再假装哲学是研究与物质现象相对的心理现象,因而不同于物理学、化学和生物学。我们也不再自夸或承认我们是一些无需实验的心理学家。因此我们就去竭力寻找应当作为哲学研究对象的非心理的、非物质的对象,就像动物学要以昆虫和蝴蝶为对象一样。"(赖尔:《文集》第2卷,第Ⅶ页,伦敦,哈奇森,1971。)

言哲学认为,日常语言本身是丰富多彩的,适合人们的各种需要,日常语言中的各种概念之间存在着无限复杂的细微区分,只要认识到了日常语言的丰富和精细,我们就可以充分利用日常语言完成我们的表达目的,完全没有必要建立某种人工的逻辑的语言;而且,罗素等人的错误就在于没有真正理解日常语言的具体方法,没有从细微之处分析日常语言中的各种不同概念及其不同用法,由此抛弃日常语言,这不是一种"治病救人"的方法,而是给病人判处了死刑。

日常语言哲学的哲学家重视对日常语言的分析,目的并不是为了解决某个重大的哲学问题或消除传统的哲学问题,而是为了说明日常语言的丰富和精细,为了表明日常语言本身完全可以胜任清楚表达思想的作用。正是出于这个目的,这些哲学家们特别关注日常语言中的某些概念的具体用法,例如,他们往往用整整一篇文章分析一个语词的不同用法,把人们通常认为没有差别的某些语词用法作出更为详细的分析,指出这些用法之间的细微差别,或者是某些语词在不同语境中的不同用法。也正是由于这个原因,日常语言哲学往往被称做"日常语言分析"或"语言分析"。①

2. 充分肯定形而上学的作用,强调从形而上学中吸取合理成分。

反对形而上学不仅是罗素和摩尔当初共同举起的哲学大旗,更是维也纳学派发动哲学革命的主要口号。如果说罗素和摩尔的反形而上学还只是停留在依据直觉一般地肯定我们的实在感和捍卫常识,那么维也纳学派的反形而上学则是更进一步地从语言和逻辑的角度彻底清除形而上学的语言避难所。虽然剑桥和牛津的哲学家对传统哲学中的形而上学普遍表示出了不同程度的反感,但他们的态度要比罗素和维也纳学派的哲学家们温和一些。在这些日常语言哲学家看来,形而上学的错误并不是我们的语言本身造成的,而是使用语言的人们没有正确地区分和了解语言的丰富性,因而对待形而上学的出现应当根据情况区别处理,

---

① 关于日常语言哲学的"分析"概念,将在本书第 8 章的第 1 节中详细阐述。

不应当一概而论、全盘否定。例如,威斯顿就明确地用日常语言的不同用法来反驳逻辑实证主义对形而上学的拒斥。他在《形而上学和证实》一文中指出,逻辑实证主义用证实原则说明形而上学命题是无意义的,但这个原则本身也是无意义的,因为它既不是分析的也不是重言式的,而是逻辑实证主义所反对的意义上的形而上学的。他这样来驳斥逻辑实证主义者:"我们将接受证实原则吗? 接受证实原则,这是什么意思呢? 当人们摆着一副理直气壮的神态说:'一个陈述句的意义其实不过是它们的证实方法',正如某个人说:'一件东西的价值其实不过是它的交换能力。'他们是以什么方式使用这些词呢? 他们的理论的一般性质是什么呢? 回答是:它是一种形而上学的理论。"①

当然,威斯顿对逻辑实证主义的指责并不是要完全否定证实原则,而是借此说明形而上学并不像逻辑实证主义者所描绘的那样一无是处,相反,形而上学具有重要的作用,因为它能够提出一些具有洞察性的建议,能够指出如何使用语言才能把语言的现实用法所掩盖的东西揭示出来。他认为,形而上学的任务就是要指出各种事物之间没有被察觉到的相同和相异之处,而形而上学在完成这个任务的时候往往会提出一些与日常语言用法不一致的或相违背的命题或语词用法。这并不是形而上学本身的错误,而是形而上学家错误地使用了日常语言。通过分辨和消除这些错误,我们可以看出,在形而上学的命题和思想中存在着许多有价值的内容。与威斯顿的这些观点相近,牛津的斯特劳森同样肯定了形而上学的作用。他通过区分"修正的形而上学"和"描述的形而上学",还原了形而上学应有的历史地位和理论作用。这些都表明了日常语言哲学对待形而上学的积极态度。

3. 强调对语言的语用学研究,忽略对语言意义的逻辑分析。

无论是罗素还是维也纳学派成员,包括前期维特根斯坦,他们都非常重视逻辑分析的作用,强调用逻辑手段分析语言意义,建立逻辑上的

---

① 威斯顿:《形而上学和证实》,载于《心》,第339—340页,牛津,1938.

理想语言。这与他们的逻辑素养和基本哲学观念有密切关系。但日常语言哲学则更多地是从语言的用法入手,强调从语言学的角度分析意义问题。例如,摩尔强调自己的哲学分析是一种概念的分析,就是要从概念之间的联系中确定语词的意义;赖尔通过具体的语言实例说明语言用法上的意义差异;奥斯汀则是根据语言学的分类对语词的意义作出区分,由此形成了他的言语行为理论。这些哲学家都明显地忽略了逻辑分析的作用,在一定程度上还表现出了对逻辑方法的拒斥。

在日常语言哲学家中,维特根斯坦和斯特劳森对现代逻辑有着很深的造诣,但他们对逻辑的理解却与罗素和维也纳学派哲学家们有所不同。前期维特根斯坦认为可以通过对语言的逻辑构造达到对世界的逻辑构造,但到了后期,他不再坚持这样的看法,而是认为逻辑的作用仅仅是为我们提供了清楚认识语言活动的途径,逻辑本身并不能完全解决语言的意义问题。斯特劳森是牛津学派中对逻辑问题最有研究的哲学家,他出版有逻辑学专著,这在日常语言哲学家中实属罕见。但他也不同意罗素和维也纳学派把建立逻辑上完善的语言看做是解决意义问题的唯一方法,而是认为日常语言中同样存在大量的逻辑问题,如果能够认真研究日常语言的逻辑,把现代逻辑的方法和日常语言的分析方法结合起来,同样可以得到精确的语言意义。

4. 重视对意义和指称问题的研究,强调意义在于用法的观点。

自从弗雷格提出意义和指称的区分之后,对这两个问题的研究就一直是分析哲学的核心内容之一。罗素把意义等同于指称的观点受到了日常语言哲学家们的一致批评,而逻辑实证主义关于意义标准的理论也在日常语言哲学家那里遭到了冷落。因为在这些哲学家们看来,意义和指称的区分恰好说明了我们日常语言中的许多语词可以是有意义而没有指称的。斯特劳森在区分意义和指称的同时,还区分了语词、语词的使用以及语词的被说出这三个方面。他认为,任何一个语词都可以有多种用法,语词本身可以没有指称,但仍然是有意义的;而当语词被用在不同的特定语境中才有指称;具有这种指称的语词与这个语词的被说出又可能有不同的意义。所以,在斯特劳森看来,意义是语词和句子本身的功能,而指称是语词的使用功能,真假对错则是句子的使用功能。

日常语言哲学坚决反对把意义理解为一种抽象的实体,强调意义在于用法的观点。"意义就是用法"的观点被看做是来自后期维特根斯坦。虽然维特根斯坦当时的著作并没有正式出版,但他的这个观点通过他的讲座以及他的学生在剑桥和牛津广为传播。赖尔在1957年的《意义理论》一文中就明确反对把意义理解为抽象的客体,认为一个词的意义应当是它在句子中完成的功能。他效仿维特根斯坦,把词比做棋子,把词的用法比做下棋的方法。他说:"棋子可以是由象牙或木头雕成的,它们是一些实体,但是棋子的下法却不是由任何材料组成的某种抽象的实体。"①奥斯汀也反对把词的意义说成是一种抽象实体,认为共相理论是一种没有任何根据的臆说。斯特劳森指出,谈论一个词或句子的意义,不是谈论它们在特定场合下的使用,而是谈论在一切场合下正确地把词用于指称某个东西,或者把句子用于断定某个事物时所遵循的那些规则、习惯和惯例。②

当然,以上四个特征并不能完全概括日常语言哲学的全部。在一定程度上说,日常语言学派与维也纳学派的很大区别就是,它没有一个完整统一的哲学纲领,不同的日常语言哲学家关注的问题各不相同,使用的分析方法也不尽一致,甚至在相同问题上也会有不同的处理方法。这就使日常语言哲学呈现出比较复杂的情况,对哪些哲学家属于日常语言哲学家往往很难作出判断。同样,"日常语言哲学"这个名称的使用也没有明确统一的规定。③ 在大多数文献中,"日常语言哲学"是指以摩尔、后

---

① 赖尔:《意义理论》,载于凯顿(C. E. Katten)《哲学和日常语言》,第152页,开放世界出版公司,1963(以下所引此书均为此版本)。

② 参见涂纪亮《分析哲学及其在美国的发展》下卷,第502—508页。

③ 根据哈克的考证,"日常语言哲学"这个名称最初是由马尔康姆在1942年为"在世哲学家文库"《乔治·摩尔哲学》所写的文章《摩尔与日常语言》中首先使用的。马尔康姆在文章的结尾这样写道:"摩尔最伟大的历史作用在于,他可能是第一位这种意义上的哲学家,即认为任何与日常语言相冲突的哲学陈述都是错误的,他不断地捍卫日常语言以反对它在哲学上的冲突者。"但摩尔似乎从来没有同意过对他的这种概括。参见哈克《维特根斯坦在20世纪分析哲学中的地位》,第307页,牛津,布莱克威尔出版社,1996。

期维特根斯坦、威斯顿等人为代表的剑桥学派和以赖尔、奥斯汀、斯特劳森等人为代表的牛津学派以及后来出现在美国哲学界的塞拉斯、齐泽姆（R. M. Chisholm）、塞尔等人的思想；但也有的文献把美国哲学家科日布斯基（A. H. Korzybski）和切斯（S. Chase）等普通语义学派放到日常语言哲学的范围；甚至还有把当今的剑桥和牛津哲学都通称为日常语言哲学。然而，无论人们对这个名称的使用范围有多么广泛，有一点非常明确，这就是：日常语言哲学就是关注、尊重、研究日常语言的哲学，就是试图根据日常语言的使用去分析和确定语言及其与人类和外在世界关系的一种哲学。在这种意义上，剑桥学派和牛津学派无疑是日常语言哲学的典型。

四　牛津哲学的历史地位

严格地说，无论是在剑桥还是在牛津，都不存在一个像维也纳小组那样具有完整组织形式（比如有着统一的纲领、统一的口号、统一的对外宣传等）的学派。在剑桥，日常语言哲学的思想主要是通过维特根斯坦的教学活动以及剑桥的"道德哲学俱乐部"的定期学术活动得到传播的。参加这个俱乐部的成员主要是剑桥的哲学家和哲学研究生，在俱乐部中发表演讲的主要是英国各地的哲学家，不仅有奥斯汀这样的日常语言哲学家，也有波普这样的科学哲学家。后来不少牛津哲学家和学生专门到剑桥参加俱乐部的活动，这对后来的牛津哲学产生了重要影响。赖尔就是在这个俱乐部活动中第一次与维特根斯坦见面并结为好友的。在牛津，也出现过以赖尔为首的所谓"小茶座"（Wee Teas），但它仅仅是一个非常不固定的、非正式的茶话会，目的是要摆脱牛津原有的一个以老一辈哲学家为主的"哲学家茶座"（The Philosophers' Teas），表达新一代牛津哲学家从剑桥那里学到的新的观念。经常参加"小茶座"的哲学家不仅包括了像普赖斯、考克斯（H. M. Cox）、哈迪（W. F. R. Hardie）、威尔顿（T. D. Weldon）这样的人，也包括了威廉·涅尔这样的逻辑学家和刘易斯这样的小说家。当然，赖尔在其中起到了核心作用，他由于创造性的思想和聪明的才智被公认为"牛津哲学"的创始人。

如今,"牛津哲学"已经被看做是日常语言哲学的代名词,西方文献中使用的"linguistic philosophy""ordinary language philosophy school"都是指"牛津哲学"。这个名称不仅是表示了一种地域特征,更主要的是代表了一种哲学研究的方法,即通过研究日常语言的用法澄清我们的思想和表达方式。所以,并非身在牛津的所有哲学家都可以被看做属于"牛津哲学",而只要是同意并实践着这种哲学研究方法的哲学家,即使并不在牛津任教,也可能被列入"牛津哲学"的行列。

20 世纪 40—50 年代是牛津哲学的鼎盛时期。当时构成牛津哲学主体的哲学家是赖尔、奥斯汀和斯特劳森。这不仅是因为他们都大力倡导日常语言哲学的研究方法,而且因为他们分别提出了对后来的哲学发展产生了重要影响的思想和理论。在他们周围,有一大批维特根斯坦思想的追随者,如魏斯曼、保罗、安斯康、图尔敏等人,还有第二次世界大战前后涌现出来的重要哲学家,如哈特(H. L. A. Hart)、乌姆森(J. O. Urmson)、黑尔(R. M. Hare)、皮尔斯、瓦诺克(G. J. Warnock)等人。他们发表演讲,撰写论著,竭力宣扬日常语言哲学的分析方法,特别强调把这种方法用于哲学的不同领域。比如,哈特运用概念分析研究法律问题,形成了法哲学中的分析学派;黑尔则把分析方法用于考察伦理语言,提出了建立在语言分析基础上的元伦理学思想。

1945 年,赖尔接替两年前去世的科林伍德担任形而上学哲学教授,1947 年又接替摩尔担任了《心》杂志的主编。这两个事件标志着日常语言哲学开始在牛津占据主导地位。牛津哲学主要代表人物的主要著作都是在四五十年代完成的:赖尔于 1945 年出版《哲学论证》,提出归谬法是哲学论证的基本方法;1949 年出版《心的概念》,反对笛卡尔的"机器中的幽灵";1953 年出版《两难论法》,指出了哲学家产生这种困惑的错误所在;1957 年出版《意义理论》,区分了语词和句子在意义上的不同。奥斯汀于 1946 年出版《他人的心》,初步提出完成行为词的思想;1955 年在哈佛大学发表演讲"如何以言行事",明确提出言语行为理论;1956 年发表

《"如果"和"能够"》,对日常语言中的这对语词的用法作出了细致区分;1957 年发表《为辩解一辩》,阐述了日常语言研究的目的和方法,提出用"语言现象学"取代"语言哲学"的概念;1947—1959 年在牛津大学开设关于知觉理论的讲座,提出了他的知觉理论。斯特劳森于 1950 年发表的《论指称》一文,用日常语言哲学的分析方法批评罗素的摹状词理论;1952 年出版《逻辑理论导论》,研究了日常语言的逻辑特征;1956 年和普赖斯合作发表《捍卫一个教条》一文,对蒯因反对综合命题与分析命题区分的观点提出反驳;1959 年出版《个体:论描述的形而上学》,重新肯定了形而上学的价值。

值得注意的是,虽然这是日常语言哲学的鼎盛时期,但不同哲学家对语言的处理以及对哲学性质的理解却是各不相同的,这就使得"牛津哲学"或"牛津日常语言哲学学派"这种称呼变得有些模糊不清了,在某种程度上甚至是被误用了。① 例如,奥斯汀强调了日常语言中不同语词的用法区分,但赖尔则重视通过语言分析揭示传统哲学的错误,而斯特劳森更关心的是对语言问题的整体性分析,试图从中发现人类思维活动的普遍特征。另外,还有其他一些牛津哲学家对语言问题作出了不同的处理,如安斯康的《意向》从分析意向活动入手说明语言的心理特征,肯尼(A. J. P. Kenny)的《活动、情感和意志》则对心灵哲学作出了贡献,黑尔的《道德语言》提出了伦理规范主义,等等。有趣的是,牛津哲学不仅没有一个统一的理论主张,而且对牛津哲学的批评也主要来自牛津哲学家。例如,汉普夏尔(S. Hampshire)对赖尔《心的概念》的批评,斯特劳森对汉普夏尔的范畴观点的批评,奥斯汀对艾耶尔的批评以及斯特劳森与艾耶尔在真理问题上的争论等等。当然,在一般人看来,牛津哲学还是有一些共同的哲学倾向的,比如相信对语言意义的澄清和哲学论证的清晰是哲学研究的第一步,虽然"仅有清晰是不够的";另外,牛津哲学家们

---

① 参见哈克《维特根斯坦在 20 世纪分析哲学中的地位》,第 158 页,牛津,布莱克威尔出版社,1996。

普遍反对在哲学研究中引入不必要的专门术语,而且反对把形式逻辑看做唯一反映世界逻辑结构的理想语言,认为哲学不是经验科学的继续,哲学研究有着不同于科学的方法和目标。他们还反对把谓词演算看做是代表了一切语言的深层结构,所以他们不同意把逻辑分析看做哲学分析的关键,而是强调"关联的分析"(connective analysis),正如赖尔提出的概念"逻辑地理学"。这些都使得牛津哲学仍然被看做是一个具有许多"家族相似性"的哲学倾向,更准确地说,是一种处理日常语言的哲学分析方法,即英文文献中"linguistic philosophy"的含义。

20 世纪 70 年代以后,牛津哲学呈现出多元化的倾向。牛津哲学家们对日常语言的关注已不再是简单地分析语言的日常用法,甚至不再是仅仅注重从语言学的角度挖掘日常语言中的某些语词用法上的细微区别。他们开始接受美国分析哲学的新思想,逐渐关注对哲学逻辑的研究,借助于现代逻辑的形式化方法研究日常语言的逻辑结构;同时,他们还把更多的精力投入到对心灵哲学的研究上,注重揭示日常语言用法中的心灵活动。所有这些都使得牛津哲学始终保持着新鲜活力,在整个英语世界的哲学舞台上一直扮演着导师的角色。美国哲学家皮彻尔(G. Pitcher)这样写道:"我们都把牛津看做是哲学的领导核心,我们许多人都把它视为世界的这样一个地方,我们这个领域所有新的令人激动的工作都是在这里完成的。"[1]

第二节 赖尔的"心"的概念

在牛津哲学中,赖尔被公认为领袖人物。这不仅由于他最早组织了牛津年轻哲学家们的"小茶座",与老一辈哲学家的"哲学家茶座"相抗衡,提倡和宣传关于日常语言哲学的思想,而且由于他的《心的概念》完全颠覆了笛卡尔传统的心灵哲学,把语言分析方法运用到了极致,开启

---

[1] 皮彻尔:《奥斯汀:个人回忆》,载于伯林等《论奥斯汀文集》,第 17 页。

了牛津哲学的先河。

一　生平和著作

吉尔伯特·赖尔（Gilbert Ryle）1900 年出生于英国的布赖顿，1919—1924 年先后就学于布赖顿学院和牛津大学皇后学院，主修人文学、哲学、政治学和经济学，1925 年起开始在牛津大学基督教会学院担任哲学导师。第二次世界大战期间，他在英军服役，直到 1945 年退伍。回到牛津后接任科林伍德去世后留下的席位，被任命为怀恩弗莱特讲座形而上学哲学教授，直到 1968 年退休。这个教授席位是牛津哲学系中仅有的六个教授席位中最为重要的一个，担当这个席位的教授都是世界公认的具有创新思想的哲学家。1947 年，赖尔接替摩尔担任了《心》杂志的主编。该杂志是英国最重要的哲学刊物之一，对日常语言哲学在英国以及世界的传播都起到了很大的作用，如今被看做是英美分析哲学的主要阵地之一。

赖尔的思想发展经历了一个变化过程。在 20 世纪 30 年代，也就是在第二次世界大战之前，赖尔基本上接受的是逻辑实证主义思想，特别是对罗素和前期维特根斯坦的思想深感兴趣。但到了 30 年代之后，特别是在他担任了牛津哲学教授之后，他的思想明显转向了日常语言哲学。根据他的自传，他最初接受的是新黑格尔主义和现象学，对意大利哲学家克罗齐和金蒂利的哲学产生了兴趣，后来又读了胡塞尔的《逻辑研究》以及迈农、布伦坦诺和弗雷格等人的著作。他还曾发表文章，评论胡塞尔的追随者、波兰哲学家英嘉登（R. Ingarden）和海德格尔的著作。对罗素的著作，赖尔主要阅读的是《数学原则》以及罗素的逻辑论文，特别对摹状词理论和类型论深感兴趣。维特根斯坦的《逻辑哲学论》对青年时期的赖尔也产生了很大影响，赖尔和其他牛津学生一样，经常前往剑桥聆听哲学家们的讲座，对罗素和维特根斯坦的思想非常钦佩。后来，他同样对维也纳学派的思想产生了兴趣，认为这个学派的思想的确为整个哲学世界带来了一场革命。他参加了由维也纳学派组织的"国际统一科学大会"，亲身经历了哲学领域发生的这场变革。赖尔不仅接受了这场哲学的洗礼，而且很快就把这种变革的结果运用到对日常语言的分析上，逐渐形成了自己的哲学特色。他发表于1932年的《系统地引人误解的表达式》一文标志着他的独立思想的开始，对哲学的性质和任务提出了自己的独到见解。该文也被看做是牛津日常语言哲学形成的标志。

1945年，赖尔发表了他就任教授席位时的讲演《哲学论证》，对哲学的性质和任务作出了全新的阐述，该文被看做是日常语言哲学中最具逻辑特征的文章。1949年，赖尔出版了《心的概念》(*The Concept of Mind*)，以一个论战者的姿态对传统哲学中的笛卡尔主义提出了彻底挑战，极其细致地分析了日常语言的不同用法，阐述了关于身心问题的全新解决。该书一经出版立即引起了英国哲学界的极大反响，奥斯汀等人当时就对该书作出了极高的评价，认为它是三四十年代英国哲学中最重要的、最具有创造性的著作。后来，该书一直被看做是赖尔思想的代表作。1953年，赖尔在剑桥大学三一学院作了著名的塔纳讲演"两难论法"(Dilemmas)，强调哲学的任务是阐述我们在哲学命题中使用的概念，由此消除我们由于使用概念不当而出现的那些相互矛盾的哲学论断。1966年，赖尔出版了《柏拉图的进步》(*Plato's Progress*)，对柏拉图各篇对话的年代顺序重新作了阐述。五六十年代，赖尔还发表了一系列论文，内容主要涉及意义问题、方法论、哲学逻辑、心灵哲学以及哲学史等，这些文章被分别收入两本文集《文集》(*Collected Papers*，1971)和《论思想》(*On Thinking*，1979)中。

从赖尔的经历中可以看出，他对语言学的兴趣多于对逻辑和数学的兴趣，对认识论的兴趣多于对形而上学的兴趣。他在自传中曾说，他早年对罗素哲学的关注主要是把他看做一个认识论家而不是逻辑学家，所以他阅读了罗素的《数学原则》，而没有读罗素和怀特海合著的《数学原理》。他承认，由于他在数学和逻辑方面缺乏才能，所以他无法在数学基础问题上有所贡献，只能对意义问题作出更多的努力，特别是考虑了这样一些语词的意义,如含义和指称、内涵和外延、概念和对象、命题和组成部分、客观成分和对象、事实和事物、形式概念和真实概念、专名和摹状词、主词和谓词等等。① 但是,他对罗素的摹状词理论却非常重视,在《系统地引人误解的表达式》一文中就明显运用了这个理论去说明"守时"这个词的意义。他甚至像罗素一样认为,逻辑是一种可以揭示事实形式的理想语言,而日常语言却无法做到这一点。他对逻辑实证主义提出的证实原则最初表示欢迎,因为它为抛弃形而上学提供了很好的理由。但不久,赖尔就发现这个原则本身也存在被形而上学化的可能,所以对它也提出了批评。因为他发现,这个原则蕴涵着把科学理解为达到实在的唯一途径的倾向,而这对他来说是不可能的。这时他就意识到,哲学自身应当具有不同于科学的自律性,哲学作为一门学科应当能够对世界作出有意义的断定。正是在这种思想的支配下,赖尔完成了他的《心的概念》一书,因为他在书中要阐明的就是通过对哲学家们提出的各种命题和论断的分析,我们可以澄清传统哲学中的许多混乱,由此更为清楚地认识我们的身心关系,也更好地认识我们的世界。

二 哲学分析的方法

在 1927—1947 年间,赖尔发表了三十多篇文章和书评,主要集中在对哲学的性质和任务问题上的讨论。20 世纪 30 年代前后,维也纳学派在哲学领域掀起的革命,使哲学家们对哲学本身的性质产生了疑惑。逻辑实证主义把哲学任务归结为对语言意义的分析,把哲学看做是科学的一部分,并把逻辑分析方法推崇为哲学研究的唯一方法。这些都引起了英国哲学界的极大反响。当时年轻的赖尔热情地参与了哲学家们关于哲学性质的讨论。他最初积极追随逻辑实证主义,把哲学的性质看做是由逻辑分析方法决定的,甚至认为哲学分析就是"哲学的唯一和全部功能"。这个思想特别明显地表现在他的《系统地引人误解的表达式》一

---

① 参见赖尔《自传》,载于伍德和皮彻尔《赖尔批评文集》,第 7 页,纽约,双日出版社,1970。

文中。

　　在这篇著名的文章中,赖尔首先分析了哲学命题与一般表达式之间的区别,认为哲学命题的特点是要揭示其中所使用的表达式的意义,但为了完成这个任务,哲学家并不需要像语言学家或词典学家那样去寻找日常表达式的确切含义,而是要"能够、并且必须发现和表述出这种或那种根本类型的表达式的真实含意",但这样的发现并不意味着人们对这些表达式的使用本身存在什么问题,只是表明了哲学家们错误地使用了这些表达式,而"当一个表达式具有这种不能适当地表明其所记录的事实的句法形式时,这一表达式就是系统地引人误解的"[1]。赖尔具体分析了三种在他看来属于这种引人误解的表达式,即似是而非的本体论陈述、似是而非的关于共相的陈述或柏拉图主义的陈述、描述性表达式和似是而非的描述短语。他认为,这三种表达式的共同特征是以表面上符合语法形式的句子错误地表达了完全符合语法形式的句子所应当表达的思想;或者说,它们都没有正确地表明符合语法形式的句子应当说明的句子的逻辑形式。在这里,赖尔的分析工具就是来自罗素的摹状词理论,但他不是用逻辑符号,而是用日常语言的描述来说明,这些似是而非的陈述中所包含的短语实际上并不是真正起到逻辑主词的作用,就是说,这些陈述中的描述性短语并不是专名,而一个描述表达式所描述的东西并不是该表达式所指的东西。这正是罗素的摹状词理论所表明的思想。

　　赖尔在文章中不仅指出了上述三种表达式的错误,而且进一步分析了某些在指称上似是而非的特定词组,这样的词组表面上是被用来指称了特定的人或对象,但实际上并没有这样的指称对象存在。在这里,赖尔区分了这种词组的两种不同用法,即指称性使用和非指称性使用,认为在日常语言中我们可以很好地区分这两种不同用法,但在哲学语言中,这两种用法往往是被混淆使用的,由此就产生了为了符合指称的作

---

[1] 赖尔:《系统地引人误解的表达式》,载于涂纪亮主编《语言哲学名著选辑》,第174页。

用而杜撰实体的现象。赖尔这里明确地把这种错误的根源指向了笛卡尔,认为这是在时间和空间问题上所犯的错误,"源自我们用来确定物体时空属性的那些特定词组的系统地引人误解的特性",因为这些特定词组只是在指称上有待明确的谓词,并没有被当做有所指的描述性词组来使用。他说:"虽然我们可以使用似是而非的描述性词组以便使我们能够表述某物所在的地点,但是,该物处于某一位置这一事实是该物的一个关系特性,它本身并不是特性所属的主体。"[①]这个思想显然来自罗素的外在关系说,但赖尔没有使用逻辑符号而是使用日常语言来表达这样一个思想:哲学家们错误地把表达属性特征的语词看做是指称了对象的专名。所以,他提出用"奥康剃刀"去掉这些多余的实体,即不要把所有那些在语法上好像是专名或有所指地使用的特定词组的表达式看做它们就是专名或有所指地使用的特定词组。由此,赖尔认为:"(1) 在某个表达式中所表示的东西经常可以在另一些具有完全不同的语法形式的表达式中得到表示;(2) 含意相同,却具有着不同语法形式的两个表达式之中的一个表达式,比起另一个表达式更经常是系统地引人误解的。"[②]而所谓一个表达式比另一个表达式更好些,是指该表达式通过语法形式用某种方法展示出了它所记录下的事态或事实的逻辑形式。从这里似乎可以看到赖尔对维特根斯坦思想的接受。但他并不同意维特根斯坦的这种看法,即认为表达式能够恰当地表达事实,是因为表达式的形式构成与事实的构成之间存在着某种真实的一一对应的图像关系,相反,赖尔则认为,表达式的形式与事实的构成之间并不存在必然的联系,两者之间的关系完全是人为约定的。然而,令人奇怪的是,赖尔紧接着又说:要说明一个表达式是否系统地引人误解的,就必须说明它是否符合表达式的逻辑形式。这就承认了存在一种为所有真正的表达式共有的逻辑形式,哲学的抽象和概括就是要揭示这种形式。他把这样的形式又

---

① 赖尔:《系统地引人误解的表达式》,载于涂纪亮主编《语言哲学名著选辑》,第 192 页。
② 同上书,第 196—197 页。

称作"事实的形式",认为哲学的任务就是要通过句法变形而揭示事实的形式。实际上,这就是对表达式的句法形式作一个重新表述,例如,当一个表达式掩盖了它所表达的事实的真实形式时,我们就会用其他现有的表达式或引入新的表达式来揭示这个事实的形式。赖尔把这种重新表述就称做"哲学分析",并且认为这是哲学唯一的和全部的功能。

在 1937 年的《范畴》和 1945 年的《哲学论证》中,赖尔运用这种分析方法表明了哲学家在使用日常表达式时经常出现的范畴错误,并且提出哲学论证的主要特征应当是归谬法。他相信,如果两个语词相互替换而带来错误,或者两个语词所属的命题具有不同的含义,那么这两个语词就一定属于不同的范畴。哲学家的工作就应当是仔细区分各种不同的范畴,从中发现隐藏的各种矛盾,并运用归谬的方法揭示命题之间的矛盾。这些思想在他的《心的概念》中得到了继续。

值得注意的是,赖尔关于哲学分析的观点基本上来自罗素、逻辑实证主义的思想,但无论是在对这些观点的表述还是在对它们的理解上,赖尔都与罗素和维也纳学派有着很大的不同。

1. 正如赖尔自己承认的那样,他对现代逻辑并不熟悉,甚至无法了解罗素和维也纳学派使用的逻辑符号所表达的意义,所以他无法使用逻辑分析的方法,只能用日常语言来说明他的观点。这与他的古典学背景有着密切关系。虽然赖尔非常聪明地把握了罗素等人思想的精神,比如对摹状词理论和类型论的灵活运用,并把分析活动看做是哲学的唯一功能,但由于他缺乏现代逻辑理论,所以无法真正理解哲学分析活动与通常的语言学分析或语用分析之间的区别;虽然他一再强调他理解的哲学分析不同于语言学研究,但从他的论述中仍然无法使人清楚地看出这两者之间的明显差别。然而,我们知道,当代分析的产生正是现代逻辑诞生后的直接成果,正是现代逻辑的出现才使得传统哲学问题在对语言的逻辑分析中暴露出根本性错误,才使得逻辑的分析方法成为现代分析哲学的主要标志。而赖尔在现代逻辑方面的缺陷,就使他的哲学分析先天不足。

2. 赖尔虽然借用了罗素的摹状词理论和类型论,但他的分析是不彻底的,甚至是很不全面的,其中包含了许多容易使人产生误解的说法,这与罗素和维也纳学派等人擅长用严格的逻辑语言表达命题截然不同。如今,我们都把这种不同看做日常语言哲学与理想语言哲学之间的主要分歧,但这样的分歧并没有说明日常语言哲学在语言分析上比罗素等人更为科学和精确;相反,赖尔的分析却很容易使人产生似是而非的想法,因为他的分析都是根据自然语言的意义,而不是严格地按照现代逻辑的表述。例如赖尔把"琼斯的长子今天结婚"这句话分析为"有某个人即汤米,(1)他是琼斯的儿子,(2)他比琼斯的其他儿子都年长些,(3)他今天结婚"。但按照罗素的摹状词理论,这个句子应当分析为:(a)至少有一个人,这个人是琼斯的长子;(b)至多有一个人,这个人是琼斯的长子;(c)谁是琼斯的长子,谁今天结婚。在这里,(a)和(b)表达的是摹状词的唯一性,而(a)、(b)、(c)一起共同表达了"琼斯的长子今天结婚"这句话的含义。这是根据现代一阶逻辑作出的分析,表达的是这句话的真假含义。但是,(1)和(2)表达的却是我们对"长子"这个词的通常理解,而不是唯一性,(1)(2)和(3)共同表达的是我们在字面上所理解的"琼斯的长子今天结婚"这句话的含义,而不涉及指称和真假问题。[①] 这就出现了两个问题:(1)罗素提出摹状词理论的目的就是要解决指称问题,而赖尔使用了这个理论成果却不涉及指称问题,这表明他并没有真正理解这个理论的含义;(2)摹状词理论中的分析主要使用逻辑符号而不使用日常语言,就是为了避免日常语言的歧义,而赖尔用日常语言来说明这个理论表达的思想,自然无法清楚地说明这个理论本身,反而使他的说明以及这个理论本身变得模糊不清了。

3. 由于无法在语言的严格性和清晰性方面达到逻辑分析所能达到的结果,赖尔自然就把他理解的哲学分析以及哲学的性质解释得更为宽泛,因为这种宽泛的理解总会给人一种"高屋建瓴"的鸟瞰感觉,也就不

---

① 参见王路《走进分析哲学》,第185—186页,生活·读书·新知三联书店,1999。

会进一步追问分析过程的细枝末节。他认为,哲学不仅要澄清日常语言的命题意义,还要研究和调整各门科学及其理论的基础概念框架。他还把研究某一学科的概念框架看做是哲学研究的起点。他说,哲学不像科学那样去对经验事实作出归纳,或者力图发现新的事实,而是要对已有的科学概念以及理论框架作出分析;同样,哲学研究也不是一个演绎推理过程,而是对现有的概念框架作出调整。他表示,哲学命题肯定没有提供关于世界的知识,可是它们在某些重要方面澄清了那些提供了关于世界知识的命题;它们并没有报道任何事实,可是它们纠正了我们在报道事实方面所犯的错误。

这些观点往往被看做是赖尔的思想高于其他日常语言哲学家的地方。评论家认为,他对哲学分析和性质的理解不是拘泥于具体的细微的语词用法,而总是试图通过这样的分析去说明我们的语言用法揭示了日常语言的正确,错误总是出现在哲学家们"系统地令人误解地"使用了这些语言。然而,这样的评价却使人不得要领。如果从高屋建瓴的意义上说,赖尔在整理概念框架上的思想远没有斯特劳森那样系统和深刻;如果从澄清命题意义和纠正哲学家错误方面来看,赖尔的工作似乎没有奥斯汀更为细致和全面。在日常语言哲学中,赖尔的地位不仅是有赖于他在牛津的学术威望,更主要的是由于他在《心的概念》中提出的一套关于解决身心问题的办法。

三 身心问题的解决

1945 年,赖尔在布赖顿学院的导师派顿邀请他为哈金森主编的《哲学文库》写一本书。赖尔希望借此机会清理他在二三十年代就开始的关于哲学性质问题的思考,即有关这样一些问题:"哲学问题是由什么构成的?""什么是解决哲学问题的方式?"这些问题最初是由维特根斯坦和维也纳学派提出的,但赖尔却在解决这些问题上提出了不同于他们的思路:他不是从逻辑分析入手,而是从解决身心问题入手。这就是《心的概念》一书形成的具体背景。

　　《心的概念》出版于 1949 年，全书共有 10 章，内容涉及有关心（mind）的各个方面，包括知道、意志、情感、意向和事件、自我认识、感觉和观察、想象、理智等。赖尔之所以选择身心问题作为他回答哲学性质问题的入手处，是因为在他看来，我们使用的日常语言中的大量语词都是描述心的活动，而我们由于不了解这些语词的用法而导致了许多哲学混淆，从而模糊了我们对哲学性质和任务的正确理解。所以，要解决哲学性质的问题，就必须从解决这些包含了关于心的活动的语词用法入手。他明确表示，他在书中所作的哲学论证并不是为了增加我们关于心的知识，而只是要修正一下我们已有的关于心的知识的"逻辑地图"。他写道："我们为达到某些目的必须确定一下我们熟知其用法的那些概念的逻辑交叉方位。对各种心的能力、活动和状态的概念作这种探讨始终是哲学家的一大任务。由于他们在哲学领域里作了这种探讨，便产生了知识论、逻辑学、伦理学、政治理论和美学。有些这样的探讨已经取得了十分可观的局部进展。"[1]他把自己的任务规定为：确定概念的逻辑地理学，即揭示使用这些概念的命题的逻辑。这就是说，要指明它们与哪些命题相符，与哪些命题相悖，由它们可得出哪些命题，而它们自己又可以从哪些命题得出。判断一个概念属于哪种逻辑类型或范畴，就是要看在逻辑上如何合理地使用它们，也就是逻辑上使用它们的方法。赖尔表示，他在书中采用了归谬的方法，这不仅可以表明我们通常使用的关于心理能力和过程的概念为什么违背了它们的逻辑规则，而且可以表明这些概念应当属于哪些逻辑类型。正如他自己承认的那样，他书中并没有提出更多新的思想，主要是以论战的方式把他以前提到的思想，如"范畴错误""归谬法"以及"逻辑地理学"等运用到身心问题上，由此就可以清理哲学中的许多逻辑混乱，揭示日常语言用法的真正逻辑形式。

　　首先，赖尔批评了"笛卡尔的神话"，他又称之为"权威学说"，就是认为每个人都有一个身体和一个心灵，两者独立运行，互不干涉；人的心灵

----

[1]　赖尔：《心的概念》，刘建荣译，第 2 页，上海译文出版社，1988。

活动可以脱离人的身体存在,用来表达心灵活动的语词和概念表达了人的隐秘的内心活动,因而对于个人内心活动的表达只能靠私人的直觉和内省才能确认是否运用得正确。赖尔把这种二元论叫做"机器中的幽灵",并用"范畴错误"的观念加以驳斥。所谓"范畴错误",就是把不同的范畴当做相同的范畴来使用,例如,一个外国人首次访问牛津大学,他在参观了许多学院、图书馆、运动场、博物馆以及办公楼之后问道:"那么,大学在哪里?"他天真地以为,大学与这些学院和图书馆等是同等的机构,因而他的错误就是把"大学"这个概念与"学院""图书馆"等等概念等量齐观了,把大学看做是与其他机构属于同一范畴的东西。在表达心理活动和心理事实的时候,范畴错误就是把这样的表达式看做是属于某种逻辑类型或范畴,而实际上它们应当属于另外的类型或范畴。

赖尔认为,笛卡尔的"机器中的幽灵"论就是犯了这样的范畴错误,把表达了人类心灵活动的范畴看做是与表达人类身体活动的范畴属于同一类型,由此认为这两种范畴是可以相互独立地使用的。表面上看,由于人类的心灵活动无法简单地表达为物理学的或化学的或生物学的概念或范畴,人们自然就会认为表达心灵活动的范畴应当不同于表达身体活动的范畴,这两种范畴应当同属于一个类型。赖尔指出,产生这种范畴错误的根源就是对心理活动的一种机械论的解释:我们的身体活动受到心灵活动支配,但我们却看不到心灵活动的内部结构,所以我们就设想这样的结构应当与身体活动的结构是一样的;此外,心灵不仅是驾驭机器的幽灵,它本身就是一架特殊的机器,是一架看不见、摸不着、没有形状和重量的机器。赖尔批判笛卡尔这种"机器中的幽灵"的观点的目的是要表明:心灵和身体之间并不存在截然的区分,把身体和心灵区别开来的错误就是由于把它们看做相同类型的范畴。应当说,这是赖尔对笛卡尔二元论的最要害的批判,也被看做当代哲学中对笛卡尔主义的最大挑战。

但仅仅是批判笛卡尔主义并不足以使赖尔成为日常语言的领袖人物。他的最大贡献是区分了表达人类心灵活动的不同概念,澄清了这些概念的不同含义和用法。具体地说，就是区分了智力与理智、意志与非意志、感受与情绪、意向与事件、感觉与观察以及理智的不同用法等，表明了它们属于不同逻辑类型的范畴。首先，赖尔严格区分了"知道怎样"与"知道什么"。他说："当我们用'精明的'、'笨拙的'、'谨慎的'、'粗心的'这些智力性形容词来形容一个人时，并不是指他是否认识这个或那个真理，而是指出他能否做某类事情。……在日常生活中以及特殊的教育活动中，我们极为关注的是人的能力而不是认识了多少东西，是人的活动而不是掌握了多少真理。"[1]赖尔作出这种区分的目的是要表明，传统的用理智或知道什么的方面来代替智力或知道怎样的方面，并没有真正说明智力活动的性质，没有说明用来表达智力活动的那些形容词的真实意义。这种理智主义的错误就在于把人们的智力活动建立在了先在于它的某种理智原则基础之上，并把智力活动和理智原则看做属于相同的范畴类型。相反，赖尔则认为，人们的智力活动和能力并不是依靠某种理智原则，人们完全可能是在没有考虑任何规定了他们怎样做某些事情的命题的情况下来做这些事情的，否则，我们就会在智力和理智的关系问题上陷入恶的循环。所以，"不能用'理智的'来定义'智力的'，或者用'知道什么'来定义'知道怎样'。'思考我所做之事'并不意指'既思考做什么，又真正去做它'。当我凭智力而做某事，即思考我所做之事时，我只是在做一件事而不是在做两件事。我的行为有一个特殊的方法或方式，而不是有一个特殊的、发生在它之前的活动。"[2]

其次，赖尔破除了人们通常把内在的心理活动与外在的身体活动区分开来的做法，认为心理活动和身体活动都是通过外在的可观察的行为表达出来的，心理活动不是某种不同于身体活动的另外一种神秘的内心活动。人们通常对身心问题的回答不是一种析取式的命题，即非此即彼的回答，而是用不同的逻辑形式来谈论身与心。人们通常谈论身心问

---

[1] 赖尔：《心的概念》，刘建荣译，第 23 页，上海译文出版社，1988。
[2] 同上书，第 27 页。

题,也不是把它们看做两个完全等同的独立的问题,而是根据人们看到的行为和听到的声音来判断这两个问题,进一步说,身体活动和心灵活动的问题都是人们外在行为的不同表现形式而已。这样,我们就可以完全取消传统哲学在身体与心灵之间清楚划定的界限。赖尔写道:"心与物之间的表面区别就像'她回家时带着一脸的泪水'和'一把坐椅'这两者之间的区别一样不合理。相信心与物之间有两极对立,也就是相信它们属于同一种逻辑类型。"①赖尔取消身心区别的做法在当代英美哲学中有很大的影响,后来的分析哲学家基本上放弃了这种区别,并把笛卡尔的二元论完全看做一切传统哲学错误的根源。

再次,赖尔从语言表达方式上对心灵活动作出了分析,指出了理智主义的错误根源。他认为,人们在使用"在我的心中"或"在我的脑中"等表达式的时候,并不是在说一种不同于外在感觉的东西,而是把内在的心理活动比喻成外在的感觉,而使人容易产生误解的原因是这种比喻被人为地夸大了,以至于人们误以为存在一种不同于外在感觉的内在感觉,这是其他人无法看到,只有自己才能体验到的东西。理智主义的错误就是把这种比喻性说法夸大了,把想象的图像和真实的图像混淆起来了。所以,赖尔指出:"当人们使用'在心中'这句话时,他们通常是在过分玄妙地表达某种东西,而这种东西正是我们平时用更少使人误解的比喻'在头脑中'所表达的。'在心中'这句话可以而且应该永远被废弃。使用它会使人们习惯于把心当成一个装满了具有特殊状态的幻象的奇妙'场所'。本书的部分作用便是指出,除特殊情况外,心并不是'在头脑中'(就这说法的日常含义而言)表现它的各种性质的。那些所谓发生在头脑中的事物较之未发生在头脑中的事物没有什么特殊的优先权。"②赖尔的这些话如今已经成为哲学家们在心灵哲学中捍卫功能主义观点的主要论据。

---

① 赖尔:《心的概念》,刘建荣译,第 17 页,上海译文出版社,1988。
② 同上书,第 35—36 页。

最后，赖尔接受了后期维特根斯坦的思想，阐述了"知道怎样"并不依赖于"知道什么"的观点。按照通常的理解，人们要知道怎样做某件事情，首先就需要知道做这件事情的方法或规则，人们是在知道了这些规则的前提下才会知道怎样去做。但是赖尔认为，这就把知道怎样去做和知道去做什么看做是两个不同的东西，后者是以前者为条件的，这正是前面所批判的二元论错误的根源。事实上，人们知道怎样做和知道做什么是一回事，两者是同时发生的，人们通过观察就可以知道怎样做，而不需要在这之前知道做什么。这个思想完全来自后期维特根斯坦。虽然在赖尔写作该书时维特根斯坦的后期著作尚未公开出版，但他的后期思想却早已通过他的讲课笔记在剑桥和牛津以及整个英国传播开来了，赖尔曾参加过维特根斯坦的讨论班，所以对他的后期思想一定有所了解。有趣的是，赖尔举的例子都是来自维特根斯坦，就是关于游戏和博弈的例子。他这样写道：

> 一个小男孩很可能根本没有听说过或看见过棋规就学会了下棋。他通过观察他人的走法，注意自己的哪些走法被对方认可，哪些走法遭对方拒绝，就这样正确地掌握了下棋的方法。不过，此时他依然说不清那些规定"正确"和"错误"的规则。我们都是用这种方法掌握玩藏顶针、捉迷藏游戏的规则和语法、逻辑的基本规则的。我们确实是在批评和实例的教导下从实践中学会**怎样**做的，而且常常没有理论课程的帮助。

> 应该看到，假如这男孩只会准确地背诵棋规，就不能说他懂得怎样下棋。他必须能走出符合棋规的棋步。然而，如果他虽不能引用棋规，却能正常地走出棋规允许的棋步，避免犯规的棋步，还能指出对手的错误，那就可以说他是知道怎样下棋的。他所具备的有关**怎样**的知识主要发挥在他所走的或承认的棋步中，发挥在他所避免或否定的棋步之中。关键是他能遵守棋规，至于他还能否有系统地阐述它们，我们是不在乎的。表明他是否能以实际应用的方式掌握

棋规的,不是他头脑中想的或嘴上说的,而是在棋盘上实际做的。类似地,一个外国学者虽然已经掌握了全部英语语法理论,但说起规范的英语来还不及一个英国儿童。[1]

这些清楚地表明了赖尔对智力的理解完全来自维特根斯坦。但他的思想与维特根斯坦仍然有明显的区别。这主要表现在,维特根斯坦把语言游戏看做人类生活形式的组成部分,认为游戏规则就是人们实践游戏的具体活动过程,没有脱离这些活动过程的抽象的、一般的游戏规则;而在赖尔看来,用知道规则是什么来说明知道如何使用规则,这是一种范畴错误,但这并不意味着完全不存在知道规则是什么的情况,相反,在我们的语言表达中包含的意向特征,就是要把某个事物或事件归于一个普遍的规则,即具有某种意向属性不等于处在某一特殊状态,或经历某一特殊变化;而是指当获得特定的条件后,它容易处于某特殊状态或经历某特殊变化。这里的特定条件就是指某种普遍的规则。例如,当我们说玻璃是易碎的,就是指如果它现在受到撞击或挤压它就会破碎;当我们说糖是易溶解的,就是说如果现在把它放到水里它就会溶解。

虽然赖尔并不承认存在某种可以适合所有事物在同一情况下的普遍规则或适合某个事物在任何情况下的普遍规则,但他认为,承认所有事物在某个特定条件下会出现某种情况,这本身也是一种普遍规则。他把承认这样的规则看做是具有智力的表现,认为考察人们的行为并不是为了揭示这些行为的原因,而是在探讨这些行为所表现出的能力、技巧、习惯、倾向等。他用射击的例子来说明这种能力的运用。当我们看到一个人射中了靶心,我们会问他究竟是技术高超还是运气使然。如果是技术高超,那么无论外在的条件如何变化,他都会在以后的射击中继续射中靶心。但如何证明他是技术高超呢?按照赖尔的解释,这只能看他以后的射击是否总是射中靶心以及他以前的成绩,甚至还要看他的解释和表白以及其他各种因素。就是说,没有一种因素可以单独地证明他是技

---

[1] 赖尔:《心的概念》,刘建荣译,第37—38页,上海译文出版社,1988。

术高超的。只有在把不同的因素都被考虑在内,并使这些因素达到一定数量的时候,我们才能准确地判断这个人的射击技术是否高超。然而,这种解释显然存在两个问题:(1) 我们需要多少数量的被考虑因素才能作出准确的判断,这就成为悬而未决的问题,因为这完全取决于作出判断的人的主观要求。这样,对智力活动的评判就成为相对不确定的了,那么我们对包含了表达意向属性的语词的意义就无法得到确定的理解。(2) 如果对智力能力的判断取决于人们的行为,而这些行为是否属于智力的表现又取决于对人们的智力能力的判断,这无疑陷入了一个无限循环。赖尔这样写道:知道怎样是一种意向,但不是像反思或习惯那样的单面意向。它的表现是遵守规则或准则,或是应用标准。与维特根斯坦不同,赖尔不是把遵守规则看做构成规则本身的全部,而是承认规则本身先于遵守规则的活动,所以他更愿意使用"应用规则"这个说法。他甚至认为,在人们运用智力作出推理的一切活动中,一个最基本的特征就是"在做合乎逻辑的推理",虽然人们在作出这些推理的时候并没有明确提到他们所遵循的逻辑规则。显然,赖尔的这个思想远没有维特根斯坦的深刻。因为在维特根斯坦看来,我们进行推理的时候,并不是按照事先规定的逻辑规则,相反,这样的逻辑规则(如果存在这样的规则的话)正是从我们的推理活动中得出的。

赖尔在《心的概念》中作出了正反两个方面的论证。反面的论证就是指出了笛卡尔的"机器中的幽灵"的范畴错误,论证了当我们在描述一个人的内心活动时并不是在描述另一种不同于身体活动的幽灵活动,而"只是在描述他的某段生涯的某些方面,也就是在描述他完成各部分行为的方式"[①]。赖尔在书中所做的主要工作就是要从身心关系方面指出笛卡尔主义的错误,从心灵哲学中彻底清除笛卡尔机器中的幽灵。从正面来说,赖尔在书中论证的主要观点就是:当我们用心理谓词来刻画人时,并不是在进行无法检验的推论,从而推论出在我们所无法

[①] 赖尔:《心的概念》,刘建荣译,第 46—47 页,上海译文出版社,1988。

寻访的意识流中发生了某种幽灵般的过程。我们只是在描述人用来指导其主要属于公开行为的那部分行为的方式。显然,这是一种行为主义的观点。

赖尔把心理学上的行为主义看做是反对传统机械论以及笛卡尔式的副机械论的结果,但又认为这种行为主义并不彻底,因为它仍然坚信思维活动是与言语活动完全不同的东西。赖尔进一步指出,并不存在这种完全不同的思维活动,我们在哲学上以及心理学上所能做的只是描述我们能够观察到的行为。这样,对行为的语言描述自然就成为赖尔哲学的主要研究对象,心的问题就完全被转换为关于描述心灵活动的语词的用法和意义问题。赖尔对身心问题的这种处理不仅成为牛津学派处理传统哲学问题的典范,而且直接影响到奥斯汀在分析日常语言用法中形成的言语行为理论。

第三节　奥斯汀的言语行为理论

约翰・L.奥斯汀(John Langshaw Austin)是日常语言哲学的最重要代表人物,他的重要性不是像赖尔那样在牛津哲学中起领导作用,而是在于他的思想对日常语言哲学的后来发展以及整个语言哲学的发展产生了更大的影响。应当说,"日常语言哲学"或"牛津哲学"得以扬名后世,主要归功于奥斯汀的工作,特别是他的言语行为理论直接带来了美国哲学家塞尔的理论,并对心灵哲学的产生具有重要开启作用。

一　生平和著作

在当代英美哲学中,奥斯汀是少有的几个英年早逝的哲学家,他不到 50 岁就离开了人世。另一个早逝的重要哲学家是伊万斯,他去世时只有 34 岁。奥斯汀生前没有留下任何自传材料或私人日记,我们现在关于他的生平记载都是根据他的牛津同事乌姆森、汉普夏尔、皮尔斯、哈特、赖尔和瓦诺克等人的回忆片段。瓦诺克在 1963 年曾发表了一篇关于奥斯汀简要生平的文章,这是如今了解奥斯汀个人经历的最权威的资料。[①]

奥斯汀于 1911 年 3 月 26 日出生于英国的兰开斯特,1924 年在什鲁斯伯利公学攻读希腊文和拉丁文古典著作,1929—1933 年在牛津大学巴里奥学院学习古典学、语言学和哲学,1933 年被推选为牛津大学全灵学院的研究员,1935 年开始在牛津大学麦格丹学院任教。第二次世界大战期间,奥斯汀参加了英国陆军,主要从事情报分析工作,1945 年退役时获中校军衔,并荣获法国军工十字勋章和美国的功勋勋章。1952 年,奥斯汀接替退休的派顿担任怀特道德哲学教授,直到 1960 年 2 月因患癌症去世,期间他曾于 1955 年春在哈佛大学作詹姆斯讲座,1958 年秋在加州大学访问。

据瓦诺克说,奥斯汀早年就显露出出众的智力才能,22 岁被选入全灵学院,这是一个非常了不起的事件,因为全灵学院是牛津大学众多学院中唯一不需要教学的学院,是专门为杰出人才提供全天候研究的机构。他在学习和研究期间多次获得各种奖项,特别是在希腊散文和古典学方面表现出超人的智力。他与摩尔一样,最初都是作为古典学家而引人注目,他通过研究亚里士多德的著作而逐渐进入哲学领域,并在这个领域显示出了他古典学训练的重要作用,特别是他把这种古典学研究方法用于对日常语言的精细分析。在这方面,奥斯汀最为推崇的是摩尔,而不是罗素或维特根斯坦。而且,与赖尔不同的是,奥斯汀很少受到 20 世纪 30 年代牛津哲学的影响[②],在当时的牛津哲学家中,他最看重的是普里查德,因为后者从来没有对哲学问题的一般性质提出过任何看法,只是"零打碎敲地"处理这些问题。奥斯汀对逻辑实证主义者基本上持

[①] 瓦诺克:《奥斯汀的生平概述》,载于范光棣(K. T. Fann)《奥斯汀专题文集》,伦敦,劳特利奇与基根·保罗公司,1969;中译文参见《奥斯汀传略》,载于杨玉成《奥斯汀:语言现象学与哲学》,附录Ⅰ,商务印书馆,2002(以下所引此书均为此版本)。

[②] 关于奥斯汀与赖尔之间的不同,进一步可以参见斯特罗《20 世纪分析哲学》,第 177—178 页,哥伦比亚大学出版社,2000;涂纪亮《分析哲学及其在美国的发展》下卷,第 543 页。

一种排斥的态度。他认为,虽然逻辑实证主义者在拒斥形而上学上有可取之处,但是他们所使用的那些准科学的技术术语和理论却使他们不可避免地陷入了另一种他们所反对的一般的哲学理论。在他看来,如果有什么概括可以应用于哲学的话,那么无论是对哲学问题的解决还是表述都会是模糊不清的,因为哲学家们总是被看做应当快速解决这些问题。

　　20世纪50年代,奥斯汀的思想在牛津有着很大的影响,这部分地是由于他所组织的"周六晨会"[①]。如今这个聚会已经被看做具有一定传奇色彩的活动,因为当时聚集了许多被看做是很有发展潜力的年轻哲学家,如格赖斯、汉普夏尔、黑尔、哈特、皮尔斯、斯特劳森、乌姆森和瓦诺克等人。奥斯汀不仅组织了这个聚会,而且把他的古典学研究方法运用于分析日常语言,促使参加者们逐渐确信应当远离那些古老的哲学问题。当时,他们阅读了大量当代哲学家的著作,包括由奥斯汀翻译的弗雷格的《算术基础》、乔姆斯基的《句法结构》以及维特根斯坦的《哲学研究》。研究者认为,奥斯汀对日常语言哲学的贡献主要是通过这个"周六晨会"以及他的课堂讲授和在一些讲座和研讨会上的讲演等得到传播的,而参加了"周六晨会"的哲学家在传播他的思想过程中都起到了重要作用。赖尔在1968年认为,正是奥斯汀的这个"周六晨会"使得"牛津哲学"或"牛津哲学学派"开始成为一个标志在哲学圈外流传。但这个说法遭到了其他哲学家的反驳。格赖斯认为,"根本没有什么'学派',没有什么教条把我们联系起来,比如,百折不挠地(或几乎是百折不挠地)反对抽象实体就构成并激起了我所谓的晚近美国唯名论学派,或是坚定地(或几乎是坚决地)确信只有可证实的东西才是有意义的就构成了逻辑实证主义学派"[②]。通常认为,日常语言哲学至少有一个共同特征,就是避免使

---

① 关于这个晨会的记录,详见瓦诺克:《周六晨会》,载于伯林等《论奥斯汀文集》;中译文参见《周六晨会》,载于杨玉成《奥斯汀:语言现象学与哲学》,附录Ⅱ;也参见哈克《维特根斯坦在20世纪分析哲学中的地位》,第151页,牛津,布莱克威尔出版社,1996。
② 格赖斯:《答复理查兹》,载于格兰迪(R. E. Grandy)和沃纳(R. Warner)《合理性的哲学基础》,第50页,牛津,克拉伦登出版社,1986。

用哲学上的专门术语。但奥斯汀在《如何以言行事》(*How to do Things with Words*)中不但没有反对在必要时使用哲学术语,而且使用了一些在他看来必要的术语。同样,日常语言学派的其他成员也在自己的著作中大量使用了自己的专业术语。其实,日常语言学派反对的并不是使用哲学术语,而是仓促地使用没有确定意义的或不必要的"行话"。所以,他们认为,需要把细致地考察日常话语的细微方面看做是哲学思考的基础,这就需要严格地处理语言现象与哲学论题之间的关系。奥斯汀的工作恰好在这方面作出了突出贡献,他在日常语言哲学中的地位由此得以奠定。

奥斯汀生前没有出版任何专著,只发表了七篇文章,其中《他人的心》("Other Minds", 1946)、《"如果"和"能够"》("'Ifs' and 'Cans'", 1956)和《为辩解一辩》("A Plea for Excuse", 1956)最为著名,影响也最大,特别是最后一篇被看做是包含了他的重要的方法论思想。他的著作都是在他嗣后由他的朋友和同事根据他的讲座笔记编辑出版的,它们是:1961 年由乌姆森和瓦诺克编辑出版的《哲学文集》,收集了奥斯汀四篇学术报告、五篇学术演讲和一篇电台讲话,这被看做是了解奥斯汀早期思想以及思想转变的重要依据;同年由乌姆森编辑出版了《如何以言行事》这是根据奥斯汀于 1955 年在哈佛大学的詹姆斯讲座上的讲演笔记整理而成的,如今它被看做是奥斯汀的代表作,因为他在其中完整地阐述了他的言语行为理论;1962 年,瓦诺克又根据奥斯汀于 1947—1959 年在牛津大学所做的关于知觉理论的讲课笔记,整理出版了《感觉和可感觉物》(*Sense and Sensibilia*),该著作反映了奥斯汀的晚期思想。

二　语言分析的方法

奥斯汀是通过语言学研究进入哲学领域的,因而他的哲学研究具有两个明显的特点:(1) 他对传统哲学问题不感兴趣,强调从日常语言的具体用法中揭示人们使用语言所要表达的思想;(2) 他的哲学没有任何体系,也不属于以往的或现有的任何哲学流派或思潮,他的研究对象和讨论话题是随意的,没有任何事先确定的研究目的。他的文章和讲座内容大多具有明确的针对性,试图说明某个具体的问题,没有为自己的研究设定任何哲学思考的框架。在奥斯汀的整个哲学中保持一贯的是他的语言分析方法。

关于奥斯汀的语言分析方法,国内外学者有各种不同的理解。通常认为,奥斯汀的分析方法是通过对语言各种用法之间的细微区分来说明这些不同用法的哲学意义。但对于这种方法在哲学上的具体运用,不同的哲学家提出了不同的解释。赖尔认为,奥斯汀的方法就是一种语言学方法;与维特根斯坦不同,奥斯汀并不希望用这种方法去消除人们对传统哲学的反感,也不是要用它去建立某种与传统哲学不同的哲学观念,他只是用这种方法去分析那些以往被忽略了的语言中的各种不同用法的含义,指出这些用法上的细微差别,由此说明我们心灵活动的性质。因而,这样的分析方法更多的是语言学上的,哲学上的意义不过是附带产品而已。然而,艾耶尔则认为,奥斯汀的工作包含了强烈的哲学抱负,他用奥斯汀在《"如果"和"能够"》一文中的话来为这样的抱负作论证。不过,巴斯摩尔仍然相信,奥斯汀的工作基本上是一种语言学研究,虽然他承认这样的研究是为了澄清意义和真理问题,但这样的目的并不能代替分析活动本身,就是说,对日常语言用法的这种细致分析为哲学研究扫清了道路,而这种分析本身却并不属于哲学研究的范围。

对奥斯汀语言分析方法的理解,关键要看他是如何运用这种方法去分析具体的语词用法问题的,这在他的著名文章《他人的心》《"如果"和"能够"》和《为辩解一辩》中表现得非常明显。在《他人的心》中,奥斯汀分析了"知道"和"许诺"这两个词的用法。根据以往的解释,"知道"(knowing)是一个描述了说话者心理状态的词,说某人知道"S 是 P",就等于是说,他处于与"S 是 P"相关的一种心理状态之中;而"许诺"(promising)则是一个报道了说话者心理活动的词,说某人作出一个许诺,就是说他表达了一种发自内心的心理活动。但奥斯汀则完全反对这种说法。他认为,当我们说"知道"的时候,并不是在描述一种心理状态,而是在对我们所说的话向他人作出一种保证，即保证我们所知道的东西是真实的；当我们使用"许诺"这个词的时候，也不是在表达我们的一种内心活动，而是正在作出一个许诺，即保证要完成某件事情。通过对这两个词的用法分析，奥斯汀得到了两个重要结论：（1）这两个词都属于"完成行为的词"（performative words），就是说。它们的用法或意义就在于它们所完成的行为；而包含了这样两个词的陈述，就属于"完成行为的陈述"（performative statements）。它们的意义不是在于作为或真或假的报告，而是构成了或有助于构成某种行为的完成方式。（2）要获得这样两个词的意义，前提条件是要保证把它们运用在真实的情况中，就是说，要掌握"知道"的意义，就要确信使用这个词的人是在表达一个真实的情况，否则就无法在实践上使用这个词；同样，只有在真实地履行了许诺的情况下，使用"许诺"这个词才是有意义的。由此，奥斯汀就把"真实"或"真"与实际发生的情况联系起来了。他坚持认为，断定 P 是真的，就是断定 P 与事实的符合。他把这里的"符合"解释为两种含义：描述性的约定和证明性的约定。"描述性的约定"，是指语词与各种情况的类型相联系；"证明性的约定"，是指语句与可以在世界上发现的实际历史的情况相联系。他认为，只要语词或语句属于这样两种约定，就可以被看做是与事实的符合。奥斯汀的这个观点遭到了斯特劳森的批评。斯特劳森认为，断定 P 是真的，就是在确证 P 或者是在承认 P，而不是在谈论关于 P 的某种东西，因而，"真实的"或"真的"这样的词在断定性话语中完全是多余的。但奥斯汀并不接受斯特劳森的这个批评，他认为，我们使用语言的作用就是为了说明我们与世界的关系，如果抛开了这一出发点，语言分析本身就变得没有价值了。① 但伦理学家和法学家热烈地支持奥斯汀的观点，因为在他们看来，如果我们认为说某件事情是好的就是在

---

① 参见《关于斯特劳森的专题讨论会》，载于《亚里士多德协会会议录》，1950。在这个专题讨论中，奥斯汀、斯特劳森以及双方的拥护者都提出了各自不同的看法。另见《奥斯汀对事实的不公正》，载于奥斯汀《哲学文集》，牛津，克拉伦登出版社，1961（以下所引此书均为此版本）；《对奥斯汀观点的再思考》，载于《哲学季刊》1965。

描述它,或者是说某人在做某事就是在描述他的身体活动,那么我们就是犯了"描述性错误"。①

　　在1956年发表的演讲《"如果"和"能够"》中,奥斯汀通过分析摩尔对"可能有"(could have)的用法,说明了他的语言分析方法具有的哲学意义。他认为,摩尔对"可能有"的这样三种用法是错误的:(1)"可能有"仅仅意味着"如果我选择了就可能有";(2)"如果我选择了就可能有"这句话可以变为"如果我选择了就一定会有";(3)这些经过改写了的陈述中的条件句(if-clause)指的是因果条件。奥斯汀指出,摩尔把"可能"替换为"应当"是错误的,因为在"如果我选择了就可能有"这个陈述中的"如果"并不是条件式的,而是约定式,就是说,这里的"如果"并不是适合于所有情况的条件,而仅仅是要使我作出选择的约定。同样,这里的"可能有"在语法形式上也并不仅仅意味着过去条件式或虚拟式,它也可以是"能够"(can)这个词的过去直陈式。这样,奥斯汀从中得到这样的哲学推论:摩尔的假定决定论是与我们通常所说的以及可能想到的东西是一致的,这个假定是错误的。同时,奥斯汀更为明确地指出,由于"如果"和"能够"这些词在哲学中被大量地使用,所以弄清这些词的用法对于哲学研究来说就显得格外重要;只有通过研究这些语词的语言学上的区别,我们才能够真正清楚地理解这些区别所表明的语言现象。在这里,奥斯汀首次把他的语言分析方法叫做"语言现象学"。他甚至认为,这样的语言分析方法将导致一种新的学科从哲学中分离出来,正像数理逻辑刚刚从哲学中分离出来一样。他这样写道:

　　　　在人类探索的历史中,哲学最初曾占据初始的中心位置,它朝气蓬勃,富于创造精神,不时地舍弃某些部分,使之采取科学的形态,成为一颗冷却的但井然运行的行星,渐渐趋于一种相隔遥远的最终状态。很久以前在数学诞生的时候已经发生过这样的事情,在物理学诞生时也发生过这样的事情,只是在上个世纪,在通过哲学

―――――――――――――――

① 关于这方面的评论和资料来源,参见巴斯摩尔《哲学百年·新近哲学家》,第799页注31。

家和数学家们的共同努力使数理逻辑诞生之时,我们才又目睹了同样的过程。这种过程十分缓慢,当时几乎察觉不出来。那么,在下一个世纪通过哲学家、语法学家以及大量其他研究语言的学者的共同努力,将要看到一个真实、全面的语言科学的诞生,难道这不可能吗? 那时,我们应当再从哲学中去掉一部分内容(仍然还有大量的内容保存下来)。我们能够去掉哲学的唯一途径是:以抬高它为名而实际架空它。[①]

可以看出,奥斯汀的研究目标就是要把语言研究从哲学中分离出去,他所谓的"语言的现象学"不是欧洲大陆哲学意义上的现象学,而是强调要从分析语言现象入手,不为语言研究设定任何宏大的理论或形而上学的基础,强调对语言具体用法的细微分析。但他的这种分析思想与维特根斯坦有所不同:维特根斯坦认为,哲学家们错误地使用了日常语言,造成了语言表达上的混乱,他的任务是把哲学家们的语言放回到日常使用当中,由此揭示传统形而上学的错误;奥斯汀则认为,语言分析的目的不是为了澄清哲学家们在语言使用上的混乱,而是要表明语言用法上的细微差别,通过分析这些差别,一方面可以看到传统形而上学错误的根源,另一方面则为我们更好地使用语言提供了清楚的工具。在《为辩解一辩》一文中,奥斯汀为他的语言现象学提出了三点理由:

　　第一,词是我们的工具,而至少我们应使用干净的工具。我们应当知道我们意指什么和不意指什么,而且我们必须预先把我们自己武装起来,以免掉进语言给我们设置的陷阱。第二,词不是事实或事物(除了在它们自己小天地里)。因此,我们需要把它们与世界分开来,使它们与世界保持距离并与世界相对照,以便我们能认识到它们的不适当和任意性,这样,我们就能在没有妨碍的情况下重新看世界。第三,更为鼓舞人心的是,我们所拥有的共同词汇体现

[①] 奥斯汀:《哲学文集》,第179—180页。

了许多世代的生存中人们所发现的值得划分的一切区别以及值得标示的联系……①

奥斯汀在《为辩解一辩》中表明了他的语言分析方法的两个基本原则,它们被研究者称做"第一词原则"和"本体论的可应用性原则"。② 所谓的"第一词原则"是说,每一种语言都有一个漫长的历史,人们千百年来为了各种目的使用着语言,并且对语言作出了各种各样的区分,但人们作出这样的区分并不是任意的,而是与人类的日常活动有着密切的关系。这里的"第一词"(the first word)是指我们的一切活动都是从现有的日常语言出发的。③ 这个原则的要义是,日常语言包含了许多区别,我们以各种不同的形式认识到它们。所谓"本体论的可应用性原则",是"第一词原则"的推论结果,就是说这些区别不仅仅是语词上的,更是它们所反映的世界的真实特征。这些原则表明,语言研究对我们更好地认识世界具有非常重要的意义,用奥斯汀的话说,对日常语言的研究即使不是哲学研究的最终目的,至少肯定是哲学研究的必然起点。在这里,奥斯汀再次阐述了他所谓的"语言现象学"的意义,即知道"我们在什么时候会说什么,以及我们在什么情况下会用什么样的语词"。他认为,为了得到这样的知识,我们不仅需要考察语词本身,还要考察我们用这些语词所谈论的实在和世界。

从奥斯汀的论述中可以看出,他的语言分析方法并不完全是一种纯粹语言学意义上的。他对语言各种用法的细致考察,目的不是为了简单地说明字面上的意义,而是要表明,这些用法之间的区别反映了外在事实和世界中的细微区别。这与他在第二次世界大战中从事过情报分析工作的经历有关。因为情报分析的目的不是为了了解符号本身的含义,

---

① 奥斯汀:《哲学文集》,第 182 页。杨玉成在《奥斯汀:语言现象学与哲学》一书中把这三个理由解释为奥斯汀研究语言的三个基本原则,而我则认为,它们是奥斯汀为自己在语言研究中侧重语词分析所作的一种"辩解"。

② 见斯特罗《20 世纪分析哲学》,第 168 页,哥伦比亚大学出版社,2000。

③ 参见奥斯汀《哲学文集》,第 133 页。

而是要说明这些符号所代表的具体内容。所以，奥斯汀一再强调要区分语词与事物，强调要把语词从世界中抽取出来，以便我们能够更好地看待事物和世界而不会受到语词的诱惑或误导。然而，与维特根斯坦、赖尔等人不同，奥斯汀并没有用这种语言分析方法去解决某个具体的哲学的、形而上学的问题，他并没有这样的哲学兴趣。虽然他在文章中讨论过"真理""意义""感觉"等问题，但他的讨论主要是从表达了这些问题的用词上入手，说明人们在使用这些语词时没有真正了解它们的细微区别，没有真正了解它们的真实含义。从奥斯汀的论文中我们很难看到他对某个传统哲学问题的讨论，我们看到的更多的是对各种语词用法的分析。这就更加清楚地证明了他的这种说法：他的目的是为了使一种真实全面的语言科学从哲学中完全分离出去。

三　言语行为理论

在奥斯汀看来，由于对语言的分析是要揭示语言的具体用法，而我们分析语言是为了更好地说明我们使用语言谈论的世界，因而分析我们使用语言的活动自然就应当成为语言研究的主要任务。根据这种思路，奥斯汀提出了一种言语行为理论，由此说明"说话就是做事"这个道理。

早在1939年，奥斯汀就提出了"完成行为式话语"（performative utterances）或"完成行为句"（performatives）这个概念，把它与"记述句"（constatives）相对比。他通过观察发现，某些陈述句在某些语境中很难确定它们的真假，如"我把这条船命名为女王号"这句话并不是关于对这条船的命名活动的陈述，它本身就是这样一个命名活动；"我答应过两天来看你"这句话是在作出一个许诺，而不是关于一个许诺的陈述。奥斯汀把这种陈述句称作"完成行为句"，表示它们本身就是在完成某种行为，而不是关于某种行为的陈述。这样的句子包括了作出许诺、表示感谢、表达同情、提出警告、发布命令、作出让步、作出诊断等等。与这些句子相反，奥斯汀把那些包含了真假的陈述句称做"记述句"，认为由于这样的句子记录了他人的行为，因而是或真或假的。但对于完成行为句来说,只存在"恰当"和"不恰当"的区分,例如,"我把这条船命名为女王号"这句话谈论的是说话者自己的行为,因而不可能是假的;但如果说话者没有命名它的权利,或者命名的时机不合适等等,它就是"不恰当的"。然而,说"他把这条船命名为女王号"这句话,是在陈述他人行为的记述句,它是或真或假的,但不可能是"恰当的"或"不恰当的"。他明确写道:"记述句,或者,用哲学家们喜欢使用的名称,陈述句,具有真和假的特性。相反,完成行为句却既无所谓真,也无所谓假,它有它自己的特殊任务,它用于完成一定活动。"①

在《他人的心》一文中,奥斯汀发现,这样的完成行为句都是以第一人称开始的。虽然说"我知道"在许多方面都不同于说"我许诺""我做"或"我警告"等,但它们却有一点是共同的,这就是说,它们都不是在描述或报告某个心理状态,而是在完成着不同的活动。例如,当某人在教堂里说"我愿意",这并不是在描述他的或她的心理状态或情感,而是在完成一个结婚仪式中的传统形式,这就是在履行做事的方式。当时,奥斯汀仍然使用"完成行为句"这样的术语来指称这样的句子。他首次使用"言语行为"这个词是在1953年发表的《如何谈话:某些简单的方法》一文中。他发现,使用第一人称作为句子主语并不是完成行为句的特征,因为有些句子不使用第一人称仍然是在完成某个行为,如发出警告的行为;而且,完成行为句也不完全与真假无关,在某些情况下,一个完成行为句是否恰当,不仅取决于说话者的权利、说出这句话的场合等等,而且取决于说出的这句话是否与实际情况相符合。这样,奥斯汀就不再坚持根据是否与真假有关区分"完成行为句"和"记述句",而是根据完成行为的方式来区分句子。这就是他在《如何以言行事》一书中详细阐发的"言语行为理论"。

1955年2月,奥斯汀接受了哈佛大学哲学系的邀请,开设了一个关

---

① 奥斯汀:《完成行为句和记述句》,载于凯顿《哲学和日常语言》,第22页;转引自涂纪亮《分析哲学及其在美国的发展》下卷,第554页。

于"辩解"的研讨班,并主持了詹姆斯讲座。每年定期邀请来自世界各地(包括美国国内)的著名哲学家到哈佛开课及在讲座上发表演讲,这是哈佛大学哲学系的一个传统。奥斯汀研讨班的研讨内容就是他在后来发表的《为辩解一辩》一文。他在詹姆斯讲座上的演讲内容就是在他嗣后出版的《如何以言行事》。在这个讲座上,奥斯汀首先对他早先提出的"完成行为句"和"记述句"的区别提出了修正,认为当我们进一步考察完成行为句的恰当性时,我们就会看到它们总是涉及某些真实的东西,就是说,在分析完成行为句时,这个句子的真假和它的恰当性总是相互作用的;同样,即使是使用了第一人称单数名词的陈述也可以是一个记述句,例如"我陈述……"。然后,奥斯汀就提出,应当根据使用语言所完成的行为类型来区分言语的不同方式。由此,他区分了三种类型的言语行为。

1. 使用一个句子来传达意义的行为,他称做"以言表意的行为"(locutionary act)。这是指完成一个发出声音的基本行为,这些声音具有意义或确定的指称,也就是指在"说"这个词最核心和最基本的意义上说出某个东西。这种以言表意的行为又进一步分为三种形式,即作为纯粹发声行为的语音行为、说出语法句子的交际行为和说出具有一定意义和一定指称的某个东西的表达行为。他说:"在十分规范的意义上'说出某物'的行为,我称作,即命名为完成以言表意的行为,进一步说就是,对话语的研究在某些方面也是对说话方式(locution)的研究或是对整个言语单位的研究。"①

2. 说出的句子具有某种力量,这就是赋予这个句子以某种力量的方式,他称做"以言行事的行为"(illocutionary act)。这是在完成以言表意的行为中进一步完成的行为,例如提出或回答一个问题、作出一个保证或给出一个警告、提出一个请求或一种批评等等。他认为,一个句子以言行事的分量,在很大程度上取决于约定、语境或说话者的意向,而不是

---

① 奥斯汀:《如何以言行事》,第94—95页,牛津大学出版社,1962。

这个句子的真假。他说:"要确定是什么样的以言行事的行为在起作用,我们就必须确定我们是以什么样的方法在使用这种说话方式。"①

3. 使用了一个句子就产生了某种效果,这就是通过说出带有设想或意图的东西,对听话者的情感、思想或行为产生了某种预期的、特别的效果,他称做"以言取效的行为"(perlocutionary act)。他说:"说出什么东西,通常会或往往会对听众、说话者或其他人的情感、思想或行为产生一定的后果……我们把运用这种行为称作运用以言取效的行为或以言取效。"②

在奥斯汀看来,以言表意的行为是我们说出一句话的基本方面,也就是要用声音达意。他反对不加区分地把说出一个句子就看做表达了一个意义。他指出,仅仅凭借说出一句话的声音并不能完全理解这句话所表达的意义,应当根据说出这句话的语境、说话者用来指称的对象以及说话者的意图等等来确定这句话的意义。他进一步认为,我们日常说出的大量句子都不仅仅是在表达意义,更多的是在完成某个行为,就是说是在通过使用句子来做某件事情,是以言行事的行为。更准确地说,我们说出的每个句子都具有以言表意和以言行事的双重作用,而不仅仅是传达意义。这样,奥斯汀就完全放弃了那种认为一种特定的语言可以被划分为纯粹的完成行为句和纯粹的记述句的观点,他在这里更加强调的是以言行事的行为。而关于以言取效的行为,奥斯汀认为应当把它看做是以言行事行为的必然结果,因为只要是完成了某个行为,它就一定会在他人那里产生某种效果,无论这种效果的大小、性质如何。正是奥斯汀这个方面的思想对后来的语言哲学和心灵哲学的发展产生了重要影响。

关于言语行为在人类认识活动中的地位和作用,奥斯汀在《如何以言行事》中还提出了自己的独特看法,这被看做是他在哲学一般性质问

---

① 奥斯汀:《如何以言行事》,第 98 页,牛津大学出版社,1962。
② 同上书,第 101 页。

题上阐发的重要思想。他这样写道：

> （1）在整个言语环境中完成的全部言语行为，是我们归根结底
> 所阐述的唯一现实的现象。（2）陈述、描述只是许多种以言行事的
> 行为中的两种言语行为的名称，它们并没有特殊的地位。（3）在以
> 一种被称作对错的特殊方式与事实相联系的问题上，陈述和描述尤
> 其不具有任何特殊的地位，因为对错并不是关系、物质等等的名称，
> 而是属于评价方面的名称，这就是说，它们表示这些词与它们所指
> 称的事实、事件、情况等等是否处于一种满意的状态。①

可以看出，奥斯汀是把言语行为看做我们在哲学上所能阐述的一切
现实，因为他认为，哲学的唯一作用就是作出阐述，而所有的阐述都只能
是各种言语行为的总和。同时，我们的言语行为具有各种不同的形式，
而作出陈述或描述仅仅是其中的两种形式而已，所以我们不能把一切语
言的作用都归结为陈述或描述，而要关注语言表达的各种不同用法，特
别是要关注不同形式的言语行为。在这里，奥斯汀明确地把言语行为的
作用看做是评价上的，而不是断定上的。断定一个言语行为不是一个真
假问题，而是一个评价对错的问题，就是说，要看这个行为中使用的语词
是否与它们所指称的事实等情况处于一种令人满意的关系之中。这隐
含地表明了奥斯汀的言语行为理论与美国实用主义思想之间的内在一
致。所以，有研究者认为，奥斯汀在哈佛大学的詹姆斯讲座上阐述他的
言语行为理论完全符合这个讲座所纪念的这个实用主义哲学家的思想，
具有明显的实用主义的特征。②

言语行为理论的提出，在当时的牛津哲学以及整个英美哲学中都产
生了重要影响。首先是赖尔对这个理论的积极推荐，虽然他并不完全赞
同奥斯汀的全部思想。在奥斯汀去世后不久，许多重要的英国哲学家都

---

① 奥斯汀：《如何以言行事》，第 147—148 页，牛津大学出版社，1962。
② 参见皮彻尔《奥斯汀：个人回忆》，载于伯林等《论奥斯汀文集》；中译文参见杨玉成《奥斯汀：
　　语言现象学与哲学》，第 232 页。

纷纷撰写纪念文章,并对他的这个理论提出了积极的支持或者是尖锐的批评。[①] 这个理论对英美分析哲学后来发展的影响,主要表现在塞尔对它的发挥和补充,并通过塞尔对这个理论的研究,引发了当代语言哲学的研究重心从分析语言转向了分析心灵,心灵哲学成为当代语言哲学的核心内容。正如斯特罗所说,"心灵哲学的扩展成为 20 世纪后半叶分析哲学发展中最为重要的变化之一,而这些主要发展的种子则可以追溯到奥斯汀所创造的言语行为理论"[②]。

第四节　斯特劳森的"描述的形而上学"

在当代西方分析哲学史上,斯特劳森是一位具有划时代意义的英国哲学家,他以语言分析方法对形而上学问题的研究,使分析哲学的反形而上学态度开始发生转变,由此,他与美国哲学家蒯因共同被看做改变了分析哲学的发展方向。同时,在当今牛津哲学中,斯特劳森还是一个独特的、甚至有些传统的哲学家,他对日常语言的逻辑分析不仅是从自然的、常识的立场出发,而且往往使用传统哲学中的许多概念术语,如"共相""殊相""范畴""断定""个体""属性""命题"等等,这就使他的哲学在分析中有了思辨的色彩。

一　生平与著作

彼得·F. 斯特劳森(Peter F. Strawson)1919 年 11 月 23 日出生于伦敦,主要就读于牛津大学的圣约翰学院,专业为哲学、政治学和经济学,1940 年得到学士学位后在英国皇家部队服役,1946 年退役后先后担任北威尔斯大学和牛津大学学院的讲师,1948 年担任牛津大学学院的研究员,1966 年担任高级讲师,1968 年接替赖尔担任牛津大学形而上学哲

---

① 参见范光棣《奥斯汀专题文集》,伦敦,劳特利奇与基根·保罗公司,1969。其中包括了齐泽姆、纽(C. G. New)、塞尔、贝内特、艾耶尔、皮尔斯、瓦诺克等人的文章。
② 斯特罗:《20 世纪分析哲学》,第 180 页,纽约,哥伦比亚大学出版社,2000。

学教授,直至 1987 年退休。1960 年,他被聘为英国科学院院士,1971 年任美国科学院院士,1977 年英国女王授予他"爵士"称号。斯特劳森的主要著作除了《个体:论描述的形而上学》(*Individuals, An Essay on Descriptive Metaphysics*,1959)之外,还有《逻辑理论导论》(*Introduction to Logical Theory*,1952)、《感觉的限度》(*The Bounds of Sense*,1966)、《逻辑和语法中的主词和谓词》(*Subject and Predicate in Logic and Grammar*,1974)、《怀疑主义和自然主义》(*Skepticism and Naturalism*,1985)、《分析与形而上学》(*Analysis and Metaphysics*,1992)等,三本论文集《逻辑和语言学文集》(*Logico-Linguistic Papers*,1971)、《自由和不满及其他论文》(*Freedom and Resentment and Other Essays*,1974)和《实体和同一性及其他论文》(*Entity and Identity and Other Essays*,1997)等。他还编辑了两部文集《哲学逻辑》(*Philosophical Logic*,1967)、《思想和行动哲学研究》(*Studies in the Philosophy of Thought and Action*,1968)。1996 年,美国的"在世哲学家文库"出版了《彼得·斯特劳森哲学》。值得一提的是,斯特劳森对中国人民有着深厚的感情。他应邀担任了由中国社会科学院与英国学术院、牛津大学联合成立的中英暑期哲学学院(1994 年澳大利亚人文科学院和社会科学院加入,该学院更名为"中英澳暑期哲学学院")名誉院长,并于 1988 年以近七旬的高龄亲赴北京参加学院建院典礼,作了关于"分析和形而上学"的精彩报告,其内容收录于《分析与形而上学》一书中。

　　20 世纪 50 年代初,正是分析哲学面临困境的时候。这种困境主要来自两个方面。一方面是由于逻辑经验主义的基本理论支柱受到了分析哲学家们的质疑,主要是向"意义证实原则"和"对分析与综合的区分",向这两个理论提出挑战的分别是亨普尔和蒯因。另一方面,维也纳学派提倡的逻辑分析方法也受到了牛津日常语言哲学家的挑战。这主要是来自后期维特根斯坦、赖尔和后来的奥斯汀等人。其中特别是赖尔对"心"的概念的分析,确立了日常语言分析方法与逻辑分析方法在哲学上的同等重要的地位。正是在这种哲学背景中,斯特劳森显示了自己的哲学才华:首先是在 1950 年,他发表了《论指称》一文,对罗素的著名摹状词理论提出了挑战,用语言的使用方式取代了指称对象作为意义的标准;其次就是在《个体:论描述的形而上学》中明确反对蒯因的单称词理论,坚持只有单称词所指的对象才能作为基本殊相。《论指称》一文和《个体:论描述的形而上学》一书奠定了斯特劳森在当代分析哲学中的重要地位。《个体:论描述的形而上学》一书主要是根据他于 1954—1955 年在牛津大学所作的讲座编成,后来用作 1955—1956 年在美国杜克大学的研讨班教材。全书共分两个部分:第一部分"殊相",主要讨论了物质物体和人在一般的殊相中占据的特殊地位,通过分析把它们确立为其他一切殊相藉此为基础的基本殊相;第二部分"逻辑主词",主要讨论了一般的殊相概念和逻辑主词之间的复杂关系,提出了不应以共相与殊相的关系来对应逻辑主词与逻辑谓词的关系。这里我们将主要围绕这部著作的内容,展开对斯特劳森思想的讨论。

二　重新确立形而上学的地位

自罗素、摩尔等人开创了分析哲学以来,反形而上学就一直是整个分析哲学的一个标志。维也纳学派大力提倡的逻辑实证主义更是从逻辑上、语言上以及思想根源上宣布了与形而上学的彻底决裂。早期分析哲学家反对形而上学的主要理由,是认为形而上学命题经过逻辑分析,表明是无意义的;形而上学的哲学追求是虚幻的、没有经验和逻辑根据的;形而上学家试图以某种先天的或先验的概念图式规定和衡量一切经验命题的意义,这是没有指望的,也是没有任何认识论意义的。

但是这种坚定的反形而上学立场在蒯因那里开始出现了动摇。蒯因在《论何物存在》这篇重要文章中提出,存在命题的意义不仅包括了对这个命题逻辑结构的分析,还包括了对这个命题所涉及的存在对象的承诺。他写道:"为了使一个理论所作的肯定是真的,这个理论的约束变项必须能够指称的那些东西,而且只有那些东西才是这个理论所许诺的。"①在这里,蒯因把共相的存在问题放到了本体论承诺的范围。按照分析哲学的最初主张,这就等于是"偷运了"形而上学的本体论。但蒯因的这种"暗度陈仓"并不是真正地重新肯定形而上学的作用,而只是把形而上学问题看做一个语言问题,把本体论的承诺看做是一种逻辑的和语法的要求。他写道:"在本体论方面,我们注意约束变项不是为了知道什么东西存在,而是为了知道我们的或别人的某个陈述或学说说什么东西存在;这几乎完全是同语言有关的问题。而关于什么东西存在的问题则是另一个问题。"②

与蒯因相比,斯特劳森则是向前迈出了一大步。他在书中不仅明确地肯定了形而上学的历史地位,而且把自己的思想清楚地命名为一种形而上学,一种"描述的形而上学"。他写道:"形而上学有着漫长的辉煌历史,因而不大可能在描述的形而上学中发现任何新的真理。但这并不意味着描述的形而上学的任务始终是或可能是一劳永逸的,它是需要反复做的。如果没有新的真理被发现,也会有古老的真理被重新发现。"③在斯特劳森的心目中,形而上学应当是启发人们智慧的思维方式。以往的形而上学之所以会引起哲学家们的反感,是因为它们都违背了人们日常的思维方式,以某种生拼硬造出来的概念体系当做人们的智慧模式,完全不顾我们自然的思维活动。但形而上学本身并没有错,就是说,试图揭示人们认识活动中已存的概念图式,用分析的方法梳理出我们日常思维活动中混杂的命题形式,这应当被看做是形而上学的基本任务。然而,这个任务是无法用传统的形而上学完成的,就是说,我们不能用自己独创的某种概念图式取代我们已有的自然形成的概念图式;我们只能用描述的方法把这些已有的概念图式展现出来。这就是斯特劳森理解的"描述的形而上学":描述的形而上学满足于描述我们关于世界的思想结构,描述的形而上学的观念可靠地解决了怀疑论,它旨在揭示我们概念

① 蒯因:《从逻辑的观点看》,江天骥等译,第 13 页,上海译文出版社,1987。
② 同上书,第 15 页。
③ 斯特劳森:《个体:论描述的形而上学》,第 10 页,伦敦和纽约,梅休因,1959。

结构的最一般特征，能够比有限的、局部的概念探究更具合理性。

斯特劳森对形而上学作用的重新肯定，不是简单地把形而上学看做一种概念认识形式，而是从日常语言的用法入手，揭示我们在使用日常语言时所蕴涵的概念结构及其与世界结构的关系。正如他所说的，他的目的是要"展现概念框架的某些一般的和结构性的特征，我们根据这种概念框架思考特殊的事物。应当说，特殊的事物或"殊相"是斯特劳森描述的形而上学的核心内容，也是理解他的哲学的关键概念。在这里，斯特劳森延续了传统哲学的范畴用法，把"殊相"作为他整个形而上学的核心，这体现了他思想的两个基本特征：

1. 他的描述的形而上学继承了传统形而上学的基本理路，试图为一切判断和推理的恰当性寻找合理的或毋庸置疑的坚实基础。这与当代分析哲学的通常做法明显不同。而且，这种寻求基础的工作旨在建立一个能够解释和描述一切语言活动的概念框架（虽然他认为这样的框架是在我们的日常话语中已然存在的，我们不过是把它们揭示或描述出来而已）。这也与早期分析哲学家确立的"渐进地或部分地"分析句子意义的工作目标完全不同。所以，斯特劳森的哲学即使是在"日常语言哲学"中也往往被看做"另类"。

2. 他把特殊的事物或殊相看做形而上学研究的核心和基础。这的确符合经验主义的传统，但他的目的不是限于对殊相的分析，而是要通过殊相去揭示人们用来表达殊相的语词所指称的对象，换言之，他是要追问形而上学的存在问题。与传统形而上学不同的是，他的追问方式不是直接询问事物的存在样式，而是通过分析表达了特殊事物的语词在句子中的作用，揭示这些语词的意义以及它们所指称的对象。但与分析哲学的通常做法不同，斯特劳森的分析并不限于语词本身，他的目光总是关注外在的对象，关注存在的事物。如果说蒯因的本体论承诺允许了像人头兽身怪兽的存在的话，那么斯特劳森的形而上学恰恰不允许这样的事物存在，因为世界上根本不存在这样的特殊对象。

三 确立物质物体和人是基本殊相

斯特劳森不仅把殊相看做是他的形而上学的核心和基础,而且把殊相分为基本的和非基本的。在他看来,基本的殊相就是不以其他任何殊相为根据而其他殊相则以其为基础的殊相。他认为,这样的殊相必定存在于我们可以直接观察到的多维时空之中,它们应当具有这样一些特征:(1)它们存在于一维时间和三维空间之中,具有时间上的延续性和空间上的延伸性;(2)它们是可以被直接观察到的,是观察者通过各种感觉器官直接接触到的;(3)它们是公共的,是为所有的观察者共有的。斯特劳森认为,只有物质物体(material body)和人(person)才能作为这样的基本殊相。

那么,为什么物质物体应当作为基本殊相呢?斯特劳森给出了他的理由。

1. 对殊相的确认总是需要在一定的时间和空间中完成的,我们所拥有的概念图式正是由一维时间和三维空间构成的一个统一的认识结构,而构成这个结构的东西不是别的,只能是物体本身。这就是说,正是由于物体在具有时间延续的三维空间中的存在,我们才能够形成我们的概念图式。但并不是这个结构中的所有物体都可以作为基本殊相,只有那些具有这样一些特征的物体才是基本的:"它们必定是带有时间延续的三维对象。它们也必定能像我们所做的那样,通过观察手段就可以得到;由于这些手段在作用上是得到严格限制的,所以它们就必须共同得到足够的多样性、丰富性、稳定性和持久性,才有可能自然地带来单个统一的框架。"[①]由此,斯特劳森推论说,假定了我们拥有概念图式的某些一般特征,假定了可行的主要范畴的特征,作为物体或拥有物体的事物就必定是基本殊相。

2. 从我们的感觉出发,通常认为我们的视觉给我们提供了关于世界

---

① 斯特劳森:《个体:论描述的形而上学》,第39页,伦敦和纽约,梅休因,1959。

的最大多数知识；但是，通过视觉得到的对事物的认识有时会是虚假的，占据了视觉空间的事物并不一定是真实存在的。这样，就需要用完全可以作为确定知识基础的感觉方式来确认殊相。在斯特劳森看来，这种方式就是我们的触觉，因为只有我们的触觉是不会欺骗我们的，我们对事物表面形成的压力使我们能够感受到事物的"坚硬性""柔韧性"等特征。从基本殊相的规定中我们也可以知道，只有能够得到足够的多样性、丰富性、稳定性和持久性等特征的事物，才能成为基本殊相，而只有我们的触觉才能够给我们提供事物的这些特征。所以，斯特劳森再次指出："假定了我们所拥有的关于确认殊相的概念图式的某个一般特征，由此就得到，物质物体必须是基本殊相。"①

3. 从确认殊相的角度看，听话者对说话者所指称的殊相的确认，最终是通过他或她已经具有的对另一种殊相的确认的知识而完成的。这就是说，听话者是根据对另一个殊相的确认来确认从说话者那里得到的殊相。用来作为确认根据的另一个殊相，就应当是比要确认的殊相更为基本的。而通常的情况就是，听话者在确认说话者所指称的殊相时，往往是根据对某个具体的或特殊的事物的确认，这个事物应当是为听话者所熟悉的，因而他或她才会把它用做确认说话者所指殊相的依据。进一步说，我们对说话者所指殊相或对说话者使用的指称殊相的表达式的意义的理解，往往是根据我们所熟悉的或已经理解的其他殊相或语词的意义。而我们最直接和最有可能理解的语词就是那些指称了具体事物的语词，我们最直接接触到的事物也是那些特殊的、个别的物体。

另外，从重新确认的角度看，对物质物体的重新确认是不需要确认其他殊相的，而对其他殊相的重新确认则需要对物质物体的确认。例如，当我们听到"战役"这个词，我们就会要求对这个词所包含的事件、人物或具体的事物提出确认，以便理解这个词的意义；但要确认某个具体的人物或事物，则不需要把它们放到比它们包含的范围更为广泛的语词

---

① 斯特劳森：《个体：论描述的形而上学》，第40页，伦敦和纽约，梅休因，1959。

（或叫做"类名词"）中。这就表明，对物质物体的确认不是要求把表达了这种殊相的语词放到类范畴或句子中以便理解这些语词的意义，而是要直接确认物体的存在或表达了这种殊相的语词在句子中的作用。所以，斯特劳森写道："如果从确认指称的观点看物质物体是基本的，那么从重新确认的观点看它们也必定是基本的。这就是说，对物质物体的重新确认标准不应当看做是表明了对其他殊相的确认，除非它们本身就是物质物体或拥有物质物体；而对其他范畴的殊相的重新确认标准，则应当看做是部分地表明了对物质物体的确认。"①

在斯特劳森看来，把物质物体看做基本殊相具有双重意义：（1）是为殊相的确认确立了坚实的基础，在确认过程中不会出现逻辑上的恶性循环，因而也就可以区分非指示性指称的殊相与其他种类的殊相；（2）是可以保持物质物体的同一性，使得在不同的时空中确认相同的殊相。他写道："从区分非指示性地指称的殊相与同类的其他殊相的观点看，以及从把在某个场合遭遇的殊相或在某个场合所描述的殊相确认为在另一个场合遭遇的殊相或在另一个场合所描述的殊相这个观点看，我们发现，物质物体在确认殊相中起到了唯一根本的作用。"②他认为，我们关于指称殊相的一般框架就是一维时间和三维空间的一个统一的时空系统。在所有可行的主要范畴中，只有物质物体范畴才有能力构成这种框架，因为这个范畴本身就使得对空间的持久占有具有了足以稳定的关系，由此满足并因而带来了我们在使用这种框架时所面临的需要。

斯特劳森把物质物体作为基本殊相，目的是为了把人作为基本殊相，因为"人"是一切物质物体中最基本的物体（body）。但与其他物质物体不同，人具有其他物体并不具有的意识活动。斯特劳森把人看做基本殊相是出于以下两个方面的考虑：

1. 在把物质物体看做基本殊相的时候，我们把这样的殊相理解为确

---

① 斯特劳森：《个体：论描述的形而上学》，第 55 页，伦敦和纽约，梅休因，1959。
② 同上书，第 56 页。

认其他一切殊相的基础,但由此就会提出一个唯我论的问题:对基本殊相的确认最终依赖于一种"私人殊相",即只有使用语词的人自己才能确认的殊相。但这个问题是可以通过引入另一个基本殊相而解决的,这就是"人"。这里的人并不是仅仅具有私人意识和感觉的个人,而是使用了公共话语来指称事物的语言使用者,他或她所使用的一切语词都要能够为听话者所理解。他写道:确认性地指向"私人殊相",依赖于确认性地指向完全是另一种殊相,即人。为了避免把私人殊相看做比物质物体更为基本的殊相,就有必要把人看做是基本殊相。按照斯特劳森的观点,这里的人不是一个具体的人,而是指人所经历的各种经验和具有的各种意识活动;强调人是基本殊相,实际上是把这些经验和意识活动脱离于它们的所有者,认为它们是可以独立于具体的人而存在的或被谈论的。

2. 笛卡尔主义把人分为心灵和身体两个独立的部分,但这无法解释为什么人的灵魂或意识被赋予了完全不同的身体。在斯特劳森看来,这就需要重新考虑心灵和身体的关系,而只有把身体看做是心灵依附的基础,我们才能真正解释心灵和意识活动的性质。他以视觉为例说明,我们的视觉经验不是来自心灵的独立活动,而是完全取决于我们眼睛的状况和活动角度。同时,要克服笛卡尔主义的唯我论,就必须承认,能够把自我意识赋予自己的前提条件应当是能够把这种意识赋予他人。这样,经验主体或自我就不是归属于某个个人的,而是可以用于不同的身体。

通过批评笛卡尔主义的二元论和维特根斯坦式的无所有者理论,斯特劳森确立了人作为基本殊相的两个主要特征:(1) 人的身体是心灵和意识活动的根据,由于属性和关系不是殊相,作为性质特征的人类意识当然不能作为与身体同类的殊相。这就破除了笛卡尔主义的二元论。(2) 人的概念是一种实体概念,被赋予了意识状态的谓词和被赋予了肉体特征、物理情景等等的谓词都同样可以适用于这种单一实体中的单一个体。而且,人的概念在逻辑上先于个体意识的概念。人的概念并不能分析为有生命的身体或具体的灵魂概念。这就否定了无所有者的理论。斯特劳森写道:"人的概念应当被理解为一种实体的概念,这样,**无论是**

赋予了意识状态的谓词**还是**赋予了肉体特征、物理情景等等的谓词,都同样可以应用于那样一种个别实体。我说这个概念是原初的,意思完全就是说,它是不能用某种方式或某些方式加以分析的。"[1]

四　主谓区分的两个标准

当然,斯特劳森把物质物体和人看做基本殊相,并不是简单地恢复了传统形而上学话语;相反,他的目的是要把传统哲学中的殊相和共相的区分与语言上的主语和谓语的区分联系起来,以此说明这两种区分之间并不存在严格的对应关系。但他最终希望通过对这种区分的分析,揭示句子中的主词与殊相的指称关系。

根据一种传统的理论,殊相在句子中只能表现为主词,而绝不能表现为谓词;而共相或一般的非殊相则既可以表现为主词又可以表现为谓词。这个理论可以更为充分地表述为像"约翰"这样的殊相和像"婚姻"这样的共相,以及我们可以叫做共相加殊相的东西,比如"与约翰结婚"都可以用指称表达式来加以指称,但只有共相和共相加殊相,而不是单独的殊相,才可以用谓词表达式加以述谓。这个理论的关键是,认为殊相和共相的区分在语言上就表现为主词和谓词的区分。斯特劳森用语法的和范畴的两个标准分析了这个理论观点,指出了它存在的主要问题,表明了这两种区分之间的不对称性。

所谓"语法的标准",就是分析句子中的主词所起的作用。通常认为句子的主词往往是起指称作用的,例如"苏格拉底是聪明的"中的主词"苏格拉底"就是指称了一个叫做苏格拉底的人。如果把表达共相的名词作为句子的主词,根据这种看法,这样的主词仍然是起指称作用的,如"智慧是苏格拉底的品质"中的"智慧"就是指称了一种品格。但是这样的用法显然不符合我们对日常语言的用法,因为我们在把"智慧"用作主词的时候,心中并没有想到它指称了一种叫做"智慧"的东西,而仅仅是

---

① 斯特劳森:《个体:论描述的形而上学》,第104页,伦敦和纽约,梅休因,1959。

把它看做一个名词而已,类似于一个符号,是对某种性质、特征或属相的简称。斯特劳森在这里指出,从语法上看,我们不应当把主词的作用限定在指称上,同样不能把谓词的作用限定在对主词的断定上。恰当的理解是,主词和谓词都是把一个殊相引入句子的不同方式。在一个有意义的句子中一定包含了对一个殊相的描述或断定;而主词和谓词的作用不过是以不同的方式把这个殊相引入了句子中。所以我们看到"引入"或"殊相的引入"概念在斯特劳森的论证中非常重要。

所谓"范畴的标准",就是把殊相和共相的连接与名词和其他词项之间的连接放到一起考虑。通常认为,殊相在句子中是由名词表达的,而共相则是由形容词或动词表达的,因为名词在句子中起到指称的作用,形容词和动词则起断定的作用。但斯特劳森认为,殊相与共相在句子中的表现方式并不是这样简单,殊相与共相的连接往往具有不同的方式。虽然在某些句子中两者之间存在对称关系,但同样存在不对称的关系或连接,而且这种不对称关系是主要的,也是我们要解决的问题。当我们把智慧赋予苏格拉底时,"苏格拉底是聪明的"这句话中的"苏格拉底"和"是聪明的"就是不对称的,其中"苏格拉底"是殊相,"是聪明的"就是共相。在这里,斯特劳森区分了两种不同的共相,即"类共相"和"特征性共相",前者是由抽象名词或共名组成的,例如"死亡"或"人",后者是由形容词或动词构成的,如"是聪明的"。由于这两种共相在句子中可以出现在不同的位置,因而它们与殊相的连接关系就是不同的。斯特劳森把它们与殊相之间的连接归结为三种情况:(1)同一个殊相可以在种类上或事例上与一些不同的类共相结合起来,因此,菲多是一条狗,一个动物,一条活泼可爱的小狗。(2)同一个殊相可以由一个特征性连接结合许多特征性共相,因此,苏格拉底是聪明的,是温暖的,是冷酷的,是好斗的,是健谈的,是死亡的。(3)一个给定的殊相,比如说苏格拉底,可以由特征性连接去聚合大量的特征性共相;相应地,它也可以由归属性连接聚合大量的殊相。因此,苏格拉底就由特征性连接聚合了(比如说)微笑和演讲;相应地,也由特征性连接聚合了具体的微笑和具体的演讲。

　　斯特劳森提出这些不同方面的目的是要表明"共相既可以是仅仅被断定的,也可以拥有被断定的事物(即作为主词),而殊相则绝不可能仅仅是被断定的,虽然它们可以拥有被断定的事物(即作为主词),并且可以是被断定事物的内容"①。这就是说,共相在句子中既可以作谓词也可以作主词,但殊相在句子中却只能作主词,而不能作谓词。这样,共相和殊相与句子中的主词和谓词之间的关系就是不对称的。斯特劳森根据语法的和范畴的标准,最后指出:"语言试图保持或似乎在保持对某个被断定的事物或表现为谓词的事物的标准:根据语法的标准,被断定的东西是由带有断定性符号系统的一部分句子所引入的;根据范畴的标准,能够被断定的只是共相或包含了共相的复合物,而绝不是更为简单的殊相。"②

　　在这里,斯特劳森区分这两个标准的目的是要说明,语法的标准对于确定殊相和共相的关系来说是次要的,而在确认殊相的过程中起主要作用的是范畴的标准,因为正是这个标准可以使我们把殊相引入命题和话语。在斯特劳森看来,把殊相引入命题,就意味着说话者对所谈到的殊相具有唯一性的经验,就是说只有一种限定的摹状词才能用于描述这个殊相,而且听话者也可以从说话者的命题中了解他所指称的殊相。换言之,斯特劳森所谓的"把殊相引入命题",就是唯一地确认命题中的主词所指称的殊相,承认这样一个殊相是为说话者和听话者共同理解的同一个殊相。这实际上也是说话双方达成理解的根据和前提。他这样写道:"为了作出对一个殊相的确认性指称,必定有某个真的经验命题,在这个词的某种不太严格的意义上,它对说话者是已知的,结果,只有一个殊相回答了某个摹状词。类似的条件如作适当变动,也必定满足于听话者,以便使其成为这样一种情况,即有某个殊相是听话者理解说话者正在指称的。"③

---

① 斯特劳森:《个体:论描述的形而上学》,第 172 页,伦敦和纽约,梅休因,1959。
② 同上书,第 178—179 页。
③ 同上书,第 183 页。

但是在斯特劳森看来，这里对殊相的指示性确认还仅仅是针对具体的、个别的殊相，把殊相引入命题就预设了对这个殊相的某种经验事实。然而，我们在日常话语中引入殊相，却往往涉及把某个殊相归结为某类事物，这就是通常所说的"归属性共相"。"把殊相引入话语"，就是要把具体的个别的殊相放到具有归属性的共相中，使这个殊相获得共相意义。斯特劳森认为，这种引入比引入命题更具有重要性。但无论是把殊相引入命题还是引入话语，斯特劳森都是要说明这样一个观点："关于殊相的思想是一个完整的思想，而关于共相的思想则是不完整的或不必是完整的；表明殊相是如何具有逻辑的复杂性，思想的完全性，而这是共相所没有的或不必有的。我们可能是想要去表达这样一个观点，就是说：'殊相是由事实构成的，而共相则是来自事实的抽象。'"①

五　时空框架和概念图式

斯特劳森提出把物质物体和人作为基本殊相，以及对确认殊相的两个标准的修正，都是为了把殊相放到我们现有的时空框架之中，是为了揭示我们在描述事物和世界中所使用的概念图式。应当说，"概念图式"这个概念在斯特劳森哲学，特别是在《个体：论描述的形而上学》这本著作中具有非常重要的地位。在他看来，我们的一切形而上学工作，都是为了说明我们的概念图式；但这样的图式不是形而上学家为了解释世界创造出来的，而是我们在理解世界的过程中"直觉地"意识到的，是我们在描述世界结构时事先就已然存在的。由此，我们似乎可以看到康德哲学的影子。

我们知道，康德把时间和空间看做是事物存在的基本方式，也是我们认识事物的基本框架。但斯特劳森理解的"时空框架"不是空洞的、抽象的、毫无内容的，而是本身就包含了物质物体和人这样的基本殊相以及其他的殊相。他认为，殊相构成了时空框架，是这个框架中的内容和

---

① 斯特劳森：《个体：论描述的形而上学》，第 210 页，伦敦和纽约，梅休因，1959。

成分;没有殊相,也就不存在时空框架了。但构成这个框架的不是所有的殊相,而只能是物质物体和人这样的基本殊相,框架的性质和内容都是由基本殊相决定的。正是由于基本殊相构成了框架,所以必须考察基本殊相在命题中的位置,确立基本殊相在我们通常理解的主谓命题中的地位。

为了说明殊相对于时空框架的作用,斯特劳森设想了一种没有殊相的语言。在这种语言中,我们可以不使用通常的殊相作为命题的逻辑主词,而采用表达时间和地点的副词。的确,在日常语言中,我们可以这样来使用,如把"正在下雨"说成是"雨正在下",或用某种具有类共相特征的语词来表达通常使用殊相表达式说明的事件。但在斯特劳森看来,即使是这样的语言仍然无法避免对经验事实的预设,就是说,无论是对时间和地点副词的理解,还是对类共相名称的理解,都需要引入对某个具体殊相的确认。我们在科学描述中以及在教科书中可以看到大量所谓没有殊相的语言,但这样的描述却是需要根据我们对它们的实际运用才能加以理解的;而且,这样的描述本身也包含了把类共相简化为特征性殊相的内容。这些都表明,没有一种完全可以不需要殊相的语言。他这样写道:"就一般而言,即使是在没有刻画通常殊相的语言中,仍然存在着这样的联系,一方面是明确可确认的非一般事项的观念,另一方面是引入了这种事项表达式的'完全性'观念。我们还注意到,这里的非一般事项虽然的确不是通常的殊相,但仍然可以算做一种殊相。在某些条件下,抛开我们实际发现自己身陷其中的那些条件不说,它们与通常的殊相之间的区分的确是不起作用的。"①

当然,斯特劳森更关心的是存在问题,就是说,通过对逻辑主词的分析确定对象的存在。在该书的最后一章中,他用了较大的篇幅讨论了逻辑主词和存在的关系。

首先,他区分了命题中的逻辑主词指称对象和没有指称对象的情

---

① 斯特劳森:《个体:论描述的形而上学》,第 225 页,伦敦和纽约,梅休因,1959。

况,认为一个专名或限定性摹状词在句子中作为主词出现,并不意味着一定存在它所指称的殊相;进一步说,专名或限定性摹状词在句子中作主词与它们是否指称了殊相,两者之间并不存在必然的联系,所以我们不能说句子中作为主词的专名或限定性摹状词是由于指称了某个殊相而为真或为假,同样不能说指称了某个殊相的专名或限定性摹状词就一定应当作为句子的主词。例如,在"月球上的人靠奶酪为生"这个句子中的"月球上的人"这个摹状词是有意义的,但这个句子却既不是真的也不是假的,因为月球上事实上并没有人。

其次,斯特劳森还区分了真正的殊相(即他所谓的"得到具体化的殊相")和非殊相(即他所谓的"类殊相范畴"),认为命题中主词所指称的殊相通常是后者,而不是前者;就是说,当我们使用一个表达殊相的专名或限定性摹状词作为命题的主词时,往往是指它所代表的一类殊相,而不仅仅是它所指称的某个具体对象。在大多数情况中,无论是说话者还是听话者对某个具体的、特殊的对象并不感兴趣,他们所理解的殊相并不是某个所指的对象,而是把这个对象看做某一类殊相的代表。例如,当我们说"1957年的卡迪拉克汽车质量很好"时,我们指的并不是某一辆1957年出厂的卡迪拉克汽车,而是指在这一年生产的所有卡迪拉克汽车;而且,即使我们是在指着这样一辆汽车时说的这句话,我们也并不是仅仅在谈论这辆车,而是在谈论它所代表的这样一类汽车。斯特劳森把这样的类殊相叫做"典型殊相"或"范例",也叫做"非殊相",认为它们的作用就是一种象征。他这样写道:"这些种类的非殊相的恰当模式就是**典型殊相**的模式——一种原型,或理想的例证。殊相本身,它用作产生其他殊相的规则或标准。一般非殊相的柏拉图模式——即这样一种理想形式,它的实例是多少相同的或不完美的复制,在这些情况中,它就是恰当的模式,虽然一旦用它来涵盖更大范围的非殊相就会变得可笑和不恰当了。这里的非殊相正是在于,它们的实例都是人为的产物。"①

---

① 斯特劳森:《个体:论描述的形而上学》,第233页,伦敦和纽约,梅休因,1959。

　　斯特劳森指出,他之所以要提出区分真正的殊相和非殊相,目的在于揭示我们通常使用的主谓命题就包含了这样的假定:殊相是命题中的主词,而非殊相只能是命题中的谓词。但根据以上分析,非殊相往往在句子中作为逻辑主词,因而这就推翻了我们习以为常的逻辑学家给我们提供的基本思路,即认为命题中的主词只能是用于指称了殊相的专名或限定性摹状词,而只有谓词才是那些非殊相或共相。现代逻辑告诉我们,命题中的主词恰恰是可以加以替换的存在量词变元,而谓词却是一种常项,如我们可以把"苏格拉底""亚里士多德"等等名称放到"……是聪明的"这个句型中,其中的主词是变元,而谓词则是常项。然而,根据传统的观点,这种主谓陈述的主要作用是对存在作出了断定,只要是以表达殊相的专名或限定性摹状词作为命题的逻辑主词,那么就应当存在它所指称的对象,并且这个命题中的谓词就一定是对这个存在对象的断定。换言之,引入了殊相的主词表达式,带有对确定经验事实的预设;引入了共相的谓词表达式则没有。斯特劳森认为,这就是关于所预设的存在陈述的不对称,这种陈述可以是偏向一种而不是另一种所意味的存在陈述方式的理由,这也正是传统哲学对主谓命题表达方式情有独钟的原因。在他看来,这就揭示了传统形而上学,即修正的形而上学所坚持的一种概念图式,它试图以主谓命题形式展现事物存在的基本方式。但这在处理非殊相在主谓命题中的作用时就显得无能为力了。斯特劳森指出,正是出于这个理由,当诸如洛克这样的哲学家仅仅考虑基本种类的主谓命题时,"他就感到能够断定,被说成是存在着的万事万物正是在主谓命题中作为逻辑主词出现的那种事物。但这个联想一旦建立,就与他作出它的动机是矛盾的,因为任何试图消除一切非殊相主词的努力都无济于事"①。

　　斯特劳森的目的不是要为主谓命题与存在的关系指出一个新的途径,而是要确认,我们使用主谓命题并不是要用谓词对确认性指称殊相

---

① 斯特劳森:《个体:论描述的形而上学》,第 239 页,伦敦和纽约,梅休因,1959。

的主词作出存在性断定,而是要对这个主词作出事实性的预设,就是说,要把主语表达式看做是在以指称殊相的方式断定使用这个表达式的存在预设。"那个看上去仿佛是以指称殊相的方式在使用的表达式,就被替换为意义上与之相应的谓词表达式,而'存在'一词就仅仅作为量化机制的组成部分。由此我们就允许将殊相说成是存在的,而我们无需承诺不合逻辑地试图把存在解释为殊相的谓词。"①这样,我们在结构中就可以得到完全一般的、形式的和意义明确的存在概念。每个主谓命题都蕴涵了其主语表达式被替换为"存在某个东西即……"这种形式的存在命题。他说:"毫无疑问,这种看法的根据仍然在于对基本种类的主谓命题的刻画,在这种命题中,逻辑主词就是一个殊相。但其精华则纯粹是形式的观念,来自范畴上的承诺或偏好以及形式逻辑本身的图式化。"②这样,殊相在命题中作为逻辑主词出现就仅仅具有形式上的意义,而与主语表达式所指称的对象的存在毫无关系了。这也表明,我们对"存在"一词的使用完全可以是多样的,既可以表明事物的存在,也可以表明某种概念的存在等等。一旦确立了这种观念,我们理解世界的概念图式也就发生了变化。

《个体:论描述的形而上学》自1959年出版后,在西方哲学界产生了很大影响,对分析哲学的后来发展起到了重要推动作用。这不仅是由于该书对形而上学的地位给予了重新肯定,更主要的是由于它所讨论的问题都是当代分析哲学的核心,对这些问题的阐述在很大程度上改变了以往的观点。具体来说,该书所产生的影响主要表现在以下几个方面:

1. 斯特劳森对形而上学地位的重新肯定,使得在分析哲学中谈论形而上学不再是一个"犯忌"的话题,对存在问题以及认识上的先验问题的讨论,不需要蒯因的那种"本体论承诺"的遮羞布,而是可以直接把存在问题与语言表达的逻辑句法问题区分开来,从认识论的角度把握存在问

---

① 斯特劳森:《个体:论描述的形而上学》,第240页,伦敦和纽约,梅休因,1959。
② 同上书,第240—241页。

题的先验意义。受斯特劳森思想的影响,20世纪70年代以后的分析哲学一反以往的反形而上学态度,竭力从语言语法、经验意义、真理标准以及逻辑形式等不同方面探讨形而上学的价值,特别是对存在、时间、真概念、意义、同一性、可能世界、实在论和反实在论等问题展开了热烈讨论,取得了许多前所未有的成果。

2. 斯特劳森确立物质物体和人作为基本殊相,把人解释为身体和心灵的结合体,这为后来分析哲学讨论身心问题以及人的问题提供了新的思路。在分析哲学发展的早期,身心问题被看做是一个形而上学问题被抛弃,对身心问题的解决也主要是通过消解笛卡尔的二元论的方式,例如赖尔对"心"的概念的分析。但这种概念的分析并没有完全解决人的问题,特别是涉及灵魂为什么要以身体为依托的问题。斯特劳森通过把人作为基本殊相,确立了身体作为一种物质物体的性质,由此揭示了心灵作为身体的附属物的性质。特别是,他通过对典型的主谓命题形式的分析,说明身心问题的解决最终要通过分析逻辑主词在命题中的地位。这些思想对后来哲学家解决身心问题提供了具有启发性的思路,形成了当代心灵哲学中的同一论主张,虽然斯特劳森的某些具体观点并没有被完全接受。

3. 斯特劳森与罗素就摹状词理论和与蒯因就单称词理论之间的争论(见《个体:论描述的形而上学》第5章第1节),引发了当代分析哲学中意义理论的大讨论,由此形成了日常语言学派和逻辑主义学派之间在意义问题上的分歧。[①] 斯特劳森早在1950年发表的《论指称》一文就以语言的使用为标准批评了罗素的摹状词理论。在《个体:论描述的形而上学》中,他以弗雷格和盖齐的观点为例,严格区分了被指称的词项和被断定的词项,说明我们不能简单地用语法上的标准去确定殊相在命题中作为逻辑主词的作用。蒯因以单称词和全称词的区分对应于命题中的

---

① 关于斯特劳森在这两个争论中的具体观点,请参见应奇《概念图式与形而上学——彼得·斯特劳森哲学引论》,第41—50、59—67页,学林出版社,2000。

主谓区分,这在斯特劳森看来是难以成立的,因为我们在使用单称词和全称词的时候并不是完全按照蒯因对这些的理解。例如在我们使用"哲学家"时我们并不是把它理解为全称词,而在使用"一个哲学家"的时候也不是把它理解为单称词。斯特劳森的思路就是,一定要根据我们在使用这些语词的具体情况来确定它们的具体意义,这对于命题中的主谓区分来说同样如此。斯特劳森的这些思想被看做代表了牛津日常语言学派的主要观点。

　　当然,斯特劳森在书中提出的观点并没有完全被后来的哲学家们所接受,其中许多重要观点还受到了相当程度的批评,这也说明了他的思想所具有的广泛影响。例如,英国哲学家艾耶尔和威廉姆斯对他的人的概念提出了严厉的批评,而美国哲学家斯特劳德则对他哲学中的康德式先验论证提出了质疑。① 尽管如此,斯特劳森的思想在当代西方分析哲学中的重要地位是无人否认的,而《个体:论描述的形而上学》一书则被当代西方重要哲学家公认为近五十年来西方哲学的经典著作之一。②

---

① 限于篇幅,这里无法展开这些批评。有兴趣的读者可以参阅艾耶尔《人的概念及其他论文》,伦敦,麦克米伦出版公司,1964;威廉姆斯《斯特劳森先生论个体》,载于《哲学》(*Philosophy*)第 36 卷,1961;斯特劳德《先验论证》,载于《哲学杂志》第 65 卷,1968。

② 参见陈波《过去五十年西方最重要的哲学著作》,载于《哲学门》2003 年第 2 辑,湖北教育出版社。

第八章　科学哲学的兴起和发展

第一节　科学哲学的一般特征

19世纪末20世纪初逐渐形成的现代西方哲学,最初的动力来自对传统形而上学的批判。而这种批判的主要理由在于,哲学家们认为,传统形而上学的错误就是没有把哲学建立在科学的基础之上,没有使哲学具有任何严格学科都应当具有的客观性、精确性和普遍性。当时对传统形而上学提出反叛的大多数哲学家都相信,只有建立在一种严格的科学基础上,哲学才能得到真正的发展。例如,无论是维也纳学派还是牛津学派,他们都把追求语言的精确性和科学性作为哲学研究的目标和动力;同样,生活在欧洲大陆的弗洛伊德、胡塞尔和卡西尔,也都把对理性和非理性活动的形式研究看做哲学的重要内容。从整体上说,现代西方哲学与近代西方哲学的一个重要区别就在于,前者更强调哲学应当具有比以往更多的科学性质。正是在这种哲学背景之下,"科学哲学"应运而生。

一 科学哲学的研究对象和方法

在了解现代西方科学哲学的发展历史之前,有必要先来了解"科学哲学"这个概念的含义。在现代中文文献中,"科学哲学"这个词被用得非常广泛,它既被用来指当代哲学家提出的各种关于科学理论和思想的哲学观点,也被用来指关于自然科学研究成果的哲学思考,甚至被用来指哲学家们对自然事物的哲学探究。其实,在英文文献中,"科学哲学"这个词有这样两种说法:scientific philosophy 和 philosophy of science,前者通常是指某种具有科学特征的哲学,就是声称以科学的方法和理论去研究哲学问题,或者是以某种科学的精神去探究哲学,现代西方的绝大多数哲学都声称自己的哲学是"科学的";后者则是指以科学为研究对象的哲学,可以理解为"关于科学的哲学"。我们这里所说的"科学哲学"指的就是这后一种理解,就是指对科学理论、科学方法、科学概念以及判定科学的标准等等问题所进行的哲学研究。

在这种意义上,"科学哲学"这个概念应当包含了两个方面的内容:一方面是现代西方哲学家提出的各种科学哲学理论和观点以及由此形成的各种流派;另一方面则是科学哲学家们共同讨论的一些重要问题以及他们研究这些问题的基本思路和方法。对科学哲学来说,这两个方面的内容缺一不可,没有科学哲学家思想的科学哲学是空洞的,而缺乏共同问题、思路和方法的科学哲学则是不严格的,不完整的。应当说,经过科学哲学家们的共同努力,科学哲学目前已经成为一门有着特定研究对象和研究方法的哲学学科。①

在不同的哲学家那里,对科学哲学的研究对象有着不同的理解。例

---

① 关于把科学哲学理解为一门哲学二级学科,较早地见诸洛西著《科学哲学历史导论》。他在书中把科学哲学研究的问题归结为四个:(1)区分科学研究与其他类型研究的特征;(2)科学家在研究自然时应当遵循的程序;(3)正确的科学解释必须满足的条件;(4)科学定律和原理的认识地位。参见洛西《科学哲学历史导论》,邱仁宗等译,第2页,华中工学院出版社,1982。

如,波普认为,科学哲学的对象是关于科学知识的性质问题,由此衍生出科学与非科学的划界问题、科学知识的形成问题、科学发现的逻辑问题以及哲学的科学性质等问题。在卡尔纳普看来,科学哲学应当研究自然科学提出的所谓"科学的规律"或"科学的解释",研究科学概念的一般特点和应用方式、科学中的因果性问题以及科学理论与科学观察之间的关系等问题。虽然不同哲学家对科学哲学研究对象的理解不同,但他们都是在对"科学哲学"这个学科的共识上来使用这个概念的,这种共识就是,认为"科学哲学"应当是关于科学的哲学研究,而不是科学研究本身,更不是对自然现象的哲学研究。这样,作为一门哲学学科的科学哲学就有了自己特定的研究对象和方法。

1. 科学哲学是关于科学规律的研究,这样的规律是通过命题或科学论证的形式表达的,所以科学哲学的工作就是要分析和澄清科学命题和论证的意义。

这个思想首先是由马赫提出的,他对科学规律(特别是物理学规律)的研究并不是探究自然中的物理现象,而是研究描述了这些现象的句子,分析科学家们从这些现象中概括出的某些表达了规律的命题。例如,他在《力学》一书中这样写道:"所谓描述科学,主要应该满足于模写个别事实。只要有可能,我们总是使许多事实的共同特点一下子都突现出来。但是在发展水平较高的科学中,用来模写大量事实的规则是可以体现在一个**单独**的表述之中的。"①明确地把科学哲学的研究对象规定为关于科学理论和命题意义的澄清,这开始于逻辑经验主义。随着哲学家们对自然科学问题研究的深入,20 世纪 50 年代之后,科学哲学逐渐形成了较为清楚的研究范围,以至于赖欣巴哈把它称做与思辨哲学相对立的"新哲学"。② 这种新哲学的特征是,它对知识论的建构不是要获得某种关于普遍的、能够支配宇宙运动的一般原则的知识,而是对自然科学提

---

① 洪谦主编:《西方现代资产阶级哲学论著选辑》,第 44 页,商务印书馆,1982。
② 参见赖欣巴哈《科学哲学的兴起》,伯尼译,第 234—235 页,商务印书馆,1983。

供的科学结论从逻辑上作出推论性的分析；它拒绝承认任何关于物理世界的知识是绝对确定的，认为无论是对个别事件还是对控制着个别事件的规律，都不能最终确定地加以陈述，而且它完全放弃了提出道德规则的企图，认为道德目的是意愿行为的产物，而不是认识的产物。这些特征明显地反映在逻辑经验主义的科学哲学中。

2. 科学哲学作为哲学的二级学科，必然要研究哲学领域的问题，但它对这些问题的处理与其他学科的处理有着很大的不同。

西方哲学在传统上被区分为四大研究领域：形而上学或本体论、认识论、方法论即逻辑学、价值问题即伦理学。科学哲学不涉及伦理学，赖欣巴哈对此说得非常清楚："一种科学哲学不能提供道德指导；那是它的结果之一，是不能被用来反驳它的。你要真理，只要真理而不要别的吗？那么就不要向哲学家要道德指导。那些愿意从他们的哲学中推导出道德指令来的哲学家们只能给你一个虚假的证据。要求不可能的东西是无益的。"[1]

关于形而上学、认识论、逻辑学在科学哲学中的地位和作用，当代英国哲学家哈瑞给出了简明清楚的论述。[2] 他指出，逻辑学研究的是正确推理的准则或原则。要从对自然现象的科学研究中发现所谓的规律或规则，我们就必须有一套能够达到正确推理的方法和手段，对科学研究成果的表达就必须采取一种经过推理和系统论证的方式，例如，考虑到假说时就要关注有利的证据与不利的证据之间的平衡，在结论与支持结论的理由之间一定存在某些逻辑关系，在提出某种假说与拒绝或要求修改这种假说之间也必定存在某种逻辑关系，等等，对这些逻辑关系的研究正是逻辑学的主要内容。在认识论中，我们要考虑的是什么样的科学知识能够被看做是真正的知识，要表明如何能够把真正的知识与信念区别开来，把具有确定性的东西与仅仅具有或然性的东西区别开来。科学

---

[1] 赖欣巴哈：《科学哲学的兴起》，伯尼译，第 249 页，商务印书馆，1983。
[2] 参见哈瑞《科学哲学导论》，邱仁宗译，第 1—36 页，辽宁教育出版社/牛津大学出版社，1998。

哲学家们在认识论领域中感兴趣的问题是,确信特定的科学发现的方法能够被扩展到什么样的程度,事物的存在是否比关于事物作用于我们感官的知识更为确定,科学知识是否有一部分是确定无疑的,不会在任何可以设想的条件下被修正,等等。在哈瑞看来,现代形而上学已不再考虑宇宙、人和上帝的关系问题,而是研究在科学和日常生活中使用的最为一般的概念,现代形而上学的目的是要通过对概念的仔细研究来达到思想的明晰,要做到这一点就只能通过研究语言的不同用法。在科学哲学研究中,探究我们的事物概念与空间概念的关系、我们的时间维度概念与我们的因果概念的关系以及事物概念与因果性概念的关系等等,都是形而上学研究的重要问题。当然,逻辑学、认识论和形而上学这三个哲学领域在科学哲学中具有密切的联系。哈瑞把这些联系归结为:(1) 从一个逻辑学命题中可以推出一个认识论命题,如关于证据与自然规律之间的关系并非一种推论关系这个逻辑学命题,就可以导致关于谈论证据的真理性是否恰当以及谈论自然规律的真理性是否不恰当这样的认识论问题;(2) 关于预测的认识论地位是从作出这个预测的逻辑结构中得出的,因为在这种逻辑结构中的初始条件和被猜想出的自然规律被结合在一起,共同推演出关于科学的预测,并且这种预测具有同自然规律一样的猜想特征;(3) 某些情况下的定律或理论比已获得的证据资料更为可信,例如进化论理论;(4) 要求所有的知识都是确定的知识,这就可能产生极端的怀疑论,因而这要求把"知道"与"猜测"这两个概念完全区分开来。①

3. 科学哲学不仅研究科学推理的基本形式,而且研究科学知识的构成以及具体科学提出的一般理论问题,形成对科学研究成果的解释和说明。

对科学推理基本形式的研究是科学哲学的核心内容之一。早期的科学哲学研究主要集中在对各门具体科学中形成的规律性认识的分析,

①　参见哈瑞《科学哲学导论》,邱仁宗译,第 32 页,辽宁教育出版社/牛津大学出版社,1998。

如对孟德尔定律、开普勒行星假说以及 J. S. 密尔的科学归纳方法等。卡尔纳普的《科学哲学导论》讨论的就是物理学的哲学基础问题,主要内容包括了对归纳问题的统计学和逻辑学的研究、对物理学中的"定量"概念的研究以及对几何空间结构的研究等等。[①] 这些问题在后来的科学哲学研究中始终被看做是最根本的,也是最富于挑战性的问题。卡尔纳普特别强调了对科学陈述形式的研究,把询问我们从具体的个别的观察陈述如何得到普遍的一般的理论陈述这个问题看做是科学哲学的一个重大问题。他对这个问题的看法是:科学是从对个别事实的直接观察开始的,但所谓的科学规律则是无法直接观察到的,只有当我们把各种不同的观察结果加以比较之后,我们才能得到关于事实的规律性认识;我们在对个别事实作出推理陈述时,就已经使用了一般的推理形式,正如演绎推理中使用的大前提和小前提一样;对科学研究成果的解释和说明,其实就是对表达了这些成果的陈述的形式作出说明,而这样的陈述形式只有在表达了全称规律的情况下才是对我们的科学研究以及哲学研究有意义的。

通过对各门科学中提出的一般理论的研究,科学哲学具有了科学史的性质。在当代西方哲学中,科学哲学家的确有时主要被看做是科学史学家或在某个科学领域里的专家,而不是哲学家。造成这个结果的原因就是由于科学哲学家们把科学史上出现的一些重大的科学理论问题作为他们研究的重要内容,并从科学发展的角度对这些问题作出了符合自然科学发展现实的解释。例如,关于化学原子作用的知识是否完全取决于物质的化学成分本身,关于光波运动的知识是如何被看做完全地揭示了自然界的光波现象,关于热的定义是否完全与我们人类的身体感觉无关,以及关于机械力量、生物病毒、星云假说、行星运行原理等问题,都需要科学哲学家共同努力才能得到合理的解释,单靠科学家的力量是难以完成的。而科学哲学家们对这些问题的回答并非完全依赖于对具体自

---

① 参见卡尔纳普《科学哲学导论》,张华夏译,中山大学出版社,1987。

然想象的科学研究,而是根据某些在先的推理原则。

对科学研究成果作出理论说明,这是科学哲学研究的重要内容。在当代西方科学哲学中,这样的理论说明主要采取了两种不同模式:一种模式是对不可直接观察到的物质实体的理论解释,如力学中对作用力的说明。这样的说明模式本身就决定了被说明的对象所处的地位和作用。另一种模式是对某种假设的物质实体的理论解释,如关于生物病毒作用的说明。这样的物质实体虽然是根据某些已观察到的现象推断出来的,但由于它们的存在被视为完全依赖于某种理论的说明,所以这种理论说明的模式就决定了这些物质实体的作用和地位。根据这两种不同的说明模式,科学哲学家们就可以对科学研究成果提出具有相当说服力的解释,其中主要采用了科学类比的方法。对某种说明理论的接受或放弃,并不完全是按照某种事先确定的数学的或逻辑的原则,而可能是寻找有利于假设实体的证据,一旦证据表明了所假设的实体的不存在,就必须放弃这样的理论说明。

4. 科学哲学研究作为科学共同体中的一种社会活动,它必定要关注科学研究的社会特征,关注科学发展的历史因素,关注科学成果与人类活动之间的互动关系。

20 世纪初期的科学哲学研究以逻辑实证主义为代表,当时以量子力学、化学原子论以及数理逻辑为主要研究对象的那些科学家,主要关注的都是在具体学科中的一般理论问题,力图根据这些问题的研究,把他们的理论观点扩展到人类生活的其他领域。他们所从事的科学哲学研究的一个共同特点,就是强调科学本身的价值和研究科学知识的认识论价值,但不太重视或有意忽略了科学研究中涉及的社会因素,特别是没有看到科学发展的历史对科学理论构成的不可忽略的影响。但随着科学哲学中的历史学派的出现,这种状况发生了根本性的改变,这种变化的重要标志就是库恩的《科学革命的结构》的出版。

对科学的社会因素的关注,对科学研究中涉及的复杂的社会特征的关注,对科学成果与人类活动之间互动关系的关注,这些正是科学哲学中历史学派的主要特征。然而,这种历史学派并不是把科学的发展完全放到社会发展的整体背景中去考察,而是重视科学研究自身的历史发展过程,强调对科学概念和科学理论的分析应当在这个历史进程中进行,特别是强调科学研究在历史的发展过程中具有的不确定的因素。这些都使得历史学派最终走向相对主义。

在当代西方科学哲学中,科学的这种社会历史作用比以往更为明显地凸现出来。科学被看做是用来对其应用价值作出合理辩护的活动,因为对科学研究纲领的辩护或谴责,都是基于应用于其相关的技术所获结果的道德性质,而科学研究本身在道德上则是中立的,因此,科学家们就必须遵守这样一条基本准则:他们不能根据他们工作的良好后果来为自己的工作作出辩护。同时,科学也被看做是用其内在价值作出合理辩护的活动,因为无论是基于何种符合道德的理由,科学研究本身都可能面临道德选择上的两难困境,这就要求科学研究本身必定具有某种内在的价值,正是这样的价值才使得科学研究不仅在道德上得以成立,而且在审美上得到支持,这样科学知识在社会理解中就成为"真善美"的典型。

当然,科学哲学对社会因素的强调,主要基于这样一个认识,即认为科学研究本身就是一种社会活动。这里的"社会"概念可以作广义和狭义的理解。在广义上,科学研究活动是由社会各方面力量通力合作的结果,是对各种社会资源的重新配置和整合;在狭义上,科学研究是在一定的科学共同体范围内从事的活动,科学共同体构成了科学研究中的"社会"概念,这样的共同体有着自己独特的社会秩序、自己的评价体系,甚至自己的道德系统。根据某些科学哲学家的理解,科学共同体创造产品价值的方式类似于行会在制造业占统治地位的社会形态时创造价值的方式;在这样的共同体中,科学知识不再被看做是关于世界如何运动的经过检验的真理,而是引起共同体关注的竞争性斗争的结果。库恩的范式理论为揭示科学共同体的性质以及作用提供了更有意义的线索。根据他的观点,科学共同体应当是执行了某种范式的共同体,这样的范式是由社会传播的,而坚持一群特定的科学家喜爱的范式,就是形成这个共同体的条件之一。虽然历史学派在如今的科学哲学中已经逐渐失去了往日的辉煌，但无论如何，历史学派倡导的对科学研究中的社会因素的关注，早已成为科学哲学研究中的重要部分。

5. 科学哲学的研究方法以归纳和演绎并举，同时强调使用类比、隐喻等各种不同的方法，最终目的是要为科学研究活动本身提供具有普遍性和一般性作用的纲领或策略。

强调研究方法的重要性，始终是西方科学哲学的特点之一。在一定意义上说，科学家们使用什么样的方法决定了他们可能提出什么样的理论观点。在这里，方法代表了一种视角，代表了处理问题的基本前提。早期的逻辑实证主义者强调归纳对科学研究的重要意义，他们根据"可证实原则"把科学命题的意义标准确定为以逻辑的方法得到的归纳和概括。后来，卡尔纳普用"概率"的概念来说明归纳的逻辑地位，强调了"归纳推理"的重要作用。但是归纳方法的运用直接导致了这样的反对意见：认为归纳推理并不符合严格的逻辑推理规则，或者说，"归纳不能完全根据逻辑得到证明"。对科学哲学中的归纳主义的有力批评来自波普，他提出的"证伪原则"不仅是划分科学与非科学的标准，而且是对归纳主义的彻底抛弃。他在《猜想的知识：我对归纳问题的解决》一文中明确地宣称："既然休谟认为在**逻辑学**中不存在以重复为根据的归纳法这样的东西，并且这个看法是正确的，按照转换原则，在**心理学**中（或科学方法中，或科学史上）也就不可能有任何这样的东西。以重复为根据的归纳法观念一定是由于一种错误——一种视错觉。简单地说，**不存在以重复为根据的归纳法。**"[①]自波普以后，归纳主义的基本观点遭到了抛弃，科学哲学家们逐渐转向了演绎主义。

现代科学哲学中的演绎方法不完全等同于自然科学，特别是数学和逻辑学中的推导方法，它不是用运用数学的或逻辑的符号和运算规则从某个或某些初始条件推出某些具有必然性的结论。虽然科学哲学的演

————————————

① 波普尔（即波普）：《客观知识》，舒炜光等译，第 7 页，上海译文出版社，2001。

绎过程也使用形式的方式来表达,但它的主要演绎步骤则表现为以下几个方面:(1)确定我们通过感觉器官得到的经验并非完全是真实的。(2)观察者在观看物体时得到的视觉经验部分地依赖于观察者过去的经验、知识以及对这种观察的期望等。(3)一切观察陈述都必须用某种理论语言构成,观察陈述利用的理论或概念框架的精确程度,决定了这个观察陈述的精确程度。或者说,精确的、阐述清楚的理论正是精确的观察陈述的先决条件。这些演绎步骤包含的核心思想就是:理论是观察陈述的前提,理论指导着观察和实验。这些思想就构成了当代科学哲学的基本理论前提和主要研究思路。

当然,作为科学研究的方法,归纳和演绎在科学哲学中占据着同等重要的地位。不仅如此,类似隐喻、类比等修辞学方法,在科学哲学研究中也占有一席之地。随着英美语言哲学和心灵哲学、欧洲大陆的解释学哲学的发展,科学哲学也接受了更多的、更广泛的研究方法,特别是从解释学中得到了关于如何从理解出发去澄清科学命题意义的启示,随之产生了所谓的"科学的解释学"。

二　科学哲学的历史与现状

对科学哲学的历史,西方哲学界历来有不同的理解。一种观点认为,科学哲学有着与科学同样久远的历史。自从科学诞生以来,对科学问题的哲学研究就从来没有中断过。这种观点的理论根据是对科学哲学性质的独特理解,即认为科学哲学与科学之间并不存在截然的分界线,无论是科学家还是哲学家,只要他们对科学的一般理论和方法以及科学规律的认识是在抽象的概念层面上进行的,都可以把他们关于这些问题的思想称做科学哲学。根据这样的理解,亚里士多德、伽利略、培根、笛卡尔、牛顿等人都被看做是科学哲学家。① 另一种观点则认为,科学哲学应当是在19世纪末随着现代逻辑和量子力学的出现才逐渐产生

---

① 参见洛西《科学哲学历史导论》,邱仁宗等译,华中工学院出版社,1982。

的,这种哲学的思想动力在于反对传统的思辨的形而上学,它讨论的问题都与现代科学的发展密切相关,是对现代科学的哲学研究的成果。根据这种理解,现代之前的哲学家和科学家关于科学问题的哲学思考仅仅可以被看做是科学哲学的"史前史"阶段,而科学哲学的出现标志着一种"新哲学"的诞生。①

以上两种理解直接关系到对"科学哲学"这个学科的定义。根据当代哲学对这个学科的普遍认识,"科学哲学"被看做是"对于由反思科学和科学活动而产生的逻辑、认识论和本体论问题的研究。它是对科学的哲学批判"②。历史地看,它的产生与近代科学在思想上的成就密切相关。在狭义上,作为哲学的一门崭新学科,它是在现代才逐渐形成的;但在更广泛的意义上,它却是传统哲学的认识论和形而上学的组成部分。作为一门哲学学科,科学哲学研究的主要问题包括科学的目的;科学概念之间和科学命题之间的关系,科学中设定的原理;科学合理性和方法论的本性和结构;科学知识及其确证;合理性与科学进步;科学说明;科学法则;自然的必然性;或然性;科学的统一性与多样性;科学之间的还原及其关系;科学中的客观性;科学中的确定性和可错性;理论、观察、科学实验等之间的关系;科学的模式;科学的形而上学意义与理论实体的性质;科学的创造、发明与发现;科学与其他知识的关系;科学与宗教;科学观念的社会影响;科学哲学与科学史和科学社会学之间的关系;科学伦理学等等。③ 科学哲学研究的这些主要问题,都是在其发展的过程中被逐渐提出来的,并最终构成了这个学科的重要内容。

根据对科学哲学性质的这种理解,当代科学哲学的发展大体经历了三个重要阶段。第一个阶段是 20 世纪初到 50 年代,这是科学哲学作为一门学科的初建和产生影响的时期,以逻辑实证主义为代表,被称做"逻辑主义"学派。同时,哲学家们对逻辑实证主义的观点也提出了许多重

---

① 参见赖欣巴哈《科学哲学的兴起》,伯尼译,商务印书馆,1983。
② 布宁、余纪元编:《西方哲学英汉对照辞典》,第 761 页,人民出版社,2001。
③ 同上书,第 762 页。

要的反对意见,主要代表是波普的证伪主义;第二个阶段是在 50 年代到
80 年代,出现了以库恩等人为代表的"历史学派",这是对逻辑实证主义科
学哲学反叛的结果;第三个阶段是从 80 年代以后至今,主要以实在论与反
实在论之间的重要争论为代表,并出现了所谓的"后现代的科学哲学"。

　　历史地看,西方哲学家对科学性质以及与科学相关问题的关注和研
究,的确开始于古希腊,但西方哲学把这些有关科学的问题当做哲学研
究的核心问题,却是发端于现代。老一代的实证主义哲学家如孔德和马
赫等人,在各自的研究领域中提倡把哲学建立在科学的基础之上,根据
科学研究的准则和方法重新确立哲学研究的目标,他们被后人看做较早
的"科学哲学家"。但真正把科学问题当做哲学研究的全部或主要内容,
却是从新一代实证主义即逻辑实证主义开始的。维也纳学派的最初工
作就是在科学研究领域中展开的,学派的大多数成员都是自然科学家或
是对自然科学的某个领域有着深刻理解的哲学家,他们的工作目标就是
要以自然科学为模本重建哲学,用自然科学的研究方法和原则消除传统
形而上学。他们提出的"统一科学"的口号不仅仅是一种哲学上的理想,
更主要的是他们哲学研究的重要内容。正如他们在自己的宣言《维也纳
小组:科学的世界观》中所写的那样:

　　　　科学的世界概念的特点并不在于其特有的一些论点,而在于其
　　基本的态度、观点和研究方向。其目的是**统一科学**。它致力于把个
　　别研究者在不同的科学领域中的成就联系起来和一致起来。正是
　　出于这一目的,它强调**集体的努力**,强调那些可以在主体间予以把
　　握的东西,探求一种中立的形式化系统,一种消除了历史语言痕迹
　　的符号系统以及一个总的概念系统。它力求简洁性和明晰性,排斥
　　隐晦玄远和神秘莫测的深奥。科学上没有"深奥的东西",到处都是
　　表面的东西:全部经验形成了一个复杂的,不能总被概观,而常常只
　　能部分把握的网络。一切都可以为人所理解;而且人是万物的尺
　　度。在这里,科学的世界概念接近于智者派、伊壁鸠鲁派以及一切

代表了世俗本质和此岸事物的哲学家,而与柏拉图主义者、毕达哥拉斯派不同。科学的世界概念认为,**没有不可解之谜**。传统哲学问题的澄清使得我们部分地揭示了它们是一些似是而非的问题,部分地把它们转变为经验问题,从而使它们服从经验科学的判断。哲学工作的任务在于澄清问题和论断,而不在于提出特殊的"哲学的"论断。这种澄清的方法就是**逻辑分析方法**。①

在当代西方科学哲学中,维也纳学派以及整个逻辑经验主义运动所提倡的科学思想被统称为"逻辑主义"。② 简要地说,逻辑主义的基本特点是:(1)以各门具体的科学知识作为自己的研究对象和工具,力图建立一种科学的哲学,以代替传统的不科学的哲学;(2)运用逻辑分析或句法分析的方法对科学进行理性重建,对科学研究进行静态的结构分析;(3)注重理性在科学中的核心地位和作用,把科学看做是理性的事业;(4)强调人类知识具有完全的客观性,强调科学研究的目的是为了更多地积累知识,增加人类对自然的认识。20世纪二三十年代,由维也纳学派发起并组织的六次"国际统一科学大会"是逻辑经验主义成为国际性哲学运动的重要标志,同时也使逻辑主义成为科学哲学中的主导思潮。

然而,逻辑主义的这些观点很快就遭到了波普的质疑。他在其代表作《科学发现的逻辑》中就明确指出了逻辑主义面临的困难,并针锋相对地提出了自己的科学哲学思想。

首先,逻辑主义提出的建立科学哲学的理想是根据归纳逻辑的基本立场,而这个立场的要点是把一切经验科学作为有意义的标准,由此在经验科学与形而上学之间划出了界限;然而,逻辑主义在急于消灭形而上学的同时也消灭了经验科学,因为科学定律显然不能被逻辑地还原为基本的经验陈述。与此相反,波普提出,划界的工作不是要推翻形而上学,而是要适当地概括经验科学的特点,划界的标准只能被看做是对一

---

① 陈启伟主编:《现代西方哲学论著选读》,第440—441页。
② 关于逻辑经验主义的主要观点,请参见本书第3章"逻辑经验主义运动"。

个协议或约定的建议。而且，对任何一种这样的约定的恰当性，人们都可以有不同的意见，而对这些问题的理性讨论也只能在有着某些共同目的的人们之间进行。

其次，对科学命题作出逻辑的或句法的分析，不应当被看做是科学理性的唯一功能；对科学知识的结构分析，目的是带来新的科学理论并使得这种新理论得到经验的检验。波普反对逻辑主义对科学命题完全采取静态的结构分析，他认为，对命题的经验检验是一个动态的过程。他说，对命题的肯定判决只能是暂时地支持新的理论，因为随后的否定判决常常会推翻它，但只要一个理论经受住了详细而严格的检验，在科学进步的过程中没有被另一个理论所取代，那么就可以说这个理论是有生命力的，或者说它是已经被过去的经验所确认的。这就是波普后来详细阐发的"证伪理论"。对此，我们将在下一节中仔细考察。

再次，逻辑主义把经验基础问题看做是一个追求科学客观性的问题，并以基本的经验陈述作为科学客观性的根据。但波普则认为，在讨论科学的经验基础问题时应当区分两个方面的问题：一个是我们的主观经验和我们的信念感觉，它们绝不能证明任何陈述；另一个是客观的逻辑关系，它们存在于各种科学陈述系统之间和每个系统的内部。与康德的用法不同，波普把科学陈述的客观性解释为"它们能够被主观地相互检验"。他这样写道：

> 假如我们坚持我们的要求，即科学陈述必须是客观的，那么那些属于科学的经验基础的陈述也必须是客观的，即主体间是可以相互检验的，但是主体间相互检验总是意味着其他的可检验的陈述可能从待检验的陈述中演绎出来。因此，假如基本陈述自身也是主体间可相互检验的，那么，**在科学中就不可能有最终的陈述**：在科学中不可能有不可检验的陈述，因而在原则上就没有不能驳倒的，即证明可以从它们演绎出来的某个结论为伪。①

---

① 波普：《科学发现的逻辑》，第47页，纽约，基础读本公司，1959。

　　由此，波普得到了这样的观点：理论体系用从自身演绎出来的普遍性低一级的陈述来检验，因为这些陈述是主体间可相互检验的，它们也一定是以同样的方式可以接受检验的，以至无穷。但这并不表明是与每个陈述必须是可以得到检验的这个要求相矛盾，因为这并不要求每个陈述在被接受之前必须是在事实上被检验的，而只是要求每个陈述必须是可能得到检验的。这样，波普就完全放弃了这样的观点，即认为在科学中存在着我们必须顺从地当做真理接受的陈述，这是由于存在着逻辑上无法检验它们的理由。这完全是一种传统实在论的观点。波普对科学哲学中的逻辑主义的批判，实际上就是对这种传统实在论的批判。这里就埋下了后来的科学哲学思想发展中出现的反实在论的种子。

　　虽然波普对逻辑主义的批判早在逻辑实证主义发展的鼎盛时期就提出了，但由于维也纳学派以及其他逻辑实证主义学派的强大国际声势，使得波普的声音无法在当时的国际哲学舞台上完全被倾听和关注，特别是他的《研究的逻辑》一书的英文版《科学发现的逻辑》直到20世纪50年代末才得以问世，这就大大妨碍了更为广泛的英语世界了解他的思想。当波普的思想开始为整个西方世界所理解时，在科学哲学中对逻辑主义提出更为严峻的挑战的，却是来自库恩、费耶阿本德、拉卡托斯等人的思想，他们以科学发展的历史资源为依据，用历史的眼光看待科学的性质和科学本身的发展，形成了当代科学哲学中的"历史学派"。关于这个学派的思想，我们将在下面详细分析。

　　如今看来，研究者们都承认库恩等人的思想。正是这些历史学派的科学哲学家使得科学哲学真正成为当代哲学中的一个重要研究领域，因为它彻底放弃了逻辑实证主义所强调的静态的逻辑分析方法，以历史的、变化的、发展的观点，根据大量公认的历史资料，对科学的性质、任务以及研究方法等重大问题都提出了完全不同于逻辑主义的观点，提出了许多全新的概念，如"常规科学""范式的转换""科学中的反常""科学的革命时期""科学研究的纲领""无政府主义认识论"等。历史学派的出现在科学哲学领域中导致了两个无法避免的结果：（1）历史因素被引入科学哲学研究领域，这就势必产生科学中的相对主义，而这却是历史学派的哲学家竭力反对的；(2) 对科学史的关注使得科学哲学研究远离了对科学性质的分析，甚至远离了科学本身，这种历史的关注更多的是研究"关于"科学的问题，而不是科学本身的哲学问题，但这也是历史学派的哲学家所不希望的。客观地说，这两个结果正是历史学派在当代科学哲学中所处的两难境地，也是历史学派本身所面临的问题的两个方面。

在历史学派出现的同时，从逻辑经验主义运动内部分化出的一些哲学家在坚持经验主义实在论传统时，促使逻辑主义思想中强调科学客观性和实在性的观点得到更大的发展，以更为灵活的方式承认了科学理论实体的存在，由此形成了在 20 世纪 70 年代的西方哲学界名声鹊起的科学实在论思潮。这个思潮的主要代表有塞拉斯、蒯因、博伊德、格利默（C. Glymour）、普特南、夏佩尔、莱普林（J. Leplin）和哈金（I. Hacking）等人。

传统的实在论认为，自然现象的规律性就存在于自然本身，科学哲学研究需要做的工作是从自然本身中找出这些规律；而在当代科学实在论看来，从自然中获取科学的实在性并不是科学哲学研究的主要目的，我们即使不去假设形成自然现象和物质实体的规律或原因，也可以从性质上说明这些现象和实体的规律或原因。科学实在论的主要论点是，承认一个理论具有说明力和不可还原性，就是合理地承认了这个理论所假定的实体。根据对科学实在论者不同论述的分析，他们的所有命题都可以归结为两点：(1) 理论术语所指称的实体是真实存在的；(2) 流行的理论或在预见上成功的理论就是真的，"科学实在论试图达到科学对客观世界的描述的真理性"①。

但由于科学实在论在本体论承诺上具有的模糊性以及对科学理论的总体说明具有相当的抽象性，导致了它受到来自许多方面的批评和攻击。从 20 世纪 80 年代开始，科学哲学中的历史学派的哲学家库恩、劳

----

① 郑祥福：《范·弗拉森与后现代科学哲学》，第 7 页，中国社会科学出版社，1998。

丹以及从分析哲学阵营中揭竿而起的罗蒂等人，都对科学实在论提出了严厉的批评，这就使得科学实在论的主要论证和基本命题被推向了当代科学哲学争论的舞台，构成了在当代科学哲学中持续长久的科学实在论与反实在论的争论。关于这个争论，我们将在后面详细介绍。

当今西方的科学哲学研究呈现出了多样化的格局：除了反实在论者与实在论者继续在科学理论的实在性等问题上争论不休外，更多的科学哲学家关注的是在不同科学领域中的一些传统的哲学问题，如心灵的性质、生物学的哲学意义、数学的本质、几何学与运动的关系、量子力学以及统计学中的解释问题等；还有哲学家从语境、解释和修辞等角度出发，强调科学哲学研究的"后现代特征"，由此出现了所谓的"后现代的科学哲学"的趋向。[1]　从西方科学哲学的现状来看，哲学家们的研究基本上具有这样几个特点：

1. 哲学家们在具体科学中的工作表明，他们已经放弃了对科学与哲学的严格区分，把他们的研究工作完全看做是"理论"科学家的工作，他们的目的就是要实际地澄清他们所研究的科学理论和实践，并力图作出实质性的改变。[2]　正是出于这个目的，与以往的科学哲学家们不同，当今的科学哲学家们不太关心如何从逻辑上或语法上澄清科学理论的意义，或强调科学发展对理论的形成所具有的关键作用，相反，他们更加关心的是某些具体科学领域中的普遍问题，如他们在心理学、生理学、生物学、数学、量子力学、基因科学、认知科学以及计算机科学等领域中的研究工作，不仅提出了许多重要的哲学问题，而且在某种程度上推进或改变了这些学科领域的发展。

2. 哲学家们不仅强调自己研究工作的科学性质，而且重视科学研究中的社会和历史因素，把科学看做一种人类的社会活动，因而视其为历史和文化的偶然事件。所以，科学哲学家会把实验室以及完成实验的环

---

[1] 参见郭贵春《后现代科学哲学》，湖南教育出版社，1998。

[2] 马哈莫：《对科学哲学的简明历史介绍》，载于马哈莫和西尔伯斯顿(M. Silberstein)《布莱克威尔科学哲学指南》，第 11 页，牛津，布莱克威尔出版社，2002(以下所引此书均为此版本)。

境作为理解科学理论形成的重要因素,或者把科学家们的约定看做直接影响科学家工作的重要因素,或者强调科学共同体享有的某些特殊的历史或文化的共识。根据这种观点,在科学哲学中就不存在某个在一般意义上比其他理论更好的理论,因为每个理论的形成都有自己的时代和文化背景,而对这些时代和文化是无法作出好坏之分的。显然,这是一种相对主义的观点。

3. 哲学家们在研究中把科学和价值比以往更为密切地联系在一起,特别是在一些具体学科的研究中由于提出价值问题,使得哲学家们提出以某种价值取向作为科学研究的动力和先决条件。例如,医学研究中提出的伦理问题已经成为哲学家和科学家们共同讨论的话题,直接影响着医学的推进,特别是基因科学中的克隆技术的发展直接受制于基因伦理的要求。这些都最终涉及人类生命的意义问题,使得原有的理论上的元伦理学转变为实践上的应用伦理学。哲学家们也在这种研究中获得了自身的社会意义,因为科学哲学的研究表明,科学发展本身并不能解决科学的目的和手段之间的关系问题,对科学的最终判决需要哲学家和科学家的共同努力。

当然,由逻辑实证主义提出的传统问题和话题,如今在科学哲学中并没有完全消失,科学哲学家们对什么是恰当的科学解释、什么样的证据可以提供对理论的确证以及对科学与非科学的界限等问题,仍然十分关注。[①] 不同的是,哲学家们对这些问题的讨论是以不同的方式,出自不同的视角。正如美国科学哲学史家马哈莫(Peter Machamer)所说,

> 疑惑总是比人还多,问题总是比答案还多。20世纪经历了许多变化,而这些变化被看做是重要的疑惑和问题,但更重要的是,同样

---

① 2000年由牛津大学出版社出版的由克拉克(P. Clark)和霍利(K. Hawley)编辑的《今日科学哲学》一书谈论的话题就包括了科学实在论问题、因果关系、心灵哲学、生物学哲学、数学哲学、几何学和运动、量子力学、统计力学等内容。2002年由布莱克威尔出版社出版的《布莱克威尔科学哲学指南》包括的内容涉及解释、科学理论的结构、还原与凸现、模型与隐喻、实验与观察、时空物理学、生命的进化、分子生物学、认知科学等。

在这些年中发生的变化在于人们是如何需要知道去解决这些问题，而对问题的解决必须是什么样的。过去的世纪教给我们的或许只是对真正复杂的问题并没有简单的答案。但一旦意识到了这一点，就一定会有在某时某地以某种方式提供实用的答案。决定是必须要作出的。可以指望的是，科学哲学可以帮助我们去理解如何以更好的方式作出这些决定。①

三　科学哲学与分析哲学

历史地看，当代西方科学哲学是分析哲学运动的直接产物之一。严格地说，分析哲学是20世纪西方哲学中的一场重要的思想运动，而当代科学哲学则是从这场运动中诞生的一门独立的哲学研究领域，是具有特定的研究对象、研究方法以及专门的研究问题的哲学学科。在这种意义上，科学哲学与分析哲学之间具有直接的血缘关系。这种血缘关系表现在以下几个主要方面：

1. 当代科学哲学讨论的主要问题直接来自分析哲学家的工作，在很大程度上，早期的大多数分析哲学家就是科学哲学家。虽然哲学家们对科学问题的研究由来已久，虽然科学家们始终在从自己的研究中形成和提出具有哲学意味的问题，但他们能够从哲学的高度把握和提出具有普遍意义的哲学问题，能够把自然科学研究看做是对人类活动的规律性研究，这确是从分析哲学开始的。卡尔纳普对归纳问题、测量和定量语言、空间的结构、因果性和决定论、理论规律和理论概念等问题的研究，不仅远远超越了自然科学的哲学问题研究的含义，而且直接构成了逻辑经验主义的科学哲学的主要话题。从逻辑经验主义的发展过程看，早期的维也纳学派提出的对哲学的语义分析构成了分析哲学的最初模式，也被看做是分析哲学后来发展的重要来源之一。但是，维也纳学派所讨论的核

① 马哈莫：《对科学哲学的简明历史介绍》，载于马哈莫和西尔伯斯顿《布莱克威尔科学哲学指南》，第13页。

心问题并不是语义分析,而是因果性问题、概率问题、理论与观察的关系以及身心问题等,这些问题正是后来的科学哲学家讨论的主要话题。

2. 在方法论上,逻辑经验主义在当代哲学中的遗产特别明显地表现在它提倡的分析方法上,这也被看做是当代科学哲学的主要标志,以至于科学哲学的研究被主要地看做是关于方法论的研究。[①] 虽然罗素、维特根斯坦以及逻辑实证主义者强调逻辑分析方法的重要性,但当代科学哲学研究中使用的方法并不完全限于逻辑的分析,同样广泛地使用隐喻、类比、修辞等方法,甚至有的研究者认为,在当代科学哲学中出现了一次"修辞学的转向"。[②] 当然,逻辑实证主义的逻辑分析强调了对经验事实的归纳过程,强调经验规律的统计学基础,这些思想在当代科学哲学中都得到了很好的发展,特别是以贝耶斯定理为模式的归纳逻辑以及对科学假说进行选择时的统计学方法等。

3. 当代分析哲学的发展是与科学哲学研究的成果密切相关的,科学哲学研究本身构成了当代分析哲学的一部分重要内容。分析哲学自诞生之日起就带有明显的科学主义特征,科学的进步在使科学家和哲学家们感到惊喜的同时,也给他们带来了更大更多的困惑。正是哲学家们对这些困惑的不断解决,导致了分析哲学的逐渐形成,也促使了更多新的学科不断出现;这些新学科,如计算机科学、理论语言学、大脑科学以及基因科学等,自产生之时就背负着沉重的哲学负担。对这些新学科的研究已经不单是科学家们的工作,更主要的是由科学家、哲学家以及许多其他领域的专家共同合作的领域。在这些领域中的哲学研究,目的是要揭示在表层结构背后或下面所隐藏的深层结构的功能,对这种深层结构给出更为合理的解释。而这些也是当代分析哲学中出现的一个显著变化。

---

① 参见江天骥《科学方法论的中心问题》,载于江天骥主编《科学哲学名著选读》,湖北人民出版社,1988。

② 参见西蒙斯(H. W. Simons)《修辞学转向》,芝加哥大学出版社,1990;中文文献见郭贵春《后现代科学哲学》,第32—33页,湖南教育出版社,1998。

当然，科学哲学作为一门已经独立的哲学学科，它与作为一场哲学运动的分析哲学有着明显的不同。不同之处突出地表现在：科学哲学涵盖了比分析哲学更为广泛的研究领域，包容了来自各种不同立场、传统、方法以及文化的理论观点，特别是后现代科学哲学的兴起，使得科学哲学完全成为一个兼收并蓄的研究领域，任何哲学观点都可以从这里得到辩护和支持。① 具体地说，科学哲学与分析哲学之间的不同主要表现在以下几个方面：

1. 分析哲学是以分析的方法为主要特征的哲学思潮，这个思潮包含了各种不同的哲学理论观点，包含了哲学家们对各种不同问题的讨论。因而，对"分析哲学"很难清楚地加以定义，有时甚至难以判定某个哲学家的思想是否应当被看做属于分析哲学，如维特根斯坦的后期思想。相反，对"科学哲学"的定义却是比较容易的，因为这是一个有着明确研究对象和研究方法的哲学学科，是哲学家们围绕科学本身所展开的研究领域。虽然科学哲学阵营既可以包括英美的逻辑经验主义和历史学派，也可以包括欧洲大陆的非理性主义和后现代主义的思想，但在涉及这些主义和学派时，我们关注的仅仅是哲学家们从各自不同的立场和角度出发对科学的性质及其与其他非科学领域的关系、科学理论与实践、科学的具体学科发展以及整个科学的发展与人类文化之间的关系等等问题的讨论，换句话说，仅仅是哲学家们的科学观，而不包括他们在其他问题上的观点。这就可以清楚地表明科学哲学作为一门哲学学科与分析哲学作为一种哲学思潮之间的不同。

2. 由于科学哲学与分析哲学属于两种不同的研究范围，因而它们在各自的范围内具有不同的特点，虽然其中某些特点是相互交叉的。科学

---

① 1982 年马蒂纳斯·尼霍夫出版社出版的由弗罗斯塔德(G. Floistad)主编的《当代哲学概览》第 2 卷《科学哲学》，不仅收入了罗森伯格、凯泽尔、邦格等人关于因果、范式以及合理性等方面的文章，还收入了阿佩尔、肯普、帕尔默等人关于人文科学、结构主义以及解释学等方面的文章。《今日科学哲学》(克拉克和霍利编辑，牛津大学出版社，2000)一书更是把结构主义、女性主义以及后现代主义关于科学哲学的思想称做科学哲学的"新时代"。

哲学诞生于分析哲学这个历史事实，使得如今的科学哲学研究无法完全摆脱分析哲学的影响。这不仅表现在分析哲学的研究方法以及提出的问题如今仍然在科学哲学研究中起主导作用，而且科学哲学研究的成果，特别是在科学哲学研究的基础上开辟的某些新的领域，往往也被看做是对分析哲学的推进和发展。但是从目前科学哲学的研究现状看，大多数哲学家并没有把科学哲学完全划归到分析哲学的范畴，相反，他们把科学哲学研究看做是分析哲学之后的产物，就是说，在某种程度上，科学哲学的出现和发展恰恰取代了分析哲学在当代西方哲学中的地位，并使得分析哲学提出的基本哲学理念以及可行的研究方法以一门学科的形式得以保存和延续。在这种意义上，科学哲学可以被看做是分析哲学的"传人"。

3. 正如我们前面所说的，科学哲学如今是一门独立的哲学学科，因此它就具有远比分析哲学更为广泛的研究领域。它没有门户之见，没有先入为主的条件，它可以包容一切与科学有关的广阔空间：既可以包括关于科学信念和科学实践的认识状态以及普遍的方法论问题，也可以包括如理论物理学、生物学、数学、化学、心理学、计算机科学等具体科学中的某些基础问题研究。在这种意义上，广义的"科学哲学"就包括了"自然科学中的哲学问题"或"自然科学的哲学"。

4. 根据以上分析，我们可以看到，科学哲学是一个问题研究的领域，而分析哲学（在相当大的程度上）则是一个历史研究的领域。虽然分析哲学家是以问题研究为起点的，但我们如今谈论分析哲学则主要是从历史的角度研究分析哲学家们是如何提出和讨论问题的，研究他们的理论观点与传统哲学以及与当代其他哲学之间的关系。更进一步地说，在哲学的继承关系上，分析哲学也是传统经验主义以及唯名论思想在当代的继续。按照罗蒂的说法，分析哲学是近代认识论"镜式思维"方式的现代形式。无论如何，分析哲学留给我们的是哲学家们提出的理论观点，我们对分析哲学的研究不过是对当代英美哲学研究的一部分，也是西方哲学发展史研究的一部分，正如本套《西方哲学史》一样；而科学哲学则是一个可以继续开发的研究领域,历史上的科学哲学家留给我们的是一些问题或视角。而且,科学哲学研究不同于科学哲学史的研究,虽然对这种历史的研究是对科学问题研究的逻辑前提和叙述起点,但这个前提和起点显然不能代替研究的全部,更重要的是对科学问题的研究;或者说,对科学问题的研究构成了科学哲学这门学科的核心内容。

历史地说,对科学哲学发展过程的研究是与科学哲学对问题的研究本身密不可分的,科学哲学对问题的研究构成了这个学科自身的发展。我们在了解科学哲学与分析哲学的关系时,既要知道这两者之间的血缘继承,也要知道历史研究与问题研究之间的互为因果,这样,我们才能真正把握科学哲学研究的真实和全部内涵。

第二节　波普的科学哲学

无论是在当代分析哲学还是在科学哲学中,波普哲学都占据着一种特殊的地位。在分析哲学中,他的思想既不属于逻辑经验主义,也不属于日常语言学派,但他从这两种哲学思潮中汲取了思想营养,并对它们提出了具有深远影响的挑战,形成了所谓的"批判的理性主义";在科学哲学中,他的思想被看做是科学哲学从逻辑主义走向历史学派的一个过渡,是一种新历史学派的开端。这些就使得波普哲学具有了不可替代的特征。

一　生平与著作

卡尔·波普(Karl Popper)于 1902 年 7 月 28 日出生在奥地利维也纳,年轻时受到马赫一元论思想的影响,曾一度接受过马克思主义和达尔文主义的思想。第一次世界大战时他对当时的政治观点提出了尖锐批评。他最早接受了本质主义思想,但很快就转向了方法论问题,特别是对语言分析提出了自己的独特看法,即认为对语词的意义分析旨在追求真理而不是简单地澄清意义本身。1925 年他进入维也纳职业教师学院学习,维也纳大学的石里克等人曾教过他哲学史和逻辑学;1928 年以

《思维心理学中的方法问题》获哲学博士学位,次年以一篇关于几何学中的公理问题的论文获得初中数学和物理教师的资格。20 世纪的二三十年代,波普与维也纳学派的个别成员有过私下接触,对维也纳学派当时提出的许多思想(如可证实思想等)发表了不同看法,完成了两大卷《知识理论中的两个基本问题》,最后以《研究的逻辑》为题于 1933 年出版。1937—1946 年,波普在新西兰的坎特布雷大学任教,其间完成了两部重要的政治哲学著作,即《历史决定论的贫困》和《开放社会及其敌人》。1945 年起,他任教于伦敦经济学院,1949 年任伦敦大学逻辑和科学方法教授,直至 1969 年退休。1974 年美国的"在世哲学家文库"出版了《卡尔·波普哲学》,波普在他的思想自述中对他的思想发展历程和基本哲学观点都作出了非常全面的阐述。该自传于 1976 年以《无穷的探索》(*Unended Quest*)为名出版单行本。波普对中国哲学以及东方哲学表现出很大兴趣,对中国人民也抱有友好的感情。他是中英澳暑期哲学学院的赞助人和学术顾问之一,1992 年曾计划来中国亲自主持暑期学院的学习,后因健康不佳未果。1994 年,波普去世于伦敦。

对科学真理和人类自由的追求是波普一生的真实写照。对科学的"无穷的探索"和对自由思想的宣扬,构成了波普论著的两个主要话题。他在科学哲学方面的主要著作是《研究的逻辑》[*Logik der Forschung*,1933,英文版书名为《科学发现的逻辑》(*The Logic of Scientic Discovery*,1956)]、《猜测与反驳》(*Conjectures and Refutations*,1963)、《客观知识》(*Objective Knowledge*,1972)以及三卷本的《〈科学发现的逻辑〉续篇》(即《实在论和科学的目的》《开放的宇宙:对非确定性的辩护》和《量子理论与物理学中的分歧》,1983)。他在历史哲学中的代表著作是两卷本的《开放社会及其敌人》(*The Open Society and Its Enemies*,《柏拉图的咒语》和《预言的高潮:黑格尔、马克思以及后人》,1945)以及《历史决定论的贫困》(*The Poverty of Historicism*,1957)等。

二　对归纳问题的解决

归纳问题是西方哲学知识论中的一个重要问题,在西方哲学史上占有重要地位。对这个问题的常识看法是,认为我们一切现有的知识都是根据我们以往的观察和经验,而未来的事实也是可以通过归纳方法从已掌握的知识中推导出来的。因此,一切知识的可靠性不是根据某些理性规则,而是根据大量的、重复的经验观察。然而,这种常识看法被休谟所推翻,他从逻辑和心理学两个方面对常识的归纳观提出了挑战。从此,先天陈述的有效性问题以及归纳问题就被称做"休谟问题"。

休谟从逻辑方面提出的问题是:从我们经历过的或重复出现的事件中推出我们没有经历过的其他事件,或得出关于这种事件的结论,这样的推理我们是否得到了证明? 他的回答是否定的,由此表明这样的推理是不成立的。他从心理学方面提出的问题是:为什么所有能够作出推理的人都期望并相信他们没有经历过的事件与经历过的事件是一致的?或者说,我们为什么能够有如此自信的期望? 他对此的回答是:这是我们的习惯或习性使然,就是说,我们受到了重复和联想的支配,而经验上的重复和心理上的联想,就构成了我们日常生活的重要内容。休谟指出,虽然重复和联想在我们的日常生活中非常重要,但它们在逻辑上是无法得到证明的,就是说,它们并不具有理性的力量。由此,休谟引出了这样一个结论:论证和理由在我们的理智活动中并没有起到主要作用,我们的知识不仅是信念,而且是在理性上站不住脚的信念,因而,一切标榜具有逻辑有效性的知识都是值得怀疑的。

休谟对归纳问题的挑战直接影响了康德,把他从"独断论的迷梦"中解放出来。康德在《未来形而上学导论》中把"先天有效陈述的存在"问题叫做"休谟问题"。这里的"先天有效"就是根据归纳法则从关于已知事实的陈述中能够推导出关于未知事实的陈述。但康德并没有认为休谟的怀疑主义是对理性主义的颠覆,相反,他认为人类理性活动的可靠性正是通过不断回答怀疑主义的挑战而得到证明的。

康德对休谟问题的态度正是当代分析哲学解决归纳问题的思想前提。罗素在《哲学问题》中对归纳问题作了详细的分析,认为休谟的贡献就是指出了常识接受的因果观并不具有逻辑的根据,因而对原因的先天分析并不具有逻辑上的有效性。在《西方哲学史》中,罗素更是把18世纪理性主义的破产完全归咎于休谟问题,认为休谟的经验主义带来的哲学后果就是彻底抛弃了归纳原则,因而也就使得科学研究成为不可能的了。显然,罗素是在力图通过回答休谟问题来挽救归纳原则,因而在他看来,休谟对归纳原则提出的逻辑上的挑战,完全是与我们的理性原则、经验主义,甚至是科学的程序等相互冲突的。

以维也纳学派为代表的逻辑实证主义正是在力图回答休谟问题的努力中形成了他们关于归纳问题的基本看法,正是这些看法构成了逻辑实证主义科学哲学,即逻辑主义的重要内容。卡尔纳普对归纳逻辑和概率论的研究,代表了逻辑主义在归纳问题上的主要思想。他指出,概率概念应当是,而且只能是作为一个逻辑的概念才能得到清楚的说明;而逻辑的概率概念是一切归纳推理的基础,是所有那些不能依靠演绎的必然性所进行的推理的基础。如果可以找到一种令人满意的逻辑概率的定义和理论,就可以最终为解决归纳推理的争端提供一个清楚合理的基础。由此他就把关于逻辑概率的理论称做"归纳逻辑"。他在《概率的逻辑基础》中系统论述了作为概率基础的归纳逻辑,特别是把预测理论作为归纳逻辑的一个基本组成部分,在《归纳诸方法的连续统》中构造了一个可能的归纳方法系统,在《归纳逻辑的性质和应用》中把归纳逻辑看做是语义理论的一部分,认为它假定了演绎逻辑;归纳逻辑中的命题与演绎逻辑中的命题一样,既可以用于日常生活,也可以在科学中应用于已知的前提或证据。对归纳逻辑来说,它并非与演绎逻辑截然不同的逻辑系统,相反,它只是关于确证程度的理论和概率的定量说明,而演绎逻辑则是对逻辑推理的形式说明。①

————————————

① 参见本书第 3 章第 3 节。

然而,波普对逻辑主义的这种归纳逻辑提出了严厉的挑战。他的主要观点是:归纳问题并不是一个真正的逻辑问题,相反,它依赖于人们在归纳过程中的心理活动;如果在逻辑中并不存在一种归纳法则的话,那么在心理学中也不应当有这样的一个法则,即以重复为根据的归纳观念。他把这种观念称做"一种视错觉",认为完全不存在一种以重复为根据的归纳法。①

波普把休谟归纳法的逻辑问题归结为这样三个疑问:(1)解释性的普遍理论是真的这个主张能够由经验的理由来证明吗?也就是可以通过假设某些实验陈述或观察陈述为真而得到证明吗?他的回答与休谟的一样,都是否定的,因为解释性的普遍理论本质上就是超出了无数全称实验陈述的。(2)如果假设的某些实验陈述或观察陈述是真的或假的,能够证明普遍理论是真的或假的吗?他对这个问题的回答是肯定的,因为假设实验陈述是真的,有时的确允许我们证明解释性普遍理论是假的这种主张。(3)在各种理论选择中胜出的普遍理论曾经被这样的经验理由证明过吗?就是说被加以优选的普遍理论是否得到了经验陈述的证明?他的回答是肯定的,因为某些实验陈述可能会驳倒某些供选择的理论,而为了寻求正确的理论,我们自然会选择那些还没有被否证的理论。

根据对以上三个问题的回答,波普把归纳问题的核心解释为与某些给定的实验陈述有关的普遍定律的有效性问题,就是说如何根据有限的实验陈述或观察陈述来确定某个或某些普遍定律的真假。他认为,对观察事实如何进行具体描述并不是归纳问题,因为休谟问题的核心是如何证明从以往的经验中能够推出没有经历过的事实。在这里,波普把休谟问题中的"没有经历过的事实"替换为普遍定律或普遍理论,因为在他看来,任何事实说明都一定与某种普遍定律有关,而我们能够从某个事实描述推出另一个事实说明正是借助了某个普遍定律。当然,波普这样做

---

① 参见波普尔(即波普)《客观知识》,舒炜光等译,第7页,上海译文出版社,2001。

的最后动机是力图把休谟的归纳问题完全纳入逻辑的范畴,因为逻辑总是与普遍规律或科学理论有关的。由此,他对归纳问题给出了自己新的解决方法,即完全否定了归纳逻辑的可能性。

1. 归纳推理中的概率演算是根据演绎规则表达的一种具体关系,因而概率逻辑只能被看做是演绎逻辑的一般形式,而不能被解释为一种归纳逻辑,因为概率逻辑与任何简单形式的归纳原则都没有联系。

2. 归纳推理并不类似于演绎推理,就是说,归纳推理的结论并不对应于更高的概率,概率的高低并不能说明归纳推理结论的可靠性,因为在这里,推理与概率之间存在着难以弥合的鸿沟。

3. 任何简单的推理规则都是独立于逻辑的,都是通过构造归纳模式建立起来的,因为我们是用这个世界中的事件构造归纳推理的规则,但逻辑本身却应当是超越这个世界的,应当在一切逻辑上可能的世界中都是有效的。[①]

由此,波普得出这样的结论:"归纳本质上试图扩展我们的知识:通过至少增加某些未知事物的概率而从已知达到未知。我这里的论证是,无论我们把归纳看做是什么,它都无法被看做等同于概率逻辑。"[②]他在思想自述中反复表明,"并不存在任何归纳推理的规则","切实可用的归纳推理规则并不存在","不可能有摆脱理论的观察,摆脱理论的语言,当然不可能有摆脱理论的规则或归纳原理,不可能有一切理论应建立于其上的规则或原理",因此,"不存在'归纳逻辑'"。[③] 他在回应其他哲学家对他思想的批评时,更加清楚地说明了他对归纳问题的基本看法:"我称作的归纳问题开始于这样一个信念,即认为休谟正确地出于逻辑原因谴责了归纳;我称作的对假设的确认仅仅是对以往完成这个假设的概要报道;它**并不是**试图证明这样一个期待,即认为如果这个假设在过去是成

---

① 参见波普《实在论和科学的目的》,第 323—324 页,伦敦,哈奇森,1983。

② 波普:《实在论和科学的目的》,第 327 页,伦敦,哈奇森,1983。

③ 参见波普尔(即波普)《无穷的探索》,邱仁宗、段娟译,第 154—155 页,福建人民出版社,1984。

功的,那么也就证明了它**在未来**也会成功。相反,我与休谟一样相信,**没有任何东西**可以证明这种期待。但这样,我并没有解决归纳问题,每个人都会叫起来。的确,我并没有解决(或试图去解决)你们所说的归纳问题,我现在把它称作'传统的归纳问题'。这个问题可以表述为:'归纳如何能够得到证明?'我对这个问题的回答是:'它不能。'(所以某些人以为我认为归纳问题是不可解决的)但我不仅是说了'它不能',最后,我还说了'**它不能,而且它不需要**'。"①

波普对"归纳"概念的这种坚定的拒斥态度,自然引起了哲学家们的质疑。虽然有哲学家赞同他对休谟问题的解决,但更多的哲学家则持否定的态度。普特南指出,如果归纳不能保证科学假设的有效性,那么科学本身就会变成毫无意义的了,因为根据波普的观点,"科学家不会告诉我们哪一些规律或理论会足以保证成为实践目的所依赖的基础;而且这从理解的目的来说也是不重要的,因为根据波普的观点,科学家不会告诉我们哪一些规律或理论是真的或是具有可能性的。知道某些'猜测'(根据波普的看法,一切科学规律都是'暂时的猜测')还没有被反驳,这**并没有理解任何东西**"。普特南进一步指出:"由于科学规律的运用是要涉及到对未来进程的预测,所以,波普坚持归纳是不必要的观点是错误的。即使科学家不是归纳地预测到未来,但运用科学规律和理论的人却是这样做的。对这样的人来说,提出'不要作出归纳'这种建议是没有什么道理可言。把一切知识都看做是'暂时的猜测'也是没有道理的。……**知识**和**猜测**之间的区分在我们的生活中是有作用的;波普之所以坚持这种极端的怀疑论,只是因为他非常极端地把理论看做是目的本身。"②

普特南的批评还是从科学规律的有效性角度对波普观点进行正面反驳,而拉卡托斯则认为波普的观点还不够彻底,还没有完全从真理符合论的阴影中解脱出来。拉卡托斯指出,由于波普把归纳问题与科学和

---

① 波普:《回应我的批评》,载于希尔普《卡尔·波普哲学》第 2 卷,第 1043 页,开放世界出版公司,1974(以下所引此书均为此版本)。
② 普特南:《理论的证实》,载于希尔普《卡尔·波普哲学》第 1 卷,第 223 页。

非科学的划界问题分离开来,所以他就无法在归纳问题上坚持在划界问题上应坚持的反符合论标准:他把归纳问题的不可能性归结为无法通过这种归纳方法达到科学的真理。而这是由于波普思想中接受了塔尔斯基的真理观,即根据符合论的要求追问真的定义。

三 科学与形而上学的划界问题

波普认为,认识论的两个基本问题就是归纳问题和划界问题。归纳问题的解决是基于划界问题的解决,因为归纳逻辑的不可能性正是由于它并没有提供一个恰当的区分理论体系的经验特征和形而上学特征的明确标准,就是说,它没有提供一种恰当的"划界标准"。他写道:"找到这样一个标准,使得我们能够区分一方面是经验科学,另一方面是数学、逻辑以及'形而上学'体系。我把这叫做**划界问题**。"[①]

休谟最早在《人类理解研究》中就提出并试图解决划界问题,康德则把这个问题看做是认识论的核心问题。如果把归纳问题称作"休谟问题"的话,划界问题就可以称做"康德问题"。波普自称,他在1919年就意识到了这个问题,并得出了这样一个结论:"科学的态度就是批判的态度,这种态度并不去寻找证实,而是去寻找判决性的检验;这些检验能**反驳**被检验的理论,虽然这些检验决不能证实它。"[②]在《科学发现的逻辑》中,波普明确阐述了他对划界问题的基本看法。他写道:"如果我们希望避免实证主义者用我们的划界标准去消除自然科学的理论系统,那么,我们就必须选择一种标准,它允许我们承认经验科学的领域,即使其中的某些陈述是无法得到证实的。但我的确不会把一个系统看做是经验的或科学的,仅仅因为它能够得到经验的检验。这些考虑表明,应当作为划界标准的不是**可证实性**,而是可证伪性,换言之,我不会要求一个科学系统能够一劳永逸地在肯定的意义上得到确

---

① 波普:《科学发现的逻辑》,第34页,纽约,基础读本公司,1959。
② 波普尔(即波普):《无穷的探索》,邱仁宗、段娟译,第36页,福建人民出版社,1984。

定,但我会要求它的逻辑形式应当是这样的,即它能够在否定的意义上用经验检验的方式得到确定:**一个经验科学系统必须有可能由经验得到反驳**。"①

波普之所以要在科学与形而上学之间作出这样的区分,是基于以下两个方面原因:

1.他认为,传统哲学把经验观察或归纳方法作为科学的基本特征,而把伪科学或形而上学的特征规定为思辨的方法或类似假说的方法,这种区分科学与形而上学的标准是没有事实根据的。这是因为现代物理学理论,特别是爱因斯坦的相对论就是高度思辨、高度抽象的产物,远离了可以称为其"观察基础"的东西;牛顿力学本身也是思辨的结果;培根曾经反对哥白尼的学说,理由就是认为它不必要地歪曲了我们的感觉。相反,那些声称具有神奇效力的伪科学主张倒是与观察联系得更为紧密,而且往往明显地建立在归纳的基础之上,例如占星术就是声称他们的理论是以大量的归纳材料为基础的。所以,简单地以经验观察和归纳方法作为区分科学与形而上学的标准,显然并没有真正达到目的。只有用一种新的划界标准才能真正把科学与形而上学区分开来。

2.波普对逻辑实证主义者提出的科学与非科学的划界标准非常不满。他认为,卡尔纳普等人提出的用"可证实性"作为区分命题有无意义的标准完全不适合这样的划界。因为:(1)可证实性并不是科学的唯一或主要的特征,相反,有许多被公认的科学命题是无法得到证实的;(2)虽然形而上学的命题不是科学命题,但它们并不一定是没有意义的,如果用有无意义作为划界的标准,必定会使科学理论本身也因此而被排除,相反却无法排除那些真正需要排除的形而上学。

因此,波普提出了一种新的划界标准,即理论系统的可反驳性或可证伪性。他说:"一个系统只有作出可能与观察相冲突的论断,才可以

----

① 波普:《科学发现的逻辑》,第40—41页,纽约,基础读本公司,1959。

看作是科学的;实际上通过设法造成这样的冲突,也即通过设法驳倒它,一个系统才受到检验。因而可检验性即等于可反驳性,所以也同样可以作为分界标准。"①根据波普的论述,他关于这种划界的思想包含了以下这些内容:

1. 科学理论应当以批判态度作为自己最重要的特征。一种理论是不是科学的,关键是要看它是否能够经受批判性的讨论。只有在这种批判性的反驳遭到否定的时候,这种理论才可以说是科学的。例如牛顿力学对开普勒定律的批判,以及爱因斯坦相对论遭受的反驳,这些理论正是通过这些批判和反驳最终获得了它们的科学地位。事实上,任何一次真正的检验都是对理论的恰当反驳,而只有在一种理论成功地经受了这些反驳后,我们才能说它已经得到了经验的检验。

2. 对理论的任何一次检验都不是最终的,因而可反驳性或可证伪性往往是相对于某一次具体的检验。对一个理论的反驳或证伪需要有一个过程,这就是所谓的"可检验度"的问题。这个问题特别适用于对不同理论之间的解释。波普用两个物理学的例子说明这一点:有这样两个理论,一个是关于可推导出不同强度的磁场重原子所发射光谱线分裂的精确预测值,一个则是预言磁场可以影响光的发射。比较这两个理论,前一个比后一个更容易受到实验的反驳。这是因为一种理论越是精确,也就越是容易受到反驳,越是使人产生兴趣;相反,那些似是而非、大而化之的理论虽然表面上无懈可击,但没有对具体的研究对象提出任何精确的说明,所以,也就无法得到真正的检验。对于那些完全不可检验的理论,我们就可以称之为"形而上学"。

3. 对科学与形而上学的划界,不是为了提出一种有无意义的标准,更不是为了通过划界而排除形而上学,相反,划界的目的仅仅是为了说明科学理论的最重要的性质,为了用可反驳性或可证伪性解释科学的进步。所以,逻辑实证主义提倡的那种意义标准完全不适用于对科学与形

---

① 波普尔(即波普):《猜想与反驳》,傅季重等译,第365页,上海译文出版社,1986。

而上学的划界，而且任何试图通过在科学与形而上学之间划出界限，以便把形而上学作为胡说而从有意义的语言中清除出去，都是不恰当的。

4. 由于科学理论的可确证性、可检验性或可确认性会随着可检验度的提高而得到提高，因而，在科学与形而上学之间的界限并非是严格的、一成不变的。从科学的发展史中就可以看出，许多今天的科学理论都源于神话或想象。这也说明，不能把可反驳性或可证伪性作为区分科学理论有无意义的标准，而只能把它看做是在某个具体历史情况中检验科学理论的标准。如果有意义的标准适用于对某个存在陈述的否定，如"不存在任何永动机"这个命题是有意义的，那么，这个存在陈述本身也就应当是有意义的。这样，波普就明确地把意义标准问题与科学和形而上学的划界问题区分开来，并把前一个问题看做是假问题而排除掉。波普一再强调，他把可证伪性看做是划界的标准，而不是意义的标准。他强烈批判把意义的概念用于划界标准。他认为，可证伪性是区分了两种完全有意义的陈述，即可以证伪的陈述和不可以证伪的陈述。这是在有意义的语言之中划定的界限，而不是关于语言是否有意义的标准。

5. 划界的标准最终解决了休谟的归纳问题。在波普看来，归纳问题即自然规律的有效性问题，根植于这样一个明显的矛盾：一方面是"经验主义的基本论题"，即认为只有经验才能决定科学陈述的真假；另一方面是休谟意识到了归纳论证是不恰当的。而这个矛盾只有在这样一种情况下才会出现，即断定了一切经验科学陈述都必须是最终可以得到确定的，就是说，它们的可证实性和可证伪性在原则上都是可能的。如果我们放弃了这种要求，而把经验陈述看做仅仅在一种意义上可以得到确定的，就是说是可证伪的，并且可以通过系统地证伪它们而得到检验，那么上述的这个矛盾就会消失，因为证伪的方法并没有预先假设归纳推理，而仅仅是预设了演绎逻辑的同义转换。

波普的这个划界标准是直接反对逻辑实证主义意义标准的，但他首次明确阐述这个思想的著作《科学发现的逻辑》却是在石里克和弗兰克主编的逻辑实证主义思想丛书《科学的世界观文集》中出版的。这一方面为他带来了一定的学术声望,但另一方面也招致了更多的"误解"和责难。① 维也纳学派成员对波普的批评非常重视,他们以各种方式讨论波普的观点,并与他本人进行了各种形式的交流。波普的思想在当时的自然科学家中得到一些反响,如实验物理学家乌尔巴赫、数学家门格尔、逻辑学家米塞斯等人,他们对于把可反驳性或可证伪性作为区分科学与形而上学的标准给予了很高的评价。但更多的科学家和哲学家则对波普的观点提出了疑问。

例如,理论物理学家麦克斯韦就指出,波普的划界标准明显地排除了存在性陈述在科学命题中的地位,但科学的历史和现实都向我们表明,科学命题中的许多陈述都属于存在性的普遍命题,如果把这些命题都排除在了科学系统之外,那么波普的划界标准就显得过于严格而令人无法接受了。他说:"由于存在性陈述在逻辑上是独立于理论的其他部分的,所以,我就无法理解它们是如何被用在对这个理论的可证伪性上的,或者说,如何使它们在波普的'可检验性'意义上是更能够得到检验的。"② 逻辑史学家涅尔认为,把没有限定的存在性命题都看做是形而上学命题,势必会导致一个悖论,因为当代哲学对形而上学的拒斥并不是在亚里士多德意义上理解的形而上学;认为一种理论无法从经验上得到证伪或反驳就认定为是形而上学,这种做法本身就是不恰当的。他写道:"一方面认为对自然规律的假设是经验的,因为它们是可以由经验得到反驳的,另一方面又否定了没有限定的存在性命题可以被赋予相同的名称,这是奇怪地背离了日常语言的用法。因为对规律假设的反驳,同时就是在确立一个与之相反的没有限定的存在性命题;如果这个过程要求助于前者描述的经验,那么它也会涉及后者描述的经验。的确,如果要把'经验的'这个词用于这样的命题,那么就会有更好的情况可以从经验上得到**确立**,而不是把它应用于那些可以从经验上得到反驳的东西,

---

① 参见波普尔(即波普)在《无穷的探索》(邱仁宗、段娟译,福建人民出版社,1984)第 81—90 页中为自己观点的辩护。
② 麦克斯韦:《无需划界的证实》,载于希尔普《卡尔·波普哲学》第 1 卷,第316 页。

因为哲学家们正是首先用它来讨论关于**知识**的主张。"[①]

波普的划界标准对后来的科学哲学发展产生了很大影响：（1）它消除了逻辑实证主义的意义标准，使得科学哲学中对意义问题的追问变成了对验证问题的求证，因而概率研究就变成了当代科学哲学中的主要领域之一；（2）它改变了人们以往对科学理论的迷信认识，科学不再被看做是颠扑不破、普遍适用的真理，而仅仅成为一种有条件的、可以被反驳的假说，但可证伪的假说比不可证伪的假说离真理更近一些；（3）它使得后来的科学哲学研究更为关注科学研究中的历史、社会和文化因素，把科学史研究引入科学哲学领域，推动了科学哲学从强调静止的结构分析的逻辑主义转向了关注动态的历时分析的历史学派。

四　进化和世界三理论

既然判定科学理论的标准是对现有假说的反驳和证伪，而且可证伪的假说比不可证伪的假说离真理更近，那么科学的进步就只能是一个不断寻找证据推翻现有科学假说的过程。这就是波普向我们描绘的科学进步的图景。在这个图景中，科学的进步完全是一个渐进的过程，而不是通过科学上的革命实现的。波普用达尔文的生物进化理论说明科学的演化过程，把科学的进步看做是一个情景问题，就是说，任何一种科学理论都是在具体的情景中得到检验或反驳的。

早在《科学发现的逻辑》德文版中，波普就明确表达了他对达尔文进化论思想的推崇，他用达尔文的选择理论，通过试错和排除谬误的方法论证科学知识的增长。1961年，他在牛津的斯宾塞讲座"进化和知识之树"中全面阐述了自己的科学进化论思想，明确提出了他关于"遗传二元论"的假说。

他首先指出，在科学研究中，理论总是先于观察的，就是说，在具体的研究活动中，我们总是从某个现有的理论或实际的问题出发，根据这

[①] 涅尔：《科学划界》，载于希尔普《卡尔·波普哲学》第1卷，第207页。

样的理论去寻找和确定我们的观察对象,或者对符合这个理论要求的观察对象进行细致的分析,试图由此得到确证或反驳这个理论的有效证据,这种证据将会显示现有的理论是假,从而激发我们去提出更好的理论。他这样写道:"因此,我断言,我们不是从观察开始,而总是从问题开始,它们或者是实际问题,或者是**已经陷于困境的理论**。一旦我们碰到问题,我们就可能开始研究它。"①他认为,这样一个研究过程往往是经过了两个步骤:首先是对这样的理论或问题提出猜测性的解决方法,然后是对这样的解决方案提出检验,但作出这种检验的目的不是为了证实解决方案的有效,相反,是为了能够推翻这样的解决方案,并提出更好的方案。所以波普提出,知识的增长正是通过这样不断的猜测和反驳而从老问题走向新问题的过程。

在这里,波普明确反对传统知识论的观点。根据这种观点,人类知识的进步是通过不断积累有效的真理而实现的,虽然科学的实验经常会推翻以往的理论,但从总的历史进程看,人类的知识是在不断增长的,不断进步的。波普把这种知识论称做"科学的水桶说"②,他认为,这种知识论的错误在于把观察和知觉看做是没有任何先在的理论或问题作为引导的,这完全不符合知识学习的实际过程,也不符合科学发展的历史事实。与这种知识论相反,波普提出,任何观察或知觉活动都是以假设或理论或问题为前提的,我们的观察和知觉活动是根据先在的假设或理论或问题的要求进行的,换言之,观察和知觉活动不是盲目的,而是有着明确的目的,就像探照灯总是要聚焦在某个地方。"因为我们只有通过假设才知道应该进行哪一类观察,哪个方面我们应该注意,哪个地方我们应该感兴趣。因此,正是假设成了我们的向导,引导我们得到新的观察结果。"③波普把他的这种观点称做"探照灯说"。根据这种观点,虽然观察对于假设来说是第二性的,但观察对假设同样起到了检验的作用:如

---

① 波普尔(即波普):《客观知识》,舒炜光等译,第270页,上海译文出版社,2001。
② 同上书,第351页。
③ 同上书,第356页。

果假设没有经受住检验,被我们的观察所否证,那么我们就要寻求新的假设。由此,科学的进步就是经过观察的检验而使得新的假设不断替换旧的假设的过程,所以科学的进步就只能是一个进化的过程。

波普对科学进步的这种进化论说明,隐含着这样一个理论前提:他的目的不是要说明科学的发生历史或科学知识产生的根源问题(他把这样的问题看做是假问题),而是要说明科学知识在我们的日常生活中发挥的作用,用他的话说,科学的任务并不限于寻求纯粹的理论说明,更重要的是要进行预测和对技术的应用。科学的这两个任务并不是相互独立的,而是同一个活动的两个方面,即科学是一个通过否证而不断前进的过程。他说:"科学家的目的不在于发现绝对的确定性,而在于发现愈来愈好的理论(或者发明愈来愈好的探照灯),这些理论可以接受愈来愈严厉的检验(并由此而引导我们达到最新经验,照亮我们的最新经验)。但是,这意味着这些理论一定是可否证的:正是通过它们的否证,科学在前进。"①

波普用达尔文的进化论思想说明这种进化论的科学观,认为科学知识的增长是一个自然选择假说的过程:我们的知识都是由假说构成的,这些假说在生存竞争中幸存下来,显示了它们的适应性,而那些不适应的假说则在生存竞争中被淘汰掉。波普把人类知识的增长之树与人类进化之树作了对比,认为两者是朝着相反的方向发展:人类的进化是一个构成家谱的过程,人类共同的单细胞祖先是以后发展的基础和主干,这是一个向上生长的过程;但人类知识的增长则是无数的根部不断向空中生长的过程,我们往往是由于经验实例而引申出知识的不同分支,而一切理论说明都是为了解决实际的问题。

波普在《进化与知识之树》中把他的这些进化思想概括为这样四个论点:(1)我们总是会犯各种错误,但我们会从错误中学习和进步;(2)我们不能证明我们的理论,但我们能够理性地批判它们,并且尝试性

----

① 波普尔(即波普):《客观知识》,舒炜光等译,第 372—373 页,上海译文出版社,2001。

地采纳那些似乎最经得起我们批判并有最大说明力的理论;(3)科学方法不能提供科学成功的捷径,科学上的成功不是依靠方法的有效,而是不断试错的结果;(4)科学的成果是不能被证明的,它只能被批判和检验;而经过批判和检验的成果似乎比它的竞争者更好、更有意义、更有力量、更有希望和更接近真理。[1]

虽然波普把科学知识的增长看做是一个进化的过程,但他并不反对这种知识的客观性。他认为,通过猜测和反驳而得到的知识恰恰是客观的。由此他提出了自己独特的关于知识的三个世界的学说。波普于1967年在第三届逻辑方法论和科学哲学国际会议上发表的《没有认识主体的认识论》中第一次系统地阐述了他的这个学说,1968年在维也纳的一次讲演中再次对这个学说作了补充论证,最后于1978年在与艾克尔斯合著的《自我及其大脑》中对这个学说作了更为全面的解释。

他把我们常说的"世界"或"宇宙"区分为三个:第一是物理对象或物理状态的世界,也就是我们常说的"物质世界",波普称之为"第一世界"或"世界一";第二是意识状态或精神状态的世界,或者是关于活动的行为意向的世界,也就是我们常说的"精神世界",波普称之为"第二世界"或"世界二";第三是思想的客观内容的世界,尤其是科学思想、诗的思想以及艺术作品的世界,我们也可以称之为"思想世界",波普称之为"第三世界"或"世界三"。正如波普所说的,这个"思想世界"最接近弗雷格所描述的由可以共享的客观思想构成的世界。他认为,这个世界的主要内容是理论体系、问题和问题境况,还有批判性的辩论以及讨论的或批判辩论的状态。这些东西虽然依附于物质世界中的书籍、图书馆等有形物质以及精神世界中的意识活动、意向对象等无形东西,但从性质上说,它们又是可以脱离物质世界和精神世界的,因为它们属于客观理论、客观问题和客观论据的世界。波普把这种世界中的知识称做"没有认识者的知识""没有认识主体的知识"。

---

[1] 波普尔(即波普):《客观知识》,舒炜光等译,第277页,上海译文出版社,2001。

他在阐述这种没有认识主体的认识论时,特别提出了三个主要论点:第一个是否定性的,即认为传统的认识论把注意力集中在第二世界的知识也就是主观意义的知识上,这就背离了科学研究的正路;第二个是肯定性的,即认为认识论应当研究科学的问题和产生问题的境况,研究科学推测和科学讨论,也就是要研究在本质上属于自主的客观知识的第三世界对认识论具有决定性的重要意义;第三个论点是认为,研究第三世界的客观主义认识论会有助于很好地阐明主观意识的第二世界,尤其是有助于阐明科学家的主观思想过程,但反之则不然。

围绕第三个世界或世界三的这三个论点,波普主要阐述了以下几个重要思想:

1. 世界三中的知识是客观的,虽然作为这种知识载体的有形物质如书籍或图书馆等可以消失,但它们负载的知识却不会因它们的消失而消失;这种知识的客观性不是物质上的,而是思想上的和精神上的,但这些知识又不是主观精神本身,而是人类精神活动的最后结果。他这样写道:"我把从产品即理论和论据方面作出的探讨称为'客观的'探讨或'第三世界的'探讨。而且我将把对科学知识作的行为主义的、心理学的和社会学的探讨称为'主观的'探讨或'第二世界的'探讨。"①

2. 虽然世界三是人类创造的产物,但它也像人类的其他创造物一样,反过来又创造了它自己的自主性领域。这就说明,世界三本身具有自主性。波普把这种自主性看做是他的世界三理论的核心内容。他说,就像哥德巴赫猜想一样,自然数理论中的猜想"尽管间接涉及我们的创造活动,但直接涉及的却是从我们的创造中莫名其妙地涌现出来而我们又无法控制和影响的问题和事实:它们是难以对付的事实,有关它们的真理往往是难以发现的。这个实例说明了我的说法:尽管第三世界是我们创造的,但它基本上是自主的"②。

---

① 波普尔(即波普):《客观知识》,舒炜光等译,第 122—123 页,上海译文出版社,2001。
② 同上书,第 127 页。

3. 由于世界三具有这种自主性,因而它会对世界二产生重要的反馈作用,就是说,属于世界三中的知识和问题会推动世界二中的意识活动,并由此产生新的知识和新的问题。波普用一个简单的图式来表明这个过程:$P_1 \rightarrow TT \rightarrow EE \rightarrow P_2$,这里的 P_1 就是我们的问题,TT 是对这个问题提出的尝试性解答或理论,EE 是这种理论必须经受的消除错误的阶段,主要是批判性的讨论或实验,P_2 是经过了讨论或实验后产生的新的问题。波普认为,科学知识的产生和发展就是从问题到理论,再到检验,最后到新的问题这样一个过程。他把上面这个图式解释为"借助于系统的**理性批判**、通过消除错误使知识发展的图式。它成为借助于理性讨论来探究真理和内容的图式。它描述我们依赖我们的力量提高我们自己的方式。它对突现进化,对我们**通过选择和理性批判而自我超越**提供了理性的描述"①。所以,波普的哲学通常被称做"批判理性主义"。

4. 在这三个世界的关系中,世界二是世界一和世界三的中介,就是说,世界三的对象是通过世界二而对世界一的对象产生作用的。在柏拉图的客观性意义上,世界二和世界三的对象是与世界一的对象一样客观的。波普认为,世界三的对象是实在的,这"不仅在于它们在世界一中的物质化或具体化,而且也在于世界三方面。作为世界三的对象,它们可以引导人们去生产其他的世界三的对象,并从而作用于世界一"②。他把与世界一的相互作用看做是称某个事物具有实在性的决定性判定标准。这样,波普就扩大了"实在性"概念的范围。

5. 借助于世界三,我们就可以改变传统的身心问题。根据波普的观点,身心问题实际上是世界一和世界二的关系问题,如果说世界三是通过世界二而与世界一发生作用,那么由于世界一和世界三的实在性,世

①波普尔(即波普):《客观知识》,舒炜光等译,第130页,上海译文出版社,2001。
②波普尔(即波普):《科学知识进化论》,纪树立编译,第410页,生活·读书·新知三联书店,1987。

界二也就具有了实在性,就是说,人类的精神活动本身并不是完全个人的意识活动,而是可以对世界三产生作用的过程。波普把世界二和世界三之间的相互作用解释为制造世界三对象以及用批判性选择把它们加以比较,这样世界二就是一种富有成效的、批判性的创造和比较的过程,因而意识活动就可以完成类似神经过程所完成的那些任务,意识活动也由此才成为可以理解的了。波普明确地把重新解释身心问题的根据建立在对语言的理解之上。他认为,语言具有物质和精神双重性质,一方面它是物质的,就是说,语言是人类用于传达思想的物质手段;另一方面它又是非物质的,就是说,语言是对人类自我意识的表达。波普还把身心问题分做两个不同的部分:一个是人的生理状态与某些意识状态之间的关系,另一个是自我与其身体的关系问题。他认为,只有考虑到语言和世界三以及自我对它们的依赖性,身心问题才能得到真正的解决。

波普的科学进化论思想和关于世界三的观点在当代西方科学哲学以及整个西方哲学界都引起了极大的震动,因为他完全打破了传统哲学对科学进步的基本认识,特别是一反逻辑实证主义以及常识实在论的主张;同时,他对世界三的论述又使得知识的客观性或实在性问题成为当代哲学争论的一个焦点。波普的这些思想观点在 20 世纪 50—70 年代曾赢得了不少哲学家和科学家的赞誉,特别是科学家出于对爱因斯坦的热爱,大多表现出了对波普思想的肯定和支持,因为波普多次表明他的思想与爱因斯坦是完全"同路"的,并曾得到了爱因斯坦本人的首肯;然而,从今天的科学哲学观点看,波普的思想由于明显存在论据不足和论证逻辑上的问题,因而并没有真正解决科学进步的问题,他的世界三理论也表现出了思想上的一种简单化的倾向。

波普的证伪主义或批判理性主义在当代西方哲学家中毁誉参半。哲学家们对他的批评意见主要集中在这样几个方面:(1)过分强调证伪在科学进步中的作用,这就完全忽视了科学进步中包含的知识积累的事实。因为我们判断科学进步的标准不是旧有的理论是否被证伪并代之以新的理论,而是新的理论是否真正包含了新的内容。① (2)强调科学研究开始于问题,这是与理论先于观察的观点完全相容的,因为一切科学都不是开始于纯粹的观察,一切观察都包含了理论的成分,或者说,没有理论的观察是不可想象的。② (3)以证伪方式说明科学的进步以及知识的增长不符合科学史的事实,而且从逻辑上也很难成立,因为一旦采用这种方法,那些被公认为科学理论中最佳范例的理论就根本无法发展起来,它们会在萌芽时期就被抛弃了。事实恰恰与波普设想的情况相反,"新理论(包括表述不完善的新颖概念)的早期阐述是在对那些表面的一次次证伪不予理睬的情况下被坚持下来和发展起来的。只是经过许多科学家若干世纪的智力劳动,在新的物理学体系终于创立之后,新的理论才能够即使在细节上也成功地和观察和实验的结果相吻合。不考虑到这样一些因素,任何科学观都不能被认为是接近于正确的"③。(4)波普的划界方法混淆了科学的心理条件和逻辑条件;"在许多情况下,当面临与假说相反的证据时,采取的合适步骤是,通过提出有关的理论来将它重新解释为有利证据,这样棘手的证据就被看作符合理论"④。

应当说,西方哲学家对波普理论的主要反对是认为它关于科学进步和知识增长的过程过于简单化了,对证伪和反驳的作用缺乏合乎理性的说明;但他们也认为,波普的理论抛弃了科学哲学研究中的本质主义,强调用动态的方式检验科学理论,这为后来的科学哲学注重科学史研究的历史学派倾向开启了大门。因此,波普被看做是当代科学哲学从逻辑主义走向历史学派过程中一个重要的转折人物,具有不可替代的历史作用。

---

① 参见巴斯摩尔《哲学百年·新近哲学家》,第 460 页。
② 参见查尔默斯《科学究竟是什么?》,查汝强等译,第 70—71 页,商务印书馆,1982。
③ 查尔默斯:《科学究竟是什么?》,查汝强等译,第 86 页,商务印书馆,1982。
④ 哈瑞:《科学哲学导论》,邱仁宗译,第 54 页,辽宁教育出版社/牛津大学出版社,1998。

第三节 历史学派的形成和演变

历史地说,波普不仅推进了科学哲学中历史学派的形成,更为重要的是他大量讨论的,以及由他的观点引起争论的许多问题,譬如理论与观察的关系、科学理论的结构、归纳推理的合理性、科学的进步和知识的增长、客观真理问题、知识的客观性、确认、反本质主义、科学的进化、科学中的形而上学、身心问题的重新解释以及社会科学的真理性等等,如今都成为科学哲学研究中的重要问题。在这种意义上,波普是当代西方科学哲学的真正开山者。可以说,在波普之后,西方的科学哲学才真正成为独立的研究领域。

一 历史学派的一般特征

严格地说,历史学派并不是一个具有明确纲领和组织的哲学流派,而是一些哲学家和科学家共同反对逻辑经验主义的科学哲学和波普的批判理性主义以及具有某些近似科学观的一种思想倾向。从逻辑顺序上看,历史学派是在批判波普的思想中形成的,但从时间顺序上看,这个学派的观点又是在与波普的论战中发展出来的:波普最初阐述自己思想的《研究的逻辑》虽然出版于1934年,但该书的思想真正在英语哲学界产生影响,却是在它的英文版《科学发现的逻辑》于1959年出版之后,而就在该书出版的前两年即1957年,库恩的第一部有影响的著作《哥白尼的革命》已经问世;在随后的1962年,库恩的名著《科学革命的结构》也正式出版。特别值得注意的是,1965年,围绕库恩评论波普的《科学发现的逻辑》所写的文章《是发现的逻辑还是研究的心理学?》,哲学家们在英国伦敦召开了一次国际研讨会,到会的包括波普、库恩、拉卡托斯、图尔敏、费耶阿本德等人,这是波普与历史学派的主要成员直接论战的重要时刻。正是在这次研讨会之后,历史学派正式登上当代西方科学哲学的历史舞台。①

由于历史学派在主要观点上都是与波普的批判理性主义思想对立的,所以略为宽泛地说,凡是宣称站在波普哲学对立立场上的哲学家都可以看做是属于这个学派。被英美哲学界公认属于这个学派的哲学家主要是汉森、库恩、夏佩尔、劳丹、图尔敏、费耶阿本德等人。英国的拉卡托斯虽然也是站在库恩的哲学立场上,但他并不直接反对波普,而是试图为波普的理论观点作出辩护和修正,所以也有人把他看做属于批判理性主义的代表,冠名为"精致的证伪主义"。虽然这些哲学家的观点各不相同,在某些问题上还有明显分歧,但他们在一个重要方面却是意见一致的,这就是,他们都主张用历史的观点研究科学活动和科学理论,因而他们都强调科学史研究在科学哲学中的关键作用。应当说,正是在这个重要方面的意见一致,才使得这些哲学家被看做构成了一个统一的"历史学派"。

根据这些哲学家的不同论述,我们可以概括出历史学派的一般特征,虽然这些概括还不太全面。

1. 主张从科学研究的过程去说明科学的性质和科学理论的结构,认为科学哲学必须以科学史为基础,研究生动具体的科学理论发展历史及其相关的社会和文化条件,试图建构科学发展的历史模式。

应当说,强调对科学知识的动态过程的研究,这是历史学派与波普批判理性主义的共同之处。正如库恩所说,"我们都关心获得科学知识的那个动态过程,而不那么关注科学研究产品的那种逻辑结构。这样一来,我们都强调的正是实际科学发展中的事实和精神才是真正的资料,我们也都经常到历史中寻找这些资料"②。但库恩等人与波普思想的不

---

① 这次会议的论文集由拉卡托斯和马斯格雷夫编辑,于 1970 年以《批判与知识的增长》为题正式出版。1986 年 8 月,西方哲学界为了纪念这次具有历史意义的会议,专门在希腊召开了主题为"《批判与知识的增长》:20 年之后"的国际科学哲学会议。

② 库恩:《是发现的逻辑还是研究的心理学?》,载于拉卡托斯等编《批判与知识的增长》,周寄中译,第 1—2 页,华夏出版社,1987(以下所引此书均为此版本)。

同在于,他们不是从科学史中的某个具体事实入手,把一个科学理论发展中的某个实验看做决定这个理论命运的关键因素,相反,他们更是从科学发展的整个历史中确定某个具体科学理论的价值和意义,用这个理论所在的背景框架来判定某个实验对这个理论的意义。在这种意义上,历史学派的眼光比波普的更为宽广,他们用于判定理论价值的标准更为宽泛。

2. 强调"范式"转换的进步意义,突出科学实验对知识增长的积极作用,认为科学研究的方法论在科学哲学研究中占有关键地位。

历史学派的哲学家和波普一样,都反对科学通过积累而得到进步的观点,都强调旧理论被一个与之不相容的新理论所抛弃这样一个革命过程,都特别关注由于旧理论往往应付不了逻辑、经验或观察的挑战而在这个过程中所产生的那种作用。但他们之间的一个重要分歧在于,波普强调的是证伪和反驳在科学进步这个革命过程中的关键作用,他把知识的增长看做是一个不断否证的过程,反对在这个过程中有任何积极的、建设性的成分。然而,在历史学派的哲学家看来,虽然科学的进步是新理论取代旧理论的过程,但这种取代并不是一个简单的否定,而应当是一个在修正原有理论错误的基础上推进理论的过程;而且这个过程并不是某一个具体的实验或一个简单的反驳,而是一种"范式"的转换,是大量相关实验对大量相关理论的验证过程。在这个过程中,科学的进步和知识的增长明显地表现出积极的意义,就是说,我们可以通过这种范式转换得到更好的理论,获得更多的知识。同时,在这个过程中,科学研究的方法论起到了至关重要的作用。

3. 主张科学的进步是通过"科学革命"完成的,认为科学知识往往是通过观察的挑战、理论的调整得以增长的,这些挑战和调整是经验科学中常规研究的组成部分,强调"科学革命"是原有的理论发生无法挽救的危机时出现的必然结果。

在知识增长的问题上,历史学派的哲学家和波普一样,都否认归纳方法的合理性,都不相信存在着可以从事实中归纳出正确理论的规则,都反对这样一种看法,即认为科学知识的增长是一个积累的过程。但历史学派反对波普的科学进化论主张,他们认为科学的进步是通过出现科学革命而完成的。库恩说:"科学革命是打破传统的活动,它们是对受传统束缚的常规科学活动的补充。"①自库恩出版了《科学革命的结构》之后,把科学进步的过程看做是不断革命的结果,这种观点已经成为历史学派的一种共识。虽然不同的哲学家对这种科学革命概念的理解有所不同,但他们都同意这样一种说法,即科学的进步不是通过对理论的局部修补完成的,当原有理论出现无法挽救的危机时,科学革命的出现就是必然的。更有激进者如费耶阿本德把这种革命的出现看做是对人类理性的挑战,不过这在历史学派中也属于比较极端的少数。对大多数历史学派的哲学家来说,他们更加重视传统的作用,认为某个具体的否证性实验并不会直接影响常规科学,因为常规科学中的理论通常具有自我修复的功能,否证性实验或逻辑上的反驳首先会在引起争议的理论中得到回应,并努力寻找解决这种实验结果或论证反驳无效的方法。只有在出现了大量的反例之后,常规时期的理论才真正受到挑战,科学革命才会随后出现。

4. 强调社会历史因素对科学发展的重要影响,认为科学的进步不单是科学革命的结果,更是科学在社会中发挥作用的体现。因而只有从社会的角度研究科学活动,才能真正理解科学的意义。

与波普的科学研究方法不同,历史学派的哲学家并不关心科学史上某个科学事件对理论选择所起到的重要作用,相反,他们更为看重的是提出某个科学理论的科学家所处的时代以及社会发展对科学理论的重要作用。库恩明确指出:"任何时代所得出的科学知识其实都是当时认

---

① 库恩:《科学革命的结构》,金吾伦、胡新和译,第5页,北京大学出版社,2003。

识的成果,只是拿当前知识水准来衡量才显出其是个疑难。"①他还说:"解释归根到底是心理学的或社会学的,这一点应当是很清楚了。就是说,描述一种价值体系、一种意识形态和分析这个体系赖以传递、得到加强的那些体制,必须同时进行。只有知道科学家重视什么,我们才有希望弄清楚他们会承担什么问题,在发生冲突的特殊条件下他们会进行什么选择。除此之外,我怀疑还能有别的什么回答。"②在库恩等人看来,正是由于社会历史因素对科学理论的形成起到了重要作用,所以理论本身的变化不会简单地根据科学研究的逻辑,更多的是要考虑心理学的和社会学的影响;同时,科学革命的出现也不是经常的,因为任何对常规科学提出挑战的实验结果首先会使常规科学理论在与其他理论以及非科学因素的协调中自动进行修正和完善,强大的传统使得常规科学会尽量保持自己的地位不受摧毁性的打击;虽然科学的进步是通过革命完成的,但这个过程是非常漫长的,在科学发展的历程中,常规科学时期是主要的。

由于库恩在历史学派中处于支配地位,因而以上对历史学派思想主要特征的描述就以库恩思想为主要对象。由于历史学派人物众多,观点各异,这里不能全面展开论述,下面我们将主要介绍库恩、拉卡托斯、费耶阿本德和劳丹等人的思想,因为他们分别代表了历史学派思想的不同发展阶段以及和波普思想的特别关系。

二 库恩的科学革命理论

托马斯·塞缪尔·库恩(Thomas Samual Kuhn)1922 年 7 月 18 日生于美国俄亥俄州辛辛那提市,1943 年在哈佛大学物理系获理学士学位,1946 年获硕士学位,1949 年获哲学博士学位。1951—1956 年在哈佛

---

① 库恩:《是发现的逻辑还是研究的心理学?》,载于拉卡托斯等编《批判与知识的增长》,第 25 页。
② 同上书,第 26 页。

大学任助教,讲授通识教育和科学史,1958—1964 年在加州大学伯克利分校任教,1961 年升任教授,讲授科学史,1964—1968 年在普林斯顿大学任科学史教授,1968—1979 年任派恩(Pyne)讲座科学史教授,1979 年后在麻省理工学院任科学和科学史教授。1996 年 6 月 17 日病逝。库恩曾任美国科学院院士、美国科学史学会主席等职。他的主要著作有《哥白尼革命》(*Copernican Revolution*,1957)、《科学革命的结构》(*The Structure of Scientific Revolutions*,1962)、《必要的张力》(*The Essential Tension*,1977)、《黑体理论和量子不连续性》(*Blackbody Theory and the Quantum Discontinuity*,1978)、《结构之后的道路》(*The Road after Structure*,2000)等。[1]　其中的《科学革命的结构》被誉为"现代思想文库中的经典名著。它的出版成了 20 世纪科学哲学的转折点,开创了科学哲学的新时期。它无疑导致了科学观上的一次深刻革命。当代科学和哲学的发展越来越显示出它的巨大意义和活力。任何一位想要了解科学及其演变的本质的人,不能不读一读这本新时代科学哲学的'圣经'"[2]。

　　库恩思想的出发点是对科学发展历史的性质和特征的重新解释。因为在他看来,在他之前的(以及他同时代的)科学哲学都把科学的发展看做具体科学事实的积累过程,科学的理论和方法被当做构成一部分科学技术和知识的简单堆积,科学史变成了一门科学事实的编年史。然而,这样的科学史观无法解释以往被视为非科学的东西是如何演变成科学的,无法说明个别的科学事实与整体的科学发展之间的关系,甚至无法理解科学方法论在决定科学发现和发明过程中的具体作用。由此,库恩提出,必须改变以往的这种积累式的科学发展观,确立一种历史的、整体的发展观。这样的发展观有两个明显特征:(1)它是历史的,就是说,

---

[1] 关于库恩的生平介绍,引自涂纪亮《美国哲学史》第 3 卷,第 113—114 页。
[2] 金吾伦为库恩的《科学革命的结构》(金吾伦、胡新和译,北京大学出版社,2003)一书所写的译后记,第 197 页。

它不再追求某一门旧有科学对所有科学进程所具有的永恒贡献,而是竭力展示出它在其盛行的历史年代的作用,也就是说,考察这门学科与当时的其他学科和理论之间的关系以及对最直接的后继者的影响,因而,每一门科学都有自己的历史局限性;(2)它是整体的,就是说,对一门科学发展的考察不是拘泥于研究历史上出现的某个或某些科学事实,而是询问导致出现这些事实的更为复杂的因素,譬如科学家的先前经验、研究中的偶然事件,或者是科学家的个人性格等等。库恩甚至认为,对这种问题的回答往往是科学发展的基本决定因素。

正是根据这种新的科学发展观,库恩阐述了自己的"科学革命"的理论。他提出,每一门科学的发展大体上都经历了从"常规科学"到"科学革命"再到"常规科学"这样一个过程,科学的发展是通过科学革命完成的。这种革命的决定性特征就是:(1)导致科学所探讨的问题发生了转移;(2)科学家们确定合理问题及其解决的标准发生了转移;(3)科学的思维方式发生了改变;(4)科学研究的整个对象或世界发生了改变;(5)由此引发了相关的对许多重要问题的科学争论。革命的结束也就意味着新的常规科学时期的开始。

按照库恩的解释,"常规科学"是指"坚实地建立在一种或多种过去科学成就基础上的研究,这些科学成就为某个科学共同体在一段时期内公认为是进一步实践的基础"①。他认为,这样的常规科学具有两个基本特征,即成为当时一切科学的显著模式以及为后来的发展提供开放的空间。他把具有这两个特征的科学成就称作"范式"(paradigm)。他说:"我选择这个术语,意欲提示出某些实际科学实践的公认范例——它们包括定律、理论、应用和仪器在一起——为特定的连贯的科学研究的传统提供模型。"②在另一个地方,他说:"范式是一种在新的或更严格的条件下有待进一步澄清和明确的对象。"③他认为,虽然如此,范式之所以能

---

①② 库恩:《科学革命的结构》,第 9 页,金吾伦、胡新和译,北京大学出版社,2003。
③ 同上书,第 21 页。

够在各种竞争的科学理论中获得地位,是因为它们比那些竞争对手更能成功地解决一些问题,而这些问题又是范式所在的科学共同体认为是最重要的。当然,说范式更能成功地解决问题,并不意味着它们完全成功地解决了这些问题,也不是说它们解决了所有的问题,而只是说,它们为后来的发展提供了更具有启发性的问题和解决这些问题的基本思路。常规科学就是要落实这些思路,扩展这些范式所展现出来的特别有启发性的事实,增进这些事实与范式预测之间的吻合程度,并且力图使范式本身更加明晰。由于范式构成了常规科学的核心,所以库恩在谈论常规科学时主要阐述了范式对常规科学的关键作用。

　　库恩认为,根据关于事实的科学研究的三个焦点,范式通常就具有这样三个基本特点:(1)范式表明了特别能够揭示事物本质的那些事实,通过运用这些事实解决问题,使得这些事实以更大的精确性和在更多样的情况下得到确定;(2)范式的存在决定了什么样的问题有待解决,范式理论往往直接隐藏在能够解决问题的仪器之中;(3)范式理论不仅规定了问题,并且保证了对这些问题的解决具有一定的常数,因而可以由此构成精心的实验。与其他任何一类常规研究相比,阐明范式的问题既是理论的,也是实验的。在库恩看来,范式的这三个特点实际上涵盖了常规科学的三个基本要求,即确定重要的事实、理论与事实的一致以及阐明理论。此外,库恩还专门讨论了范式的优先性问题,即范式优先于共有原则和假设的基本理由:范式无须可发现的规则的介入就能够确定常规科学。

　　然而,随着科学研究的不断发展和新的事实现象不断涌现,常规科学就会面临无法解决的问题,原有的范式就会面临新的实验结果的挑战。库恩把这种情况称作"反常"。他认为,在反常的情况下,科学家们通常并不是急于放弃自己原有的理论,而是想方设法地调整自己的理论,进行扩展性的探索,这种探索直到调整范式理论使反常变成与预测相符时为止。但是,由于这种调整使常规科学倾向于压制新事物的出现，所以，随着原有的范式越来越精确化和普遍化，必然导致这样的范式无法解释越来越多的新事物，最终出现了科学的危机。库恩认为，这样的危机是原有的范式遭到了破坏而新的范式尚未形成的转折过程，是"一段显著的专业不安全感时期"。他说："这种不安全感是在常规科学解不开它本应解开的谜的这种持续失败中产生的。现在规则的失效，正是寻找新规则的前奏。"①他指出，科学危机是新理论出现的前提条件，危机的意义就在于表明更换新工具的时刻已经到来。

科学家们对危机的反应可能有三种方式：（1）用常规科学处理这样的危机，虽然这样的处理往往以失败而告终；（2）用比较新的方式处理危机，或者把引起危机的问题存疑，但这显然无助于危机的解决；（3）用新的范式取代旧的范式，最终解决引起危机的问题。库恩明确地肯定了第三种方式。他这样写道：

> 从一个处于危机的范式，转变到一个常规科学的新传统能从其中产生出来的新范式，远不是一个累积过程，即远不是一个可以经由对旧范式的修改或扩展所能达到的过程。宁可说，它是一个在新的基础上重建该研究领域的过程，这种重建改变了研究领域中某些最基本的理论概括，也改变了该研究领域中许多范式的方法和应用。在这个转变期间，新旧范式所能解决的问题之间有一个很大的交集，但并不完全重叠。在解谜的模式上，也还存在着一个决定性的差异。当转变完成时，专业的视野、方法和目标都将改变。②

这就是库恩所谓的"科学革命时期"。这种革命产生的原因，是科学家们逐渐感觉到无法利用现有的范式有效地探索自然界的某个方面，而这样的范式在以前的研究中是发挥着主导作用的；这种革命的特征，就是新旧范式的转换，虽然这样的转换过程并不像政治革命那样激烈；这

① 库恩：《科学革命的结构》，第 62 页，金吾伦、胡新和译，北京大学出版社，2003。
② 同上书，第 78 页。

种革命的方式，是某个共同体的成员之间的争论和不同范式之间的比较；这种革命的后果，是使科学共同体回到了前范式的状态，原有的范式被推翻，新的范式尚未建立，科学研究完全处于一种新的探索阶段。库恩认为，与诸如政治革命这样的一般性革命相比，这种科学革命具有这样一些不同特点：

1. 科学革命是通过理论的而非暴力的方式完成了新旧范式的转换，但这种理论方式并非在不同的范式之间寻求共同的基础或依据某个共同的标准；相反，事实上，这样的基础或标准是不存在的，因为"科学革命中出现的新的常规科学传统，与以前的传统不仅在逻辑上不相容，而且实际上是不可通约的"[①]。正是这种不可通约性，导致了科学革命后产生的新范式无法与之前的旧范式进行任何比较，同时也说明了不同常规科学时期的范式之间是无法相互解释的，每个范式只有放到所在的常规科学时期（即它的历史时代）才能得到说明。

2. 科学革命是一种世界观的转变，是科学家们认识自然的视角、方法以及基本立场的改变。用库恩的话说，在革命之后，科学家们所面对的是一个不同的世界。这种转变首先是视觉经验上的，因为在科学观察中，科学家们只能凭借自己的眼睛和观察仪器，但视角的改变不仅取决于观察的角度以及以往的观察经验，更取决于决定作出某个观察的范式，就是说，接受一个新范式的科学家一定会以与以往完全不同的方式去观察。

3. 科学革命是一个无形的过程，它是通过不断地重写科学教科书的方式，显示科学家们在科学理念上的根本性转变。传统的教科书把科学的历史描绘为一个不断积累的过程，但这种错误的科学发展观直接导致了大众对科学形象的基本认识，以为现代科学的基本概念不是新的，而不过是对以往概念的发展和补充。但库恩指出，事实上许多当代常规科

---

① 库恩：《科学革命的结构》，第95页，金吾伦、胡新和译，北京大学出版社，2003。

学中的问题在最近的科学革命之前并不存在，没有证据表明可以把这些问题追溯到这些科学的历史开端。

4. 科学革命的解决不是对某个新范式的检验，而是对原有常规科学中的疑难问题的解答。这种解答方式不是问这个新范式是否能够得到证实或证伪，而是询问在现有的证据下这个范式能够得到成立的概率，理论解释的能力往往就体现在对这种概率的描述程度上。求证概率就是要求证据，就是在特定的历史条件下从各种可供选择的对象中挑选出一个最合适的，也就是比较哪一种理论能够更好地适合于解释我们为解答问题而提出的证据。这里的合适标准就是科学家们通常接受的对科学理论的基本要求，即简单、准确和可以观察。

5. 科学是通过革命而得到进步的，这种进步不是作为整体的科学发展的特征，而是在某个具体的共同体中取得的创造性成果，就是说仅限于这个共同体内部的发展而言的。库恩这样写道："在正常情况下，一个科学共同体是解决它的范式所规定的问题或迷题的极为有效的工具。而解决这些问题的结果必然是进步。……革命以两个对立阵营之一的全面胜利而告终，这个团体会说它胜利的结果是不进步的吗？那样说简直就是承认自己错了，而对方是对的。至少对于他们来说，革命的结果必须是进步，而且他们处于优越的地位，可以使其共同体的未来成员以同样的方式去看待过去的历史。"[1]可见，库恩理解的科学进步仅限于科学共同体内，因为它能够使通过范式转换得以解决的问题的数量和精确度达到最高的限度，由此推进科学的进步。

库恩关于科学革命的思想一问世，就引起了西方哲学界和科学史界的轩然大波，特别是他关于常规科学与科学革命的区分和对"范式"概念的使用，在科学哲学家中招致了许多反对意见。1965 年在伦敦召开的那次国际研讨会，主要话题就是针对库恩的这两个主要问题，并把他的思

---

[1] 库恩：《科学革命的结构》，第 149—150 页，金吾伦、胡新和译，北京大学出版社，2003。

想与波普的思想明确对立起来。伦敦经济学院的沃特金斯(J. Watkins)认为,库恩与波普之间的主要分歧在于,"库恩把科学共同体看做本质上是一个封闭的社会,既由于集团的精神上的崩溃所引起的周期性的动摇,又由于集团恢复了思想上的一致而使共同体这个封闭社会得以连绵不断;而波普尔(即波普——引者注)的观点却是,科学共同体应当是,而且在很大程度上实际上也确是一个开放的社会,在这个社会里没有任何理论(无论其如何权威和有成效)也没有任何'范式'(按库恩使用的这个术语)能够是神圣不可侵犯的"①。美国密执安大学的图尔敏则认为,从科学史的事实看,常规科学与科学革命之间并没有十分明确的分界线,科学革命的发生只是科学发展中的某一过程里的一个纯粹的"变动单元"而已。他强调,通过把科学的逻辑和科学的社会学和心理学更为密切地结合起来,就可以既超出库恩的革命概念,又超出他所反对的进化观点。波普批评了库恩的"常规科学"概念,认为"常规科学"恰好是非革命性的活动,因而是一种缺乏批判性的专业活动。他既不同意库恩所列举的某些历史事实,也不同意他所说的科学的特征。他认为库恩的逻辑是一种历史相对主义的逻辑,并把这看做是他与库恩之间最深刻的分歧之一。剑桥大学的玛斯特曼(M. Masterman)详细分析了库恩的"范式"概念,归纳出了这个概念在《科学革命的结构》中的 21 种含义,把它们分作三类,即"形而上学范式",或"元范式""社会学范式""人工范式",或"构造范式"。她认为,库恩的社会学范式概念的独创性在于,范式是在还没有理论时起作用的那种力量;库恩坚持以常规科学为中心的哲学,其后果就是,在哲学上,范式是一种能用做解难题工具的人造物,而不是形而上学的世界观;范式是用来类比的具体图像,因为它是一种"看的方式"②。

　　库恩在回应对他的观点的各种批评意见时,也进一步修正和补充了

---

① 沃特金斯:《反对"常规科学"》,载于拉卡托斯等编《批判与知识的增长》,第 31 页。
② 参见玛斯特曼《范式的本质》,载于拉卡托斯等编《批判与知识的增长》,第 73—115 页。

自己的思想。他认为，批评者们的意见促使他更加全面地和历史地考虑科学革命的性质以及对范式概念的解释：他更强调从社会历史的角度去描述科学革命，把科学史解释为一种社会学的研究思路；同时，他对"不可通约性"和"范式"概念也作出了进一步的解释。他用蒯因的"翻译不确定性原理"说明，不同的科学共同体的范式是无法相互通约的；他把"范式"概念进一步解释为"专业基质"（disciplinary matrix），即一个特定学科研究人员在共同领域中的一些需要单纯说明的被规定的要素，如果脱离了对这些要素的理解，那么包含了它们的实例就只能是"范例"（exemplars）。① 他于1969年为《科学革命的结构》所写的后记中，对"范式"概念给予了进一步的澄清。他明确地把这个概念区分为两种意义不同的用法："一方面，它代表着一个特定共同体的成员所共有的信念、价值、技术等等构成的整体。另一方面，它指谓着那个整体的一种元素，即具体的迷题解答；把它们当作模型和范例，可以取代明确的规则以作为常规科学中其他迷题解答的基础。"②1974年，库恩撰写《再论范式》，对这个概念作出了新的阐明。他吸取了批评者对这个概念的反对意见，径直把它理解为"科学共同体"这个更为宽泛的概念，因为"一种范式是、也仅仅是一个科学共同体成员所共有的东西。反过来说，也正由于他们掌握了共有的范式才组成了这个科学共同体，尽管这些成员在其他方面并无任何共同之处。作为经验概括，这正反两种说法都可以成立。……要把'范式'这个词完全弄清楚，首先必须认识科学共同体的独立存在"③。

20世纪70年代之后，库恩的思想发生了一些重要变化，被称做"结构之后的道路"。④ 这种变化主要表现在：（1）很少提及"范式"概念，而

---

① 参见库恩《对批评的答复》，载于拉卡托斯等编《批判与知识的增长》，第311—372页。
② 库恩：《科学革命的结构》，第157页，金吾伦、胡新和译，北京大学出版社，2003。
③ 库恩：《必要的张力》，纪树立等译，第291页，福建人民出版社，1981。
④ 2000年美国芝加哥大学出版社出版了由柯南特和霍齐兰德编辑的库恩在《科学革命的结构》之后发表的文章选集，书名定为《结构之后的道路》，这是库恩于1990年发表的一篇文章的题目，他在该文中回顾了自己的思想发展。

更多地用"可翻译性"来解释"可通约性"概念;(2)很少谈论科学的目的是为了追求真理,而更多地用科学共同体的观念作为推进科学发展的唯一尺度;(3)很少像前期那样用自然主义的方法谈论特定经验中的科学发现,而更多地用后期维特根斯坦的思想支持他的观点,并用康德主义来表述他的思想。因而,库恩后期的思想更多地被称做具有"相对主义"和"先验论"的特征。不过,库恩本人似乎并不愿意承认自己思想发生了这样重要的变化,更不愿意把自己划入相对主义的阵营。他在1990年哈佛大学的一次研讨会上就明确表示:"一般说来,我应该说我的观点没有改变。所谓的改变,通常只是表面、偶然或以前根本不对的那些东西。今天我仍然深深地执著于与那本书有关的问题之中。"①

然而,历史似乎与库恩开了一个玩笑。因为库恩所揭示的科学革命的结构不但在科学家中没有得到真正的好感,甚至有人戏称他为科学界的"叛徒",而且他对科学革命的解释在当代西方科学哲学中也没有得到继承,甚至被看做是完全背离了当时的分析哲学发展方向,因而他被看做是一个"不成功的哲学家"②。但这些只是21世纪初的哲学家和科学家的看法。历史地说,在库恩出版了《科学革命的结构》一书后,西方哲学家们还是对他的理论给予了高度重视的,并以他的理论或其中提出的问题作为科学哲学讨论的基础和出发点,其中最为突出的就是匈裔英国哲学家拉卡托斯。

三 拉卡托斯的科学研究纲领方法论

拉卡托斯(Imre Lakatos)1922年出生于匈牙利的一个犹太人家庭,第二次世界大战期间他是反纳粹抵抗运动的成员,战后赴莫斯科大学学习,1947年成为匈牙利教育部的高级官员,1950年在清查运动中被捕,入狱三年,1956年逃往西方,先到维也纳,最后在英国剑桥从事学术研

---

① 出自金吾伦为库恩的《科学革命的结构》一书所写的译后记,第200页。
② 伯德:《库恩的错误转向》,载于《世界哲学》2004年第4期,康立伟译,第33—49页。

究,获得哲学博士学位,从 20 世纪 60 年代起,一直在伦敦经济学院任教。1974 年 2 月 2 日他死于突发性心脏病。①　拉卡托斯生前撰写了大量论文,并与马斯格雷夫(A. E. Musgrave)共同编辑了在西方很有影响的两本文集《科学哲学问题》(*Problems in the philosophy of Science*,1968)和《批判与知识的增长》(*Criticism and the Growth of Knowledge*,1970),还编辑了《数学哲学问题》(*Problems in the Philosophy of Mathematics*,1967)和《归纳逻辑问题》(*The Problem of Inductive Logic*,1968)两个论文集。他去世后,剑桥大学出版社于 1978 年编辑出版了他的两卷本文集《科学研究纲领方法论》(*The Methodology of Scientific Research Programmes*,主要收集他关于科学哲学方面的重要论文)和《数学、科学与认识论》(*Mathematics, Science and Epistemology*,主要收集他关于数学哲学方面的重要论文)。另外,剑桥大学出版社还于 1976 年编辑出版了他的对话体著作《证明与反驳——数学发现的逻辑》(*Proofs and Refutations: The Logic of Mathematical Discovery*)的增改本,这是拉卡托斯 1958 年的博士论文,最初分四期发表于 1963—1964 年的《不列颠科学哲学杂志》上。

在当代西方科学哲学中,拉卡托斯的思想占有比较特殊的地位:一方面,他接受并修正了波普的批判理性主义思想,提出了自己的"精致的证伪主义";另一方面,他又受到了库恩思想的极大影响,强调对科学史的哲学研究,提出了自己关于科学研究纲领的方法论思想。因而,他的思想被看做是介于波普哲学与库恩哲学这两个对立阵营之间的"第三条道路"。另外,他关于科学方法论的性质和地位的思想在 20 世纪 60 年代引起了西方科学哲学中关于科学变革的大讨论,与反方法论的哲学家如波普、库恩、费耶阿本德、图尔敏等人形成了明显的对立阵营。至今,他仍然被看做是"20 世纪中叶以来最为重要的数学哲学家和最有影响的

---

① 关于拉卡托斯的生平简介,参见兰征为拉卡托斯的《科学研究纲领方法论》(兰征译,第 1 页,上海译文出版社,1986)一书所写的"译者的话"。

科学哲学家之一"①。

拉卡托斯最初研究数学哲学,《证明与反驳》是他早期思想的代表作。他在剑桥求学期间,曾参加了波普在伦敦经济学院举办的研讨班,直接受到了波普思想的影响。他把波普的证伪思想移植到了数学领域,认为数学的发展不是一个逐步走向永恒真理的积累过程,而是类似经验科学的不断证明和反驳的过程。他提出,数学发展中存在一种"启发法"(heuristic),它既有心理上的发现问题,也要求接受理性的分析。他认为,传统的"欧几里德式的"事业在数学领域遭到了失败,因为数学同物理学一样都需要根基。他由此建立一种不同于逻辑主义、直觉主义和形式主义的另类的数学哲学,这种哲学认为,欧几里德主义是一种理念上的乌托邦,但它同时承认,数学的发展也要受到客观标准的控制,不亚于物理学的发展;在数学的发展中可能有进步或退步,正如在物理学的发展中一样。他把自己的这种数学哲学定位为是对形式主义的直接挑战,"它的目标不高,只想抓住一点将文章做透:非形式、准经验数学的生长,靠的不是单调增加千真万确的定理的数目,靠的是用玄想和批评、用证明和反驳的逻辑不停地改进推测"②。

但不久,拉卡托斯就发现自己的数学哲学需要进一步的改进,因为数学的发展并不是一个简单的独立过程,而是需要涉及其他相关领域的发展。这样,他的学术兴趣就由数学哲学转向了一般的科学哲学,特别是关注科学方法论的问题。在这个问题上,拉卡托斯指出了波普证伪主义的错误之处,试图用库恩的科学革命理论说明科学变革的一般特征,并最终提出了他的科学研究纲领方法论的重要思想。

拉卡托斯首先把证伪主义分为三种,即"教条式的""方法论的""精致的"。他认为,"教条式的证伪主义"是最薄弱的一种证伪主义,它在承

---

① 尼克里斯:《拉卡托斯》,载于牛顿-史密斯(W. H. Newton-Smith)《科学哲学指南》,第 207 页,牛津,布莱克威尔出版社,2000(以下所引此书均为此版本)。
② 拉卡托斯:《证明与反驳——数学发现的逻辑》,康宏逵译,"作者引言"第 5 页,上海译文出版社,1987。

认所有科学理论都具有易错性的同时,又保留了一种确实可靠的经验基础;这样的证伪主义依赖于两个错误假设,其一是把理论和推测命题看做一方,而把事实和观察命题看做另一方,认为在它们之间存在一种自然的、心理的分界线;其二是把满足事实和观察命题作为一个命题为真的心理标准。根据这种证伪主义的逻辑,科学是借助于一些过硬的事实去不断地推翻一些理论而得到发展的。在拉卡托斯看来,这两个假设的错误就在于,它们分别违背了心理学的验证和逻辑的推理,而这种在理论与事实之间的截然区分在方法论上也是完全站不住的。他认为,接受了这种证伪主义,我们就只能沦为彻底的怀疑论,因为"**科学理论不仅同样都是不可证明的,并且同样都是不可几的,而且也同样都是不可否证的**"①。一旦意识到了不仅科学中的理论命题是可错的,而且全部命题都是可错的,那么这就意味着作为科学合理性的教条式的证伪主义的全部形式统统垮台了。

　　拉卡托斯认为,为了回答科学的进步问题而避免导致彻底的怀疑论,"方法论的证伪主义"提供了一种思路。他把这种形式的证伪主义称做"约定主义的一种形式",认为波普的证伪主义就是这种方法论的证伪主义,就是说,他"既是约定主义又是证伪主义,但他'不同于(保守的)约定主义者,坚持认为由一致协议决定的那些陈述**不是**(时空)全称陈述,而是(时空)单称陈述';而且他不同于教条式的证伪主义者,坚持认为这样一些陈述的真值不能由事实来证明,而在某些场合可以由一致协议来决定"②。他也把波普的这种证伪主义称做"朴素的方法论证伪主义"。他认为,这种形式的证伪主义在"证伪"和最后的决断问题上的确优于教条式的证伪主义和保守的约定主义,但它自身存在的严重困难,就是它与科学史上的事实明显不符。因此拉卡托斯提出一种新的证伪主义,即

---

① 拉卡托斯:《证伪和科学研究纲领方法论》,载于拉卡托斯等编《批判与知识的增长》,
　第 133 页。
② 同上书,第 136—137 页。

他所谓的"精致的证伪主义"。

与朴素的证伪主义相比,精致的证伪主义具有以下特点:(1)在划界标准上,它认为一个理论只有当被确证其内容已经超越了其前者或竞争者,带来了发现的事实,它才是科学的;这就意味着,这种新理论一定具有超过以前理论的经验内容,而且这部分内容中的部分应当是得到证实的。(2)在证伪标准上,它认为只有当一种新的理论具有超过旧理论的事实内容,并能够解释旧理论所无法解释的内容,而且这些新的事实内容部分地得到了确证,这样我们才能说旧的理论被证伪了。(3)在理论评价问题上,精致的证伪主义把如何评价理论的问题转换成了如何评价理论系列的问题。这样,能够被说成是科学的或非科学的东西就只能是理论的系列,而不是一个孤立的理论。(4)在理论的预见性上,精致的证伪主义强调"超量确证的判决性作用",就是说,学习一门理论主要是学习它所遇见的新事实。拉卡托斯认为,在这些特点中,关键性的是第三个,而理论系列的数目又把它们与某一个研究纲领联系起来了;由这种研究纲领构成的一种连续性,在科学史上起着至关重要的作用;只有在一种研究纲领方法论的框架中,关于发现逻辑的主要问题才有可能得到满意的论述。由此,拉卡托斯推出了他的"科学研究纲领方法论"的重要思想。

1. 他指出,科学研究纲领是由一些方法论原则构成的,这些原则包括如何避免走某些研究道路,以及如何寻求某些研究道路。拉卡托斯把前一种原则称做"反面启发法"(negative heuristics),把后一种原则称做"正面启发法"(positive heuristics)。他认为,整个科学发展的历史就是由各种不同的研究纲领构成的;每个研究纲领是否可以得到推进,取决于它的正反两个方面启发法的作用。在这种意义上,拉卡托斯把科学的发展看做是一种概念推演的过程,即"科学史就是一种概念框架的历史,或者说是科学语言的历史"。

2. 他把所谓的"反面启发法"看做是对科学研究纲领最为关键的原

则,因为正是"反面启发法"禁止我们对科学研究纲领的"硬核"提出挑战。在这里,拉卡托斯把科学研究纲领的内容分做三个部分:最外面的部分是所谓的"实验证据";中间部分是所谓的"辅助假说",这构成了一个"保护带";最内的部分是所谓的"硬核",这是区分不同的科学研究纲领的关键部分。在这三个部分中,最重要的是中间的"保护带",因为它起着保护"硬核"的作用:"正是这一辅助假说保护带,必须在检验中首当其冲,调整、再调整,甚至全部被替换,以保卫因而硬化了的内核。这一切如果导致了进步的问题转换,那么一个研究纲领就是成功的;如果导致了退化的问题转换,它就是失败的。"[1]拉卡托斯的这种"保护带"类似于库恩的"常规科学",是为了保护某些已被验证的科学假说(研究纲领的硬核)不被完全推翻。这表明,科学的进步不是经常发生革命的结果,而是不断修正、调整和弥补原有的科学假说或研究纲领内核的过程。按照拉卡托斯的观点,"反面启发法"就是要保证这样的"硬核"不会受到根本性的打击,只有这样,我们才能为一个科学研究纲领不断增加新的内容,而不是经常性地用一个纲领推翻另一个纲领。

3. 在"反面启发法"保护研究纲领的"硬核"不受彻底挑战的同时,还需要对辅助假说的保护带提出具有建设性的修正和调整,通过改变和发展研究纲领中可变的成分或"可反驳的变体"(refutable variants),而使纲领中不可反驳的"硬核"得到真正的保护。这就是拉卡托斯所说的"正面启发法"的作用。他说:"纲领的正面启发法使科学家不被大量的反常现象所迷惑。正面启发法规划出一个纲领,这一纲领开列出一连串越来越复杂的模拟实在的**模型**:科学家的注意力专注于按其纲领正面部分规定的指示来建立他的模型。他不管**实际的**反例,即可资利用的'**材料**'。"[2]这表明,正面启发法提供的是一种纯粹理论的说明,它完全拒绝把纲领中的"硬核"部分放到经验观察中加以检验;这种启发法提供的是

---

[1] 拉卡托斯:《科学研究纲领方法论》,第 67 页,兰征译,上海译文出版社,1986。
[2] 同上书,第 69—70 页。

一种"理论模型",而不是实际可操作的实验方式。他说:"一个'**模型**'是一组初始条件(可能还有一些观察理论),人们知道在纲领进一步发展的过程中,这一组初始条件**必定**要被取代,甚至或多或少地知道怎样被取代。这再一次表明在研究纲领中对任一特定的变体进行'反驳'是多么地不相关:反驳的存在完全是意料之中的,正面启发法就是预见(产生)及消化反驳的策略。"①正是在这种意义上,拉卡托斯把研究纲领的正面启发法称做"形而上学原则"(他略带贬义地使用"形而上学"这个词),就是说,它是可以变动的,适合于把研究纲领表述为各种不同的形式。

4. 拉卡托斯认为,与波普的证伪主义相比,他的科学研究纲领方法论能够更好地解释理论科学的自主性问题。因为在有效的研究纲领中工作的科学家合理地选择哪些问题,取决于纲领的正面启发法,而不是那些经验上的反常现象。科学家们通常的做法是列出一些反常现象却放置一边,希望在适当的时候可以把它们看做是对研究纲领的有利确证。拉卡托斯指出,我们在研究科学史上的历史事实时,首先需要对事实作出一种合理的重建,然后把这种重建与实际的历史进行比较,从中找到两者的差异并对之进行批评。这就需要从启发法出发,就是说,首先要知道哪些研究道路是可取的,哪些是不可取的。只有这样,才能使我们对科学的发展有一个更为清楚的理解,否则就只能在事实的细节中盲目地摸索。

5. 与库恩的"常规科学"不同,拉卡托斯并不认为某一个"科学研究纲领"在科学发展中占据着垄断地位,相反,他认为"**科学史一直是、也应当是一部相互竞争的研究纲领(或者也可以说是'范式')的历史,而不是、也不应当变成一连串的常规科学时期:竞争开始得越早,对进步便越有利**"②。不同科学纲领的更替,表现在一个纲领能够更好地说明其对手的问题,并进一步表现出超越对手的启发性。但这并没有表明我们应当

---

① 拉卡托斯:《科学研究纲领方法论》,第 71 页,兰征译,上海译文出版社,1986。
② 同上书,第 95 页。

完全抛弃被替代的纲领,而是应当把这个纲领合理地重建为一个进步的问题转换,由此可以暂时保护它免受已经确立的强大对手的攻击。这表明,对任何一个科学研究纲领来说,都不存在任何最终的判决性实验,就是说,一切都是可以容许的,因为在研究纲领内部的较小的判决性实验可能会在较大的判决性实验中得到消除。所以,拉卡托斯明确地说:"**判决性实验是不存在的**,如果指的是能**即时地**推翻一个研究纲领的实验,那无论如何是不存在的。"①在这个问题上,拉卡托斯的科学研究纲领方法论不仅与库恩的科学革命观点区分开来,而且与波普的证伪主义区分开来,因为拉卡托斯强调了科学发展中的连续性,强调应当根据一个真正的研究纲领的正面启发法来制定辅助假说,由此可以避免反驳带来的问题。

总体来说,拉卡托斯的科学研究纲领方法论是对波普的证伪主义和库恩的科学革命理论的改造,但他基本上是站在波普哲学的立场上(用他的话说,是透过"波普的眼镜")对库恩思想的继承,同时,他又比波普更为重视科学史,强调历史就是对证伪主义的一种"证伪",认为历史确证了研究纲领方法论的合理重建。所以西方哲学家通常把拉卡托斯的思想更多地看做是属于"科学变革的理论"②。然而,也正是由于这种改造和继承,拉卡托斯的科学研究纲领方法论被许多哲学家批评为"脱离了人类思维的常规",它所提倡的东西既不是现实的,也不是确定的。如沃特金斯认为,他取消了"我应当采纳哪一种理论"这样的问题,而把这个问题替换为"哪一个理论是最好得到确证的",但对这后一个问题并没有给出明确的回答。③ 尼克里斯则指出,科学研究纲领方法论的确在对科学知识的增长问题上的说明比波普的证伪主义更为全面,这可以看做是对 17—18 世纪方法论的复兴,但他没有为"启发法"赋予形而上学的

---

① 拉卡托斯:《科学研究纲领方法论》,第 118 页,兰征译,上海译文出版社,1986。

② 加罗格鲁(K. Gavroglu)等《拉卡托斯和科学变革的理论》,克鲁威尔学术出版社,1989。

③ 参见沃特金斯《科学研究纲领方法论》,载于加罗格鲁等《拉卡托斯和科学变革的理论》,第 11 页。

认识地位,根据他的启发法无法区分研究纲领的好坏。尼克里斯还进一步指出了拉卡托斯理论的四个主要困难:(1)削弱了方法论的规范作用;(2)难以真正在库恩与波普思想之间达成结合,他在把方法论和合理性加以历史化的同时,又预设了一种合理的、批判的和没有教条的科学方法论;(3)对历史采取了一种简单化的说明模式,过分侧重对历史的理性重建;(4)没有能够在逻辑或方法论与历史之间达成一致,因为如果最好的方法论是使历史更为合理,那么就不存在任何可以使历史完全得到合理解释的这样一种方法论。①

拉卡托斯的"合理重建"理论在历史学家和社会学家那里也受到了批评。历史学家认为,拉卡托斯的"合理重建"会令人可怕地消解历史,他把真实的历史都降低到了他的合理重建的脚注,因为他曾这样写道:"科学史总要比它的合理重建丰富。**但是合理重建或内部历史是首要的,外部历史只是次要的,因为外部历史的最重要的问题是由内部历史限定的。**"②这些话就被当做拉卡托斯否定真实历史作用的重要"罪状"。同样,社会学家则指出,拉卡托斯对研究纲领中内部和外部因素区分的做法是站不住脚的,因为社会建构是一个完整的过程,科学研究纲领作为社会建构的组成部分,需要与社会政治的环境结合起来。

历史地说,拉卡托斯的科学研究纲领方法论思想在 20 世纪 70—80 年代的英美科学哲学中的确产生了很大影响,是许多哲学家以及科学史家讨论的热门话题之一,在一定程度上也直接推动了科学哲学中的历史学派的发展。特别是,在库恩哲学与波普哲学之间的论战中,拉卡托斯充当了一个重要的中间人。在现实中,他积极参与组织了 1965 年的"具有历史意义的"国际研讨会,使这两派哲学家有机会面对面地交锋,并编辑出版了会议的文集《批判与知识的增长》。此文集成为这场争论的历史文献。在理论上,他努力地调和两种哲学,试图在这两种哲学之间搭

---

① 参见尼克里斯《拉卡托斯》,载于牛顿-史密斯《科学哲学指南》,第 210—211 页。
② 拉卡托斯:《科学研究纲领方法论》,第 163 页,兰征译,上海译文出版社,1986。

建沟通的桥梁。然而,他的努力并没有获得他所期望的成功:一方面,他试图以精致的证伪主义阐述科学变革的思想,但并没有得到库恩等人的认可;另一方面,他竭力用历史的观点说明科学发现的逻辑,也遭到了波普的否定。费耶阿本德认为,拉卡托斯的问题在于,他与波普一样,都把科学的发展或科学发现的逻辑看做是一种理性的事业;他没有看到,正如库恩的"不可通约性理论"表明的一样,科学知识的增长完全是一个非理性的过程,在这个过程中应当遵循的原则是"怎么都行"(anything goes)。这就是费耶阿本德的"全面否定论"。

四　费耶阿本德的"全面否定论"

保罗·费耶阿本德(Paul Feyerabend)于 1924 年出生于维也纳,早年被纳粹德国占领当局应征入伍,第二次世界大战期间因英勇战斗曾获"铁十字军"勋章,战争即将结束时一颗子弹击中他的腰部,落下终身跛脚的残疾。1946 年,他在德国魏玛学院学习歌唱和舞台管理,并系统学习了歌剧、意大利文、和声、钢琴等。后在维也纳大学学习历史和社会学,后转学理论物理学,同时旁听了哲学课程。1948 年,他见到了波普,从此改变了他的人生道路。1949 年,他组建了"克拉夫特小组",以非形而上学的方式讨论被维也纳学派抛弃了的形而上学问题。1951 年,他在维也纳大学获哲学博士学位。毕业后,他计划到剑桥追随维特根斯坦学习,但后者的去世使他改变计划,于 1952—1953 年在伦敦跟随波普学习量子力学哲学。1955—1958 年,他在英国布里斯托尔大学任讲师,这期间发表的论文主要是关于量子力学和一般科学哲学,明显受到波普、克拉夫特和维特根斯坦的影响,试图把证伪主义与维特根斯坦的意义语境理论结合起来。1959 年,他移居美国,任教于加州大学伯克利分校,1962 年升任教授。这时,他开始放弃波普的思想,转向库恩的科学革命理论,并最终反对传统的"理性主义主张"。后因在哲学观点上与伯克利的同事相左,他不得不离开加州,随后应邀在各地讲学,如伦敦大学、奥克兰大学、耶鲁大学、柏林自由大学、德国卡塞尔大学、苏黎世联邦技术研究所等。在伦敦大学,他与拉卡托斯结为好友,拉卡托斯心目中的自由状态被他推向了极致。1994 年 2 月 11 日,他在瑞士的家中去世。①

费耶阿本德兴趣非常广泛,他生前不仅在哲学、科学和政治等领域发表了大量论文和评论,在音乐、摄影、戏剧、文学、宗教以及历史等领域也有许多论述。但他的主要工作还是在科学哲学,特别是科学方法论方面。他在这方面的主要著作有《反对方法》(*Against Method*,1975)、《自由社会中的科学》(*Science in a Free Society*,1978)、《告别理性》(*Farewell to Reason*,1987)、《关于知识的三个对话》(*Three Dialogues of Knowledge*,1991)和《征服富足》(*Conquest of Abundance*,1999)②。另外,还有三本文集《实在论、理性主义和科学方法》哲学文集卷一(*Realism,Rationalism and Scientific Method*,1981)、《经验论问题》哲学文集卷二(*Problems of Empiricism*,1981)和《知识、科学和相对主义》哲学文集卷三(*Knowledge,Science and Relativism*,1999),收录了他的大部分已发表的文章。1995 年,芝加哥大学出版社出版了他的自传《消磨时光》(*Killing Time*)。

费耶阿本德的思想发展经历了三个时期。③ 第一个时期是在 20 世纪 60 年代之前,他基本上接受的是波普、克拉夫特和后期维特根斯坦思想的影响。他激烈地批评逻辑经验主义的科学哲学,以波普的约定主义论证科学理论对观察的首要性,认为关于科学理论的争论不是一个事实问题,而是一个选择问题。克拉夫特是他在维也纳大学的博士导师,他

① 关于费耶阿本德的生平,参见普雷斯顿(J. M. Preston)《费耶阿本德:哲学、科学和社会》,第 1—6 页,麻省,剑桥,政治出版社,1997。

② 此书由两个部分构成:第一部分是关于古希腊哲学,论述了阿基里斯之龟的猜想以及色诺芬、巴门尼德等人的思想;第二部分是各种不同主题的论文选集,主要讨论了实在论、量子论、艺术品、伦理学以及知识分子等问题。该书由特普斯特拉(B. Terpstra)编辑,美国芝加哥大学出版社 1999 年出版。

③ 也有研究者把他的思想发展分为两个时期,即 20 世纪 50—70 年代和 70 年代之后。参见普雷斯顿《费耶阿本德:哲学、科学和社会》,第 7 页。

从克拉夫特那里得到了这样一个观念，即认为，我们可以根据实证主义的方式解释科学，但这种解释并不需要一个外在的世界。费耶阿本德对维特根斯坦的后期思想非常重视，他曾邀请维特根斯坦到他们的"克拉夫特小组"作报告，并在维特根斯坦去世后与维特根斯坦的学生安斯康共同讨论《哲学研究》，他甚至"整理了"该书的写作风格，以便使得该书的内容看上去更像是一个连贯的论证。① 他主要欣赏维特根斯坦思想的流畅性和诗性的气质，把《哲学研究》中的意义理论解释为一种"语境论"。第二个时期是在 60—70 年代，他这时逐渐放弃了波普等人的思想，转向从科学哲学的角度对传统理性主义的批判，提出了他的"无政府主义的知识论"思想。这个时期被看做是费耶阿本德哲学的主要时期，也是他的思想对科学哲学以及整个西方哲学产生重要影响的时期。我们下面主要介绍他在这个时期的思想。第三个时期是在 80—90 年代，他这时完全失去了对科学方法论研究的兴趣，更多地把无政府主义思想运用在政治哲学领域，几乎在所有问题上更多地采取相对主义的原则。

《反对方法》是费耶阿本德哲学的代表作，他在书中提出的"无政府主义知识论"在西方哲学界引起了轩然大波。从 1964 年起，费耶阿本德就与拉卡托斯就科学方法论问题展开讨论，双方持完全相反的观点。《反对方法》就是以拉卡托斯的观点为批判对象的一部论战性著作。费耶阿本德提出的主要观点是：(1) 科学在本质上是属于无政府主义的事业；理论上的无政府主义比理论规则和秩序更符合人本主义，也更能鼓励进步。(2) 无论考察历史还是抽象地分析思想与行动的关系，都表明了一条无法禁止进步的原则："怎么都行"。(3) 理论的增生有益于科学，但齐一性（即意见一致）则损害科学的批判能力，危害个人的自由发展。(4) 需要政治干预、克服科学沙文主义，承认任何思想都有可能改善我们

---

① 费耶阿本德：《自由社会中的科学》，第 116 页，伦敦，新左派出版社，1978。后来，安斯康把费耶阿本德整理的部分翻译为英文，作为安斯康对该书的评论发表。这就是费耶阿本德的哲学处女作《维特根斯坦的〈哲学研究〉》，载于《哲学评论》(*The Philosophy Review*)1955 年第 64 卷。

的知识。（5）没有任何一个理论会同其领域中的全部事实相符合，而应当受到责难的并非总是理论，事实与理论之间的冲突可能是进步的先兆。（6）科学的论证需要"非理性的方法"，因为科学的不同部分的发展是不均衡的，因此对科学来说，理性并不是普遍适用的，不能完全排除非理性在科学中的作用，这就要求一种无政府主义的认识论。（7）科学并不比神话更高级，科学是人类已经发展出来的众多思想形态中的一种，但并非是最好的一种。

在传统的以及正统的科学哲学家看来，费耶阿本德的上述观点无论如何都显得过于极端，所以他自然就被扣上了许多不受欢迎的帽子，如"非理性主义者""一个反科学的宣传家""政治上的机会主义者"等等。但如果认真地阅读了他的著作，把他的这些观点放在科学哲学的历史学派背景中加以考察，我们就可以看出，他的"无政府主义认识论"在一定程度上恰恰是揭露了自库恩以来的历史学派科学哲学所隐含的最根本的思想前提，这就是把科学研究方法一步一步地从逻辑引向了心理学，从严格精确的专门分析引向了更为宽泛的历史和社会领域。在这种意义上，费耶阿本德是历史学派科学哲学中最彻底、最直率也是最可爱的哲学家。

1. 他彻底否定了我们可以彻底认识世界的梦想，认为我们的认识活动永远无法掌握世界，因为世界本身就是一个未知的实体。所以，我们必须对这样的实体采取一种开放的态度，就是说，不能把某一种或一些认识结果看做是最好的，而排斥另一种或另一些成果。用他自己的话说，"我们必须保留自己的选择权，切不可预先就作茧自缚"①。这是费耶阿本德思想的基本出发点。他把这称为"无政府主义的方法论"。他选用这个术语并不表示他的思想与其他政治上的无政府主义有任何联系，相反，他认为，政治上的无政府主义很少关心人类的生活和幸福，甚至包

---

① 法伊尔阿本德（即费耶阿本德）:《反对方法》，周昌忠译，第Ⅳ页，上海译文出版社，1992。

含着某种清教主义的献身精神,而这些却是他所反对的。他所谓的"无政府主义方法论",是指对一切以往被看做是严肃的话题或具有深奥意义的事业都采取怀疑和轻蔑的态度;他相信,只有当我们开始淡然处事,把我们语言中千百年来积聚起来的那些深奥的但已经陈腐的意义去掉,才能出现有价值的人生。在这种意义上,费耶阿本德更愿意与艺术上的"达达主义"者为伍,因为"达达主义"就是不仅没有纲领,而且反对一切纲领,这正是费耶阿本德所谓"无政府主义方法论"的主旨。但与达达主义者不同的是,他认为,反对纲领并不排除对纲领作巧妙的辩护,以表明任何的变换无论多么"合理",总是带有空想的性质。《反对方法》一书正是费耶阿本德对各种纲领作出的这种"辩护"。

2. 费耶阿本德不仅鲜明地表明了自己"怎么都行"的基本立场,而且对这个立场有比较充分的论证,他还在《反对方法》的五个附录中用科学史上的事实说明"科学是一种非理性的事业"这个观点。在他看来,科学的归纳原则为我们的行为制定了一个标准,一切理论的成功或有效都是由经验事实或实验结果加以衡量的,这是经验主义的本质。相反,他则提出一种"反规则"的观点,劝导我们引入和制定与得到充分经验确证以及充分确凿的事实不一致的假说,劝导我们"反归纳地"做事。这种"反规则"就是要提出与公认的、得到高度确认的**理论不一致**的假说,以及提出与充分确凿的**事实不一致**的假说。针对前一种情况,他论证道:"可能反驳一个理论的证据往往只能借助一个与之不相容的可取理论来揭示。所以,劝导人仅当反对意见已使正统理论丧失信任时才利用别的可取理论,那是本末倒置。"[①]正确的做法就是,尽可能多地考虑到与一个理论相关的其他理论,通过比较的方法取长补短,由此形成一个由各种可取理论组成的"知识海洋",费耶阿本德把这称为"多元主义的方法论"。根据这种方法论,科学家的任务就不再是探索真理、推崇偶像,或把观察资料

---

① 法伊尔阿本德(即费耶阿本德):《反对方法》,周昌忠译,第 8 页,上海译文出版社,1992。

加以系统化等等,而是努力使自己的理论在各种可取理论中变得更为有力;而且,科学家提供的理论也不是对所讨论问题的唯一解答,它不过是各种不同解答中的一种而已。至于第二种情况,就是理论假说与确凿的事实不一致,完全可以得到绝大多数人的理解,因为没有一个有意义的理论会同其领域中的一切已知事实相一致。这里的关键是,观察报告、实验结果和关于事实的陈述,都已经包含了理论假设,我们是按照我们在观察之前已有的信念去看世界的,虽然我们可能并没有意识到我们已有这样的信念。所以,一个理论之所以可能与证据相冲突,并不是因为它不正确,而是因为证据已经被理论污染了。在这里,费耶阿本德是用"理论渗透观察"的思想解释他的"反规则"观点。

3. 费耶阿本德明确表示,他并不是要提出一种新的规则或方法论来对抗传统,相反,他认为,"一切方法论,甚至最明白不过的方法论都有其局限性"①。所以,他的目的是要"反对一切方法",并由此颠覆一切方法所依赖的理性基础。然而,在这个过程中,费耶阿本德也承认,要颠覆理性还必须使用理性的工具,就是说,要反规则或反归纳,还必须运用另外一种规则。正是这个怪圈使得费耶阿本德意识到,对科学的过分依赖是这种理性主义猖獗的重要原因。他说:"在我看来,科学沙文主义是一个远比理智污染问题更为严重的问题。它甚至可能是这种污染的主要原因之一。"②他把拉卡托斯看做是这种科学的理性主义的最新代表。他在《告别理性》中对理性进行了"全面清算",特别是对以理性主义的主要代表自居的科学理论进行了彻底批判,认为现代科学和文化的最大"成就"就是通过宣传、论证、压制、模仿以及暗箱操作等方式对人性作出了最大的毁灭。费耶阿本德的这种"反科学的""反文化的"极端思想在理性主义占主导地位的当代西方科学文化中自然被看做是一种"异端邪说",但如果理解了他的意图,我们就可以看到,他的工作是在打破西方传统思

---

① 法伊尔阿本德(即费耶阿本德):《反对方法》,周昌忠译,第 10 页,上海译文出版社,1992。
② 同上书,第 187 页。

维中的单一模式,强调以多元的方式对待科学、理性,乃至哲学本身。这就是要把我们所处的世界、我们所接受的理论以及我们所持有的信念,看做是一切可能世界中的一部分,从而彻底打消我们追求"完美""最终""唯一"等等的梦想。在这种意义上,他的思想与西方后现代主义哲学非常近似。

费耶阿本德的观点在当代西方哲学家和科学史家那里引起了很大反响,赞扬者有之,但更多的是批评和反对。对他思想的肯定者,主要是对他的大胆和直率表示钦佩,认为他的"曲棍球式的做法"激起了人们对重要问题的思考,而且比科学哲学家们通常不加渲染的论文更为有效,"如果说他的表现是方式粗率而要旨大胆,他就理应得到热情的赞赏"①。早在有生之年,他就被称做"20世纪科学哲学领域内出类拔萃的人物之一"②。但是,他的极端偏激的观点更多地招致了哲学家和科学史家的批评。例如,图尔敏认为,费耶阿本德对科学中的非理性的夸大,正好是他成功地击中波普的证伪主义理论要害的副产品。劳丹则指出,他是一个借历史来达到辩论目的的辩才,但不是用历史指导哲学家的辩才。在劳丹看来,科学不是可以供人们玩耍的工具,而是用来解决一个个具体问题的有效方法,这种方法的有效性就在于,科学本身是通过进步而得到增长的。这就是劳丹的"科学进步理论"。

五　劳丹的科学进步模式

拉里·劳丹(Larry Laudan)1941年出生于美国德州的奥斯汀,1962年毕业于堪萨斯大学物理系,1965年在普林斯顿大学获哲学博士学位,先后执教于伦敦大学、匹兹堡大学、弗吉尼亚工学院和夏威夷大学,2000

---

① 伯鲁德(W. J. Berlude):《保罗·费耶阿本德:科学和无政府主义》,载于《科学》(Science)1979年,206(4418):534。

② 2000年,牛津大学出版社出版了纪念费耶阿本德的文集《科学最坏的敌人?》试图为费耶阿本德受到的不公正待遇提出质疑,认为他的思想至今仍然具有重要的启发意义。

年起至今,担任墨西哥国立自治大学的高级研究员。他还在伊利诺伊大学、墨尔本大学、明尼苏达大学以及麻省理工学院担任客座教授或研究员,曾任英国科学史学会的总干事和执行委员,也是许多科学史和科学哲学领域的国际杂志的主编或编委,如《科学哲学与科学史研究》杂志的创始人和主编、《科学哲学》杂志编委等,还曾任美国哲学联合会太平洋分会的主席(1993—1995)。劳丹主要致力于科学哲学和科学史研究,他与其他人共同主编的"匹兹堡科学哲学与科学史丛书"在当代西方哲学界有着很大影响。他的主要著作包括《进步及其问题》(*Progress and Its Problems*,1977)、《科学与假设》(*Science and Hypothesis*,1981)、《科学与价值》(*Science and Values*,1984)、《科学与相对主义》(*Science and Relativism*,1990)、《超越实证主义和相对主义》(*Beyond Positivism and Relativism*,1996)等。其中《进步及其问题》是劳丹的代表作,集中阐述了他的主要思想。下面我们将主要围绕这本书的内容对劳丹的思想作一分析。

劳丹的思想通常被看做是属于"新历史学派",这个学派的创始人是美国哲学家夏佩尔。夏佩尔认为,科学发展中的各种因素是相互作用的,可以随时按照我们所了解的关于自然的知识加以修正,而背景信念是以特殊的方式被运用于特殊的问题情景之中,因此一个特定的信念可以在不同的情景中以不同的方式发生作用。① 他反对库恩等人的历史学派关于科学革命和知识增长的观点,试图用"推理链"概念取代"不可通约"的概念,认为它能够比以往的哲学家提供更好地理解意义和指称的根据。这种新历史学派的基本主张是:(1) 反对历史学派把科学进步的原因完全归咎于社会和历史的因素,认为必须考虑科学本身的内在机制。(2) 反对历史学派关于不可通约的观点,认为这个观点必然导致否定科学的进步,陷入相对主义;相反,他们认为,不同的范式和理论都是

---

① 参见夏佩尔《理由与求知》,褚平、周文彰译,第 29 页,上海译文出版社,1990。

对同一个客观世界的表达,因而它们之间是可以比较的。(3)反对历史学派把科学理论作高低层次之分,认为这样的区分仅仅具有相对的意义。(4)反对历史学派在科学哲学上的反实在论态度,坚持科学的实在论,主张科学知识的无怀疑性、相关性和成功性为人们提供关于认识对象的客观存在的信念。在这些主张上,劳丹与夏佩尔等人的思想基本上是一致的。不同的是,劳丹更强调科学合理性研究,强调科学的进步是一个不断解决问题的过程,提出"规范的自然主义"这样的弱的反实在论主张。

劳丹的工作是从追问"科学的合理性"开始的。他认为,以往哲学家对科学合理性的解释都不成功,这就需要我们重新分析这个概念,竭力避免一些会导致传统分析垮台的基本假定,这就需要我们"放弃一些传统的语言和概念(确证度、解释内容、确认等等),看看是否会出现一个潜在的更为合理的科学合理性模式。通过重新探讨一些有关科学的基本的问题,让我们看看,我们是否能取得关于科学知识的一个稍微不同的观点"①。他从"科学的根本目的在于解决问题"这个观点出发,认为一个理论的合理性和进步性并不与该理论的确证或否证密切相关,而是与该理论解决问题的有效性密切相关的。关于理论与问题的关系,劳丹提出了两个命题:(1)"对任何一个理论最为重要的检验是看这个理论是否对引起兴趣的问题提供可接受的答案;换句话说,看这个理论是否对重要的问题提供了满意的解答。"(2)"在评价理论的价值时,问理论是否对重大的问题构成了适当的解答,比问理论在当代认识论的框架内是否是'真的'、'确证了的'、'充分证实的'或是可辩护的更为重要。"②他认为,这两个命题揭示了科学理论的真正价值,因为真正有价值的理论正是对各种疑难问题的适当解答。他的工作就是要从问题分析入手,然后进入理论建构。

---

① 劳丹:《进步及其问题》,方在庆译,中译本"序"第7页,上海译文出版社,1991。
② 同上书,第5—6页。

　　劳丹把科学理论所要解决的问题分为两种不同的类型,即"经验问题"和"概念问题"。所谓"经验问题",并不是由自然界直接给予确凿材料的那些问题,而是有关自然界对象的但渗透了理论假定的问题,是有关构成了任何一个已知科学领域基础的对象问题。可见,经验问题并不是一个单纯的事实问题,而是一个从某种背景出发,或以这样或那样的概念框架"透镜"提出的事实问题。这说明了任何经验问题都与提出问题的理论假定有关。他把经验问题分为三种类型:(1)尚未解决的问题,就是那些还没有被任何一个理论有效地解决的经验问题;(2)已经解决的问题,就是那些已经被某种理论有效地解决了的问题;(3)反常问题,就是一个具体的理论没有解决,但是该理论的几个竞争对手已经解决了的问题。他认为,科学进步的标志之一,就是把反常问题和尚未解决的问题转变为已经解决的问题。但他同时指出,科学的进步和合理性并不完全在于解决经验问题,更重要的是要解决"概念问题"。所谓"概念问题",是指由一些理论所显示的问题,就是说是依附于理论而存在的问题,是关于概念结构的充足理由的较高级的问题。他认为,对于任何一个理论 T,概念问题都会以两种方式出现:"1. 当 T 显示出某些内在的不一致时,或当理论 T 的基本的分析范畴模糊不清时,这些问题是内在的概念问题。2. 当 T 与另一个理论或学说 T' 冲突,而 T 的拥护者们认为学说 T' 是理由充足的时,这些问题是外在的概念问题。"[①]他认为,对内在的概念问题的解决通常被看做是科学进步的最重要方式之一,但更为重要的则是对外在的概念问题的解决,因为只有解决了这样的概念问题,才会使科学中的各种不同理论之间实现良好的推导,从而实现科学的整体进步。

　　根据以上对经验问题和概念问题的论述,劳丹明确提出了他的关于科学进步和增长的一般模式。他说:"这样一个模式的核心假设是很简

①　劳丹:《进步及其问题》,方在庆译,第46页,上海译文出版社,1991。

单的:(1)已解决的问题(经验的或概念的)是科学进步的基本单元;(2)科学的目标是最大限度地扩展已解决的经验问题的范围,最低限度地缩减反常与概念问题的范围。"①他提出,一个理论解决问题的有效性,就是通过评价这个理论解决的经验问题的数量和重要性以及减少该理论产生的反常和概念问题的数量和重要性来决定的。由此,劳丹得出了他关于科学进步的基本规定:当且仅当在任一个领域中的科学理论连续发展,显示出解决问题的有效性程度逐渐增加时,我们就可以说,这个科学理论带来了进步。换言之,只要是用一种能更有效地解决问题的理论去取代其他不能有效解决问题的理论,那么,这样的改变就是一种进步。

根据这种科学进步的模式,劳丹分析比较了库恩的科学革命理论和拉卡托斯的科学研究纲领,认为两者都存在着严重的缺陷,进而提出了自己的"研究传统"。他指出,库恩理论的错误在于没有看到概念问题在科学论证和范式评价中的作用;没有真正解决一个范式与其构成理论之间的关系问题;在结构上也过于僵化,在范式与资料事实之间无法作出任何调整;范式或"专业母体"的意义始终不明确;忽略了这样一个历史事实:不同的科学家往往使用同样的定律或范例,但在科学本体论和科学方法论的许多基本问题上却赞成完全不同的观点。关于拉卡托斯,劳丹认为他的研究纲领完全是经验的,而且在构成研究纲领的最小理论范围内的变化种类是极其有限的;拉卡托斯研究纲领中的一个致命缺陷是,这个概念依赖于塔尔斯基和波普的"经验内容与逻辑内容"的概念,就是说需要用历史的经验说明科学理论的内容量度,但这是不可能的。在罗列了库恩和拉卡托斯的数个"罪状"之后,劳丹提出了他的"研究传统"。

劳丹所谓的"研究传统"就是这样一些普遍的假定:它们是关于一个研究领域中的实体和过程的假定,也是关于在这个领域中研究问题和建

---

① 劳丹:《进步及其问题》,方在庆译,第 65 页,上海译文出版社,1991。

构理论的适当方法的假定。他认为,每一门学科,无论是科学的还是非科学的,都有一部充满研究传统的历史,例如哲学中的经验论和唯名论、神学中的唯意志论和必然论、心理学中的行为主义和弗洛伊德主义、伦理学中的功利主义和直觉主义等等。这些研究传统具有以下共同特征:(1)每个都有许多具体的理论,它们说明并部分地构成了这个研究传统;在这些理论中,一些理论可能是同时的,另外一些理论可能是在时间上前后相继的。(2)每个都显示出某些形而上学的和方法论的倾向,这些倾向作为一个整体,使研究传统具有自己的特征,并与其他的研究传统区别开来。(3)每个都得到过各种详细的表述,一般都有一段较长的历史,经历了许多不同的历史阶段,相比之下,一个具体的理论则经常是短暂的。[1] 总之,一个研究传统就是为具体理论的发展提供了一套指导方针。这样的研究传统通常包含了本体论和方法论这两大部分。本体论是说明了存在于这个研究传统所属领域中的基本实体的类型,而研究传统中的具体理论则是把这个领域中的所有经验问题都还原为这个研究传统中的本体论,由此来解释这些经验问题;方法论则是在这个传统中的研究者可以接受的合法的探究方法,包括了实验技巧、理论检验、理论评价模式等等。因此,劳丹说:“简而言之,一个研究传统就是一组本体论和方法论的‘做什么’与‘不做什么’。”[2]

从劳丹的论述中可以看出,他所谓的“研究传统”就是一个研究领域中已有的、在很大程度上占有主导地位的理论纲领或研究思路。在每个这样的传统中都会有各种不同的甚至相互矛盾的理论,但它们又都是为了说明这个传统中的本体论以及满足它的方法论的不同方面。这样,每个研究传统对自然过程并不具有直接的解释或检验作用,它们仅仅具有普遍性和规范性的作用,它们的成功只能是通过其构成的理论而导致适当地解决越来越多的经验问题和概念问题。但研究传统往往可以为其

---

[1] 参见劳丹《进步及其问题》,方在庆译,第 79 页,上海译文出版社,1991。
[2] 同上书,第 80 页。

构成理论的应用范围划定界限，也能对其构成理论提出概念问题的方式。劳丹把研究传统的作用分为三个方面：（1）制约作用，就是说，研究传统作为对于可以在已知领域内提出的理论的一种制约起着消极的作用；（2）启发作用，就是说，研究传统在构造一个具体的科学理论时能够起至关重要的启发作用，为理论的构造提供重要的思路；（3）辩护作用，就是说，研究传统可以合理地说明其中的具体理论，或为这样的理论作出辩护。"综上所述，可以看到这样的研究传统可对其理论作出的许多断言进行辩护；它们可用来标明某些理论是不允许的，因为这些理论与研究传统不一致；它们能影响到对其构成理论的经验问题和概念问题的承认和估价；最后它们能对具体理论的产生或修改提供启发性的指导。"①

在强调了研究传统的这些作用的同时，劳丹也清楚地认识到研究传统的局限。这些局限包括：在某些情况下，理论可能从原来启发它们或为它们辩护的研究传统中脱离出来；研究传统本身也是历史的产物，它们是在一个特定的理智环境中创造出来并加以阐明的；一个非常成功的研究传统可能导致人们放弃与该研究传统不一致的世界观，并精心制定一个与该研究传统相一致的新的世界观。尽管如此，劳丹认为，重要的还是要关注研究传统的进步性，这是由研究传统中的最新理论的恰当性决定的。这里的"恰当性"就是研究传统内的最新理论解决问题的有效性。他说："单个理论的恰当性或有效性与这个理论解决多少有意义的经验问题有关，与它们产生多少重要的反常和概念问题有关。这些单个理论的可接受性既与它们的有效性有关，也与它们相关的研究传统的可接受性有关。"而"一个研究传统的可接受性由这个研究传统的最新理论解决问题的有效性来决定"②。由此，劳丹进一步阐述了这个科学进步模式对于理解科学知识增长问题的意义。

---

① 劳丹：《进步及其问题》，方在庆译，第 94 页，上海译文出版社，1991。
② 同上书，第 124 页。

他指出,科学的进步就体现在对科学合理性的追求上。所谓"合理性",就是我们有充分的理由去做某些事情,而科学作为认知活动存在,理由就在于能够最大限度地扩展我们所能解释的经验问题和最小限度地减少在这个过程中产生的反常问题和概念问题。由于科学的唯一认知目的就是要解决问题,因而,"作为在科学上适当的或合理的主要方式是与我们究竟能最大限度地把科学研究传统的进步扩展到什么程度有关的"①。就是说,科学合理性的标准就在于把研究传统最大限度地扩展的能力。在这里,理论的真实性或逼真性的标准就不起作用了,"因为没有一个科学家和哲学家能够证明,一个像科学这样具有自己支配的方法的体系能够保证短期内或长期内达到'真理'"②。由此,劳丹就把合理性问题与真理性问题区分开来,把合理性而不是逼真性看做科学进步的标准。在他的解释中,这种"合理性"就是"解决问题模式的适用性",科学的合理性问题就变成了科学研究传统的适用性或有效性问题,科学的进步问题就变成了在不同的研究传统中是否作出合理说明的问题。这样,我们就不难理解劳丹反对库恩的科学革命理论,因为在他看来,科学进步根本不是通过革命完成的,而是通过不断提出和解决反常问题和概念问题完成的;而且,一个科学革命是否合理和进步,也是一件偶然的事件,因为一个科学革命可能包括了放弃比较进步的研究传统而赞成不太进步的研究传统,所以应当把一个革命是否发生的问题与确定这个革命是否进步的问题区分开来。在这种意义上,科学的进步不可能是一个累积的过程,而是一个不断解决问题的过程。这也解释了为什么劳丹并不认为库恩的"不可通约"概念不会妨碍对研究传统的可接受性的比较评价。

《进步及其问题》出版后,在西方哲学界引起了一定的反响,主要是因为劳丹对以库恩为代表的历史学派的反对,给当时的科学哲学界耳目

---

① 劳丹:《进步及其问题》,方在庆译,第 128 页,上海译文出版社,1991。
② 同上书,第 129 页。

一新的感觉。他试图将历史学派中的相对主义因素与美国哲学中的实用主义传统结合起来，也招致了不少哲学家的批评。在肯定者中，费耶阿本德是最突出的一位。他早在1970年发表的著名文章《科学哲学：一个有着伟大过去的学科》中就明确表示自己的思想受到了劳丹的影响。后来在《告别理性》等著作中，更是把劳丹看做是自己思想的同盟，他肯定劳丹的思想之处正是劳丹对相对主义的张扬。但更多的哲学家则对劳丹的观点提出了非常尖锐的批评。《社会科学杂志》于1979年出版了一个讨论劳丹思想的专集，其中许多文章都对劳丹提出了批评。如有人认为，劳丹的模式比库恩等人的学说更为有效，但他忽略了重要的划界问题，这样在为科学的合理性和进步作出辩护时就缺乏严格的准绳；另有人认为，劳丹把科学看做是解决问题的活动，这就难以区分科学与其他的人类活动，因为迷信、巫术、占星术、宗教等等都可以"解决问题"；而且，劳丹对科学中经验真理的忽视违反了我们的直觉。①

针对种种批评和反对，劳丹也认真反思了自己的理论观点，竭力弥补其中的一些不足，进一步提出了"规范的自然主义"的思想。早在1984年，他在《科学与价值》一书中就提出了一种新的科学变化图景，即关于科学合理性的网状模式（reticulation），在1987年的《进步还是合理性？规范自然主义的前景》和1990年的《规范自然主义》等文章中，阐发了他的规范的自然主义。

劳丹把这种规范的自然主义看做是一种元认识论，它既在认识活动中起到了规范作用，又具有对经验证实的敏感性，因而可以看做是"规范性"和"自然化"的结合。他认为，逻辑经验主义者和波普都过分强调规范的制约作用，只是关注我们应当如何形成自己的信念，我们应当如何检验自己关于世界的论断等，而历史学派则过分强调自然化，强调"对经验证据的敏感性"，否定规范的制约作用。因此，这两者都有片面性。劳

① 参见劳丹《进步及其问题》，方在庆译，中译本"序"第8页，上海译文出版社，1991。

丹则试图把一种强的"自然化"和一种弱的"规范性"结合起来,由此克服他们的片面性。[1] 从劳丹的目的来看,他是在做一种"建立完善理论"的工作,就是说,在吸取逻辑主义和历史学派的长处的同时,又能弥补它们的不足。但正如有的学者指出的,他并"没有达到目的。他的研究传统和科学进步模式,都不过是在前人研究基础上做的一点修补工作。表面上,历史主义学派在这里得到完善和发展,实质上他的理论标志着历史主义的终结"[2]。

第四节 当代科学哲学的走向

自 20 世纪 80 年代之后,英美的科学哲学领域基本上趋于一种沉寂的状态。这主要是因为,包括库恩、拉卡托斯、费耶阿本德、劳丹等人在内的科学哲学家们提出的各种理论都面临着一些自身难以解决的困难;而后来哲学家的所有修补工作,都无法完全取代从逻辑实证主义和波普那里得到的关于科学哲学的研究模式。可以说,到目前为止,当代西方科学哲学中尚未出现能够引起"革命"的理论,如同波普和库恩的思想曾在这个领域带来的革命那样。当然,这并不意味着科学哲学家们没有取得任何突破性的成就,也不表明科学哲学研究领域已经衰落或消退。事实上,哲学家们对科学哲学问题的研究从来就没有停止过,这从近年来陆续出版的各种版本的《科学哲学导读》《科学哲学指南》等书中的综述性文章中就可以看出来。

从总体情况看,当代英美科学哲学的基本趋势主要表现在这样三个方面:(1) 科学实在论与反实在论之间的争论趋于缓和,特别是出现了一些试图调和这两种科学哲学的观点;(2) 对各门具体自然科学中的哲学问题的研究开始逐渐取代传统的方法论研究,特别是一些具体自然科学

---

[1] 关于劳丹的这种思想变化,参见涂纪亮《美国哲学史》第 3 卷,第 165—167 页。

[2] 张之沧:《当代西方科学哲学》,载于刘放桐主编《新编现代西方哲学》,第 549—550 页,人民出版社,2000。

领域带来的重要哲学问题引起哲学家们的思考,如医学、计算机科学、思维科学以及人工智能等领域的问题;(3)后现代主义思潮对科学哲学研究产生了直接的影响,导致了后现代科学哲学的出现,并有可能成为不久的将来的西方科学哲学的重要组成部分。

一　科学实在论与反实在论之争

科学实在论与反实在论之争是 20 世纪 80 年代之后在英美科学哲学中出现的最为重要的哲学事件。这场争论从表面上看是围绕"科学能否表达外部世界的实在"问题展开的,但更深刻的分歧却是在于科学假设的实在性问题。科学实在论一方坚信,科学假设虽然可能无法用经验的方法得到证实,但它们设定的实体或过程却是在整个假设中起到了基础作用,因而应当承认这样的实体是存在的或这个过程是真的。这种信念的根据就是科学推理中的"溯因法"或"假说推理"(abduction),即对于无法用一般规律解释的现象,可以为它们找出共同特征并形成新的理论,用其中的一个现象作为对这个新理论的经验检验。事实上,这是根据对科学成功的解释活动来保证科学假设的合法性。但这种观点遭到了反实在论者的尖锐批评。在反实在论者看来,科学的目的不是要证明科学理论的真理性,而是要寻求科学理论的恰当性;在这种意义上,对科学成功的解释并不能,也不需要保证科学假设的合法性,而只是说明了成功的科学假说在一个具体的场合或语境中发挥了作用,但这并不需要保证其中承诺的实体是存在的或这个过程是真的。

关于实在论与反实在论争论的主要问题,不同的哲学家有不同的概括。美国霍布金斯大学的阿钦斯坦(P. Achinstein)教授把实在论与反实在论的争论焦点分别概括为三个方面①:

在实在论方面,(1)诉诸常识。就是说,实在论基本上是一种直觉的

① 阿钦斯坦:《观察与理论》,载于牛顿-史密斯《科学哲学指南》,第 330—331 页。

观点,即认为只要科学家们在他们的理论中谈到了原子、分子、质子等等东西,那么它们就应当是这个宇宙中独立存在的成分。(2)"奇迹"论证或"对最好解释的推论"。假定一个理论 T"拯救了现象",那么对这个事实的最好解释就是实在论,就是说,这个理论是在实在论的意义上为真,比如,它所描述的实体是存在的,这些实体具有这个理论所赋予它们的属性等等。如果这个理论不是在这种意义上为真,那么说它"拯救了现象"就会是一个"奇迹"。(3)"共因原则"的论证。假定两个可观察的事实或事件之间相互关联,那么就一定是其中一个造成了另一个,或者是第三者造成了这两个。这个第三者可能是不可观察的,但由于它是两个可观察事实或事件的共同原因,所以应当假设这个第三者的真实存在。

在反实在论方面,(1)诉诸经验论。就是说,反实在论比实在论更容易在经验上得到满足,我们无需假设任何神秘的、不可观察的或未知的世界,超越了现象界的世界只能是形而上学的,在科学上则是多余的;而且,即使存在这样一个世界,它也不是科学家所能了解的世界。(2)诉诸于本体论上的简单性。就是说,反实在论比实在论更容易在本体论上得到满足,它只承认世界上存在着可观察的实体,谈论不可观察之物仅仅是为了组织我们关于可观察之物的知识的一种方式而已。(3)诉诸科学的目的和实践。反实在论认为,科学家的目的不是要带来关于独立存在的不可观察之物的世界的真实陈述,而仅仅是为了"拯救现象",特别是他们经常使用不可兼容的理论和模型。

阿钦斯坦的这种概括主要是根据实在论与反实在论关于观察和理论的关系问题上的分歧。莱昂斯(T. Lyons)和克拉克(S. Clarke)则提出了对科学实在论的三种反对意见。第一种意见直接针对"无奇迹的论证"(no-miracles argument),认为科学实在论提出了一种错误的两分法,即为了寻求对科学理论成功的解释,就必须在求助于奇迹和推论我们的理论大致为真之间进行选择。范·弗拉森就提出了另一种达尔文式的选择:成功是理论生存的需要,如果我们的理论是不成功的,我们就不必保留它们。劳丹、雷谢尔、法埃因等人则提出了另一种观点，认为应当取消认知实在论的核心问题，因为在认知实在论者看来，真理提供了比非实在论者更好的解释。

第二种非实在论论证来自数据对理论的不确定性（underdetermination），主要代表是迪昂、蒯因和范·弗拉森。他们认为，任何成功的理论都有大量经验上的竞争对手，虽然是无法与之比拟的。由于每个对手都会与我们的理论共有经验上成功的机会，因此，我们无法证明我们的理论就一定强过其他的理论。虽然我们的理论成功了，但这并没有证明我们的理论是真的。但实在论者会反驳说，我们并不能在经验上对每个理论都产生平等的对手，经验上的成功并不只是在认识论上具有价值，我们也可以通过求助于其他的超经验的长处（如简单性）来选择我们的理论。但非实在论者反对用这种超经验的长处来证明信念。

第三种重要的非实在论论证是历史上的。它认为，科学实在论仅仅提供了经验上可检验的假设，它开始提出的成功理论无法被解释为真的。这种论证目前最为流行的形式是悲观主义的元归纳，即认为我们曾经有许多成功的理论，现在却被证明是假的，所以我们现在的理论也可能在以后被证明是假的。①

目前围绕科学实在论的论战大多是试图为实在论与反实在论寻找妥协方案。其中一种妥协是，认为实在论是关于科学理论中所描述的实体存在的问题，而并没有考虑科学理论的真的问题。这种形式的妥协被称做"实体实在论"。这主要是一种认识论观点，即认为真理陈述应当基于实验操作。目前不少哲学家虽然认为自己是科学实在论的反对者，但同意实体实在论，因为他们认为只有这样的实在论才是关于被操作的实体的存在，并把这看做是与关于科学理论真理性的实在论相悖的。不过，仍然有哲学家认为，这两种实在论都有共同的假定，即认为科学推理

---

① 参见莱昂斯和克拉克《科学哲学中的最新主题——科学实在论和常识》，"导论"第Ⅻ—ⅪⅤ页，克鲁威尔学术出版社，2002。

的规则是普遍的,对这些规则的证明是哲学上的。对这些假定的挑战,导致了语境主义的实在论,即仅仅承认具体科学领域里的经验材料的存在。

对历史在科学理论成功方面的作用,哲学家们同样给予了关注。比如,莱昂斯就表明了,科学上的大量成功恰好是来自以往被看做是错误的理论,因而实在论者通常求助于新的成功并没有解决历史问题。还有哲学家指出,实在论并不具有科学理论的地位,因为真理并不是解释性的。

在当代哲学家看来,科学最初是对常识的扩展,保持了强烈的常识推理。但科学却给我们提供了一个挑战常识的平台,特别是当代科学越来越表现出与常识的冲突。由于科学实在论者试图根据成功的科学理论去证明我们的信念,因而当代科学实在论也与常识发生了冲突。然而,科学实在论者却始终承认常识的观点,认为存在着独立于心灵的对象,它们都存在于外部世界中;同时,科学实在论的拥护者也求助于常识的实践去证明他们的溯因法的用法。这样,当代科学实在论与常识就处于这样一种两难境地:既冲突又依赖。作为这个两难的解决,一些哲学家把科学推理看做是与常识推理同样具体的、语境的,因为它们都是经验的和社会的,这样就不应当承认有普遍的科学逻辑。另外一些哲学家则认为,由于常识给我们提供了真实之物的标志,因而实体实在论应当是与这样的常识相一致的,如哈金所说,如果你可以喷洒它们,它们就是真实的。在科学与常识的关系上,塞拉斯对"科学的形象"和"显现的形象"之间的区分在当代哲学家中仍然有很大影响,不少哲学家从他的论述出发,更多地用实用主义的方法处理这两者之间的关系,如范·弗拉森对"科学的形象"的反实在论处理方法。

二 当代科学哲学的主要问题

对自然科学具体领域中的哲学问题研究成为当今西方科学哲学的

重要方面,其中被看做是热点领域的是化学哲学。生物学哲学仍然在研究进化论问题以及分子生物学问题,对基因的研究主要是与进化生物学联系在一起的。目前对生物学进展的研究构成了新的起点,并逐渐成为非常重要的研究领域。随着对健康问题的关注,医学哲学也成为新兴的重要领域。社会科学哲学仍然是一个工作重点,但社会科学研究的模式已经从社会学转向了人类学。经济学哲学,特别是博弈理论模型,逐渐成为了一门多少有些普及性的学科。它最早是在 20 世纪 40 年代兴起,到了 60 年代基本消沉下来,只是由于生物学运用博弈理论重塑进化过程,以及实验经济学家试图以经验模式研究经济行为,才使得这个学科得以复兴,具有影响的经济学哲学家把博弈论作为经济分析的工具。

最大的变化是心理学哲学的复兴。这个学科以往是与哲学心理学、心灵哲学、行为主义、认知科学以及关于精神的性质问题等联系在一起的。但"认知革命"深深地影响了哲学的发展,这使得认知研究逐渐成为哲学研究中的重要内容,包括了实验心理学、神经科学、语言学、人工智能等,这些领域重新定义了许多传统的哲学问题,如表象、解释还原、确证等等。确证理论利用人工智能技术重新确立了最初由亨普尔提出的确证功能模式,认知科学所解决的问题重新塑造了科学本身的性质;同样,神经科学与传统哲学问题的关系也有了新的研究方向,如对表象和知识的研究。

历史地说,认知科学兴起于 20 世纪 50 年代中叶,这正是逻辑实证主义开始发生转变的时期。许多导致了哲学转变的思想动力同样带来了新的认知模式,但最为重要的还是计算机的影响,特别是它的行为方式和思想方式。因为计算机已经不再被看做是一个简单的计算、推理和处理工具,它也是思考人类以及思考科学的一种模式。甚至有哲学家认为,未来的科学哲学应当是"计算和信息的哲学",在这种哲学中,"计算"(computation)、"复杂性"(complexity)、"系统"(system)和"信息"(information)应当是最基本的概念。不仅如此,现代社会中的许多问题都与计算机有着密切的关系,并且只有在大量研究计算哲学和信息哲学的基础上才能对这些问题给予恰当的解决。由此就产生一些新的分支学科,如"计算机伦理学""以计算机为媒介的通信和人机互动""互联网文化""数码艺术""人工智能"等等。同时,这些学科的出现也使得传统的哲学问题得到了新的解答,如"身心问题""关于实在世界的本体论""语言与知识""逻辑与概率""科学与技术"等等,也为哲学家们提出了许多崭新的问题,如"虚拟世界与现实世界的关系""信息世界中的超文本""纳什均衡问题"(Nash Equilibrium)、"作为哲学方法论的计算模型"等等。①

哲学家们在这些具体学科中的工作其重要意义就在于,他们都明确地反对把科学和哲学严格地区分开来,他们发现把自己想象为所谓"理论的"科学家是很合适的,他们的目的就是要实际地阐明他们所研究的科学理论和实践中的实质性变化。

当然,仍然有一些科学哲学家继续关注科学的历史和社会方面的因素。一方面,对科学的社会研究导致了关于科学史的内在主义者(internalists)和外在主义者(externalists)之间的争论,这最终由于历史学科本身转向了社会史而远离思想史,导致了外在主义者在这场争论中占了上风。另一方面,认识论上的相对主义也符合以相对主义思想刻画历史时期,或以文化相对主义刻画文化人类学。这里的关键是,认为科学本身就是人类的社会活动,因而属于历史和文化的偶然。为了研究这种人类活动,我们就必须了解科学家成长、学习和工作的社会文化环境。他们认为,正是这样一种历史的、文化的或认识上的具体特征,才使得科学家们持有他们的共同观点。在这种意义上就可以说,没有哪一种观点要比其他的观点更好一些,因为一切都是由这些科学家们共同的时代和文化决定的。

---

① 关于"计算和信息哲学"的相关资料,可参见弗洛里迪(L. Floridi)《布莱克威尔计算机和信息哲学指南》,牛津,布莱克威尔出版社,2004。

但这种相对主义往往会使人们担心科学的价值和地位问题，因为文化相对主义是与种族相对主义密切相关的。在价值与科学的关系上最有影响的问题是来自医学的价值问题，医学实践和技术的发展带来了一系列医学伦理学的实际问题，如生与死、医患关系、知情权等问题，这些问题在实践上需要很快能够给予解答。这样，伦理学家和科学哲学家就越来越多地被卷入医院的日常决策和重新制定健康政策等事务之中。而科学哲学家这时也体现出自身的用处，因为他们真正了解在作出有用的决定中所需要的科学，他们可以研究决策的各个方面和对证据的使用。此外，伦理学的另一种实际作用还体现在职业伦理学方面，这些目前已经成为实践或应用哲学的重要方面。

科学哲学在讨论价值问题时涉及的另一个重要领域是关于如何把科学作为日常决策的基础，如领导决策问题、全球变暖问题等等。同样，在讨论现实的科学研究中仍然会涉及价值问题，如在选择某类实验范式时所倾向的价值。在对艾滋病研究上而不是在对痢疾研究上投入更多的金钱，同样体现了一种价值取向。20 世纪 60 年代后期的女性主义运动同样带来了许多价值问题，如性别倾向直接影响了科学的实践活动。

当然，由逻辑实证主义者提出的原有的科学哲学问题和话题并没有完全消失。正如马哈莫所说："科学哲学家们仍然困惑于什么会带来好的解释、什么样的证据会为理论提供什么样的确证、科学与伪科学的区分究竟是什么。这些科学哲学问题是会不断出现的。如今，我们仍然试图以具体的方式回答它们，这些方式会对科学和更大的世界产生影响。"①

三　后现代的科学哲学

历史地说，科学实在论与反实在论之争的重要后果之一，就是导致

---

① 马哈莫：《对科学哲学的简明历史介绍》，载于马哈莫和西尔伯斯顿《布莱克威尔科学哲学指南》，第 12 页。

了后现代科学哲学的出现；或者说，反实在论对实在论的批判也可以看做是后现代主义思潮在科学哲学领域中的具体表现。

对"后现代的科学哲学"，我们可以从两个方面加以理解：一方面是后现代主义的哲学家对科学性质的理解，例如伯姆、格里芬等人把当代科学的发展看做是进入了一个后现代的时代，因而认为，"后现代科学必须消除真理与德行的分离、价值与事实的分离、伦理与实际需要的分离"①。这种后现代主义的科学观的确抓住了现代量子力学的建立对摧毁传统科学观的重要意义。但由于这些后现代主义哲学家大多是从科学的外部看待科学的演变，特别是从现代神学和宗教的角度面对现代科学的进步（如《后现代科学》一书的许多作者对宇宙创始说、现代有机论以及灵学表示推崇），因而，这种后现代的科学观在当代西方科学哲学中并不占据主导地位。另一方面则是科学哲学家在实在论与反实在论问题上的争论引发了哲学家们对科学性质的重新理解，这既是科学哲学中的历史学派反对逻辑经验主义的产物，也是反实在论反对科学实在论的产物。"后现代的科学哲学"的出现被看做是科学实在论与反实在论之间争论过程中的第三阶段。② 现代科学表现出的不确定性、非决定论、非连续性等特征，使得科学的客观性和权威性受到了极大挑战。正是在这种科学发展的背景中，蒯因用实用性标准取代证实说，把本体论承诺与经验事实区分开来；库恩以科学革命的理论把前后相继的理论看做是不可通约的，把科学理论的确定性解释为科学家们的信念所致；费耶阿本德提出无政府主义的研究纲领，主张科学研究"怎么都行"。这些都直接导致了科学哲学研究中的反实在论思潮逐渐转向后现代的科学哲学，其最大的后果是否定了认识论在科学研究中的主导作用，最后否定了科学

---

① 伯姆：《后现代科学和后现代世界》，载于格里芬编《后现代科学》，马季方译，第 95 页，中央编译出版社，1995。

② 参见郑祥福《范·弗拉森与后现代科学哲学》，第 173—179 页，中国社会科学出版社，1998。郑祥福认为，第一阶段是经典的科学实在论在自身内部的分化，第二阶段是出现了各种形式的修正的科学实在论。

真理的存在。这种后现代的科学哲学思潮的主要代表人物就是劳丹、范·弗拉森和法埃因等人。

我们在前面已经看到,劳丹在20世纪80年代末提出的"规范的自然主义"观点,已经包含了明显的反实在论特征,特别是他反对普特南提出的"趋同的实在论",认为科学的目的不是为了趋向某种关于实在的真理,而是为了达到不同的科学规范,因此,在他的自然主义理论中,科学方法是与科学目的密切联系在一起的,就是说,有什么样的方法决定了有什么目的;而这样的方法又是与价值密不可分的,因为价值的要求和方向确定了科学家的研究方法和目的。在这种意义上,不存在一种统一的或单一的科学研究方法。虽然这种观点被看做是反实在论的观点中较弱的一种形式,但由于劳丹对库恩以及拉卡托斯等人的历史学派观点给予了严厉批评,因而他的观点在后现代的科学哲学中仍然占据着重要地位。

范·弗拉森是当代美国重要的科学哲学家之一,被看做是反实在论阵营中的主力成员。他于1980年出版的代表作《科学的形象》,被看做是开启了科学实在论与反实在论之争的新的历史阶段。他提出的"建构的经验主义的"反实在论观点,明显地带有后现代科学哲学的特征。① "建构的经验主义"的核心概念是"经验上的适当性",就是说,"如果理论关于世界上可观察物和事件的描述是真的——确切地说,如果理论'拯救现象',那么理论在经验上就是适当的。精确一些地说就是,这样的理论至少有一种模型,使得所有实际现象都可以填充进去"②。由此,他为科学制定的目标是为我们提供具有经验适当性的理论。而且认为,理论的接受仅仅与相信理论具有经验适当性的信念有关。范·弗拉森工作的意义绝不仅是为反实在论增加了一个新的内容;更重要的在于,他改

---

① 对范·弗拉森的反实在论观点与后现代科学哲学之间关系的详细分析,参见郑祥福《范·弗拉森与后现代科学哲学》,第187—193页,中国社会科学出版社,1998。
② 范·弗拉森:《科学的形象》,郑祥福译,第16页,上海译文出版社,2002。

变了以往谈论科学哲学的方式,彻底放弃了科学哲学对科学理论真理性的追求,把科学哲学研究完全建立在经验适当性的基础之上,用经验上的实用标准取代了以往的科学客观性的标准。这些都使得当今西方的科学哲学呈现出多元化的格局,使得科学哲学研究呈现出一种兼容并蓄的开放姿态,而这些正是后现代科学哲学的明显特征。①

---

① 关于后现代科学哲学对当代哲学发展的意义,参见郑祥福《范·弗拉森与后现代科学哲学》,第 193—201 页,中国社会科学出版社,1998。

第九章　分析哲学的当代发展

第一节　当代分析哲学的基本特征

自从摩尔和罗素 20 世纪初在英国剑桥掀起了反对唯心主义的革命之后,整个 20 世纪的英美哲学就进入了一个崭新的时代,即"分析的时代";而随着弗雷格思想被重新挖掘和维也纳学派思想的广泛传播,分析哲学逐渐成为 20 世纪英美哲学的主要内容。经过"语言的转向"的洗礼和与实用主义等哲学思想之间的交流,分析哲学发展到 20 世纪末,已然成为当代西方哲学中的一个重要且非常强大的传统。分析哲学的重要性突出地表现在,它始终被看做是与欧洲大陆哲学相对抗的哲学思潮;而它的强大则表现在,出现于 20 世纪英美哲学中的任何一种不属于分析哲学的理论观点都直接或间接地受到了分析哲学的影响。这些都无可争议地使 20 世纪的英美哲学打上了"分析哲学"的时代烙印。

一　分析哲学与现代逻辑的产生

历史地说,分析哲学的出现是现代逻辑产生的一个直接后果,现代逻辑为分析哲学的诞生提供了有力的思想工具,所以在一定意义上说,没有现代逻辑就没有 20 世纪的分析哲学。

以亚里士多德逻辑为代表的传统逻辑确立了从形式上探讨推理的性质和过程的首要性,但是这种探讨由于与自然语言的密切关系而在形式上受到了很大的限制。传统逻辑无法解决的最为重要的问题之一,就是逻辑如何能够在形式上证明推理的必然性。现代数学,特别是数论和集合论的发展,为逻辑提供了一种启发:能否用数学的方法把逻辑构造成一种完全形式化的算术系统? 在布尔代数的直接影响下,弗雷格首次把逻辑构造成了一种表达纯思维的算术系统,按照系统性和严格性的要求建立了现代逻辑史上第一套一阶谓词演算系统。与传统的逻辑系统相比,这套演算系统的最大好处就是彻底摆脱了传统逻辑对自然语言的天然依附,完全以纯形式的方式表达思想,并能够由此真正确立一切认识基础的规律。在《概念文字》中,弗雷格明确地阐述了这种纯形式化演算系统对哲学的重要意义:"如果说哲学的任务是通过揭示有关由于语言的用法常常几乎是不可避免地形成的概念关系的假象,通过使思想摆脱只是语言表达工具的性质才使它具有的那些东西,打破语词对人类精神的统制的话,那么我的概念文字经过为实现这个目的而做的进一步改进,将能够成为哲学家们的一种有用工具。"①

弗雷格提到的哲学的这个任务,最初是由莱布尼茨提出来的。他认为,我们可以建立一种完全没有歧义的"普遍语言",用这种语言,我们就可以把一切推理都变成演算。一旦发生了争论,我们只要坐下来,拿出纸笔算一算就行了。他试图用这样的语言解决亚里士多德逻辑对自然语言的依赖所带来的随意性,但是他对这个语言的解释是不清楚的,因为"他没有勇气摆脱传统逻辑的主谓教条的束缚"②。而弗雷格的工作则是要用基于函项学说之上的更令人满意的各种命题形式的区别,来代替"主词"和"谓词"这种有歧义的而又混乱的术语。这里的关键是引入了

---

① 弗雷格:《概念文字》,载于《弗雷格哲学论著选辑》,第 4 页。
② 威廉·涅尔和玛莎·涅尔:《逻辑学的发展》,张家龙、洪汉鼎译,第 423 页,商务印书馆,1985。

"量词"的概念。

　　量词是我们在日常语言中用来表达规律、普遍性和判断句子真假的不确定数量的语词，比如"所有""一些""没有""每个"等等。现代一阶逻辑把量词分为两类，一类是全称量词，如"所有""每个"等；一类是存在量词，如"一些""没有"等。对这两类量词的刻画方式，就是要判断包含了它们的句子的真假情况。所以，对量词的分析首先需要对包含了量词的句子的分析。按照逻辑的理解，任何一个最简单的句子都是表达了这样的东西，或者是某种东西具有某种性质，或者是某些东西之间具有某种关系。这里的"性质"和"关系"构成了一切句子中共同的成分，在逻辑上被称作"谓词"，通常用符号 F 表示，而具有性质或关系的不同成分被称做"个体词"或"专名"，通常用符号 x 表示。这样，一个最简单的句子形式就可以用符号表示为 Fx。这是一个仅包含了一个变元即 x 的情况，F 也被称作一元谓词，它仅仅说明了一个事物具有某种性质。如果要说明两个以上的事物的关系，句子中的谓词就被称作"关系谓词"，通常用符号 R 表示，而具有这种关系的个体事物，通常表示为变元符号 $x, y, z \cdots$。这样，一个表达了二元关系的句子结构就是 $R(x, y)$。

　　从逻辑上看，分析句子的结构是为了从真假的角度来说明句子，就是说，要考虑 Fx 或 $R(x, y)$ 在什么情况下是真的。这就需要为变元限定一个范围。在日常语言的情况下，我们通常有两种做法：(1) 在确保限定的范围内的所有变元都是真的时候，才能确定 Fx 是真的；(2) 只要是其中的一个变元为真，Fx 就可以是真的。第一种做法通常只能限于所有的变元是非常有限的情况下，因为我们无法证明我们所假定的范围穷尽了实际可能的情况，因此这就有了极大的局限性。但是，一旦我们把这个范围定为无限，这里的问题就迎刃而解了。设这样一个无限的范围内有 $x_1, x_2 \cdots$ 个东西，对于这些东西而言，只有在 x_1 是 F，x_2 是 F，$\cdots$，并且任何一个 x 都是 F 的情况下 Fx 才是真的；或者，对于这些东西而言，或者 x_1 是 F，或者 x_2 是 F，$\cdots\cdots$或者只要有一个 x 是 F，Fx 就是真的。这就是逻辑上限定个体范围的两种考虑方式，即最多和最少，它们是谓词所能应用的两种最为普遍的情况。可以说,有了这两种刻画量词的方式,我们就可以说明包含了这两种谓词(全称量词和存在量词)的句子的真假情况。①

弗雷格量词理论的一个重要意义就在于对命题的逻辑结构提出了新的解释。② 传统逻辑对命题的逻辑结构的解释是根据命题的语法形式,它对命题的主词、谓词、连词的分析是按照印欧语系语言的主词、系词、表语的语法形式展开的,所以,命题的语法主语也就是命题的逻辑主词,语法表语也就是逻辑谓词,语法系词就是逻辑联词。例如,"凡人皆要死"这个命题的逻辑形式是"所有 S 是 P",这与它的语法形式是一致的。弗雷格则打破了自然语言的语法形式对逻辑形式的束缚,把自变元引入命题,也就是把个体引入命题。这样,命题的逻辑主词就总是个体,对命题逻辑结构的分析就是对命题表达的性质和关系的说明,而不用考虑其中的个体本身的内容。这就为逻辑推理的形式化和系统化提供了可能。

在基本精神上,现代一阶逻辑的主要特征就是构造形式语言和建立演算系统,而这两个方面都体现了对逻辑的形式化要求。传统亚里士多德逻辑虽然也是演算系统,却不是形式化的,就是说,它还要借用自然语言来表达符号的演算、推理的关系;而现代逻辑的工作则是先要构造形式语言,然后再建立演算系统。与传统的逻辑系统相比,这样的形式语言具有以下几大特点:(1) 它是没有歧义的,它是从最少的初始符号出发,通过定义的方法,引入其他的符号,并在运算这些符号的基础上形成推演。(2) 它刻画的是类词,而不是单个词,如命题联结词和量词,这些类词都是说明类的事物,而不是个别的事物,这就使得形式语言具有了普遍性。(3) 形式语言的公理推导和定理证明具有逻辑上的必然性,就是说,由于公理和推理规则是给定的,我们从公理出发利用推理规则推

---

① 以上对弗雷格量词理论的分析,参见王路《逻辑的观念》,第 58—63 页,商务印书馆,2000。
② 参见王路为《弗雷格哲学论著选辑》一书所写的"译者序",第 13 页。

出一系列定理的过程是既定的,推导出的定理应当包含在这个过程之中;同时,推出一个定理也就是在证明它,对定理的证明就是对含有逻辑常项的句子的证明。总之,"形式化的本质是构造形式语言和建立逻辑演算,这样可以使我们关于推理的刻画非常精确,没有歧义,而且可以使我们对一类一类的逻辑要素进行研究,并且对形成的逻辑系统本身进行进一步的研究"①。

在弗雷格之后,罗素更是明确地把逻辑分析作为他的哲学的主要特征,强调逻辑方法在他哲学研究中的重要地位。我们在前面曾提到,罗素对分析哲学的最大贡献就是他提出的逻辑分析方法。他在自己整个思想发展过程中始终坚信这样一条基本原则:哲学的主要任务就是对语言的逻辑分析。所谓"逻辑分析",简而言之,就是以现代数理逻辑为工具,着重从形式方面分析日常语言和科学语言中的命题,以求得出准确的哲学结论。罗素也把这种逻辑分析方法称做形式分析方法,20世纪初用它来批判布拉德雷等人的绝对唯心论一元论,提出他的心物二元论或多元论。后来,他又用这种方法提出他的中立一元论。在《数学原理》和《逻辑原子主义哲学》中,他用这种方法对本体论问题进行了抽象的研究,构造出了他的逻辑原子主义。他还把这种方法用于分析数学基础问题,后来扩大为对各门自然科学的研究。他运用逻辑分析的方法对逻辑中不完全符号和限定摹状词的分析,使他提出了后来被誉为"分析哲学典范"的"摹状词理论"。可以说,罗素在哲学上所取得的一切成就,都是他充分地和娴熟地运用这种逻辑分析方法的结果。在《我的哲学的发展》中,罗素开篇就这样写道:

> 在我的哲学的研究中,有一个主要的分界:在1899—1900这两年中,我采用了逻辑原子主义哲学和数理逻辑中的皮亚诺技术。这个变革是太大了,简直使我此前所做的研究(除去纯数学的以外)对于我后来所做的一切,全不相干。这两年的改变是一次革命;以后

---

① 王路:《逻辑的观念》,第68页,商务印书馆,2000。

的一些改变则属于演进的性质。①

罗素这里所谓的"改变"和"革命"就是指现代逻辑的诞生。他与怀特海合作完成的三大卷《数学原理》在推动现代逻辑诞生的过程中发挥了重要作用。

《逻辑哲学论》时期的维特根斯坦是现代逻辑诞生的见证人之一。他从弗雷格和罗素那里直接得到了思想启发,娴熟地运用了谓词逻辑的基本方法,创造性地提出了现代逻辑中的第一个完整的真值表,并且第一次比较成功地用现代逻辑的思想系统地解释世界。他的命题图像论正是以关系谓词理论分析语言与实在之关系的重要结果,而他的真值函项理论则已经成为现代逻辑中的一个重要内容。

现代逻辑对分析哲学的重要性不仅仅在于它在诞生之时对分析哲学的产生起到了助产婆的作用,而且严格地说,整个分析哲学的精神都与现代逻辑密不可分。在这种意义上,不了解现代逻辑,也就无法真正理解分析哲学。"实际上,分析哲学研究中所应用的基本方法和主要方法是现代逻辑,分析哲学吸收了现代逻辑的许多重要成果,分析哲学的研究随着现代逻辑的发展而不断发展和深入。"②对此,我们可以从以下几个方面加以分析:

1. 现代逻辑是当代分析哲学的理论基础。

从维也纳学派对逻辑实证主义思想的阐述上看,没有现代逻辑就没有对形而上学的逻辑分析,就没有分析与综合的区分,也就没有彻底的还原论思想。卡尔纳普在分析形而上学的陈述时,完全是根据一阶逻辑的要求,指出了这样的陈述表面上可能符合语法句法,但不符合逻辑句法,因而是没有意义的。例如,词的句法就是一个词在可以出现的最简单句型中的出现方式,这样的句子就是"基本句子",如"石头"这个词在基本句子中的句法形式就是"x 是一块石头",逻辑形式就是 Fx,其中 F

---

① 罗素:《我的哲学的发展》,温锡增译,第 7 页,商务印书馆,1982。
② 王路:《走进分析哲学》,第 29 页,生活·读书·新知三联书店,1999。

表示"石头"的性质,x 就是一块石头。要确定一个词的意义,就必须能够确定包含了这个词的句子的基本句型、真值条件以及证实方法所构成的可推关系。他指出,形而上学的词没有意义,不是因为这些词本身是无意义的,而是因为无法指明包含了这些词的句子是有意义的。例如,经过分析可以发现,"本原"一词的意义并不具有"开端"的经验意义,也不存在对包含这个词的句子的证实方式。同样,句子也需要符合逻辑句法才会有意义。而形而上学的陈述仅仅是表面上符合语法句法,但不符合逻辑句法,因而它们是一些无意义的假陈述。例如,日常语言中的"有……"或"存在着……"这类句型就容易导致形而上学的假陈述,因为"存在"在逻辑语言中不是一个谓词。①

逻辑经验主义的分析原则也是建立在逻辑推理的必然性基础之上的,因为只有分析才能保证结论"一定"或"必然"地包含在前提之中。这就是分析命题与综合命题区分的关键所在,即"分析"意味着"必然性",而"综合"就意味着"或然性"。后来的分析哲学发展同样是以现代逻辑为基础的,无论是蒯因的"本体论承诺"还是戴维森的意义理论纲领,无一不是根据现代逻辑为基础建构起来的。

2. 现代逻辑是分析哲学的基本特征和研究方式。

分析哲学的产生与现代逻辑的密切关系,就决定了分析哲学不可避免地打上了现代逻辑的烙印。虽然分析哲学后来的发展并不是完全通过使用了现代逻辑的手段,如日常语言学派的概念分析方法,但分析哲学家提出的每一个重要思想或观点都直接或间接地运用了现代逻辑,或者说,他们的思考都与他们具有的现代逻辑背景有密切联系。在一定意义上说,凡是自觉地运用了现代逻辑而提出的理论观点,都具有强有力的说服力,并能获得更多的哲学支持;相反,如果对现代逻辑没有充分的自觉意识,在分析中没有使用逻辑的方法,那么由此提出的理论观点往

---

① 参见卡尔那普(即卡尔纳普)《通过语言的逻辑分析清除形而上学》,载于洪谦主编《逻辑经验主义》上卷,第 13—36 页。

往就显得漏洞百出,容易受到来自各个方面的批评。例如,日常语言哲学中的许多哲学家对现代逻辑就知之甚少,他们对概念的分析往往借助于常识推理或心理推定,这就无法使他们的论证更为充分有利;相反,斯特劳森虽然也是日常语言哲学家,但他对现代逻辑非常熟悉,能够自觉地运用逻辑的方法去分析语法结构中的主词与谓词和命题内容中的殊相与共相之间的关系,由此提出了他的关于个体的理论,在当代分析哲学中具有很大影响。

从哲学性质上说,逻辑分析绝不仅仅是分析哲学的研究方式,它决定了分析哲学的性质和任务:分析哲学正是一种建立在现代逻辑成就基础上的现代哲学,它与近代哲学的重要区别就在于,它创造了一种以逻辑的精神研究哲学的崭新方法,这种精神就是突破常识、关注知识表达的普遍形式;分析哲学的任务不是建立一种前所未有的哲学体系,相反,它是要用"逻辑的显微镜"仔细观察哲学语言和日常语言的用法,发现并力图克服其中违反逻辑句法的错误,以一种更为精确的语言或理想语言表达思想,或者是按照逻辑的要求重新确定日常语言的用法。这样的工作不是一蹴而就的,也不是高屋建瓴的,更不是一劳永逸的,而是零打碎敲的,是循序渐进的,更是就事论事的。所以,分析哲学家把他们的工作称做"零碎的"(piecemeal)。这种工作性质正是反映了逻辑分析具有的细致入微的特征。当代美国分析哲学家索姆斯(S. Soames)把分析哲学的基本特征归结为提供了清晰、严格的论证,旨在追求真理和知识,放弃宏大哲学的目标而选择更为细微、更为彻底和更为严格的研究方式,以及哲学研究的更为专业化。[①] 这些特征都体现了现代逻辑的基本精神。

3. 研究和把握分析哲学,首要条件就是要了解现代逻辑的基本精神。

如果把弗雷格看做是现代逻辑的创始人之一,那么他的《概念文字》

---

① 参见索姆斯《20世纪的哲学分析》第1卷,第Ⅷ—ⅩⅤ页,普林斯顿大学出版社,2003。

就是"形式逻辑的第一个真正广博的系统"①。我们在前面已经讲到,弗雷格对现代逻辑的重要贡献之一就是通过建立第一个谓词演算系统而确立了现代逻辑的基本原则,即语言的形式化和演算的系统化。对现代逻辑而言,这两条原则是密不可分的:形式化原则要求逻辑语言必须是摆脱了日常语言的束缚,仅仅通过符号的运算就可以从前提到结论,并且保证这个运算过程的保值性;而演算的系统化又是对符号的运算结果,是对形式化语言的系统处理,并且保证任何一种这样的系统是可靠的和完备的。从现代逻辑的这两条基本原则中,我们可以把现代逻辑的基本精神理解为这样两个方面:(1)突出任何语言符号的形式化特征,强调这种特征带来的研究的严格性以及由此产生的专业性,这就使得逻辑学与其他自然科学学科以及人文学科等区分开来;(2)突出符号演算过程中的必然性,就是说,强调形式语言推演的前提和结论之间的必然联系,系统性原则又保证从几个初始符号和形成规则就可以推导出一整套语言。

正是从这种基本精神出发,分析哲学家们的工作主要是从这样两个方面展开的:一方面,通过分析语言的意义,澄清或取消传统哲学问题,努力使哲学研究更为严格精确;另一方面,强调哲学论证的重要性,特别重视研究逻辑后件、逻辑真理、必然真理以及先天真理等问题。这些问题都与形式的必然性有关。关于第一个方面,摩尔在《伦理学原理》中有一段精彩的描述:

> 在我看来,在伦理学中,如同在哲学的其他研究中,困难和分歧充满了它的整个历史,这主要是由于一个简单的原因:在没有首先精确地发现你要回答的问题究竟是什么的情况下,就要试图回答这些问题。我不知道,如果哲学家在准备回答问题之前就**试图**发现他们正在提出的问题究竟是什么,这种错误的根源还会持续多久。因为分析和区分的工作通常是非常困难的:我们常常没有能够作出必

---

① 威廉涅尔和玛莎·涅尔:《逻辑学的发展》,张家龙、洪汉鼎译,第 638 页,商务印书馆,1985。

要的发现,即使我们的确努力这样去做了。但我会认为,在许多情况中,坚持不懈的努力就足以保证成功;所以,只要是作出了这种努力,许多看上去可怕的哲学困难和分歧就会消失了。无论如何,哲学家们通常似乎并没有作出这种努力,而无论这种忽视的结果是什么,他们都会不断地努力去证明"是"或"否"就会是对问题的解答,而**两个回答**可能都**不**正确,因为他们心中所想的并不是一个问题,而是好几个问题,对其中某些问题的正确回答是"是",而对其他问题的回答则是"否"。①

在第二个方面,分析哲学家的工作主要是要表明分析论证的结论应当尽可能地符合理性。"无论哲学家是提供了一般的世界观,还是试图解决某个概念混淆,他或她都被看做是阐述了清楚的原则,对已然提出的观点提供了严格的论证。对世界可能的状况制定思辨的可能性,而不对这样的信念提供有力的理由,这是不够的,这样的信念就是:以这种方式观察世界在理性上高于以其他的方式观察世界。即使最终表明没有一种观察事物的方式会得到每个人的赞同,但它的目标就是要尽可能地推进理性的研究手段。"②在这种意义上,哲学的论证过程比哲学家从中得到某个结论更为重要。可以说,哲学论证构成了分析哲学研究的基本内容,而论证本身就体现着演绎的系统性。

当然,我们还可以从更多的方面来阐述分析哲学与现代逻辑的密切关系。归根结底,现代逻辑对分析哲学产生的决定性作用,就是规定了分析哲学的性质和任务,提供了分析哲学的理论基础和研究方式,从而改变了西方哲学的发展方向。这种改变的重要标志,就是现代西方哲学中发生的"语言的转向"。

---

① 摩尔:《伦理学原理》,"前言",剑桥大学出版社,1903。
② 索姆斯:《20世纪的哲学分析》第1卷,第XIV页,普林斯顿大学出版社,2003。

二 分析哲学与"语言的转向"

从当代西方哲学发展的历程看,"语言的转向"经过了一个酝酿、发生到完成的过程。严格地说,从历史的角度看,罗素和摩尔等人的思想尚属于这个转向的酝酿时期。这主要是因为,一方面,他们虽然激烈地反对黑格尔的绝对唯心论,但在追求的哲学目标上却仍然继续着黑格尔式的哲学梦想;另一方面,他们又没有停留在笛卡尔以来的传统哲学的认识论范畴内,而是借助于新的逻辑方法和对常识经验的朴素理解,对传统哲学问题进行了改造。虽然这种改造是不彻底的,尚未完全摆脱试图为知识提供最后支柱这个传统哲学的阴影,但罗素运用逻辑手段对命题和语词意义的分析以及摩尔凭借常识对概念的剖析,都把哲学家们引向了哲学发展的全新道路:通过对哲学命题的逻辑分析重新建立对哲学以及世界的认识。正是由于逻辑的发展和摩尔的工作,通过维特根斯坦的《逻辑哲学论》,维也纳学派才得以真正认识到"哲学不是一种知识的体系,而是一种活动的体系""哲学就是那种确定或发现命题意义的活动""一切哲学问题都是语言问题",由此就出现了哲学中的"语言的转向"。

关于分析哲学与"语言的转向"之间的关系,西方哲学家们有着不同的理解。达米特认为,如果把分析哲学的产生看做"语言的转向"的开始的话,那么这个转向就应当开始于弗雷格的《算术的基础》。[①] 但是英国哲学家哈克则认为,"语言的转向"在时间上要晚于分析哲学的诞生,应当是开始于维特根斯坦的《逻辑哲学论》。[②] 如果从强调把逻辑的方法用于分析哲学命题的角度看,分析哲学的确始于弗雷格,因为正是他首先确认哲学的基础和开端不再是传统哲学的认识论,而是现代诞生的数理逻辑;哲学研究的方法也不再是对个人感知的心理分析,而是具有客观性和形式特征的逻辑分析。事实上,西方哲学家们已经普遍把弗雷格看

---

① 参见达米特《语言的转向》,载于陈波主编《分析哲学——回顾与反省》,第133页。
② 参见哈克《分析哲学:内容、历史与走向》,载于陈波主编《分析哲学——回顾与反省》,第45页。

做是分析哲学的主要奠基者。但分析哲学的诞生并不意味着已经出现了"语言的转向"。英国哲学家伯格曼在最初提出"语言的转向"这个说法时曾指出,这个转向是关于哲学研究方法的根本性策略,就是说,通过谈论恰当的语言去谈论世界。但事实上,这个转向不仅仅意味着哲学研究方法的转变,更重要的是对哲学性质的认识发生了转变。这个转变就发生在维特根斯坦的《逻辑哲学论》中。

《逻辑哲学论》的核心在于为思想的表达划清一条界限,严格区分可说的与不可说的:凡是可说的都是有关经验事实的陈述,凡是不可说的就必须保持沉默。这个思想的积极结果是使哲学变成了一种关于命题意义的逻辑分析活动,而不再具有传统哲学认为的那种科学世界观的性质;它的消极结果则是彻底抛弃了传统哲学问题,这不是通过指出它们的错误,而是通过逻辑分析表明这些问题是以违反逻辑句法的方式提出的无意义的假问题。这样,真正的哲学问题就不再是如何使认识成为可能的问题,而是如何使语言表达成为有意义的问题;哲学家们也不再关心如何使概念符合认识模式,而是关心如何使哲学语言不违反逻辑句法或遵守日常用法。

石里克在他的哲学宣言《哲学的转变》中把《逻辑哲学论》时期的维特根斯坦看做是实现"语言的转向"这个决定性转变的"第一人",而最后完成这个转向的则是受到维特根斯坦后期思想影响的牛津日常语言学派。这个历史事实充分显示了维特根斯坦哲学在"语言的转向"中的重要作用。

《哲学研究》的核心就在于,不要追问语言的意义,而应注重观察语言的实际用法,因为意义就存在于可以称做"语言游戏"的各种语言用法之中,或者说,意义就在于用法。维特根斯坦在书中强调对日常语言用法的观察和分析,强调在语言游戏中遵守规则和消除悖论。这些思想促使赖尔、奥斯汀和斯特劳森等人对日常语言进行分析研究。从牛津哲学家们的思想发展线索来看,日常语言学派经历了一个从分析表达心灵活动的概念(赖尔)到分析日常语言的用法(奥斯汀),再到通过分析自然语言的逻辑结构达到揭示思想结构(斯特劳森)的过程。这表明,日常语言哲学家们不满足于把哲学的任务仅仅限定在澄清语言意义的活动中,而是提出了通过语言研究达到理解认识结构的要求。这种要求的提出尽管是在语言研究的层面上,但它毕竟不同于维也纳学派和维特根斯坦对语言和哲学任务的理解。一方面,在斯特劳森和达米特这些当代牛津哲学家看来,虽然认识论问题最终必将转换为语言问题,但我们在讨论感觉、经验和事实的时候,又不是仅仅停留在语言表达的层面上,而是试图寻求语言中的思维内容;另一方面,在他们看来,语言研究决不是哲学的最终目的,哲学的目的总是要通过概念分析和意义分析达到对世界的理解和认识。所以,形而上学在分析哲学中仍然有存在的合理性,即作为一种"描述的形而上学"(斯特劳森)。在这种意义上,牛津的日常语言学派不仅继续着自维特根斯坦开始的"语言的转向",更重要的是最终完成了这一转向,使得牛津哲学之后的英美哲学沿着这一转向所开辟的哲学道路不断推进。

"语言的转向"带给分析哲学的不仅是新的研究方法,更重要的是在哲学观上的革命性转变。转向之前的哲学家关心的是认识的内容及其与对象和世界之间的关系,即使像弗雷格这样的分析哲学之父,他所讨论的和使用的术语也是"概念""对象""思想"等传统哲学常用的术语,而且他的哲学目的最终也是为了确立思想的客观性,尽管是以他的逻辑研究方法为前提的。这也从一个侧面说明为什么不能把弗雷格的思想看做"语言的转向"的真正起点。转向之后的哲学家们更关注思想与语言表达之间的关系。这表现在哲学家们不再问我们如何以理性认识的方式达到对世界的认识,即不再提出我们的认识是如何可能的问题,而是首先要求弄清我们使用的术语是否清晰明白,我们的语言表达是否符合逻辑句法,即提出我们的有意义的语言表达如何可能的问题。因而,转向后的分析哲学家不再使用或很少使用"概念""命题""思想"等术语,而是大量和主要使用"意义""指称""真理""证实""言语行为""逻辑必然性"等术语。正如石里克和卡尔纳普等人所说,传统哲学的错误并不是由于它们没能解决人类的认识问题,而是由于它们提出这些问题的方式错了,或者说根本不存在这样的问题。所以,哲学的任务不是探索我们的认识与世界的关系,而只是询问我们的语言是否准确地表达了我们的认识。根据这种观念,一切哲学问题也都是语言问题。

根据伯格曼的解释,"一切哲学问题都是语言问题"这句话包含了两层含义:(1) 传统的哲学问题都是由于没有弄清语言的逻辑句法而提出的无意义的假问题,因而,解决这些问题就只能通过逻辑分析的方法,在这种意义上,所谓的"语言问题"正是由于忽略了这种逻辑句法而产生的问题;(2) 哲学家们试图谈论认识、世界和事物等,归根结底都可以看做是对这些谈论的语言的分析和理解,而对语言的分析或接受一种语言框架,并不实际蕴涵着一个关于所谈对象的实在性的承诺和判定。① 罗蒂进一步指出:"语言的转向"的出现,是由于哲学家们对传统哲学无法清晰地提供支持或反对其观点真实性的论据而感到失望,所以他们希望能够通过语言的分析达到对所谈问题的共识,以便使持有不同哲学观念的哲学家们也能在获得共识的问题框架内进行对话和讨论,换言之,希望以自然科学研究为基础建立一种统一的或真正科学意义上的哲学。② 可见,当代哲学从认识研究转向语言研究完全出自哲学家力图重建哲学的内在需要。无论是逻辑实证主义还是日常语言学派都承认,当代哲学区别于近代哲学的主要特征就在于他们是通过谈论恰当的语言方式去谈论世界的,尽管他们对这种意义上的"语言"是什么以及又是什么能够使得它成为恰当的语言等问题有着不同的看法。③

三 分析哲学中的"分析"概念

毫无疑问,分析哲学是以"分析"著称的,这种哲学的最大特征就是

---

① 参见伯格曼《逻辑与实在》,第 177 页,威斯康星大学出版社,1964。
② 参见罗蒂《语言的转向》,第 5 页,芝加哥大学出版社,1967。
③ 参见江怡《世纪之交再话"语言的转向"》,载于《国外社会科学》1998 年第 5 期,第 2—7 页。关于《语言的转向》的内容和意义,进一步参见徐友渔《哥白尼式的革命》,第 1 章,上海三联书店,1994;王路《走进分析哲学》,第 1 章第 2 节,生活·读书·新知三联书店,1999。

它的分析方法。无论是从历史的还是从逻辑的角度看,分析哲学中的
"分析"概念都有自己独特的含义。

历史地看,早在亚里士多德那里就出现了"分析"的概念,并自觉地使
用了分析的方法。他的《前分析篇》和《后分析篇》规定了逻辑推理的一般
性质和形式,并对科学知识给出了明确的规定。虽然他并没有给出"分析"
这个概念的明确解释,但根据他的论述,"分析"就意味着"定义",也是对包
含在前提中的结论的揭示过程,这是一个具有必然性而排除了任何偶然性
的过程。他说:"当人们借助这一进程知道了不可能进一步分化的主体时,
便拥有给实体下定义的公式。"他还说:"我们必须从观察一组类同的(特别
相同的)个体出发,并审察它们所共有的因素。我们又把同一程序用于
另一组属于同一个种,并在类方面而不是在种方面与前一组相同的个
体。当我们确定了这第二个种的一切分子的共同因素之后,我们还要审
察所得结果是否相同,并一直坚持到我们获得某一个公式为止。这就是
有关事物的定义"①。实际上这就是亚里士多德理解的"分析"概念。

当代分析哲学继承了亚里士多德的分析思想,首先是把"分析"理解
为"分解",就是把一个总体或整体分解为相互独立的部分。分析哲学家
对这种"分析"概念有两种不同的理解。一种是认为整体的特征必须根
据它的组成部分的特征加以解释,这被称做"部分论的"(meristic)分析,
如罗素和早期维特根斯坦的观点;另一种是认为解释部分的特征和功能
必须要涉及这些部分所在的整体,这被称做"整体论的"(holistic)分析,
如弗雷格、后期维特根斯坦以及蒯因等人的观点。但对于作为分析对象
的整体或部分的性质是什么,不同的分析哲学家又有不同的看法。如罗
素认为,分析的对象应当是实在或被认为构成实在的事实,因此分析就
是揭示世界的终极成分和由此构成的事实的最一般形式;摩尔则认为,
分析的对象是展现了"心灵"概念的结构和构成客观实在的命题;早期维
特根斯坦认为,分析的内容是人类的思想和语言,分析的结果则揭示了

① 亚里士多德:《工具论》,李匡武译,第 246—247 页,广东人民出版社,1984。

思想的以及语言的形式必然反映实在的结构。维也纳学派以及整个逻辑经验主义在分析问题上的态度基本上是还原主义的,就是说,他们都承认分析活动应当终结于那些最为简单的不可分析的组成部分。这种还原主义与逻辑原子主义的思想倾向是一脉相承的。但整体主义的分析概念则更强调不同组成部分之间的"关联",而不是把它们分离开来。如斯特劳森就明确地提出要放弃"分析"这个概念,而倾向于使用"阐述"(elucidation)这个概念。他详细说明了"关联的"分析概念:

> 让我们抛弃完全简单概念的观念;让我们抛弃这样一种看法,即认为分析必定总是沿着更为简单的方向前进。让我们想象这样一种复杂的相关事项和概念的网络模式、一个系统。而从哲学的观点看,只有在掌握了每个事项和概念与其他事项和概念的联系以及它们在这个系统中的地位时,才能恰当地理解每个事项和概念的作用——或许更恰当地说,这是一幅关于这种相关连接系统的图画。[①]

虽然在不同的分析哲学家那里,"分析"概念被赋予了不同的含义和被不同地使用着,但有一点是非常清楚的,这就是说分析的方法总是与逻辑密切相关的。亚里士多德的"分析"概念就是他的逻辑方法的体现,他的《前分析篇》和《后分析篇》正是他的重要的逻辑著作。虽然当代分析哲学中的某些哲学家,如日常语言学派的哲学家,不是在逻辑意义上使用"分析"概念,但从基本精神看,至少在哲学家们最初提出分析方法时的确是直接受到了现代逻辑的启发。美国哲学家希尔顿认为,分析哲学具有两个突出特征,其一是对清晰性的要求,其二是强调现代逻辑的作用。而这两个特征都集中在这样一个观点之上:"一阶逻辑的记法支持一种关于清晰性的理想。"[②]这种观点在早期的分析哲学家思想中都有明显表现。

弗雷格的分析完全是建立在他的一阶逻辑的基础之上。首先,他认为思想是由各部分组成的,哲学分析就是把思想分解为其组成部分的过

---

① 斯特劳森:《分析与形而上学》,第 19 页,牛津大学出版社,1992。
② 希尔顿:《分析哲学中的分析》,载于陈波主编《分析哲学——回顾与反省》,第209 页。

程,在一阶逻辑中,这就是要求"一个整体的构造总是通过满足一个不满足的部分完成的"①。其次,他的分析方法基本上是区分函数(函项)和自变元(主目),他认为函数的真正本质就是在各种类似表达式中共同的东西,而自变元则是与函数共同构成一个整体的东西;但由于函数本身是不完整的,需要自变元的补充。他说:"我们在表达式中认出函数,这是因为我们是以分析的方式对它思考;而这样一种可能的分析是由于表达式的形态产生出来的。"②由此,弗雷格把他的工作任务规定为对句子结构的分析,最终揭示那些无法定义的最简单的成分。他这样写道:"如果人们现在试图满足这个要求,人们很快就会达到一些句子,只要这些句子中出现的概念不能被分析为更简单的或者化归为更普遍的概念,这些句子就不能被证明。"③

在罗素那里,哲学分析就如同化学分析一样,是一个把复合物分解为更简单的组成部分的过程。按照这种分析观点,所有的命题都是关系式的,就是说,对命题的分析就是要把命题分解为组成命题的不同关系项与它们所依赖的外在关系。他同样把这样的分析称做"定义"。他甚至这样说:"显然,只有就复合的观点而言,定义才是可能的。大致地说,定义就在于把复合的观念分析为它们的组成部分。"④他认为,哲学分析的核心就是关注语言的逻辑形式,而哲学分析就是哲学研究的主要工作:一方面,他把哲学径直地称作哲学分析;另一方面,他把哲学等同于逻辑。他在《我们关于外部世界的知识》中明确地表示:"任何一个哲学问题,在对它进行必要的分析和纯化之后,便表明它们或者根本不是哲学问题,或者是在我们使用'逻辑'一词的意义上,是逻辑的问题。"⑤在这里,罗素把"逻辑"分做两个部分,一个部分是作为一门学科的逻辑,就是

---

① 弗雷格:《思想结构》,载于《弗雷格哲学论著选辑》,第 158—159 页。

② 弗雷格:《什么是函数?》,载于《弗雷格哲学论著选辑》,第 57—58 页。

③ 弗雷格:《算术基础》,王路译,第 14 页,商务印书馆,1998。

④ 罗素:《对莱布尼茨哲学的批判性探索》,第 18 页,伦敦,乔治·艾伦和昂温出版公司,1937。

⑤ 罗素:《我们关于外部世界的知识》,第 42 页,伦敦,乔治·艾伦和昂温出版公司,1926。

为定理提供证明的形式逻辑;另一个部分则是等同于哲学的那种逻辑。在这种意义上,逻辑就是关注对逻辑形式的分析和清点,就是关注可能出现的命题类型,关注事实的各种不同类型,以及对事实的组成部分的分类整理。所以,希尔顿指出,罗素所谓的"哲学就是逻辑"的说法并不是指我们通常意义上的现代逻辑,他说:"仅仅因为把逻辑观念加以引申之后,'哲学就是逻辑'这一说法才是可能的。"①

卡尔纳普的"分析"概念最初来自弗雷格和罗素,但在维特根斯坦的影响下,他逐渐把分析活动看做是自由地选择语言形式的过程,这样,哲学分析就不是对外在实在之物有所断定,而仅仅是一种语言形式上的要求,即要求命题形式是无内容的同义反复,认为只有经过这种分析的命题才是有意义的。他在《通过语言的逻辑分析清除形而上学》中就明确地把分析命题看做是真正有意义的命题,因为它们的"真实只是由于它们的形式……关于实在,它们什么也没有说。逻辑和数学的公式属于这一类。它们本身并不是事实的陈述,只用来使这种陈述变换形式"。他甚至认为,真正有意义的命题只能是分析命题或者是对这些命题的否定。经验陈述虽然也是有意义的,但它们不属于哲学讨论的范围。这样,"逻辑分析便宣判一切自称超越经验的所谓知识为无意义"②。在卡尔纳普看来,如果一个陈述只要具有经验性质就属于事实科学,那么,留给哲学的就只能是一种方法,即逻辑分析的方法。这样的方法具有双重作用:从消极的方面看,它可以被用来清除无意义的语词和假陈述;从积极的方面看,它可以被用来澄清有意义的概念和命题,为事实科学和数学奠定逻辑的基础。他明确地宣称:"逻辑分析的明确任务就是探讨逻辑基础,与形而上学对立的**'科学的哲学'**指的就是这个。"③根据希尔顿的解释,卡尔纳普的"分析"概念应当是这样的:"对于一类给定语句的分

---

① 希尔顿:《分析哲学中的分析》,载于陈波主编《分析哲学——回顾与反省》,第216页。
② 卡尔那普(即卡尔纳普):《通过语言的逻辑分析清除形而上学》,载于洪谦主编《逻辑经验主义》上卷,第31—32页。
③ 同上书,第33页。

析……严格说来,应当被理解为是在用另外一种语言来替代一种语言,它们两者或许只在很细小的方面有所不同。这里没有任何这样的断言,即一种语言正确,另一种语言不正确;而只有一种语言学建议:为了如此这般的目标,我们应当使用第二种语言,而不是第一种语言。……我们所得到的只是从给定语言的规则而来的分析性结论;既然它们是分析的,它们就没有做出任何真正的断言。"①由此,我们可以看出卡尔纳普的分析概念与弗雷格、罗素等人的观念有所不同。

蒯因明确地反对逻辑经验主义对分析与综合的严格区分,因而"分析"概念在他心目中就具有了很大的随意性。他说:"我们不要求同义语。我们不要求去弄清楚这个不清晰的表达式的使用者一直在心中无意识地考虑的东西。我们并不揭示隐藏着的意义,就像'分析'和'阐释'这些语词所暗示的那样;我们补足差缺。我们选定不清晰表达式的那些值得为之烦神的特定功能,然后设计出一个适于担当那些功能的替代者,它是清晰的,并且是根据我们的喜好铸造的。"②这样,分析就不再是把整体分解为组成部分的过程,也不是为了使句子的结构符合实在结构的逻辑建构,而是一种根据特定的目的和表达方式选择不同的语言形式的问题。用蒯因的话说,就是要使我们的语言选择"心满意足";用希尔顿的话说,就是要保证语言的交流能够做到"通畅无误"。只要做到了这一点,分析概念本身就并不重要了。

如今看来,无论哲学家们对"分析"概念的理解有多么大的不同,他们所从事的哲学分析工作都清楚地向我们表明,分析哲学中的"分析"概念绝不仅是与语言有关,更重要的是它关涉分析哲学的逻辑本质,也就是从逻辑的角度对哲学性质的重新认识。这种认识包括了积极和消极两个方面。从消极的方面说,他们认为,不存在真正的哲学问题,而之所以会出现这样的问题,是由于我们对语言结构的错误认识,或者是由于

---

① 希尔顿:《分析哲学中的分析》,载于陈波主编《分析哲学——回顾与反省》,第221页。
② 蒯因:《语词与对象》,第 258—259 页,麻省理工学院出版社,1960。

我们在做哲学时使用的那种语言出了问题。更准确地说,哲学问题的出现正是由于我们受到了语言的欺骗,所以我们需要重新认识语言,而这只有根据现代逻辑才能做到。从积极的方面说,现代逻辑为我们提供了关于我们的语言和我们的思想结构的真正洞见,并通过逻辑分析使我们达到对实在的真正认识。正是这些认识使得"分析"概念成为分析哲学的重要特征和明显标志。

四　分析哲学与语言哲学

历史地看,分析哲学从诞生之日起就与语言有着直接的联系,更准确地说,对语言的逻辑结构的分析正是分析哲学建立之初的首要任务,或者说,分析哲学的出发点正是试图通过对语言的分析达到对实在的认识。在这种意义上,分析哲学的诞生就意味着语言哲学的出现。所以,达米特把弗雷格既看做是分析哲学之父,又称他为"第一位语言哲学家"。在西方文献中,通常也把"分析哲学"称做"语言分析哲学"(analytic philosophy of language)。这种称呼就明显反映了这种哲学的基本特征,即在研究方法上是分析的,而在研究对象上则是语言的。

如今,许多西方哲学家都承认这样一种说法,即认为整个 20 世纪的西方哲学都是以重视研究语言或强调语言的重要性为特征的。[1] 有哲学家甚至认为,"语言的转向"不仅出现在英美哲学中,同样出现在了欧洲大陆哲学中,例如胡塞尔在 20 世纪初对意义与意向性关系的分析,海德格尔在 20 世纪中叶对语言与诗歌的阐述,伽达默尔的哲学解释学的兴起,以及结构主义的出现等。[2] 在宽泛的意义上,有的研究者把这些研究

---

[1] 例如艾耶尔(《二十世纪哲学》,李步楼等译,上海译文出版社,1987)、斯特劳森(《分析与形而上学》,牛津大学出版社,1992)、达米特(《真理和其他的谜》,伦敦,达克沃思出版公司,1978)等人。

[2] 参见利科主编《哲学主要趋向》,李幼蒸、徐奕春译,商务印书馆,1988;施太格缪勒《当代哲学主流》下卷,王炳文等译,商务印书馆,1992。

也称做"语言哲学"。① 这表明，西方哲学家们对"语言哲学"有着不同的理解，这也使得"语言哲学"这个概念有了广义和狭义的区分。从广义上说，只要是把语言问题作为主要对象的哲学研究，就可以看做属于语言哲学的范围，在这种意义上，"语言哲学"就是指一个哲学研究分支领域，来自不同的哲学传统和立场的哲学家都可以在这个领域中提出自己的理论观点，所以我们会看到有"法国的语言哲学""德国的语言哲学""欧洲大陆的语言哲学"，甚至可以有"马克思主义的语言哲学"等。但从狭义上说，西方哲学文献中的"语言哲学"通常专门指以语言分析为特征的分析哲学，特别是指牛津日常语言哲学以及之后的分析哲学思想。在这种意义上，"语言哲学"就代表了一种特定的语言研究方法，即通过对语言结构和用法的细致分析，展现隐藏于其中的实在的结构（罗素、维特根斯坦），或者是描绘日常语言用法的细微差别（奥斯汀），或思想的概念结构（斯特劳森）。在西方文献中，这种意义上的"语言哲学"也被称做"语言的哲学"②，用以区别作为一个研究领域的"语言哲学"。毫无疑问，我们这里谈到的"语言哲学"就是在这种狭义上的概念。

事实上，作为研究领域的语言哲学是从作为一种语言研究方法的语言哲学发展而来的，分析哲学家们研究语言的独特方式使得他们提出的语言问题以及相关的哲学问题逐渐成为语言哲学研究领域中的基本问题，例如意义、指称、真理、必然性、言语行为、意向性以及语言与实在的关系等等。在这个发展过程中，弗雷格的确起到了关键作用：他不仅确立了哲学研究的语言方向（虽然他并没有完全实现"语言的转向"），而且直接带来了后来分析哲学的重要话题。

对弗雷格语言哲学思想的挖掘和整理，应当首先归功于达米特，他

---

① 甚至有人把语言哲学的起源追溯到古希腊，如麦基（A. F. Mackey）和梅里尔（D. D. Merrill）《语言哲学问题》，第1页，耶鲁大学出版社，1972；还有人认为当代英美的语言哲学起源于18—19世纪的德国哲学，如海尼克菲尔德（J. Hennigfield）《语言哲学史》，柏林，瓦尔特·德·格瑞特出版公司，1994。另参见车铭洲编《西方现代语言哲学》，李连江译，南开大学出版社，1989；王路：《走进分析哲学》，第1章，生活·读书·新知三联书店，1999。

② 也有哲学家用"linguistic philosophy"专指牛津日常语言学派。

关于弗雷格思想的研究巨著《弗雷格的语言哲学》不仅引起了西方分析
哲学家对弗雷格思想的重新重视，而且成为弗雷格研究中的经典之作。
达米特指出，弗雷格对形式逻辑的研究其实就是一种"意义理论"，而这
种意义理论也就构成了他的语言哲学的主要部分。因此，完全有理由把
弗雷格看做是"第一位语言哲学家"。他这样写道：

> 因此，可以把弗雷格看做是"语言的哲学"（linguistic
> philosophy）之父。这个说法并不是指众所周知的"日常语言哲学"
> 这样的临时派生物，而是指所有这样的哲学，即把分析概念看做是
> 研究它们的表达式意义的关键。"日常语言哲学"的确是语言哲学
> 的一个分支，但它在两个方面与弗雷格的精神是相反的，即它武断
> 地否定了体系的可能性以及把自然语言看做是免受批评的。①

受到达米特工作的影响，目前大多数西方哲学家都认为，当代语言
哲学中的三个主要问题都来自弗雷格，这就是逻辑形式问题、意义问题
和指称问题。弗雷格在《概念文字》中建立的一阶逻辑系统被看做是现
代逻辑的真正开端，他对逻辑形式的崭新表达以及其中包含的重要逻辑
思想，经过罗素和维特根斯坦的工作，在 20 世纪 30 年代之后对哥德尔、
塔尔斯基、卡尔纳普等人产生了很大影响，形成了在当时的语言学中最
为发达的分支，即形式语义学。到了 60 年代之后，哲学家们利用这种语
义学解释真值条件、逻辑形式以及自然语言的复合结构。同时，弗雷格
关于意义与意谓的区分也直接引发了后来的哲学家对意义问题和指称
问题的深入讨论。这些都使得"语言哲学"逐渐成为分析哲学中最为引
人注目的部分，并最终形成为一门独立自主的学科。②

据美国哲学家伯奇（T. Burge）的说法，20 世纪 60—70 年代，语言
哲学得到了蓬勃的发展，甚至被哲学家看做是"第一哲学"。这种发展
主要出于四个方面的原因：(1) 弗雷格提出的主要问题构成了语言哲

① 达米特：《弗雷格的语言哲学》，第 683 页，哈佛大学出版社，1981（第 2 版）。
② 关于英美语言哲学的基本概况，参见涂纪亮《英美语言哲学概论》，人民出版社，1988。

学研究的对象;(2)日常语言学派和逻辑构造主义把逻辑理论运用于日常语言,为重新理解语言的用法提供了更为广阔的前景;(3)对逻辑经验主义基本信条的批判导致了哲学家们更为深入地思考语言的意义以及相关的问题;(4)传统的指称问题被放在现代逻辑的背景中重新加以考察,形成了新的本质主义指称理论。[1] 在这些原因中,弗雷格的影响是首要的,没有弗雷格提出的问题,也就没有后来的语言哲学;但这种影响又是通过罗素、维特根斯坦以及 20 世纪初的一些逻辑学家的工作对后来的研究才产生作用的,或者说,这种影响更多的是逻辑的,而不是哲学的。

从历史的角度看,语言哲学之所以能够在 20 世纪 60 年代以后在英美分析哲学中大行其道,主要应当归功于日常语言学派对语言用法的细致入微的分析。虽然卡尔纳普等人对语义学做了大量研究,特别是在语形学方面取得了明显成绩,但这些研究更多的是从逻辑上考虑的,是出于建立一种逻辑上完善的语言的需要。赖尔和奥斯汀等人的工作,使哲学家们开始关注在日常语言的用法中隐藏着我们尚未发现的或被误解了的意义;而斯特劳森的工作更是使得用逻辑的方法分析日常语言的用法成为可能。这些工作的一个卓有成效的结果是带来了一门新的学科即"哲学逻辑"(Philosophical Logic)。根据格雷林的说法,哲学逻辑不是以逻辑为对象,而是采用逻辑的方法研究语言中的哲学问题,研究哲学家们传统地感兴趣的那些概念和概念结构,研究那些与语言和思想的性质、语言结构和世界结构的关系等等相关的哲学问题,如定义、命题、指称、意义、分析性、同一性、可能世界、存在和真理等等。[2] "还有人把哲学逻辑理解为一个以研究自然语言的逻辑形式为目标的学科或领域。它以现代数理逻辑为手段,运用形式化的方法,研究自然语言的逻辑形式,研究逻辑形式在自然语言的表层结构中的表达形式,也研究自然语言的

---

[1] 伯格(即伯奇):《语言哲学与心灵哲学:1950—1990》,载于陈波主编《分析哲学——回顾与反省》,第 163 页。
[2] 参见格雷林《哲学逻辑导论》,第 15 页,牛津大学出版社,1982。

表层结构所表达的深层结构的逻辑形式。它试图通过研究自然语言和逻辑的关系,解决自然语言的丰富性、灵活性与逻辑形式的贫乏性和稳定性之间的矛盾。"①无论是什么样的理解,"哲学逻辑"作为一门以现代逻辑为手段研究自然语言或日常语言中的哲学问题的学科,在当代分析哲学、语言哲学、逻辑学等领域中的确起着越来越重要的作用。

从学理上分析,语言哲学之所以能够在20世纪60年代之后在英美分析哲学中大行其道,是因为当时逻辑经验主义受到了前所未有的挑战,蒯因对经验主义两个教条的反对直接导致了逻辑经验主义在理论上的失败;而这时正是日常语言学派逐渐占据分析哲学的时候,特别是后期维特根斯坦思想的广泛传播,使得分析哲学家们开始更加关注意义、指称、真理以及言语行为等问题,试图从自然语言,而不是从理想语言出发去分析和理解我们使用的语言本身所包含的意义;但这种研究不是采用语言学的方法,而是通过分析语言的逻辑形式去揭示语言的意义和指称。其中,蒯因、戴维森、达米特、普特南等人的工作最引人注目,正是在他们以及其他分析哲学家的共同努力下,语言哲学逐渐成为分析哲学中的主要内容。

语言哲学的核心问题是意义问题和指称问题,分析哲学家们围绕这两个问题的讨论,构成了当代语言哲学的主要内容。

在意义问题上,哲学家们提出了各种不同的意义理论,如指称论、功用论、行为论、语义论等,同时对意义与理解、意义与真理、意义与指称、意义与实在等问题也都提出了许多重要思想。这些都推进了分析哲学在对语言意义问题分析上的深入。其中特别重要的是,蒯因通过反对逻辑实证主义的证实原则和区分"意义"和"指称"概念,取消了"意义"概念,提出了翻译的不确定论题;戴维森用塔尔斯基的真理定义改造意义理论,提出了意义在于真值条件的观点;达米特在数学的直觉主义和后期维特根斯坦的影响下,提出了用"证据"取代"真理"的观点,把"使用"

---

① 涂纪亮:《英美语言哲学概论》,第13页,人民出版社,1988。

看做是理解意义过程中的基本概念；格赖斯则用一种特殊的交流意向来分析语言的意义，把一个句子的意义解释为说出这个句子的人当时的意向。

在指称问题上，分析哲学家们主要围绕指称与意义、指称与对象、指称与真理等问题展开了讨论，提出了许多重要的观点，这些就使得指称理论成为语言哲学研究中最为热烈持久，也被看做是最为有成效的部分。这是因为，指称问题直接与外在的对象和实在有着密切关系，而且指称关系即"命名"也是理解意义问题的关键所在，因此在分析哲学家看来，解决了指称问题，也就意味着抓住了语言与实在关系的核心。在这些讨论中，最为重要的是围绕名称（包括专名和通名）和摹状词的指称问题，哲学家们分别提出了不同的指称理论，如罗素和维特根斯坦等人的摹状词理论、克里普克和普特南等人的历史因果的命名理论、斯特劳森的使用论的指称理论、唐纳兰（K. Donnellan）的限定性摹状词理论等。这些理论形成了当代指称理论中某些重要思想或基本原则：（1）专名的指称不仅是由所指对象决定的，更重要的是由专名的使用者对该对象的描述确定的，还取决于使用者与其文化同伴之间的关系；（2）专名的指称固然与最初命名的对象有因果关系，克里普克称这样的专名为"固定的指示词"，但它们的意义却是由所指的对象和关于这个对象的所有描述共同确定的；（3）自然种类名称的指称不是取决于相关的描述，而是取决于这些种类与环境的复杂关系，普特南把这种关系称做"定型"（stereotype）；（4）"指称"与"意义"是两个完全不同的概念，语言哲学需要考虑的是指称问题而不是意义问题，或者说，应当抛弃"意义"概念，因为无论是以什么方式构造出来的意义理论都是不可能成立的。

随着对意义和指称问题研究的深入，分析哲学家们逐渐意识到，无论是确定语言的意义还是指称，都需要考虑语言表达中的意向内容，都与语言的使用者以及语言使用的具体场景有着密切的关系，都需要对人类的心灵重新作出解释，而所有这些都不是研究语言本身所能解决的问题。这样，分析哲学家们对语言哲学的研究就开始转向心灵哲学

(philosophy of mind)。①

五　分析哲学与心灵哲学

　　据伯奇的说法，从 20 世纪 70 年代后期开始，语言哲学逐渐失去了在分析哲学中的"决定性起点的地位"，"人们的兴趣开始转向心灵哲学的问题"。② 导致这种转向的原因是多方面的，其中包括了在意义理论中重新引入考虑意向性问题，以及语言哲学讨论中面临的许多自身无法解决的困难，例如克里普克和普特南等人提出的历史因果的指称理论无法说明弗雷格提出的"晨星"和"暮星"的区别问题，指示词的认识价值问题，有关命题态度的句子的真值条件和逻辑形式问题，以及关于对象的信念的地位问题等。当然，更为重要的原因还在于，语言哲学被看做已完成了自己的历史使命。虽然语言哲学的最初愿望，即通过澄清语言问题确立哲学的坚实基础，事实上并没有真正实现，但西方哲学在"语言的转向"之后的根本性变化，的确为分析哲学家们深入研究人类心灵问题打开了新的道路，找到了非常有价值的角度。正如在 20 世纪 60 年代语言哲学被称做"第一哲学"一样，到了 90 年代，心灵哲学同样被看做是"第一哲学"，在分析哲学中占据着核心地位。这是因为，在分析哲学家看来，处理语言、知识、伦理学、社会、自由意志、合理性以及许多其他问题，都要通过对心灵现象的理解，通过对心灵的分析进行。③

　　当然，分析哲学家对心灵哲学的关注并不是从 20 世纪 70 年代之后

---

① 自笛卡尔以来，对 mind 的研究一直是西方哲学的重要主题。以往我们把 philosophy of mind 翻译为"精神哲学"，以表示 mind 与 materials 或 matter(物质)之间的对立，如黑格尔的《精神现象学》。在当代哲学中，mind 不再被理解为可以脱离物质而存在的另一个实体，而是依附于或作用于物质的同一物，是人类大脑活动的产物，mind 和 materials 在 brain 中得到了统一。在这种意义上，mind 一词应当恰当地翻译为"心"，philosophy of mind 就应当是"心的哲学"。但出于汉语表达的习惯，我们还是按约定俗成称之为"心灵哲学"，虽然 mind 一词并不包含 soul(灵魂)的含义。

② 见伯格(即伯奇)《语言哲学与心灵哲学：1950—1990》，载于陈波主编《分析哲学——回顾与反省》，第 173 页。

③ 参见塞尔《心灵、语言和社会》，李步楼译，第 1 页，上海译文出版社，2001。

才开始。事实上早在 20 世纪初，逻辑实证主义在讨论关于心灵的概念时就提出了一种被称做"逻辑行为主义"的观点；而且随着对语言表达中的命题态度、心灵与大脑的关系以及心灵与意识活动的关系等问题的逐渐关注，分析哲学家们先后提出了各种不同的心灵哲学理论。但在 70 年代之前，哲学家们的这些理论主要是围绕语言的意义和用法展开的，没有涉及或有意回避了语言表达中的意向问题，特别是对心灵与身体的关系问题没有从认知的角度进行深入研究。另外，分析哲学家对心灵哲学兴趣的逐渐升温，也受到了实验心理学、语言学和计算机科学等具体科学领域中取得的最新成果的启发。特别是在 20 世纪 50—60 年代，科学家们对大脑信息处理过程、行为与思维结构的关系，以及对人类记忆的深入研究等方面取得了比较显著的成就，这些都促使哲学家们重新考虑大脑活动过程与人类行为之间的密切关系，试图从意向性入手解决传统的身心问题。

在当代西方心灵哲学中，先后出现的最有影响力的理论主要是行为主义、物理主义、功能主义、唯物主义和反个体主义等。行为主义最早产生于 20 世纪初，是一种关于心理学的本质和方法的理论，主要以华生（J. B. Watson）的激进行为主义和斯金纳（B. F. Skinner）的典型行为主义为代表。由于其主要以方法论见长，因而又被称做"方法论的行为主义"。它强调心理学中的一种研究策略，反对冯特（W. M. Wundt）、詹姆斯和蒂奇纳（E. B. Titchener）的内省心理学的"主观性和非科学性"观点。但这种行为主义只关心心理学，而不关心心灵的状态。这就导致了哲学的行为主义的出现，其中的主要代表是逻辑行为主义或分析的行为主义，以石里克、卡尔纳普、费格尔以及亨普尔等人的思想为代表。但逻辑行为主义也并不关心心灵的本质问题，而是讨论如何分析和理解用来表达心灵状态的语词。按照维也纳学派的观点，当我们谈论情绪、感觉、信念或欲望的时候，我们不是在谈论某种内部的心灵状态，而是在谈论实际的或潜在的行为模式。哲学家们对这些心灵语词的分析表明，逻辑行为主义是把心灵的本质理解为某种特定的物理行为。这就是逻辑实证主义处理心灵语词的方式。

　　然而从 20 世纪 50 年代开始,这种行为主义就遭到了不少哲学家的批评,主要来自英国的吉奇、美国的马尔康姆和普特南等人。他们的主要反对意见是认为行为主义者无法明确定义行为的倾向性,忽略了心灵状态与行为之间的因果关系;心灵语词并不是与之对应的物理行为语词的总和,对心灵活动的描述应当具有超出行为描述的内容;否认行为之外的任何内部的心灵状态,是与我们的日常经验完全不相容的。为了回应这些批评,一些哲学家又提出了一种"新行为主义",试图用更多的方法弥补逻辑行为主义的缺陷,虽然逻辑行为主义很快就不再有真正的追随者了。这种"新行为主义"的主要代表是蒯因、戴维森、丹奈特和达米特等人,另外也出现了一些坚决的反行为主义者,如塞尔、福德尔和德莱斯基(F. Dretske)等人。还有一些哲学家则是以功能主义来重新解释行为与心灵的关系,如阿姆斯特朗(D. M. Armstrong)和刘易斯等人。

　　物理主义和功能主义是继行为主义之后出现的重要理论,在 20 世纪六七十年代的心灵哲学中占据主要地位。物理主义也被称做"自然主义",其主要观点是认为不存在位于普通的物理实在之上的心灵状态、特性、事件(或对象)和感觉,一切关于心灵的对话都要还原为或解释为关于物理实在的对话。这种理论的主要表现形式有"类型同一论"(type-type identity theory)、"殊型同一论"(token identity theory)、"因果作用同一论"(causal-role identity theory)、"伴随理论"(supervenience thesis)和"构成理论"(constitution theory)等。①

　　功能主义是当代西方心灵哲学中影响最大的理论,被看做是对心灵本质的最具权威的说明。顾名思义,"功能主义"就是用心灵的功能来定义心灵的状态,这种功能就表现为外在的因果作用。这种作用由三个部分构成,即心灵状态和环境输入之间的因果作用、心灵状态与行为输出之间的因果作用、某一个心灵状态与其他的心灵状态之间的因果作用。

---

① 有关这些理论的详细介绍,参见唐热风《心身世界》,第 3 章,首都师范大学出版社,2001。

功能主义具有两个极为不同的理论形式，一个是阿姆斯特朗的"分析的功能主义"（analytical functionalism），另一个是福德尔和普特南的"机器的功能主义"（machine functionalism）。两者的不同主要表现在对待物理主义的态度上：前者认为功能主义可以证明物理主义为真，而后者则认为未必只有物理的东西才具有心的特征或功能。

无论是物理主义还是功能主义，它们都被西方哲学家看做属于"唯物主义"，因为它们都承认心灵状态不能脱离物理实在而存在，一切心理状态和事件最终都可以被翻译或还原为物理状态和事件。伯奇甚至把这种唯物主义看做是 20 世纪 60 年代"美国哲学中少有的几个正统观点之一"[①]。出现这种情况，关键还在于自然科学研究的成就为唯物主义提供了有力的支持，如生物化学、动物神经生理学等领域的工作极大地鼓舞了分析哲学家们根据自然科学的进步来解决传统的身心问题，由此认为可以用物理谓词表达心理事件，或者说，心理事件本身就是物理的。同时，这种对心理事件的唯物主义说明，与我们的经验常识在直觉上也是一致的。

在以上各种唯物主义的说明中，最为极端的一种是所谓"取消论的唯物主义"。这种理论认为，我们关于心灵的常识信念是由一种低级的"常识心理学"（folk psychology）构成的，但成熟的认知科学或大脑神经科学很可能表明常识心理学中的大部分内容是错误的，这样，我们就不再有理由相信我们在常识心理学中所假定的信念、欲望等心灵状态是存在的，所以应当取消我们曾经信以为真的那些信念、欲望等心灵状态。这种理论的主要代表是 P. M. 丘齐兰德（P. M. Churchland）和斯蒂奇（S. Stich），前者认为可以用神经科学取而代之，后者倾向的替代物则是认知心理学。但是这种理论很快也遭到哲学家们的怀疑和批评，因为它明显地违反了我们关于常识心理学的通常理解。对此，塞尔指出："常识

[①] 伯格（即伯奇）：《语言哲学与心灵哲学：1950—1990》，载于陈波主编《分析哲学——回顾与反省》，第 177 页。

理论在整体上一定是真的,否则我们就不可能存活下来了。"①还有哲学家认为,放弃我们关于信念和欲望的常识理论,并不是说我们就由此不能谈论信念和欲望了,因为我们的信念和欲望是每个人自身体验到的东西,而不是某个理论假设的产物,所以我们不但不应当,而且无法取消这些信念和欲望。

在传统哲学家看来,相信我们的信念和欲望等心灵状态存在,是因为这些状态都属于个体,无论是表现为个体的思维活动和心灵特征还是个体的物理状态和外部行为。但在当代心灵哲学家看来,并不是所有属于个体的心灵状态和事件都能够独立于环境中的实体本质而存在,而且个体的心灵状态与该个体的物理环境或社会环境之间存在着深刻的联系。这就是出现在心灵哲学中的"反个体主义"观点。这个观点被看做是受到普特南意义理论的启发,因为他曾提出这样一个著名的论点:自然语词的意义取决于在科学上可确定的外在事实,这就是关于自然语词意义的外在论观点。根据这种观点,心灵的状态不可能是内在于个体的,或者说是"在头脑中的",而应当是由个体与外在环境或历史因果链条之间的关系确定的。反个体主义的主要代表就是我们前面反复提到的伯奇。他从20世纪70年代末就开始发表文章,论证心灵的状态是非个体的,强调社会环境对正确理解个体的心灵状态的重要作用。他认为,一个人的思想不仅依赖于他与物理环境的关系,而且依赖于他与社会环境的关系。他说:"对于几乎所有的经验语词或概念来说,我们都可以证明这种环境的依赖性。"②反个体主义的独到之处是把心灵状态与社会环境联系起来,这样就可以说明意向活动的实在性问题,即心灵与世界的关联就成为自然的结果。由于这种理论的核心在于认为心灵状态不是个体的内在特性,而是以外部环境作为它的逻辑要素,这样,它就彻底摆脱了自笛卡尔以来的身心二元论,把心灵看做是外部环境的组成部

---

① 塞尔:《心灵的重新发现》,第59页,麻省理工学院出版社,1992。
② 伯格(即伯奇):《语言哲学与心灵哲学:1950—1990》,载于陈波主编《分析哲学——回顾与反省》,第188页。

分。但它所面临的最大困难就是,它并没有真正说明我们在实际生活中是如何推知他人的心灵状态的。这就引发了当代心灵哲学和认知科学对所谓的"意会的"(tacit,或译"缄(静)默的"或"不可言说的")知识的极大关注。①

当然,在目前的心灵哲学中,仍然存在着各种形式的功能主义、同一论,甚至还有各种形式的唯物主义主张,但没有一种理论观点可以说服其他观点,更不用说占据主导地位了。这样,在当前的心灵哲学中,出现了各种理论主张并存且相互批评的局面。从长远的发展角度看,这种情况恰好说明了分析哲学和心灵哲学正处于一个剧烈转变时期,不同的理论观点通过相互批评和对话,将会逐渐形成一个或几个相对成型的理论观点,或不同理论之间会在某些问题上达成某些共识性意见。

第二节 蒯因的逻辑实用主义

20世纪50年代,逻辑实证主义的理论基础遭到了前所未有的挑战,整个英美分析哲学也由此而进入了一个新的历史阶段。这个挑战者就是当代美国最为重要的哲学家蒯因。他于1951年发表的《经验主义的两个教条》一文被看做是宣告了逻辑实证主义终结和逻辑实用主义开始的重要标志。

一 生平和著作

威拉德·冯·奥曼·蒯因(Willard van Orman Quine)于1908年6月25日出生在美国俄亥俄州的一个商人之家。1926年中学毕业后入奥柏林学院,主修数学。1930年入哈佛大学哲学系,受教于怀特海、刘易斯

---

① 关于对这种知识的描述性说明,参见莱肯(W. Lycan)《意会的信念》,载于伯格登(R. J. Bogdan)《信念:形式、内容和功能》,牛津,克拉伦登出版社,1986;戴维斯《外在论,建筑主义和认识保证》,载于赖特《认识我们的心灵》,牛津,克拉伦登出版社,1998;乔姆斯基《句法理论的诸方面》,麻省理工学院出版社,1965。

等人门下,1932 年以论文《序列的逻辑:〈数学原理〉的一个推广》获哲学博士学位,随后赴欧洲各国访问,结识了维也纳学派的主要成员以及塔尔斯基、卢卡西维茨等人,参加过维也纳小组的讨论活动,深受卡尔纳普思想的影响。1933 年从欧洲返回美国后,在哈佛大学教书,历任初级研究员、讲师、副教授和教授,1952 年曾任哲学系主任,后接替刘易斯,任埃德加·皮尔士讲座教授,直至 1978 年退休。第二次世界大战期间,他在美国海军服役,从事军事密码的解密和分析工作。他曾担任巴西圣保罗大学、牛津大学、东京大学、洛克菲勒大学、法兰西学院等许多大学的访问教授,并曾在普林斯顿大学高级研究中心、斯坦福大学行为科学高级研究中心和威斯利大学高级研究中心从事研究工作。他还于 1939 年当选为美国符号逻辑学会副会长,1953 年当选为会长,1957 年当选为美国哲学学会东部分会主席。1996 年获日本京都奖。他一生获得了 18 个名誉博士学位,并被推选为许多国家的科学院外籍院士。2000 年圣诞节,蒯因在波士顿去世。①

　　蒯因的一生都是在教学和写作中度过的,他的生活历程可以用他的著作来表现。他于 1934 年出版了第一本著作《一个逻辑斯蒂体系》(*A System of Logistic*),这是他博士论文的修订本。1937 年发表了《数理逻辑的新基础》一文,在逻辑学界引起很大反响。1940 年出版教科书《数理逻辑》(*Mathematical Logic*),1941 年出版教科书《初等逻辑》(*Elementary Logic*)。1948 年发表了著名论文《论何物存在》("On What There Is"),1951 年发表《经验主义的两个教条》("Two Dogmas of Empiricism")。这些使他与维也纳学派的思想分道扬镳,并在英美哲学界引起轩然大波。1950 年还出版了另一本教科书《逻辑方法》(*Methods*

---

① 关于蒯因的详细生平,可参见蒯因的自传《我的生命历程》(哈佛大学出版社,1985);陈波《奎因哲学研究:从逻辑和语言的观点看》(生活·读书·新知三联书店,1998)中的"奎因年表";奎因《真之追求》(王路译,生活·读书·新知三联书店,1999)中的"奎因小传",该传记是根据蒯因本人在《蒯因哲学》中的自传编写而成的,参见《蒯因自传》,载于汉恩和希尔普《蒯因哲学》,第 3—46 页,开放世界出版公司,1986。(奎因即蒯因)

of Logic）。1953 年出版《从逻辑的观点看》（*From A Logical Point of View*），这是他的第一部论文集，其中就收入了《论何物存在》和《经验主义的两个教条》等重要文章，被看做是他的主要代表作之一。1960 年出版《语词与对象》（*Word and Object*），此书被看做是逻辑实用主义的主要代表著作。1963 年出版《集合论及其逻辑》（*Set Theory and Its Logic*），专门讨论了类、数以及公理理论等问题。1966 年出版了两本论文选《悖论的方式及其他论文》（*The Ways of Paradox and Other Essays*）和《逻辑论文选》（*Selected Logic Papers*），前者收录了关于数学的基础、必然真理、逻辑真理等问题的 21 篇文章，后者收录了作者 1934—1960 年间所写的 23 篇数理逻辑论文。1969 年出版《本体论的相对性及其他论文》（*Ontological Relativity and Other Essays*），这是他在哥伦比亚大学和维也纳参加第十四届国际哲学会议上的两篇著名讲演稿"本体论的相对性"和"自然化的认识论"。1970 年出版《逻辑哲学》（*Philosophy of Logic*），这本专著主要讨论了意义和真理、语法、逻辑真理等问题。同年，他还与 J. S. 乌利安合作出版了《信念之网》（*The Web of Beliefs*），比较通俗地阐述了他关于科学方法的观点。1973 年出版《指称之根》（*The Roots of Reference*），这是他于 1971 年在保尔·卡洛斯讲座上发表的三次讲演，主要阐述了他的指称理论。1981 年出版论文集《理论与事物》（*Theories and Things*），其中收录了作者 24 篇文章。1985 年出版了自传《我的生命历程》（*The Time of My Life*）。1990 年出版了《真之追求》（*Pursuit of Truth*），全面总结了自己在真理和意义问题上的观点。1993 年出版《亲爱的卡尔纳普、亲爱的蒯因》（*Dear Carnap，Dear Quine*），这是他与卡尔纳普的通信集，反映了他的思想深受卡尔纳普的影响以及与卡尔纳普的重要分歧。1995 年出版《从刺激到科学》（*From Stimulus to Science*），这是他 1990 年在西班牙加泰罗尼亚的吉罗纳大学所作的费拉特·莫拉讲座的讲演，主要讨论了自然主义、具体化、检查点（checkpoint）和经验内容、逻辑和数学、命名和真理、语义论证和心灵之物等问题。

据统计,蒯因一生共出版了二十多部著作、百余篇文章,可谓多产的作家。按照他的著作内容,我们可以把他的研究工作大致分为两个时期:20 世纪 50 年代以前主要从事逻辑研究,除了出版三部逻辑教科书外,还在现代逻辑中卓有建树,例如,试图寻求构造一种比罗素和怀特海的《数学原理》系统更为简洁、雅致、方便的逻辑系统,作为整个数学演绎大厦的基础;通过逻辑哲学研究,澄清逻辑理论的哲学预设。50 年代之后,蒯因更加关注语言哲学、科学哲学以及本体论等问题,对逻辑经验主义的分析传统提出了严峻挑战,转变了分析哲学后来的发展方向。可以说,20 世纪 50 年代之后的分析哲学中的许多重要话题都来自蒯因,或者说,蒯因从现代逻辑和语言哲学的角度复兴了许多传统哲学话题,如分析与综合、偶然与必然、翻译与解释、意义与指称、本体论的相对性、自然主义认识论、实在论与唯名论等等。

历史地看,第二次世界大战后的英美分析哲学主要是由这样两位哲学家的思想占据了主导地位,一个就是维特根斯坦的后期哲学,他对日常语言的深刻思考和对哲学性质的重新认识,深深影响了 20 世纪 50 年代之后的分析哲学家;另一个就是蒯因的思想,他的独特之处是把分析哲学中的经验主义与美国本土的实用主义结合起来,创造性地提出了他的逻辑实用主义思想。虽然他本人并没有接受“实用主义者”这个称谓,但从他的思想精神和基本原则上看,他的确在许多重要问题上都坚持采用实用主义的态度和处理问题的方法,如他的唯名论原则、翻译的不确定性原理、本体论的相对性论题、行为主义的意义观等等,无一不体现着他的实用主义哲学精神。正如有学者指出,实用主义是蒯因哲学的“最后栖息地与最高准则”“最后归宿和实际支撑点”。[1] 正是在蒯因这种实用主义的影响下,古德曼和戴维森等人也纷纷以实用主义精神研究认识论、科学哲学和语言哲学,把现代唯名论作为自己哲学研究的基础,由此

---

[1] 见陈波《奎因哲学研究:从逻辑和语言的观点看》,第 343、345 页,生活·读书·新知三联书店,1998。(奎因即蒯因)

形成了一种新实用主义思潮。在这种意义上说，20世纪50年代后的美国分析哲学基本上属于"蒯因的时代"。

　　蒯因是一个典型的学院派哲学家。他的一生几乎都是在哈佛校园里度过的，个人生活中除了有过两次婚姻经历之外，几乎没有发生过其他重要的事件。他的研究工作具有很强的专业性，从现代逻辑到语言学、心理学以及神经科学等等，涉及的大多是具体学科中的问题。在外人看来，他更像是一位科学家，而不像哲学家，但他本人却明确指出，哲学的专业化并不是哲学的严重缺陷。他在《哲学已经失去与人民的联系了吗？》一文中这样写道：

　　　　我想到了有机化学；我认识到它的重要性，但我并不对它感到奇怪，我也不明白为什么外行应该关注我在哲学上感兴趣的东西。

　　　　主要为着精神的安宁而以哲学为专业的研究者，可能不是一个非常好的研究者，因为并不是理智的好奇心促使他选择哲学。富于灵感和启示的文献是令人钦佩的，但是它们的位置应是小说、诗歌、祈祷文，或者文学小品。职业哲学家完全不适合于此类工作。他们也丝毫无助于顺利地进入社会。刚好可能满足这些永恒的迫切需求的是智慧：对了，是 sophia（智慧），而不必是 philosophia（爱智慧）。①

　　事实上，哲学的专业化并不意味着完全无法为人理解，相反，只要是真正进入了蒯因哲学的领域，他的许多思想观点都是很容易得到理解的。例如他在《语词与对象》的序言中开篇就明确指出："语言是一种社会技艺。在习得语言时，关于说什么和何时说，我们只能完全依赖于主体间可以利用的提醒物。因此，除非根据人们明显回应社会可观察刺激的倾向，要去核实语言的意义就是毫无道理的。"②这就明显地把语言交

_____

① 蒯因：《理论与事物》，第193页，哈佛大学出版社，1981。转引自陈波《奎因哲学研究：从逻辑和语言的观点看》，第23页，生活·读书·新知三联书店，1998（以下所引此书均为此版本）。
② 蒯因：《语词与对象》，第XI页，麻省理工学院出版社，1960。

流和语言学习看做是完全社会化的活动,并把这看做是一切语言分析的
出发点。

同样,也正是在这种社会化的交流中,蒯因的哲学才逐渐得到社会
的理解和接受,蒯因哲学在当代英美哲学中的巨大影响也是在这种交流
中产生的。这种交流主要体现在这样几本重要的评论文集中,每个文集
都包含了蒯因本人对评论者的回应。《语词与对象》出版后在英美哲学
界引起了巨大反响,被看做是"近十多年来包含了伟大思想财富或提出
了重要问题的著作",当代重要的哲学家对这部著作给予了极高评价,同
时也提出了非常严厉的批评。这些评价和批评构成了由戴维森和欣提
卡共同编辑的文集《语词与异议》,其中的作者有斯马特(J. J. C. Smart)、
斯坦纽斯(E. Stenius)、乔姆斯基、欣提卡、斯特劳德、斯特劳森、格赖斯、
吉奇、戴维森、弗尔斯塔(D. Follesdal)、塞拉斯、卡普兰(D. Kaplan)和佩
里等人。蒯因对他们的文章一一给予了回应。这个文集被看做是研究
蒯因思想的第一手重要资料。另外,1979年奥克哈马大学出版社出版了
由萨汉和斯沃尔编辑的《论蒯因哲学文集》。1986年"在世哲学家文库"
出版了由汉恩和希尔普共同编辑的《蒯因哲学》。1990年牛津大学出版
社出版了由巴里特和吉布森编辑的《关于蒯因的不同观点》。1995年剑
桥大学出版社出版了由列奥纳蒂和桑塔姆布罗吉奥编辑的《新论蒯因》。
1999年"波士顿科学哲学研究丛书"出版了由奥伦斯坦和科塔克编辑的
《知识、语言和逻辑:给蒯因的问题》。除以上这些文集之外,2001年,美
国加兰出版公司出版了由弗尔斯塔主编的五卷本《蒯因哲学》,分别收录
了当代西方重要哲学家围绕"分析与综合""自然主义和伦理学""翻译的
不确定性""本体论""逻辑、模态和数学哲学"等方面发表的重要文章的
原文,以及蒯因的部分答复文章。这些文集都被看做是除了蒯因本人的
著作之外研究蒯因哲学的重要依据。蒯因对各种评论文章的答复也与
他的著作一起,共同构成了他的思想全貌。

二 分析与综合的区分

分析与综合的区分是西方哲学认识论传统中的一个基本信念。这个信念是说,存在着两种不同的真理,一种是仅仅根据分析而不依赖于事实就为真的判断、陈述或句子,这就是所谓"分析的";另一种是必须以事实为根据才能为真的判断、陈述或句子,这就是所谓"综合的"。这个区分最初是由莱布尼茨提出来的,他区分了理性的真理和事实的真理,前者是根据推理而得到的知识,后者却是从经验中得到的观念。休谟进一步区分了关于观念的联系和关于事实的联系,把观念之间的推理看做是无需事实根据即为真的,而事实问题则可能是一种偶然的真理。在这些思想的基础上,康德更为明确地区分了分析判断和综合判断。他写道:

> 要么谓词 B 属于主词 A,作为(以隐蔽的方式)包含在概念 A 中的某种东西;要么 B 虽然与概念 A 有关联,但却完全在它之外。在第一种场合里,我把判断称为**分析的**,在第二种场合里我则把它称为**综合的**。因此,(肯定的)分析判断是其中借助同一性来思维谓词与主词的联结的判断,而其中不借助同一性来思维这种联结的判断则也应当叫做综合判断。前一些判断也可以称为**解释**判断,后一些则可以称为**扩展**判断,因为前者通过谓词未给主词的概念增添任何东西,而是只通过分析把它分解成它的在它里面已经(虽然是模糊地)思维过的分概念;与此相反,后者则给主词的概念增添一个在它里面根本未被思维过、且不能通过对它的任何分析得出的谓词。①

这就把分析与综合的区分看做是概念和判断的基本特征,从概念内容和句子的主谓结构上确定了区分分析与综合的语言根据。

康德的这个区分在逻辑实证主义那里得到了很好的继承和发展。

① 康德:《纯粹理性批判》,李秋零译,A6—7,B10—11,"导论"第 38 页,中国人民大学出版社,2004。

在继承方面,维也纳学派把有意义的陈述分为两种:一种就是由于其形式而为真的陈述,如逻辑和数学公式,维特根斯坦称之为"同义反复",它们没有断定任何事情,只是指出了关于语词用法的规则,或者说,它们本身不是对事实的陈述,只是被用来变换事实陈述的形式;另一种就是经验陈述,它们属于经验科学的范围,它们的真假完全取决于对事实的记录。维也纳学派区分这两种陈述具有正反两个方面的目的。从反面说,他们直接用这种区分拒斥形而上学,因为形而上学的陈述"既不产生分析的(或矛盾的)陈述,也不产生经验陈述。在这两种情况下,假陈述都是必然的产物"①。从正面说,这个区分的直接产物就是他们提出的"经验证实原则",即一个陈述的意义就在于它的证实方法。艾耶尔由此指出:"根据证实原则似乎可以得出结论:一个事实陈述只有当在逻辑上——当然不必是在实际上——能被我的经验所检验时,它才是有意义的。"②虽然证实原则本身也被指责为无法证实的,但它对于分析陈述和经验陈述之区分的作用却是关键的,因为它本身就是一个分析陈述,就是说,它不是一个关于事实的经验陈述,它仅仅是在制定实际制约着我们接受或理解常识和科学陈述的那些条件。

在发展方面,逻辑实证主义对分析与综合的区分作出了两个重要贡献。(1)重新定义了分析命题和综合命题。他们指出了康德定义的缺陷,如使用了"概念""判断"等具有浓厚心理主义色彩的术语;他的区分主要根据主谓命题形式,把分析命题仅仅看做是主词内涵中已经包含的东西被归属于主词,而且这种包含关系明显具有隐喻的含义,并没有真正揭示这种命题形式的逻辑结构。他有时甚至对这种区分采用了两种并非等价的标准,即心理学的和逻辑的标准。为了弥补康德定义的这些缺陷,逻辑实证主义者就把分析命题简单地定义为"没有任何经验内容

---

① 卡尔那普(即卡尔纳普):《通过语言的逻辑分析清除形而上学》,载于洪谦主编《逻辑经验主义》上卷,第31页。
② 艾耶尔:《维也纳学派》,载于艾耶尔编《哲学中的变革》,陈少鸣、王石金译,第61页,上海译文出版社,1985。

的重言式"，或者定义为"仅仅依据命题所包括的那些符号的定义"。
（2）他们完全排除了先天综合命题的存在，把"先天""必然""确定"等概念等同于"分析"。[①] 艾耶尔就这样明确写道：

> 一切真正的命题分为两类……前一类包括逻辑和纯粹数学的"先天"命题，我承认这些命题之所以是必然的和确定的，仅仅因为它们是分析命题。……另一方面，涉及经验事实的一些命题，我认为是一些假设，它们只能是或然的，而永远不能是确定的。[②]

> 在逻辑和数学的真理完全是分析的这一观点中并没有包含不可解释的矛盾，我们可以很有把握地采用它作为逻辑和数学的真理的先天必然性的唯一满意的解释。[③]

逻辑实证主义对康德区分的这两个发展都是基于经验主义的基本原则，即一切真正的知识都应当是来自经验，逻辑的和数学的命题是由于形式为真，因为它们并没有对经验事实有所断定，所以分析命题是先天的、必然的、确定无疑的。这正体现了逻辑实证主义把经验主义传统与现代逻辑精神很好地结合了起来。

作为逻辑学家，蒯因非常赞赏逻辑实证主义对现代逻辑的强调和利用，但作为哲学家，他又明显地感觉到他们的经验主义思想中存在的缺陷。出于对经验主义的爱护，蒯因尖锐地指出了逻辑实证主义思想中表现出的现代经验主义的两个根本思想，他称之为"经验主义的两个教条"，其一就是对分析命题和综合命题的区分，其二是彻底的还原论思想。他对这两个教条的批判构成了他的哲学的重要出发点，在当代分析哲学中产生了深远的影响。

蒯因对分析和综合区分的批判是从考察"分析性"这个概念入手的。

---

① 参见陈波《奎因哲学研究：从逻辑和语言的观点看》，第190—191页。
② 艾耶尔：《语言、真理与逻辑》，尹大贻译，第29页，上海译文出版社，1981。
③ 同上书，第95页。

他认为,在哲学上被看做分析陈述的那些陈述通常可以分为两类:第一类是逻辑地为真的陈述,就是说,即使对一个陈述中除逻辑常项之外的其他成分赋予各种不同的解释,这个陈述也仍然是真的。例如,"没有一个未婚的男子是已婚的",我们无论对其中的"未婚的男子"还是对"已婚的"作何种解释,这个句子都应当是真的。第二类陈述是通过替换同义词而变成一个逻辑真理的陈述。例如,如果我们用"单身汉"替换"未婚的男子",我们就可以得到一个表达了逻辑真理的陈述:"没有一个单身汉是已婚的"。然而,在蒯因看来,这样两种分析陈述都是有问题的。因为第一类陈述需要对其中的逻辑常项之外的其他成分作出解释,而这样的解释往往需要经验的内容,它们的真并不完全是依靠其形式本身,同样需要对其中的变项给出一定的值;第二类陈述用同义性概念取代分析性概念,这面临了更大的麻烦。蒯因对分析性概念的分析主要就是针对这第二类陈述的。

首先,他否认了用定义的方法来说明同义性的企图。他指出,定义并不能用做同义性的根据,因为按照经验,定义(例如词典中的定义)仅仅是词典编撰者对实际观察到的同义性的报道,就是说,往往是把一个难以理解的词解释为较为熟悉的词而已。他写道:

> 任何值得解释的语词都有一些语境,这些语境整个地说是足够清楚和确切的,因而是有用的;解释的目的就是保存这些特优语境的用法,同时使其他语境的用法明确起来。因此,为了一个给定的定义适合于解释的目的,所需要的并不是被定义词的先前用法和定义词同义,而只是:被定义词的这些特优语境的每一个,就其先前用法整个地来看,是和定义词的相应的语境同义的。①

这样,蒯因就不仅把定义看做是对同义性的报道,而且看做是对被定义词的使用语境的报道。但无论是哪一种情况,同义性都是先于定义

---

① 蒯因:《从逻辑的观点看》,江天骥等译,第24页,上海译文出版社,1987。

而存在的,定义仅仅是根据同义性作出的。所以,试图用定义去说明同义性就是站不住脚的。

其次,蒯因同样否定了用可互换性去说明同义性概念的可能性。所谓"可互换性",就是指两个语言形式在一切语境中都可以相互替换而保持真值不变。这个设想最初是由莱布尼茨提出来的,他称之为"保全真值"(salva veritate)。蒯因认为,这样的可互换性本身是可以接受的,但如果用它来说明同义性则是有问题的,因为如果把两个具有相同指称的同义词看做是在所有的场合都能够保全真值地相互替换,那么这并非完全正确。例如,"单身汉"和"未婚的男子"这两个同义词就并非在所有的情况下互换都可以保全真值。在这里,蒯因一再强调他所谓的"同义性"并非心理学上的或比喻上的,而是认识上的,就是说用同义词替换同义词便可以把任何分析陈述变成一个逻辑真理。蒯因并不是一般地反对以可互换性作为同义性的充分条件,而是要求一个不预先假设分析性的关于认识同义性的说明。例如,我们可以说"必然地所有和只有单身汉是单身汉"是真的,但无法说"必然地所有和只有单身汉是未婚的男子"是真的,因为这句话包含了对分析性概念的预设,即把"单身汉"和"未婚的男子"这两个同义词的替换看做是"必然"保全真值的,这就说明了我们预先知道了分析性的概念。但如果这样,我们再用可互换性去说明同义性就变成循环论证了。

再次,蒯因论证了用语义规则去说明分析性概念同样是不可能的。他详细讨论了卡尔纳普的人工语言的两种语义规则。一种规则是规定了在某个人工语言 Lo 中的一切陈述都是分析的,其形式是"一个陈述 S 对于语言 Lo 是分析的,当且仅当……"①。但这里的问题不在于 S 和 Lo 的意义,而在于"分析的"意义,就是说,在这种语言中事先预设了对"是分析的"这个概念的理解。所以,"说什么陈述对于 Lo 是分析的,我们只解释了'对于 Lo 是分析的',但并没有解释'分析的',也没有解释'对

---

① 蒯因:《从逻辑的观点看》,江天骥等译,第 31 页,上海译文出版社,1987。

于……是分析的'。即使我们满足于使'L'的范围限于人工语言领域,我们也并没有开始解释这个带有变元'S'和'L'的用语'S 对于 L 是分析的'"①。语言规则的第二种形式是说,语言 Lo 中的陈述是包含在真陈述之中的。这是一种真理规则,它以递归的方式或其他方式规定了有许多陈述和其他没有被指明的陈述都可以算作是真的。由此可以规定,如果一个陈述不仅是真的,而且按照语义规则是真的,那么它就是分析的。但这里同样需要对"语义规则"作出解释。如果这样的语义规则类似于公设的意义,那么,我们就必须询问它们是否相对于那些语言而言的,因为我们无法说某个语言中的真陈述就一定比其他的陈述在性质上更适合作为语义规则。因此,如果"分析的"是指"根据语义规则是真的",那么 L 中的任何一个真陈述都不是排除了其他陈述的分析陈述。这就表明用语义规则来说明分析性概念同样是站不住脚的。

通过以上分析,蒯因试图表明,在以往所有关于分析与综合的区分说明中都没有对"分析性"这个概念给予清楚的解释。在他看来,导致这种失败的原因是由于人们总是认为一个陈述的真理可以分析为一个语言成分和一个事实成分,而没有包含任何事实成分的真陈述就只能是分析陈述。他认为,这就是导致分析与综合之区分的最终根源。但通过以上分析可以看出,由于对分析性概念本身缺乏清楚的说明,这样的区分就是站不住脚的。他称之为"经验论者的一个非经验的教条,一个形而上学的信条"②。

《经验主义的两个教条》的发表在西方哲学界引起了轩然大波,由于蒯因直接攻击了传统经验主义赖以存在的一个重要基础,因而招致了很多的反对意见。就在刊载该文的《哲学评论》杂志上,当年就发表了凯梅尼(J. G. Kemeny)的一篇措辞严厉的书评。他认为,分析性概念应当有两个不同的问题,一个是给出某个给定语言中的分析陈述的标准,就像

————————
① 蒯因:《从逻辑的观点看》,江天骥等译,第 32 页,上海译文出版社,1987。
② 同上书,第 35 页。

塔尔斯基给出真陈述的标准一样；另一个是需要定义完全一般意义上的"分析性"这个概念。蒯因的错误就在于把这两个问题混为一谈，用第二个问题取代了第一个问题。但事实上第二个问题是无法解决的，因为我们无法给出一个完全一般意义上的分析概念。蒯因试图用"真"概念来解决"分析"概念也是错误的，因为接受真陈述并不意味着同意该陈述是分析的。他写道："真正的问题是要给出某个给定语言中的分析陈述的恰当标准。这会很容易做到，但也只有在我们拥有了表明如何不同地使用语词的语义规则时才会这样。"①在同一期的《哲学评论》上，梅兹（B. Mates）详细讨论了"分析语句"，认为在哲学家们定义的各种分析语句中，都无需对"分析"概念给出定义，而且"循环定义往往会非常有效地带来理解；就是说，常常出现这样的情况，人们在得到了这种定义之后，就可以作出各种决定，而我们就把这些看做是标志着所谓的'理解'这样的心理现象。因此，即使大多数……定义在可以理解的意义上是循环的，它们也可以有助于理解'分析'这个词。而且，这些定义陈述了出现于其中的这些语词的语义关系，这个信息本身就是有价值的"②。

1956 年，格赖斯和斯特劳森共同发表了《捍卫一个教条》一文，对蒯因的观点提出了批评。他们认为，蒯因对分析与综合区分的抛弃实际上是否定了这个区分的存在，而不是简单地对出现于陈述中的"分析"概念意义作出澄清，也不是把这个区分看做无用的。但是这种否定态度并无助于对这个问题的解决，就是说，蒯因的批评本身并没有抓住问题的要害。相反，他对这个区分的抛弃却表现出了他与整个哲学传统的背道而驰：他不仅仅是在反对"分析"和"综合"这些词，而且是在反对不同时代的哲学家们用这些词以及其他类似的对应词所表达的思想，如"必然"与

---

① 凯梅尼：《评蒯因的〈经验主义的两个教条〉》，载于《哲学评论》第 60 卷，第 20—43 页，1951；也载于弗尔斯塔《蒯因哲学》第 1 卷，第 128 页，纽约和伦敦，加兰出版公司，2000（以下所引此书均为此版本）。

② 梅兹：《分析的句子》，载于《哲学评论》第 60 卷，第 525—534 页；也载于弗尔斯塔编《蒯因哲学》第 1 卷，第 220—221 页。

"偶然"、"先天"与"经验"、"理性真理"与"事实真理"等等。而且,无论是历史还是现实,哲学家们使用"分析"和"综合"这些词的时候在很大程度上都对他们的用法持有一致的看法。他们写道:"总之,'分析'和'综合'有一种或多或少已确立的哲学用法;这就表明,说根本不存在这种区分就是很荒谬的,甚至是没有意义的。因为一般来说,如果一对相反的表达式通常在习惯上被用于相同的情况,只要这些情况构成了一个封闭的系列,那么就有充分的条件说,存在着应用这些表达式的各种情况,不需要对它们进一步标志出一个区分。"①

　　格赖斯和斯特劳森的这个批评在普特南那里得到了共鸣,他把这个批评看做是自蒯因文章发表以后"唯一具有新意的论证"。但他进一步指出,他们做得还不够,重要的是支持这个区分的存在,并且努力清楚地阐明这个区分,而这正是蒯因的观点所需要的。他说:"我们现在知道存在着分析与综合的区分,但并没有能够清楚地阐明这个区分的性质究竟是什么。"②为此,普特南详细分析了不同语言系统中的分析陈述与综合陈述的区分,认为这些陈述的区分并不在于它们是否使用了"分析的"或"综合的"字眼,而是在于它们在各自的概念框架中所起的作用。这就需要我们放弃把这些框架原则看做是"语言规则"的幻想,更为仔细地探究蒯因提出的问题,这样才能取得哲学的进步。针对蒯因提出的这样两个问题,普特南都给予了肯定的回答。第一个问题是:为什么我们在语言中需要有分析陈述? 普特南的回答是:为什么不? 或更严格地说,这并无伤大雅。第二个问题是:你怎么知道这无伤大雅? 普特南的回答是:我使用着我所知道的东西。关于分析陈述的定义,普特南写道:"分析陈述就是这样一些陈述,我们都接受了它们,但我们并没有给出接受的理

① 格赖斯和斯特劳森:《捍卫一个教条》,载于《哲学评论》第 65 卷,第 141—158 页,1956;也载于弗尔斯塔《蒯因哲学》第 1 卷,第 229 页。
② 普特南:《分析和综合》,载于费格尔、麦克斯韦《明尼苏达科学哲学研究》第 3 卷,《科学解释、空间和时间》,第 358—397 页,明尼苏达大学出版社,1962;也载于弗尔斯塔《蒯因哲学》第 1 卷,第 254 页。

由。这就是当我们说它们是因'隐含的约定'而为真时所指的东西。因此问题就是要把它们与其他我们所接受的但没有给出理由的陈述区分开来,特别是要与那些我们毫无理由地接受的陈述区分开来。为了解决这个问题,我们就需要指出分析陈述的一些关键性的显著特征(例如,主词概念不是一组规律概念),我们必须把这些特征与所谓的分析与综合区分的'理由'联系起来。一旦这样做了,我们就可以理解,接受分析与综合的区分是合理的,即使没有('证据'意义上的)理由与它们相关。"①

1976 年,在《经验主义的两个教条》发表 25 年之后,普特南发表了《再论"两个教条"》一文,对蒯因的观点和论证作出重新审视,指出了其中所包含的并没有为批评者和蒯因本人所意识到的重要思想。他区分了蒯因所反对的"分析性"概念的两种形式,一种是康德的分析概念,另一种则是语言上的分析概念。但从深层上看,蒯因所反对的其实是自古以来的哲学传统中坚信的"先天性"概念。普特南肯定了蒯因对这个概念的否定,并且认为蒯因的这个否定并没有关涉循环定义问题。由此他认为,蒯因应当反对的不是分析与综合的区分,而是先天真理与后天真理的区分。② 普特南的文章发表后,西方哲学界对蒯因观点的评价就发生了很大的变化,从完全拒绝和驳斥转变为肯定其中的价值。哈曼(G. Harman)这样来描述这种转变:

> 蒯因的文章《经验主义的两个教条》质疑了是否可能以某种可接受的科学方式使用分析-综合的区分。起初很少有哲学家接受蒯因对这种区分的怀疑,但随后就有大量的研究,其中许多试图捍卫这个区分的努力都被证明为是无效的。直到 60 年代末,观点就发生了很大的转变,分析学派的哲学家们开始担心这样的挑战:"难道你不是在断定分析-综合的区分吗?"

---

① 普特南:《分析与综合》,载于弗尔斯塔《蒯因哲学》第 1 卷,第 291 页。
② 参见普特南《再论"两个教条"》,载于赖尔《当代哲学面面观》,第 202—213 页,斯托克斯菲尔德,奥雷尔出版社,1976;也载于弗尔斯塔《蒯因哲学》第 1 卷,第 292—303 页。

　　哲学气氛中的这种转变并不是发表《经验主义的两个教条》的直接后果。所以,认为仅仅通过分析这篇重要文章本身就可以理解或评价这个转变,那就错了。不断地讨论同样重要地表明了,某个哲学路线是不可持续的。①

　　欣提卡在《一个区分太少还是太多? 对分析-综合区分的澄清》一文中,用"概念的"和"事实的"替换"分析的"和"综合的",认为概念的(即分析的)真理只有通过所谓的综合才能得以确立,而许多事实的(即综合的)真理却是通过只能被称做分析的方法才得以确立。因而在这种意义上,所谓的分析与综合的区分完全是相对于不同的语言系统,而抛弃这种区分的结果就是带来哲学方法论上的变革,例如,演绎的系统化在研究不同命题之间的相互依赖关系中就没有多大的用处,因为演绎步骤原则上总是会引入新的假定。他指出,蒯因对这种区分的抛弃其实并非针对诸如卡尔纳普的逻辑语义系统,而是针对诸如希尔伯特的公理化方法论。②

　　当然,在当代分析哲学家那里,对蒯因观点的批评并没有停止过,而且,对分析与综合的区分也从来没有被真正抛弃过。例如,斯特罗仍然认为,蒯因的文章包含了两个不同的整体论观点,一个是说在分析与综合之间存在着区分,但它们只是程度问题;另一个则否定了这种区分的存在。但这两个观点很难协调一致。③ 事实上,正如普特南指出的,蒯因之后的哲学家仍然相信分析与综合区分的存在,不同的是,他们不再把这个区分看做是严格的、不可改变的。

---

① 哈曼:《分析性得到恢复了吗?》,载于《理性》(*Nous*)第 30 卷,第 392—400 页,1996;也载于弗尔斯塔《蒯因哲学》第 1 卷,第 396 页。
② 参见欣提卡《一个区分太少还是太多? 对分析-综合区分的澄清》,首次发表于弗尔斯塔《蒯因哲学》第 1 卷,第 401—432 页。
③ 参见斯特罗《20 世纪分析哲学》,第 207 页。

三　本体论的承诺

蒯因认为,抛弃经验主义两个教条带来了两个直接后果,这就是"模糊了思辨形而上学与自然科学之间的假定分界线。另一个后果就是转向实用主义"①。在他的哲学中,这两个后果则分别表现为他提出的关于本体论承诺和翻译不确定性的思想。

本体论问题在蒯因的整个哲学中都占据着重要的地位。② 与逻实证主义者不同,蒯因始终关注存在、对象、共相等问题,但他讨论这些问题的方式是从语言分析出发,是运用现代逻辑方法澄清传统哲学对这些问题的讨论。这就使他的本体论具有了现代分析哲学的特征。

首先,蒯因明确区分了实际存在的事实问题和关于这些事实的理论承诺问题。前一个问题是追问世界是什么样子的,而后一个问题则是询问在一个关于这个世界的理论中所谈的是什么东西。蒯因认为,这种区分的重要意义就在于明确了本体论谈论的应当是后一个问题,而不是前一个问题。传统本体论的错误就在于把这两个问题混淆起来了,用前一个问题取代了后一个问题。他写道:"当我探求某个学说或一套理论的本体论承诺时,我所问的是,按照那个理论有什么东西存在。……一个理论的本体论承诺问题,就是按照那个理论有什么东西存在的问题。"③这就表明,本体论问题实际上仅仅与理论本身有关,也就是与语言表达有关。这里涉及蒯因提出的"语义上行"(semantic ascent)的研究策略。所谓"语义上行",就是指这样一种基本观点,即认为哲学研究不是直接讨论外在的对象,而是谈论用来描述这些对象的语言;因此,哲学家们不应当去讨论外在对象的实在性或真理性等,而应当讨论语词、语句、语句系统的意义以及相互关系等等。或者说,我们是通过研究描述了外在对

---

① 蒯因:《从逻辑的观点看》,江天骥等译,第 19 页,上海译文出版社,1987。
② 参见陈波《奎因哲学研究:从逻辑和语言的观点看》,第 265 页。
③ 蒯因:《悖论的方式和其他论文》,第 203—204 页,纽约,兰登书屋,1966。

象的语言而间接地把握这些对象的。只有这样,我们才能彻底摆脱传统哲学由于试图直接把握外在对象而带来的许多麻烦。

其次,既然本体论问题直接与语言有关,那么语言中的哪些成分使得一个理论作出了本体论承诺呢? 按照传统的观点,语言中与外在对象直接有关的部分应当是单称词或名称,因为它们被看做是外在对象的承载者。例如,弗雷格、罗素等人都坚持这样的看法,虽然他们并没有把名称的指称看做是构成意义的最基本单位。但蒯因则否定了这种看法,他在《论何物存在》中详细分析了这种看法的错误,指出了这种错误的语言学和哲学根源。从语言学上说,把名称看做是本体论承诺的承载者,就是滥用了"存在"这个概念。他说:

> 在我们关于"存在"的常识用法中,当我们说飞马不存在时,意思多半不过是说:根本没有这样的东西。如果飞马存在,他确实就会一定在空间和时间之中,但这只是因为"飞马"这个词有空间-时间的涵义,而不是因为"存在"有空间-时间的涵义。如果我们肯定27 的立方根存在,没有空间-时间上的所指,这只是因为立方根并不是一种在空间-时间中的东西,而不是因为我们对"存在"的使用有歧义。①

从哲学上说,这种错误的根源是混淆了名称的意义和指称,把意义看做是名称所指的外在对象。这种混淆的结果导致了这样一种荒谬的看法:认为飞马是一个观念,一个心理的东西;为了使"飞马"这个词有意义,飞马就必定存在。蒯因指出,在意义和指称之间有一条明显的鸿沟,一个单独名词的意义并不需要根据这个名词所命名的对象。针对以上的混淆,蒯因明确地表示:"我所知道的唯一的还击方法就是拒绝承认意义。无论如何,我对此并不感到犹豫,因为我并不由于拒绝承认意义就否认语词和陈述是有意义的。"②为了保持语词和陈述是有意义的说法,

---

① 蒯因:《从逻辑的观点看》,江天骥等译,第 3 页,上海译文出版社,1987。
② 同上书,第 11 页。

蒯因的方法是把谈论有意义的方式分为两种,即具有意义(having of meanings)或有意思(significance)和意义相同或同义性。这样,所谓给出一句话的意义,就是说出一个用比原来更清楚的语言表达的同义语。这样,我们就可以放弃把"意义"看做某种与对象具有同等本体论地位的实体的观念。蒯因把以上观点归结为三点:(1)"我们能够有意义地在语句中使用单独语词而无需预先假设有这些语词所要命名的对象";(2)"我们能够使用一般语词(例如谓词)而无需承认它们是抽象的东西的名字";(3)"我们可以认为一些话是有意义的、彼此同义或异义的,而无需默认有一个名曰意义的东西的领域"。① 这样,我们就既放弃了"对象"概念,又放弃了"意义"概念,而把单独语词和名称的意义看做是它们在各自语句中的不同使用。

再次,如果单独语词或名称和谓词在理论中都不是本体论的承担者,那么一个理论中究竟哪一部分承担着本体论呢? 蒯因认为,一个理论是通过使用约束变项而作出本体论承诺的。所谓"约束变项",就是指在一个量化语句中(如"存在着大量的 x 使得……")处在该语句量词值域内的变项 x,由于它的值被限定在这个值域内,因而它是被约束的。与此相对的是自由变项,就是在一个非量化语句中(如"x 是……")出现的变项 x。蒯因最初是用约束变项说明存在问题,他在《对本体论问题的逻辑探索》一文中提出了一个著名论断:"存在就是成为约束变项的值";在《逻辑与共相的实在化》一文中,他用约束变项解决共相问题,提出经典数学需要共相作为它的约束变项的值。他指出:"一般地说,**某给定种类的实体为一理论所假定,当且仅当其中某些实体必须算作变元的值,才能使该理论中所肯定的那些陈述为真。**"②在《论何物存在》中,蒯因更为明确地把存在物看做是一个变项的值。他认为,在传统语法范畴内,存在就是在一个代词的指称范围之内的东西,而代词被看做是指称的基本

① 蒯因:《从逻辑的观点看》,江天骥等译,第 12 页,上海译文出版社,1987。
② 同上书,第 95 页。

手段。但在他的本体论中，一切都是由"某个东西"（something）、"没有东西"（nothing）、"一切东西"（everything）这样的量化变项所规定的。他说："当且仅当为了使我们的一个断定是真的，我们必须把所谓被假定的东西看做是在我们的变项所涉及的东西范围之内，才能确信一个特殊的本体论的假设。"①例如，当我们说"有些狗是白色的"，我们并不是在承诺作为实体的"狗性"或"白性"，而是在说"存在一些狗，它们是白色的"；在这里，"存在一些"这个约束变项所涉及的事物就必定包括了白色的狗，只有这样，这个句子才是真的。这就说明，为了使一个理论所作的断定是真的，这个理论的约束变项就必须能够指称那些东西，而且只有那些东西才是这个理论所允许的。这就是约束变项所起到的本体论承诺的意义。

最后，由于本体论承诺仅仅涉及理论语言问题，与外在对象的存在与否无关，所以蒯因明确地把本体论问题看做是一个选择语言形式的问题。这就是说，使用什么样的语言形式就会有什么样的本体论。虽然本体论的分歧必然包括了概念结构上的基本分歧，但这些分歧最终都会在关于语词和怎样使用语词的语义学争论中得到消解。当然，蒯因也不断地表明，这并不意味着什么东西存在完全取决于语言，因为事实问题与语言问题是完全不同的两个问题；但在本体论方面，接受什么样的本体论最终就是由语言形式决定的。他还把接受一个本体论比做接受一个科学理论。他说："一旦我们择定了要容纳最广义的科学的全面的概念结构，我们的本体论就决定了……对任何科学理论系统的采用在多大程度上可以说是语言问题，则对一种本体论的采用也在相同的程度上可以说是语言问题。"②这就表明，对本体论的选择就是对一种语言形式的选择，因而这里没有事实问题，更没有外在对象的存在问题，而只有一种理论是以何种语言形式描述和说明事实和对象的问题。进一步地说，语言的选择也完全是任意的，因为选择不同的语言形式就意味着选择了不同

① 蒯因：《从逻辑的观点看》，江天骥等译，第12—13页，上海译文出版社，1987。
② 同上书，第16页。

的本体论。在对待不同语言形式的态度上，蒯因最后采取了实用主义的立场。他说："我所提出的明显的忠告就是宽容和实验精神。"①根据这种精神，即使是神话也是可以接受的，因为神话不过是各种不同观点中的一种而已；接受一种神话，也就接受了这种神话所承诺的本体论。

当然，关于本体论的承诺，蒯因在许多著作中有大量论述，其中还涉及本体论承诺的识别方法、认可标准、本体论的还原以及本体论的选择标准等问题。② 所有这些都反映了蒯因本体论承诺思想的这样几个基本特点：

1. 把本体论问题完全语言化，把一个理论的本体论承诺看做是一个纯粹语言的问题，这就使得我们对本体论问题的认识发生了重要改变。在以往哲学家看来，本体论问题应当涉及外在对象的存在问题或不依赖于认识活动的外在世界的存在问题，这与一个理论如何构造自己的本体论无关。但是蒯因却把这样一个本体论问题看做是事实问题，而把它与一个理论对这个事实问题的描述区分开来，并且认为只有这样的描述或说明才真正构成了一个理论的本体论承诺。而且，他还把这样的本体论承诺与一个理论的本体论预设区分开来，认为后者涉及该理论在本体论上所预设的实体。蒯因反复强调他的"本体论承诺"并不具有预设实体存在的意味，它仅仅涉及一个理论如何使用关于本体论的语词去构造自己的本体论。在这种意义上，"本体论承诺"更像是一种指导一个理论如何构造本体论的方法，而不是简单地承诺这个理论中所预设的实体的存在。

2. 本体论承诺的问题只能用逻辑的语言才能得到清楚的表达。事实上，蒯因从一开始就把本体论承诺的问题看做是一个逻辑表达问题，就是说，只有在一个理论中出现了约束变项的值，我们才可以说这个理论作出了本体论的承诺。他反复强调，只有从约束变项出发去考虑本体论问题，才能得到一个可靠的标准，以此判定一个理论所承诺的是什么

---

① 蒯因：《从逻辑的观点看》，江天骥等译，第 18 页，上海译文出版社，1987。
② 限于篇幅，这里无法对这些略带技术性的问题展开论述。详细内容请参见陈波《奎因哲学研究：从逻辑和语言的观点看》，第 271—283 页。

样的本体论,或者说,一个理论所承诺的东西必须能够为该理论的约束变项所指称,这个理论所作出的断言才是真的。他提出的具体步骤是:如果我们要确立某个理论的本体论,首先需要用一阶逻辑的语言改写这个理论,然后弄清有哪些量化公式是这个理论的定理,最后再研究为了使这些量化公式为真,量化公式中的约束变项应当取什么值,这些值便是这个理论所承诺的存在物。这样,我们就得到了这个理论的本体论承诺。在这个过程中,重要的是对日常语言表达的理论作出逻辑改写,就是用谓词逻辑,即量化和真值函项对最初的理论作出释义,以消除其中的各种反常和冲突。蒯因把这个过程称为"语义整编"(semantic regimentation),其中包括了语法分析和释义过程。可见,在蒯因那里,所谓的本体论承诺就是一个把日常语言表达的理论"改写为"包含了约束变项的符合谓词逻辑量化标准的理论。他认为只有这样我们才能看清楚这个理论本身所包含的本体论承诺究竟是什么。在这种意义上,本体论承诺就不是一个关于外在世界存在的问题,也不是一个理论中所预设的实体存在问题,而是一个理论如何确定其中的约束变项的值的问题,简单地说,就是一个理论的逻辑表达问题。

3. 对本体论的选择只能采取实用的标准。一个理论的本体论承诺是否被接受,取决于这个理论的概念系统是否符合保守主义和简单性的要求。蒯因认为,由于对本体论的选择就像任何科学理论一样,并不以是否与实在相符合为取舍标准,这样,我们就只能采取实用的标准来判定一个理论的本体论承诺是否恰当和清楚。他在许多地方都表达了这样的思想:"要问一个概念系统作为实在的镜子的绝对正确性,是毫无意义的。我们评价概念系统的基本变化的标准必须是一个实用的标准,而不是与实在相符合的实在论标准。概念是语言,概念和语言的目的在于达到有效的交际和预测。这是语言、科学和哲学的最高任务,正是在同这一任务的关系中才能对概念系统最终地做出评价。"[1]为了满足这样的

---

① 蒯因:《从逻辑的观点看》,江天骥等译,第73页,上海译文出版社,1987。

实用要求,我们对本体论的选择就必须采取宽容原则和实验精神。所谓"宽容原则",就是指每个人都有随意建立自己的逻辑的自由;所谓"实验精神",则是指对各种不同的本体论应当采取"试试看"的态度,任其发展,暂时不作判断。应当说,正是通过把本体论问题归结为语言问题,把本体论的选择变成对语言形式或概念结构的选择,把实用标准作为本体论选择的唯一标准,蒯因最终把他的本体论思想建立在了实用主义的基础之上。在这种意义上,实用主义正是他的本体论承诺思想的重要标志,也是他的整个本体论学说的根本立足点。

《论何物存在》一文发表后,在西方哲学界引起了很大反响。哲学家们通常把它看做是以分析哲学的方式重新讨论本体论问题的重要标志,因而改变了逻辑实证主义以来分析哲学家对待本体论问题以及传统形而上学采取的拒斥立场。1951 年 7 月,英国亚里士多德学会和心灵协会在英国的爱丁堡举行了一次联合会议,专门围绕这篇文章进行了研讨,参加会议的文章以及该文被编辑成《亚里士多德学会会刊》的增刊,题名为《自由、语言和实在》。同年,美国艺术与科学学院的院刊《代达罗斯》(*Daedalus*)发表了专栏"对知识分析和综合的贡献",专门讨论该文。1958 年,美国著名的《哲学杂志》刊登了关于《本体论承诺》的专题研讨论文。从 1958 年到 1969 年,英美两国的主要哲学刊物都刊登了讨论蒯因这个思想的文章,这个思想成为第二次世界大战后英美分析哲学中讨论得非常热烈的一个话题。斯特劳森在《个体:论描述的形而上学》中阐述的"描述的形而上学"思想就直接受到蒯因这一思想的极大启发。正是这种讨论最终促使形而上学和本体论问题在分析哲学中的复兴。

四　翻译的不确定性

我们在前面已经指出,蒯因抛弃经验主义两个教条的另一个后果是走向实用主义,这个后果的直接表现就是他提出的"翻译的不确定性"论题,而这种不确定性又直接导致了本体论的相对性。

在《语词与对象》的第 2 章"翻译和意义"中,蒯因明确地表述了这个论题的内容：

> 这个论题就是：把一种语言翻译为另一种语言的手册，可以以不同的方式编纂出来，而所有这些手册都与整个言语倾向相容，但每个手册之间却是不相容的。在无数的场合，它们的分歧就在于，它们对一种语言的句子分别给出了另一种语言句子的翻译，但后面这种语言的句子之间却无任何合理的等价关系，无论这种关系是多么松散。当然，一个句子与非语言的刺激之间的直接关联越是牢固，那么，这个句子在不同翻译手册中的翻译彼此之间的分歧就越不严重。正是这后一种形式作为翻译不确定性的原则，我会在本章的论述中作出合理的说明。①

这里需要指出的是，首先，按照蒯因的论述，翻译不仅仅是语言的转换，更主要的是不同语言之间在语词的意义和指称这两个方面的转换。因而，"翻译的不确定性"论题自然就包括了两个子论题，即"意义的不确定性"和"指称的不确定性"。蒯因认为，在这两个子论题中，最为重要的是"指称的不确定性"，因为正是由于这种不确定性，才导致了意义上的不确定。他把"指称的不确定性"又称作"指称的不可理解性"（inscrutability of reference，又译做"指称的不可测知性"或"指称的不可理喻性"等）。其次，在蒯因那里，翻译是作为语言学习的特例加以处理的；翻译的不确定性来自语言学习过程中对经验证据的超越或类比跳跃，所以，"翻译的不确定性"论题就不仅仅是一个语言翻译的问题，而主要是一个认识论的问题，或者说是一个形而上学的问题，因为它陈述了一个"形而上学的事实"。②

所谓"意义的不确定性"，是指可以表述与所有可能的相关行为倾向

---

① 蒯因：《语词与对象》，第 27 页，麻省理工学院出版社，1960。
② 参见陈波《奎因哲学研究：从逻辑和语言的观点看》，第 120—121 页。在这种意义上，"翻译的不确定性"（indeterminacy of translation）就不能译为"译不准"，因为这个论题不是一个简单的翻译问题，而是涉及如何用语言表达非语言事实的问题。

相容的不同分析假设系统,它们对于土语表达式的同一用法提供了不同的译文,这些译文从直观上看有不同的意义,并且询问这些译文中的某一个是不是唯一正确的这样的问题是毫无意义的。蒯因用一个假设的思想实验来说明这种不确定性,他把这个实验称作"彻底的翻译"(radical translation,又译作"原始的翻译"或"完全的翻译")。他假设了一个语言学家来到一个与世隔绝的土著部落,他的工作是要把土著语言翻译为我们已知的语言(如英语)。通常的步骤就是把土著人所说的话与当下可观察的事件或对象联系起来。语言学家希望能够通过这种联系,把听到的话语与看到的外在刺激联系起来,并且通过不断重复和询问,观察说话者的言语行为倾向,由此逐渐了解这种语言,并建立起这种语言与我们的母语之间的对应关系,这样才能成功地编纂出一本翻译手册。这就是所谓的"彻底的翻译"。但是蒯因发现,要完成这个过程其实并没有想象的那样简单。因为,(1)每一次说出话语的具体情形都是不同的,由于我们没有任何可资借鉴的标准,因而我们就只能针对每一次出现的具体场合来确定所说话语的意义;(2)即使面对说出话语的相同场合和事件,不同的语言学家也可能对相同的话语作出不同的意义解释,给出不同的翻译;(3)语言学家在对得到的语言与非语言事实之间的联系进行分析时,事实上采用了假说演绎的方法,而不仅仅是作为纯粹的观察者出现的,这就使得他的观察结果完全被放到了他事先已有的认识框架中,因而具有了很大的主观性和相对性。正是这些因素,最终使得彻底翻译中的语言意义变得不确定了。

蒯因假设了这样一个场景:一个现场工作的语言学家和一个土著人面对一些同样的刺激,如一只兔子在奔跑,土著人就喊道:"Gavagai!"语言学家马上就把这个词记作"兔子!"或者是"快看! 一只兔子!"为了表明他的这个翻译是正确的,他就需要在下一次兔子出现时仍然说出这个词,并从土著人那里得到肯定的反应。但要得到土著人的肯定也并非简单,因为他必须知道土著人表达肯定或否定的语言是什么。虽然经过无数次的尝试,可以基本上认可土著人对这个表达式的意见,但更为重要的是需要确立土著人语言的观察句与英语的观察句之间的对应关系,因为只有建立了这种关系,语言学家才能够编纂翻译手册。其实,在这整个翻译的过程中,不确定性始终存在:无论是在哪一步骤,语言学家的工作都可能出现错误,或者说,他或多或少地根据自己的某种猜测来确定意义;同样,土著人的说法和对某些翻译的态度也可能是错误的或引人误解的,他可能并没有正确地表达应当具有的意义。这些都使得语言学家的工作必须借助于他的"分析假设"方法,只有这样他才能够完成他的翻译工作。

所谓"分析假设",是指"把听到的话语拆散成可以重复出现的、方便简短的部分,然后排列成一个土语词汇表"。语言学家试图把这个词汇表中的每个词与英语中的词汇和短语相匹配。[①] 但事实上这样的匹配往往是很难做到的。这就需要语言学家对所研究的语境作出限制,确定某个词在一种语境中可以翻译为某种形式,而在另一种语境中则可以翻译为另一种形式。这样,相同话语或短语就可能在不同的语境下具有不同的翻译。这正是语言学家的分析假设所带来的结果。当然,语言学家在使用自己的分析假设时还要借助于适合各类土著语言词汇和短语的辅助性词汇。所以,语言学家编纂自己的翻译手册是根据他的分析假设和辅助定义来完成的。这就说明,他的翻译手册完全是根据他先前具有的语言系统,来推测土著人语言系统的基本倾向。这就自然使他的翻译手册具有很大程度上的相对性。蒯因明确写道:

> 两个翻译家可以编纂相互独立的翻译手册,这两部手册都与所有的言语行为和所有的言语行为倾向相容,但其中一部手册会提供另一位翻译家将拒绝的翻译。我的立场是:两部手册都能够是有用的,但至于哪一部是正确的,哪一部是错误的,不存在任何事实

---

① 参见蒯因《语词与对象》,第 68 页,麻省理工学院出版社,1960。

问题。①

在蒯因看来,意义的不确定来自指称的不确定。事实上,他对"翻译的不确定性"论题的讨论主要是针对指称上的不确定。这种不确定表现为:语言学家在把土著语言中的词汇翻译为英语中的词汇时,他并不能确定他的翻译是否准确地表达了土著语言中的词汇所指的对象;而且他的翻译与其他语言学家的翻译完全可能是不相容的。例如,在翻译"Gavagai"这个词的时候,从语境上看,语言学家大致地可以把它翻译为"兔子",但是他不能确定的是,这个翻译究竟是指某个具体的兔子还是指"兔子"这个概念,或者是指兔子身体的某个部分,等等。即使他反复地询问土著人,并在相同的语境中使用这个词,他也无法对这个翻译完全确定。这时候,语言学家就需要借助于他的分析假设,就是使用英语中处理词汇的方法,如用复数词尾、代词、数词等,来标示出土著语言中的词汇用法。但这种分析假设并没有真正解决指称的不确定性问题,而仅仅是把这个问题看做是不可解的,采用了一种自由随意的方式来允许不同的分析假设系统的合理性。这就是说,只要是能够满足对当下的刺激意义的理解,任何的分析假设系统都是可行的。这恰好说明了,要在语言中完全确定指称是没有任何意义的,用蒯因的话说,"指称本身就被证明为是在行为上不可理解的"②。

在蒯因看来,这种指称的不可理解性不仅出现在"彻底的翻译"中,同样出现在我们的日常语言学习中。在孩子学习母语的过程中,我们通常使用实指定义的方式确定语词的指称。但即使是在这个过程中,我们对所使用的语词是否确定地指称某个对象也并不是确定无疑的。例如,当我们指着一只兔子向孩子说"兔子"时,我们究竟是在说一个具体的兔子,还是在说一个抽象的概念,或者是在说兔子身体的某个部分? 完全

---

① 蒯因:《事实问题》,载于谢恩(*Shahan*)和梅里尔(*Merrill*)《从爱德华兹到蒯因的美国哲学》,第 176 页,奥克拉马大学出版社,1977。转引自陈波《奎因哲学研究:从逻辑和语言的观点看》,第 128 页。
② 蒯因:《本体论的相对性及其他论文》,第 35 页,纽约,哥伦比亚,1969。

可以想象这样的情况：当这个孩子再次看见一只兔子时，他不知道究竟应不应当把它叫做"兔子"，因为他在学习"兔子"这个词的时候所看到的那只兔子是白色的，而现在这只兔子却是灰色的；而且原来那只兔子的耳朵要长一些，而这只兔子的耳朵则要短一些。要通过实指定义教会孩子正确地使用语词，就要假定这个孩子具备了一定的空间认知能力和抽象思维能力，同时还要具备一定的语言表达倾向。但这些却是翻译或学习语言本身所没有的，是先在于翻译和语言学习过程的。这就意味着，无论是我们的语言翻译还是语言学习，都不可能完全脱离所谓的"分析假设"前提。指称本身的不确定性就要求我们根据这样的分析假设去判断在具体的指称过程中语词的指称对象。如果仅仅根据指称来判断哪一种翻译或学习是正确的或不正确的，都是没有意义的。

蒯因把指称对分析假设的这种依赖性或者（一般地说）指称的相对性，就叫做"本体论的相对性"。在他看来，我们不能抽象地、一般地谈论指称，就是说，不存在孤立的、绝对的指称。如果要绝对地询问一个名称是否指称了某个对象，这是没有意义的。我们必须相对于某个背景语言才能有意义地提出这个问题。他写道：

> 如果我们问："兔子"在什么意义上指称了兔子？于是，后退一步：我们需要有一个背景语言来落脚。背景语言使这个问题有意义，即使只是相对的意义；意义反过来也相对这个背景语言。以绝对方式询问指称，这类似于询问绝对位置或绝对速度，而不是询问相对于特定参考框架而言的位置或速度。[①]

当然，在蒯因那里，本体论的相对性不仅相对于背景语言，而且相对于翻译手册，也相对于指称量化。我们在前面已经说到，不同的语言学家编纂的翻译手册不同，对相同语词的翻译就有可能存在差异。他指出，逻辑仅仅提供了一种理论的逻辑形式，作为该种理论的模型，但在实

---

① 蒯因：《本体论的相对性及其他论文》，第48页，纽约，哥伦比亚，1969。

际的理论中,就是说,在把一种理论语言翻译为另一种理论语言的过程中,我们并不是仅仅根据这些理论的逻辑形式来判断这种翻译是否恰当。我们往往需要通过"释义"(paraphrase)的方式完成这个翻译过程,并且还要通过实际的实指过程来验证这个翻译是否恰当。这里的"释义"就需要,而且只能相对于已有的翻译手册才能进行。同样,本体论的相对性还要相对于关于量词的指称解释,因为指称问题是与量词和变项密切相关的。这就是蒯因所谓的"存在就是作为约束变项的值"这个口号的含义。他明确地说:

> 除了不能绝对地说对象是什么之外,有时我们甚至不能客观地区分指称量化和替换量化。而且,当我们使这些因素相对于一背景理论而言时,相对性本身就有了两个构成要素:相对于背景理论的选择,并且相对于选择如何去把对象理论翻译为背景理论。至于背景理论本身的本体论,甚至它的量化的指称性,这些问题反过来又需要一个背景理论。①

蒯因的这个"翻译的不确定性"论题一经提出,在当代西方哲学家中立即招致了两种截然不同的反应。一种是积极的回应,高度评价这个论题的重要意义,认为它是"自康德的先验范畴演绎以来最为吸引人的引起最广泛讨论的哲学论证"(普特南语),而施太格缪勒则认为:"奎因(即蒯因——引者注)的论点的惊人之处在于,它在**很大程度上否定地**回答了对一个假定第一次翻译的经验上可检验性问题。"②但另一种反应则是更多的批评和反对。一种批评意见是认为蒯因的许多说法含糊不清或自相矛盾,容易引起人们的误解。例如,哈曼在赞同蒯因观点的同时,指出了蒯因著作中的三个错误。(1)蒯因错误地用行为主义方式阐述他的这个论题。他在《语词与对象》中这样写道:

---

① 蒯因:《本体论的相对性及其他论文》,第 67 页,纽约,哥伦比亚,1969。
② 施太格缪勒:《当代哲学主流》下卷,王炳文等译,第 260 页,商务印书馆,2000。

把这改成如下的说法就可以抓住要点了：任何一个说话者的语言中整个无限多的句子都可以这样得到改变或得到描绘，以至于(a)说话者对语词行为的整个倾向都毫无改变，但(b)这种描绘却不是句子与等值句子的关联，这是在合理的等值意义上说的，无论这种关联有多么松散。①

哈曼指出，如果句子 A 被描绘为句子 B，那么包含了 A 的讲座或谈话就被描绘为包含了 B 的讲座或谈话，这样，对语词行为的倾向就发生了改变。问题在于蒯因在这里谈到的是对语词行为的倾向，而他实际上应当谈到的却是对接受句子的倾向。因而他在这里应当是指有一种把说话者的句子描绘为自身的方式，这就保留了他接受句子的倾向，但这并不总是把句子与等值句子联系起来。(2)蒯因对同义性的条件论证过于微弱，他最后断定条件句就是真值函项句，但在他的论证中却很难得到这个结论。这就表明，对演绎推理的关注并不总是能够消除不确定性。(3)蒯因所列举的数论和集合论的例子并没有完全清楚地说明翻译的不确定性。蒯因认为两个不同的翻译系统主要表现为真值上的不同，而不是外在刺激的不同。例如，像"3 是 5 的一个数"这样的句子在冯·纽曼那里就可以被翻译为真的集合论句子，而在策梅罗那里则被翻译为假的句子，因为在数论中它并没有真值。但这并不是一个恰当的例子，因为蒯因在多处强调了刺激因素对不确定性的决定作用。②

另一种批评意见则认为蒯因的论述中存在着前后不一致和矛盾，这就使得他的论证失去了应有的力量。例如，欣提卡认为蒯因在《语词与对象》中对"标准用法"(canonical idiom)和彻底翻译的论述之间并不一致，即语句联结词直接承认了彻底的翻译，而量词则没有。导致这种不一致的原因在于蒯因的基本考虑上，就是说，在对土著人语言进行翻译

---

① 蒯因：《语词与对象》，第 27 页，麻省理工学院出版社，1960。
② 哈曼：《对"翻译和意义"的一种引介》，载于戴维森和欣提卡《语词与异议》，第 21—26 页，里德尔出版公司，1969(以下所引此书均为此版本)。

的语言学家那里，他要能够作出自己的翻译，条件就是必须能够识别出土著人的某些行为方式，而且在某种程度上要与他的翻译达成合作的默契。这就需要对我们所认可的或没有认可的行为方式的承认和使用。蒯因在某些地方认为，这个翻译本身的确存在着许多困难，无论是在理论上还是在实践上，但他又保证这个语言学家采用了"有效的假设"。这种不一致就特别明显地表现在他对语句联结词和量词的不同处理上。为此，欣提卡认为，事实上，我们在选择一种具体的语言行为模式时是非常随意的。他写道：

> 如果我们认为丛林语言学家最终可以认识到赞同的行为，我认为并没有理由表明他在原则上就不能学会认识到与我们使用语言密切相关的其他活动模式。与认识到赞同或不赞同相关的困难并不是唯一的，事实上，蒯因在一个脚注中就比较了"识别问候手势的类似问题"。如果这个类比真的有效的话，如果我们的识别是成功的，我们就可以假定（彻底地）翻译了问候的语词，这完全不取决于它们与刺激意义的关系，而是基于它们与手势的关系。①

1974 年《综合》(Synthese)杂志出版了一期讨论蒯因"翻译的不确定性"论题的专刊，其中发表了达米特的长文《蒯因的不确定性论题的意义》，引起了哲学家们对这个论题的讨论，蒯因本人对该文也作出了回应。达米特把这个论题与蒯因在《经验主义的两个教条》中提出的语言模式结合起来，认为不确定性论题实际上是蒯因的语言模式的继续。他指出，对语言的描述直接涉及对语言结构的一般理解，有什么样的语言模式，就会有什么样的语言分析。他写道：

> 严格地说，它会采用什么样的形式完全依赖于我们视普遍正确的语言模式是什么。根据弗雷格和《逻辑哲学论》的模式，语言说话者拥有的最为重要的能力就是能够使说话者把每个句子与使其为

---

① 欣提卡：《彻底翻译的行为标准》，载于戴维森和欣提卡《语词与异议》，第71页。

真的条件联系起来。根据《经验主义的两个教条》的模式,它们就是赞同或不赞同对应于感觉刺激的句子的有条件的和无条件的倾向。显然,可以有许多其他的语言模式,而根据这些模式,对每种语言的直接描述都可以采取其他的形式。同样明显的是,我们并没有证据表明,任何这样一个可能的模式是正确的,而语言哲学的首要任务就是要去发现正确的模式,并证明它的正确性。然而,假定为了符合某种语言模式而直接说明语言,这是与翻译图式对立的。[①]

他由此指出,知道一种语言就意味着能够派生出关于这种语言的知识,但翻译图式却无法做到这一点,就是说,在试图把一种未知语言翻译为已知语言的过程中,我们实际上是被要求首先了解这种未知的语言,否则无法完成这样的翻译。所以,达米特认为,蒯因在阐述翻译不确定性论题时混淆了两个不同的概念,一个是观察句的刺激意义,另一个是构成了这些句子之间推理关系的条件倾向。但是,蒯因在答复达米特时却认为,达米特实际上是把这样两个概念搞混了,就是说,两个翻译可以是把一个给定的句子翻译为可以说成是真的句子,或者是翻译为可以说成是假的句子。蒯因否认存在两个说话者在真值上意见不和的句子。他写道:"关键是,对最初理论语句的两个翻译可能具有未知的真值,仅仅知道它们是不同的。两个说话者完全可以有相同的经验,他们会在共同持有这两个句子上意见一致,会在双重条件句的真理问题上意见一致,这个双重条件把其中的一个句子与另一个句子的否定联结起来。就是这么简单。"[②]

针对蒯因的反驳意见,达米特也作出了回应。他辩解说,虽然他的反对意见与蒯因的论题之间存在一定差距,但这并非完全没有意义,因为这表明蒯因对这个论题的先前说明并不十分清楚,就是说,在某人持

[①] 达米特:《蒯因的不确定性论题的意义》,载于《综合》1974 年第 27 期;也载于弗尔斯塔《蒯因哲学》第 3 卷,第 109 页。

[②] 蒯因:《对达米特的评论》,载于《综合》1974 年第 27 期;也载于弗尔斯塔《蒯因哲学》第 3 卷,第 147 页。

有一种信念并把相应的意义赋予表达了这个信念的句子与他持有某个相反的信念并赋予了相同句子以不同的意义之间，并没有实质性的差别。他写道："如果（在蒯因提出的那种情况中）被翻译出的句子对第一种语言的说话者来说是不可知的，那么这两种语言的说话者之间就不可能有信念分歧；而如果这个句子是他们都信以为真的句子，那么就会有这样的分歧（就是说，第二种语言的说话者对第一种语言的说话者所相信的东西是不可知的），无论所采纳的翻译图式是什么。"①

应当说，自蒯因的这个论题从 20 世纪 60 年代提出以来，西方哲学界一直围绕这个论题展开了激烈的讨论，直到 90 年代，仍然有哲学家对这个论题提出了各种不同的看法和解释。② 但事实上，这个论题本身在蒯因的整个思想中仅仅占据并非关键的地位。因为他的最初目的是为了说明在我们的认识活动中，追求意义的确定性是徒劳无功的。蒯因的主要工作是为了从整体论的角度对认识论作出一种自然主义的说明。

五　自然主义的认识论

与传统哲学中的认识论相比，蒯因的认识论有两个明显特征：（1）他强调了认识活动的自然主义方向，把认识论看做是自然科学的一个组成部分；（2）他把人类的认识活动看做是一个整体，强调从认识整体上把握语言的意义。正是这两个特征确立了认识论在蒯因哲学中的独特地位。

蒯因理解的"自然主义"是指人类知识本身是一种自然现象，是具有特殊起源和有关特性的个体与物种能力的综合；对人类知识的研究可以像研究自然现象一样，区别仅仅是在程度上更为复杂。因此，认识论应当被看做是自然科学的重要组成部分，与科学共同构成一个前后一致的

---

① 达米特：《回应蒯因》，载于《综合》1974 年第 27 期；也载于弗尔斯塔《蒯因哲学》第 3 卷，第 161 页。

② 参见索姆斯在他的新著《20 世纪的哲学分析》（普林斯顿大学出版社，2003）第 2 卷《意义的时代》第 247—258 页中对蒯因这个论题的批评意见。

统一体。蒯因把他理解的这种"自然主义"称做"自然化的认识论"。他在《自然化的认识论》一文中写道：

> 认识论，或某种与它相似的东西，显然将取得作为心理学的一章，因而是自然科学的一章的地位。它研究一种自然现象，即物理的人类主体。这一人类主体被给予某种实验控制的输入，例如，具有适当频率的某种形式的辐射，并且在整个时间流程中，他又提供关于三维外部世界及其历史的描述作为输出。贫乏的输入和汹涌的输出之间的关系，正是我们要加以研究的。而推动我们研究它的，是由于一些总是推动认识论的几乎同样的理由，这就是：为了弄清楚证据是如何与理论相关联的，并且人的自然理论是以何种方式超越任何现成证据的。①

在 1973 年的《指称之根》中，蒯因进一步明确了认识论研究与自然科学研究特别是心理学研究之间的共同之处。在回答我们是如何从感觉经验过渡到关于世界的理论这个问题时，他写道：

> 这是一个经验心理学的问题，但是在一个或多个阶段可以在实验室里研究它，也可以在某种思辨的层次上探讨它。它的哲学意义是显然的。如果我们触及它的根基，我们应该能刚好看清科学在何种程度上是人的自由创造；在何种程度上……是一件公共的事业。并且我们应该能够看清楚，这里的一切就是要探明证据关系，即支持理论的观察相对于理论的关系。②

根据蒯因的论述，我们可以把他的"自然化的认识论"观点大致归结为以下几个方面：

---

① 蒯因：《本体论的相对性及其他论文》，第 82—83 页，纽约，哥伦比亚，1969；中译文见陈波《奎因哲学研究：从逻辑和语言的观点看》，第 34 页。
② 蒯因：《指称之根》，第 3—4 页，开放世界出版公司，1973。转引自陈波《奎因哲学研究：从逻辑和语言的观点看》，第 39 页。

1. 强调这种认识论与传统认识论之间的明显区别。

传统认识论被看做是一种基础主义，根据这种认识论，人类的知识被分为两组不同的信念，即需要其他信念加以证实的信念和不需要其他信念加以证实并且自身也不需要任何证明的信念。传统的认识论把后一组信念看做是认识的基础，认为它们是直接明显的、确实可靠的和无需辩护的。在近代哲学中，无论是理性主义还是经验主义，都坚信这种基础主义的认识论，虽然它们的表现形式各不相同。作为一个经验主义者，蒯因当然更为关注经验主义传统中的认识论主张。他指出，传统经验主义认识论的一个主要信条是，认为我们的一切知识都来源于感觉经验，他称之为"激进的经验主义"。它包含了两个方面的任务：一个是从感觉证据推演出关于自然的真理；另一个是根据观察术语和逻辑数学的辅助词汇来翻译（或定义）这些真理。前一个任务是认识论的学说方面，主要关注用感觉词汇为我们关于自然的真理性知识提供辩护；后一个任务则是认识论的概念方面，主要关注用感觉词汇解释物体的概念。蒯因认为，传统经验主义认识论对这两个方面任务的完成都是不成功的。首先，根本无法从毋庸置疑的感觉经验中推出科学理论的真理，因为一切感觉经验都是不确定的，因而不可能从不确定的东西中推演出具有确定性的东西。其次，试图把科学理论的每个句子都翻译为用观察术语和逻辑数学辅助词汇表达的一个等价语句，是注定无法成功的，因为它是基于每个句子都有自己的经验意义这个假定之上的，而这个假定本身却是错误的。

在否定了传统经验主义认识论之后，蒯因提出了他的新的经验主义认识论，即"自然化的认识论"。根据这种认识论，科学的一切证据都是感觉证据，而对语词意义的全部传授都最终依赖于感觉证据。他把这种认识论与传统认识论之间的区别看做是在达到目标的途径、方法或手段方面，而不是在目标本身方面。他认为，传统认识论的"目标是从关于感觉证据的自明的、非科学理论内部的真理出发，根据自明的推理步骤，演绎出自然科学的所有真理，或者凭借逻辑和集合论构造出这些真理。而新认识论的目标则是:在只给定感觉证据的条件下,实际地说明我们是如何构造出(但不是演绎出)我们关于世界的理论的"①。从这两个认识论的目标来看,它们是近乎相同的,但在达到这些目标的途径和方法方面,它们却是有很大差别。这主要表现在,传统认识论是规范性的,它试图在感觉证据的基础上利用观察术语和逻辑数学的辅助词汇去理性地构造我们关于世界的科学理论,并由此证明这种科学理论的合理性;而新的认识论则是描述性的,就是说,在观察语句和理论话语之间并不存在翻译或定义问题,而仅仅是用观察语句去描述我们的科学是如何发生的。这是一个经验事实问题,只能在心理学和自然科学内部加以解决。

关于传统认识论与"自然化的认识论"之间的这种区别,蒯因本人有一段清楚的总结:

> 从某种意义上说,旧认识论力求包含自然科学,它设法从感觉材料中去构造自然科学。相反,在其新背景中的认识论,作为心理学的一章包含在自然科学之中。但是旧的包含关系在其原有方式上仍然有效。我们正在研究我们所研究的人类主体是如何设定物体的,并且是如何从(感觉)材料中建立起他的物理学的。我们理解我们在这个世界里的位置正像他的一样。我们的认识论事业本身,以及把认识论作为其中一章的心理学,以及把心理学作为其中一册书的整个自然科学,所有这些都是我们自己的构造或者是(感觉)刺激的投影……于是,存在着双向包含,虽然包含有不同的含义:认识论包含在自然科学之中,而自然科学又包含在认识论之中。②

2. 规定自然化的认识论的主要任务是说明观察语句与理论话语的关系。

在蒯因看来,这种认识论的主要任务就是要找到一条与自然科学达成一致的途径,这样我们就可以根据这门科学能够传达的感觉信息去构

---

① 陈波:《奎因哲学研究:从逻辑和语言的观点看》,第44页。
② 蒯因:《本体论的相对性及其他论文》,第83页,纽约,哥伦比亚,1969。

造这门科学;这种认识论的核心问题就是要说明观察语句与我们的理论话语之间的关系。他把这个问题分为两个部分,一个部分是如何用神经生理学和心理学去解释我们从感觉中获得刺激信息到形成观察语句的学习过程,另一个部分是如何说明我们从观察语句到理论话语的不同学习过程。在对这个问题的解答过程中,观察语句起到了至关重要的作用。蒯因所谓的"观察语句",是指这样的语句,即给出相同的伴随刺激时,所有说这种语言的人都会对它作出相同的判断。这种语句的最大特点就是具有主体间的可观察性,就是说,它们陈述了所有当下的观察者都会一致同意的证据,正是这种证据使得不同的理论话语得到了共同的评价基础。所以,蒯因说"科学的一切证据都是感觉证据"。同样,观察语句还为语言理解提供了主体间交流的可能性,因为它们使语言与某些非语言的指称发生了关系,而这种关系应当是在不同主体之间可以理解的。这就说明了关于语词意义的全部传授最终都依赖于感觉证据。蒯因写道:

> 于是,我们看到了研究观察与科学理论之间的证据支持关系的一种方法。我们可以采取发生学的研究方式,去研究理论语言是怎样被学习的。因为看起来,证据关系实际上是体现在学习行为中的。由于语言学习在世界上持续发生并且可供科学研究,因此这种发生学方法就是具有吸引力的。它是对于科学方法和证据进行科学研究的一种方法。我们这里有充分的理由认为,语言理论对于知识理论是至关重要的。①

事实上,蒯因正是把从观察语句到理论话语的过渡看做是一个学习过程,他强调了语言学习在形成我们的科学理论和科学知识过程中的核心作用。在他看来,认识论的核心问题应当是我们如何知道我们关于世

---

① 蒯因:《自然知识的本质》,载于格特普兰(S. Guttenplan)《心灵与语言》,第74—75页,牛津,克拉伦登出版社,1975(以下所引此书均为此版本)。转引自陈波《奎因哲学研究:从逻辑和语言的观点看》,第43页。

界的理论是行之有效的。要回答这个问题,我们不能简单地从现有的理论出发去对观察语句作出推论,相反,我们必须从观察语句中推论出我们的理论的有效性。这就需要我们了解从观察语句过渡到理论话语的具体过程,这个过程是无法通过纯粹的思辨或反思得到的,而只能是一个学习语言的过程。这就是说,我们是通过观察语句了解了经验证据的刺激意义,从而形成我们关于世界的科学理论。由于我们学习语言的过程完全是一个经验的自然过程,所以对语言学习过程的研究也只能是一个经验研究,正如儿童学习语言一样,是一个刺激-反应的过程;由于认识论的目标就是要确立观察语句与理论话语之间的关系,因而这样的认识论也就只能是一种对语言学习过程的经验研究,认识论也就自然地被看做是神经生理学和心理学的组成部分,也就是自然科学的组成部分。他明确地说:"从观察语句通向理论语句的学习语言的途径,正是观察与理论之间的联系本身。"①

3. 突出了语言学习过程的自然特征,强调用心理学和发生学的方法研究这个过程。

蒯因心目中的"自然化"就是把认识论看做是一种类似于自然科学的研究活动,把人类认识的产生看做是一种自然现象;而且,在他看来,只有这样来研究认识活动,我们才能真正了解认识的内容和形式。正如上面提到的,蒯因把认识活动看做是一种语言学习的过程,而且直接把它看做是一个刺激-反应的过程,所以,语言学习理论在他的认识论中就有了重要的地位。这个理论包括了两个主要部分:(1)用神经生理学和心理学的方法解释从感觉输入到观察语句的学习机制;(2)详细地说明从观察语句过渡到理论语言的不同类比步骤。从整体上说,这是一个在指称关系中重建学习心理学的过程,也是用经验的方式揭示和描述指称的根源问题。具体地说,语言学习就是一个通过条件反射获得语言习惯

---

① 蒯因:《自然知识的本质》,载于格特普兰《心灵与语言》,第74—75页。转引自陈波《奎因哲学研究:从逻辑和语言的观点看》,第43页。

的过程：首先是主体接受外在刺激得到的感知（即通过实指的方法获得对外在对象的感知），然后以某种感觉相似性和知觉相似性把各种感觉联系起来，最后通过类比综合（analogic synthesis）的方法得到观察语句的意义。从观察语句过渡到理论语言，我们借助了类比跳跃的方法，这种方法类似于心理学中的"移情"（empathy），就是强调了语言学习的当下场合在决定语言意义获得中的重要作用。在蒯因看来，正是通过这些步骤，我们掌握了语言的意义，也从观察语句过渡到了理论语言，由此构成了我们关于世界的科学理论。

在《语词与对象》第 3 章中，蒯因通过对英语语法的分析，阐述了儿童学习语言的基本过程和语言指称功能发育的四个阶段：首先是通过实指关系命名一个对象，然后以普遍词项和单称指称词去命名对象，再是通过普遍词项的归属性合成而产生复合的普遍词项；最后是将关系词项应用于单称词项或普遍词项而形成新的普遍词项。在《指称之根》第 3 章中，蒯因进一步说明了儿童如何凭借一系列语法变形和不可还原的类比跳跃来学习英语的指称部分。所有这些都是建立在行为主义学习理论的基础之上的，就是说，都是根据刺激-反应的模式确立学习语言的过程。正是从这种行为主义出发，蒯因强调用心理学和发生学的方法去研究学习语言的过程，不仅把语言的学习看做是一个类似建立条件反射的自然过程，而且把获得科学理论的过程也看做是为了实现或检验预期假设的自然过程。他在《真之追求》中这样写道：

> 由于理论认识论自然而然地成为理论科学的一部分，因而规范的认识论自然而然地成为工程学的一部分：预测感觉刺激的技术。
>
> ……
>
> 但是当我提出预言作科学的检验点时，我并没有把它看作规范的。我把它看作是定义了一种特殊的语言游戏，用维特根斯坦的话说：科学的游戏，与其它有益的语言游戏比如小说和诗歌相对照。一个句子要求得到科学地位，依赖于它对一个其检验点被预言的理

论有什么贡献。①

蒯因认识论的另一个重要特征是他的整体论思想。这种整体论被概括为以下几点：(1)我们的信念或知识是作为一个整体面对感觉经验法庭的、具有经验意义的是整个科学。(2)由于整体内的各个陈述在逻辑上是相互联系的，对整体内部的某些陈述的再评价必将引起整体内部的重新调整，对其真值的重新分配。由于这两个观点最初是由法国哲学家和物理学家迪昂提出的，它们通常又被称做"迪昂-蒯因论题"。(3)在顽强不屈的经验面前，整体内部的任何陈述都可以被修正或免于修正，甚至逻辑-数学规律也不例外，这也被称做"理论内陈述的可任意修正原则"。(4)之所以如此，是因为经验证据对理论整体的确定是不充分的，这被称做"经验确定理论的不充分性论题"(underdetermination thesis)。(5)所以，在理论的选择和评价上，不存在唯一确定的真理标准，而主要是受到是否方便和有用这样一些实用主义考虑的支配。②

蒯因的整体论通常被看做是支持他的"翻译的不确定性"论题的重要依据之一，也被看做是他倡导实用主义知识观的一个主要"罪证"。但仔细分析他在多处对整体论的直接论述可以发现，蒯因用这种整体论更多考虑的是确定科学命题或科学知识的意义问题，或者说，主要是为了说明单个的句子与这个句子所在的科学系统之间的关系。例如，他在《经验上等价的世界系统》一文中就明确写道：

> 整体论已被正确地叫做迪昂论题，并且还被相当慷慨地叫做迪昂-奎因(即蒯因)论题。它所说的是：科学陈述并不是孤立地受到相反的观察责难的，因为唯有共同地作为一个理论，它们才蕴涵其观察结论。面对相反的观察，通过修正其他的陈述，可以坚持任何

---

① 奎因(即蒯因)：《真之追求》，王路译，第17—18页，生活·读书·新知三联书店，1999。
② 参见陈波《奎因哲学研究：从逻辑和语言的观点看》，第151页。

一个陈述。①

其实,早在《经验主义的两个教条》中,蒯因就非常明确地把"具有经验意义的单位是整个科学"这个观点作为他整体论的核心内容。虽然他后来对最初提出的整体论观点有所改变,从"极端的"整体论过渡到了"温和的"整体论②,但他的基本思想并没有改变,仍然坚持他的整体论应当是指"观察范畴(应为'观察断言句'——引者注)的假对假设并不提供结论性的反驳",是指可以用逻辑的方法调整一个失效的观察断言句在假设系统中的地位。③ 德国哲学家施太格缪勒把蒯因的整体论概括为两种主要成分:"(1)我们不可能举出**任何一个可避免**经验反驳的句子(**拒斥先验认识**)。(2)但是在理论和预言矛盾的情况下我们绝不能指出**某些**引起这些矛盾的句子(**拒斥孤立主义**);相反,始终是作为整体的系统要么是受到怀疑,要么是又被调整好。"④这就清楚地表明,蒯因的整体论基本上是关于科学命题系统的意义问题,也就是关于知识的确定性问题,因而应当把这种整体论看做是他的自然主义认识论的重要组成部分。

已经有许多哲学家指出,蒯因的整体论明显具有行为主义和工具主义的特征。蒯因本人也从不回避这些特征,他甚至明确地把自己称做"工具主义者"。但他的行为主义不同于斯金纳等人的心理行为主义,他强调以说出话语的行为来判断句子的意义,而不是用行为来断定说话者

---

① 蒯因:《经验上等价的世界系统》,载于《认识》1975 年第 9 期,第 313 页。转引自陈波《奎因哲学研究:从逻辑和语言的观点看》,第 182 页。

② 参见蒯因在《从逻辑的观点看》1980 年修订的第 2 版重印版序言中的论述:"《经验论的两个教条》中的整体主义曾使许多读者感到不快,但是我认为它的缺点只是强调得太过了。关于整体主义,就其在那篇论文中被提出的目的来说,我们实际上要求的就是使人们认识到,经验内容是科学陈述集合共有的,大都不可能在这些科学陈述中间被拣选出来。诚然,有关的科学陈述集合实际上决不是整个科学;这里有一个等级层次的区别,我承认这一点,并且曾举艾尔姆大街的砖房为例来说明。"(蒯因:《从逻辑的观点看》,江天骥等译,第 5 页,上海译文出版社,1987。)

③ 见奎因(即蒯因):《真之追求》,王路译,第 12 页,生活·读书·新知三联书店,1999。并参见蒯因《从刺激到科学》,第 43—50 页,哈佛大学出版社,1995。

④ 施太格缪勒:《当代哲学主流》下卷,第 241 页。

的心理活动。这种行为主义和工具主义也被看做是一种实用主义的表现形式,由此,蒯因就被看做是提倡一种新的实用主义,即"逻辑实用主义"的人。这种实用主义的特征主要表现为:(1)在对科学的客观内容的理解上,认为科学问题根本上就是语言问题,而一切科学假设都是选择一种方便的语言形式问题;(2)在对科学知识的看法上,一方面承认科学知识来源于经验,但在知识的选择上遵循保守原则和简化原则,并把整个科学看做一种方便的语言形式和概念体系或概念结构;(3)在对本体论的看法上,提倡"本体论承诺"的主张,坚持以方便实用作为取舍本体论的标准。[①]

蒯因的自然化的认识论在当代分析哲学中引起了很大的争议,除了其中包含了行为主义和实用主义因素之外,这种认识论主要面对来自两个方面的挑战。一方面是同样持有自然主义立场的哲学家们对它的指责,如戴维森和斯特劳德等人;另一方面是持有实用主义立场的哲学家对它的反对,如罗蒂和范·弗拉森等人。戴维森在发表于1983年的《关于真理与知识的融贯论》一文中对蒯因提出的用我们关于外部信息的输入作为知识的主要根据这个观点表示了忧虑。他写道:

> 蒯因告诉我们,科学断定,"我们关于外部世界的信息的唯一源泉是光线和分子对我们的感觉表层所施加的影响"。我感到困扰的是,如何理解"源泉"和"信息"这两个词。外部世界中的事件和对象使我们相信关于外部世界的事情,并且,大量(如果不是全部的话)因果关系是通过感觉器官而实现的,这种看法无疑是正确的。然而,信息概念以一种非隐喻的方式仅仅适用于所引起的那些信念。因此,"源泉"必须被仅仅理解为"原因","信息"必须被仅仅理解为"真信念"或"知识"。对由我们的感官所造成的信念的辩明尚未涉及。[②]

[①] 参见涂纪亮《分析哲学及其在美国的发展》下卷,第433页。
[②] 戴维森:《真理、意义、行动与事件》,牟博编译,第173页,商务印书馆,1993。

他指出，如果我们把诸如感觉或观察结果之类的中介手段引入因果链条，那么，这并没有真正解决我们关于外部世界的知识是如何形成的问题，因为"如果那些中介仅仅是原因，它们并没有对它们所引起的信念作出辩明；如果它们起传递信息的作用，它们就可能传递得不准确。……因此，我们就不应当允许这些中介插在我们的信念与这些信念在世界中的对象之间"①。在《外在化的认识论》一文中，戴维森更为明确地表明了他与蒯因在自然化认识论上的差别。他写道：

> 我不接受蒯因对知识性质的说明，这基本上是第一人称的和笛卡尔式的。但我发现蒯因对认识论同样给予了坚定的第三人称解决方法，而且，仅就认识论自然化鼓励或包容了这种方法而言，我很高兴把自己看做是一个自然化的认识论者。②

在这里，戴维森承认的自然化认识论显然与蒯因的不同，即他不把自己的认识论看做是经验主义的一个组成部分。因为在蒯因那里，对知识性质的说明包含了两个步骤，其一是必须说明神经输入与观察句子之间的关系，其二是必须说明观察句子与理论句子之间的关系。而戴维森在第一个步骤上就与蒯因产生了分歧：他并不认为神经输入与观察句子之间存在必然的因果关系，否则就会导致怀疑论的出现。他认为，怀疑论正是基于这种一般的看法，即认为经验知识需要在我们所知觉到的世界与我们对这个世界的认识之间建立认识论上的桥梁，而这种看法正是蒯因经验主义认识论的核心。在《蒯因的外在主义》一文中，戴维森进一步分析了蒯因以刺激意义为根据确立的外在主义。他认为，这种外在主义结合了知觉的外在主义和社会的外在主义这样两种形式；前者的确表明了实指定义在学习和解释语言中所具有的首要地位，但后者的作用则存在两个重要问题：（1）在引导到感官的有限因果链条中，我们应当在何处把内容要素赋予我们观察句子和知觉信念？（2）在获得第一种语言的

---

① 戴维森：《真理、意义、行动与事件》，牟博编译，第 174 页，商务印书馆，1993。
② 戴维森：《外在化的认识论》，载于《论证》（*Dialectica*）1991 年第 45 期，第 193 页。

过程中,是什么使得我们有了判定错误的观念? 他写道:"外在主义把观察句子和知觉信念与使它们为真的情景(即使这种句子并不是真的)直接联系起来,它高于这样一些形式的经验主义,即在思想和事物、语词和对象之间建立直接联系,因为这种外在主义不会受到怀疑论的威胁。"①

斯特劳德充分肯定了蒯因自然化认识论的哲学意义,把它看做是"一种对知觉、学习、思想、语言习得和人类知识传递和历史发展的科学研究,就是关于我们所能科学地发现的一切我们如何最终知道我们所知道的东西"②。他详尽考察了蒯因的这种认识论与传统认识论之间的关系,特别指出了它们所要回答的认识问题并非关于外在世界的真实存在,而是关于我们是如何得到这种真实存在的知识,就是说,真实的世界是如何不同于我们所感知到的样子。但蒯因的认识论与传统的区别在于,他没有把纯粹的感觉材料领域分离于,或在认识论上或在证据上先于它们所要解释的关于自然的知识,而是认为在所能掌握的基本感觉经验中并不存在隐含的概念化或语言底层。斯特劳德指出,这种认识论无法解释我们关于"世界的知识是如何可能的"这样一个最为一般的问题,因为它对知识的说明中并没有涉及人们的信念问题;在这种意义上,蒯因的自然化认识论与传统认识论一样,都无法真正解释直接的感觉经验是如何证明了我们关于外部世界的知识的。他写道:

> 如果自然化的认识论可以潜在地产生一切关于知识如何可能问题的可知的东西,但它仍然无法解决这个最为一般的认识论问题,那么,正如卡尔纳普、石里克和其他许多人所感觉到的那样,这个问题本身一定是不合法的或不一致的或在某个方面无法完全询问我们以传统哲学的方式实际上对知识所要询问的东西。蒯因坚持认为,只有在科学中才能提出关于知识的问题,也只有根据科学

---

① 戴维森:《蒯因的外在主义》,载于弗尔斯塔《蒯因哲学》第 2 卷,第 85 页。
② 斯特劳德:《自然化认识论的意义》,载于弗尔斯塔《中西部哲学研究》(*Midwest Studies in Philosophy*)1981 年第 6 期;也载于弗尔斯塔《蒯因哲学》第 2 卷,第 165 页。

的信息才能回答这样的问题,这就可以看做是表达了这样的看法。①

在回答关于知识的怀疑论问题时,斯特劳德认为,蒯因的自然化认识论也无法真正摆脱怀疑论的困惑。即使蒯因正确地把这样的怀疑论看做是科学的怀疑,这样的科学来源也无法真正具有反怀疑论的作用,它并没有确立科学认识论具有回答传统认识论问题的合法性。"如果蒯因确信自然化的认识论可以回答关于知识的传统问题,他对这种确信就必须有其他的理由。他相信,怀疑论的疑问是科学的怀疑;他又相信,我们在解决这些怀疑时可以自由地使用我们所拥有的一切科学的知识。但如果像他所说的那样,怀疑论者可能通过还原为科学是不可知的这个结论来加以论证,那么,我们就无法从第一个信念中得到第二个信念(即一种自然化的认识论是我们所需的一切)。"②

六 逻辑斯蒂主义

我们在前面说过,逻辑主义和实用主义是蒯因哲学的两个主要特征。他的本体论承诺思想、翻译不确定性论题以及自然化的本体论,无不透露出蒯因在处理具体问题时的实用主义。但在他的所有哲学思考中,逻辑主义却是他始终坚持的原则。因为在他看来,只有"从逻辑的观点出发",我们才能为经验主义提供一个坚实的理论基础;同时,也只有把逻辑看做是整个科学大厦的基石,我们才能为哲学找到一个可靠的科学来源。

这里首先需要对"逻辑主义"这个概念作一说明。通常意义上的"逻辑主义"是指以弗雷格、罗素以及维也纳学派为代表的一种力图把数学还原为逻辑的主张,即认为可以用简单的逻辑规则解释整个数学,或者把逻辑作为数学大厦的基础。这种主张被看做是与直觉主义和形式主

---

① 斯特劳德:《自然化认识论的意义》,载于弗尔斯塔《中西部哲学研究》1981 年第 6 期;也载于弗尔斯塔《蒯因哲学》第 2 卷,第 176 页。
② 弗尔斯塔:《蒯因哲学》,第 177 页。

义并列存在的数学哲学的三种主要形式之一。根据这种主张,每个数学真理都可以被翻译为真的逻辑命题,即逻辑真理,而所有这些逻辑真理都是可以从很少的逻辑公理和规则中推演出来的。这样做的目的,是通过把基本的数学概念和定理翻译为逻辑,从而保证数学真理与逻辑真理具有相同的认识论地位。然而,蒯因并不同意这样的主张,因为在他看来,这种逻辑主义并非把数学仅仅还原为逻辑,而是还原为逻辑加上集合论,这特别明显地表现在罗素和怀特海合著的《数学原理》中。但在蒯因看来,由于集合论已经超出了纯粹逻辑的范围,这就使得逻辑主义的纲领自行失效了。

我们这里所说的作为蒯因哲学特征的"逻辑主义"显然不是在这种通常意义上使用的,而只是借此强调蒯因的整个哲学都是建立在他的逻辑思想基础之上的,都是根据他对逻辑的理解以及他建立的逻辑系统完成的。在这种意义上,蒯因的哲学就是以逻辑为基础和出发点、以实用主义为基本策略、以语言分析为基本方法的一种经验主义体系,可以把这种体系称做"逻辑斯蒂主义"。

蒯因对逻辑的看法经历过一个变化过程。他早年曾追随弗雷格、罗素和怀特海等人,相信可以从逻辑中推导出整个数学。他的第一本书《一个逻辑斯蒂体系》就是试图用罗素等人的方法建构一个完全根据逻辑规则演绎出的数学系统。但他在1937年发表的《数理逻辑的新基础》一文中,开始明确地对罗素、怀特海等人的思想提出不同看法。他认为,《数学原理》在把一切数学都翻译为逻辑的时候,对逻辑的范围是有所规定的,即相信可以从几个简单的初始符号和公理规则推演出整个逻辑体系,而这个推演过程一定是必然的。这就使得逻辑演绎系统完全变成了一个固定的和唯一的逻辑形式。但事实上,在蒯因看来,我们完全可以用其他不同的方式建构我们的逻辑系统,既可以用少于罗素和怀特海所规定数目的初始符号,也可以省略一些在他们看来必要的公理规则。而这样做的目的,完全是出于"比较方便和合乎习惯"的考虑。他写道:

作为逻辑先前发展之基础的初始记法是三重的,包括属于、析否和全称量化表述。现在值得指出,对初始词的这种选择既不是必然的,也不是最低限度的。我们本来可以做到只用两个初始词……包含和抽象表述。因为,以这两者作为出发点,可以通过下面这一系列定义重新得到原来那三个初始词;在这些定义中,"ξ"和"η"理解为指任何变元以及任何通过抽象而构成的项。①

当然,蒯因对罗素和怀特海系统的这种改进,仍然是在坚持数学可以还原为逻辑的思路中进行的,就是说,仍然坚持逻辑主义的基本主张,把逻辑理解为包含了真值函项理论、量化理论和集合论的整个谓词逻辑,不同的只是以更为灵活简便的方式完成从逻辑到数学的推演工作。在1954年发表的重要文章《卡尔纳普和逻辑真理》中,蒯因仍然把集合论看做是逻辑的一个重要部分,虽然可以把这个部分看做是在初等逻辑的范围之外。他这样写道:

> 初等逻辑和集合论之间的区别非常重要,以至于人们可以有理由把"逻辑"这个词限于前者(虽然我不会这样做),而像数学家那样在排除了逻辑的意义上谈论集合论。采取了这个过程,就完全是剥夺了"∈"作为逻辑词的地位。于是,弗雷格关于数学派生的观点就不再是指被认为派生于逻辑,因为他使用了集合论。②

在1970年出版的《逻辑哲学》中,蒯因的思想发生了重要变化。他明确地表示,集合论完全不属于逻辑,两者之间的重要区别就在于集合论是一种纯粹的数学理论,因而用包含了集合论的逻辑去推导数学,就是不合法的;但反过来说,没有集合论的纯逻辑又是不可能推导出数学的,因为罗素等人的工作正是试图从包含了集合论的逻辑中推导出整个数学大厦。

---

① 蒯因:《从逻辑的观点看》,江天骥等译,第87页,上海译文出版社,1987。
② 蒯因:《悖论的方式和其他论文》,第111页,纽约,兰登书屋,1966。

在蒯因看来,从逻辑中排除了集合论,就恰当地保证了逻辑的纯粹性,使得逻辑真正成为一种关于语言的语法结构的成真形式的研究。他明确指出:"逻辑就是对逻辑真的系统研究。"①这里的"逻辑真"就是指一切语法结构的语句都具有真的性质,因而这是指一种语句结构上的成真形式。由于这种形式的存在,才能保证具有这种语法结构的语句可以是清楚明白的,题材是中立的,并且具有普遍的适用性。

从关于逻辑性质的这种观点出发,蒯因对逻辑自身的范围作了严格的限定,由此明确了逻辑与其他科学之间的学科关系,并以实用主义的方式提出了逻辑可错性、可修正性的观点。

1. 蒯因明确地把逻辑的范围限定为演绎逻辑,因为在他看来,只有演绎逻辑才能提供形式上为真的语句。根据陈波的解释,这样的逻辑具有八个明显特征:(1) 清晰性;(2) 题材中立;(3) 普适性;(4) 外延性;(5) 本体论中立;(6) 可完全性;(7) 一元性;(8) 可错性。② 在蒯因看来,只有真值函项逻辑和量化理论才完全具有这些特征,所以,只有它们才属于真正严格意义上的逻辑。根据对逻辑范围的这种严格界定,蒯因排除了许多以往被看做属于逻辑的内容。(1) 他排除了高级逻辑(即广义谓词逻辑或多阶谓词逻辑),因为高级逻辑在本体论上承诺了命题以及性质的性质、关系的关系等实体的存在,但无法为它们提供外延性的同一标准,因而无法使它们个体化。(2) 他排除了模态逻辑,因为它混淆了表达式的使用和提及的结果,也使同一替换原理和存在概括规则失效;同时,模态语境具有无法消除的指称模糊性,而要试图消除这种模糊性,就必然导致承认属性、命题之类抽象实体的本质主义。(3) 他排除了关于时态和命题态度的逻辑,认为可以用初等逻辑的方法处理时态和命题态度问题。这样,蒯因心目中的逻辑就是处理必然为真的纯粹语句形式,因而排除了一切不仅涉及语句形式,而且涉及事实内容的成分。严

---

① 蒯因:《逻辑哲学》,"序言"第 1—2 页,安格伍德,普伦蒂斯·霍尔出版社,1970。
② 参见陈波《奎因哲学研究:从逻辑和语言的观点看》,第 256 页。

格地说,对逻辑性质和范围的这种理解,完全符合亚里士多德的逻辑定义,即逻辑是关于"必然地得出"。[①]

2. 根据对逻辑的这种理解,蒯因特别强调了逻辑与其他科学之间在学科上的联系和区别。他主要区分了逻辑与数学、逻辑与语言学,认为它们之间的差别比联系更为重要。在数学方面,他着重讨论了集合论与逻辑的关系,指出了集合论不属于逻辑的主要理由:(1)弗雷格和罗素等人把集合论看做是讨论属于与谓述之间的关系,认为谓词是以属性作为意义,通过属性的归属就可以从属于关系过渡到谓述关系。但蒯因认为根本不存在作为独立于符号的属性实体,因为属性不足以个体化,因而试图通过从属于过渡到谓述是完全行不通的。(2)在本体论上,逻辑(主要是初等逻辑)是中立的,而集合论则不是。蒯因指出,初等逻辑提供了识别一个理论的本体论承诺的技术和方法,但它本身并没有作出特殊的本体论承诺;但集合论中的约束变元则可以作用于类变元或集合变元,这样集合论就在本体论上承诺了类或集合的存在。(3)在完备性上,根据哥德尔的证明,逻辑是可完全的,但形式算术系统则是不可完全的,因而集合论系统也是不可完全的。(4)蒯因认为,集合论可以有不同的种类,它们不仅在表述上,而且在内容上都有所不同;而逻辑则只能有一种,虽然我们可以看到存在各种不同的逻辑系统,但它们都不过是对同一个逻辑的不同表述而已。

在语言学方面,蒯因主要说明了逻辑与世界的关系问题,批判了语言问题上的约定论思想。他认为,逻辑与世界的关系虽然是通过语言实现的,就是通过语义上行的方法实现的,但这样的语言并不完全是约定而成的,而且,逻辑的目的并非语言,而是世界,其中的逻辑真理就清楚地显现了逻辑与世界的密切关系。他反对约定论的主要依据是:(1)约定论无法真正区分逻辑真理和经验真理,以约定作为区分这两种真理的唯一标准是不恰当的;(2)约定论往往导致循环论证或无穷后退,因为约

定总是需要得到某种辩护和说明的,而这又需要另外的约定;(3) 约定论把实在的特征完全归结为语言的语法结构,这无法解释不同的语法结构何以能够反映相同的实在这个问题,用蒯因的话说,"逻辑理论尽管极大地依赖于对语言的谈论,但它已经是面对世界而不是面对语言的"①。根据蒯因的理解,语言是关于逻辑的,对语言结构的研究是为了说明其中包含的逻辑结构,但逻辑本身却不是以语言为最终目的的,逻辑"述说着"世界。在这种意义上,逻辑就成为联结语言与世界的中间环节。应当说,蒯因的这种逻辑观秉承了经验主义的传统,但更是对逻辑的一种全新理解,即逻辑并非像语言那样是约定的结果,而是与世界有着更为密切的联系,因为世界才是逻辑的真正目的所在。

3. 正是由于逻辑与世界和实在有着如此密切的关系,逻辑才具有一些经验科学共有的特征,即可错性和可修正性等。逻辑的可错性源于逻辑具有一定的经验内容,因为逻辑与经验观察处于同等的地位,或者说逻辑最终得到了经验观察的支持。从蒯因对分析与综合区分的批判中,我们可以清楚地看到,他不承认纯粹分析性命题的存在,一切所谓的分析命题最终都可以被还原为综合命题。这样,他就把逻辑研究的最后基石奠定在了经验的基础之上。在他看来,逻辑与经验科学之间的区别并不是有没有经验特征,而是有多少经验特征,或者说,与经验证据之间的联系是直接的还是间接的。而无论它们之间有多大的区别,在与经验的关系上都仅仅是程度上的差别。正因为具有这样的经验内容,因而"逻辑在原则上并不比量子力学更不容许修改"②。逻辑的可修正性体现在:我们可以根据经验证据的变化对传统的逻辑规则提出修改。这样的修改遵循的是一种简单实用的原则,即"最小代价最大收益原则"。在分析不同于传统标准逻辑的变异逻辑(deviant logics)时,蒯因指出,这两种逻辑并非是相互排斥的,而是不可比较的,因为它们是在不同的意义上使

---

① 蒯因:《逻辑哲学》,第 97 页,安格伍德,普伦蒂斯·霍尔出版社,1970。
② 同上书,第 187 页。

用某些逻辑词汇以及逻辑记法的。蒯因在对待不同的逻辑修正时采取的策略是：坚持一种保守主义的态度，尽量避免对逻辑的核心部分作出修正，同时又以一种实用主义态度，把逻辑看做是对实在和世界的表述方式，因而它们是可以得到修正的。正如他在《经验主义的两个教条》中所说：

> 整个科学是一个力场，它的边界条件就是经验。在场的周围同经验的冲突引起内部的再调整。对我们的某些陈述必须重新分配真值，一些陈述的再评价使其他陈述的再评价成为必要，因为它们在逻辑上是互相联系的，而逻辑规律也不过是系统的另外某些陈述，场的另外某些元素。既已再评定一个陈述，我们就得再评定其他某些陈述，它们可能是和头一个陈述逻辑地联系起来的，也可能是关于逻辑联系自身的陈述。但边界条件即经验对整个场的限定是如此不充分，以致在根据任何单一的相反经验要给哪些陈述以再评价的问题上是有很大选择自由的。……如果我们在系统的其他部分作出足够剧烈的调整的话，即使一个很靠近外围的陈述面对着顽强不屈的经验，也可以借口发生幻觉或者修改被称为逻辑规律的那一类的某些陈述而被认为是真的。反之，由于同样原因，没有任何陈述是免受修改的。有人甚至曾经提出把修正逻辑的排中律作为简化量子力学的方法，这样一种改变和开普勒之代替托勒密，爱因斯坦之代替牛顿，或者达尔文之代替亚里士多德的那种改变在原则上有什么不同呢？①

然而，蒯因的这种实用主义态度却遭到了哲学家们的批评，他们认为他并没有彻底贯彻自己的逻辑观，因而在他的逻辑观与他的实用主义方法之间存在着明显的不一致。例如，德雷本（B. Dreben）就指出，蒯因在把逻辑和语言看做是"天生的"（immanent）时，就是在为他的理论寻找

---

① 蒯因：《从逻辑的观点看》，江天骥等译，第 40—41 页，上海译文出版社，1987。

一个"阿基米德点",而这是一种在一切理论之外的神的视角。因此,蒯因所谓的"追求真理"只能被看做是一种"隐喻"而已。① 伊萨克森(D. Isaacson)同样指出了蒯因思想中的这种矛盾。他认为,蒯因在反对模态逻辑以及其他高级逻辑时持有的立场是一种科学的实在论,因为他把逻辑看做是在科学上可以加以确定的真理,而他在反对卡尔纳普的逻辑真理观点时却采取了实用主义的立场。事实恰恰相反,卡尔纳普关于逻辑真理的态度应当被看做是一种纯粹实用主义的,因为他在决定选择何种逻辑体系时,并不是根据逻辑的真理,而是根据对逻辑体系的一致性要求。"关键在于,对蒯因来说,科学完全旨在真理,而对卡尔纳普来说,逻辑真理不同于经验真理,它并不是反映了语言中的真实之物,而是反映了语言的结构。"②陈波也认为,蒯因关于逻辑真理的说明中隐含着一个矛盾:"一方面,他坚持认为真谓词维持了逻辑学家与世界的联系,强调逻辑不是面向语言,而是面向世界,逻辑真理具有某种经验的起源;另一方面,他又反对真理符合论,即反对真理在于认识与外部世界相符合的观点。由此产生一个问题:真理的根据与标准是什么呢? 真谓词又是如何维持逻辑学家与世界的联系的呢?"③

客观地说,蒯因的思想中的确存在着逻辑观与处理问题的实用主义方法之间的矛盾。一方面,他坚持以科学的态度对待逻辑真理,把逻辑理解为对世界的把握,而不是或不仅仅是把握语言的技术;同时,他的唯名论也使他坚信,逻辑是人类固有的属性,因而逻辑的先天性保证了逻辑的纯粹性,即与我们对逻辑的构造活动无关。然而,另一方面,他又用实用主义的方法处理逻辑规则,强调以实用的标准判断对逻辑的修正是否恰当,反对任何在语言形式和科学结构问题上的实在论立场。事实

① 参见德雷本《扑朔迷离之中》,载于《探究》(Inquiry)1994 年第 37 期,第 446 页;也载于弗尔斯塔《蒯因哲学》第 1 卷,第 44 页。
② 伊萨克森:《卡尔纳普、蒯因和逻辑真理》,载于贝尔和沃森库尔(W. Vossenkull)《科学与主观性:维也纳学派与 20 世纪哲学》,第 117 页,柏林,学术出版社,1992。
③ 陈波:《奎因哲学研究:从逻辑和语言的观点看》,第 259 页。

上,这种思想矛盾在蒯因的整个哲学中处处可见。在某种意义上,正是蒯因思想中的矛盾引发了哲学家们对他提出的问题重新进行思考,而正是这些问题使得蒯因成为当代哲学中具有划时代意义的伟大哲学家。[①]

第三节　戴维森的意义理论

戴维森于 1963 年发表的《行动、理由和原因》和 1967 年发表的《真理与意义》两篇文章,奠定了他在当代美国哲学以及整个分析哲学、语言哲学、心灵哲学、行动哲学等领域中的重要地位。如今,哲学家们讨论意向行为的解释性质以及对语言的理解问题,就必须从戴维森哲学中获取思想资源,因为他为解决这些问题提供了一幅完整的图画,揭示了理性、语言和思想的本质认识及其与世界的关系;而他的方法却是以一种彻底的解释展现了对异类语言的理解步骤,并通过这种展现表明了传统哲学的认识论问题中所包含的深刻内容。西方哲学家普遍认为,戴维森在语义学方面的工作是具有革命性的,他对认识论和哲学心理学也作出了突出贡献[②],因而他被看做是当代分析哲学的重要代表。

一　生平和著作

唐纳德·希尔伯特·戴维森(Donald Herbert Davidson)于 1917 年3 月 6 日出生于美国麻省的斯普林菲尔德市。祖先来自苏格兰,父亲毕业于康奈尔大学,曾在麻省理工学院教授数学,后在一家钢铁公司担任销售工程师。戴维森在中学时代就对电子、音乐、飞机乃至航海等产生了浓厚的兴趣。1939 年,他在哈佛大学获得文学学士学位,1941 年获文学硕士学位。在大学期间,他就对哲学产生了浓厚兴趣,并直接受到怀

---

① 斯特劳森称他为"最杰出的、最具有影响力的在世哲学家",普特南称他为"伟大的哲学家""英语大师"和"天才的博学之士",戴维森认为蒯因的所有思想都对他产生了深远的影响。

② 路德维奇(K. Ludwig)、西奇勒(U. Žeglén):《戴维森导读》,载于西奇勒《戴维森:真理、意义与知识》,第 1 页,劳特利奇出版社,1999(以下所引此书均为此版本)。

特海的教诲和指导,但他在哲学上的唯一导师却是从事美学研究的普劳尔(D. Prall)。在研究生期间,他得到了古典哲学的奖学金,师从蒯因学习逻辑,并聆听了罗素在哈佛的演讲。1949 年,在蒯因和刘易斯的指导下他获得哲学博士学位,论文题目为《柏拉图的斐莱布篇》。1947—1950年,他在纽约市的一所市立学院——昆斯学院担任哲学讲师。1951—1967 年,他在斯坦福大学历任助理教授、副教授和教授,其间,他游历欧洲各国以及日本。1967—1970 年,他在普林斯顿大学担任哲学教授,后任哲学系主任。1970 年 9 月起,他到了纽约洛克菲勒大学担任哲学教授,直到 1976 年由于婚姻变故而移居到芝加哥大学任教。1981 年起,他担任加州大学伯克利分校哲学教授,直到 2003 年 8 月 30 日因病去世。

戴维森曾担任美国哲学联合会东部和西部分会的主席,并任《哲学》《理论语言学》《认识》等多种国际重要哲学杂志的编委。他还于 20 世纪70 年代担任英国牛津大学的伊斯特曼教授,并在洛克讲座上发表演讲"真理的结构和内容"(1970)。戴维森的所有重要思想都是以论文形式发表的,而且大多是他在世界各地发表的讲演。根据"在世哲学家文库"的统计,截至 2001 年,戴维森共发表了 130 篇文章,大多数都被收录各种文集中或被反复收录和翻译成各种文字出版,其中被收录最多(10 次以上)的文章有:《行动、理由和原因》(1963)、《因果关系》(1967)、《真理与意义》(1967)、《心理事件》(1970)、《论概念图式这个观念》(1974)、《隐喻意味着什么》(1978)、《关于真理和知识的融贯论》(1983)等。这些文章和讲演稿后来被部分集结成书,分五卷由牛津大学出版社出版,即《论行动和事件》(*Essays on Actions and Events*,1980,共收录作者 1963—1985 年间的 17 篇文章,1982—1989 年被重印四次,2001 年第 2 版,并被翻译为德文、日文、意大利文、法文和西班牙文等七种文字出版)、《对真理和解释的探究》(*Inquiries into Truth and Interpretation*,1984,共收录作者 1965—1982 年间的 18 篇文章,并附有对蒯因和刘易斯的答辩,1985 年和 1986 年被重印 2 次,2001 年第 2 版,并被翻译为德文、日文、西班牙文、意大利文、中文和法文等 13 种文字出版)、《主体、主体间和客体》(*Subjective, Intersubjective, Objective*, 2001, 共收录作者 1982—1998 年间的 14 篇文章)、《合理性问题》(*Problems of Rationality*, 2004, 共收录作者 1974—2001 年间的 15 篇文章, 并附有一篇访谈)、《真理、语言和历史》[*Truth, Language and History*, 2005, 共收录作者 1986—2001 年间的 20 篇文章, 并附有对罗蒂、斯特劳德、迈克道威尔 (J. McDowell) 和派瑞达的答辩]。除了这些著作之外, 戴维森还与他人合著和编辑了许多重要著作, 如 1959 年与萨普斯(P. Suppes)合著的《决策论》(*Decision Making*), 这是他的第一本著作; 1970 年与欣提卡合编的《语词与异议》(*Words and Objection*), 这是研究蒯因哲学的重要资料; 1970 年与哈曼合编的《自然语言的语义学》(*Semantics of Natural Language*), 这是把形式语义学用于自然语言的重要成果; 1975 年与哈曼再次合编了《语法的逻辑》(*The Logic of Grammer*), 这是关于自然语言逻辑的重要研究资料。

戴维森的思想在当今世界范围内的哲学中产生了广泛影响。1984 年, 在美国的拉特哥斯大学举行了为期五天的"戴维森哲学国际研讨会", 来自世界各地 26 个国家的 500 余名学者出席会议, 会后出版了论文选《行动和事件: 论戴维森哲学》(1985)和《真理和解释: 论戴维森哲学》(1986), 其中包括了诸如蒯因、普特南、达米特、罗蒂等人的文章, 也包括了戴维森本人的几篇文章以及答辩。1985 年, 牛津大学出版社出版了由欣提卡等人编辑的《论戴维森: 行动和事件》, 收录了当代许多重要哲学家对戴维森哲学的理解和批评; 同年, 中国台湾学者方万全先生也发表了他的博士论文《戴维森的事件观研究》。据"在世哲学家文库"的统计, 截至 2001 年, 世界各地以各种文字发表的关于戴维森的专著或编辑的文集共有 26 种之多; 对戴维森的专访有 13 次; 从 1981 年到 1997 年间, 在世界各地召开的关于戴维森哲学的国际研讨会多达 15 次。2002 年 9 月, 戴维森专赴中国台湾参加关于他的哲学的研讨会。戴维森原定 2003 年 7 月到北京参加"哲学交锋-交融: 戴维森哲学与中国哲学"国际研讨会, 但由于爆发"非典型性肺炎", 会议被迫推迟。他因病去世后,

2004 年 6 月在北京召开了"戴维森哲学与中国哲学:纪念唐纳德·戴维森"国际研讨会,各国学者共同探讨了戴维森思想对中国哲学研究的意义。①

戴维森的哲学兴趣极为广泛。他晚年关注的问题还有关于非理性问题的作用和意义以及不同文化之间的融合问题。特别是,他晚年经常旅行于世界各地:从南美到非洲,从亚洲到澳大利亚,到处都留下了戴维森的足迹,也留下了他的哲学与各种不同文化之间相互碰撞的痕迹。

二 真理与意义

语言哲学是戴维森最早关注的领域,也是他的主要工作领域之一。他在 1967 年发表的《真理与意义》根据塔尔斯基的真理定义提出一种新的对意义理论的理解,被称做"戴维森纲领",在当代西方语言哲学中产生了深远影响。

在了解戴维森纲领之前,首先有必要了解塔尔斯基的真理定义。塔尔斯基在 1933 年发表了《形式化语言中的真理概念》,提出了以形式化方法定义真理概念的问题,但由于塔尔斯基的形式化表达方式不容易为人理解和接受,因而他在 1946 年又发表了《真理的语义学概念和语义学的基础》一文,较为通俗地阐述了他的主要思想。他的主要工作是要为"真"(truth)这个概念提供一个"实质上恰当、形式上正确的定义"。所谓"实质上恰当",是指"真"的外延应当是语句,而不是我们用语句表达的外在对象或心理现象或观念的对象。塔尔斯基提出的这种恰当性的标准是:(1)"从我们的语言的语法的观点来看,对于一个'X 是真的'形式的表达式,如果我们用一个句子或者其它不是名称的任何东西来替换 X,那都不能使它成为一个有意义的语句";(2)"不管我们用什么言辞对一个对象作出断言,任何语言的使用的基本惯例都要求必须使用对象的

---

① 关于这次会议的情况介绍以及论文提要,参见《世界哲学》2004 年第 5 期的会议专栏。戴维森去世后不久,《世界哲学》2003 年第 6 期就发表了纪念戴维森的专栏文章。

名称而不是使用对象本身"。① 所谓"形式上正确",是指通过区分"对象语言"和"元语言",使真语句获得一种形式上的精确意义,由此消除一切类型的逻辑悖论。根据以上两个要求,我们对一切真语句都可以定义为以下形式:

(T)X 是真的,当且仅当 P。

其中 P 代表了任何可以与"真的"这个词有关的句子,而 X 则是这个句子的名称。塔尔斯基把这个形式的定义称做"T 型等值式"(T-Equivalence),或简称为"约定 T"(Convention T)。

例如,根据这个等式,我们可以说:语句"雪是白的"为真,当且仅当雪是白的。

在这里,塔尔斯基并不是要简单地表达一个逻辑上的重言式。他的目的是要说明,一切可以用"真的"这个谓词加以述说的东西都只能是语句,而不是语句所表达的事实内容。因而"真"应当被看做是语句的属性,而不是事实或对象的属性。他说:"如果我们希望就一个句子说点什么,比如说它是真的,我们就必须使用这个句子的名称,而非这个句子自身。"②

既然"真"这个概念只能用于句子,我们就必须对句子作出严格的规定。在塔尔斯基看来,传统的真理定义由于没有对语言本身作出严格分析,因而产生了诸如"说谎者悖论"这样的逻辑矛盾。他明确提出,我们应当用两种不同的语言来讨论真理定义问题。"第一种语言是'被谈论'的语言,是整个讨论的题材;我们所寻求的真理定义是要应用到这种语言的语句上去的。第二种语言是用来'谈论'第一种语言的语言,我们尤其希望利用它来为第一种语言构造真理定义。我们将把第一种语言称

① 塔尔斯基:《真理的语义学概念和语义学的基础》,载于涂纪亮主编《语言哲学名著选辑》,第248—249 页。
② 同上文,第 249 页。

为'**对象语言**',把第二种称为'**元语言**'。"[①]塔尔斯基认为,这两种语言的区分是相对的,当一种元语言作为被谈论的语言时,它就在另一个层次上变成了对象语言。正是通过这两种语言的交替变化,我们就可以得到语言的全部层次。根据这种语言区分,"约定 T"这个定义本身以及它所蕴涵的所有等值式都是用元语言表达的,而其中的 P 就代表了我们的对象语言中的任意一个句子,X 则表示 P 所代表的句子的名称。在这里,对象语言是被包含在元语言之中的,作为元语言的一部分,因而每个出现在对象语言中的句子都必定出现在元语言中。这就保证了 T 等式在形式上的恒真性。

严格地说,塔尔斯基关于"真"这个概念的语义学定义完全是用形式语言构造出来的。他明确地表示,他的定义仅仅在形式语言中才是有效的,因而任何根据自然语言的理解对他的责难都是无效的。在这种意义上,他把自己的这个定义看做在认识论上是中立的。他写道:

> 实际上,真理的语义学定义没有暗示任何可以作为象下述(1)这类语句能够得以断言的条件的东西:
>
> (1)雪是白的。
> 它仅仅意谓着:无论什么时候我们断言或者反对这个语句,我们都必须准备断言或者反对相关的语句(2):
>
> (2)语句"雪是白的"是真的。
>
> 这样,我们可以在不放弃任何我们已有的认识论态度的情况下接受真理的语义学概念;我们可以依然坚持朴素实在论、批判实在论或者唯心论,经验主义或者形而上学——坚持我们以前所坚持的。语义学概念对于所有这些争端是完全中立的。[②]

显然,塔尔斯基的这种形式化的真理定义无法满足用自然语言定义

---

① 塔尔斯基:《真理的语义学概念和语义学的基础》,载于涂纪亮主编《语言哲学名著选辑》,第257页。
② 同上书,第274页。

真理的要求。对此,戴维森就提出,由于给出真值的条件就是给出意义的一种方式,因而对自然语言给出真理定义就意味着为自然语言提供确定意义的方式,这样自然语言中有关"真"概念的定义问题就应当还原为对这种语言中的意义加以确定的问题。

在《真理与意义》一文中,戴维森首先指出,对自然语言的恰当的意义理论应当表明这种语言表达式的意义是如何取决于它自身部分的意义。由于我们的生命和对语言的理解是有限的,所以我们对语言的理解就只能依赖于无限的语言用法中可以确定的有限的语义前提和规则。他认为,对自然语言构造的恰当描述必须表明如何能够把它整合为对这种语言的一种完整的意义理论,而这种意义理论就可以清楚地说明这个语言中的每个句子的意义。他把用来陈述这个语言的语言称做"元语言",而把这个意义理论所谈论的语言称做"对象语言"。用公理化语言表述为"(M)s 意味着在 L 中,p"。这里的 s 是指对 L 中的句子的描述,p 是指与 M 中提到的句子同义的元语言的句子。这表明,对 L 中的句子来说,知道了 M 句子就足以理解它了;而通过把意义分配给这个句子的有意义部分而派生出 M 句子,就表明了这个句子的意义完全是依赖于这些有意义部分的。戴维森对塔尔斯基的真理定义与他的意义理论之间的这种明显联系作了如下说明:

> 那种定义通过对每个语句的真实性给出充分必要条件而起作用,而给出真值条件也正是给出语句意义的一种方式。知道一种语言的关于真理的语义学概念,便是知道一个语句(任何一个语句)为真是怎么一回事,而这就等于理解了这种语言(在我们能赋予这段话的一种可靠的涵义上)。①

但戴维森与塔尔斯基的最大不同就在于他把自己的这种意义理论完全看做是一种对自然语言的活动方式作出解释的经验理论,而不是纯

---

① 戴维森:《真理与意义》,载于戴维森《真理、意义、行动与事件》,牟博编译,第 10 页,商务印书馆,1993(以下所引此书均为此版本)。

粹形式语言中的用法说明。尽管如此,戴维森仍然认为,当我们说"'雪是白的'是真的,当且仅当雪是白的"时,我们并不是在描述一个简单的事实,也不是在用这个事实来说明这句话的前半部分(即加引号的部分)是真的;我们实际上是在说明每个语句的已知的真值条件与语句里的那些重新出现在其他语句里的方面(即语词)是相关的,并且能在其他语句里被赋予相同的作用。因而,可以把戴维森的意义理论看做是对自然语言的形式化要求,就是说,这种经验理论追求的不是对自然语言中的每个实际的句子都能提出真理定义,而是追求能够对自然语言中的意义问题给出描述性的说明,这样的说明依赖于对自然语言本身的理解以及我们通过理解展现出的某种掌握语言的能力。他把这种追求看做是"对个体语词或个体表达式进行分析"的活动,由此区别了以往的逻辑学家仅仅追求揭示逻辑语法或语句形式的要求。总之,他把自己的工作看做是对自然语言的一种形式化分析,这就要求在对语词或表达式进行哲学分析之前必须事先或至少同时弄清它们的逻辑语法,而这就要"求助于我们关于逻辑真理、逻辑等值和逻辑蕴涵的直觉"①。

如果仅仅从形式上规定语句的真,在戴维森看来,这还只是完成了意义理论的一小部分工作。更重要的工作是,如果要对自然语言提出一种意义理论的要求,就必须说明这样一个问题:同一个语句在某一时间或从某人的口中说出是真的,而在另外一个时间或从另外一个人的口中说出则是假的。他认为,这实际上就是我们通常所说的"指示词"(demonstratives)问题,形式语义学和逻辑都没有能力解决这个问题,因为我们无法在不造成损失,或没有作出根本改变的情况下从自然语言中消除指示词,所以唯一的选择就是以理论来"迁就"(accommodate)指示词。戴维森所谓的"迁就"采取了两个步骤:第一是把指示词完全看做常项,这样就不会产生任何逻辑错误,也不会对提出一种真理的语义学定

---

① 戴维森:《真理与意义》,载于戴维森《真理、意义、行动与事件》,牟博编译,第 21 页,商务印书馆,1993。

义产生困难。这里的"常项"表明了对真语句中的时态完全不予考虑。第二是把真理,或更准确地说,把"真"这个属性完全赋予句子的说出或言语行为,而不是赋予句子自身。这样,语句的真就不再是语句本身的问题,而是涉及语句、说出这个语句的时间和说出它的人之间的"有序三元组"(ordered triples)。戴维森认为,经过这样的处理,我们通常理解的逻辑就可以看做是相对于同一个说话者和同一个时间的语句组,而在不同时间并由不同说话者说出的语句之间的逻辑关系则可以表达为新的逻辑公理。他说:

> 在这种理论中,相应于每个带有指示性因素的表达式,都必定有一个把该表达式出现于其中的语句的真值条件与变化着的时间和说话者联系起来的短语,因此,可从这种理论中衍推出像下面这样的语句:
>
> 由 p 在时间 t 所(潜在地)说出的"我疲倦"是真的,当且仅当 p 在时间 t 是疲倦的。
>
> 由 p 在时间 t 所(潜在地)说出的"那本书已被窃"是真的,当且仅当由 p 在时间 t 所指示的那本书先于时间 t 被窃。①

戴维森根据蒯因关于"场合语句"(occasion sentences)的观点明确提出,语句仅仅相对于一个说话者和一个时间才为真,并且被认为是真的。这样,一切有关语句真的说明或描述,都必须依赖于说出语句的时间和人,因而也就不存在某种普遍一致的真理说明。

概括地说,戴维森的意义理论基本上包括了这样三个主要内容:对意义理论任务的规定、对自然语言形式化的要求和对意义理论与真理论的关系的说明。他提出,意义理论的主要任务应当是表明一种语言的说话者如何能够有效地确定意义,或者说确定任意的表达式的意义;在对自然语言所使用的真理谓词进行结构描述时,我们需要提出一种恰当的

---

① 戴维森:《真理、意义、行动与事件》,第 23 页。

语义学标准,这个标准应当是清楚的和可检验的;我们在为一种语言定义真理时,我们实际上就是在构造一种完全的意义理论,因为意义问题只能通过分析真理谓词的方式才能得以说明。对此,戴维森明确表示了自己对从形式上表征自然语言的真理谓词所持的乐观态度,并试图以纲领的方式去说明对自然语言的这种形式化过程。这就是后来所谓的"戴维森纲领"。

戴维森纲领以及戴维森意义理论的提出,对当代西方语言哲学产生了重要影响。这主要是因为,在20世纪60年代之前,从维特根斯坦到奥斯汀和格赖斯,整个语言哲学的核心是关于语言意义的问题,哲学问题的出现被看做是由于误用语言的结果,所以只要仔细检查语词的意义以及日常用法,我们就可以消除或避免哲学混乱。然而随着时间的推移,哲学家们对语词的意义究竟是什么却一直没有一个共同的认识,他们由此发现,要对这个问题达成一致意见,必须求助于某种系统的理论。这时,哲学家和逻辑学家对形式化的逻辑语言研究,给哲学家们考虑意义问题提供了富有启发的线索,而塔尔斯基对符号逻辑语言的真理定义使哲学家们相信,对自然语言也可以像对逻辑语言一样给出一种严格精确的真理定义。戴维森的主要贡献就在于,他使得那些一直关注自然语言却在形式逻辑传统之外的哲学家,可以使用某些最为简单的形式语言技术,他的工作就是要为自然语言构造一种经验的意义理论,而这种理论却是以逻辑的方式建构起来的。索姆斯认为,戴维森工作的最直接意义是把两种不同的分析哲学家联系起来了:一种是那些相信意义问题是一切哲学的核心但缺乏对意义问题的系统思考框架的哲学家,一种是那些忙于以人工语言建构自然语言但对这个工作的广泛哲学意义漠不关心的哲学家。他说:"戴维森的最大影响在于,他使得这两种人相互更加关注了。"①

① 索姆斯:《意义的时代》,载于索姆斯《20世纪的哲学分析》第2卷,第295页,普林斯顿大学出版社,2003(以下所引此书均为此版本)。

　　戴维森用意义理论解释真理问题的"戴维森纲领",在西方哲学界的确引起了广泛的讨论,其中既有赞同也有反对。批评的声音最早来自20世纪60年代末,主要意见是认为戴维森没有区分理解一种语言与知道这个语言是什么,同时他没有充分证明一个意义理论如何根据真理理论建立起来。① 作为对各种批评的反应,戴维森对他最初的一些说法和部分观点也作出了调整,在他随后发表的《彻底的解释》(1973)、《答福斯特》(1976)以及《隐喻意谓着什么》(1978)等文章中对自己的观点重新加以表述和修正。到了80年代之后,特别是在1984年的戴维森国际研讨会之后,西方哲学界对戴维森的观点更多地持肯定的态度,对戴维森思想的研究也逐渐增多。90年代以来,西方哲学界开始出现更多的批评声音,特别是来自年轻一代的哲学家。这样的批评主要有两种,一种是基本上赞同他的观点,但认为还不够彻底,没有真正解决真理理论的问题,即对语句及其组成部分的意义的理解如何能够保证这个语句成真,例如路德维希;另一种声音是坚决反对戴维森纲领,认为它并没有提供一个可靠的意义理论,例如西格尔(G. Segal)。

　　路德维希认为,能够使一种语言的真理定义成为一个意义理论,我们就不仅需要知道它具有这个语言所有的真句子,而且需要知道如何从所有的句子中挑选出这些真句子。要做到这一点,我们就必须知道这个理论的公理提供了对这个语言的初始表达式的解释。这需要把这个理论扩展为外延的真理理论而不引入内涵的实体,也就是把这个理论扩展为可以处理非陈述句。但戴维森并不是这样做的。他写道:

　　　　他(戴维森——引者注)提供了关于真理理论的恰当性条件,而这个理论并没有预设这些表达式所意谓的对象语言。戴维森首先提出,所有在外延上正确的真理理论都能够用作意义理论。其理由在于这样两个思想:第一个是,"意义理论……是一种经验理论"。第二个是,真理对说话者和说出时间的相对性,就需要这个理论能

────────────

① 参见埃文斯和迈克道威尔《真理与意义:论语义学》,牛津大学出版社,1976。

够正确地反映包含了诸如"这是红的"这样的指示词的句子真值条件。戴维森显然希望这就提供了更多的决断力量,足以确保在外延上恰当的理论满足了戴维森的 T 约定。然而,虽然这有助于理解这样的句子,如"对在时间 t 的所有说话者 s 来说,'草是绿的'是真的[s,t,L],当且仅当雪是白的",但这并没有保证一个理论会产生 T-语句。①

路德维希指出,戴维森之所以没有做到这一点,完全是因为他把原本属于客观性的真理论变成了一个解释性的真理论,这就排除了确定真语句的客观标准,转而求助于说话者之间的成功交流。而这样一来,无论是关于句子组成部分的意义如何决定句子意义的意义理论,还是关于从一个公理刻画中如何推出一个语言的所有真语句这样的真理论,最终都需要还原为在某个具体时刻的不同说话者之间的成功交流。在这种交流中,话语的真就比语句本身的真更好地刻画了一个语言的成真条件。

西格尔早在 1995 年曾对戴维森的观点作了一些辩护。②但在 1999 年的文章中,他又指出戴维森的意义理论实际上是把塔尔斯基的真理定义修改为一种解释性的真理论,而这样的修正是不恰当的。在他看来,戴维森的核心观点是,一种解释性的真理论对知道它是解释性的人来说就是一个意义理论,这对说话者和语义学家来说都是如此。但实际上说话者和语义学家对如何理解意义却有着不同的看法:说话者想要知道的是语言是如何工作的、句子的语义结构是什么,以及句子组成部分的意义是如何构成整个句子的意义的,等等;而语义学家则把范围限制在形式的范围内,他们仅仅关心指称、满足和真理,因而他们并不关心语词或句子究竟意谓着什么,而是关心形式上的可操作性。因而,西格尔提出,我们应当建构一种关于人类语言能力背后的因果结构的理论,这样我们

---

① 路德维希:《意义、真理与解释的理论》,载于西奇勒《戴维森:真理、意义与知识》,第 32 页。
② 参见拉森(R. Larson)和西格尔:《意义的知识》,麻省理工学院出版社,1995。

才能说明语言是如何工作的以及一种语言的语义规则究竟是什么。他写道：

> 先来让我们假设一下，我们拥有语言能力是由于我们实际上无意识地了解语言规则，大致像乔姆斯基所设想的"语言天赋"。这种语言天赋包含了语音规则、句法规则和语义规则，正是因为我们（部分地）知道了这些规则，所以我们才能够这样说话和理解。[①]

西格尔运用乔姆斯基对语言能力与语言应用的区分，强调了语言应用在掌握语义知识中的重要性。由此，他提出了对意义问题的两个不同的经验假设，即"S 对个体 i 意谓着 p，当且仅当 i 的内在化的 T 理论中的某个标准定理蕴涵着，S 是真的当且仅当 p"，"表达式 e 对 i 所意谓的东西，是由 e 在 i 的内在化 T 理论中的标准从句赋予的"。[②] 他认为，只有这两个假设才是戴维森应当加以证明的。

应当说戴维森根据塔尔斯基的真理论建立的意义理论的确存在自身难以克服的困难。这种困难主要表现在，戴维森试图用形式化的方法刻画自然语言中的意义概念，但无法以公理化的形式语言解决自然语言的模糊性问题。虽然戴维森的工作在某种程度上沟通了两类哲学家，即仅仅关注形式系统的哲学家和更为关注日常语言的哲学家，但他并没有也不可能真正实现这两种哲学家之间的交流，因为他坚信，在我们的日常语言背后存在着起支配作用的逻辑结构，而正是这些结构规定了我们日常语言的使用和意义。然而，我们知道，日常语言的意义并不是由于这种隐藏的逻辑结构，而是我们在具体场合对语言的使用。虽然戴维森一再声称，他特别强调这样一个事实，即一个句子仅仅相对于一个说话者和一个时间才是真的，而且只有这样它才被认为是真的，但当他要以真理论确定意义概念时，就不得不借助于形式语言，也就是借助于对各种具体事实的一种概括或普遍化，因为在他看来，只有这样我们才能对

---

① 西格尔：《真理理论如何充当意义理论》，载于西奇勒《戴维森：真理、意义与知识》，第 55 页。
② 同上书，第 56 页。

自然语言的语义学提供一个清楚的、可检验的标准。

早在 20 世纪 70 年代,蒯因就对那种围绕语句意义展开的所谓"逻辑分析"提出了质疑。他认为在所有的句子背后都隐藏着某种逻辑结构的看法完全是"费解的"和"无效的",而这种看法的错误是由于相信逻辑学家们的工作就是在揭示某些隐藏在我们的日常语言背后的逻辑形式。他指出,事实上我们的日常语言背后并不存在这样的逻辑形式,逻辑学家们的工作仅仅是把逻辑上的形式语言当做表达思想的一种更为简便的工具和手段,因此不同的逻辑学家会使用不同的记号系统或逻辑规则去表达自己的观点。无论是逻辑学家还是语法学家,他们都是出于技术上的便利而各自使用不同的表达方式。他说:"语法学家的目的是为了把句子变成这样一种形式,它们能够以更为有效的方式从语法树状中产生出来。逻辑学家的目的则是为了使句子变成这样一种形式,它们允许最为有效的逻辑演算,或者表明了它们在概念上更为清楚并能消除错误和悖论的意义和相似关系。"①

到了 20 世纪 90 年代,威金斯(D. Wiggins)对戴维森的意义理论同样提出了这样的问题,但他不是从反对所谓隐藏的逻辑结构入手,而是从语言的交流出发,认为要使我们每个说话者的话语具有意义,重要的是相互的交流并在可以确定的具体场合理解各自的意义。他这样写道:"要使某人的说法对他人有意义,就是他们以共享的生活方式参与互动,就是他们共有相同的对象,他们并肩在共同的事业中获得成功,如此等等。""我们这里持有的是这样一种观念,即把有意义的语言看做是一个系统,它把一串串可重复的表达式与它们可以注意到的或得到理解的事态相互联系起来,而这个系统本身又是一个更大系统的子系统,通过这个更大的系统,每个社会成员都参与他们共享的生活中。这里没有什么深奥之物。正是由于我们已经掌握了它,既是在哲学之中也是在哲学之

---

① 蒯因:《关于当前语言理论的形而上学反思》,载于戴维森和哈曼《自然语言的语义学》,第 451 页,里德尔出版公司,1977(第 2 版)。

前,我们才能把以's 是真的当且仅当 p'这种形式给出的 T 语句理解为这种系统的一个输出。"①

当然,无论哲学家们对戴维森纲领提出了多少反对意见,我们需要注意的是,戴维森纲领并不是试图为自然语言中的每个句子提供一个真理定义或有意义的标准;他试图说明的是,如果一个理论被看做是对一种语言中的真语句作出了刻画,那么它应当具备什么样的条件。因此,戴维森并不关心如何使一种语言中的每个语句成真,也不关心如何从经验上确定每个语句的意义,而是关心这样一个问题:假定每个说话者都能够有效地确定任意表达式的意义,那么这个说话者是如何做到这一点的? 换句话说,是什么东西保证了每个说话者能够确定他说出的话是有意义的? 戴维森指出,仅仅从形式上确定语言的逻辑结构,并不能满足我们对自然语言的意义要求,所以我们必须对自然语言给出一个清楚的、可检验的标准,以保证我们的话语意义是可理解的。这就要求我们关于意义和真理的理论能够对所谈论的语言的所有情况作出概括,而这正是对自然语言的意义给出逻辑刻画的优势。应当说,戴维森以塔尔斯基的真理论为基础建立的意义理论,其价值也正在于此。

在载于 2001 年的"在世哲学家文库"《戴维森哲学》中的《思想自述》中,戴维森坦言,他近些年的主要兴趣在于"真理"概念和"客观性"概念。事实上,从他发表《真理与意义》一文开始,就一直把真理论看做语言研究的核心内容。但他也意识到,虽然塔尔斯基的真理定义或真理论表明了我们可以把"真理"概念用于具体的语言或说话者,但它并没有完全说明这个概念的内容。戴维森在杜威讲座"真理的结构和内容"中就曾指出,试图用一个简单的词语或口号去定义真理或者去刻画真理,这完全是一个错误。在他看来,真理的各种现有理论,如符合论、融贯论、实用论、浓缩论等都有自己的缺陷。如果把塔尔斯基的定义看做是一种包含

---

① 威金斯:《意义与真理条件:从弗雷格的宏大规划到戴维森的宏大规划》,载于哈勒(B. Hale)和赖特《语言哲学指南》,第 18—19 页,牛津,布莱克威尔出版社,1997。

了未加定义的"真理"概念的公理化理论,那么要把这种理论应用于实际语言,就需要从经验上告诉我们包含了这个概念的句子在何种情况下是真的。这就表明,对"真理"概念的关注必定要导致询问我们是如何得到这个概念的。戴维森认为,拥有一个概念就意味着作出这样一个判断,即某些事物是被放到这个概念之下,而其他的东西则不是。判断某个东西是什么,就是认为这个东西是这个这是真的,而拥有一种命题态度,就需要知道什么东西对这个命题来说是真的。他写道:"我们相信有一种事物存在的方式,我们可以认为它们就是那样,这完全取决于我们拥有一个真理的概念,也取决于我们拥有一个客观实在的概念。"①

戴维森特别强调,我们对"真理"概念和"客观性"概念的掌握,以及我们对命题内容的思考能力取决于社会环境。例如,他在对蒯因的答复中特别指出了蒯因的翻译不确定性论题对他思想的深刻影响,而这个论题的核心就是认识到我们在社会环境中对"真理"概念的理解是相对的、不确定的。他在答复迈克道威尔的文章中指出,知觉信念是由环境特征引起的,但这些环境特征中的因果联系并没有提供支持这种信念的理由。他写道:"许多基本的知觉信念都是真的,对这个事实的解释表明了我们为什么有理由去相信它们。我们知道许多事情,而我们相信它们的唯一理由却是进一步的信念。"②戴维森在答复斯马特的文章时指出,"信念""愿望""意向"等概念完全不同于自然科学中的概念,原因就在于当我们使用这些概念时无法避免应用我们的理性标准,这样的标准就构成了我们与他人在解释中的根本区别。在答复斯特劳德的文章时,戴维森再次明确指出,人们之间的交流和理解是我们得到客观真理的基础,承认这一点对于理解我们如何得到关于世界的知识至关重要。即使是怀疑论的观点也只有在一个系统的语境中才能得到理解。在关于世界存在的"客观性"和"真理"概念的来源问题上,戴维森持有一种温和形式的

---

① 戴维森:《思想自述》,载于汉恩《戴维森哲学》,第 65—66 页,开放世界出版公司,2001(以下所引此书均为此版本)。
② 戴维森:《答复迈克道威尔》,载于汉恩《戴维森哲学》,第 106 页。

外在论。他说:"如果我们的过去(即赋予我们的语词和思想以其内容的因果过程)是不同的,那么那些内容也会是不同的,即使我们目前的状况恰好是在过去应当所是的那样。我不敢肯定斯特劳德是否接受这种形式的外在论,但我对怀疑论的反对却是依赖于它的。"①

三　解释与翻译

在对意义理论的建构中,戴维森提出的最有创建性的思想是他关于"彻底解释"的假设。他设想,在对我们完全没有语言知识的一种异类语言作出解释时,作为解释者的我们只能根据说话者在具体语境中的反应和行为来判断语词的意义并作出解释。他由此认为,一种解释理论对说话者的语词和句子所作出的解释,必定是与说话者的语境相关的,是与说话者态度相关的。只有根据彻底解释的理论,我们才能说某种解释是符合说话者的意图和态度的,这也说明了说话者的话语意义(语词的或句子的意义)。在戴维森看来,"真理""意义""心理态度"等概念都是理解和解释中的基本概念,无法再用更为基本的概念去说明它们。正是在理解它们的相互作用中,特别是在确定说话者语言的真理论的语境中,我们才能希望得到更为深入的理解。

戴维森提出这种彻底解释的立场,实际上是为了表明,掌握一种语言就是获得一种社会技艺的能力,这就意味着,语言的语义学特征是公共的特征,因而就本性而言,任何无法从整个相关证据中得到的东西都无法成为意义的组成部分。这就表明,一切说话者的语言从本质上说都是可以得到解释的。也反过来有理由认为说话者和语言的特征都是建构性的特征,就是说,都是由说话者在具体语境中的话语构成的。的确,戴维森关于意义和命题态度的许多重要论题都可以看做是采纳了这种彻底解释立场的结果。他把这个立场看做研究意义等问题时在方法论上是根本的东西。他写道:"假定有了一种令人满意的理论,那么我们只

---

① 戴维森:《答复迈克道威尔》,载于汉恩《戴维森哲学》,第 165 页。

要知道说话者据以认为语句为真的那些条件,就能对每个语句提出一种解释。"但"我们需要证明:如果这样一种理论满足我们所规定的那些限制条件,那么就可以用它来作出解释"。①

戴维森在方法论上的彻底解释立场,直接导致了他在认识论问题上的基本观点。根据戴维森的立场,认为对异类语言的彻底解释是我们理解语言的基础所在,就是意味着我们只有作为彻底的解释者才能够成为语言的使用者,这样,彻底解释者必须断定作出了成功解释的内容就构成了他的主题。戴维森认为,拥有认识论核心问题的知识就是成为这样的彻底解释者的必要条件,而所谓的拥有这样的知识,就是指解释者必须断定说话者对其环境的信念基本上是正确的。这实际上是在解释者作出这样的断定之前存在一个假设,即认为不仅说话者对其环境作出的反应是正确的,而且他自己对世界的基本看法也是正确的。由于解释者在确定我们的态度中所做的一切就是带来了我们的态度,所以对彻底解释过程的反思就会导致这样的结论,即认为我们的所思在逻辑上依赖于导致了我们信念的东西。在这种意义上,我们的信念和其他的命题态度都是回溯式的因果概念。出于这样的理解,戴维森把某个信念的真确定为它与其他信念之间的一致关系。同时,他还认为,成功的彻底解释的条件在于,解释者最终可以根据行为证据知道说话者的心灵,所以对成功的彻底解释的保证就是可以知道他人的心灵。这不是说关于心理态度的句子可以还原为关于行为的句子,而是说应用心理谓词是根据对行为谓词的应用。为了解释另一个说话者,我们还必须断定他知道他在说什么,他相信什么。这里涉及一种宽容原则,即认为说话者关于他环境的大多数信念都是真的。

在戴维森看来,要获得一种彻底的解释,我们就必须拥有关于所要解释的语言的信念理论和意义理论。他认为,要详细了解一个人的意向和信念,不可能独立于了解他的话语的意义,所以仅仅罗列出这个人的

---

① 戴维森:《真理、意义、行动与事件》,第 77 页。

复杂信念和意向,并不能为一种旨在解释其言语行为的理论的真实性提供证据。然而他又指出:"既然我们在不了解一个说话者的信念的情况下无法指望对这个人的语言活动作出解释,并且,我们也无法在事先发现这个人的信念和意向的基础上建立关于他的话语的含意的理论,因此我得出的结论是:在从根本上对话语作出解释时,即在**彻底的**解释时,我们必须以某种方式同时提出信念理论和意义理论。"①这样一些理论并不是对语言表达式作出的描述,而是对说话者使用表达式时所表现出的某种态度的说明,这样的态度就指"相对于某个时间认为某句话为真"。因为我们可能面临这样的情况:我们能够说出一个说话者在什么样的场合下认为一个语句为真,却不知道他用那个语句表达什么含义,或者不知道他对那个语句的未知主题持有什么样的信念,或者不知道什么样的详细意向促使他说出那个语句。但无论如何,只要我们能够确定他在什么样的场合认为那个语句为真,我们就拥有了对那个语句作出彻底解释的证据基础。由此可以看出,彻底的解释是以对"真"的概念的理解为前提的,只有预先把握了"真"这个概念,我们才能获得对意义的彻底解释。事实上,借助于塔尔斯基的真理论,戴维森不仅建立了他的意义理论,而且建立了他的解释理论。

　　不过,戴维森认为,他的解释理论与塔尔斯基的真理论仍然有所不同。这主要表现在:(1)塔尔斯基感兴趣的是如何在一个恰当的真理论中得到一个明确的真理定义;而戴维森更关心的则是建立一个恰当的真理论本身,也就是建立这样一个真理论的语言可以在多大程度上获得一个本体论的问题。由此可见,他们讨论"真理"概念的旨趣有所不同。(2)塔尔斯基提出的真理定义是一种语义学中的形式定义,因而它要求对一切所使用的语句都有效;但戴维森则希望他的真理论能够用于自然语言,这就必须使"真理"概念相对于语言的使用者以及语言使用的时间等不同因素,由此才能表现自然语言的指示性特征。(3)对于塔尔斯基

---

① 戴维森:《真理、意义、行动与事件》,第 85 页。

讨论的形式化语言来说,可以根据 T 语句的句法来了解这些语句;但在戴维森看来,从句法上对 T 语句进行检验是不可取的,因为这样一种检验本身就预先假设了我们希望得到的关于对象语言的理解。所以他提出:"我们的看法是把塔尔斯基的看法颠倒过来:我们想要通过预先把握真理概念这一假定来获得对意义或翻译的理解。因此,我们需要的是对 T-语句的可接受性作出判断的方式,这种方式不是句法的,没有利用翻译、意义或同义这些概念,而是使得可接受的 T-语句事实上会作出解释"①。

如果不是追问句法的要求,也没有利用"翻译""意义""同义"这些概念,那么,戴维森的这种解释理论是否可以被看做是一种翻译理论呢?因为对自然语言不作形式的要求而给出解释,至少从表面上看来,最有可能的方式就是一种关于翻译的说明。戴维森承认自己的解释理论受到了蒯因关于翻译的思想的极大启发,但他又明确指出,他的'解释'概念并不等同于'翻译'概念。这是因为:(1)翻译问题处理的是两种或更多的语言之间的意义转换问题,它比解释问题更为简单和直接;而解释问题涉及的主要是相同语言内部的意义说明问题,它要求的是对这种语言的结构提出不同的认识。(2)翻译问题总是把关于自己的语言的知识作为一种缄默的知识,而这样一种知识往往是被(除非有特别必要)排除在不同语言之间的翻译活动之外的;但解释理论的工作恰恰是要说明这种知识,揭示我们所使用的语言的语义结构。他写道:

> 用于解释一种语言(包括我们自己的语言)之表达的令人满意的理论会揭示重要的语义结构:例如,对复杂语句之表达的解释便系统地依赖于对较简单的语句之表达的解释。假定我们要给翻译理论附加上一种关于我们自己的语言的令人满意的解释理论,那么,我们就会恰恰具备了我们所想要的东西,但却是以一种不必要的笨拙形式来达到目的的。

① 戴维森:《真理、意义、行动与事件》,第 92 页。

因此，可以把关于一种对象语言的解释理论看作是把一种起揭示结构作用的关于已知语言的解释理论与一种从未知语言译为已知语言的翻译系统这两者合并的结果。这种合并使得一切对已知语言的参照成为多余。当抛弃这种参照时，所剩下来的便是一种起揭示结构作用的关于对象语言的解释理论——当然，这种理论本身是用我们所熟悉的词语来表达的。①

然而，这样的解释理论仍然面临两个难以解决的问题。（1）任何语言都要与非语言的经验打交道，如果一种解释理论仅仅是在语义结构上做文章，它又如何解决语言表达与经验内容之间的关系？（2）进一步说，如果这种解释理论试图对我们的缄默知识作出说明，并把这种说明看做是相对于解释者的，那么它又如何避免怀疑论的出现？前一个问题实际上涉及的是实在论问题，而后一个则是与怀疑论有关。

这两个问题正是哲学家们对戴维森观点提出的两点主要批评。罗蒂在《实用主义、戴维森和真理》一文中指出，戴维森在否定真理问题与外部实在之间存在等同关系上，与詹姆斯是一致的。他认为，戴维森把自己的真理论看做并不提供可以使句子与之比较的东西，而且这种"没有对照的符合"是与拒斥"模式与内容"的二元论密切相关的，这就使得戴维森的思想与实用主义有了"亲缘关系"。② 根据罗蒂的分析，戴维森在解释存在问题时，他一方面放弃了把真理与实在相符合的传统企图，另一方面却否认自己是在拒斥怀疑论问题，这就表现在，他把自己的真理融合论看做是与符合论并行不悖的。罗蒂指出，这种做法对我们真正从实用主义的立场处理真理问题无补。按照戴维森的看法，他并没有给我们提供任何关于真理的理论，"相反，他使我们可有理由认为，对于真理，即使不作我们以为需要作的那么多的哲学思考，我们仍可以相安无

---

① 戴维森：《真理、意义、行动与事件》，第 68 页。
② 参见罗蒂《实用主义、戴维森和真理》，载于罗蒂《后哲学文化》，第 203 页。

事"。因为他所谓的"融贯导致符合"的观点实际上是说，"从场语言学家观点看，不需要任何可能认为除语词的意义和世界的存在方式外真理还有更多东西的观点。因此如果你们想假定这样的观点，对信念的内在真实性，你们就不再会有任何怀疑论者的疑问"①。

的确，在语言与实在的关系问题上，戴维森早年并没有给予明确的说明。在《真理与意义》中，他提出把真理看做是一种话语的特性，强调真理存在于语句、说话者以及说出的时间这三者关系之中。这种观点难免不受到像罗蒂这种哲学家的质疑，也很容易让人把戴维森的思想划入实用主义的阵营。然而，他在 1983 年发表的《关于真理和知识的融贯论》一文，清楚地表明了自己的实在论立场，把自己的这种实在论看做是与符合论并行不悖的融贯论。（1）他认为，只要我们有了一种正确的认识论，我们就都可以是实在论者。这意味着，我们可以接受客观的真值条件概念，并把它作为解决意义问题的线索；同时，我们还可以认为，知识是独立于我们关于客观世界的思想或语言的。（2）他指出，他的这种融贯论涉及的主要是我们的信念，也就是所有理解了语言的人都视为真的语句。这样的信念是具有意向、愿望和感觉器官的人的一种状态，是由信念持有者的身体内外的事件所引起的状态。他承认，并非所有的信念都可以被看做是真的句子，因而，他把自己的融贯论看做是处理那些在信念集合总体中大多数为真的信念。最后，戴维森把他的融贯论归纳为两点：（1）真理是同事物的存在方式相符合的，在这一点上，融贯论就与真理符合论相符合；（2）一种使我们能够了解到真理的知识论必须是一种非相对化的、非内在形式的实在论。由此出发，戴维森提出："无论我们的信念在实践中依然是多么坚定，我们都必须接受哲学上的怀疑论。"②

戴维森的这种实在论立场受到了不同哲学家的批评。罗蒂就直接

---

① 参见罗蒂《实用主义、戴维森和真理》，载于罗蒂《后哲学文化》，第 224 页。
② 戴维森：《真理、意义、行动与事件》，第 169 页。

批评戴维森没有真正贯彻彻底解释的原则,在处理语言和实在的关系上"犹抱琵琶半遮面"。麦基(C. McGinn)则从认识论的角度批评了戴维森的彻底解释的立场。他指出,要阐明一种彻底解释的方法,就是要阐明一套有序的推论步骤,而这就使我们从事先可用于解释的证据退回到了完全把心理学和语义学的特征赋予解释的主体,就是说,要用主体的心理学和语义学功能去说明解释的证据,但这样恰好是把需要证明的东西作为证明的前提了。这里所谓的"主体的心理学和语义学功能",就是指解释主体完全相信我们所看到的东西是客观的,也就是说,相信我们所说的话是真的而不是假的。这样,"宽容"(charity)就成为具有一种可行理论的条件。① 然而,"我们并不知道究竟什么会**是**我们要与那些其信念并非为真的人进行解释和交流的东西。所以,可宽容的方法依赖于关于可解释性条件的论题,而这个论题反过来又是由关于信念本质的论题加以证明的。或者说:由于可宽容的方法是唯一**可能的**方法,因而,认为这偶尔会产生不正确的结果就是毫无意义的,因为任何东西都无法表明宽容是错误的。可以被赋予信念的正是关于信念的概念真理,仅当它们主要地为真"②。

　　针对罗蒂等人的批评,戴维森在 20 世纪 80 年代对自己的观点作了进一步的说明,基本上放弃了他早期的融贯论观点,虽然他强调这种放弃"仅仅是由于用语不当"。但正如他所承认的那样,用语不当所引发的概念混乱恰恰导致了对自己思想的错误表达,也引起了他人对自己观点的全面误解。他在写于 1987 年的《〈关于真理和知识的融贯论〉补记》中明确表示,他用"融贯论"这个说法是要表明这样一个观点:"所有算作是对一个信念的证据或辩明的东西都必须来自这个信念所属的同一个信

---

① 参见戴维森《真理、意义、行动与事件》,第 127 页。他在这里写道:"宽容不是一种选择,而是具有一种切实可行的理论的条件……宽容是强加于我们的;不管我们是否愿意,倘若我们想要理解他人,我们就必须认为他们在大多数问题上的看法是正确的。"

② 麦基:《彻底的解释和认识论》,载于莱珀尔(E. Lepore)《真理与解释:论戴维森哲学》,第 357 页,牛津,布莱克威尔出版社,1986(以下所引此书均为此版本)。

念整体。"①这无非是要表明,我们的"真理"概念完全依赖于我们实际知道的一切,而我们的信念又只能作为它们所在的信念整体中的一部分才有意义。这样,我们对待信念的态度不可能完全排除或回避怀疑论的问题,相反,只有勇敢地面对这样的问题,并试图用我们关于信念的论证去回答这样的问题,怀疑论才会真正被消除。戴维森认为,罗蒂试图通过一种自然主义的方法消除怀疑论,但这样无法真正达到目的,关键是要提出能够令怀疑论者信服的论证,以此表明对真理、信念以及知识的一切怀疑都是站不住的。他写道:"我与罗蒂的分歧(如果我们确有分歧的话)在于我们对那些导致取消怀疑论的论证到底有多大重要性的看法不同,在于我们对那些关于知识、信念、真理与意义的结论的兴趣不同。"②由此可见,戴维森与罗蒂在解释和真理的问题上观点还是大相径庭的。

四 图式与内容

在戴维森看来,严格地说,无论是对信念的解释活动还是对原始语句的翻译过程,都涉及这样一个基本概念,即"概念图式",因为不同的解释和翻译背后实际上隐藏着不同的概念图式在起作用。以往的哲学家在谈到概念图式时,都是把存在不同的概念图式作为概念相对主义的一个借口,而一旦涉及不同概念图式之间的翻译问题时,又要求助于一个共同的坐标系,否则不同语言之间的翻译就变得完全不可能了。对此,戴维森认为,这里的关键是这种概念相对主义中存在着一个明显的划分,即概念图式与经验内容的区分,而这种区分是完全站不住脚的。他把它称做蒯因批判的经验主义两个教条之外的"第三个教条",也是"经验主义的最后一个教条"。③ 戴维森取消这个教条的努力,是要表明在我们的不同的概念图式中并不存在一种共同的坐标系,因而我们无法在概

---

① 戴维森:《真理、意义、行动与事件》,第189页。
② 同上书,第191页。
③ 参见同上书,第118页。

念图式与经验内容之间作出严格的区分。

　　戴维森讨论概念图式的出发点是为了说明概念相对主义的错误。从表面上看,概念相对主义似乎是有道理的,但它面临的明显困境使它无法真正解释不同的概念图式是如何表明信念上的差别的。这个困境就是不同的概念图式之间的翻译必须求助于一个共同的坐标系。戴维森指出,这个困境的出现首先是基于这样一个基本观点:每一种语言都与一种概念图式相关,"概念图式有什么不同,语言也就有什么不同"。但这种"把概念图式认同为语言"的做法似乎表明我们有两套组织经验的方式,一套是概念图式,另一套是语言,虽然两者的关系非常密切。在这种情况下,很自然的问题就是:这两者中间究竟哪一个起支配作用?或者说,是否可以存在不依赖于语言的概念图式? 显然,对这两个问题的回答都应当是否定的。在否定了这个基本观点之后,戴维森主要阐述了产生概念相对主义困境的另一个重要原因,即不同的概念图式表明不同的语言之间是不可翻译的。

　　关于不可翻译有两种情况,一种是完全的不可翻译,另一种是部分的不可翻译。"倘若在一种语言里任何范围内的有意义语句都不能被翻译成另外一种语言,那么便是完全不可翻译;倘若某一范围内的语句可被翻译而另外某一范围内的语句不可被翻译……那么便是部分不可翻译。"①戴维森主要考察了完全不可翻译的情况,从以下几个方面反驳了关于图式和内容的二元论。

　　1. 如果要坚持完全的不可翻译,我们就必须弄清语言与信念、愿望、意向等态度之间的关系,就是说,要回答这样一个问题:我们的语言是否真正表达了我们用语言试图表达的这些态度? 或者说,我们的语言是否不同于这些态度? 对两种不同语言之间的翻译问题,我们或许可以说,我们不可能用我们所熟知的语言去翻译另一种我们完全不了解的语言,因为我们无法理解那另一种语言。然而,戴维森指出,这里立即面临的

―――――――――――――――

① 戴维森:《真理、意义、行动与事件》,第 113 页。

问题是,我们是如何知道我们完全不了解那另一种语言的呢? 如果按照完全不可翻译的论点,我们不仅在两种不同语言之间无法翻译,而且在同一种语言中也无法完全翻译,因为我们不可能完全理解他人用我们熟悉的语言表达的内容。根据这种推论,我们的一切交流都是不可能的。这个结论显然是与实际情况不符的。而导致这个结论的根本原因,就是相信我们的概念图式与经验内容是不同的两个东西,所以不同的概念图式无法完全解释相同的经验内容。

2. 不可翻译的观点在当代哲学家思想中多有表现,特别是库恩关于"不可通约性"的观点和斯特劳森关于"不同的可能世界"的观点,在当代哲学中有很大影响。虽然这些观点的出发点不同,但它们都以二元论为基本前提:斯特劳森强调的是概念与内容之间的区分,就是说,我们可以使用一种确定的概念体系来描述可供选择的多种宇宙;而库恩则坚持一种关于总体的图式与未被解释的内容之间的二元论,就是说,我们可以想象,对同一个世界,不同观察者用彼此之间不可通约的概念体系来观察这个世界。然而,在戴维森看来,这两种二元论(特别是第二种)都是站不住脚的,因为它们都试图在理论与语言之间作出区分,而这种区分的结果就是导致这样的认识:我们可以通过改变我们的谈话方式去产生更好的科学图景。戴维森认为,这种观点的错误就在于把谈话方式的变化看做是我们概念图式变化的重要根据。由于我们的概念图式以及我们的语言都应当被看做是外延性的,因而我们无法理解概念(语言)的经验内容是如何与概念(语言)本身相区别的。

3. 蒯因对分析与综合区分的抛弃,似乎为概念相对主义提供了一个有力证明。但戴维森指出,放弃分析与综合的区分并不意味着我们可以把一切语句都还原为经验内容,相反,蒯因给我们的提示却是我们可以在放弃分析这个概念的同时保留"语言体现了一种概念图式"这种看法,因为蒯因的观点告诉我们,经验内容本身就是通过我们已经掌握的概念得到的,这样,如何用概念去组织这样的经验内容就成为抛弃了分析与综合区分之后必须要做的工作。而戴维森主张,把我们的语言活动区分为起组织作用的概念体系和有待组织的事物，这本身就是另一种二元论。这种二元论有不同的表现形式，例如，沃尔夫（B. L. Whorf）就认为，存在某种外在于一切概念图式的中立的共同事物；费耶阿本德也认为，我们可以通过在概念体系或说出语言之外去选择一个视点，来比较彼此不同的概念图式，而这个视点一定是独立于一切概念图式的。这种二元论的错误就在于，它把语言形式与经验内容截然区分开来。戴维森用一个形象的比喻来说明这样的区分是完全不必要的。他说："除非一个单一的对象被理解为包括或就在于其他对象，否则的话，我们就无法赋予组织该单一对象这个概念以清晰的意义。组织一个橱柜就是收拾其中的东西。倘若你被告知不要组织其中的鞋和衬衫，而是要组织橱柜本身，你便会大惑不解。你如何组织太平洋呢？这无非是清理海岸，或许还要重新确定其中岛屿的位置或消灭其中的鱼。"①

4. 哲学家们区分图式与内容的最重要的理由是，认为概念图式是用来"组织"经验内容的。对此，戴维森提出了严厉的批评。他明确指出，在根据这个理由坚持这个区分的哲学家心目中，"组织"的概念具有双重含义。其一是认为，组织经验的活动必定事先预设了一个语言标准，正是根据这个标准，我们的概念才能完成组织经验的工作。但戴维森已经表明，这个标准是不存在的，因为我们所要组织的正是我们所经验到的众多事物，而"一种组织这类实体的语言必须是一种非常像我们自己的语言"；换言之，我们只能用我们的语言来组织所谓的经验内容，而这样的经验内容又必须是我们所经验的事物。这样，经验内容与我们的概念图式就是无法截然区分的。其二，哲学家们还认为，可以组织经验内容的只能是语言或概念图式。戴维森指出，如果是这样的话，我们对经验内容的理解未免就过于狭隘了。即使我们把"组织"经验内容扩大为"处理"经验内容，那么，我们同样无法承认概念图式与经验内容是完全不同的两个东西，因为我们所处理的经验内容并不是具体的指称对象或具有

---

① 戴维森：《真理、意义、行动与事件》，第121页。

指称性的语词,而是面对经验法庭的整个语句以及由语句构成的语言系统。在这里,整个语句以及语言系统本身就是对经验内容的"处理",并不存在一个独立于语言同时又需要语言去面对的经验内容。

5. 最为重要的一点是,戴维森认为,对概念图式与经验内容作出区分的最终根据是错误地理解了"真"这个概念的意义。我们通常会承认,一个理论适合或承认可能的感觉经验的总体,这就意味着这个理论是真的。但这里的适合经验总体并不能保证理论一定为真,因为这样的经验总体并不能使语句为真。使语句为真的应当是我们所经验到的事实,而这里的事实同时并不能完全脱离我们的语句本身存在,或者说,使语句为真的正是我们的语句赖以存在的语言系统本身。由此,戴维森关于"真理"概念就提出了两个重要观点:(1)我们根本无法独立地理解"真理"概念,因为它本身就在我们使用的语言当中;(2)由于这个原因,我们就无法理解每个概念图式在我们的语言活动中都占有一个独立的位置并提供一个观察点的观点。

根据以上对完全不可翻译论题的批判,也就是对图式与内容之区分的批判,戴维森进一步指出,所谓的部分不可翻译论题,同样是基于这样一个假设,即不同的概念图式可以根据它们的共同部分作出翻译或对比,但这种假设的"共同部分"却首先需要一种关于可翻译的理论。我们知道,任何这样的一种理论都需要对语句的信念归属问题给出解释,也就是说,当我们说一种语言正确地翻译或解释了另一种语言时(即在另一种语言中为真时),这就表明我们对后一种语言有了充分的了解,也就是对使用后一种语言的说话者的信念有了充分的了解,因为不理解说话者的言语就不可能在说话者的信念之间作出细致的区分。这里显然面临了一个悖论:部分不可翻译论题要求与被翻译的语言具有共同的部分,而这个部分却是用于翻译的语言使用者必须了解的内容。这就意味着,如果我们要用我们熟悉的语言去翻译另一种语言,我们就必须对所要翻译的语言有充分的了解。戴维森指出,这个悖论的出现是由于我们习惯于把我们知道某人的信念为真当做了他的信念的确为真。要避免这个悖论,我们就必须承认我们仅仅是把"真"这个谓词赋予了说话者的言语,并没有赋予他的信念本身。我们是在"向一个说话者的语句指派仅在该说话者认为这些语句为真的情况下(在我们自己看来)才实际成立的成真条件"①。

这也意味着,我们所理解的"真理"概念不过是对使用相同语言的人来说才是有意义的。但这也说明,当我们要确定一个语句是真的或有意义的时候,我们并不是在对说出这个语句的说话者的信念作出什么断定,而仅仅是说明我们可以在可理解的意义上去理解这个语句,或者说,我们是用我们所熟悉的语言去理解其他我们所不熟悉的语言,而这样的理解是建立在"宽容"的基础之上的。这里所谓的"宽容",就是指我们承认使用我们所不熟悉的语言的说话者与我们具有相同的概念图式,或者可以按照我们所理解的方式去使用自己的语言。虽然在很大程度上我们是按照自己的方式去理解另一种语言的,但我们并没有由此为另一种语言确立一种判定标准。相反,我们的理解完全是基于承认另一种语言的使用者在大多数问题上的看法应当是正确的或者说是真的。

戴维森关于概念图式的上述观点在西方哲学界引起了很大的反响。其中的一个主要原因就是他指出了概念图式与经验内容的区分是经验主义的《第三个教条》。这对于打破哲学家们原有的二元论观念具有重要启发意义。早在 1984 年,克劳特(R. Kraut)就在他的著名文章《第三个教条》中对戴维森思想的意义给予了充分的肯定。②同样,巴龙(D. Baron)在他的《概念相对主义和翻译》一文中也对戴维森的思想给予了进一步的论证。③但正如麦基所指出的那样④,戴维森在这里似乎仍然犯了一个把要证明的论题当做证明的前提的错误。索姆斯则认为,我们

---

① 戴维森:《真理、意义、行动与事件》,第 127 页。

② 参见克劳特《第三个教条》,载于莱珀尔《真理与解释:论戴维森哲学》,第 398—416 页。

③ 参见巴龙《概念相对主义和翻译》,载于普赖尔(G. Preyer)、西贝尔特(F. Siebelt)和尤菲格(A. Ulfig)《语言、心灵和认识论:论戴维森哲学》,第 150—152 页,克鲁威尔学术出版社,1994。

④ 参见本书第 829—830 页中麦基对戴维森关于解释与翻译理论的批评。

可以翻译另一种语言,这并没有证明我们与那种语言使用者具有相同的概念图式,相反,我们从翻译中得到更多的是我们对概念图式差异的认识。索姆斯由此指出:"即使是那些我们可以翻译和解释其话语的人,也可能具有完全不同于我们的观点,这就足以说明他们具有完全不同的概念图式。最后,我们发现没有理由相信,不可能有这样的说话者,他们的概念图式与我们的完全不同,因而我们无法翻译他们的语言。就此而言,我们只能得出结论,戴维森反对另一种概念图式的情况是错误的。"① 国内有学者认为,戴维森放弃图式与内容二元论的一个最直接后果就是导致了一种"融贯一致的符合论":"理解性和相互交流的概念导向了公共性,而公共性的概念又导向了客观实在性,这是一种无对照的真理观,是一种并非建立在指称概念基础上的融贯一致的符合论。"②

客观地说,戴维森对概念相对主义和图式-内容二元论的批判在后来的分析哲学发展中并没有被完全接受。虽然不少哲学家承认他的思想是对蒯因以及后期维特根斯坦思想的一个发展,但他的论证本身却并没有足以使人完全信服他的批评的有效性。其中一个重要问题就在于,从他的以上论证中可以看出,他所揭示的概念相对主义面临的悖论并不是这种相对主义的症结所在,因为从不可翻译性并不能得出存在完全不同的概念图式这个结论。无论是完全的不可翻译还是部分的不可翻译,有许多因素导致翻译的失败,而不是某一种因素在其中起作用。在反对图式与内容的二元论上,戴维森的确以敏锐的目光抓住了以往哲学中的一种思维定势,他的批评对于从整体上把握意义和真理问题具有很大的启发意义。然而,问题似乎并没有这样简单。在戴维森所揭示的这种二元论的背后,其实隐含着我们对概念图式的不同理解。如果仅仅把概念图式看做组织经验内容的形式,对二元论的指责似乎可以成立;但在更多的哲学家那里,概念图式绝不仅是这样的形式。例如,斯特劳森指出:

---

① 索姆斯:《意义的时代》,载于索姆斯《20世纪的哲学分析》第2卷,第330页。
② 张妮妮:《意义、解释和真——戴维森语言哲学研究》,第97—98页,中国人民大学博士论文,2004(未刊稿)。

"我们拥有关于物质事物的单一时空系统的观念,这种观念就是,每个物质事物在任何时刻都是以各时代的各种方式与每一时刻的其他事物在空间上联系起来的。毫无疑问,这正是我们的概念图式。"①蒯因则认为,概念图式就是人们的认识本身;而普特南把概念图式径直理解为我们的语言,认为我们的语言在表达实在的过程中就把实在融入到了语言之中。他说:"我们所谓的'语言'或'心灵'的成分深深地渗入我们所谓的'实在',以致我们把自己看做是对'独立于语言'之物的'描绘者',这个纲领不幸从根子上就是有害的。"②这些观点表明,戴维森把概念图式与经验内容截然区分开来并以此作为批判的对象,似乎并不完全符合其他哲学家对这些概念的理解,因而他的批判也就失去有效的说服力了。

五　行动与事件

行动哲学是戴维森哲学中最具特色的部分,也是他的哲学被看做是新实用主义的主要根据。他的行动哲学来源于他在语言哲学中的彻底解释立场。因为彻底的解释要求引入说话者的话语语境和相关环境,特别是要考虑到说话者的命题态度等因素,于是他就提出了一种关于能动作用的理论。

戴维森在《行动、理由和原因》中首先提出了这样一个问题:当我们用行为者的理由去解释他所履行的行动时,这个理由和行动之间究竟是一种什么关系?戴维森认为,这应当被看做是一个解释关系,就是说,这个理由通过把这个行动加以理性化而对它作出了解释。只有当行为者是出于那个理由去行动时,这个理由才对这个行动加以理性化。戴维森的核心观点是要"捍卫一种古老的和常识性的立场,即理性化就是一类因果解释"③。为此,他提出了两个重要观点:(1)为了理解任何理由是

---

① 斯特劳森:《个体:论描述的形而上学》,第35页,伦敦和纽约,梅休因,1959。
② 普特南:《戴着人类面孔的实在论》,第25页,哈佛大学出版社,1990。
③ 戴维森:《论行动与事件》,第3页,牛津大学出版社,1980。

如何对一个行动加以理性化的,我们就必须至少大体上知道如何去构造一个最初的理由(a primary reason);(2)对一个行动提出的最初理由就是这个行动的原因。他认为,这种"最初的理由"就是一对心理状态,其中一个是"信念状态"(a belief state),另一个是"前态度"(a pre-attitude),包括了欲望、希望、冲动、驱使以及各种道德观点、美学原则、经济学成见、社会惯例、公共的和个人的目的和价值等。从以上这两个观点出发,戴维森进一步提出了解释一个行为者所做行动的最初理由的必要条件,即一个理由之所以被称做最初的理由,是由于它能够说明行为者在某个特定条件下为什么要从事这个行动;同时,这个理由应当被看做包含了这个行为者从事具有某种特征的行动的前态度以及这个行为者在某种条件下具有这个特征的信念。这就说明了,行为者从事某个行动,完全是因为他有从事这个行动的理由。

戴维森把"行动"理解为身体的运动、具体可记载的事件。根据戴维森的观点,一切行动的完成都是有理由的,虽然有时从表面上很难判断或辨别某个行动的理由是什么。行动和理由之间的联系通常被看做:否定行动解释是因果解释的理由,比如,因果联系是偶然的,但有意图的行为和具有这种意图的行为者之间的联系却不是偶然的,但戴维森则提出理由反对这种看法。他认为,这里的关键是在事件描述之间的逻辑关系,而不是事件本身之间的逻辑关系。他承认,我们的行动有时并不是出于某种潜在的理由,但这并不说明这样的理由是不存在的,譬如,我们购买邮票的行动解决了邮政工人的工作问题,虽然我们并不是出于这个理由而去购买邮票。实际上,戴维森是强调把"行动""信念""命题态度""意图"等概念联系起来考虑,它们构成了"可比的对子"(matched sets)。这里涉及对理性化行动和非理性行动的思考。戴维森的目的是要表明一切行动都是有理性的,或者说,都是可以加以理性化的;即使是通常认为非理性的行动,也应当看做是"理性范围中的失败",而不是"无理性的"或"反理性的"。

戴维森对待行动的这种态度完全是整体论的,因为他强调行为者的态度必须服从理性的规范,这就表明行为者的态度对他的行动来说一定是必需的;而要赋予行为者一种有具体内容的态度,就必须赋予他无限的具有相关内容的态度。例如,我们要使某人相信美国总统是选举出来的,我们就必须使他相信有关美国政体以及选举制等方面的相关信念。由于"态度"概念是无法与"行为者"的概念完全分离的,所以,在戴维森看来,它们应当是因果性概念。这样的因果概念是一种回溯式的,就是说,总是要求回头看引起事件发生的原因。当然,无论是整体论态度还是回溯式因果概念,这些都表明了戴维森的行动哲学完全依赖于行为者的意向,依赖于行为者根据自己的意向完成的行动。这与传统实用主义的基本立场是一致的,不同的是他更重视以分析的方式指出所有的行动都是理性的活动,从而排除了传统实用主义遗留下的行为者的神秘意向问题。

如何解释意向问题,这是戴维森行动理论的关键所在。安斯康在《意向》一书中把"意向行为"概念分为三种,即具有意向的行动、意向地行动和意图去行动。戴维森在讨论行动和理由的关系时接受了这种区分,认为第一种意向观念是最为基本的,而意向地行动其实就是具有某种意向的行动,所谓意图去行动则完全可以解释为前面两种观念。但他在 1980 年承认,他的这种观点完全错了,因为恰好是最后一种"意向"概念决定了另外两个概念。这样,他原来认为的那种确定任何行为得以完成的意向就不再是指任何实体或状态。① 在这里,戴维森放弃了他最初持有的一种看法,即认为没有脱离行动的意向,一切意向都是与行为同时发生的,转而重新考虑意向行动的性质。他提出:我们有时会有一些意向,而随后才会根据这些意向采取行动,这说明,意向是可以先于行动的,但任何的行动都是具有意向的,或者说任何行动都是在某种意向的驱使下完成的。戴维森认为,意向的内容可以表达为全面的评价性命题,这种命题表明了,某个行动比其他的行动会更好一些。虽然戴维森

---

① 参见戴维森《论行动与事件》,第 XIII 页,牛津大学出版社,1980。

不再坚持意向必须与行动同时存在或为"同时性范畴"(syncate-goremantic),但他仍然认为,任何行动都是以意向的存在作为前提的,换句话说,安斯康区分的第二种和第三种意向行为其实是一回事。这样,行动的本质特征就在于它的意向内容。

从戴维森的论述中可以看出,他关于行动、理由以及意向的观点大致可以这样来表达:意向性的行动可以用恰当的方式求助于行为者的理由加以解释,而用来解释这种行动的理由则是行为者的信念和前态度。当人们出于某种理由去行动时,恰当的信念和前态度就带来了人们的行动。这样,当我们用理由去解释行动时,我们实际上是在引证行动的原因;而把行动的意向性解释为行动与行为者的信念和愿望之间的关系,则否定了因果解释中的意志因素。在《意志软弱是如何可能的?》一文中,戴维森否定了在因果解释中存在任何意志因素。他认为,行动的理由就提供了可以作出推理的前提,而结论则是对应于行动。例如,我去音乐厅是要去听一场歌剧。这个前态度就是我作出潜在推理的一个前提,而我相信去音乐厅是听歌剧的一种方式,这又提供了另一个前提。我的信念所提供的这个前提就是我所相信的东西,但我的前态度所提供的前提则是难以达到的。由于我想要做的事情就是去听歌剧,这样,我的愿望本身就构成了一个初步的评价性命题。戴维森认为,这种命题就是对我的前态度的一种自然表达。

"全面的评价性命题"(all-out evaluative propositions)或"评价性结论"(evaluative conclusion)概念在戴维森的行动理论中处于重要地位。根据他的论述,这个概念包含了两个内容。(1)它表明了我们希望履行的行为与其他行为具有可比性,就是说,表明我们的行为要更好于其他的选择;(2)这种评价总是有关当下发生的具体行为的,它不同于我们最初的前态度,就是说,可欲求性(desirability)总是某个具体行动的特征,而不是某类行动的特征。这表明,任何行动都具有评价的特征,而意向内容正是这种特征的具体表现。在戴维森看来,这样的意向内容不仅体现在我们的行动中,而且体现在"未来的意向"中,即相信某个行动将会发生。这种未来的意向就是某人对未来行动可能产生效果的"信念"。这样,我们的信念就构成了未来意向的条件,而对行动的全面评价正是由我们对行动的信念决定的。

事实上,戴维森对行动意向的解释完全是根据我们日常行为的基本认识。例如,如果一个人想要早点离开晚会是因为晚会的音乐声音太闹了,那么他或她早点离开的意向并不是他真的早些离开的理由;相反,他或她的行动理由是与他的意向同时出现的,即他或她的行动理由是不喜欢吵闹的音乐,而他或她的意向则是早点回家。同样,我有一张电影票,这并不是我去看电影的理由;相反,如果我相信我可以去看电影,我就会想到去弄一张电影票。这样,行动的意向就不是行动的理由,而只有对行动的信念才能构成对行动理由的最终解释。他说:"意向性行为并不是一类行动,或以有点不同的方式来表述这一点,有意地做某件事情并不是做这件事情的一种方式。说某人有意地做某件事情,便是以这样一种方式来描述该行动,这种方式与当事人的信念和态度具有一种特殊关系。"[①]这表明,行动的意向既不能用来解释行为的理由,也不能作为一种类似身体活动的行动。意向活动本身仅仅表现为我们以表达意向的语词来描述我们的身体行为,或者说,在我们对行动的理由的解释中,并不能用表达意向的语词,而只能用表达信念的语词,因为只有信念词,才真正表达了我们的意向活动。

戴维森通过信念分析来对行动理由和行动意向作出区分,旨在说明我们通常理解的心理事件其实就是对物理事件的另一种表达方式。在他看来,一个行动可以被理解为一个事件,因为它涉及一个行动者和行动对象的关系或不同行动者之间的关系。在这种意义上,我们可以把对一个行动的描述看做是对一个事件的描述,而且,实际上,我们所拥有的所有行动描述其实就是事件描述。我们通常理解的事件可以分为物理事件和心理事件。所谓"物理事件",就是对发生在公共空间中的客观外

---

① 戴维森:《真理、意义、行动与事件》,第 241 页。

在事件的描述，它们是可以为人们观察和验证的；而"心理事件"则是用表示心理活动的动词描述出来而又被看做是发生在内心的活动，它们往往被处理为不同于物理事件的一种个人行为，在句子中以第一人称的形式出现。戴维森对这种区分重新作出了规定。他认为，如果我们用表示心理活动的动词作为心理事件的标志，我们就无法包含那些表达了命题态度的心理动词。而实际上，我们在谈论心理事件时，更多的是指包含了这些心理动词的语句。所以，戴维森就把"心理事件"定义为那些包含了心理摹状词（mental descriptions，就是指具有这种形式的摹状词："作为 M 的那个事件"，其中的 M 可以替换为至少包含一个心理动词的表达式）或对事件存在一个心理开语句（mental open sentence，就是指具有这种形式的开语句："事件 x 是 M"，其中的 x 是任意的关于事件的表达式，M 则可以替换为至少包含一个心理动词的表达式）的事件；而"物理事件"则是那些仅仅包含了物理词汇的摹状词或开语句所辨别出的事件。根据这种标准，戴维森认为，心理事件的显著特征并不在于它是私人的、主观的或非物质的，而在于它展现了"意向性"特征。[①] 正是这种特征使得心理事件有了容易引人误导的表象，即它们往往被看做是与物理事件完全不同的一种事件。然而，根据戴维森对行动理由和行动意向关系的分析，如果我们无法把行动的理由归结为意向活动，也就是说，无法把意向活动本身也看做是一种行动，那么我们也就无法把具有意向性特征的心理事件看做是如同物理事件一样的东西，因为在戴维森看来，行动就是事件。

　　自《行动、理由和原因》发表之后，戴维森的观点在英美分析哲学中引起了轩然大波。传统观点认为，我们的一切行动都是有原因的，而这样的原因在某些条件下就可以被解释为行动的理由。例如，我去电影院看电影这个行为的原因是我要看的电影本身具有某种吸引力，而正是这种吸引力构成了我去看这场电影的理由。同时，我去看电影的意向驱使

---

① 参见戴维森：《真理、意义、行动与事件》，第 247 页。

我去完成了这个行动。这就把行动的意向与行动的完成看做两个独立的东西,并且意向构成了行动得以完成的理由。然而,戴维森则严格区分了行动的理由和原因,并把行动的意向解释为行动本身的内容。这导致了当代西方行动理论中的两个重要变化:(1) 在行为解释中用因果关系取代了理由说明,把一切行为的理由都归结为可以还原为物理规律的因果解释,这就消除了"意向性"概念在行为解释中的作用;(2) 用"事件"概念取代"状态"或"态度"概念,把心理事件归结为物理事件,从而把"事件"确立为行动解释的本体概念,以"事件"作为解释一切行动的基础和出发点。正是这两个重要变化确立了戴维森在当代行动哲学中不可替代的地位。①

六 变异的一元论

戴维森在心灵哲学中的重要贡献是提出了一种非还原的唯物主义,即他所谓的"变异的一元论"(anomalous monism)。这种观点认为,每个事件以及对象都是物理事件和对象,不存在严格意义上的心理规律,就是说,没有用心理谓词表达的严格规律。这样,也就不存在把心理描述的事件和物理描述的事件联结起来的严格的心理-物理规律,在心理类事件和物理类事件之间就不存在严格的规律性的东西。戴维森的做法是把心理事件等同于物理事件,但他又否认通常归于心理事件的东西可以满足于归于物理事件的东西。

戴维森对这种变异的一元论的论证基于三个假设:(1) 某些心理事件是与物理事件在因果上相互作用的(因果互动原则);(2) 具有因果联系的事件一定符合某个严格的规律(因果性的法则性质原则);(3) 不存在可以用来断定和解释心理事件的严格规律(心理事件的变异论)。根

---

① 20世纪60年代,英美哲学家在行动哲学中主要讨论的问题是自由、时间、自我以及实践理性等。由于戴维森的工作,到了70年代之后,哲学家们更多地关注意向、同一性、事件、心理学、因果关系以及身心问题等。这就使行动哲学与心灵哲学、认识论等有了更为密切的关系。参见巴斯摩尔《哲学百年·新近哲学家》,第674—688页;斯特劳森《思想和行动哲学研究》,牛津大学出版社,1968;莱珀尔和麦克劳克林《行动与事件:论戴维森哲学》,牛津,布莱克威尔出版社,1985。

据他的思想,如果不存在严格的心理规律,那么所有严格的规律就都应当是物理规律;用物理规律描述的事件也就应当是物理事件,但心理事件又是可以通过因果链条与物理事件相互作用的。这样,心理事件就只能是用物理规律描述的物理事件的一种特例。在这里,戴维森的立场基本上是一种单例同一论,他把心理事件和物理事件都归结到具体的行动者完成某个语言交流活动的场景,把行为者(说话者)的环境看做是在确定心理事件和物理事件的关系中起决定作用的因素,这也反映出他思想中的实用主义精神。

戴维森的这些思想最早出现在他的《心理事件》一文中。他明确指出:"变异的一元论断言一切事件都是物理的,在这一点上它类似于唯物主义,但它拒斥这样一个通常认为对于唯物主义是必不可少的论题,即可以对心理现象作出纯物理的解释。"①他提出这种一元论是为了区别于另外三种关于心理事件和物理事件关系的理论。一种理论是认为,在这些事件中的确存在着相关的规律,而这些事件本身就是这种规律的具体体现,他称之为"法则的一元论"(nomological monism),他认为唯物主义就属于这样的一元论;另外一种理论是认为,在这些事件中存在着具有不同作用的规律,它们以不同的方式分别支配着物理事件和心理事件,并且它们可以是平行的,或者心理规律仅仅作为物理规律的附加规律,他称之为"法则的二元论"(nomological dualism),身心关系理论中的平行论、交互作用论以及副现象论等就属于这种二元论;还有一种理论是认为,我们一方面可以接受身心二元论,但另一方面拒绝接受存在着可以把心理事件与物理事件联系起来的统一规律,他称之为"变异的二元论"(anomalous dualism),笛卡尔主义就属于这种二元论。根据戴维森的论述,他所支持的所谓"变异的一元论"主要包含了以下主张②:

---

① 戴维森:《真理、意义、行动与事件》,第251页。
② 根据戴维森的统计,这种一元论同时为以下哲学家所支持:费格尔、休梅克(S. Shoemaker)、卢斯(D. R. Luce)、泰勒、内格尔和斯特劳森等人。参见《真理、意义、行动与事件》,第250页注⑩。

1. 承认一切事件都是物理事件,但这并不意味着非物理的事件可以还原为物理的事件,或者可以用物理规律解释非物理的事件。承认物理事件的前提不是要把一切事件都用解释物理事件的方式加以解释,而仅仅是为了表明,并不存在能够既解释物理事件又解释心理事件的所谓"心理-物理规律"。戴维森否认这种规律的存在是出于以下的考虑:一旦我们承认了这种规律的存在,也就是意味着我们可以用解释心理事件的规律去解释物理事件,因为即使是用来解释物理事件的规律也很容易被看做是根据解释者的心理活动而构成的。因此,为了避免这种可能性的出现,他就直接把一切规律都看做是只能解释物理事件的物理规律,完全否认存在所谓的心理规律。

2. 心理事件与物理事件之间的因果关系只能是个别事物之间的关系,就是说,我们只能根据具体的事件过程确定心理和物理之间的因果,但无法把这种关系归结为某种具有规律性的东西。退一步说,即使我们可以采纳某种规律的说法,我们也只能以某种具体的方式来描述某个具体事件,才能说是依据规律对那个事件作出说明或预言。这里的关键在于:(1)当我们谈论心理事件与物理事件的因果关系时,我们并没有预设关于这两种事件的二元论;(2)任何事件只有在被描述为心理事件时才是心理的,因而,"被描述为"在这里就至关重要;(3)"当一些事件作为原因和结果而被联系在一起时,它们具有例示一个规律的描述表达式。它并没有说,每一个真的单称因果陈述例示一个规律。"①

3. 由于每个心理事件都只能用物理概念加以识别确认,因而每个心理谓词也就完全有可能具有相应的物理开语句(physical open sentence)。这样的物理开语句表面上具有规律的逻辑形式,但不同于戴维森所谓的"似规律"(law-like),而是一种把心理事物与物理事物联系起来的真的普遍陈述。戴维森把这种陈述称为"异形概括"(heteronomic generalization),认为我们的大部分知识都属于这样的概括,它们的外表

---

① 戴维森:《真理、意义、行动与事件》,第 252 页。

形式诱使我们相信,即使表达了心理事件的规律也如同物理规律一样具有普通的作用。然而,如果从产生某个具体事件的环境以及表达这个事件的当事人所具有的特定信念、意向等心理因素出发,我们就可以清楚地看到,"除非在一种关于当事人的信念、愿望、意向和决定的可行理论的框架之中,否则,我们无法以可理解的方式把任何一种命题态度归诸于那个当事人"①。

4. 心理事件与物理事件各自涉及的实在领域是完全不同的,在这两种实在领域之间不可能有密切的联系。在戴维森看来,这是因为物理变化是可以根据某种具有普遍意义的规律作出说明,而心理变化则是根据产生当事人心理活动的具体背景加以解释。具体地说,对心理事件的解释不仅是根据心理活动本身,而且是根据我们随时调整理论的能力,也就是说,在作出这种解释的过程中,我们应当能够随时调整我们的解释理论以适应心理事件发展的不同阶段。由此戴维森认为:"我们必须得出如下结论:只要我们把人设想为有理性的动物,在心理事物与物理事物之间法则上的松弛关系便是必要的。"②

根据以上主张,戴维森得出这样的结论:"即使某人知道物理世界的全部历史,并且每一个心理事件都同一于一个物理事件,也不会因此而认为他能预言或说明一个单一的心理事件(当然,这是就被如此描述的心理事件而论)。"③戴维森把这个结论看做是恰当地说明了康德在《道德形而上学的基础》中表达过的这样一个观点,即当我们说人是自由的时候和当我们把人看做是受自然规律支配的时候,我们是在不同的意义上和关系中来思考人的,所以,人的自由与自然的必然性应当可以很好地被统一在一个主题之中。同样,当我们谈论物理事件及其规律的时候,并不妨碍我们谈论心理事件,但我们是在以完全不同的方式谈论它们;而且,我们只能用物理事件的规律去解释心理事件,而不是相反,因为根

① 戴维森:《真理、意义、行动与事件》,第 260 页。
② 同上书,第 262 页。
③ 同上书,第 264 页。

本不存在我们能够据以预言或说明心理事件的规律。正是根据这种思想，戴维森的"变异一元论"往往被看做属于实在论的阵营。

　　然而，在发表于 1997 年的《不确定性和反实在论》这篇文章中，戴维森却明确地表明了自己的反实在论立场："某些反实在论很好地表达了在真理概念上的认识限度。可以认为，当我们的认识能力在确定某个句子的真假方面是有缺陷的，我们就应当规定，这个句子没有真值，或者我们应当使用真的某种还原的意义。结果是一样的：真实的东西或真的东西被切割为适应有效知识形式的模样。"①当然，戴维森并不关心外部世界是否独立于我们的认识能力而存在，他在这里主要讨论的是以翻译的不确定性或解释的不确定性质疑心理状态和心理事件的实在性。他认为，一旦我们接受了解释的不确定性，那么我们就必定怀疑命题态度的地位问题。但他又提出，接受不确定性并不意味着我们一定要放弃真的概念。他说，我们关于人们的所信、所欲、所想和所望的许多信念和陈述都是真的，因为人们的确有这些态度，但这些态度只是人们以某种方式去行为的倾向（dispositions），它们反过来也都是生理状态，并最终成为物理状态，但意向性的描述则无法还原为行为描述或物理描述，所以无法把它们合并为严格的规律体系。他写道："变异一元论并不是说，心理事件和心理状态完全是由所有者投射到行为者身上的；相反，它认为，心理事件是与物理事件一样真实的，与物理事件是一致的，这些状态的属性是客观的。"②戴维森的结论是，我们对我们句子的解释与他人的解释并没有共同的标准，相互解释所提供的仅仅是我们自己拥有的标准。他在文章的结尾说："我们不应当因为无法提供一个用来判断这个标准的标准（如用一个标准来检验标准的米尺是否真的是一米长）而感到失望。我们的结论应当是：如果我们对他人命题态度的判断不是客观的，那么任何判断都不是客观的，客观性概念也就没有了用武之地。"③

---

① 戴维森：《主体、主体间和客体》，第 69—70 页，牛津，克拉伦登出版社，2001。
② 同上书，第 72 页。
③ 同上书，第 84 页。

戴维森晚年出版的文集《主体、主体间、客体》特别关注三种命题知识以及它们之间的关系,从心灵哲学的角度对身心问题给出了新的解释。他指出:"我们都有关于我们自身心灵的知识、关于他人心灵内容的知识以及关于共有环境的知识。第一人称知识明显地表现为,我们可以对我们的所信、所欲、所想以及其他态度合情合理地作出一种独一无二的、具有权威性的断言。第二人称知识以及关于自然界其他内容的知识不具有这样的权威性,但它们之间的不同则在于,我们关于他人心灵的知识是规范的,而后者则不是。然而,这三种知识都是客观的,就是说,它们的真都是独立于它们被相信为真。这明显表现在第二种情况中,但也同样表现在关于我们自身信念和其他态度的信念情况中:这种信念可能是错的。我们所有的知识也都是客观的,就是说,就大部分而言,它们都可以被表达为概念,这些概念在公众共有的事物图式中占有一席之地。"①

戴维森还放弃了追问是否存在关于命题态度的事实问题,认为我们只要接受了蒯因的不确定性论题,那么就抛弃了第一人称权威。他还提出了关于从婴儿的前语言和前概念思维转变为拥有语言、信念和其他命题态度的过程问题,认为我们并没有这样的词汇去描述这个变化的最初阶段,但可以用各种语言所需要的语义学理论去表明几个主要步骤。

首先,在对概念的呈现上,戴维森以整体论阐明了心灵中各种相互依赖的不同方面。例如相信一个事情就意味着相信许多其他的事情,而确定一个信念的东西就是这个信念的命题内容,这样的内容就是对概念的掌握。他写道:"由于信念是被个体化的,是用它们之间的相互关系来确定的,所以,只要有一个信念就一定会有许多的信念。信念相互支持、相互赋予内容。信念也相互具有逻辑关系。结果,只有当某人的信念是相互一致的,才可能确定这些信念的内容。因而,理性的程度或一致的

---

① 戴维森:《主体、主体间和客体》,第Ⅷ页,牛津,克拉伦登出版社,2001。

程度就是拥有信念的条件。"①

其次,戴维森指出,我们无法完全根据关于物理事件的描述去涵盖关于心理事件的描述,因为在对心理事件的描述中总是存在着一个完全没有使用语言的早期阶段,这就使得对思想呈现的描述变得很困难了。他认为语言表达不仅可以使听者产生理解,还可以使听者产生联想,就是说,语言表达的语境使得说出的某个句子具有了确定的意义。但婴儿说出某个句子或语词的时候,往往是缺乏语境的,我们只能根据婴儿的行为和对外界刺激的反应来确定他们说出的句子或语词的意义。在这里,婴儿用语词表达的意向或愿望就像动物的叫声想要表达的内容一样。他写道:"存在一种前语言的、前认知的情况,在我看来,它构成了思想和语言的必要条件,这个条件可以不依赖于思想而存在,因而是在思想之前的。在非人类的动物和小孩子的情形中,这个条件都是可以得到的。基本的情况是涉及到两个或更多的生物同时相互作用,并与他们共有的世界相互作用。这就是我称作的**三角关系**(*triangulation*)。这是一种三重作用的结果,但从这两个行为者的观点看则是一种两重作用:每个人都是同时与世界和另一个人相互作用。"②在戴维森看来,这种三重关系对于思想的呈现至关重要,因为没有这种三重关系我们就无法说明思想的两个重要方面,即思想的客观性和思想关于外在世界的经验内容。

再次,从思想的客观性出发,戴维森把思想和语言都看做是社会的,因为正是两个人把他们对外在世界的反应相互联系,才产生了思想以及语言;每个人在社会中的相互作用使得我们可以说明经验是如何规定我们的思想。一旦没有他人对相互作用环境的共同反应,也就不存在对我们所反应的这个世界究竟如何这个问题的回答。戴维森提出,行为者和他们相互作出反应的环境之间的关系对思想来说是必需的,但并不是充

---

① 戴维森:《主体、主体间和客体》,第 124 页,牛津,克拉伦登出版社,2001。
② 同上书,第 128 页。

分的，因为这种关系同样存在于动物之中。所以，我们必须认为这种情况是可以独立存在的，就是说，这样的关系是先于思想而存在的。由此就可以认为，某种最初的社会相互作用构成了思想呈现历史的组成部分，或者说，思想的呈现是以每个人在社会中的相互作用为前提的。由于社会的存在决定了思想的呈现，因而语言就成为思想存在的必要条件。他写道："思想更需要的是什么？我认为答案是语言。就其本身而言，这并没有多大的帮助，因为拥有语言的生物显然能够思想，语言是表达命题内容的工具。我们还可以问，语言为什么对思想来说是至关重要的。简单地说，理由就在于，除非这个三重关系的基线即两个行动者的关系强化到可以补充命题内容的相互交流，否则这些行动者就无法用这种三重情况去构成关于世界的判断。只有当语言归了位，我们这些生物才能理解客观真理概念。作为人们交流手段的语言和思想之间的深层关系不仅仅是可以说到的这些，但我在这里只是断定这种关系，用它来说明思想的呈现。语言提供给我们的机会是，相对严格地比较各种语言的和前语言的符号系统以及各种描述它们的方式。"[1]戴维森由此把语义学理论比做可以作为测量手段的工具，认为语义学和测量理论都为我们提供了一个可以区分发展阶段的客观平台。

戴维森强调了我们关于目前态度的信念的特征，这些态度在我们放弃了主体和心理对象的神秘之后仍然存在。这些特征包括了特别关注于这种信念和索引句子（indexical sentences）的不可还原的作用，这种句子表达的思想把我们和我们的语言与我们周围的世界联系起来。戴维森特别提出，不存在超越了我们自身理性标准的终极法庭。他在文章中讨论的"自我"概念，主要是指关于自我心灵活动的知识，在句子中是以第一人称代词为主语表达的知识。他认为，内格尔提出的所谓"客观的自我"概念是站不住脚的，因为所有关于自我的知识都是从某个说话者出发的，在公共世界中根本不存在可以替换自我的方式。戴维森在这里

---

① 戴维森：《主体、主体间和客体》，第130页，牛津，克拉伦登出版社，2001。

提出了三种知识的区分，即关于客观世界的知识、关于他人心灵的知识和关于我们自己心灵内容的知识，其中的每种知识都不能被还原为其他两种知识或两种知识的结合。但由此可以得出：只要我拥有其中一种知识，我就会得到其他两种知识，因为它们之间基本的三重关系正是思想的条件。戴维森把联结这三种知识的基础看做是实指的过程（the process of ostension）。他写道："实指在学习和解释言语中的根本作用，保证了解释者在得到这样的一般性认识上不会出错，即说话者根据可观察世界的明显特征作出的可靠说法是真的，并且是关于这些特征的。人们一定认为说话者或解释者会出错，但这并不是一条规则，因为错误的内容往往来自于真实的思想和诚实的断定。"①实际上，戴维森强调的是"自我"概念只有在与关于他人心灵的知识和关于世界的知识中才能得到真正的理解和解释。他一再表明，关于自我心灵内容的知识脱离了另外两种知识也是无法理解的。所以他提出，主体间性应当被看做是客观性的根源。这不是说人们达成一致意见的东西就是真的，而是说主体间性取决于与世界的相互作用。

第四节　达米特的语言哲学

达米特是当代西方最有影响的英国哲学家之一，他的主要贡献在于对弗雷格思想的挖掘以及对分析哲学历史的系统研究。同时，他的反实在论思想在逻辑哲学、语言哲学、数学哲学、心灵哲学以及形而上学等领域都具有深远影响，使他成为当代哲学中最为重要的反实在论代表之一。

一　生平和著作

米歇尔·达米特（Michael Dummett）生于 1925 年，早年在桑德罗

① 戴维森：《主体、主体间和客体》，第 89 页，牛津，克拉伦登出版社，2001。

易学校和温切斯特学院学习,1943—1947年在英国军队服役。虽然他在温切斯特学院接受的是英国国教的传统教育,但在13岁时他却把自己看做是一个无神论者。然而,从1944年起,他接受了罗马天主教,并且保持终生。事实上,在当今英国学术界,达米特一直以一名虔诚的天主教教徒而著名。1947年从军队退役后,达米特入牛津大学基督教堂学院学习,主修课程为哲学、政治和经济学,并于1950年以优异成绩毕业。随后,他进入全灵学院专门从事研究工作。1950—1951年间,他曾在伯明翰大学哲学系担任讲师助理。1962—1974年,他担任牛津大学的数学哲学讲师。1979年,他接替艾耶尔担任了牛津大学的威克姆逻辑学教授,直到1992年退休。达米特一生的学术活动主要是在牛津,间或在世界各地担任客座教授,如美国的加州伯克利、斯坦福、明尼苏达、普林斯顿、洛克菲勒、哈佛等大学,非洲的加纳、意大利的波洛尼亚等地。1999年,英国女王授予他"爵士"称号。①

　　达米特的哲学处女作是1953年发表于《心》杂志上的一篇书评,随后就发表了大量的论文,其中在20世纪50—60年代发表的文章如今已经被西方哲学界视为当代哲学中的经典之作。但当时的许多哲学家都认为,这些文章还不足以代表达米特的哲学才能,他们一直期待着达米特早已宣布要出版的专著《弗雷格的语言哲学》(*Frege*: *Philosophy of Language*)。由于达米特在1965—1968年花费了大量时间投身于反种族主义的社会活动中,加之他追求完美的性格特征,他的这部专著直到1973年才得以问世。他在"序言"中坦承,由于我们对弗雷格的思想了解得还不够全面深入,所以对他的每个观点要作出尽可能细致的分析就不可避免地需要反复地修订自己的观点。他说:"我的想法从来没有在哪个阶段已经达到了令人满意的状态,使得全部手稿可以毫无遗憾地出版。人们不断地告诉我,我应当在这个过程中停一下;但一个人怎么可

---

① 关于达米特的生平,参见墨菲(B. Murphy)为《互联网哲学百科全书》所写的条目,见 www. iep. utm. edu/dummett. htm。

以发表他明知能够做得更好的东西呢?"①该书出版后立即引起了英美哲学界的普遍重视,被看做是弗雷格思想研究中的"分水岭",达米特也由此被誉为"当代最杰出的哲学家"(艾耶尔语)。该书于1981年出版了第2版,增加了更为全面的索引和参考书目。1977年,他出版了《直觉主义原理》(*Elements of Intuitionism*,2000年出版第2版),主要阐明了他所提倡的直觉主义逻辑的基本思想。1978年出版了他的第一部文集《真理和其他的谜》(*Truth and Other Enigmas*),该书被看做是达米特在弗雷格思想解释之外开始形成自己哲学思想的重要标志。1976年,达米特在哈佛大学的威廉·詹姆斯讲座上发表讲演,讲演稿经他反复整理,最终于1991年正式出版,题为《形而上学的逻辑基础》(*The Logical Basis of Metaphysics*)。该书主要详尽地研究了实在论与反实在论之间的争论,被看做是"近五十年来西方哲学中最为重要的哲学论著"之一。1981年,他出版了《对弗雷格哲学的解释》(*The Interpretation of Frege's Philosophy*)一书,反驳了其他哲学家对弗雷格思想的错误解释,进一步阐明了自己对弗雷格思想的理解。1991年,达米特出版了他的第二部文集《弗雷格和其他哲学家》(*Frege and Other Philosophers*)以及专著《弗雷格的数学哲学》(*Frege: Philosophy of Mathematics*),后一本书是他的《弗雷格的语言哲学》的姊妹篇。1993年,他出版了第三部文集《语言之海》(*The Sea of Language*)。同年,他的《分析哲学的兴起》(*Origins of Analytical Philosophy*)英文版正式出版,这是他于1987年在意大利的波洛尼亚发表的演讲,1988年首次以意大利文发表于《语言研究》(*Linguage Stile*)杂志,同年出版了德文版,由肖特(J. Schulte)翻译,并附有肖特对达米特的访谈。该书于1990年出版意大利文版,1991年出版法文版,在整个当代西方哲学中都产生了深远影响,引起了哲学家们

---

① 达米特:《弗雷格的语言哲学》,第 Ⅹ 页,哈佛大学出版社,1981(第2版)。

对分析哲学史的高度关注。①

在当代英国,达米特不仅被看做是一位哲学家和逻辑学家②,还是一位活跃的社会活动家。他积极参与反种族主义的斗争,参与关于移民、选举制度等问题的讨论,并在这些领域发表了专门的著作,被看做是这些领域中的专家。他爱好桥牌,出版过关于桥牌史的专著,曾担任世界桥牌协会的主席。③

二 对弗雷格思想的解释

达米特首先是由于对弗雷格思想的研究而闻名于西方哲学界的。他对弗雷格思想的解释不是作为一个历史学家还原弗雷格思想的本来面目,而是要从弗雷格的论述中挖掘出对理解当代哲学至关重要的思想资源,同时也是为了更好地理解一些重要哲学问题的历史渊源及其现代演变。正是根据这个出发点,达米特的工作就具有了双重的意义:(1) 对弗雷格思想的理解不是追问具体的历史考证,而是把它们放到现代语言哲学发展的整个历史过程中加以考察,由此展现给我们的就是一个"经过理解了的"弗雷格形象;(2) 弗雷格研究仅仅被看做是阐发自己哲学思想的重要途径或方式,由于当代语言哲学的基本问题在很大程度上来源于弗雷格,因而,研究弗雷格思想就成为研究语言哲学的重要方面。

如今我们都知道弗雷格是分析哲学的创始人,对罗素、维特根斯坦、卡尔纳普等人的思想形成都产生了深刻的影响,但在 20 世纪 70 年代之前,西方哲学界对弗雷格思想的重视仅限于编辑和翻译他的主要著作,如奥斯汀翻译的《算术基础》、吉奇和布莱克翻译的《弗雷格哲学著作选译》、弗斯(M. Furth)翻译的《算术的基本规律》以及德国哲学家重新编

---

① 在达米特这本著作出版之后,英美哲学家分别在英国、美国以及以色列等地召开了专题研讨会,并出版了多部文集,主要的有:贝尔和库珀《分析的传统:意义、思想和知识》;格洛克《分析哲学的兴起》;伯茨基和梅塔《分析哲学的故事:情节与英雄》等。
② 关于达米特被看做是一位逻辑学家,证据之一见王路的《走进分析哲学》,第 39 页注。
③ 参见徐友渔《实在论的诘难者:达梅特》,载于江怡主编《走向新世纪的西方哲学》,第 428 页,中国社会科学出版社,1998(以下所引此书均为此版本)。(达梅特即达米特)

辑出版了弗雷格的重要著作以及他的遗著等。但在对他的思想研究方面取得的成果却不多，主要有悌尔的《弗雷格和传统哲学研究》以及图根哈特（E. Tugendhat）的一些文章，还有一些是散见于哲学家们对其他问题的讨论之中。直到 70 年代之后，西方哲学家才开始更多地研究弗雷格思想的价值，而这首先就应当归功于达米特的工作。

从 20 世纪 50 年代起，达米特就开始从事对弗雷格思想的研究。他的哲学处女作就是评论由吉奇和布莱克翻译的《弗雷格哲学著作选译》。从他的第一本文集《真理和其他的谜》中可以看出，他最早发表的关于弗雷格的文章是在 1955 年《哲学评论》上的《弗雷格论函数》。但真正引起西方哲学界关注的是他于 1973 年出版的《弗雷格的语言哲学》。该书不仅为他赢得了"当代最杰出的哲学家"的名声，而且引发了西方哲学家们对弗雷格思想的全面研究。应当说，达米特几乎所有的哲学著作都与对弗雷格思想的解释有关，或者是围绕弗雷格的思想展开的，但以弗雷格思想为主要话题的著作主要集中在这样四本，即《弗雷格的语言哲学》《对弗雷格哲学的解释》《弗雷格的数学哲学》《弗雷格和其他哲学家》。其中《对弗雷格哲学的解释》是他对《弗雷格的语言哲学》中主要思想的进一步阐发，而《弗雷格和其他哲学家》则是他的一本文集。达米特把《弗雷格的语言哲学》和《弗雷格的数学哲学》看做是他研究弗雷格思想的两部主要著作，因而，我们对他关于弗雷格思想研究的解释也主要根据他在这两本书中阐发的观点。

语言哲学是达米特哲学研究的出发点，也是他挖掘弗雷格思想价值的出发点。他之所以把语言哲学作为他研究弗雷格思想的第一部分，是因为他认为，语言哲学研究涵盖了体现现代哲学主要特征的几个重要领域，即逻辑学、数学和哲学逻辑，而弗雷格的伟大贡献也正是表现在他在这些领域中的工作。首先，弗雷格是现代逻辑的创始人之一。现代逻辑对哲学的重要意义就在于，对概念的分析和对语言和思想的基本结构的理解，完全取决于以正确的形式去解释句子的结构和相互关系，而这正是现代逻辑的任务。虽然在弗雷格之前已有布尔等人在逻辑上做了些工作,但真正使逻辑成为数学中的一个重要分支的正是弗雷格。其次,正是对数理逻辑的研究导致了弗雷格把数学研究方法直接应用于哲学,并通过与哲学论证的结合,带来了现代哲学逻辑的诞生。作为一门哲学分支的哲学逻辑,是由罗素、维特根斯坦、卡尔纳普等人进一步完善和发展起来的,但弗雷格提出的这样一个基本观念决定了哲学与逻辑结合的发展方向:"对数学无知的哲学家只是半个哲学家,而对哲学无知的数学家也只是半个数学家。"①达米特认为,弗雷格的哲学逻辑理论的重要意义不仅在于确立了这个研究领域的基础,而且在于改变了整个哲学的发展方向:虽然维特根斯坦在《逻辑哲学论》中明确宣布了哲学逻辑作为哲学基础的首要地位,但对哲学基础的这种颠覆性工作却是开始于弗雷格的,因为正是弗雷格确立了逻辑取代认识论而成为一切哲学研究的出发点。最后,弗雷格在数学哲学中的工作具有深远的历史意义:他把对数学基础的研究确定为数学研究中的一个重要组成部分;他的研究工作促使了后来的哲学家们对数学哲学问题的不断探索,虽然他本人的研究结果并没有完全为后人所继承。

在对弗雷格语言哲学的研究中,达米特主要集中在以下几个问题上:意义、指称、真值。应当说,正是由于达米特的工作,弗雷格在这些问题上的思想才引起了西方哲学家们的广泛重视;而且,达米特对弗雷格思想的解释也成为当代西方语言哲学的重要组成部分。

1. 达米特区分了弗雷格意义理论中的两个重要成分,即"含义"和"语气"。他认为,弗雷格以这样的方式解释了两者的区别:只有与确定句子真假有关的东西才属于句子的含义,而句子的意义中无法影响句子真假的特征则属于句子的语气。例如,当我们把一个句子中的"和"替换为"但是"时,我们就会改变这个句子中的意义,但这不会使一个真句子变成一个假句子。这表明,"和"与"但是"的意义上的差别应当属于它们的语气,而不属于它们的含义。由此,达米特指出:"语言允许用确定的

---

① 达米特:《弗雷格的语言哲学》,第XXXII页,哈佛大学出版社,1981(第2版)。

真值条件来解释句子,而这些句子可以用断定的方式说出,就是说,可以理解为是由这样的约定支配的,即说话者仅仅是要说出那些真值条件得到了满足的句子,这些似乎属于语言的本质。"①这里可以清楚地看出达米特对弗雷格思想的两个理解:(1)句子的含义和语气都是包含在句子的意义之中的,属于句子意义的组成部分;(2)决定句子意义的成分不是语气,而是含义,因为只有含义才与句子的真假有关,而确定句子的真假是语言的主要功能。

2. 达米特指出,弗雷格首次确立了句子为意义的基本单位,并明确提出了意义的语境原则。的确,从亚里士多德以来,哲学家们大多把单个的语词看做具有表达观念的力量,而把语词的结合即句子看做是表达了复杂的观念。弗雷格在继承了前人思想的基础上,首次从句子出发,而不是从单个的语词出发来讨论意义问题。在达米特看来,弗雷格从句子出发的前提是为了达到对意义的解释,而不是仅仅为了认识。他写道:

> 对弗雷格来说,一个词或任何表达式的含义只能理解为它对确定它所出现的句子的含义所作出的贡献。因为只有通过句子的方式,我们才能完成语言行动(我们才能说些什么),而一个词拥有一个含义或未能构成一个句子的表达式拥有一个含义,只能是受到专门说明包含了它的句子含义的一般规则的支配。如果是这样的话,那么多少有些循环地说,句子所拥有的一般的含义概念就一定能够在没有涉及到组成部分的语词或表达式含义的情况下得到解释。这也可以通过真值条件的观念加以说明:掌握一个句子的含义,一般而言就是知道这个句子成真和成假的条件。②

在这里,我们再次看到,达米特把弗雷格对句子含义的解释与真值条件更为紧密地结合起来了。我们在后面将会看到,他最终是把含义与

---

① 达米特:《弗雷格的语言哲学》,第2—3页,哈佛大学出版社,1981(第2版)。
② 同上书,第4—5页。

指称结合起来了。

3. 达米特把弗雷格对语言的分析看做是对语言活动的分析,就是说,弗雷格是把语言看做具有语义学特征的一种符号体系,而不仅仅是对语言作出语形学的分析。这样,达米特认为,弗雷格就把语言分析与"真"这个概念联系起来了。因为一种推理形式的有效性正是在于:前提为真,结果也为真;而这种形式的有效性就保证了对语言结构的分析与对真值条件的满足之间的必然联系。但在达米特看来,弗雷格更重要的贡献则是从哲学上对语言的作用给予了一般性的说明,这就是他的意义理论,因为知道一个句子是如何发挥作用的,也就是知道这个句子的意义。达米特认为,弗雷格的"意义"概念包含了三个不同的成分:含义、语气和语力(force)。他从来没有使用过一个统一的词来表达"意义"这个概念。他还区分了"含义"和另外一个概念"Bedeutung",即我们通常所说的"指称"。在德文中,这个词意味着"意义",但弗雷格却是在不同于"意义"的用法上使用这个词,即他更强调这个词所具有的认识功能。①

在这里,达米特特别指出,弗雷格的"指称"并不是"意义"概念中的组成部分,因为人们可能不知道一个表达式的指称,但这并不由此表明他无法理解或仅仅是部分地理解这个表达式。他写道:"在弗雷格看来,指称是意义理论(即对语言作用的一般说明)所需要的概念,正如它需要真理概念一样;但一个词的指称并不是人们通常理解的意义的组成部分,仅仅是一个句子的真值而已。"②在含义和指称的关系上,达米特认为,弗雷格更强调指称在建立一种语义学中的作用,因为"含义"概念完全是程序性的,就是说,我们完全可以跳过弗雷格设立的这个区分而直

---

① 达米特认为,这个词通常被翻译为"指称"(reference)是有缺陷的,因为它仅仅表明了这个词的非认识作用,即"代表"(stand for),而没有表明它的认识作用,即"蕴涵"(bedeuten)。但由于这种翻译已经被学界所接受,他表示自己也只能继续这样的方法,但会在论述中格外小心。参见达米特《弗雷格的语言哲学》,第84页,哈佛大学出版社,1981(第2版)。

② 达米特:《弗雷格的语言哲学》,第84页,哈佛大学出版社,1981(第2版)。

接进入指称。这特别适合弗雷格希望建立的谓词逻辑语言①,而他的"指称"概念与他对谓词逻辑公式的"解释"概念是一致的。事实上,在弗雷格看来,一旦表达式的指称得以确立,该表达式所在的句子的真值也就由此得以确立。因而,当我们用具有相同指称的表达式去替换句子中的某个表达式,句子的真值可以保持不变。这就表明,句子的含义和指称在真值上取得了一致:含义确定了句子的真值,而真值又保证了指称。达米特指出,弗雷格认为指称不是意义的组成部分,是为了表明我们对表达式的理解并不在于我们把世界上的某个东西与这个表达式联系起来了:我们只是把这个表达式与它在句子中的作用联系起来了。

在《弗雷格的语言哲学》中,达米特详细阐明了弗雷格关于含义和指称的某些重要论题,主要包括:(1) 一个复合物的含义是由其组成部分的含义构成的;(2) 一个词的含义并不在于一个心理想象;(3) 一个表达式的指称是由其组成部分的指称确定的;(4) 一个表达式可以具有含义但没有指称;(5) 一个不完全表达式的指称本身就是不完全的;(6) 一个专名的含义确定了被命名对象的同一性标准;(7) 真值就是句子的指称;(8) 间接话语中的表达式不具有通常的指称;(9) 一个词只有在句子的语境中才代表事物;(10) 我们语言的所指就是我们所谈论的东西。②在达米特看来,这些论题正是弗雷格意义理论的核心内容。

根据达米特的解释,弗雷格的意义理论不仅包括了含义、指称、真值以及它们的相互关系,还包括了语言所表达的思想。在弗雷格关于真假概念的论述中,有三个主要论题,即真假概念首先被赋予的是思想;真假概念与把它们作为所指的句子密切相关;真概念是不可定义的。根据弗雷格的思想,真假概念并不是思想的属性,它们与思想的关系如同表达式的所指与其含义的关系。但达米特认为,这种真假概念在弗雷格的意

---

① 具体的运用过程比较复杂,但总的方法是为每一个符号(单个常项)设定一个对象,而符号与对象之间的"指称"关系是由一种语义学解释提供的。参见达米特《弗雷格的语言哲学》,第89—90页,哈佛大学出版社1981年(第2版)。
② 达米特:《弗雷格的语言哲学》,第6章,哈佛大学出版社,1981(第2版)。

义理论中起到了关键作用,因为"指称理论在严格意义上构成了这种语言的语义学:通过详细说明这种语言最初表达式的指称,以及详细说明如何根据组成部分的指称去确定一个复合表达式的指称,我们就最终获得了对这种语言句子的归纳性真理定义。含义理论同样提供了对这种语言的认识方面的说明,即对这种语言中某个表达式的理解是由什么构成的,也就是说话者掌握其指称的每个表达式的含义"①。

关于弗雷格的思想发展,达米特首先把他的思想看做是一个整体,认为弗雷格在其一生的思想发展中没有根本性的改变,但仍然有一些思想上的完善过程。他把弗雷格的思想过程分为六个时期:第一个时期是从 1879 年的《概念文字》到 1883 年,弗雷格的主要工作是解释在《概念文字》中提出的形式系统,这可以看做是为他整个哲学奠定基础的时期。第二个时期是从 1884 年的《算术基础》到 1890 年,这是他学术生涯的鼎盛时期,因为他在《算术基础》中明确提出了他哲学研究的一些重要原则和论题。第三个时期是从 1891 年发表《函项与概念》到 1906 年发表关于几何学基础的文章,这个时期还出版了两卷本的《算术的基本法则》(1893、1903),达米特把弗雷格思想发展的这个时期称作"巩固时期",认为他主要做了两件事情:(1) 系统阐述了他的逻辑哲学;(2) 完成了他的"杰作"《算术的基本法则》。第四个时期是从 1907 年到 1913 年,这段时期是弗雷格思想的消沉阶段,因为他已经意识到了自己试图从逻辑中派生出数学的努力已告失败,所以他放弃了出版《算术的基本法则》第 3 卷,仅仅写了一些评论性文章,以回应某些逻辑学家对他的逻辑主义的批评。第五个时期是从 1914 年到 1918 年,弗雷格从耶拿大学退休,试图再次完成关于逻辑哲学的著作,其中的部分章节在以后的日子里陆续发表,这些文章体现了弗雷格的一种全新风格。第六个时期是从 1919 年到 1925 年去世,弗雷格在这段时间没有发表任何东西,仅仅写了一些关于数学问题的片段,如今被保留在他的遗著中。达米特认为,弗雷格

---

① 达米特:《弗雷格的语言哲学》,第 415—416 页,哈佛大学出版社,1981(第 2 版)。

在生命的最后终于承认了自己的逻辑主义纲领的失败,并把这种失败的原因归结为引入了"类"的概念。应当说,能够承认自己的失败,这是需要相当的勇气,而更需要勇气的是,弗雷格在他生命的最后时刻仍然在不断地探索。

在《弗雷格的语言哲学》中,达米特还特别指出了弗雷格思想在哲学史上的重要地位。他把弗雷格的工作与笛卡尔的工作相提并论:笛卡尔的贡献是把认识论作为哲学的核心,而弗雷格则把逻辑作为整个哲学的出发点。但弗雷格并没有把逻辑看做是哲学的一个专门领域,而是把它看做是整个哲学大厦的基石,哲学的其他部分都需要依靠逻辑哲学才得以成立。根据达米特的解释,弗雷格逻辑哲学的核心内容是对意义的分析,这种分析的重要性不仅仅在于澄清表达式的意义,而且在于对思想内容的澄清。这样,意义理论就构成了逻辑哲学的核心,进而成为整个哲学的基础。他指出,弗雷格一生致力于三个领域:一个是外在世界,这是有关我们所谈论的指称的领域,一个是纯粹心理的领域,还有一个是含义(或意义)的领域。弗雷格最强调的是最后一个领域,虽然他有时也把这后两个领域看做是第一个领域的组成部分。在弗雷格看来,指称的领域是外在于我们语言的,而纯粹心理的东西又属于我们的主观世界,只有含义或意义才是由我们所掌握的具有客观性的东西,这就是"思想"。这种客观的思想是为语言表达的,因而具有可交流性、公共性等特征。这样,对意义的探究既是对思想的探究,更是对语言的探究。正是在这种意义上,达米特把弗雷格称为"语言哲学之父"。但达米特明确指出,他在这里理解的"语言哲学"不是牛津日常语言哲学,而是指那些通过研究概念表达式的含义去分析概念的一切哲学活动。这种语言哲学与牛津日常语言哲学的重要区别就在于后者否认了对语言进行系统的形式研究的可能性以及坚持日常语言的完善性。[①] 达米特认为,弗雷格对语言哲学的贡献主要体现为三个方面:(1)他在数学哲学和逻辑哲学

[①] 参见达米特《弗雷格的语言哲学》,第683页,哈佛大学出版社,1981(第2版)。

上的研究工作经过维特根斯坦的努力成为当今语言哲学的主要范例；
(2)他以逻辑和数学的方式清除了经验主义的根基，确立了意义理论的
逻辑基础；(3)他成功地制定出了一种可行的意义理论纲领，使得后来的
意义理论研究建立在逻辑主义的基础之上。

1991年，达米特终于出版了早在1973年就预告出版的《弗雷格的数
学哲学》。达米特在该书序言中承认，他在1973年就已经完成了该书的
三分之二部分，但直到1982年，他由于忙于其他的写作任务而一直没有
时间完成该书的剩余部分。1982年他获得洪堡基金的资助到德国访问
讲学四个月，在这期间他突然发现自己原来所写的内容过于"贫乏"
(poor)，于是把全书重新写过，直到1989年他从美国斯坦福大学的高级
研究所结束访问研究之后才完成该书的写作。他把该书看做是《弗雷格
的语言哲学》的姊妹篇，因为弗雷格的语言哲学思想是通过数学基础的
研究而展开的，而且，弗雷格关于数学问题的哲学思考引领了当代分析
哲学的重要方向。

在《弗雷格的数学哲学》中，达米特主要研究了弗雷格的《算术基础》
和《算术的基本法则》。对前一本著作，达米特给予了相当高的评价，认
为是"弗雷格的杰作"，是"他最强有力的、最富有成果的哲学著作，创作
于他思想的顶峰时期"[1]。他甚至认为，该书可以被看做是以非形式化的
方式向更多的读者展现了他后来在《算术的基本法则》中所要阐述的思
想。事实上，该书在他的数学哲学中占据着远比后者更为重要的地位。
因为弗雷格在该书中提出的三个重要思想在他以后的著作中不但没有
被放弃，而且没有像在该书中那样得到更为清楚的阐明。第一就是他提
出的"语境原则"，即一个词只有在句子的语境中才有意义；第二个是对
真命题的康德式分类，即把真命题区分为分析命题、先天综合命题和后
天综合命题；第三个是提出了同一性标准，即如果我们要用符号 a 命名
一个对象，我们就必须具有这样一个标准，即在所有情况下都可以决定 b

---

[1] 达米特：《弗雷格的数学哲学》，第1页，哈佛大学出版社，1991。

是否等同于 a。①

关于《算术的基本法则》，达米特把它看做是弗雷格"未完成的工作"，因为罗素悖论的发现使他在第 2 卷中要阐明的第五公理失效了。而这一事实导致的结果是弗雷格不得不放弃最初计划完成的该卷中的第 4 部分内容，或许是他计划中的第 3 卷内容。达米特说它是弗雷格"未完成的工作"，更重要的含义是认为在这本著作中，弗雷格开始意识到他的逻辑主义的失败，力图重新考虑他试图从逻辑推出数学的最初构想。在这种意义上，达米特把《算术基础》一书看做代表了弗雷格成熟的算术哲学思想。

达米特认为，弗雷格在《算术基础》的序言中主要提出了这样三个重要主张：第一个是确立了数论的分析性特征；第二个是彻底批判了当时盛行的心理主义；第三个是提出了数学研究中的三个基本的方法论原则。这三个主张贯穿了弗雷格的这整部著作，构成了该书的三条主线。达米特特别阐述了弗雷格关于分析性的思想、定义的概念、语境原则、抽象对象的地位、形式主义和实数理论等问题，同时明确提出了自己的一些重要观点：(1)"理解"这个概念对语言哲学或思想的哲学具有十分重要的意义。思想可以由语言来传递，但如果没有对语言理解的说明，对交流的哲学说明显然就不可能了。这里的"理解"就是指对语言内容的把握，因而含义也就只能解释为把握这种内容的方式。(2)分析哲学的基本原则是语言在解释的顺序上先于思想，就是说，对思想的哲学说明必须通过对语词表达式的分析，即通过一种关于语言意义的理论。从维特根斯坦的思想出发，达米特认为，这种基本原则填补了弗雷格关于含义问题说明的两个"真空"(lacunas)，即弗雷格在含义的目的方面没有给予清楚的说明。一方面，表达式的含义应当在于表达式在人们共同使用语言的社会实践中的作用，这个作用完全没有涉及任何内在的心理活动；另一方面，人们对含义的把握即理解，就在于人们从事这种实践活动

---

① 达米特：《弗雷格的数学哲学》，第 3—4 页，哈佛大学出版社，1991。

的能力,但这种能力并非天生固有的,而是经过训练获得的。(3)一旦通过语言哲学得到了关于思想的哲学,那么一个意义理论就会提供对这种思想哲学的证明,因为一种恰当的意义理论会决定对表达式意义的恰当分析,因而也就决定了对概念的恰当分析。(4)弗雷格提出的语境原则带来了一场哲学上的"语言的转向",这个转向不仅是语言学意义上的,更主要的是认识论上的以及本体论上的。在认识论上,弗雷格第一次从非语言的问题转向了语言的回答,就是说把认识对象的问题转向了我们对认识对象的语言表达问题;在本体论上,弗雷格以数的分析确立了同一性标准,这种标准并非等同于同一性陈述真理的必要充分条件,而应当被看做是决定了这样的必要充分条件。

当然,达米特对弗雷格的数学哲学并非采取了完全接受的态度。相反,他对弗雷格的许多重要观点都持批评的态度,特别是弗雷格关于数字的认识论和本体论地位的观点。达米特对弗雷格思想的肯定主要表现在两个重要方面:(1)高度评价弗雷格思想在当代哲学发展中的历史地位,如认为他是"分析哲学之父""第一位语言哲学家"等;(2)充分肯定了弗雷格思想中的某些观点对后来哲学发展的重要意义,如语境原则和反心理主义的主张等。应当说,达米特对弗雷格思想的解释在当代西方哲学中产生了重要影响,直接导致了西方哲学家在20世纪50年代后对弗雷格思想的特别关注和在70年代后对分析哲学历史的普遍研究。目前,达米特的解释已经成为弗雷格研究中的主流和经典,任何想要解释弗雷格思想的哲学家都必须首先参阅达米特的解释,甚至许多弗雷格的研究者把达米特的解释与弗雷格的观点加以对比,试图从中挖掘弗雷格的真实思想。正如达米特对维特根斯坦的评价一样,达米特对弗雷格思想的解释是弗雷格研究中"不可逾越的一个环节"。

三 意义理论

达米特在解释弗雷格思想时反复强调,一种语言哲学的核心内容是关于这种语言的意义理论,而只有通过对语言意义的分析,我们才能真正把握关于语言所表达的内容。在这种意义上,把握表达式内容就是把握思想,而把握思想的前提就是要分析表达式的意义。所以,达米特非常重视意义问题研究,甚至把这种研究看做是整个语言哲学的全部,因为对真理、实在、心灵、世界等问题的研究都必须通过对意义分析才得以实现。

正如我们前面看到的,达米特对意义问题的论述最早见于他对弗雷格思想的解释中,但在 1975—1976 年,他发表了两篇著名的文章《什么是意义理论?(1)》和《什么是意义理论?(2)》,开始明确提出自己对意义理论的独特理解。在 20 世纪 70—90 年代,达米特围绕意义问题发表了大量文章,使他逐渐成为当代英美语言哲学中反实在论的重要代表。这些文章后来被收录于他的第三部文集《语言之海》。他在该书的序言中承认自己的前两篇文章存在某些错误,但他坚持认为其中仍然存在对他而言是正确的东西,如他继续相信"被赋予说话者的知识构成了他关于一种语言的知识,这必须用他运用这种语言的能力加以表明,包括了他对其他人用这种语言对他说出的东西的反应。而且,我仍然认为,这个限制对于意义的真值条件理论的拥护者来说设置了极大的困难"①。

从总体上说,达米特的意义理论并非对某个具体语言中的语词和语句意义的说明,也不是对某种语言的具体实践活动的描述,而是要追问:任何一种完整语言的所谓"意义理论"究竟应该采取何种形式,用达米特的话说,"这个语言的意义理论就是要详细地说明该语言所有词的意义和语句构成的运作,以产生对语言中每一个表达式和语句意义的说明"②。就是说,一旦我们能够确切地说明这些建构据以实行的一般原则,我们就能达到对困扰哲学家们的意义问题的解决。由此可见,达米特的意义理论完全是一种形式说明,或者说,是对意义理论本身的形式构造。在这种意义上,达米特并没有提出任何关于一种语言的意义理

---

① 达米特:《语言之海》,第Ⅻ页,牛津,克拉伦登出版社,1993。
② 同上书,第 1 页。

论，他是对如何构成一种意义理论提出了基本条件，正如认识论是对认识的构成提出条件一样。记住这一点，对于我们理解达米特的意义理论以及他的整个语言哲学至关重要。

根据达米特在这两篇同名文章《什么是意义理论》中的论述，我们可以把他关于意义理论的思想归结为以下几个重要方面[①]：

1. 达米特明确指出，掌握一个表达式的意义，就是理解它在语言中的作用。因此，一种语言的完整的意义理论，就是这种语言如何起到语言作用的完整理论。因而，"意义"作为一个普通的概念，我们对它的兴趣就是考察语言是如何起作用的。但如果缺乏关于一种语言的完整的意义理论，即缺乏对这种语言的作用方式的完整说明，意义就不可能被用作判断所提出的翻译框架正确性的恰当基础。因此，一种语言的意义理论的任务，就是要说明这种语言是怎样起作用的，也就是说这种语言的说话者是怎样用它交流的。在这里，"交流"的含义就是指"做以说出这个语言的一个或多个句子所能做的任何事情"。

2. 达米特提出，一个意义理论就是一个理解理论，就是说，一个意义理论必须说明的，就是一个人知道一个语言时所知道的东西，也就是当他知道这个语言的表达式和句子的意义时所知道的东西。就是说，假若有可能说明（比如）在什么时候两个表达式有同样的意义，而这种意义又不是明显地依赖于对知道表达式的意义是怎么回事这样一类说明，那么就绝不可能由此推导出有关意义的知识说明。这样的意义理论在解释人们为了知道语言中的每个表达式的意义而必须知道的东西的过程中，还必须同时解释拥有一个可以借助那种语言来表达的概念是怎么回事。

3. 达米特区分了"适度的"（modest）意义理论和"全面的"（full-blooded）意义理论。所谓"适度的"意义理论，就是只打算完成有限任务的意义理论，而"全面的"意义理论则是追求解释用语言的初始词项表达

[①] 虽然达米特在其他文章和著作中也对意义问题作出了说明，但他的主要思想在这两篇文章中得到了更为详细的阐述。

的概念的意义理论。他认为，戴维森根据塔尔斯基真理论建立起来的意义理论就属于"适度的"意义理论，因为根据这个观念，以塔尔斯基的那种真定义模型为基础所构造的真理论（对象语言一般并不被认为是元语言的一部分）是意义理论的核心。但达米特认为，这样的真理论缺乏将其变为清晰定义所需要的机制，它也完全不能用来详述"真理"概念，而只是把真当做已知的，以便解释对象语言。相反，对于"全面的"意义理论来说，如果一个意义理论把对一个表达式的理解表述为在于拥有某一个知识，它就不可能满足于说明这个知识的对象，并坚持"知识"要在严格的含义上理解；它还必须表明那个知识被推出的方式，以便有资格作为知识。这样，"当我们根据某个实践能力的命题知识来考虑表达时，特别是在这个实践能力就是语言掌握的情况下，如果说明要具有解释力，就不仅仅是说明人们在有那个能力时所必须知道的东西，还要说明他有那个知识是怎么回事，也就是我们把什么看做是构成了对这些命题知识的宣示，这一切都是我们有义务要做的；如果我们做不到这一点，那么就不能建造理论表达和它所欲表达的实践能力之间的联结"[①]。

4. 在意义理论采取的形式问题上，达米特反对用整体论去说明意义理论，反对把意义理论解释为某种真值条件理论。他提出，意义理论如果想成为可能，就必须符合原子论或至少是分子论的语言观念，而不能是整体论的观念；它必须是全面的，而不是适度的，必须是丰富的而不是简朴的。它不需要表达为任何直接的意义归属；但它必须不仅对任何人假如想知道任何给定表达式的意义就必须知道的东西给予说明，而且对构成了拥有这个知识的东西给予说明。"我们所需要的是对知道一个语言究竟是什么意思的说明，一种语言的说话者是从他关于语词意义的知识中得到他对那种语言句子的理解。"[②]

5. 达米特把说话者对他所知道的关于自己所说的语言的知识看做

---

① 达米特：《语言之海》，第 21 页，牛津，克拉伦登出版社，1993。
② 同上书，第 36 页。

是一种"隐含的"（implicit）知识，就是说，说话者在说出自己的话语时并不需要解释自己说出这些话语的背景知识，而且在具体的场合中，说话者甚至无法作出这样的解释。他写道："说话者在知道一种语言的时候所知道的东西，就是知道如何使用这种语言去说事情，就是说，使用这种语言去产生各种各样的语言行为。因而，我们可以要求，他所具有的关于与整个句子相关的意义理论定理的隐含的知识，是用他以具体的方式运用那些句子的能力来加以解释的，就是说，这个理论应当是分子的。但他对语词的运用仅仅在于他运用了包含这些语词的各种句子，因而，这并不需要把被看做是构成了他对每个词的理解的知识与特殊的语言能力直接联系起来。认为他掌握了支配语词的公理，就是认为他是从组成语词的意义中派生出每个句子的意义，但他关于这些公理的知识仅仅需要用他对句子的运用来加以证明的。"①

6. 达米特根据对弗雷格思想的解释，把意义理论看做是由三部分构成的，即指称理论、含义理论和语力理论。他认为，指称理论或真理理论应当被看做是意义理论的核心内容，因为当这一理论的定理陈述了某个句子，或在特定场合由特定说话者说出这个句子为真的条件，支配单个语词的公理就为这些语词分派了恰当的指称。含义理论是指称理论的外壳，它说明了说话者关于指称理论的知识是由什么构成的，这就是把说话者具体的实践能力与这个理论的某些命题联系起来。而语力理论作为对以上两种理论的补充，说明了说出一个句子可能具有的各种不同的约定意义，就是说是由说出这个句子而产生的各种不同的语言行为，譬如作出断定、发出命令、提出请求等等，而这种说明把句子的真值条件看做是给定的。

达米特反对用真值条件来解释意义，主要是因为他对"真"（truth）这个概念有着不同的理解，即他把"真"看做我们在具体场合说出的句子的属性。但他对"真"的这种理解有一个发展过程。早在 1959 年发表的

---

① 达米特：《语言之海》，第 38 页，牛津，克拉伦登出版社，1993。

《真》这篇文章中,达米特追随弗雷格的思想,把真假解释为句子的指称,但同时指出,对真假的最终解释应当取决于我们使用句子的具体场合和目的。具体地说,当我们在某个场合说某个句子是真的,我们实际上就是在肯定这个句子或就是在说这个句子本身。在这里,"是真的"这样的谓词是可以取消的。可以看出,达米特这里基本上赞同一种真理多余论的观点。但他的根据是:句子表达的是命题,因为任何一个命题都必须是真的或假的,所以用来表达命题的句子也必定具有真值。达米特认为,这并不意味着不存在一种真理理论,因为对任何一种具体的语言来说,只要它不是模糊的或矛盾的,就有可能去说明这种语言中的真句子。这样一种说明是递归式的,就是说,首先定义最简单句子的真,然后根据逻辑运算确定出其他句子的真。他认为,这就是形式化语言中的真理定义,而多余论正是给出了这种真理定义的一般形式。① 在写于 1972 年的《真理和其他的谜》的后记中,达米特仍然坚持这种反实在论的立场,但对实在论的观点作出了更多的说明,指出两者的区别并不在于是否承认存在不依赖于我们认识活动的对象,而是在于对排中律的态度。② 对此,我们将在下一个问题中详细分析。

在《弗雷格的语言哲学》中,达米特对"真"概念的解释更倾向于用法理论,他把我们对"真"和"假"这些词的使用看做是需要根据具体场合加以解释的,反对用任何方法去定义"真"。首先,他认为我们使用的真理定义预设了我们对包含了"真"这个谓词的句子的理解,就是说,它应当是被包含在扩展了对象语言的元语言中。如果这种元语言是一种自然语言,那么它的对象语言就应当是一种没有包含"真""假"这些词的更大的自然语言。其次,他指出,真假并不是对任何可能的语言提出一种意义理论的核心概念,它们仅仅是我们在这种语言中使用的语词,我们对它们的理解完全取决于我们是否可以恰当地使用它们。他写道:"意义

---

① 参见达米特《真理和其他的谜》,第 7—8 页。
② 同上书,第 23—24 页。

这个概念是属于我们的语言,而不是限于表达一种语言理论所用的更高的话语领域;关于意义以及真理与意义之关系的最初理论本身就根植于我们对'真'和'意义'这些词的日常用法,特别是用来规定或阐述其他语词的用法。正如我们所见,澄清在我们直观地运用'真'和'假'背后隐含的原则,这本身就揭示了对真理、意义和用法之关系的某些最根本的洞见。"①最后,达米特认为,被看做是构成意义理论的真理定义仅仅是说明了"真的"这个谓词的具体运用,而这个理论的其他部分则是把这个谓词用于描述使用语言的实践,这就表明了只要理解了这种语言我们就能够知道的东西,虽然它是以理论的方式表现出我们的实践能力。他写道:"真理定义所代表的知识最终必须是表明为使用的能力,以及用语词或非语词的方式对已知为某种情况(用知道某物说明知道如何)的句子作出的反应。在这方面,真理定义是否表达为以特别的方式或作为专门部分包含了对象语言的元语言,这并不重要。如果这是关于对象语言的全面的意义理论,那么就必须以这种拐弯抹角的方式来理解。"②

2002 年,达米特在杜威讲座上发表讲演"真理与过去",主要阐述了他关于时间的形而上学,但第 1 讲集中讨论了他目前对"真"概念的理解。他明确指出,我们应当把"真"这个谓词看做是依附于一个殊型句子(a token sentence),即在特殊解释下考虑的句子。语言决定了什么样的解释在原则上是可能的,话语的情景决定了说话者明显意指的是哪种解释。经过这样解释的句子很可能并不是在每一种可以想象的情况下都具有真值;运气好的话,它会在每一个实际出现的情况下都有真值。因而,句子并不是遵循弗雷格的严格标准而表达了一个思想;但是可以认为,它表达了一个可以合法地说其或真或假的命题。③ 达米特把用断言一个陈述的根据给出的意义理论,称为"辩明主义"(justificationist)理论,把用接受一个陈述的推论给出的理论,称为"实用主义"(pragmatist)

---

① 达米特:《弗雷格的语言哲学》,第 458 页,哈佛大学出版社,1981(第 2 版)。
② 同上书,第 462 页。
③ 参见达米特《真理与过去》,载于《哲学杂志》C 卷 2003 年 1 月第 1 期,第 8 页。

理论。他认为,直觉主义理论就是数学陈述的辩明主义意义理论,因为"直觉主义对数学陈述意义的说明用的不是一个陈述为真的观念,而仅仅是某东西为该陈述的一个证明的观念"①。

达米特由此反对成真条件论者把"真"概念作为意义理论的核心概念。他提出了两个主要理由:(1)没有论证表明,作为可靠的意义理论之基础的语义理论需要将"真"看做其核心观念。我们必须挑选核心观念,以便借助于它来阐释句子的全部意义(不仅仅是断言内容,还包括成分含义)。(2)不同的意义理论具有不同的真的观念(conceptions of truth)。成真条件论者认为我们需要"真"的概念(the concept of truth),但这是不够的,他还必须表明我们本应与他具有相同的真的观念。当然,哲学家有一种强劲合理的直觉,认为"真"概念和"意义"概念是紧密地联系在一起的。这两个概念必须一起加以阐释:没有哪一个可以被看做是先在于另一个,以致另一个可以借助于前一个得到阐释。"真"概念寓于意义理论之中,它是意义理论中的关键性理论观念。它不能通过规定语义转换原则普遍成立而得到阐释。这个原则将根据我们的真的观念而被判定为有效或无效;而我们的真的观念则对我们语言的意义理论负有责任。然而,达米特指出,一种语言的真的定义,目的当然是定义谓词"真的",并把它用于该语言中的陈述。"像所有的定义一样,真的定义把它用于表达的语言(除了待定义的词项之外)看做是已经得到理解的;如果这种语言与对象语言恰好一致或者是对象语言的延伸,它就把对象语言也看做是已经得到理解的。"②

达米特的意义理论以及语言哲学在当代分析哲学中具有重要地位。这主要表现在:(1)他通过对弗雷格思想的研究,明确地把语言哲学作为一切哲学的基础,强调语言对思想的在先性,即认为只有通过研究语言才能研究思想。这种观点的提出和阐述使"语言哲学"这个概念不再被

① 达米特:《真理与过去》,载于《哲学杂志》C卷2003年1月第1期,第14页。
② 同上书,第24—25页。

简单地看做仅仅属于牛津学派的哲学,而逐渐被看做是一个独立的哲学研究领域。虽然语言哲学作为一个研究领域的确立是由许多当代哲学家的共同努力完成的,但达米特在其中的工作被看做最具有代表性,也被看做是最有成效的。在严格的意义上,达米特的哲学就是语言哲学。(2)达米特通过语言研究直接追问对象和存在问题,特别揭示了形而上学的逻辑基础,把真理问题、意义问题以及我们使用语言的隐含知识全面地结合起来,由此展现了一个与传统实在论图像完全不同的反实在论的意义世界。达米特在这方面的研究成果被看做是当代哲学中最具有形而上学洞见的思想,因为他明确地把形而上学问题的解决看做只有通过语言哲学才能完成。这被普特南等人誉为"20世纪哲学中真正具有高水平的成果之一"。(3)达米特一再强调,建立一种令人满意的意义理论是当代分析哲学最为紧迫的任务,而要决定这样一种意义理论的正确形式,就必须清晰地知道我们希望意义理论能够做什么。达米特从维特根斯坦后期思想出发,不断地从我们使用语言的具体场合追问语言的意义,竭力把意义理论建立在理解的基础之上。由于他对理解和意义关系的独特阐述,他的思想也被认为对当代心灵哲学产生了重要影响。在哲学继承关系上,达米特的思想更多地被看做是维特根斯坦后期思想的扩展和延续。

当然,达米特的语言哲学思想也引起了当代哲学家们的广泛讨论,特别是他对语言和意义的反实在论的理解,受到了许多哲学家的批评。例如,戴维森指出,达米特把语言看做是不同的说话者共同持有的某种信念,并且把对一种语言的责任看做是使用这种语言的前提条件,这显然违反了我们日常使用语言的实际情况。因为我们通常在使用语言时往往并不会考虑我们的使用是否符合某种理论上的要求,或者说,我们使用语言这个活动本身是自发的,没有理论上的考虑。把我们的语言运用完全归结为某种理论上规定的语言能力,这恰恰是忽略了我们使用语言的社会方面,即忽略了说话者和听话者之间的实际交流活动。他写道:"要对一种语言负有责任,这是很荒谬的;就这里所讨论的语言问题而言,我们唯一的责任(如果可以使用这个词的话)就是要以某种方式去说话,以便我们的目的可以按照我们所希望的方式得到理解。而这是否需要我们应当像我们共同体中其他人那样去说话,这是很偶然的,虽然可能是这样。"①皮尔斯(D. F. Pears)对达米特把后期维特根斯坦的思想解释为"一种完全的排他主义"提出了严厉批评,认为达米特对维特根斯坦思想的"误读"导致了这样的错误观点,即把维特根斯坦看做是拥护一种全面的语言理论。但事实上维特根斯坦从来没有把建立一种语言理论或意义理论当做自己的主要工作,因为"首先,在他看来,它们并不是真正的理论。其次,无论它们的状态如何,他认为,它们得到其范围仅仅是由于忽略了这样一个要求,即它们必须适合事实"②。当然,更多的哲学家主要针对达米特意义理论中的反实在论主张提出了批评,指出了其中的矛盾。例如,普拉威兹(D. Prawitz)指出,达米特用语言的用法确定语言的意义并由此反对实在论的"真理"概念,这从表面上看似乎有道理,但它存在着一个完全相对主义的问题:由于我们无法对语言的无限用法提出说明,这是否就意味着,我们无法对关于意义的知识作出完全的说明? 他写道:"我们似乎必须指出对意义知识的说明必须采取的形式,因为我们必须规定,没有任何方式可以说明关于古典真值条件的知识;但我们无法决定真值,并不是说没有其他的方式可以表明我们知道真值。"③

达米特对这些批评意见给予了高度重视,在一切可能的情况下都尽量给予清楚的解答。例如,针对戴维森的批评,达米特认为,两个不同的说话者完全可能是在使用不同的语言时相互交流,在这种情况中,语言可以是不同的,但这并不影响交流的进行。而且,即使是在使用相同语

① 戴维森:《语言的社会方面》,载于麦吉尼斯和奥里夫利(G. Oliveri)《达米特的哲学》,第 9 页,克鲁威尔学术出版社,1994(以下所引此书均为此版本);也载于戴维森《真理、语言和历史》,牛津,克拉伦登出版社,2005。
② 皮尔斯:《理论化和排他主义:达米特论维特根斯坦的后期哲学》,载于麦吉尼斯和奥里夫利《达米特的哲学》,第 47 页。
③ 普拉威兹:《意义理论及反实在论》,载于麦吉尼斯和奥里夫利《达米特的哲学》,第86 页。

言进行交流的说话者那里,相同的语言并没有保证说话者完全可以达到相互交流。这就表明,是否使用相同的语言对于交流是否得以实现并不具有决定性的作用。同样,在交流的过程中并不存在可以判断某人说出的话语的最后权威(即使是说话者本人也不能作为这样的权威)。关于戴维森所批评的社会责任问题,达米特指出:"严格地说,我们对我们的语言没有这样的责任,但我们对使用这种语言的他人,有责任去避免危害它作为交流工具的效果。每一代说话者都对下一代有责任赋予他们语言,作为他们所继承的最有表达力的东西。这并不是说应当抵制一切语言变化。某些变化会丰富语言的表达力,而其他的变化可能消解它。我们应当抵制后者而鼓励前者。"①

应当说,达米特在回应批评者的同时也在不断修正或完善自己的思想,因为在他看来,正常的思想交流的目的正是为了使我们对语言使用的说明更为有效。不过,在当代英美哲学中,达米特往往被看做是比较"好战的"哲学家之一,因为他对批评者的反对意见通常会给予比较激烈的回应,在回应中更多的是指责批评者对自己观点的误解。他的《对弗雷格哲学的解释》一书就是他回应众多哲学家的批评以及评论其他哲学家思想的重要结果。为了表明他对弗雷格思想解释的重要性,他还专门在该书的封底附上了艾恩(A. Ryan)、麦金太尔、艾耶尔、汉普夏尔、奎因顿(A. Quinton)、肯尼等人以及《时代》文学副刊、《经济学家》《不列敦图书新闻》《泰晤士报》等报纸对他的《弗雷格的语言哲学》一书的好评。还有一个表明他"好战"的证据,是他对贝克(G. P. Baker)和哈克(P. M. S Hacker)合著的《弗雷格的逻辑探究》一书所写的一篇长达 32 页的措辞严厉的书评《不成功的挖掘》。在此文中,他对作者们的观点逐一进行了反驳,认为该书明显地表现出作者对弗雷格的"敌意"。他这样写道:"该书竭尽全力地试图表明他(弗雷格)完全不配做一位哲学家。用一本书

---

① 达米特:《回应戴维森》,载于麦吉尼斯和奥里夫利《达米特的哲学》,第266页。

的篇幅去达到这个目的,这是一个极为恶劣的想法。"①当然,导致达米特在当代英美哲学中引起极大争议的,更主要的还是他提出的反实在论的思想。

四　反实在论思想

我们在上篇第 5 章中已经大体介绍了达米特的反实在论主张。在那里,我们把达米特的反实在论与他的意义理论紧密地联系起来,并把他的反实在论观点概括为这样三个方面:反对用真值条件解释意义概念;用"语力理论"补充意义理论;以数学中的直觉主义反对传统的二值逻辑。在这里,我们将主要分析达米特提出反实在论思想的主要动因以及他这一思想形成的基本过程。

从达米特思想的整个发展过程看,反实在论主张贯串他的哲学思考始终,直接构成了他整个哲学的一条主线。达米特提出反实在论思想主要出于以下几个方面的理由:(1)这是他对弗雷格思想反思的结果;(2)这是他追随后期维特根斯坦思想的结果;(3)这是他根据直觉主义逻辑观形成的结果。

首先,达米特明确指出了弗雷格思想的实在论特征,并认为弗雷格的未竟事业就是没有从实在论转向反实在论。他指出,一方面,弗雷格的实在论受到了当时德国整个哲学背景的影响,他无法完全摆脱唯心论的束缚;另一方面,弗雷格的逻辑主义主张也明显地具有柏拉图主义的深刻痕迹。尽管如此,达米特认为,弗雷格的实在论却比他同时代的布伦坦诺和迈农以及后来的罗素和摩尔更为复杂。虽然弗雷格强烈地反对心理主义,认为它最终会导致唯心论,但他很少直接攻击唯心论。毫无疑问,弗雷格的确会把实在论看做他哲学体系的一个主要特征,因为他的著作代表了对实在论的意义理论的经典陈述,也代表了对实在论的

---

① 达米特:《不成功的挖掘》,载于赖特《弗雷格:传统与影响》,第 226 页,牛津,布莱克威尔出版社,1984。

数学哲学的经典解释。后者通常被称做"柏拉图主义"。然而,达米特指出:"对弗雷格来说,取得以上所描述的在视角上的革命性变化,使弗雷格成为实在论者,并不具有逻辑上的必然性,但这完全可能是历史的必然。"①

由此,达米特认为,一种系统的意义理论并不一定要采取一种实在论的形式,就是说,并不一定要把真假概念当做意义理论的核心概念。而直觉主义的意义理论则把"证实"和"证伪"当做核心概念,可以得到证实或证伪的条件就是我们能够有效地得到认识的条件。在这种意义上,弗雷格关于建立系统的意义理论的观念,恰好能使我们阐明实在论与唯心论之间的对立,即它们是关于如何理解语言问题的对立。根据这种解释,达米特就得到这样的结论:"认识到意义理论是哲学其他部分的基础,并不意味着接受了一种实在论的观点。相反,实在论与唯心论或反实在论的其他变种之间的问题,经过这种认识会永远存在,只不过是转换成了一种关于我们成功地讨论我们的陈述的意义问题,即关于一种正确的意义理论应当采取的形式问题;于是,形而上学本身就被看做是依赖于逻辑的,而'逻辑'一词是被弗雷格在广义上使用的。"②

其次,达米特的反实在论思想直接来源于后期维特根斯坦,他在多处明确表明自己的观点与维特根斯坦后期思想之间的血缘关系。早在1959年的《真》一文中,达米特就指出,维特根斯坦在《关于数学基础的评论》中提出的构造主义就有了一种反实在论或反柏拉图主义的端倪。他说,维特根斯坦在书中认为,我们在数学中的每一步骤都是自由的,就是说,我们所采取的每一步骤都不是外在于我们的某种必然性强加于我们的,而是自由选择的结果。由此,我们就可以得到这样一种关于数学实在的图像:这些实在并不是已然存在的,而是在我们探究时才呈现出来的。我们的研究带来了先前并不存在的东西,但它们呈现为存在的东西

---

① 达米特:《弗雷格的语言哲学》,第683页,哈佛大学出版社,1981(第2版)。
② 达米特:《对弗雷格哲学的解释》,第65页,哈佛大学出版社,1981。

并不是我们制造的结果。达米特写道:"这表明了,如何可以认为用关于陈述用法的直觉主义说明去代替关于真值条件的说明作为意义解释的一般形式,应当被用于一切话语领域,而不会认为是我们创造了这个世界;我们可以抛弃实在论,但不会落入主观唯心论。……当然,必须用用法去解释意义,这正是后期维特根斯坦的基本主张,但我认为这个主张的关键一直没有得到普遍的理解。"①

在发表于1982年的《实在论》一文中,达米特指出,维特根斯坦在《哲学研究》中对排中律给予了批评。② 虽然不能把这看做是他对二值逻辑原则的直接批判,但它仍然表明:首先,我们无法用"指称"概念去解释对内在感觉的表达是如何起作用的;其次,理解内在感觉的归咎,无法解释为知道使它们成真的条件。的确,在维特根斯坦看来,对(例如)疼痛归属的理解并不表现为对真值条件的把握。我们的哲学困惑恰恰在于我们使用了这样的模式,就是说,我们不得不在两种情况中作出选择:(1)一种行为主义的做法,即为这种归属寻找公认的最终可行的基础,而存在这样一个基础就保证了这种归属为真;(2)否定存在这样的基础,认为可以保证这种归属为真的东西仅仅适用于具有这种感觉的人,因而我们对这种归属的理解就完全取决于我们对原则上无法得到的某种事态的把握。结果就是,放弃对这种陈述形式的意义给予一种真值条件的说明。"我们只能认为,对疼痛归属的理解,就在于掌握它们的实际用法。"③

最后,达米特提出反实在论主张的理论基础在于他关于数学和逻辑的直觉主义。在数学哲学方面,达米特断言,任何关于数学的知识都在于我们构造证明的能力,一个数学陈述只有存在一个可以为其构造出证明时才是真的,否则就是假的;由于在证明一个数学陈述与否定存在这样的证明之间可以有其他的选择,因而传统的排中律以及双重否定律在

---

① 达米特:《真理和其他的谜》,第18—19页。
② 维特根斯坦:《哲学研究》第1卷,安斯康译,第352节,牛津,布莱克威尔出版社,1953。
③ 达米特:《语言之海》,第238页,牛津,克拉伦登出版社,1993。

这里就失去了效力。在逻辑方面,达米特指出,由于任何数学陈述的真只能根据它的可证实性,因而我们对逻辑联结词就无法给出一个明确的真值表。传统的真值表都是根据二值原则,即每个陈述都是或真或假的,无论我们是否知道它的真假。然而,如果我们没有关于一个陈述的证明或没有足够的证据能够否定它是可以得到证实的,那么我们就无法断定它是真的或是假的。正是从这种直觉主义立场出发,达米特在讨论意义问题时就彻底抛弃了二值原则。他写道:"无论正确的阐述应当是什么样子,最终的"真理"概念绝不会是服从于二值原则的。更准确地说,语言包含了句子,但我们对这些句子并没有任何根据去断定它们将会或能够得到证实或证伪,这恰好是推翻真值条件意义理论的一个理由。"①

应当说,达米特反实在论思想的形成有一个发展过程:首先,他从直觉主义逻辑出发,反对以实在论的方式处理我们的数学对象,特别是反对经典逻辑中的排中律;然后,他根据数学和逻辑中的这种反实在论观点,对真值条件意义理论提出挑战,在语言和意义研究中提出一种"可断定性的"理论;最后,他把这种反实在论思想运用于解释时间和存在等形而上学问题,特别是对时间问题形成了自己独特的因果理论。

在 1959 年的《真》一文中,达米特认为,直觉主义者谈论数学时完全是以一种反实在论的方式:"对他们来说,正是**我们**构造了数学;它并不是已然在**那里**等待我们去发现。"②在他看来,正如维特根斯坦所表明的一样,只要接受了数学中的直觉主义立场,我们就不可能倾向于接受关于数学实在的实在论解释。在 1963 年的《实在论》一文中,达米特进一步指出,围绕实在论争论的核心是询问是否真的存在具体类的实体,如共相或物质对象,或者说,实在论并不是关心是否有这样的实体存在,而是关心它们是否构成实在的最终要素。与这样的实在论对立的主张,采

① 达米特:《形而上学的逻辑基础》,第 318 页,哈佛大学出版社,1991。
② 达米特:《真理和其他的谜》,第 18 页。

取了一种还原论的形式：如果这样的实体能够还原为其他种类的实体，那么它们就不是实在的最终要素。达米特把这种还原论称做"反实在论"。他认为，实在论与反实在论之间的争论，实质并不在于某类实体或某类词项是否存在的问题，而在于某类陈述是否有效的问题，这样的陈述就包括了关于物理世界、心理事件、数学对象以及过去和将来时态等等的陈述。他把这种陈述叫做"有争议的类"（the disputed class）。他说，实在论者相信这种有争议的类拥有客观的真值，它独立于我们认识到它的手段，它们的真假完全是由于独立于我们存在的实在；而反实在论者则认为，关于这种有争议的类的陈述，只能通过被我们看做是对这种陈述的证据的东西才可以得到理解。这样，"实在论者认为，关于这种有争议的类的陈述的意义，并不是直接与我们所拥有的对它们的证据联系在一起的，而是在于决定它们真假的方式，而这种事态的存在完全不依赖于我们拥有对它们的证据。相反，反实在论者认为，这些陈述的意义直接与我们对它们的证据联系在一起，由此，关于这种有争议的类的陈述，只能是由于我们可以知道的东西以及我们应当看做是对它们成真的证据才可以为真，如果的确为真的话。因此，这场争论涉及的是对关于有争议的类的陈述恰如其分的真理概念；这就意味着，这场争论涉及的是这些陈述所拥有的那种**意义**"①。

在《弗雷格的语言哲学》中，达米特提出，由于我们通常是把一个句子理解为作出一个断定，而不是作为一个更大句子的组成部分，因而，如何构成一个正确的断定就应当是我们理解句子意义的重要因素。在这种意义上，我们不能把真值条件作为判定意义的决定性因素，就是说，当我们使用"真的"这个词时，我们应当区分这样两种情况：一种情况是，我们所断定的东西实际上并不是真的；另一种情况则是，说话者仅仅是缺少足够的根据保证他的断定为真。他这样写道："使用句子完全可以被刻画为，这被恰当地看做是在如此这般的情况中断定性地说出它来，这

---

① 达米特：《真理和其他的谜》，第 146 页。

就没有可能去区分构成了为真的断定的那些情况和使说话者有根据或有其他理由保证使其为真的那些情况。"①

在《形而上学的逻辑基础》中,达米特把实在论与反实在论之间的争论从物质实体和数学对象的存在扩展到了时间问题、心灵问题、实在的性质等更多形而上学的问题,认为对这些形而上学问题的解决首先要取决于对意义问题的解决。他说:"我们绝不能首先试图解决形而上学问题,然后再根据这种解答去构造一种意义理论。我们应当研究我们的语言实际上是如何起作用的,我们如何构造一种关于它起作用的可行的系统描述;对这些问题的解答将会决定对形而上学问题的解答。"②关于时间问题,达米特指出,反实在论并不是完全否认时间的实在性,而是认为关于时间的陈述必定与我们断定它们的条件有关,就是说,当我们说关于过去或将来事件的陈述为真或为假时,我们并不是真的在断定这些陈述是真的或假的,而仅仅是追问用什么方法可以判定这样的断定是有效的。因而,这里的问题就是,如果关于未来的陈述已然决定性地或真或假,我们如何能够去影响将要发生的事情? 如果我们已经得知将要发生的事情会是这样或那样的情况,我们又如何对不同的可能行为进行选择? 同样,如果像实在论者认为的那样,时间上的任何变化都存在于我们的意识之中,那么,在我们意识到这些变化之后,过去发生的事情是否就不应当再发生变化了呢? 达米特认为,对这些问题的解答必须依赖于我们所具有的断定它们的证据,也就是依赖于我们能够断定它们的手段。这正是反实在论者对待时间问题的基本态度。

当然,达米特指出,虽然形而上学问题的解决必须依赖于对意义问题的解决,但构造一种意义理论并不需要预设任何的形而上学。评价一种意义理论是否成功,取决于它是否提供了一种对语言实践的可行说明,因而也就向我们提供了解决形而上学问题的有效方法。同样,被看

① 达米特:《弗雷格的语言哲学》,第 450 页,哈佛大学出版社,1981(第 2 版)。
② 达米特:《形而上学的逻辑基础》,第 338 页,哈佛大学出版社,1991。

做支配了语言活动的逻辑规则也取决于这种语言中的句子的意义，特别是取决于在这些句子中使用的那些逻辑常项的意义。这样，意义理论就决定了逻辑的正确性，由此也解决了围绕逻辑规则的各种形而上学争论，也解决了一切形而上学争端。他写道："在构造属于语言每一部分的句子意义的一般模式这个过程中，这个理论就会阐明'真理'概念，把它用于属于每个部分的句子（关于物理实在的陈述、数学陈述、过去时中的陈述或类似的东西），确定这个概念被用在了说明这些句子意义的恰当位置。它还会判定实在论者与反实在论者提出的相反的真理概念。"①总之，在达米特看来，构造一种有效的意义理论将会解决一切形而上学问题。

达米特反实在论主张的提出在当代西方哲学中引起了轩然大波，赞同者与反对者形成了明显的对立阵营。赞同者认为，达米特的思想把传统的形而上学问题放到了语言领域中，这从根本上改变了以往讨论实在论问题的方式；世界的存在问题不再是与我们认识世界的方式无关了，相反，我们对世界的理解和表达，决定了世界呈现给我们的样式。持这种观点的大多是比较年轻的哲学家，如普拉威兹、坦南特（N. Tennant）、扬（J. O. Young），以及一些较为年长的哲学家，如赖特（C. Wright）和布莱克伯恩等人。反对者则认为，实在论应当是我们的常识信念，任何对实在论的否定都会违背我们对世界的"实在感"。这种反对意见主要来自一些当代重要的哲学家，如斯特劳森、普特南、戴维森等人。在某种程度上，正是由于这些哲学家对达米特反实在论的批评以及达米特与他们之间的思想交锋，才使得达米特的这种主张在当代哲学中得到更为广泛的传播和重视。1988 年，美国的《中西部哲学研究》杂志专门以"实在论与反实在论"为主题，集中讨论了达米特的反实在论主张，在英美哲学界产生了很大影响。1995 年，加拿大哲学家扬出版了他的《全面的反实在论》一书，从达米特的思想出发，提出了他在意义、真理、逻辑、实在等问

① 达米特：《形而上学的逻辑基础》，第 14 页，哈佛大学出版社，1991。

题上的反实在论观点,这使得西方哲学界对反实在论的研究进入一个新的阶段。

不仅如此,达米特的反实在论思想还引发了哲学家们对实在世界的重新思考,为分析哲学的发展带来了更广阔的空间。根据 J. 赖特的研究,达米特最初提出他的反实在论主张是在 1959 年的《真》一文,而几乎在同时,美国的科学哲学家库恩和费耶阿本德也提出了一种具有反实在论精神的主张,即怀疑把科学看做是"一种真的理论"的观念,认为不同的理论指向不同的实体世界,因而各种对立的科学理论是不能相互"通约"的。到了 20 世纪 70 年代,在美国出现了新一轮的反实在论思潮,主要代表是古德曼和普特南。而在这轮新的思潮中,达米特再次被看做是反实在论的主要先驱。有趣的是,虽然大多数哲学家并不赞同反实在论的主张,但他们对实在论究竟是什么产生了众多分歧。按照 J. 赖特的分析,达米特的工作意义正在于通过阐述"实在论不是什么"这个问题,从逻辑和语言中彻底消除了实在论。或者说,达米特的反实在论主张完全是否定性的,即它试图表明"实在论不是什么",而不是表明"反实在论是什么"。① 的确,正如达米特本人所承认的那样,与实在论主张直接对立的应当是构造主义或还原主义等,但他并不愿意用这样的名称来表明自己的哲学立场。相反,在他看来,只有"反实在论"这样的"无色彩的"名称才能更好地表明自己哲学立场的中立性。②

五 数学哲学

达米特的反实在论主张还特别明显地表现在他对弗雷格和维特根斯坦的数学哲学的研究中,因为在他看来,正是在数学哲学领域,我们可以更为清楚地看到传统实在论主张是站不住脚的。

我们在前面已经看到,达米特对弗雷格数学哲学的研究并不是一个

---

① 参见 J. 赖特《实在论和解释的在先性》,第 Ⅶ—Ⅸ 页,克鲁威尔学术出版社,1997。
② 参见达米特《真理和其他的谜》,第 145 页。

简单的历史研究或文本考证,而是希望通过这个研究形成自己关于数学哲学的思考。因此,在《弗雷格的数学哲学》中,我们很难清楚地区分哪些观点是弗雷格的,哪些是达米特自己的。情况是这样:当达米特在引述弗雷格观点时往往借题发挥。应该说,达米特正是在阐述弗雷格的思想过程中,逐渐提出了自己的数学哲学观点。同时,他在讨论弗雷格时,更多地从后期维特根斯坦思想出发,指出弗雷格数学哲学中的柏拉图主义错误。正如他在许多地方承认的那样,达米特在数学哲学中基本上是一个维特根斯坦思想的追随者。在这里,我们主要根据他在《弗雷格的数学哲学》一书、《维特根斯坦的数学哲学》一文以及其他相关文章中的论述,把达米特的数学哲学观点大致概括为以下几个方面:

1. 在关于数学基础的问题上,达米特根据直觉主义逻辑,把对数学性质的解释完全建立在了直觉主义的基础之上。他把直觉主义数学理解为仅仅关心如何从逻辑上构造一种可以证明的数学系统,而不去追问这种系统中的数学符号与经验对象之间究竟是什么关系。他提出的问题是:在数学推理中,究竟有什么样的理由可以拒绝接受古典逻辑的准则而采取直觉主义逻辑?他并不是从接受直觉主义数学的观点去证明这样的数学,而是试图证明这样的观点是恰当的,因为古典数学所应用的推理形式在构造数学陈述的有效性上并不可靠。虽然达米特对直觉主义数学的理解直接来源于布劳威尔和海丁(A. Heyting),但他并没有把自己的观点看做是对他们思想的诠释,而是提出这样的问题:对直觉主义数学的证明究竟会采取何种形式?所以,达米特关心的是直觉主义数学的根本特征,也就是作为其基础的直觉主义逻辑,而不是它与古典数学有所不同的其他特征。这样,达米特对直觉主义数学的讨论就主要集中在关于基础数论中,也就是讨论数的基本性质。他分析弗雷格对数的性质的论述,认为弗雷格把数看做是客观的,这就导致了弗雷格在数学哲学中的柏拉图主义。达米特指出,包括数这样的符号,它们并没有完全独立于使用者的客观意义,而是取决于使用者对它们用法的理解。从数字符号本身的形成来看,它们也完全是使用者赋予它们不同用法的结果。在这种意义上,数的基本性质(如果有的话)就只能是可理解性,而这又取决于使用者之间的交流。如果这样的交流得以实现,这不仅需要使用者共同具有相同的判定用法的标准,而且需要他们具有能够作出这种判定的能力。这样的能力显然就不是在弗雷格意义上客观的,而只能是人类心理活动的产物。[①]

当然,达米特讨论数的性质问题,其实是为了说明他关于意义问题的思想。在他看来,如果我们拒绝接受古典数学的推理而采取直觉主义的推理,我们可以采取两种论证思路。第一种思路是认为数学陈述的意义完全是由它们的用法决定的。这样一个思路就是把数学陈述的意义问题归结为一个理解问题。他说:"一种意义模式就是一种理解模式,就是说,表现为当一个人知道了这个意义时所知道的东西。这样,关于一个具体符号或表达式意义的知识,通常就是可表述的知识,就是说,它包含在了陈述规则或方式的能力之中,而这个符号或表达式正是根据这些规则使用的,或相同的表达式或符号系列正是根据这种方式加以替换的。"[②]这就是说,数学陈述的意义一定是在于以某种方式使用这个陈述的能力,或者是以某种方式对他人使用这个陈述作出反应的能力。第二种思路是通过学习数学,就是说,当我们学习数学时,我们实际上是在学习数学陈述的用法:我们是在学习它们是在什么时候通过计算而确立起来的,以及如何进行相关的计算等等。"所有这些就是我们在学习数学理论这种语言的表达式意义时所得到的,因为它们正是我们所能够得到的一切……因而,仅仅是在正确使用这种语言陈述的能力时,我们才能掌握它们的意义以及它们所包含的符号和表达式的意义。"[③]达米特把这种论证思路称做"修正主义",即一切数学符号的意义都是可修正的,不存在某种独立于使用的意义。

2. 在关于数学对象的存在问题上,达米特坚决反对弗雷格的柏拉图

---

① 参见达米特《弗雷格的数学哲学》,第 80 页,哈佛大学出版社,1991。
②③ 达米特:《真理和其他的谜》,第 217 页。

主义,认为数学对象(如果存在的话)并不是独立于数学推理的客观对象(或弗雷格所说的"逻辑对象"),而是数学陈述中一种特殊的类,这就是他所谓的"有争议的类",即包括关于物理世界、心理事件、心理状态或过程、数学性质、过去时态或将来时态等等东西的陈述。有时,达米特也把"数"看做是一种专门的数学对象,认为通过研究数的性质,我们就可以理解数学对象。在达米特看来,数学对象并不具有我们通常认为的本体论地位,它们不过是我们人类思想的创造物,因而我们在谈论数学对象时,并不是要追问这种对象的形而上学意义,而仅仅是把它们与数学陈述的意义联系起来。

在这里,达米特提出了谈论数学对象的两种对立的方式,即柏拉图主义的和构造主义的方式。在柏拉图主义者看来,数学研究应当像天文学研究一样,数学的结构就像各种星系,它们的存在完全不依赖于我们,我们并没有生活在这样的实在领域,但我们有能力观察到它们并作出报道。但在构造主义者看来,数学家就好比是工匠,他们的工作就是根据自己富有想象的创造力去构造对象。然而,在达米特看来,这两种方式都不适合用来谈论数学对象,因为它们都预设了一种关于数学对象的形而上学地位问题。根据达米特的观点,我们首先需要决定的是正确的意义模式,然后才会决定我们究竟应当采取哪一种谈论方式。他写道:"一旦我们决定了数学陈述的一种意义模式,根据这种模式,我们必须拒绝接受这样一种'真理'概念,即'真'被看做是最终依附于或没有依附于某种陈述,无论我们是否现在或将来能够证明或否证它们,那么,我们就无法把数学实在的图像解释为外在于我们的、等待去发现的。"[1]这表明,我们们如何谈论数学对象,首先取决于我们采取了什么样的意义模式;进一步说,一种意义模式决定了我们谈论数学对象的方式。达米特倾向于采取证明的意义模式,而反对真理的意义模式。就是说,他把"证明"而不是"真理"作为解释意义问题的核心概念。根据这种意义模式,达米特就

---

[1] 达米特:《真理和其他的谜》,第 229 页。

把确定对象的形而上学地位问题与确定对象的存在问题区别开来,也就把数学对象的意义与数学陈述的真区别开来。

3. 在关于数学真理的问题上,达米特基本上追随后期维特根斯坦的思想,把数学真理看做是一种人类思想构造的产物,是我们对数学陈述的用法说明。他认为,数学陈述的真理是必然的,这种必然性来自我们具有的数学直觉能力。然而这里似乎存在一个矛盾:如果我们把数学陈述的必然性看做是如同感觉一样的直觉能力,那么我们的数学知识就会是偶然的,而不是必然的。达米特用上帝的存在来说明数学真理的必然性问题。他说,无论我们是否相信上帝的存在,我们都没有理由说上帝的存在完全不依赖于我们对它的相信。同样,我们对数学对象的存在也可以采取这样的论证方式,就是说,我们只有相信了这种对象的存在,它们的存在才对我们有意义。数学真理就是数学对象的存在向我们揭示的意义。达米特进一步指出,上帝的存在必须具有现实性,神学解释中的上帝应当是具有一切现实存在的性质;但数学对象的存在则可以是非现实的,因为它们取决于在数学陈述中所起的作用。[①]

达米特还认为,如果我们能够知道数学对象系统的存在,我们只能是先天地知道这一点,就是说数学陈述是先天的,是在我们使用它们之前就已经规定好的。数学陈述的必然性也正是来源于我们可能是先天地知道它们所陈述的对象的存在。这也表明,数学对象系统的一致性就保证了数学陈述的必然性,我们可以根据语境原则证明数学陈述对数学对象的断定。所以,达米特认为数学真理应当是分析的。

4. 关于维特根斯坦的数学哲学,达米特首先指出,维特根斯坦并没有把数学与哲学联系起来,因为在维特根斯坦看来,"哲学与数学并没有什么可以相互谈论的东西,没有一种数学发现可以对数学哲学具有任何意义"[②]。但达米特认为,维特根斯坦并不是真的把这两者完全分开,而

---

① 参见达米特《弗雷格的数学哲学》,第 307 页,哈佛大学出版社,1991。
② 达米特:《真理和其他的谜》,第 167—168 页。

只是把通常放在一起的一些讨论分别放到了不同的研究领域,这样我们可以在不同的领域中讨论不同的对象,就可以避免由于论域的不同而产生的矛盾或混乱。其次,达米特指出,在数学哲学领域,维特根斯坦毫无疑问地是一个构造主义者,因为在他看来,数学陈述的本质就在于它可以被断定为一个证明的结论。达米特认为,维特根斯坦的构造主义特别明显地体现为他关于逻辑必然性的观念,达米特称之为"全面的约定主义","因为在他看来,陈述的逻辑必然性总是对语言约定的直接表达。一个给定的陈述是必然的,总是在于我们已经清楚地决定了把这个陈述看做是毋庸置疑的;它不能取决于我们已经采纳了某些其他的约定,而这些约定被发现包含了我们对这个陈述的处理"①。然而,达米特并不同意维特根斯坦关于数学证明的论述,认为任何证明都是依照某些逻辑原则或推理规则完成的,我们不可能在得到公理之前随意地按照我们的直觉去直接地证明。

达米特发表于 1959 年的《维特根斯坦的数学哲学》一文在当代西方数学哲学中有很大影响,被看做是这个领域中的经典之一。这主要是因为,该文是他在维特根斯坦的《关于数学基础的评论》于 1956 年出版之后对该书所作的较早的积极评价;更主要的原因是,他明确地把维特根斯坦的数学哲学思想放到约定主义阵营,这引起了当代哲学家们的极大兴趣。因为自从弗雷格的逻辑主义纲领失败之后,直觉主义和形式主义在数学哲学中的对抗一直势均力敌,而如果把维特根斯坦看做是约定主义的代表,这就会对直觉主义纲领产生很大的推动作用。不过,哲学家们更感兴趣的是,达米特在文章中对维特根斯坦的许多观点提出了质疑,这有利于他们更好地理解维特根斯坦以及达米特本人关于数学哲学的思想。

达米特的数学哲学思想在当代西方数学哲学中的确占有相当重要的地位。这一方面是由于他对维特根斯坦思想的具有说服力的解释,使

―――――――――――――――

① 达米特:《真理和其他的谜》,第 170 页。

得他的《维特根斯坦的数学哲学》一文成为他的所有文章中被引用率和转载率最高的一篇;另一方面也是由于他的数学哲学与他的反实在论主张关系十分密切,因而哲学家们在讨论他的反实在论时,无法回避他在数学哲学以及逻辑哲学中的重要观点。事实上,在各种不同的关于达米特哲学的论著或论文集中,讨论达米特的数学哲学都是其中重要的组成部分。①

六 关于时间的哲学

关于时间的哲学思考是达米特哲学中最有特色的一部分。如果说他的意义理论以及数学哲学思想主要来源于他对弗雷格思想的解释工作,那么,他关于时间问题的思想则完全是他独立思考的结果。

达米特对时间问题的思考首先是来自关于原因和结果之间的关系问题。按照休谟的因果观,一切结果在时间上都应当是先于原因的,就是说,我们通常是根据作为结果的事件去解释作为原因的事件。但在达米特看来,当我们这样做的时候,我们同样会碰到一个矛盾:作为结果的事件往往是根据作为原因的事件加以解释的,这特别明显地出现在这两个事件同时出现的情况中。这样,我们就无法完全确定作为结果的事件在时间上一定是发生在作为原因的事件之后,反之亦然。达米特指出,解决这个矛盾的关键在于,我们如何解释我们所理解的因果关系。他写道:"因果关系之所以被看做在时间上是从前到后的方向,是因为我们把一个原因就看做是一个过程的**起点**:这就是说,只要我们解释了开端的部分,我们就足以解释这个过程进行当中的任何时刻。原因是与其直接结果同时发生的,但被看做是先于其遥远的结果。"②在达米特看来,如果我们按照常识以及一般科学来解释因果关系,这的确需要这样的时间方

---

① 关于达米特哲学的研究成果,自 20 世纪 80 年代以来比较重要的有:泰勒(B. W. Tayler)《达米特对哲学的贡献》,马蒂纳斯·尼霍夫出版社,1987;麦吉尼斯和奥里夫利《达米特的哲学》;魏斯(B. Weiss)《迈克尔·达米特》,普林斯顿大学出版社,2002。
② 达米特:《真理和其他的谜》,第 320—321 页。

向,但这里需要考虑的是,为什么两个事件同时发生,而我们却把其中一个叫做"原因",而把另外一个叫做"结果"? 就是说,我们有什么根据把这两个事件作这样的区分? 这显然不能简单地用充分必要条件的理由加以解释。唯一的理由在于我们对任何两个前后时间相续的事件所作出的因果解释,完全取决于我们对因果关系的看法;就是说,只有当我们已经对两个事件的发生作出了因果解释,其中一个是另一个的充分必要条件,我们才能决定我们会把其中的哪一个看做是原因,哪一个看做是结果。在这里,达米特试图表明,无论我们对这样两个事件的关系作出何种解释,我们都无法把结果看做先在于原因。

达米特从时间问题上对因果关系的这番思考,最早见于他 1954 年发表的《结果可以先于其原因吗?》("Can an Effect Precede its Cause?")一文。但他对时间问题的最为重要的阐述是在 1964 年发表的《产生过去》("Bring About the Past")一文。在这篇文章中,达米特用行动者的意向解释他对过去和未来的认识,试图表明:如果没有对意向的解释,我们不仅无法理解未来,甚至无法理解过去。

1. 达米特承认我们通常理解的两个事件之间的因果关系在时间上应当是前后相续的,这不仅是我们的解释问题,更主要的是由自然本身的客观不对称性造成的。如果我们仅仅是作为观察者而不是行动者,我们就会很清楚地看到这一点。然而,达米特指出,问题的关键在于,我们这里要讨论的因果关系并不是指两个自然事件之间的关系,而是行动者的主观行为对后来的行为所产生的影响,因为只有考察具备主观意向的行为才会对我们的研究具有意义。这主要是因为,我们通常感到疑惑的因果关系正是这样一些行为之间的关系,即如何判定行动者的自愿行为是导致其他行为的原因。他写道:"如果我们能够发现产生前者事件的方式(特别是,如果它本身就是一个自愿的人类行为),那么,谈论产生出它来**以便**出现随后的事件,就一定是有意义的。而且,我相信,作为原因的某个东西与使用它以便可能产生其结果,这两者之间的联系在说明我们是如何最终接受了因果规律的基本解释中起到了关键作用,就是说,我们只有一开始就相信原因是我们的自愿行为时，我们才会得到关于因果关系的信念。"①

2. 达米特指出，通常认为我们的行动可以影响未来，但无法影响过去，其原因被看做是我们无法改变过去。但他认为，这样的理解是基于我们对语言中的将来时态的运用，就是说，我们只能用将来时态（事实上也可以用现在时态）表达以后将要发生或不会发生的事情，但我们无法用将来时态表达过去已经发生的事情。我们只能在表达虚拟情况的句子中表达我们对过去已经发生的事情的未来（或现在）的猜想，但我们无法用这样的句子表达过去发生过的事情。换句话说，当我们无论用将来时态还是现在时态表达我们对过去事件的想法的时候，我们实际上仅仅是在表达我们的主观意向，而不是表达过去已经发生的事情。在这里，达米特指出，试图用结果去影响原因的做法，或认为可以用未来产生过去的观点，在宿命论主张的论证中表现得特别明显。根据这种主张，当我们要做某件事情的时候，宿命论者会告诉我们，任何事情都会有好坏两种结果，如果取得了坏的结果，我们做了也没有用处；如果取得了好的结果，我们这样做也是多余的。所以，我们做这件事情是毫无意义的。宿命论主张是告诫人们不要做任何自以为能够改变自身命运的事情。它的论证方式正是以结果影响原因的典型例证，就是说，表明了试图用结果去产生原因是毫无意义的。但宿命论的推论是错误的，因为我们不能把结果作为推论的前提，而只能从前提推出结果。我们不能说"如果 p，那么，如果 q 即 p"，而只能说"如果 p，那么 q"。②

3. 达米特认为，我们关于未来的知识有两种，一种是根据因果规律的预测，另一种是我们的意向。如果我们可以预测并未发生的事情，那么我们就无法同样相信我们可以把它产生出来，就是说，我们没有充分的理由相信，我们有能力去做这件事情以及这件事情正是其他所发生的

---

① 达米特：《真理和其他的谜》，第 333 页。
② 同上书，第 340—341 页。

事情的某个条件。另一方面，当我们相信这个事情并没有发生时，或者是我们意欲去阻止这件事情发生时，我们就不可能去做这件事情。达米特指出，关于未来发生的事件，我们通常有三种信念：其一是相信行动 A 主动地与随后出现的行动 B 相互关联；其二是相信行动 A 是根据我们的选择以我们的能力去完成的；其三是相信我们可以知道行动 B 是否将会发生，而这不依赖于我们是否意欲作出行动 A。而这三种信念是无法结合在一起的。他写道："过去与未来的区别就在于：我们认为，对过去的事件而言，我在原则上能够知道它是否不依赖于我目前的意向发生；而对各种未来的事件而言，我们应当承认，我们绝不会知道它们是不依赖于我们意向的（如果我们有预见，那就另当别论了）。如果我们坚持这样一种信念，那么，对所有的过去事件来说，我们都无法把需要有意义地做某件事情的两个信念结合起来，以使得某个事件应当是在先发生的；但我并不知道，如果事情被最终证明与现在的样子完全不同，我们为什么不**会**合理地抛弃前一个信念，而不是抛弃另外两个信念。"①

4. 达米特最后得出这样的结论：如果我们知道了某个原因会导致某个结果，我们既不会因此而放弃这个原因，也不会根据这个原因而反对这个结果。因为作为原因和结果的两个事件在时间上是先后发生的，我们无法用一个后来发生的事件推论先前发生的事件。他的论证是这样的：如果有人认为，对某个事件 A 来说，我们有经验根据，认为 A 的完成增加了先前出现的另一种事件 E 发生的可能性，而没有根据认为 A 就是以他的能力所完成的行为，那么，我们就会迫使他放弃这其中的一种看法，或者是放弃另外一种看法，即认为他甚至有可能完全不依赖于他作出 A 的意向就知道 E 是否已经发生了。对普通人来说，前面两种看法是应当被抛弃的，但如果某人在具体情况中更愿意放弃最后一种而坚持前面两种看法，那么，我们就无法提出可以用于劝阻他的论证。最后，达米特写道："我不知道人们是否会这样认为，当人们说'你不可能改变过去'

_____

① 达米特：《真理和其他的谜》，第 348—349 页。

的时候,意思是说,对每一种事件而言,我们原则上有可能知道它是否已经发生了,这完全不依赖于人们的意向。如果是这样的话,这就完全不是表面上的那种纯粹的重言式,而是的确指明了使我们相信不可能产生过去的是什么。"①

在发表于 1969 年的《关于过去的实在》一文中,达米特专门从实在论与反实在论的对立角度,讨论了关于过去的陈述的真和意义问题,阐述了他"唯一关于过去的反实在论"。他认为,关于过去时态陈述的反实在论解释,就是不承认把在不同时间说出的具有不同时态陈述的真值系统地联系起来。例如,在实在论看来,当我现在说"江怡正坐在电脑前写书",这个陈述是真的;而当我在一年后再说"江怡在一年前正坐在电脑前写书",这个陈述的真就取决于前面一个句子的真。这两个句子具有真值上的连续性,正是这种连续性保证了关于过去的句子的真。然而,在反实在论者看来,我们使用过去时态,仅仅是由于承认某些情况证明了对使用这种时态的某些陈述的断定,这些情况既包括了我们记住了我们所经历的所出现的某些事件,也包括了我们对使用过去时态的陈述所受过的训练。这就是说,"江怡在一年前正坐在电脑前写书"这个陈述为真,并不是因为我们在一年前说过的"江怡正坐在电脑前写书"这个陈述是真的,而是因为我们记得江怡在一年前正坐在电脑前写书,而且我们也知道"在一年前"这个词组的用法。达米特写道:"我们可以从对过去时态的用法训练中获得的关于过去时态陈述为真的概念,仅仅是碰巧与可以证明这种陈述的断定情况一致了,就是说,碰巧存在这样一些情况,我们能够把它们看做是合适的,并且证明了这种断定。"②

达米特区分了两种关于过去时态陈述的反实在论:一种是符合实在论者对关于现在时态陈述的态度,另一种是关于过去陈述意义的一般观点。他把前者称做"唯一关于过去的反实在论",把后者称做"全面的反

① 达米特:《真理和其他的谜》,第 350 页。
② 同上书,第 363 页。

实在论"。他承认,关于实在论的最有趣的问题是关于这种全面的反实在论是否一致;如果它是不一致的,那么我们就会对反实在论的应用提出一些限制,由此采取更大的步骤去解决各种具体的争端。但他指出,要解决这些争端,关键是要赋予具有时态的陈述的意义。因而,对全面的反实在论者来说,整个意义理论应当把证据作为基本的概念,因为这个概念可以证明对一个陈述的断定,可以把他的意义观看做是对数学陈述的直觉主义解释的普遍应用。这就意味着,掌握一个陈述的意义,就在于能够认识到是否可以最终断定这个陈述的情况,而且这个陈述的意义完全是由其组成部分的意义确定的。但是,对唯一关于过去的反实在论者来说,每个句子的真假是相对于每种可能的历史情况;就是说,如果A是一个过去时态的陈述,那么,"如果A,则B"就意味着"对每种可能的历史情况而言,这并不是说A对它来说是真的,而B则是假的"[1]。这样,这种反实在论者就可以承认,一年前有证据证明我们在前面的句子"江怡正坐在电脑前写书"是真的,但现在说它在一年前是真的就没有任何证据。达米特最后指出,反实在论是用一种论证表明我们不可能从使用过去时态的训练中派生出把关于真的看法用于关于过去的陈述;而实在论则求助于掌握真值联系,作为我们获得真理观念的手段。在达米特看来,实在论与反实在论在关于过去的问题上其实并没有真正的对立,因为反实在论者并没有完全否认真值联系的存在。

在2002年的杜威讲座"真理与过去"中,达米特重新讨论了关于过去的陈述和关于时间的形而上学问题,在一定程度上修正了他在《关于过去的实在》一文中的某些结论。他指出,如果我们仅仅根据现在的记忆或根据去断定关于过去的陈述为真,这就承认了一种关于时间的形而上学,即认为只有现在的东西是真实存在的,一切过去的东西都不过是出自现存之物的构造,我们把它们看做仅仅是现存之物存在的线索而已。这种形而上学显然是难以接受的,但如果一个命题的真就在于某人

---

[1] 达米特:《真理和其他的谜》,第371页。

可以去证实它,或者可以找到断定它的根据,那么这种形而上学又是可以得到证明的。他说:"根据这种真理观,关于过去的陈述只有在某人在相关的时间证实了它,才可能是真的,即使断定了它的一切理由都烟消云散了。"①

达米特进一步指出,当一个在结构上可靠的论证是与过去有关的,那么我们就完全有可能得到这个论证的前提,而它一定是最终得到证实的,但对这个论证结论的证实则超出了我们能及的范围。这样,对关于过去的陈述的证实或证明,首先就需要充分地说明我们对这种陈述的理解,以及我们是如何得到这种理解的,因为把反实在论关于获得理解思想的一般形式运用于这种形式的陈述,就会使我们首先把对过去陈述的理解看做是在于掌握了断定或保证关于过去陈述的东西。在反实在论者看来,过去的事件并不具有需要证明其陈述为真的模糊存在,所以,我们对关于过去陈述的真理并不是通过个人对这样的证据的证实,而是通过我们的整体活动得到证实的。

从以上的介绍中可以看出,达米特关于时间问题的哲学思考是与他的反实在论主张密切相关的:他正是从反实在论立场出发对关于过去陈述的真和意义问题作出了新的思考。他的这番思考在当代哲学中引起了很大争议,许多哲学家对达米特的观点提出了尖锐批评。例如 J. 赖特就明确指出,达米特在他的论述中始终把自己看做是一个积极的反实在论者,就是说,总是力图在否定实在论立场的同时调和反实在论与我们的常识之间的关系,力图使反实在论与我们的常识不相矛盾,但实际上他的论证处处表现出与常识相悖,所以应当把他的观点称做"消极的反实在论"。② 梅勒(D. H. Mellor)则根据麦克塔加特对时间的非实在性证明反对达米特的回溯的因果解释,认为这种解释的可能性是无法得到

---

① 达米特:《真理与过去》,载于《哲学杂志》C 卷 2003 年 1 月第 1 期,第 28 页。
② 参见 J. 赖特《实在论和解释的在先性》,第 107—109 页,克鲁威尔学术出版社,1997。

证明的。① 舒尔特(J. Schulte)对达米特的复杂论证表示怀疑,认为他完全背离了我们通常对时态陈述的用法,他设想出来的某些情形完全是一些特殊的情况,并不能真正解释我们对过去时态陈述的使用。所以,舒尔特并不同意达米特的这样一种看法,即认为对每种事件而言,我们都原则上能够知道它是否已经发生,而这完全不依赖于我们的意向。② 帕陶特则详细分析了达米特所反对的实在论主张,特别是关于过去的实在论主张,认为达米特对这种实在论的挑战是站不住脚的,因为达米特把这种实在论理解为仅仅涉及了不可判定的语句,但实际上它讨论的核心是关于模态断言的可保证性问题。他写道:"实在论的根本主张是,真跟可证实性不能有概念上或超自然的联系。勉强承认达米特关于两值原则可应用于(例如)GC(即哥德巴赫猜想——引者注)的怀疑,而又认为GC 的真可以先验地(不仅仅是认知地)背离它的认知,这样的人在最根本的意义上仍是一个实在论者。"③

当然,达米特的这种反实在论也在当代哲学中产生了一些共鸣,引发了哲学家们对时间问题的重新思考。这里的"时间问题"既不是物理学上的时间,也不是心理学上的时间,而是与形而上学密切相关的事物变化、因果关系以及世界的可能性问题。事实上,这些正是从古希腊以来哲学家们一直在讨论的问题。传统观点认为,一切事物的变化都属于时间而不属于空间,因而变化的恒常性就表现为时间上的延续性,这种延续的方向是单向而不可逆的。根据这种观点,哲学家们就把因果关系理解为两个事物之间在时间上的前后相续,由此证明结果的真是以原因的真为依据。同时,对世界的理解也就只能从现实性出发,把一切可能的世界都看做经典逻辑无法处理的东西。达米特的思想恰恰是对这些观点提出了挑战:原因与结果之间在出现时间上的不对称性导致了我们

---

① 参见梅勒《确定的过去,不确定的将来》,载于泰勒《达米特对哲学的贡献》,第 168—188 页,马蒂纳斯·尼霍夫出版社,1987。
② 舒尔特:《正在背离它所属的过去》,载于麦吉尼斯和奥里夫利《达米特的哲学》,第 254 页。
③ 帕陶特:《实在论、可判定性和过去》,张清宇译,第 10 页,华夏出版社,2001。

无法把这两者看做是同时发生的,但这并没有保证我们从原因的真值条件可以推出结果的真;同样,说一种原因带来某种结果,这并不具有逻辑上的必然性,因为这种结果也完全可能影响到原因,或者这种原因完全可能产生其他的结果。达米特关于过去的反实在论主张的基本出发点,就是不满于传统逻辑中的二值原则和真值条件语义学,试图以直觉主义逻辑和模态语义学解释时间问题,也就是试图摧毁在时间问题上的传统形而上学。达米特这样写道:"关于过去的反实在论认为,对关于过去事件陈述的证据,可能仅仅在于现在对这个事件的记忆,或现在可以看到的这个事件的线索,以及需要从这些线索得到这个事件的推论。这就是形而上学的争论,也正是我这里想要探索的东西。"①正因为达米特这番探索的重要性,他关于时间问题的几篇重要文章被看做是当代时间哲学研究领域中的经典文献。②

第五节　普特南的实在论

　　早在20世纪50年代,普特南就以他的科学实在论思想奠定了他在当代分析哲学中的地位。虽然他在后来的思想发展中不断改变立场,但他从未放弃自己作为一个分析哲学家的身份。他甚至认为,分析哲学本身就应当被看做是哲学研究的全部。他在1997年总结自己半个世纪的哲学生涯时感叹道:"我们从康德那里学到很多,而无须称自己为康德信徒;我们也可以从詹姆斯和杜威那里学到很多,而无须称自己为实用主义者;我们还可以学习维特根斯坦,而无须称自己为维特根斯坦学派。同样,我也可以从弗雷格、罗素、卡尔纳普、奎因(即蒯因——引者注)和戴维森那里学到很多,而无须称自己为'分析哲学家'。为什么我们不能

---

① 达米特:《真理与过去》,载于《哲学杂志》C卷2003年1月第1期,第41页。
② 参见珀伊德温(R. L. Poidevin)和马克贝斯(M. Macbeath)《时间哲学》,牛津大学出版社,1993。该文集收录了达米特的《产生过去》一文,并提及他对时间旅行等问题的讨论以及他与梅勒关于回溯式因果关系的讨论。

只做‘哲学家’，而去掉那个形容词呢？”①的确，在当代西方哲学中，普特南从来没有被简单地看做是一个分析哲学家，而是一直被称做“当代唯一具有‘纵观全局’能力的哲学家”②。

一 生平和著作

希拉里·普特南（Hilary Putnam）1926 年出生于美国芝加哥，父亲是一位热爱马克思主义的犹太裔作家。1944 年他入宾夕法尼亚大学学习，跟随丘奇曼和怀特学习科学哲学和美国哲学史，特别关注当时盛行的逻辑实证主义思想，同时也喜欢克尔凯郭尔、马克思和弗洛伊德的思想。1949 年，他进入加州大学洛杉矶分校攻读哲学博士，在赖欣巴赫的指导下完成博士论文《或然性概念运用于有限序列中的意义》③，毕业后赴美国西北大学任教。1953 年转入普林斯顿大学哲学系，与伍德、亨普尔等人共事，共同推进逻辑实证主义在美国的传播。1961 年，他转往麻省理工学院担任科学哲学教授，深受乔姆斯基思想的影响。1965 年，他进入哈佛大学，担任皮尔士数理逻辑讲座教授，1997 年，改任哈佛大学科根（Cogan）讲座教授。2000 年，普特南在哈佛大学作了他教学生涯的最后一次讲演“完整地思考”。他曾担任美国符号逻辑学会主席、科学哲学学会主席和美国哲学学会东部分会主席，如今仍然是美国科学和艺术研究院的院士和英国科学院的通讯院士。1984 年，普特南曾访问中国，在北京、上海等地讲学。④

普特南的研究兴趣十分广泛，内容涉及逻辑、数学、心灵哲学、语言哲学、科学哲学、物理学、历史学、伦理学、宗教以及社会政治等众多领

---

① 普特南：《亲历美国哲学 50 年》，载于《哲学译丛》2001 年第 2 期，第 25 页；另载于陈波主编《分析哲学——回顾与反省》，第 112—113 页。
② 施太格缪勒：《当代哲学主流》下卷，王炳文等译，第 306 页，商务印书馆，2000。
③ 普特南：《或然性概念运用于有限序列中的意义》，附“多年后的导论”，纽约和伦敦，加兰出版公司，1990。
④ 关于普特南的生平介绍，参见陈亚军《从分析哲学走向实用主义——普特南哲学研究》，第 1 章，东方出版社，2002。

域。他最初是作为理论物理学家和数学家而为世人所知的：他对爱因斯坦相对论的哲学解释在当时非常有影响，以致"无论是谁，只要读一下他关于**相对论时空学说**和**量子力学**的论文，都会把他视为物理学基础研究方面的专家"①。同样，他与戴维斯（M. Davies）和罗宾森（J. Rorbinson）合作解决了著名的希尔伯特的第 10 个难题，引起了当时学术界的高度重视，以致当时有德国哲学家把他看做是一个真正的数学家。当然，他更主要的是作为科学哲学家、语言哲学家和心灵哲学家而闻名于世的，他正是由于在这些领域中取得的成就，而被列入当代最重要哲学家的行列。对普特南在语言哲学中取得的成就，施太格缪勒甚至这样评价道："令人吃惊的是，他在这些方面的知识和能力**并未**使他成为一个'**形式化者**'：他既同后期的维特根斯坦以及所有属于这个思想范围的人进行了辩论，也同乔姆斯基、卡尔纳普和蒙塔古展开过交锋。另外，他还就那些与**身一心问题**有关的问题写了大量精辟的、引人入胜的文章。"②根据陈亚军的分析，普特南在当代哲学中取得这个地位，不仅是由于他在这些领域中作出的一系列贡献，"而且在于他的哲学眼光。他不是一位满足于为众多哲学分支添砖加瓦的人，他的目光一直关注着'大的哲学问题'，关注着元哲学的命运，思维的触角也因此延伸到了伦理学、宗教（犹太教）以及其他非科学知识的领域"③。普特南在晚年更加关注伦理学和宗教问题，这一方面与他的思想导向有关，另一方面也与他晚年对犹太教的研究有关。1997 年之后，他在哈佛大学常年开设了"从实用主义到新实用主义""四位犹太哲学家""非科学的知识"等课程，这些使他的晚年思想具有比较浓厚的宗教色彩。

普特南的一生大都是在大学的教学和写作中度过的。他的著作主要是以论文和讲演稿的形式出现的，论文大多被收录他的重要文集中，

---

① ② 施太格缪勒：《当代哲学主流》下卷，王炳文等译，第 306 页，商务印书馆，2000。
③ 陈亚军：《从分析哲学走向实用主义——普特南哲学研究》，前言第 1 页，东方出版社，2002。

其中几本文集基本上代表了他思想发展的不同时期①：文集第 1 卷《数学、物质和方法》(*Mathematics*，*Matter and Method*，1975)，主要反映了他早期的数学和物理学研究成果；第 2 卷《心灵、语言和实在》(*Mind*，*Language and Reality*，1975)以及《意义与道德科学》(*Meaning and Moral Science*，1978)主要代表了他的科学实在论时期的思想；《理性、真理与历史》(*Reason*，*Truth and History*，1981)、文集第 3 卷《实在论和理性》(*Realism and Reason*，1983)以及《实在论的多副面孔》(*Many Faces of Realism*，1987)和《表象与实在》(*Representation and Reality*，1988)主要代表了他内在实在论时期的思想。普特南在 20 世纪 90 年代之后发表的文章和著作展现了他的新的实在论，即实用主义的实在论。这些著作主要有《戴着人类面孔的实在论》(*Realism with A Human Face*，1990)、《重建哲学》(*Renewing Philosophy*，1992)、《语词与生活》(*Words and Life*，1994)、《实用主义：一个开放的问题》(*Pragmatism*：*An Open Question*，1995)、《三合一的绳索：心灵、身体和世界》(*The Threefold Cord*：*Mind*，*Body and World*，1999)。进入 21 世纪之后，普特南又出版了两本重要著作《事实与价值二分法的崩溃和其他论文》(*The Collapse of the Fact/Value Dichotomy and Other Essays*，2002)和《没有本体论的伦理学》(*Ethics Without Ontology*，2004)。普特南在前一部著作中对逻辑实证主义的事实与价值二分法给予了进一步的揭露，特别分析了这种二分法在当今社会科学发展中造成的危害，坚持事实与价值的不可分。在后一部著作中，普特南不仅反对把伦理学解释为客观的，而且抛弃了讨论伦理学的本体论方式，这就为他的相对主义思想在伦理学中找到了进一步的证明。

　　普特南以其思想的善变而在当代西方哲学中著名。有哲学家甚至说，对于普特南来说最为确定的是，他从来都不担心改变自己的想法。

---

① 这样的划分并不十分准确，因为同一本文集可能收录了他在不同时期发表的文章。所以，我们这里仅仅是一个大致的划分，目的是为了了解普特南思想的发展过程。

虽然不少人把这看做是一个弱点,但在普特南看来,他的每一次变化都是他对问题研究的深入。在这种意义上,要理解普特南的最新思想,首先就要了解他的这些新思想是如何从过去的思想中演变而来的。由于普特南的思想变化最明显地表现在他对实在论的态度上,所以我们这里对他哲学的分析也主要集中在他思想发展不同时期提出的各种实在论上。简单地说,20世纪的50—70年代,普特南基本上是一个科学实在论者;70—80年代,他又成为内在的实在论者;而在90年代之后,他倾向于常识的实在论或实用主义的实在论。他的思想变化当然与他受到了其他同时代哲学家思想的影响,或与他们的思想产生了互动有关。要深入了解普特南的思想变化,同样需要了解其他哲学家对他的影响。其中最为重要的是克里普克(Saul Kripke)①。

普特南的思想在当代哲学中产生了深远影响,他在语言哲学、科学哲学、心灵哲学以及逻辑学等许多学科中提出的重要观点都已经成为当代哲学中讨论的主要话题,深刻地影响了这些学科本身的发展。虽然在20世纪80年代之前整个西方哲学界对普特南思想的重要性还认识不够,但他已经作为当代美国重要的哲学家崭露头角,1976年他被推选为

---

① 索尔·克里普克是美国著名的逻辑学家和哲学家,模态逻辑语义学的创始人之一。早在少年时代,克里普克就显示出了在数学和逻辑上的天赋,16岁时写的一篇关于模态逻辑和直觉主义逻辑语义学的论文,曾引起了美国逻辑学界的关注。后来,他就读哈佛大学,跟随蒯因等人学习逻辑,毕业后先后在哈佛大学、哥伦比亚大学、康奈尔大学、加州大学伯克利分校、洛克菲勒大学、普林斯顿大学任教,目前任教于纽约城市大学。他主持过牛津大学的洛克讲座,并担任美国《哲学逻辑杂志》《符号逻辑杂志》和以色列的《哲学》杂志的编委等。克里普克对哲学所作的贡献主要在三个方面:20世纪50—60年代,他主要研究模态逻辑,发表的许多重要文章如今已经成为这个领域中的经典之作,如《模态逻辑是一个完全性定理》(1959)、《关于模态逻辑语义学的研究》(1962)、《模态逻辑语义分析》(1963—1965)等等;70—80年代,他根据模态逻辑语义学研究的成果,在语言哲学和认识论上提出了许多重要观点,其中包括我们在后面将要提到的因果历史的命名理论,以及关于必然性的思想,代表作是《同一性与必然性》(*Identity and Necessity*,1971)、《命名与必然性》(*Naming and Necessity*,1972)、《真理论概要》(*Outline of A Theory of Truth*,1975)、《说话者的指称和语义学的指称》(*Speaker's Reference and Semantic Reference*,1977)等;80年代之后,他注意对维特根斯坦哲学的研究,特别是在对后期维特根斯坦思想的解释上提出了一些令人瞩目的观点,其代表作是《维特根斯坦论规则和私人语言》(*Wittgenstein on Rules and Private Language*,1982)。

美国哲学协会东部分会主席。根据陈亚军的介绍，美国哲学协会于1982年12月召开了专题研讨会，对普特南头年出版的《理性、真理与历史》作出评论，"这或许是学术界第一次对普特南哲学做出的集中回应"①。从20世纪90年代之后，西方哲学界对普特南给予了极大的关注，不仅出版了许多评论他哲学的专著②，而且至2005年编辑出版了四部讨论他哲学的文集：布勒斯（G. Boolos）主编，剑桥大学出版社1990年出版的《意义和方法》；希尔（C. S. Hill）主编，阿肯色大学出版社1993年出版的《普特南哲学：哲学话题》；克拉克和哈勒主编，布莱克威尔出版社1994年出版的《阅读普特南》；培森（A. Pessin）和戈德伯格（S. Goldberg）主编、纽约夏普公司1996年出版的《孪生地球纪事：关于普特南〈"意义"的意义〉的20周年反思》。当代英美哲学中几乎最为重要的哲学家都为这些文集贡献了文章，其中包括戴维森、达米特、乔姆斯基、福德尔、费尔德（H. Field）、哈曼、博伊德、卡茨（J. J. Katz）、柯南特（J. Conant）、埃布斯（G. Ebbs）、迈克道威尔、德雷本、丹奈特、塞尔、威金斯、赖特等人。他们对普特南思想的讨论和批评，促使了普特南思想在当代西方哲学中的广泛传播，最终使得普特南成为"英美哲学界的一个热点人物"。

中国大陆对普特南思想的介绍开始于20世纪80年代，当时主要注重他在70年代之前的观点，以涂纪亮的《分析哲学及其在美国的发展》和徐友渔的《哥白尼式的革命》中对普特南思想的介绍为代表。到了90年代中期之后，国内的研究开始关注普特南的整个思想变化，特别是对他近期的实用主义转向给予了重视，主要代表性成果是江怡主编的《走向新世纪的西方哲学》中的《戴着人类面孔的实在论：普特南》、辛强国的《语意、辩明和实用主义》、陈亚军的《实用主义：从皮尔士到普特南》和《从分析哲学走向实用主义——普特南哲学研究》等。这些研究对于国

---

① 陈亚军：《从分析哲学走向实用主义——普特南哲学研究》，"前言"第3页，东方出版社，2002。
② 事实上，在英美等国，哲学杂志上发表的讨论普特南观点的文章早已不计其数，而且已经有许多大学的博士生以普特南的思想作为自己博士论文的题目。

内学术界更为全面地了解普特南的思想起到了非常重要的作用。但与研究相比,国内对普特南著作的翻译则略显单薄,至 2005 年只有他的《理性、真理与历史》被翻译出版了两个不同版本①。他的《事实与价值二分法的崩溃和其他论文》出版于 2006 年。②

二 科学的实在论

根据陈亚军的分析,在 20 世纪 50—60 年代,普特南并没有把他的思想直接叫做"科学实在论",但由于他在这个时期的著作实际表现出了一种科学实在论的主张,所以人们也就用"科学实在论"来称呼他在这段时期的思想,以便于区分他以后提出的内在的实在论以及实用主义的实在论。③

普特南的科学实在论主要由两个部分组成,一部分是他在心灵哲学中的功能主义,另一部分是他在语言哲学中的语义外在说。历史地说,心灵哲学是普特南最早进入的哲学领域,他提出用计算机模型来模拟人的大脑活动,由此创立了心灵哲学中的"功能主义"学派。同时,他的这一设想也被看做是现代人工智能研究的先驱之一。他甚至把自己看做是"第一个提出计算机是心灵的正确模型这一论点的哲学家"④。

普特南的功能主义直接受到了图灵机的启发。英国数学家、逻辑学家图灵在 1950 年发表的《计算机器与智能》一文中设想了一个模拟游戏,即可以通过给一个机器提供各种指令而使它作出在我们人类看来符合思维逻辑的正确判断,"这种机器将完成人类计算机所能完成的任何运算;我们假定人类计算机是遵循固定规则的,他没有任何权力稍许偏

---

① 分别由李小兵翻译,辽宁教育出版社 1988 年出版;由童世骏、李光程翻译,上海译文出版社 1997 年出版。

② 由应奇翻译,由东方出版社出版,中文版书名为《事实与价值二分法的崩溃》,被列入应奇主编的"实践哲学译丛"。

③ 参见陈亚军《从分析哲学走向实用主义——普特南哲学研究》,第 3 页,东方出版社,2002。本部分的内容主要根据陈亚军的工作。参见该书第 2、3 章。

④ 普特南:《表象与实在》,第 XI 页,麻省理工学院出版社,1988。

离这些规则"①。这实际上就是现代计算机的雏形。普特南在图灵的启发下认为，这种图灵机可以不一定是一台机器，它完全可以是一个生物或人的大脑，因为大脑与计算机可以在逻辑描述层面上进行类比，就是说，任何一个事物，只要能够经历时间中的状态延续，就可以是这样一台图灵机。虽然大脑与计算机无论是在物理上还是其他外在特性上都不具有可比的特征，但普特南强调的是大脑的功能：只有在功能上，我们才可以把大脑与计算机作这样的比较。他写道："在功能主义看来，大脑具有某些在某种意义上讲**并非**物理的性质。……功能主义者主张，20 世纪最站得住脚的、不把心灵与物质当作两种独立实体的'一元的'理论，是把心理性质等同于功能性质的理论。"②

　　普特南的功能主义并不是简单地对图灵机的设想作出一番哲学的解释，他的目的是要用这种理论去回答心灵哲学中的两个重要问题，即私人感觉和身心同一性。传统哲学谈论私人感觉时往往借助于心理学方法，这一直是导致心灵哲学中出现感觉判断标准混乱的根源所在。普特南用功能主义方法把大脑的功能与计算机的功能进行类比，这就使原本隐秘的私人感觉问题外在化了。他认为，当我们处于某种感觉时，我们会直接地表达出这种感觉，而在我们听到他人说出某种感觉时，我们并不是用我们的感觉去推测或想象他人的感觉，而是根据我们听到他人所使用的表达感觉的语词意义以及他在说出这个感觉时的外在行为，判断他所使用的语词和他的外在行为是否符合我们通常的约定理解，也就是我们的规则。这样，我们就可以把人的心理状态和人的身体状态分开，不再用人的心理状态去推论人的身体状态。在机器方面，就是把机器的逻辑状态与机器的结构状态分开。

　　在身心同一性问题上，传统哲学受笛卡尔思想的影响，把身体和心灵看做是两个不同的实体，认为两者可以相互作用，但不具有同一性，就

① 图灵：《计算机器与智能》，载于博登编《人工智能哲学》，刘西瑞、王汉琦译，第 61 页，上海译文出版社，2001。
② 普特南：《理性、真理与历史》，童世骏、李光程译，第 85—86 页，上海译文出版社，1997。

是说,我们既不能用身体的特征解释心灵活动,也不能用心灵活动解释身体特征。但普特南根据功能主义则提出,我们对"同一性"概念可以有不同的理解。如果把它理解为一种"分析的",就是说强调不同谓词之间的同一,那么,我们说身心具有相同的状态当然是不对的,因为"具有一个带某种质的特征的感觉"和"处于某种大脑状态"显然具有不同的意义。但我们对"同一性"还可以有另一种解释,即"性质上的同一",这是一种根据后天知识而得到的综合的同一。他说,这两者的"区别在于,表达式'X 是 P'和'X 是 Q'的同义性对于谓词 P 和 Q 两者的'同一'来说是必要条件,对于性质 P 和 Q 两者相同来说就不是必要的了。与谓词相反,性质可以是'综合地同一的'"①。

普特南用他对同一性的这种功能主义理解,反对当时在心灵哲学中占主导地位的斯马特式的"同一性理论"。根据这种理论,所有的心理状态都同一于身体状态,也就是大脑的神经生理状态。斯马特断言,某一类的大脑过程在整体上同一于某一类感觉。②但普特南则认为,这种同一性理论错误地把大脑和意识看做是由相同的质料构成的,这是混淆了两种完全不同的物质结构。他指出,每个大脑(他称之为"概率自动机")都具有不同的转换形式,因此我们无法根据某种相同的物质结构去解释这些大脑是如何转换的,就是说,解释每个大脑是如何产生感觉和意识活动的。我们只能用不同的功能组织来描述每个大脑的转换活动,在这种意义上,只有具有相同功能结构的事物才可以被看做是同一的。根据普特南的这种解释,他把身心问题完全归结为一种相对于不同理解和解释系统的问题,因而身心问题也就被消解在了这些差异之中。

普特南曾把自己的这种功能主义观点归结为两个假设:"(1)一个完整的人也就是一台图灵机;(2)一个人的心理状态也就是图灵机状态或图灵机状态的析取。"③但在 1973 年,普特南发表了《哲学和我们的精神

① 普特南:《理性、真理与历史》,童世骏、李光程译,第 92 页,上海译文出版社,1997。
② 参见唐热风《心身世界》,第 47 页,首都师范大学出版社,2001。
③ 普特南:《心灵、语言和实在》,第 298 页,剑桥大学出版社,1975。

生活》和《还原主义和心理学的性质》两篇文章，开始怀疑以上这两个假设，因为他这时认识到图灵机状态的孤立性并不能解释心理状态的丰富性和稳定性。举"疼痛"为例，当我们处于某种状态并说出"疼痛"，是因为我们有记忆并且学会了使用"疼痛"一词；如果没有这两个先在条件，即使我们处于某种状态中也无法使用"疼痛"来表达这种状态。但对一个图灵机来说，由于它的状态可以是孤立的、瞬间的，并且与学习和记忆等无关，这样，当它处于某种状态时，它完全是根据事先设定的指令，按照规则描述这种状态。所以，尽管人的机器状态有可能决定他的心理状态，但决不能把两者等同起来，因为"我作为图灵机（机器因素）的描述和我作为人（借助心理学）的描述是在两个完全不同的组织层面上的描述"①。对此时的普特南来说，对心理活动的描述必须考虑社会和文化的因素，而不能简单地把它看做一个机器功能的作用过程。这样，他就完全放弃了早期功能主义的两个基本假设，而是认为："（1）几乎没有证据表明图灵机模型可以正确地作为大脑功能组织的模型；（2）图灵机模型不可能是心理学理论的正确模型。"②普特南观点的这种转变导致了他在20世纪80年代后放弃了功能主义，转而提出了一种反功能主义的主张。

我们在前面提到，除了心灵哲学中的功能主义之外，普特南的科学实在论主张还包括了他在语言哲学中的语义外在说。可以说，普特南在意义问题上所下的功夫是他整个哲学生涯中最多的，他因此也一直被看做是一个"分析哲学家"或"语言哲学家"。他从20世纪60年代后期开始，针对卡尔纳普等人在意义问题上的"内涵说"提出了挑战，阐述了被认为比蒯因更为有力的一种外在的语义学理论。

所谓的"内涵说"，是认为一个词（无论是专名还是通名）的意义是由其内涵决定的。从弗雷格到卡尔纳普，他们都把一个名称所指对象的属性看做是决定这个名称意义的主要因素。但普特南指出，两个具有相同

① 普特南：《语词与生活》，第434页，哈佛大学出版社，1994。
② 同上书，第438页。

外延而具有不同内涵的谓词在现实世界中的存在纯粹是一个偶然,就是说,"一个谓词的内涵超出其外延而提供的东西是:它不仅为这个真实的世界,而且也为一切可能的世界确定这个谓词的外延"①。这样,只有当两个谓词不仅在现实世界中具有相同的外延,而且在一切可能的世界中同样具有相同的外延,我们才能说它们的内涵是相同的。由此,普特南就把意义与外延联系起来,用外延来确定意义。

根据普特南的论述,我们可以把他的这种"语义外在说"概括为以下几个主要方面:

1. 意义不在头脑之中。

普特南明确反对用个人的心理状态解释语词的意义,主张用语词的外延确定意义。他在分析物质名词的意义时区分了两种情况:一种是内涵相同而外延不同,一种是外延相同而内涵不同。他用"孪生地球"的假设和黄金的故事对这两种情况作了说明。②

首先是内涵相同而外延不同的情况。普特南假设了这样一个情景:一群聚集在地球上说英语的人正在乘坐宇宙飞船到一个遥远的星球上。在飞船上,他们有大量的金属铝和钼,但除了像原子量一样"隐藏的"性质外,人们从外观上很难把铝和钼分辨开来。当他们踏上这个遥远的星球时,已经没有人能记住这些特征了,至于哪一个是铝哪一个是钼,他们又恰好猜错了。这样,他们就用"铝"作为钼的名称,同时又把铝称做"钼"。显然,在这种情况下,"铝"在这群人中具有的意义与我们的不同,它实际上指的是钼。在普特南看来,这就是说明词的意义取决于实际存在的事物,而不是讲话者的内涵。他继续假设,这些旅行者又到了一个与地球非常相似的星球,他称之为"孪生地球"。但这个星球上的水与我们所说的水的不同仅仅在于它的化学结构,而不在于日常使用这个词的人所见到的物理性质,如它在正常的温度和压力下不易分辨;它的味道

---

① 施太格缪勒:《当代哲学主流》下卷,王炳文等译,第 311 页,商务印书馆,2000。
② 以下的介绍内容参见江怡《戴着人类面孔的实在论:普特南》,载于江怡主编《走向新世纪的西方哲学》,第 452—454 页。

与我们所知道的水一样,也像我们的水一样可以解渴;它形成了这个星球上的湖泊海洋、雨雪冰霜等等。普特南指出,尽管这两种物质在表现上极为相似,但实际上它们有着不同的性质,因此并不是相同的东西。因而,根据事物的真实性质,我们应当说,"孪生地球"上的人用他们的词所指的东西并不是水,而是另外一种表面上与水非常相似的物质。

其次是外延相同而内涵不同的情况。普特南以"黄金"一词为例,分析了内涵变化而所指对象没有改变的词。在他看来,如果科学的发现使我们接受了新的黄金标准,抛弃了过去根据"黄金"的描述而得到的标准,那就一定存在一些阿基米德可能叫做"黄金"而我们却不能这样叫的金属,它们的外延是相同的,但它们的内涵却发生了变化。然而,普特南指出,尽管它们在内涵上有了变化,现在的"意义"在某种含义上已经包含在了阿基米德的"意义"之中了。他说:"当阿基米德断言某物是黄金时,他不是在说它具有黄金的表明特性……他是在说,它具有同当地的任何一片黄金一样的隐藏结构(也可以说是相同的'本质')。"[1]正是对这种相同的隐藏结构或本质的推论,才使得阿基米德的"意义"与近代科学家的"意义"相同,虽然阿基米德并不具有近代科学家关于隐藏结构的知识。

普特南由此指出,一般来说,如果两个人以完全相同的方式使用一个词,但他们所指的对象事实上是不同的,我们应当说,他们对这个词的意义的认识是不同的。另一方面,如果两个人使用一个词的方式不同,但他们所指的对象是相同的,那么他们对这个词的意义的认识是基本相同的,虽然在对对象的性质的理解上有些差异。因此要确定一个词的意义,必须确定这个词的外延,因为一个词的意义是由这个词所指对象的真实性质决定的。普特南提出这番思想的目的是要表明,理解一个词的心理状态与词的意义并不存在十分必要的关系。他对此的结论就是:"(1)构成理解的不是任何一套心理事件(意象或更'抽象'的心理事件和

---

[1] 普特南:《心灵、语言和实在》,第 235 页。

性质);(2) 没有任何一套心理事件是理解的必要条件。"①

2. 意义是由语言的劳动分工确定的。

由于意义不能由心理状态决定,而只能求助于语词的外延,这就存在一个问题:我们根据什么以及如何去确定语词的外延? 为此,普特南提出了一种"语言的劳动分工"理论加以说明。

普特南指出,我们在谈论自然种类的语词,如"水""黄金"等等时,并不是每个人都可以清楚地确定它们的意义,我们往往是轻易地使用这些语词,但并不清楚它们的确切意义。当我们需要了解它们的真实意义时,我们就会请教专家,因为只有他们才对这些语词所指对象的真实性质有更为清楚的认识。社会劳动的分工导致了我们在使用语言上的劳动分工,而且随着科学的发展、社会中的劳动分工的加剧,语言上的劳动分工也随之表现得愈加明显。例如"水"这个词,在近代化学诞生之前,我们并不需要借助于专家就可以了解这个词的意义,但在今天,只有很少的人能够把水与表面上非常类似的液体区分开来。在有疑问的情况下,人们会寻求专家的帮助,同时,专家关于水所确定的事实也就成为"水"这个词的社会意义的一部分,但这些事实本身却并不是理解这个词的语言共同体的所有成员都熟悉的。由此,普特南提出了"关于语言劳动分工的普遍性假设":"每一个语言共同体都表现出前面所描述的那种语言劳动分工;即共同体至少拥有某些语词,其相关'标准'在掌握这些语词的人中,只有一部分人才知道,其他人对于他们的使用依赖于在他们和相关的那一部分人之间的有条理的合作。"②

这表明,语言的意义既不是由个人的心理状态决定的,也不是由共同体的集体心理状态决定的,而是由语言的劳动分工决定的。这样,确定意义的活动就变成了一个社会行动。这种转变说明了:(1) 追问意义是什么是不恰当的,因为这个问题的前提是把"意义"概念理解为一种实

① 普特南:《理性、真理与历史》,第 20 页,剑桥大学出版社,1981。
② 普特南:《心灵、语言和实在》,第 228 页。

体;我们应当追问,什么是知道一个词的意义,以及在什么情况下,我们说我们所谈论的两个词具有相同的意义。(2)追问意义的过程其实就是一个学习意义的过程,也就是追问意义最初得到确定的过程。但我们是如何从专家那里得到语词意义的呢?专家又是如何确定语词指称的呢?普特南对这两个问题的回答构成了他的"因果指称理论"。

3. 通名的指称是由命名的因果链条决定的。

普特南承认,他的因果指称理论受到了克里普克思想的启发。[①] 克里普克根据对摹状词和专名的严格区分,提出了他的因果命名理论。根据这种理论,专名是借助于某些与这个名称有关的历史事实去指称某个特定的对象。例如,每个人得到自己的名称,部分地是通过自己家族的血缘关系,部分地是通过一定的命名活动,即父母或其他人给自己起名字。同样,像"丘吉尔"这样的名称之所以被用在丘吉尔身上,并不是由于丘吉尔这个人体现了由"丘吉尔"这个名称的"含义"所构成的那些特性,而是由于丘吉尔出生后就被他的父母取了这个名称,其他人认识他以后就用这个名称称呼他,如此等等。在这种情况下,我们就已经围绕这个名称建立起了一条"传递的链条","丘吉尔"这个名称就沿着这个链条一环环地传递下去。换言之,处在这个链条的任何一端,都可以用"丘吉尔"这个名称去称呼这个人,而不必知道他的各种特征。这表明,"丘吉尔"这个名称之所以指的是丘吉尔,并不是这个名称的涵义在起作用,而是由于这个名称有它的起源和历史。我们正是通过这样的历史链条,借助于名称最初使用的因果联系,确定名称的指称。同样,在通名问题上,克里普克也认为,它们在一切可能世界里都指称相同的对象。与专名一样,我们必须记住确定一个通名的指称的方式与它的涵义之间的区别,不应把一个通名如何确定其指称的方式看做这个通名的同义词;与专名一样,通名一旦被确定下来,也可以沿着传递的链条一环环地传递

---

① 参见普特南《说明与指称》,载于涂纪亮主编《语言哲学名著选辑》,第 345 页。

下去,它们指称的对象也是由一条历史的、因果的传递链条决定的。①

　　普特南在专名的指称问题上与克里普克的观点几乎完全一致。他特别强调自然种类名称和科学术语的指称也是通过这样的历史因果链条加以确定的。例如,虽然"电"这个名称的内涵随着科学的发展不断发生变化,但我们对这个词的每次使用都一定与这个词的发明者的最初命名活动联系在一起。他说:"本杰明·富兰克林知道'电'是以电花和闪电的形式表现出来的;其他人也许对电流和电磁铁有所了解;还有的人也许知道原子是由带正负电荷的粒子组成的。他们都可以使用'电'这个名词,而不必有一种他们共有的可辨的'内涵'。我要指出他们所共有的是:他们每一个人都通过某种因果链与电在其中得到**描述**的那种情况相联系,这种描述通常是一种**因果描述**——即把电挑选出来作为以某种方式**造成**了某种效应的**那种**物理量值的描述。"②

　　与克里普克不同的是,普特南不仅强调了指称受命名的历史链条的决定,而且强调了环境在确定指称中的作用。这里的"环境"并不是指影响名称的最初命名者对一个对象加以命名的所有相关因素,而是指最初使用某个名称时所产生的某种"效应"。他说:"物理量值总是通过它们的效应而被发现的,所以,最初挑选出一种物理量值的自然方式是把它作为造成了某些效应的量值。"③正是这些效应,导致了名称的命名者使用某个名称来命名某个对象。在普特南看来,我们对事物的直接认识是事物产生的各种效应,也就是某种物理量值对我们产生的结果。我们通常是用一个词来命名那个产生了如此效应的物理量值,它是保证我们基本正确地使用这个词的真正原因。

　　事实上,普特南十分强调物质对象本身具有内在的本质结构,语词的指称正是由于对这种本质结构的正确认识才被固定下来的。正是在

---

① 这里对克里普克思想的概括,主要参考了克里普克《命名与必然性》的"中译本序"第Ⅳ—Ⅵ页,梅文译,上海译文出版社,1988。
② 普特南:《说明与指称》,载于涂纪亮主编《语言哲学名著选辑》,第342页。
③ 同上书,第344页。

这种意义上,普特南以及克里普克的这种指称因果理论被称做"本质主义的"科学实在论。这种实在论的基本命题就是:(1) 语词指称的对象是客观存在的,它们对我们产生了因果作用,并且确定了我们使用的语词的指称;(2) 科学能够揭示对象的本质结构。① 但正是这种实在论遭到了许多哲学家的批评,主要根据是认为这种本质主义是与普特南所提出的语言劳动分工理论相矛盾的:如果语言的意义是由语言的劳动分工决定的,那么在确定意义的过程中起关键作用的就不是什么对象的本质结构,而是不同的语言用法,包括了最初命名者的命名活动中包括的环境因素等。这样,本质主义的神话就不攻自破了。②

三 内在的实在论

在各种哲学家的批评声中,普特南认真反省了自己的科学实在论观点,意识到了这种观点与他的语言劳动分工等思想之间存在的明显矛盾,很快就放弃了这种科学实在论的立场,转向了一种他所称的"内在的实在论"。根据陈亚军的研究,普特南最早使用这个词是在 1976 年美国哲学协会东部分会在波士顿举行的年会上所作的主席讲话《实在论和理性》中。③ 在这个讲话中,他明确放弃了先前持有的"科学实在论"观点,而把他现在关于实在论的观点称做"内在的实在论",这种实在论的关键是接受了关于说话者与其环境的关系和关于语言作用的科学图景。他也把这个图景称做"趋同的科学图景",即早期的科学理论常常是后来理论的有限情形,所以理论术语可以在理论变化中保持它们的指称。④

普特南首先明确区分了传统形而上学实在论与他的这种新的科学图景。他把实在论理解为一种经验理论。正是根据这种理解,他认为实

① 参见陈亚军《从分析哲学走向实用主义——普特南哲学研究》,第 32 页,东方出版社,2002。
② 参见培森和戈德伯格《孪生地球纪事:关于普特南〈《意义》的意义〉的 20 周年反思》(纽约,夏普公司,1996)中塞尔、策马赫(E. Zemach)和梅勒等人的文章。
③ 参见陈亚军《从分析哲学走向实用主义——普特南哲学研究》,第 7 页,东方出版社,2002。
④ 参见普特南《意义与道德科学》,第 123 页,伦敦,劳特利奇与基根·保罗公司,1978。

在论对世界的解释不应是表明语言直接反映了世界,而应解释为说话者反映了世界,因为说话者构造了以符号的形式表达世界的系统,这样语言与世界的关系就应当转换为解释说话者集体行为的模式。也正是根据对实在论的经验解释,语言与世界的关系才被包括在了说话者表达世界的过程之中。但形而上学的实在论则不是一种经验理论,因为它试图用一种模式去解释语言与世界的关系,而且把这种解释看做理解理论与世界其他部分关系的正确模式。在普特南看来,这种模式是不恰当的。他指出,形而上学实在论与内在的实在论之间的重要区别在于:(1) 形而上学实在论被看做是可以一劳永逸地应用于所有正确的理论;(2) 这个世界被看做是独立于我们对它的具体表现,因为形而上学实在论认为,我们完全无法正确地表现这个世界。普特南写道:"形而上学实在论的最重要结论是,真被看做是**完全非认知的**——我们可能是'钵中之脑',所以,那种'空想'于操作功效观点、内在之美和优雅、'合理性'、简单性、'约定性'等等的理论,**可能是错误的**。根据形而上学实在论的图景,(操作意义上的)'得到证实'并不蕴涵着'真',即使是在有限的空想中。正是这个特征区分了形而上学的实在论(就我在这里使用的意义上)与仅仅相信**的确**有一种理想的理论(皮尔士的实在论),或不太严格地说,相信一种理想的理论是由'真的'和'客观的'这些概念所预设的通常理想,这是它们在通常被理解的意义上使用的。这正是我要攻击的特征!"①

在这里,普特南把形而上学的实在论设想为一种"钵中之脑",即认为我们的大脑是一种与外在世界完全隔绝的精神实体。他指出,如果承认我们的大脑不过是这样的"钵中之脑",我们就无法真实地判断我们的一切心理活动,也无法想象在可能世界中的人们可以指称与我们完全相同的对象。"钵中之脑"的错误在于:它持有一种神秘的指称理论,以为我们大脑中发生的事件必然决定了我们意图表达的意思以及我们的语言所指的对象;以为我们的表象系统与它所表象的东西之间具有一种内

① 参见普特南《意义与道德科学》,第 125 页,伦敦,劳特利奇与基根·保罗公司,1978。

在的、固有的、神秘的联系；以为只要我们说出或写出了"我们是钵中之脑"，我们就一定是钵中之脑。普特南写道，当钵中之脑认为"我们是钵中之脑"时，其真值条件必须是：它们是想象中的钵中之脑，或其他类似的东西。当它们这样想的时候，这个句子就似乎是假的而不是真的。普特南反对钵中之脑的论证，旨在反对以笛卡尔二元论为代表的一种关于世界的图景，即把世界看做是由两种完全独立而又对立的实体构成的，指出了这种二元论无法回答内在的主观意识如何与外在的物质世界相互对应的问题；同时，它也指出了经验主义在这种二元论的支配下无法构造关于日常感觉的实在论，因为经验主义者对第二性质的怀疑必然导致了对第一性质的怀疑，最终否定了人类日常经验的确实可靠性，其结果就是从根本上瓦解了实在论。

普特南反对形而上学实在论的关键还在于，他认为根据这种实在论，真理是可以独立于我们对实在的认识而存在的，因为这样的真理就是不依赖于我们的认识而存在的实在本身。在普特南看来，这完全是一种虚构的产物。他论证道：如果我们把真理看做是与我们的认识完全无关的东西，我们的认识活动就与这种独立的真理无关了，这样，无论是真理还是实在都远离我们的认识活动本身，我们的认识也就成了无本之木；而这个结果显然是不符合形而上学实在论者的本意的。由此推论，这样的真理或实在或者是根本不存在的，或者是依赖于我们的认识而存在的。他指出："把对象看做是'不依赖于'概念框架而存在，这种看法的错误就在于，即使是对逻辑概念的用法也没有概念选择之外的标准。……没有详细地说明所使用的语言就去谈论'事实'，就等于什么也没有说；'事实'这个词的用法并不是由这个世界确定的，正如'存在'或'对象'这样的词一样。"①

与这种形而上学的实在论相反，普特南提出的"内在的实在论"则把真理看做与我们对语言的使用有关，就是说，我们对对象或实在的理解

---

① 普特南：《表象与实在》，第 114 页，麻省理工学院出版社，1988。

完全取决于我们对"对象"或"实在"这些语词的用法。他认为,虽然我们可以说有些事实是被发现的,而不是由我们制定出来的,但我们之所以可以这样说,完全是由于我们接受了一种说话的方式,一种使用"概念框架"的方式。我们在谈论对象或实在时,并不是在谈论某种外在于我们的语言的东西,而是以不同的方式使用我们的语言。他说:"总之,我这里提出的建议是,**一个陈述对一种情况为真,仅仅是由于它可能正确地使用了在以那种方式描述这种情况时构成这个陈述的语词。**"①普特南明确指出,对内在的实在论来说,真理并没有超验的用法,就是说,任何语词为真仅仅是由于它适合于某种用它来指称的情况;由于语词用法的不同,我们无法提出一种共同的标准来评判哪一种用法更为正确。普特南试图表明,我们所谓的真理与指称对象本身的存在并没有必然的对应关系,因为同样为真的陈述完全可能是指称完全不同的情况。例如,当我们在现实世界中说"一只猫在一张席子上"这句话,我们完全可以理解这句话为真,无论我们是否知道这里所指的"猫"或"席子"是否存在。但是在可能世界中,当我们同样说出这句话时,它就可能为假,因为在可能世界中,"猫""席子""在……之上"等语词的用法可能与我们现实世界中的用法完全不同。所以,这里并没有一个统一的标准来判定现实世界中的用法就一定是"正确的",我们人类理智的有限性使得我们无法在众多的用法中选定某一个是对于世界的"真实描述"。

问题的关键是,普特南认为,事实上并不存在这样的"真实描述",因为我们的一切描述都相对于我们使用的语言,相对于我们的概念框架。普特南把这种"概念的相对性"作为他反对形而上学实在论和论证内在实在论的有力武器。在他看来,所谓"概念的相对性"可以比做物理学上的相对论,它强调的是观察者以及观察手段在观察过程中所起到的决定性作用。当我们说一个陈述为真是相对于一个概念的时候,我们就是在强调对说出这个陈述的语言的理解决定了这个陈述的指称和真,也就是

---

① 普特南:《表象与实在》,第 115 页,麻省理工学院出版社,1988。

决定了我们的世界图景。例如，当我们假设有一个仅由三个对象构成的世界时，我们完全可能得到对这个世界的不同描述，但究竟其中的哪一个描述才是正确的，这并没有事实可言，因为这个世界正是通过不同的概念框架向我们显示出来的。所以，普特南说："内在的实在论否定在关于对我们如此有用的诸多概念框架中哪一个是'确实真的'方面有事实可言。这些框架中的每一个就其眼下形式而言，都包含了将来会以这种或那种方式出错的因素。……但是，'哪一种"真"是真正的（大写）真理'这个问题，却是内在的实在论所拒斥的。"①正是在强调概念相对性的过程中，普特南开始从内在的实在论转向了实用主义的实在论。

　　虽然用"内在的实在论"这个名称来概括普特南的以上思想，后来被普特南看做有些勉强②，但当他于 1976 年提出"内在的实在论"一词时，目的正是为了找到一条介于传统的形而上学实在论与达米特的反实在论之间的中间道路。根据普特南的论述，这种实在论的主要观点是认为心灵并不是简单地复制由"一个真的理论"描述所承认的世界，但这也不是说心灵构成了世界，而是说心灵和世界共同构成了心灵和世界。换言之，心灵和世界是相互依赖的，既没有独立于心灵的世界，也没有独立于世界的心灵。应当说，这种观点提出时并没有完全否定世界的客观存在，只是比传统的实在论更为强调心灵对世界的作用，而这更多的是从常识的观点出发的。所以，他甚至把这种实在论看做是他"多年来一直接受的一种科学实在论的术语"③。但随着普特南思想的发展，他逐渐发现，如果要真正彻底地抛弃形而上学的实在论，就必须完全放弃大写的真理观，使实在论不再具有神的面孔，而是人的面孔。在罗蒂思想的影响下，普特南开始转向研究威廉·詹姆斯的思想，从詹姆斯那里直接继

① 普特南：《戴着人类面孔的实在论》，第 96 页，哈佛大学出版社，1990。
② 普特南在 1985 年的美国哲学协会上所作的讲演"实在论的多副面孔"中曾明确表示，他为了反对形而上学实在论而提出的以上思想，"应当称做'实用主义的'实在论"。参见普特南《实在论的多副面孔》，第 17 页。
③ 普特南：《三合一的绳索：心灵、身体和世界》，第 182 页注㊱，哥伦比亚大学出版社，1999。

承了实用主义对价值与事实相互渗透等观点,在对实在论的态度上也更为直截了当地转向实用主义的实在论。①

四 实用主义的实在论

1987 年秋,普特南在美国斯坦福大学分别作了题为"实在论"和"相对主义"的两次讲演,讲演稿后来以《戴着人类面孔的实在论》为题于 1990 年出版。该书被看做标志着普特南的实在论立场完全转向了实用主义,彻底抛弃了形而上学的实在论。1992 年,普特南又出版了《重建哲学》,试图以事实与价值的相互融合重新树立哲学的形象。1994 年,他出版了《语词与生活》一书,收集了他于 90 年代初发表的重要文章。在该书中,普特南明确提出要用"实用主义实在论"这个名称取代"内在的实在论"。同年,他在杜威讲座中更是从根本上放弃了内在的实在论,彻底转向了实用主义的实在论。他按照詹姆斯的说法,把自己的实用主义实在论也称做"自然的实在论"或"常识的实在论""直接的实在论""健全的实在论"等。②

普特南从分析量子力学入手,认为我们无法对实在给出一个完全的描述和解释。我们知道,20 世纪初,当量子力学刚刚建立不久,科学家和哲学家就对"如何解释量子力学"问题展开了旷日持久的讨论。根据经典物理学,关于任何系统的解释和理论都是自足和完备的,但是在量子力学中,明显存在着并没有被包括在系统内的"仪器"或"观察者",而这些对量子力学却是根本的和基础性的。这就使哲学家和科学家意识到,可能并不存在一种关于整个宇宙的量子力学理论,因为系统的每一种特性都被看做只有在与个别实验情形中的个别观测仪器相关联时才能存在和有意义,而且观测仪器也只能用经典物理学的数学公式和语言才能

---

① 参见普特南《从内部看哲学的半个世纪》,载于陈波主编《分析哲学——回顾与反省》,第 110 页。

② 以下部分参见江怡《戴着人类面孔的实在论:普特南》,载于江怡主编《走向新世纪的西方哲学》,第 460—466 页。

得到满意的描述。这样,我们就无法用一种完全的理论去解释和描述我们所观察到的实在。普特南论证道:假定我们有一个可以得到完全描述的系统(在量子力学中,"描述"被称做"状态",而所谓完全的描述就被称做"最大状态"),假定这个系统是一个正在发生放射性蜕变的镭原子,那么,在将来的某一时间 t,这个原子可能仍然处于最初状态(称之为 A),或者处于蜕变状态(B)。但这个理论的不确定特征并没有完全反映在数学公式中。数学公式(如薛定谔等式)只是告诉我们这个原子将会出现从最初状态(A)向新状态(A♯)的转变,而这个原子可能发生蜕变(进入状态 B)或者没有蜕变(仍在状态 A)这个事实并没有反映在薛定谔等式的统计成分中,而是反映了这样一个事实,即新的状态(A♯)在某种意义上正是这两种可能选择 A 和 B 的重合。由此,普特南指出,即使对某一个系统而言,我们对它的确定都不是依赖于它对世界是否作出了完全的描述,而是依赖于我们建立这个系统所采用的观测仪器和"观察者"的角度。

普特南根据自己对量子力学的哲学解释指出,形而上学实在论的要害就是对世界采取了一种"神目观",就是认为整个宇宙是一个巨大的机器,我们只是这个机器中的次系统,或者说,我们的身体是这样的次系统;我们的测量手段和我们的观察实验在可以得到物理上的描述范围内,都不过是在这整个事情之内相互作用。普特南认为,这种对宇宙图景的梦想可以是包括了在描述宇宙的活动中出现的理论者与观察者之间的关系,但这仍然是一种物理学的梦想,也是一种形而上学的迷梦。这种梦想一直纷扰着 17 世纪以来的西方文化,时至今日,它已经成为对科学范围和作用的梦想,即认为宇宙中的一切都不能超脱科学之外,因而不存在科学无法解决的悖论。但在普特南看来,科学家们对实在的描述本身就存在着这样一个科学无法解决的悖论:一方面,科学家们宣称自己的理论是对实在的完整描述;另一方面,这种描述却不包括作为描述条件的"仪器"和"观察者",这样,描述就可能变成不完整的了,也就不是实在的了。普特南这样写道:"如果我是一个观察者,那么我在时间 t

就会有**两个**'将来的自我'。我的每个将来的自我当然都会认为自己是唯一的'希拉里·普特南',而其'分支'则是'整个世界'。但我的每个将来的自我都会是错的。这样就会有两个希拉里·普特南,一个体验着'原子尚未蜕变的世界',而另一个则体验着'原子已经蜕变的世界'!"①

在普特南看来,由"神目观"引起的这个悖论实际上就是当代科学所面临的困境。他用尼采《悲剧的诞生》中的名言来描述这种困境:"科学的范围愈加扩大,它所触及的悖论也就愈多。"普特南认为,量子力学就是这样的例证,因为日益增加的理解反而使世界变得更为复杂。面对科学不能解决的悖论,普特南把它看做是与实在论的冲突,而解决的方法只有在实在论与定位性(locality,即个别的物理实在)之间寻求协调一致。他说:"自相矛盾的东西是最后的结果,即需要承认对物理实在的量子力学描述中观察者与系统之间的断裂。我们感到这是一个悖论,恰恰是由于有观察者与系统之间的断裂才意味着一个伟大的梦想破灭了,这个梦想就是对远离观察者的物理实在描述的梦想,这种描述在远离'个别观点'的意义上是客观的。总之,我承认在我们自相矛盾地考虑问题的意义上,它是与'实在论'相冲突的;这当然也表明我们不愿放弃我们对定位性的信念,正如物理学家拒绝只是通过为满足我们的不快而采纳某种特定的非定位性理论去恢复'实在论',但这也并不是说摆脱自相矛盾情形的特定方法是无法接受的。"②

普特南用于重新解释实在论的另一个例子是现代逻辑对古希腊"说谎者悖论"的解决。最早用数理逻辑的方法去解决这个悖论的方案,是罗素和怀特海在《数学原理》中提出的"类型论",即把语言划分为元语言和对象语言等不同类型或层次来克服由于类型混淆而造成的悖论。但由于"类型论"过分陷入形式要求而没有对语言的具体使用提出限制,所以它很快就被塔尔斯基的"真的语义学定义"所代替。但普特南对这两

---

① 普特南:《戴着人类面孔的实在论》,第 8 页,哈佛大学出版社,1990。
② 同上书,第 11 页。

个解决方案都不满意。他认为，"类型论"非但不能从根本上解决"说谎者悖论"，相反，它由于自身的形式限制反而陷入了另一种悖论，即如何在语言之外解决自我指称的问题。同样，塔尔斯基的理论在这个问题上也陷入了困境。例如，对这样一个句子"(I)句子(I)是假的"，我们既可以说"'(I)是假的'为真，当且仅当(I)是假的"，也可以说"'(I)是假的'为真，当且仅当'(I)是假的'为假"，但这却是矛盾的。普特南指出，塔尔斯基理论的自相矛盾之处在于，人们只能站在整个语言框架之外去构造存在于这个框架之内的陈述。这完全可能使我们得到这样一个哲学结论，即否定我们非形式化的言语构成一种"语言"。但这显然是我们无法接受的。

普特南由此表明，这反映出了当代分析哲学中存在的一种危险倾向，即试图以客观的、全面的眼光理解和说明语言本身，这仍然是传统形而上学实在论的"神目观"在现代的翻版。他把这种新版的"神目观"形象地描述为："只要我愿意，我就可以尽量地概括整个语言，而我用来作出这种概括的语言却必定是在我们所概括的语言之外的。用'观察者'替换这种观点中的'我'，你就会得到：在观察者的语言与他所概括的所有语言之间必定存在着断裂，这种'神目观'，即从这种观点看所有语言都完全是被观察过的，是永远无法接受的。"①这表明，承认观察者与系统之间的断裂和形而上学的"神目观"，在认识上是非常相似的，因为它们都承认存在一个"阿基米德点"，由于我们可以作为观察者去审视一切并不包含我们在内的事情（即整个世界和语言），而我们自身却是处于整个事情之外，或者用二元论的话说，我们的心灵是在我们的身体之外或不属于身体的。这种观念就是西方传统文化中根深蒂固的基础主义，而普特南反对"神目观"和对观察者与系统的分离的观点，正是向基础主义的挑战。

在普特南看来，如果我们必须放弃认识论上的"阿基米德点"，如果

---

① 普特南：《戴着人类面孔的实在论》，第17页，哈佛大学出版社，1990。

我们不再承认理想的知识是完全客观的，那么我们必须对实在论有新的认识和理解。他认为，康德关于认识限度的思想和对超越极限的警告都为我们对实在论的更新认识提供了启示。正是根据康德的精神，普特南明确区分了"大写的实在论"和"小写的实在论"。所谓"小写的实在论"，是指我们通常对实在论的理解，就是说我们所说的东西，做我们所做的事情。但形而上学的实在论似乎并不满足于这样的实在论，它所追求的是独立于我们所言所行的实在，这可以称为"大写的实在论"。普特南同意罗蒂的做法，坚决抛弃这种大写的实在论，而坚持小写的实在论。因为在他看来，诸如"椅子是蓝色的"或"椅子是某种时空中的物质"等等说法，都不过是属于不同的约定。至于我们采取哪种陈述或理论描述，完全取决于我们不同的语言共同体对实在的不同约定。这样，通常认为的"小写的实在论"就不可能是对所谓"实在"的完全描述，因为根本不存在这样的描述；而且，这里所谓"实在"也取决于不同的观察者的不同约定或理解。至于这种约定究竟是什么，或者为何确信 A 与 B 的同一，只是一种约定，这些问题对实在论者来说并不重要，因为这些本身就是生活的一部分。对此，普特南有一段精彩的阐述："我这里所说的、我们称之为'语言'或'心灵'的成分**如此深深地渗入我们称之为'实在'的东西，以至于要把我们自己看做某种'独立于语言'之物的'图画者'这一计划，从一开始就受到了致命的损害**。就像相对主义一样，当然是以不同的方式，实在论试图毫无立场地看待世界，这是不可能的。在这种情况中，人们可能会说'所以我们创造了世界'，或'我们的语言造就了世界'，或'我们的文化造就了世界'；但这只是相同错误的翻版。假如我们屈服了，我们就会再次把世界（我们所知的唯一世界）看做**产物**。一类哲学家就从纯物质的角度把它看做产物：**尚未概念化的实在**。其他哲学家则把它看做**来自虚无的创造物**。**但世界并不是产物，它只是世界而已**。"[①]

根据普特南以上的论述，我们可以把他的实用主义实在论观点大致

---

① 普特南：《戴着人类面孔的实在论》，第 28 页，哈佛大学出版社，1990。

归结为以下几点：

1. 反对形而上学实在论对实在所作的所谓完整的描述，把实在看做是处于人类自身的审视之下的东西，认为实在本身依赖于我们对世界的想象；这种想象的结果并不需要某种外在证据的证明，而仅仅根据我们的想象在实际情况中产生的我们希望的结果。

2. 由于不存在超越人类价值的所谓客观的事实，因而一切关于事实与价值的二分法都应当被抛弃，无论是在自然科学领域还是在社会科学领域都是如此。在这种意义上，一切真理都应当是主观的，就是说，一切陈述的真都依赖于关于合理性的判断。普特南的论证是：如果我们所谓的伦理价值是主观的，那么我们所谓的认知价值也应当是主观的，因为在伦理价值与认知价值之间存在许多相似之处；由于认知价值是主观的，所以合理性标准也是主观的，因为把什么看做是合理的，这取决于它是否具有这些认知价值所描述的特征；如果合理性标准是主观的，那么真理也就是主观的了，因为我们关于真理的谈论无非是关于合理性的谈论。普特南由此表明，事实并不像我们想象的那样客观，价值也不像我们想象的那样主观，因而在事实与价值之间的界限也就不像我们想象的那样严格清晰了。

3. 根据实用主义精神重新审查了通常认为联系了我们与世界关系的"知觉""心灵"等概念，从常识和日常生活的视角，以未加分割的、没有分界面的眼光看待这些概念。这里的"分界面"就是传统哲学用这些概念把我们与世界分割开来。内在的实在论与形而上学的实在论一样，都为我们设定了这样的分界面。然而，一旦我们放弃了这种分界面，我们就会更清楚地看到我们与世界的关系不是分割的，而是原本就密不可分的。

4. 实用主义实在论与内在实在论的根本区别在于，它从本体论上完全放弃了对世界和实在的幻想，从我们人类的现实活动出发，以实践的原则重新构造了我们视野中的世界。这样，普特南的实在论就从以世界为对象的科学主义彻底转变为以人类活动为对象的人本主义，从而使他成为一位真正的实用主义哲学家。

1994年3月，普特南在哥伦比亚大学作了杜威讲座"意义、无意义和含义：对人类心灵能力的探究"，更加明确和充分地阐述了他的实用主义实在论思想。

普特南首先分析了传统实在论的两个基本假设，即关于意义的朴素观点和关于存在一个独立实在的绝对观点。根据第一个假设，一个词的意义是由这个词所指称的一切事物共有的属性；根据第二个假设，存在一个可以对所有对象加以分类的确定的整体和所有属性的一个确定整体，这样，说话者的语词意义就是完全脱离说话者本人的、客观的。然而，普特南认为，根据人类经验，一切知识的唯一形式以及它们与实在发生联系的方式都不是一劳永逸地确定的。这与传统实在论的观点恰好相反。根据这后一种认识，在普特南看来，戴维森和其他分析哲学家把事件、意向对象等都看做如同客观事物一样的对象，这也是传统实在论的继续，因而是完全错误的。他根据詹姆斯的思想，认为传统实在论在坚持实在的独立性和我们的认识与愿望之间的因果关系上是正确的，但它在把对实在的描述理解为一种一劳永逸的工作时却失去了詹姆斯的实用主义洞见。他认为："'描述'绝不是一种纯粹的复制，我们不断地补充可以用语言来对应世界的方式。在我们匆忙放弃詹姆斯不大聪明地谈到我们'构造'世界的时候，我们绝不能扔掉这种洞见。"[1]在普特南看来，传统实在论以及围绕实在问题的传统哲学困惑，不是因为使用了"实在""理性""语言""意义"或"指称"这些词，而是因为把"实在"这种词理解为一定指称了单一的超越物或至上之物。这种错误的影响在今天的认知科学和心灵哲学中仍然有着很大的市场，特别明显地表现在这些领域中至今流行的"表象主义"观念。这种观念包含了两个主要观点：(1)认为某些"表象"类似于传统哲学中的"印象"，比如说把心灵看做至少是从某些表象中得到的推论，是概念过程的输出，这就像传统哲学中

---

[1] 普特南：《三合一的绳索：心灵、身体和世界》，第9页，哥伦比亚大学出版社，1999。

谈到的心灵是从印象中得到的推论一样；（2）认为这些"表象"在有机体环境中与对象的联系仅仅是因果上的，而不是认知上的，正如印象与"外在对象"的联系也是因果的而不是认知的一样。普特南反对这样的表象主义，提出了或者说恢复了詹姆斯式的"自然的实在论"观点。他指出，这种实在论认为知觉的对象就是外在事物，更一般地说，就是外在实在的不同方面。

从这种"新的"实在论观点出发，普特南提出要更多地关注知觉问题，因为知觉问题与解决传统的二元论问题有着密切的关系。这里的知觉问题已经远不是传统心灵哲学中所谈到的"印象"与观念之间的因果关系问题，而完全是信息处理的输入输出过程，是各种外在信息在人的大脑中得到处理的过程。但在进一步研究这个问题时，普特南认为我们自然会遇到一个实在论的悖论：知觉的输入是我们知觉过程的外在限制，而在这种输入之外的一切又与我们的心理过程因果地联系起来，这样，一旦我们所熟知的诸如知觉的因果理论这样的实在论是正确的，那么在认知领域内所发生的一切就会使我们语言的客观指称变得完全不确定了。普特南把这种悖论解释为"或者是语言的用法已经确定了对我们语言的解释，或者是什么都不能做"。他把可以用来解释我们语词的世界、存在从外到内渗入智力之光的世界看做一个幻想的世界，而以实在论的观点解释这个世界就会面临无法避免的悖论。普特南在反对传统实在论和达米特的反实在论观点之后，试图开辟第三条道路。他写道："根据我们从早期现代哲学中继承而来的图景，如果有关于我们如何能够成功地推论外部事物而无须假设某种形式魔法的问题，那么就同样会有关于我们如何能够成功地推论出，或以其他方式得到'充足恰当的认知情景'问题。根据我的不同图景（与达米特的相反），这个世界是可以确定我实际上是否处于这样一个充足恰当的认知情景之中，或者我只是看上去自己处于这样一个情景中（因而保留了常识实在论的重要观点），但认知情景的观念最终仅仅是传统的认识论观念。我的图景仍然保留了认知者与'外在的'一切之间发生关系的基本前提。但我前所未有地强烈感觉到需要在早期现代实在论和达米特的唯心论之外寻求一种'第三条道路',正如迈克道威尔反复阐明的那样,这样一种第三条道路必定**推销着**这样一种观点,即认为存在着一个悖论,而不是简单地把早期现代实在论因素和唯心论图景因素粘贴在一起。任何保留了传统的感觉材料概念的看法,都无法提供出路;这样的看法最终必定会使我们面对看上去无法解决的问题。"①

根据普特南的观点,传统实在论和达米特的反实在论观点都没有脱离"笛卡尔主义兼唯物主义"的思路,即心灵一定与外在的世界有某种关系,或者是把"印象"或"感受性"等完全等同于大脑中的过程。普特南指出,要走出这个思路,就需要一种"短暂的天真"(second naivete),这样的观点就是认为我们在知觉中是直接与我们的环境发生联系的,我们并不需要中介的观念。他写道:"抛弃了'笛卡尔主义兼唯物主义'当然并不意味着回到笛卡尔式的二元论本身。我们不应当认为,如果我们拒绝了把心灵等同于大脑,我们就会被迫承认把它看做是我们非物质的部分;我认为,最好把心灵谈话理解为谈论我们所拥有的某些能力,这些能力取决于我们的大脑,取决于环境和有机体之间的各种相互作用,但又不能使用物理学的、生理学的甚至是计算机科学的词汇加以还原地解释。"②普特南把这种还原主义看做当代心灵哲学中的主要倾向之一,认为承认还原就意味着承认对心灵和世界的二分法。相反,他提出要以奥斯汀和詹姆斯的哲学精神去解释心灵,解释我们的心理能力,这样的精神就是实用主义的精神,即坚信在我们生活中重要的东西就应当在哲学中占有同样重要的地位。

关于心灵与身体的关系,当代心灵哲学中提出了各种不同的理论,除了前面提到的同一论、功能主义、还原论外,还有取消论、副现象论、伴随论等等。但普特南在书中对这些理论都提出了批评,他的基本立场属

---

① 普特南:《三合一的绳索:心灵、身体和世界》,第18页,哥伦比亚大学出版社,1999。
② 同上书,第44页。

于戴维森式的"变异的一元论"。同时,他在肯定戴维森立场的同时,更强调维特根斯坦式的用法理论,坚持认为"语词只有在生活之流中才能获得意义"。这里的"生活之流"就是说出语言的具体语境。他认为,这种用法理论并不否认语词具有意义,而仅仅是否认意义完全决定了所说的内容。根据他的看法,无论是哪一种理论,处理身心问题的关键是要清楚地认识到:首先,不能把心灵和世界截然区分开来,应当把它们看做一个整体,认识到心灵活动的目的和结果是有机体对自身所面对的外在环境作出恰当的反应;其次,在对心灵哲学的研究中不要追问本质之类的东西,例如,我们不能得到关于意识本质的看法,而只有关于观看、闻听、思想、记忆、想象、愿望、恐惧等等心理活动的问题。只有这样,我们才能在心灵哲学中真正得到有价值的研究成果,才能够从认知科学中得到有益的资源和启发。

五 最新思想的发展

2000 年 5 月 4 日,普特南在哈佛大学哲学系作了他退休前的最后一次演讲"完整地思考",这也是他在哲学系开设的"非科学的知识"课程的告别演讲。他主要阐述了对真理问题的最新看法,同时谈到了多元论问题以及关于事实与价值的分离问题。在《三合一的绳索:心灵、身体和世界》中,普特南曾经区分了真理观上的"浓缩论"(deflationism)和"去引号论"(disquotationalism)。他把卡尔纳普看做是"去引号论"的代表,而把弗雷格看做是"浓缩论"的提倡者。他在批评霍维奇(P. Horwich)对卡尔纳普思想的解释时指出,去引号并不意味着追问句子本身的意义,而是强调对句子意义的理解;这样的理解模式应当是功能主义的,就是说,要理解说话者以某种方式对某种环境作出行动的倾向(disposition)。同时,他把弗雷格的观点解释为,判断的真假不是这个判断的属性,而仅仅是构成这个判断的句子本身,因此在"'P'是真的"这个句子中,主词并不是"P",而是 P 本身。这里的 P 就是说出的事实,而不是句子。普特南把说出的这个事实看做是"内在的"或"固有的"。但对这种"内在性"的来源,普特南显得多少有些神秘:他把这种来源称做需要某种世界观的能力,又把这种能力称做维特根斯坦所说的使用语言的能力。他对真理的符合论持有一种模棱两可的态度:一方面,他反对把句子的真看做是对外在世界的符合;但另一方面,他又认为符合论在某种范围内是有效的,因为说出句子就是对环境的一种恰当反应。

从这种对真理的认识出发,普特南提倡多元论的认识方式,即在描述、想象、谈论和思想方面的多元方式。他虽然从维特根斯坦那里得到了语言游戏的观念,但他并没有把这种观念本身看做是一种语言游戏,也没有把语言游戏本身看做是唯一的一种语言方式。他认为,我们通常称做科学语言的语言游戏并不足以描述整个实在,"没有这样一种语言游戏,或一组语言游戏,你可以对其说'全部实在都可以用这些或它们的组成部分加以描述'——用我已经批评过的蒯因的话说就是,可以用'我们的一级概念体系'加以描述,而其他的一切则是二级的概念体系"①。在普特南看来,我们要用一级概念体系谈论实在的终极结构是没有意义的,但二级概念体系对我们来说却是非常重要的,因为这个体系本身就表明了我们认识活动方式的多元性。不仅如此,这种多元论还涉及普特南所提出的"事实与价值二分法的破产"。他坚决反对把"价值"概念看做是主观的和历史的目的,提出了"价值普遍存在"的观点。他以科学家在理论选择上的标准为例,说明一种理论形式的"美丑"将会决定它是否被接受,即使是爱因斯坦的理论也不例外。当然,普特南指出,这里的"美丑"不是理论表达方式的问题,而是理论本身是否能够自圆其说的问题,即理论的一致性问题。普特南用这种一致性概念解释现代哲学和社会中的主观主义和客观主义的分歧,认为这样的区分本身就是站不住脚的,因为我们所面对的不是一个所谓客观的世界,而是一个由行为者的行为构成的世界,在这个世界中,不存在纯粹的主观和客观问题,只有理

---

① 普特南:《完整地思考》,载于《哈佛哲学评论》(*The Harvard Review of Philosophy*)第3卷,第9页,2000春季号。

性的选择问题。同样,做哲学不是一个探究客观真理的过程,而应当是哲学家追求乐趣的事情,但同时也是哲学家对社会发挥作用的过程。他写道:"哲学是一个极大的乐趣,我希望能够长时间地继续拥有这样的乐趣。体验这种乐趣和把它当做乐趣来做,这并不影响到你会意识到对社会的责任以及对自我完善的责任。"①的确,普特南把哲学看做是一个伟大的事业,他的分析哲学生涯将会沿着实用主义的道路继续走下去。②

第六节　分析哲学的新动向

与 50 年前相比,如今的分析哲学的确已经发生了很大的变化,譬如,哲学家们不再把逻辑分析看做哲学研究的主要法则和标准,哲学讨论也不再关心世界的逻辑构造问题,分析哲学的基本信条(如分析与综合的区分、拒斥形而上学、追求科学的统一、以自然科学改造哲学等等)也不再为大多数分析哲学家所坚持。在 20 世纪末的"哲学终结论"的喧嚣声中,某些英美哲学家也开始鼓吹分析哲学的终结。譬如,1996 年,英国哲学家哈克在他的《维特根斯坦在 20 世纪分析哲学中的地位》一书中公开宣布,分析哲学从 20 世纪 50 年代起已经开始衰落,其标志是蒯因的《经验主义的两个教条》的发表。他认为,从分析哲学对科学的捍卫和推崇的角度看,70 年代之后的分析哲学已经完全丧失这样的热情,因为科学已经取得了"胜利"。③ 1998 年,美国哲学家欣提卡则在《谁将扼杀分析哲学?》一文中指出,真正扼杀了分析哲学的既不是维特根斯坦,也不是那些批评分析哲学的人,而是分析哲学家自己,如蒯因、库恩等人。④

---

① 普特南:《完整地思考》,载于《哈佛哲学评论》第 13 卷,第 9 页,2000 春季号。

② 关于普特南思想发展的最新动态,可以参见陈亚军《从分析哲学走向实用主义——普特南哲学研究》(东方出版社,2002),第 14 章"与罗蒂的对话:实在论能给我们留下些什么"。该文另见《世界哲学》2003 年第 1 期。

③ 参见哈克《维特根斯坦在 20 世纪分析哲学中的地位》,第 266 页,牛津,布莱克威尔出版社,1996。

④ 参见欣提卡《谁将扼杀分析哲学?》,载于伯茨基和梅塔《分析哲学的故事:情节与英雄》,第 253—269 页。

但这些声音并没有在当代哲学中占主导地位,因为事实上分析哲学并没有终结或"消失",而是以一种全新的方式发挥着更重要的作用。

一 分析哲学对自身历史的全面关注

  与 20 世纪上半叶相比,80 年代以来的英美分析哲学的一个重要变化就是开始全面关注自身发展的历史,对分析哲学史的研究日益成为分析哲学讨论中的重要话题。这种历史研究首先出现在美国,最早是研究弗雷格哲学与传统哲学的关系,把弗雷格的思想看做现代分析哲学的鼻祖,如加州大学伯克利分校的斯鲁格(H. Sluga)。[①] 他的研究思路受到他的英国导师达米特的深刻影响,因为达米特的主要研究对象就是弗雷格,他把弗雷格看做是第一位语言哲学家。但斯鲁格更为关注弗雷格思想形成的时代背景,特别是 19 世纪下半叶德国哲学的变化,由此揭示弗雷格思想产生的逻辑必然性。他写道:"弗雷格特别注重语言,是与他的其他哲学兴趣相关的,直接的是与认识论有关,而间接的是与形而上学问题有关,这些兴趣使他涉及 19 世纪后期的哲学问题。"[②]在谈到分析哲学史研究的重要性时,他写道:"通过力图表明分析传统与过去历史的连贯性,以及将其从哲学的前历史中分离出来的非连贯性,通过着手表明这个传统中的连贯性和非连贯性,这也许可以揭示传统自身的**历史**特征,进而改变了分析哲学家们对他们的传统所持有的看法。只有在特定的历史环境中,方能审视分析传统所关心的终极和本质问题。正是从这种历史环境出发,才产生了分析问题;正是在这种历史环境中,它们才得到了发展;而且正是由于这种历史环境,它们才最终消失了。"[③]

  最早较为全面地研究分析哲学起源及其历史发展的哲学家是伊利诺伊大学的希尔顿,他的哈佛大学博士论文《分析哲学的起源》(1978),

---

① 参见斯鲁格《弗雷格和分析哲学的兴起》,载于《探究》1975 年第 18 期。
② 斯鲁格:《弗雷格》,江怡译,第 17 页,中国社会科学出版社,1989。
③ 同上书,第 20—21 页。

至今仍然被看做是对这个问题研究的最早文献。后来,他根据博士论文修订出版于 1990 年的《罗素、唯心论及分析哲学的萌芽》一书,更为全面地分析了 19 世纪下半叶的英国哲学对罗素思想形成的影响,特别分析了罗素的原子论和逻辑分析方法的重要性。他对分析哲学史研究的重要性作了这样明确的说明:"对于一个受过分析传统训练的人来说,研究这个传统的历史可能是很小的一步。在某种意义上,这的确如此;而吸引我的正是在于,这样一个研究完全没有抛弃我所学过的一切。但在另一种意义上,这是一个革命性的步骤。分析哲学在很大程度上抛弃了历史的理解模式,而试图把这种理解模式应用于分析哲学,这本身就会像虚无缥缈之物一样罕见。使我感到奇怪的是,在我写作的这段时间,对形成分析传统的关键内容始终完全是被忽略的。然而,这种忽略并不是偶然的:这正是分析哲学抛弃历史理解模式的结果。特别是,分析哲学似乎把自身看做发生于单个无时间的瞬间。虽然这种思维方式有其合理之处,可能会带来有意义的工作,但我想说的是,这并不是思考哲学的唯一方式。写作本书的经历使我更加坚信,历史的理解并不一定与哲学的理解形成对立,而且研究哲学的历史方法可以带来其他方法无以媲美的一种洞见,一种自知之明。"①

在希尔顿之后,克伦克(E. D. Klemke)在他编辑的《当代分析和语言哲学》中以《分析哲学的兴起》为题表达了他对分析哲学历史的关注以及对分析哲学性质的看法。他根据布兰夏德(B. Blanshard)的论述,把分析哲学的产生看做是与 19 世纪末 20 世纪初在美国哲学中占主导地位的绝对唯心论和实在论较量的结果。他把这个结果归结为五个方面:(1) 分析哲学反对理性主义者关于宇宙的基本构成是概念或共相的观点,提倡以一种意义理论最终清除这样的概念或共相,这样,一个事实陈述的意义就在于能够在知觉上证实这个陈述;(2) 分析哲学反对理性主义者认为理智可以为我们提供世界知识的观点,否认必然性的认识能够

---

① 希尔顿:《罗素、唯心论及分析哲学的萌芽》,第Ⅶ—Ⅷ页,牛津,克拉伦登出版社,1990。

为我们提供关于世界的知识,认为它们仅仅是澄清了已有的意义;(3)分析哲学反对认为概念和事物在性质上互为依存的观点,提倡构成宇宙的终极成分之间并不必然地相互关联;(4)分析哲学反对认为善恶美丑的价值独立存在的观点,它认为价值判断并不是真正的判断,只是表达了我们个人感情的感叹词语;(5)分析哲学反对认为哲学是通向真理的重要途径的绝对唯心论观点,而是认为哲学家的工作仅仅是为了澄清已知真假的陈述的意义。① 可以看出,这五个方面基本上反映的是逻辑实证主义、逻辑原子主义和日常语言学派的主要观点。此外,克伦克还对分析哲学的价值作了有趣的阐述。他认为,我们总是要对自己和外在事物提出各种难题并力图寻求真正的答案。而只有当问题本身得到了清楚的说明,我们才最有可能得到这些问题较好的答案。由于相同的语词可能会被用来表达不同的概念以及不同的问题,所以为了能够使我们追求真正答案的过程取得进展,我们就必须从事分析。这里的分析不是像人们通常认为的那样把整体分解成部分,最后化解掉了一切;相反,分析应当是为了表明世界以及我们对世界的经验中重要的东西,或者说是通过祛除无意义的东西而展露出有意义的内容。例如,在谈到精神活动与大脑状态之间的关系时,有哲学家认为两者是"相同的"。为了弄清这些哲学家试图表达的意义,首先需要弄清他们使用的"相同的"这个词的涵义,因为"相等"仅仅是"相同的"其中一个涵义,而不是全部涵义。一旦弄清了这些哲学家使用这个词的意义,我们就可以容易理解他们想要表达的思想,也就不会以讹传讹或举证不当了。他写道:"通过从事分析,我们可以希望对我们在反思世界、我们自身以及我们在世界中的地位时所遭遇的许多哲学的以及其他的难题提供答案,我们可以表明某些答案是错误的以及为什么是错的,我们可以表明某些答案是对的(或至少是很像是对的)以及为什么是对的。一句话,通过从事分析,我们增加了很

---

① 参见克伦克《当代分析和语言哲学》,"导论:分析哲学的兴起",第 16—17 页,普罗米修斯出版社,1983。

好地回答以及有很好的理由去回答这些问题的可能性。这不仅是在哲学中,而且在一切学科中都是如此。这的确是在我们的理论和哲学探究中以及在日常生活中都极具价值的东西。"①

1990 年,英国布莱克威尔出版社出版了《哲学季刊》杂志的专题文集《分析的传统:意义、思想和知识》,该书收集了英、美、德等国哲学家对分析哲学传统的反思和分析。这是西方哲学家第一次集中讨论分析哲学的历史,为后来兴起的分析哲学史研究奠定了基础。作为编者之一的贝尔在引言中说明了编辑这个文集的宗旨:"如果我们把弗雷格的《算术基础》或《论意义与意谓》算做分析哲学的开端的话,那么这个传统至今离我们已经有 100 多年了。它的经典时期,或者说,它的'英雄'时期,主要以弗雷格、罗素、摩尔、维特根斯坦、卡尔纳普和维也纳学派哲学家的工作为代表,他们以惊人的速度确立了一套具有明显特征的哲学话题、同样明显的词汇以及至今仍然支配着英语世界哲学活动的方法论步骤。但对于在这个传统中工作的人来说,对'分析传统'的性质、起源、发展及其价值却从来没有得到应得的关注:分析哲学一直是,而且现在仍然是完全没有自我意识的,几乎完全是非历史的。然而,有迹象表明,这种情况正在开始改变——目前的这个文集本身就表明了当代分析哲学家渐渐愿意去考察他们自身传统的性质和历史。"②

该文集的作者们主要讨论了分析哲学早期发展中的一些重要人物的思想,对分析哲学中的一些重要问题,如模糊性和逻辑、思想和感知、行动的性质、哲学怀疑论以及表达的清晰性等问题,都给出了与以往不同的回答。例如,伯奇把弗雷格的思想放到理性主义的传统中而不是像通常那样从经验主义传统中寻求对他思想的解释,认为弗雷格提出的"意义"(sense)概念完全不同于后来的哲学家所解释的"意义"(meaning),前者完全是一种语言表达式的内容,是理想化的思想。希尔

---

① 克伦克:《当代分析和语言哲学》,第 20 页,普罗米修斯出版社,1983。
② 贝尔和库珀:《分析的传统:意义、思想和知识》,第Ⅵ页。

顿则认为，罗素的逻辑主义完全不同于 20 世纪后半叶的逻辑学家所理解的涵义，罗素的逻辑主义概念完全是反康德主义的有力武器，他早期对知识、真理和实在的论述充分体现出他的思想是与当时的潮流不合拍的。霍克威在文章中指出，根据通常的理解，分析哲学的工作之一是要消除语言意义的模糊性，追求知识的确定性，但在与罗素和早期维特根斯坦同时代的莱姆塞却并不完全持这种看法，因为在莱姆塞那里，意义的模糊性或不确定性不仅是可以容忍的，还是一种长处，缺了它我们就无法去说、去做或去想我们希望的一切，这就是对语义学、逻辑学和认识论问题的一种实用主义的方法；霍克威由此考察了皮尔士对这个问题的解决，认为我们既可以坚持确定意义的要求，也可以使自然科学、古典逻辑、数学或日常知识变得可以理解。哈特（W. D. Hart）把追求清晰性理解为分析哲学的一种理性主义特征，他把这种理性主义区分为"语义学的理性主义理想"和"认知的理性主义主题"，前者是把数学看做哲学的模型，认为哲学应当出自具有意义确切、语境独立、真理无时间性等特征的陈述；后者则把语义清晰性本身就看做是知识和理解的强有力保障。W. D. 哈特认为后一种理性主义主题应当是分析哲学的基本宗旨。

1993 年，英国哲学家达米特出版了《分析哲学的起源》一书的英文版，在英美哲学中引起了极大反响。虽然该书早在 1988 年就以意大利文发表于《语言研究》杂志，并于同年出版了德文版的小册子，1990 年出了意大利文版的小册子，1991 年出了法文版，但英文版的问世才引起了英美哲学家们的广泛注意，特别是该书提倡的对分析哲学的历史研究方法为后来的分析哲学家研究自身历史提供了很好的范例。达米特在书中提出了这样两种历史研究方法：(1) 强调对分析传统的根源作历史性的研究。他写道："该书的目的就是要对分析传统的根源作一番哲学反思：任何真正的历史作者所观察到的一切都应当被考虑在内，只要他们是正确的。"①(2) 坚决反对把英美哲学看做是与欧洲大陆哲学完全不同

---

① 达米特：《分析哲学的起源》，第Ⅷ页，伦敦，达克沃思出版公司，1993。

的哲学传统,强调在分析哲学创建之初弗雷格和胡塞尔等人之间的相互作用,以及弗雷格思想受到布伦坦诺、波尔查诺等人的影响。他写道:"'英美'这个词是造成了很大危害的错误用词。它不仅带来了这样的恶劣后果,促使接受了这个标签的人相信他们不必去阅读除了英文之外用其他语言所写的东西,而且造成了关于分析哲学起源的完全错误的印象。"①第一种研究方法正是后来的分析哲学家们研究分析哲学起源及其历史发展时所强调和应用的。根据这样的观点,分析哲学不再被看做是非历史的或超历史的,相反,分析哲学家们逐渐认识到,分析哲学中的每个重要概念和观点都有着深刻的来源,每个重要的分析哲学家的思想都与他前人的思想有着密切的联系。第二种研究方法则引起了当代分析哲学与欧洲大陆现象学的对话和融合,特别是通过这种对话使得分析哲学家对分析传统的起源有了重新认识。

　　正是在达米特这本著作的激励和启发下,1995 年 4 月主要来自英美两国的分析哲学家在英国的里丁市召开了一次国际研讨会,专门就分析哲学的历史以及性质等重要问题展开讨论,特别是对达米特的观点提出了不同的看法。这次会议的文集《分析哲学的兴起》于 1997 年由英国布莱克威尔出版社出版。该文集的编者格洛克在导言中写道:"分析哲学家常常对他们做哲学的非历史性而感到自傲。在他们看来,与传统哲学或大陆哲学不同,分析哲学是一种值得尊重的科学或技术;它用专门的技术去解决可以获得确定结果的独立问题,因而不需要用讨论自身历史的方式去寻求庇护。但具有讽刺意味的是,从罗素和维也纳学派以来,许多分析哲学家同时又极其关注他们这场运动的起源,主要为了表明像莱布尼茨和英国经验论者这些思想家的哲学意义。近些年来,关于分析哲学起源的争论又由达米特重新挑起,他认为分析哲学是'后弗雷格的哲学',它的基础在于相信语言哲学是这个主题的基础。"②该文集的作者

---

① 达米特:《分析哲学的起源》,第Ⅷ页,伦敦,达克沃思出版公司,1993。
② 格洛克:《分析哲学的兴起》,第Ⅶ页。

们不仅讨论了弗雷格、罗素等人的思想,而且把目光投向分析哲学的基本性质,也就是对分析哲学的定义问题,在分析哲学性质问题上提出了与达米特不同的看法。虽然他们讨论问题的角度各不相同,但他们都明确区分了分析哲学的诞生和语言的转向,认为不应当像达米特那样用语言的转向代替分析哲学的诞生,否则就会将摩尔、罗素甚至是弗雷格等人都排除在分析哲学的阵营之外。同时,他们还认为,达米特把分析哲学的范围限定在关心语言上,并且把分析哲学定义为这样一种观念,即关于思想的理解能够而且必须用关于语言的理解加以说明,这事实上就不仅把分析哲学的范围扩大到了现象学(因为胡塞尔的现象学也是从讨论语言的意义开始的),而且扩大到了目前正在英美哲学中从事的一切研究,包括牛津哲学家埃文斯(G. Evans)和皮考克(C. Peacocke)以及美国哲学家塞尔、内格尔等人的工作。但严格地说,这些哲学家的工作已经完全不同于传统的分析哲学家。

从目前的研究情况看,当代美国哲学家关注分析哲学的历史,不仅是对早期的分析哲学家,如弗雷格、摩尔、罗素、维特根斯坦以及维也纳学派成员等人的思想给出某些新的解释或补充一些新的研究材料,更重要的是通过这样的研究,对分析哲学的性质、任务以及范围等关键问题提出了新的理解,或者对分析哲学有了许多新的定义,由此改变了以往对分析哲学的认识,形成了新的分析哲学图景。例如,蒯因的学生、现任美国斯坦福大学和挪威奥斯陆大学教授的弗尔斯塔既反对把分析哲学定义为像大陆哲学那样关注语言,又反对从发生学的意义上去寻求分析哲学的根源。他认为,分析哲学强烈关注的是论证和辩明(justification),即对接受或抛弃某种哲学立场提供各种理由。这样,真正的分析哲学家就不再局限于某种具体的主张或理论,而是为各种主张和理论提供有益的帮助。根据对分析哲学性质的这种理解,现象学、存在哲学、解释学以及托马斯主义等都可以是分析的,这完全取决于它们依赖理性论证的程度。这样,分析哲学就不再是一种哲学理论或流派,而是用来支持对话和宽容的一种力量。他写道:"不能用专门的哲学观点或问题,或通过专门的概念分析方法去定义分析哲学。相反,它的明显标志是具体的处理哲学问题的方法,论证和辩明在其中就起到了关键作用。只是在这个方面,分析哲学才与哲学的其他'潮流'区分开来。……我们应当从事分析哲学,不仅因为它是一种好的哲学,而且具有个人伦理和社会伦理的原因。……理性的论证和理性的对话对于发挥了良好作用的民主来说至关重要。在这些活动中教育人们,也许是分析哲学最为重要的任务。"①

与弗尔斯塔的理解不同,斯鲁格在他的《弗雷格论意义》一文中则更是从历史的观点考察了分析哲学的起源和性质。他认为,我们既不能把分析哲学定义为"对语言的特别关注",也不能把它定义为"理性的传达者",而应当把它看做是一种产生重叠和分歧的话语领域。他从目前对弗雷格思想的理解中发现,弗雷格作为一位语言哲学家只能是在派生的意义上,因为目前的理解完全扭曲了他的思想原貌。例如,弗雷格对意义和意谓的区分主要是从句法上考虑,但卡尔纳普和维特根斯坦则把这种区分理解为一种关于意义的理论,这完全不符合弗雷格的思想本意,因为在弗雷格看来,要建立这样一个意义理论是完全不可能的,而且他还坚决反对关于数学的经验论观点。他写道:"总之,错误就在于没有看到,自弗雷格以来分析哲学的谈话语境已经发生了多么彻底的转变。这是把分析的传统看做多少是永恒不变的,看做是可以用我们目前的观念去确定的,而事实上,这个传统已然经历了一系列决定性的变化,即从早期关心数学的基础到强调经验科学,再到目前关注语言和意义。当然这也是一个非常简单的描述,因为分析哲学早期的每个关键人物(弗雷格、摩尔、罗素、维特根斯坦、石里克、卡尔纳普和纽拉特等人)都以自己的独特方式和个人主张进入了这个传统。分析哲学不再像人们有时所描述的那样是一个纪念碑,而是肇始就成为各种截然不同说法之间妥协的结

---

① 弗尔斯塔:《分析哲学是什么以及它为什么只应有一种归属?》,载于格洛克《分析哲学的兴起》,第14—16页。

果。正是出于这个理由,我们就不能像达米特在他的新著《分析哲学的起源》中所做的那样认为分析传统明显地具有一套一致的信念,不能像他所说的那样,认为它有一套自己的公理。实际上,就像其他哲学传统一样,分析哲学是一种产生重叠和分歧的话语领域。"①

1996 年 1 月,以色列的特拉维夫大学召开了一次关于分析哲学的过去和未来的国际研讨会,来自英国的哈克、萨克斯、斯科拉普斯基,美国的欣提卡、弗洛伊德(J. Floyd)、希尔顿、普特南夫妇,以色列的巴爱利(G. Bar-Elli)、本门乃姆(Y. Ben-Menahem)、伯茨基、弗雷德兰德尔(E. Friedlander)、卢里(Y. Lurie)、梅塔和罗斯(J. J. Ross)等人,对分析哲学的性质和任务、历史和未来等问题展开了讨论,特别提出,如果分析哲学没有死亡,它就别无选择地需要改变其使用自我反思和自我意识的原有纬度。该会议的文集《分析哲学的故事:情节和英雄》于 1998 年由英国著名的劳特利奇出版社出版。② 该书的编者在解释书名时指出:"应当强调的是,我们用'情节'一词并不是指这样一个极为时髦的'叙述'概念,就是说必然要涉及对故事情节作出历史的和编年史的描述。相反,我们是要寻求探究分析哲学的情节,以强调它的本质,关注它的主要论题。当然,我们知道,在某种意义上,对历史之根的探询为这些本质和论题提供了解释的环节。"③该文集论文的一个最大共同点在于,它们都强调了分析哲学作为一种方法、风格、路数等的重要性,而不是像以往认为的那样,把分析哲学看做是一种与欧洲大陆哲学完全不同的哲学理论和主张。而且,即使如此,作者们对这样的方法、风格或路数也没有形成统一的看法,就是说,对分析哲学的性质或定义在他们之中并没有达成统一的意见。从不同作者的文章中可以明显地感到,分析哲学无论是作为一种传统信念还是作为一种现代理性主义形式,都面临着无法避免的困

①斯鲁格:《弗雷格论意义》,载于格洛克《分析哲学的兴起》,第 18—19 页。
②该文集中哈克、希尔顿、罗斯、梅塔和欣提卡等人的文章已经被翻译为中文,收录于陈波主编《分析哲学——回顾与反省》中。
③伯茨基和梅塔:《分析哲学的故事:情节与英雄》,第 XII 页。

难或危机。有的哲学家（如罗斯）把这种困难或危机的产生归咎于对分析哲学性质的错误解释。比如达米特把分析哲学就理解为一种对语言的关注，并试图用语言哲学取代关于思想的哲学。但更多的哲学家则清楚地认识到分析哲学的困境是由于自身的封闭性和排他性带来的，通过研究和澄清早期分析哲学家的思想和后人对他们的解释，就可以找到问题的根源，并把分析哲学放到恰当的历史位置。

在当代美国哲学家看来，对分析哲学性质的重新认识不仅来自对分析哲学自身历史的考察，而且来自对分析哲学与传统哲学的比较，就是说，只有通过追溯分析哲学的哲学史根源，才能真正理解分析哲学的独特性和重要价值。正是基于这样的认识，分析哲学家们开始重新关注哲学史，特别是对与分析哲学有着密切思想联系的休谟、康德以及近代德国哲学给予了特别关注。塞尔对这种现象作出了这样的解释："传统的分析哲学家认为哲学史大部分是谬误观点的历史。这门学科的某一部分历史可能有助于研究真正的哲学。可是，普遍的看法是，哲学史和哲学之间的关系并不比数学史和数学之间的关系，或者化学史和化学之间的关系更加特殊。这种看法近来有所变化，现在人们觉得在分析哲学和传统哲学之间有一种历史的连续性，这种新的看法与分析哲学家的最初的看法形成鲜明的对照，过去他们认为分析哲学已与哲学传统作了彻底的、或者的确是革命的决裂。"[1]同样，普特南在解释他的哲学发展时也特别强调指出了哲学史的回归对分析哲学研究的重要意义。在他看来，虽然当代哲学家在处理传统哲学问题的方法上与以往哲学家有很大的区别，特别是在对待笛卡尔的二元论的问题上，当代哲学的方法完全是批判性的，但从这些哲学家讨论的问题上看，他们与传统哲学的关系是非常密切的：他们正是从传统哲学资源中找到了自己思想的出发点。这样，"长期以来居于支配地位的观点，即认为'哲学是一回事，而哲学史是

---

[1] 塞尔：《当代美国分析哲学》，载于陈波主编《分析哲学——回顾与反省》，第81页。

另一回事',显然将寿终正寝"①。

事实上,从 20 世纪 70 年代开始,西方哲学家就在关注分析哲学与传统哲学的关系。这种关注最初有两个目的:(1) 对分析哲学家们来说,这是为了表明分析哲学与传统哲学的不同,特别强调分析哲学的特殊性,如德国哲学家图根哈特的《传统哲学和分析哲学》;(2) 对非分析哲学家来说,这是为了说明分析哲学并不像它所认为的那样是与传统哲学完全决裂的,相反,分析哲学正是继续着自笛卡尔以来的哲学传统,如罗蒂的《哲学和自然之镜》。较为极端的分析哲学家把整个西方哲学传统都看做分析方法的具体运用。② 近年来,对哲学史的关注集中在本体论和康德哲学方面,特别强调了康德的《纯粹理性批判》对分析哲学的基础性意义,把分析哲学称做康德哲学后的"第二次哲学革命"。密歇根大学的德诺奇卡(J. Dejnožka)③、伊利诺伊大学的克拉克④、科罗拉多大学的汉纳(R. Hanna)⑤等人就在这方面做了大量工作,他们的工作都受到了当代意大利哲学家科法的思想的影响。科法在他 1991 年出版的《从康德到卡尔纳普的语义学传统至维也纳站》中明确地把维也纳学派的语义学思想归结为康德哲学在当代的延续,他称之为语义学发展史的"维也纳站"(Vienna Station)。⑥ 由于科法把维也纳学派的思想特别是卡尔纳普的思想放到了整个近代哲学的背景中考察,突出了分析哲学在康德哲学中的历史根源,因而他的这部著作如今被美国哲学家看做是研究分析哲学发展史的经典之作。

---

① 普特南:《从内部看哲学的半个世纪》,载于陈波主编《分析哲学——回顾与反省》,第 110 页。
② 参见哈迪《思想史上的意义问题》,载于车铭洲编《西方现代语言哲学》,李连江译,第 111—132 页,南开大学出版社,1989。
③ 参见德诺奇卡《分析传统的本体论及其起源》,马里兰州,兰姆市和伦敦,罗曼和利托菲尔德,1996。
④ 参见克拉克《哲学的第二次革命》,开放世界出版公司,1997。
⑤ 参见汉纳《康德及分析哲学的基础》,牛津,克拉伦登登出版社,2001。
⑥ 参见科法《从康德到卡尔纳普的语义学传统至维也纳站》,剑桥大学出版社,1991。

二　分析哲学目前关注的几个主要问题

蒯因于 1950 年发表的《经验主义的两个教条》一文通常被看做既终结了逻辑经验主义的基本信条，也开启了当代分析哲学的新思路、新视野。这种新视野具有两个明显特征：(1) 完全遵从科学的要求，根据自然科学发展的最新成果修正原有的认识；(2) 放弃了在认识论上固守一种理论观点的做法，强调要从人类活动的具体条件和要求出发不断调整认识步骤和进程。根据这种新视野，从 20 世纪 70 年代后，英美哲学家在以下两个重要领域取得了新的进展，即心灵哲学（philosophy of mind）和知觉理论（perception），并由此形成了各种不同的理论主张。

（一）心灵哲学中的问题

当代英美哲学家普遍认为，分析哲学家的兴趣在 20 世纪最后 25 年的显著变化是从意义和指称问题转向了人类心灵问题。这种转变有内在和外在两个方面的原因。从内部看，语言哲学家们把研究焦点放到了语言及其意义上，但对语言使用者的心理状态却很少涉及，因为在分析哲学初期，弗雷格等人就把对心理状态的研究斥为心理主义而将它排除到哲学研究之外。随着语言研究的深入，语言使用者的因素起着越来越重要的作用，其中对表达了信念、思维、知觉、意向等心理活动的命题或句子的研究，必然涉及这些心理活动本身。换言之，对表达了心理活动的命题的研究是为了揭示这些心理活动的意义，而不仅仅是分析命题的结构本身；而且把这样的命题或句子对象化或客体化，也招致许多批评和责难。这些都使分析哲学家们开始考虑语言使用者的因素，包括语言所表达的心理属性和实际功能。

从外部看，分析哲学的每一次变化都与科学的发展有着密切关系。人类心灵始终是科学研究的重要领域，但以往的科学难以揭示心灵之谜，往往用比喻或类推的方式去解释心灵活动的规律和功能。现代神经科学、生物学、数学、语言学、计算机科学、认知科学和人类学的形成和发展，为揭开人类心灵之谜提供了多方位的、更细致的视角，也为哲学家深入人类心灵、探究人类活动规律提供了更为有力的根据。可以说，当代心灵哲学的兴起正是现代科学发展的直接结果，也是分析哲学家放弃原有的分析传统、拓宽研究视野的产物。

当代心灵哲学通常被看做是继逻辑实证主义之后在分析哲学中占主导地位的哲学。也有哲学家把心灵哲学直接称做"语言哲学的一部分"（如塞尔）。但根据一般的理解，心灵哲学与传统的分析哲学（如弗雷格、摩尔、罗素以及早期维特根斯坦等人的思想）和一般意义上的语言哲学之间仍然存在很大的不同，主要体现在心灵哲学基本上是根据认知科学的基本假设，即通过与计算机的功能类比去观察和说明心灵的活动。这样做有两个重要结果：(1)把心灵活动完全客观化，用可以观察的行为和功能去认识心灵活动的性质。这就导致了心灵哲学中的行为主义和功能主义。(2)在哲学基本立场上抛弃了神秘的心理主义和笛卡尔式的二元论，更倾向于采取唯物主义方式处理身心问题以及心灵与世界的关系问题。塞尔对认知科学与心灵哲学的关系有一个很好的说明："认知科学这门学科比其他任何学科更加明显地表现出哲学和其他学科合作研究的新时期。认知科学从其诞生之日起在性质上就是一门'边缘学科'，它事实上是心理学、语言学、哲学、计算机科学和人类学的共同财富。因此，在认知科学中有极其多样的研究方案。不过，认知科学的核心领域，或者说，认知科学的核心思想，是建立在这样一个假设之上：最好从与数字型计算机相类比的角度去观察心智。认知科学所依据的基本思想是，在计算机科学和人工智能方面的最新发展，对我们理解人类具有巨大意义。认知科学所获得的基本启示大致说来是：人类所作的是信息处理，计算机恰恰是为了信息处理而设计出来的。因此，把人的认知过程当作计算机信息处理加以研究，这是研究人的一种方式，而且事实上也许是最好的方式。某些认知科学家认为计算机恰恰是人的心智（mind）的一种模拟；另一些认知科学家认为人的心智简直就是一个计算机程序。可以公正地说，没有计算机模型，就没有目前我们理解的这种认知科学。"①

　　然而,这种心灵哲学面临的困境是:一方面,哲学家们强调对心灵的研究要依据个人的心理体验,就是说要从第一人称的观点出发;但另一方面,他们又坚决反对把身体和心灵截然分离的笛卡尔式二元论,强调用可观察的身体行为来说明心灵的活动。为了解决这个困境,心灵哲学中先后出现了各种不同的理论,如行为主义、类型同一论、因果作用同一论、单例同一论、伴随性的物理主义、构成性的物理主义、功能主义、常识心理学、反个体论、模拟论等等。② 在这些理论中,各种形式的同一论和功能主义最具有影响力,也是招致批评最多的理论。同一论也被称做"还原的唯物论",它断定心理状态就是大脑的物理状态。早期的同一论形式是类型同一论(type-type identity theory),认为每种类型的心理状态或过程在数量上都是等同于大脑的或中枢神经系统的某种神经状态或过程。但这种观点很快就遭到了抛弃,因为与我们有着不同神经系统的生物可能也会有心理状态,而且拥有相同信念的两个人可能并不具有相同的神经生理状态。这样,类型同一论就被单例同一论(token-token identity theory)所取代。这种同一论认为,心理状态与神经生理状态的同一关系只能存在于具体的情况中,就是说,我们只能说某个具体的心理状态是与某个具体的神经生理状态等同的。对这种同一论的强有力支持是对感觉经验与科学描述之间的类推。根据这种类推,科学表明了温暖等同于高度的分子动能,就像闪电等同于天空与大地之间的电子释放,或者水就等同于 H_2O 分子的聚合,所以心理状态就等同于大脑中的神经系统或某种神经过程的聚合。但这种类推仍然遭到了强烈的反对,因为无论是科学还是常识都告诉我们,水并不等同于 H_2O,感觉温暖并不等同于分子动能。不过,支持单例同一论的哲学家把这种等同理解为一种渐进的过程,求助于未来的科学发展进一步发现这种等同。尽管如

---

① 塞尔:《当代美国分析哲学》,载于陈波主编《分析哲学——回顾与反省》,第 71—72 页。
② 对这些理论内容及批评的详细论述,参见唐热风《心身世界》,第 2、3、4、10、11 章,首都师范大学出版社,2001。

此,仍然有哲学家认为,单例同一论的错误不在于等同关系,而是错误地使用了被看做等同的概念,或者说,这种同一论使用的这些概念是模糊的。例如,"温暖"这个概念就可以给出两种不同的解释:一种是可以被看做客观的东西,是可以用温度计去测量的实际温度,一种是可以被看做主观的感觉;前者可以等同于某种分子运动,但后者却是完全不同的,因为不同的人在相同温度下会有不同的反应,这样,在感觉经验和外在的分子运动之间就不存在一一对应的关系。①

为了克服同一论的困境,哲学家们提出了一种新的理论来解释心理活动与神经分子活动之间的关系,这就是后来在西方心灵哲学中占有重要地位的功能主义。功能主义最初是由普特南在 20 世纪 70 年代中期提出来的,但他在 80 年代末就抛弃了这个主张。功能主义的主要主张是用心灵的功能去解释心理状态,把心理活动归结为外在刺激对身体的恰当反应。当然,这里的心灵功能主要是指人类机体的活动。例如,当某人被重物击倒时,这里涉及三个因素:一个是外在的刺激,一个是这个人受到撞击后的感觉,还有一个就是他因此而倒下的身体行为。其中,内在的疼痛感觉来自外在的刺激,反过来又导致了身体的倒下。在这个过程中,作为心理状态的疼痛感觉是外在刺激与身体反应的中介。因而,类似恐惧、信念、意向等心理状态都是在人类机体活动中起中介作用的因素,我们能够认识到它们的存在,正是因为刺激和身体反应的存在,或者说,我们是通过外在的刺激和身体的反应而认识到心理状态的作用。哲学家们通常认为,功能主义的长处在于它承认内在心理事件的存在,这比彻底的行为主义更容易为人们接受;同时,它也被解释为否认心理学可以还原为物理学或生理学,因为心理活动仅仅被看做是外在刺激的结果,而不是外在刺激本身。这种功能主义的一个最大好处是认为人类的心理活动可以用计算机的功能加以模拟,即外在的刺激就是输入,身体的反应就是输出,而从输入到输出的过程就是内在的心理活动,是

---

① 参见斯特罗《20 世纪分析哲学》,第 257—258 页,哥伦比亚大学出版社,2000。

一个对各种信息进行处理的过程。更形象地说，人类的大脑就是计算机的硬件，而人类的心灵就是计算机的软件：大脑提供了刺激，对心灵活动作出反应。这样，不同的物理硬件系统就可以实现一个相同的程序，而一套相同的心理过程也就可以表现为不同的硬件形式，即不同的大脑构成。这就解释了为什么会出现"心同此理"的现象。

普特南提出的功能主义被称做"图灵机器功能主义"或"强人工智能"，因为根据这种主张，拥有心灵仅仅是拥有某种程序，它满足了由数学家图灵提出的一个实验，即确定一个给定的系统是否展现了人类的智力。1938年，图灵设想一个可以再现人类思想的机器，但事实上在当时这样的机器是无法制造出来的，因为它需要一条无限长的带子。这个要求已经为现代计算机所解决，所以，计算机最初出现时曾被称做"图灵机"。它是按照事先设计好的指令或步骤，把信息从一种形式转换为另一种形式。推理、发现意义、概括和从过去的经验中学习，这些往往被看做是人类心灵的主要特征；而现在，计算机据称也可以完成这些功能，特别是可以作出决策、人机对弈等，这些都使人相信，计算机可以思考。这样，任何可以把输入转换为有意义的输出的机器，都可以通过图灵实验，因而是有智力的。虽然至今仍然没有发明出能够复制人类智力的机器，但人工智能研究的确在决策、自然语言理解和模型认知等方面取得了重要的实际结果。

但由于这种功能主义诉诸把心灵解释为从外在的输入到输出的过程，但对心灵活动本身隐而不谈，这就引起了许多哲学家的质疑和反对。其中最重要的反对者是美国加州大学伯克利分校的塞尔。他从20世纪80年代开始发表大量文章，反对"强人工智能"理论。他设计了一个著名的例子即"中国屋论证"来证明普特南的功能主义是站不住脚的。简单地说，这个论证是这样的：设想一个人被关在一间黑屋子里，他有一台计算机和一些用中文写好的问题。他可以根据计算机已设计好的程序，对这些中文问题作出回答，结果显示他的回答与正确的答案完全一样。问题就是：这个实验完全满足了图灵的要求，但这是否可以证明他就懂中文了呢?[①] 塞尔的论证是为了区分形式的或句法的系统与语义的内容，表明了程序虽然可以满足句法的要求，但缺乏恰当的语义理解。应当说，塞尔的论证是非常有力的，而且被看做是正确的，对普特南最终放弃功能主义起了重要作用。但由于功能主义在认知科学研究中有重要作用，所以它至今仍然在许多哲学家、认知心理学家和人工智能研究者中普遍流行。

20世纪80年代后，在美国的心灵哲学中出现了一种与功能主义和同一论不同的主张，这就是"消除的唯物论"。这种理论的主要代表是P. M. 丘齐兰德和P. 丘齐兰德。[②] 他们认为，精致的科学理论并不需要有思想、信念和意向之类的东西，而只需要大脑中的神经活动。这与同一论的观点不同，因为根据同一论的观点，科学研究始于对相同现象的不同描述，一个涉及来自常识心理学(folk psychology)的心理词汇，另一个则是构成科学领域的物理主义词汇，而同一论要回答的问题就是如何把心理词汇还原为物理主义词汇。但在消除的唯物论看来，科学上并没有可以观察的证据能够证明诸如思想和信念这样的实体是存在的，所以成熟的科学理论并不需要还原主义，并不存在任何东西可以被还原为物理过程。他们说，正像化学理论并不想把燃素还原为可观察的东西，而是完全抛弃了它，思想、信念以及常识心理学的整个心理主义主张都是可以消除的，取而代之的是可以描述大脑神经活动的彻底唯物论。

消除的唯物论被看做是较为彻底的科学主义主张，在神经科学和认知科学中获得了较好的影响。但正由于它的这种彻底性，同样招致了许多批评，其中最为重要的是这样两种反对意见：一种是认为，所有的科学理论都具有语义特征，它们或者是真的或者是假的，或者是一致的或者

---

① 关于塞尔的这个论证，详见塞尔《心、脑与科学》，杨音莱译，第24页，上海译文出版社，1991。

② 参见P. M. 丘齐兰德《神经计算的观点》，麻省理工学院出版社，1989；P. 丘齐兰德《理性的能量》，麻省理工学院出版社，1995；P. 丘齐兰德《神经哲学》，麻省理工学院出版社，1986；P. 丘齐兰德和西诺威斯基《计算机大脑》，麻省理工学院出版社，1992；P. M. 丘齐兰德和P. 丘齐兰德《论相反情况》，麻省理工学院出版社，1998。

是不一致的。那么,说神经活动在逻辑上是不一致的,这种说法就会是模糊不清的,因为一切神经活动都可以被描述为偶然的,我们很难把诸如"意义""真理"和"指称"等语义概念翻译为神经活动的词汇。由此可见,把"真理"或"谬误"等语义概念归结为大脑过程,这显然是一种范畴错误。另一种反对意见认为,我们的感觉经验中存在着感受性(qualia),这些感觉经验无法像燃素那样被完全抛弃,因为常识告诉我们,我们每个人对外在刺激的感受是不一样的,这就需要任何科学理论都必须考虑这样的感受性,并在提出恰当的理论时对它们给予解释。①

从上面的介绍中可以看出,从 20 世纪 60 年代到 80 年代,无论是还原的唯物论(同一论)还是取消的唯物论,都把心灵活动的特征归结为大脑的神经活动,都是用物理的或生理的机制来解释心理活动的特征。出现唯物论在心灵哲学中占主导地位这种现象,一个重要的原因是由于 50 年代的生物化学和动物神经生理学取得的明显进展,如生物学家勒特文(J. Y. Lettvin)、胡贝尔(D. H. Hubel)和魏塞尔(T. N. Wiesel)等人对青蛙和猫的大脑皮质所作的研究成果使得科学家和哲学家都相信,心理事实最终也将在神经学术语中得到同样的解释。② 但这样的解释也很快受到了更多哲学家的质疑,因为对生理的或神经活动的还原或取消心理实体的做法,都无法真正解决身心之间的因果关系问题。后来有哲学家提出一种"伴随性的物理主义",把心理现象解释为物理过程的伴随状态,因而心理状态就一定是附属于物理状态。这种观点也被称做"副现象论"。但即使这样的解释仍然遭到其他哲学家的怀疑,因为它仍然没有对身心的因果作用和心理主义解释之间的关系给出很好的说明。例如,伯奇就认为:"唯物主义理论很少解释这样一个事实:几乎所有关于心理原因的存在及其本性的知识和理解,都来自心理主义解释,而不是来自

---

① 参见斯特罗《20 世纪分析哲学》,第 262—263 页,哥伦比亚大学出版社,2000。
② 参见伯奇《语言哲学与心灵哲学:1950—1990》,载于陈波主编《分析哲学——回顾与反省》,第 177 页。

非意向性的功能主义的或者生理学的解释。"①在他看来，唯物论的副现象论没有带来有效成果的一个主要原因，就是它对心理原因的知识来源缺乏关注。这些都使得在身心问题上的或在心灵哲学中的唯物论观点难以得到恒久的支持。

当然，在目前美国心灵哲学中，仍然存在着各种形式的功能主义、同一论，甚至还有各种形式的唯物论主张，但没有一种理论观点可以说服其他观点，更不用说占据主导地位了。这样，我们就会看到，在当前的美国心灵哲学中，出现了各种理论主张并存且相互批评的局面。从长远的发展角度看，这种情况恰好说明了美国的分析哲学和心灵哲学正处于一个剧烈转变时期，不同的理论观点通过相互批评和对话，将会逐渐形成一个或几个相对成型的理论观点，或不同理论之间会在某些问题上达成某些共识性意见。就目前的情况看，这些理论的争论或分歧焦点主要集中在对知觉性质的不同理解上：既然身心之间的关系不能完全归结为因果的或物理的关系，那么作为心理活动最基本内容的知觉活动就凸现了在心灵哲学中的重要地位。所以，知觉理论也就成为当下美国心灵哲学中的核心话题。

（二）知觉理论

在西方哲学史上，关于感觉材料的理论可以追溯到笛卡尔，在洛克、巴克莱和休谟的哲学中也起着重要作用。在 20 世纪哲学中，这个理论的主要代表是罗素、摩尔、布劳德和皮尔士，但后来由于受到奥斯汀等人的批判，它在哲学舞台上就逐渐消失了。直到 20 世纪 80 年代之后，这个理论才又重新兴起。从传统的形式看，这个理论的核心问题是，人类对外在世界的知觉究竟是直接的还是间接的。由于这个理论主要涉及各种形式的形而上学实在论，所以它就预先承诺了世界包含着独立于心灵的实体，这样，核心的问题就变成了对这种实体的知觉究竟是直接的

---

① 参见伯奇《语言哲学与心灵哲学：1950—1990》，载于陈波主编《分析哲学——回顾与反省》，第 181 页。

还是间接的，就是说，这种知觉是否以精神实体的介入或以某些物理因素为条件的。虽然这样的讨论并不必然是笛卡尔式的，但它的确预设了心灵的存在，而"外在的东西"也就意谓是在我们的心灵之外。

在当代心灵哲学的讨论中，感觉材料理论采取了不同的形式，特别强调了人类知觉的中立客观地位。与解决身心问题的唯物论一样，心灵哲学中的知觉理论也受到现代心理学发展的影响和启发。1979年，心理学家吉布森（J. J. Gibson）发表了《视觉感知的生态学方法》，认为人们对物理对象的通常知觉是直接的。他这里所谓的"直接"是指不以感觉材料或任何想象为中介，而是在人们通常的知觉中感知到三维对象。虽然我们可以通过其他手段感知到对象，如观看对象的照片或在头脑中想象这个对象，但当我们直接面对这个对象时，我们就是在直接感知它。严格地说，这个观点并不完全是崭新的，因为它基本上属于早期感觉材料理论的朴素观点，但吉布森的目的是以这种方式去反对当代哲学中的"表象论"观点，即反对认为一切知觉都是以"心理表象"为中介的观点。他认为，外在刺激对人的感官作用以及由此产生可观察的行为，这样一种因果关系并没有真正解释知觉的产生，因为知觉虽然是由外在刺激带来的，但它的目的并不在于产生行为，而是带来某种效果。当然，吉布森的观点受到了很多批评，主要的批评是，认为他忽略了知觉中大脑机制的新发现，例如幻肢现象的异常知觉体验。生理学家拉马肯德兰（V. S. Ramachandran）于1992年发表了《盲点》和《大量重组皮层的知觉关联》两篇文章，并于1998年和布兰克斯里（S. Blakeslee）共同出版了《大脑中的幻觉：探究人类心灵的秘密》一书①，详细分析了关于失去肢体后的人仍然感到其中的感觉的大量材料，指出了这种感觉在大脑中的确切位置，认为常人的感觉与失去肢体的人的感觉位置是一致的。有趣的是，他的研究成果与笛卡尔当初的猜测是不谋而合的，即认为人类的所有感觉都存在于大脑之中。

---

① 此书由纽约翌日出版社出版。

但最新的研究表明,对心理学成果的这种解释是有缺陷的。P. M. 丘齐兰德在 2002—2003 年的美国哲学联合会的主席致辞中就指出,对知觉的认识论解释必须区分外在空间和内在空间,就是说,在大脑的概念化过程中,知觉的作用不仅是存在于大脑中的刺激-反应,更重要的是存留在我们意识中的影像,这种影像不是来自外在对象,而是来自我们对外在对象已然形成的概念模式。① 斯特罗在他具有一定影响力的新著《20 世纪分析哲学》中,则以自己的知觉理论对上述观点提出了挑战。他认为,从上述观点中得到的结论是,我们只能看到对象的某个外表,但无法看到对象的全部,就是说,我们对对象的知觉总是不全面的,总是从知觉者个人的不同视角出发;然而,这样的结论却是难以令人接受的,因为我们总是倾向于从整体的眼光看待对象。这里的"整体"不是说可以得到关于对象的整体认识,而是指通过单个的表层认识而趋向于整个认识。虽然这个趋向过程是无限的,但我们总是有希望达到这样的认识。② 斯特罗的目的是为了摆脱传统的直接或间接的二分法,在知觉理论上寻求一条介乎中间的道路。但正如他试图避免的那样,他所做的仍然是一个旧瓶装新酒的工作。

三 语言哲学的研究进展

在目前的分析哲学研究中,语言哲学仍然是核心内容之一。但这种研究与 30 年前的分析哲学不同,问题的细化和技术的要求,使得没有哪位语言哲学家能够对语言哲学领域中正在进行的研究工作提出全面深刻的论述。虽然有不少哲学家对分析哲学的衰落或终结提出了自己的时间表,虽然当今的语言哲学被看做进入了一个群龙无首的时代,但如今的语言哲学家仍然在许多重要问题上展开了深入研究,并且试图或已

---

① P. M. 丘齐兰德:《外在空间和内在空间:新认识论》,载于《美国哲学联合会会刊》第 26 卷,议题 2,第 25—48 页,2002 年 11 月。
② 参见斯特罗《20 世纪分析哲学》,第 266—267 页,哥伦比亚大学出版社,2000。

经开始在某些问题上形成重要的共识。这些重要的问题主要包括真的性质、模糊性(vagueness)、用于自然语言的内涵逻辑、指称、命题态度、语义内容、索引词、解释。我们这里简单地介绍其中的部分内容。①

（一）真的性质

真的性质问题对于语言哲学家的重要性在于，大多数哲学家都相信，知道一个句子的意义，或至少是知道一个陈述句的意义，就是知道它的成真条件。标准的语义学观点是由戴维森提出来的，这种观点认为，意义理论应当是由具有这样形式的一套定理构成的：一个句子 S 是真的，当且仅当 P。戴维森指出，一套完整的定理，就是说，这样一套对语言中的每个句子都具有这种形式的定理，就是一个意义理论。许多年来，哲学家们都在争论，真理的符合论、融贯论或实用论究竟哪一个是正确的。而戴维森在他的重要文章《对事实为真》中指出，如果存在事实的话，那么就只有一个事实是使句子为真的。这个观点在很大程度上结束了哲学家们的这种争论，因为戴维森提出了一个研究真的性质问题的基本纲领，即提供了一些可以满足真值图式的语言定理。

但是，"戴维森纲领"同样遇到了挑战，因为他的前提是认为所有的句子都具有真值，即具有或真或假的性质，然而有些句子虽然是有意义的，却既不是真的也不是假的，例如某些被看做是属于"说谎者悖论"的句子。通常认为，"说谎者悖论"的产生是由于包含了自我指涉。然而，事实并非全部如此。例如，早在 1975 年，克里普克就在《真理论概要》中指出了这种悖论的出现仅仅具有偶然性。

首先，某些被看做悖论的句子并没有自我指涉的问题。例如，假如李四说："张三的下一句话是假的"(L)。而张三则接着说："李四的这句话是真的"(Z)。那么，在这里，L 的真值究竟是什么呢？就是说，李四说的这句话究竟是真的还是假的？如果李四的话是真的，那么张三的话就

① 本节内容主要参阅了马蒂尼奇(J. Martinich)于 2004 年 6 月 10 日在中国社会科学院哲学所作的学术报告《语言哲学研究进展》。在此特向马蒂尼齐教授表示感谢。

是假的,但张三说的话却是说李四的话是真的。这样,只要张三的话是假的,李四的话就是真的,所以当李四的话是真的,张三的话就是假的。同样,如果李四的话是假的,那么张三的话就是真的,但是张三却说李四的话是真的,于是只要李四的话是假的,那么,张三的话就是真的。这里的确存在着逻辑上的悖论,但没有自我指涉的问题。

其次,句子的真假并不具有必然性,一个句子为真为假完全取决于说出这个句子的具体场合。因此,完全可能出现这样的情况:一个句子在某个情况中为真,而在另一个情况中则为假。再看以上的例子。我们可以知道,只有在张三恰好说出那句话时,李四的话才是假的。如果张三接着李四的话说的是"2+2=5",那么,李四的话就是真的;或者,如果张三说:"李四刚才说的话是假的",那么李四的话就是假的。这是因为,如果李四的话是真的,那么张三的话就是假的;而如果张三的话是假的,那么它所说的内容就是假的。所以,认为李四说的话是真的,这里并不存在逻辑悖论。

再次,更为重要的是,在真值中存在一个明显的鸿沟,即有的句子是有意义的,却没有真值,就是说,它们既不为真也不为假。在以上的例子中,李四的话和张三的话都属于这样的句子。一些哲学家把这样的句子叫做"强化的说谎者悖论"。这样一些句子的形式如下:

(1)这个句子是假的或既不真也不假;

(2)这个句子是假的或不具有真值;

(3)这个句子是假的或未加定义的;

(4)这个句子不是真的。

马蒂尼奇和斯特罗都坚决反对把意义问题与真值条件联系起来。他们认为,虽然不能把意义完全等同于用法,但也不能把一个句子的意义完全剥离开它可能的用法。这样,"说谎者悖论"就不是一个语义悖论,不是一个关于"真"这个词的意义问题,而是一个语用的问题。这关涉如何使用"真"这个词以及使用它的具体情况问题。斯特罗指出:"所有这种解释都使用了这样的短语'由于 x 说的是',或者'x 告诉我们如何去构成一个句子',等等。换言之,语义学家走的第一步是为句子赋予了说出某个东西或告诉我们某个事情的属性。但正如斯特劳森和其他人所指出的那样,这是一个十足的错误,是一种拟人化的看法。句子并没有说任何东西,它们是被人用来说事情、作出陈述等。"①

斯特罗用后期维特根斯坦的思想反对把真值赋予说谎者悖论中的句子,认为它们完全脱离了日常语言的用法,或者说它们完全没有真正的用法。因此试图把真值赋予这样的句子是毫无意义的,这只会带来语言用法上的混乱。马蒂尼奇认为,真值的赋予应当是依赖于语境的,一个句子在不同的语境中可能会有不同的真值。这就表明真值本身并不是句子意义的组成部分;同时,由于使用语词的标准是根据不同的目的和不同的使用者而发生变化的,因而这些标准本身也不是句子意义的组成部分。他认为,一旦我们采纳了对真的性质的这种语境主义观点,我们就可以回答怀疑论者的问题,即怀疑论者是采用了不恰当的标准认为人们无法知道一切。在这里,"知道"一词的意义并没有变化,但使用了它的句子是否为真,则取决于不同的语境,取决于知识所应用的不同标准。

（二）模糊性

这是当代语言哲学中讨论的重要问题,不仅涉及语词的意义,而且与当代心理学有着密切的关系。如今,大多数关于模糊性的论述都集中在"类悖论"（sorites paradox）或"堆悖论"（the paradox of the heap）问题上。这种悖论的前提是（1）"一粒沙子不成堆",结果是（2）"如果某个东西不是一堆沙子,那么,增加一粒沙子也不会使其成为一堆沙子"。表面上看,这个推论是正确的,因为似乎并不存在精确数量的沙子可以构成沙堆。"沙堆"这个词在这里是很模糊的。

西方哲学家对模糊性提出了两种基本的解决方法:一种是本体论的解决方法,就是认为根本不存在决定某些东西是不是沙堆的事实问题。

①斯特罗:《说谎者:何种悖论?》,载于《评论》(Argumentation)1998年第2期,第72页。

在边界的情况中,类似沙堆之类的东西是一些不确定的实体,它们本身既不是沙堆,也不是非沙堆。另一种是认识论的解决方法,其中有两个不同的方面。根据第一个方面的看法,沙堆的边界情况实际上或者是沙堆或者是非沙堆,但人们并不知道它们是哪一种。这就是说,语词完全严格地确定了意义,而这些意义又决定了某个东西究竟是不是沙堆。这种认识论的解决方法是把关于知识的论题与关于世界的论题结合起来了。前者是说人们并不知道某些东西是不是沙堆;后者是说,对每个对象 x 来说,"x 是一个沙堆"或者为真或者为假,而"x 是一个非沙堆"或者为真或为假。这种认识论的解决保留了真值的二值性,而本体论的解决则相反,它放弃了这种二值性。

根据第二个方面的看法,人类的无知比我们所想象的更为深刻。人们不仅对某个东西是不是沙堆完全无知,而且对是否存在着决定某个东西是不是沙堆的事实问题也完全无知。这种不可知论保留了前一个方面的看法,但放弃了本体论的解决方法。

(三)可能世界问题

哲学家们通常认为,某些真的陈述是必然为真,而某些真的陈述则是偶然为真,这就表明是关于世界的经验事实决定了它们为真。但应当如何去定义"必然"和"偶然"呢? 克里普克最早提出了对可能世界的分析,其中的一个主要工作就是要分析逻辑的核心概念。一个必然真理就是在每个可能世界中都为真的陈述;而一个偶然真理则是在这个可能世界中为真的陈述。一个陈述 S 蕴涵了另一个陈述 S′,当且仅当没有这样一个世界,其中的 S 为真而 S′为假;同样,S′也是在每个 S 为真的世界中才为真。句子 S 是与句子 S′一致的,当且仅当它们是在相同的世界中为真或为假。

蒙塔古把克里普克的理论应用于自然语言,发展出了关于英语的一套内涵逻辑,斯托奈克(R. Stalnaker)和 D. 刘易斯(D. Lewis)则用可能世界的理论去解释反事实的条件句。

谈到可能世界就会提出这样一个本体论问题:什么是可能世界? 或

者说,不同于现实世界的可能世界真的存在吗？D. 刘易斯对这个问题给出了一种实在论的解释。他认为,每个可能世界对其中的对象来说都是实际存在的。我们相信这个世界是唯一现实的世界,这是一种形而上学的褊狭。但 D. 刘易斯的观点至今仍然为少数人所坚持。大多数哲学家都对可能世界的理论提出了一种非实在论的解释。根据这种解释,一个可能世界就是由关于事物可能情况的最为一致的描述所描绘出来的世界。说这种描述是最为一致的,是因为对每个可能的情况来说,都存在一个陈述,它表达了这种情况是否通行或现实。

（四）索引词

说"金子是黄色的",这并没有明确地指称时空中任何具体的点。相反,说"现在这就接近那个了",却是指称了时空中的某一点。关于索引词问题的讨论主要是由卡普兰引起的。他提出的一个重要问题是关于自我的句子的存在问题。

譬如,"佩里相信他本人正在从他的篮子里往外漏面粉"（HH）这句话并不意味着"佩里相信佩里正在从他的篮子里往外漏面粉"（PP）。因为如果佩里患了健忘症,他就可能知道 PP,但并不知道 HH。另外,HH和 PP 之间的区分也无法用命题信念与客体信念之间的标准区分来加以解释。

（五）指称

自 20 世纪初开始,指称就是语言哲学的核心问题,它占据了四位伟大分析哲学家的主要工作,即弗雷格、罗素、斯特劳森和克里普克。在整个 20 世纪的分析哲学中,占主导地位的主要是两种理论,一种是弗雷格的意义和指称理论,另一种是罗素的摹状词理论。

根据弗雷格的观点,名称具有两个语义成分,即意义和指称；每个名称都有一个意义,但并非都有一个指称。这里所说的名称的意义被看做是一种描述性内容,使得听者可以确定说话者指的究竟是哪个对象。但这里的问题就在于如何去理解这里的"意义"概念。因为对名称可以有各种不同的描述性内容,是否可以说拥有不同描述性内容的说者或听者就具有了名称的不同意义？但这样的话，就会带来交流上的困难，因为说者和听者使用的是相同的名称，却拥有不同的意义。对这个问题的解决是对描述性内容的重新规定，即认为这样的描述性内容应当是一大堆次描述，或者是一大堆次描述的可选项，每种次描述都有一定的分量，使得我们可以接受这样的看法，即认为每个描述内容都比其他的内容更为重要。而这种描述内容是由专门的一套遍布于共同体的信念决定的。

克里普克在《命名与必然性》中抛弃了这种观点。他坚持密尔式的名称理论，认为名称的意义就是它所指称的对象，名称并不是描述它的承担者，名称与其所指的语义关系是直接的。这种理论的一个直接后果就是，神话中的名称是没有意义的，因为这些名称所指的对象并不存在。克里普克并没有细致地分析一个名称一定指称一个对象的情况，他提出的是一个名称的用法是如何与它所指的对象联系起来的。

罗素的理论则处于弗雷格和密尔的理论之间。有些哲学家认为，罗素的理论应当属于弗雷格的理论，因为他认为通常的专名事实上是伪装的或缩略的摹状词。但也有的哲学家反对这种看法，认为对罗素来说，摹状词并不是名称的意义，它仅仅是代替了专名而已；而且，罗素并没有把这个摹状词所指的对象看做是这个专名或用来代替它的摹状词的意义的组成部分。同时，罗素的理论也不是密尔式的，因为他认为只有指示词才是真正的专名，如"这个""那个""这里""那里"以及索引词"我""你""现在"等；而且，罗素到了晚年几乎完全否认有真正的专名，因为以上的指示词都可以看做是一些摹状词的缩写。

在目前的指称理论中，由于克里普克的工作，J. S. 密尔的理论占据着一定的主导地位。但它也面临着两个重要问题：一个是由通常的专名所指称的对象并不存在，另一个是信念语境中的专名问题。这里先来看第一个问题。

根据 J. S. 密尔的指称理论，在命题中作为主词出现的名称必定指称着某个已然存在的对象；反过来说，如果一个命题中的名称所指的对象并不存在，那么这个名称要么是没有意义的，要么就是构成了一个矛盾的命题。这个前提是根据传统的谓词逻辑,因为谓词逻辑不允许论域为空,所以,"存在一个 x,使得 x 等于 a,即（∃x）x＝a"这个命题是必然为真的。但这就导致了与日常语言用法的矛盾,因为在日常语言交流中,人们通常知道某些名称是没有所指对象的,却肯定它们是有意义的,也没有构成任何矛盾的命题。密尔式的理论与普通人的理解之间的差别就在于:密尔式的哲学家把语言与世界割裂开来,认为语言是一回事,而世界是另一回事;而普通人则把语言看做是世界的一部分,说出语言就构成了世界的内容,或者说,就是世界的组成部分。这样,普通人在日常语言中使用的名称都可以是有意义的,只要它们是被正确地使用的。

这里的"世界"概念是一个我们生活于其中的世界,不仅包括了外在的物质世界,而且包括了人类的一切文化活动以及精神世界内容。这样,关于一个名称所指对象的存在问题,就可以在这种意义上加以理解:一个虚构的对象没有存在于现实世界中,但的确存在于虚构的世界中,如小说、神话、宗教等作品中。根据这种看法,一个名称的意义就不是取决于这个名称所指的对象,而是取决于使用它的不同语境;或者说,意义不是固定的、唯一的,而是根据不同的语境发生变化的。

（六）命题态度

长期以来,语言哲学家很少关注包含了心理词语的命题,如"相信""希望""知道"等等,更多的是讨论与个人的心理活动无关的命题,也就是那些描述了外在事实的命题。罗素早在 20 世纪初就注意到了包含心理活动的命题,他把那些表达了心理活动的命题叫做"命题态度",但直到蒯因于 1956 年发表了《量词和命题态度》一文,这个问题才开始引起语言哲学家们的关注。

这个问题仍然与指称有关。当英国国王乔治四世想知道司各特是否就是《威弗利》的作者时,他并不是想知道"司各特就是司各特"。根据罗素的摹状词理论,这里的"《威弗利》的作者"并不是真正的专名,而是"写了《威弗利》这本书的那个人"这个摹状词的缩写,所以,"《威弗利》的作者"这个名称的指称并没有进入这个词的意义。当我们说"英国国王乔治四世想知道司各特是否就是《威弗利》的作者"时,我们无法把"《威弗利》的作者"替换为"司各特",否则我们就会得到这样一个句子:"英国国王乔治四世想知道司各特是否就是司各特。"这显然是一个假的句子。由于同一物的可替换原则被看做仅适用于专名,这样,"《威弗利》的作者"显然就不能是专名。

进一步说,这里涉及更为重要的"信念"问题。因为在以上的例子中,"司各特是《威弗利》的作者"并不重要,关键是英国国王乔治四世想要知道这两个名称所指的对象是否一个人。"想要知道"在这里就是一个表达信念的语词。克里普克在《关于信念的一个难题》一文中详细讨论了关于信念的句子如何得到理解的问题。

假定张三居住在北京,不懂英语或其他外语。他听说了纽约,知道了一些关于纽约的事情,并用"纽约"这个词去指这个城市。他根据听到的关于纽约的事情,逐渐相信了纽约很美,并且用汉语说"纽约很美"(L)。当我们了解到了这些,我们就有充分的根据去说并相信"张三相信纽约很美"(B-L)。后来,张三移居到了纽约,住在纽约城的某个地方。他从邻居那里直接学会了英语,但并不知道如何把学到的英语翻译成汉语。他的邻居们都用"New York"这个词指纽约。所以,他就用英语说"New York is not beautiful"(M),但从来不认为"New York is beautiful"(N)。他对 M 和 N 的态度没有影响到他对 L 的态度,甚至在恰当的时候他还会说 L。这样,我们就会说出这样的话:"张三相信纽约并不美"(E)。在这里,张三的信念显然存在一个矛盾。

克里普克对这个矛盾的解决是区分了名称所指的对象。根据他的分析,张三用汉语说的"纽约"和用英语说的"New York"所指的是同一座城市,但他本人并没有意识到这一点。所以,当我们说"张三相信纽约很美"和"张三相信纽约并不美"时,我们使用的"纽约"一词是指同一座城市,而且我们知道这一点。可见,矛盾的产生来自对名称"纽约"和"New York"的不同使用。

马蒂尼奇指出,我们之所以把张三的这两个信念看做是矛盾的,正是因为我们把这两个名称看做指称相同的对象,或者是把它们看做是具有相同的意义。在这里,需要区分"信念"和"信念的表达",前者是可以由许多人共享的公共的对象,而后者则是只能为某个人拥有的私人的对象。虽然我们共同拥有一个信念,但这并不排除我们每个人都可能拥有自己表达这个信念的方式。在我们分析一个表达信念的句子时,我们需要区分信念本身和对这个信念的表达。

综观英美语言哲学的研究现状,我们可以看到,主要还是弗雷格和罗素的观点占据着主导地位,不过,在某些语言哲学家的思想中,J. S. 密尔的观点还占有很大的比重。这就使得当前的语言哲学似乎更多的是在修正、完善、补充以往的理论观点,但很少出现更新的、革命性的观点。例如,内涵主义者的思想基本上是继承了弗雷格的观点,而其他更多的语言哲学家则是继承了罗素、早期维特根斯坦、J. S. 密尔的观点。

值得注意的是后期维特根斯坦的思想对当前语言哲学研究的影响,其中最引人注目的是斯特罗。他在从 20 世纪 70 年代至今的一系列研究中,明确提出了这样一些观点:同一性条件并不能应用于每一种现象;存在两种不相容的表层概念;并非所有的物理对象和物质对象都具有表层;只有很少的东西才能被直接或间接地知觉到。他把自己的哲学立场称做"零碎的实在论"(piecemeal realism)。他的主要著作有《表层》《景色素描》《20 世纪分析哲学》等。

四 塞尔的心灵和社会哲学

随着蒯因在 2000 年圣诞节期间的去世,当代美国分析哲学似乎正在经历着"一个时代的远去"。然而,在一阵"分析哲学终结"的喧嚣声中,分析哲学并没有真正完结,相反,它正以一种前所未有的方式更为全面和深刻地影响着当代美国哲学的发展,这就是对哲学分析方法的全新运用和对传统哲学问题的重新思考。在目前的美国分析哲学家中,属于领军人物的仍然是普特南、戴维森和塞尔,他们的思想和声音构成了当代美国哲学的主流。

在当代美国分析哲学中,约翰·塞尔是很有影响力的哲学家。这不仅由于他早年跟随奥斯汀和斯特劳森学习,创建了自己的关于言语行为的意义理论,在当代语言哲学中占有重要地位;而且由于他善于随时吸收科学发展的最新成果,不断拓宽自己的研究视野和领域,与社会文化生活始终保持着较为密切的联系,重视把自己的哲学研究成果及时应用于解释和说明人们普遍关心的问题,从而在一般读者和听众中获得了极高的声誉。的确,塞尔的思想影响已经超出了狭小的哲学圈,直接进入大众社会生活。他早年曾对 20 世纪 60 年代发生在美国大学校园的学生运动抱有积极态度,写下了《校园里的战争》一书,对当时的大学生产生了很大影响,一时间成为大学生们的思想领袖之一。随后,他于 80 年代接受英国 BBC 采访,用通俗的语言阐发了他如何解决身心问题的哲学思考,在英语世界产生了很大反响,他的访谈录后以《心、脑与科学》(*Mind,Brain and Science*)为题于 1984 年出版。进入 90 年代后,塞尔更为频繁地接受各种媒体的采访,不断向公众阐发自己对各种热点问题的看法,如计算机与人脑的关系问题、神经科学的哲学意义、语用学的最新发展、社会建构问题等等。1995 年,塞尔出版了《社会实在的构造》(*Construction of Social Reality*)一书,把语言哲学和心灵哲学的研究成果运用于解释社会现象,试图在社会哲学和政治哲学中寻找一条更为科学和客观的研究途径。1997 年,他还出版了《意识的奥秘》(*The Mystery of Consciousness*)一书,运用脑科学、认知科学、神经生物学和心理学等方面的最新成果系统地考察意识问题,努力把哲学研究建立在科学之上。1998 年,塞尔出版了《心灵、语言和社会》(*Mind, Language and Society*)一书,对他自《言语行为》(*Speech Acts*,1969)出版后的哲学思考作了较为全面的总结,提出了许多重要观点,特别是对分析哲学的未来发展形成了一种全新的认识。1999 年,塞尔在英国皇家学会上作了题为《哲学的未来》的报告,对哲学的一般性质和任务以及未来发展作出了阐述。我们在下面将主要结合他的《心灵、语言和社会》这部著作和他的报告,考察他的哲学思想的最新发展。

正如书名显示的那样,塞尔在《心灵、语言和社会》一书中试图考察这三个方面的相互关系以及在哲学上的重要意义。关于语言和社会方面,他在书中阐述的观点基本上包含在他的《言语行为》和《社会实在的构造》中,不过是以新的形式重述。他在这本书中特别强调的是心灵问题,其中对意识问题和意向性问题的论述占了全书近一半的篇幅。正如他自己表明的那样,由于心灵哲学如今被看做是第一哲学,所以对语言、社会、知识以及合理性等问题的探讨也就往往被放到心灵哲学的语境下加以理解。塞尔在书中采取的基本立场是一种认识论上的实在论,他称做"生物学的自然主义",他认为这样的实在论完全排斥二元论和唯物主义,把这两种主张看做是根据不合时宜的概念对我们的"默认点"提出错误论证的结果。我们可以把他关于意识问题的主要观点概述如下。

1. 塞尔明确表明了自己对启蒙运动的看法,以反对后现代主义对启蒙运动的挑战。他公开承认,"世界完全独立于我们的心灵而存在,在我们的进化着的天赋所确定的范围之内,我们能够达到对于世界之本性的理解"[①]。这种对世界存在的肯定不是基于传统的形而上学,而是基于现实生活中人们共同拥有的某些观念,塞尔把这些观念称做"默认点"(default positions)。他认为,这样的默认点有五个:(1) 有一个实在世界,它不依赖于我们,不依赖于我们的经验、我们的思想和我们的语言而独立存在。(2) 我们通过感官,特别是通过触觉和视觉,获得了直接进入那个实在世界的感知途径。(3) 我们语言中的语词,如"兔子""树"之类的语词,一般都具有可被理解的清楚意义。由于它们具有这些意义,我们才能够使用它们来指称或谈论实在世界中的真实对象。(4) 我们的陈述为真或为假,一般地取决于它们是否与事物本来的样子相符合,也就是取决于是否与世界上的事实相符合。(5)因果性是世界上的对象之间、事件之间的真实关系,由于这种关系,一种现象成为原因,它引起另

---

① 塞尔:《心灵、语言和社会》,李步楼译,第 4 页,上海译文出版社,2001。

一种现象,即结果。① 塞尔认为,这些观点在一般意义上都是正确的,而对它们的反驳就是错误的,因为它们并不是代表了某种"实在论"的观点,而是代表了我们所生活的这个世界的真实模式,也是一切实在论主张得以成立的认识框架。根据这样的认识,塞尔就把他所谓的"外部实在论"看做是一切真理不言而喻地成立的根据,即只有存在着不依赖于某个陈述的某种东西,这样的陈述才是真的。他说:"外部实在论不是一种理论。它不是我所持有的那种认为有一个世界在那儿的意见。毋宁说,它是一种框架,持有关于行星运动之类事物的意见或理论要成为可能,就必须承认这种框架。……外部实在论不是关于这个或那个物体存在的主张,而是我们如何理解诸如此类的主张的前提。"②

2. 塞尔从外部实在论出发,论述了意识的三个基本特征。他指出,心灵的首要特征是意识性,就是心灵主体的知觉状态。他把意识的基本特征规定为内在性、本质性和主观性。所谓的"内在性",是指意识过程和状态是内在的,是在意识主体的身体内进行的,即是在大脑中进行的。在塞尔看来,这种内在性有两层含义:(1)意识不可能脱离大脑而存在,它必定发生在一种有机体或某个其他系统的内部;(2)任何一种意识状态只是作为一系列这种状态的一个要素而存在,每个意识状态只具有它在和其他此类状态的关系中才具有的那种同一性。这表明,"本体论——我的意识状态的存在本身——意味着它们是构成我的意识生活的一系列复杂的意识状态的一部分"③。所谓的"本质性",是指对于每种意识状态来说,都存在一定的感知方式,都有其特有的本质。就是说,每种意识状态和过程都有与其他状态或过程不同的特点,正是这些特点构成了意识状态和过程的本质特征。所谓的"主观性",是指意识状态总是由人类主体或动物主体所体会到的,即意识状态具有第一人称的存在方式。这种主观性的结果是,我的意识只能以一种方式被我所感知而不能

---

① 参见塞尔《心灵、语言和社会》,李步楼译,第10页,上海译文出版社,2001。
② 同上书,第33页。
③ 同上书,第42页。

被你所感知。在这里,塞尔特别区分了"主观的"和"客观的"东西:"一个陈述如果能够不依赖于人们的情感、态度和先入之见而被知道是真的,还是假的,那么它就被认为是客观的。如果一个陈述的真基本上依赖于观察者的态度和情感,那么该陈述在认识上就是主观的。"[①]他把这些分别称做"认识论上的客观性"和"认识论上的主观性"。他认为,意识具有主观性特征并不妨碍我们具有客观的意识科学。

3. 在传统的身心问题上,塞尔既反对二元论又反对唯物主义,提出了对意识性质的自然主义规定。他把二元论看做这样一种主张,即认为精神和物质这两种东西是相互排斥的:如果是精神的东西就不可能是物质的,反之亦然。他把唯物主义理解为这样一种追求,即力图把一般的精神现象,特别是通常所理解的意识,归结为某种形式的物理的或物质的东西,从而摆脱它们。他把行为主义、物理主义、功能主义、强人工智能论等都看做是唯物主义的不同形式。塞尔认为,无论是二元论还是任何形式的唯物主义都是错误的,因为任何形式的二元论都使意识的地位和意识的存在完全变成了神秘的东西;而唯物主义则是最终否定了意识的存在,从而也就否定了那些首先产生这个问题的现象的存在。他提出,解决身心问题的正确方法应当是对这两种主张都加以抛弃,一方面指出唯物主义忽略了意识的实际存在,另一方面就直接拒斥那些把意识说成是某种非生物学的东西而不是自然界组成部分的范畴体系。他明确提出,意识是和其他生物学现象一样的一种生物学现象,因为某种大脑过程引起意识状态和意识过程,这完全是一个神经生物学的事实。由此,塞尔对意识的性质作了生物学自然主义的规定:"1. 意识是由内在的、质的、主观的状态和过程构成的。因此,它具有第一人称的本体论。2. 由于意识具有第一人称的本体论,因而它不能像热、液体性、固体性之类的其他自然现象那样被还原为第三人称现象。3. 意识首先是一种生物学现象,意识过程是生物学过程。4. 意识过程是由大脑中的较低层次

① 塞尔:《心灵、语言和社会》,李步楼译,第43—44页,上海译文出版社,2001。

的神经过程所引起的。5. 意识是由在大脑结构中所实现的较高层次的过程构成的。6. 就我们所知,在原则上,没有理由能够说明我们何以不能制造出一种同样也能引起并实现意识的人工大脑。"①他最后把这些规定归结为一句话:意识是由大脑过程引起的,它是大脑系统在更高层次上的特征。从这些规定中,我们可以清楚地看出塞尔的观点与马克思主义哲学的意识观有明显的相似之处。

4. 塞尔对意识的不可还原性作了独特的分析,反对在意识问题上的副现象论。他区分了两种"还原",即"排除性的还原"和"非排除性的还原"。前者是通过指出某个现象实际上并不存在,指出它是一种假象从而排除这种现象。例如,当我们解释日出日落现象时,我们就是在排除这些现象。后者是指通过解释产生某种特征的原因而进一步揭示这种特征的构成。例如,对物质的固体性我们就可以通过网状结构中的分析震动运动来给予完全因果性的解释。然而,塞尔指出,对意识的解释既不是排除性的还原,也不是非排除性的还原,因为意识现象并不是一种可以排除的假象,也不能把意识现象完全还原为它的物理的或生物的活动。对意识状态和过程作出排除性的还原或非排除性的还原,都会失去意识的主观性特征。塞尔认为,在意识问题上的副现象论的错误在于,它认为精神的东西不是物理世界的组成部分,认为所有因果关系必定是按照一些物理对象冲撞其他物理对象的因果模式,认为任何原因层次只要能够通过用更基本的微观结构作出说明就是不真实的,是副现象的。他把这种错误看做是经验性的,而不是逻辑上的。

5. 塞尔对意识和意向性的关系作了透彻说明,特别指出了意识的结构特征。他把意识的主要特征归结为意向性,而把意向性看做是心灵的特征。所以在他看来,意识活动的核心内容就是意向性,虽然有些意识活动并不具有明显的意向性特征。他对意识和意向性的关系作了这样的说明:"意识和意向性有一种本质的联系:我们只有通过意识才能理解

---

① 塞尔:《心灵、语言和社会》,李步楼译,第53页,上海译文出版社,2001。

意向性。"①塞尔明确提出了他所理解的意识活动的 10 个主要结构特征，实际上就是他对意识活动的本质性规定：(1) 本体论的主观性；(2) 统一的形式；(3) 对外部世界的认识；(4) 情绪表现；(5) 整体结构；(6) 注意；(7) 自身处境；(8) 熟悉程度；(9) 外溢联想；(10) 令人愉快或令人不快。当然，这样的特征描述永远是不完全的，因为要对意识活动作出完整的本质规定，这并不是某一个理论主张能够完全做到的。在塞尔认为，我们需要牢记的是，"意识不仅仅是实在的一个重要特征。在一定意义上说，意识是实在的最重要的特征，因为所有其他事物只是由于与意识相关联才具有价值、具有重要性、优点或显得可贵"②。

综观塞尔在书中的论述，他对意识状态和过程的本质性规定是，意识完全是物质的，与此同时，又在不可还原的意义上是精神的。他认为，这样就可以完全排除传统的"物质的"和"精神的"范畴，由此排除二元论和唯物主义的主张。然而，塞尔的这个做法并没有得到更多哲学家的响应，甚至他自己的立场也受到某些哲学家的质疑，主要原因在于他把意识的性质规定为物质的，这被看做是完全否定第一人称权威而采纳第三人称立场，即完全客观的科学的立场。这恰好是与当前分析哲学和科学哲学中的相对主义倾向背道而驰。

在《哲学的未来》③报告中，塞尔首先指出了哲学与科学区分的三个重要特征，即哲学讨论的是我们没有一致的方法加以回答的问题，哲学关心的是我们的问题框架，哲学与概念性问题相关。其实，他提出的这三个特征，在《心灵、语言和社会》中的最后部分就有论述。在这里，塞尔进一步展开了论述，并谈到 20 世纪哲学的一般性质。他认为，与以往时代的哲学相比，20 世纪哲学最重要的特征应当是强调了语言和逻辑在哲学方法和主题上的核心地位。这开始于弗雷格的工作，在罗素和维也纳学派那里得到了深化和扩展。到了 20 世纪中叶，对逻辑和语言的强调

① 塞尔：《心灵、语言和社会》，李步楼译，第 64 页，上海译文出版社，2001。
② 同上书，第 80 页。
③ http://philosophy. berkeley. edu/searle/articles/rtf/future_of_philosophy. rtf.

特别表现在语义学领域中取得的成就,以乔姆斯基的转换生成语法为代表,同时还有在语言学中的两个重要区分,即分析命题和综合命题的区分、描述性话语和评价性话语的区分。这些区分被哲学家们看做是哲学区别于其他学科以及科学的重要特征。但在塞尔看来,这样的区分存在很大的局限,因为许多哲学问题都无法简单地用这样的区分来归类,实际上,相当多的传统哲学问题是无法用纯粹的语言分析或概念分析加以解决的。其中最重要的是本体论问题和认识论问题,特别是认识论中的怀疑论和还原论,它们是无法用语言分析的方法完全解决的。塞尔强调了认识论问题的重要性,对怀疑论和还原论主张则持批判态度。

在报告中,塞尔具体分析了某些重要的哲学问题以及研究领域,试图指出对这些问题的研究所取得的进展并指出某些可能的发展前景。

第一,关于传统的身心问题。他认为,现代生物学和神经科学的发展的确为解决身心问题提供了更多有利的科学支持和途径,但在大脑活动究竟是如何产生意识的以及意识活动的性质等问题上,仍然需要哲学家提供更有说服力的说明。他从科学的客观性出发,放弃了传统的身心二元论范畴,一方面坚持意识活动是主观的,另一方面认为这样的主观活动是可以得到客观验证的。

第二,他分析了心灵哲学和认知科学的关系。他认为心灵哲学之所以在过去的 20 年中逐渐取代语言哲学而成为当代哲学的核心,原因有两个:(1)越来越多的哲学家认识到,我们对许多重要问题,如意义问题、合理性问题以及语言的一般性质等问题的理解,都假设了对根本的心理过程的理解。例如,对语言作用方式的理解依赖于心灵在生物学意义上的作用。(2)认知科学这门新学科的出现,完全是哲学家和认知心理学家、生理学家、语言学家、人类学家、计算机科学家共同努力的结果,也是反对传统心理学上的行为主义的结果。塞尔甚至认为,当前哲学中最为活跃和最有成果的研究领域当属认知科学。

第三,塞尔指出了语言哲学正在走向终结。他认为原因有三:(1)语言哲学中最成功的部分已经逐渐进入语言科学,如他在 30 年前从事的言语行为研究和语言用法研究,如今已经成为语言学中的重要组成部分,即语用学的基本内容。用他的话说,语言哲学的这个部分已经被踢出了哲学的领地,进入了社会科学。(2)语言哲学的主要论题正在经受着认识论的困扰,坚持经验主义和行为主义就会使哲学家竭力探询意义问题,把听话者的理解解释为根据说话者的外在行为或根据说话者说出话语的不同环境和条件。塞尔认为,这样的工作在当代语言哲学中已经不再是最为重要的了,因为即使我们知道了说话者的意义,这并不能帮助我们区分听话者认为他听到的东西和听话者实际听到的东西。(3)当代语言哲学的最大来源是基于一个根本性的错误,即把语言的意义理解为说话者头脑中的产物。虽然后来出现了外在主义和内在主义的区分,但它们都没有真正解释说话者说出的语言与外在对象之间的因果关系;虽然哲学家们普遍接受意义外在于心灵的观点,但没有人能够由此对意义给出一个连贯的说明。

第四,塞尔预言社会哲学将会成为21世纪重要的哲学研究领域。他把社会哲学的产生看做是时代发展的结果,同时也是政治哲学的重要组成部分,所以他又把这称做"社会政治哲学"。他认为,社会哲学应当被看做是关于社会科学的哲学研究,正如科学哲学是关于自然科学的哲学研究一样。这种社会哲学研究的是社会现实的本体论,如关于人类是如何通过社会交往产生关于金钱、财产、婚姻、政府、战争、游戏等等的客观社会现实,以及这种客观社会现实的存在是否仅仅由于我们认为它们如此,等等。他认为,这正是他在《社会实在的构造》中开始从事的研究。

第五,塞尔指出了当代伦理学的出路应当是探究实践理性问题。他认为,20世纪伦理学的最大追求是试图为伦理行为寻求客观性的基础,但这种追求最终表明破灭了。相反,伦理学的主要问题应当是追问合理性的一般性质是什么,什么是人们有理由地采取的行动。塞尔认为,罗尔斯的《正义论》不仅复兴了政治哲学,而且使实质性的伦理学再次成为可能。

第六,塞尔把科学哲学对自然科学家的影响归结为一种误解,如对波普思想的误解。波普强调科学的起点是创造和想象,所以科学研究开始于大胆的猜想和想象。科学家们并没有意识到波普的工作目的并不为科学确立追求真理的目标,而是把科学看做是一切未被抛弃的假设。在塞尔看来,科学家们不仅没有理解波普的工作,也没有理解库恩和费耶阿本德的工作,因为他们的工作都是要从科学研究中祛除追求关于自然世界的真理的目标。塞尔认为,这些问题对科学哲学来说并不重要,重要的是,20世纪的科学发展对已有的哲学观念提出了全面的挑战,特别是量子力学对我们的物质观、时空观、宏观与微观的观念等都提出了革命性的挑战。他提出,21世纪的科学哲学应当考虑如何以一种新的概念取代传统的因果观念,这需要哲学家和科学家联手完成。

在报告的最后,塞尔对未来哲学的发展提出了自己的看法。他认为,现代哲学之所以难以出现由某个或某几个哲学家独占鳌头的局面,除了专业的分工越来越细之外,更重要的原因是,哲学已经变成了一种合作的事业,以往单枪匹马的工作方式逐渐被集体的共同合作所代替,其中每个人都在自己的研究专长中独领风骚,但只有在集体的共同努力中才能带来整体的结果。这种工作方式的改变,最终也导致了哲学认识论的变化,即对确定性的追求不再是知识论的目标,知识和知性的可能性也不再是反叛休谟式的怀疑论的结果。塞尔提出,只有当我们抛弃了在语言哲学、心灵哲学、伦理学、政治哲学、科学哲学中的认识论偏见,我们才能得到比以往更多的理论理解和建设性说明。

从普特南、戴维森和塞尔等人思想的最新发展中可以看出,当代美国分析哲学已经不再是20世纪中叶之前的分析哲学,无论是讨论的问题还是使用的方法都不同于逻辑实证主义。历史地说,这种重要的变化开始于蒯因,但是在普特南等人的手中完成的。客观地说,"分析哲学"在当代美国哲学家眼里主要被看做是逻辑经验主义时期的哲学标签,但到了普特南等人的哲学那里,"分析哲学"这个名称已经无法完全涵盖他们的思想,或者说,他们的思想已经远远超出了早期分析哲学的研究范围,以致普特南抱怨说,为什么一定要把他的思想叫做"分析哲学",而不是去掉那个形容词,直接叫做"哲学"。他的这种态度反应了当代美国哲学家中被称做"分析哲学家"的那些哲学家们的基本看法。

结 束 语

在现代西方分析哲学史上,1879 年是一个值得记住的年份,因为正是在这一年,弗雷格出版了他的《概念文字》,提出了哲学的根本任务在于形成概念方法的改进这个重要思想,由此被看做是现代分析哲学的开端。在随后几年中,弗雷格发表和出版的重要文章和著作,如今被看做是全面奠定了现代分析哲学的基础:1884 年出版《算术基础》;1891 年发表《函数和概念》;1892 年发表《论概念和对象》《论意义和意谓》;1893 年出版《算术的基本法则》第 1 卷;1903 年出版《算术的基本法则》第 2 卷。1898 年年末,摩尔和罗素举起了反叛康德和黑格尔哲学的大旗。1905 年,罗素发表《论指示》,提出了摹状词理论这一"哲学分析的典范"。所有这些事件都被后来的哲学家看做是彻底改变了西方哲学的发展方向,由此开始了声势浩大的分析哲学运动。

经过一个多世纪的思想洗礼,分析哲学已经从仅仅为少数哲学家持有的思想观念,逐渐演变成为整个英美哲学界普遍接受和认可的思维方式,而且它的作用和影响早已超出了哲学研究的范围,广泛而深刻地渗入到众多的自然科学、社会科学和人文科学中。无论是谁,只要他相信哲学事业是人类理智的一种活动,就不得不承认对人类语言和思想进行分析的必要性。我们可以不承认分析哲学家的某些具体论断或分析方式,但我们不能不承认语言表达的清晰性和思想的可理解性,应当是哲学能够为我们带来重要观念的首要前提。从最广泛的意义上说,分析哲学家正是在从事着这样的工作。

当然,某些分析哲学家并不是把这种工作仅仅看做进入哲学大厦的入门条件,而是把它看做是哲学研究的全部,或至少是主要的内容。或许正是由于这样一种比较偏激的观点,使得分析哲学到了 20 世纪后半叶被一些哲学家看做"走到了尽头",他们更倾向于认为,一种新的关于思想或实践行动的哲学将会取代分析哲学,在新世纪的西方哲学中占据主导地位。在当代英美哲学中,围绕"分析哲学是否衰落"这个问题的争论,实际上是关于如何理解分析哲学性质的问题。其实,正如我们很难给"现象学"或"解释学"一个公认的可接受的定义一样,要对"分析哲学"给出一个清晰、准确的统一定义,同样是非常困难的。但正如这个名称所显示的那样,"分析哲学"的根本特征,一定是强调或突出了分析的方法(而不是其他的方法)在哲学研究中的首要地位,无论我们对"分析"或"分析方法"这个概念如何理解。① 在这种意义上,当我们说"分析哲学已经衰落"或"分析哲学没有衰落"时,关键就是要看分析的方法在如今的英美哲学中是否仍然是哲学研究的主要方法。

事实上,除了分析的方法之外,分析哲学给当代哲学带来的更重要的是思维方式的革命。正如石里克在 1930 年发表的那篇宣言性的文章中清楚地指出的,"这个伟大的转变并不是依靠方法本身,而是依靠一件完全不同的事,即**看清逻辑自身的本质**。这件事虽然是靠这种新方法才成为可能的,是这种新方法所引起的,却**发生在更深得多的层次上**"②。所谓"看清逻辑自身的本质",就是明确地认识到,(1) 任何认识都是一种表达,一种陈述;(2) 这种陈述表达着其中所认识到的实际状况,而这是

---

① 有关对分析哲学性质的讨论,参见斯特劳森《分析与形而上学》(牛津大学出版社,1992)和王路《走进分析哲学》(生活·读书·新知三联书店,1999)等著作。

② 石里克:《哲学的转变》,载于洪谦主编《逻辑经验主义》上卷,第 7 页。黑体字是引者所要强调的。

可以用任何方式、通过任何语言或记号系统实现的;(3) 表达了相同知识的陈述必定具有某种共同的东西,这就是这些陈述的逻辑形式。"所以,一切知识只是凭借其形式而成为知识;知识通过它的形式来陈述所知的实况,但形式本身是不能再被描述出来的。"①这些认识就是分析哲学对当代哲学的重要贡献。

正是基于对逻辑自身性质的这种认识,当代分析哲学在逻辑领域取得了令人瞩目的成就。正如我们在前面所指出的,现代分析哲学的形成和发展与逻辑学本身的现代发展有着非常密切的关系:没有现代逻辑的出现,就没有现代分析哲学的产生;与此同时,分析哲学的发展也直接推动了现代逻辑,为现代逻辑提供了更为广阔的发展空间,许多新的逻辑分支随着哲学研究的深入而不断涌现,并最终以"哲学逻辑"的名义获得了在哲学中的重要地位。例如,对包含有"必然""可能"等概念的命题的研究,最终促成了以刘易斯为代表的"模态逻辑"的诞生;通过对行为类型的研究,冯·赖特在 1951 年建立了"道义逻辑"(也称为"义务逻辑");对信念及其不同形式的研究,导致了欣提卡的"认知逻辑"(也称为"认识逻辑")的产生;通过对"过去""现在"和"将来"等概念的研究,普赖尔等人建立了"时态逻辑"。② 正是在分析哲学的推动下,当代逻辑研究已经离开了它的传统任务,研究的角度也发生了重要变化。如今的逻辑学家已经不像 19 世纪末 20 世纪初那样去建立某种理论体系或去阐明逻辑的内容,而是去研究各种理论本身。而且,他们不限于研究逻辑的理论,同时也研究数学和科学的理论,因而他们不想去把谓词演算、量词逻辑和真值函项联结词公理化,而是想证明不存在谓词演算的算法,或是指出,建立在谓词演算之上的一种特殊理论是前后一致的定理,即不包含

---

① 石里克:《哲学的转变》,载于洪谦主编《逻辑经验主义》上卷,第 8 页。

② 参见利科主编《哲学主要趋向》,李幼蒸、徐奕春译,第 15 页,商务印书馆,1988。关于哲学逻辑中各分支学科的中文介绍和研究成果,参见陈波《哲学逻辑导论》(中国人民大学出版社,2002)、张家龙《模态逻辑与哲学》(中国社会出版社,2003)、冯·赖特《知识之树》(陈波选编,陈波等译,生活·读书·新知三联书店,2003)等。

自相矛盾的定理。这样,逻辑学就从一种特殊的理论变成了有关各种理论的一般理论。现代逻辑的这种变化,恰好体现了分析哲学所强调的方法的重要性和"零打碎敲地"(piecemeal)解决问题的基本精神。

分析哲学为当代哲学带来思维方式的变化,还特别明显地体现在,它由此导致了一些新兴哲学研究分支的诞生。在西方传统哲学中,我们看到的哲学研究领域主要是本体论(形而上学)、认识论、逻辑学以及伦理学等相互交叉的不同组成部分,但哲学家们在这些部分中的研究(在某种意义上)是很难完全独立进行的,就是说,他们对任何一个部分的研究都可能(或必然会被看做)涉及其他某个部分或所有部分。然而,经过分析哲学的洗礼,当代英美哲学涌现出了许多在以往并没有被完全独立出来的新兴学科,并已经呈现出这些不同研究领域独立并存的局面,如语言哲学、心灵哲学、逻辑哲学、数学哲学、科学哲学、人工智能哲学、历史哲学、宗教哲学、法哲学、道德哲学、政治哲学、教育哲学、社会科学哲学以及自然科学哲学等等。①

当然,哲学家们在这些不同分支领域中的研究并没有(也不可能)完全摆脱传统的哲学(特别是形而上学)问题;相反,随着他们对自身领域中问题研究的深入,他们的思考必然要回到传统问题,或者说,他们的思考必然会触及传统哲学中提出的许多具有普遍性的问题。这是由哲学需要研究思维的根本(普遍)形式这一哲学本性使然。事实上,对传统形而上学问题的研究一直是分析哲学中的重要组成部分,但这些问题是以不同的形式表现在分析哲学之中的。例如,传统的先验问题被重新表达为"语言在什么条件下是可能的"这样一个成真条件问题,但这仍然被看做是康德问题的继续。对语言表达限度的研究,也就是对思想限度的研究(维特根斯坦哲学)。对逻辑形式的研究,也必然关系到构成具体事物产生条件的那些具有必然性的条件(克里普克哲学),而这种"必然性"被

---

① 如今翻开任何一本西方关于哲学的入门类书籍,我们都会发现,除了古代和近代哲学之外,现代哲学的分类基本上是按照这种研究领域(即通常称做的"x哲学")展开的。而且,在当代英美各主要大学哲学系的课程设置中,也是以这样的研究领域为主的。

理解为"如果没有它们,我们就既不能有语言也不能有经验"①。

　　值得注意的是,当今的英美分析哲学中出现了明显回归传统的倾向。一方面,分析哲学家们加强了对形而上学问题的研究,促使了试图重新寻找哲学基础或第一哲学的热情得到高涨。这方面的工作首先应当归功于蒯因和斯特劳森在 20 世纪 50 年代的工作,蒯因的《论何物存在》(1948)和斯特劳森的《个体:论描述的形而上学》(1959)开启了分析哲学家重新讨论形而上学问题的先河。另一方面,哲学家们对形而上学的研究并不是简单地回到传统哲学的讨论中,而是从分析哲学的视角,用分析哲学的方法,去讨论形而上学的基础问题。这方面的重要代表就是达米特的《形而上学的逻辑基础》(1991)。甚至有哲学家明确宣称,从性质上说,形而上学本身就应当是分析的。由于被传统哲学看做属于形而上学的问题都可以在当代哲学的不同具体领域中研究,因而,对形而上学的研究就只能是分析的了。"按照当代分析哲学家们的观点,形而上学的适当任务应该是这样的:研究作为存在物的存在物或存在物本身,或者说存在物就其本身而言(或者说在其存在范围内)所具有的那些属性。"②这样,对形而上学的研究也就主要是在逻辑分析的范围内进行了。③

　　或许,也正是由于对形而上学的这种关注,更恰当地说,是对思想普遍性的特别关注,英美分析哲学与欧洲大陆哲学在 20 世纪的后半叶开始了艰难的但令人愉快的相互交流。这也是当代英美哲学中更值得关注的一个最新动向。说这种交流是"艰难的",是因为自分析哲学诞生之

① 这部分的论述参见利科主编《哲学主要趋向》,李幼蒸、徐奕春译,第 50—51 页,商务印书馆,1988.

② 韩林合:《分析的形而上学》,第 14 页,商务印书馆,2003。另参见洛克斯(M. L. Loux)《当代形而上学导论》,伦敦,劳特利奇出版社,1998;冯·英瓦根(van Inwagen)编《形而上学:大问题》,牛津,布莱克威尔出版社,1998.

③ 当然,也有哲学家采用了不同的研究方法,如格雷西亚(J. E. Gracia)在《个体性:论形而上学的基础》(纽约州立大学出版社,1998)中就以阐明历史文献的方式讨论了"个体性"概念在形而上学中的地位。

日起,分析的清晰性和语言表达的严格性就是与欧洲大陆哲学传统中的晦涩表达和直觉理解格格不入的。虽然孔德是一位法国哲学家,马赫出生于奥地利,弗雷格也是一位德国哲学家,逻辑经验主义发源于奥地利,但他们所倡导的实证主义哲学却更多的是与科学和逻辑的发展密切相关,而与欧洲大陆的人文传统(特别是古典学传统)少有关联。哲学与逻辑、科学的联姻,导致了分析哲学的诞生;而哲学与文学、心理学的结合,带来的就是欧洲大陆的现象学、存在哲学、解释学的传统。

然而,情况到了 20 世纪 70 年代之后有了一些变化。这主要来自两个方面的工作。在欧洲大陆方面,德国哲学家阿佩尔从先验解释学的角度构造了语言哲学的大陆框架,把本体论的解释学和先验治疗型的语言批判理论结合起来,试图为语言哲学的先验性提供一条可被普遍认可的或未被主题化的道路。他在其代表著作、两卷本的《哲学的改造》中,全面阐述了他的先验解释学和先验符号学思想,力图把哲学话语从"方法论的唯我论"中解放出来,使德国哲学中的批判主义传统与英美哲学中的分析哲学、实用主义等产生互动。[①] 与此同时,德国的哈贝马斯和法国的利科也在做着一些类似的工作,即试图从语言或话语分析的角度理解人类理性交往的可能性,由此产生的丰厚成果如今被看做对欧洲大陆哲学与英美分析哲学的交流具有无可替代的重要意义。[②] 在英美哲学方面,最早对分析哲学举起批判大旗的是美国哲学家罗蒂。他在《语言的转向》的长篇导言中就对语言哲学的宏伟目标提出了质疑;在《哲学和自然之镜》中,他更为明确地把语言分析哲学看做是对近代传统认识论的继续,认为它仍然没有脱离传统形而上学的"镜式思维"的模式。他写道:"按照我的理解,发端于罗素和弗雷格的那种哲学,和经典的胡塞尔现象学一样,只是使哲学占据康德曾希望它去占据的那个位置的另一次

---

① 参见李红《当代西方分析哲学与诠释学的融合——阿佩尔先验符号学研究》,第 46 页,中国社会科学出版社,2002。
② 关于哈贝马斯和利科的工作,具体参见这套《西方哲学史》第 7 卷《现代欧洲大陆哲学》中的相关内容。

企图，这就是根据它对文化中其它领域的'基础'的专门知识来评判这些领域。"①由此，罗蒂试图以一种"人类谈话中的哲学"或"教化的哲学"取代一切传统意义上的哲学。在这种意义上，罗蒂是以一种否定的方式摧毁了现代欧洲大陆哲学和英美分析哲学共同的基础。反过来说，这恰好为比较和沟通这两种哲学传统提供了可能。②

其实，无论是现代哲学还是西方哲学的整个发展，从历史的根源上说，都是出自古希腊的传统。但随着人类认识和思维能力的进步，生长在古希腊思想之根的哲学大树早已枝繁叶茂。特别是经过20世纪的哲学革命，无论是发生在英美哲学中的"语言的转向"，还是发生在欧洲大陆哲学中的现象学运动，如今没有任何一种哲学可以独领风骚。哲学体系时代的结束，就标志着哲学多元化时代的来临；"分析的时代"这个标签，就意味着哲学家们更加关注对具体问题的探索，而不是企望建立某种一劳永逸的或普遍有效的哲学图景。应当说，这正符合了哲学思维的本性，即哲学永远是开放的，无论是对哲学家，还是对我们每个普通人。

---

① 罗蒂：《哲学和自然之镜》，李幼蒸译，第5页，生活·读书·新知三联书店，1987。
② 关于对现代欧洲大陆哲学与英美分析哲学的比较研究，有兴趣的读者可以参阅徐友渔等《语言与哲学——当代英美与德法传统比较研究》(生活·读书·新知三联书店，1996)和格兰丁《分析哲学和大陆哲学》一文，载于巴奇尼和斯坦格鲁姆《新英国哲学》，伦敦，劳特利奇出版社，2002。

主要参考文献

一　外文著作

1. Anschutz R P. *The Philosophy of J. S. Mill*, Oxford: Clarendon Press, 1953
安舒茨. 密尔的哲学. 牛津, 克拉伦登出版社, 1953

2. Apel K O. *Charles S. Peirce: from Pragmatism to Pragmaticism*, New Jersey: Humanities Press, 1967
阿佩尔. 皮尔士: 从实用主义到实效主义. 新泽西, 人文出版社, 1967

3. Austin J L. *How to Do Things with Words*, Oxford University Press, 1962
奥斯汀. 如何以言行事. 牛津大学出版社, 1962

4. *J. L: Austin Philosophical Papers*, Oxford: Clarendon Press, 1961
奥斯汀哲学文集. 牛津, 克拉伦登出版社, 1961

5. Ayer A J. *Logical Positivism*, The Free Press, 1959
艾耶尔. 逻辑实证主义. 自由出版社, 1959

6. Ayer A J. *Part of My Life*, Oxford University Press, 1978
艾耶尔. 我的生活. 牛津大学出版社, 1978

7. Ayer A J. *The Concept of a Person and Other Essays*, London: Macmillan, 1964
艾耶尔. 人的概念及其他论文. 伦敦, 麦克米伦出版公司, 1964

8. Ayer A J. *The Origin of Pragmatism*, San Francisco: Freeman, Cooper & Company, 1968
艾耶尔. 实用主义的起源. 旧金山, 弗里曼和库珀出版公司, 1968

9. Baggini J. & Stangroom J. *New British Philosophy*, London: Routledge, 2002.
巴奇尼和斯坦格鲁姆. 新英国哲学. 伦敦, 劳特利奇出版社, 2002

10. Bartley W W. *Wittgenstein*,Philadelphia and New York:Lippencott,1973

巴特利. 维特根斯坦. 费城和纽约,利品考特,1973

11. Bell D. and Cooper N. *The Analytic Tradition*, *Meaning*, *Thought and Knowledge*,Oxford:Basil Blackwell,1990

贝尔和库珀. 分析的传统:意义、思想和知识. 牛津,布莱克威尔出版社,1990

12. Bell D. and Vossenkull W. *Science and Subjectivity*:*The Vienna Circle and Twentieth-Century Philosophy*,Berlin:Akademie Verlag,1992

贝尔和沃森库尔. 科学与主体性:维也纳学派与 20 世纪哲学. 柏林,学术出版社,1992

13. Bergman G. *Logic and Reality*,Wisconsin University Press,1964

伯格曼. 逻辑与实在. 威斯康星大学出版社,1964

14. Berkeley G. *Three Dialogues Between Hylas and Philonous*,Indianapolis:Hackett Publishing Company,Inc. 1979

巴克莱. 海拉斯和菲奥诺司的三个对话. 印第安纳珀利斯,哈克特出版有限公司,1979

15. Berlin I. et al. *Essays on J. L. Austin*,Oxford:Clarendon Press,1973

伯林等. 论奥斯汀文集. 牛津,克拉伦登出版社,1973

16. Berlin I. *Four Essays on Liberty*,London and New York:Oxford University Press,1969

伯林. 自由四论. 牛津大学出版社,1969

17. Bernstein R. *On Experience*, *Nature*, *and Freedom*:*Representative Selections*,New York:Bobbs-Merrill,1960

伯恩斯坦. 关于经验、自然和自由:代表性选集. 纽约,鲍伯斯·梅林出版公司,1960

18. Bernstein R. *Perspectives on Peirce*,New Port:Greenwood Press,1980

伯恩斯坦. 纵论皮尔士. 纽波特,格林伍德出版社,1980

19. Biletzki A. and Matar A. *The Story of Analytic Philosophy*,*Plot and Heroes*,London and New York:Routledge,1998

伯茨基和梅塔. 分析哲学的故事:情节与英雄. 伦敦和纽约,劳特利奇出版社,1998

20. Blackburn S. *Quasi-realism*,Oxford University Press,1993

布莱克伯恩. 准实在论. 牛津大学出版社,1993

21. Blackburn S. *Spreading Words*,Oxford University Press,1984

布莱克伯恩. 扩展语词. 牛津大学出版社,1984

22. Blackmore J T. *Ernst Mach*, *His Life*, *Work*, *and Influence*, University of California Press,1972

布莱克默尔. 恩斯特·马赫的生平、著作及其影响. 加州大学出版社,1972

23. Bogdan R J. *Belief*:*Form*,*Content and Function*,Oxford:Clarendon Press.

1986

　　伯格登. 信念：形式、内容和功能. 牛津, 克拉伦登出版社, 1986

　　24. Boydston J A. *The Late Works of John Dewey*, *1925 - 1953*, Southern Illinois University Press, 1981 - 1990. 10 vols

　　伯伊斯顿. 杜威晚期著作(1925—1953). 南伊利诺伊大学出版社, 1981—1990

　　25. Bradley F H. *Appearance and Reality*, London, 1893

　　布拉德雷. 现象与实在. 伦敦, 1893

　　26. Bradley J. *Mach's Philosophy of Science*, The Athlone Press of the University of London, 1971

　　布拉德雷. 马赫的科学哲学. 伦敦大学安瑟隆出版社, 1971

　　27. Brent J. *Charles Sanders Peirce*, Indiana University Press, 1993

　　布伦特. 查尔斯·S. 皮尔士. 印第安纳大学出版社, 1993

　　28. *Philosophical Writings of Peirce*, ed. by J. Buchler, New York: Dover Publications Inc. 1995

　　皮尔士哲学著作. 巴赫勒编. 纽约, 多佛出版公司, 1995

　　29. Cartn C E. *Philosophy and Ordinary Language*, Oxford University Press, 1963

　　凯顿. 哲学和日常语言. 牛津大学出版社, 1963

　　30. Chomsky A N. *Aspects of the Theory of Syntax*, MIT Press, 1965

　　乔姆斯基. 句法理论的若干问题. 麻省理工学院出版社, 1965

　　31. Churchland P. *Neurophilosophy*, MIT Press, 1986

　　P. 丘齐兰德. 神经哲学. 麻省理工学院出版社, 1986

　　32. Churchland P M. & P. *On the Contrary*, MIT Press, 1998

　　P. M. 丘齐兰德和 P. 丘齐兰德. 论相反情况. 麻省理工学院出版社, 1998

　　33. Churchland P M. *A Neurocomputational Perspective*, MIT Press, 1989

　　P. M. 丘齐兰德. 神经计算的观点. 麻省理工学院出版社, 1989

　　34. Churchland P. and Sejnowski T. *The Computational Brain*, MIT Press, 1992

　　P. 丘齐兰德和西诺威斯基. 计算性大脑. 麻省理工学院出版社, 1992

　　35. Churchland P. *The Engine of Reason*, MIT Press, 1995

　　P. 丘齐兰德. 理性的能量. 麻省理工学院出版社, 1995

　　36. Clarke D S. *Philosophy's Second Revolution*, Chicago & La Salle, Illinois: Open Court, 1997

　　克拉克. 哲学的第二次革命. 开放世界出版公司, 1997

　　37. Clark P. and Hawley K. *Philosophy of Science Today*, Oxford University Press, 2000

　　克拉克和霍利. 今日科学哲学. 牛津大学出版社, 2000

　　38. Coffa J A. *The Semantic Tradition from Kant to Carnap*, *To the Vienna Station*, Cambridge University Press, 1991

科法. 从康德到卡尔纳普的语义学传统至维也纳站. 剑桥大学出版社,1991

39. Commager H S. *The American Mind*,Yale University Press,1950

康麦格. 美国的精神. 耶鲁大学出版社,1950

40. *The Essential Comte*,ed. by S. Andreski,New York,1974

孔德精要. 安德烈斯基编. 纽约,1974

41. Conant J. & Haugeland J. *The Road Since Structure*,Chicago University Press,2000

科南特和霍奇兰德. 结构之后的路. 芝加哥大学出版社,2000

42. Copleston F. *A History of Philosophy*,volume Ⅸ,*Maine de Biran to Sartre*,London:Search Press,1975

科普尔斯顿. 从梅因·德·潘恩到萨特. 哲学史. 第 9 卷. 伦敦,探索出版社,1975

43. Craig E. *Routledge Encyclopeadia of Philosophy*,London:Routledge,1998

克里格. 劳特利奇哲学百科全书. 伦敦,劳特利奇出版社,1998

44. Cranston M. *John Stuart Mill*,London:Longmans,Green & Co. ,1958

克兰斯顿. 约翰·斯图尔特·密尔. 伦敦,朗曼和格林公司,1958

45. Davidson D. & Harman G. *Semantics of Natural Language*,second edition,D. Reidel Publishing Company,1977

戴维森和哈曼. 自然语言的语义学. 里德尔出版公司,1977(第 2 版)

46. Davidson D. and Hintikka J. *Words and Objections*,D. Reidel Publishing Company,1986

戴维森和欣提卡. 语词与异议. 里德尔出版公司,1969

47. Davidson D. *Essays on Actions and Events*,Oxford University Press,1980

戴维森. 论行动与事件. 牛津大学出版社,1980

48. Davidson D. *Subjective*,*Intersubjective*,*Objective*,Oxford:Clarendon Press,2001

戴维森. 主体、主体间和客体. 牛津,克拉伦登出版社,2001

49. Davidson D. *Truth*,*Language and History*,Oxford:Clarendon Press,2005

戴维森. 真理、语言和历史. 牛津,克拉伦登出版社,2005

50. Dejnožra J. *The Ontology of the Analytic Tradition and Its Origins*,Lanham,Maryland & London:Rowman & Littlefield,1996

德诺奇卡. 分析传统的本体论及其起源. 马里兰州兰姆市和伦敦,罗曼和利托菲尔德,1996

51. Descartes R. *Discourse on Method and Meditations*,translated with a introduction by Laurence J. Lafleur,Macmillan/Library of Liberal Arts,1960

笛卡尔. 方法谈和沉思. 麦克米伦/人文教育书库,1960

52. Devitt M. *Realism and Truth*,2nd ed. ,Princeton University Press,1977

德威特. 实在论与真理. 普林斯顿大学出版社,1977(第 2 版)

53. Dewey J. *Essays on Pragmatism and Truth*（1907－1909），Southern Illinois University Press，1977

杜威.论实用主义和真理(1907—1909).南伊利诺伊大学出版社,1977

54. Dewey J. *Logic：The Theory of Inquiry*，Southern Illinois University Press，1986

杜威.逻辑:探究的理论.南伊利诺伊大学出版社,1986

55. Dewey J. *On Experience*，*Nature*，*and Freedom：Representative Selections*，ed. R. J. Bernstein，New York：Bobbs-Merrill，1960

杜威.论经验、自然和自由:代表性文选.伯恩斯坦选编.纽约,鲍伯斯-梅林出版公司,1960

56. Diamond C. *The Realistic Spirit*，*Wittgenstein*，*Philosophy*，*and the Mind*，MIT Press，1991

戴蒙德.实在论精神、维特根斯坦、哲学和心灵.麻省理工学院出版社,1991

57. Dummett M. *Frege：Philosophy of Language*，Harvard University Press，second edition，1981

达米特.弗雷格的语言哲学.哈佛大学出版社,1981(第2版)

58. Dummett M. *Frege：Philosophy of Mathematics*，Harvard University Press，1991

达米特.弗雷格的数学哲学.哈佛大学出版社,1991

59. Dummett M. *Logical Basis of Metaphysics*，Harvard University Press，1991

达米特.形而上学的逻辑基础.哈佛大学出版社,1991

60. Dummett M. *Origins of Analytical Philosophy*，London：Gerald Duckworth & Co. Ltd. ，1993

达米特.分析哲学的起源.伦敦,达克沃思出版公司,1993

61. Dummett M. *The Interpretation of Frege's Philosophy*，Harvard University Press，1981

达米特.对弗雷格哲学的解释.哈佛大学出版社,1981

62. Dummett M. *The Sea of Language*，Oxford：Clarendon Press，1993

达米特.语言之海.牛津,克拉伦登出版社,1993

63. Dummett M. *Truth and Other Enigmas*，London：Duckworth，1978

达米特.真理和其他的谜.伦敦,达克沃思出版公司,1978

64. Edie J M. *William James and Phenomenology*，Indiana University Press，1987

艾地.威廉·詹姆斯和现象学.印第安纳大学出版社,1987

65. Evans G. & McDowell J. *Truth and Meaning：Essays in Semantics*，Oxford University Press，1976

埃文斯和迈克道威尔.真理与意义:论语义学.牛津大学出版社,1976

66. Fann K T. *Symposium on J. L. Austin*，London：Routlege & Kegen Paul，

1969

范光棣. 奥斯汀专题文集. 伦敦,劳特利奇与基根·保罗公司,1969

67. Feigl H. & Maxwell G. *Minnesota Studies in the Philosophy of Science*, vol. Ⅲ. *Scientific Explanation*, *Space*, *and Time*, University of Minnesota Press, 1962

费格尔、麦克斯韦. 明尼苏达科学哲学研究. 第 3 卷. 科学解释、空间和时间. 明尼苏达大学出版社,1962

68. Feyerabend P. *Conquest of Abundance*, ed. by B. Terpstra, Chicago University Press, 1999

费耶阿本德. 征服富足. 特普斯特拉编,芝加哥大学出版社,1999

69. Feyerabend P. *Science in a Free Society*, London: New Left Books, 1978

费耶阿本德. 自由社会中的科学. 伦敦,新左派出版社,1978

70. Fine A. *The Shaky Game*, University of Chicago Press, 1986

法埃因. 动荡的游戏. 芝加哥大学出版社,1986

71. Floistad G. *Comtemporary Philosophy in Perspective*, vol. Ⅱ, *Philosophy of Science*, Martinus Nijhoft Publishers, 1982

弗罗斯塔德. 当代哲学概览. 第 2 卷. 科学哲学. 马蒂纳斯·尼霍夫出版社,1982

72. Floridi L. *The Blackwell Guide to the Philosophy of Computing and Information*, Oxford: Blackwell, 2004

弗罗里迪. 布莱克威尔计算和信息哲学指南. 牛津,布莱克威尔出版社,2004

73. Flower E. & Murphey M. G. *A History of Philosophy in America*, 2 vols. New York: Capricon Books, 1977

弗劳尔和墨菲. 美国哲学史(2 卷). 纽约,卡普莱孔出版社,1977

74. Fogelin R. *Wittgenstein*, London: Routledge, 1976; 2rd edition, 1987

富格林. 维特根斯坦. 伦敦,劳特利奇出版社,1976;1987(第 2 版)

75. Follesdal D. *Philosophy of Quine*, 4 vols. New York & London: Garland Publishing, Inc. 2000

弗尔斯塔. 蒯因哲学(4 卷). 纽约和伦敦,加兰出版公司,2000

76. Ford M P. *William James's Philosophy*, The University of Massachusetts Press, 1982

福特. 威廉·詹姆斯的哲学. 麻省大学出版社,1982

77. French P A. and Uehling T. E. *Realism and Antirealism*, Minneapolis: The University of Minnesota Press, 1988

弗伦奇和尤林. 实在论和反实在论. 明尼苏达大学出版社,1988

78. Gallie W B. *Peirce and Pragmatism*, New York: Dover Publication Inc., 1966

伽利. 皮尔士和实用主义. 纽约,多佛出版公司,1966

79. Gargani A. *Il Circolo di Vienna*, Ravenna, 1984

加根尼. 维也纳学派. 拉韦纳,1984

80. Garver N. & Lee S. C. *Derrida and Wittgenstein*, Philadelphia: Temple University Press, 1994

加佛和李. 德里达和维特根斯坦. 费城,坦普尔大学出版社,1994

81. Gavroglu K. & Goudaroulis Y. , Nicolacopoulos P. *Imre Lakatos and Theories of Scientific Change*, Boston & London: Kluwer Academic Publishers, 1989

加罗格鲁等. 拉卡托斯和科学变革的理论. 克鲁威尔学术出版社,1989

82. Gier N. *Wittgenstein and Phenomenology*, Albany, 1981

吉尔. 维特根斯坦与现象学. 奥尔巴尼,1981

83. Glock H J. *The Rise of Analytic Philosophy*, Oxford: Blackwell, 1997

格洛克. 分析哲学的兴起. 牛津,布莱克威尔出版社,1997

84. Gower B S. *Logical Positivism in Perspective. Essays on Language*, *Truth and Logic*, London, 1987

高沃. 概观逻辑实证主义:论语言、真理和逻辑文集. 伦敦,1987

85. Gracia J E. *Individuality*, *An Essay on the Foundations of Metaphysics*, State University of NewYork Press, 1998

格雷西亚. 个体性:论形而上学的基础. 纽约州立大学出版社,1998

86. Grandy R E. and Warner R. *Philosophical Grounds of Rationality*, Oxford: Clarendon Press, 1986

格兰迪和沃纳. 合理性的哲学基础. 牛津,克拉伦登出版社,1986

87. Grayling A. C. *Introduction to Philosophical Logic*, Oxford University Press, 1982

格雷林. 哲学逻辑导论. 牛津大学出版社,1982

88. Grayling A. *Wittgenstein*, Oxford University Press, 1988

格雷林. 维特根斯坦. 牛津大学出版社,1988

89. Guttenplan S. *Mind and Language*, Oxford: Clarendon Press, 1975

格特普兰. 心灵与语言. 牛津,克拉伦登出版社,1975

90. Hacker P M S. *Wittgestein's Place in Twentieth-Century Analytic Philosophy*, Oxford: Blackwell Publishers, 1996

哈克. 维特根斯坦在 20 世纪分析哲学中的地位. 牛津,布莱克威尔出版社,1996

91. Hahn L E. and Schilpp P. A. *The Philosophy of W. V. Quine*, Open Court Publishing Company, 1986

汉恩和希尔普. 蒯因哲学. 开放世界出版公司,1986

92. Hahn L E. *The Philosophy of Donald Davidson*, Open Court Publishing Company, 2001

汉恩. 戴维森哲学. 开放世界出版公司,2001

93. Haller R. & Rutte H. *Neurath: Gesammelte Philosephische and Methodologische Schriften* 2 vols. Wien, 1982

哈勒和鲁特. 纽拉特哲学和方法论著作全集(2 卷). 维也纳,1982

94. Haller R. *Studien zur Österreicher Philosophie*, Amsterdam, 1979

哈勒. 奥地利哲学研究. 阿姆斯特丹,1979

95. Haller R. *Schlick und Neurath-Ein Symposion*, Amsterdam, 1982

哈勒. 石里克与纽拉特研讨会. 阿姆斯特丹,1982

96. Hale B. & Wright C. *A Companion to the Philosophy of Language*, Oxford:Blackwell,1997

哈勒和赖特. 语言哲学指南. 牛津,布莱克威尔出版社,1997

97. Hallet G. *A Companion to Wittgenstein's Philosophical Investigation*. New York,1977

哈勒特. 维特根斯坦《哲学研究》指南. 纽约,1977

98. Hamlyn D W. *A History of Western Philosophy*, London:Penguin Books, 1987

哈姆林. 西方哲学史. 伦敦,企鹅出版社,1987

99. Hanna R. *Kant and the Foundations of Analytic Philosophy*, Oxford:Clarendon Press, 2001

汉纳. 康德及分析哲学的基础. 牛津,克拉伦登出版社,2001

100. Haskins C. & Seiple D. I. *Dewey Reconfigured*, State University of New York Press, 1999

哈斯金和西普勒. 重构的杜威. 纽约州立大学出版社,1999

101. Hayek F A. *John Stuart Mill and Harriet Taylor: Their Friendship and Subsequent Marriage*, London:Routledge,1951

哈耶克. 约翰·斯图尔特·密尔与哈瑞特·泰勒:他们的友谊和随后的婚姻. 伦敦,劳特利奇出版社,1951

102. Hayek F A. *The Counter-Revolution of Science: Studies on the Abuse of Reason*, New York:The Free Press of Glencoe,1955

哈耶克. 科学的反革命:对理性滥用的研究. 纽约,格兰科自由出版社,1955

103. Heidegger M. *Was heisst Denken*? Tubingen,1961

海德格尔. 什么是思想?. 图宾根,1961

104. Heijenoort J V. *From Frege to Godel*, *A Source Book in Mathematical Logic*, *1879-1931*, Harvard University Press,1967

海杰努特. 从弗雷格到哥德尔——数理逻辑典籍(1879—1931). 哈佛大学出版社,1967

105. Hennigfield J. *Geschichte der Sprachphilosophie*, Berlin:Walter de Gruyter and Co. 1994

海尼克菲尔德. 语言哲学史. 柏林,瓦尔特·德·格瑞特出版公司,1994

106. Hintikka J. *Rudolf Carnap*, *A Logical Empirieist*, MIT Press,1975

欣提卡. 卡尔纳普——一位逻辑经验主义者. 麻省理工学院出版社,1975

107. Hollinger R. and Depew D. *Pragmatism: From Progressivism to Postmodernism*, Westport, Connecticut: Praeger Publishers, 1995

霍林格和迪普. 实用主义:从进步主义到后现代主义. 康涅狄格州西点市,普赖格出版社,1995

108. Hookway C. *Peirce*, Boston: Routledge & Kegan Paul Inc. , 1985

霍克威. 皮尔士. 波士顿,劳特利奇与基根·保罗公司,1985

109. Hylton P. *Russell, Idealism, and the Emergence of Analytic Philosophy*, Oxford: Clarendon Press, 1990

希尔顿. 罗素、唯心论及分析哲学的萌芽. 牛津,克拉伦登出版社,1990

110. Irvine A D. & Wedeking G A. *Russell and Analytical Philosophy*, Oxford: Blackwell, 1993

欧文和维德金. 罗素和分析哲学. 牛津,布莱克威尔出版社,1993

111. James W. *Pragmatism & The Meaning of Truth*, Harvard University Press, 1975

詹姆斯. 实用主义及真理的意义. 哈佛大学出版社,1975

112. James W. *The Will to Believe & Human Immortality*, New York: Dover Publications, Inc. , 1956

詹姆斯. 信仰的意志及人类永恒. 纽约,多佛出版公司,1956

113. *W: James The Essential Writings*, ed. by B. W. Wilshier, State University of New York Press, 1984

詹姆斯著作精要. 威尔西尔选编. 纽约州立大学出版社,1984

114. Joas H. *Pragmatism and Social Theory*, The University of Chicago Press, 1993

乔斯. 实用主义和社会理论. 芝加哥大学出版社,1993

115. Katten C E. *Philosophy and Ordinary Language*, The Open Court Publishing Company, 1963

凯顿. 哲学和日常语言. 开放世界出版公司,1963

116. Klemke E D. *Contemporary Analytic and Linguistic Philosophies*, Prometheus Books, 1983

克伦克. 当代分析和语言哲学. 普罗米修斯出版社,1983

117. Kolakowski L. *The Alienation of Reason: A History of Positivist Thought*. New York: Doubleday & Company, Inc. 1968

科拉科夫斯基. 理性的异化:实证主义思想史. 纽约,双日出版社,1968

118. Kuklick B. *A History of Philosophy in America*, Oxford University Press, 2002

库克里科. 美国哲学史. 牛津大学出版社,2002

119. Larson R. & Segal G. *Knowledge of Meaning*, MIT Press, 1995

拉森和西格尔. 意义的知识. 麻省理工学院出版社,1995

120. Lenzer G. *Auguste Comte and Positivism*：*The Essential Writings*，The University of Chicago Press，1983

伦泽. 奥古斯丁·孔德和实证主义：著作精要. 芝加哥大学出版社，1983

121. Leonardi P. and Santambrogio M. *On Quine*，*New Essays*，Cambridge University Press，1995

里奥纳迪和桑坦布罗奇奥. 蒯因新论. 剑桥大学出版社，1995

122. Leplin J. *Scientific Realism*，The University of California Press，1984

莱普林. 科学实在论. 加州大学出版社，1984

123. LePore E. and McLaughlin B. P. *Actions and Events*：*Perspectives on the Philosophy of Donald Davidson*，Oxford：Blackwell，1985

莱珀尔和麦克劳克林. 行动与事件：论戴维森哲学. 牛津，布莱克威尔出版社，1985

124. LePore E. *Truth and Interpretation*：*Perspectives on the Philosophy of Donald Davidson*，Oxford：Blackwell，1986

莱珀尔. 真理与解释：论戴维森哲学. 牛津，布莱克威尔出版社，1986

125. Loux M L. *Metaphysics*：*A Contemporary Introduction*，London：Routledge，1998

洛克斯. 当代形而上学导论. 伦敦，劳特利奇出版社，1998

126. Lyons T D. & Clarke S. *Recent Themes in the Philosophy of Science*，*Scientific Realism and Commonsense*，Kluwer Academic Publishers，2002

莱昂斯和克拉克. 科学哲学中的最新主题——科学实在论和常识. 克鲁威尔学术出版社，2002

127. Mabbott J D. *Oxford Memories*，Oxford：Thornton's，1986

马博特. 牛津记忆. 牛津，桑顿出版社，1986

128. Mach E. *History and Root of the Principle of the Conservation of Energy*，The Open Court Publishing Co. ，1911

马赫. 能量守恒原理的历史和根源. 开放世界出版公司，1911

129. Mach E. *Popular Scientific Lectures*，The Open Court Publishing Company，1943

马赫. 通俗科学讲演集. 开放世界出版公司，1943

130. Mach E. *The Principles of Physical Optics*：*A Historical and Philosophical Treatment*，New York：Dover Publications. Inc. 1926

马赫. 物理光学原理：历史的和哲学的论述. 纽约，多佛出版公司，1926

131. Mach E. *Principle of the Theory of Heat. Historically and Critically Elucidated*，D. Reidel Publishing Company，1986

马赫. 热学史评. 里德尔出版公司，1986

132. Mach E. *The Science of Mechanics*，Chicago，1893

马赫. 机械科学. 芝加哥，1893

133. Machamer P. & Silberstein M. *The Blackwell Guide to the Philosophy of Science*, Oxford: Blackwell, 2002

马哈莫和西尔伯斯顿. 布莱克威尔科学哲学指南. 牛津, 布莱克威尔出版社, 2002

134. MacIntyre A. *After Virtue*, Notre Dame: University of Notre Dame Press, second edition, 1984

麦金太尔. 追求德性. 圣母大学出版社, 1984(第 2 版)

135. Mackey A F. and Merrill D. D. *Issues in Philosophy of Language*, Yale University Press, 1972

麦基和梅里尔. 语言哲学问题. 耶鲁大学出版社, 1972

136. Margolis J. *Renewing of Pragmatism*, *American Philosophy at the End of Twentieth Century*, Ithaca: Cornell University Press, 2002

马格利斯. 实用主义的复兴——20 世纪末的美国哲学. 康奈尔大学出版社, 2002

137. Martinich A P. and Sosa D. ed. , *A Companion to Analytic Philosophy*, Oxford: Blackwell, 2001

马蒂尼奇和索萨. 分析哲学指南. 牛津, 布莱克威尔出版社, 2001

138. McGuinness B. *Wittgenstein and the Vienna Circle*, Oxford, Blackwell, 1979

麦吉尼斯. 维特根斯坦与维也纳小组. 牛津, 布莱克威尔出版社, 1979

139. McGuinness B. and Oliveri G. *The Philosophy of Michael Dummett*, Kluwer Academic Publishers, 1994

麦吉尼斯和奥里夫利. 达米特的哲学. 克鲁威尔学术出版社, 1994

140. McGuinness B. *Zurück zu Schlick*, Wien, 1985

麦吉尼斯. 回到石里克. 维也纳, 1985

141. McGuinness B. *Wittgenstein: A Life*, *Young Ludwig* 1889 - 1921, The University of California Press, 1988

麦吉尼斯. 维特根斯坦生平: 年轻的路德维希(1889—1921). 加州大学出版社, 1988

142. Mill J S. *A System of Logic Ratiocinative and Inductive*, *Being a Connected View of the Principles of Evidence and the Methods of Scientific Investigation*, *Collected Works of John Stuart Mill*, volume VII, ed. by J. M. Robson, University of Toronto Press, 1973

密尔. 逻辑体系(全名为一种推理和归纳的逻辑体系——作为科学研究方法和证据原则的相关观点), 约翰·斯图尔特·密尔全集. 第 7 卷. 罗布森主编. 多伦多大学出版社, 1973

143. Mill J S. *Auguste Comte and Positivism*, the University of Michigan Press, 1961

密尔. 奥古斯丁·孔德和实证主义. 密歇根大学出版社, 1961

144. *J. S:Mill Autobiography and Literary Essays*, *Collected Works of John Stuart Mill*, volume 1, edited by J. M. Robson and J. Stilinger, University of Toronto Press, 1981

密尔自传和文学著作. 约翰·斯图尔特·密尔全集. 第 1 卷. 罗布森和斯特林格主编. 多伦多大学出版社, 1981

145. Misak C J. *Truth and the End of Inquiry：A Peircean Account of Truth*, Oxford：Clarendon Press, 1991

米萨克. 真理和探究的终结：一种皮尔士式的真理观. 牛津, 克拉伦登出版社, 1991

146. Mohanty J. *Husserl and Frege*, Indiana University Press, 1982

莫汉蒂. 胡塞尔和弗雷格. 印第安纳大学出版社, 1982

147. Monk R. *Ludwig Wittgenstein：The Duty of Genius*, New York：Free Press, 1990

蒙克. 维特根斯坦：天才的职责. 纽约, 自由出版社, 1990

148. Moore G E. *Philosophical Papers*, London：Allen and Unwin, 1959

摩尔. 哲学文集. 伦敦, 乔治·艾伦与昂温出版公司, 1959

149. Moore G E. *Philosophical Studies*, London：Routledge& Kegan Paul Ltd, 1922

摩尔. 哲学研究. 伦敦, 劳特利奇与基根·保罗公司, 1922

150. Moore G E. *Principia Ethica*, Cambridge University Press, 1903

摩尔. 伦理学原理. 剑桥大学出版社, 1903

151. Morris C. *The Pragmatic Movement in American Philosophy*, New York：George Braziller Inc. , 1970

莫里斯. 美国哲学中的实用主义运动. 纽约, 乔治·布雷泽尔公司, 1970

152. Morris J. *The Oxford Book of Oxford*, Oxford University, 1978

莫里斯. 牛津之书. 牛津大学出版社, 1978

153. Mounce H O. *The Two Pragmatism*, New York：Routledge, 1997

蒙斯. 两种实用主义. 纽约, 劳特利奇出版社, 1997

154. Murphey J P. *Pragmatism：From Peirce to Davidson*, Oxford, Westview Press, 1990

墨菲. 实用主义：从皮尔士到戴维森. 牛津, 西方视点出版社, 1990

155. Murphey M G. *The Development of Peirce's Philosophy*, Harvard University Press, 1961

墨菲. 皮尔士哲学的发展. 哈佛大学出版社, 1961

156. Myers G E. *William James：His Life and Thought*, Yale University Press, 1986

麦尔. 威廉·詹姆斯的生平和思想. 耶鲁大学出版社, 1986

157. Nagel T. *The View From Nowhere*, Oxford University Press, 1986

内格尔. 出自无处的观点. 牛津大学出版社,1986

158. Newton-Smith W H. *A Companion to the Philosophy of Science*,Oxford: Blackwell,2000

牛顿-史密斯. 科学哲学指南. 牛津,布莱克威尔出版社,2000

159. Packe M St J. *The Life of John Stuart Mill*,Secker and Warburg,1954

派克. 约翰·斯图尔特·密尔生平. 塞克和沃伯格出版公司,1954

160. Parkinson G H R. *The Theory of Meaning*,Oxford University Press,1968

帕金森. 意义理论. 牛津大学出版社,1968

161. Pears D F. *Bertrand Russell and the British Tradition in Philosophy*,London:Fontana,1967

皮尔斯. 伯特兰·罗素和英国哲学传统. 伦敦,丰塔纳,1967

162. Pears D F. *Ludwig Wittgenstein*,Harvard University Press,1986

皮尔斯. 路德维希·维特根斯坦. 哈佛大学出版社,1986

163. *Collected Papers of Charles Sanders Peirce*,ed. by C. Hartshorne and P. Weiss,Harvard University Press,1963

皮尔士文集. 哈茨霍恩和魏斯编. 哈佛大学出版社,1963

164. *Philosophical Writings of Peirce*,ed. by J. Buchler,New York:Dover Publications,Inc. ,1955

皮尔士哲学文选. 巴赫勒编. 纽约,多佛出版公司,1955

165. Perry R B. *The Thought and Character of William James*,Harvard University Press,1948

佩里. 威廉·詹姆斯的思想和特征. 哈佛大学出版社,1948

166. Perry R B. *The Thought and Character of William James*,2 vols. Little Brown,1935

佩里. 威廉·詹姆斯的思想和特征. 2 卷. 波士顿,小布朗出版社,1935

167. Perry R B. *Realms of Value*,Harvard University Press,1954

佩里. 价值王国. 哈佛大学出版社,1954

168. Pessin A. & Goldberg S. *The Twin Earth Chronicles*,New York:M. E. Sharpe Inc. 1996

培森和戈德伯格. 孪生地球纪事:关于普特南《"意义"的意义》的 20 周年反思. 纽约,夏普公司,1996

169. Pitcher G. *Wittgenstein's Philosophical Investigations*,New York,1966

皮彻尔. 维特根斯坦哲学研究. 纽约,1966

170. Poidevin R L. & Macbeath M. *The Philosophy of Time*,Oxford University Press,1993.

珀伊德温和马克贝斯. 时间哲学. 牛津大学出版社,1993

171. Popper K. *Realism and the Aim of Science*,London:Hutchinson,1983

波普. 实在论和科学的目的. 伦敦,哈奇森,1983

172. Popper K. *The Logic of Scientific Discovery*, New York: Basic Books, Inc. ,1959

波普. 科学发现的逻辑. 纽约,基础读本公司,1959

173. Potter V G. *Peirce's Philosophical Perspectives*, Fordham University Press,1996

玻特. 皮尔士的哲学观. 福德姆大学出版社,1996

174. Preston J M. *Feyerabend:Philosophy, Science and Society*, Polity Press, 1997

普雷斯顿. 费耶阿本德:哲学、科学和社会. 麻省,剑桥,政治出版社,1997

175. Preston J M. ,Munevar G. & Lamb D. *The Worst Enemy of Science? Essays in Memory of Paul Feyerabend*,Oxford University Press,2000

普雷斯顿、莫尼瓦和兰姆. 科学的最坏敌人? 保罗·费耶阿本德纪念文集. 牛津大学出版社,2000

176. Preyer G. ,Siebelt F. ,and Ulfig A. *Language,Mind and Epistemology:On Donald Davidson's Philosophy*,Dordrecht:Kluwer Academic Publishers,1994

普赖尔、西贝尔特和尤菲格. 语言、心灵和认识论:论戴维森哲学. 克鲁威尔学术出版社,1994

177. Putnam H. *Meaning and the Moral Sciences*,London:Routledge & Kegan Paul,1978

普特南. 意义与道德科学. 伦敦,劳特利奇与基根·保罗公司,1978

178. Putnam H. *Mind, Language and Reality*, Cambridge University Press, 1975

普特南. 心灵、语言和实在. 剑桥大学出版社,1975

179. Putnam H. *Pragmatism:An Open Question*,Blackwell,1995

普特南. 实用主义:一个开放的问题. 牛津,布莱克威尔出版社,1995

180. Putnam H. *Realism with a Human Face*,Harvard University Press,1990

普特南. 戴着人类面孔的实在论. 哈佛大学出版社,1990

181. Putnam H. *Reason,Truth and History*,Cambridge University Press,1981

普特南. 理性、真理与历史. 剑桥大学出版社,1981

182. Putnam H. *Representation and Reality*,MIT Press,1988

普特南. 表象与实在. 麻省理工学院出版社,1988

183. Putnam H. *The Meaning of the Concept of Probability in Application to Finite Sequence*, with"Introduction Some Years Later", New York & London:Garland,1990

普特南. 或然性概念运用于有限序列中的意义. 纽约和伦敦,加兰出版公司,1990

184. Putnam H. *The Threefold Cord:Mind,Body and World*, Columbia University Press,1999

普特南. 三合一的绳索:心灵、身体和世界. 哥伦比亚大学出版社,1999

185. Putnam H. *The Many Faces of Realism*, Open Court, 1987

普特南. 实在论的多副面孔. 开放世界出版公司,1987

186. Putnam H. *Words and Life*, Harvard University Press, 1994

普特南. 语词与生活. 哈佛大学出版社,1994

187. Putnam R A. *The Cambridge Companion to William James*, Cambridge University Press, 1997

普特南. 詹姆斯剑桥指南. 剑桥大学出版社,1997

188. Quine W v O. *From Stimulus to Science*, Harvard University Press, 1995

蒯因. 从刺激到科学. 哈佛大学出版社,1995

189. Quine W v O. *Ontological Relativity and Other Essays*, New York: Columbia, 1969

蒯因. 本体论的相对性及其他论文. 纽约,哥伦比亚,1969

190. Quine W v O. *Philosophy of Logic*, Englewood: Prentice Hall, 1970

蒯因. 逻辑哲学. 安格伍德,普伦蒂斯. 霍尔出版社,1970

191. Quine W v O. *The Roots of Reference*, La Salle, Ill: Open Court, 1973

蒯因. 指称之根. 开放世界出版公司,1973

192. Quine W v O. *The Time of My Life*, Harvard University Press, 1985

蒯因. 我的生命历程. 哈佛大学出版社,1985

193. Quine W v O. *The Ways of Paradox and Other Essays*, New York, Random House, 1966; Havard University Press, 1976

蒯因. 悖论的方式和其他论文. 纽约,兰登书屋,1966;哈佛大学出版社,1976

194. Quine W v O. *Theory and Things*, Harvard University Press, 1981

蒯因. 理论与事物. 哈佛大学出版社,1981

195. Quine W v O. *Word and Object*, MIT Press, 1960

蒯因. 语词与对象. 麻省理工学院出版社,1960

196. Quine W v O. *From A Logical Point of View*, Harvard University Press, 1980

蒯因. 从逻辑的观点看. 哈佛大学出版社,1980

197. Rajchman J. & West C. *Post-Analytic Philosophy*, Columbia University Press, 1985

雷奇曼和威斯特. 后分析哲学. 哥伦比亚大学出版社,1985

198. Ramachandran V S. & Blakeslee S. *Phantoms in the Brain: Probing the Mysteries of the Human Mind*, New York: Morrow, 1998

拉马肯德兰和布兰克斯里. 大脑中的幻觉:探究人类心灵的秘密. 纽约,翌日出版社,1998

199. Rescher N. *Realistic Pragmatism*, State University of New York Press, 2000

雷谢尔. 实在论的实用主义. 纽约州立大学出版社,2000

200. Richardson A W. *Carnap's Construction of the World*, *The Aufbau and the Emergence of Logical Empiricism*, Cambridge University Press, 1998

理查森. 卡尔纳普的世界构造——《世界的逻辑构造》和逻辑经验主义的呈现. 剑桥大学出版社,1998

201. Robin R. *Annotated Catalogue of the Papers of Charles S. Peirce*, Amherst: The University of Massachusetts Press, 1967

罗宾. 皮尔士论文注释目录. 阿默斯特,麻省大学出版社,1967

202. Rorty R. *Consequences of Pragmatism*, University of Minnesota Press, 1982

罗蒂. 实用主义的后果. 明尼苏达大学出版社,1982

203. Rorty R. *Objectivity*, *Relativism*, *and Truth*, Cambridge University Press, 1991

罗蒂. 客观性、相对主义和真理. 剑桥大学出版社,1991

204. Rorty R. *Philosophy and Social Hope*, New York: Penguin Putnam Inc., 1999

罗蒂. 哲学和社会希望. 纽约,企鹅普特南公司,1999

205. Rorty R. *The Linguistic Turn*, University of Chicago Press, 1967

罗蒂. 语言的转向. 芝加哥大学出版社,1967

206. Russell B. & Whitehead A. N. *Principia Mathematica*, vol. I, Cambridge University Press, 1910

罗素和怀特海. 数学原理. 第1卷. 剑桥大学出版社,1910

207. Russell B. *A Critical Exposition of Philosophy of Leibniz*, London: George Allen and Unwin, 1937

罗素. 对莱布尼茨哲学的批判性探索. 伦敦,乔治·艾伦和昂温出版公司,1937

208. Russell B. *An Inquiry into Meaning and Truth*, New York: Unwin Paperbacks, 1980

罗素. 对意义和真理的探究. 纽约,昂温平装书公司,1980

209. B: *Russell Autography*, 3 vols. Boston: Bantam, 1968

罗素自传. 3卷. 波士顿,矮脚鸡出版社,1968

210. Russell B. *Mysticism and Logic and other Essays*, London, 1917

罗素. 神秘主义和逻辑以及其他论文. 伦敦,1917

211. Russell B. *Our Knowledge of the External World* London: Allen and Unwin, 1926

罗素. 我们关于外部世界的知识. 伦敦,乔治·艾伦和昂温出版公司,1926

212. Russell B. *Portraits in Memory*, Simon & Schuster. Inc, 1951

罗素. 记忆中的肖像. 西蒙和舒斯特公司,1951

213. G: *Ryle Collected Papers*, vol. 2, London: Hutchinson, 1971

赖尔文集. 第 2 卷. 伦敦,哈奇森,1971

214. Ryle G. *Contemporary Aspects of Philosophy*, Stocksfield: Oriel Press 1976

赖尔. 当代哲学面面观. 斯托克斯菲尔德,奥雷尔出版社,1976

215. Saatkamp Jr H J. *Rorty and Pragmatism*, Vanderbilt University Press, 1995

萨特康普. 罗蒂和实用主义. 范德比尔特大学出版社,1995

216. Schilpp P A. *The Philosophy of Bertrand Russell*, vol. 1, New York: Harper and Row,1963

希尔普. 伯特兰·罗素哲学. 第 1 卷. 纽约,哈珀-罗出版社,1963

217. Schilpp P A. *The Philosophy of George E. Moore*, The Library of Living Philosophers, Evanston, Ill. : Northwestern University Press,1942

希尔普. 乔治·摩尔哲学. 在世哲学家文库. 埃文斯顿,西北大学出版社,1942

218. Schilpp P A. *The Philosophy of Karl Popper*, 2 vols. Open Court,1974

希尔普. 卡尔·波普哲学. 2 卷. 开放世界出版公司,1974

219. Schilpp P A. *The Philosophy of Rudolf Carnap*, Open Court,1963

希尔普. 鲁道夫·卡尔纳普哲学. 开放世界出版公司,1963

220. Schilpp P A. *The Philosophy of Whitehead*, Open Court,1941

希尔普. 怀特海哲学. 开放世界出版公司,1941

221. Schlagel R. *Contextual Realism: A Meta-physical Framework for Modern Science*, New York: Paragon House,1986

施拉格. 语境实在论:现代科学的形而上学构架. 纽约,佳作书局,1986

222. Schlick M. *General Theory of Knowledge*, New York: Springer,1974

石里克. 普通知识论. 纽约,斯普林格,1974

223. M: *Schlick Philosophical Papers*, 2 vols. Holland, Kluwer Academic Publishers,1978 - 1979

石里克哲学文集. (2 卷). 克鲁威尔学术出版社,1978—1979

224. Schneewind J B. *Mill: A Collection of Critical Essays*, University of Notre Dame Press,1969

施尼文德. 密尔评论文选. 圣母大学出版社,1969

225. Searle J. *Rediscovery of Mind*, MIT Press,1992

塞尔. 心灵的重新发现. 麻省理工学院出版社,1992

226. Shahan R W. and Merrill K. R. *American Philosophy from Edwards to Quine*, Norman: University of OKlahoma Press,1977

谢恩和梅里尔. 从爱德华兹到蒯因的美国哲学. 奥克拉马大学出版社,1977

227. Sheffller I. *Four Pragmatists*, New York: Routledge & Kegan Paul, Inc. , 1974

谢夫乐. 四位实用主义者. 纽约,劳特利奇与基根·保罗公司,1974

228. Simons H W. *The Rhetoric Turn*, University of Chicago Press, 1990

西蒙斯. 修辞学转向. 芝加哥大学出版社, 1990

229. Skorupski J. *The Cambridge Companion to Mill*, Cambridge University Press, 1998

斯科拉普斯基. 剑桥密尔指南. 剑桥大学出版社, 1998

230. Skorupski J. *John Stuart Mill*, London and New York: Routledge, 1989

斯科拉普斯基. 约翰·斯图尔特·密尔. 伦敦和纽约, 劳特利奇出版社, 1989

231. Smith J E. *The Spirit of American Philosophy*, State University of New York Press, 1983

史密斯. 美国哲学精神. 纽约州立大学出版社, 1983

232. Smith J E. *Purpose and Thought*, *The Meaning of Pragmatism*, The University of Chicago Press, 1978

史密斯. 目的与思想——实用主义的意义. 芝加哥大学出版社, 1978

233. Soames S. *Philosophical Analysis in the Twentieth Century*, 2 vols. Princeton University Press, 2003

索姆斯. 20 世纪的哲学分析. 2 卷. 普林斯顿大学出版社, 2003

234. Stadler F. *The Vienna Cirlcle*, *Studies in the Origins*, *Development and Influence of Logical Empiricism*, Wien & New York: Springer, 2001

斯塔德勒. 维也纳学派——逻辑经验主义的起源、发展和影响之研究. 维也纳和纽约, 斯普林格, 2001

235. Standley A R. *Auguste Comte*, Boston: Twayne Publishers, 1981

斯坦德利. 奥古斯丁·孔德. 波士顿, 特温出版社, 1981

236. Staten H. *Wittgenstein and Derrida*, Oxford, 1985

斯泰坦. 维特根斯坦和德里达. 牛津, 1985

237. Strawson P F. *Analysis and Metaphysics*, Oxford University Press, 1992

斯特劳森. 分析与形而上学. 牛津大学出版社, 1992

238. Strawson P F. *Studies in the Philosophy of Thought and Action*, Oxford University Press, 1968

斯特劳森. 思想和行动哲学研究. 牛津大学出版社, 1968

239. Strawson P. *Individuals*, *An Essay on Descriptive Metaphysics*, London and New York: Methuen, 1959

斯特劳森. 个体: 论描述的形而上学. 伦敦和纽约, 梅休因, 1959

240. Stroll A. *Twentieth-Century Analytic Philosophy*, New York: Columbia University Press, 2000

斯特罗. 20 世纪分析哲学. 哥伦比亚大学出版社, 2000

241. Stuhr J J. *Genealogical Pragmatism*, State University of New York Press, 1997

斯图尔. 谱系学的实用主义. 纽约州立大学出版社, 1997

242. Tait W W. *Early Analytical Philosophy*: *Frege*, *Russell*, *Wittgenstein*, New York, 1997

泰特. 早期分析哲学: 弗雷格、罗素、维特根斯坦. 纽约, 1997

243. Taylor B M. *Michael Dummett*, *Contributions to Philosophy*, Dordrecht: Martinus Nijhoff Publishers, 1987

泰勒. 达米特对哲学的贡献. 马蒂纳斯·尼霍夫出版社, 1987

244. Toulmin S. & Janik A. *Wittgenstein's Vienna*, New York, 1974

图尔敏和詹尼克. 维特根斯坦的维也纳. 纽约, 1974

245. van Inwagen. *Metaphysics*: *The Big Questions*. Oxford: Blackwell, 1998

冯·英瓦根. 形而上学: 大问题. 牛津, 布莱克威尔出版社, 1998

246. Waismann F. *Was ist Logische Analyse? Gesammelte Aufsätze*, ed. by H. Reitzig, Frankfut, Athenäum, 1973

魏斯曼. 何谓逻辑分析? 论文全集. 雷茨格编. 法兰克福, 阿瑟纽曼出版社, 1973

247. Weiss B. *Michael Dummett*, Princeton University Press, 2002

魏斯. 迈克尔·达米特. 普林斯顿大学出版社, 2002

248. West C. *The American Evasion of Philosophy*, The University of Wisconsin Press, 1989

威斯特. 美国人对哲学的逃避. 威斯康星大学出版社, 1989

249. White M. *Pragmatism*, *and the American Mind*, Oxford University Press, 1973

怀特. 实用主义和美国精神. 牛津大学出版社, 1973

250. Wilshire B. W. *William James*: *The Essential Writings*, State University of New York Press, 1984

威尔什. 威廉·詹姆斯著作精要. 纽约州立大学出版社, 1984

251. Wittgenstein L. *Philosophical Grammar*, tr. by A. Kenny, Oxford, Blackwell, 1974

维特根斯坦. 哲学语法. 肯尼译. 牛津, 布莱克威尔出版社, 1974

252. Wittgenstein, L. *On Certainty*, Oxford: Blackwell, 1969-1975

维特根斯坦. 论确定性. 牛津, 布莱克威尔出版社, 1969—1975

253. Wittgenstein L. *Philosophical Investigations*. tr. by G. E. M. Anscombe, Oxford: Blackwell, 1953

维特根斯坦. 哲学研究. 安斯康译. 牛津, 布莱克威尔出版社, 1953

254. Wittgenstein L. *Philosophical Occasions*, *1912-1951*, Hackett Publishing Company, 1993

维特根斯坦. 哲学时刻(1912—1951). 哈克特出版公司, 1993

255. Wittgenstein L. *The Blue and Brown Books*, ed, R. Rhees, Oxford, Blackwell, 1958

维特根斯坦. 蓝色与棕色笔记. 里斯编. 牛津, 布莱克威尔出版社, 1958

256. Wittgenstein L. *Philosophical Remarks*, tr. R. Hargreaves and R. white, oxford, Blackwell, 1975

维特根斯坦. 哲学评论. 哈格里弗斯和怀特译. 牛津, 布莱克威尔出版社, 1975

257. Wittgenstein L. *Remarks on the Foundations of Mathematics*, ed. by von Wright and others, Oxford: Blackwell, 1978

维特根斯坦. 关于数学基础的评论. 冯·赖特等编. 牛津, 布莱克威尔出版社, 1978

258. Wittgenstein L. *Tractatus Logico-Philosophicus*, London, Routledge and Kegan Paul, 1974

维特根斯坦. 逻辑哲学论. 伦敦, 劳特利奇与基根·保罗公司, 1974

259. *Wittgenstein's Lectures*, *Cambridge*, *1932 - 1935*. Totowa: Rowman and Littlefield, 1979

维特根斯坦剑桥演讲集(1932—1935). 罗曼和利托菲尔德, 1979

260. Wittgenstein L. *Zettel*, tr. by G. E. M. Anscombe, Blackwell, 1967

维特根斯坦. 片断集. 安斯康译. 布莱克威尔出版社, 1967

261. Wood O P. & Pitcher G. *Ryle: A Collection of Critical Essays*, New York: Doubleday, 1970

伍德和皮彻尔. 赖尔批评文集. 纽约, 双日出版社, 1970

262. Wright C. *Frege: Tradition and Influence*, Oxford: Blackwell, 1984

赖特. 弗雷格: 传统与影响. 牛津, 布莱克威尔出版社, 1984

263. Wright C. *Knowing Our Own Minds*, Oxford: Clarendon Press, 1998

赖特. 认识我们的心灵. 牛津, 克拉伦登出版社, 1998

264. Wright J. *Realism and Explanatory Priority*, Kluwer Academic Publishers, 1997

J. 赖特. 实在论和解释的在先性. 克鲁威尔学术出版社, 1997

265. Żeglén U. *Donald Davidson: Truth, Meaning and Knowledge*, Routledge, 1999

西奇勒. 戴维森: 真理、意义与知识. 劳特利奇出版社, 1999

二　中文译著和著作

1. 艾耶尔. 二十世纪哲学. 李步楼等译. 上海译文出版社, 1987

2. 艾耶尔. 语言、真理与逻辑. 尹大贻译. 上海译文出版社, 1981

3. 艾耶尔编. 哲学中的变革. 陈少鸣、王石金译. 上海译文出版社, 1985

4. 巴斯摩尔. 哲学百年·新近哲学家. 洪汉鼎等译. 商务印书馆, 1996

5. 波普尔. 猜想与反驳. 傅季重等译. 上海译文出版社, 1986

6. 波普尔. 科学知识进化论. 纪树立编译. 生活·读书·新知三联书店, 1987

7. 波普尔. 客观知识. 舒炜光等译. 上海译文出版社, 2001

8. 波普尔. 无穷的探索. 邱仁宗、段娟译. 福建人民出版社, 1984

9. 博登编. 人工智能哲学. 刘西瑞、王汉琦译. 上海译文出版社,2001

10. 布宁、余纪元编. 西方哲学英汉对照辞典. 人民出版社,2001

11. 查尔默斯. 科学究竟是什么?. 查汝强等译. 商务印书馆,1982

12. 车铭洲编. 西方现代语言哲学. 李连江译. 南开大学出版社,1989

13. 陈波. 奎因哲学研究:从逻辑和语言的观点看. 生活·读书·新知三联书店,1998

14. 陈波主编. 分析哲学——回顾与反省. 四川教育出版社,2001

15. 陈启伟主编. 现代西方哲学论著选读. 北京大学出版社,1992

16. 陈亚军. 从分析哲学走向实用主义——普特南哲学研究. 东方出版社,2002

17. 陈亚军. 实用主义:从皮尔士到普特南. 湖南教育出版社,1999

18. 陈亚军. 哲学的改造. 中国社会科学出版社,1998

19. 戴维森. 真理、意义、行动与事件. 牟博编译. 商务印书馆,1993

20. 德雷克等. 批判的实在论论文集. 郑之骧译. 商务印书馆,1979

21. 笛卡尔. 第一哲学沉思集. 庞景仁译. 商务印书馆,1986

22. 董光壁. 马赫思想研究. 四川教育出版社,1994

23. 杜威(简). 杜威传. 安徽教育出版社,1991

24. 杜威. 经验与自然. 傅统先译. 商务印书馆,1960

25. 杜威. 确定性的寻求——关于知行关系的研究. 傅统先译. 上海人民出版社,2004

26. 杜威. 哲学的改造. 安徽教育出版社,1999

27. 法耶尔阿本德. 反对方法. 周昌忠译. 上海译文出版社,1992

28. 范·弗拉森. 科学的形象. 郑祥福译. 上海译文出版社,2002

29. 冯契、徐孝通主编. 外国哲学大辞典. 上海辞书出版社,2000

30. 冯·赖特. 知识之树. 陈波选编. 陈波等译. 生活·读书·新知三联书店,2003

31. 弗兰克. 科学的哲学:科学和哲学之间的纽带. 许良英译. 上海人民出版社,1985

32. 弗雷格. 弗雷格哲学论著选辑. 王路译. 商务印书馆,1994

33. 弗雷格. 算术基础. 王路译. 商务印书馆,1998

34. 格里芬编. 后现代科学. 马季方译. 中央编译出版社,1995

35. 格里芬编. 后现代精神. 王成兵译. 中央编译出版社,1998

36. 郭贵春. 后现代科学哲学. 湖南教育出版社,1998

37. 哈贝马斯. 认识与兴趣. 郭官义、李黎译. 学林出版社,1999

38. 哈勒. 新实证主义——维也纳学圈哲学史导论. 韩林合译. 商务印书馆,1998

39. 哈瑞. 科学哲学导论. 邱仁宗译. 辽宁教育出版社/牛津大学出版社,1998

40. 海德格尔. 存在与时间. 陈嘉映、王庆节译. 生活·读书·新知三联书店,1987

41. 韩林合. 分析的形而上学. 商务印书馆,2003

42. 洪谦. 论逻辑经验主义. 商务印书馆,1999

43. 洪谦主编. 逻辑经验主义. 上卷. 商务印书馆,1982

44. 洪谦主编. 逻辑经验主义. 下卷. 商务印书馆,1984

45. 洪谦主编. 西方现代资产阶级哲学论著选辑. 商务印书馆,1982

46. 洪谦主编. 现代西方哲学论著选辑. 上册. 商务印书馆,1993

47. 胡适. 胡适讲演. 中国广播电视出版社,1992

48. 怀特. 分析的时代. 杜任之等译. 商务印书馆,1981

49. 霍耳顿. 科学与反科学. 范岱年、陈养惠译. 江西教育出版社,1999

50. 霍尔特等. 新实在论. 伍仁益译. 商务印书馆,1980

51. 江天骥主编. 科学哲学名著选读. 湖北人民出版社,1988

52. 江怡主编. 理性与启蒙——后现代经典文选. 东方出版社,2004

53. 江怡.《逻辑哲学论》导读. 四川教育出版社,2002

54. 江怡. 维特根斯坦:一种后哲学的文化. 社会科学文献出版社,1996、1998、2002

55. 江怡. 维特根斯坦传. 河北人民出版社,1997

56. 江怡. 维特根斯坦. 湖南教育出版社,1999

57. 江怡主编. 走向新世纪的西方哲学. 中国社会科学出版社,1998

58. 卡尔纳普. 卡尔纳普思想自述. 陈晓山、涂敏译. 上海译文出版社,1985

59. 卡尔纳普. 科学哲学导论. 张华夏译. 中山大学出版社,1987

60. 卡尔纳普. 世界的逻辑构造. 陈启伟译. 上海译文出版社,1999

61. 康德. 纯粹理性批判. 李秋零译. 中国人民大学出版社,2004

62. 克拉夫特. 维也纳学派. 李步楼、陈维杭译. 商务印书馆,1998

63. 克里普克. 命名与必然性. 梅文译. 上海译文出版社,1988

64. 库恩. 必要的张力. 纪树立等译. 福建人民出版社,1981

65. 库恩. 科学革命的结构. 金吾伦、胡新和译. 北京大学出版社,2003

66. 蒯因. 从逻辑的观点看. 江天骥等译. 上海译文出版社,1987

67. 奎因. 真之追求. 王路译. 生活·读书·新知三联书店,1999

68. 拉卡托斯. 科学研究纲领方法论. 兰征译. 上海译文出版社,1986

69. 拉卡托斯. 证明与反驳——数学发现的逻辑. 康宏逵译. 上海译文出版社,1987

70. 拉卡托斯等编. 批判与知识的增长. 周寄中译. 华夏出版社,1987

71. 拉特纳选编. 杜威哲学. 赵一苇等译. 世界书局(台湾),1979

72. 赖尔. 心的概念. 刘建荣译. 上海译文出版社,1988

73. 赖欣巴哈. 科学哲学的兴起. 伯尼译. 商务印书馆,1983

74. 劳丹. 进步及其问题. 方在庆译. 上海译文出版社,1991

75. 李红. 当代西方分析哲学与诠释学的融合——阿佩尔先验符号学研究. 中国社会科学出版社,2002

76. 李醒民. 马赫. 东大出版社(台湾),1995

77. 利科主编. 哲学主要趋向. 李幼蒸、徐奕春译. 商务印书馆,1988

78. 刘放桐主编. 新编现代西方哲学. 人民出版社,2000

79. 罗蒂. 后形而上学希望. 张国清译. 上海译文出版社,2003

80. 罗蒂. 后哲学文化. 黄勇编译. 上海译文出版社,1992

81. 罗蒂. 哲学和自然之镜. 李幼蒸译. 生活·读书·新知三联书店,1987

82. 罗素. 逻辑与知识. 苑莉均译. 商务印书馆,1996

83. 罗素. 我的哲学的发展. 温锡增译. 商务印书馆,1982

84. 罗素. 西方哲学史. 下卷. 马元德译. 商务印书馆,1981

85. 洛克. 人类理解论. 关文运译. 商务印书馆,1983

86. 洛西. 科学哲学历史导论. 邱仁宗等译. 华中工学院出版社,1982

87. 马尔康姆. 回忆维特根斯坦. 李步楼、贺绍甲译. 商务印书馆,1984

88. 马赫. 感觉的分析. 洪谦、唐钺、梁志学译. 商务印书馆,1986

89. 马赫. 认识与谬误. 李醒民译. 华夏出版社,2000

90. 墨菲等. 近代心理学历史导引. 上册. 林方等译. 商务印书馆,1982

91. 穆尼茨. 当代分析哲学. 吴牟人等译. 复旦大学出版社,1986

92. 涅尔,威廉和玛莎. 逻辑学的发展. 张家龙、洪汉鼎译. 商务印书馆,1985

93. 帕陶特. 实在论、可判定性和过去. 张清宇译. 华夏出版社,2001

94. 普特南. 理性、真理与历史. 童世骏、李光程译. 上海译文出版社,1997

95. 萨特康普编. 罗蒂和实用主义. 张国清译. 商务印书馆,2003

96. 桑德尔. 自由主义与正义的局限. 万俊人等译. 译林出版社,2001

97. 塞尔. 心、脑与科学. 杨音莱译. 上海译文出版社,1991

98. 塞尔. 心灵、语言和社会. 李步楼译. 上海译文出版社,2001

99. 施太格缪勒. 当代哲学主流. 上卷. 王炳文等译. 商务印书馆,1986

100. 施太格缪勒. 当代哲学主流. 下卷. 王炳文等译. 商务印书馆,2000

101. 石里克. 伦理学问题. 张国珍、赵又春译. 商务印书馆,1997

102. 斯鲁格. 弗雷格. 江怡译. 中国社会科学出版社,1989

103. 斯特劳森. 个体:论描述的形而上学. 江怡译. 中国人民大学出版社,2004

104. 塔利斯. 杜威. 中华书局,2002

105. 汤因比等. 历史的话语:现代西方历史哲学译文集. 张文杰编. 广西师范大学出版社,2002

106. 唐热风. 心身世界. 首都师范大学出版社,2001

107. 梯利. 西方哲学史. 葛力译. 商务印书馆,1979、2000

108. 涂纪亮. 分析哲学及其在美国的发展. 上、下卷. 中国社会科学出版社,1987

109. 涂纪亮. 美国哲学史. 3 卷. 河北教育出版社,2000

110. 涂纪亮. 英美语言哲学概论. 人民出版社,1988

111. 涂纪亮主编. 维特根斯坦全集. 12 卷. 河北教育出版社,2003

112. 涂纪亮主编. 语言哲学名著选辑. 生活·读书·新知三联书店,1988

113. 王路. 弗雷格思想研究. 社会科学文献出版社,1996

114. 王路. 逻辑的观念. 商务印书馆,2000

115. 王路. 逻辑基础. 人民出版社,2004

116. 王路. 走进分析哲学. 生活·读书·新知三联书店,1999

117. 维特根斯坦. 逻辑哲学论. 贺绍甲译. 商务印书馆,1996

118. 维特根斯坦. 文化和价值. 黄正东、唐少杰译. 清华大学出版社,1987

119. 夏佩尔. 理由与求知. 褚平、周文彰译. 上海译文出版社,1990

120. 辛强国. 语意、辩明和实用主义. 西南财经大学出版社,1988

121. 徐友渔. 哥白尼式的革命. 上海三联书店,1994

122. 徐友渔等. 语言与哲学——当代英美与德法传统比较研究. 生活·读书·新知三联书店,1996

123. 亚里士多德. 工具论. 李匡武译. 广东人民出版社,1984

124. 亚里士多德. 形而上学. 吴寿彭译. 商务印书馆,1983

125. 杨玉成. 奥斯汀:语言现象学与哲学. 商务印书馆,2002

126. 应奇. 概念图式与形而上学——彼得·斯特劳森哲学引论. 学林出版社,2000

127. 詹姆斯. 彻底的经验主义. 庞景仁译. 上海人民出版社,1987

128. 詹姆斯. 实用主义. 陈羽伦、孙瑞禾译. 商务印书馆,1979

129. 詹姆斯. 詹姆斯集. 万俊人、陈亚军编译. 上海远东出版社,1998

130. 张家龙. 模态逻辑与哲学. 中国社会出版社,2003

131. 张妮妮. 意义、解释和真——戴维森语言哲学研究. 中国人民大学博士论文,2004(未刊稿)

132. 张学广编著. 维特根斯坦:走出语言囚笼. 辽海出版社,1999

133. 郑祥福. 范·弗拉森与后现代科学哲学. 中国社会科学出版社,1998

人名索引

再版后记

　　当责任编辑汪意云女生向我询问有关文字的校对问题时,我才真正意识到,这套出版于 2005 年的大型学术丛书就要再版啦! 虽然这套丛书的最初出版距今已有近 20 年的时间,但我还是想借此机会梳理一下这 20 年分析哲学在西方和在中国的发展变化,当然,更是为了感谢江苏人民出版社和汪意云编辑对中国分析哲学研究做出的重要贡献!

　　严格地说,本卷所论述的内容基本上还是停留在 20 世纪 80 年代。然而,从那以后,英美各国的分析哲学研究已经发生了许多重要变化。首先是在研究重心上,心灵哲学已经取代了语言哲学在分析哲学研究中的主导地位,语言与意识、言语行为与意向活动,以及认知与表征的关系,成为当代分析哲学家们讨论的焦点问题。其次是在研究方法上,哲学中的语言转向带来的语义上行方法,被代之以专注于语言实践的语言下行方法,甚至"语言转向"的作用也被"实践转向"所取代。再次是在研究领域上,传统的逻辑哲学、语言哲学、科学哲学等研究领域得到了更大的扩展,特别是出现了一些新的研究领域,如认知科学哲学、行动哲学、神经科学哲学以及其他的科学哲学分支学科等等。最后是在研究问题上,意识与大脑、认知与神经、语言与行动、个体意识与集体意识、认知整合与预测加工、人工智能与计算机科学、因果问题与形而上学等等,这些问题都成为当下分析哲学研究的热点和焦点。近期的"元宇宙"问题更是吸引了不少哲学家的关注,在哲学界产生了不小影响。当然,哲学家们对分析哲学史的重视也成为 21 世纪英美分析哲学研究中的重要内容之一。麦克·比尼(中文名"毕明安")教授主编的《牛津分析哲学史手册》成为这一研究领域的标志性成果;2018 年第 24 届世界哲学大会还专门开设了"分析哲学史"专场,可见这一领域研究的热烈程度。令人高兴的是,通过主持翻译《牛津分析哲学史手册》和在国际分析哲学史学会中担任学术职务,我亲身感受并部分参与了英美分析哲学研究中的这些发展进程,并通过对分析哲学的当代研究,更为深入地理解了分析哲学自身的历史过程。

对中国的哲学研究者而言,我觉得更为重要的是,也是对本书更有意义的是,在近 20 年的时间里,分析哲学在中国得到了更为广泛的传播和更为系统的研究,尤其是中国学者与西方分析哲学家之间日益增长的学术交往,极大地推动了分析哲学在中国的发展。这些都使得分析哲学在中国已经成为一门"显学"。从研究队伍上看,国内各主要大学哲学院系都有分析哲学的专门研究人员,近 20 年来培养了一大批专门从事分析哲学研究和教学的青年人才;2005 年,中国现代外国哲学学会分析哲学专业委员会成立,由它主办的全国分析哲学学术研讨会至今已经举办了 13 届,每次都吸引了众多青年学生参与讨论,参会人数从最初的 25人增加到 250 人之多。从研究问题上看,中国分析哲学研究不仅关注当代分析哲学研究中的重要问题,而且注重从中国哲学的语境出发,结合中国传统文化的思想资源,引入中国分析哲学研究的特有问题,如围绕"中国哲学的分析化"与"分析哲学的中国化"问题的讨论,以及重新引起关注的"汉语哲学"研究等。为了对分析哲学在中国的历史有一个更为系统的认识,也是为了更好总结中国分析哲学的自身发展,我主持了国家社会科学基金重大招标项目"20 世纪中国分析哲学史研究",力图重新梳理分析哲学与当代中国哲学的历史关联,勾勒出中国分析哲学的历史画卷。应当说,所有这些都是在本卷最初出版后的近 20 年中发生的,因而值得在这里特别提及关注。

当然,本卷再版更重要的意义在于,记录过去 100 年分析哲学在西方的历史发展进程,帮助国内哲学界完整准确地了解分析哲学的性质、任务和主要特征。而对于以上所论述的近 20 年的新变化,只有等待更年轻的学者继续完成了!

最后,我要特别说明的是,本卷最初撰写时我特别邀请了陈亚军教授撰写了有关实用主义的部分,出版时考虑整套丛书的体例统一,本卷仅署名为我主编。为了充分体现陈亚军教授对本卷的重要贡献,本次再版时,我特别邀请陈亚军教授联合署名,也是为了记录我们之间长达 30 多年的学术友谊!

谨此为记!

2022 年 4 月 30 日